国家社科基金后期资助项目

吴语婺州方言研究

A Study on the Wuzhou Wu Dialect

曹志耘　秋谷裕幸　主编

曹志耘　秋谷裕幸　黄晓东
太田斋　赵日新　刘祥柏　王正刚　著

2016年·北京

图书在版编目(CIP)数据

吴语婺州方言研究/曹志耘等著.—北京:商务印书馆,2016
国家社科基金后期资助项目
ISBN 978-7-100-12271-9

Ⅰ.①吴… Ⅱ.①曹… Ⅲ.①吴语—方言研究—金华市 Ⅳ.①H173

中国版本图书馆 CIP 数据核字(2016)第 118198 号

所有权利保留。
未经许可,不得以任何方式使用。

WÚYǓ WÙZHŌU FĀNGYÁN YÁNJIŪ
吴语婺州方言研究

曹志耘 秋谷裕幸 主编
曹志耘 秋谷裕幸 黄晓东
太田斋 赵日新 刘祥柏 王正刚 著

商务印书馆出版
(北京王府井大街36号 邮政编码 100710)
商务印书馆发行
北京冠中印刷厂印刷
ISBN 978-7-100-12271-9

2016 年 10 月第 1 版　　开本 787×1092　1/16
2016 年 10 月北京第 1 次印刷　印张 41¾　插页 3

定价:105.00 元

国家社科基金后期资助项目
出版说明

　　后期资助项目是国家社科基金设立的一类重要项目,旨在鼓励广大社科研究者潜心治学,支持基础研究多出优秀成果。它是经过严格评审,从接近完成的科研成果中遴选立项的。为扩大后期资助项目的影响,更好地推动学术发展,促进成果转化,全国哲学社会科学规划办公室按照"统一设计、统一标识、统一版式、形成系列"的总体要求,组织出版国家社科基金后期资助项目成果。

全国哲学社会科学规划办公室

此项研究获得以下资助：

国家社科基金后期资助项目"吴语婺州方言研究"（批准号 13FYY006）
日本学术振兴会平成 14–16 年度科学研究费补助金基盘研究（B）"吴语婺州方言群・瓯江方言群の调查研究"（课题番号 14401032）

作者合影（左起刘祥柏、秋谷裕幸、曹志耘、太田斋、赵日新，左上角黄晓东、右上角王正刚）北京语言大学/2000.8.26

八咏楼金华城里/2014.10.10/
王洪钟摄

乡下［词］029 汤溪塔石乡岭边村 /2010.8.14/ 曹志耘摄

屋［词］031 汤溪镇寺平村 /2013.4.4/ 曹志耘摄

汤布 [词] 166 汤溪塔石乡东岭村 /2013.9.20/ 苏战辉摄

种田 [词] 374 金华曹宅镇小黄村 /2012.6.20/ 黄晓东摄

稻桶 [词]196 汤溪塔石乡珊瑚村 /2001.9.26/ 秋谷裕幸摄

担拄 [词]199 汤溪塔石乡余仓村 /2013.7.30/ 曹志耘摄

传袋[词]103 金华塘雅镇下溪口村 /2012.10.7/ 黄晓东摄

灵[词]155 汤溪镇岩下村 /2013.1.31/ 曹志耘摄

谢年［词］018 汤溪镇岩下村 /2011.2.2/ 曹志耘摄

迎灯［词］408 金华曹宅镇曹宅村 /2012.2.3/ 黄晓东摄

目　录

前言 ··· 1
　　壹　婺州 ··· 1
　　贰　本书体例说明 ··· 7
第一章　概说 ·· 9
　　第一节　语言概况 ··· 9
　　　壹　形成和发展 ··· 9
　　　贰　方言种类和分布 ··· 10
　　第二节　婺州方言的调查研究 ································ 14
　　第三节　婺州方言的研究文献 ································ 18
　　第四节　本字考 ·· 29
第二章　语音 ·· 38
　　第一节　语音特点 ·· 38
　　　壹　声母的特点 ·· 39
　　　贰　韵母的特点 ·· 52
　　　叁　声调的特点 ·· 89
　　　肆　小结 ··· 92
　　第二节　金华方音 ·· 95
　　　壹　概说 ··· 95
　　　贰　声韵调 ·· 97
　　　叁　音韵特点 ··· 99
　　　肆　文白异读 ··· 101
　　　伍　连读调 ·· 102
　　　陆　小称音 ·· 108
　　　柒　同音字汇 ··· 111
　　第三节　汤溪方音 ·· 137
　　　壹　概说 ··· 137

1

  贰 声韵调 139

  叁 音韵特点 141

  肆 文白异读 145

  伍 连读调 145

  陆 小称音 151

  柒 同音字汇 153

第四节 浦江方音 182

  壹 概说 182

  贰 声韵调 183

  叁 音韵特点 185

  肆 文白异读 191

  伍 连读调 192

  陆 小称音 196

  柒 同音字汇 198

第五节 东阳方音 223

  壹 概说 223

  贰 声韵调 224

  叁 音韵特点 226

  肆 文白异读 230

  伍 连读调 231

  陆 小称音 234

  柒 同音字汇 236

第六节 磐安方音 258

  壹 概说 258

  贰 声韵调 260

  叁 音韵特点 262

  肆 文白异读 264

  伍 连读调 265

  陆 小称音 270

  柒 同音字汇 272

第七节 永康方音 294

  壹 概说 294

  贰 声韵调 295

  叁 音韵特点 298

肆　文白异读 304
　　伍　连读调 304
　　陆　小称音 312
　　柒　同音字汇 313
　　捌　小称音表 333
　第八节　武义方音 339
　　壹　概说 339
　　贰　声韵调 340
　　叁　音韵特点 343
　　肆　文白异读 350
　　伍　连读调 350
　　陆　小称音 355
　　柒　同音字汇 357
　　捌　小称音表 378
　第九节　婺州方言字音对照 379

第三章　词　汇 407
　第一节　词汇特点 407
　　壹　吴语词 412
　　贰　南部吴语词 419
　　叁　北部吴语词 431
　　肆　婺州方言词 434
　　伍　词汇接触 441
　　陆　其他 445
　　柒　婺州方言词汇的内部差异 447
　第二节　词汇对照 448
　婺州方言词汇义类索引 449

第四章　语　法 586
　第一节　语法特点 586
　　壹　词法特点 586
　　贰　句法特点 601
　第二节　例句对照 615

参考文献 653
后　记 658

前　　言

壹　婺州

"婺州"作为行政单位始于唐初。唐垂拱二年（686年），婺州与衢州分立，领金华、义乌、永康、东阳、兰溪、武成（今武义）、浦阳（今浦江）7县，与今金华市的辖区基本一致。金华市位于浙江省中部，下设9个县市区：婺城区、金东区、兰溪市、浦江县、义乌市、东阳市、磐安县、永康市、武义县，面积为10,919平方公里。本书所谓"婺州方言"就是指通行于旧婺州、今金华地区的汉语方言，使用人口约为453万。

《中国语言地图集》第1版（1987年）把吴语分为6个片：太湖片、婺州片、处衢片、台州片、瓯江片、宣州片，其中的"婺州片"与金华地区的范围基本重合。《中国语言地图集》第2版（2012年）对吴语内部的分片做了调整，取消"婺州片""处衢片"，新设"金衢片""上丽片"。其中金衢片包括了原婺州片全部区域，并增加龙游县、衢州市辖区和缙云县（原属处衢片）。因此，本书在指金华地区的方言时，一般不再使用"婺州片"的名称，而称之为"婺州方言"。为简明起见，"婺州方言"内部的金华、义乌等地方言则称为"金华话""义乌话"等。

为了叙述和阅读的方便，在一般情况下，本书对金华市以及相关的行政单位的称述做如下技术处理：

1. 婺城区和金东区是在金华县和汤溪县合并的基础上重新分置的，而且设立的历史很短，所以本书仍使用1958年以前金华、汤溪二县分立的行政区划，不使用婺城、金东二区的名称。

2. 恢复使用旧宣平县的名称，本书称"金华地区""武义县"时，如无特别说明均不包括宣平县在内。旧宣平县范围内使用吴语上丽片丽水小片方言。

3. 把地级市一律称作"地区"，如把金华市称作"金华地区"，把衢州市称作"衢州地区"，把丽水市称作"丽水地区"。

4. 称述县和县级市名称时一般略去"县""市"。

根据上述处理，婺州方言的分布区域为：浙江省金华地区的金华、汤溪、兰溪、浦江、义乌、东阳、磐安、永康、武义，共9个县市。（参看图0-1）

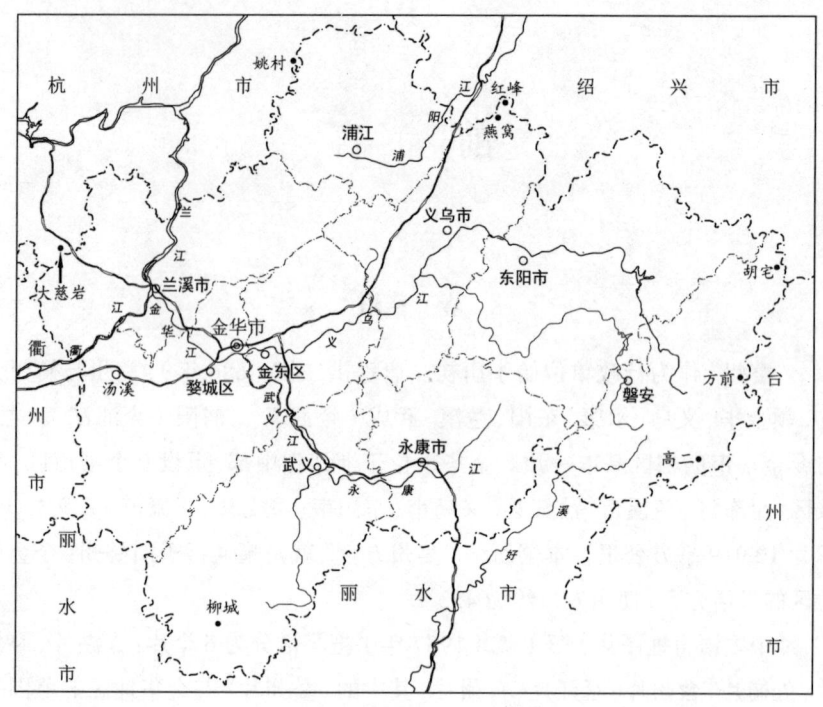

图0-1　婺州方言地区图①

一　历史沿革

本书所说的"婺州方言地区"——亦即今浙江省中部金华地区的金华、汤溪、兰溪、浦江、义乌、东阳、磐安、永康、武义，历史沿革和区划变动的情况比较复杂，这里大体勾勒一下该地区历史发展的脉络。

《汉书·地理志》："自交趾至会稽，七八千里，百粤杂处，各有种姓。"婺州方言地区的先民应是越人，越人的先民应是东南地区的原始土著居民，跟中原华夏族的族源不同。1974年，在浙西建德县（旧寿昌县地区）发现的原始人——"建德人"属于更新世晚期后一阶段的智人类型，距今约5万年，是浙江地区原始居民的祖先，也可能就是古越人的祖先。

"百越"（百粤）是北方华夏族人对分布在东南地区各种少数民族的泛称、统称。百越分布范围广阔，种类繁多，如句吴、於越（亦作于越）②、东瓯、闽越、南越等，它们不一定都是属于"越"这一个大族的，而有可能是不同的

---

① 本图由北京语言大学硕士研究生张倩同学绘制。
② 本书根据《辞海》（彩图版）统一写作"於越"。上海辞书出版社，2009年9月第1版。

部族、民族。其中，今为江浙的吴、越地区在古代比较发达强盛，所以往往被看作是百越的中心。

与婺州方言地区有关的"越"主要是於越。於越亦即狭义的越。《国语·越语上》："南至于句无，北至于御儿，东至于鄞，西至于姑末。"（姑末，有的引文作"姑蔑"或"姑篾"）句无在今东阳，御儿在今嘉兴桐乡市西南，鄞在今宁波，姑末在今龙游（也有人认为指太湖）。於越的地域大致在今宁绍平原、杭嘉湖平原南部和金衢丘陵地区，会稽（今绍兴）是於越的发源地和活动中心。(《浙江地理简志》第341—343页。)

在汉人势力到来之前，今金华一带位于於越的边远地区。浙江省博物馆（1981）指出："从我省已发现的印纹陶遗址看，可分为杭嘉湖平原、宁绍平原、金衢丘陵地和瓯江水系等四个系统。除瓯江水系的文化面貌与福建很相似外，另外三个区域的总特征还是比较接近的。""金衢丘陵地"指金华、衢州地区。金衢一带的古文化特征跟浙江北部接近，似乎表明该地区当时属于於越文化。

秦统一六国，推行郡县制，今婺州方言地区属会稽郡（治吴县今苏州）。三国吴宝鼎元年（266年），分会稽郡西部置东阳郡，治长山（今金华），领长山、丰安（今浦江）、乌伤（今义乌）、吴宁（今东阳）、永康、龙丘（今龙游）、平昌（今遂昌）、新安（今衢县）、定阳（今常山）九县，辖地大致相当于今金衢地区。

唐武德四年（621年），罢东阳郡置婺州。同年，于信安县（今衢县）置衢州，武德八年（625年）废州，信安还属婺州。垂拱二年（686年）复于信安置衢州。从此婺、衢各自为州，分道扬镳。婺州治金华，领金华、义乌、永康、东阳、兰溪、武成（今武义）、浦阳（今浦江）七县。

自公元7世纪的唐初至今，该地区的县份主要兴废变更情况如下（近几十年来的县改市等情况不计）：

1. 明景泰三年（1452年）分处州府丽水县于鲍村巡司置宣平县，县治在今武义县柳城镇，1958年撤县，曳岭以北的上坦、桃溪、柳城三区并入金华专区的武义县，曳岭以南的曳岭区并入温州专区的丽水县（今属丽水市）。

2. 明成化七年（1471年）析婺州府的金华县和兰溪县、衢州府的龙游县、处州府的遂昌县四县交界地置汤溪县，县治在今婺城区汤溪镇，1958年撤县，除衢江以北的溅北、北源两个乡以及洋埠乡的滕家坪等几个村划归兰溪县以外，其余并入金华县。

3. 1939年析东阳、永康、缙云、天台四县地置磐安县，1958年并入东阳县，1983年复县。

4.1985年,析金华城区及其近郊地区成立婺城区,余为金华县。2001年,撤金华县,原婺城区和金华县范围重新调整为婺城、金东二区,赤松、东孝、多湖、江东及其以东乡镇为金东区,其余为婺城区。

自明成化七年(1471年)起,婺州府设金华、汤溪、兰溪、浦江、义乌、东阳、永康、武义八县,并称"八婺"。一直到1939年才有所变化。

二　地域开拓

史前时代,由于卷转虫海侵,浙江的平原地区沦为浅海,部分越族开始进入浙西、浙南山区。於越时代,於越族的活动范围已南达今东阳、龙游一带金衢丘陵地区。

秦统一中国后,在今苏南、上海、浙江一带建立会稽郡,郡治在吴县(今苏州)。当时,秦始皇采用强制手段,把於越中心地区的越族居民移向浙西和皖南,还有部分越人流向浙南,北方汉人开始进入於越的中心地区。但在这一时期,浙江地区生产落后,"地广人稀"(《史记·货殖列传》)。当时,在今婺州方言地区仅设有乌伤(今义乌)一县,此外在西部边缘设有太末(今龙游)一县。

东汉永建四年(129年),分会稽郡钱塘江以北地区设吴郡,治吴县;钱塘江以南地区为会稽郡,移治山阴(今绍兴)。

三国时代,在会稽郡南部地区析置东阳、临海二郡。东阳郡治长山(今金华),辖地大致相当于今金衢地区,在今金华地区设长山、丰安(今浦江)、乌伤(今义乌)、吴宁(今东阳)、永康五县。

进入唐代,浙江地区的开拓发展大幅加快。7世纪,东阳郡分为婺、衢二州(原属东阳郡的遂昌、缙云划入处州)。从此以后,婺州(今金华地区)进入了稳定发展的时期。①

三　居民人口

秦汉之前,今浙江一带居民的主体应当是越人。

《史记·越王勾践世家》:周显王三十五年(前334年),"楚威王兴兵而伐之,大败越,杀王无疆,尽取故吴地至浙江,北破齐于徐州。而越以此散,诸侯子争立,或为王,或为君,滨于江南海上,服朝于楚"。袁康《越绝书》卷八"越绝外传记地传第十":"不扬子无疆,时霸,伐楚,威王灭无疆。无疆子之侯,窃自立为君长。尊子亲失众,楚伐之,走南山。"所谓"南山"就是指浙南、闽北山区。

秦始皇三十七年(前210年),"是时徙大越民置余杭、伊攻、□故鄣,因

---

① 本部分主要参考了《浙江地理简志》第341-348页的"历史开拓地理"(陈桥驿执笔)。

徙天下有罪适吏民，置海南故大越处，以备东海外越。"（《越绝书》卷八"越绝外传记地传"）"乌程、余杭、黝、歙、无湖、石城县以南，皆大越徙民也，秦始皇帝刻石徙之。"（《越绝书》卷二"吴地传"）秦始皇出于政治和军事的目的，强制迁移越族居民至浙西、皖南山区；一些不服从强制命令的则流向浙南山区。同时，北方汉族中的犯罪人员也被移入於越的中心地区，从而开始了汉族在浙江地区与越族之间的交融过程。

不过，由于移入的汉人十分有限，造成了该地区地广人稀的景象。因此，汉武帝时又再次移入中原汉人。元狩四年（前119年），"冬，有司言关东贫民徙陇西、北地、西河、上郡、会稽，凡七十二万五千口。"（《汉书·武帝记》）据清朝王鸣盛估计，这次移入会稽郡的关东贫民约有14.5万人。（《十七史商榷》卷九）这些汉族移民大部分定居在浙北地区，但也不能排除可能有些汉人进入了中南部地区，从而开始了该地区的汉、越居民交融过程。

西晋末年（公元4世纪），北方地区"五胡乱华"，晋室南迁，建都于建康（今南京），因而出现了中国历史上第一次大规模的北人南迁运动。在这次南迁中进入浙江地区的北方人数量极大，其中还包括一些中原望族如王羲之、谢安、孙绰等。大批北方人入浙，对浙江地区的民族、语言、文化的融合和变动产生了巨大的影响。

北宋末年（12世纪初），北方战乱，宋室南渡，建都于临安（今杭州），出现了中国历史上第二次大规模的北人南迁运动。因为杭州成了南宋的政治中心，北方人蜂拥入浙。"四方之民，云集二浙，百倍常时。"（《建炎以来系年要录》卷一五八）从北宋元丰到南宋乾道的90年左右的时间里，两浙户数增加了0.52倍。就金华地区而言，北宋大中祥符年间（1008-1016年），婺州有丁（20岁以上男子）210,991，到了南宋绍兴年间（1131-1162年）有丁303,066。（1992年版《金华市志》第107页）南宋初期，朝廷的一些办事机构就设在金华，一些名门望族也纷纷迁居金华一带，如金华学派创始人吕祖谦即为北宋重臣吕氏家族南迁金华后的后裔。（曾祖吕好问时从开封随宋室南渡。）

清康熙、乾隆年间，因政府实行鼓励人口增长政策，加上红薯和玉米这两种粮食新品种引进浙江丘陵山区，生产发展，人口猛增。据《嘉庆一统志》卷二八一所载，康熙五十二年（1713年）浙江省人口为271万，到乾隆五十六年（1791年）猛增至2,283万，78年间增幅竟达7.5倍！这也是金华地区有史以来人口增长最迅速的时期。

但到了太平天国期间（1851-1864年），金华一带成为太平天国的主要战场（太平军侍王李世贤在金华设侍王府，为太平军在浙中的指挥中心），人口遭到巨大破坏。以金华县为例,道光二年(1822年)有279,376人,而到了太平天国失败10年后的同治十三年(1874年),则只有119,427人,人口减少过半。(1992年版《金华县志》第87页)又如,同治二年(1863年),太平军在汤溪失守,清兵入城,屠军民9,000人,兵退疫作,十病九死,又遭久旱,境内人口十存五六。(1992年版《金华市志》第108页。)

中华人民共和国成立后,由于人民生活水平的提高和医疗卫生条件的改善,人口增长速度急剧加快。到2012年,金华地区的人口总数达471万。

概而言之,秦汉时代,北方汉人开始进入百越地区。除了山区的越人外,居住在平原地区的越人或被迫迁往山区,或被汉人同化。到了三国时代,汉人已经基本上占领了原来越人所居住的平原地区,越人只以大分散小聚居的方式居住在原百越地区的崇山峻岭之中,成为"山越"。北方汉人大规模进入今婺州方言地区,最早是在西晋末年,南朝、唐末时迫于战乱,也有一定数量的北方人迁入,而最深入、最广泛的一次是在南宋时期。

四 地理交通

今金华市位于浙江省中部,介于北纬28°32′(武义县南端)~29°41′(浦江县北端)、东经119°14′(兰溪市西端)~120°47′(磐安县东端)之间。与之相邻的县市依次为:北面是杭州市的建德(含旧寿昌县)、桐庐,绍兴市的诸暨、嵊州、新昌,东面是台州市的天台、仙居,南面是丽水市的缙云、丽水、松阳、遂昌,西面是衢州市的龙游。

全境大部分地区位于金衢盆地之中,南北两侧为丘陵低山,地势南北高,中部低。金衢盆地是浙江省最大的走廊式盆地,西起衢县沟溪,东至东阳巍山,横贯于浙江中部。境内山脉主要有大盘山、会稽山、仙霞岭、龙门山和千里岗,海拔1,000米以上的山峰有208座,位于武义和遂昌交界处的牛头山主峰海拔1,560.2米,为全境最高峰。

境内的河流主要属于钱塘江水系。东阳江从东往西,武义江从南往北,二者在金华城里汇合成为婺江(又称"金华江"),继续往西北流向兰溪城里,在此与从衢州、龙游方向过来的衢江汇合成为兰江,兰江径直向北流到建德梅城,与从皖南、浙西过来的新安江汇合成为富春江,再流入钱塘江。

在古代,水运一直是最重要的交通运输方式。金华、兰溪位居水路要冲,可直达杭、严、徽、衢诸州,是重要的交通枢纽。南宋著名女词人李清照描写当时金华的景象曰:"水通南国三千里,气压江城十四州。"(《题八咏楼》)北京至福州的京福驿道,元代以后梅城至衢州一段也走"梅城—兰溪—龙游—衢州"水路,可见兰溪码头的重要性。兰溪位于兰江、婺江、衢江三大江的交汇处,交通运输比金华更为便利,故有"小小金华府,大大兰溪县"之说。

陆路方面,盆地地区驿道交错,交通便利。但山区只有崎岖小路,翻山越岭,十分不便。

20世纪30年代以后,本地区开始修建公路。1932年,浦钟(浦江—钟宅)公路建成通车,这是境内第一条公路。随后,衢兰(衢县—兰溪)、金武永(金华—武义—永康)等公路相继建成,至1934年,境内除浦江县外,已县县相连。近几十年来,本地区的公路交通得到了飞速发展。如今,沪昆(杭金衢)、长深两条高速公路在金华纵横相交,境内所有乡村已实现"公路村村通"。

1934年,浙赣铁路(当时称杭江铁路)全线正式通车,金岭铁路于1976年正式纳入铁路网运营,金温铁路于1998年全线正式通车。浙赣铁路与金岭、金温铁路呈"十"字形贯穿全境。浙赣铁路经过浦江、义乌、金华、汤溪,北通杭州,南达南昌,金岭铁路把金华、兰溪和建德、淳安连接起来,金温铁路穿越金华、武义、永康,与丽水、温州相通。应该说,本地区的铁路交通是相当发达的。(浙赣铁路今合入沪昆铁路,金岭铁路今称金千铁路。)

民航方面有义乌机场。

贰 本书体例说明

本书体例沿用《吴语处衢方言研究》一书,与《严州方言研究》和《徽州方言研究》也基本相同,以便对照。

1. 调类一律在音节的右上角用代码表示:1阴平、2阳平、3阴上、4阳上、5阴去、6阳去、7阴入、8阳入、0轻声。如果某方言的调类发生过合并,就按合并以后的调类标注。例如汤溪话阳入归阳上,所以浊入字也标作"4"(如:六 lo⁴)。

2. 调值一律在音节的右上角用数字表示,例如金华话:动 toŋ⁵³⁵ | 竹 tɕioʔ⁴。轻声调值一律标作"0",例如浦江话:石灰 zɛ²⁴xua⁰。

3. 表示连读调时,如果连读调值与单字调值不同,单字调值写在前面,连读调值写在后面,二者之间用连字号"–"隔开,例如磐安话:后日 ɯ⁴³⁴⁻⁴³ nei²¹³⁻¹⁴。如果某字无单字调或单字调不明,则只在"–"后标连读调,例如汤溪话:一日 i⁻⁵² ȵiei¹¹³⁻³⁴¹。在"词汇对照"和"例句对照"里只标连读调。

4. 因连读而引起声母清浊转换的,在原声母和实际读音之间用连字号"–"隔开,例如永康话:枫树 foŋ⁴⁵ z-ɕy¹⁴⁻⁵⁴。因小称音变而引起韵母变化的,在原韵母和实际读音之间用连字号"–"隔开,例如金华话:叔儿 ɕioʔ-iõ⁴⁻⁵⁵。

5. 使用同音字时在字的右上角用小等号"="表示,例如武义话:恩⁼埋 en²⁴。

6. 写不出本字又无同音字可写的音节用方框"□"表示,例如东阳话:□哪里 man^{312}。

7. 一些意义较虚且本字不明的字用表音字表示,例如汤溪话:哈么怎么 xa^{24}mɤ^0。

8. 又读、文白异读等一字多音的现象在音之间用"～"表示,或在字的右下角用数字"1""2"等表示。一般地说,"～"前面的读音比后面的读音常用,"1"表示最常用或最口语化的读音,"2"次之,依此类推。

9. 例子与释义之间用冒号":"隔开。

10. 例子与例子之间用单竖线"｜"隔开。

11. 除了同音字汇以外,释义、举例和其他夹注一般都用小字表示。在例子里,用"～"代替原字。

12. 韵母为鼻尾韵或鼻化韵的小称音,用正常大小的"儿"表示,例如东阳话:馃儿 kuŋ^{55}。纯变调的小称音,用小字"儿"表示,例如永康话:馃儿 kuə^{54}。在这种情况下,如果小称词本身已是小字,"儿"就用更小号的字,例如:别～农儿:别人 bə^{323};如果"儿"后面还有注例,"儿"与注例之间空一格,例如:几点儿 多少 ki$^{545-44}$niɑ$^{-54}$。

13. 本字考、语音特点、词汇特点、语法特点等章节提到字音对照、词汇对照、例句对照里的语料时,以"[字]××""[词]××""[句]××"的形式注明其编号,以便查阅。例如:爬[字]024;儿子[词]087;在那儿,不在这儿[句]07。

14. 在一些方言中,繁体字与简体字之间并不是整齐对应的,其存在有读音的不同。如"並"是浊音声母字,"并"是清音声母字,二者的演变发展在今方言中或是声母不同,或是声调不同。另外,有些异体字在方言中有其特定的意义,如"瞓"特指睡觉,与"困"有所不同。因此,本书根据语言实际情况,适当保留部分繁体字和异体字。

其他体例从俗,或在各有关部分随文交代。

第一章 概 说

第一节 语言概况

壹 形成和发展

由现有文献可以推测,今婺州方言地区的语言底层是古越语。

秦汉以后,汉语随着北方汉人南迁而进入今婺州方言地区。汉语进入古越语地区之后,汉语和古越语之间必然会产生激烈的斗争,同时也开始了相互影响和交融的历史,这个过程至少持续到三国时代甚至更晚。随着北方汉人的不断南下和汉族势力的迅速壮大,古越族的语言受到了中原汉语的强烈冲击,最终融化于汉语之中。在这个过程中,中原汉语对古越语的影响从无到有,从弱到强,逐渐发展。因此,从古越语到东南地区的汉语——更确切地说,到今婺州方言地区的汉语并不是一种简单的"语言转用"(language shift),而是一种"语言融合"。当然,在这场融合中,中原汉语占据了优势的位置。但是,由古越语和中原汉语融合而成的这种"汉语",不可避免地必然拥有相当数量的古越语的成分。

如上文所述,北方汉人大规模进入今婺州方言地区,最早的一次是西晋末年,最重要的一次是南宋时代。可以认为,西晋末年的那次大移民基本上奠定了婺州方言的面貌,而南宋时代的更大规模的移民则在很大程度上促进了婺州方言朝着中原汉语方向的演变,这尤其表现在像金华、兰溪等一些外来移民较多、经济文化交通较发达的城市。1992年版《金华市志》"方言"部分(郑骅雄执笔)指出,现在金华地区的方言主要有两个层次,一个是白读层次,这是"两晋时北方战乱,望族南迁"而形成的;另一个是文读层次,这是"南宋建都杭州,北方望族再次涌来,方言北方化"而造成的。(《金华市志》第1090页)这种观点不无道理。

除了宏观的方言格局的发展变化以外,在一个较小的区域内,今天的方言面貌的形成也免不了经历长期和复杂的变化。以旧汤溪县区域为例,在593个自然村中,明清时代建立的闽籍移民村有48个,赣籍移民村有8个。(曹树基1997:288)但今天仍使用非吴语的方言岛村,据笔者了解不过十来个。从方言岛最集中的塔石乡来看,据笔者对《浙江省金华市地名志》(1985)所提供的很不完备的材料的统计,主要在清代由外省外县籍的移民建立的村庄有28个(这个数字只少不多,因为有的村未交代建村历史),其中有约三分之二的村(18个村)今天已经完全放弃母语,改用当地吴语汤溪话;其余三分之一的村(10个村)对外也使用当地吴语,只在村子内部还保留使用母语。具体情况参看表1-1和图1-1。

当然,婺州方言的形成和发展仍是一个悬而未决的问题,本书无力解决这个问题。

表1-1 塔石乡的移民村和方言岛

移民来源	移民村	村数	今方言岛	村数
福建以汀州府为主	周山,鱼潭,下鱼潭,青山庵,山坑,岱上,关山头,坟岩,金牛山,大茗,白岩,交椅山,珊瑚,张村,(以下畲族)大坑,蒙坑口	16	坟岩,金牛山,大茗,白岩,交椅山,珊瑚,张村,大坑	8
浙江处州遂昌、松阳	塔石,东岭,高田,井上,桃连,岭边	6		0
浙江婺州兰溪、义乌	谷口,上阳,金台圩,银岭	4	银岭	1
浙江衢州龙游	西坞	1	西坞	1
安徽安庆	西高坪	1		0
合计		28		10

贰 方言种类和分布

婺州方言分布在浙江省金华地区的金华、汤溪、兰溪、浦江、义乌、东阳、磐安、永康、武义9个县市,具体情况参看图0-1。

在金华地区的邻近县市,也有一些零星的婺州方言分布:

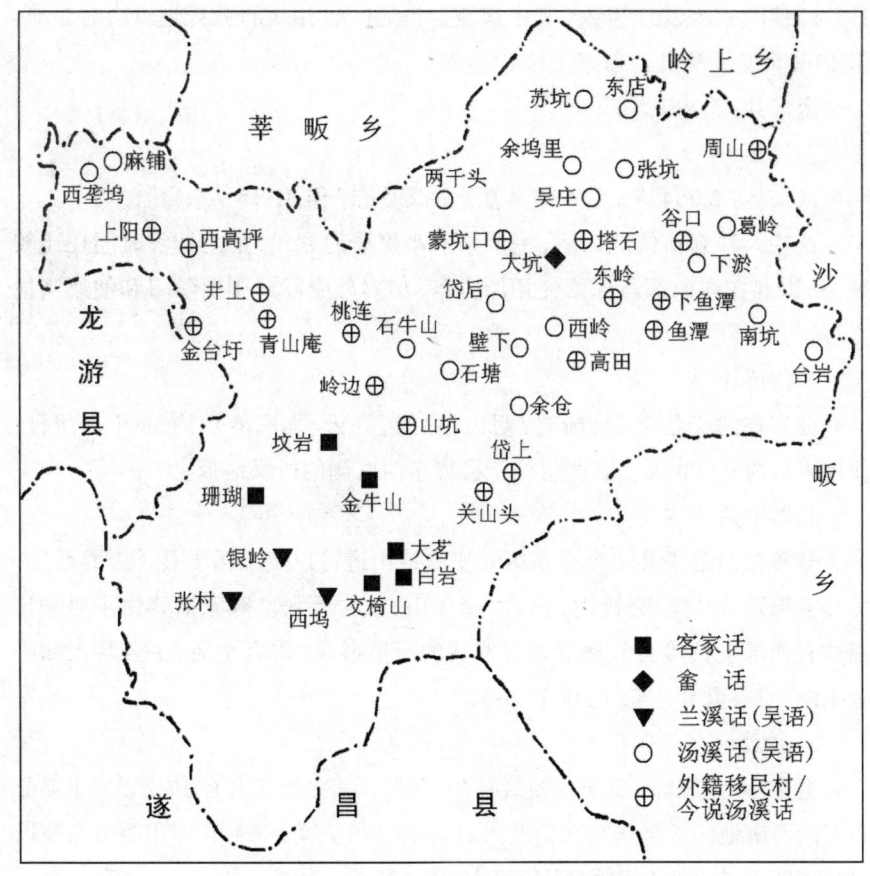

图 1-1 塔石乡方言岛的演变

1. 建德市东北角与浦江县交界的乾潭镇的原姚村乡说浦江话。
2. 建德市南部（原寿昌县）与兰溪市交界的大慈岩镇，以及航头镇的梅岭、珧塘、石木岭、宙坞源等村说兰溪话。

在婺州方言分布区域内部，还存在一些其他方言：

1. 吴语

义乌市大陈镇北部的红峰、燕窝二村使用吴语太湖片临绍小片方言。

磐安县胡宅乡使用吴语太湖片临绍小片方言，方前镇、高二乡使用吴语台州片方言。

顺便说一下，在汤溪话区域内，旧汤溪县塔石乡银岭、西坞、张村3个村说兰溪话。

2. 徽语

浙江省淳安、遂安两县（1958年合并为淳安县）使用徽语严州片方言。1956年至1970年修建新安江水库（千岛湖）期间，从淳安、遂安两县移至县外的移民多达20.7万人，其中移至金华地区的有：（行政区划以当时为准，据1990年版《淳安县志》第114页。）

金华县：5,790人。

兰溪县：339人。

武义县：2,054人。（1990年版《武义县志》作3,815人。）

这些人移到新住地以后，一般采取小聚居的方式，加上迁移时间还比较短，所以现在在内部还保留使用原方言，但对外交际时则要学习和使用当地方言。

3. 闽语

分布在武义县项店、新宅、明山、白姆、登云、西联6乡共48个自然村，使用人口约9,900人。这些村位于县境东西两侧的边缘地带。

4. 客家话

分布在旧金华县（今金东区）安地镇山道村以及旧汤溪县（今婺城区）塔石乡珊瑚、大茗、交椅山、白岩、金牛山、坟岩等村。客家话移民主要来自福建省西部上杭等县。珊瑚村客家话的历史形成、语言生活、主要特点和语音系统，可参看曹志耘（2003，2004）。

5. 畲话

据2000年统计，我国畲族共有71万人。其中浙江省有17万人，主要分布在浙西南地区。金华地区畲族人口为10,540人（1989年），主要分布在以下县市区：（据1992年版《金华市志》第123页。）

婺城区：188人。

金华县：950人。

兰溪市：2,651人。

武义县：6,729人。（占总人口的2.1%，主要分布在以柳城镇为中心的南部地区。）

旧汤溪县地区有3个畲族居住的村，其中塔石乡大坑村还使用畲话，但塔石乡蒙坑口村和汤溪镇鸽坞塔村已经不会说畲话，只会说汤溪话了。

浙江的畲族主要是从闽东连江、罗源等地逐渐辗转迁来的。据1995年版《景宁畲族自治县志》，唐永泰二年（766年），已有畲族从罗源迁居景宁，而明清两代是畲族大量迁入浙江的时代。

畲族基本上以大分散、小聚居的方式生活在浙西南地区的崇山峻岭之中。因此，他们一方面得以长期保持其独特的语言——畲话；另一方面，为了与当地汉人交际，又不得不习用当地的汉语方言。现在，这一地区的畲民一般在内部使用畲话，与当地汉人交际时说当地汉语方言。但在少数地方（如汤溪有的畲族村），畲民已经放弃畲话而完全改用当地汉语方言了。

浙江畲族所使用的畲话是一种接近客家话的汉语方言。关于浙江畲话，可参看赵则玲（2004）《浙江畲话研究》，但关于金华地区的畲话至今尚未有专门的研究成果发表。

6. 九姓渔民方言

九姓渔民主要分布在浙江省新安江、兰江、富春江（在建德境内称"七里泷"）沿岸，在新安江、衢江的上游和富春江的下游也有少量九姓渔民居住。在金华地区，主要分布在兰溪，也有少数分布在金华、汤溪的沿江地区。

九姓渔民有自己的方言，然而这种方言的来历、性质和特点尚不明了。据曹志耘对梅城附近九姓渔民的初步调查，其方言与梅城一带的方言有同有异。例如，严州各地方言均不分尖团，而九姓渔民方言则分尖团，即为其显著的特点。关于九姓渔民及其方言的语音特点，可参看曹志耘（1997a，1999）。

各县境内方言岛的分布情况见表 1-2（吴语除外）。

表 1-2 金华地区内方言岛一览表

县市	乡镇村	方言岛	资料来源
金华	不详	徽语	曹志耘（2002）
	安地镇山道村	客家话	曹志耘调查
	雅畈镇等南部山区	畲话	曹志耘调查
	城里	九姓渔民方言	黄晓东调查
汤溪	塔石乡珊瑚、交椅山、白岩、大茗、金牛山、坟岩6村	客家话	曹志耘（2003）
	塔石乡大坑村	畲话	曹志耘调查
	洋埠镇	九姓渔民方言	黄晓东调查
兰溪	不详	徽语	曹志耘（2002）
	水亭畲族乡等乡镇	畲话	黄晓东调查
	城里	九姓渔民方言	黄晓东调查
武义	大田、王宅、桃溪滩、邵宅4乡镇共24个自然村	徽语	1990年版《武义县志》
	项店、新宅、明山、白姆、登云、西联6乡共48个自然村	闽语	1990年版《武义县志》
	主要分布在以柳城镇为中心的南部地区	畲话	1990年版《武义县志》

第二节　婺州方言的调查研究

关于历史上婺州方言的情况，今天只能从地方志里看到一些零碎的记录（参看图 1-2）。由于地方志编纂者通常不具备语言学方面的专业知识，所以这些记录的价值有限。

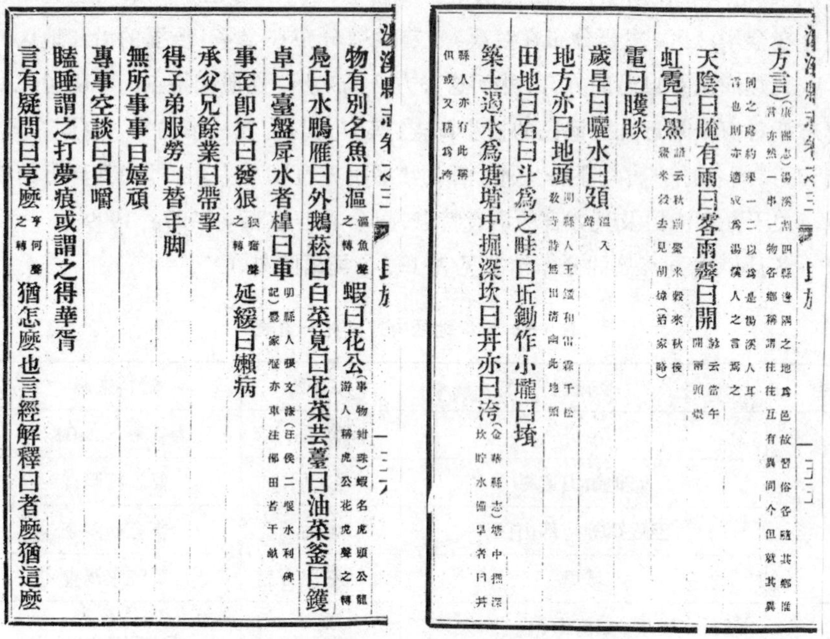
(方言)
天陰曰腌有雨曰客雨霽曰開
虹霓曰鱟
電曰矆睒
歲旱曰曬水曰頞
地方亦曰地頭
田地曰石曰斗爲之畦曰垳鋤作小壠曰埼
築土遏水爲塘塘中掘深坎曰井亦曰洿
物有別名魚曰漚 蝦曰花公
鳧曰水鴨雁曰外鵝菘曰白菜莧曰花菜芸薹曰油菜釜曰鑊
卓曰臺盤戽水者槔曰車
事至即行曰發狠 延緩曰嬾病
承父兄餘業曰帶挈
得子弟服勞曰替手脚
無所事事曰嬉頑
專事空談曰白嚼
瞌睡謂之打夢痕或謂之得華胥
言有疑問曰亨麼 猶怎麼也言經解釋曰者麼猶這麼

图 1-2　1931 年版《汤溪县志》里的方言部分

近代以来，来华的西方传教士为了在汉语方言地区顺利传教，编印了大量用各地方言转写的《圣经》和其他宗教读物。用婺州方言转写的作品，目前知道的主要有两种：（游汝杰 2002：58，109，173）

1.*Iah-'æn Djüa Foh-ing Shü*（《约翰福音》），由美国浸礼传教士联盟的 H. Jenkins（中文名秦贞、秦镜）从 1860 年开始在宁波翻译，大美国圣经会 1866 年在上海出版，共 118 页。该书把 *Iah-'æn Djüa Foh-ing Shü* 翻译成当时的金华城里话，并用罗马字书写，是婺州方言不可多得的历史材料。（参看图 1-3，由游汝杰先生惠借复印。）

2.*A First-reader of the Kinhwa Dialect with the Mandarin in Parallel Columns*（《金华方言读本》），American Baptist Missionary Union, Printed at the Barber Baptist Mission Press，1898 年在绍兴出版，共 46 页。该书以《马可传福音书》中译本为蓝本，按照金华城里话，用罗马字注出每个汉字的读

音，是一种方言课本。其中有很多以训读方式来注音，例如把"说"字注成"kang"。对研究金华话语音和词汇都有重要价值。（参看图1-4，由游汝杰先生惠借复印。）

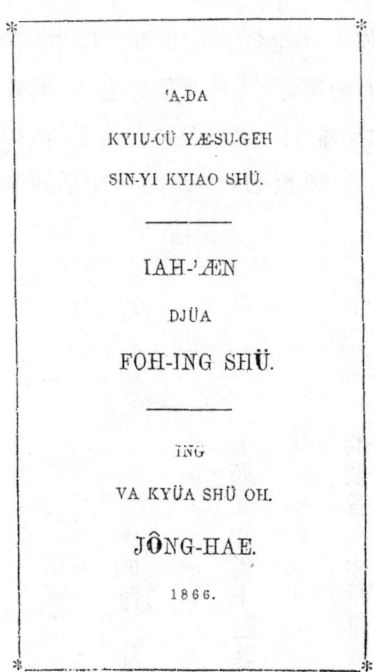

图1-3 金华方言版《约翰福音》

最早以现代科学方法调查研究婺州方言的，无疑当首推中国现代语言学的开山鼻祖赵元任先生。80多年以前，赵元任先生在调查吴语的时候，记录了金华、永康两个地点的方言。关于婺州方言的语音特点，赵元任（1956：85-86）描写道：

华．'b, d'有少数几个字的白话音（半白，打白）用 m, n (cf.康）。'o'韵一部分（家白）读 uö。'au, ou'韵音近官话。'ei, an, on, ù, uo, uan, uon, ien3,11, iuon, aq 一部分，uaq, ueq 一部分，几韵（梅，三，安，多，瓜，千等）在别处都没有文白之分的，在金华都有文白两种读法。

康．'b, d'在口音韵尾的韵（巴，单），读真带音的 [b, d]，而且音很长，在鼻音韵尾的韵（邦，登）变作 m, n（但声调方面仍属阴类）。'g'系齐撮只半腭化，只到德文 geben, Kiel 的 g, k 的程度，不在很前，也不变破裂摩擦音。'y'韵（知，试）一部分读 i。'a'韵（买，败）大半变读 ia。'au, ou'韵（老，口）复合音甚清楚，近国音。庚耕陌

15

麦韵一律读 ai。'ua'（瓜）读撮口。觉铎药韵读 au，昔职德韵读 ei，所以古 -k 尾字大半变 -u，-i 尾。（比较国语白话音）。上入声调不容易分。

自 1957 年至 1966 年，浙江省方言工作者在全省方言普查工作中，曾对金华地区的方言做过多次调查（调查者有傅国通、方松熹等先生）。调查结果后来汇集成《浙江方音集》（1959 年油印本）、《浙江吴语分区》（1985 年）、《浙江方言词》（1992 年）等。此外，在 20 世纪 60 年代，永康话的语音材料被收入《汉语方言概要》一书。

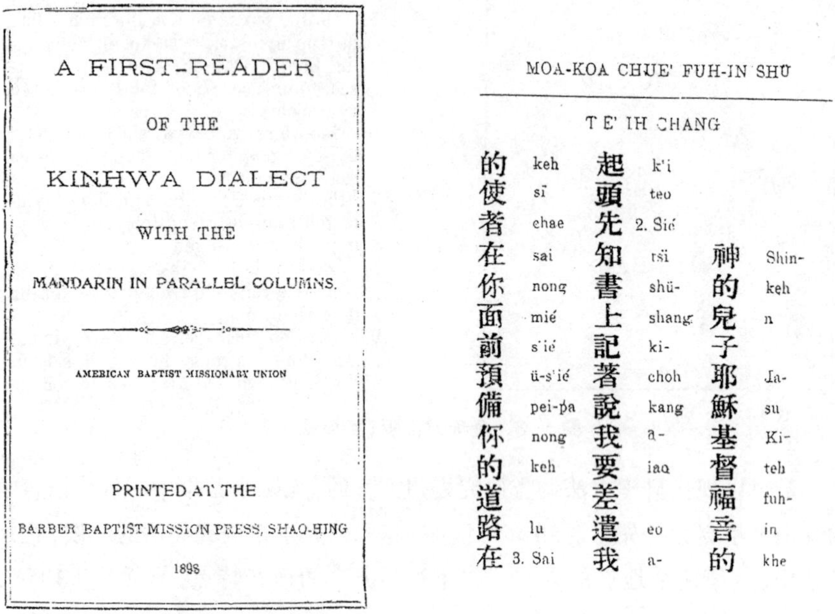
A FIRST-READER

OF THE

KINHWA DIALECT

WITH THE

MANDARIN IN PARALLEL COLUMNS.

AMERICAN BAPTIST MISSIONARY UNION

PRINTED AT THE

BARBER BAPTIST MISSION PRESS, SHAO-HING

1898

MOA-KOA CHUE' FUH-IN SHU

T E' IH CHANG

神的兒子耶穌基督福音的 Shin-keh n Ja-su Ki-teh fuh-in khe

起頭先知書上記著說我要差遣我 k'i teo 2. Sié tsï shü-shang ki-choh kang a-iao eo a-

的使者在你面前預備你的道路在 keh sï chae sai nong mié s'ié ü-s'ié pei-pa nong keh lu 3. Sai

图 1–4 《金华方言读本》

在近半个世纪里，致力于婺州方言调查并发表研究成果的学者主要有傅国通（武义话）、郑骅雄（永康话、金华话）、金有景（义乌话）、方松熹（义乌话）、曹志耘（汤溪话、金华话）、黄晓东（金华话）、孙宜志（金华话）、施俊（义乌话）等。

迄今为止，已经发表的研究婺州方言的论文约有 148 篇（详见下文第三节），已经出版的专著有：

曹志耘《金华方言词典》，江苏教育出版社，1996 年。

曹志耘《南部吴语语音研究》，商务印书馆，2002 年。

曹志耘《汤溪方言民俗图典》，语文出版社，2014 年。

方松熹《义乌方言研究》，浙江省新闻出版局，2000年。

秋谷裕幸、赵日新、太田斋、王正刚《吴语兰溪东阳方言调查报告》，平成13-15年度科学研究费基盘研究（B）"历史文献データと野外データの综合を目指した汉语方言史研究（2）"研究成果报告书第2分册，2002年。

自2000年以来，中日两国部分学者联合开展了对婺州方言的调查研究。参加调查的人员包括曹志耘、秋谷裕幸、黄晓东、太田斋、赵日新、刘祥柏、王正刚以及张世方、郭利霞、张永勤、王文胜等。调查地点包括金华、汤溪、兰溪、浦江、义乌、东阳、磐安、永康、武义，其中金华、浦江、义乌、磐安调查的是城里方言，汤溪、兰溪、东阳、永康、武义调查的是乡下方言。

调查内容包括以下几个方面：

1. 语音：《方言调查字表》，连读调，小称音。此外还根据当地方言实际情况，增加了《方言调查字表》中未收的10个字：糊，鳝，箕粪~，䀹睡，藻浮萍，甑，碏，箸，蕈，屄精液。

2. 词汇：600个必查条目，与《吴语处衢方言研究》完全相同，其中前面的454条与《严州方言研究》《徽州方言研究》完全相同。

3. 语法：100个必查条目，其中前面的79条与《严州方言研究》《徽州方言研究》完全相同，前面的94条与《吴语处衢方言研究》完全相同，最后的6条（即95-100条）是从婺州方言的具体特点出发而增补的。

实际调查时，各地点词汇、语法的调查条目均超出上述必查条目。如果算上以前的工作，有些地点的调查已经相当深入。

所有地点都是实地调查，每个点都经过多次调查和补充核实，有些点由几名调查人员合作调查。调查对象均为当时60岁左右或60岁以上的地道的当地方言发音人，一个点至少调查了两名以上的发音人。

考虑到篇幅、排版等方面的因素，本书选取7个点来介绍婺州方言。兰溪大部分地区的方言与金华比较接近，而我们调查的诸葛镇位于婺州方言地区的边缘，与徽语严州片接壤，方言具有过渡和混杂的特点。诸葛话的语音、词汇、语法例句已收入《吴语兰溪东阳方言调查报告》一书，本书不取兰溪点。对义乌话，金有景、方松熹等先生曾做过较深入的研究，已有专著《义乌方言研究》和多篇论文发表，义乌点的材料也不收入本书。这样，本书所收的7个方言地点如下：金华、汤溪、浦江、东阳、磐安、永康、武义。不过，在语音特点、词汇特点和语法特点部分，也会涉及兰溪、义乌方言的一些现象。

第三节　婺州方言的研究文献

所有文献按内容分为 10 类，每类内部的篇目按作者姓名音序排列，同一作者的文献按发表时间的先后排列。为节省篇幅，已收入"通论"的文献不再在后面相关的分地文献里重新列出。前加"*"号者，笔者尚未目睹，兹据有关文献采录。

一　通论

1. 专著

曹志耘《南部吴语语音研究》，商务印书馆，2002 年。

丁邦新、张双庆编《闽语研究及其与周边方言的关系》，中文大学出版社，2002 年。

复旦大学中国语言文学研究所吴语研究室编《吴语论丛》，上海教育出版社，1988 年。

傅国通、方松熹、蔡勇飞、鲍士杰、傅佐之《浙江吴语分区》，浙江省语言学会《语言学年刊》第 3 期方言专刊，《杭州大学学报》1985 年增刊。

傅国通、方松熹、傅佐之《浙江方言词》，浙江省语言学会，1992 年。

金华市地方志编纂委员会《金华市志》第四十编第三章"方言"（郑骅雄执笔），第 1089-1094 页，浙江人民出版社，1992 年。

金华市地方志编纂委员会《金华年鉴（2004）》，中华书局，2004 年。

金华市地名办公室《浙江省金华市地名志》（内部资料），金华市地名委员会办公室，1985 年。

钱乃荣《当代吴语研究》，上海教育出版社，1992 年。

上海市语文学会、香港中国语文学会编《吴语研究》（第二届国际吴方言学术研讨会论文集），上海教育出版社，2003 年。

王　力《江浙人怎样学习普通话》，文化教育出版社，1955 年。

徐云扬编《吴语研究》（新亚学术集刊第 11 期），香港中文大学新亚书院，1995 年。

颜逸明《吴语概说》，华东师范大学出版社，1994 年。

游汝杰《西洋传教士汉语方言学著作书目考述》，黑龙江教育出版社，2002 年。

Yu, Zhiqiang *The Wu Dialects as a Problem in Classification*, University of Washington, Ph.D. 1996 年。

赵元任《现代吴语的研究》，清华学校研究院丛书第 4 种，1928 年；科学出版社，1956年。

赵则玲《浙江畲话研究》，浙江人民出版社，2004年。

浙江省推广普通话工作委员会、杭州大学中文系《浙江方音集》，油印本，1959年。

中国社会科学院、澳大利亚人文科学院《中国语言地图集》B9"吴语"，香港朗文出版（远东）有限公司，1988年。

中国社会科学院语言研究所、中国社会科学院民族学与人类学研究所、香港城市大学语言资讯科学研究中心编《中国语言地图集》（第2版），商务印书馆，2012年。

2. 论文

Ballard, William L. "Pig; Tone Sandhi and Wumin", *Cahiers de Linguistique Asie Orientale* 18-2，第163-182页，1989年。

蔡勇飞《吴语的边界和南北分区》，《方言》1984年第1期。

蔡勇飞《浙江方言词汇内部差异例述》，《杭州师院学报》（社会科学版）1986年第2期。

曹志耘《汉语方言里表示动作次序的后置词》，《语言教学与研究》1998年第4期。

曹志耘《皖浙赣闽交界地区的方言》，《第六届闽方言国际研讨会会议论文集》，第142-155页，香港，1999年。

曹志耘《老吴语和新吴语》，第二届国际吴方言学术研讨会论文，江苏苏州，2001年3月。

曹志耘《吴语特征图》，第五届国际吴方言学术研讨会论文，江苏常州，2008年11月。

曹志耘《南部吴语的小称》，《语言研究》2001年第3期。

曹志耘《小称调的泛化现象》，中国东南部方言比较研究第九届国际研讨会论文，浙江杭州，2002年3月。

曹志耘《汉语方言古入声的内部分化》，国际中国语言学学会第11届年会论文，日本名古屋，2002年8月。

曹志耘《气流分调与韵尾分调》，两岸青年汉语方言考察研讨会论文，北京，2002年11月。

曹志耘《东南方言里动词的后置成分》，《东方语言与文化》，第302-326页，东方出版中心，2002年。

曹志耘《南部吴语语音的共性和差异》，《闽语研究及其与周边方言的关系》，第65-72页，中文大学出版社，2002年。

曹志耘《吴徽语入声演变的方式》,《中国语文》2002年第5期。

曹志耘《南部吴语的全浊声母》,《吴语研究》(第二届国际吴方言学术研讨会论文集),第218-222页,上海教育出版社,2003年。

曹志耘《汉语方言中的韵尾分调现象》,《中国语文》2004年第1期。

曹志耘、黄晓东《吴徽语区内的方言岛》,国家疆界与文化图像国际学术会议论文,新加坡,2004年6月。

曹志耘《论方言岛的消亡——以吴徽语区为例》,第四届全国社会语言学学术研讨会论文,北京,2004年10月。

曹志耘《论方言岛的形成和消亡——以吴徽语区为例》,第三届中国社会语言学国际学术研讨会,江苏南京,2004年12月。

曹志耘《浙江省的汉语方言》,《方言》2006年第3期。

陈兴伟《婺州方言的动态助词》,《浙江师大学报》(社会科学版)1998年第3期。

陈忠敏《论吴语闽语两种表小称义的语音形式及来源》,《大陆杂志》第85卷第5期,第35-39页,1992年。

陈忠敏《方言间的层次对应——以吴闽语虞韵读音为例》,《闽语研究及其与周边方言的关系》,第73-84页,中文大学出版社,2002年。

丁邦新《吴语中的闽语成分》,《"中央研究院"历史语言研究所集刊》第59本第1分,第13-22页,1988年。

丁邦新《从特字看吴闽关系》,《闽语研究及其与周边方言的关系》,第85-94页,中文大学出版社,2002年。

方松熹《浙江吴方言里的儿尾》,《中国语文》1993年第2期。

傅国通《浙江方言语法的一些特点》,《杭州大学学报》(哲社版)1978年第2期。

傅国通《浙中吴语帮端母读音问题综述》,《吴语研究》(第二届国际吴方言学术研讨会论文集),第223-224页,上海教育出版社,2003年。

黄晓东《吴徽语古上声的演变》,首届音韵与方言青年学者论坛论文,上海,2013年3月。

黄晓东《吴语婺州方言古入声的演变》,第二届音韵与方言青年学者论坛论文,山西太原,2014年3月。

黄晓东《吴语婺州方言的人称代词》,首届吴语语法研讨会论文,浙江杭州,2014年5月。

金有景《关于浙江方言中咸山两摄三四等字的分别》,《语言研究》1982年第1期。

李如龙《论闽语与吴语、客赣语的关系》,《闽语研究及其与周边方言的关系》,第 27-46 页,中文大学出版社,2002 年。

马　晴《吴语婺州片语音研究》,上海师范大学硕士学位论文,2008 年。

梅祖麟《现代吴语和"支脂鱼虞,共为不韵"》,《中国语文》2001 年第 1 期。

潘悟云《吴语形成的历史背景》,《温州师专学报》(社会科学版)1985 年第 4 期。

潘悟云《吴语的语音特征》,《温州师专学报》(社会科学版)1986 年第 2 期。

潘悟云《吴语的语法、词汇特征》,《温州师专学报》(社会科学版)1986 年第 3 期。

潘悟云《吴语中麻韵与鱼韵的历史层次》,《闽语研究及其与周边方言的关系》,第 47-64 页,中文大学出版社,2002 年。

Pan, Wuyun "An Introduction to the Wu Dialects", *Languages and Dialects of China* (*Journal of Chinese Linguistics* Monograph Series Number 3),第 237-293 页,1991 年。

潘悟云《"囡"所反映的吴语历史层次》,《语言研究》1995 年第 1 期。

潘悟云、陈忠敏《释侬》,*Journal of Chinese Linguistics* 23-2,第 129-147 页,1995 年。

潘悟云《浙南吴语与闽语——语音部分之一》,《第六届闽方言国际研讨会会议论文集》,第 271-286 页,香港,1999 年。

平田昌司《吴语帮端母古读考(上)》,日本《均社论丛》1983 年第 14 期,第 18-30 页。

平田昌司《吴语帮端母古读考(下)》,日本《均社论丛》1984 年第 15 期,第 22-26 页。

平田直子《吴方言に於ける宕摄知组字について》,日本《中国语学》1997 年第 244 期,第 141-149 页。

钱乃荣《也谈吴语的语法、词汇特征》,《温州师范学院学报》(社会科学版)1987 年第 3 期。

钱乃荣《吴语声调系统的类型及其变迁》,《语言研究》1988 年第 2 期。

钱乃荣《古吴语的构拟(一)》,日本《开篇》第 7 期,第 1-9 页,1990 年。

钱乃荣《古吴语的构拟(二)》,日本《开篇》第 8 期,第 74-83 页,1991 年。

钱乃荣《古吴语的构拟(三)》,日本《开篇》第 9 期,第 56-65 页,1992 年。

秋谷裕幸《闽语和其他南方方言的齐韵开口字》,《闽语研究及其与周边方言的关系》，第 95-104 页，中文大学出版社，2002 年。

邵慧君《吴语、粤语小称变音与儿尾》，《恭贺詹伯慧教授六六华诞·汉语方言论文集》，第 112-141 页，现代教育研究社，1997 年。

施　俊《南部吴语韵母的历史层次及其演变》，浙江大学博士学位论文，2013 年。

施　俊《论南部吴语支脂之韵的读音层次》，《中国语文》2014 年第 5 期。

孙宜志《南部吴语古假摄二等字今读类型及相关音变》，《方言》2012 年第 2 期。

陶　寰《吴闽语比较二则》，《第六届闽方言国际研讨会会议论文集》，第 227-231 页，香港，1999 年。

Ting, Pang-Hsin "A Min Substratum in the Wu Dialects"，《吴语研究》（新亚学术集刊第 11 期），第 11-20 页，香港中文大学新亚书院，1995 年。

未署名《吴语的边界和分区》，《方言》1984 年第 4 期。

许宝华《现代吴语及其近年来的研究》，日本《中国语学》第 233 期，第 5-13 页，1986 年。

许帆婷《浙江中部吴语比较研究》，北京大学硕士学位论文，2011 年。

颜逸明《吴语区人口的再统计》，《中国语文》1988 年第 4 期。

颜逸明《吴语分区论衡》，《吴语研究》（新亚学术集刊第 11 期），第 21-34 页，香港中文大学新亚学院，1995 年。

游汝杰《吴语里的反复问句》，《中国语文》1993 年第 2 期；又载《游汝杰自选集》，第 97-121 页，广西师范大学出版社，1999 年。

游汝杰《吴语里的人称代词》，《吴语和闽语的比较研究》（中国东南方言比较研究丛书第一辑），第 32-49 页，上海教育出版社，1995 年；又载《游汝杰自选集》，第 122-140 页，广西师范大学出版社，1999 年。

游汝杰《吴语的音韵特征》，日本《开篇》第 15 期，第 98-113 页，1997 年；又载《游汝杰自选集》，第 47-67 页，广西师范大学出版社，1999 年。

游汝杰《吴语里的汉台语合璧词》，《游汝杰自选集》，第 227-245 页，广西师范大学出版社，1999 年。

游汝杰《吴语内部各片的音韵对应》，《吴语研究》（第二届国际吴方言学术研讨会论文集），第 2-8 页，上海教育出版社，2003 年。

游汝杰、周振鹤《方言地理和历史行政地理的密切关系——以浙江方言区分为例》，《复旦学报》（社会科学版）1984 年第 2 期。

张光宇《吴闽方言关系试论》，《中国语文》1993 年第 3 期。

郑张尚芳《关于吴语的人口》，《中国语文》1988 年第 4 期。

郑张尚芳《浙南和上海方言中的紧喉浊塞音声母 ʔb、ʔd 初探》,《吴语论丛》,第 232-237 页,上海教育出版社,1988 年。

郑张尚芳《浙西南方言的 tɕ 声母脱落现象》,《吴语和闽语的比较研究》(中国东南方言比较研究丛书第一辑),第 50-74 页,上海教育出版社,1995 年。

郑张尚芳《闽语与浙南吴语的深层联系》,《闽语研究及其与周边方言的关系》,第 17-26 页,中文大学出版社,2002 年。

二　金华

American Baptist Missionary Union *A First-reader of the Kinhwa Dialect with the Mandarin in Parallel Columns*(《金华方言读本》), Printed at the Barber Baptist Mission Press, 绍兴, 1898 年。

曹志耘《金华方言词典引论》,《方言》1994 年第 4 期。

曹志耘《金华方言词典》,江苏教育出版社,1996 年。

傅惠钧《读〈金华方言词典〉》,《方言》1997 年第 4 期。

Jenkins, H. *Iah-'æn Djüa Foh-ing Shü*(《约翰福音》), 大美国圣经会, 上海, 1866 年。

金华市婺城区志编纂委员会《金华市婺城区志》第四十七卷"方言"(曹志耘执笔),第 1367-1388 页,方志出版社,2011 年。

金华县志编纂委员会《金华县志》第二十三编第一章"方言"(郑骅雄执笔),第 669-691 页,浙江人民出版社,1992 年。

秋谷裕幸、曹志耘、黄晓东、刘祥柏、蔡嵘《浙南七县市吴方言音系》(讨论稿),日本学术振兴会平成 14-16 年度基盘研究(B)"吴语婺州方言群・瓯江方言群の调查研究"研究成果报告书,2005 年。

孙宜志《金华市区方言的语音特点》,《浙江教育学院学报》2009 年第 6 期。

孙宜志《金华方言"蚯蚓"的称谓》,《浙江外国语学院学报》2013 年第 5 期。

孙宜志《金华方言咸山摄入声字的读音补议》,《吴语研究》(第七届国际吴方言学术研讨会论文集),第 143-147 页,上海教育出版社,2014 年。

王丽君《浙江金华市孝顺镇方言音系》,浙江师范大学硕士学位论文,2011 年。

吴　莺《金华方言与普通话语码转换之社会语言学分析》,宁波大学硕士学位论文,2012 年。

杨　蓓《吴语五地词汇相关度的计量研究》,《吴语研究》(第二届国际吴方言学术研讨会论文集),第 65-73 页,上海教育出版社,2003 年。

杨　曼《金华方言阳声韵今读类型及其演变》，浙江师范大学硕士学位论文，2012年。

约　斋《金华方音与北京语音的对照》，《方言与普通话集刊》（第五本），第98-103页，文字改革出版社，1958年。

*辎　轩《金华音系》，《东南》1943年第1卷第2、4期。

张根芳《金华古言话》，中国文史出版社，2006年。

张根芳《金华古言话》（第二版），中国文史出版社，2013年。

赵思思《金华市白龙桥镇居民语言现状考察》，浙江师范大学硕士学位论文，2013年。

赵则玲《"金华普通话"探微》，《浙江师大学报》（社会科学版）1996年第5期。

赵则玲《金华官话初探》，《吴语研究》（第二届国际吴方言学术研讨会论文集），第305-309页，上海教育出版社，2003年。

郑骍雄《金华方言的文白异读》，浙江省语言学会《语言学年刊》第1期，第189-197页，1982年。

周润年《析金华"地方普通话"》，《浙江师大学报》（社会科学版）1990年第3期。

朱加荣《金华方言的儿化》，《语言学论丛》第17辑，第155-169页，商务印书馆，1992年。

三　汤溪

曹志耘《汤溪话的几个语音问题》，《1981年"五四"学生科学讨论会得奖论文集》（社会科学版），第22-49页，山东大学，1981年。

曹志耘《金华方言的几种句式》，《山东大学研究生首届科学讨论会论文集》（文科版），第110-113页，山东大学研究生处，1985年。

曹志耘《金华（岩下）方言》，山东大学硕士学位论文，1985年。

曹志耘《金华（岩下）方言》，《山东大学硕士学位论文摘要汇编（文科版1985）》，第27-31页，山东大学研究生处，1986年。

曹志耘《金华汤溪方言的词法特点》，《语言研究》1987年第1期。

曹志耘《金华方言的句法特点》，《中国语文》1988年第4期。

曹志耘《金华汤溪方言帮母端母的读音》，《方言》1990年第1期。

曹志耘《金华汤溪方言词汇（一）》，《方言》1993年第1期。

曹志耘《金华汤溪方言词汇（二）》，《方言》1993年第2期。

曹志耘《金华汤溪方言的"无字词"》，全国汉语方言学会第八届学术讨论会论文，湖北武汉，1995年10月。

曹志耘《金华汤溪方言的体》,《动词的体》(中国东南方言比较研究丛书第二辑),第 285-301 页,香港中文大学中国文化研究所吴多泰中国语文研究中心,1996 年。

曹志耘《金华方言词典》,江苏教育出版社,1996 年。

曹志耘《金华汤溪方言的动词谓语句》,《动词谓语句》(中国东南方言比较研究丛书第三辑),第 39-57 页,暨南大学出版社,1997 年。

曹志耘《金华汤溪方言的介词》,《介词》(中国东南部方言比较研究丛书第五辑),第 60-77 页,暨南大学出版社,2000 年。

曹志耘《金华汤溪方言的"得"》,《语言研究》2001 年第 2 期。

曹志耘《浙江金华珊瑚村方言状况》,《中国社会语言学》2003 年第 1 期(创刊号)。

曹志耘《浙江金华珊瑚客家话音系》,《方言》2004 年第 3 期。

曹志耘《吴语汤溪方言的否定词——兼与若干方言比较》,日本中国语学会第 54 回全国大会论文,日本京都,2004 年 11 月。

曹志耘《吴语汤溪方言合变式小称调的功能》,《中国语文》2011 年第 4 期。

曹志耘《汤溪方言文化典藏图册·元宵节》,《开篇》单刊 No.15(《太田斋、古屋昭弘两教授还历纪念中国语学论集》),第 294-299 页,东京:好文出版,2013 年。

曹志耘《汤溪方言文化典藏图册·春节》,《吴语研究》(第七届国际吴方言学术研讨会论文集),第 372-384 页,上海教育出版社,2014 年。

曹志耘《汤溪方言民俗图典》,语文出版社,2014 年。

傅根清《汤溪方言本字考》,《方言》2001 年第 3 期。

金华县志编纂委员会《金华县志》第二十三编第一章"方言"(郑骅雄执笔),第 669-691 页,浙江人民出版社,1992 年。

秋谷裕幸、曹志耘、黄晓东、刘祥柏、蔡嵘《浙南七县市吴方言音系》(讨论稿),日本学术振兴会平成 14-16 年度基盘研究(B)"吴语婺州方言群·瓯江方言群的调查研究"研究成果报告书,2005 年。

野原将挥、秋谷裕幸《也谈来自上古 *ST- 的书母字》,《中国语文》,2014 年第 4 期。

四 兰溪

兰溪市志编纂委员会《兰溪市志》第十二编第六章"方言"(郑骅雄执笔),第 692-717 页,浙江人民出版社,1988 年。

卢小彦《浙江兰溪方言助词研究》,浙江师范大学硕士学位论文,2010 年。

秋谷裕幸、赵日新、太田斋、王正刚《吴语兰溪东阳方言调查报告》，平成13-15年度科学研究费基盘研究（B）"历史文献データと野外データの综合を目指した汉语方言史研究（2）"研究成果报告书第2分册，2002年。

徐晓庆《浙江兰溪方言副词研究》，北京语言大学硕士学位论文，2013年。

赵则玲《浙江兰溪方言音系》，《宁波大学学报》（人文科学版）2003年第4期。

赵则玲、陶寰《兰溪方言语音的主要特点》，《浙江师大学报》（社会科学版）1999年第6期。

五 浦江

浦江县县志编纂委员会《浦江县志》第二十卷第一章"方言"（郑骅雄执笔，张世禄校）第587-606页，浙江人民出版社，1990年。

秋谷裕幸、曹志耘、黄晓东、刘祥柏、蔡嵘《浙南七县市吴方言音系》（讨论稿），日本学术振兴会平成14-16年度基盘研究（B）"吴语婺州方言群・瓯江方言群の调查研究"研究成果报告书，2005年。

张益民《浦江方言内涵探究：回溯非物质文化遗产》，中国书籍出版社，2013年。

六 义乌

陈望道《表示动作延续的两种方式》，《陈望道语文论集》，第300-306页，上海教育出版社，1997年。

陈望道《说存续表现的两式三分》，《陈望道语文论集》，第315-321页，上海教育出版社，1997年。

陈望道《一种方言的语尾变化》，《陈望道语文论集》，第326-327页，上海教育出版社，1997年。

陈兴伟《义乌方言量词前指示词与数词的省略》，《中国语文》1992年第3期。

陈兴伟《从义乌方言看现代汉语的"V・de"结构及"de"的性质》，《浙江师范大学学报》（社会科学版）2002年第5期。

方松熹《浙江义乌方言里的"n"化韵》，《中国语文》1986年第6期；又载《吴语论丛》，第249-255页，上海教育出版社，1988年。

*方松熹《义乌话里的几种特殊的语音现象》，浙江省语言学会《语言学年刊》第3期，《杭州大学学报》1985年增刊，第132-135页。

方松熹《义乌方言研究》，浙江省新闻出版局，2000年。

方松熹《义乌话里的一些读音问题》,《吴语研究》(第二届国际吴方言学术研讨会论文集),第290-295页,上海教育出版社,2003年。

*金有景《苏州、义乌数词的语音特点》,《中国语文》1961年第5期。

金有景《义乌话里咸山两摄三四等字的分别》,《中国语文》1964年第1期。

金有景《〈义乌话里咸山两摄三四等字的分别〉一文的补正》,《中国语文》1980年第5期。

金有景《汉语的"序量组合"与"基量组合"》,《语言教学与研究》2000年第2期。

李　荣《汉语方言调查手册》,第139-140页,科学出版社,1957年。

施　俊《关于义乌方言"n"化元音时长的讨论》,《中国语文》2009年第6期。

施　俊《义乌方言声调研究》,暨南大学硕士学位论文,2010年。

施　俊《浙江义乌方言入声舒化探析》,《方言》2012年第1期。

施　俊《论婺州片吴语的第一人称代词——以义乌方言为例》,《中国语文》2013年第2期。

施　俊《义乌方言两字组连读变调》,《吴语研究》(第七届国际吴方言学术研讨会论文集),第148-159页,上海教育出版社,2014年。

侍建国《义乌话的[n]尾韵及其音变》,《吴语研究》(第二届国际吴方言学术研讨会论文集),第296-304页,上海教育出版社,2003年。

徐丽华《义乌方言的人称代词》,日本《开篇》第20期,第211-214页,2000年。

义乌县志编纂委员会《义乌县志》第三十一篇"风俗·方言·宗教"(其中"方言"部分由方松熹执笔),第590-598页,浙江人民出版社,1987年。

郑骅雄《义乌、吕四方言中的鼻腔塞、擦音》,《浙江师大学报》(社会科学版)1987年第4期。

七　东阳

东阳市地方志编纂委员会《东阳市志》第五卷"方言"(傅国通、陈锡邦执笔),第129-153页,汉语大词典出版社,1993年。

秋谷裕幸、赵日新、太田斋、王正刚《吴语兰溪东阳方言调查报告》,平成13-15年度科学研究费基盘研究(B)"历史文献データと野外データの综合を目指した汉语方言史研究(2)"研究成果报告书第2分册,2002年。

秋谷裕幸《吴语处衢方言中三等字读作洪音的现象》,《语言暨语言学》专刊外编之二《汉语史研究:纪念李方桂先生百年冥诞论文集》(丁邦新、余霭芹编），第 307-339 页，台北"中央研究院"语言学研究所 / 美国华盛顿大学，2005 年。

赵辉贤《东阳语音初步研究》，《语文知识》1956 年第 9、11、12 期。

八　磐安

楼敏盛、陈舜孟《磐安方言的发展趋势及对推广普通话的影响》，《长春理工大学学报》（综合版），2006 年第 3 期。

磐安县志编纂委员会《磐安县志》第二十五卷第一章"方言"，第 511-518 页，浙江人民出版社，1993 年。

秋谷裕幸、曹志耘、黄晓东、刘祥柏、蔡嵘《浙南七县市吴方言音系》（讨论稿），日本学术振兴会平成 14-16 年度基盘研究（B）"吴语婺州方言群·瓯江方言群の调查研究"研究成果报告书，2005 年。

九　永康

杜高印《永康话常用量词》，《吴语论丛》，第 304-311 页，上海教育出版社，1988 年。

秋谷裕幸《吴语的深臻摄开口三等字和曾梗摄开口三四等字》，《吴语研究》（第二届国际吴方言学术研讨会论文集），第 9-14 页，上海教育出版社，2003 年。

秋谷裕幸《吴语处衢方言中三等字读作洪音的现象》，《语言暨语言学》专刊外编之二《汉语史研究：纪念李方桂先生百年冥诞论文集》（丁邦新、余霭芹编），第 307-339 页，台北"中央研究院"语言学研究所 / 美国华盛顿大学，2005 年。

秋谷裕幸、曹志耘、黄晓东、刘祥柏、蔡嵘《浙南七县市吴方言音系》（讨论稿），日本学术振兴会平成 14-16 年度基盘研究（B）"吴语婺州方言群·瓯江方言群の调查研究"研究成果报告书，2005 年。

野原将挥、秋谷裕幸《也谈来自上古 *ST- 的书母字》，《中国语文》，2014 年第 4 期。

永康县志编纂委员会《永康县志》第二十七编第一章"方言"，第 672-691 页，浙江人民出版社，1991 年。

袁家骅等《汉语方言概要》（第二版），第 79-86 页，文字改革出版社，1983 年。

十　武义

傅国通《武义话里的一些语音、语法现象》，《中国语文》1961 年第 9 期。

傅国通《武义话里的"头"》，浙江省语言学会《语言学年刊》第 1 期，第 198-201 页，1982 年。

傅国通《武义方言的连读变调》,《方言》1984年第2期。

傅国通《武义方言数词和量词的变调》,《方言》1988年第2期。

傅国通《武义话的"二"和"两"》,《吴语论丛》,第289-291页,上海教育出版社,1988年。

傅国通《武义方言数量词的变调》,《中国语言学报》第4期,第15-23页,商务印书馆,1991年。

柳城镇志编纂办公室《武义柳城镇志》第六编第一章"柳城话"(傅国通执笔),第209-234页,浙江人民出版社,1989年。

秋谷裕幸《吴语处衢方言中果摄一等字的白读音》,《庆谷寿信教授记念中国语学论集》(庆谷寿信教授记念中国语学论集刊行会编),第1-8页,东京:好文出版,2002年。

秋谷裕幸、曹志耘、黄晓东、刘祥柏、蔡嵘《浙南七县市吴方言音系》(讨论稿),日本学术振兴会平成14-16年度基盘研究(B)"吴语婺州方言群·瓯江方言群の调查研究"研究成果报告书,2005年。

武义县志编纂委员会《武义县志》第四十八章"地方语言"(傅国通执笔),第692-732页,浙江人民出版社,1990年。

徐　策《浙江武义方言"食"字考释——以古代汉语、方言和普通话为视角》,《现代语文》(语言研究版)2011年12期。

第四节　本字考

本节主要参考了1990年版《武义县志》第四十八章"地方语言"里的"武义话本字录"(第707-714页)。字目按十六摄排列,在同一摄里,先按韵母,再按声母排列。韵母、声母的次序依据《方言调查字表》。本节所考证的本字,在第二章各地方言的同音字汇里用加粗形式表示。

一　果摄

驮:拿。例如:永康 duə^{33}。《集韵》平声戈韵唐何切:"马负物。"

朳:棺材的两头说"朳头"。"朳"音,例如:永康 uə^{33}。《广韵》平声戈韵户戈切:"棺头。"

作:做。《广韵》去声箇韵则箇切:"造也。本臧洛切。"本书里使用通行写法"做"。参看[字]005。

莝:砍。例如:永康 tsʰuə^{54}。《广韵》去声过韵粗卧切:"斩草。"

髁:膝盖说"脚髁头""脚膝髁头"等。"髁"音,例如:永康 kʰuə^{45}。《广韵》平声戈韵苦禾切:"膝骨。《说文》:口卧切,髀骨也。"

㞒:屎。例如:永康 uə⁵⁴。《集韵》去声过韵乌卧切:"污也。"参看"词汇特点"(6)。

二　假摄

䶙:牙齿外露。例如:武义 buɑ³¹。《集韵》去声祃韵步化切:"齿出白。"

鲊:武义海蜇皮说"鲊鱼头"。"鲊"音 tsuɑ⁻⁵³。《广韵》去声祃韵除驾切:"水母也。"

晒:婺州方言的读音都来自《集韵》去声祃韵所嫁切。参看[字]136。

挌:捉。例如:永康 kʰɑ⁵⁴。《集韵》去声祃韵丘驾切:"持也。"参看"词汇特点"(29)。

掗:强迫给人。例如:永康 ɑ⁵⁴。《字汇·卯集》衣架切:"强与人物。"

笡:斜。例如:永康 tɕʰiɑ⁵⁴。《广韵》去声祃韵迁谢切:"斜逆也。"

三　遇摄

箍:箍。《集韵》平声模韵空胡切:"篌也。"本书里使用通行写法"箍"。参看[字]063。

䴴:糊名词。《集韵》去声暮韵胡故切:"黏也。"本书里使用通行写法"糊"。参看[字]069。

觑:在婺州方言中"觑"主要是指眯眼看。例如:金华 tsʰi⁵⁵。《广韵》去声御韵七虑切:"伺视也。"参看"词汇特点"(92)。

䈰:盛饭的盛说"䈰"。例如:永康 ʔdi⁵⁴。《集韵》去声御韵陟虑切:"吴俗谓盛物於器曰䈰。"参看"词汇特点"(27)。

薯:汤溪红薯说"番薯"。"薯"音 ʑi¹¹。《广韵》平声鱼韵署鱼切:"似薯蓣而大。"

拄:拄。例如:永康 tɕy⁵⁴。《集韵》去声遇韵株遇切:"掌也。刺也。"本书里使用通行写法"拄"。

戍:家里说"戍里"。"戍"音,例如:东阳 tsʰʅ⁴²³。《广韵》去声遇韵伤遇切:"遏也。舍也。从人荷戈也。"参看"词汇特点"(34)、Jerry Norman(1984:176-181)。

四　蟹摄

鲐:鲇鱼说"鲇鲐"。"鲐"音,例如:永康 dəi³³。《集韵》平声咍韵堂来切:"《说文》:海鱼也。"

隑:倚靠。例如:武义 gɑ³¹。《集韵》去声代韵巨代切:"《博雅》:陭也。"

汏:漂洗。例如:永康 diɑ¹⁴。《广韵》去声泰韵徒盖切:"涛汏。《说文》曰:浙灡也。"

筻：圆形竹器。例如：永康 dia³²³。《集韵》上声骇韵徒骇切："竹器。"
庎：碗橱说"碗庎橱"。"庎"音，例如：东阳 ka⁴²³。《集韵》去声怪韵居拜切："所以庋食器者。"
䈴：压酒或压酒的器具。例如：武义 tɕiaʔ⁵。《集韵》去声卦韵侧卖切："压酒具。"
懈：速度慢。例如：浦江 ga²⁴³。《经典释文·卷三》："于卖反。"《广韵》去声卦韵古隘切："懒也。怠也。"《经典释文》和《广韵》里的读音都是去声，婺州方言则读阳上，调类不对应。杨秀芳（2001）推测朱熹有可能把"懈"读成"胡买反"。"胡买反"与婺州方言里的读音一致。参看"词汇特点"（72）。
蟹：《广韵》上声蟹韵胡买切，为匣母，但婺州方言都读如晓母上声。例如：永康 xia⁵⁴⁵。参看李荣（1965/1982：133-134）。
地：汤溪把"地下"的"地"读作 die⁻¹¹，来自《集韵》去声霁韵大计切。
栖：鸡屋说"鸡栖"。"栖"音，例如：永康 səi⁵⁴。《广韵》去声霁韵苏计切："鸡所宿也。"参看"语音特点"[共同特点·韵母 6]。
纃：武义麻丝说"纃"[tɕia⁵³]。《广韵》去声霁韵子计切："纃缉。麻纼名。出《异字苑》。"
劯：拔、拉。例如：东阳 te⁵⁵。《五音篇海·卷十五力部》都罪切："着力牵也。"参看"词汇特点"（73）、周志锋（2012：3-5）。
煺：用滚水烫后除毛。例如：永康 tʰəi⁴⁵。《集韵》平声灰韵通回切："以汤除毛。"本书里使用通行写法"煺"。
瘣：瘤子。例如：金华 lɛ⁵³⁵、汤溪 lɛ¹¹³。《广韵》上声贿韵落猥切："痏瘣，皮外小起。"
踤：滚动；擀。例如：永康 ləi¹⁴。《集韵》去声队韵卢对切："足跌。"
悔：婺州方言的读音都来自《广韵》去声队韵荒内切。例如：永康 xuəi⁵⁴。

五　止摄

徛：站立。例如：永康 gəi³²³。《广韵》上声纸韵渠绮切："立也。"参看"语音特点"[特例·韵母 10]。
剺：用刀划。例如：金华 li⁵³⁵ 阴上；东阳 li³⁵ 阳上；永康 li³²³ 阳上。《集韵》平声之韵陵之切："《说文》：剥也。划也。"婺州方言读作阴上或阳上。
牸：母牛说"牸牛"等。"牸"音，例如：金华 zɿ¹⁴。《广韵》去声志韵疾置切："牝牛。"
萁：蕨说"葛萁""莨萁壳儿"等。"萁"音，例如：永康 i⁴⁵。《广韵》平声之韵居之切："菜。似蕨。"

尿：《广韵》去声啸韵奴吊切；宋·戴侗《六书故·第八》息遗切。婺州方言的读音均符合息遗切。参看"词汇特点"（21）、[字]245。

六　效摄

燥：婺州方言的读音都来自《集韵》去声号韵先到切。例如：永康 sɒ⁵⁴。参看"词汇特点"（31）。

悜：赶快、马上说"豪悜"。"悜"音，例如：东阳 sau⁴²³。《集韵》去声号韵先到切："快也。"

䭿：母鸡说"䭿鸡"。"䭿"音，例如：永康 tsʰɒ⁵⁴⁵。《广韵》上声晧韵采老切："牝马曰䭿。"参看"语音特点"[特例·韵母16]。

熇：烤。例如：永康 kʰɒ⁵⁴。《集韵》去声号韵口到切："爆也。"本书里使用通行写法"烤"。

鏖：平底锅说"鏖盆"。"鏖"音，例如：永康 ŋɒ¹⁴。《广韵》去声号韵五到切："饼鏖"；《集韵》去声号韵鱼到切："烧器。"

熬：煮。例如：武义 ɣ²⁴。《集韵》平声豪韵於刀切："煨也。"

趵：跳。例如：永康 ʔbɒ⁵⁴。《集韵》去声效韵巴校切："跳跃也。"

脬：永康阴囊说"老核子脬儿"，武义疝气说"大卵脬"。"脬"音，永康 pʰɒ⁻³²⁴；武义 pʰao²⁴。《广韵》平声肴韵匹交切："腹中水府。"

匏：瓢子。例如：武义 bu⁴²³。《广韵》平声肴韵薄交切："瓠也。"

鉋：婺州方言的读音都来自《广韵》去声效韵防教切。参看[字]289。

乐：要。例如：永康 ŋɒ¹⁴。《经典释文·卷十二》："五孝反。好也"；《集韵》去声效韵鱼教切："欲也。"参看"词汇特点"（87）。

藻：浮萍。例如：金华 biɑu³¹³。《广韵》平声宵韵符宵切："《方言》云：江东谓浮萍为藻。"

捞：婺州方言的读音都来自《集韵》平声萧韵怜萧切。例如：永康 liɒ³³。

藠：藠头说"老藠""老藠头"。"藠"音，例如：永康 giɒ³²³。《集韵》上声筱韵胡了切："艸名"；《正字通·卷九艸部》："藠读乔上声。俗呼薤曰藠子，以薤根白如藠也。"

七　流摄

敨：展开。例如：永康 tʰɘɯ⁵⁴⁵。《集韵》上声厚韵他口切："展也。"

龟：《广韵》平声尤韵居求切。东阳、磐安的读音均符合居求切。参看[字]250。

鸠：《集韵》平声侯韵居侯切，《广韵》平声尤韵居求切。汤溪、浦江、东阳、磐安的读音均符合居侯切，永康、武义的读音均符合居求切，金华的读音既可以来自居侯切也可以来自居求切。参看[字]358。

呴：气喘。例如：金华 xiu³³⁴。《集韵》平声侯韵呼侯切："喉中声。"
伏：孵。例如：永康 bu¹⁴。《广韵》去声宥韵扶富切："鸟菢子。"

八　咸摄

噉：盖。例如：永康 kəŋ⁵⁴⁵。《广韵》上声感韵古禫切："《方言》云：箱类。又云：覆头也。"《增修互註礼部韵略》上声四十八感韵古禫切："箱类。又器盖。"参看"语音特点"[特例·韵母18]、"词汇特点"（89）。

磡：高埂。例如：永康 kʰɤə⁵⁴。《广韵》去声勘韵苦绀切："岩崖之下。"

遝：婺州方言的读音都来自《集韵》入声合韵达合切。参看[字]379。

衲：尿布说"浣衲儿""尿衲儿"。"衲"音，例如：东阳 nan⁻⁴⁵ ~ 儿。《广韵》入声合韵奴答切："补衲，紩也。"

𢬵：压。例如：汤溪 kʰuo⁵⁵。《集韵》入声合韵渴合切："压也。"

𮬢：婺州方言的读音都来自《广韵》上声敢韵才敢切。例如：永康 zɤə³²³。

㡛：窗户。例如：武义 kʰuo⁴⁴⁵。《广韵》上声豏韵苦减切："牖也。一曰小户。"参看"词汇特点"（77）。

賺：错。例如：永康 dza¹⁴。《广韵》去声陷韵佇陷切："重买。"《说文解字·卷六下》徐铉"新附"："重买也。错也。从贝廉声。佇陷切。"参看汪维辉（1990）、"词汇特点（53）"。

煠：用水煮。《广韵》入声洽韵士洽切："汤煠。"参看[字]399。

釤：镰刀说"釤鎌"。"釤"音，例如：武义 suɑ⁻⁴⁴⁵。《广韵》去声鉴韵所鉴切："大镰。"

苫：帘子。例如：武义 ɕie²⁴。《广韵》平声盐韵失廉切："草覆屋。"

魘：鳞、痂。例如：武义 ȵie⁴⁴⁵。《广韵》上声琰韵於琰切："蟹腹下魘。"参看"词汇特点"（44）。

闪：浦江、磐安、永康、武义闪电说"霍闪"。此处"闪"音来自《广韵》去声艳韵舒赡切。例如：永康 ɕiə⁵⁴。

盐：腌制。例如：永康 iə¹⁴。《广韵》去声艳韵以赡切："以盐醃也。"

厣：凹。例如：武义 ieʔ⁵。《广韵》入声叶韵於叶切："面上厣子。"

秹：秕谷汤溪说"谷秹"，武义"□xuo⁵³秹"。"秹"音，汤溪 ie⁵⁵、武义 ieʔ⁵。《集韵》入声叶韵益涉切："禾不实。"厣、秹当为同源字。

籨：晒粉干用的竹帘说"索粉干籨"，晒粮食用的大竹席说"簟籨"。"籨"音，例如：武义 lia³³⁴ 索粉干~。《集韵》入声帖韵力协切："竹笭所以干物。"

挾：抱；夹在腋下。例如：武义 guɑ³³⁴。《广韵》入声帖韵胡颊切："怀也。持也。藏也。护也。"

九 深摄

槸：楔子。例如：永康 tsəŋ⁴⁵。《集韵》平声侵韵咨林切："楔也"；平声盐韵将廉切："《说文》：楔也。"另外，段玉裁认为江浙的读音为"知林切"（据《说文解字注·六篇上》）。婺州方言的读音符合"咨林切"或"知林切"。

蕈：蘑菇。例如：武义 ʑin³³⁴。《广韵》上声寝韵慈荏切："菌生木上。"参看"词汇特点"（19）。

賃：婺州方言的读音都来自《集韵》去声沁韵女禁切。例如：东阳 zən³²⁴。

疦：坏、差、不好。例如：永康 xǐə⁵⁴⁵。《集韵》入声缉韵迄及切："病劣也。"参看"词汇特点"（68）。

十 山摄

熯：再蒸热。例如：永康 xɤə⁵⁴。《广韵》去声翰韵呼旰切："火干。"

蟮：蚯蚓金华、汤溪说"蟮面"，武义说"蟮儿"。"蟮"音，例如：金华 ɕyɤ⁵³⁵。《广韵》上声狝韵常演切："蛆蟮，蚯蚓。"本书里使用通行写法"蟮"。

搣：捻。例如：永康 miə³²³。《广韵》入声薛韵亡列切："手拔。又摩也。"

蜿：东阳、磐安、永康蚯蚓说"蚂蜿"。"蜿"音，例如：永康 xɤə⁵⁴⁵。《集韵》上声阮韵许偃切："寒蜿，虫名，蚯蚓也。"参看"语音特点"[特例·韵母22]。

俔：比量。例如：永康 iə⁵⁴。《集韵》去声愿韵於建切："物相当也。"

羯：阉。例如：永康 kiə⁵⁴⁵。《广韵》入声月韵居谒切："《说文》：羊羖犗也。"参看"词汇特点"（42）。

掲：挑担。例如：武义 gɤ³³⁴。《广韵》入声月韵其谒切："担揭物也。"《集韵》入声月韵其谒切："担也。"参看"语音特点"[特例·韵母23]。

鐅：镰刀说"钅多鐅"。"鐅"音，例如：东阳 tɕiəʔ⁴⁵。《广韵》入声屑韵古屑切："镰别名也。"

齧：咬。例如：永康 ŋɤə³²³。《广韵》入声屑韵五结切："噬也。"参看"语音特点"[特例·韵母25]、"词汇特点"（49）。

十一 臻摄

榗：挤。例如：永康 tsəŋ⁵⁴⁵。《广韵》上声轸韵章忍切："木密。"《集韵》上声轸韵止忍切："木理紧密也。一曰木根相迫。"

蜃：山洪暴发说"出蜃"。"蜃"音，例如：浦江 ʒyən²⁴。《广韵》去声震韵时刃切："蛟蜃。"

朏：女阴。例如：东阳 pʰiəʔ⁴⁵。《广韵》入声质韵譬吉切："牝朏。"参看"词汇特点"（37）。

褪：脱。例如：永康 tʰəŋ⁵⁴。《增修互註礼部韵略》去声二十六慁韵吐困切："卸衣。又花谢也。"

34

頝：淹、溺。例如：永康 uə^{545}。《广韵》入声没韵乌没切："内头水中。"
瘄：睡一会儿说"睏一瘄"。"瘄"音，例如：武义 xuo^{53}。《广韵》入声没韵呼骨切："睡一觉。"
淈：浦江、磐安、永康的读音来自《广韵》入声没韵户骨切。参看 [字]571。
䫑：水果的核。《广韵》入声没韵户骨切："果子䫑也。"参看 [字]669。本书里使用通行写法"核"。
𡿨：小水流。例如：永康 yə^{54}。《集韵》去声稕韵朱闰切："沟也。"
摔：东阳让带水的东西自行滴干说"摔"。"摔"音 lei^{324}。《集韵》入声术韵劣戌切："去滓汁曰摔。"
歂：吮吸。例如：永康 tɕyə^{545}。《广韵》入声术韵子聿切："饮也。《玉篇》云：吮也。"此字在婺州方言之间的语音对应缺乏规律性，当为其拟声词性质所导致。

坌：撮取、聚拢。例如：浦江 pə^{534}。《广韵》平声文韵府文切："扫弃之也。又方问切。"《广韵》去声问韵方问切："坋，扫除。"东阳扫进簸箕里说"坋" [pɤ^{423} 阴去]。
熨：浦江、东阳的读音来自《广韵》入声物韵纡物切。比如：东阳 iə^{324}。

十二　宕摄

茛：蕨说"茛萁""茛萁壳"等。"茛"音，例如：永康 laŋ$^{-33}$。《广韵》平声唐韵鲁当切："草名。"
朖：晾。例如：武义 laŋ^{31}。《集韵》去声宕韵郎宕切："暴也。"
囥：放。例如：永康 k^{h}aŋ^{54}。《集韵》去声宕韵口浪切："藏也。"
笐：晒衣服用的竹竿说"竹笐"。"笐"音，例如：永康 aŋ^{14}。《广韵》去声宕韵下浪切："衣架。"
䤪：骂。例如：东阳 zuoʔ^{324}。《集韵》入声铎韵疾各切："詈也。"参看"词汇特点"（85）。
蛘：蛀虫说"蛀蛘"。"蛘"音，例如：武义 iaŋ^{423}。《广韵》平声阳韵与章切："虫名。"
掠：梳子说"掠""掠儿"等。"掠"音，例如：汤溪 lɤ^{113}。明·周祈《名义考·物》："笼，亦以整发，即今掠子。"参看"词汇特点"（83）。
箬：斗笠说"箬帽"。"箬"音，例如：武义 iɑo^{-53}。《广韵》入声药韵而灼切："竹箬。"

十三　江摄

双：武义双胞胎说"双生" [ɕyaŋ$^{-445}$sa^{24}]。从连读调来看，"生"应该来自

35

《集韵》去声绛韵朔降切："相偶也。"

斲：砍。例如：武义 ioʔ⁵。《广韵》入声觉韵竹角切："削也。"《集韵》入声觉韵竹角切："《说文》：斫也。"

澩：淋雨。例如：永康 dziu³²³。《广韵》入声觉韵士角切："水湿。"

十四 曾摄

趰：走、赶。例如：金华 biəʔ²¹²。《集韵》入声职韵弼力切："走也。"参看"词汇特点"（70）。

十五 梗摄

㧙：捶、拂。例如：永康 bai³³。《广韵》平声庚韵薄庚切："笞打。"

擤：例如：永康 xieiŋ⁵⁴⁵。《五音集韵》上声梗韵虎梗切："捻鼻中䁥也。"

桁：檩。例如：永康 ai³³。《广韵》平声庚韵户庚切："屋桁。"《集韵》平声庚韵何庚切："屋横木。"

掰：掰。例如：永康 pʰai⁵⁴⁵。《集韵》入声陌韵匹陌切："破物也。"

䠥：胳膊肘儿说"手䠥头"。"䠥"音，例如：永康 nai⁴⁵。《集韵》平声耕韵甾茎切："足筋。"参看"语音特点"[特例·声母 6]。

摒：拔。例如：永康 mai⁵⁴。《广韵》去声劲韵畀政切："摒除也。"参看"语音特点"[特例·韵母 33]、"词汇特点"（73）。

刺：东阳纳鞋底说"刺鞋底"，永康编织说"刺"。"刺"音，例如：永康 tsʰəi⁵⁴⁵。《广韵》入声昔韵七迹切："穿也。"

桯：床两边的木条说"床桯"。"桯"音，例如：永康 tʰieiŋ⁴⁵。《集韵》平声青韵汤丁切："《说文》：床前几。"

听：婺州方言的读音都来自《广韵》去声径韵他定切。参看[字]897。

扚：掐。例如：汤溪 tei⁵⁵。《广韵》入声锡韵都历切："引也。"

瀱：开裂。例如：永康 kuai⁵⁴⁵。《广韵》入声陌韵古伯切："水裂。"《集韵》入声陌韵廓获切有"擭"字，"解也。裂也。""瀱、擭"当为同源字。吴语太湖片嘉定话硬物干裂说 [kʰuAʔ⁵]，是"擭"，裂开说 [kuAʔ⁵]，乃是"瀱"，参看汤珍珠、陈忠敏（1993：53、54）、"词汇特点"（11）。

十六 通摄

塳：灰尘说"塳尘"。"塳"音，例如：永康 bɔŋ³³。《集韵》平声东韵蒲蒙切："尘也。"

桶：婺州方言的读音都来自《广韵》上声董韵徒揔切。例如：永康 dɔŋ³²³。

㮀：尖头扁担说"柴㮀""担㮀"等。"㮀"音，例如：武义 tsʰɔŋ²⁴。《广韵》平声东韵仓红切："尖头担也。"

搉：推。例如：永康 sɔŋ⁵⁴⁵。《集韵》上声董韵损动切："推也。"本书里使用通行写法"㨃"。

菶：武义菜的分枝说"菜菶"。"菶"音 xoŋ⁵³。《集韵》去声送韵呼贡切："吴俗谓艸木萌曰菶。"

塕：灰尘。例如：武义 ɔŋ⁴⁴⁵。《广韵》上声董韵乌孔切："塕埲，尘起。"

贑：武义音 koŋ⁵³，来自《广韵》去声送韵古送切。

渎：沟渠。例如：武义 dɔʔ³。《广韵》入声屋韵徒谷切："《说文》曰：沟也。"

簏：盒子。例如：武义 lɔʔ³。东阳、永康把它当作量词。例如一盒火柴东阳说"一簏洋火"。"簏"音 louʔ³²⁴。《广韵》入声屋韵卢谷切："箱簏。《说文》云：竹高箧也。"

脓：金华、汤溪、浦江、武义的调类都是阳去。本字有可能是"癑"，《集韵》去声宋韵奴宋切："病也。"参看 [字]947。

菔：萝卜说"芦菔"。"菔"音，例如：永康 bu³²³。《广韵》入声屋韵房六切："芦菔，菜也。"参看"词汇特点"（59）。

重：摞，量词。例如：武义 dzyaŋ³¹。《广韵》去声用韵柱用切："更为也。……又直容切。"参看"语音特点"[特例·韵母 37]。

鯆：胖头鱼说"大头鯆""鯆鱼"。"鯆"音，例如：武义 zoŋ⁴²³，来自《广韵》平声锺韵蜀庸切。

蛐：浦江蚯蚓说"蛐蛇儿"。"蛐"音 tɕʰyɯ⁴²³。《集韵》入声烛韵区玉切："虫名，蚓也。"

十七　其他

鐩：阉鸡。例如：金华 sie⁵⁵。《正字通·卷十一金部》："今俗雄鸡去势谓之鐩。"

第二章 语 音

第一节 语音特点

本节以中古音作为参照系统，通过与其他吴语的比较，对婺州方言的语音特点进行分析、讨论。涉及中古音时，将泥母和娘母分立，韵母举平赅上去，但遇特例时标出具体韵目。

本节中所引用的其他方言点以及它们的归属和方言材料的出处如下：

地点	方言区	片	小片	方言材料的出处
苏州市	吴语	太湖	苏嘉湖	汪平（2011）
余姚市	吴语	太湖	临绍	肖萍（2011）
舟山市<u>定海</u>①区	吴语	太湖	甬江	方松熹（1993）
临海市	吴语	台州		黄晓东（2007）
义乌市	吴语	金衢		方松熹（2000）
温州市	吴语	瓯江		郑张尚芳（2008）
云和县	吴语	上丽	丽水	曹志耘等（2000）
遂昌县	吴语	上丽	丽水	曹志耘等（2000）
庆元县	吴语	上丽	丽水	曹志耘等（2000）
常山县	吴语	上丽	上山	曹志耘等（2000）
开化县	吴语	上丽	上山	曹志耘等（2000）
江山市	吴语	上丽	上山	秋谷裕幸（2001a）
玉山县	吴语	上丽	上山	曹志耘等（2000）
广丰县	吴语	上丽	上山	秋谷裕幸（2001a）
仙游县	闽语	莆仙		秋谷裕幸调查

---

① 下加单线的地名是本节中所用的称呼。

临汾市屯里　　中原官话　　汾河　　平阳　　樋口勇夫（2004）

苏州、余姚、定海话代表太湖片，临海话代表台州片，温州话代表瓯江片，上丽片主要由云和、玉山话来代表。由于目前宣州片的材料还不充分，而且它的内部差异也很大，所以本节不包括宣州片的材料。如果存在文白异读，本节原则上只讨论白读音。

壹　声母的特点

一　全浊声母

1. 古平、去、入声[**共同特点·声母1**]

逢古平、去、入声时，婺州方言把古全浊声母一律读作浊音。例如：

爬平,並　金华 bʁa² | 汤溪 bo² | 浦江 bia² | 东阳 buo² | 磐安 bʁɐ² | 义乌 bua² | 永康 ba² | 武义 bua² ; 苏州 bo² | 余姚 bo² | 定海 bo² | 临海 bo² | 温州 bo² | 云和 bo² | 玉山 bie²

病去,並　金华 biŋ⁶ | 汤溪 bei⁶ | 浦江 bin⁶ | 东阳 bən⁶ | 磐安 bɐŋ⁶ | 义乌 bən⁶ | 永康 bieiŋ⁶ | 武义 bin⁶ ; 苏州 bin⁶ | 余姚 bə̃² | 定海 biŋ⁶ | 临海 biəŋ⁶ | 温州 beŋ⁶ | 云和 biŋ⁶ | 玉山 bɔ̃⁶

白入,並　金华 bəʔ⁸ | 汤溪 ba⁴ | 浦江 bɑ⁸ | 东阳 bɜʔ⁸ | 磐安 ba² | 义乌 bɛ⁸ | 永康 bai⁴ | 武义 ba⁴ ; 苏州 bɑʔ⁸ | 余姚 baʔ⁸ | 定海 bɐʔ⁸ | 临海 bɐʔ⁸ | 温州 ba⁸ | 云和 baʔ⁸ | 玉山 bʌʔ⁸

古全浊声母读浊音是吴语的重要音韵特点之一。婺州方言一般也有这个特点。

2. 古上声[**内部差异·声母1**]

逢古上声时，除金华话以外的婺州方言都读作浊音，金华话则读清音。例如：

被上,並　金华 pi³ | 汤溪 bi⁴ | 浦江 bi⁴ | 东阳 bi⁴ | 磐安 bi⁴ | 义乌 bi⁴ | 永康 bi⁴ | 武义 bi⁴ ; 苏州 bi⁶ | 余姚 bi² | 定海 bi⁴ | 临海 bi² | 温州 bei⁴ | 云和 bi⁴ | 玉山 bi⁴

金华话逢上声时的清化显然是后起的。例如，金华话不能区分"被棉~"和"比"，都读[pi³]，但绝大部分的吴语都能区分这两个字。

3. 古上声匣母[**内部差异·声母2**]

磐安话里匣母逢古上声时的读音与影母相同，调类不是阳上，而是阴上。金华话亦如此。例如：

後　金华 eu³ | 汤溪 əɯ⁴ | 浦江 ɤ⁴ | 东阳 ɯe⁴ | 磐安 bɯ³ | 义乌 ɦiəɯ⁴ | 永康 əɯ⁴ | 武义 ao⁴ ; 苏州 øʏ⁶ | 余姚 ɦiø² | 定海 ɦiai⁴ | 临海 œ³ |

温州 ɦau⁴ ｜云和 u³ ｜玉山 u⁴

匣母逢古上声时的这种读音在吴语中并不罕见。台州片临海话和上丽片云和话里也有相同的读音出现。瓯江片瑞安、平阳、苍南话把"後"都读作 [au³]，亦读同影母（秋谷裕幸 2011：19）。

二 帮端母 [内部差异·声母 3]

除浦江话以外，婺州方言都有帮端母早期读紧喉音 [ʔb ʔd] 的痕迹，或现在仍读 [ʔb ʔd]。参看曹志耘（2002：29~42）。其中，金华话只有两个例字，东阳话只有四个例字（不包括"打"[特例·声母 1] 在内）。

1. 古阴声韵和古入声韵

永康话一律读作 [ʔb ʔd]。武义话把帮母读 [p]，端母读 [l]，来自早期的 *ʔd。其他方言一律读作 [p t]。例如：

八帮 金华 pɤa⁵ ｜汤溪 po⁷ ｜浦江 pia⁷ ｜东阳 puo⁷ ｜磐安 puə³ ｜义乌 puɑ⁷ ｜永康 ʔbɑ³ ｜武义 puɑʔ³；苏州 poʔ⁷ ｜余姚 poʔ⁷ ｜定海 pɐʔ⁷ ｜临海 pɜʔ⁷ ｜温州 po⁷ ｜云和 pɑʔ⁷ ｜玉山 pɐʔ⁷

刀端 金华 tau¹ ｜汤溪 tə¹ ｜浦江 to¹ ｜东阳 tau¹ ｜磐安 to¹ ｜义乌 tau¹ ｜永康 ʔdɒ¹ ｜武义 lɤ¹；苏州 tæ¹ ｜余姚 tɔ¹ ｜定海 tɔ¹ ｜临海 tɔ¹ ｜温州 tɜ¹ ｜云和 təu¹ ｜玉山 tɯɯ¹

上丽片庆元话以及太湖片上海话中也存在 [ʔb ʔd] 的读法。例如庆元：八 ʔboʔ⁷ ｜刀 ʔdɯɯ¹。

2. 古阳声韵

婺州方言拼古阳声韵时读作 [m n]。在金华、东阳、磐安话中，读 [m n] 的字已经极少，而在汤溪、永康、武义话中，规律性很强。义乌话介乎两者之间。例如：

柄帮 金华 maŋ⁵ ｜汤溪 ma⁵ ｜浦江 pin⁵ ｜东阳 mɛ⁵ ｜磐安 mɛ⁵ ｜义乌 mɛ⁵ ｜永康 mai⁵ ｜武义 ma⁵；苏州 pin⁵ ｜余姚 põˣ⁰ ｜定海 piŋ⁵ ｜临海 piəŋ⁵ ｜温州 peŋ⁵ ｜云和 pɛ⁵ ｜玉山 põ⁵

胆端 金华 ta³ ｜汤溪 no³ ｜浦江 tã³ ｜东阳 tʌ³ ｜磐安 nɒ³ ｜义乌 nɔ³ ｜永康 nɑ³ ｜武义 nuo³；苏州 tɛ³ ｜余姚 tã³ ｜定海 tɛ¹ 阴平 ｜临海 tɛ³ ｜温州 ta³ ｜云和 tã³ ｜玉山 tã³

金华话中，端母没有读 [n] 声母的例字。但是，金华话把庄母"静踝子骨" [特例·声母 6] 读作 [naŋ¹]，此处声母 [n] 来自早期的 *ʔd。可见，金华话曾经也存在过端母拼古阳声韵时读作 [n] 的现象。

---

① 本书中无单字调的字在右上角用"ˣ"表示。

浦江话里帮母拼古阳声韵时读作 [m] 的只有一个字，即，"㧟拔、拽"除了 [pẽ⁵] 以外还有 [mẽ⁵] 一读。把端母"担介词,把；动词,给"读作 [nɑ̃¹]。不过，这是使用频率极高的词，所以难免有发生例外音变的可能性，性质与"打"[特例·声母 1] 一样。例如，上丽片遂昌话"拿；给"说 [naŋ¹]，实为"担"，[n] 声母是例外读音。

值得一提的是，永康话发生鼻音化的音韵条件和汤溪、武义话稍有不同。永康话里咸山摄开口三四等以及山摄合口一等没有发生鼻音化。例如"店"：汤溪 nie⁵｜永康 ʔdiɑ⁵｜武义 nie⁵。这很清楚地说明帮端母的鼻音化不能追溯至婺州方言最早的阶段。

上丽片庆元话以及太湖片上海话中拼古阳声韵时也读 [ʔb ʔd]，表现与婺州方言不一样。例如庆元：柄 ʔbã⁵｜胆 ʔdã³。

3. 端母的特例

梗摄开口二等梗韵端母"打" [特例·声母 1]：

打　金华 tɑŋ³｜汤溪 na³｜浦江 nẽ³｜东阳 nɛ³｜磐安 nɛ³｜义乌 nɛ³｜永康 nai³｜武义 na³；苏州 tã³｜余姚 tɑŋ³｜定海 tã³｜临海 tã³｜温州 tie³｜云和 nɛ³｜玉山 tai³

上丽片云和话中不存在帮端母拼古阳声韵时读作 [m n] 声母的现象，不过"打"的声母读作 [n]。上丽片庆元话把端母一律读作 [ʔd]，但"打"读作 [nã²]，为 [n] 声母，调类也特殊。上丽片浦城话把端母一律读作 [l]。例如：刀 lɑo¹｜胆 laẽ³。不过"打"读作 [naẽ³]，声母 [n] 为例外。总之，"打"读 [n] 声母应该视为特例。

三　非组 [共同特点·声母 2]

1. 少数非敷奉母字读作 p 组声母。其中，奉母读 [b] 的例字较多。非、敷母读 [p pʰ] 的现象很罕见，也可以处理成特例。例如：

粪非　金华 fəŋ⁵｜汤溪 fai⁵｜浦江 pɔ̃⁵｜东阳 pɤ⁵｜磐安 pɤ⁵｜义乌 fən⁵｜永康 ʔbuə⁵｜武义 muo⁵；苏州 fən⁵｜余姚 fɔ̃ˣ｜定海 fəŋ⁵｜临海 pəŋ⁵｜温州 paŋ⁵｜云和 pɛ⁵｜玉山 pæ⁵

覆敷　金华 pʰoʔ⁷趴｜汤溪 pʰɔʔ⁷趴｜浦江 pʰɯʔ趴｜东阳 pʰou⁷趴｜磐安 pʰʌo³趴｜义乌 fau⁷｜永康 pʰuə³趴｜武义 pʰɔʔ⁷趴；苏州 foʔ⁷｜余姚 foʔ⁷｜定海 foʔ⁷｜临海 pʰoʔ⁷趴｜温州 pʰu⁷~转｜云和 pʰəuʔ⁷｜玉山 pʰoʔ⁷趴

缚奉　金华 boʔ⁸｜汤溪 bo⁴｜浦江 boʔ⁸｜东阳 bouʔ⁸｜磐安 bʌo²｜义乌 bau⁸｜永康 buə⁴｜武义 bɔʔ⁸；苏州 voʔ⁸用绳~牢｜余姚 boʔ⁸｜定海 boʔ⁸｜临海 voʔ⁸｜温州 fio⁸｜云和 boʔ⁸｜玉山 biɐʔ⁸

这一特点在上丽片里十分突出。例如玉山：痱 pei³｜反 pã³｜放 poŋ⁵

（以上非母）；扶 bu² ǀ 肥~皂 bi⁻²² ǀ 伏孵 buə⁶（以上奉母）。包括婺州方言在内的其他吴语方言中"痱、反、放、扶"读 p 组的现象极少见。参看曹志耘等（2000：28）、曹志耘（2002：42~45）。

2. 微母的白读为 [m]，文读则为 [v f ɦ]，与奉母相同。[共同特点·声母 3]

文读 [f] 只出现在金华话的上声，[ɦ] 则出现在汤溪、义乌话的 [u] 韵，应该是 *vu 之 v 的进一步发展。例如：

袜　金华 mɤa⁶ ǀ 汤溪 mo⁴ ǀ 浦江 mia⁸ ǀ 东阳 muo⁶ ǀ 磐安 mɤə² ǀ 义乌 muua⁸ ǀ 永康 mɑ⁴ ǀ 武义 muɑ⁴；苏州 maʔ⁸ ǀ 余姚 maʔ⁸ ǀ 定海 mɐʔ⁸ ǀ 临海 mɜʔ⁸ ǀ 温州 mo⁸ ǀ 云和 mɑʔ⁸ ǀ 玉山 mɐʔ⁸

问　金华 mǝŋ⁶ ǀ 汤溪 mai⁶ ǀ 浦江 vǝn⁶ 书面语 ǀ 东阳 mǝn⁶ ǀ 磐安 mǝn⁶ ǀ 义乌 vǝn⁶ ǀ 永康 muǝ⁶ ǀ 武义 muo⁶；苏州 mǝn⁶ ǀ 余姚 mɔ̃² ǀ 定海 mǝŋ⁶ ǀ 临海 mǝŋ⁶ ǀ 温州 maŋ⁶ ǀ 云和 mǝŋ⁶ ǀ 玉山 mæ⁴

武　金华 fu³ ǀ 汤溪 vu⁴ ~ ɦu⁴ ǀ 浦江 vu⁴ ǀ 东阳 u⁴ ǀ 磐安 vu⁴ ǀ 义乌 ɦu⁴ ǀ 永康 vu⁴ ǀ 武义 vu⁴；苏州 v⁶ ǀ 余姚 vu² ǀ 定海 ɦu⁴ ǀ 临海 vu² ǀ 温州 vu⁴ ǀ 云和 m³ ǀ 玉山 vu⁴

"武"可以跟奉母的"父"比较：

父奉　金华 fu³ ǀ 汤溪 vu⁴ ǀ 浦江 vu⁴ ǀ 东阳 u⁴ ǀ 磐安 vu⁴ ǀ 义乌 vu⁴ ǀ 永康 vu⁴ ǀ 武义 —；苏州 v⁶ ǀ 余姚 vu² ǀ 定海 ɦu⁴ ǀ 临海 vu² ǀ 温州 vøy⁴ ǀ 云和 — ǀ 玉山 vuə⁶

义乌话 [vu] 和 [ɦu] 之间的对立似乎处于正在消失的过程当中。"武"和"父"不同音并不说明微母文读和奉母有区别。云和话的"武"字读音 [m³] 属于白读层。

吴语一般都有与婺州方言相同的微母表现。

四　精组、知章组和见晓组的分合 [内部差异·声母 4]

同一个摄内的精组、知章组、见晓组的分合极其复杂。下面以蟹、效、流、山、臻、宕、梗摄的舒声开口精、章、见组为例（不计发音方法和调类）：

蟹摄：

祭精　金华 tsie⁵ ǀ 汤溪 tsie⁵ ǀ 浦江 tʃi⁵ ǀ 东阳 tsi⁵ ǀ 磐安 tʃi⁵ ǀ 义乌 tsi⁵ ǀ 永康 tɕiə⁵ ǀ 武义 tɕie⁵；苏州 tsi⁵ ǀ 余姚 dzi² ǀ 定海 tɕi⁵ ǀ 临海 tɕi⁵ ǀ 温州 tsei⁵ ǀ 云和 tsʅ⁵ ǀ 玉山 tsɐi⁵

世书　金华 ɕyɤ⁵ ǀ 汤溪 ɕie⁵ ǀ 浦江 ʃi⁵ ǀ 东阳 si⁵ ǀ 磐安 ʃi⁵ ǀ 义乌 si⁵ ǀ 永康 ɕiə⁵ ǀ 武义 ɕie⁵；苏州 sʅ⁵ ǀ 余姚 sʅˣ ǀ 定海 ɕi⁵ ǀ 临海 ɕi⁵ ǀ 温州 sei⁵ ǀ 云和 sʅ⁵ ǀ 玉山 se⁵

鸡见　金华 tɕie¹ ǀ 汤溪 tɕie¹ ǀ 浦江 tʃi¹ ǀ 东阳 tɕi¹ ǀ 磐安 tɕi¹ ǀ 义乌 tɕi¹ ǀ 永康 kiə¹ ǀ 武义 tɕie¹；苏州 tɕi¹ ǀ 余姚 tɕi¹ ǀ 定海 tɕi¹ ǀ 临海 ci¹ ǀ

温州 tsʅ¹ ｜云和 tsʅ¹ ｜玉山 ki¹

效摄：

焦精　金华 tsiau¹ ｜汤溪 tsɤ¹ ｜浦江 tsɯ¹ ｜东阳 tsɤ¹ ｜磐安 tʃio¹ ｜义乌 tsɯɤ¹ ｜永康 tɕiɒ¹ ｜武义 tɕie¹；苏州 tsiæ¹ ｜余姚 tɕiɔ¹ ｜定海 tɕiɔ¹ ｜临海 tɕiɔ¹ ｜温州 tɕiɛ¹ ｜云和 tʃiaɔ¹ ｜玉山 tɕiɐɯ¹

招章　金华 tɕiau¹ ｜汤溪 tɕiɔ¹ ｜浦江 tsɯ¹ ｜东阳 tsɤ¹ ｜磐安 tʃio¹ ｜义乌 tsɯɤ¹ ｜永康 tɕiɒ¹ ｜武义 tɕie¹；苏州 tsæ¹ ｜余姚 tsɔ¹ ｜定海 tɕiɔ¹ ｜临海 tɕiɔ¹ ｜温州 tɕie¹ ｜云和 tʃiaɔ¹ ｜玉山 tɕiɐɯ¹

浇见　金华 tɕiau¹ ｜汤溪 tɕiɔ¹ ｜浦江 tɕi¹ ｜东阳 tɕiu¹ ｜磐安 tɕio¹ ｜义乌 tɕiɯɤ¹ ｜永康 kiɒ¹ ｜武义 tɕie¹；苏州 tɕiæ¹ ｜余姚 tɕiɔ¹ ｜定海 tɕiɔ¹ ｜临海 ciɔ¹ ｜温州 tɕie¹ ｜云和 tʃiaɔ¹ ｜玉山 kiɐɯ¹

流摄：

酒精　金华 tsiu³ ｜汤溪 tsəɯ³ ｜浦江 tʃiɤ³ ｜东阳 tɕiəɯ³ ｜磐安 tʃiɐɯ³ ｜义乌 tsəɯ³ ｜永康 tɕiɐɯ³ ｜武义 tɕiu³；苏州 tsɤY³ ｜余姚 tɕiø³ ｜定海 tɕiu³ ｜临海 tɕiəɯ³ ｜温州 tɕɤu³ ｜云和 tʃiu³ ｜玉山 tsəɯ³

周章　金华 tɕiu¹ ｜汤溪 tɕiəɯ¹ ｜浦江 tʃiɤ¹ ｜东阳 tɕiəɯ¹ ｜磐安 tʃiɐɯ¹ ｜义乌 tsəɯ¹ ｜永康 tɕiəɯ¹ ｜武义 tɕiu¹；苏州 tsɤY¹ ｜余姚 tsø¹ ｜定海 tɕiu¹ ｜临海 tɕiəɯ¹ ｜温州 tɕɤu¹ ｜云和 tʃiu¹ ｜玉山 tsəɯ¹

九见　金华 tɕiu³ ｜汤溪 tɕiəɯ³ ｜浦江 tɕiɤ³ ｜东阳 tɕiəɯ³ ｜磐安 tɕiɐɯ³ ｜义乌 tɕiəɯ³ ｜永康 kiəɯ³ ｜武义 tɕiu³；苏州 tɕY³ ｜余姚 tɕiø³ ｜定海 tɕiu³ ｜临海 ciəɯ³ ｜温州 tɕau³ ｜云和 tʃiu³ ｜玉山 kəɯ³

山摄：

煎精　金华 tsie¹ ｜汤溪 tsie¹ ｜浦江 tsiẽ¹ ｜东阳 tsi¹ ｜磐安 tʃie¹ ｜义乌 tsie¹ ｜永康 tɕiɒ¹ ｜武义 tɕie¹；苏州 tsɪ¹ ｜余姚 tɕiẽ¹ ｜定海 tɕī¹ ｜临海 tɕiɪ¹ ｜温州 tɕi¹ ｜云和 tʃie¹ ｜玉山 tɕiẽ¹

扇书　金华 ɕyɤ⁵ ｜汤溪 ɕie⁵ ｜浦江 sẽ⁵ ｜东阳 si⁵ ｜磐安 ʃie⁵ ｜义乌 ɕye⁵ ｜永康 ɕiɒ⁵ ｜武义 ɕie⁵；苏州 sø⁵ ｜余姚 sẽˣ ｜定海 ɕī⁵ ｜临海 ɕiɪ⁵ ｜温州 ɕi⁵ ｜云和 ʃie⁵ ｜玉山 ɕiẽ⁵

见见　金华 tɕie⁵ ｜汤溪 tɕie⁵ ｜浦江 tɕiẽ⁵ ｜东阳 tɕi⁵ ｜磐安 tɕie⁵ ｜义乌 tɕie⁵ ｜永康 kiɒ⁵ ｜武义 tɕie⁵；苏州 tɕɪ⁵ ｜余姚 tɕiẽˣ ｜定海 tɕī⁵ ｜临海 ciɪ⁵ ｜温州 tɕi⁵ ｜云和 tʃie⁵ ｜玉山 kiẽ⁵

臻摄：

亲清　金华 tsʰiŋ¹ ｜汤溪 tsʰei¹ ｜浦江 tsʰən¹ ｜东阳 tɕʰien¹ ｜磐安 tʃʰiɐŋ¹ ｜义乌 tsʰən¹ ｜永康 tsʰəŋ¹ ｜武义 tɕʰin¹；苏州 tsʰin¹ ｜余姚 tɕʰiə̃¹ ｜定海 tɕʰiŋ¹ ｜临海 tɕʰiəŋ¹ ｜温州 tsʰaŋ¹ ｜云和 tsʰəŋ¹ ｜玉山 tsʰɪŋ¹

真章　金华 tɕiŋ¹｜汤溪 tɕiai¹｜浦江 tsən¹｜东阳 tsən¹｜磐安 tsɐn¹｜义乌 tsən¹｜永康 tsəŋ¹｜武义 tsen¹；苏州 tsən¹｜余姚 tsɔ̃¹｜定海 tsoŋ¹｜临海 tɕiəŋ¹｜温州 tsaŋ¹｜云和 tsəŋ¹｜玉山 tɕyæ¹

巾见　金华 tɕiŋ¹｜汤溪 tɕiei¹｜浦江 tɕin¹｜东阳 tɕien¹｜磐安 tɕiɐn¹｜义乌 tɕiəŋ¹｜永康 kieiŋ¹｜武义 tɕin¹；苏州 tɕinˣ｜余姚 tɕiɔ̃¹｜定海 tɕiŋ¹｜临海 ciəŋ¹｜温州 tɕaŋ¹｜云和 tʃiŋ¹｜玉山 kɿŋ¹

宕摄：

浆精　金华 tsiaŋ¹｜汤溪 tsɤ¹｜浦江 tʃyõ¹｜东阳 tɕiʌ¹｜磐安 tʃiŋ¹｜义乌 tsɯa¹｜永康 tɕiaŋ¹｜武义 tɕiaŋ¹；苏州 tsiã¹｜余姚 tɕiaŋ¹｜定海 tɕiã¹｜临海 tɕiã¹｜温州 tɕi¹｜云和 tʃiã⁵｜玉山 tɕiã¹

伤书　金华 ɕiaŋ¹｜汤溪 ɕio¹｜浦江 ʃyõ¹｜东阳 ɕiʌ¹｜磐安 ʃiŋ¹｜义乌 sɯa¹｜永康 ɕiaŋ¹｜武义 ɕiaŋ¹；苏州 sã¹｜余姚 sɔŋ¹｜定海 sɔ̃¹｜临海 ɕiã¹｜温州 ɕi¹｜云和 ʃiã¹｜玉山 ɕiã¹

薑见　金华 tɕiaŋ¹｜汤溪 tɕio¹｜浦江 tɕyõ¹｜东阳 tɕiʌ¹｜磐安 tɕiŋ¹｜义乌 tɕiɔ¹｜永康 kiaŋ¹｜武义 tɕiaŋ¹；苏州 tɕiã¹｜余姚 tɕiaŋ¹｜定海 tɕiã¹｜临海 ciã¹｜温州 tɕi¹｜云和 tʃiã¹｜玉山 kiã¹

梗摄：

井精　金华 tsiŋ³｜汤溪 tsei³｜浦江 tsin³｜东阳 tsən³｜磐安 tsɐn³｜义乌 tsən³｜永康 tɕieiŋ³｜武义 tɕin³；苏州 tsin³｜余姚 tɕiɔ̃³｜定海 tɕiŋ³｜临海 tɕiəŋ³｜温州 tseŋ³｜云和 tʃiŋ³｜玉山 tsɿŋ³

正章　金华 tɕiŋ⁵｜汤溪 tɕiai⁵｜浦江 tsin⁵｜东阳 tsən⁵｜磐安 tsɐn⁵｜义乌 tsən⁵｜永康 tɕieiŋ⁵｜武义 tɕin⁵；苏州 tsən⁵｜余姚 tsɔ̃ˣ｜定海 tɕiŋ⁵｜临海 tɕiəŋ⁵｜温州 tseŋ⁵｜云和 tʃiŋ⁵｜玉山 tsɿŋ⁵

颈见　金华 tɕiŋ³｜汤溪 tɕiei³｜浦江 tɕin³｜东阳 kən⁻⁴²³头~｜磐安 kɐn³｜义乌 tɕiəŋ³｜永康 kieiŋ³｜武义 tɕin³；苏州 tɕinˣ｜余姚 tɕiɔ̃ˣ｜定海 tɕiŋ³｜临海 ciəŋ³｜温州 tɕaŋ³｜云和 tʃiŋ³｜玉山 kɿŋ³

以上情况可概括如表 2-1-1，除宕摄以外，"章"包括知组，方言点用前一个字表示：

表 2-1-1　婺州方言和其他吴语中精、章、见组的分合

	蟹摄	效摄	流摄	山摄	臻摄	宕摄	梗摄
金	精≠章≠见	精≠章≠见	精≠章≠见	精≠章≠见	精≠章≠见	精≠章≠见	精≠章=见
汤	精≠章≠见	精≠章≠见	精≠章≠见	精≠章≠见	精≠章≠见	精≠章≠见	精≠章=见
浦	精=章≠见	精=章≠见	精=章≠见	精=章≠见	精=章≠见	精=章≠见	精=章≠见

续表

东	精=章≠见	精=章≠见	精=章=见	精=章≠见	精=见≠章	精=见≠章	精=见≠章
磐	精=章≠见	精=章≠见	精=章≠见	精=章≠见	精=章≠见	精=章≠见	精=章≠见
义	精=章≠见	精=章≠见	精=章=见	精=章≠见	精=章≠见	精=章≠见	精=章≠见
永	精=章≠见	精=章≠见	精=章≠见	精=章≠见	精=章≠见	精=章≠见	精=章≠见
武	精=章≠见	精=章≠见	精=章≠见	精=章=见	精=章≠见	精=章≠见	精=章=见
苏	精≠章≠见	精=章≠见	精≠见≠章	精=章≠见	精=章≠见	精=章≠见	精=章≠见
余	精=见≠章	精=见≠章	精=见≠章	精=见≠章	精=见≠章	精=见≠章	精=见≠章
定	精=见≠章	精=见≠章	精=见≠章	精=见≠章	精=见≠章	精=见≠章	精=见≠章
临	精=章≠见	精=章≠见	精=章≠见	精=章≠见	精=章≠见	精=章≠见	精=章≠见
温	精=章≠见	精=章≠见	精=章≠见	精=章≠见	精=章≠见	精=章≠见	精=章≠见
云	精=章≠见	精=章≠见	精=章≠见	精=章≠见	精=章≠见	精=章≠见	精=章≠见
玉	精≠章≠见	精=章≠见	精=章≠见	精=章≠见	精=章≠见	精=章≠见	精=章≠见

表2-1-1里共出现五个类型：a.精≠章≠见，b.精=章≠见，c.精≠章=见，d.精=见≠章，e.精=章=见。a代表最早的情况，e则代表最晚的情况。

婺州方言大致上可以分成三类：金华、汤溪话以c为主；武义话以e为主；其余则以b为主。

b"精=章≠见"在瓯江、上丽片以及台州片中是较为常见的类型。浦江、东阳、磐安、义乌、永康话也以b为主，这合乎南部吴语的一般情况，永康话最为典型。这些方言中的e"精=章=见"显然是b的进一步发展。武义话亦如此。就精、章、见组的分合而言，武义话是变化最快的婺州方言。

c"精≠章=见"是在吴语中很少见的类型。金华、汤溪话却以这个类型为主，显得很特殊。

另外，还需要指出的是婺州方言以及瓯江、上丽片中不存在d类型。这是与大多数官话方言和普通话相同的类型。太湖片余姚话专用这个类型。

对实际音值来说，以下四点值得注意：

① 金华话完善地保存着三四等开口精组字的"舌尖前音＋i"的音值。
② 永康话完善地保存着见晓组字的"舌根音＋i"的音值。
③ 东阳、义乌话中有些知章组字读作"舌尖前音＋i"。
④ 东阳、磐安话中，曾梗摄开口三四等见晓组字读作"舌根音＋开口呼"。

对表2-1-1的表现来说，本书所研究的八个婺州方言都具有自己独特的表现，充分地体现了婺州方言异乎寻常的复杂性。关于这个问题，参看曹志耘等（2000：29-30、34）、曹志耘（2002：47-52）。

45

五　知组 [内部差异·声母 5]

除浦江话以外的方言中，婺州方言都有个别知组字读作 t 组声母或来自早期 *ʔd 的 [l n ȵ] 声母，主要是知母，尚未发现彻母读 [tʰ] 的确凿例子。婺州方言中这个特点的例字互相之间不很一致。以下是各方言中的例字：

金华：拄知,株遇切 tu⁵

汤溪：拄知,株遇切 tu⁵ ｜ 置坐,含贬义。知 ti⁵²

东阳：雉~鸡:野鸡。澄 di⁴

义乌：雉~鸡:野鸡。澄 di⁴

永康：齝知:饭:盛饭。知 ʔdi⁵ ｜ 砧板~:砧板。知 nəŋ¹ ｜ 啄~木鸟。知 ʔdɤ³ ｜ 抽~屉。彻 tʰəɯ¹ ①

武义：猪知 li¹ ｜ 转~身。知 ȵye³ ｜ 砧板~:砧板。知 nen¹ ｜ 帐知 niaŋ⁵ ｜ 着~衣裳。知 liɑoʔ⁷ ｜ 桌知 luoʔ⁷ ｜ 摘知 laʔ⁷ ｜ 竹知 lɔʔ⁷

武义话的例字最多，可视为武义话的特点之一。

上丽片也有这个特点，而且比婺州方言更为突出。以下是云和、玉山话的例字：

云和：猪知 ti¹ ｜ 齝~饭:盛饭。知 ti⁵ ｜ 蛛知 ty¹ ｜ 拄知,株遇切 ty⁵ ｜ 砧知 təŋ⁵ ｜ 张知 tiã¹ ｜ 长~短。澄 dɛ² ｜ 桩知 tiõ⁵ ｜ 桌知 tioʔ⁷ ｜ 竹筑知 tiɯʔ⁷

玉山：猪知 tɑ¹ ｜ 苎~麻。澄 də⁻²² ｜ 拄知,株遇切 tye⁵ ｜ 迟澄 dei² ｜ 肘知 təɯ³ ｜ 转知 tyæ³ ｜ 张知 tiã¹ ｜ 帐知 tiã⁵ ｜ 长~短。澄 dæ̃² ｜ 着~力:累。澄 dɤʔ⁸ ｜ 桩知 tiõ¹ ｜ 桌知 tiʌʔ⁷ ｜ 虫澄 dã² ｜ 竹知 tɐʔ⁷

参看曹志耘等（2000：29）、曹志耘（2002：45-47）。

六　从母和崇母 [共同特点·声母 4]

婺州方言把从母和崇母读作擦音 [z ʑ] 等擦音声母，而且这些声母和塞擦音 [dz dʑ] 构成音位对立。例如：

坐从　金华 suɤ³ ｜ 汤溪 zɤ⁴ ｜ 浦江 zɯ⁴ ｜ 东阳 zu⁴ ｜ 磐安 zuɤ⁴ ｜ 义乌 zuo⁴ ｜ 永康 zuə⁴ ｜ 武义 zuo⁴；苏州 zəu⁶ ｜ 余姚 zou² ｜ 定海 zau⁴ ｜ 临海 zo² ｜ 温州 zo⁴ ｜ 云和 zu⁴ ｜ 玉山 ʑi⁴

晴从　金华 ziŋ² ｜ 汤溪 zei² ｜ 浦江 zin² ｜ 东阳 zən² ｜ 磐安 zen² ｜ 义乌 zən² ｜ 永康 ʑieiŋ² ｜ 武义 ʑin²；苏州 zin² ｜ 余姚 ʑiõ² ｜ 定海 ʑiŋ² ｜ 临海 ʑieŋ² ｜ 温州 zeŋ² ｜ 云和 ʒiŋ² ｜ 玉山 ʑiŋ²

锄崇　金华 zʅ² ｜ 汤溪 zʅ² ｜ 浦江 zʅ² ｜ 东阳 zuo² ｜ 磐安 zuə² ｜ 义乌

---

① 永康话"抽屉" [tʰəɯ¹tʰiə⁵] 的"抽"声母 [tʰ] 可能受后字"屉" [tʰiə⁵] 声母同化而来，韵母 [əɯ] 也是例外读音。

zua² | 永康 zɑ² | 武义 zuɑ²；苏州 zɿ² | 余姚 dzʮ² | 定海 zɿ² | 临海 zɿ² | 温州 zɿ² | 云和 zo² | 玉山 zɑ²

状崇　金华 ʑyaŋ⁶ | 汤溪 ʑiao⁶ | 浦江 ʒyõ⁶ | 东阳 zʌ⁶ | 磐安 ʒiɒ⁶ | 义乌 zŋʷ⁶ | 永康 ʑyaŋ⁶ | 武义 ʑyaŋ⁶；苏州 zã⁶ | 余姚 dzɔŋ² | 定海 zɔ̃⁶ | 临海 zɔ̃⁶ | 温州 jyɔ⁶ | 云和 ʒiɔ̃⁶ | 玉山 ʑiɔ̃⁶

其他吴语的表现均与婺州方言一致。苏州话不分浊擦音和浊塞擦音，不能说明问题。

七　心母和书母 [共同特点・声母 5]

有个别的心、书母字读作塞擦音声母。因为例字相当少见，所以这个特点的性质接近特例。参看曹志耘（2002：53-54）。例如：

笑心　金华 siau⁵ | 汤溪 sɤ⁵ | 浦江 sɯ⁵ | 东阳 tsʰɤ⁵ | 磐安 tʃʰio⁵ | 义乌 sɯ⁵ | 永康 ɕio⁵ | 武义 ɕie⁵；苏州 siæ⁵ | 余姚 ɕio⁵ | 定海 ɕio⁵ | 临海 ɕio⁵ | 温州 ɕie⁵ | 云和 tʃʰɑi⁵ | 玉山 tɕʰiɯ⁵

撒心　金华 tsua⁵ | 汤溪 tso⁷ | 浦江 tsa¹ 阴平 | 东阳 tsuoʔ⁷ | 磐安 tsuɜ³ | 义乌 so⁷ | 永康 sa³ | 武义 suɑʔ⁷；苏州 sa³ | 余姚 tsaʔ⁷ | 定海 sɜʔ⁷ | 临海 tsɜʔ⁷ | 温州 tsa⁷ | 云和 tsɑʔ⁷ | 玉山 sʌʔ⁷

鼠书　金华 tsʰɿ³ | 汤溪 tsʰɿ³ | 浦江 tsɿ³ 不送气音 | 东阳 tsʰi³ | 磐安 tʃʰi³ | 义乌 tsʰi³ | 永康 tɕʰi³ | 武义 tɕʰi³；苏州 tsʰʮ³ 书面语 | 余姚 tsʰɿ⁻⁴⁴ 老~ | 定海 tsʰɿ³ | 临海 tsʰɿ³ | 温州 tsʰei³ | 云和 tsʰɿ³ | 玉山 tɕʰie³

识书　金华 ɕiəʔ⁷ | 汤溪 ɕie⁷ | 浦江 tseʔ 认识 | 东阳 tseiʔ⁷ | 磐安 ʃiɜ³ | 义乌 sai⁷ | 永康 tsəi³ 认识 | 武义 tɕiɜʔ⁷ ~着：知道；苏州 səʔ⁷ | 余姚 səʔ⁷ | 定海 ɕiəʔ⁷ | 临海 ɕieʔ⁷ | 温州 sei⁷ | 云和 ʃiʔ⁷ | 玉山 seʔ⁷

"笑"的送气塞擦音声母与上丽片一致。"撒"的不送气塞擦音声母多见于南部吴语。"鼠"的送气塞擦音声母广泛分布在吴语区的读音。"识"的不送气塞擦音声母较为特殊。汤溪、永康、武义话中"守"[特例・韵母 17]的零声母以及汤溪话中"春"[特例・韵母 36]的零声母也来自早期的塞擦音 *tɕ。参看"声母的特点"八。

八　章母和见母 [共同特点・声母 6]

婺州方言中，有个别章、见母字读作零声母。例如：

煮章　金华 tsɿ³ | 汤溪— | 浦江 tʃy³ 书面语 | 东阳— | 磐安 tʃi³ | 义乌 tɕy⁵ | 永康 i³ | 武义 i³；苏州 tsʮ³ 书面语 | 余姚— | 定海 tsɿ³ | 临海 tsɿ³ | 温州 tsei³ | 云和 i³ | 玉山 ie³

朘章　金华 yəŋ¹ | 汤溪 iei¹ | 浦江 tɕyən¹ | 东阳 tsuən¹ | 磐安 tʃyən¹ | 义乌 tɕyən¹ | 永康 tɕyeiŋ¹ | 武义 yin¹；苏州 tsən¹ | 余姚 tsɔ̃¹ | 定

海 tsoŋ¹｜临海 tɕyəŋ¹｜温州 tɕoŋ¹｜云和 yŋ¹｜玉山 yŋ¹。

萁蕨。见 金华 i¹蕨~｜汤溪 i⁰蕨~｜浦江 tʃi¹蕨~｜东阳 tɕi¹蕨~｜磐安 i¹蕨~｜义乌—｜永康 i¹蕨~｜武义 i¹蕨~；苏州—｜余姚—｜定海—｜临海 ci¹｜温州—｜云和 i¹蕨~｜玉山 i¹蕨~。

叫见 金华 tɕiau⁵｜汤溪 tɕiə⁵｜浦江 tɕi⁵哭｜东阳 tɕiu⁵哭｜磐安 io⁵｜义乌 tɕiuɤ⁵哭｜永康 ɑi⁵哭｜武义 ie⁵哭；苏州 tɕiæ⁵｜余姚 tɕiɔˣ小孩哭｜定海 tɕi⁵｜临海 ciɔ⁵｜温州 tɕiɛ⁵｜云和 iɑi⁵哭｜玉山 mɐi⁵动物叫。

东阳话的例字：**畎**水沟。章 iu⁵。永康、武义话中例字较多。武义话的其他例字：箕见 i¹｜周章 iu¹｜种名词。章 ŋɕi³｜肿章 ŋɕi³｜种动词。章 ioŋ⁵。

浦江、义乌话里尚未发现章母和见母读零声母的例字。

除了婺州方言以外，上丽片也有这个特点，而且更加明显。玉山话的其他例字：箕见 i¹｜畎~坑：水坑。章 yẽ⁻³³｜种名词。章 ioŋ³｜肿章 ioŋ³。参看郑张尚芳（1995：50-74）、曹志耘等（2000：29）、曹志耘（2002：57-58），以及野原将挥、秋谷裕幸（2014）。

九 仄声船禅母 [共同特点·声母7]

有个别仄声船禅母字读作塞擦音 [dz dʐ] 声母。例如：

是禅 金华 sʅ³｜汤溪 dzʅ⁴｜浦江 ʒi⁴｜东阳 dzi⁴｜磐安 dʒi⁴｜义乌 dzi⁴｜永康 dzi⁴｜武义 dzi⁴；苏州 zʅ⁶｜余姚 dzʅ²｜定海 zʅ⁴｜临海 zʅ²｜温州 zʅ⁴｜云和 dzʅ⁴｜玉山 dzi⁴。

鳝禅 金华 ɕyɤ³｜汤溪 ziɜ⁴｜浦江 ziẽ⁴｜东阳 dʒiəʔ⁸｜磐安 dʒie⁴｜义乌 zua⁶｜永康 dziɜ⁴｜武义 dziaŋ⁻³¹～儿；苏州 zø⁶｜余姚 zẽ²｜定海 ɦiĩ⁴｜临海 ziɿ²｜温州 ji⁴｜云和 ʒie⁴｜玉山 dʒyæ⁴。

舌船 金华 dzyɤ⁶｜汤溪 dzie⁴｜浦江 dzi⁸｜东阳 ziəʔ⁸｜磐安 dʒiɛ²｜义乌 dzie⁸｜永康 dziɜ⁴｜武义 dzie⁴；苏州 zeʔ⁸｜余姚 zəʔ⁸｜定海 ɦiəʔ⁸｜临海 zieʔ⁸｜温州 ji⁸｜云和 dʒieʔ⁸｜玉山 dziʔ⁸。

上动词。禅 金华 ɕiaŋ³｜汤溪 zio⁴｜浦江 ʒyõ⁴｜东阳 dziʌ⁴｜磐安 dʒiɑ⁴｜义乌 zua⁴｜永康 ziaŋ⁴｜武义 dziaŋ⁴；苏州 zɑ̃⁶｜余姚 zoŋ²｜定海 zɔ̃⁶｜临海 zɔ²｜温州 ji⁴｜云和 dʒiã⁶｜玉山 dʒiã⁴。

婺州方言的"射船"[特例·韵母2] 和汤溪话的"树禅"[特例·韵母5] 也读塞擦音声母。余姚话中 [dzʅ] 和 [zʅ] 似乎是自由变读，苏州话不分浊擦音和浊塞擦音，都不能说明问题。

除了婺州方言以外，上丽片也有这个特点。参看曹志耘等（2000：29）、《汉语方言地图集·语法卷》"038 是他~老师"。

十 日母 [共同特点·声母8]

日母读作 [ȵ ɲ] 或自成音节 [n̩ ŋ̍]，保存着鼻音的特征。例如：

二　金华 ŋ⁶ ｜汤溪 ŋ⁶ ｜浦江 n⁶ ｜东阳 n⁶ ｜磐安 n⁶ ｜义乌 n⁶ ｜永康 ŋ⁶ ｜武义 n⁶；苏州 n̠i⁶ ｜余姚 n̠i² ｜定海 n̠i⁶ ｜临海 n⁶ ｜温州 ŋ⁶ ｜云和 ɲi⁶ ｜玉山 n̠i⁶

染　金华 n̠ie³ ｜汤溪 n̠ie⁴ ｜浦江 n̠iẽ⁴ ｜东阳 n̠i⁴ ｜磐安 n̠ie³ ｜义乌 n̠ie⁴ ｜永康 ɲiə⁴ ｜武义 n̠ie⁴；苏州 n̠i⁴ ｜余姚 n̠iẽ² ｜定海 n̠ĩ⁴ ｜临海 ɲi³ ｜温州 n̠i⁴ ｜云和 ɲie³ ｜玉山 n̠iẽ⁴

吴语一般都有这个特点。

十一　疑母

今读合口呼的疑母几乎没有口语字，下面不讨论。

1. 今读开口呼 [内部差异·声母 6]

疑母今读开口呼时，金华、汤溪话读零声母，义乌话读 [ɦ] 声母。这两种读音都表示疑母的脱落，可视为同一种类型。其他方言都读 [ŋ] 声母。例如：

熬　金华 au² ｜汤溪 ə² ｜浦江 ŋo² ｜东阳 ŋau² ｜磐安 ŋɒ² ｜义乌 ɦo² ｜永康 ŋɒ² ｜武义 ŋɤ²；苏州 ŋæ² ｜余姚 ŋɔ² ｜定海 ŋɔ² ｜临海 ŋɔ² ｜温州 ŋɜ² ｜云和 ŋɑɔ² ｜玉山 ŋɯ²

眼　金华 a³ ｜汤溪 uo⁴ ｜浦江 ŋã⁴ ｜东阳 ŋa⁴ ｜磐安 ŋɒ⁴ ｜义乌 ɦo⁴ ｜永康 ŋa⁴ ｜武义 ŋuo⁴；苏州 ŋɛ⁶ ｜余姚 n̠iẽ² ｜定海 ŋe⁴ ｜临海 ŋɛ³ ｜温州 ŋa⁴ ｜云和 ŋɛ³ ｜玉山 ŋã⁴ ~ 镜

硬　金华 aŋ⁶ ｜汤溪 a⁶ ｜浦江 ŋɜ̃⁶ ｜东阳 ŋe⁶ ｜磐安 ŋɛ⁶ ｜义乌 ɦe⁶ ｜永康 ŋai⁶ ｜武义 ŋa⁶；苏州 ŋã⁶ ｜余姚 ŋaŋ² ｜定海 ŋã⁶ ｜临海 ŋã⁶ ｜温州 ŋie⁶ ｜云和 ŋe⁶ ｜玉山 ŋɔ̃⁶

武义话的表现和浦江、东阳、磐安、永康话不尽相同。参看"声母的特点"十二。

吴语一般都读 [ŋ]。金华、汤溪、义乌话零声母、[ɦ] 的读音在吴语中显得很特别。

2. 今读细音 [共同特点·声母 9]

疑母今读细音时，婺州方言都读作 [n̠ʲ]。例如：

源　金华 n̠yɤ² ｜汤溪 n̠iɤ² ｜浦江 n̠iẽ² ｜东阳 n̠iu² ｜磐安 n̠yɤ² ｜义乌 n̠ye² ｜永康 ɲyə² ｜武义 n̠ye²；苏州 n̠yɤ² ｜余姚 n̠yø̃² ｜定海 n̠ỹ² ｜临海 ɲyø² ｜温州 n̠y² ｜云和 ɲye² ｜玉山 n̠yẽ²

月　金华 n̠yɤ⁶ ｜汤溪 n̠iɤ⁴ ｜浦江 n̠yi⁸ ｜东阳 n̠iuoʔ⁸ ｜磐安 n̠yɛ² ｜义乌 n̠ye⁸ ｜永康 ɲyə⁴ ｜武义 n̠ye⁴；苏州 ŋəʔ⁸ ｜余姚 n̠yoʔ⁸ ｜定海 ɦyʔ⁸ ｜临海 n̠yøʔ⁸ ｜温州 n̠y⁸ ｜云和 ɲyɛʔ² ｜玉山 n̠iʌʔ⁸

银　金华 n̠iŋ² ｜汤溪 n̠iei² ｜浦江 n̠in² ｜东阳 n̠ien² ｜磐安 n̠iɐn² ｜义

乌 ɲiən² | 永康 ɲieiŋ² | 武义 n̠in²；苏州 n̠in² | 余姚 n̠iõ² | 定海 n̠iŋ² | 临海 ɲiəŋ² | 温州 n̠aŋ² | 云和 ɲiŋ² | 玉山 ɲæ̃²

玉 金华 n̠ioʔ⁸ | 汤溪 n̠iɔ⁴ | 浦江 n̠yu⁸ | 东阳 n̠iouʔ⁸ | 磐安 n̠iʌ² | 义乌 n̠iau⁸ | 永康 n̠iu⁴ | 武义 n̠iɔʔ⁸；苏州 n̠ioʔ⁸ | 余姚 n̠yoʔ⁸ | 定海 n̠yɐʔ⁸ | 临海 n̠yoʔ⁸ | 温州 n̠o⁸ | 云和 n̠ioʔ⁸ | 玉山 n̠io⁸

武义话的表现和其他婺州方言不尽相同。参看"声母的特点"十二。

疑母今读细音时读作[n̠ ɲ]等鼻音声母是吴语的共同音韵特点之一。

3. 疑母的特例

果摄开口一等哿韵疑母"我"[特例·声母 2]：

我代词 金华 a³ | 汤溪 a⁴ | 浦江 a³ | 东阳 ŋʊ⁴ | 磐安 ŋuɤ³ | 义乌 a³ | 永康 ŋuə⁴ | 武义 a⁻³³ ~农:我；苏州 ŋəu⁶ | 余姚 ŋou² | 定海 ŋau⁴ | 临海 ŋe³ | 温州 ŋ⁴ | 云和 ŋo³ | 玉山 ŋa⁴

浦江、义乌、武义话的零声母都是例外读音。浦江、义乌的声调和武义的韵母也不符合古今对应规律。其他吴语方言中，人称代词"我"常有例外读音出现。例如，上丽片广丰话读作[aˀ]，浦城话也读作[aˀ]，此处零声母也是例外读音。

十二 影母、匣母和云母[内部差异·声母 7]

武义话中，今读[a ua ɤ uo]韵古阳声韵的匣影母字读[ŋ]声母，与疑母相同，今读[ie ye]韵古阳声韵的匣影云以母字则读[n̠]声母，与泥、日、疑母相同。其他婺州方言都没有这个特点。例如：

汗匣 金华 ɤ⁶ | 汤溪 ɤ⁶ | 浦江 ɔ̃⁶ | 东阳 ɤ⁶ | 磐安 ɤ⁶ | 义乌 ɦɯɤ⁶ | 永康 ɤə⁶ | 武义 ŋɤ⁶；苏州 ø⁶ | 余姚 ɦẽ⁶ | 定海 ɦai⁶ | 临海 ɦø⁶ | 温州 jy⁶ | 云和 uɛ⁶ | 玉山 ɦɔ̃⁶

岸疑 金华 ɤ⁶ | 汤溪 ɤ⁶ | 浦江 ɔ̃⁶ | 东阳 ŋɤ⁶ | 磐安 an⁶ 文读 | 义乌 ɦɯɤ⁶ | 永康 ŋɤə⁶ | 武义 ŋɤ⁶；苏州 ŋø⁶ | 余姚— | 定海 ŋɛ⁶ | 临海— | 温州 jy⁶ | 云和 uɛ⁶ | 玉山 ŋɔ̃⁶

园云 金华 yɤ² | 汤溪 iɤ² | 浦江 yẽ² | 东阳 iu² | 磐安 yɤ² | 义乌 ɦiye² | 永康 yə² | 武义 n̠ye²；苏州 ɤø² | 余姚 zyõ² | 定海 ɦỹ² | 临海 ɦiyø² | 温州 n̠y² 莱-篱 | 云和 yɛ² | 玉山 kʰoŋ¹

"园云"可以跟"声母的特点"中的"十一疑母"的"源疑"比较。武义话中都读[n̠ye²]。瓯江片温州话的"园"字白读也与"源"同音，但这属于例外。

十三 匣母[共同特点·声母 10]

有个别匣母字读作塞音、塞擦音[g dz]声母。例如：

怀　金华 gua² ｜汤溪 gua² ｜浦江 gua² ｜东阳 gua² ｜磐安 gua² ｜义乌 ɦuai² 文读 ｜永康 ya² 城关音 ｜武义 dzua² ；苏州 ua² 姓 ｜余姚 ɦua² ｜定海 gua² ~里 ｜临海 ɦua² ｜温州 ga² ｜云和 gua² ｜玉山 uai²

厚　金华 kiu³ ｜汤溪 gɯ⁴ ｜浦江 gɤ⁴ ｜东阳 gəɯ⁴ ｜磐安 gɐɯ⁴ ｜义乌 gəɯ⁴ 利润多 ｜永康 gəɯ⁴ ｜武义 gao⁴ ；苏州 øʏ⁶ ｜余姚 ɦø⁴ ｜定海 ɦai⁴ ｜临海 œ³ ｜温州 gau⁴ ｜云和 gəu⁴ ｜玉山 gu⁴

衔　金华 gaˀ² 含 ｜汤溪— ｜浦江 ian² 文读 ｜东阳— ｜磐安 an² 文读 ｜义乌 ɦian² 文读 ｜永康 ga² ｜武义 guo² ；苏州 ɛ² ｜余姚 ɦẽ² ｜定海 ɦai² ｜临海 ɦɛ² 军~ ｜温州 ga² ｜云和 gã² ｜玉山 ɦã²

吴语一般都有这个特点。例字最多的大概是上丽片。例如，玉山话的其他例字：蛤~蟆 ga⁻²² ｜糊贴 guə² ｜含 goŋ² ｜挟 胡颊切 giɐʔ⁸ ｜汗 gõ⁶。参看曹志耘（2002：54-55）、王福堂（2011）。

十四　其他特例

（1）宕摄开口三等养韵邪母"像"在武义话中读作塞擦音 [**特例·声母 3**]：

像　金华 siaŋ³ ｜汤溪 zɤ⁴ ｜浦江 ʒyõ⁴ ｜东阳 ziʌ⁴ ｜磐安 ʒiɐ⁴ ｜义乌 zɯa⁴ ｜永康 ziaŋ⁴ ｜武义 dziaŋ⁴ ；苏州 ziã⁴ ｜余姚 dziaŋ⁴ ｜定海 ɦiã⁴ ｜临海 ziã² ｜温州 ji⁴ ｜云和 ʒiã⁴ ｜玉山 ziã⁴

余姚话中，原来的 [ziaŋ] 正在转变 [dziaŋ] 的过程当中，所以"像"的塞擦音声母不能说明问题。上丽片当中也有塞擦音声母出现。例如：常山 dziã⁴ ｜庆元 tɕiã⁴。

（2）咸摄开口二等陷韵澄母"赚"在金华、汤溪、东阳、义乌话中读作擦音 [**特例·声母 4**]：

赚　金华 sa³ ｜汤溪 zo⁴ ｜浦江 dzã⁴ ｜东阳 zʌ⁴ ｜磐安 dzɒ⁴ ｜义乌 zɔ⁴ ｜永康 dza⁴ ｜武义 dzuo⁴ ；苏州 zɛ⁶ ｜余姚 dzã² ｜定海 dzɛ⁶ ｜临海 dzɛ² ｜温州 dza⁴ ｜云和 dzã⁴ ｜玉山 dzã⁴

苏州话只有 [z] 没有 [dz]，不能说明问题。其他吴语中一般不存在"赚"的擦音声母。另外，古全浊去声读阳上或上声也是例外情况。

（3）通摄合口三等锺韵娘母"浓"在汤溪、浦江、永康、武义话中读作零声母，义乌话中则读 [ɦ]，都表示鼻音声母的脱落 [**特例·声母 5**]：

浓　金华 noŋ² ｜汤溪 iɑo² ｜浦江 yoŋ² ｜东阳 ȵiom² ｜磐安 ȵiɑoŋ² ｜义乌 ɦioŋ² ｜永康 iɔŋ² ｜武义 iɔŋ² ；苏州 ȵioŋ² ｜余姚 ȵiuŋ² ｜定海 ȵyoŋ² ｜临海 ȵyoŋ² ｜温州 ȵyɔ² ｜云和 ȵiõ² ｜玉山 ȵiõ²

这个读音是婺州方言的特点之一，也许是泥娘有别的痕迹。

（4）梗摄开口二等耕韵庄母"静"在汤溪、浦江、永康、武义话中读同端

51

母,金华话的读音应该是同一类读音[**特例·声母**6]:

静　金华 naŋ¹ 踝子骨｜汤溪 na¹ 脚膝~头:膝盖｜浦江 tsẽ¹ 树~疤:树节疤｜东阳 tsɛ⁻³³ 手~头:肘｜磐安 nɛ¹ 手~头:肘｜义乌 tsɛ¹ 手~儿:肘｜永康 nai¹ 手~头:肘｜武义—；苏州—｜余姚 tsaŋˣ ~子:木节｜定海 tsã¹ 手~枝头:肘｜临海 tsã¹ 手~头:肘｜温州 tsie¹ ~手头:肘｜云和—｜玉山—

端母拼古阳声韵的读音参看"声母的特点"二"帮端母"。除了婺州方言以外,上丽片也有同样的读音出现。例如常山:静 tɪŋ¹ 骹后~：脚后跟。需要指出的是,在上丽片中,除了"静"以外,咸摄开口二等陷韵庄母"蘸"和宕摄开口三等阳韵庄母"装"也读同端母,仍有对应规律可循。例如常山:装 tã¹。可见,婺州方言"静"字的读音原来是规则读音。参看曹志耘等(2000：39)、曹志耘(2002：61)。

(5)假摄开口二等马韵匣母"下动词"在金华、汤溪、武义话中读作[x],与晓母相同[**特例·声母**7]:

下动词　金华 xuɑ³ ~种:播种｜汤溪 xuo³｜浦江 ʃiɑ³ ~车｜东阳—｜磐安—｜义乌—｜永康—｜武义 xuo³ ~谷籽；苏州—｜余姚 ɦo² ~饭:小菜｜定海 ɦo⁶ ~饭:(下饭的)菜｜临海 ho³ 脱(帽)｜温州 ho³ ~种｜云和—｜玉山 xo³ ~包粟:撒玉米的种子

浦江话的读音亦如此,不过这个读音音值和普通话基本上一致,暂时存疑。"下动词"相当于晓母的读音在南部吴语中较常见。台州片临海话也有这种读音出现。

(6)曾摄开口三等蒸韵以母"蝇苍~"在婺州方言有两种例外性读音出现,一种是金华、永康、武义话中读如泥、日、疑母的读音,另外一种是汤溪、浦江、东阳、磐安、义乌话中读如晓母的读音[**特例·声母**8]:

蝇苍~　金华 ɲiŋ²｜汤溪 ɕiei⁰｜浦江 ʃin⁻³³⁴｜东阳 xən¹｜磐安 xen⁻³⁴³｜义乌 ɕiən¹｜永康 ɲiein²｜武义 ɲin⁻⁵³；苏州 in¹｜余姚 iõ⁻⁴⁴｜定海 ɦiŋ⁻³¹｜临海 ɲiən²｜温州 'jaŋ¹｜云和 iŋ²｜玉山 sɪŋ¹

临海话的读音与金华、永康、武义话一样读如泥、日、疑母。玉山话的读音音值与汤溪、浦江、义乌话接近,但玉山[s]声母与晓母不对应。读如晓母的"蝇苍~"字读音可视为婺州方言的特点之一。

贰　韵母的特点

一　撮口呼[内部差异·韵母1]

汤溪话最口语化的读音中不存在撮口呼,结果导致有大量的同音字出现。东阳话也没有撮口呼,东阳方言的[iʉ iʉan iʉən iʉoʔ]韵相当于其他方言的撮口呼，其中 [iuan iuən] 二韵都是文读专用韵。除汤溪、东阳以外的婺州方言都有撮口呼。例如：

句遇　金华 tɕy⁵ ｜汤溪 tɕi⁵ ｜浦江 tʃy⁵ ｜东阳 tɕiʉ⁵ ｜磐安 tɕy⁵ ｜义乌 tɕy⁵ ｜永康 ky⁵ ｜武义 tɕy⁵；苏州 tɕy⁵ ｜余姚 tɕyˣ ｜定海 tɕy¹ 阴平 ｜临海 cy⁵ ｜温州 tɕy⁵ ｜云和 tʃy⁵ ｜玉山 gye⁶

军文　金华 tɕyəŋ¹ ｜汤溪 tɕiei¹ ｜浦江 tɕyən¹ ｜东阳 tɕien¹ ｜磐安 tɕyɐn¹ ｜义乌 tɕyən¹ ｜永康 kyeiŋ¹ ｜武义 tɕyin¹；苏州 tɕyn¹ ｜余姚 tɕiuŋ¹ ｜定海 tɕyoŋ¹ ｜临海 cyəŋ¹ ｜温州 tɕoŋ¹ ｜云和 tʃyɪŋ¹ ｜玉山 kyɪŋ¹

比较：

记志　金华 tɕi⁵ ｜汤溪 tɕi⁵ ｜浦江 tʃi⁵ ｜东阳 tɕi⁵ ｜磐安 tɕi⁵ ｜义乌 tɕi⁵ ｜永康 ki⁵ ｜武义 tɕi⁵；苏州 tɕi⁵ ｜余姚 tɕiˣ ｜定海 tɕi⁵ ｜临海 ci⁵ ｜温州 tsɿ⁵ ｜云和 tsɿ⁵ ｜玉山 ke⁵

巾真　金华 tɕiŋ¹ ｜汤溪 tɕiei¹ ｜浦江 tɕin¹ ｜东阳 tɕien¹ ｜磐安 tɕien¹ ｜义乌 tɕien¹ ｜永康 kieiŋ¹ ｜武义 tɕin¹；苏州 tɕinˣ ｜余姚 tɕiə̃¹ ｜定海 tɕiŋ¹ ｜临海 ciəŋ¹ ｜温州 tɕaŋ¹ ｜云和 tʃiŋ¹ ｜玉山 kɪŋ¹

汤溪话中"句"和"记"以及"巾"和"军"都同音，东阳话中"巾"和"军"同音。这种现象在整个吴语中较为少见。

二　蟹止咸深山臻摄开口知章组 [内部差异·韵母 2]

金华话把部分蟹止咸深山臻摄开口知章组读作撮口呼。义乌话也有同样的表现，但不如金华话那么突出。对韵母来说，止摄和山摄仙薛韵的例字较多。对声母来说，禅母字的例字最多。其他方言都没有这个特点。例如：

世祭书　金华 ɕyɤ⁵ ｜汤溪 ɕie⁵ ｜浦江 ʃi⁵ ｜东阳 si⁵ ｜磐安 ʃi⁵ ｜义乌 si⁵ ｜永康 ɕiə⁵ ｜武义 ɕie⁵；苏州 sɿ⁵ ｜余姚 sɿˣ ｜定海 ɕi⁵ ｜临海 ɕi⁵ ｜温州 sei⁵ ｜云和 sɿ⁵ ｜玉山 se⁵

至至章　金华 tɕy⁵ 冬~ ｜汤溪 tsɿ⁰ 冬~ ｜浦江 tʃi⁵ ｜东阳 tsi⁵ ｜磐安 tsɿ⁵ ｜义乌 tsi⁵ 冬~ ｜永康 tɕi⁵ ｜武义 tɕi⁵；苏州 tsɿ⁵ ｜余姚 tsɿ⁻⁴⁴ 冬~ ｜定海 tsɿ⁵ 冬~ ｜临海 tsɿ⁵ ｜温州 tsɿ⁵ ｜云和 tsɿ⁵ ｜玉山 tɕi⁵

涉叶禅　金华 dzyɤ⁶ ｜汤溪 dzie⁴ ｜浦江 dʒiə⁸ ｜东阳 ziəʔ⁸ ｜磐安 dʒiɛ² ｜义乌 ziə⁸ ｜永康 dziə⁴ ｜武义 dziə⁴；苏州 zəʔ⁸ ｜余姚 dzəʔ⁸ ｜定海 dziəʔ⁸ ｜临海 ziəʔ⁸ ｜温州 ji⁸ ｜云和 ʒie⁵ ｜玉山 ziɐʔ⁸

扇名词。线书　金华 ɕyɤ⁵ ｜汤溪 ɕie⁵ ｜浦江 sɛ̃⁵ ｜东阳 si⁵ ｜磐安 ʃie⁵ ｜义乌 ɕye⁵ ｜永康 ɕiə⁵ ｜武义 ɕie⁵；苏州 sø⁵ ｜余姚 sẽˣ ｜定海 ɕĩ⁵ ｜临海 ɕiɪ⁵ ｜温州 ɕi⁵ ｜云和 ʃie⁵ ｜玉山 ɕiẽ⁵

53

苏州话"世、至、扇"的读音性质与金华、义乌话相同,韵母带上了伴随着早期舌叶音声母或者卷舌音声母的圆唇特征。

三 蟹山臻摄合口一等端精组[共同特点·韵母1]

婺州方言把蟹山臻摄合口一等端精组都读开口呼。例如:

对队端 金华 te⁵ | 汤溪 te⁵ | 浦江 ta⁵ | 东阳 te⁵ | 磐安 tei⁵ | 义乌 te⁵ | 永康 ʔdəi⁵ | 武义 la⁵;苏州 tᴇ⁵ | 余姚 te⁵ | 定海 tai⁵ | 临海 te⁵ | 温州 tai⁵ | 云和 tei⁵ | 玉山 tuɐi⁵

酸桓心 金华 sɤ¹ | 汤溪 sɤ¹ | 浦江 sɔ̃¹ | 东阳 sɤ¹ | 磐安 sɤ¹ | 义乌 sɯ¹ | 永康 sɤə¹ | 武义 sɤ¹;苏州 sø¹ | 余姚 sø̃¹ | 定海 sø̃¹ | 临海 sø¹ | 温州 sø¹ | 云和 sue¹ | 玉山 ɕi¹

村魂清 金华 tsʰəŋ¹ | 汤溪 tsʰɤ¹ | 浦江 tsʰɔ̃¹ | 东阳 tsʰɤ¹ | 磐安 tsʰɤ¹ | 义乌 tsʰən¹ | 永康 tsʰɤə¹ | 武义 tsʰɤ¹;苏州 tsʰən¹ | 余姚 tsʰɔ̃¹ | 定海 tsʰeŋ¹ | 临海 tsʰəŋ¹ | 温州 tsʰø¹ | 云和 tsʰue¹ | 玉山 tsʰuɔ̃¹

太湖片、台州片、瓯江片中"酸"字以及瓯江片"村"字[ø ɵ]韵的圆唇特征显然是早期合口介音圆唇特征的变形保存。上丽片往往直接保存着合口介音[u],婺州方言则完全看不到合口介音或者合口介音的痕迹。这可以说是婺州方言的显著音韵特点之一。

四 阳声韵的鼻尾[内部差异·韵母3]

在婺州方言当中,中古阳声韵鼻尾的演变表现出极其复杂的差异性,概括如表2-1-2。"簪、三、盐、店"代表咸摄,"针、金"代表深摄,"炭、肝、线、前、盘、酸、换、砖、饭、远"代表山摄,"根、近、村、春、裙"代表臻摄,"糖、墙、肠、床、光、望"代表宕摄,"双、讲"代表江摄,"灯、秤"代表曾摄,"硬、病、声、听、横"代表梗摄,"东、风、虫、穷"代表通摄。"ŋ"表示鼻尾韵,"˜"表示鼻化韵,"ø"表示开尾韵:

表2-1-2 婺州方言以及其他吴语中阳声韵鼻尾的演变

	金华	汤溪	浦江	东阳	磐安	义乌	永康	武义	苏州	余姚	定海	临海	温州	云和	玉山
簪	ø	ø	˜	ø	ø	—	ø	ø	˜	ø	ø	ø	ø	ø	˜
三	ø	ø	˜	ø	ø	ø	ø	ø	˜	ø	ø	ø	ø	˜	˜
盐	ø	ø	˜	ø	ø	ø	ø	ø	˜	ø	ø	ø	ø	˜	˜
店	ø	ø	˜	ø	ø	ø	ø	ø	˜	ø	ø	ø	ø	ø	˜
针	ŋ	ø	n	n	n	n	n	n	n	˜	ŋ	ŋ	ŋ	ŋ	˜
金	ŋ	ø	n	n	n	n	ŋ	n	n	˜	ŋ	ŋ	ŋ	ŋ	˜
炭	ø	ø	˜	ø	ø	ø	ø	ø	˜	ø	ø	ø	ø	˜	˜

续表

肝	ø	ø	ṽ	ø	ø	ø	ø	ø	ø	ṽ	ṽ	ø	ø	ṽ
线	ø	ø	ṽ	ø	ø	ø	ø	ø	ṽ	ṽ	ṽ	ø	ø	ṽ
前	ø	ø	ṽ	ø	ø	ø	ø	ø	ṽ	ṽ	ø	ø	ø	ø
盘	ø	ø	ṽ	ø	ø	ø	ø	ø	ṽ	ṽ	ø	ø	ø	ṽ
酸	ø	ø	ṽ	ø	ø	ø	ø	ø	ø	ø	ø	ø	ø	ø
换	ø	ø	ṽ	ø	ø	ø	ø	ø	ṽ	—	ø	ø	ṽ	ṽ
砖	ø	ø	ṽ	ø	ø	ø	ø	ø	ṽ	ø	ø	ø	ø	ṽ
饭	ø	ø	ṽ	ø	ø	ø	ø	ø	ṽ	ṽ	ø	ø	ø	ø
远	ø	ø	ṽ	ø	ø	ø	ø	ø	ṽ	ṽ	ø	ø	ø	ŋ
根	ŋ	ø	n	n	n	n	ŋ	n	ṽ	ṽ	ṽ	ṽ	ø	ṽ
近	ŋ	ø	n	n	n	n	ŋ	n	ṽ	ṽ	ṽ	ṽ	ø	ṽ
村	ŋ	ø	ṽ	ø	ø	(n)	ø	n	ṽ	ṽ	ø	ṽ	ø	ṽ
春	ŋ	ø	ṽ	ø	ø	n	ø	n	ṽ	ṽ	ø	ṽ	ø	ṽ
裙	ŋ	ø	n	n	n	n	ŋ	n	ŋ	ṽ	ṽ	ṽ	ø	ṽ
糖	ŋ	ø	ṽ	ø	ø	ŋʷ	ŋ	ṽ	ŋ	ṽ	ṽ	ṽ	ṽ	ṽ
墙	ŋ	ø	ṽ	ø	ø	ŋ	ŋ	ṽ	ŋ	ṽ	ṽ	ṽ	ø	ṽ
肠	ŋ	ø	ṽ	ø	ø	ŋ	ŋ	ṽ	ŋ	ṽ	ṽ	ṽ	ø	ṽ
床	ŋ	ø	ṽ	ø	ø	ŋʷ	ŋ	ṽ	ŋ	ṽ	ṽ	ṽ	ø	ṽ
光	ŋ	ø	ṽ	ø	ø	ŋʷ	ŋ	ṽ	ŋ	ṽ	ṽ	ṽ	ø	ṽ
望	ŋ	ø	ṽ	ø	ø	ø	ŋ	ṽ	ŋ	ṽ	ṽ	ṽ	ø	ṽ
双	ŋ	ø	ṽ	ø	ø	ŋʷ	ŋ	ṽ	ŋ	ṽ	ṽ	ṽ	ø	ṽ
讲	ŋ	ø	ṽ	ø	ø	ŋʷ	ŋ	ṽ	ŋ	ṽ	ṽ	ṽ	ø	ṽ
灯	ŋ	ø	n	n	n	n	ŋ	n	ṽ	ŋ	ŋ	ŋ	ø	ŋ
秤	ŋ	ø	n	n	n	n	ŋ	n	ṽ	ŋ	ŋ	ŋ	ø	ŋ
硬	ŋ	ø	ṽ	ø	ø	ø	ø	ø	ṽ	ŋ	ŋ	ø	ø	ŋ
病	ŋ	ø	n	n	n	n	ŋ	n	ṽ	ŋ	ŋ	ŋ	ø	ṽ
声	ŋ	ø	n	n	n	n	ŋ	n	ṽ	ŋ	ŋ	ŋ	ø	ŋ
听	ŋ	ø	n	n	n	n	ŋ	n	ṽ	ŋ	ŋ	ŋ	ø	ŋ
横	ŋ	ø	ṽ	ø	ø	ø	ø	ø	ṽ	ŋ	ṽ	ṽ	ø	ŋ
东	ŋ	ø	m	m	m	ŋ	ŋ	ŋ	ŋ	ŋ	ŋ	ŋ	ø	ŋ
风	ŋ	ø	n	m	m	ŋ	ŋ	ŋ	ŋ	ŋ	ŋ	ŋ	ø	ṽ
虫	ŋ	ø	m	m	ŋ	ŋ	ŋ	ŋ	ŋ	ŋ	ŋ	ŋ	ø	ṽ
穷	ŋ	ø	m	m	ŋ	ŋ	ŋ	ŋ	ŋ	ŋ	ŋ	ŋ	ø	ŋ

从表2-1-2我们可看出：

① 婺州方言中鼻尾的演变可以归纳成六个类型：

a. 金华ø｜汤溪ø｜浦江ṽ｜东阳ø｜磐安ø｜义乌ø｜永康ø｜武义ø

这是咸摄"簪、三、盐、店"和山摄"炭、肝、线、前、盘、酸、换、砖、饭、远"的鼻尾演变类型。除了浦江话读作鼻化韵以外，都变成开尾韵。

55

b. 金华 ŋ ǀ 汤溪 ø ǀ 浦江 ṽ ǀ 东阳 ø ǀ 磐安 ø ǀ 义乌 ø ǀ 永康 ø ǀ 武义 ø

这是臻摄"村"①和梗摄二等"硬、横"的鼻尾演变类型。除了金华话也保存了 [ŋ] 尾以外，与 a 类型相同。

c. 金华 ŋ ǀ 汤溪 ø ǀ 浦江 ṽ ǀ 东阳 ø ǀ 磐安 ø ǀ 义乌 ø ǀ 永康 ŋ ǀ 武义 ŋ

这是宕摄"墙、肠、望"的鼻尾演变类型。

d. 金华 ŋ ǀ 汤溪 ø ǀ 浦江 ṽ ǀ 东阳 ø ǀ 磐安 ø ǀ 义乌 ŋʷ ǀ 永康 ŋ ǀ 武义 ŋ

这是宕摄"糖、床、光"和江摄"双、讲"的鼻尾演变类型。义乌话的 [ŋʷ] 韵是这一类型的特点。其余与 c 类型相同。

e-1. 金华 ŋ ǀ 汤溪 ø ǀ 浦江 n ǀ 东阳 n ǀ 磐安 n ǀ 义乌 n ǀ 永康 ŋ ǀ 武义 n

这是深摄"针、金"、臻摄"根、近、春、裙"、曾摄"灯、秤"和梗摄三四等"病、声、听"的鼻尾演变类型。除了汤溪话读作开尾韵以外，都保存着鼻尾。

e-2. 金华 ŋ ǀ 汤溪 ø ǀ 浦江 n ǀ 东阳 m ǀ 磐安 m ǀ 义乌 ŋ ǀ 永康 ŋ ǀ 武义 ŋ

这是通摄"东、风、虫、穷"的鼻尾演变类型。和 e-1 一样，除了汤溪话读作开尾韵以外，都保存着鼻尾。东阳、磐安话的 [m] 尾是这一类型的特点。不过，鼻尾 [m] 和 [n] 的区别是以主要元音的音值为条件的，没有音位价值，所以 e-2 本质上与 e-1 相同。

② 在婺州方言当中，鼻尾最容易弱化的是咸摄和山摄，而最能保存鼻尾的则为深摄、臻摄、曾摄和通摄。

③ 梗摄二等和三四等的表现不一样。三四等的表现与深臻曾摄一致。

以上 ② 和 ③ 也是整个吴语的一般情况。参看曹志耘（2002：85-88）。

④ 汤溪话消失了所有的鼻尾，浦江话则保存了所有中古鼻尾的鼻音成分。这不仅仅是这两个方言在婺州方言当中的重要音韵特点，而且也是在整个吴语当中的重要音韵特点，尤其是汤溪话的情况。保存着所有中古鼻尾的鼻音成分的吴语方言还有余姚话以及福建浦城话。上丽片开化、常山、玉山、江山、广丰话基本上也这样。

⑤ 金华话保存鼻音成分的表现与太湖片苏州话一致。也与台州片临海话有点相似，因为这三个方言都保存着除咸山摄以外鼻尾的鼻音成分。

⑥ 东阳、磐安话的鼻尾脱落以及保存下来鼻尾的实际音值完全一致，义乌话除了宕摄一等和江摄以外亦如此。

⑦ 永康、武义话的鼻尾脱落以及保存下来鼻尾的实际音值基本上一致。

---

① 义乌话的 [n] 尾应该代表了文读层读音。

五　果摄

1. 开口一等歌韵和合口一等戈韵同韵 [共同特点·韵母 2]

搓歌　金华 tsʰuɤ¹ ｜汤溪 tsʰɤ¹ ｜浦江 tsʰɯ¹ ｜东阳 tsʰu¹ ｜磐安 tsʰuɤ¹ ｜义乌 tsʰuo¹ ｜永康 tsʰuə¹ ｜武义 tsʰuo¹；苏州 tsʰəu¹ ｜余姚 tsʰou¹ ｜定海 tsʰau¹ ｜临海 tsʰo¹ ｜温州 tsʰo¹ ｜云和— ｜玉山 tsʰo¹

锁戈　金华 suɤ³ ｜汤溪 sɤ³ ｜浦江 sɯ³ ｜东阳 su³ ｜磐安 suɤ³ ｜义乌 suo³ ｜永康 suə³ ｜武义 suo³；苏州 səu³ ｜余姚 sou³ ｜定海 sau³ ｜临海 so³ ｜温州 so³ ｜云和 su³ ｜玉山 so³

歌歌　金华 kuɤ¹ ｜汤溪 kuɤ¹ ｜浦江 kɯ¹ ｜东阳 ku¹ ｜磐安 kuɤ¹ ｜义乌 ko¹ ｜永康 kuə¹ ｜武义 kuo¹；苏州 kəu¹ ｜余姚 kou¹ ｜定海 kau¹ ｜临海 ko¹ ｜温州 ku¹ ｜云和 ku¹ ｜玉山 ko¹

果戈　金华 kuɤ³ ｜汤溪 kuɤ³ ｜浦江 kɯ³ ｜东阳 ku³ ｜磐安 kuɤ³ ｜义乌 ko³ ｜永康 kuə³ ｜武义 kuo³；苏州 kəu³ ｜余姚 kouˣ ｜定海 kau³ ｜临海 ko³ ｜温州 ku³ ｜云和 ko³ ｜玉山 kua³

除了上丽片能区分歌戈韵的见晓组以外，其他吴语亦如此。

2. 开口一等歌韵和合口一等戈韵帮组的少数字读音与蟹摄开口一等泰韵和开口二等相同 [共同特点·韵母 3]

拖歌　金华 tʰɑ¹ ｜汤溪 tʰɑ¹ ｜浦江 tʰɑ¹ ｜东阳 tʰɑ¹ ｜磐安 tʰɑ¹ ｜义乌 tʰɑ¹ ｜永康 tʰia¹ ｜武义 tʰia¹；苏州 tʰɑ¹ ｜余姚 tʰɑ¹ ｜定海 tʰɑ¹ ｜临海 tʰɑ¹ ｜温州 tʰɑ¹ ｜云和 tʰɑ¹ ｜玉山 tʰai¹

带泰　金华 tɑ⁵ ｜汤溪 tɑ⁵ ｜浦江 tɑ⁵ ｜东阳 tɑ⁵ ｜磐安 tɑ⁵ ｜义乌 tɑ⁵ ｜永康 ʔdia⁵ ｜武义 lia⁵；苏州 tɑ⁵ ｜余姚 tɑ⁵ ｜定海 tɑ⁵ ｜临海 tɑ⁵ ｜温州 tɑ⁵ ｜云和 tɑ⁵ ｜玉山 tai³

蟹摄其他字的读音见"韵母的特点"八·1、2。其他吴语一般都有这个特点。参看曹志耘等（2000：30）、郑伟（2013：32-35）。

六　假摄

1. 开口二等麻韵见晓组和合口二等麻韵见晓组的分合。金华、汤溪、武义话不能区分这两类，浦江、东阳、磐安、义乌、永康话则能区分 [内部差异·韵母 4]

加开口　金华 kua¹ ｜汤溪 kuo¹ ｜浦江 tɕia¹ ｜东阳 kuo¹ ｜磐安 kuə¹ ｜义乌 kɔ¹ ｜永康 ka¹ ｜武义 kua¹；苏州 kɑ¹ ｜余姚 ko¹ ｜定海 ko¹ ｜临海 ko¹ ｜温州 ko¹ ｜云和 ko¹ ｜玉山 kɑ¹

瓜合口　金华 kua¹ ｜汤溪 kua¹、kuo¹ ｜浦江 kua¹ ｜东阳 kua¹ ｜磐安 kua¹ ｜义乌 kua¹ ｜永康 kua¹ ｜武义 kua¹；苏州 ko¹ ｜余姚 kuo¹ ｜定海

ko¹｜临海 kua¹｜温州 ko¹｜云和 ko¹｜玉山 kua¹

汤溪话中，开口麻韵见晓组以读[uo]韵为主。其他吴语有的分有的不分，看不出较为明显的分布特点。参看孙宜志（2012）。

2. 特例

（1）开口二等麻韵生母"沙"[特例·韵母 1]

除金华、浦江以外的方言中，韵母读如果摄歌韵一等：

沙　金华 suɑ¹｜汤溪 sa¹｜浦江 ʃya¹｜东阳 sɑ¹｜磐安 sa¹｜义乌 sa¹｜永康 ɕiɑ⁻⁴⁴ ~箕儿｜武义 ɕiɑ¹；苏州 so¹｜余姚 so¹｜定海 so¹｜临海 so¹、sa¹｜温州 so¹｜云和 so¹｜玉山 sɑ¹

蟹摄开口二等的读音参看"韵母的特点"八·2。

临海话的[sa¹]以及上丽片常山话的[sɛ¹]、江山话的[sæ¹]也是同一类读音。关于吴语中"沙"字的读音，参看曹志耘等（2000：40）、郑伟（2013：56-57）。

（2）开口三等祃韵船母"射"[特例·韵母 2]

这个字的韵母和声母都特殊。韵母与其他开口三等麻韵章组不相同（除金华、汤溪、浦江以外），声母则读塞擦音。下面"射"和平声船母的"蛇"比较：

射　金华 dʑia⁶ 解大小便｜汤溪 dʑia⁶ 解大小便｜浦江 dʑia⁶ 肚~：拉肚子｜东阳 dzɑ⁶ 解大小便｜磐安 dzuɑ⁶ 肚~｜义乌 dza⁶ 解大小便｜永康 dʑya⁶ ~尿：尿床｜武义 dzuɑ⁶ ~尿：尿床；苏州 za⁶ 解大小便｜余姚 dza² 解大小便｜定海 dza⁶ 解大小便｜临海 zo⁶｜温州 zei⁶｜云和 ʒio⁶｜玉山 zie⁶

蛇　金华 zia²｜汤溪 zia²｜浦江 ʒia²｜东阳 zia²｜磐安 ʒia²｜义乌 ziɛ²｜永康 ɕia²｜武义 ʑia²；苏州 zo²｜余姚 zo²｜定海 dzo²｜临海 zo²｜温州 zei²｜云和 ʒio²｜玉山 dzø²

苏州、余姚话"射"字的韵母也特殊。参看"词汇特点"（57）。

（3）假摄合口二等马韵疑母"瓦"[特例·韵母 3]

能区分开口二等麻韵见晓组和合口二等麻韵见晓组的方言当中，浦江、东阳、磐安、永康话都把"瓦"字读如开口二等麻韵：

瓦　金华 ua³｜汤溪 uo⁴｜浦江 ȵia⁴｜东阳 ŋuo⁴｜磐安 ŋuə³｜义乌 ɦŋʷ⁴｜永康 ŋa⁴｜武义 ŋua⁴；苏州 ŋo⁶｜余姚 ŋo²｜定海 ŋo⁴｜临海 ŋo³｜温州 ŋo⁴｜云和 ŋo³｜玉山 ua⁴

假摄开口二等麻韵的读音参看上文 1 的"加"字读音。临海话的"瓦"字读音亦如此。义乌话的读音很特殊，似乎来自早期的 *ŋɔ⁴。

七　遇摄

1. 能区分鱼虞二韵 [**共同特点·韵母 4**]

只是，各地方言的具体分法不尽相同，情况相当复杂，请看各地方音的相关部分。下面以鱼韵书母"鼠"和虞韵书母"输~赢"为例：

鼠　金华 tsʰɿ³ ｜ 汤溪 tsʰɿ³ ｜ 浦江 tsɿ³ 不送气音 ｜ 东阳 tsʰi³ ｜ 磐安 tʃʰi³ ｜ 义乌 tsʰi³ ｜ 永康 tɕʰi³ ｜ 武义 tɕʰi³；苏州 tsʰʮ³ 书面语 ｜ 余姚 tsʰɿ⁻⁴⁴ 老~ ｜ 定海 tsʰɿ³ ｜ 临海 tsʰɿ³ ｜ 温州 tsʰei³ ｜ 云和 tsʰɿ³ ｜ 玉山 tɕʰie³

输~赢　金华 ɕy¹ ｜ 汤溪 ɕi¹ ｜ 浦江 ʃy¹ ｜ 东阳 sɿ¹ ｜ 磐安 ʃy¹ ｜ 义乌 ɕy¹ ｜ 永康 ɕy¹ ｜ 武义 ɕy¹；苏州 sʮ¹ ｜ 余姚 sʮ¹ ｜ 定海 sʮ¹ ｜ 临海 ɕy¹ ｜ 温州 sɿ¹ ｜ 云和 ʃy¹ ｜ 玉山 ɕye¹

其他吴语中也能发现鱼虞二韵之间的对立。其中，对立最明显的应该是上丽片。太湖片的例字还可以参看梅祖麟（1995：1—12）。

2. 东阳、磐安话中鱼韵知组"猪、女"和庄组"锄、疏"的读音和假摄开口二等麻韵相同；永康、武义话除了"猪"以外也有同样的读音，义乌话的"猪、锄"也是这种读音；金华、汤溪、浦江话都没有这种读音出现 [**内部差异·韵母 5**]

猪知　金华 tɕy¹ ｜ 汤溪 tsɿ¹ ｜ 浦江 tʃi¹ ｜ 东阳 tsuo¹ ｜ 磐安 tsuə¹ ｜ 义乌 tsua¹ ｜ 永康 tɕi¹ ｜ 武义 li¹；苏州 tsʮ¹ ｜ 余姚 tsɿ¹ ｜ 定海 tsʮ¹ ｜ 临海 tsɿ¹ ｜ 温州 tsei¹ ｜ 云和 ti¹ ｜ 玉山 ta¹

女娘　金华 nɑ³ ｜ 汤溪 na⁴ ｜ 浦江 nɑn⁻²⁴ ~儿 ｜ 东阳 nuo⁴ ｜ 磐安 nuə³ ｜ 义乌 na⁶ ~婿 ｜ 永康 nɑ⁻¹⁴ ~儿 ｜ 武义 nua⁻⁵³ ~婿；苏州 nøˣ ｜ 余姚 n̩y² ｜ 定海 nõ⁻²⁴ ~儿 ｜ 临海 n³ ｜ 温州 na⁴ ｜ 云和 no⁶ ｜ 玉山 na⁴

锄崇　金华 zɿ² ｜ 汤溪 zɿ² ｜ 浦江 zɿ² ｜ 东阳 zuo² ｜ 磐安 zuə² ｜ 义乌 zua² ｜ 永康 zɑ² ｜ 武义 zuɑ²；苏州 zɿ² ｜ 余姚 dzʮ² ｜ 定海 zɿ² ｜ 临海 zɿ² ｜ 温州 zɿ² ｜ 云和 zo² ｜ 玉山 zɑ²

疏生　金华 su¹ ｜ 汤溪 so¹ ｜ 浦江 su¹ ｜ 东阳 suo¹ ｜ 磐安 suə¹ ｜ 义乌 su¹ ｜ 永康 sɑ¹ ｜ 武义 suɑ¹；苏州 səu¹ ｜ 余姚 sʮ¹ ｜ 定海 su¹ ｜ 临海 su¹ ｜ 温州 sʮu¹ ｜ 云和 so¹ ｜ 玉山 ɕye¹

开口二等麻韵的读音参看"韵母的特点"十二·2 的"茶"字读音。义乌话中开口二等麻韵拼见晓组时的主要元音与其他不一样，读作 [ɔ]。

其他吴语中，上丽片也有这个现象，参看玉山话"猪、女、锄"和云和话"女、锄、疏"的读音。关于"女"的用法，参看"词汇特点"（3）。

3. 特例

（1）三等虞遇韵有两个字读同流摄三等（加下线表示）[**特例·韵母 4、5**]

取清　金华 tɕy³ ｜汤溪 tɕʰiəɯ³ 索回 ｜浦江 tshu³ ｜东阳 tshʅ³ ｜磐安 tʃhy³ ｜义乌 tɕhy³ ｜永康 tɕhy³ ｜武义 tɕhiu³ 赎；苏州 tshi³ ｜余姚 tshʮˣ ｜定海 tshʮ³ ｜临海 tɕhy³ ｜温州 tɕhau³ 讨 ｜云和 tʃhy³ ｜玉山 tshəɯ³ 索回

树禅　金华 ʑy⁶ ｜汤溪 dʑiəɯ⁶ ｜浦江 ʒy⁶ ｜东阳 ʑʅ⁶ ｜磐安 ʒy⁶ ｜义乌 ɕʑy⁶ ｜永康 ʑy⁶ ｜武义 ʑy⁶；苏州 ʑʮ⁶ ｜余姚 ʑʮ² ｜定海 ʑʮ⁶ ｜临海 ʑy⁶ ｜温州 ʑʅ⁶ ｜云和 ʒy⁶ ｜玉山 dʑəɯ⁶

比较：

周尤章　金华 tɕiu¹ ｜汤溪 tɕiəɯ¹ ｜浦江 tʃiɣ¹ ｜东阳 tɕiəɯ¹ ｜磐安 tʃiɯʃ¹ ｜义乌 tsəɯ¹ ｜永康 tɕiəɯ¹ ｜武义 iu¹；苏州 tsøɣ¹ ｜余姚 tsø¹ ｜定海 tɕiu¹ ｜临海 tɕieɯ¹ ｜温州 tɕɣu¹ ｜云和 tʃiu¹ ｜玉山 tsəɯ¹

婺州方言当中只有两个例字，而且在汤溪、武义话中才保留着同尤韵的读法，所以本书把这个现象处理成特例。这种读音不见于鱼韵，可以把它作为虞韵的鉴别韵。

在上丽片的一部分方言当中，虞韵读同尤韵的现象较有规律性。例如玉山：取索回 tshəɯ³ ｜树 dʑəɯ⁶ ｜鬚 səɯ¹ ｜躯身~：身体 kʰəɯ¹；周 tsəɯ¹，常山：取索回 tɕhiɯ³ ｜树 dʑiɯ⁶ ｜鬚 ɕiɯ¹ ｜躯身~□ ki³：身体 tɕhiɯ⁻⁴⁴；周 iɯ⁻⁵² ~年，庆元：取索回 tɕhiɯ³ ｜树 tɕiɯ⁶ ｜鬚 ɕiɯ¹ ｜周 iɯ¹。可见，婺州方言当中的残余现象在上丽片仍具有明显的规律性。

温州话"取"的读音大概也属于同一类的读音，"娶虞清"也读作 [tɕhau³]。不过 [au] 韵不是尤韵的读法，性质与婺州方言和上丽片稍有不同。

（2）三等虞韵心母"鬚"读洪音，与一等模韵相同 [**特例·韵母 6**]

鬚　金华 su¹ ｜汤溪 su¹ ｜浦江 su¹ ｜东阳 su¹ ｜磐安 su¹ ｜义乌 su¹ ｜永康 su¹ ｜武义 su¹；苏州 səu¹ ｜余姚 sʮ¹ ｜定海 sʮ¹ ｜临海 ɕy¹ ｜温州 sʅ¹ ｜云和 ʃy¹ ｜玉山 səɯ¹

比较：

苏模心　金华 su¹ ｜汤溪 su¹ ｜浦江 su¹ ｜东阳 su¹ ｜磐安 su¹ ｜义乌 su¹ ｜永康 su¹ ｜武义 su¹；苏州 səu¹ ｜余姚 sʮ¹ ｜定海 su¹ ｜临海 su¹ ｜温州 søy¹ ｜云和 su¹ ｜玉山 suə¹。

苏州、余姚话的"鬚"也读同"苏"。这种读音在太湖片中较为常见。[①] 在上丽片和瓯江片中则很少见。上丽片中，只有遂昌话具有这种"鬚"音，"鬚"和"苏"都读作 [suɣ¹]，显然是从婺州方言引进的。参看"词汇特点"（95）。

（3）除浦江、义乌、武义话以外，三等虞韵知母"株"以 [ɑ a] 为韵腹 [**特**

[①] 太湖片常熟话读作 [siɣɯ¹]，与太湖片其他方言不同，而与上丽片相近。参看郑伟（2013:83-89）。

例·韵母 7]

株　金华 tɕya¹ 茌子 | 汤溪 tɕia¹ 茌子 | 浦江 tʃy¹ 稻~:稻茌 | 东阳 tsa¹ 树~:树墩 | 磐安 tsua¹ 茌子 | 义乌 tɕy¹ ~~树 | 永康 tɕya¹ 稻~:稻茌 | 武义—；苏州 tsʮ¹ | 余姚 tsʮ¹ | 定海 tsʮ¹ 稻根~:稻根 | 临海 tɕy¹ | 温州 tsʮ¹ | 云和 tʃy¹ | 玉山 tɕye¹

浦江、义乌话和定海话的"株"字读音都是合乎对应规律的读音。从这两个方言的规律性读音和用例来看，金华等方言中表示"茌子"义词的本字应该是"株"。

关于鱼虞韵的各种问题，参看曹志耘等（2000：35）、曹志耘（2002：62-68）。

八　蟹摄

1. 还存在开口一等咍泰二韵之间对立的残余 [**共同特点·韵母 5**]

菜咍　金华 tsʰɛ⁵ | 汤溪 tsʰɛ⁵ | 浦江 tsʰa⁵ | 东阳 tsʰe⁵ | 磐安 tsʰei⁵ | 义乌 tsʰe⁵ | 永康 tsʰəi⁵ | 武义 tsʰa⁵；苏州 tsʰᴇ⁵ | 余姚 tsʰe⁵ | 定海 tsʰe⁵ | 临海 tsʰe⁵ | 温州 tsʰe⁵ | 云和 tsʰa⁵ | 玉山 tsʰɐi⁵

蔡泰　金华 tsʰa⁵ | 汤溪 tsʰa⁵ | 浦江 tsʰa¹ 阴平 | 东阳 tsʰa⁵ | 磐安 tsʰa⁵ | 义乌 tsʰa⁵ | 永康 tɕʰia⁵ | 武义 tɕʰia⁵；苏州 tsʰa⁵ | 余姚 tsʰa⁵ | 定海 tsʰa⁵ | 临海 tsʰa⁵ | 温州 tsʰa⁵ | 云和 tsʰa⁵ | 玉山 tsʰai⁵

其他吴语亦如此。

2. 开口二等皆佳夬韵。永康、武义话读齐齿呼，其余则读开口呼 [**内部差异·韵母 6**]

排皆　金华 ba² | 汤溪 ba² | 浦江 ba² | 东阳 ba² | 磐安 ba² | 义乌 ba² | 永康 bia² | 武义 bia²；苏州 ba² | 余姚 ba² | 定海 ba² | 临海 ba² | 温州 ba² | 云和 ba² | 玉山 bai²

柴佳　金华 za² | 汤溪 za² | 浦江 za² | 东阳 za² | 磐安 za² | 义乌 za² | 永康 zia² | 武义 zia²；苏州 za² | 余姚 za² | 定海 za² | 临海 za² | 温州 za² | 云和 za² | 玉山 zai²

吴语一般都读开口呼。

3. 开口三等祭韵和开口四等齐韵。浦江、东阳、磐安、义乌读作单元音 [i]，与止摄开口相同，金华、汤溪、永康、武义则读二合元音 [ie iə]，与止摄开口有区别 [**内部差异·韵母 7**]

鸡齐　金华 tɕie¹ | 汤溪 tɕie¹ | 浦江 tʃi¹ | 东阳 tɕi¹ | 磐安 tɕi¹ | 义乌 tɕi¹ | 永康 kiə¹ | 武义 tɕie¹；苏州 tɕi¹ | 余姚 tɕi¹ | 定海 tɕi¹ | 临海 ci¹ | 温州 tsʮ¹ | 云和 tsʮ¹ | 玉山 ki¹

比较：

寄支　金华 tɕi⁵ | 汤溪 tɕi⁵ | 浦江 tʃi⁵ | 东阳 tɕi⁵ | 磐安 tɕi⁵ | 义乌 tɕi⁵ | 永康 ki⁵ | 武义 tɕi⁵；苏州 tɕi⁵ | 余姚 tɕi⁵ | 定海 tɕi⁵ | 临海 ci⁵ | 温州 tsɿ⁵ | 云和 tsɿ⁵ | 玉山 kɐi⁵

其实，多数上丽片方言当中祭齐韵读二合元音的现象也很普遍。例如：

啼齐　开化 die² | 常山 die² | 玉山 die² | 遂昌 die² | 云和 di² | 庆元 tie²

除婺州方言和上丽片以外的大多数吴语读作单元音。

4. 开口四等齐韵有两个字读同合口一等灰韵（义乌话的情况不太清楚）[共同特点·韵母6]

梯　金华 tʰɛ¹ | 汤溪 tʰɛ¹ | 浦江 tʰi¹ | 东阳 tʰe¹ | 磐安 tʰei¹ | 义乌 tʰi¹ | 永康 tʰəi¹ | 武义 tʰa¹；苏州 tʰi¹ | 余姚 tʰe¹ | 定海 tʰai¹ | 临海 tʰi¹ | 温州 tʰei¹ | 云和 tʰei¹ | 玉山 tʰuɐi¹

栖鸡~　金华 sɛ⁵ | 汤溪 sɛ⁵ | 浦江 sa⁵ | 东阳 se⁻⁵⁴ | 磐安 sei⁵ | 义乌— | 永康 səi¹ | 武义 sa⁵；苏州— | 余姚— | 定海— | 临海— | 温州— | 云和— | 玉山—

比较：

退灰　金华 tʰɛ⁵ | 汤溪 tʰɛ⁵ | 浦江 tʰa⁵ | 东阳 tʰe⁵ | 磐安 tʰei⁵ | 义乌 tʰe⁵ | 永康 tʰəi⁵ | 武义 tʰa⁵；苏州 tʰE⁵ | 余姚 tʰeˣ | 定海 tʰai⁵ | 临海 tʰe⁵ | 温州 tʰai⁵ | 云和 tʰei⁵ | 玉山 tʰuɐi⁵

在永康话里霁韵"替"读作 [tʰəi⁵]，与"梯、栖"同韵。但是"替"在婺州方言中的读音很复杂，难以知道"替" [tʰəi⁵] 的来历如何。

吴语中读同灰韵的"梯"分布得很广。参看曹志耘等（2000：40）。

5. 特例

（1）开口二等卦韵并母"稗" [特例·韵母8]

除东阳、磐安、永康以外的方言中，韵母读同假摄开口二等麻韵：

稗　金华 bɤa⁶ | 汤溪 bɤ⁶ | 浦江 bia⁶ | 东阳 bɑ⁶ | 磐安 ba² | 义乌 bɯa⁶ | 永康 bia⁶ | 武义 buɑ⁶；苏州 bɑˣ | 余姚 ba² | 定海 bo⁶ | 临海 ba⁶ | 温州 ba⁶ | 云和 bo⁶ | 玉山 bɑ⁶

比较：

麻麻　金华 mɤa² | 汤溪 mɤ² | 浦江 mia² | 东阳 muo² | 磐安 mɤa² | 义乌 mɯa² | 永康 ma² | 武义 muɑ²；苏州 mo² | 余姚 mo² | 定海 mo² | 临海 mo² | 温州 mo² | 云和 mo² | 玉山 mɑ²

定海、云和、玉山话的"䅟"字读音亦如此。由于玉山话的读音合乎佳韵的常例，所以东阳、磐安、永康话以及云和话的读音是皆佳有别的残余。①

（2）合口一等泰韵疑母"外"[**特例·韵母9**]

除浦江、义乌以外的方言中都读同蟹摄开口一等泰韵或开口二等：

外　金华 ɑ⁶｜汤溪 ɑ⁶｜浦江 ŋɑ⁶｜东阳 ŋɑ⁶｜磐安 ŋɑ⁶｜义乌 ɦo⁶｜永康 ȵiɑ⁶｜武义 ȵiɑ⁶；苏州 ŋɑ⁶｜余姚 ŋɑ²｜定海 ŋɑ⁶｜临海 ŋɑ⁶｜温州 va⁶｜云和 uɑ⁶｜玉山 uai⁶

蟹摄开口一等泰韵和开口二等的读音参看上文1和2。同一类的"外"字读音也出现在太湖片和台州片。

九　止摄

1. 对口语字来说，止摄开口精组还没有形成舌尖元音，而读舌面元音[i]。这种读音除了支韵"刺"以外都是脂韵的字[**共同特点·韵母7**]

姊　金华 tsi³｜汤溪 tsi³｜浦江 tʃi⁵｜东阳 tsi³｜磐安 tʃi³｜义乌 tsi³｜永康 tɕi³｜武义 tɕi³；苏州 tsi³ ~妹｜余姚 tɕi⁻⁴⁴ ~夫｜定海 tɕi¹ 阿~。阴平｜临海 tsɿ³｜温州 tsɿ³｜云和 tsɿ³｜玉山 tɕi³

自　金华 zi⁶｜汤溪 zi⁶｜浦江 ʒi⁶｜东阳 zi⁶｜磐安 ʒi⁶｜义乌—｜永康 zi⁶｜武义 zi⁶；苏州 zɿ²｜余姚 zi⁻¹³ ~家｜定海 zɿ⁶｜临海 zɿ⁶｜温州 zɿ⁶｜云和 zɿ⁶｜玉山 dzeʔ⁸ ~家

四　金华 si⁵｜汤溪 si⁵｜浦江 ʃi⁵｜东阳 si⁵｜磐安 ʃi⁵｜义乌 si⁵｜永康 ɕi⁵｜武义 ɕi⁵；苏州 sɿ⁵｜余姚 sɿ⁵｜定海 sɿ⁵｜临海 sɿ⁵｜温州 sɿ⁵｜云和 sɿ⁵｜玉山 ɕi⁵

太湖片苏州、余姚、定海话里和上丽片玉山话里也有这种读音出现。苏州话"死"[si³]也是同一类读音。

2. 对口语性最强的字来说，除了金华、汤溪话以外，止摄开口知组和支韵章组不读舌尖元音，而读舌面元音[i]，脂之韵章组则读舌尖元音[ɿ]，即，知组：支[i]＝脂之[i]；章组：支[i]≠脂之[ɿ][**内部差异·韵母8**]

知组：

池支澄　金华 dzɿ²｜汤溪 dzɿ²｜浦江 dʒi²｜东阳 dzi²｜磐安 dʒi²｜义乌 dzi²｜永康 dzi²｜武义 dzi²；苏州 zʮ²｜余姚 dzi²｜定海 dzi²｜临海 dzɿ²｜温州 dzei²｜云和 dzɿ²｜玉山 dzi²

迟脂澄　金华 dzʮ²｜汤溪 dzʮ²｜浦江 dʒi²｜东阳 dzi²｜磐安 dʒi²｜

---

① 也有可能金华、汤溪、浦江、义乌、武义话以及云和、玉山话"䅟"的本字其实是"穤"，《集韵》去声祃韵步化切："穤稏，稻也。"

63

义乌 dzi² | 永康 dzi² | 武义 dzi²；苏州 zʮ² | 余姚 dzɿ² | 定海 dzi² | 临海 dzɿ² | 温州 dzɿ² | 云和 dzɿ² | 玉山 dɐi²

痔止澄　金华 tɕy³ | 汤溪— | 浦江 dʒi⁶ | 东阳 dzi⁴ | 磐安 dʒi⁴ | 义乌 dzi⁴ | 永康 dzi⁴ | 武义 dzi⁴；苏州 zʮ⁶ | 余姚— | 定海 dzi⁴ | 临海 dzɿ⁶ | 温州 dzɿ⁴ | 云和 dzɿ⁴ | 玉山 dzi⁶

章组：

纸纸章　金华 tsɿ³ | 汤溪 tsɿ³ | 浦江 tʃi³ | 东阳 tsi³ | 磐安 tʃi³ | 义乌 tsi³ | 永康 tɕi³ | 武义 tɕi³；苏州 tsɿ³ | 余姚 tsɿˣ | 定海 tsɿ³ | 临海 tsɿ³ | 温州 tsei³ | 云和 tsɿ³ | 玉山 tɕie³

指旨章　金华 tsɿ³ | 汤溪 tsɿ³ | 浦江 tsɿ³ | 东阳 tsɿ³ | 磐安 tsɿ³ | 义乌 tsɿ³ | 永康 tsɿ³ | 武义 tsɿ³；苏州 tsʮ³ | 余姚 tsɿˣ | 定海 tsɿ³ | 临海 tsɿ³ | 温州 tsɿ³ | 云和 tsɿ³ | 玉山 tse³

试志书　金华 sɿ⁵ | 汤溪 sɿ⁵ | 浦江 ʃi⁵ | 东阳 tsʰɿ⁵ | 磐安 sɿ⁵ | 义乌 si⁵ | 永康 sɿ⁵ | 武义 sɿ⁵；苏州 sʮ⁵ | 余姚 sɿˣ | 定海 sɿ⁵ | 临海 sɿ⁵ | 温州 sɿ⁵ | 云和 sɿ⁵ | 玉山 se⁵

浦江、义乌话"试"的读音是例外。

在其他吴语中不存在"知组：支＝脂之；章组：支≠脂之"的语音对应。关于金华话 [y] 韵的表现，参看"韵母的特点"二。

3. 特例

（1）开口三等纸韵（重纽三等）群母"徛站立"读洪音，与哈韵相同 [**特例·韵母 10**]

徛站立　金华 kɛ³ | 汤溪 gɛ⁴ | 浦江 ga⁴ | 东阳 gɛ⁴ | 磐安 gei⁴ | 义乌 gɛ⁴ | 永康 gəi⁴ | 武义 ga⁴；苏州— | 余姚 dzi² | 定海— | 临海 ɟi² | 温州 gɛ⁴ | 云和 ga⁴ | 玉山 gɐi⁴

比较：

开哈溪　金华 kʰɛ¹ | 汤溪 kʰɛ¹ | 浦江 kʰa¹ | 东阳 kʰe¹ | 磐安 kʰei¹ | 义乌 kʰe¹ | 永康 kʰəi¹ | 武义 kʰa¹；苏州 kʰᴇ¹ | 余姚 kʰe¹ | 定海 kʰe¹ | 临海 kʰe¹ | 温州 kʰe¹ | 云和 kʰei¹ | 玉山 kʰɐi¹

瓯江片和上丽片（除云和话以外）的"徛"字读音亦如此。需要指出的是，在少数上丽片方言中开口三等真韵（重纽三等）见母"寄"也有相同的韵母。例如玉山：徛 gɐi⁴ | 寄 kɐi⁵；开 kʰɐi¹，常山：徛 gɛ⁴ | 寄 kɛ⁵；开 kʰɛ¹。可见，婺州方言当中的残余现象在上丽片仍有规律性可寻。

（2）开口三等纸韵（重纽三等）疑母"蚁" [**特例·韵母 11**]

除浦江、磐安话以外，韵母都读如蟹摄开口一等泰韵或开口二等：

蚁　金华 a³｜汤溪 a⁴｜浦江 ŋãn⁶ ~儿｜东阳 ŋa⁴｜磐安 ŋɒ⁴｜义乌—｜永康 nia⁴｜武义 nia⁴；苏州 mi˟｜余姚—｜定海 n̠i⁻⁴⁴ 蚂~｜临海—｜温州 ŋa⁴｜云和 ŋa³｜玉山 ŋai⁴

蟹摄开口一等泰韵和开口二等的读音参看"韵母的特点"八·1、2。瓯江片和上丽片的"蚁"字读音也读如蟹摄开口一等泰韵或开口二等，与多数婺州方言相同。

（3）开口三等纸韵（重纽三等）影母"椅"[**特例·韵母 12**]

婺州方言都读撮口呼及其发展形式（汤溪话的 [i³] 也可以理解为 *y³ 的进一步发展）：

椅　金华 y³｜汤溪 i³｜浦江 ʒy⁴ 交~｜东阳 iɯ⁴ 交~｜磐安 y³｜义乌 y³ 交~｜永康 y³ 交~｜武义 y³；苏州 y˟ 交~｜余姚 y⁻⁴⁴ ~子｜定海 y⁻⁵³ ~子｜临海 y³｜温州 ʼji³｜云和 i³｜玉山 y³ 靠~

其他吴语中也有同一类撮口呼读音出现。这大概是受到前字"交、靠"字的早期元音韵尾 *u 的同化所致。① 余姚、定海话的"椅子"当为在这个基础上进一步受到标准语影响的形式。参看曹志耘等（2000：40）。

（4）开口三等至韵（重纽四等）并母"鼻"[**特例·韵母 13**]

婺州方言都读如深臻摄开口三等入声韵，下面以"笔"为例：

鼻　金华 biəʔ⁸｜汤溪 bei⁴｜浦江 biə⁸｜东阳 biəʔ⁸｜磐安 biɛ²｜义乌 bə⁻¹³ ~头、biə⁻¹³ ~涕｜永康 bə⁴｜武义 bəʔ⁸；苏州 biəʔ⁸ ~冲：猪鼻子｜余姚 biəʔ⁸｜定海 biəʔ⁸｜临海 bieʔ⁸｜温州 bei⁸｜云和 biʔ⁸｜玉山 beʔ⁸

笔 质帮　金华 piəʔ⁷｜汤溪 pei⁷｜浦江 piə⁷｜东阳 piəʔ⁷｜磐安 piɛ³｜义乌 piə⁷｜永康 ʔbə³｜武义 pəʔ³；苏州 piəʔ⁷｜余姚 piəʔ⁷｜定海 piəʔ⁷｜临海 pieʔ⁷｜温州 pi⁷｜云和 piʔ⁷｜玉山 peʔ⁷

其他多数吴语方言的"鼻"字读音亦如此。读同深臻摄开口三等入声韵"鼻"字广泛分布在除闽语、粤语、客家话以外的汉语方言中。参看"词汇特点"（4）。

（5）开口三等尾韵见母有两个字读作洪音，与哈韵相同（加下线表示），参上文（1）的"开"字读音 [**特例·韵母 14、15**]

几~个　金华 tɕi³｜汤溪 k̲ɛ̲³｜浦江 tʃi³｜东阳 tɕi³｜磐安 tɕi³｜义乌 tɕi³｜永康 ki³｜武义 k̲a̲³；苏州 tɕi³｜余姚 tɕi³｜定海 tɕi³｜临海 ci³｜温州 ke³｜云和 ki³｜玉山 kɐi³

虮　金华—｜汤溪 tɕi³｜浦江 tʃi³｜东阳—｜磐安—｜义乌—｜永康

---

① 梅祖麟（2012）则认为 [y] 是反映着重纽三等的读音。

kəi³ | 武义 ka³；苏州 tɕiˣ | 余姚— | 定海— | 临海 ci³ | 温州 tsʅ³ | 云和 tsʅ³ | 玉山 kɐi³。

云和话中 k 组声母一般不拼细音。"几~个"[ki³]违反这一规律，说明它来自早期 *kə³ 或 *kɯ³ 之类的读音。另外，云和话的"虮"[tsʅ³]也有可能是"子"。

婺州方言当中只有两个例字，而且在汤溪、永康、武义话中才保留着洪音读法，所以本书把这个现象处理成特例。瓯江片当中亦如此，也是不成系统的零星现象。这个现象值得我们关注，是因为在上丽片当中，开口微韵读同哈韵的现象有规律性。例如玉山：饥饿 kɐi¹ | 几~个 kɐi³ | 虮 kɐi³ | 衣胎盘 ɐi¹；开 kʰɐi¹，常山：饥饿 ke¹ | 几~个 ke³ | 虮 ke³ | 衣胎盘 e³；开 kʰe¹，庆元：饥饿 kai¹ | 几~个 kai³ | 虮 kai³；开 kʰai¹。可见，婺州方言当中的残余现象在上丽片仍具有明显的规律性。

十 效摄

1. 婺州方言不能区分开口一等豪韵帮组和开口二等肴韵帮组 [共同特点·韵母 8]

宝晧帮　金华 pau³ | 汤溪 pə³ | 浦江 po³ | 东阳 pau³ | 磐安 po³ | 义乌 pɯɤ³ | 永康 ʔbɒ³ | 武义 pao³；苏州 pæ³ | 余姚 poˣ | 定海 pɔ³ | 临海 pɔ³ | 温州 pɜ³ | 云和 pɑɔ³ | 玉山 pɐɯ³

饱巧帮　金华 pau³ | 汤溪 pə³ | 浦江 po³ | 东阳 pau³ | 磐安 po³ | 义乌 pɯɤ³ | 永康 ʔbɒ³ | 武义 pao³；苏州 pæ³ | 余姚 pɔ³ | 定海 pɔ³ | 临海 pɔ³ | 温州 puɔ³ | 云和 pɑɔ³ | 玉山 pɐɯ³

瓯江片一般能区分这两类。此外，上丽片常山话也能区分。例如：宝 pɤɯ³ ≠ 饱 pɔ³。不过，在吴语中不能区分的方言占多数。

2. 除了帮组以外，武义话能区分开口一等豪韵和开口二等肴韵，其他方言都不能区分 [内部差异·韵母 9]

以下以见组为例：

高豪见　金华 kau¹ | 汤溪 kə¹ | 浦江 ko¹ | 东阳 kau¹ | 磐安 ko¹ | 义乌 ko¹ | 永康 kɒ¹ | 武义 kɤ¹；苏州 kæ¹ | 余姚 kɔ¹ | 定海 kɔ¹ | 临海 kɔ¹ | 温州 kɜ¹ | 云和 kəɯ¹ | 玉山 kɐɯ¹

交肴见　金华 kau¹ | 汤溪 kə¹ | 浦江 ko¹ | 东阳 kau¹ | 磐安 ko¹ | 义乌 ko¹ | 永康 kɒ¹ | 武义 kao¹；苏州 kæ¹ | 余姚 kɔ¹ | 定海 tɕiɔ¹ 文读 | 临海 kɔ¹ | 温州 kuɔ¹ | 云和 kɑɔ¹ | 玉山 kɐɯ¹

除了瓯江片以外，上丽片云和话也能区分。上丽片常山、庆元话亦如此。例如常山：高 kɤɯ¹ ≠ 交 kɔ¹。不过，在吴语中不能区分的方言占多数。

3. 开口三等宵韵和开口四等萧韵。金华、磐安、永康、武义话一律读作 [iau io iɒ ie] 韵，其他方言则发生了以声母为条件的韵母分化 [**内部差异·韵母 10**]

表小帮　金华 piau³｜汤溪 pie³｜浦江 pi³｜东阳 pɤ³｜磐安 piɒ³｜义乌 pie³｜永康 ʔbiɒ³｜武义 pie³；苏州 piæ³｜余姚 piɔˣ｜定海 piɔ³｜临海 piɔ³｜温州 pie³｜云和 piɑɔ³｜玉山 pieɯ³

条萧定　金华 diau²｜汤溪 dɤ²｜浦江 dɯ²｜东阳 dɤ²｜磐安 diɒ²｜义乌 dɯɤ²｜永康 diɒ²｜武义 die²；苏州 diæ²｜余姚 diɔ²｜定海 diɔ²｜临海 diɔ²｜温州 die²｜云和 diɑɔ²｜玉山 dieɯ²

笑笑心　金华 siau⁵｜汤溪 sɤ⁵｜浦江 sɯ⁵｜东阳 tsʰɤ⁵｜磐安 tʃʰiɒ⁵｜义乌 sɯɤ⁵｜永康 ɕiɒ⁵｜武义 ɕie⁵；苏州 siæ⁵｜余姚 ɕiɔ⁵｜定海 ɕiɔ⁵｜临海 ɕiɔ⁵｜温州 ɕie⁵｜云和 tʃʰiɑɔ⁵｜玉山 tɕʰieɯ⁵

照笑章　金华 tɕiau⁵｜汤溪 tɕiə⁵｜浦江 tsɯ⁵｜东阳 tsɤ⁵｜磐安 tʃiɒ⁵｜义乌 tsɯɤ⁵｜永康 tɕiɒ⁵｜武义 tɕie⁵；苏州 tsæ⁵｜余姚 tsɔˣ｜定海 tɕiɔ⁵｜临海 tɕiɔ⁵｜温州 tɕie⁵｜云和 tʃɑi⁵｜玉山 tɕieɯ⁵

桥宵群　金华 dʑiau²｜汤溪 dʑiə²｜浦江 dʑi²｜东阳 dʑiu²｜磐安 dʑiɒ²｜义乌 dʑiɯ²｜永康 giɒ²｜武义 dʑie²；苏州 dʑiæ²｜余姚 dʑiɔ²｜定海 dʑiɔ²｜临海 ʑiɔ²｜温州 dʑiɛ²｜云和 dʒɑi²｜玉山 gieɯ²

以上概括如表 2-1-3：

表 2-1-3　婺州方言以及其他吴语中效摄三四等的读音

	金华	汤溪	浦江	东阳	磐安	义乌	永康	武义	苏州	余姚	定海	临海	温州	云和	玉山
表		ie	i		ie				æ	ɔ					
条									æ	ɔ					
笑	iau	ɤ	ɯ	ɤ	iɒ	ɯɤ	iɒ	ie			iɔ	iɔ	ie	iɑɔ	ieɯ
照		iə							æ	ɔ					
桥			i	iu		iɯ			æ	ɔ					

金华、磐安、永康、武义以及定海、临海、温州、云和、玉山话中没有发生韵母的分化，显然代表了最早的情况。汤溪、浦江、东阳、义乌话的分法都很特殊，吴语中很少观察到。苏州、余姚话的分法则与普通话相同，只有知章组读开口呼，而其余保存着细音的音值。

4. 特例

开口一等皆韵清母"騞~鸡: 母鸡"武义话读细音，与效摄三四等相同 [**特**

67

例·韵母 16]

骠~鸡　金华 tsʰau³ ｜汤溪—｜浦江 tsʰo³ ｜东阳 tsʰau³ ｜磐安 tsʰo³ ｜义乌 tsʰo³ ｜永康 tsʰɒ³ ｜武义 tɕʰie⁻⁵³；苏州—｜余姚—｜定海 tsʰɔ³ ｜临海 tsʰɔ³ ｜温州 tsʰɜ³ ~狗娘儿：母狗｜云和—｜玉山—

武义话蚊子咬成的疙瘩说"□"[bie⁴]。此字永康读作[bɒ⁴]。参[词]145。武义[ie]、永康[ɒ]的语音对应与"骠"平行。上丽片常山、江山话晧韵精母"早"读细音，与效摄三四等相同。例如常山：早 tɕiɤɯ³。这个读音性质和武义的"骠"相同。

十一　流摄

1. 金华、汤溪、义乌话中，开口一等侯韵的来母、精组和开口三等尤韵的来母、精组合并。其他方言没有发生这个语音演变 [**内部差异·韵母 11**]

走厚精　金华 tsiu³ ｜汤溪 tsɯ³ ｜浦江 tsɤ³ ｜东阳 təɯ³ ｜磐安 tsɯ³ ｜义乌 tsɯ³ ｜永康 tsəɯ³ ｜武义 tsao⁻⁵³ ~狗；苏州 tsøʏ³ ｜余姚 tsø³ ｜定海 tsai³ ｜临海 tsœ³ ｜温州 tsau³ ｜云和 tsəɯ³ ｜玉山 tsɯ³

酒有精　金华 tsiu³ ｜汤溪 tsɯ³ ｜浦江 tʃɤ³ ｜东阳 tɕiəɯ³ ｜磐安 tʃiɯ³ ｜义乌 tsɯ³ ｜永康 tɕiəɯ³ ｜武义 tɕiu³；苏州 tsøʏ³ ｜余姚 tɕiø³ ｜定海 tɕiu³ ｜临海 tɕiəɯ³ ｜温州 tɕɤu³ ｜云和 tʃiu³ ｜玉山 tsɯ³

苏州、玉山话中也发生了这个语音演变，当为平行演变。

2. 武义话把开口一等侯韵读作 [ao] 韵，与效摄开口二等肴韵相同。其他方言中没有这种情况出现 [**内部差异·韵母 12**]

口厚溪　金华 kʰiu³ ｜汤溪 kʰɯ³ ｜浦江 kʰɤ³ ｜东阳 kʰəɯ³ ｜磐安 kʰɯ³ ｜义乌 kʰəɯ³ ｜永康 kʰəɯ³ ｜武义 kʰao³；苏州 kʰøʏ³ ｜余姚 kʰø³ ｜定海 kʰai³ ｜临海 kʰœ³ ｜温州 kʰau³ ｜云和 kʰəɯ³ ｜玉山 kʰu³

敲肴溪　金华 kʰau¹ ｜汤溪 kʰə¹ ｜浦江 kʰo¹ ｜东阳 kʰau¹ ｜磐安 kʰo¹ ｜义乌 kʰo¹ ｜永康 kʰɒ¹ ｜武义 kʰao¹；苏州 kʰæ¹ ｜余姚 kʰɔ¹ ｜定海 kʰɔ¹ ｜临海 kʰɔ¹ ｜温州 kʰɔ¹ ｜云和 kʰɑ¹ ｜玉山 kʰɯ¹

其他吴语中也观察不到这个现象。

3. 尤韵庄组的读音很复杂 [**内部差异·韵母 13**]

瘦宥生　金华 siu⁵ ｜汤溪 ɕiəɯ⁵ ｜浦江 ʃɤ⁵ ｜东阳 sau⁵ ｜磐安 so⁵ ｜义乌 səɯ⁵ ｜永康 ɕiəɯ⁵ ｜武义 ɕiu⁵；苏州 søʏ⁵ ｜余姚 sø⁵ ｜定海 sai⁵ ｜临海—｜温州 sau³ ｜云和 səɯ⁵ ｜玉山 ɕiɯ⁵

酒有精　金华 tsiu³ ｜汤溪 tsɯ³ ｜浦江 tʃɤ³ ｜东阳 tɕiəɯ³ ｜磐安 tʃiɯ³ ｜义乌 tsɯ³ ｜永康 tɕiəɯ³ ｜武义 tɕiu³；苏州 tsøʏ³ ｜余姚 tɕiø³ ｜

定海 tɕiu³ ｜临海 tɕiəu³ ｜温州 tɕʏu³ ｜云和 tʃiu³ ｜玉山 tsɯu³

咒宥章　金华 tɕiu⁵ ｜汤溪 tɕiəu⁵ ｜浦江 tʃiʏ⁵ ｜东阳 tɕiəu⁵ ｜磐安 tʃiɐu⁵ ｜义乌 tsɯu⁵ ｜永康 tɕiɐu⁵ ｜武义 tɕiu⁵；苏州 tsɤY⁵ ｜余姚 tsø^X ｜定海 tɕiu⁵ ｜临海 tɕiəu⁵ ｜温州 tɕʏu⁵ ｜云和 tʃiu⁵ ｜玉山 tsɯu⁵

草晧清　金华 tsʰɑu³ ｜汤溪 tsʰə³ ｜浦江 tsʰo³ ｜东阳 tsʰɑu³ ｜磐安 tsʰo³ ｜义乌 tsʰo³ ｜永康 tsʰɒ³ ｜武义 tsʰɤ³；苏州 tsʰæ³ ｜余姚 tsʰɔ³ ｜定海 tsʰɔ³ ｜临海 tsʰɔ³ ｜温州 tsʰɜ³ ｜云和 tsʰɑ³ ｜玉山 tsʰuə³

临海话庄组的读音：皺 tsœ⁵ ｜愁 zœ²。

婺州方言中共有四种类型（不算发音方法和声调）：

a. 瘦宥生＝酒有精≠咒宥章≠草晧清：金华

b. 瘦宥生＝酒有精＝咒宥章≠草晧清：浦江、义乌、永康、武义以及苏州

c. 瘦宥生＝咒宥章≠酒有精≠草晧清：汤溪

d. 瘦宥生＝草晧清≠酒有精＝咒宥章：东阳、磐安

定海、临海、温州、云和、玉山话都是：

e. 瘦宥生≠酒有精＝咒宥章≠草晧清

这是在瓯江片和上丽片中很常见的类型，而在婺州方言中却观察不到这一类型，是婺州方言的重要音韵特点之一。参看曹志耘等（2000：36-37）

4. 特例

汤溪、永康、武义话中把三等有韵书母"守"读同遇摄三等 [**特例·韵母 17**]

守　金华 ɕiu³ ｜汤溪 i³ 看守 ｜浦江 ʃiʏ³ ｜东阳 ɕiəu³ ｜磐安 ʃiɐu³ ｜义乌 sɯu³ ｜永康 y³ 看守 ｜武义 y³ 看守；苏州 søY³ ｜余姚 sø^X ｜定海 ɕiu³ ｜临海 ɕiəu³ ｜温州 ɕʏu³ ｜云和 ʃiu³ ｜玉山 ye³ 看守

比较：

珠虞章　金华 tɕy¹ ｜汤溪 tɕi¹ ｜浦江 tʃʏ¹ ｜东阳 tsɿ¹ ｜磐安 tʃy¹ ｜义乌 tɕy¹ ｜永康 tɕy¹ ｜武义 tɕy¹；苏州 tsɿ¹ ｜余姚 tsɿ¹ ｜定海 tsɿ¹ ｜临海 tɕy¹ ｜温州 tsɿ¹ ｜云和 tʃy¹ ｜玉山 tɕye¹

上丽片玉山话的"守"字读音也同遇摄三等，而且和汤溪等三个婺州方言一样，也是"看守"的意思。零声母应该来自塞擦音 *tɕ。参看"声母的特点"八。需要指出的是，在少数上丽片方言中，尤韵和遇摄三等同韵是规则现象。例如玉山：手 tɕʰye³ ｜守看守 ye³；珠 tɕye¹，江山：酒 tɕyə³ ｜帚地~：扫帚 yə³ ｜手 tɕʰyə³ ｜守看守 yə³；珠 tɕyə¹。参看曹志耘等（2000：36）。婺州方言当中的残余现象在上丽片仍可见一定的规律性。

十二　咸摄和山摄

1.咸摄一等重韵。婺州方言都能区分咸摄一等覃谈韵的端精组,见晓组则基本上不能区分。覃韵端精组以及覃谈韵见晓组的读音与山摄开口一等寒韵见晓组和合口一等桓韵端精组一样 [**共同特点·韵母**9]。

南覃泥　金华 nɤ² ｜汤溪 nɤ² ｜浦江 nõ² ｜东阳 nɤ² ｜磐安 nɤ² ｜义乌 nuɤ² ｜永康 nɤə² ｜武义 nɤ² ;苏州 nø² ｜余姚 nẽ² ｜定海 nai² ｜临海 nø² ｜温州 nø² ｜云和 nue² ｜玉山 nã²

庵覃影　金华 ɤ¹ ｜汤溪 ɤ¹ ｜浦江 õ¹ ｜东阳 ɤ¹ ｜磐安 ɤ¹ ｜义乌 ɯɤ¹ ｜永康 ɤə¹ ｜武义 ŋɤ⁵ ;苏州 ø¹ ｜余姚 iẽ¹ ｜定海 ai¹ ｜临海 ø¹ ｜温州 ø¹ ｜云和 ɛ¹ ｜玉山 æ̃¹

三谈心　金华 sɑ¹ ｜汤溪 so¹ ｜浦江 sã¹ ｜东阳 sʌ¹ ｜磐安 sɒ¹ ｜义乌 sɔ¹ ｜永康 sɑ¹ ｜武义 suo¹ ;苏州 sɛ¹ ｜余姚 sã¹ ｜定海 sɛ¹ ｜临海 sɛ¹ ｜温州 sa¹ ｜云和 sã¹ ｜玉山 sã¹

敢敢见　金华 kɤ³ ｜汤溪 kɤ³ ｜浦江 kõ³ ｜东阳 kɤ³ ｜磐安 kɤ³ ｜义乌 kɯɤ³ ｜永康 kɤə³ ｜武义 kɤ³ ;苏州 kø³ ｜余姚 kẽ³ ｜定海 kĩ³ ｜临海 kø³ ｜温州 ky³ ｜云和 ke³ ｜玉山 kæ̃³

汗翰匣　金华 ɤ⁶ ｜汤溪 ɤ⁶ ｜浦江 õ⁶ ｜东阳 ɤ⁶ ｜磐安 ɤ⁶ ｜义乌 ɦiɯɤ⁶ ｜永康 ɤə⁶ ｜武义 ŋɤ⁶ ;苏州 ø⁶ ｜余姚 ɦiẽ² ｜定海 ɦiai⁶ ｜临海 ɦiø⁶ ｜温州 jy⁶ ｜云和 uɛ⁶ ｜玉山 ɦiɔ̃⁶

酸桓心　金华 sɤ¹ ｜汤溪 sɤ¹ ｜浦江 sõ¹ ｜东阳 sɤ¹ ｜磐安 sɤ¹ ｜义乌 sɯɤ¹ ｜永康 sɤə¹ ｜武义 sɤ¹ ;苏州 sø¹ ｜余姚 sõ¹ ｜定海 sõ¹ ｜临海 sø¹ ｜温州 sø¹ ｜云和 sue¹ ｜玉山 ɕi¹

苏州、临海话的表现和婺州方言一样,"三≠南=庵=敢=汗=酸"(只讨论韵母,不涉及声母。下同);温州话则是"三 a ≠南 ø =庵=酸≠敢 y =汗"。来自咸山摄开口一等见晓组 [ø y] 两韵的分化也许是条件音变。余姚话"庵"的 [iẽ] 韵是以零声母为条件的 [ẽ] 韵之变体。那么,该方言的表现是"三 ã ≠南 ẽ =敢=汗(=庵 iẽ)≠酸 õ"。定海话拼 [k kʰ] 声母时读作 [ĩ],拼 [h ɦ] 和零声母时则读 [ai]。那么,该方言的表现是"三 ɛ ≠南 ai =庵=汗(=敢 ĩ)≠酸 õ",实际上与余姚话相同,而与婺州方言不尽相同。云和话的表现是"三 ã ≠南 ue =汗=酸≠庵 ɛ =敢",还能区分咸摄开口一等见晓组和山摄开口一等见晓组,与婺州方言不一样。玉山话把覃韵的"潭、簪、蚕"分别读作 [dæ̃² tsæ̃¹ zæ̃²], [æ̃] 韵是覃韵的规则读音。那么,该方言的表现是"三 ã ≠潭 æ̃ =庵=敢≠汗 ɔ̃ ≠酸 i",跟云和话一样,还能区分咸摄开口一等见晓组和山摄开口一等见晓组。参看曹志耘(2002:75-77)。

2.除一等见晓组以外,咸山摄开口一二等以及合口三等（限非组）入声韵的读音与假摄开口二等平行。只有磐安话拼帮组时出现不完全平行的情况 [共同特点·韵母10]

唇音

法乏　金华 fɤa⁵｜汤溪 foʔ⁷｜浦江 faʔ⁷｜东阳 fuoʔ⁷｜磐安 fɤəʔ³｜义乌 fuaʔ⁷｜永康 faʔ³｜武义 fuaʔ⁷；苏州 faʔ⁷｜余姚 faʔ⁷｜定海 fɐʔ⁷｜临海 fɜʔ⁷｜温州 hoʔ⁷｜云和 faʔ⁷｜玉山 fɐʔ⁷

八黠开　金华 pɤa⁵｜汤溪 poʔ⁷｜浦江 piaʔ⁷｜东阳 puoʔ⁷｜磐安 puəʔ³｜义乌 puaʔ⁷｜永康 ʔbaʔ³｜武义 puaʔ⁷；苏州 poʔ⁷｜余姚 poʔ⁷｜定海 pɐʔ⁷｜临海 pɜʔ⁷｜温州 poʔ⁷｜云和 pɑʔ⁷｜玉山 pɐʔ⁷

袜月合　金华 mɤa⁶｜汤溪 mo⁴｜浦江 mia⁸｜东阳 muo⁶｜磐安 mɤəʔ²｜义乌 mua⁸｜永康 ma⁴｜武义 mua⁴；苏州 maʔ⁸｜余姚 maʔ⁸｜定海 mɐʔ⁸｜临海 mɜʔ⁸｜温州 mo⁸｜云和 mɑʔ⁸｜玉山 mɐʔ⁸

比较：

爬麻开二　金华 bɤa²｜汤溪 bo²｜浦江 bia²｜东阳 buo²｜磐安 bɤə²｜义乌 bua²｜永康 ba²｜武义 bua²；苏州 bo²｜余姚 bo²｜定海 bo²｜临海 bo²｜温州 bo²｜云和 bo²｜玉山 bie²

舌齿音

塔盍　金华 tʰua⁵｜汤溪 tʰoʔ⁷｜浦江 tʰuaʔ⁷｜东阳 tʰuoʔ⁷｜磐安 tʰuəʔ³｜义乌 tʰɔʔ⁷｜永康 tʰaʔ³｜武义 tʰuaʔ⁷；苏州 tʰaʔ⁷｜余姚 tʰaʔ⁷｜定海 tʰɐʔ⁷｜临海 tʰɜʔ⁷｜温州 tʰa｜云和 tʰaʔ⁷｜玉山 tʰɐʔ⁷

煤煮。洽　金华 zua⁶｜汤溪 zo⁴｜浦江 ʑya⁸｜东阳 zuoʔ⁸｜磐安 zuəʔ²｜义乌 zua⁷｜永康 za⁴｜武义 zua⁴；苏州 zaʔ⁸｜余姚 zaʔ⁸｜定海 zɐʔ⁸油～鬼：油条｜临海—｜温州 za⁸｜云和 zɑʔ⁸｜玉山 zɐʔ⁸

达曷　金华 dua⁶｜汤溪 do⁴｜浦江 dua⁸｜东阳 duoʔ⁸｜磐安 duəʔ²｜义乌 dɔ⁸｜永康 da⁴｜武义 dua⁴；苏州 daʔ⁸｜余姚 daʔ⁸｜定海 dɐʔ⁸｜临海 dɜʔ⁸｜温州 da⁸｜云和 dɑʔ⁸｜玉山 dʌʔ⁸

比较：

茶麻开二　金华 dzua²｜汤溪 dzo²｜浦江 dzya²｜东阳 dzuo²｜磐安 dzuə²｜义乌 dzua²｜永康 dza²｜武义 dzua²；苏州 zo²｜余姚 dzo²｜定海 dzo²｜临海 dzo²｜温州 dzo²｜云和 dzo²｜玉山 dza²

牙喉音

狭洽　金华 ua⁶｜汤溪 uo⁴｜浦江 ia⁸｜东阳 uoʔ⁸｜磐安 uəʔ²｜义乌 ɦa⁸｜永康 a⁴｜武义 ua⁴；苏州 aʔ⁸｜余姚 ɦiaʔ⁸｜定海 ɦiɐʔ⁸｜临海 ɦiɜʔ⁸｜温

71

州 fia⁸ | 云和 ɑʔ⁸ | 玉山 fiɐʔ⁸

比较：

嫁 麻开二　金华 kuɑ⁵ | 汤溪 kuo⁵ | 浦江 tɕiɑ⁵ | 东阳 kuo⁵ | 磐安 kuɘ⁵ | 义乌 kɔ⁵ | 永康 kɑ⁵ | 武义 kuɑ⁵；苏州 kɑ⁵ | 余姚 ko^x | 定海 ko⁵ | 临海 ko⁵ | 温州 ko⁵ | 云和 io⁵ | 玉山 kɑ⁵

浦江话中不存在 fia 这样的音节。[fɑ⁷] 当为以 [f] 为条件的读音。义乌话"塔、达"的 [ɔ] 韵应该也是以 t 组声母为条件的读音。请注意，婺州方言当中，假摄二等字不出现 [f] 或 [tʰ d] 等声母。苏州话"爬"和"八"的平行演变以及温州话"爬"和"法、八、袜"的平行演变值得关注，不过，其余都看不出这种平行关系。请注意苏州话中存在 [aʔ] 韵和 [ɑʔ] 韵的对立。玉山话里也存在这种平行关系，但是，在"爬"和"八"、"茶"和"达"之间缺乏这种关系。同属上丽片的云和话中则不存在这种关系。

婺州方言当中咸山摄入声韵和假摄之间的平行关系可以说很突出的。

3. 金华、浦江、义乌、永康话能区分咸山摄开口三四等舒声韵。只是，最小对立极少见。东阳、磐安、武义话除了四等"鲇"以外不能区分。汤溪话则完全不能区分 [内部差异·韵母 14]

首先举出三等的例字：

尖 盐　金华 tsie¹ | 汤溪 tsie¹ | 浦江 tsiẽ¹ | 东阳 tsɿ¹ | 磐安 tʃie¹ | 义乌 tsie¹ | 永康 tɕiə¹ | 武义 tɕie¹；苏州 tsɿ¹ | 余姚 tɕiẽ¹ | 定海 tɕī¹ | 临海 tɕiɪ¹ | 温州 tɕi¹ | 云和 tʃie¹ | 玉山 tɕiẽ¹

染 琰　金华 ȵie³ | 汤溪 ȵie⁴ | 浦江 ȵie⁴ | 东阳 ȵi⁴ | 磐安 ȵie³ | 义乌 ȵie⁴ | 永康 ȵiə⁴ | 武义 ȵie⁴；苏州 ȵɿ⁶ | 余姚 ȵie² | 定海 ȵī⁶ | 临海 ȵi³ | 温州 ȵi⁴ | 云和 ȵie³ | 玉山 ȵiẽ⁴

煎 仙　金华 tsie¹ | 汤溪 tsie¹ | 浦江 tsiẽ¹ | 东阳 tsɿ¹ | 磐安 tʃie¹ | 义乌 tsie¹ | 永康 tɕiə¹ | 武义 tɕie¹；苏州 tsɿ¹ | 余姚 tɕiẽ¹ | 定海 tɕī¹ | 临海 tɕiɪ¹ | 温州 tɕi¹ | 云和 tʃie¹ | 玉山 tɕiẽ¹

浅 狝　金华 tsʰie³ | 汤溪 tsʰie³ | 浦江 tsʰiẽ³ | 东阳 tsʰɿ³ | 磐安 tʃʰie³ | 义乌 tsʰie³ | 永康 tɕʰiə³ | 武义 tɕʰie³；苏州 tsʰɿ³ | 余姚 tɕʰiẽ³ | 定海 tɕʰī³ | 临海 tɕʰi³ | 温州 tɕʰi³ | 云和 tʃʰie³ | 玉山 tɕʰiẽ³

以下是四等的例字：

店 㮇　金华 tia⁵ | 汤溪 nie⁵ | 浦江 tiã⁵ | 东阳 ti⁵ | 磐安 tie⁵ | 义乌 ȵie⁵ | 永康 ʔdiɑ⁵ | 武义 nie⁵；苏州 tɪ⁵ | 余姚 tiẽ^x | 定海 tī⁵ | 临海 ti⁵ | 温州 ti⁵ | 云和 tie⁵ | 玉山 tiẽ⁵

念 㮇　金华 ȵia⁶ | 汤溪 ȵie⁶ | 浦江 ȵiã⁶ | 东阳 ȵi⁶ | 磐安 ȵie⁶ | 义乌

ȵiɛ⁶ | 永康 ȵiɑ⁶ | 武义 ȵie⁶；苏州 ȵɿ⁶ | 余姚 ȵiẽ² | 定海 ȵiɛ⁶ | 临海 ȵi⁶ | 温州 ȵi⁶ | 云和 ȵie⁶ | 玉山 ȵiẽ⁶。

莲先　金华 liɑ² | 汤溪 lie² | 浦江 liã² | 东阳 li² | 磐安 lie² | 义乌 lie² | 永康 liɑ² | 武义 nie²；苏州 lɿ² | 余姚 liẽ² | 定海 lĩ² | 临海 li² | 温州 li² | 云和 lie² | 玉山 liẽ²。

千先　金华 tsʰiɑ⁵ | 汤溪 tsʰie⁵ | 浦江 tʃʰiã¹ | 东阳 tsʰi¹ | 磐安 tʃʰie¹ | 义乌 tsʰiɛ¹ | 永康 tɕʰiɑ¹ | 武义 tɕʰie⁵；苏州 tsʰɿ¹ | 余姚 tɕʰiẽ¹ | 定海 tɕʰĩ¹ | 临海 tɕʰiɿ¹ | 温州 tɕʰi¹ | 云和 tʃʰie¹ | 玉山 tɕʰiẽ¹。

鲇添　金华 ȵiɑ² | 汤溪 ȵie⁻¹¹³ ~鲇 | 浦江 liã² | 东阳 ȵiɑ² ~鲇 | 磐安 ȵiɑ⁻²¹ ~鲇 | 义乌 ȵie² ~鲇 | 永康 ȵiɑ⁻¹¹ ~鲇 | 武义 nuɑ⁻²¹ ~鲇；苏州 ȵiɑˣ ~鱼 | 余姚— | 定海 ȵiã² ~鱼 | 临海 ȵiã² ~鱼 | 温州 ȵi² ~鱼 | 云和 ȵye² | 玉山—。

在吴语中，能区分咸山摄开口三四等舒声韵的方言不很多。上丽片的多数方言能区分咸山摄开口三四等舒声韵。参看曹志耘等（2000：37）、秋谷裕幸（2001b）。部分瓯江片方言中咸摄开口四等添韵端组有与三等不相同的读音。例如平阳：店 tyø5 | 添 tʰyø¹ | 甜 dyø²。虽然不存在最小对立，但这个现象可以理解为咸摄开口三四等舒声韵有别的残余。参看金有景（1982）。苏州、定海、临海、云和话中"鲇"的读音特殊，这大概也是咸摄开口三四等舒声韵有别的残余。定海话的"念"字读音亦如此。据郑伟（2013：226-227），常熟、上海等方言中"念"字的韵母也是咸摄开口三四等有别的例子。

4. 除了东阳话以外，婺州方言都能区分咸山摄开口三四等入声韵。只是，最小对立极少见 [**内部差异·韵母 15**]

首先举出三等的例字：

接叶　金华 tsie⁵ | 汤溪 tsie⁷ | 浦江 tsi⁷ | 东阳 tɕiəʔ⁷ | 磐安 tʃiɛ³ | 义乌 tsie⁷ | 永康 tɕiə³ | 武义 tɕieʔ⁷；苏州 tsiəʔ⁷ | 余姚 tɕiəʔ⁷ | 定海 tɕiəʔ⁷ | 临海 tɕieʔ⁷ | 温州 tɕi⁷ | 云和 tʃie⁷ | 玉山 tɕiəʔ⁷。

叶叶　金华 ie⁶ | 汤溪 ie⁴ | 浦江 i⁸ | 东阳 iəʔ⁸ | 磐安 ie² | 义乌 ɦie⁸ | 永康 iə⁴ | 武义 ie⁴；苏州 iəʔ⁸ | 余姚 ziəʔ⁸ | 定海 ɦiəʔ⁸ | 临海 ɦiie⁸ | 温州 ji⁸ | 云和 ieʔ⁸ | 玉山 iəʔ⁸。

热薛　金华 ȵie⁶ | 汤溪 ȵie⁴ | 浦江 ȵi⁸ | 东阳 ȵiəʔ⁸ | 磐安 ȵie² | 义乌 ȵie⁸ | 永康 ȵiə⁴ | 武义 ȵie⁴；苏州 ȵiəʔ⁸ | 余姚 ȵiəʔ⁸ | 定海 ȵiəʔ⁸ | 临海 ȵieʔ⁸ | 温州 ȵi⁸ | 云和 ȵieʔ⁸ | 玉山 ȵieʔ⁸。

歇月　金华 ɕie⁵ | 汤溪 ɕie⁷ | 浦江 ɕi⁷ | 东阳 ɕiə⁷ | 磐安 ɕiə³ | 义乌 ɕie⁷ | 永康 xiə³ | 武义 ɕie⁵；苏州 ɕiəʔ⁷ | 余姚 ɕiəʔ⁷ | 定海 ɕiəʔ⁷ | 临海

çieʔ⁷ | 温州 çi⁷ | 云和 ʃieʔ⁷ | 玉山 xiɐʔ⁷

以下是四等的例字：

贴帖　金华 tʰia⁵ | 汤溪 tʰiaʔ⁷ | 浦江 tʰiaʔ⁷ | 东阳 tʰiəʔ⁷ | 磐安 tʰia³ | 义乌 tʰiɛʔ⁷ | 永康 tʰiɑ³ | 武义 tʰiaʔ⁷；苏州 tʰiəʔ⁷ | 余姚 tʰiaʔ⁷ | 定海 tʰiəʔ⁷ | 临海 tʰieʔ⁷ | 温州 tʰi⁷ | 云和 tʰieʔ⁷ | 玉山 tʰiɐʔ⁷

挟帖　金华 tɕia⁵ | 汤溪 tɕiaʔ⁷ | 浦江 tɕiaʔ⁷ | 东阳 tɕiəʔ⁷ | 磐安 tɕia³ | 义乌 tɕiɛʔ⁷ | 永康 kiɑ³ | 武义 tɕiaʔ⁷；苏州— | 余姚— | 定海 tɕiəʔ⁷ | 临海 cieʔ⁷ | 温州— | 云和 kɑʔ⁷ | 玉山—

铁屑　金华 tʰia⁵ | 汤溪 tʰiaʔ⁷ | 浦江 tʰiaʔ⁷ | 东阳 tʰiəʔ⁷ | 磐安 tʰia³ | 义乌 tʰiɛʔ⁷ | 永康 tʰiɑ³ | 武义 tʰiaʔ⁷；苏州 tʰiəʔ⁷ | 余姚 tʰiaʔ⁷ | 定海 tʰiəʔ⁷ | 临海 tʰieʔ⁷ | 温州 tʰi⁷ | 云和 tʰieʔ⁷ | 玉山 tʰiɐʔ⁷

切屑　金华 tsʰia⁵ | 汤溪 tsʰiaʔ⁷ | 浦江 tʃiaʔ⁷ | 东阳 tɕʰiəʔ⁷ | 磐安 tʃʰia³ | 义乌 tsʰiɛʔ⁷ | 永康 tɕʰiɑ³ | 武义 tɕiaʔ⁷；苏州 tsʰiəʔ⁷ | 余姚 tɕiəʔ⁷ | 定海 tɕʰiəʔ⁷ | 临海 tɕʰieʔ⁷ | 温州 tɕʰi⁷ | 云和 tʃʰiɑʔ⁷ | 玉山 tɕʰiɐʔ⁷

在吴语中，能区分咸山摄开口三四等入声韵的方言不很多。其中，上丽片的多数方言仍能区分咸山摄开口三四等入声韵（秋谷裕幸 2001b）。据金有景（1982），部分瓯江片方言中咸摄开口四等帖韵端组有与三等不相同的读音，例如平阳：贴 tʰyø7 | 蝶 dyø⁸。虽然不存在最小对立，但这个现象可以理解为咸摄开口三四等入声韵有别的残余。余姚话"贴"读作 [tʰiaʔ⁷]，云和话"挟、切"分别读作 [kɑʔ⁷] 和 [tʃiɑʔ⁷]，这些大概也是咸山摄开口三四等入声韵有别的残余。郑伟（2013：226-227）介绍了太湖片宜兴、桐庐话中咸山摄开口三四等入声韵有区别的例字，可以参看。

婺州方言中咸山摄开口三四等的读音总结如表 2-1-4，加下线的读音是四等的鉴别韵，小写的"鲇"表示仅有此一例：

表 2-1-4　婺州方言中咸山摄开口三四等的读音

	金华	汤溪	浦江	东阳	磐安	义乌	永康	武义
三等舒声	ie	ie	iẽ	i	ie	ie	iə	ie
三等入声	ie	ie	i	iəʔ	ie	iɛ	iə	ie
四等舒声	<u>ia</u>	ie	<u>iã</u>	i、<u>ia</u>鲇	ie、<u>ia</u>鲇	<u>iɛ</u>	<u>iɑ</u>	ie、<u>uɑ</u>鲇
四等入声	<u>ia</u>	<u>ia</u>、<u>ɑ</u>	<u>ia</u>、<u>ɑ</u>	iəʔ	<u>ia</u>	<u>iɛ</u>	<u>iɑ</u>	<u>iaʔ</u>

可以看出：

① 能够区分三四等时，四等的主要元音舌位比三等更低。

② 入声韵比舒声韵更好地保存着三四等之间的区别。

关于咸山摄三四等的问题，参看秋谷裕幸（2001b）、曹志耘（2002：77-79）。

5. 山摄合口舒声韵。婺州方言中除合口三四等元先韵以外的山摄合口舒声韵有少数口语字读音与深臻曾梗摄相同或相近，下面称之为"内转读音"（加下线的读音合乎这个现象）[共同特点·韵母11]

断 拗~。缓　金华 təŋ³ ｜ 汤溪 dai⁴ ｜ 浦江 dən⁴ ｜ 东阳 dən⁴ ｜ 磐安 dɐn⁴ ｜ 义乌 duan⁴ 文读 ｜ 永康 dəŋ⁴ ｜ 武义 den⁴ ；苏州 dø⁶ ｜ 余姚 dõ² ｜ 定海 dõ⁴ ｜ 临海 dø² ｜ 温州 daŋ⁴ ｜ 云和 dəŋ⁴ ｜ 玉山 doŋ⁴

关~门。删　金华 kuɑ¹ ｜ 汤溪 kuai¹ ｜ 浦江 kuã¹ ｜ 东阳 kuən¹ ｜ 磐安 kuɐn¹ ｜ 义乌 kuən¹ ｜ 永康 kuəŋ¹ ｜ 武义 kuen¹ ；苏州 kuᴇ¹ ｜ 余姚 kuã¹ ｜ 定海 kuɛ¹ ｜ 临海 kuɛ¹ ｜ 温州 ka¹ ｜ 云和 kəŋ¹ ｜ 玉山 koŋ¹

穿 仙　金华 tɕʰyɤ¹ ｜ 汤溪 tɕʰiai¹ ｜ 浦江 tɕʰyẽ¹ ｜ 东阳 tsʰən¹ ｜ 磐安 tɕʰyɤ¹ ｜ 义乌 tɕʰye¹ ｜ 永康 tɕʰyeiŋ¹ ｜ 武义 tɕʰyin¹ ；苏州 tsʰø¹ ｜ 余姚 tsʰẽ¹ ｜ 定海 tsʰõ¹ ｜ 临海 tɕʰyø¹ ｜ 温州 tɕʰoŋ¹ ｜ 云和 tʃʰyıŋ¹ ｜ 玉山 tɕʰyıŋ¹

比较：

藤登开　金华 dəŋ² ｜ 汤溪 dai² ｜ 浦江 din² ｜ 东阳 dən² ｜ 磐安 dɐn² ｜ 义乌 dən² ｜ 永康 dieiŋ² ｜ 武义 den² ；苏州 dən² ｜ 余姚 dõ² ｜ 定海 dɐŋ² ｜ 临海 dəŋ² ｜ 温州 daŋ² ｜ 云和 dɛ² ｜ 玉山 dıŋ²

滚混　金华 kuəŋ³ ｜ 汤溪 kuai³ ｜ 浦江 kuən³ ｜ 东阳 kuən³ ｜ 磐安 kuɐn³ ｜ 义乌 kuən³ ｜ 永康 kuəŋ³ ｜ 武义 kuen³ ；苏州 kuən³ ｜ 余姚 kuõ³ ｜ 定海 kuɐŋ³ ｜ 临海 kuəŋ³ ｜ 温州 kaŋ³ ｜ 云和 kuəŋ³ ｜ 玉山 kuõ³

春谆　金华 tɕʰyəŋ¹ ｜ 汤溪 tɕʰiai¹ ｜ 浦江 tɕʰyən¹ ｜ 东阳 tsʰuən¹ ｜ 磐安 tɕʰyɐn¹ ｜ 义乌 tɕʰyən¹ ｜ 永康 tɕʰyeiŋ¹ ｜ 武义 tɕʰyin¹ ；苏州 tsʰən¹ ｜ 余姚 tsʰõ¹ ｜ 定海 tsʰoŋ¹ ｜ 临海 tɕʰyəŋ¹ ｜ 温州 tɕʰoŋ¹ ｜ 云和 tʃʰyıŋ¹ ｜ 玉山 tɕʰyıŋ¹

除了婺州方言以外，上丽片和瓯江片也有"内转读音"出现，如，温州话的"断、穿"、云和、玉山话的"断、关、穿"。玉山话的 [oŋ] 韵同于通摄，与其他方言不尽相同。还需要指出的是，哪些山摄合口字具有"内转读音"的表现在婺州方言以及上丽片、瓯江片之间高度一致，尤其是婺州方言和上丽片之间。请看表2-1-5，常山话也属于上丽片，"+"表示"有"，"－"表示"没有"，表中没有包括只有上丽片才读"内转读音"的三个字，即"船仙、园元、远阮"：

表 2-1-5　婺州方言以及上丽、瓯江片中山摄合口字读"内转读音"的现象

	金华	汤溪	浦江	东阳	磐安	义乌	永康	武义	温州	云和	玉山	常山
断拗~。缓	+	+	+	+	+	文读	+	+	+	+	+	+
暖缓①	+	+	+	+	+	+	+	+	+	+	+	+
卵缓	+	+	+	+	−	文读	+	+	+	+	+	+
乱换	+	+	+	+	−	+	+	+	+	+	+	+
管缓	+	+	+	+	+	+	+	+	+	+	+	+
灌换②	+	+	+	+	+	+	+	−③	+	+	−	−
关~门。删	−	+	+	+	+	+	+	+	+	+	+	+
穿仙	−	+	+	+	+	+	+	+	+	+	+	+
串线	−	+	+	+	+	+	+	+	+	+	−	−
捲狝	−	−	+	不用	−	−	+	+	+	+	−	−
桊线	不用	不用	+	+	不用	+	+	不用	+	不用	不用	不用

"捲"和"桊"不一定是同声同韵。例如，永康话"捲"读作 [kyeiŋ³]、"桊"读作 [kəŋ⁵]。合口二等的"内转读音"只有删韵的"关"。

婺州方言以及上丽、瓯江片之间这种一致性显然不是偶合，而表示它们具有共同的来源。参看曹志耘等（2000：31、41）、曹志耘（2002：98）。台州片临海话也具有两个"内转读音"：暖 nəŋ³ │ 灌溃烂 guəŋ²。太湖片定海话的"灌溃脓"音也是"内转读音"的 [guɐŋ⁴]。但"灌"的声母和声调都是例外。关于"卵"的用法，参看"词汇特点"（82）。

6. 特例

（1）和（2）都是咸摄开口一等覃韵见晓组的字。不过，在婺州方言当中只有两个例字，而且其分布十分零散，所以本书把这两个字处理成特例。

（1）咸摄开口一等感韵见母"匼盖"在汤溪、永康话中读如臻摄开口一等

[特例·韵母 18]

匼盖　金华—│汤溪 kai³ 盖围墙│浦江—│东阳 kɤ³│磐安—│义乌—│永康 kəŋ³│武义—；苏州 køˣ│余姚—│定海—│临海 kəŋ³│温州 kaŋ³│云和 kəŋ³│玉山 koŋ³

以下是臻摄开口一等痕韵的例字：

---

① 玉山、常山话都是读作 [doŋ⁴]，声母特殊。
② 标"+"的都是"化脓、溃烂"的意思。
③ 据游汝杰、杨乾明（1998:322），温州话"发肿"说 [gaŋ⁴]，可能和"灌"有关。

恨　金华 əŋ⁶ ｜ 汤溪 ai⁶ ｜ 浦江 ən⁶ ｜ 东阳 ən⁶ ｜ 磐安 ɐn⁶ ｜ 义乌 ɦiɐn⁶ ｜ 永康 əŋ⁶ ｜ 武义 ən⁶；苏州 ən⁶ ｜ 余姚 ɦɔ̃² ｜ 定海 ɦiəŋ⁶ ｜ 临海 ɦiəŋ⁶ ｜ 温州 ɦiaŋ⁶ ｜ 云和 ɛ⁶ ｜ 玉山 ɦæ̃⁶

临海、温州话的读音与汤溪、永康话的读音性质一样，云和、玉山话的读音也较为相似。

（2）咸摄开口一等覃韵匣母"含"在武义话中读如臻摄开口一等 [**特例·韵母 19**]

含　金华 ɣ² ｜ 汤溪 ɣ² ｜ 浦江 ɔ̃² ｜ 东阳 ɣ² ｜ 磐安 ɣ² ｜ 义乌 ɦiuɣ² ｜ 永康 ɣə² ｜ 武义 en²；苏州 ø² ｜ 余姚 ɦɛ̃² ｜ 定海 ɦai² ｜ 临海 ɦø² ｜ 温州 ɦiaŋ² ｜ 云和 ɛ² ｜ 玉山 goŋ⁴

温州话的读音与武义话的读音性质一样，玉山话的读音也较为相似。

以上（1）和（2）说明婺州方言也存在咸摄一等覃谈韵的见晓组有区别的痕迹。

（3）山摄开口二等删韵生母"删"在永康、武义话中读如深臻摄开口三等 [**特例·韵母 20**]

删　金华 sɑ¹ ｜ 汤溪 so¹ ｜ 浦江 sɑ̃¹ ｜ 东阳 sɑ¹ 间苗 ｜ 磐安 sɒ¹ ｜ 义乌 sa¹ ｜ 永康 səŋ¹ 使稀疏 ｜ 武义 sen¹ 间苗；苏州 sᴇ¹ ｜ 余姚 sã¹ ｜ 定海 sɛ¹ ｜ 临海 sɛ¹ ｜ 温州 sa¹ ｜ 云和 sã¹ ｜ 玉山 sã¹

这个读音大概是山删有别的痕迹。

（4）山摄开口三等狝韵精母"剪"读同开口四等先韵（加下线的读音是与四等相当的读音）[**特例·韵母 21**]

剪　金华 tsia³ ｜ 汤溪 tsie³ ｜ 浦江 t͡ʃiɑ̃³ ｜ 东阳 tsi³ ｜ 磐安 tʃie³ ｜ 义乌 tsie³ ｜ 永康 tɕiɑ³ ｜ 武义 tɕie³；苏州 tsɿ³ ｜ 余姚 tɕiẽ³ ｜ 定海 tɕĩ³ ｜ 临海 tɕiɿ³ ｜ 温州 tɕi³ ｜ 云和 tʃie³ ｜ 玉山 tɕiẽ³

上丽片庆元话能区分咸山摄开口三四等，而把"剪"读作 [tɕiɑ̃³]，与四等的"天" [tʰiɑ̃¹] 同韵，而与三等的"浅" [tɕʰiɛ̃³] 不同韵。这种读音还延伸至闽语。例如，闽语闽东区古田话读作 [tseiŋ³]，与四等的"先" [seiŋ¹] 同韵，而与三等的"浅" [tɕʰieŋ³] 不同韵。参看曹志耘等（2000：41）。

以下（5）和（6）都是开口三等元月韵的字。不过，在婺州方言当中只有两个例字，而且其分布较为零散，所以本书把这两个字处理成特例。

（5）山摄开口三等阮韵晓母"蟪蚯蚓"有洪音的表现 [**特例·韵母 22**]

蟪蚯蚓　金华— ｜ 汤溪— ｜ 浦江— ｜ 东阳 xɣ⁻⁴²³ 蚂~ ｜ 磐安 xɣ³ 蚂~ ｜ 义乌 huɣ¹ 蚂~ ｜ 永康 xɣə³ 蚂~ ｜ 武义—；苏州— ｜ 余姚— ｜ 定海— ｜ 临海— ｜ 温州 çy³ 蚣~ ｜ 云和 xue³ 黄~ ｜ 玉山 xæ̃³ 黄~

这个字的韵母和咸山摄开口一等见晓组相同。参看上文 1 的"庵、汗"

字读音。

上丽片玉山话"蚬"字读音的性质与婺州方言相同。遂昌、庆元话亦如此。例如庆元：蚬 xã³ | 庵 ã¹。上丽片的多数方言能区分咸摄和山摄的开口一等见晓组。玉山、遂昌、庆元话的"蚬"字读音与咸摄开口一等见晓组相同，只有云和话的"蚬"字读音与山摄开口一等见晓组相同。

（6）山摄开口三等月韵群母"撅挑"有洪音的表现 [**特例·韵母 23**]

撅挑　金华 gɤ⁶ | 汤溪 gɤ⁴ | 浦江 gɯ⁸ | 东阳 gɜʔ⁸ | 磐安— | 义乌— | 永康— | 武义 gɤ⁴；苏州— | 余姚— | 定海 dzieʔ⁸ 腋下夹物 | 临海— | 温州— | 云和 geʔ⁸ 扛 | 玉山 geʔ⁸

这个字的韵母和咸山摄开口一等见晓组相同。例字参看"韵母的特点"十三·4 的（1）"盒"字的读音。上丽片云和、玉山话"撅"字读音的性质与婺州方言相同。多数上丽片方言能区分咸摄一等合盍韵和山摄开口一等曷韵的见晓组，云和、玉山话"撅"字读音均与咸摄一等合盍韵相同。参看"词汇特点"（52）、秋谷裕幸（2005：319、331）。

（7）山摄开口四等霰韵精母"荐稿~：稻草床垫"，武义话有洪音的表现 [**特例·韵母 24**]

荐稿~　金华 tsie⁵ | 汤溪— | 浦江— | 东阳— | 磐安 tʃie⁵ | 义乌— | 永康 tɕiɑ⁵ | 武义 tsɤ⁵ 稻秆~；苏州— | 余姚— | 定海 tɕĩ⁵ 草~ | 临海— | 温州— | 云和— | 玉山 tsæ⁵

永康话的 [iɑ] 韵表示该字确实来自四等。玉山话也有洪音的读音出现。

（8）山摄开口四等屑韵疑母"啮咬"有洪音的表现 [**特例·韵母 25**]

啮咬　金华 ɤ⁶ | 汤溪— | 浦江 ŋɯ⁸ | 东阳 ŋɜʔ⁸ | 磐安 ŋɛ² | 义乌— | 永康 ŋɤɜ⁴ | 武义 ŋɤ⁴；苏州— | 余姚— | 定海— | 临海— | 温州— | 云和 ŋuɛʔ⁸ | 玉山—

云和话 [ŋuɛʔ⁸] 的 [uɛʔ] 韵与开口一等曷韵见组相同。参看"词汇特点"（49）。

以上（7）和（8）代表了中古四等转为细音之前的早期读音。

十三　深摄和臻摄

1. 除金华、汤溪、义乌话以外的婺州方言仍能区分侵真韵和曾梗摄三等开口蒸清青韵的精知章组 [**内部差异·韵母 16**]

心侵心　金华 siŋ¹ | 汤溪 sei¹ | 浦江 sən¹ | 东阳 ɕien¹ | 磐安 ʃiɐn¹ | 义乌 sən¹ | 永康 səŋ¹ | 武义 ɕin¹；苏州 sin¹ | 余姚 ɕiõ¹ | 定海 ɕiŋ¹ | 临海 ɕiɐn¹ | 温州 saŋ¹ | 云和 səŋ¹ | 玉山 sɿŋ¹

新真心　金华 siŋ¹ | 汤溪 sei¹ | 浦江 sən¹ | 东阳 ɕien¹ | 磐安 ʃiɐn¹ | 义乌 sən¹ | 永康 səŋ¹ | 武义 ɕin¹；苏州 sin¹ | 余姚 ɕiõ¹ | 定海 ɕiŋ¹ | 临海

ɕiəŋ¹ | 温州 saŋ¹ | 云和 səŋ¹ | 玉山 sɪŋ¹

星青心　金华 siŋ¹ | 汤溪 sei¹ | 浦江 sin¹ | 东阳 sən¹ | 磐安 sɐn¹ | 义乌 sən¹ | 永康 ɕieiŋ¹ | 武义 ɕin¹；苏州 sin¹ | 余姚 ɕiɔ̃¹ | 定海 ɕiŋ¹ | 临海 ɕiəŋ¹ | 温州 seŋ¹ | 云和 ʃiŋ¹ | 玉山 sɪŋ¹

沉侵澄　金华 dziŋ² | 汤溪 dziai² | 浦江 dzən² 书面语 | 东阳 dzən² | 磐安 dzɐn² | 义乌 dzən² | 永康 dzəŋ² | 武义 dzen²；苏州 zən² | 余姚 dʑiŋ² | 定海 ɕiŋ¹ | 临海 dziəŋ² | 温州 dzaŋ² | 云和 dzəŋ² | 玉山 dzæ²

陈真澄　金华 dziŋ² | 汤溪 dziai² | 浦江 dzən² | 东阳 dzən² | 磐安 dzɐn² | 义乌 dzən² | 永康 dzəŋ² | 武义 dzen²；苏州 zən² | 余姚 dzɔ̃² | 定海 dziŋ² | 临海 dziəŋ² | 温州 dzaŋ² | 云和 dzəŋ² | 玉山 dzyæ²

郑劲澄　金华 dziŋ⁶ | 汤溪 dziai⁶ | 浦江 dzin⁶ | 东阳 dzən⁴ | 磐安 dzɐn⁶ | 义乌 dzən⁶ | 永康 dzieiŋ⁶ | 武义 dzin⁶；苏州 zən² | 余姚 dzɔ̃² | 定海 dziŋ⁶ | 临海 dziəŋ⁶ | 温州 dzeŋ⁶ | 云和 dʒiŋ⁶ | 玉山 dzɪŋ⁶

针侵章　金华 tɕiŋ¹ | 汤溪 tɕiai¹ | 浦江 tsən¹ | 东阳 tsən¹ | 磐安 tsɐn¹ | 义乌 tsən¹ | 永康 tsəŋ¹ | 武义 tsen¹；苏州 tsən¹ | 余姚 tsɔ̃¹ | 定海 tɕiŋ¹ | 临海 tɕiəŋ¹ | 温州 tsaŋ¹ | 云和 tsəŋ¹ | 玉山 tsæ¹

真真章　金华 tɕiŋ¹ | 汤溪 tɕiai¹ | 浦江 tsən¹ | 东阳 tsən¹ | 磐安 tsɐn¹ | 义乌 tsən¹ | 永康 tsəŋ¹ | 武义 tsen¹；苏州 tsən¹ | 余姚 tsɔ̃¹ | 定海 tsəŋ¹ | 临海 tɕiəŋ¹ | 温州 tsaŋ¹ | 云和 tsəŋ¹ | 玉山 tɕyæ¹

蒸蒸章　金华 tɕiŋ¹ | 汤溪 tɕiai¹ | 浦江 tsin¹ | 东阳 tsən¹ | 磐安 tsɐn¹ | 义乌 tsən¹ | 永康 tɕieiŋ¹ | 武义 tɕin¹；苏州 tsən¹ | 余姚 tsɔ̃¹ | 定海 tɕiŋ¹ | 临海 tɕiəŋ¹ | 温州 tseŋ¹ | 云和 tʃiŋ¹ | 玉山 tsɪŋ¹

以上概括如表 2-1-6：

表 2-1-6　婺州方言以及其他吴语中侵真韵和蒸清青韵精知章组的读音

	金华	汤溪	浦江	东阳	磐安	义乌	永康	武义	苏州	余姚	定海	临海	温州	云和	玉山
心新星	iŋ	ei	ien	ən	iɐn	ən	in	in	in	iɔ̃	iŋ	iəŋ	aŋ	əŋ	ɪŋ
沉针陈真郑蒸	iŋ	iai	in ən in	ən	ɐn	ən	əŋ ieiŋ	en ən ɔ̃ in	ən	ɔ̃	oŋ iŋ	iəŋ	aŋ eŋ	əŋ iŋ	æ yæ ɪŋ

表中可以看出：

① 金华、汤溪、义乌话都不能区分深臻摄和曾梗摄。

79

② 其他方言能区分深臻摄和曾梗摄,有三种情况:
a. 浦江、永康话精知章组都能区分,与云和、温州话相同。
b. 东阳、磐安话拼精组时能区分,拼知章组则不能区分。
c. 武义话拼知章组时能区分,拼精组则不能区分。

关于吴语中深臻摄和曾梗摄之间的对立,参看秋谷裕幸(2003:9-14)。该文介绍了太湖片川沙话能区分深臻摄和曾梗摄的见晓组,绍兴话能区分深臻摄和曾梗摄的知章组。定海话里深臻摄和曾梗摄的区别与众不同。这个方言中臻摄三等开口知章组的多数字读 [oŋ] 韵,而深曾梗摄的知章组不读这个韵母①。

2. 开口三等侵真殷韵。除了金华话一律读作 [iŋ] 韵以外,其他方言都发生了以声母为条件的韵母分化。和效摄三四等一样,分化最复杂的是汤溪话

[内部差异·韵母 17]

以下以真韵为例:

民明　金华 miŋ² ｜汤溪 mei² ｜浦江 min² ｜东阳 mien² ｜磐安 miɐn² ｜义乌 min² ｜永康 mieiŋ² ｜武义 min² ；苏州 min² ｜余姚 mɔ̃² ｜定海 miŋ² ｜临海 miəŋ² ｜温州 meŋ² ｜云和 miŋ² ｜玉山 mɿŋ²

邻来　金华 liŋ² ｜汤溪 lei² ｜浦江 lin² ｜东阳 lien² ｜磐安 liɐn² ｜义乌 lən² ｜永康 lieiŋ² ｜武义 lin² ；苏州 lin² ｜余姚 liɔ̃² ｜定海 liŋ² ｜临海 liəŋ² ｜温州 leŋ² ｜云和 liŋ² ｜玉山 lɿŋ²

紧见　金华 tɕiŋ³ ｜汤溪 tɕiei³ ｜浦江 tɕin³ ｜东阳 tɕien³ ｜磐安 tɕiɐn³ ｜义乌 tɕiən³ ｜永康 kieiŋ¹ ｜武义 tɕin³ ；苏州 tɕin³ ｜余姚 tɕiɔ̃³ ｜定海 tɕiŋ³ ｜临海 ciəŋ³ ｜温州 tɕaŋ³ ｜云和 tʃiŋ³ ｜玉山 kɿŋ³

精知章组的读音见上文 1。以上可以概括如表 2-1-7:

表 2-1-7　婺州方言以及其他吴语中侵真韵的读音

	金华	汤溪	浦江	东阳	磐安	义乌	永康	武义	苏州	余姚	定海	临海	温州	云和	玉山
精组	iŋ	ei	ne	ien	iɐn	ən	əŋ	in	in	iɔ̃	iŋ	iəŋ	aŋ	əŋ	ɿŋ
知章组	iŋ	iai	ne	ne	ɐn	ən	əŋ	en	ən	ɔ̃	iŋ/oŋ	iəŋ	aŋ	əŋ	yæ
见晓组	iŋ	iei	in	ien	iɐn	nei	ən	ieiŋ	in	iɔ̃	iŋ/iɔ̃	iəŋ	iŋ	əŋ	ɿŋ
其他	iŋ	ei	in	ien	iɐn	ən	ieiŋ	in	in	ɔ̃/iɔ̃	iŋ	iəŋ	iŋ	əŋ	ɿŋ

---

① 深摄开口三等侵韵日母"任、纴"读作 [zoŋ⁶], [oŋ] 韵。

汤溪、义乌话拼见晓组时的读音与众不同。在这两个方言中，曾梗摄开口三四等也有同样的情况出现。

3. 魂韵端精组。除金华话以外的婺州方言中，魂韵端精组的读音与山摄开口一等桓韵帮端精组（除"断拗~、暖、卵、乱"以外，见表2-1-5）相同。汤溪话中这种读音只有"村、寸、孙"，疑是受到了金华话的影响 [**内部差异·韵母 18**]

孙魂心　金华 sən¹｜汤溪 sɤ¹ 又读｜浦江 sɤ̃¹｜东阳 sɤ¹｜磐安 sɤ¹｜义乌 suɯ¹ 侄儿｜永康 sɤə¹｜武义 sɤ¹；苏州 sən¹｜余姚 sɔ̃¹｜定海 sən¹｜临海 sən¹｜温州 sø¹｜云和 suɛ¹｜玉山 suɔ̃¹

算换心　金华 sɤ⁵｜汤溪 sɤ⁵｜浦江 sɤ̃⁵｜东阳 sɤ⁵｜磐安 sɤ⁵｜义乌 suɯ⁵｜永康 sɤə⁵｜武义 sɤ⁵；苏州 sø⁵｜余姚 sɔ̃⁵｜定海 sø̃⁵｜临海 sø⁵｜温州 sø⁵｜云和 suɛ⁵｜玉山 sɔ̃⁵

除了婺州方言以外，在瓯江片以及多数上丽片方言中也能观察到这个现象。

4. 特例

（1）深摄开口三等缉韵来母"粒"读作洪音 [**特例·韵母 26**]

粒　金华 lɤ⁶｜汤溪 lɤ⁴｜浦江 lɯ⁶ 阳去｜东阳 lɜʔ⁸｜磐安 lɛ²｜义乌 luɯ⁸｜永康 lɤə⁴｜武义 lɤʔ⁸；苏州 liəʔ⁸｜余姚 liəʔ⁸｜定海 liəʔ⁸｜临海 løʔ⁷ 阴入｜温州 lø⁸｜云和 lɛʔ⁸｜玉山 leʔ⁸

这个读音与咸山摄开口一等合盍曷韵见晓组相同。例如：

盒合匣　金华 ɤ⁶｜汤溪 ɤ⁴｜浦江 ɯ⁸｜东阳 ɜʔ⁸｜磐安 ɛ²｜义乌 ɦuɯ⁸｜永康 ɤə⁻¹⁴~儿｜武义 ɤʔ⁸；苏州 aʔ⁸｜余姚 ɦaʔ⁸｜定海 ɦɐʔ⁸｜临海 ɦøʔ⁸｜温州 ɦø⁸｜云和 ɛʔ⁸｜玉山 ɦɐʔ⁸

这种"粒"的读音也分布在台州片、瓯江片和上丽片，说明时间深度较深。由于多数上丽片方言能区分咸摄一等合盍韵和山摄开口一等曷韵的见晓组，而云和话的表现符合咸摄一等合盍韵，婺州方言中"粒"字的读音应该也是相当于咸摄一等合盍韵的读音。

（2）东阳、义乌、武义话把臻摄开口三等质韵日母"日"读同曾梗摄开口一二等 [**特例·韵母 27**]

日　金华 ȵiəʔ⁸｜汤溪 ȵiei⁴｜浦江 ȵiə⁸｜东阳 nei⁸｜磐安 ȵiɛ²｜义乌 nai⁸｜永康 ȵiɤ⁴｜武义 nəʔ⁸；苏州 ȵiəʔ⁸｜余姚 ȵiəʔ⁸｜定海 ȵiəʔ⁸｜临海 ȵieʔ⁸｜温州 ne⁸｜云和 naʔ⁸｜玉山 ȵɐʔ⁸

上丽片和瓯江片的"日"字读音亦如此。参看曹志耘等（2000：41）。

（3）永康、武义话把臻摄合口三等文韵微母"蚊"读同臻摄开口三等和梗摄开口三四等的明母 [**特例·韵母 28**]

蚊　金华 məŋ² ｜汤溪 mai² ｜浦江 mən² ｜东阳 mən² ｜磐安 mɐŋ² ｜义乌 mən² ｜永康 mieiŋ² ｜武义 min⁻²¹ ~虫；苏州 mən² ｜余姚 mɔ̃² ｜定海 mɐŋ² ｜临海 məŋ² ｜温州 maŋ² ｜云和 moŋ⁻²² ~虫 ｜玉山 məŋ²

比较：

民真明　金华 min² ｜汤溪 mei² ｜浦江 min² ｜东阳 mien² ｜磐安 mien² ｜义乌 min² ｜永康 mieiŋ² ｜武义 min²；苏州 min² ｜余姚 mɔ̃² ｜定海 miŋ² ｜临海 miəŋ² ｜温州 meŋ² ｜云和 miŋ² ｜玉山 mɪŋ²

这种"蚊"的读音很少见，除了永康、武义话以外，上丽片开化、广丰、遂昌话也有这种读音。例如开化：蚊 miŋ² ｜民 miŋ²，遂昌：蚊 miŋ² ｜民 miŋ²。此外，上丽片庆元话"蚊"读作 [miɛ²]，亦为细音，但是"民"读作 [miəŋ²]，两个字不同音。参看曹志耘（2002：98）。余姚话中也是"蚊"和"民"同音。这是因为余姚话中"饼、品、病、民"等 p 组 *iɔ̃ 韵的介音脱落的缘故，情况恐怕与永康、武义等方言不一样。

十四　宕摄

1. 除了汤溪、义乌话以外，一等唐韵和三等阳韵的主要元音相同 [**内部差异·韵母 19**]

汤溪话的情况较为复杂，对开口呼来说，拼帮精庄组时主要元音不一样。义乌话除了唐韵精组和阳韵庄组同韵（即 [ŋʷ]）以外，主要元音都不相同。以下举出开口呼精组和见组的例字：

仓唐清　金华 tsʰɑŋ¹ ｜汤溪 tsʰo¹ ｜浦江 tsʰõ¹ ｜东阳 tsʰʌ¹ ｜磐安 tsʰɒ¹ ｜义乌 tsʰŋʷ¹ ｜永康 tsʰaŋ¹ ｜武义 tsʰaŋ¹；苏州 tsʰã¹ ｜余姚 tsʰɒŋ¹ ｜定海 tsʰɔ̃¹ ｜临海 tsʰɔ̃¹ ｜温州 tsʰuɔ¹ ｜云和 tsʰɔ̃¹ ｜玉山 tsʰõ¹

枪阳清　金华 tsʰiaŋ¹ ｜汤溪 tsʰɤ¹ ｜浦江 tʃʰyõ¹ ｜东阳 tɕʰiʌ¹ ｜磐安 tʃʰiɒ¹ ｜义乌 tsʰɯa¹ ｜永康 tɕʰiaŋ¹ ｜武义 tɕʰiaŋ¹；苏州 tsʰiã¹ ｜余姚 tɕʰiaŋ¹ ｜定海 tɕʰiã¹ ｜临海 tɕʰiã¹ ｜温州 tɕʰi¹ ｜云和 tʃʰiã¹ ｜玉山 tɕʰiã¹

缸唐见　金华 kɑŋ¹ ｜汤溪 kuo¹ ｜浦江 kõ¹ ｜东阳 kʌ¹ ｜磐安 kɒ¹ ｜义乌 kŋʷ¹ ｜永康 kaŋ¹ ｜武义 kaŋ¹；苏州 kã¹ ｜余姚 kɒŋ¹ ｜定海 kɔ̃¹ ｜临海 kɔ̃¹ ｜温州 kuɔ¹ ｜云和 kɔ̃¹ ｜玉山 kõ¹

薑阳见　金华 tɕiaŋ¹ ｜汤溪 tɕio¹ ｜浦江 tɕyõ¹ ｜东阳 tɕiʌ¹ ｜磐安 tɕiɒ¹ ｜义乌 tɕio¹ ｜永康 kiaŋ¹ ｜武义 tɕiaŋ¹；苏州 tɕiã¹ ｜余姚 tɕiaŋ¹ ｜定海 tɕiã¹ ｜临海 ciã¹ ｜温州 tɕi¹ ｜云和 tʃiã¹ ｜玉山 kiã¹

大多数吴语中一等唐韵和三等阳韵的主要元音不相同，而在婺州方言当中集中出现唐阳韵主要元音相同的现象，值得我们关注。参看王福堂（1999：12-13）、曹志耘等（2000：31）。

2. 开口三等阳韵。除了浦江话一律读作 [yõ] 韵以外,其他方言都发生了以声母为条件的韵母分化 [**内部差异·韵母 20**]

精组和见晓组的例字见上一条。和效摄三四等和深臻摄开口三等一样,分化最复杂的还是汤溪话。此处,义乌话跟汤溪话一样也复杂。例如:

量动词。来　金华 liaŋ² | 汤溪 lɤ² | 浦江 lyõ² | 东阳 liʌ² | 磐安 lɩɒ² | 义乌 lɯa² | 永康 liaŋ² | 武义 liaŋ² ; 苏州 liã² | 余姚 liaŋ² | 定海 liã² | 临海 liã² | 温州 li² | 云和 liã² | 玉山 læ²

长~短。澄　金华 dʑiaŋ² | 汤溪 dʑio² | 浦江 dʒyõ² | 东阳 dʑiʌ² | 磐安 dʑɩɒ² | 义乌 dzɯa² | 永康 dʑiaŋ² | 武义 dʑiaŋ² ; 苏州 zã² | 余姚 dzaŋ² | 定海 dʑiã² | 临海 dʑiã² | 温州 dʑi² | 云和 dɛ² | 玉山 dæ²

床崇　金华 ʐyaŋ² | 汤溪 ʑiao² | 浦江 ʒyõ² | 东阳 zʌ² | 磐安 ʒɩɒ² | 义乌 zŋʷ² | 永康 ʐyaŋ² | 武义 ʐyaŋ² ; 苏州 zã² | 余姚 dzɔŋ² | 定海 zɔ̃² | 临海 zɔ̃² | 温州 jyɔ² | 云和 ʑiɔ̃² | 玉山 zæ²

伤书　金华 çiaŋ¹ | 汤溪 çio¹ | 浦江 ʃyõ¹ | 东阳 çiʌ¹ | 磐安 ʃɩɒ¹ | 义乌 sɯa¹ | 永康 çiaŋ¹ | 武义 çiaŋ¹ ; 苏州 sã¹ | 余姚 sɔŋ¹ | 定海 sɔ̃¹ | 临海 çiã¹ | 温州 çi¹ | 云和 ʃiã¹ | 玉山 çiã¹

临海话"伤"字读音是例外。阳韵章组一般读作 [ɔ̃] 韵。例如:章 tsɔ̃¹ | 唱 tsʰɔ̃⁵ | 尝 zɔ̃² | 赏 sɔ̃³。以上可以概括如表 2-1-8:

表 2-1-8　婺州方言以及其他吴语中阳韵开口的读音

	金华	汤溪	浦江	东阳	磐安	义乌	永康	武义	苏州	余姚	定海	临海	温州	云和	玉山
来母	iaŋ	ɤ	yõ	iʌ	ɩɒ	ɯa	iaŋ	iaŋ	iã	iaŋ	iã	iã	i	iã	æ
精组															iã
知组		io							ã	aŋ			ɛ		æ
章组									ã	ɔŋ	ɔ̃	ɔ̃			
见晓组					ɒi				iã	iaŋ	iã	iã		iã	iã
庄组	yaŋ	iao		ʌ	yɒ	ŋʷ	yaŋ	yaŋ	ã	ɔŋ	ɔ̃	ɔ̃	yɔ	iɔ̃	æ

上丽片里阳韵开口的语音对应很复杂,在此不详谈。

磐安话中庄组逢阴上时读作 [yɒ] 韵,如"闯" [tʃʰyɒ³],其余则读 [ɩɒ] 韵。代表了早期读音的当为 [yɒ] 韵,因为,[ɩɒ] 韵的读法与精知章组相同,说明伴随着语音创新。例如,阴平"浆精"和"装庄"都读作 [tʃɩɒ¹],阴上"抢清"读作 [tʃʰɩɒ³],"闯初"读作 [tʃʰyɒ³],不同音。

金华、东阳、磐安、永康、武义话中,庄组的读音与众不同。温州话的表

83

现亦如此。浦江话一律读作 [yõ] 韵,没有分化。这是在整个汉语方言当中相当少见的现象。不过,从金华等方言的情况来看,这不一定是存古。我们可以推测,浦江话原来的读音是 *yõ(庄组)和 *iõ(其他),后来发生了 *iõ > yõ 的语音演变,形成了现在的情况。汤溪、义乌话都分成三个不同的韵母,而且主要元音的音值也不一样。在此,我们再一次观察到汤溪话的韵母演变对声母的音值十分敏感。

苏州、余姚、定海话中知组和章组的读音不一样,这是太湖片的重要语音特点之一。台州片临海话也有这个特点。

3. 合口三等阳韵微母"芒麦~、网、望"。"望"在婺州方言中表示"看"。参看"词汇特点"(92)。婺州方言把这三个字的韵母常读同通摄的帮非组(加下线的读音合乎这个现象)[**共同特点·韵母 12**]

芒麦~　金华 moŋ² | 汤溪 mao² | 浦江 mon² | 东阳 mom² | 磐安 maom² | 义乌 moŋ² | 永康 mɔŋ² | 武义 mɔŋ² ;苏州 mã² | 余姚— | 定海 mɔ̃² | 临海 moŋ | 温州 muɔ² | 云和 mɔ̃² | 玉山 moŋ⁻²² ~花秆:芦花

网　金华 maŋ³ | 汤溪 mao⁴ | 浦江 mõ⁴ | 东阳 mom⁴ | 磐安 maom³ | 义乌 moŋ⁴ | 永康 maŋ⁴ | 武义 maŋ⁴ ;苏州 mã⁶ | 余姚 mɔŋ⁴ | 定海 mɔ̃⁴ | 临海 mɔ̃³ | 温州 muɔ⁴ | 云和 mɔ̃³ | 玉山 moŋ⁴

望　金华 moŋ⁶ | 汤溪 mao⁶ | 浦江 mõ⁶ | 东阳 mu⁶ | 磐安 mo⁶ | 义乌 mɯɤ⁶ | 永康 maŋ⁶ | 武义 maŋ⁶ ;苏州 mã⁶ | 余姚 mɔŋ² | 定海 mɔ̃⁶ | 临海 mɔ̃⁶ | 温州 muɔ⁶ | 云和 mɔ̃⁶ | 玉山 miã⁴

比较:

梦东三明　金华 moŋ⁶ | 汤溪 mao⁶ | 浦江 mon⁶ | 东阳 mom⁶ | 磐安 maom⁶ | 义乌 moŋ⁶ | 永康 mɔŋ⁶ | 武义 mɔŋ⁶ ;苏州 moŋ⁶ | 余姚 muŋ² | 定海 mɔ̃⁶① | 临海 moŋ⁶ | 温州 moŋ⁶ | 云和 məŋ⁶ | 玉山 moŋ⁶

汤溪话不分宕摄开口一等唐韵帮组、合口三等非组和通摄一等帮组、三等非组,都读 [ao] 韵,所以不能说明问题。台州片临海话的"芒"也读同通摄。不过,这个现象最突出的应该是上丽片尤其是其西北部的方言。除了微母以外,非敷母也有相同的表现。例如江山:放非 poŋ⁵ | 纺敷 pʰoŋ³ | 芒~花:芦花。微 moŋ⁻³³ | 网微 moŋ⁴ ;梦 moŋ⁻⁵² □ lɯ⁻³³ ~ :做梦。参看曹志耘等(2000:31)。

4. 特例

永康、武义话把开口三等养韵以母"养"读同宕摄开口三等阳韵庄组 [**特**

---

① 这是例外读音。通摄舒声一般读作 [oŋ yoŋ] 韵,如,蒙 moŋ²。

例·韵母29]

养　金华 iaŋ³ ｜汤溪 iɑo⁴ ｜浦江 yõ⁴ ｜东阳 iʌ⁴ ｜磐安 iɒ³ ｜义乌 ɦiɔ⁴ ｜永康 yaŋ⁴ 城关音 ｜武义 yaŋ⁴ 俞源音 ；苏州 iã⁶ ｜余姚 ʑiaŋ² ｜定海 iã³ ｜临海 iã³ ｜温州 'ji³ ｜云和 iã³ ｜玉山 iõ⁴

开口三等阳韵庄组的读音参看上文2的"床"字读音。除了婺州方言以外，上丽片也有同样的读音出现，以上玉山的读音就是这种读音。需要指出的是，在上丽片当中，除了"养"以外，中古同音的"痒"也与"养"同韵，仍有对应规律可循。例如，养：玉山 iõ⁴ ｜江山 iɔ̃⁴；痒：玉山 ʑiõ⁴ ｜江山 ɕiɔ̃⁴。由此可见，永康、武义话"养"字的读音原来是规则读音。参看曹志耘等（2000：39-40）。

十五　曾梗摄

1. 曾摄开口一等登韵端精组。东阳、磐安、义乌、永康话的读音与曾梗摄开口三四等相同，金华、汤溪、浦江、武义的读音则不相同 [**内部差异·韵母21**]

灯 登端　金华 təŋ¹ ｜汤溪 nai¹ ｜浦江 tən¹ ｜东阳 tən¹ ｜磐安 nɐn¹ ｜义乌 nən¹ ｜永康 nieiŋ¹ ｜武义 nen¹；苏州 tən¹ ｜余姚 tɔ̃¹ ｜定海 teŋ¹ ｜临海 təŋ¹ ｜温州 taŋ¹ ｜云和 te¹ ｜玉山 tɿŋ¹

钉 名词。青端　金华 tiŋ¹ ｜汤溪 nei¹ ｜浦江 tin¹ ｜东阳 tən¹ ｜磐安 nɐn¹ ｜义乌 nən¹ ｜永康 nieiŋ¹ ｜武义 nin¹；苏州 tin¹ ｜余姚 tɔ̃¹ ｜定海 tiŋ¹ ｜临海 tiəŋ¹ ｜温州 teŋ¹ ｜云和 tiŋ¹ ｜玉山 tɿŋ¹

浦江话把登韵定母"藤"读作 [din²]，也是这种语音演变的表现。在上丽片的西北部这个现象较为常见。

2. 曾摄开口一等登韵和梗摄二等庚耕韵有区别，只是，最小对立不多见 [**共同特点·韵母13**]

等 等端　金华 təŋ³ ｜汤溪 nai³ ｜浦江 tən³ ｜东阳 tən³ ｜磐安 nɐn³ ｜义乌 nən³ ｜永康 nieiŋ³ ｜武义 nen³；苏州 tən³ ｜余姚 tɔ̃³ ｜定海 teŋ³ ｜临海 təŋ³ ｜温州 taŋ³ ｜云和 te³ ｜玉山 tæ³

生 庚生　金华 sɑŋ¹ ｜汤溪 sa¹ ｜浦江 sɛ̃¹ ｜东阳 sɛ¹ ｜磐安 sɛ¹ ｜义乌 sɛ¹ ｜永康 sai¹ ｜武义 sa¹；苏州 sã¹ ｜余姚 saŋ¹ ｜定海 sã¹ ｜临海 sã¹ ｜温州 siɛ¹ ｜云和 sɛ¹ ｜玉山 sõ¹

大多数吴语能够区分开口一等登韵和开口二等庚耕韵。云和话没有这个区别，这是在上丽片当中不多见的现象。除了云和话以外，庆元话也不能区分。

3. 除了金华话以外，能够区分曾摄开口一等德韵和梗摄二等陌麦韵，只

是，最小对立不多见 [**内部差异·韵母 22**]

贼德从　金华 zə‍ʔ⁸｜汤溪 zɛ⁴｜浦江 zə⁸｜东阳 zeiʔ⁸｜磐安 zɛi²｜义乌 zai⁸｜永康 zəi⁴｜武义 zəʔ⁸；苏州 zəʔ⁸｜余姚 zəʔ⁸｜定海 zɤʔ⁸｜临海 zøʔ⁸｜温州 ze⁸｜云和 zaʔ⁸｜玉山 zɐʔ⁸

拆陌彻　金华 tsʰəʔ⁷｜汤溪 tsʰa⁷｜浦江 tsʰa⁷｜东阳 tsʰɜʔ⁷｜磐安 tsʰa³｜义乌 tsʰɛ⁷｜永康 tsʰai³｜武义 tsʰaʔ⁷；苏州 tsʰɑʔ⁷｜余姚 tsʰaʔ⁷｜定海 tsʰɤʔ⁷｜临海 tsʰɐʔ⁷｜温州 tsʰa⁷｜云和 tsʰaʔ⁷｜玉山 tsʰʌʔ⁷

大多数吴语能够区分德韵开口和陌麦韵开口。和婺州方言中的金华话一样，云和话也不能区分这两类，在上丽片中属于例外。

4. 婺州方言不能区分曾摄开口三等蒸韵和梗摄开口三四等庚清青韵以及曾摄开口三等职韵和梗摄开口三四等陌昔锡韵 [**共同特点·韵母 14**]

蒸蒸章　金华 tɕiŋ¹｜汤溪 tɕiai¹｜浦江 tsin¹｜东阳 tsən¹｜磐安 tsɯ¹｜义乌 tsən¹｜永康 tɕieiŋ¹｜武义 tɕin¹；苏州 tsən¹｜余姚 tsə̃¹｜定海 tɕiŋ¹｜临海 tɕiəŋ¹｜温州 tseŋ¹｜云和 tʃiŋ¹｜玉山 tsɪŋ¹

正形容词。劲章　金华 tɕiŋ⁵｜汤溪 tɕiai⁵｜浦江 tsin⁵｜东阳 tsən⁵｜磐安 tsɯ⁵｜义乌 tsən⁵｜永康 tɕieiŋ⁵｜武义 tɕin⁵；苏州 tsən⁵｜余姚 tsə̃ˣ｜定海 tɕiŋ⁵｜临海 tɕiəŋ⁵｜温州 tseŋ⁵｜云和 tʃiŋ⁵｜玉山 tsɪŋ⁵

力职来　金华 liəʔ⁸｜汤溪 lei⁴｜浦江 lɛ⁸｜东阳 leiʔ⁸｜磐安 lɛi²｜义乌 lai⁸｜永康 ləi⁴｜武义 ləʔ⁸；苏州 liəʔ⁸｜余姚 liəʔ⁸｜定海 liəʔ⁸｜临海 lieʔ⁸｜温州 lei⁸｜云和 liʔ⁸｜玉山 leʔ⁸

踢锡透　金华 tʰiəʔ⁷｜汤溪 tʰei⁷｜浦江 tʰɛ⁷｜东阳 tʰeiʔ⁷｜磐安 tʰɛi³｜义乌 tʰai⁷｜永康 tʰəi³｜武义 tʰəʔ⁷；苏州 tʰiəʔ⁷｜余姚 tʰiəʔ⁷｜定海 tʰiəʔ⁷｜临海 tʰieʔ⁷｜温州 tʰei⁷｜云和 tʰiʔ⁷｜玉山 tʰeʔ⁷

吴语基本上都不能区分曾摄开口三等和梗摄开口三四等。

5. 特例

（1）曾摄开口三等职韵以母"翼" [**特例·韵母 30**]

翼　金华 iəʔ⁸ ~膀:翅膀｜汤溪 iei⁴｜浦江 yə⁸｜东阳 əɯ⁻³⁵ ~□kuº:翅膀｜磐安 iɛ²｜义乌 ɦiə⁸ ~□ku⁻⁵³:翅膀｜永康 iə⁴ ~膀:翅膀｜武义 ie⁻⁵³ ~膀:翅膀；苏州 iəʔ⁸｜余姚 i⁻⁴⁴ ~□sɔ⁻⁴⁴:翅膀｜定海 ɦiəʔ⁸｜临海 ɦiyøʔ⁸｜温州 jai⁸｜云和 iʔ⁸｜玉山 ɕiɐʔ⁷

浦江、东阳、永康、武义话的读音都不合乎常规。余姚、临海、玉山话的"翼"字读音也特殊。临海话的读音似乎和浦江话的读音有关。玉山话的"翼"字读如咸山摄开口三等入声，与永康、武义话的读音相同。参看"韵母的特点"十二·4 的"热"字读音。

（2）梗摄开口二等梗韵见母"梗"的韵母和合口二等庚韵匣母"横"相同 [**特例·韵母** 31]

梗　金华 kuaŋ³ | 汤溪 kua³ | 浦江 kuɛ̃³ | 东阳 kuɛ³ | 磐安 kuɛ³ | 义乌 kuɛ³ | 永康 kuai³ | 武义 kua³；苏州 kã³ | 余姚 kuaŋˣ | 定海 kuã³ | 临海 kuã³ | 温州 kiɛ³ | 云和 kuɛ³ | 玉山 kɔ̃³

横　金华 uaŋ² | 汤溪 ua² | 浦江 uɛ̃² | 东阳 uɛ² | 磐安 uɛ² | 义乌 ɦuɛ² | 永康 uai² | 武义 ŋua²；苏州 uã² | 余姚 ɦuaŋ² | 定海 ɦuã² | 临海 ɦuã² | 温州 viɛ² | 云和 uɛ² | 玉山 ɦɔ̃²

"梗"的合口读音在吴语较常见。其实，除吴语以外的南方方言也有同样的读音出现。参看李荣（1983/1985：40-41）、曹志耘等（2000：41）、郑伟（2013：197）。

（3）梗摄开口三等映劲韵帮母有两个字读同开口二等庚耕韵 [**特例·韵母 32、33**]

柄　金华 mɑŋ⁵ | 汤溪 ma⁵ | 浦江 pin⁵ | 东阳 mɛ⁵ | 磐安 mɛ⁵ | 义乌 mɛ⁵ | 永康 mai⁵ | 武义 ma⁵；苏州 pin⁵ | 余姚 pɔ̃ˣ | 定海 piŋ⁵ | 临海 piəŋ⁵ | 温州 peŋ⁵ | 云和 pɛ⁵ | 玉山 pɔ̃⁵

掤拔、拉　金华 mɑŋ⁵拽 | 汤溪 ma⁵ | 浦江 mɛ̃⁵、pɛ̃⁵ | 东阳— | 磐安— | 义乌 mɛ⁵ | 永康 mai⁵ | 武义 ma⁵；苏州 pin⁵憋① | 余姚— | 定海— | 临海— | 温州— | 云和— | 玉山—

开口二等庚耕韵的读音参看上文 2 的"生"字读音。除了婺州方言以外，上丽片也有同样的读音出现。需要指出的是，在上丽片中，除了帮母以外，开口三等映韵并母"病"和开口四等青韵明母"暝夜晚"也读同开口二等庚耕韵，说明婺州方言的读音并不以帮母为条件。例如，柄：玉山 pɔ̃⁵ | 江山 pã⁵ | 庆元 ʔbã⁵；病：玉山 bɔ̃⁶ | 江山 bã⁶ | 庆元 pɪŋ⁶；暝：玉山 mɔ̃⁶ | 江山 mã⁶ | 庆元 mã⁶。参看"词汇特点"（73）、曹志耘等（2000：31-32）、曹志耘（2002：99）。余姚话的开口呼当为后起的读音。

（4）梗摄开口三等庚韵见母"惊害怕"的韵母和合口二等庚韵匣母"横"相同 [**特例·韵母** 34]

在吴语中用"惊"表示"害怕"的方言不多，只有婺州方言和一部分上丽片方言，下面只举婺州方言和上丽片的读音：

---

① 可能另有本字。

惊　金华 kuaŋ¹ ｜汤溪 kua¹ ｜浦江 kuɛ̃¹ ｜东阳 kuɛ¹ ｜磐安 kuɛ¹ ｜义乌 kuɛ¹ ｜永康 kuai¹ ｜武义 kua¹

上丽片的读音：玉山 kõ¹ ~农:吃惊｜江山 kuã¹ ｜开化 kuã¹ ｜常山 kuɯŋ¹ ｜遂昌 kuaŋ¹。

上丽片"惊"的韵母也和"横"相同，性质同于婺州方言。参看"词汇特点"（50）、曹志耘等（2000：41）、曹志耘（2002：99）。

（5）浦江、义乌、永康话把梗摄开口三等清韵以母"赢"读作撮口呼 [特例·韵母35]

赢　金华 iŋ² ｜汤溪 iei² ｜浦江 yən² ｜东阳 ən² ｜磐安 iɐŋ² ｜义乌 ɦyən² ｜永康 yeiŋ² ｜武义 ȵin² ；苏州 in² ｜余姚 zĩɔ̃² ｜定海 ɦiŋ² ｜临海 ɦiəŋ² ｜温州 jaŋ² ｜云和 iŋ² ｜玉山 ɦiŋ²

这种读音在吴语中不多见，但是偶尔也出现在别的方言中。例如，闽语莆仙区仙游话读作 [yã²]，中原官话汾河片临汾话读作 [yə²]。参看郑伟（2013：197）。

十六　通摄

1.婺州方言不能区分通摄三等东锺韵和屋烛韵 [共同特点·韵母15]

虫东澄　金华 dʑioŋ² ｜汤溪 dʑiao² ｜浦江 dʑyon² ｜东阳 dzom² ｜磐安 dzaom² ｜义乌 dzoŋ² ｜永康 dʑioŋ² ｜武义 dzoŋ² ；苏州 zoŋ² ｜余姚 dzuŋ² ｜定海 dzoŋ² ｜临海 dʑyoŋ² ｜温州 dzoŋ² ｜云和 dʒioŋ² ｜玉山 dã²

重形容词。肿澄　金华 tɕioŋ³ ｜汤溪 dʑiao⁴ ｜浦江 dʑyon⁴ ｜东阳 dzom⁴ ｜磐安 dzaom⁴ ｜义乌 dzoŋ⁴ ｜永康 dʑioŋ⁴ ｜武义 dzoŋ⁴ ；苏州 zoŋ⁶ ｜余姚 dzuŋ⁴ ｜定海 dzoŋ⁴ ｜临海 dʑyoŋ² ｜温州 dzyo⁴ ｜云和 dʒioŋ⁴ ｜玉山 dʑioŋ⁴

肿肿章　金华 tɕioŋ³ ｜汤溪 tɕiao³ ｜浦江 tɕyon³ ｜东阳 tsom³ ｜磐安 tsaom³ ｜义乌 tsoŋ³ ｜永康 tɕioŋ³ ｜武义 ioŋ³ ；苏州 tsoŋ³ ｜余姚 tsuŋˣ ｜定海 tsoŋ³ ｜临海 tɕyoŋ³ ｜温州 tɕyo³ ｜云和 tʃiɔ̃³ ｜玉山 ioŋ³

六屋来　金华 loʔ⁸ ｜汤溪 lɔ⁴ ｜浦江 lɯ⁸ ｜东阳 louʔ⁸ ｜磐安 lʌoʔ² ｜义乌 lau⁸ ｜永康 lu⁴ ｜武义 lɔʔ⁸ ；苏州 loʔ⁸ ｜余姚 loʔ⁸ ｜定海 loʔ⁸ ｜临海 loʔ⁸ ｜温州 lɤu⁸ ｜云和 ləuʔ⁸ ｜玉山 loʔ⁸

肉屋日　金华 ȵioʔ⁸ ｜汤溪 ȵio⁴ ｜浦江 ȵyɯ⁸ ｜东阳 ȵiouʔ⁸ ｜磐安 ȵiʌoʔ² ｜义乌 ȵiau⁸ ｜永康 ȵiu⁴ ｜武义 ȵioʔ⁸ ；苏州 ȵioʔ⁸ ｜余姚 ȵyoʔ⁸ ｜定海 ȵyɐʔ⁸ ｜临海 ȵyoʔ⁸ ｜温州 ȵɤu⁸ ｜云和 ȵiɯʔ⁸ ｜玉山 ȵiʌʔ⁸

绿烛来　金华 loʔ⁸ ｜汤溪 lɔ⁴ ｜浦江 lɯ⁸ ｜东阳 louʔ⁸ ｜磐安 lʌoʔ² ｜义乌 lau⁸ ｜永康 lu⁴ ｜武义 lɔʔ⁸ ；苏州 loʔ⁸ ｜余姚 loʔ⁸ ｜定海 loʔ⁸ ｜临海 loʔ⁸ ｜

温州 lo⁸ ｜ 云和 lioʔ⁸ ｜ 玉山 liʌʔ⁸

玉烛疑　金华 ȵioʔ⁸ ｜ 汤溪 ȵiɔ⁴ ｜ 浦江 ȵɯ⁸ ｜ 东阳 ȵiouʔ⁸ ｜ 磐安 ȵiʌo² ｜ 义乌 ȵiau⁸ ｜ 永康 ȵiu⁴ ｜ 武义 ȵiɔ¹ ; 苏州 ȵioʔ⁸ ｜ 余姚 ȵyoʔ⁸ ｜ 定海 ȵyɐʔ⁸ ｜ 临海 ȵyoʔ⁸ ｜ 温州 ȵo⁸ ｜ 云和 ȵioʔ⁸ ｜ 玉山 ȵioʔ⁸

瓯江片能够系统地区分三等东锺韵和屋烛韵。上丽片也能区分，但情况相当复杂，远不如瓯江片那么整齐，以上七个例字不能完全说明问题。参看秋谷裕幸（1999）、曹志耘等（2000：32）、曹志耘（2002：79-81）。

2. 特例

锺用韵有两个字"舂、重量词,撂"读同宕摄开口三等阳韵庄组 [**特例·韵母 36、37**]：

舂　金华 ɕyaŋ¹ ｜ 汤溪 iɑo¹ ｜ 浦江 ʃyõ¹ ｜ 东阳 sʌ¹ ｜ 磐安 ʃiɒ¹ ｜ 义乌 sŋʷ¹ ｜ 永康 ɕyaŋ¹ ｜ 武义 ɕyaŋ¹ ; 苏州 soŋ¹ ｜ 余姚 suŋ¹ ｜ 定海 — ｜ 临海 ɕyoŋ¹ ｜ 温州 ɕyɔ¹ ｜ 云和 ioŋ¹ ｜ 玉山 ioŋ¹

来自"柱用切"的"重量词,撂"。用这个字的方言很少，婺州方言当中只有金华、浦江、武义话才用这个字：金华 dzyaŋ⁶ ｜ 浦江 dzyõ⁶ ｜ 武义 dzyaŋ⁶。瓯江片温州话的"重叠起"[dzyɔ⁶]也是"重柱用切"。上丽片玉山话叠上去说"重"[dziõ²]，广丰话表示"沓"的量词说"重"[dzã̄o⁴]，似乎均与"重柱用切"的"重"有关。

阳韵庄组的读音参看"韵母的特点"十四·2 的"床"字读音。瓯江片和上丽片都能够区分三等东锺韵，此时锺韵的读音与阳韵庄组相同。婺州方言的"舂、重量词,撂"字读音亦如此。这两个字的特殊读音当为三等东锺韵有别的残余。婺州方言中汤溪话的"舂"字声母是零声母，与其他方言的擦音[ɕ ʃ s]不相同。汤溪话的 [iɑo] 韵除了阳韵庄组以外还与通摄三等东锺韵对应。"舂"的零声母读音主要出现于上丽片，此时韵母均为 [ioŋ]，不同于阳韵庄组的读音。那么，汤溪话"舂"的 [iɑo] 韵应该代表了通摄的读音，与其他婺州方言相当于阳韵庄组的读音不一样。

叁　声调的特点

婺州方言古今声调演变情况如表 2-1-9。

1. 古平上去入四个调类基本上按古声母的清浊各分阴阳两类。[**共同特点·声调 1**]

2. 除了金华话的上声、义乌话的阴入白和阳入白以及武义话的阴平和阳平以外，调值阴调高，阳调低。[**共同特点·声调 2**]

这两个特点与别的吴语相同。

89

表 2-1-9　婺州方言古今声调演变情况

古调	古声	金华	汤溪	浦江	东阳	磐安	义乌	永康	武义
平	清	阴平 334	阴平 24	阴平 534	阴平 445	阴平 445	阴平 33	阴平 45	阴平 24
	浊	阳平 313	阳平 11	阳平 113	阳平 312	阳平 213	阳平 213	阳平 33	阳平 423
上	清	阴上 535	阴上 535	阴上 53	阴上 55	阴上 434	阴上 53	阴上 545	阴上 445
	次浊		阳上 113	阳上 243	阳上 35	阳上 244	阳上 31	阳上 323	阳上 334
	全浊								
去	清	阴去 55	阴去 52	阴去 55	阴去 423	阴去 52	阴去 55	阴去 54	阴去 53
	浊	阳去 14	阳去 341	阳去 24	阳去 324	阳去 14	阳去 13	阳去 14	阳去 31
入	清	阴入 4ʔ、阴去 55	阴入 55	阴入 423	阴入 45ʔ	阴上 434	阴入白 22、阴入文 5ʔ	阴上 545	阴入 5ʔ、阴去 53
	浊	阳入 212ʔ、阳去 14	阳上 113	阳入 232	阳入 324ʔ	阳平 213	阳入白 311、阳入文 12ʔ	阳上 323	阳入 3ʔ、阳上 334
调类数		7	7	8	8	6	10	6	8

一　古上声

金华话不分阴上和阳上，古上声一律读作今阴上。[内部差异·声调 1]

这是早期阴上和阳上的合并造成的。因此，金华话不能区分古清上字和古浊上字，例如"紧"和"近"都读作 [tɕiŋ³]，而其他婺州方言都能区分这两个字。

二　古次浊上声

除金华话以外的方言中，古次浊上声一般归入阳上。例外是磐安话。磐安话中，古次浊上声以及全浊匣母归入阴上。参看"声母的特点"一·3。[内部差异·声调 2]

三　入声韵

在婺州方言当中，中古入声韵的演变也表现出极其复杂的差异性，概括如表 2-1-10。[内部差异·声调 3]

"杂、塔、接、叠"代表咸摄,"十、急"代表深摄,"辣、割、八、灭、杰、切、拨、末、绝"代表山摄,"日、一、出、佛"代表臻摄,"薄、落、脚、缚"代表宕摄,"壳、学"代表江摄,"直、色"代表曾摄,"白、隔、尺、石"代表梗摄,"粥、局"代表通摄。表中"ʔ7"和"ʔ8"分别表示带有喉塞尾的阴入和阳入,"8"和"7"则表示没带喉塞尾的阴入和阳入,括弧内是主要元音的音值。温州话的阴入和阳入已失去了喉塞尾,这也是瓯江片的一般情况。其他吴语一般保存着带有喉塞尾的阴入和阳入,所以表 2-1-10 没有列出苏州等其他吴语方言的情况:

表 2-1-10　婺州方言中入声的演变

	金华	汤溪	浦江	东阳	磐安	义乌	永康	武义
杂	6(ɤ)	4	8	ʔ8	2	8	4	4(ɤ)
塔	5(ɑ)	7	7	ʔ7	3	7	3	ʔ7
接	5(e)	7	7	ʔ7	3	7	3	5(e)
叠	6(a)	4	8	ʔ8	2	8	4	4(a)
十	ʔ8	4	8	ʔ8	2	8	4	ʔ8
急	ʔ7	7	7	ʔ7	3	7	3	ʔ7
辣	6(ɑ)	4	8	ʔ8	2	8	4	4(ɑ)
割	5(ɤ)	7	7	ʔ7	3	7	3	5(ɤ)
八	5(a)	7	7	ʔ7	3	7	3	ʔ7
灭	6(e)	4	8	ʔ8	2	8	4	4(e)
杰	ʔ8	4	8	ʔ8	2	8	4	4(e)
切	5(a)	7	7	ʔ7	3	7	3	ʔ7
拨	5(ɤ)	7	7	ʔ7	3	7	3	ʔ7
末	6(ɤ)	4	8	ʔ8	2	8	4	4(o)
绝	ʔ8	4	8	ʔ8	2	ʔ8 文读	4	4(e)
日	ʔ8	4	8	ʔ8	2	8	4	ʔ8
一	ʔ7	7	7	ʔ7	3	7	3	ʔ7
出	5(ɤ)	7	7	ʔ7	3	7	3	5(e)
佛	ʔ8	4	8	ʔ8	2	8	4	ʔ8
薄	ʔ8	4	8	ʔ8	2	8	4	ʔ8
落	ʔ8	4	8	ʔ8	2	8	4	4(ɑ)
脚	ʔ7	7	7	ʔ7	3	7	3	ʔ7
缚	ʔ8	4	8	ʔ8	2	8	4	ʔ8
壳	ʔ7	7	7	ʔ7	3	7	3	ʔ7
学	ʔ8	4	8	ʔ8	2	8	4	4(ɑ)
直	ʔ8	4	8	ʔ8	2	8	4	ʔ8
色	ʔ7	7	7	ʔ7	3	7	3	ʔ7

续表

白	ʔ8	4	8	ʔ8	2	8	4	4（a）
隔	ʔ7	7	7	ʔ7	3	7	3	ʔ7
尺	ʔ7	7	7	ʔ7	3	7	3	ʔ7
石	ʔ8	4	8	ʔ8	2	8	4	ʔ8
粥	ʔ7	7	7	ʔ7	3	7	3	ʔ7
局	ʔ8	4	8	ʔ8	2	8	4	ʔ8

从表 2-1-10 我们可以看出：

① 保存最早期情况的是东阳话，具有独立的阴入和阳入，并都带有喉塞尾。其他的婺州方言都可以理解为东阳话的进一步发展。

② 浦江、义乌话里也存在着独立的阴入和阳入，但已经失去了喉塞尾。

③ 汤溪话中还存在着独立的阴入，但已经失去了喉塞尾。早期阳入失去喉塞尾后，归入阳上了。

④ 磐安、永康话里除了阳入以外，阴入都不存在。在磐安话中，早期的阴入和阳入分别归入阴上和阳平，在永康话中则分别归入阴上和阳上。

以上东阳、浦江、义乌、汤溪、磐安、永康话没有发生阴入和阳入的分化，而金华、武义话中则发生了这种分化。

⑤ 金华话和东阳话一样，具有独立的阴入和阳入，并都带有喉塞尾。不过，有一部分阴入字归入阴去，有一部分阳入字则归入阳去，绝大部分是古咸山摄的入声字。这些字在金华话中以 [ɑ a ɤ e] 为韵腹。

⑥ 武义话也具有独立的阴入和阳入，并都带有喉塞尾。不过，在武义话中，阴入和阳入正在处于消失，分别归入阴去和阳上的过程当中，发音不很稳定。相对来说阴入比较稳定，归入阴去的字不很多，其中以 [ə] 为韵腹的入声韵最稳定。详细情况参看本章第八节"武义方音"单字调的说明 ③ 和 ⑤。

关于婺州方言的入声，参看曹志耘（2002：103-108）。

肆　小结

一　婺州方言的语音特点

作为吴语的方言，婺州方言当然共享吴语的共同语音特点，如，共同特点·声母 1、3、4、8、9、10，共同特点·韵母 3、4、5、13、14，共同特点·声调 1、2。除官话方言以外的汉语方言中，具有共同特点·韵母 13、14 的主要是吴语。特例·韵母 2 "射"、韵母 12 "椅" 也是吴语的特点。

下一个问题是婺州方言是否具有对内一致对外有区别的鉴别性语音特点。

傅国通等（1986：6）指出了婺州方言的四个语音特点：

① 除浦江、兰溪、金华市城区外，其他地区咸深山臻宕江曾梗通九摄舒声帮端母字今分别读 [m n] 声母。

② 除武义城关外，大体上能分尖团。

③ 咸山两摄有一部分字能区别三四等。

④ 古入声字今有文白读。

② 和 ③ 是共同存古特点，而且不一定能够满足"对内一致对外有区别"的要求。参看"内部差异·声母 4""内部差异·韵母 14、15"。⑤ 是文白异读的特点。是否存在文白异读是次要问题。

《中国语言地图集》（第 2 版）"B1-14 吴语"的文字说明（汪平、曹志耘执笔）还指出：[①]

⑤ 假摄开口帮组字（如"爬麻马"等）多读 [ɤa ɐ ua] 类韵母；知见系字（如"茶查加下哑射"等），多读 [uɑ uə] 类韵母。

⑥ 入声韵的喉塞尾已全部或部分消失，入声调类消失，声调系统简化为 6 调类或 7 调类。

婺州方言假摄开口的读音极其复杂，难以归纳出一个共同特点。参看"共同特点·韵母 10""内部差异·韵母 4"。婺州方言里入声喉塞尾的弱化是一个很新的现象。参看"内部差异·声调 3"。单独念时，瓯江片方言的喉塞尾也已经消失了。

其实，婺州方言内部一致性很不明显，而内部差异异常突出。

根据本节的研究婺州方言的鉴别性语音特点，只有"共同特点·韵母 1、10"。此外，还有两个特点基本上对内一致对外有区别，即，"内部差异·声母 3"、"内部差异·韵母 19"。"内部差异·韵母 13"可以说明婺州方言与瓯江片、上丽片不相同。特例·韵母 7 "株"的分布范围限于婺州方言，特例·声母 4 "赚"、5 "浓"，特例·韵母 3 "瓦"基本上也只分布在婺州方言。

二 婺州方言和上丽片、瓯江片

我们可以发现一些婺州方言和上丽片之间的共同语音特点，如，"共同特点·声母 6、7""共同特点·韵母 12"。"内部差异·声母 5""内部差异·韵母 5、7"也是能够把婺州方言和上丽片联系起来的特点。这六个特点都具有较强的排他性。

此外，婺州方言有一些特例可以通过上丽片来理解，如，特例·声母 6 "静"，特例·韵母 4、5 "取、树"、10 "倚"、14、15 "几、虮"、17 "守"、29 "养"、32、33 "柄、㧱"。可以说，对婺州方言历史音韵的理

[①] 该书把婺州方言归入"金衢片"。

解以上丽片历史音韵的知识为前提[①]。这很清楚地说明婺州方言和上丽片之间的关系很密切。

反之，婺州方言和瓯江片之间难以发现排他性的语音特点。也尚未发现只有通过瓯江片的音韵才能理解的特例。

曹志耘等（2000：29-31）曾指出瓯江片和上丽片之间四个共同语音特点：

① 知章组字与同摄（止深二摄除外）三四等的精组字读音相同。
② 遇摄鱼韵舌齿音开口字与支韵舌齿音开口字读音相同。
③ 咸摄一等覃韵和谈韵有区别，而且非见组和见组的区别方式不同。
④ 少数山摄合口三等仙韵字读如臻摄合口三等字。

其实，婺州方言也有④，参看"共同特点·韵母11"。③也存在其残留，参看"特例·韵母"18"黶盖"、19"含"。另外，上丽片广丰、江山话里，流摄三等的知章组和精组还有区别，所以①并不是特别关键的特点。那么，瓯江片和上丽片之间较为重要的语音特点只有②。与婺州方言和上丽片之间的关系相比，瓯江片和上丽片之间的关系应该说较为疏远。

最后我们观察其他特例。可以发现婺州方言有一些特例的性质与上丽片一致："特例·声母"1"打"、3"像"，"特例·韵母"21"剪"、22"蟮蚯蚓"、23"撅挑"、24"荐"、28"蚊"、34"惊"。除了台州片临海话以外，"特例·韵母"1"沙"的性质也与上丽片常山、江山话一致；"特例·韵母"8"秤"的性质也与上丽片云和、玉山话一致[②]。与此相反，我们至今尚未发现只出现在婺州方言和瓯江片的特例。这些特例也很清楚地表示婺州方言与上丽片关系密切，而与瓯江片疏远。词汇方面也存在与此平行的情况。参看第三章第一节贰的"婺州方言和上丽片的词汇"。

三　婺州方言的分区

本节所研究金华、汤溪、浦江、东阳、磐安、义乌、永康、武义八个方言都比较独立，互相之间的差异十分突出，所以内部分区的难度较大。《浙江吴语分区》（第21-22页）曾指出："从通话情况看，金华、兰溪比较接近，武义和永康比较接近，东阳和义乌比较接近，浦江话比较特殊，比其他县差异较大。"本节的研究大体上可以证实这个观点。

金华话和汤溪话可以说较为相近。这两个方言关于"内部差异·声母6（义乌亦如此）""内部差异·韵母8、11（义乌亦如此）"的表现一致。此外，对"内部差异·声母4"来说，这两个方言都以"精≠章＝见"为主，而且

[①] 偶尔也有通过婺州方言的材料得以理解的上丽片语音现象。参看"共同特点·韵母6""特例·韵母"16"骑"。

[②] "特例·声母"2"我"的整体语音形式也很接近上丽片广丰、浦城话的"我"。不过，这应该是平行演变的结果。

这种读音在吴语中很罕见。所以,金华话和汤溪话显得有点儿相似。不过,金华话显示,"内部差异·声母1""内部差异·韵母2、18"的表现独特,与汤溪话不一致。汤溪话"内部差异·韵母1、3"的表现也很特别。另外,对"内部差异·韵母10、16、17、20"来说,金华话的表现十分单一,而汤溪话里韵母以声母为条件的分化异常复杂。

东阳话和磐安话显示,"内部差异·韵母3、5、13、16、17"的一致表现。声调调值也比较相似。

永康、武义话共享"内部差异·韵母6、13(浦江、义乌亦如此)"的表现。"内部差异·韵母3"的表现基本上也相同。不过,武义话具有"内部差异·声母3、7","韵母9、12"的特殊表现。再者,在婺州方言里,与上丽片一致的特点最多的无疑是武义话,如,"内部差异·声母5""特例·声母"3"像","特例·韵母"14"几~个"、15"虮"、16"骒"、19"含"、24"荐"、29"养"。它的婺州方言和上丽片之间过渡性质可以说很清楚。

在婺州方言里浦江话比较独立。作为一个婺州方言,它关于"内部差异·声母3、5""内部差异·韵母4"的表现与众不同。对"内部差异·韵母3"来说,浦江话最保守。为了进一步阐明浦江话的性质,需要深入调查诸暨、桐庐等浦江北面的方言。

在婺州方言当中,义乌话是一个语音特点不多的方言。它最大的特点大概是宕摄开口一等、开口三等庄组、江摄(均舒声)读 $[ŋ^w]$ 的现象。参看"内部差异·韵母3"。相对来说,它与东阳、磐安话相近。

综上所述,婺州方言可以分成:

a. 金华、汤溪(兰溪亦属此类)

b. 东阳、磐安、义乌

c. 永康、武义

d. 浦江

第二节 金华方音

壹 概说

本书所说的"金华"是指清代金华县的范围,大致相当于今金华市金东区全境和婺城区的白龙桥、长山、安地、箬阳及其以东地区。(其中现属白龙桥镇的白龙桥、古方等地和现属长山乡的石道畈等地除外。)金华位于浙江省中部偏西,介于北纬28°50′~29°19′、东经119°29′~119°56′之间。东面和东南面是义乌市和武义县,西面是旧汤溪县,北面是兰溪市。总面积1,292.04平方公里,南北长52.8公里,东西宽44.8公里。地形属丘陵盆地区,南北均为山地和丘陵,中部是沿江平原。东来的东阳江和南来的武义江在城区汇合为婺江,再向西北流入兰溪境内的钱塘江支流兰江。沪昆、金温、金千三条铁路和沪昆(杭金衢)、长深两条高速公路贯穿境内。金华自古以来为浙江中部的重要交通枢纽。南宋著名女词人李清照描写古代金华的诗《题八咏楼》云:"水通南国三千里,气压江城十四州。"

金华古属越国地。东汉初平三年(192年)置县,称长山县,隋开皇十八年(598年)改名金华县。自三国吴宝鼎元年(266年)以后,金华历为东阳郡、金华郡、婺州、婺州路、宁越府、金华府、金华地区治所,现为金华市人民政府驻地。

1958年,汤溪县并入金华县。1985年,析金华城区及其近郊地区成立婺城区,余为金华县。2001年,撤金华县,原婺城区和金华县范围重新调整为婺城、金东二区。

金东区现辖2个街道办事处、8个镇、1个乡。

2街道:多湖街道、东孝街道。

8镇:孝顺镇、傅村镇、曹宅镇、澧浦镇、岭下镇、江东镇、塘雅镇、赤松镇。

1乡:源东乡。

婺城区中,不计旧汤溪县地区,旧金华县部分辖有9个街道办事处、4个镇、5个乡。

9街道:城东街道、城中街道、城西街道、城北街道、江南街道、西关街道、三江街道、秋滨街道、新狮街道。

4镇:罗店镇、雅畈镇、安地镇、白龙桥镇。

5乡:苏孟乡、竹马乡、乾西乡、长山乡、箬阳乡。

以上旧金华县地区今共有11个街道、12个镇和6个乡。境内总人口约为73万。少数民族人口很少,主要有畲族,居住在雅畈镇等南部山区。

金华境内的方言主要为金华话。此外,在南部山区还有畲话以及个别客家话方言岛(例如安地镇山道村)。在金华话内部,存在不少地域差异。大体上说,中部、西部地区的话较为接近,东部孝顺、曹宅、澧浦一带的话有一定共性而与中西部多有不同,城里及其附近地区的话有一些自己的特点。在金华城里话内部,还存在一些年龄差异。参看曹志耘(1996c:4-5)。

本书的金华话由曹志耘调查。从1991年起,曹志耘曾多次赴金华调查方言,2000年7月和2005年1月,两次赴金华做补充调查和核实工作。本书记录的是金华城里老年人的方言,主要发音人为苏玉婵女士,1927年出生

（2000年调查时73岁），生长于金华城里，曾当过小学教师，中学文化程度，说金华城里话。必要时也参考比苏玉婵更老的人和年轻人的说法。

贰　声韵调

一　声母 29 个

包括零声母在内，其中 [ŋ][ɦ] 是文读专用声母。

p 布帮簿	pʰ 派	b 盆步白	m 门问白	f 飞	v 冯婺问文
t 到打稻白	tʰ 太	d 同地夺稻文	n 难怒		l 兰路连
ts 精增争	tsʰ 秋粗初	dz 治齐文		s 修苏师	z 事齐白
tɕ 经跪白主蒸	tɕʰ 丘处昌	dʑ 旗桥虫	ȵ 泥女认白严	ɕ 休需虚扇声	ʑ 熟闰认文
k 高	kʰ 开	g 渠他跪文	ŋ 我文	x 灰化	ɦ 红文
ø 红白我白延胡远午					

说明：

① 浊塞音、浊塞擦音声母为清音浊流，浊擦音声母接近清音。

② [ȵ] 声母与撮口呼韵母相拼时，实际读 [ɲ]。

③ 开口呼零声母音节前有不明显的 [ʔ]，其他零声母音节前带与韵母开头元音同部位的摩擦。

④ [ŋ] 声母，只记到部分老年人在文读中把"我"字读作 [ŋo⁵³⁵]，这个字其他人文读 [o⁵³⁵]。但约斋于1958年发表的《金华方音与北京语音的对照》一文中有"我外碍额"四字为 [ŋ] ~ [ø] 又读。

⑤ [ɦ] 声母相当于读阳调类的 [x]，性质和其他浊擦音声母一样。

⑥ 齐齿呼尖团字的声母老年人分，中年人有人分有人不分，青少年不分。（撮口呼尖团字的声母都不分。）

二　韵母 51 个

包括自成音节的 [m̩][ŋ̍] 在内，其中 [o iɛ iɐ ɤã ã iã uã yã əl]9 韵是文读专用韵母。小称专用韵母未包括在内。

ɿ 资支	i 医肥底文	u 古舞无文	y 雨书去文
ɤa 爬马八白	ia 借夜白天白铁白		
ɑ 买鞋白班白减白	iɑ 畲亚文	uɑ 瓜沙官白塔白活白	yɑ 抓
o 波文哥文			
ɤ 波白满白短白割白	ie 底白编白接白	uɤ 过河	yɤ 靴权白佔白血白
ɯ 去白	iɛ 社文夜文		
ɛ 赔对改	iɪ 解文鞋文	uɛ 块	yɛ 帅
ei 碑美		ui 桂位	

ɑu 保　　　　　　iɑu 条烧
eu 藕　　　　　　iu 亩头走狗九有
ɤã 半文判文伴文满文
ã 班文　　　　　　iã 天文减文　　　　uã 官文短文　　　　yã 权文佔文
ɑŋ 党讲白生白　　　iaŋ 良讲文　　　　　uaŋ 光　　　　　　yaŋ 床
əŋ 根灯生文　　　　iŋ 林星城　　　　　uəŋ 温　　　　　　yəŋ 云
oŋ 东风　　　　　　ioŋ 穷中
əʔ 北格八文塔文割文　iəʔ 笔直药铁文接文　uəʔ 国活文　　　　yəʔ 出血文
oʔ 福索绿谷屋　　　ioʔ 肉
əl 耳文而文
m 无白
ŋ 耳白五

说明：

①[əŋ]组韵母中的[ŋ]和自成音节的[ŋ]发音部位比较靠前。

②入声韵的喉塞尾[ʔ]逢阴入调明显，逢阳入调在单字和前字位置时不明显，在后字位置时比较明显。

③[ɤa ia uɑ ie uɤ yɤ]六韵的介音较长。

④[ɛ]组韵母中的[ɛ]实际音值接近[ɛe]。

⑤[iu]韵在[p][t][ts][k]四组声母后为[ɪu]。

⑥[yɑ ɯ m]三韵只有个别用于口语的音节。

⑦[yɛ]韵只记到"衰摔荽"[ɕyɛ³³]、"帅率~领"[ɕyɛ⁵⁵]五字。

⑧[ɤa]韵部分青少年读[ia]韵。

⑨[ɤã]韵只见于年龄较大（八九十岁）的老年人的山合一舒声帮组字，这些字其他人读作[ã]韵。

三　单字调7个

阴平 [334] 高安开天三飞

阳平 [313] 穷平神鹅麻文

阴上 [535] 古纸口草手死，老买有，坐白稻白后白

阴去 [55] 醉对唱菜送放，割白铁白发白

阳去 [14] 大病树漏帽用，月白叶白罚白，坐文稻文后文

阴入 [4] 一七福北屋笔，割文铁文发文

阳入 [212] 读白服六药十，月文叶文罚文

说明：

①阴平[334]以上升部分为主。

② 阴上 [535] 上升部分有时不太明显。
③ 阴去 [55] 较短促。
④ 阳入 [212] 是短调，以上升部分为主。

叁 音韵特点

一 声母的特点

① 古全浊声母上声字在白读中读为清声母，逢塞音塞擦音时不送气。例如：抱＝保 pau³⁵ ｜ 犯＝反 fa⁵³⁵ ｜ 弟＝底 tie⁵³⁵ ｜ 动＝懂 toŋ⁵³⁵ ｜ 坐＝锁 suɤ⁵³⁵ ｜ 像＝想 siaŋ⁵³⁵ ｜ 重轻～＝肿 tɕioŋ⁵³⁵ ｜ 跪＝举 tɕy⁵³⁵。

② 帮端二母古阳声韵字，"绷拉、扯"[maŋ³³⁴]、"柄把儿"[maŋ⁵⁵]字读 [m] 声母；其余字城里和城郊朱基头村等读 [p t] 声母。其他地区多读 [m n/n̩] 声母，声调为阴调类，例如曹宅镇小黄村：编 miɛ³³⁴ ｜ 半 mɤ⁵³ ｜ 打 naŋ⁵³⁵ ｜ 店 n̩ia⁵³。

③ 从母字读作 [z s] 等擦音声母。例如：齐 zie³¹³ ｜ 蚕 zɤ³¹³ ｜ 墙 ziaŋ³¹³ ｜ 凿 zoʔ²¹² ｜ 坐 suɤ⁵³⁵。

④ 在今齐齿呼韵母前分尖团，精组字读 [ts] 组声母，见晓组字读 [tɕ] 组声母，例如：焦 tsiau³³⁴ ≠ 浇 tɕiau³³⁴ ｜ 妻 tsʰie³³⁴ ≠ 溪 tɕʰie³³⁴ ｜ 想 siaŋ⁵³⁵ ≠ 响 ɕiaŋ⁵³⁵。在今撮口呼韵母前不分尖团，都读 [tɕ] 组声母，例如：趋＝区 tɕʰy³³⁴ ｜ 需＝虚 ɕy³³⁴。城里年轻人不论齐齿呼还是撮口呼都不分尖团，都读 [tɕ] 组。

⑤ 知系字，逢今洪音韵母读 [ts] 组声母，逢今细音韵母读 [tɕ] 组声母，例如：茶查 dzua³¹³ ｜ 山 sa³³⁴ ｜ 株朱 tɕy³³⁴ ｜ 张章 tɕiaŋ³³⁴ ｜ 竹祝 tɕioʔ⁴。

⑥ 少数非敷奉微母字分别读作 [p pʰ b m] 声母，例如：坌撮取 pəŋ³³⁴ ｜ 覆趴；盖蝮 pʰoʔ⁴ ｜ 伏孵 bu¹⁴ ｜ 肥～皂 bi³¹³ ｜ 缚 boʔ²¹² ｜ 凤～仙花 boŋ¹⁴ ｜ 葐芦～：萝卜 boʔ²¹² ｜ 未 mi¹⁴ ｜ 问 məŋ¹⁴ ｜ 网 maŋ⁵³⁵ ｜ 袜 mɤa¹⁴。

⑦ 少数匣母字读 [g] 或 [k] 声母，例如：怀 gua³¹³ ｜ 厚 kiu⁵³⁵ ｜ 衔用嘴含 ga³¹³ ｜ 峡狭缝 gua¹⁴。

二 韵母的特点

① 咸山两摄字在白读中无鼻音韵尾和塞音韵尾，读为开尾韵。例如：

咸舒　兼＝鸡 tɕie³³⁴ ｜ 咸＝鞋 a³¹³ ｜ 嫌＝爷 ia³¹³ ｜ 搀＝叉 tsʰua³³⁴
山舒　盘＝婆 bɤ³¹³ ｜ 膻＝靴 ɕyɤ³³⁴ ｜ 前＝斜 zia³¹³ ｜ 关＝家 kua³³⁴
咸入　接＝祭 tsie⁵⁵ ｜ 挟＝蔗 tɕia⁵⁵ ｜ 甲＝架 kua⁵⁵ ｜ 狭＝话 ua¹⁴
山入　割＝锯 kɤ⁵⁵ ｜ 袜＝骂 mɤa¹⁴ ｜ 节＝借 tsia⁵⁵ ｜ 活＝坏 ua¹⁴

咸山两摄字在文读中阳声韵字读鼻化韵，入声韵字带喉塞尾 [ʔ]。其他摄的阳声韵字一律带 [ŋ] 尾，入声韵字一律带 [ʔ] 尾。

② 假开二帮组以及咸合三、山开二、山合三的入声帮组或非组字白读

[ɤa]韵。例如：把 pɤa^{535} ｜爬 bɤa^{313} ｜马 mɤa^{535} ｜法 fɤa^{55} ｜八 pɤa^{55} ｜拔 bɤa^{14} ｜罚 vɤa^{14} ｜袜 mɤa^{14}。

[p]组声母拼[ɤa]韵显得比较拗口，因而这类字的读音常引起外地人的注意和好奇。现在一些青少年把[ɤa]改为[ia]，几成一种时髦。不过，[pia] [bia]之类的音节同样很引人注目。

③ 遇合三鱼韵字的读音比较复杂。今韵母及其例字：

[ɿ]韵　　锄 zɿ^{313} ｜煮 tsɿ^{535} ｜鼠 tsʰɿ^{535}

[i]韵　　女女~：丫鬟 ȵi^{535} ｜驴 li^{313} ｜吕 li^{535} ｜觑 tsʰi^{55} ｜絮 si^{55} ｜徐 zi^{313}

[u]韵　　庐 lu^{313} ｜初 tsʰu^{334} ｜梳 su^{334}

[y]韵　　猪 tɕy^{334} ｜齿~饭：盛饭 tɕy^{55} ｜箸 dʑy^{14} ｜书 ɕy^{334} ｜鱼 ȵy^{313}

[ɑ]韵　　女儿~，~婿 nɑ^{535}

[ɤ]韵　　锯 kɤ^{55} ｜许许配 xɤ^{535}

[ie]韵　　滤 lie^{14} ｜觑想想~：想想看 tsʰie^0

[uɤ]韵　　所 suɤ^{535}

[ɯ]韵　　去 kʰɯ^{55}

[əʔ]韵　　渠他 gəʔ^{212}

④ 止开三支、脂、之韵里比较特殊的读音：

支韵　　荔 lie^{14}（与霁韵郎计切合）｜枝荔~ tɕy^{334} ｜施~孤 ɕy^{334} ｜蚁 a^{535} ~ ua^{535} ｜倚站立 kɛ^{535} ｜椅 y^{535}

脂韵　　鼻 biəʔ^{212} ｜利~市 lie^{14} ｜迟 dʑy^{313} ｜雉 tɕy^{535} ｜至冬~ tɕy^{55}

之韵　　鲤 lie^{535} ｜鹚鸬~ su^{-55} ｜痴半~小痴儿：轻度的疯癫 tɕʰy^{334} ｜痔 tɕy^{535} ｜治古~，同~ tɕy^{535} ｜滓 dzəʔ^{212} ｜侍陪~ zy^{14} ｜记一~：一下 tɕie^{55}

⑤ 流摄一等字今在零声母后读[eu]韵，在其他声母后均读细音[iu]韵。例如：茂＝谬 miu^{14} ｜兜＝丢 tiu^{334} ｜楼＝刘 liu^{313} ｜走＝酒 tsiu^{535} ｜够 kiu^{55}。

由于年轻人不分尖团，结果把老年人[ts]组声母拼[iu]韵的"邹走奏凑搜擞嗽"等字也类推成了[tɕ]组声母。例如：走＝酒 tɕiu^{535}。

⑥ 咸摄开口一等的覃、谈两韵，端系字有区别，见系字无区别，例如：

覃韵　　贪 tʰɤ^{334} ｜潭 dɤ^{313} ｜南 nɤ^{313} ｜簪 tsɤ^{334} ｜答 tɤ^{55} ｜杂 zɤ^{14} ｜磕 kʰɤ^{55}

谈韵　　坍 tʰa^{334} ｜谈 da^{313} ｜蓝 la^{313} ｜三 sa^{334} ｜塔 tʰua^{55} ｜蜡 lua^{14} ｜敢 kɤ^{535}

⑦ 咸山两摄开口三、四等字（除帮组和部分见系字以外）的主要元音有区别，三等读[ie]韵，四等读[ia]韵。例如：

三等　　连 lie^{313} ｜仙 sie^{334} ｜盐 ie^{313} ｜谚 ie^{14} ｜裂 lie^{14} ｜接 tsie^{55} ｜剑 tɕie^{55} ｜业 ȵie^{14}

四等　　莲 lia^{313} ｜先~后 sia^{334} ｜嫌 ia^{313} ｜现 ia^{14} ｜叠 dia^{14} ｜节 tsia^{55} ｜

挟 tɕia⁵⁵ ｜ 念 ȵia¹⁴

⑧ 咸山两摄开口三等知系字读撮口呼韵母，白读 [yɤ]，文读 [yã yəʔ]。例如（"/"前为白读，后为文读）：

舒　佔 tɕyɤ⁵⁵/tɕyã⁵⁵ ｜ 陕 ɕyɤ⁵³⁵/ɕyã⁵³⁵ ｜ 扇 ɕyɤ⁵⁵/ɕyã⁵⁵ ｜ 然 ʑyɤ³¹³/ʑyã³¹³

入　摺 tɕyɤ⁵⁵/tɕyəʔ⁴ ｜ 浙 tɕyɤ⁵⁵/tɕyəʔ⁴ ｜ 舌 dʑyɤ¹⁴/dʑyəʔ²¹² ｜ 折~本 ʑyɤ¹⁴/ʑyəʔ²¹²

⑨ 梗开二舒声字在白读中读 [aŋ] 韵，"梗"字读 [uaŋ] 韵，与宕江摄字相混。例如：打=党 taŋ⁵³⁵ ｜ 争=赃 tsaŋ³³⁴ ｜ 生=桑 saŋ³³⁴ ｜ 硬=巷 aŋ¹⁴ ｜ 梗=广 kuaŋ⁵³⁵。

三　声调的特点

① 古浊上字归阴上，今无阳上调。但在一些字组的连读调和小称音里，古浊上字自成一类。（详见下文伍"连读调"和陆"小称音"。）

② 咸山两摄入声字在白读中依声母的清、浊分归阴去、阳去调。但在一些字组的连读调里，这些入声字与去声、入声的变调规律均不相同，自成一类。（详见下文伍"连读调"。）

肆　文白异读

金华话中文白异读现象十分丰富。金华话的文读是在南宋以后北人带来的中原方言和杭州话的影响下形成的。在金华，虽然日常口语中有些词语也要用到文读音，但文读主要仍限于"打官腔"时使用。下面列出金华话文白异读的主要规律。（下文中"/"前为白读，后为文读。）

① 古全浊声母上声字白读不送气清声母，文读浊声母。例如：抱 pau⁵³⁵/bau¹⁴ ｜ 动 toŋ⁵³⁵/doŋ¹⁴ ｜ 跪 tɕy⁵³⁵/gui¹⁴ ｜ 坐 suɤ⁵³⁵/dzo¹⁴。

② 微母部分字白读 [m] 声母，文读 [v] 声母。例如：未 mi¹⁴/vi¹⁴ ｜ 万 ma¹⁴ 麻将牌名/va¹⁴ 千~ ｜ 问 məŋ¹⁴/vəŋ¹⁴。

③ 从、邪、崇母字白读 [z][ʑ] 或 [s] 声母，文读 [dz] 或 [dʑ] 声母。例如：罪 sɛ⁵³⁵/dzui¹⁴ ｜ 袖 ziu¹⁴/dziu¹⁴ ｜ 助 zu¹⁴/dzu¹⁴ ｜ 床 ʑyaŋ³¹³/dʑyaŋ³¹³。

④ 日母字白读 [ȵ] 声母，文读 [ʑ] 声母。例如：人 ȵiŋ³¹³/ʑiŋ³¹³ ｜ 日 ȵiəʔ²¹²/ʑiəʔ²¹² ｜ 让 ȵiaŋ¹⁴/ʑiaŋ¹⁴。

⑤ 见晓组开口二等字白读 [k] 组声母，文读 [tɕ] 组声母。例如：街 ka³³⁴/tɕiɛ³³⁴ ｜ 讲 kaŋ⁵³⁵/tɕiaŋ⁵³⁵ ｜ 敲 kʰau³³⁴/tɕʰiau³³⁴ ｜ 孝 xau⁵⁵/ɕiau⁵⁵ ｜ 虾 xua³³⁴/ɕia³³⁴。

⑥ 匣母一二等字白读零声母，文读 [ɦ] 声母。例如：后 eu⁵³⁵/ɦiu¹⁴ ｜ 汗 ɤ¹⁴/ɦã¹⁴ ｜ 红 oŋ³¹³/ɦoŋ³¹³。

⑦ 果摄字白读 [ɤ uɤ] 韵，文读 [o] 韵。例如：婆 bɤ³¹³/bo³¹³ ｜ 多 tuɤ³³⁴/to³³⁴ ｜ 可 kʰuɤ⁵³⁵/kʰo⁵³⁵ ｜ 饿 uɤ¹⁴/o¹⁴。

⑧ 假开三章组和日、以母字白读 [ia] 韵，文读 [iɛ] 韵。例如：蔗 tɕia⁵⁵/tɕiɛ⁵⁵ ｜ 麝 ʑia¹⁴/ʑiɛ¹⁴ ｜ 爷 ia³¹³/iɛ³¹³。

⑨ 蟹开四字白读 [ie] 韵，文读 [i] 韵。例如：米 mie⁵³⁵/mi⁵³⁵ ｜ 低 tie³³⁴/ti³³⁴ ｜ 犁 lie³¹³/li³¹³ ｜ 溪 tɕʰie³³⁴/tɕʰi³³⁴。

⑩ 咸山摄舒声字白读 [ɑ ɤ ia ie ua yɤ] 韵，文读 [ɑ̃ iɑ̃ uɑ̃ yɑ̃] 韵（咸摄没有读 [uɑ̃] 韵的）。例如：

咸舒　胆 tɑ⁵³⁵/tɑ̃⁵³⁵ ｜ 甘 kɤ³³⁴/kɑ̃³³⁴ ｜ 店 tia⁵⁵/tiɑ̃⁵⁵ ｜ 尖 tsie³³⁴/tsiɑ̃³³⁴ ｜ 搀 tsʰua³³⁴/tsɑ̃³³⁴ ｜ 陕 ɕyɤ⁵³⁵/ɕyɑ̃⁵³⁵

山舒　板 pɑ⁵³⁵/pɑ̃⁵³⁵ ｜ 案 ɤ⁵⁵/ɑ̃⁵⁵ ｜ 天 tʰia³³⁴/tʰiɑ̃³³⁴ ｜ 棉 mie³¹³/miɑ̃³¹³ ｜ 惯 kua⁵⁵/kuɑ̃⁵⁵ ｜ 远 yɤ⁵³⁵/yɑ̃⁵³⁵

⑪ 咸山摄入声字白读 [ɤa ɤ ia ie ua yɤ] 韵，文读 [əʔ iəʔ uəʔ yəʔ] 韵（咸摄没有读 [uəʔ] 韵的）。例如：

咸入　法 fɤa⁵⁵/fəʔ⁴ ｜ 盒 ɤ¹⁴/ɦəʔ²¹² ｜ 跌 tia⁵⁵/tiəʔ⁴ ｜ 叶 ie¹⁴/iəʔ²¹² ｜ 塔 tʰua⁵⁵/tʰəʔ⁴ ｜ 摺 tɕyɤ⁵⁵/tɕyəʔ⁴

山入　袜 mɤa¹⁴/məʔ²¹² ｜ 割 kɤ⁵⁵/kəʔ⁴ ｜ 铁 tʰia⁵⁵/tʰiəʔ⁴ ｜ 灭 mie¹⁴/miəʔ²¹² ｜ 刮 kua⁵⁵/kuəʔ⁴ ｜ 刷 ɕyɤ⁵⁵/ɕyəʔ⁴

⑫ 梗摄开口二等阳声韵字白读 [aŋ] 韵，与宕江摄字相混，文读 [əŋ] 韵。例如：猛 maŋ⁵³⁵/məŋ⁵³⁵ ｜ 生 saŋ³³⁴/səŋ³³⁴ ｜ 硬 aŋ¹⁴/əŋ¹⁴ ｜ 耕 kaŋ³³⁴/kəŋ³³⁴。

⑬ 古全浊声母上声字白读阴上 [535] 调，文读阳去 [14] 调。例字参看本节①条。

⑭ 咸山两摄入声字白读依声母清浊分归阴去 [55]、阳去 [14] 调，文读阴入 [4]、阳入 [212] 调。例字参看本节⑪条。

伍　连读调

一　语音变调

　　金华话两字组语音变调的主要规律见表 2-2-1，一些字组在文读时特有的变调规律未包括在内。在白读的单字调中，古清声母上声字和古浊声母上声字均为阴上 [535]，但在连读调中二者有时有所区别，所以这里按古声母的清、浊分为阴上 [535]、阳上 [535] 两类。咸山摄入声字在单字调中按声母的清、浊并入阴去、阳去，在连读中与去声字有时有所区别，但与入声字也不相同，所以表中不把并入去声的入声字分离出来，而是在专属于或多属于入声字使用的变调模式后注明"入"字。

表中各栏的上一行是单字调,下一行是连读调。轻声用"0"表示。例词请参看词汇部分。

表 2-2-1　金华话两字组连调表

2　　1	阴平 334	阳平 313	阴上 535	阳上 535	阴去 55	阳去 14	阴入 4	阳入 212
阴平 334	334 334 33　55	334 313 33　55	334 535 33	334 535 33	334 55 33	334 14 33　55	334 4 33	334 212 33
阳平 313	313 334 31　55	313 313 31　14	313 535 33	313 535 33	313 55 31 313 55 33 入	313 14 31	313 4 33	313 212 33
阴上 535	535 334 55	535 313 55	535 535 53	535 535 53	535 55 53	535 14 55	535 4 53	535 212 55
阳上 535	535 334 55 535 334 53 55	535 313 55	535 535 53	535 535 33	535 55 53	535 14 55	535 4 53	535 212 55
阴去 55	55 334 33　55 55 334 0 入	55 313 33　14 55 313 33　55 55 313 0 入	55 535 33 55 535 53 入	55 535 33 55 535 53 入	55 55 53	55 14 33 55 14 33 55	55 4 33	55 212
阳去 14	14 334 53　55 14 334 0 入	14 313 53　14 14 313 53　55 14 313 0 入	14 535 53 14 535 33	14 535 33	14 55 53 14 55 31	14 14 55 14 14 31	14 4 53	14 212 55
阴入 4	4 334 55	4 313 55	4 535	4 535	4 55	4 14	4 4	4 212

续表

| 阳入
212 | 212 334
21　55 | 212 313
21　14 | 212 535
21 | 212 535
21 | 212 55
21 | 212 14
21 | 212 4
21 | 212 212
21 |

金华话两字组的语音变调有以下几个特点：

① 以前字变调为主，但后字也有不少变调现象。

② 前字阴平 [334]、阳平 [313]、阴去 [55] 有一定程度的合流现象；阴上 [535]、阳上 [535]、阳去 [14] 有一定程度的合流现象。

③ 后字的变调调值有三个：[55][14] 和轻声 [0]。在语音变调中，后字的变调限于阴平、阳平和阳去调，其中平声字呈现出了一定程度的"去声化"现象。

④ 无论是前字还是后字，调类合流现象都已经超出了阴调类内部或阳调类内部，而出现了大量阳调读如阴调的现象，例如阳平 [313] 在阴上前变为 [33]，阳去 [14] 在阴入前变为 [53]，阳平、阳去在阴平后变为 [55]。在金华话里，[33][53][55] 都是与清声母相配的调值，因此，当阳调类字变为 [33] [53] 或 [55] 调时，原来的全浊声母也同时转换成为相应的不送气清声母，例如：柴火 z-sɑ$^{313-33}$xuɤ^{535} ｜旧屋 dʑ-tɕiu$^{14-53}$oʔ^4 ｜天地 tʰia$^{334-33}$d-ti$^{14-55}$。

⑤ 在单字调里合并了的调类，在连读中还保持一定程度的区别。例如：

阴上＋阴上：起码 tɕʰi$^{535-53}$mɤa^{535} ≠ 阳上＋阳上：道士 tau$^{535-53}$sʅ^{535}

阴去清去＋阴上：报纸 pau$^{55-33}$tsʅ^{535} ≠ 阳去清入＋阴上：发火 fɤa$^{55-53}$xuɤ^{535}

阳去浊去＋阴平：大风 d-tuɤ$^{14-53}$foŋ$^{334-55}$ ≠ 阳去浊入＋阴平：热天 ȵie^{14}tʰia$^{334-0}$

⑥ [55] 调在 [14] 调之前时，读得有点降。

不符合表 2-2-1 连调规律的例外词有：

阴上＋阴平：小娘小姑子 siau$^{535-55}$ȵiaŋ$^{334-0}$ ~ siau$^{535-53}$ȵiaŋ$^{334-55}$

阴上＋阳上：板网一种渔具 pa$^{535-33}$maŋ^{535} ｜鼠耳鼠曲草 tsʰʅ$^{535-33}$ŋ^{535}

阳上＋阴上：下底下面。又 ua$^{535-33}$tie^{535}

阳上＋阳上：有雨 iu$^{535-53}$y^{535}

阳去＋阴平：腻心恶心 ȵi$^{14-33}$siŋ^{334}

阳去＋阴去：量气度量 liaŋ^{14}tɕʰi^{55}

三字组的变调，一般地说，后两字按两字组变调规律变；第一字阴平 [334]、阳平 [313] 和阴去 [55] 均变为 [33]，阴上 [535]、阳上 [535] 和阳去 [14] 均变为 [55]（阳去在阴去、阳去前有时变 [33]）；阴入 [4] 不变；阳入 [212] 变为 [21]。

二 语法变调

金华话的语法变调情况也相当复杂,下面介绍几种主要的语法变调现象。

1. 述宾式

并不是所有的述宾式结构都具有专门的变调规律。在金华话中,以下18种组合的述宾式属于语法变调(每一种组合后列出例词)。其变调规律为:后字一律不变调,前字阴平[334]、阳平[313]、阴去清去[55]一律变为[33];阳去[14]变为[55];阴去清入[55]、阴入[4]不变;阳入[212]变为[21]。

阴平+阴平[334-33 334]:开车,开荒,吹风

阴平+阳平[334-33 313]:开门,开田,耕田

阴平+阳去[334-33 14]:开会,生病,扛轿抬轿

阳平+阴平[313-33 334]:谈天,迎灯舞龙灯,求签

阳平+阳平[313-33 313]:回门,怀人抱人,还潮返潮,为头为首,同谋

阳平+阳去[313-33 14]:行轿迎接新娘乘坐的轿子,无味没意思

阴去清去+阴平[55-33 334]:跳高,唱歌,看书

阴去清入+阴平[55 334]:结冰,接生,发痧中暑,羯猪阉猪

阴去清去+阳平[55-33 313]:过年,拜年,拜堂,跳绳,降神,泡茶沏茶

阴去清入+阳平[55 313]:发财,发明,发寒发冷,接龙祈雨活动

阴去+阴去[55-33 55]:做戏,照相,记账,去货毁坏,报信报丧,斗法

阴去+阳去[55-33 14]:救命,散会,过夜,退步,放面下面条

阳去+阴平[14-55 334]:定亲,念经,用功,办公,踏青

阳去+阳平[14-55 313]:骂人,用人,望人看人,换毛旧毛脱落长出新毛

阴入+阴平[4 334]:吃烟,结婚

阴入+阳平[4 313]:出门,着棋下棋,剥皮

阳入+阴平[212-21 334]:立冬,读书

阳入+阳平[212-21 313]:属牛,属龙,属蛇,入团,学农

需要说明的是,① 阴去在阴平、阳平前面各有两种述宾式变调格式,其中一种前字为清去字,另一种前字为清入字。这是咸山摄入声字与去声字在述宾式里仅存的区别。② 有一些非述宾结构也按述宾式变,例如"阴平+阳平"的"丝绸、安全、工程"等词也读作[313-33 313]的述宾式变调。

2. 数量式

① 当数量式中的数词(或其后字)是阴去、阳去调的"二、四、八阴去、廿、一千阴去、一万"时,所有量词都读轻声。例如:四张 si^{55}tɕiaŋ$^{334-0}$ ∣ 二两

ŋ¹⁴liaŋ⁵³⁵⁻⁰ ｜八年 pʁa⁵⁵n̠ia³¹³⁻⁰ ｜一千个 iəʔ⁴tsʰia⁵⁵kəʔ⁴⁻⁰。

② 当数量式中的数词（或其后字）是其他调时，量词按阴调类、阳调类分两种变调情况。

阴调类量词的变调规律为：阴平 [334]、阴上 [535]、阴去 [55] 读 [55]，阴入 [4] 不变。例如：一百张 iəʔ⁴pəʔ⁴tɕiaŋ³³⁴⁻⁵⁵ ｜三碗 sɑ³³⁴⁻³³uɑ⁵³⁵⁻⁵⁵ ｜七块 tsʰiəʔ⁴kʰuɛ⁵⁵ ｜十节 ziəʔ²¹²⁻²¹tsia⁵⁵ ｜五个 ŋ⁵³⁵⁻⁵³kəʔ⁴。

阳调类量词的变调规律为：当数词是阴上、阳上、阴入、阳入调的"一、两、五、六、九、十"时，阳平 [313] 不变，阳上 [535]、阳去 [14] 读 [14]，阳入 [212] 不变。例如：一条 iəʔ⁴diɑu³¹³ ｜六篓 loʔ²¹²⁻²¹liu⁵³⁵⁻¹⁴ ｜两步 liaŋ⁵³⁵⁻⁵⁵bu¹⁴ ｜十盒 ziəʔ²¹²⁻²¹ɤ¹⁴ ｜一勺 iəʔ⁴zoʔ²¹²。

当数词（或其后字）是阴平、阴入调的"三、七、一百"时，阳平 [313]、阳上 [535]、阳去 [14] 变 [55]，阳入 [212] 变 [4]。例如：三年 sɑ³³⁴⁻³³n̠ia³¹³⁻⁵⁵ ｜七桶 tsʰiəʔ⁴toŋ⁵³⁵⁻⁵⁵ ｜一百袋 iəʔ⁴pəʔ⁴d-tɛ¹⁴⁻⁵⁵ ｜三日 sɑ³³⁴⁻³³n̠iəʔ²¹²⁻⁴。

因为没有阳平调的数词，所以缺少"阳平数词＋量词"的变调规律。在"阴入数词＋量词"的结构中，"一"和其他两个阴入数词"七""百"的表现不同。

现把上述量词变调规律归纳为表 2-2-2。

表 2-2-2　金华话量词的变调

数　　词	量词声调	量词变调
二、八、廿、一千、一万	不论调类	都变 [0]
一、两、三、五、六、七、九、十、一百	阴调类（如：支、张、本、退用于房子、节阴去、个）	阴平[334]、阴上[535]、阴去[55] 读 [55]；阴入 [4] 不变
一、两、五、六、九、十	阳调类（如：年、层、两、部桶、袋、代、盒阳去、日）	阳平[313] 不变；阳上[535]、阳去[14] 读 [14]；阳入[212] 不变
三、七、一百		阳平[313]、阳上[535]、阳去[14] 变 [55]；阳入 [212] 变 [4]

3. 实虚式

"实虚式"是指一个实词和一个意义比较虚的字眼（如后缀、重叠成分、方位词、趋向动词、助词等）结合的结构，此外也包括某些意义比较虚、比较抽象的词（如副词、连词等）。金华话实虚式结构的变调规律为，前字一般按语音变调规律变（但有时也有特殊情况），后字变为 [55] [14] 或轻声 [0]。在金华话里，后字位置上的 [55] [14] [0] 都具有"虚化调"的性质。参看曹志耘（2002：130-132）。

表 2-2-3 是金华话两字组实虚式结构的连调情况。需要说明的是,并不是所有的实虚式结构都具有专门的变调规律,例如"里面"[li⁵³⁵⁻⁵⁵mie¹⁴]可以说是一个实虚式的词,但它的变调跟一般的"阳上+阳去"字组(如"午饭"[ŋ⁵³⁵⁻⁵⁵vɑ¹⁴])没有区别,这种情况在表中以空格表示。此外,即使有语法变调的组合,也不一定所有的实虚式结构都按照语法变调的规律变,例如"阳入+阴上","褥子"按语法变调读[n̠ioʔ²¹²⁻²¹tsʅ⁵³⁵⁻⁵⁵],但"日子"却按语音变调读[n̠iəʔ²¹²⁻²¹tsʅ⁵³⁵]。实虚式的各种组合及其例词列于表下。

表 2-2-3 金华话实虚式的变调

2〢1	阴平 334	阳平 313	阴上 535	阳上 535	阴去 55	阳去 14	阴入 4	阳入 212
阴平 334			334 535 33 55	334 535 33 55				
阳平 313	313 334 53 55	313 313 31 55	313 535 31 55	313 535 31 55 ——— 313 535 31 14				
阴上 535		535 313 53 14 ——— 535 313 55 14	535 535 53 55	535 535 53 55				
阳上 535				535 535 55 14				
阴去 55			55 535 33 55	55 535 33 14	55 55 0	55 14 0		55 212 0
阳去 14				14 535 0		14 14 0		
阴入 4	4 334 0					4 14 55		
阳入 212			212 535 21 55	212 535 21 55 ——— 213 535 21 14				

107

阴平＋阴上 [334-33 535-55]：包子, 狮子, 乌子青鱼, 腰子, 光景, 讴转叫作

阴平＋阳上 [334-33 535-55]：溪里, 窠里窝里, 乡里, 天上

阳平＋阴平 [313-53 334-55]：成批

阳平＋阳平 [313-31 313-55]：田头田里, 便宜

阳平＋阴上 [313-31 535-55]：长子瘦高个儿, 黄表拜佛用的黄色的纸, 栏杆

阳平＋阴上 [313-53 535-55]：银子, 成起大宗的

阳平＋阳上 [313-31 535-55]：黄蝇一种像苍蝇的虫子

阳平＋阳上 [313-31 535-14]：房里房间里, 怀里, 塘里池塘里, 梅里黄梅季里

阴上＋阳平 [535-53 313-14]：井头井里头

阴上＋阳平 [535-55 313-14]：水头水里头, 口头嘴里

阴上＋阳上 [535-53 535-55]：矮子

阴上＋阳上 [535-53 535-55]：水里, 口里, 手里, 井里

阳上＋阳上 [535-55 535-14]：哪里

阴去＋阴上 [55-33 535-55]：骗子, 正好

阴去＋阳上 [55-33 535-14]：揿纽摁扣

阴去＋阴去 [55-55 55-0]：进去, 做做

阴去＋阳去 [55-55 14-0]：气量

阴去＋阳入 [55-55 212-0]：晓着知道

阳去＋阳上 [14 535-0]：夜里, 地下

阳去＋阳去 [14 14-0]：外面又, 夜夜, 别样其他

阴入＋阳平 [4 334-0]：浙江

阴入＋阳去 [4 14-55]：弗用不用, 弗会不会, 只会

阳入＋阴上 [212-21 535-55]：褥子

阳入＋阳上 [212-21 535-55]：日里白天

阳入＋阳上 [212-21 535-14]：末里那里, 渎里沟渠里

陆 小称音

金华话的小称音变以韵母变化为主，声调变化为辅，在个别情况下，声母也会随着声调的变化而变化。

一 韵母的变化

金华话"儿"字单读 [ŋ³¹³]（阳平），义为儿子。在通常情况下，小称音的基本韵一律变为鼻化韵，就连原鼻尾韵和喉塞尾韵也不例外。金华话共有 51 个韵母，除了 [iɑ o ɯ iɛ iɛ yɛ ei ui eu ɤɑ ã iã uã yã əŋ uəŋ yəŋ oŋ ioŋ əl m ŋ] 22 个韵母因自身语音条件的限制或字太少而没有小称现象以外，其余 29

108

个韵母小称时的语音变化如下（"→"左边是基本韵，右边是小称韵）：

ɿ → ɿ̃   i → ĩ   u → ũ   y → ỹ
ɣa → ɣã   ia → iã
ɑ → ɑ̃   uɑ → uɑ̃   yɑ → yɑ̃
ɤ → ɤ̃   ie → iẽ, ĩ   uɤ → uẽ   yɤ → yẽ
ɛ → ã   uɛ → uã
au → õ   iau → iõ
               iu → iũ, iẽ, ẽ, ɤ̃
aŋ → ã   iaŋ → ia   uaŋ → uã   yaŋ → yã
               iŋ → ĩ
əʔ → ã, ẽ   iəʔ → iã, iẽ, ĩ   uəʔ → uã   yəʔ → yẽ
oʔ → õ   ioʔ → iõ

29 个基本韵经变化后，共归并为 19 个小称韵。除了 [ɣã ã iã uã yã] 外，其余 [ɿ̃ ĩ ũ ỹ ɤ̃ ẽ iẽ uẽ yẽ õ iõ iũ õ iõ]14 个是小称专用韵母。

有两种例外的情况：

1.[ẽ iẽ uẽ yẽ õ iõ]6 个鼻化的小称韵，有的老年人读作 [əŋ iŋ uəŋ yəŋ oŋ ioŋ]。例如：

老年人部分	其他人
擦黑儿傍晚 tsʰuɑ⁵⁵⁻⁵³xeʔ-əŋ⁴⁻⁵⁵（=很）	tsʰuɑ⁵⁵⁻⁵³xeʔ-ẽ⁴⁻⁵⁵
辫儿 pie-biŋ⁵³⁵⁻¹⁴（=病）	pie-biẽ⁵³⁵⁻¹⁴
歌儿 kuɤ-uəŋ³³⁴（=昆~明）	kuɤ-uẽ³³⁴
橘儿 tɕyəʔ-yəŋ⁴⁻⁵⁵（=菌）	tɕyəʔ-yẽ⁴⁻⁵⁵
田渎儿田里水沟 d-tia³¹³⁻³³doʔ-oŋ²¹²⁻¹⁴（=洞）	d-tia³¹³⁻³³doʔ-õ²¹²⁻¹⁴
竹儿 tɕioʔ-ioŋ⁴⁻⁵⁵（=种~树）	tɕioʔ-iõ⁴⁻⁵⁵

老年人的读法可以看作是鼻尾型小称的残迹，之所以唯独 [əŋ iŋ uəŋ yəŋ oŋ ioŋ] 这几个韵母保留了鼻尾，是因为它们的元音开口度较小，鼻尾消失的速度比较慢。

2.[ɿ̃ ĩ ũ ỹ iũ]5 个鼻化的小称韵中有少数字可以读作不鼻化韵母。例如：

姊姊儿姐姐 tsi⁵³⁵⁻⁵³tsi-ɿ̃⁵³⁵⁻⁵⁵ ~ 姊姊 tsi⁵³⁵⁻⁵³tsi⁵³⁵⁻⁵⁵
布纽儿布扣儿 pu⁵⁵⁻³³ȵiu-iũ⁵³⁵⁻¹⁴ ~ 布纽 pu⁵⁵⁻³³ȵiu⁵³⁵⁻¹⁴
婶儿婶婶子 ɕiŋ-ĩ⁵³⁵⁻⁵³ɕiŋ-ĩ⁵³⁵⁻⁵⁵ ~ 婶儿 ɕiŋ-i⁵³⁵⁻⁵³ɕiŋ-ĩ⁵³⁵⁻⁵⁵
麻雀儿 mɣa³¹³⁻³³tsiəʔ-ĩ⁴⁻⁵⁵ ~ 麻雀 mɣa³¹³⁻³³tsiəʔ-i⁴⁻⁵⁵

可以断定，非鼻化的小称形式是鼻化韵丢失鼻化成分的结果。丢失鼻化成分以后，完全依靠小称调起标志作用。

109

例外词：几许儿多少 tɕi$^{535-53}$xɤ-əŋ$^{535-55}$

二 声调的变化

金华话小称的声调变化规律为（古浊上字在单字调中归阴上，在小称变调中与古清上字有区别，故这里把古上声字按古声母清浊分为阴上、阳上两类）：

阴平 [334] 不变	阴上 [535] 变 [55]
阳平 [313] 不变	阳上 [535] 变 [14]
阴去 [55] 一般不变，少数变 [535]	阴入 [4] 变 [55]
阳去 [14] 不变	阳入 [212] 变 [14]

以上规律可以看成：阴平字读 [334] 不变，阳平字读 [313] 不变；上、去、入声字，古清声母字读 [55] 调（同单字调阴去，阴去字有少数变 [535]），古浊声母字读 [14] 调（同单字调阳去）。从另一个角度来看，也可以说是古平、去声字读原调不变。（阴去字有少数变 [535]），古上、入声字变为相应的去声（清声母字读阴去调，浊声母字读阳去调。）

阴去字读 [535] 的：头个儿第一胎 d-tiu$^{313-33}$ka-ã$^{55-535}$ ｜ 扮翘儿一种文娱活动 pa$^{55-33}$tɕʰiau-iɔ̃$^{55-535}$ ｜ 方块儿指扑克里的方块 faŋ$^{334-33}$kʰuɛ-uã$^{55-535}$ ｜ 针钻儿纳鞋底用的锥子 tɕiŋ$^{334-33}$tsɤ-ɤ̃$^{55-535}$ ｜ 纽襻儿 n̩iu$^{535-53}$pʰa-ã$^{55-535}$ ｜ 床架儿 z-ɕyaŋ$^{313-33}$kua-uã$^{55-535}$

其他例外：摸盲儿捉迷藏 moʔ^{4}maŋ-ã$^{313-334}$ ｜ 小娘子儿女孩子 siau$^{535-55}$n̩iaŋ$^{313-55}$tsʅ-ĩ$^{535-334}$ ｜ 鸫鸫儿鹡鸰 ku$^{535-53}$ku-ũ$^{535-334}$ ~ 鸫鸫 ku$^{535-53}$ku$^{535-334}$ ｜ 饺儿一种馃 tɕiau-iɔ̃^{535} ｜ 奶儿奶奶乳房，乳汁 na-ã$^{535-33}$na-ã$^{535-55}$ ｜ 鸡心袋儿鸡心形的小布袋 tɕie$^{334-33}$siŋ$^{334-33}$da-tã$^{14-535}$ ｜ 今日儿 tɕiŋ$^{334-33}$n̩ieʔ-ĩ$^{212-55}$

可以说，在金华话里，声调变化仍只是小称的一种辅助手段。在绝大多数情况下，小称时韵母必须发生变化，而声调只有部分调类有变化。只有极少数例子在又读中可以只变声调，不变韵母，例如上举的"姊姊""布纽""鸫鸫"，此外还有"两齿有两个铁齿的锄头"[liaŋ$^{535-53}$tsʰʅ$^{535-55}$]、"语谜语"[n̩y$^{535-14}$]。

三 声母的变化

古浊上字今金华话单字读不送气清声母、阴上调，在小称中读相应的浊声母，声调变为 [14]，例如：柿儿 sʅ-zʅ̃$^{535-14}$ ｜ 弟弟儿 tie$^{535-53}$tie-diẽ$^{535-14}$ ｜ 辫儿 pie-biẽ$^{535-14}$ ~ pie-biŋ$^{535-14}$。这可以看作是古全浊上声字在白读中保留浊声母的残迹。此外，个别浊声母字在小称时会随声调的例外变化而转换成为不送气清声母，例如：鸡心袋儿鸡心形的小布袋 tɕie$^{334-33}$siŋ$^{334-33}$da-tã$^{14-535}$。除了上述情况以外，其他字小称时不会发生声母变化。

柒　同音字汇

本字汇以收录金华话的单字音为主。如果没有单字音，酌收主要的连读音。连读音放在相应的单字音节后面，在连读音的前面加双竖线"‖"表示（如果连读调是单字调以外的新调值，该调值放在所有调类后面，"‖"加在连读调的前面）。无相应单字音的小称音集中附列于字汇末尾。

字汇根据金华话韵母、声母、声调的次序（见上文贰）排列。轻声音节用"[0]"表示。在第一章第四节"本字考"里考证过的字用加粗表示，写不出本字的音节用方框"□"表示。释义、举例在字后用括号"（ ）"表示。在例子里，用"~"代替原字，"□"后加注连读音。又读、文白异读等一字多音的现象在字的右下角用数字表示，一般用"1"表示最常用或最口语化的读音，"2"次之，依此类推。文白异读规律见上文肆。

ɿ

ts　[334]知蜘支枝$_2$肢栀资姿咨脂之芝 [535]紫纸只$_2$（~有）雉$_2$旨指子梓止趾址籽祖$_1$（~宗）仔煮$_1$（~粥）[55]滞制製智致至$_2$置志誌痣

ts^h　[334]雌翅痴$_2$ [535]侈耻齿鼠$_1$ [55]疵此刺$_2$赐次厕

dz　[313]池驰瓷迟$_2$兹滋慈$_2$磁辞$_2$词$_2$持 [14]稚痔$_2$治$_2$峙$_2$

s　[334]斯厮撕筛（名词）施$_2$私师狮尸$_2$矢屎司丝思诗蛳 [535]是死巳使史驶始士$_1$（道~）仕$_1$（帅~相）市$_1$（利~）柿 [55]世$_2$势四$_2$肆$_2$试

z　[313]慈$_1$辞$_1$词$_1$祠时鲥锄$_1$匙糍 [14]誓逝氏豉自$_2$示视嗜似祀字寺嗣饲士$_2$仕$_2$俟事市$_2$侍$_2$**牸**（~牛：母牛）峙$_1$

i

p　[334]屄 [535]被（棉~）比 [55]蔽毙（枪~）闭箅臂鄙秘泌庇

p^h　[334]批$_2$砒披 [535]秕韹（伯~）[55]譬屁

b　[313]莲皮疲脾琵枇痞（地~）肥$_1$（~皂）便$_2$（~宜）[14]敝弊币陛鼊避痹备篦

m　[334]眯 [313]迷谜弥眉媚楣 [535]米$_2$（大~）[55]米（一~）[14]未$_1$

f　[334]非飞妃绯□（~面：面粉）[535]匪榧翡 [55]废肺痱费翡

v　[313]维惟唯肥$_2$微 [14]尾$_2$未$_2$味

t　[334]低$_2$□（哈~~：挠人腋窝使痒）[535]底$_2$抵$_2$ [55]帝

t^h　[334]梯$_2$ [535]体$_2$ [55]替涕$_2$剃$_2$屉$_2$

d　[313]堤₂题₂提₂蹄₂啼₂ [14]逮弟₂第₂递₂隶₂（奴~）地

n　[535]你

l　[334]哩（酸~~：酸溜溜；邋~邋遢）[313]犁₂黎离篱璃梨厘狸桐驴₁ □（~酸：酸胀麻木）[535]吕₁屡₁礼履₁劙（用刀划）李里裏理澧（~浦：地名）[14]例厉励丽（美~）丽（~水：地名）隶₁（~皂）利₁ 痢吏泪₁（眼~）莉唎

ts　[334]□（~躁：烦躁）[535]姊咀₁（山~头：地名）□（麻~：发麻）[55]济剂际□（得~：发芽）

tsʰ　[334]□（~哩筐□lia⁵⁵：凌乱）[535]□（撕）[55]覰₁（眯眼看）刺₁ □（呆~~：呆愣愣）

dz　[313]齐₂

s　[535]玺徙髓 [55]四₁肆₁絮

z　[313]徐 [14]自₁

tɕ　[334]稽饥肌几（茶~）基机讥饑笫（动词，梳）箕 [535]已几（~个）虮 [55]计继寄冀纪记₁（动词）几（~乎）既季叽

tɕʰ　[334]溪₂欺 [535]启企起杞岂 [55]器弃气汽[0]覰₂（想想~：想想看）

dʑ　[313]奇骑歧祁其棋期旗祈 [14]技妓忌

ɲ　[313]泥₂宜（适~）仪谊尼疑拟沂妮 [535]蚁₃议女（女~：丫鬟）[14]艺义腻毅

ɕ　[334]奚兮牺嬉熙希稀尸₁（~骨）[535]喜嬉 [55]戏晓₂（~着：知道）

ʑ　[14]系繫係

g　[14]□（撕裂声）

x　[55]□（撕裂声）

ø　[334]伊医衣₁依其（荑~：蕨）□（又）[313]携移夷姨₁肄遗宜（便~）饴 [535]椅₂已以矣₁[55]易₁（容~）意忆亿衣₂（花生~）[14]易₂（容~）矣₂异□（~干：附近）

u

p　[535]补谱₁簿箄 [55]布佈怖 ‖[53]□（~□ɑ⁵⁵：蚌）

pʰ　[334]铺（动词）谱₂ [535]普浦甫脯（果~）辅₁ [55]铺（名词）捕

b　[313]蒲菩脯（胸~）葡荸匏（长~：瓠子）□（围聚）□（口~：嘴）[14]部步埠伏（孵）□（晒太阳取暖）

f　[334]夫肤敷麸 [535]府腑俯脯（明~：乌贼干）斧殕（上白~：食物长毛）父₁（师~）釜腐₁（豆~圆圆：一种丸子）辅₂武₁（文~）妇₁ [55]付咐赋傅赴讣富副

v	[313] 俘符芙无₂ 抚浮孚 [14] 扶巫诬父₂ 腐₂ 武₂ 舞侮鹉附务雾婺妇₂
t	[334] 都（首~）都（~是）[535] 堵₁ 赌肚（猪~）肚₁（~皮）杜₁（~鹃山）[55] 妒拄嘟（桑乌~：桑葚）
tʰ	[535] 土吐（~痰）[55] 吐（呕~）兔
d	[313] 徒屠途涂图 [14] 杜₂（姓）度渡镀堵₂（一~墙）肚₂（一~皮）□（毒害）
n	[313] 奴 [14] 努怒
l	[334] 噜 [313] 卢炉芦（~稷：高粱）庐驴₂ [535] 鲁虏卤旅₁ 滤₂ 屡₂ [55] 虑₁ [14] 路露 ‖ [53] 鸬（~鹚）
ts	[334] 租 [535] 祖₂ 组阻
tsʰ	[334] 粗初 [535] 楚础 [55] 醋
dz	[313] 锄₂ 雏 [14] 助₂
s	[334] 苏酥梳疏蔬漱鬚 [535] 数₂（动词）[55] 素诉塑嗉数（名词）□（模子）‖ 鹚（鸬~）
z	[14] 助₁
k	[334] 姑孤菇 [535] 古估牯股鼓毂鸪 [55] 故固雇顾
kʰ	[334] 箍枯 [535] 苦 [55] 库裤
g	[313] □（胀~~：鼓鼓囊囊）[14] 咕
x	[334] 呼乎（之~者也）[535] 虎浒□（真~□ tɕʰiu³³⁴：正宗）[55] 戽□（~蚁：蚂蚁）
ø	[334] 乌污 [313] 吴₂ 蜈吾梧胡湖狐壶乎（在~）葫鬍糊（动词）蝴无₃ [535] 伍（队~）坞五₂□（丢失）[55] 恶（可~）□（焚烧）□（掩埋）□（抵~：指望）[14] 误悟户沪互护糊（名词）‖ [33] □（~领：领子）

y

l	[535] 吕₂ 旅₂ 履₂ [55] 虑₂
tɕ	[334] 猪诸居车（~马炮）诛蛛株（~连）朱珠拘驹龟₁ 硃枝₁（荔~）[535] 绪₁（光~）煮₂ 举柱註主矩雉₁ 跪₁ 鬼₂（~王：男孩儿）痔₁ 治₁（古~，同~）[55] 著据驻₁ 注蛀铸句贵₁（价格~）至₁（冬~）齿（~饭：盛饭）
tɕʰ	[334] 趋枢区驱吹₁ 炊₁（~糕）痴₁（半~小癫儿：轻度的疯癫）[535] 处（相~）鼠₂ 取娶 [55] 处（~所）去₂ 趣
dʑ	[313] 除储渠（~道）厨橱瞿衢迟₁ 槌₁ 锤₁ 葵₁（朝日~）馗 [14] 褚箸巨拒距驻₂ 住俱具惧坠₁（耳朵~儿）柜₁

ȵ [313]鱼渔愚虞 [535]女（男~）语 [14]御娱遇寓

ɕ [334]书舒虚嘘须需输施₁（~孤，~食）[535]暑许₂（应~）数₁（动词）聚₁竖乳水□（~面:蚯蚓）[55]庶恕署说₁（~话:话）□（梭）□（嫩~:幼稚）□（打眼~:打盹儿）‖孺₁（新~人:新娘）薯（马铃~）

z [313]如儒 [14]序叙绪₂汝聚₂殊树侍₁（陪~）瑞₁（三~堂）穗₁（紫~槐）

ø [334]於迂 [313]余馀于孟榆逾愉围₁（~裙）[535]雨宇禹羽椅₁ [55]与吁 [14]誉预豫愈芋喻裕苎

ɤa

p [334]巴芭疤□（用手抓）[535]把 [55]霸欐坝₁（单说）八₁□（老~儿:阴茎）

b [313]爬琶杷钯笆 [14]耙拔₁齙（牙齿外露）稗

m [313]麻痲蟆 [535]马码蚂□（老~儿:老婆子）[14]骂抹₁袜₁

f [55]法₁髮₁發₁

v [14]伐₁罚₁□（沫儿）

ia

t [334]爹颠₁癫₁ [535]掂₂点₁簟（地~:晒粮食用的竹席）典₁奠₁ [55]渧（滴）跌₁掂₁店₁跕

tʰ [334]添₁天₁ [535]舔₁ [55]帖₁贴₁铁₁掭□（秃~儿:光棍）

d [313]甜₁田₁填₁ [14]叠₁碟₁蝶₁电₁殿₁佃₁垫₁

l [313]怜₁莲₁鲢 [535]鳢 [55]‖□（□tsʰi³³哩筲~:凌乱）[14]练₁炼₁楝₁籨（竹帘子）□（□guəʔ²¹ ~:放鞭炮声）

ts [334]湔 [535]剪₁ [55]借节₁□（~手:左手）

tsʰ [55]且₁筲（斜）千₁切₁

s [334]先₁（~后）[535]写笕 [55]泻细（小）□（搜）

z [313]邪斜前₁ [14]谢射₁（~箭）截₁□（晃动）

tɕ [334]遮₁□（如果）[55]者₁蔗₁眨₁挟₁鹪□（大声吵闹）□（嚼）‖[33]□（~□ȵia⁵⁵:肮脏）

tɕʰ [334]车₁（汽~）

dʑ [14]射（解大小便）

ȵ [313]嫌₂年₁鲇□（瘪~~:很蔫）[535]惹 [55]捏₁‖□（□tɕia³³ ~:肮脏）[14]念₁廿

ɕ [334]鳃₁ [535]社₁（~日）[55]捨₁赦₁蚬（黄~儿:小蛤蜊）□

（眼~毛：睫毛）

ʑ　[313]蛇₁ [14]麝₁

ø　[334]烟₁胭□（叫喊）[313]耶₁爷₁嫌₁ [535]也₁野₁ [14]夜₁现₁艳₁焰₁

a

p　[334]班₁斑₁颁₁扳₁ [535]摆罢₁（了）板₁版₁瓣₁ [55]拜八₃扮₁绊₂爸坝₂（大~）叭‖□（糠~：较粗糠的糠）

pʰ　[334]攀₁□（披）[55]破怕派啪襻₁

b　[313]排牌簰片 [14]罢₂败瓣₂办₁

m　[334]妈 [313]蛮₁ [535]买晚₁ [55]吗（哞~：牛叫声）[14]卖迈慢₁万（麻将牌名）

f　[334]帆₁翻₁番₁贩₁ [535]犯₁反₁ [55]畈₁

v　[313]凡₁藩₁烦₁樊₁繁₁ [14]范₁範₁畈（田~）饭₁万₁（千~）

t　[334]耽₁担₁（~任）丹₁单₁（~独）[535]胆₁淡₁掸₁打₂□（什么）[55]戴（动词）带₁担₁（挑~）旦₁（花~）

tʰ　[334]拖₁他贪₂（~哭）坍滩₁摊₁ [535]毯₁坦₁ [55]太₁泰炭₁叹₁

d　[313]谈₁痰₁檀₁坛₁弹₁（~琴）[14]大₂（~蒜）大（~黄）汏（漂洗）但₁弹₁（子~）□（格~：这里。本书里写作"耷"）□（趟）

n　[313]拿难₁（~易）□（摩擦，捻）[535]哪₂女（儿~，~婿）奶 [14]难₁（患~）呐（叹词）□（挪动）[0]呢₁（语气词，实际读[naº]）哪（~嗯：表回答）

l　[334]拉 [313]蓝₁篮₁兰₁拦₁栏₁喇 [535]哪₂览₁揽₁懒₁剌（划）[14]赖癞（~头）滥₁烂₁ [0]啦（助词，实际读[laº]）

ts　[334]斋□（砍，剁）[535]斩₁崭₁盏₁□（匀出一部分借给别人）[55]炸（~弹）债蘸₁赞₁潛₁扎₁（捆，束）

tsʰ　[334]钗差（相~）差（出~）差（参~）餐₁ [535]铲₂（松土除草）产₂（土~）[55]蔡

dz　[313]茶₂惭₁ [14]暂₁賺（错）站₁忏₁栈₁

s　[334]沙（~罐）纱（纸~）莎傻筛（籸）三₁杉₁衫₁珊₁山₁删₁ [535]洒赚₁散₁（鞋带~）伞₁昨₁ [55]晒散₁（分~）萨₁

z　[313]柴

k　[334]哥₁（~~）皆₁阶₁街₁监₁（~牢）艰₁间₁（房~）奸₁嘎（母鸡叫声）[535]解₁（~开）减₁碱₁栋₁祠 [55]个₁（~把）柳介₁界₁芥尬疥₁届₁戒₁解（押~）斻（碗~橱：碗橱）鉴₁监₁（国子~）舰₁

谏₁涧₁

kʰ	[334]揩铅₁[535]楷牀（~头:窗户;门~:门槛）[55]嵌₁卡
g	[313]衔₁（含）
x	[334]哈（挠使痒）[535]蟹 [55]苋
ɦ	[313]哈（~□□ ti⁵⁵ti³³⁴:挠人腋窝使痒）
ø	[334]挨（推）啊（叹词）[313]鞋₁咸₁鹹₁岩₁衔₂（~头）闲₁颜₁[535]我₁矮蚁₁馅₁眼₁[55]啊（~哟）□（□pu⁵³~:蚌）□（~腾腾:阴沉）[14]外₁陷₁限₁[0]啊（语气词,实际读[aº]）

iɑ

tɕ	[334]家₂加₂嘉₂傢₂佳₂□（事到如今）[535]假₂（真~）贾₂□（毛~辣儿:毛毛虫）[55]假₂（请~）架₂驾嫁₂稼₂价₂
tɕʰ	[535]□（器具底小口大）
dʑ	[313]茄□（抱）
ɕ	[334]虾₂（鱼~）奢鳃₂[535]畬社₂（~会:庙会）□（~意:舒服）[55]煞（~人:阴间的解差）□（鱼嘴张合）
ʑ	[14]下₃（方位）厦₂（大~）厦₂（~门）夏₂（姓）夏₂（~天）□（鱼的黏液）
ø	[334]鸦₂丫₂[313]牙₂芽₂衙₂霞₂崖[535]雅₂[55]亚[14]夜₂（~壶）□（诱饵）

uɑ

t	[535]□（梳辫子）[55]答₁（~应）搭₁褡
tʰ	[55]塔₁獭₁□（~油麻:拍马屁）
d	[14]踏₁达₁
l	[14]腊₁蜡₁鑞辣₁□（火势蔓延燃烧）
ts	[334]楂渣株₂（茬子）抓₂（摸牌）[55]诈榨札₁扎₂（~被）撒₁
tsʰ	[334]车（水车）叉杈岔搋₁[535]铲₁（~勺）[55]插₁擦₁察₁
dz	[313]茶₁搽查（调~）
s	[334]沙₁纱₁痧砂鎈（~鎈:镰刀）[535]产₁（~母:产妇）□（~手:迅速）[55]杀₁煞（~梢:结束）撒₂
z	[14]闸₁煠₁（煮）
k	[334]家₁加₁嘉₁傢₁瓜佳₁乖₁（作~:乖）官棺倌观₁（参~）冠₁（衣~）关₁[535]假₁（真~）贾₁寡剐裸₁管₁馆₁□（器具的提梁）[55]假₁（请~）架嫁₁稼₁价₁怪₁挂卦甲₁胛₁括₁贯₁灌₃罐₁惯₁刮₁褂

116

k^h	[334] 夸垮跨宽₁ [535] 款₁ [55] **搕**（捉）快₁ 筷₁ 阔₁ 掐₁
g	[313] 怀₁（名词；抱）□（~流：馋）[14] 夹₁（~住）峡₁（缝儿）掼
x	[334] 虾₁（鱼~）花番₂（~芋：红薯）欢₁□（稀烂）[535] 下（下种）[55] 化瞎₁豁₁呷
∅	[334] 鸦₁丫₁桠蛙歪₁弯₁湾₁ [313] 牙₁芽₁衙₁霞₁蛤（~蟆）华（金~）华（~山）铧划（~船）桦涯完₁还₁（~原）还₁（~有）环₁丸₁ [535] 雅₁下₁（方位）哑瓦蚁₂碗₁挽₁ [55] **掗**（强迫吃）鸭₁押₁挖₁ [14] 下₂（方位）厦₁（大~）厦₁（~门）夏₁（姓）夏₁（~天）坏₁画话狭₁匣₁活₁换₁滑₁猾₁ [0] 哇（语气词，实际读 [uaº]）

ya

tɕ	[334] 株₁（茬子）抓₁（摸牌）[535] □（踩，践踏）[55] □（砸，摔打）
tɕʰ	[535] □（倾倒）[55] □（量词，串）
dʑ	[313] 瘸□（尖处钝）
ɕ	[55] □（量词，用于草帘子）
ʐ	[14] 唰（撵禽鸟声）

o（文）

p	[334] 波₂菠玻
pʰ	[334] 坡
b	[313] 婆₂
m	[334] 魔₂磨₂（动词）模（~范）摹蘑 [535] 母₂拇₂姆（保~）[55] □（□ie⁵³ ~：磨蹭）[14] 磨₂（名词）暮慕墓募幕
t	[334] 多₂
n	[0] 诺
l	[0] 喽
ts	[55] 左₂
dz	[14] 坐₂
k	[334] 歌₂哥₃ [55] 个₃（~人）
kʰ	[535] 可₂ [55] ‖ 棵颗
ŋ	[535] 我₂
ɦ	[313] 河₂何₂荷₂（~花）啼（~~个：跑龙套的）[14] 荷₂（薄~）贺₂
∅	[334] 哦（叹词）[313] 蛾₂鹅₂俄₂ [535] 我₃ [14] 饿₂ [0] 哦（语气词）

ɤ

| p | [334] 波₁ [535] 伴₁拌₁绊₁ [55] 半₁钵₁拨₁ [0] 呗（助词，实际读 [pəº]） |

pʰ	[334]潘₁[55]判₁泼₁
b	[313]婆₁般₁搬₁盘₁[14]叛₁
m	[334]魔₁磨₁（动词）摩馍瞒₁馒₁鳗 [535]满₁[14]磨₁（名词）漫₁幔₁末₁沫₁[0]末（助词，实际读[mə⁰]）
t	[334]端₁[535]短₁断₁（~掉去了）[55]答₂掇□（坛子）
tʰ	[334]贪₁[55]探₁□（罩子）
d	[313]潭₁团₁糰 [14]断₁（一刀两~）段₁缎₁
n	[334]□（挺肚子）[313]南₁男₁[535]暖₁[14]□（聚拢）
l	[14]乱₁‖粒（量词）[0]了（助词，实际读[lə⁰]）
ts	[334]簪钻₁（动词）[55]钻₁（名词）□（梳头）
tsʰ	[334]参₁（~加）惨₁氽（焯）
s	[334]酸₁[535]䥽 [55]算₁蒜₁屑₁
z	[313]蚕₁逸₁馋₁□（推，撂）[14]杂₁
k	[334]甘₁柑₁泔干（靠夜~儿：傍晚）肝₁乾₁（~净）竿₁咯₁（打鸣声）[535]感₁敢₁杆₁秆₁赶₁[55]锯合₁（~眼）鸽₁干₁（事~：事情）割₁咯₂（打鸣声）
kʰ	[334]堪₁[535]砍₁[55]龛勘₁磡（高埂）看₁
g	[14]揭（挑担）
x	[334]鼾₁诃[535]许₁（~女儿：许配女儿）[55]喊₁汉₁熯₁（蒸）
ø	[334]庵₁安₁鞍₁按₁鹌₁[313]含₁函₁寒₁[55]暗₁案₁□（敷贴）[14]合₁（结~）盒₁岸₁旱₁汗₁焊₁翰₁啮（咬）

ie

p	[334]鞭₁编₁边₁鳊 [535]贬₁蝙₁扁₁匾₁辫₁[55]鳖变₁遍₁（一~）憋₁瘪₁□（一~丫枝：一个枝子）
pʰ	[334]批₁偏₁篇₁[55]骗₁遍₁（~地）片₁撇₁匹僻₁
b	[313]便₁（~宜）便（便当，熟练）缠 [14]别₁辨₁辩₁便₁（方~）
m	[313]绵₁棉₁眠₁[535]米₁（大~）免₁勉₁娩₁搣₃（纸~）[55]搣（搓,拧）[14]镊灭₁搣₂（搓,拧；纸~）面₁麵₁篾₁
t	[334]低₁[535]底₁抵₁弟₁[55]蒂
tʰ	[535]体₁[55]替₁涕₁剃₁屉₁嚏
d	[313]堤₁题₁提₁蹄₁啼₁钱₁（姓；重量单位）钿（铜~）[14]第₁递₁
n	[0]呢₂（语气词）
l	[313]犁₁廉₁镰₁帘₁连₁联₁[535]鲤 [14]滤₁（~浆）荔利₂（~市）裂₁劣₁

ts	[334]尖₁煎₁[535]挤笕 [55]祭稷（芦~:高粱）接₁箭₁荐₁挢
tsʰ	[334]妻歼₁籤₁签₁迁₁笺₁扦 [535]浅₁[0]觑3（想想~:想想看）
dz	[14]践₁
s	[334]西犀仙₁鲜1（新~）先₂（~生）[535]洗选₁荸₁（香~:荠菜）[55]细（粗~）婿线₁皱（阉鸡）雪₁
z	[313]齐₁脐荠（蒲~:荸荠）全₁泉₁痊仙₂（凤~花）[14]荠₂（香~:荠菜）贱₁羡₁旋₁（旋转;头发旋儿）
tɕ	[334]鸡兼₁肩₁坚₁[535]检₁腱₁茧₁跗₁[55]记₂（一~:一下）剑₁建₁见₁结₁洁₁镙（钐~:镰刀）髻羯（阉）口（白~:鲢鱼）
tɕʰ	[334]溪₁谦₁牵₁[55]契欠₁遣₁茓挈纤[0]觑4（想想~:想想看）
dʑ	[313]钳₁乾₁（~坤）捐₁毽₁[14]俭₁件₁键₁健₁涉₂
ɲ	[334]黏₁研₁砚₁[313]泥₁倪阎₁严₁言₁[535]染₁碾₁撵₁[14]验₁业₁热₁孽₁
ɕ	[334]锨₁口（~口:吃哈喇食物后的感觉）[535]险₁[55]掀₁宪₁献₁歇₁蝎₁
ø	[334]烟₁[313]炎₁盐₁（名词）檐₁涎₁延₁筵₁贤₁弦₁沿₁（介词）[535]野₂（~僻:偏僻）演₁厣（鳞;痂）口（慢）[55]厣（凹）淹₁阉₁厌₁堰₁赝（量长短）[14]叶₁页₁盐₁（腌）谚₁沿（边儿）口（磨损）

uɤ

t	[334]多₁[535]朵躲
tʰ	[334]拖₂[535]妥椭[55]唾
d	[313]驼驮（拿）舵[14]大₁（~小）惰
n	[313]口（抚揉）[14]糯
l	[334]啰[313]罗锣箩骡螺脶萝（包~:玉米）[535]裸口（抚揉）
ts	[55]左₁佐做
tsʰ	[334]搓[55]锉措错
dz	[14]座₂
s	[334]蓑梭[535]坐₁锁琐所
z	[313]矬（塌陷）[14]座₁
k	[334]歌₁哥₂（~弟）锅戈[535]果裹粿[55]过
kʰ	[334]髁（脚膝~:膝盖）科窠口（量米用的竹筒）[535]可₁[55]课
g	[14]口（为止）
x	[334]口（佝偻）[535]火伙[55]货
ø	[334]阿（~胶）倭窝蜗涡口（~里:家里）口（纠缠）[313]蛾₁鹅₁

俄₁河₁何₁荷₁（~花）和（~气）禾 [535]祸 [55]**浼**（屎）[14]饿₁荷₁（薄~）贺₁卧和（掺和）

yɤ

tɕ [334]沾₁毡₁专₁砖₁捐₁ [535]展₁撰₁转₁（~交，~圈儿）捲₁ [55]摺₁瞻₁佔₁哲₁折₁（~断）浙₁战₁圈₁（猪~）眷₁卷₁绢₁决₁诀₁槕₁□（糯谷晒得干透了）

tɕʰ [334]川₁穿₁串₁（~联）圈₁（圆~）[535]喘₁ [55]串₁（一~）劝₁券₁犬₁缺₁戳₁出₁

dʑ [313]蟾₁（石~儿）传₁（~达）椽₁拳₁权₁颧₁ [14]涉₁舌₁缠₁篆₁传₁（~记）倦₁

ȵ [313]原₁源₁圆₂（肉~）[535]软₁ [14]月₁愿₁

ɕ [334]靴苫（稿~：稻草帘子）膻₁轩₁宣₁喧₁ [535]陕₁癣₁善₁**蟮**（~面：蚯蚓）鳝 [55]世₁闪₁搧扇₁刷₁楦₁血₁

ʑ [313]蟾₁（~酥）然₁船₁ [14]冉₁折₁（~本）膳₁单₁（姓）禅₁（~让）

ø [334]冤₁ [313]圆₁员₁缘₁元₁袁₁辕₁园₁玄₁芫 [535]阮₁援₁远₁咏（八~门：地名）[55]怨₁ [14]院₁越₁悬₁县₁眩₁穴₁

ɯ

k [334]□（□aŋ⁵⁵~~：逗弄婴儿时说的话）[55]□（瘟鸡叫声）
kʰ [55]去₁
g [14]□（打饱嗝声）

iɛ（文）

tɕ [334]遮₂ [55]者₂蔗₂
ɕ [334]赊佘 [55]捨₂赦₂舍
ʑ [313]蛇₂ [14]社₃射₂（~箭）麝₂□（十二。"十二"的合音，又读ziẽ¹⁴）
ø [313]耶₂爷₂ [535]也₂野₃ [14]夜₃

ɛ

p [334]杯□（黏，糊）[535]倍₁ [55]辈背（背部；驮）
pʰ [334]胚坯 [55]配
b [313]培陪赔裴 [14]倍₂佩背（~书）焙□（量词，用于枝丫）
m [313]埋梅枚媒煤拇₁霉玫 [14]妹 [0]妈（姆~：妈妈）
f [55]艕（不会。"弗会"的合音）
t [334]堆□（拿来。"担来"的合音）[535]待₁□（什么）[55]戴（姓）

带₂对碓 [0]□（迟~早点儿：早晚）

tʰ　[334] 胎台（~州）苔（舌苔）梯₁推熜（~毛）[535] 腿□（动物用爪子扒拉）[55] 态太₂退

d　[313] 臺抬颱枱苔（青~）[14] 待₂怠殆贷代袋大（~夫）队兑玳 ‖ 鲐（鲐~：鲐鱼）

n　[535] 乃 [14] 耐奈内₁

l　[334] □（血~~：血淋淋）[313] 来雷□（在。本书里写作"俫"）[535] 垒₁（石头~块：乱石）瘤（毒瘤）[14] 累₁（连~）内₂踩（躺倒）□（厉~：厉害）

ts　[334] 灾栽□（卵~：母鸡肚子里很小的鸡蛋）[535] 宰嘴₁咀₂（山~头：地名）[55] 载（千~难逢）载（记~）载（~货）再赛醉₁

tsʰ　[334] 猜催崔 [535] 彩采睬 [55] 菜

dz　[313] 才₂材₂财₂裁₂纔₂豺₂ [14] 在₃

s　[334] 衰₂尿（小便）[535] 在₁罪₁碎 [55] 赛栖（鸡~：鸡屋）岁₁□（麦~：猪食）

z　[313] 才₁材₁财₁裁₁纔₁豺₁□（有点儿）[14] 在₂□（一~雨：一阵雨）

k　[334] 该 [535] 改徛（站立）[55] 概溉盖丐钙

kʰ　[334] 开 [55] 凯慨□（老~：扑克）

g　[14] 隑（倚靠）

x　[535] 海 [55] □（捞~：捞鱼虾用的小网）

ø　[334] 哀埃（~及）[313] 呆捱□（下~：猪下巴肉）[535] 亥□（折使断）[55] 爱蔼 [14] 碍艾害 [0] 欸（语气词）

　　　　　　　　　iε（文）

tɕ　[334] 皆₂阶₂街₂ [535] 解₂（~开）[55] 介₂界₂疥₂届₂戒₂械

tɕʰ　[0] □（起来。"起来"的合音）

ɕ　[55] 解（姓）

ʑ　[313] 鞋₂ [14] 懈

ø　[334] 吤（喊，叫）咴（表诧异叹词）

　　　　　　　　　uε

k　[334] 乖₂ [535] 拐鬼₁（癫~儿：疯子）[55] 怪₂绘₂

kʰ　[334] 魁（~星）傀奎 [535] 蒯 [55] 块快₂筷₂

ø　[334] 歪₂ [313] 怀₂（名词）槐淮 [535] 会（常容易）[14] 外₂坏₂惠₂（贤~）会₂（~场）会（可能，能够，乖）

yɛ

tɕʰ [55] □（出来。"出来"的合音）

ɕ [334] 衰₁ 莩摔 [55] 帅率₁（～领）

ei

p [334] 碑卑婢悲 [55] 彼

b [14] 被（介词）

m [535] 每美 [14] 寐

tʰ [55] 蜕（～化）

n [14] 内₃

l [535] 儡累₁（～计）垒₂ [55] 嘞（唤鸭声）[14] 类泪₂内₄ ‖ [31] □（～□zei¹⁴：啰唆）

ts [334] 追 [55] 醉₂赘₁

tsʰ [334] 炊₂ [55] 且₂脆翠

dz [313] 垂

s [334] 虽 [55] 岁₂税₁

z [313] 随₁ [14] 锐₁瑞₂粹□（□lei³¹～：啰唆）

ø [55] 欸（答应声，实际读 [e⁵⁵]）

ui

l [55] 累₂（～计）累₂（连～）

ts [535] 嘴₂ [55] 最缀赘₂锥

tsʰ [334] 车₂（汽～）吹₂ [55] 且₃

dz [313] 随₂槌₂锤₂谁 [14] 罪₂坠₂

s [55] 税₂

z [14] 芮锐₂睡绥遂隧穗₂

k [334] 圭闺规龟₂癸归瑰 [535] 诡鬼₃ [55] 会（～计）刽桧鳜桂贵₂

kʰ [334] 盔魁（罪～祸首）亏 [55] 愧

g [313] 溃（胃～疡）逵葵₂ [14] 跪₂轨柜₂

x [334] 恢灰挥辉徽 [535] 贿 [55] 悔晦毁讳

ø [334] 煨危萎威 [313] 回茴为（作～）违围₂桅 [535] 委伟 [55] 秽荽畏慰 ‖ 微（稍～）[14] 汇会₁（开～）绘₁惠₁（实～）彗慧卫伪为（介词）位魏纬胃谓猬彙 [0] 喂（语气词）

au

p [334] 褒包 [535] 保堡宝抱₁ 饱□（蛤～：癞蛤蟆）[55] 报豹簸

pʰ [334] 泡（松软）抛 [55] 炮泡（～茶）

b	[313] 袍跑 [14] 抱₂暴胞鲍爆鉋
m	[334] 猫₂ [313] 毛茅猫₁锚 [535] 卯帽₂（细凉~）[14] 冒帽₁貌
f	[55] 覅（不要，别。"弗要"的合音）
t	[334] 刀叨 [535] 道₁稻₁倒（~掉去）[55] 祷岛倒（打~）到
tʰ	[334] 滔掏涛 [535] 讨 [55] 套
d	[313] 桃逃淘陶萄 [14] 道₂稻₂盗导
n	[535] 脑恼 [14] 闹
l	[334] 捞₂唠₁（□ moʔ²¹ ~ ~：很多）[313] 芦（~蕨：萝卜）劳牢痨 [535] 老佬 [14] 涝唠₂（□ moʔ²¹ ~ ~：很多）
ts	[334] 糟遭抓（搔，挠）[535] 早枣蚤爪找 [55] 澡躁灶罩笊
tsʰ	[334] 抄 [535] 草騲（~鸡：母鸡）钞（~票）炒吵 [55] 操糙钞（会账）秒□（骂了一~：骂了一顿）
dz	[313] 曹₂槽₂ [14] 造₂
s	[334] 骚臊梢筲 [535] 皂造₁扫（~地）嫂 [55] 燥扫（~帚星）‖ [33] 稍（~微）
z	[313] 曹₁槽₁□（缺少油水的感觉）
k	[334] 高膏羔糕交₁教₁（~书）茭篙□（~纸：剪纸钱用的草纸）□（寻~了：找遍了）[313] 稿搞绞₁ [55] 告教₁（~语文）校₁（~表）窖酵玪
kʰ	[334] 敲₁ [535] 考烤 [55] 靠犒铐
x	[334] □（哈剌）[535] 好（~坏）[55] 好（爱~）孝₁
ø	[334] □（~糟：肮脏）[313] 熬豪壕毫 [535] 袄拗（折使断）[55] 傲奥懊坳拗（弯曲成弧形）□（倒入，灌入）[14] 浩号

iɑu

p	[334] 膘标（目~）[535] 表錶裱婊标（梢）
pʰ	[334] 飘 [535] 漂（~白）[55] 票漂（~亮）
b	[313] 瓢嫖藨（浮萍）
m	[334] 喵 [313] 苗描 [55] 藐渺秒 [14] 庙妙
t	[334] 刁貂雕 [55] 鸟₁钓吊
tʰ	[334] 挑 [55] 跳粜
d	[313] 条调（~和）笤 [14] 掉调（声~）调（~动）
l	[313] 燎聊辽疗撩寥捞₁髎（~子：阴茎）[535] 了（完了）蓼 [14] 瞭镣料廖 [0] 了（叽~：知了）
ts	[334] 焦蕉椒 [535] 剿

tsʰ [334] 锹缲悄 [55] 俏

dz [313] 巢樵

s [334] 消宵霄硝销萧箫梢 [535] 小 [55] 笑肖（~像）

z [14] 嚼₁（转~：反刍）

tɕ [334] 交₂郊胶教₂（~书）狡朝（今~）召昭招沼骄娇浇 [535] 绞₂搅矫缴饺齽 [55] 教₂（~育）校₂（~对）较觉₁校（上~）照诏叫

tɕʰ [334] 敲₂超跷 [535] 巧 [55] 窍翘

dʑ [313] 朝（~代）潮乔侨桥荞 [14] 赵兆轿

n̢ [313] 饶（求~）尧 [55] 鸟₂ [14] 饶（上~）绕尿（~素）

ɕ [334] 烧□（掀）[535] 少（多~）绍晓₁ [55] 孝₂少（~年）嚣肖（~牛）

ʑ [14] 韶邵扰

ø [334] 肴淆妖邀腰要（~求）幺（~二三）[313] 摇谣窑姚杳 [535] 咬舀 [55] 要（重~）[14] 效校（学~）耀鹞跃

eu

ø [334] 欧瓯讴呕殴 [313] 侯喉猴 [535] 藕偶₁（配~）後₁后₁ [55] 偶₂（~然）沤 [14] 候

iu

pʰ [55] 颇剖

m [313] 贸谋矛 [535] 某牡 [14] 亩茂

f [535] 否₁负₁

v [14] 戊否₂负₂阜

t [334] 兜丢 [535] 斗抖陡头₂（里~）[55] 鬥

tʰ [334] 偷 [535] 敨（展开）[55] 透

d [313] 头₁投 [14] 豆痘

l [334] 溜（狭~~：窄长）□（掏）[313] 楼流刘留榴硫琉 [535] 缕篓搂（搅）柳馏 [55] □（扔）[14] 漏陋溜（跑；逃）

ts [334] 邹 [535] 走酒 [55] 奏皱绉

tsʰ [334] 秋（~天）秋（~千）鳅 [55] 凑

dz [313] 愁₂ [14] 就₂袖₂骤₁

s [334] 修羞搜馊 [535] 擞 [55] 嗖嗽秀绣锈瘦宿₁（星~）

z [313] 愁₁ [14] 就₁袖₁

tɕ [334] 昼周舟州洲鸠（~山：日本姓）阄纠（~缠）纠（~正）□（做篾~：篾匠）[535] 肘帚九久韭臼纠（扎，束）鸠（斑~）舅₁（大~）

124

[55]咒灸救究

tɕʰ	[334]抽丘邱□（真□xu⁵³~：正宗）[535]丑醜 [55]臭
dʑ	[313]囚绸稠筹仇（报~）酬求球仇（姓）[14]纣宙骤₂售舅₂咎旧枢
ȵ	[334]扭（拧皮肉）[313]牛 [535]纽扭（转；扭动）
ɕ	[334]收休□（老鼠~：瘊子）[535]手首守 [55]兽朽嗅□（滑动）
ʑ	[313]柔揉 [14]受寿授
k	[334]勾钩沟勾（~当）[535]狗苟厚₁ [55]够构购
kʰ	[334]抠 [535]口 [55]叩扣寇
g	[14]□（撕裂声）
x	[334]呴（~毛：哮喘）□（纸~儿：很薄的东西）[55]吼鲎
ɦ	[14]後₂厚₂后₂
ø	[334]忧优悠幽幼₁□（蹲）[313]尤邮由油游犹蚰 [535]有友酉 [55]幼₂ [14]诱又右佑柚釉

ɣã（文）

p	[55]半₂
pʰ	[334]潘₂ [55]判₂
b	[313]般₂搬₂盘₂ [14]伴₂拌₂绊₃叛₂
m	[313]瞒₂ [535]满₂

ã（文）

p	[334]班₂斑₂颁₂扳₂ [535]板₂版₂ [55]扮₂半₃
pʰ	[334]攀₂潘₃ [55]盼襻₂判₃
b	[313]般₃搬₃盘₃ [14]瓣₃办₂伴₃拌₃绊₄叛₃
m	[313]蛮₂馒₂ [535]满₃ [14]慢₂漫₂幔₂蔓
f	[334]帆₂翻₂番₃（~茄）贩₂ [535]反₂ [55]泛畈₂
v	[313]凡₂藩₂烦₂樊₂繁₂ [14]范₂範₂犯₂饭₂万₂（千~）
t	[334]耽₂担₂（~任）丹₂单₂（~独）[535]胆₂掸₂疸 [55]担₂（挑~）且₂
tʰ	[334]贪₃滩₂摊₂ [535]毯₂坦₂ [55]探₂炭₂叹₂碳
d	[313]潭₂谭谈₂痰₂檀₂坛₂弹₂（~琴）[14]淡₂诞但₂弹₂（子~）蛋
n	[313]南₂男₂难₂（~易）[14]难₂（患~）
l	[313]蓝₂篮₂兰₂拦₂栏₂ [535]览₂揽₂懒₂ [55]榄 [14]滥₂缆烂₂
ts	[334]潜沾₂ [535]斩₂崭₂展₃毡₃ [55]蘸₂瞻₂佔₂赞₂潜₂绽战₃‖盏₂（一~）
tsʰ	[334]参₂（~加）惨₂搀₂参（~差）篡₃餐₂ [535]铲₃产₃ [55]灿

dz	[313] 蚕₂惭₂谗₂馋₂残 [14] 暂₂站₂忏₂栈₂饯
s	[334] 三₂杉₂衫₂珊₂山₂删₂ [535] 陕₃散₂（鞋带~）伞₂ [55] 闪₃散₂（分~）扇₃
z	[14] 善₃单₃（姓）禅₃（~让）
k	[334] 甘₂柑₂尴肝₂乾₂（~净）竿₂ [535] 感₂敢₂橄杆₂秆₂擀赶₂ [55] 干₂
kʰ	[334] 堪₂坎 [535] 砍₂槛 [55] 龛₂勘₂看₂刊
x	[334] 鼾₂ [55] 撼喊₂罕₁汉₂熯₂夯
ɦ	[313] 含₂函₂寒₃韩 [14] 憾岸₃罕₂旱₂汗₂焊₂翰
ø	[334] 庵₂安₂鞍₂按₂鹌₂铵 [313] 寒₂ [55] 暗₂案₂ [14] 岸₂

iã（文）

p	[334] 鞭₂编₂边₂ [535] 贬₂蝙₂扁₂匾₂ [55] 变₂遍₂（一~）
pʰ	[334] 偏₂篇₂ [55] 骗₂遍₂（~地）片₂
b	[313] 便₃（~宜）[14] 辨₂辩₂汴便₂（方~）辫₂
m	[313] 绵₂棉₂眠₂ [535] 免₂勉₂娩₂ [14] 缅面₂麵₂
t	[334] 颠₂癫₂ [535] 点₂典₂ [55] 店₂
tʰ	[334] 添₂天₂ [535] 舔₂
d	[313] 甜₂田₂填₂ [14] 电₂殿₂奠₂佃₂垫₂
l	[313] 廉₂镰₂帘₂连₂联₂怜₂莲₂恋₂链 [535] 脸 [55] 敛殓 [14] 练₂炼₂楝₂
ts	[334] 尖₂煎₂ [535] 剪₂ [55] 箭₂荐₂
tsʰ	[334] 歼₂籖₂签₂迁₂笺₂ [535] 浅₂ [55] 千₂
dz	[313] 钱₂前₂全₂泉₂ [14] 渐践₂贱₂旋
s	[334] 仙₃鲜₂（新~）先₃ [535] 选₂ [55] 线₂
z	[14] 羡₂
tɕ	[334] 监₂（~牢）兼₂艰₂间₂（房~）奸₂肩₂坚₂ [535] 减₂碱₂检₂简拣₂腱₂茧₂趼₂ [55] 鉴₂监₂（国子~）舰₂剑₂柬谏₂涧₂建₂荐₃见₂
tɕʰ	[334] 谦₂牵₂铅₂ [55] 嵌₂欠₂歉遣₂
dʑ	[313] 钳₂乾₂（~坤）掮₂ [14] 俭₂件₂键₂健₂
ȵ	[334] 黏₂拈研₂砚₂ [313] 阎₂严₂俨言₂年₂ [535] 染₂碾₂撵₂ [14] 验₂念₂
ɕ	[334] 锨₂轩₂ [535] 险₂显 [55] 掀₂宪₂献₂
ʑ	[313] 衔₄贤₃弦₃ [14] 陷₂馅₂现₃

ø	[334] 焉烟₂ [313] 咸₂鹹₂岩₂衔₃炎₂盐₂（名词）檐₂嫌₃闲₂颜₂涎₂延₂筵₂贤₂弦₂沿₂（介词）[535] 眼₂演₂ [55] 淹₂阉₂掩厌₂晏堰₂燕宴兖 [14] 艳₂焰₂盐₂（腌）限₂雁谚₂现₂

uã（文）

t	[334] 端₂ [535] 短₂
d	[313] 团₂ [14] 断₂（一刀两~）断（决~）锻段₂缎₂
n	[535] 暖₃
l	[313] 恋₁ [535] 卵₂ [14] 乱₃
ts	[334] 钻₂（动词）[535] 纂 [55] 钻₂（名词）
tsʰ	[334] 篡₂ [55] 窜
dz	[14] 赚₂
s	[334] 酸₂ [55] 算₂蒜₂
k	[334] 官₂棺₂观₂（参~）冠₂（衣~）鳏关₃ [535] 管₂馆₂ [55] 贯₂灌₄罐₂冠（~军）惯₂
kʰ	[334] 宽₂ [535] 款₂
x	[334] 欢₂ [55] 唤焕
ø	[334] 弯₂湾₂ [313] 桓完₂还₂（~原）还₂（~有）环₂丸₂ [535] 缓皖豌碗₂晚₂挽₂宛 [55] 腕 [14] 玩换₂顽幻患宦

yã（文）

tɕ	[334] 瞻₃毡₂专₂砖₂捐₂ [535] 撰₂转₂（~交，~圈儿）捲₂ [55] 佔₂展₂战₂颤圈₂（猪~）眷₂卷₂绢₂
tɕʰ	[334] 篡₁川₂穿₂串₂（~联）圈₂（圆~）[535] 喘₂ [55] 串₂（一~）劝₂券₂犬₂
dʑ	[313] 全₃蟾₂（石~儿）传₂（~达）橼₂拳₂权₂颧₂ [14] 缠₂篆₂传₂（~记）倦₂
ɲ	[313] 原₂源₂ [535] 软₂ [14] 愿₂
ɕ	[334] 膻₂轩₃宣₂喧₂ [535] 陕₂癣₂ [55] 闪₂扇₂楦₂
ʑ	[313] 蟾₂（~酥）蝉婵然₂燃船₂禅₁（~宗）[14] 冉₂禅₂（~宗）善₂膳₂单₂（姓）禅₂（~让）
ø	[334] 冤₂渊 [313] 圆₃员₂缘₂元₂袁₂辕₂园₂玄₂ [535] 阮₂援₂远₂ [55] 怨₂ [14] 院₂悬₂县₂眩₂

ɑŋ

p	[334] 帮邦绷（紧绷）[535] 榜膀谤绑棒₁磅 [55] 浜
pʰ	[334] 乓 [535] 髈（~蹄:肘子）[55] 胖囗（碰，遇）

127

b	[313]滂旁螃傍庞彭₁膨₁棚（棚子）**捹**（拍打）[14]棒₂蚌嘭（关门声）□（碰，遇）
m	[334]绷（拉，扯）绷（硬~~：硬是；挤~~：很拥挤）[313]忙芒（光~）茫芒₂（麦~）盲氓 [535]莽蟒网猛₁孟₁蜢 [55]柄（把儿）□（拽）[14]梦₂（眠~：梦见）□（很）‖[53]忘（~记）
f	[334]方肪芳坊 [535]做纺仿（相~）彷访 [55]放
v	[313]妨房防亡忘₂ [14]妄望₂
t	[334]当（~时）裆 [535]党挡打₁氹（涮）□（凹处）[55]当（上~）档
tʰ	[334]汤□（光~：光滑）[313]倘₂躺□（刮板）[55]烫趟倘₁（~把：倘若）
d	[313]堂棠螳唐糖塘 [14]荡氹（闲逛）宕 [0]□₁（渠~：他们那里）
n	[334]䏶₁（踝子骨）[313]囊（胆~、炎）䏶₂（手臂~头：胳膊肘）□（你们。"尔浪"的合音）[535]冷₁ [14]□（尔~：你们）□（瘫软地坐）
l	[313]郎廊狼榔螂蒗（~萁：蕨）[535]冷₂ [55]□（光~头：光头）[14]朗浪眼（睛）愣□（复数词尾。本书里写作"浪"）[0]□₂（渠~：他们那里）
ts	[334]赃争₁睁₁ [55]髒葬胀
tsʰ	[334]仓苍疮₂撑₁（~开）[55]撑（蹬动，晃动）
dz	[313]藏₂（隐~）[14]藏（西~）臟₂碴（塞入）
s	[334]桑丧（~事）生₁牲₁笙₁甥₁ [535]省₁（~长）省₁（节~）磉嗓□（含水分过多）[55]丧（~失）生₂（这么；那么；怎么）□（刺，扎）
z	[313]藏₁（隐~）[14]藏（宝藏）臟₁□（嵌）□（鉋东西声）
k	[334]冈岗刚纲钢缸江₁扛豇更（五~儿）庚₁羹₁耕₁缰干（天~地支）[535]讲₁港（~口；江）埂 [55]杠哽更₁（~加）降（~神）
kʰ	[334]康糠慷坑₁ [55]抗炕囥（藏放）圹
g	[313]□（昂头）□（点补）□（螂~：螳螂）□（他们。"渠浪"的合音）[14]□（硌）□（横架着）□（押）□（篱笆）□（石~：一种蛙科动物）
x	[334]亨₁□（格~：这样）[55]□（这么；那么；怎么）
∅	[334]樱₁□（佝，軪）[313]昂行（银~）航杭降₁（投~）行₁（~为）桁（~条：檩）□（我们。"我浪"的合音）[535]项 [55]□（~□kɯ³³kɯ³³⁴：逗弄婴儿时说的话）[14]巷₁硬₁筭（~竿：晒衣服用的竹竿）样（哪~时节：什么时候）[0]生₃（起~：一起）□₂

128

（渠~ :他们）

iaŋ

l [334]跟（跟跄着走）[313]良凉量（动词）粮梁樑 [535]两（~个）两（斤~）辆（车~）[14]亮谅量（数~）辆（一~）

ts [334]将（~来）浆 [535]蒋奖桨 [55]酱将（大~）

tsʰ [334]枪 [535]抢 [55]呛炝篏（加固在扁平物上的掌）

dʐ [535]墙₂详₂祥₂[14]象₂像₃橡₂匠₂

s [334]相（互~）箱厢湘镶 [535]想鲞像₁橡₁[55]相₁（~貌）

z [313]墙₁详₁祥₁[14]象₁像₂匠₁相₂（帅仕~）□（咱们。"自浪"的合音）

tɕ [334]张章樟瘴蟑疆僵姜江₂[535]长（生~）涨（~大水）丈₁杖₁掌讲₂[55]仗帐账涨（泡~了）降（下~）□（这样，这么。"这生"或"这□xaŋ³³⁴"的合音）

tɕʰ [334]昌菖羌腔鲳 [535]厂强（勉~）[55]畅唱倡□（垫）□（一起。"起生"的合音）

dʑ [313]长（~短）肠场常₂强（~大）[14]丈₂杖₂状₂（~元）□（哄骗）

ȵ [334]娘（~~:姑妈）[313]娘（~爷~）[535]仰 [14]酿让₁

ɕ [334]商伤香乡 [535]偿赏上₁（动词）饷享响 [55]向

ʑ [313]尝裳降₂（投~）常₁[14]上₂（动词）尚上（楼~）壤攘让₂巷₂

ø [334]央（中~）秧殃 [313]羊洋烊杨阳扬疡央（中~间）蛘 [535]养痒 [55]□（搀扶）[14]样₁

uaŋ

k [334]光关₂（~王殿）惊₁（怕）[535]广梗

kʰ [334]匡筐眶 [55]旷框矿

g [313]狂 [14]逛吭（撞击振动声）

x [334]荒慌 [535]谎晃 [55]况

ø [334]汪□（水~:猪大腿和小腿相接的一段）[313]黄簧皇蝗凰蟥王横₁（~直）[535]枉往 [55]□（富有）□（~清:清澈）[14]旺

yaŋ

tɕ [334]庄装桩妆 [535]重（套成摞）[55]壮

tɕʰ [334]疮₁窗 [535]闯创

dʐ [313]床₂[14]状₃撞幢藏（~青）重（量词，摞）

ȵ [334]□（捲）

ɕ [334]霜孀双春 [535]爽 [55]□（摔）

129

| ʑ | [313]床₁ [14]状₁（告~） |

əŋ

p	[334]奔奎（撮取）崩 [535]本
pʰ	[334]喷（~壶）烹 [55]喷（~香）
b	[313]盆朋₁彭₂膨₂ [14]笨
m	[313]门萌盟蚊₁ [535]猛₂孟₂ [14]闷问₁
f	[334]分芬纷 [535]粉吻刎 [55]粪奋拚（~箕：簸箕）
v	[313]焚坟文纹蚊₃闻 [14]愤忿份问₂
t	[334]敦墩蹲登灯蹬 [535]等戥断₂（~掉去了）□（水坑）[55]顿登瞪炖
tʰ	[334]吞 [535]氽（流淌）[55]褪（脱下）
d	[313]屯豚饨臀腾誊藤疼 [14]盾钝遁邓澄（~一~）□（酒~：酒窅子）
n	[313]能 [535]暖₂ [14]嫩
l	[313]崙伦沦轮（~船）囵稜 [535]卵₁冷₃ [14]论（~语）论（议~）乱₂（~话：胡话）
ts	[334]尊遵曾（姓）增憎争₂筝睁₂ [535]□（一种渔具）[55]偮浸₂
tsʰ	[334]村撑₂（~开）[535]忖 [55]衬寸
dz	[313]寻₃存₂曾₂（~经）层₂ [14]赠₂
s	[334]森参（人~）孙狲僧生₄牲₃笙₂甥₂ [535]损省₂（~长）省₂（节~）省₂（反~）[55]渗₂逊
z	[313]寻₁存₁曾₁（~经）层₁ [14]赠₁
k	[334]跟根庚₂羹₂耕₂ [535]耿梗□（垂）□（~籽：乌桕）[55]更（~换）更₂（~加）
kʰ	[334]坑₂ [535]恳垦啃肯 [55]撳₁（~纽：摁扣）
g	[313]□（弯着垂下来）[14]□（头下垂）□（拽使断）
x	[334]亨₂□（和）[535]狠 [55]很
ɦ	[14]横₂（蛮~）
∅	[334]恩□（埋）[313]痕恒衡 [55]摁 [14]恨硬₂横₁（蛮~）

iŋ

p	[334]彬宾槟鬓冰兵 [535]禀秉丙炳饼併 [55]殡柄（锄头~）
pʰ	[334]拼（~命）乒 [535]品聘 [55]姘拼（合并）
b	[313]贫频凭₁（~据）平坪评瓶屏萍 [14]凭₂（文~）病並
m	[313]民蚊₂鸣明名铭 [535]泯闽悯敏皿 [55]螟 [14]命□（~着：等会儿）

t	[334]丁钉（铁~）疔叮仃 [535]顶鼎锭₁ [55]钉（~住）订盯□（沉淀）□（掐）
tʰ	[334]厅汀 [535]艇挺 [55]听
d	[313]亭停廷庭蜓 [14]锭₂定
l	[334]拎 [313]林淋临邻鳞磷陵凌菱灵零铃伶凛轮（轮流）[535]领₁岭 [14]令翎另领₂（旱地）
ts	[334]精晶睛 [535]井 [55]浸₁津进晋缙俊□₁（~光：精光）
tsʰ	[334]侵亲（~戚，~家）清青蜻□（一种野菜）[535]寝请
dz	[313]秦情₂晴₂ [14]尽₂静₃靖₂净₂
s	[334]心辛新薪莘星腥牲₂（~口）[535]笋笋榫省₁（反~）醒蕈（蘑菇）静₁（冷~）[55]信讯旬迅殉性姓
z	[313]循巡寻₂（~死）情₁晴₁ [14]尽₁静₂靖₁净₁
tɕ	[334]砧针斟今金襟珍真诊巾斤筋徵蒸茎京荆贞侦正（~月）征经 [535]枕（~头）锦疹紧谨景警整颈近₁噤（寒~）□（发霉）[55]禁镇振震甄惩拯证症惊₂境敬竟镜正（~反）政径
tɕʰ	[334]钦称（~呼）逞₁轻□（从）[55]揿₂（轻按）趁称（相~）秤卿庆磬
dʑ	[313]沉岑琴禽擒陈尘臣勤芹澄（~清）橙乘₂承丞仍₂擎鲸呈程逞₂成₂城₂诚 [14]阵仅近₂劲（有~）竟郑劲（~敌）
ȵ	[313]壬任（姓）吟人₁仁₁银凝迎宁蝇₁ [14]吝忍₁刃₁认₁韧
ɕ	[334]深身申伸欣升声馨兴（作~）[535]沈审婶撏 [55]渗₁岬胜兴（人多热闹；高~，~旺）圣□（撒上）
ʑ	[313]神辰晨人₂仁₂绳塍乘₁仍₁行₃（~为）形₂型₂刑₂成₁城₁ [14]剩杏₂幸₂
ø	[334]音阴因姻莺鹦樱₂英婴缨鹰 [313]淫寅行₂（~为）盈赢形₁型₁刑₁营茔萤蝇₂瀛 [535]饮引隐影颖 [55]泅印殷尹应（~当，响~）映 [14]杏₁幸₁

uəŋ

k	[334]昆（~明）[535]滚棍₁（光~）绲 [55]灌₂（脓肿）棍₂（地头恶~）□₂（熏）
kʰ	[334]昆（~腔）崑坤 [535]捆 [55]困睏
x	[334]昏₁婚荤 [55]昏₂
ø	[334]温瘟 [313]魂馄浑横₂（~直）[535]稳□（圆柱形的）[14]混

yəŋ

tɕ	[334] 均钧君军 [535] 准準 [55] 菌□₂（~光：精光）
tɕʰ	[334] 春 [535] 蠢 [55] 倾顷
dʑ	[313] 群裙琼 [14] 郡
ɕ	[334] 熏勋薰 [535] 肾 [55] 舜训
ʑ	[535] 唇纯莼醇鹑 [14] 赁甚任（责~）纫紝慎忍₂刃₂认₂顺润闰盛蜃（出~：山洪暴发）
ø	[334] 肫 [313] 匀云雲 [535] 允永咏（八~楼）泳 [55] 熨 [14] 韵运晕孕

oŋ

p	[535] □（爆炒）[55] 嘣（落水声）嘣（通~：亲嘴）
pʰ	[334] 嗙（白~~：形容白）[535] 捧 [55] 碰
b	[313] 篷蓬（~尘：灰尘）棚（棕~）朋₂ [14] 蓬（树~：树丛）凤₁（~仙花）
m	[313] 芒₁（麦~）蒙□（~蚣：蜈蚣）[14] 望₁（~见）梦₁（做~）
f	[334] 风枫疯丰讽封峰蜂锋 [55] 覅（不用；不要。"弗用"的合音）
v	[313] 冯逢缝（动词）[14] 凤₂奉俸缝（名词）
t	[334] 东冬咚 [535] 董懂桶动₁ [55] 冻栋
tʰ	[334] 通 [535] 捅统 [55] 痛
d	[313] 同铜桐筒童瞳 [14] 动₂洞
n	[334] □（细~~：形容细瘦）[313] 农浓 [535] 侬（你）[14] 脓
l	[334] 弄（~送：捉弄）[313] 笼₁（蒸~）聋隆龙咙奢垅（峡谷）[535] 拢陇笼₂（箬~：竹箱子）垄（~断）窿 [14] 弄（~堂）
ts	[334] 棕鬃宗踪锺₂（~馗）[535] 总种₂（量词）[55] 粽综纵（~横，放~）怂
tsʰ	[334] 聪匆葱囱
dz	[313] 从₂丛₂ [14] 诵₂颂₂讼
s	[334] 鬆嵩松₂（马尾~，~香）菘 [535] 㧿（猛推）[55] 送宋
z	[313] 从₁丛₁松₁（~树）鳙（~鲢：胖头鱼）屪₁（精液）[14] 诵₁颂₁讼₁屪₂（指人）□（瓮）
k	[334] 公蚣工功弓躬宫恭供（口~）[535] 龚₂拱巩 [55] 灌₁（脓肿）攻贡汞供（~应，上~）龚₁□₁（熏）
kʰ	[334] 空（~虚）[535] 孔恐 [55] 控空（~缺）
g	[14] 共₂□（雷声）

第二章 语音

x	[334]烘轰（~~烈烈）[535]哄（夸大）轰（~炸）[55]哄（怂恿）
fi	[313]红₂洪₂鸿₂虹₂[14]轰（火着声）
∅	[334]翁 [313]弘宏红₁洪₁鸿₁虹₁[535]塎（灰尘）[55]瓮齆 [14]哄（围聚）□（火势蔓延）

ioŋ

tɕ	[334]中（当~）忠终鐘锤₁盅 [535]重₁（轻~）种₁（种子；量词）肿 [55]中（射~）众冢种（~树）
tɕʰ	[334]充冲㮾（尖头扁担）[535]宠 [55]铳
dʑ	[313]虫穷重（~复）[14]仲重₂（轻~）共₁（~一个）
ɕ	[334]兄胸凶兇 [55]冗
ʑ	[313]崇 [14]茸
∅	[313]荣戎绒熊雄融容蓉熔庸 [535]雍拥甬勇涌蛹 [14]用

əʔ

p	[4]八₂钵₂不北百柏伯₁擘呗□（纸~儿：硬纸板）
pʰ	[4]帕泊迫拍魄胅（掰）泼₃（~妇）
b	[212]拔₂勃白帛伯（~嚭）
m	[212]抹₂末₂沫₂袜₂没墨默陌麦脉□（那。本书写作"末"）
f	[4]法₂髪₂發₂弗佛
v	[212]乏伐₂罚₂佛物
t	[4]答₃搭₂得德的（助词）□（砍）
tʰ	[4]塔₂逼獭₂脱忒塌托₂（摩~车）
d	[212]踏₂达₂夺突特
n	[212]纳捺
l	[212]腊₂蜡₂邋粒（葫~头：脑袋）辣₂瘌（~痢头）捋劣₃肋勒鳓落₂（~来，~去）络₂（~腮胡）
ts	[4]札₂扎₃哲₂蜇₂折₃（~断）浙₃则窄摘责蚱侧₁（~屋）□（砍）
tsʰ	[4]插₂擦₂察₂彻₃撤₂辙₂撮侧₂测拆坼（裂缝儿）策册厕赤₂（~脚）
dz	[212]㳮杂₃闸₂截₂贼₂泽择宅煠₂（油~果：油条）檡（一种树）
s	[4]些萨₂杀₂设₂嗇虱塞色栅腮涩₂□（~气痛：腰眼痛）
z	[212]杂₂涉₃舌₃贼₁射（瞪）
k	[4]个₂（一~）合₂（~眼）蛤鸽₂胛₂（肩~末头：肩膀）割₂葛格革

133

	隔圪膈硌嗝个（的）□（这。本书里写作"格"）
k^h	[4] 咳磕渴刻（时~）刻（刀~）克客瞌
g	[212] 渠（他）夹₂
x	[4] 喝瞎₂黑赫吓
ɦ	[212] 合₂（组~）盒₃核₂（审~）
ø	[4] 押₂（~花会）压₁扼轭阿（前缀）呃（饱~儿）[212] 盒₂（~子枪）辖₁额核₁（审~，~对）核（果子~）

iəʔ

p	[4] 鳖₂憋₂笔毕必滗逼碧璧壁
p^h	[4] 撇₂屄（女阴）僻₂辟劈
b	[212] 鼻别₂弼避趋（行走）□（实~：结实）
m	[212] 灭₂篾₂密蜜觅
t	[4] 跌₂的（目~）滴嫡扚（掐）
t^h	[4] 帖₂贴₂铁₂踢剔
d	[212] 叠₂碟₂蝶₂谍笛敌狄籴
l	[212] 猎立笠列烈裂₂劣₂栗律率（效~）略掠（揍）掠（~儿：梳子）力歷歷
ts	[4] 接₂节₂卒雀（阴茎）即鲫积迹脊绩
ts^h	[4] 膝₂（脚~髁：膝盖）妾缉（~鞋底：纳鞋底）辑切₂七漆鹊戚雀（麻~）
dz	[212] 捷集₂习₂袭₂绝₂疾₂嚼₂籍₂藉₂寂
s	[4] 卸戌薛₂泄₂屑₂雪₂悉膝₁戌恤削息熄媳惜（可~）昔锡析率₂（~领）瑟
z	[212] 集₁习₁袭₁绝₁疾₁籍₁藉₁席夕
tɕ	[4] 眨₂夹₄（~心）袂₂甲₂胛₃劫₂挟₂执汁急级给（供~）揭结洁₂质吉着（~衣）脚织职戟隻只₁击激这颊荚□（手拇~头：手指）
$tɕ^h$	[4] 恰掐₂怯泣彻₂（贯~）讫乞却赤₁（~豆）斥尺吃□（湿）
dʑ	[4] 夹₃（~住，~儿）蛰及杰侄秩爵着（火~）直值殖植极剧（~烈）剧（戏~）掷[0]着（表领先的助词）
ȵ	[4] 捏₂ [212] 聂业₂入₁热₂孽₂日₁箬（包粽子的竹叶）虐疟匿逆溺
ɕ	[4] 摄胁涩₁湿吸歇₂蝎₂失室识式饰适释疲（差）□（~薄：很薄）
ʑ	[212] 狭₂洽匣₂协₂十拾入₂辖₂实日₂食蚀石
ø	[4] 鸭₂押₃压₂揖乙一抑益□（给）[212] 峡₂叶₂页₂协₁逸药钥学₂翼亦译易（交~）液腋□（叹词）

第二章 语音

uəʔ

k   [4]括₂刮₂骨郭国虢漷（裂）□（~~虫:子孓）

kʰ [4]阔₂窟屈₁（弯）廓扩□（摔炮声）

g   [212]掘₁□（~□lia¹⁴:放鞭炮声）

x   [4]豁₂忽淴（甩）

ø   [4]挖₂頞（淹没）囫 [212]猢（~狲:猴子）活₂滑₂猾₂核（桃~）或惑获劐

yəʔ

tɕ   [4]摺₂劫₁折₂（~断）浙₂决₂诀₂欶（舔吸）橘蜇₁厥（昏~）蕨

tɕʰ [4]彻₁撤₁辙₁缺₂出₂屈₂

dʑ   [212]舌₂掘₂术（白~）倔

ȵ   [212]月₂

ɕ   [4]薛₁泄₁设₁刷₂说₂血₂嚎蟋蟀惜（得人~:惹人喜爱）孺₂（~人子:妇女）□（掉转）

ʑ   [212]折₂（~本）热₃術述学₃

ø   [212]悦阅越₂曰粤穴₂域疫役□（摆动）

oʔ

p   [4]拨₂博膊剥驳卜

pʰ [4]泼₂朴扑覆₁（趴;盖）蝮□（柚子）

b   [212]薄（~荷）薄（厚~）箔缚雹仆瀑鹁菔（芦~:萝卜）

m [4]摸 [212]莫膜寞木目穆牧睦茉□（~唠唠:很多）

f   [4]復（~兴）福幅（篇~）蝠複腹（~部）覆₂

v   [212]幅（量词）腹（遗~子）服伏（~天）復（收~）袱栿

t   [4]笃督乬浞（淋）

tʰ [4]託托₁秃

d   [212]铎躅独读牍犊渎（沟渠）毒

n   [212]诺喏

l   [4]□（掉转）[212]赂落₁烙骆酪洛络₁乐（快~）鹿禄六陆绿录

ts [4]作卓₁啄₁足

tsʰ [4]促捉簇

dz [212]凿₂昨₂族₂俗₂续₂

s   [4]宿₂（星~）索速肃宿（~舍）缩粟束₂□（抚摩）

z   [212]凿₁勺族₁俗₁续₁□（摇晃）

k   [4]各阁搁胳角₁穀谷□（~~虫:子孓）

kʰ   [4] 确₁壳₁哭酷

g   [212] □（乌淋~：冰锥）□（硬~~：硬邦邦）

x   [4] 瘖（一~：一觉）郝霍藿嚯

ø   [4] 恶（善~）握屋沃 [212] 鄂鹤镬嶽₁岳₁学₁斛□（毛毛虫触及皮肤）

io?

tɕ   [4] 瞩酌桌₂卓₂啄₂觉₂角₂竹筑祝粥菊掬烛嘱

tɕʰ   [4] 戳₂确₂壳₂畜（~牲）麴触曲

dʑ   [212] 琢浊镯逐轴局□（猫~瘟：猫头鹰）

ȵ   [4] 搦（揉）[212] 肉育₂（~婴堂）玉狱褥

ɕ   [4] 朔叔淑畜（~牧）蓄束₁

ʑ   [212] 芍若弱熟赎蜀属辱

ø   [4] 约郁 [212] 嶽₂岳₂乐（音~）育₁欲浴

əl（文）

ø   [313] 儿₂尔₂而 [535] 耳₂饵 [14] 二₂贰₂

m

ø   [313] 无₁ [535] 母₁（舅~，丈~）[55] 姆（~妈：妈妈）[14] 呣（吓唬小孩时的发音）哞（~吗：牛叫声）

ŋ

ø   [313] 吴₁（~家：地名）儿₁姨₂（~娘。实际读[n³¹³]）[535] 五₁伍（大写的五）午仵尔₁耳₁尾₁ [55] 嗯（~哪：表回答。实际读[n⁵⁵]）[14] 二₁贰₁嗯（表回答）

附：无相应单字音的小称音

ĩ

□儿好好~：好好儿 ȵĩ³³⁴

ỹ

蕊儿花蕊 ȵỹ¹⁴

ã

□儿蟆蟆~：蝌蚪 dã³¹³

iã

燕儿 iã⁵³⁵

uã

□儿锄头~：安锄头把儿用的铁楔子 guã³¹³

136

第三节 汤溪方音

壹 概说

本书所说的"汤溪"是指清代汤溪县的范围,大致相当于今金华市婺城区西部的汤溪、蒋堂、罗埠、洋埠、莘畈、岭上、塔石、琅琊、沙畈等乡镇,白龙桥镇的白龙桥和古方(原古方乡),长山乡的石道畈(原石道畈乡),以及兰溪市西南角的游埠、孟湖、赤溪等乡镇的部分地区(原下王、钱村乡)。汤溪位于浙江省中部偏西,介于北纬28°44′~29°12′、东经119°18′~119°35′之间。东面是旧金华县,南面是武义县和丽水市的遂昌县,西面是衢州市的龙游县,北面是兰溪市。总面积796平方公里,南北长53公里,东西宽27公里。南部为山区,北部为丘陵和平原。山区部分由莘畈源、厚大源、兰贝源三条"源"(山谷中的一条溪流流经的整个区域)组成,在三条源中分别有莘畈溪、厚大溪、白沙溪三条河流,自南向北流入钱塘江的支流衢江和婺江。沪昆铁路、沪昆(杭金衢)高速公路从北部横贯而过。

秦置会稽郡太(又作大)末县。清乾隆《汤溪县志》:"秦太末县旧址在九峰山下,其城闉街址,历历犹存。"九峰山,当地人称九峰岩,原名龙邱(又作丘)山。《后汉书·郡国志》注引《东阳记》:"县龙邱山有九石,特秀林表,色丹白,远望尽如莲花。龙邱苌隐居于此,因以为名。其峰际复有岩穴,外如窗牖,中有石林。岩前有一桃树,其实甚甘,非山中自有,莫知谁植。"继东汉名士龙邱苌之后,历有晋葛洪、南齐徐伯珍、唐徐安珍、五代贯休等人来九峰山修炼、讲学或读书。唐贞观八年(634年),太末县易名为龙邱县。五代吴越宝正六年(931年),钱镠改龙邱县为龙游县,县治西迁至今龙游县境内。

明成化七年(1471年),析婺州府的金华县和兰溪县、衢州府的龙游县、处州府的遂昌县四县交界地置汤溪县,县治在今汤溪镇。历属金华府、金华专区。1958年,撤汤溪县。除衢江以北的濲北、北源两个乡以及洋埠乡的滕家坼、洋港、王家、祥里、杨湾等村(原外北区的10个庄90个村)划归兰溪县以外,其余并入金华县。今属金华市婺城区。

"汤"古为热水义。相传汤溪镇西南山侧有一口池塘,其水热如汤。明太祖朱元璋逃难途中"曾盥手于此",指为"汤塘",汤溪建县时遂因之名为"汤溪"。当地历来有"先有汤塘,后有汤溪"的说法。

1958年,汤溪县人口为12.3万。撤县后人口资料匮乏。根据各相关乡镇人口资料推算，该地区现约有20万人。少数民族主要有畲族，约200人，居住在南部山区。

汤溪自明成化七年（1471年）置县，至1958年撤县，历477年，已形成一种独具特色的方言，当地人称之为"汤溪话"。除了汤溪话以外，南部边缘山区还有一些外地方言岛，例如塔石乡的珊瑚、大茗、交椅山、白岩、金牛山、坟岩等村内部说客家话，银岭村内部说吴语兰溪话，这几个村的人都会说汤溪话，有的人还会说遂昌话。此外，南部山区的畲族村落内部说畲话，对外说汤溪话。

旧汤溪县由婺州、衢州、处州三府的金华、兰溪、龙游、遂昌四县边陲之地组合而成，汤溪话应当是四县方言长期接触融合的结果。由于婺州、衢州、处州三府的方言各具特色，差异甚大，而汤溪正好处于三府的交界地带，可以推想三府四县方言在汤溪这块土地上的碰撞曾经是相当剧烈的。正因经过了长达500多年的剧烈碰撞和协调，今天的汤溪话才发展演变成为一种突兀于浙江西南地区的独具特色的方言。

汤溪话以旧汤溪县城汤溪镇的方言为代表，各地的汤溪话存在不少差异，但可以互通。在汤溪话的边缘地带，当地的汤溪话跟邻县的方言之间多少有一些相近之处。然而，就汤溪话的整体而言，汤溪话跟它周围的金华话、兰溪话、龙游话、遂昌话均相差甚远，其中跟遂昌话的差别最大。一个没有或很少接触过邻县方言的普通汤溪人，到相邻的非汤溪话区去，基本上无法通话。如果这个汤溪人与外界的接触比较多并且有一定的文化水平，他听金华、兰溪、龙游方言勉强能听懂一半左右，遂昌话则完全听不懂。而一个同样情况的邻县人，听汤溪话大概只能听懂百分之二三十甚至更少。至于其他地方的人，听汤溪话就完全听不懂了。汤溪话与金华话的主要差别，参看曹志耘（1996c：4）。

汤溪话把"怎么"说成"哈么"[xa^{24}mɤ^0]。金华等地人用"哈么"[xa^{24}mɤ^0]讥笑汤溪人，甚至称汤溪人为"汤溪蛤蟆"。

汤溪话内部存在不少差异，例如汤溪、中戴、莘畈、罗埠、琅琊等地的口音各不相同，这可能跟各地原先所属的县有关。但各地之间可以互相通话。

最近几十年来，随着文化教育的普及，大众传媒的影响，交通条件的改善，以及经济的发展，汤溪话也发生了一些变化，这种变化主要体现在文读音和新词语的增多上。现在的年轻人基本上都会说程度不同的普通话，有的人还会说金华话。少年儿童的普通话水平很高，即使在村里、家里也常常说普通话。从发展的角度来看，汤溪话的前景堪忧。

本书的汤溪话由曹志耘调查。曹志耘老家在汤溪镇岩下村。岩下村位于汤溪镇西南著名的九峰岩下面，距汤溪镇5公里。村南部是山区，北部为丘陵和平原。南宋德祐元年（1275年），始祖曹观率族从龙游县城迁居九峰岩下，始建本村，至曹志耘已历25代。岩下村初属龙游县，至明成化七年（1471年）改属汤溪县，1958年至今属金华县、婺城区。现有200多户，约900人，以曹姓为主，均为汉族。本书记录的是汤溪镇岩下村老年人的方言。

贰 声韵调

一 声母28个

包括零声母在内。例字右下角的"1"表示又读音当中最常用或最口语化的读音，"2"次之。

p 布八	pʰ 派	b 盘簿步白	m 帮门蚊	f 飞灰₂翻₁	v 房闻罚₁
t 到得	tʰ 太	d 同稻大夺	n 端店₁难		l 兰连路
ts 精增争祖	tsʰ 秋仓醋初	dz 茶		s 修僧生丝师诗	z 齐曹
tɕ 经蒸主举贵	tɕʰ 丘昌处	dʑ 潮桥	ȵ 店₂年认软严	ɕ 休声书虚	ʑ 树
k 工	kʰ 开去	g 渠他狂		x 化灰₁翻₂	ɦ 罚₂
ø 袄硬椅胡话芋母午					

说明：

① 中古全浊声母逢擦音几乎已完全清化，逢塞音、塞擦音像是清音浊流，但浊流不如太湖片吴语明显。据曹志耘1994年在日本关西大学所做的汤溪话语音实验①，今汤溪话的"赌"[tu⁵³⁵]与"徒"[du¹¹]、"沙"[sɑ²⁴]与"柴"[zɑ¹¹]等字的声母没有区别。古清声母字在今汤溪话里只读阴调类，古全浊声母字在今汤溪话里只读阳调类，二者不会出现于同一个调类。从音位的角度看，如果把古全浊声母字处理为清声母，也不会导致两类字完全混同。但在对此问题做进一步研究之前，同时也为了便于与南部吴语其他方言的比较，本书仍把汤溪话里的古全浊声母字记作浊音。

② 鼻边音声母和零声母，在阴调类音节里没有像其他某些吴语那么明显的紧喉色彩，所以不与阳调类的声母分为两类。

③ [x]声母与[i]韵母相拼时（只有象声词"嘻"一字），实际读[ɕ]。

④ [ɦ]声母相当于读阳调类的[x]，性质和[v z ʑ]一样。

二 韵母55个

包括自成音节的[m][ŋ]在内，其中[aŋ iaŋ uaŋ yaŋ]4韵基本上是文读专用韵母，[uŋ eŋ oŋ ɑoŋ iɑoŋ uɑoŋ]6韵基本上是象声词和感叹词专用韵母。小称专用韵母未包括在内。

---

① 此次实验由京都大学平田昌司教授安排，由关西大学的坛辻正刚先生主持。谨此致谢。

ɿ 紫纸　　　　　　i 医飞闭书₁雨₁跪₁　　　u 古初吴富雾　　　　y 书₂雨₂跪₂
ɯ 锯狗　　　　　　iu 䁖₁只₁~顾:只管　　　　　　　　　　　　　yu 䁖₂只₂~顾:只管
a 耕格　　　　　　ia 借贴铁　　　　　　ua 横划计~
ɑ 拖洒街　　　　　iɑ 蛇₁捏₁　　　　　　uɑ 怪快　　　　　　 yɑ 蛇₂捏₂
o 爬毯炭烫剥　　　io 张₁脚₁桌₁　　　　uo 架官缸江鸭　　　yo 张₂脚₂桌₂
ɔ 屋六绿　　　　　iɔ 竹₁浴₁　　　　　　　　　　　　　　　　 yɔ 竹₂浴₂
　　　　　　　　　ie 洗尖选叶浙
ə 刀包　　　　　　iə 妖叫
ɤ 多男汗枪割　　　iɤ 远₁血₁　　　　　　uɤ 鹅过　　　　　　 yɤ 远₂血₂
ɛ 盖妹夺佛北　　　iɛ 十实织　　　　　　uɛ 块国
ai 根嫩能　　　　 iai 针真蒸贞春₁顺₁　　uai 困温　　　　　　yai 春₂顺₂
ei 心新星立七　　 iei 音英极激军₁匀₁　　uei 位屈弯　　　　　yei 军₂匀₂
ao 帮皇棒通风　　 iao 装撞用
əɯ 走酒　　　　　 iəɯ 九优
　　　　　　　　　　　　　　　　　　　 uŋ 喏表示指示叹词
aŋ 般文党文　　　　iaŋ 江文样文　　　　 uaŋ 关文光文　　　　 yaŋ 装文壮文
eŋ 玎金属物撞击声
oŋ 咚鼓声
aoŋ 嘭落水声　　　 iaoŋ 喵猫叫声　　　　uaoŋ 汪狗叫声
m 无有~母
ŋ 儿五

说明：

① 齐齿呼、撮口呼韵母与 [tɕ] 组声母相拼时，介音比较短促和模糊。

② [ɿ] 韵实际音值接近 [ɿɯ]。

③ [u] 韵与 [f] 声母相拼时，是摩擦很轻的 [v]。

④ [iu][yu] 二韵各只有"䁖只~顾:只管主~顾:家伙"三字。

⑤ [a] 组里的 [a] 为央元音 [A]。

⑥ [ɑ][ao] 两组里的 [ɑ] 有点圆唇。

⑦ [o] 组里的 [o] 先圆后扁。

⑧ [ɔ] 组里的 [ɔ] 较高，接近 [o]。

⑨ [ie] 韵的 [e] 较后，接近 [ə]。

⑩ [ə][əɯ] 两组里的 [ə] 较低、较后，接近 [ʌ]。

⑪ [ɤ] 组里的 [ɤ] 较高，在 [ɤ] 与 [ɯ] 之间。

⑫ [ai][ei] 两组里的韵尾 [i] 较低，为 [ɪ]。

⑬ [ei] 组里的 [e] 较低，为 [ɛ]。

⑭ [aŋ iaŋ uaŋ yaŋ] 四韵除了文读音以外，还有个别合音字和象声词。

⑮ [aoŋ] 韵除了象声词以外，还有合音字"㧿₂咱们"[aoŋ][113]。

⑯ [m][ŋ]除了自成音节以外,在两个感叹词里可以跟[x]声母相拼,即:嗨表蔑视[xm⁵²]、哼表蔑视[xŋ⁵²]。

⑰ 自成音节的[ŋ]和作韵尾的[ŋ]是舌面与上腭接触很轻微的[ŋ],韵尾[ŋ]的音值更为轻弱模糊。

三 单字调 7 个

阴平	[24]	东高天三西医
阳平	[11]	头田排毛南梨
阴上	[535]	土九鬼手水火
阳上	[113]	稻坐近老两五,白十毒麦六肉
阴去	[52]	盖菜秤四线货
阳去	[341]	地饭字面路望
阴入	[55]	北七八福杀屋

说明:

① 本书对汤溪话单字调的调值记法略作改动:阴上由原来的[534]改为[535],阳去由原来的[231]改为[341],阴入由原来的[44]改为[55]。

② 阴平[24]的开头有较短的平或降。

③ 阳平[11]、阳上[113]的开头和阳去[341]的收尾略高于"1"度。

④ 阴上[535]、阴入[55]的"5"比阴去[52]的开头略低。

叁 音韵特点

一 声母的特点

① 帮端二母古阳声韵字读[m n]声母,[n]声母与细音韵母相拼时又读作[ȵ]声母,声调为阴调类。例如:编 mie²⁴ ｜ 半 mɤ⁵² ｜ 冰 mei²⁴ ｜ 打 nɑ⁵³⁵ ｜ 东 nɑo²⁴ ｜ 店 nie⁵² ~ ȵie⁵²。

② [f] [x]相混。非敷奉微四母在今[u] [o]二韵前读[f ~ x] [v ~ ɦ]声母,读[x] [ɦ]时韵母[o]同时变为[uo];晓母在今合口呼韵母前读[x ~ f]声母,读[f]时韵母同时失去[u]介音。其中,非敷奉微以读[f] [v]为主,晓母以读[x]为主。例如:

斧 fu⁵³⁵ ~ xu⁵³⁵ ｜ 法 fo⁵⁵ ~ xuo⁵⁵ ｜ 饭 vo³⁴¹ ~ ɦuo³⁴¹

虎 xu⁵³⁵ ~ fu⁵³⁵ ｜ 花 xuo²⁴ ~ fo²⁴ ｜ 灰 xuɛ²⁴ ~ fɛ²⁴ ｜ 婚 xuai²⁴ ~ fai²⁴

[f]与[x]相混是汉语方言里常见的现象。但在南部吴语里,除了汤溪话以外,主要只集中出现在温州地区。另外,据谢云飞《松阳方言的音位》(载《台湾政治大学学报》1994 年第 68 期),松阳话晓母在今合口呼韵母前也有读[f]声母的现象。

③ 分尖团。精组字读 [ts] 组声母，见晓组字读 [tɕ] 组声母，例如：箭 tsie⁵² ≠ 见 tɕie⁵² ｜ 妻 tsʰie²⁴ ≠ 溪 tɕʰie²⁴ ｜ 絮 si⁵² ≠ 戏 ɕi⁵²。在精组合口三等字中，今只有遇摄"徐取聚"等个别字的又读音读撮口呼的 [y] 韵母（这时声母为 [tɕ] 组），其他都读齐齿呼或开口呼韵母，例如：醉 tsi⁵² ｜ 雪 sie⁵⁵ ｜ 全 zie¹¹ ｜ 笋 sei⁵³⁵，所以在今撮口呼韵母的前面不存在尖团的对立。此外，不少精组开口三四等字今读开口呼韵母，例如：焦 tsɤ²⁴ ｜ 修 səɯ²⁴ ｜ 集 zei¹¹³ ｜ 七 tsʰei⁵⁵ ｜ 匠 zɤ³⁴¹ ｜ 井 tsei⁵³⁵，这些字与见晓组字的对立不仅体现在声母上，同时还体现在韵母上，例如：修 səɯ²⁴ ≠ 休 ɕiəɯ²⁴。

④ 从母字读作擦音声母 [z]。例如：坐 zɤ¹¹³ ｜ 齐 zie¹¹ ｜ 罪 ze¹¹³ ｜ 墙 zɤ¹¹ ｜ 凿 zo¹¹³。

⑤ 知系字，逢今洪音韵母读 [ts] 组声母，逢今细音韵母读 [tɕ] 组声母，例如：茶查 dzo¹¹ ｜ 初 tsʰu²⁴ ｜ 诛朱 tɕi²⁴ ~ tɕy²⁴ ｜ 张章 tɕio²⁴ ~ tɕyo²⁴ ｜ 直植 dʑie¹¹³。

⑥ 少数非敷奉微母字分别读作 [m pʰ b m] 声母（非母字的 [m] 母由 [p] 母变来），例如：反翻动 mo⁵³⁵ ｜ 坌撮取 mai²⁴ ｜ 覆趴;盖 pʰɔ⁵⁵ ｜ 蝮 pʰo⁵⁵ ｜ 伏孵 bu³⁴¹ ｜ 吠 bie³⁴¹ ｜ 缚 bo¹¹³ ｜ 菔芦~;萝卜 bɔ¹¹³ ｜ 未 mi³⁴¹ ｜ 问 mai³⁴¹ ｜ 网 mɑo¹¹³ ｜ 袜 mo¹¹³。

⑦ 个别知母字读 [t] 声母：拄 tu⁵² ｜ 置坐,含贬义 ti⁵²。

⑧ 少数匣母字读 [g] 声母，例如：蛤~蟆 uo¹¹ ~ guo¹¹ ｜ 怀 gua¹¹ ｜ 厚 gɯ¹¹³ ｜ 峡畦间的狭沟 guo¹¹³。

⑨ 少数 [tɕ] 组声母字有声母脱落现象，例如：萁葭~;蕨 i⁰ ｜ 臼门~;后门后 iəɯ¹¹ ｜ 脓 iei²⁴ ｜ 种坐,含贬义 iɑo⁵² ｜ 浓 iɑo¹¹ ｜ 舂 iɑo²⁴ ~ ɕiɑo²⁴ ｜ 守 i⁵³⁵ ~ y⁵³⁵ ~ ɕiəɯ⁵³⁵。

⑩ 疑母洪音字今读零声母，不读 [ŋ] 声母，例如：我 a¹¹³ ｜ 藕 əɯ¹¹³ ｜ 硬 a³⁴¹ ｜ 额 a¹¹³。在南部吴语中，除汤溪以外的地区疑母洪音均读 [ŋ] 声母，其中金华为残存型。

二 韵母的特点

① 古阳声韵和入声韵在今单字音白读系统里干净彻底地丢失了鼻尾（连鼻化音都没有）和塞尾（在连读中也没有），从而使汤溪话的音节结构打破了传统阴声韵、阳声韵、入声韵之间的界限，全都变成"辅音＋元音"（无辅音韵尾）的结构。例如：

鸡＝肩 tɕie²⁴ ｜ 浙 tɕie⁵⁵

瓦＝眼＝学 uo¹¹³

汤溪是南部吴语中唯一的一个既无鼻尾（及鼻化），又无塞尾的方言，这种情况即使在整个现代汉语方言中也不多见。

② 古代同摄同组的阳声韵和入声韵在丢失辅音韵尾之后，除了通摄以及部分臻摄、宕摄、江摄、曾摄字以外，在其余韵摄里，相应的古阳声韵和入声韵的今韵母读法表现出高度的一致性。如果从韵母的历时演变的角度，我们可以把这种现象称为"阳入同变"现象。例如（斜线"/"前面的是古阳声韵字，后面的是相应的古入声韵字）：

咸摄　鹹 uo^{11}/ 狭 uo^{113} 开二咸洽　　岩 uo^{11}/ 鸭 uo^{55} 开二衔狎

深摄　林 lei^{11}/ 立 lei^{113} 开三侵缉　　金 tɕiei^{24}/ 急 tɕiei^{55} 开三侵缉

山摄　麵 mie^{341}/ 篾 mie^{113} 开四先屑　县 iɤ^{341}/ 血 ɕiɤ^{55} 合四先屑

臻摄　印 iei^{52}/ 一 iei^{55} 开三真质　　均 tɕiei^{24}/ 橘 tɕiei^{55} 合三谆术

宕摄　汤 tʰo^{24}/ 托 tʰo^{55} 开一唐铎　　广 kuo^{535}/ 郭 kuo^{55} 合一唐铎

江摄　讲 kuo^{535}/ 角 kuo^{55} 开二江觉

曾摄　冰 mei^{24}/ 逼 pei^{55} 开三蒸职

梗摄　坑 kʰa^{24}/ 客 kʰa^{55} 开二庚陌　　横 ua^{11}/ 划 ua^{113} 合二庚麦

由于汤溪话浊入与浊上合流（阳入归阳上），有些浊上的古阳声韵字甚至跟相应的浊入字读成完全同音，如：满 mɤ^{113} = 末 mɤ^{113} ｜养 io^{113} = 药 io^{113} ｜锭 dei^{113} = 敌 dei^{113}。

③ 古韵母二呼四等与今四呼的关系相当繁杂，其中"开口"读如"合口"，"合口"读如"开口"，三四等读如一二等的情况都很多，一二等读如三四等的情况较少。与北京话相比，较为特殊的情况如：

果开一见系字读合口呼的 [uɤ] 韵：哥 kuɤ^{24} ｜饿 uɤ^{341} ｜河 uɤ^{11}

果合一端系、效开三四端系、山合一帮端系、宕开三端系字读开口呼的 [ɤ] 韵：锁 sɤ^{535} ｜笑 sɤ^{52} ｜萧 sɤ^{24} ｜盘 bɤ^{11} ｜短 nɤ^{535} ｜算 sɤ^{52} ｜亮 lɤ^{341} ｜削 sɤ^{55}

假开二见系、咸开二见系、山开二见系、宕开一见系、江开二见系字读合口呼的 [uo] 韵：架 kuo^{52} ｜甲 kuo^{55} ｜眼 uo^{113} ｜糠 kʰuo^{24} ｜恶 uo^{55} ｜讲 kuo^{535} ｜壳 kʰuo^{55}

蟹合一端系字读开口呼的 [ɛ] 韵：堆 tɛ^{24} ｜退 tʰɛ^{52} ｜雷 lɛ^{11} ｜罪 zɛ^{113}

流开三来母精组字读开口呼的 [əɯ] 韵：流 ləɯ^{11} ｜酒 tsəɯ^{535} ｜秋 tsʰəɯ^{24} ｜就 zəɯ^{341}

深开三帮端系、臻开三帮端系、臻合三端系、曾开三帮端系、梗开三四帮端系字读开口呼的 [ei] 韵：心 sei^{24} ｜民 mei^{11} ｜漆 tsʰei^{55} ｜笋 sei^{535} ｜力 lei^{113} ｜平 bei^{11} ｜姓 sei^{52} ｜壁 pei^{55} ｜顶 nei^{535}

山合三端系字读齐齿呼的 [ie] 韵：泉 zie^{11} ｜选 sie^{535} ｜绝 zie^{113} ｜雪 sie^{55}

臻合一帮端系字读开口呼的 [ai] 韵：本 mai^{535} ｜遁 dai^{341} ｜嫩 nai^{341} ｜忖

tsʰai⁵³⁵

宕合一三见系字读开口呼的 [ao] 韵：光 kao²⁴ ｜ 荒 xao²⁴ ｜ 狂 gao¹¹ ｜ 王 ao¹¹

④ 遇合三鱼韵字的读音比较复杂。今韵母及其例字：

[ɿ] 韵　猪 tsɿ²⁴ ｜ 齿~饭:盛饭 tsɿ⁵² ｜ 苎 dzɿ¹¹³ ｜ 础柱~ tsʰɿ⁵³⁵ ｜ 锄 zɿ¹¹ ｜ 鼠 tsʰɿ⁵³⁵

[i] 韵　女女~:婢女 ni¹¹³ ｜ 驴 li¹¹ ｜ 觑看 tsʰi⁵² ｜ 絮 si⁵² ｜ 徐又 zi¹¹

[u] 韵　庐 lu¹¹ ｜ 初 tsʰu²⁴ ｜ 助 zu³⁴¹

[i ~ y] 韵　书 ɕi²⁴ ~ ɕy²⁴ ｜ 鱼 n̠i¹¹ ~ n̠y¹¹ ｜ 馀 i¹¹ ~ y¹¹

[ɯ] 韵　锯 kɯ⁵² ｜ 渠他 gɯ¹¹ ｜ 许许配,又 xɯ⁵³⁵

[o] 韵　疏 so²⁴

[ie] 韵　滤 lie³⁴¹ ｜ 徐上~:地名,又 sie⁰ ｜ 箸 dʑie³⁴¹

[ɤ] 韵　所 sɤ⁵³⁵ ｜ 许许配,又 xɤ⁵³⁵

[əɯ] 韵　去 kʰəɯ⁵²

⑤ 止开三支、脂、之、微韵里比较特殊的读音：

支韵　荔~枝 lie⁻¹¹（与霁韵郎计切合）｜ 徛站立 gɛ¹¹³ ｜ 蚁 a¹¹³

脂韵　鼻 bei¹¹³ ｜ 利~市 lei⁻¹¹ ｜ 地~下 die⁻¹¹（与霁韵大计切合）

之韵　里一~路 lei⁻³⁴¹ ｜ 裏~金坞:地名 lei⁻¹¹ ｜ 记一~:一下 tɕie⁵²

微韵　几~个 kɛ⁵³⁵

⑥ 咸摄开口一等的覃、谈两韵，端系字有区别，见系字无区别，例如：

覃韵　贪 tʰɤ²⁴ ｜ 潭 dɤ¹¹ ｜ 南 nɤ¹¹ ｜ 簪 tsɤ²⁴ ｜ 答 tɤ⁵⁵ ｜ 杂 zɤ¹¹ ｜ 磕 kʰɤ⁵² ｜ 盒 ɤ¹¹³

谈韵　毯 tʰo⁵³⁵ ｜ 谈 do¹¹ ｜ 蓝 lo¹¹ ｜ 三 so²⁴ ｜ 塔 tʰo⁵⁵ ｜ 蜡 lo¹¹³ ｜ 敢 kɤ⁵³⁵ ｜ 磕 kʰɤ⁵⁵

⑦ 咸山两摄开口三、四等入声字（除帮组和部分见系字以外）的主要元音有区别，三等读 [ie] 韵，四等读 [ia] 或 [iɑ] 韵。舒声字的主要元音没有区别。例如：

三等　接 tsie⁵⁵ ｜ 薛 sie⁵⁵ ｜ 浙 tɕie⁵⁵ ｜ 舌 dʑie¹¹³ ｜ 热 n̠ie¹¹³

四等　跌 tia⁵⁵ ｜ 铁 tʰia⁵⁵ ｜ 叠 dia¹¹³ ｜ 捏 n̠iɑ⁵⁵ ｜ 节 tsia⁵⁵ ｜ 切 tsʰia⁵⁵ ｜ 截 zia¹¹³ ｜ 挟~菜 tɕiɑ⁵⁵

三　声调的特点

古浊入字今读同浊上，例如：贼＝罪 zɛ¹¹³。但在部分字组的连读调中，以及在小称音中，古浊入字与浊上字有区别。（详见下文伍"连读调"和陆"小称音"。）

肆 文白异读

汤溪话中文白异读现象比较丰富。汤溪话的文读主要是近几十年来在普通话以及金华城里话的影响下形成的。文读音大多数只出现于书面色彩浓重的词语里，用在读书、作报告、打官腔等场合，因此在字汇里只收了很常用的一部分文读音。下面列出汤溪话文白异读的主要规律。（下文中"/"前为白读，后为文读。）

① 帮端母白读 [m] [n] 声母，部分字文读 [p] [t] 声母。例如：版 mo^{535}/paŋ^{535} ｜帮 mao^{24}/paŋ^{24} 四人~ ｜单 no^{24}/taŋ^{24} ~干 ｜党 no^{535}/taŋ^{535} ~员 ｜东 nao^{24}/tao^{24}。

② 微母部分字白读 [m] 声母，文读 [v] 声母。例如：未 mi^{341}/vi^{341} 辰巳午~ ｜万 mo^{341} 麻将牌名/vo^{341} 千~ ｜问 mai^{341}/vai^{341} ~题。

③ 从、邪母字白读 [z] 声母，部分字文读 [dz] 声母。例如：在 zɛ^{113}/dzɛ^{113} ｜全 zie^{11}/dzie^{11} ｜集 zei^{113}/dzei^{113} ｜习 zei^{113}/dzei^{113}。

④ 日母字白读 [ȵ] 声母，部分字文读 [ʑ] 声母。例如：人 ȵiei^{11} 丈~ /ʑiai^{11} 工~ ｜日 ȵiei^{113} ~头/ʑiɛ^{113} ~本 ｜让 ȵio^{341}/ʑio^{341}。

⑤ 见晓组开口二等字白读 [k] 组声母，部分字文读 [tɕ] 组声母。例如：加 kuo^{24}/tɕia^{24} ~工 ｜江 kuo^{24}/tɕiaŋ^{24} 姓 ｜确 kʰuo^{55}/tɕʰio^{55} ｜孝 xə^{52} ~顺/ɕiə^{52} ~子。

⑥ 蟹开三四字白读 [ia] 或 [ie] 韵，部分字文读 [i] 韵。例如：泥 ȵia^{11}, ȵie^{11}/ȵi^{11} 水 ｜提 die^{11}/di^{11} ｜挤 tsie^{535}/tsi^{535} ｜计 tɕie^{52} 用~ /tɕi^{52} ~划。

⑦ 咸山摄一二等、宕江摄的舒声字白读 [ɤ ie o uo io ~ yo ao iao] 韵，文读 [aŋ iaŋ uaŋ yaŋ] 韵。例如：干 kɤ^{52} 事~：事情/kaŋ^{52} ~部 ｜佔 tɕie^{52}/tsaŋ^{52} ｜篮 lo^{11}/laŋ^{11} ~球 ｜观 kuo^{24}/kuaŋ^{24} 参~ ｜央 io^{24} ~ yo^{24}/iaŋ^{24} ｜放 fao^{52}/faŋ^{52} ｜王 ao^{11}/uaŋ^{11} 姓 ｜装 tɕiao^{24}/tɕyaŋ^{24}。

⑧ 清上字白读阴上 [535]、次浊上字白读阳上 [113]，部分字文读阴去 [52]。例如：产 tsʰo^{535}/tsʰaŋ^{52} 亩~ ｜五 ŋ^{113}/u^{52} ~一。

⑨ 清去字白读阴去 [52]，部分字文读阴入 [55]。例如：放 fao^{52}/faŋ^{55} ｜案 ɤ^{52}/aŋ^{55}。

⑩ 浊去字白读阳去 [341]，部分字文读阳上 [113]。例如：县 iɤ^{341}/ʑie^{113} ｜事 zɿ^{341}/zɿ^{113}。

伍 连读调

一 语音变调

汤溪话两字组语音变调的主要规律见表 2-3-1。古浊入字在单字调中

归阳上 [113]，在连读调中与古浊上字有一定区别，所以这里把古浊上字和古浊入字分为阳上 [113]、阳入 [113] 两类。阳平 [11]、阴去 [52] 作前字时，有一小部分比较书面化的新词语前后两字都不变调，例如：文科、无能、民主、条件、同意、提问、民国、传达、化工、证明、政府、制造、布告、信号、庆祝、化学。这些字组的变调规律未包括在表 2-3-1 内。

表中各栏的上一行是单字调，下一行是连读调。轻声用 "0" 表示。例词请参看词汇部分。

表 2-3-1　汤溪话两字组连调表

1＼2	阴平 24	阳平 11	阴上 535	阳上 113	阴去 52	阳去 341	阴入 55	阳入 113
阴平 24	24 24 33	24 11 0	24 535 33	24 113 33	24 52 0	24 341 0	24 55 33	24 113 33 24
阳平 11	11 24 113 0	11 11 113 0	11 535 33	11 113 33	11 52 113 0	11 341 113 0	11 55 33	11 113 33 24
阴上 535	535 24 52 52	535 11 52	535 535 52	535 113 52	535 52 52	535 341 52	535 55 52	535 113 52
阳上 113	113 24 11 52	113 11 11	113 535 11	113 113 11	113 52 11	113 341 11	113 55 11	113 113 11
阴去 52	52 24 33 52	52 11 24 0	52 535 33	52 113 33	52 52 33	52 341 24 0	52 55 33	52 113 33 24
阳去 341	341 24 11 52	341 11 113 0	341 535 11	341 113 11	341 52 11	341 341 113 0	341 55 11	341 113 11
阴入 55	55 24 0	55 11 0	55 535 52	55 113 52	55 52 52	55 341 52	55 55 52	55 113 52
阳入 113	113 24 0 ―――― 113 24 11 52	113 11 0	113 535 11	113 113 11	113 52 11	113 341 11	113 55 11	113 113 11

汤溪话两字组的语音变调有以下几个特点：

① 以前字变调为主，后字也有一些变调，其中以轻声居多。在 65 种两字组（"阳入＋阴平" 变调时分两类，这里按两种计）中，有 41 种只变前字不变后字，有 8 种只变后字不变前字，有 16 种前后字都变。

② 从前字来看，前字变调大致上可以分成三大类。阴平、阳平、阴去作前字时多变作 [33] 调；阳去、阳上、阳入作前字时多变作 [11] 调；阴上、阴入作前字时多变作 [52] 调，但在平声、去声前面时往往有例外。

③ 从后字来看，可以分成变调和不变调两类。后字变调最主要地出现在平声作后字时，其次出现在去声作后字时，阳入位于阴平、阳平、阴去后面时也发生变调。

④ 65 种两字连调组合经变调后归并为 20 种连调模式。

⑤ 无论是前字还是后字，调类合流现象都已经超出了阴调类内部或阳调类内部，而出现了大量阳调读如阴调的现象，例如阳平 [11] 在上声、入声前变为 [33]，阳入 [113] 在阴平、阳平、阴去后变为 [24]。在汤溪话里，[33] [24] 是与清声母相配的调值，因此，当阳调类字变为 [33] [24] 调时，原来的全浊声母也同时转换成为相应的不送气清声母，例如：柴火 z-sɑ$^{11-33}$xuɤ^{535} ǀ 徒弟 d-tu$^{11-33}$die^{113} ǀ 虫药 dz-tɕiɑo$^{11-33}$io$^{113-24}$（＝中药 tɕiɑo$^{24-33}$io$^{113-24}$）ǀ 清白 tsʰei$^{24-33}$b-pa$^{113-24}$。此外，阴调类和阳调类里都有不少读作轻声的字，读轻声后清浊声母失去对立，但声母究竟是清是浊难以辨识，本书里一律只标原单字音声母；没有单字音的，则一律标作清声母。这个处理办法有时会造成以下问题，即实际上无清浊之别的音在注音上还保留清浊之别，例如：高低 kə^{24}tie$^{24-0}$＝高田 地名 kə^{24}die$^{11-0}$ ǀ 糖霜 白糖 do$^{11-113}$ɕiɑo$^{24-0}$＝踏床 放在床前的长条形矮凳 do^{113}ʑiɑo$^{11-0}$。不过这种情况很少。

⑥ 阳上和阳入在单字调里完全相同，在两字组连调中，大多数情况下也已经没有区别了，但在阴平、阳平的前面，在阴平、阳平、阴去的后面仍旧存在区别。例如：红瓦 红色的瓦 ɑo$^{11-33}$uo^{113} ≠ 红镬 炒菜时锅里不放油 ɑo$^{11-33}$uo$^{113-24}$。

⑦ 除了轻声以外，连读中只出现了一个新的调值，即中平调 [33]。这说明汤溪话变调时基本上是采用了单字调系统中的调值。轻声实际上有中降轻 [42] 和低降轻 [31] 两种，在 [113] 后面时为 [42]，在 [24] [55] 后面时为 [31]。为了简明起见，本书里一律标作 [0]。

不符合表 2-3-1 连调规律的例外词有：

阴平＋阴上：清楚 整洁 tsʰei^{24}tsʰu$^{535-0}$

阴平＋阳上：公社 kɑo$^{24-33}$ʐ-ɕiɛ$^{113-24}$ ǀ 师范 sɿ$^{24-33}$v-faŋ$^{113-24}$

阴上＋阳上：起码 又 tɕʰi$^{535-52}$mo$^{113-24}$

阴上＋阴去：主顾 家伙，指人 tɕi$^{535-52}$ku$^{52-0}$

阳上＋阴平：老师 lə$^{113-52}$sɿ$^{24-0}$

阳上＋阳平：动员 dɑo^{113}iɤ$^{11-0}$ ǀ 社员 ʑiɛ^{113}iɤ$^{11-0}$ ǀ 暖和 nai$^{113-11}$uɤ$^{11-341}$

阳上＋阳上：马尾 又 mo$^{113-11}$v-fi$^{113-24}$

阴去＋阳平：暗槽 抽屉 ɤ$^{52-55}$zə$^{11-0}$ ǀ 细姨 小姨 sia$^{52-33}$i$^{11-52}$

阳去＋阳平：大农 长辈 dɤ$^{341-11}$nɑo^{11} ǀ 大姨 dɤ$^{341-11}$i$^{11-52}$

阳去＋阳去：懒病 懒惰 lo$^{341-11}$bei^{341}

阳入+阴平：岳飞 uo¹¹³⁻³³fi²⁴

阳入+阳平：闸门 zo¹¹³⁻¹¹mai¹¹

汤溪话三字组语音变调的规律为：第一个音节，阴平[24]、阳平[11]、阴去[52]一律变[33]，阳去[341]、阳上[113]、阳入[113]一律变[11]，阴上[535]、阴入[55]一律变[52]，跟两字组前字的主流变调相同；第二、三两个音节，基本上跟一般两字组的连调模式相同。四字组语音变调的规律为：第一个音节跟三字组首字的变调规律完全相同，后三个音节跟一般三字组的连调模式完全相同。

二 语法变调

汤溪话的语法变调情况也相当复杂，下面介绍几种主要的语法变调现象。

1. 述宾式

在汤溪话里，述宾式变调自成规律的字组限于后字为阴平的字组。两字组述宾式的变调规律是：前字阴平[24]、阳平[11]、阴去[52]一律变[33]，阳去[341]、阳上[113]、阳入[113]一律变[11]，阴上[535]、阴入[55]一律变[52]，跟两字组前字的主流变调相同；后字一律不变。例如：

	述宾式	非述宾式
阴平+阴平	开封启封 kʰɛ²⁴⁻³³fao²⁴	开封地名 kʰɛ²⁴fao²⁴⁻⁰
阳平+阴平	爬山 b-po¹¹⁻³³so²⁴	南风 nɤ¹¹⁻¹¹³fao²⁴⁻⁰
阴上+阴平	起风 tɕʰi⁵³⁵⁻⁵²fao²⁴	比方 pi⁵³⁵⁻⁵²fao²⁴⁻⁵²
阳上+阴平	有心 iəɯ¹¹³⁻¹¹sei²⁴	下风 uo¹¹³⁻¹¹fao²⁴⁻⁵²
阴去+阴平	放心 fao⁵²⁻³³sei²⁴	背心 pɛ⁵²⁻³³sei²⁴⁻⁵²
阳去+阴平	念经 ȵie³⁴¹⁻¹¹tɕiei²⁴	大溪 dɤ³⁴¹⁻¹¹tɕʰie²⁴⁻⁵²
阴入+阴平	杀鸡 so⁵⁵⁻⁵²tɕie²⁴	北京 pɛ⁵⁵tɕiei²⁴⁻⁰
阳入+阴平	读书 dɔ¹¹³⁻¹¹ɕi²⁴	石灰 za¹¹³xuɛ²⁴⁻⁰｜宅村地名 dza¹¹³⁻¹¹tsʰɤ²⁴⁻⁵²

需要说明的是，汤溪话述宾式与非述宾式的区别并不是十分严格的，一些非述宾式的字组常常也按述宾式的规律变调。例如：杭州 uo²¹³⁻³³tɕiəɯ²⁴｜火车 xuɤ⁵³⁵⁻⁵²tsʰa²⁴。

2. 数量式

当数词不是"一"的时候，汤溪话两字组数量式的变调规律为：

① 上声数词+阴调量词：前字阴上[535]变[52]，阳上[113]变[11]，后字都变[52]；

② 其他情况前字不变，后字变轻声。例如：

阴平+量词　三张 so²⁴tɕio²⁴⁻⁰　　　　三袋 so²⁴dɛ³⁴¹⁻⁰

阳平+量词　（缺例）

148

阴上＋量词	九本 tɕiɯ535-52mai535-52	几尺 kɛ535-52tɕhie55-52
	九年 tɕiɯ535ȵie11-0	几袋 kɛ535dɛ341-0
阳上＋量词	两张 lia113-11tɕio24-52	五块 ŋ113-11khuɛ52
	两桶 lia113dɑo113-0	五日 ŋ113ȵiei113-0
阴去＋量词	四块 si52khuɛ52-0	半日 mɤ52ȵiei113-0
阳去＋量词	廿个 ȵie341ka52-0	二两 ŋ341lɤ113-0
阴入＋量词	七支 tshei55tsʅ24-0	八层 po55zai11-0
阳入＋量词	六张 lo113tɕio24-0	十桶 ziɛ113dɑo113-0

"一＋量词"的变调自成规律。"一"在量词前面一律读 [i⁻⁵²]，单字调不明。"一"后面的量词，阴调类均读作 [52]（同阴去调值），阳调类除阳平以外均读作 [341]（同阳去调值），阳平 [11] 一般不变，有时也变作 [52] 或 [341]。例如：

一＋阴平量词	一张 i⁻⁵²tɕio²⁴⁻⁵²	一双 i⁻⁵²ɕiao²⁴⁻⁵²
一＋阳平量词	一层 i⁻⁵²zai¹¹	一篮 i⁻⁵²lo¹¹
	一头 i⁻⁵²d͡təɯ¹¹⁻⁵²	一爿 i⁻⁵²bo¹¹⁻³⁴¹
一＋阴上量词	一本 i⁻⁵²mai⁵³⁵⁻⁵²	一碗 i⁻⁵²uo⁵³⁵⁻⁵²
一＋阳上量词	一领 i⁻⁵²lei¹¹³⁻³⁴¹	一桶 i⁻⁵²dɑo¹¹³⁻³⁴¹
一＋阴去量词	一个 i⁻⁵²ka⁵²	一套 i⁻⁵²thə⁵²
一＋阳去量词	一段 i⁻⁵²dai³⁴¹	一份 i⁻⁵²vai³⁴¹
一＋阴入量词	一节 i⁻⁵²tsia⁵⁵⁻⁵²	一桌 i⁻⁵²tɕio⁵⁵⁻⁵²
一＋阳入量词	一日 i⁻⁵²ȵiei¹¹³⁻³⁴¹	一盒 i⁻⁵²ɤ¹¹³⁻³⁴¹

3. 量叠式

量叠式是指量词重叠结构，如"个个""本本"。汤溪话量叠式的前字变调规律为：阴调类均变作 [52]（同阴去调值），阳调类除阳平以外均变作 [341]（同阳去调值），阳平 [11] 不变——跟上文"一＋量词"里的量词的变调规律基本相同；后字都变作轻声。例如：

阴平	支支 tsʅ²⁴⁻⁵²tsʅ²⁴⁻⁰	张张 tɕio²⁴⁻⁵²tɕio²⁴⁻⁰
阳平	排排 ba¹¹ba¹¹⁻⁰	层层 zai¹¹zai¹¹⁻⁰
阴上	朵朵 tɤ⁵³⁵⁻⁵²tɤ⁵³⁵⁻⁰	本本 mai⁵³⁵⁻⁵²mai⁵³⁵⁻⁰
阳上	领领 lei¹¹³⁻³⁴¹lei¹¹³⁻⁰	桶桶 dɑo¹¹³⁻³⁴¹dɑo¹¹³⁻⁰
阴去	个个 ka⁵²ka⁵²⁻⁰	对对 tɛ⁵²tɛ⁵²⁻⁰
阳去	样样 io³⁴¹io³⁴¹⁻⁰	袋袋 dɛ³⁴¹dɛ³⁴¹⁻⁰
阴入	尺尺 tɕhiɛ⁵⁵⁻⁵²tɕhiɛ⁵⁵⁻⁰	节节 tsia⁵⁵⁻⁵²tsia⁵⁵⁻⁰
阳入	盒盒 ɤ¹¹³⁻³⁴¹ɤ¹¹³⁻⁰	勺勺 zio¹¹³⁻³⁴¹zio¹¹³⁻⁰

149

4. 动叠式,动代式,动趋式,动量式,X 助式,方位式

动叠式是指动词重叠结构,如"讲讲"。

动代式是指"动词+代词"的结构,如"骂我"。

动趋式是指"动词+趋向动词"的结构,如"走来"。

动量式是指"动词+量词"的结构,如"买包~香烟"。

X 助式是指"动词、名词、形容词或代词+助词(包括词尾、句末疑问词)"的结构,如"想着""去未?"

方位式是指"名词或代词+方位词"的结构,如"路上""日里"。

这些格式的两字组变调规律是:前字是平声、去声、阴入的,前字不变,后字变轻声;前字是上声、阳入的,阴上变 [52],阳上、阳入变 [11],后字都变 [52]。即:

前字	后字	连调模式
阴平 [24]、阳平 [11]、阴去 [52]、阳去 [341]、阴入 [55]	X	本调+轻声
阴上 [535]	X	[52 + 52]
阳上 [113]、阳入 [113]	X	[11 + 52]

例如:

	动叠式	动代式	动趋式
前字阴平	烘烘 xao²⁴xao²⁴⁻⁰	敲打我 kʰɔ²⁴a¹¹³⁻⁰	收来 ɕiəɯ²⁴lɛ¹¹⁻⁰
前字阳平	爬爬 bo¹¹bo¹¹⁻⁰	烦渠他 vo¹¹gɯ¹¹⁻⁰	逃去 dɔ¹¹kʰəɯ⁵²⁻⁰
前字阴上	讲讲 kuo⁵³⁵⁻⁵²kuo⁵³⁵⁻⁵²	请尔 tsʰei⁵³⁵⁻⁵²ŋ¹¹³⁻⁵²	解开 ka⁵³⁵⁻⁵²kʰɛ²⁴⁻⁵²
前字阳上	坐坐 zɤ¹¹³⁻¹¹z̠sɤ¹¹³⁻⁵²	买尔 ma¹¹³⁻¹¹ŋ¹¹³⁻⁵²	上来 zio¹¹³⁻¹¹lɛ¹¹⁻⁵²
前字阴去	种种 tɕiao⁵²tɕiao⁵²⁻⁰	向渠他 ɕio⁵²gɯ¹¹⁻⁰	进来 tsei⁵²lɛ¹¹⁻⁰
前字阳去	问问 mai³⁴¹mai³⁴¹⁻⁰	骂我 mɤ³⁴¹a¹¹³⁻⁰	撞去 dziao³⁴¹kʰəɯ⁵²⁻⁰
前字阴入	吃吃 tɕʰiei⁵⁵tɕʰiei⁵⁵⁻⁰	接我 tsie⁵⁵a¹¹³⁻⁰	接来 tsie⁵⁵lɛ¹¹⁻⁰
前字阳入	嚼嚼 zɤ¹¹³⁻¹¹z̠sɤ¹¹³⁻⁵²	罚渠他 vo¹¹³⁻¹¹g̠kɯ¹¹⁻⁵²	学去 uo¹¹³⁻¹¹kʰəɯ⁵²

	动量式	X 助式	方位式
前字阴平	开张~票 kʰɛ²⁴tɕio²⁴⁻⁰	开奔开着 kʰɛ²⁴da¹¹³⁻⁰	缸里 kuo²⁴li¹¹³⁻⁰
前字阳平	裁块~布 zɛ¹¹kʰuɛ⁵²⁻⁰	渠道他们 gɯ¹¹tɔ⁰	田里 die¹¹li¹¹³⁻⁰
前字阴上	写封~信 sia⁵³⁵⁻⁵²fao²⁴⁻⁰	想着 sɤ⁵³⁵⁻⁵²dz̠-tɕio¹¹³⁻⁵²	姊奔姐姐那里 tsi⁵³⁵⁻⁵²d̠ta¹¹³⁻⁵²
前字阳上	买管~锁 ma¹¹³⁻¹¹kuo⁵³⁵⁻⁵²	我道我们 a¹¹³⁻¹¹tə⁻⁵²	哪里哪个里头 la¹¹³⁻¹¹li¹¹³⁻⁵²
前字阴去	唱个~歌儿 tɕʰio⁵²ka⁵²⁻⁰	去未去没去 kʰəɯ⁵²mi³⁴¹⁻⁰	世上 ɕie⁵²zio³⁴¹⁻⁰
前字阳去	换样~东西 uo³⁴¹io³⁴¹⁻⁰	卖弗卖不卖 ma³⁴¹fɛ⁵⁵⁻⁰	路上 lu³⁴¹zio³⁴¹⁻⁰
前字阴入	吃碗~饭 tɕʰiei⁵⁵uo⁵³⁵⁻⁰	雪般~白 sie⁵⁵mɤ⁰	北面 pɛ⁵⁵mie³⁴¹⁻⁰
前字阳入	择双~鞋 dza¹¹³⁻¹¹ɕiao²⁴⁻⁵²	熟未熟没熟 zio¹¹³⁻¹¹mi³⁴¹⁻⁵²	席上 zei¹¹³⁻¹¹z̠-ɕio³⁴¹⁻⁵²

一些地名的变调不符合一般的语音变调规律,而跟方位式相同,例如:枫坞 fao²⁴u⁵³⁵⁻⁰ ｜ 陈村 dziai¹¹tsʰɤ²⁴⁻⁰ ｜ 戴家 tɛ⁵²kuo²⁴⁻⁰。在另一方面,一些表示处所、时间的词语的变调往往不同于方位式,无明显规律可循,例如:外面 a³⁴¹⁻¹¹miɛ³⁴¹ ｜ 里头 li¹¹³⁻¹¹dəɯ¹¹⁻¹¹³ ｜ 头前前面 d-təɯ¹¹⁻³³zie¹¹⁻¹¹³ ｜ 前年 z-sie¹¹⁻³³ȵie¹¹⁻¹¹³ ｜ 后日后天 əɯ¹¹³ȵiei¹¹³⁻⁰。

5. 动结式,主谓式,偏正式形容词

动结式是指"动词＋结果补语(形容词、动词)"的结构,如"分清"。

主谓式,如"心狂"。

偏正式形容词是指"动词或名词＋形容词"的结构,如"飞快"。

这些格式的两字组除了个别结合得很紧的如"分开""关住""天蓝""草绿"等按语音变调规律变以外,都不变调。例如:

动结式	主谓式	偏正式形容词
分清 fai²⁴tsʰei²⁴	筋抽比喻不安分 tɕiei²⁴tɕʰiəɯ²⁴	飞快 fi²⁴kʰua⁵²
逃走 də¹¹tsəɯ⁵³⁵	心狂比喻决心大 sei²⁴gao¹¹	壁竖很陡 pei⁵⁵zi¹¹³
讲明 kuo⁵³⁵mei¹¹	鬼迷比喻倒霉 kuɛ⁵³⁵mi¹¹	雪白 sie⁵⁵ba¹¹³
缚牢 bo¹¹³lə¹¹	手痒比喻手不安分 ɕiəɯ⁵³⁵io¹¹³	蜜甜 mei¹¹³die¹¹

陆 小称音

汤溪话的小称音变以韵母变化为主,声调变化为辅,在个别情况下,声母也会随着声调的变化而变化。

一 韵母的变化

汤溪话"儿"字单读 [ŋ¹¹](阳平),意思是儿子。小称时,[ŋ] 附到本音韵母的末尾充当韵尾,本音韵母的元音有的要发生细微的变化。在 55 个基本韵母中,文读专用韵母 [aŋ iaŋ uaŋ yaŋ]、象声词和感叹词专用韵母 [uŋ eŋ oŋ aoŋ iaoŋ uaoŋ]、自成音节的鼻辅音韵母 [m][ŋ],它们都无法构成相应的小称韵。其他 43 个韵母(亦即所有开尾、元音尾韵母),除了 [iu][yu] 二韵因字太少而缺少小称例词以外,均有相应的小称韵,基本韵和小称韵之间的关系如下("→"左边是基本韵,右边是小称韵):

ɿ → ɿŋ　　　　　i → iŋ　　　　　u → uŋ　　　　　y → yŋ

ɯ → ɯŋ

a → aŋ　　　　　ia → iaŋ　　　　ua → uaŋ

ɑ → ɑoŋ　　　　iɑ → iɑoŋ　　　uɑ → uɑoŋ　　　yɑ → yɑoŋ

o → uŋ　　　　　io → iuŋ　　　　uo → uŋ　　　　yo → yuŋ

ɔ → oŋ　　　　　iɔ → ioŋ　　　　　　　　　　　　yɔ → yoŋ

	ie → iŋ		
ə → əŋ	iə → iəŋ		
ɤ → ɯŋ	iɤ → iɯŋ	uɤ → uɯŋ	yɤ → yɯŋ
ɛ → eŋ	iɛ → ieŋ	uɛ → ueŋ	
ai → aiŋ	iai → iaiŋ	uai → uaiŋ	yai → yaiŋ
ei → eŋ	iei → ieŋ	uei → ueŋ	yei → yeŋ
ɑo → ɑoŋ	iɑo → iɑoŋ		
əɯ → əŋ	iəɯ → ieŋ		

41个基本韵经变化后，共归并为30个小称韵。除了[uŋ aŋ iaŋ uaŋ eŋ oŋ aoŋ iaoŋ uaoŋ]9韵外，其余[ŋ̍ iŋ yŋ ɯŋ yaoŋ iuŋ yuŋ ioŋ yoŋ əŋ iəŋ iɯŋ uɯŋ yɯŋ ieŋ ueŋ aiŋ iaiŋ uaiŋ yaiŋ yeŋ]21个是小称专用韵母。

例外情况：

老□儿老太太 lə$^{113-11}$mo-oŋ$^{113-341}$ ｜ 前日儿前天 z-sie$^{11-33}$n̠iei-iŋ$^{113-24}$

二 声调的变化

汤溪话的小称在发生上述韵母变化的同时，还伴随着一定的声调变化。声调变化的规律为：（古浊入字在单字调中归阳上，在小称变调中与古浊上字有区别，故这里把古浊上字和古浊入字分为阳上、阳入两类。）

阴平 [24]　不变　　　　阳平 [11]　变 [113] 或 [24]

阴上 [535]　变 [52]　　　阳上 [113]　变 [341]

阴去 [52]　变 [535]　　　阳去 [341]　变 [113]

阴入 [55]　不变　　　　阳入 [113]　不变或变 [24]

例外情况：

娘儿姨 n̠io-iuŋ$^{11-55}$ ｜ 顶儿 nei-eŋ$^{535-55}$ ｜ 梗儿细柴秆 kua-uaŋ$^{535-55}$ ｜ 红柿儿又 ao$^{11-33}$zn̩-ŋ̍^{113} ｜ 奶儿奶儿乳房 na-ao$^{113-11}$na-aoŋ^{113} ｜ 记儿一会儿 tɕie-iŋ^{52} ｜ 兔儿 tʰu-uŋ^{52} ｜ 细凳儿小凳儿，又 sia$^{52-33}$nai-aiŋ^{52} ｜ 子燕儿燕子 tsŋ̍$^{535-52}$ie-iŋ^{52} ｜ 落儿收获时落下的粮食 la-aoŋ$^{341-55}$ ｜ 乌麦儿得黑穗病的麦子 u$^{24-33}$ma-aŋ$^{113-341}$ ｜ 末儿末尾 mɤ-ɯŋ$^{113-55}$ ｜ 毛栗儿一种小栗子，又 mə$^{11-33}$lei-eŋ$^{113-55}$ ｜ 茶栗儿一种树 dz-tso$^{11-33}$lei-eŋ$^{113-55}$ ｜ 细铁勺儿一种小锅 sia$^{52-33}$tʰia$^{55-52}$zio-iuŋ$^{113-341}$

在汤溪话中，还存在一种纯变调型的小称，即不管本音的单字调是什么调类，小称时一律读作高平调 [55]。由于阴入的单字调调值也是 [55]，所以阴入调的字无法通过这种方式构成小称。值得注意的是，这种小称调既可以出现在最后一个音节，也可以出现在前面的音节。另外，变调型小称词以称谓、人名居多。例如：

阴平：芳人名，韵母为文读形式，不是鼻尾型小称 faŋ$^{24-55}$

阳平：兰人名，韵母为文读形式，不是鼻尾型小称 laŋ$^{11-55}$

阴上：彩云人名 tsʰɛ$^{535-55}$iei^0

阳上：有人名 iəɯ$^{113-55}$

阴去：细素人名 sia$^{52-33}$su$^{52-55}$ ｜ 爷爷爷 ia$^{52-55}$

阳去：细妹人名 sia$^{52-33}$mɛ$^{341-55}$

阳入：一摊落一大堆 i^{-52}tʰo$^{24-52}$lo$^{113-55}$

无单字调：哥 kɑ$^{-55}$ ｜ 到底究竟 tə^{52}tei^{-55}

三 声母的变化

如上所述，部分阳平字小称时要变成 [24] 调（同单字调阴平），在纯变调型小称中，阳调类字要变成 [55] 调（同单字调阴入）。当全浊声母字变成 [24] 调或 [55] 调时，其浊声母要随声调的变化而转换成为不送气清声母，例如：茶筒儿茶杯 dz-tso$^{11-33}$dɑo-tɑoŋ$^{11-24}$ ｜ 线头儿 sie$^{52-33}$dəɯ-təŋ$^{11-24}$ ｜ 细床儿小床儿 sia$^{52-33}$ʑiɑo-ɕiɑoŋ$^{11-24}$ ｜ 横直副词，反正 ua$^{11-33}$dz-tɕiɛ$^{113-55}$。

柒 同音字汇

本字汇以收录汤溪话的单字音为主。如果没有单字音，酌收主要的连读音。连读音放在相应的单字音节后面，在连读音的前面加双竖线"‖"表示（如果连读调是单字调以外的新调值，该调值放在所有调类后面，"‖"加在连读调的前面）。如果一个字在不同词里有多种连读音（主要是连读调），一般只收在最常用的词里的读音。表音字（虚词缀、衬字等）不收。无相应单字音的小称音集中附列于字汇末尾。

字汇根据汤溪话韵母、声母、声调的次序（见上文贰）排列。轻声音节用"[0]"表示。在第一章第四节"本字考"里考证过的字用加粗表示，写不出本字的音节用方框"□"表示。释义、举例在字后用括号"( )"表示。在例子里，用"～"代替原字，"□"后加注连读音。又读、文白异读等一字多音的现象在字的右下角用数字表示，一般用"1"表示最常用或最口语化的读音，"2"次之，依此类推。如果该读音有特定的出现条件，在数码后面用括号"( )"注明。文白异读规律见上文肆。

ɿ

ts [24] 资猪知支栀脂之芝 [535] 紫子籽纸旨指止址 [52] 制製致置（位～）志誌痣齿（～饭：盛饭）‖ 枝（荔～）梓（～坑桥：地名）[0] 至（冬～）‖[33] □（～待：招待）□（～公不经：正儿八经）

tsʰ [24] 雌痴 [535] 此础（柱～）齿鼠 [52] 刺次

dz [11] 池迟慈（～溪：地名）辞（读字）词（读字）持（读字）□（斗～：一

	种赌博方式) [113]苧是₁ [341]治吱(摩擦声)
s	[24]撕₂施私司(~令)丝思筛(米~)师狮₁尸诗 [535]侈₂(半奢五~)死 [52]势₂(形~)侈₁四₂(~人帮)史(读字)始试(尝试) [55]驶(读字) [0]糍(麻~)螄(螺~) ‖ [33]相₂(~干)
z	[11]锄匙时祠‖雌(~鸡) [113]巳士仕柿事₂(实~求是)狮₃(雄~：香烟商标名)是₂氏视市‖自₂(~由)鲋(~鱼) [341]示字寺饲事₁试(考~)侍唑(摩擦声)

i

p	[24]屄 [535]髀比₁ [52]闭臂 [55]秘₂□(汽车喇叭声) [0]庇(包~)□(凡~：凡是) ‖ [33]啤(~酒)肥₂(洋~皂：肥皂)
pʰ	[24]批₂砒披 [535]埤(伯~) [52]臂屁(放~)
b	[11]藨皮₁琵枇□(动词，筛)□(量词，层) [113]币脾(~气)被(名词) ‖ 便₂(~宜) [341]蔽避备箆□(放屁声)
m	[11]迷楣 [113]‖眉(~毛) [52]米(厘~) [341]未(~曾) [55]秘₁咪(唤猫声)眯(眯眼)咩(羊叫声) ‖[33]眯(笑~~儿)
f	[24]非飞妃绯□(油炸) [52]废₁□(不要，别。"弗要"的合音，本书写作"覅") [55]废₂(作~)
v	[11]肥(~料) [113]尾(扫~) [341]未(辰巳午~)味
t	[24]□(搔人痒处) [52]帝(~国)置(坐，含贬义)□(起鸡皮疙瘩) ‖底₂(~下) [55]的₂(无恐白~：无缘无故)嘀(汽车喇叭声)□(掉~掉：晃晃荡荡)
d	[11]题₂提₂‖逮₂(~捕) [113]□(鸭叫声) [341]地₁
n	[113]女(女~①：婢女) [55]□(猪叫声) [0]呢(语气词，表肯定无疑)
l	[11]离(~婚)篱梨厘驴□(痉挛)‖丽(~水：地名)恋₂(~爱) [113]礼(赔~)**劳**(用刀划)李裏₁理鲤‖厉₂(~害) [52]旅里₂(公~，华~) [341]虑例利(胜~)唎呖(大声哭叫声)□(裸露) [55]□(敞开衣物)□(咧嘴笑) [0]璃(玻~)蜊(蛤~)狸(狐~)榈(棕~)哩(叽~咕噜)
ts	[535]挤₂姊₁□(麻~：发麻) [52]醉 [55]际济剂
tsʰ	[24]撕₁ [52]**覰**(眯眼看)
s	[24]屎 [535]髓 [52]絮四₁肆 [0]西(造东绷~：胡编乱造)

---

① 读[na¹¹ni¹¹³]，第一字跟表示女儿的"女"[na¹¹³]同音，第二字跟"男女"的"女"[ȵi¹¹³]声母不同。

z　[11]徐₁[341]自₁

tɕ　[24]诛₁诸₁朱₁珠₁车₁(~马炮)拘₁饥基箕机饑龟₁[535]己虮主₁举₁矩₁[52]计(~划)寄纪(年~)记(~账)既₂季叽(小鸡叫声)捶₁(用锄头砸)注₁蛀₁据₁句₁贵₁(不贱)‖几(□guo¹¹~:条案)[0]□(横~:肿大的腹股沟淋巴结)

tɕʰ　[24]欺吹₁炊₁区₁[11]□₁(赶鸡声)[535]取₁(争~)启(读字)起(望得~)[52]趣₁(读字)契₂(地~砖)器气汽喊₁(放气声)喊(叹词,表轻视)处₁(好~)‖企(~业)出₃(~□tɕiɛ⁵⁵:出息)吃₂(~亏)处₁(~理)[341]□₁(赶鸡声)

dʑ　[11]除₁厨₁橱₁奇骑其棋期旗槌₁锤₁(捶打)捶₁渠₁瞿₁衢₁[113]技柱₁具₁跪₁‖柜₁(~台)[341]忌叽(摩擦声)住₁□₁(重~:活儿艰苦、沉重)

ȵ　[11]鱼₁泥₄(水~)呢呢(布料名)疑[113]女₁(男~)议₂(会~)[52]语₁[341]艺谊义(主~)议₁(会~)[0]□(半收~:半干半湿)‖[33]余₁(~仓:地名)

ɕ　[24]书₁舒₁输₁虚₁嬉(玩儿)希稀[535]数₁(动词)许₁(允~)喜嬉癣[52]系(中文~)戏数₁(识~:知趣)‖暑₁(~假)汝₁(~根:人名)说₁(~话:话)[0]系(关~)然₂(弗~)

ʑ　[11]徐₂藷₁(番~:红薯)如₁孺₁(~人家:妇女)嘘₁(赶鸡声)‖聚₁(~宝盆)[113]竖₁‖殊₁(特~)[341]树₁嘘₁(赶鸡声)

x　[55]嘻(笑声)

∅　[24]伊医衣(雨~)依圩₁(藤家~:地名)□₁(身体软弱无力)□(又,表示相继)[11]移姨于₁余₁馀₁俞₁遗围₁(~裙)□(又,表示加强语气)□(~奇:稀奇)‖预₁(~报)[535]椅噫(叹词,表蔑视)守₁(看守)[113]以噫(叹词,表蔑视)雨₁宇₁羽₁□₁(毛~:笼子)□₂(那)[52]意应(~当)忆忆咦(叹词,表惊异)一(~个)□₁(长时间待在笼子里或室内)[341]芋₁喻₁呻(哭声)[55]衣(~裳)[0]宜(便~)易(容~)盂₁(痰~)誉₁(名~)愈₁(痊~)豫₁(犹~)裕₁(足~:富裕)为₁(作~)佑₁(保~)萁(蓂~:蕨)

u

p　[24]‖孳(糖~:荠)孳荠[535]补谱普₁(~通)[52]布佈□(~桥:架桥)

pʰ　[24]铺(~床)潽(沸)[535]浦普₂[52]铺(~茅)‖捕(逮~)

b　[11]蒲匏(花~:南瓜)□(断~:中断)‖鹁(~鸽儿:鸽子)[113]簿箁(大竹篓)埠(登~:地名)□(培土)‖葡(~萄)[341]部步埠(罗~:

地名)**伏**(孵)□(晒太阳取暖)□(放屁声)

f　[24]呼₂夫(~妻)麩□₂(~田:耘田)[535]肤₂府腑(读字)脯(明~:乌贼干)斧₁殕₁(白~:发霉)虎₂浒₂[52]付傅富敷副(正~)屙₂(臽水泼)‖腐(豆~)[0]肤₁(皮~)咐(吩~)‖[33]弗₁(冷~测头:冷不防)

v　[11]浮₁芙₁无(~益)‖婆(~剧)[113]夫(丈~)父武₁舞妇‖符(~号)扶(~贫)[341]附务₁雾呼(感觉疼痛声)□(发呆,发愣)

t　[535]赌肚(肠~)[52]妒拄嘟(鸟飞声)‖堵₁(一~墙)[55]都(成~)嘟(汽车喇叭声)

tʰ　[535]土吐(~口水)[52]吐(呕吐)兔

d　[11]徒途涂图[113]肚(~皮)[341]度渡镀嘟(鸟飞声)□(毒害)‖堵₂(一~墙)

n　[11]奴‖努(~力)[341]怒(读字)

l　[24]‖□(牌~名:名堂)[11]卢炉庐[113]鲁卤[341]路露噜(叽里咕~)‖[33]芦(~粟:高粱)□(~桶碗:一种大碗)

ts　[24]租[535]祖组阻

tsʰ　[24]粗初[535]楚[52]醋础(基~)

s　[24]苏酥鬚疏(生~)蔬[52]素诉塑(~料)数(~目)[0]司(东~:厕所)

z　[341]塑(~老佛:塑佛像)助

k　[24]姑孤[535]古估牯股鼓羖[52]故固雇顾咕(叽里~噜)‖讲(难~经:难说话)[55]咕(汽车喇叭声)[0]颏(面~:脸蛋儿)

kʰ　[24]箍[535]苦[52]裤库‖恐₂(~得:以为)

g　[11]□₃(那)‖鸪(~鸪儿:鹁鸪)[113]汩(流水声)

x　[24]呼₁□₁(~田:耘田)[535]虎₁浒₁斧₂殕₂(白~:发霉)[52]屙₁(臽水泼)呼(风声)‖[33]弗₂(冷~测头:冷不防)

ɦ　[11]浮₂芙₂[113]武₂[341]务₂呼(风声)呼(吹纸煤儿的声音)

ø　[24]乌鸦污[11]和(打牌用语)吴梧胡湖瑚狐壶鬍围(聚拢)[535]坞(山~)□(丢失)[113]伍(退~)户‖葫(~芦)[52]五₂(~一)恶(可~)□(掩埋)□(焚烧,煮)[341]误悟护糊呜(哭声)[55]呜(苍蝇蚊子的叫声)[0]乎(在~)‖[33]蝴(~蝶儿)□(~凌豇:冰锥儿)□(~略儿:稍微)

y

tɕ　[24]诛₂诸₂朱₂珠₂车₂(~马炮)拘₂龟₂[535]主₂举₂矩₂[52]捶₂

第二章 语音

（用锄头砸）注₂蛀₂据₂句₂贵₂(不贱)

tɕʰ [24]吹₂炊₂区₂ [11]□₂(赶鸡声) [535]取₂(争~) [52]处₂(好~)趣₂(读字)‖处₂(~理) [341]□₂(赶鸡声)

dʑ [11]除₂厨₂橱₂槌₂锤₂捶₂(捶打)渠₂瞿₂衢₂ [113]柱₂具₂跪₂‖柜₂(~台) [341]住₂□₂(重~：活儿艰苦、沉重)

ɲ [11]鱼₂ [113]女₂(男~) [52]语₂ ‖[33]余₂(~仓：地名)

ɕ [24]书₂舒₂输₂虚₂ [535]数₂(动词)许(允~) [52]数₂(识~：知趣)‖暑₂(~假)汝₂(~根：人名)说₂(~话：话) [0]然₃(弗~)

ʑ [11]徐₃藷₂(番~：红薯)如₂孺₂(~人家：妇女)嘘₂(赶鸡声)‖聚₂(~宝盆) [113]竖₂‖殊₂(特~) [341]树₂嘘₂(赶鸡声)

ø [24]圩₂(藤家~：地名)□₂(身体软弱无力) [11]于₂围₂(~裙)余徐₂俞₂‖预₂(~报) [535]守₂(看守) [113]雨₂宇₂羽₂□₂(毛~：笼子) [52]□₂(长时间待在笼子里或室内) [341]芋₂喻₂ [0]盂₂(痰~)誉₂(名~)愈₂(痊~)豫₂(犹~)裕₂(足~：富裕)为₂(作~)佑₂(保~)

ɯ

k [24]勾钩阄 [535]狗 [52]锯够构购‖鸽(~坞塔：地名) [55]蛤(~蜊)□(开门或关门声)

kʰ [24]抠 [535]口₁ [52]扣

g [11]渠(他) [113]厚(~薄)

x [24]响(~毛：哮喘) [535]许₁(许配)

iu

tɕ [24]羿₁(唤鸡声) [52]只₁(~顾：只管，尽管)‖主₁(~顾：家伙)

yu

tɕ [24]羿₂(唤鸡声) [52]只₂(~顾：只管，尽管)‖主₂(~顾：家伙)

a

p [52]百₂‖磅(~秤) [55]百₁柏伯 [0]膀(翼~：翅膀)绷(棕~)□(聋~：聋)

pʰ [24]□(伸张肢体) [52]啪(鞭炮声)‖□(一~：一段时间) [55]拍魄版(掰)

b [11]棚搒(拍打)□(量词，丛) [113]白 [341]髱嗙(碰撞声)□(碰，遇)

m [24]瘢绷(~绳：拉并系绳子；编造，撒谎) [11]盲‖望₃(介词，从) [113]猛(火旺；~好：挺好)蜢麦脉网₂(蟢糊~：蜘蛛网) [52]氓柄₁搿(拔)吗(叹词，表提醒注意) [55]咩(羊~~：羊)□(~驴：哑巴) [0]

157

妈（姆~：妈妈）蛮（横~：蛮横）

f　[535]□₂(歪)

d　[113]□(这里。本书写作"耷")[341]嗒(碰撞声)

n　[24]胫(脚膝~头：膝盖)[11]‖□₁(介词，从)[535]打[113]女(女儿)[0]呐(语气词，表惊讶或疑问)

l　[113]哪₁冷‖乱(~胡：乱来)[52]啦(□□ tsʰei⁵²lei⁰ 嚓~：杂乱的刀砍声)[341]啦(伊哩哇~：杂乱的争吵声)[0]啦(语气词，表列举)啦(语气词，表惊讶或疑问)

ts　[24]争[52]挣(胀)‖□(生~耳：患中耳炎)[55]雀(麻~儿)摘责栅(风炉~：小炉子里的铁栅)□(~馃：做馃)□(豆~：干豆秸)□(水担~：挑水用的扁担)

tsʰ　[24]撑(~雨伞)[52]掌撑(挑：~担)嚓(刀砍声)[55]拆坼(裂缝儿)策册赤(~脚)

dz　[113]杂(肉~子：菜名)泽择宅[341]□(插入声)

s　[24]生₁(出~)牲[535]省(浙江~)[52]□(塞)□₂(劝吃)‖甥(外~)[55]塞₁栅(楼板下面的木头)□(~亮：刺眼的亮)‖[33]□(雪~子：雪珠儿)

z　[11]‖昨(~日)[113]石₁射(照射)[341]飒(跑动声)□(生气)

k　[24]今(~日，~年)羹耕□(猪栏~：猪圈里的栅栏)[535]埂□(争辩，吵嘴)[52]介₁(蒋~石)哽‖更(一~鼓)[55]格革隔‖[33]家(~里)

kʰ　[24]坑(较大的水渠)铅(~锡：硬币)[535]坑(山~：地名)[52]坑(小水渠)[55]客□(叹词，表催促。"去啊"的合音)

g　[11]□(伸头)[113]更(五~：上午)嘎(鸭叫声)[341]咯(笑声)

x　[24]哈(~么：怎么)[52]哈(笑声)[55]吓

ø　[24]啊(叹词，表追问)□(凸出)[11]行(~头)桁(栋~：檩)‖外₂(~头)[535]坳₂(折)[113]额哪₂(~里)□(扭扭~~：扭来扭去)[52]啊(叹词，表祈使)[341]硬[55]轭□(塞)[0]樱(糖~：一种野果)啊(语气词，表疑问)

ia

pʰ　[52]□(枪声，鞭声)

b　[341]□(击打声，摔倒声)

m　[52]秒(读字)

t　[24]爹₁[52]爹₂㴉₃(滴落)[55]跌□(副词，一旦)

tʰ	[55]贴帖铁□(~膊儿:赤膊)
d	[113]叠碟蝶
n	[52]渧₁(滴落)‖点₁(一~钟)
l	[24]‖裂(分~) [11]□(咬) [113]鳢猎箆(稻~:用来摔打稻穗的梯形栅栏)列烈劣两(~年) [52]‖俩(~东西) [341]□(器物摔倒声)
ts	[52]借 [55]节
tsʰ	[52]筪(斜) [55]且(读字)切
dz	[341]□(击打声,跑步声)
s	[535]写 [52]细(小)
z	[11]斜邪 [113]截 [341]谢
tɕʰ	[341]□(赶鸡声) [55]□₁(哪)
dʑ	[11]□₁(什么,怎么。本书写作"伽")□(~讲:如果)
ȵ	[52]渧₂(滴落)‖点₂(一~钟)
ø	[24]也₁ [113]也₂

ua

k	[24]惊(怕) [535]梗 [52]□(断裂声)‖□(摸一~:摸一把) [55]瀍(裂)□(跳)□(木片,竹片)□(雄鸡~:公鸡)
kʰ	[52]□(击掌声,断裂声) ‖[33]欢₂(~喜)
g	[11]呱(~~叫) [341]呱(击打声)
x	[535]□₁(歪) ‖[33]欢₁(~喜)
ø	[11]横₁(~直;横放) [113]横(笔画的一种)划(计~)□(逗弄) [52]哇(争吵声)□(~清:清澈)□(鸡蛋散黄)□(爱捣蛋) [341]横₂(横放)横(稻麦菜等作物一行叫一横)哇(争吵声) [55]□(乱抓) [0]哇(语气词,表命令或请求)

a

p	[24]□(小孩语,坐) [535]摆 [52]簸(动词)坝(水库的堤埂)拜 [55]把(~戏)叭
pʰ	[52]破(打~)派
b	[11]排牌簰 [113]罢(午~:中饭与晚饭之间的一餐)罢(助词,了) [341]败□(爆竹声)
m	[24]妈(妈妈;伯母)□(挺肚子) [113]买 [341]卖 [0]没(无~:没有,无)
t	[52]戴(动词)带岛嗒(鼓板声)‖倒₂(~□ie⁵²:不吉利)
tʰ	[24]拖 [52]太₁(~公)

d	[11]□₂(藤子蔓延)□(横挂的长条物中部下垂)‖□(每~日:往日) [113]导₁□₁(藤子蔓延)‖□(每~年:往年) [341]大(厚~:地名) **汰**(漂洗)导₂(领~)□(一~树:一行树)□(去一~:去一趟)
n	[113]奶 [52]哪(叹词,表把握不大) [341]□(拖拉)□(男女亲昵) [0]哪(语气词,表疑问)
l	[24]拉(~车) [11]笋₁‖喇(~叭)赖(无~屁股:赖,不讲理)□(赤肚~:□li⁵⁵:女人光着下身) [52]老₂(~师:教师) [341]癞落(遗漏)□(~伏:抱窝) [55]喇拉(吹牛)啦(哈~:喇叭)□(割) [0]□(骂~:咒骂)
ts	[24]斋□(子~:母鸡肚子里很小的鸡蛋) [535]□(日头~:微弱的阳光)□(插秧时一人插的几行秧苗,一般为六行)□(~头:地方) [52]债‖□₁(~乖:乖) [55]扎₂(结~)炸(爆~) [0]□(上~:听话)□(哼~:哼唷)
tsʰ	[24]差(~弗多)差(出~)车(火~) [52]蔡嚓(刀砍声)
s	[24]沙(~土)纱(~布)砂(石头~)傻筛(斟) [535]洒 [52]□(□sei⁵²~:摩擦声)
z	[11]柴₁ [113]杂₁(嘈杂) [341]飒(雨声)
k	[24]街□(话语标记,这、这样的话。"个啊"的合音) [535]解(~开)□(丘疹) [52]个₁(一~)界(世~)芥戒解(押送)**庎**(~橱:碗橱)‖家(大~) [0]更(半夜三~) ‖[33]哥(~哥)
kʰ	[24]揩(擦)
g	[11]‖□(~门儿:装在大门外面的矮门) [113]**懈**(缓慢,没精神)嘎(母鸡叫声)□(拉胡琴)
x	[535]蟹 [52]哈(笑声)
ɦ	[113]哈(喇叭声)□₂(倒塌) [341]哈(哈气声)□₁(倒塌)
ø	[24]挨(推车) [11]鞋行(~灯:手提的灯笼;~鹅:雁) [535]矮 [113]我蚁 [52]□(天阴)□(茂盛) [341]外₁ [55]挨(推)哎(~哟) [0]啊(语气词,表疑问)

ia

tɕ	[24]家₂(公~)加₂(~工)嘉傢株₁(茌儿)抓₁(~牌)□₁(蹲) [52]驾(读字)教₂(~育)□₁(溅)□₁(揍)‖饺₂(~子) [55]眨₁甲₂挟(~菜)□₁(大声吵)□₁(撒,扔) [0]茄(番~)
tɕʰ	[535]巧₂□₁(倾倒,泼) [52]□₁(击水声) [55]赤₁(露阴)□₁(开~:开裆)

dʑ	[11]□₁(抱) [341]射₁(解大小便)□(一~时景:一段时间)
ȵ	[24]□₁(像瘫了似的坐或挪动) [11]泥₁(黄~) [113]□₁(蘸) [341]□₁(像瘫了似的坐) [55]捏₁
ɕ	[24]奢₁衰₁ [535]爽₂ [52]泻₁(水库或池塘的排水口)赦₁舍₁(隔壁邻~)帅₁‖捨₁(~割:舍得)霎₁(~时)□(~意:舒服) [55]□₁(鳃)□₁(窃窃私语)□₁(~光:精光)
z	[11]蛇₁‖社₁(~会:集市) [113]厦(大~)厦(~门)卸学₂(~习)杂₂(嘈杂) [341]射₁(~箭)绍₂飒₁(雨声)
ø	[24]吆₁(喊叫)‖爷₂(爷~:公公) [11]爷(父亲) [113]野效₂(失~)校(干~)越(~剧)□₁(搞)‖爷₁(爷~:公公) [52]爷(祖父) [341]夜 [55]亚琊(琅~:地名)□₁(软屁~幽:软,含贬义)□(扭~:扭捏)

ua

k	[24]瓜₁ [535]剐₁拐 [52]乖怪褂挂₂(记~:挂念)
kʰ	[24]快
g	[11]怀
x	[24]□(烂) [52]化₂哗(割物声)
ø	[24]歪(读字)挖₂ [11]华(金~)划(~船)华(姓) [113]哇(助词,了)哇(叫牛停住的口令) [52]哇(乌鸦叫声)□(绷着脸)‖鸦(乌老~:乌鸦) [341]坏画(图~)话₂ [0]岩₃(大~:地名)湾(台~)

ya

tɕ	[24]株₂(茬儿)抓₂(~牌)□₂(蹲) [52]□₂(溅)□₂(揍) [55]眨₂挟₂(~菜)□₂(大声吵)□₂(撒,扔)
tɕʰ	[535]□₂(倾倒,泼) [52]□₂(击水声) [55]赤₂(露阴)□₂(开~:开裆)
dʑ	[11]□₂(抱) [341]射₂(解大小便)
ȵ	[24]□₂(像瘫了似的坐或挪动) [11]泥₂(黄~) [113]□₂(蘸) [341]□₂(像瘫了似的坐) [55]捏₂
ɕ	[24]衰₂奢₂ [535]爽₃ [52]泻₂(水库或池塘的排水口)赦₂舍₂(隔壁邻~)帅₂‖捨₂(~割:舍得)霎₂(~时) [55]□₂(鳃)□₂(窃窃私语)□₂(~光:精光)
z	[11]蛇₂‖社₂(~会:集市) [113]学₃(~习)杂₃(嘈杂) [341]射₂(~箭)绍₃飒₂(雨声)
ø	[24]吆₂(喊叫)‖爷₄(爷~:公公) [113]□₂(搞)‖爷₃(爷~:公公) [55]□₂(软屁~幽:软,含贬义)

o

p	[24]‖雹(风~：冰雹) [535]把(动词,~车) [55]八博剥驳捌□₁(老~：阴茎) [0]琶(琵~) 杷(枇~) ‖[33]巴(~结：殷勤)
pʰ	[52]襻噗(断裂声) [55]蝮(狗~涎：蝮蛇)噗(击水声)
b	[11]爬钯(铁~)爿(一~店：一家店)‖乏(少气~力：身体虚弱无力) [113]薄(厚~)箔缚‖薄(~荷) [341]办□(掷物声,撞击声)
m	[24]班扳 [11]蛮(鲁莽)‖摩(~拖车) 蚂(~蟥) 卯₂(寅时~刻：立刻) 晚₁(~娘) 木₂(~屐□儿kuɑŋ⁵⁵：趿拉板儿) [535]板版₁反₁(翻动)□(脱~：相差) [113]马码袜膜□(老~：老婆) [52]扮 [341]慢(急~)万(麻将牌名) [55]慢(快~)摸□(祖母) ‖[33]忙₂(□tsʰɤ³³~工夫：挤时间) 明(~后日) □(东~：东边)
f	[24]花₂(开~)方₂(~面)翻₁番₁妨₁ [535]反₂(正~)下₂(动词) [52]泛₁贩₁畈₁(田~：大片的田地)‖副₂(伲~相：这副样子) [55]法₁髪₁發₁豁₂‖[33]幡₂(魂~竹儿：引魂幡)
v	[11]凡(~士林)烦₁繁 [113]范₁(姓)犯₁罚₁ [341]饭₁万₁(千~)
t	[535]□(梳辫子) [52]‖□(反~：翻一个个儿) [55]搭褡塔(~石：地名)□(畦)
tʰ	[24]滩摊汤 [535]毯坦(平坦) [52]炭烫□(鞋拖地声)‖塌(一~糊涂)□(活~：机灵) [55]塔(宝~)遏托
d	[11]谭谈痰弹(~琴)堂唐糖塘搪(挡)磹(~头：地名)□(~壳：岩石) [113]淡踏达盪(涮洗) [341]弹(子~)荡(闲逛)
n	[24]耽担(动词)丹单₁(简~)当(~时)呐(唢~) [11]难(形容词) [535]胆掸党₁ [113]女(儿~,~婿) [52]担(名词)旦₁(花~)当(上~)档 [341]难(名词)□(皮肤上起的大疙瘩) [0]□(助词,表动作持续不断)
l	[24]落₂(在)‖郎(新~官) [11]蓝篮₁兰₁拦栏廊狼□(~到：周到)‖眼(~□sie³³桩：竖着架晒衣竿的竹竿)邋(~遢) [113]揽蜡辣落₁(~雨：下雨;在)烙(~铁)骆络乐(安~)‖榔(~头)莨(~萁：蕨) [341]赖(耍赖)滥(液体晃出容器之外)懒烂浪朗(硬~~)□(拖东西声) [55]烙(燎烤)
ts	[24]賍渣□(剁) [535]盏₁ [52]诈(假装)榨乍(一~透：吓了一跳)葬 [55]撒作筑扎₁ [0]蔗(甘~)楂(麻~：山楂)
tsʰ	[24]叉权餐仓搀车(水车)菖 [535]仓(余~：地名)铲(动词)产₂ [52]擦岔铲(镬~：锅铲) [55]撮(~勺)插察

162

dz	[11]茶搽查(调~) [113]‖长₃(~岗:地名) [341]賺(错)站₂(车站)栈(读字)
s	[24]沙(~头:地名)纱(棉~线)砂(~糖)疏(稀疏)痧三杉衫山(~头)删珊丧(出~) [535]散(鞋带~开)伞磉(柱下方石) [52]散(失~)晒‖产₁(~母:产妇) [55]索杀煞 ‖[33]钐(~鐮儿:镰刀)
z	[11]藏(隐藏)□₂(陷) [113]凿赚闸煠(煮) [341]藏(宝藏)臓站₁(车站)□₁(陷)

io

tɕ	[24]张₁章₁樟₁姜₁ [535]长₁(村~)涨₁(~大水) [52]帐₁账₁涨₁(浸~)仗‖盏₂(一~灯)□₁(料:原料,料子) [55]诈₁(敲~勒索)着₁(穿;逼迫)斫₁(砍)脚₁桌₁觉₁ [0]疆₁(新~)
tɕʰ	[24]苍₁昌₁娼₁腔₁ [535]厂₁ [52]唱₁ [55]戳₁却₁确₂□₁(湿)
dʑ	[11]长₁(~短)肠₁场₁常₁强₁ [113]丈₁杖₁着₁(~火)镯₁
ȵ	[11]娘₁ [113]箬₁(包粽子的竹叶)仰₁□₁(揉) [341]让₁
ɕ	[24]商₁伤₁香₁乡₁ [535]赏₁享₁响₁ [52]向₁ [55]惜₁(得农~:惹人喜爱) [0]裳₁(衣~) ‖[33]山₁(~歌儿:歌)
ʑ	[11]尝₁ [113]上₁(~山)勺₁弱₁ [341]尚₁上₁(以~)让₃
ø	[24]央₁秧₁(稻秧) [11]羊₁洋₁烊₁(溶化)杨₁阳₁(重~)扬₁‖越₃(~发) [113]殃₁(祸~)养₁(~病)痒₁药₁ [52]秧₁(稻秧以外的秧苗)□₁(勉强维持) [341]样₁ [55]约₁□₁(拿;给;让;被) [0]怨₃(埋~)

uo

k	[24]家₁(一~)加₁瓜₂间(一~屋)官棺观₁冠(鸡~花)关₂(~心)钢缸光₂(~荣)江₁(~西)豇扛(抬)花₃(落~生) [535]假(真~)假(放~)寡剮₂减(从碗里拨出饭菜)管馆讲₁港₁(江河) [52]假(请~)架嫁价挂₁贯灌罐惯岗(山冈)□(敲击声)‖广(~东)□(一~橘儿:一瓣橘子) [55]夹(~糖酥:一种食品)袼甲₁胛括刮各搁郭角□(弗见~:不以为然) [0]锅(铅精~:钢精锅)
kʰ	[24]宽康₁(永~)糠 [535]款庎(窗户;门~儿:门槛) [52]搭(捉)囥(藏放)圹 [55]庎(压)掐(掐算)阔廓确₁壳□(敲击声) [0]□(望~:以为)
g	[11]蛤₂(~蟆)狂₂□(饮食方面过分挑剔)□(诈) [113]夹(~住)峡(畦间的狭沟) [341]硌□(提梁;横架着)□(击打声)
x	[24]翻₂番₂妨₂虾花₁(开~) [535]反₃(正~)下₁(动词) [52]泛₂

贩₂畈₂(田~:大片的田地)化₁‖副₁(伫~相:这副样子)□(~脚:挑夫的工钱)[55]花(雪~膏)法₂髮₂發₂豁₁‖[33]苋(~菜)幡₁(魂~竹儿:引魂幡)

f   [11]烦₂[113]范₂(姓)犯₂罚₂[341]饭₂万₂(千~)

ø   [24]桠弯(山~)还(副词)[11]牙芽颜蛤₁(~蟆)礥岩₁还(动词)杭行(~当)‖画(赝手~脚:指手画脚)筅(~竿:晒衣服用的竹竿)滑(直溜~手:很滑)□(~□kɑo³³蕈:松蕈)[535]哑碗杠[113]瓦眼岳夏(东~:地名)下₁(方位词)馅狭活鹤鑊(锅)学₁□(聚拢,扎紧)[52]挜(强迫吃喝,挤)‖压(~岁钿:压岁钱)[341]下₂(床地~:床下)夏(立~;姓)换□(囝)[55]丫鸭押挖₁恶(~心)[0]闲(清~)降(投~)‖[33]鸦(老~麦:一种野麦)寒₂(~毛管:毛孔)环₁(连~饼儿:一种糕点)

yo

tɕ   [24]张₂章₂樟₂姜₂[535]长₂(村~)涨₂(~大水)[52]帐₂账₂涨₂(浸~)仗₂[52]‖盏₃(一~灯)□₂(料~:原料,料子)[55]诈₂(敲~勒索)着₂(穿;逼迫)斫₂(砍)脚₂桌₂觉₂[0]疆₂(新~)

tɕʰ [24]苍₂昌₂娼₂腔₂[535]厂₂[52]唱₂[55]戳₂却₂确₃□₂(湿)

dʑ   [11]长₂(~短)肠₂场₂常₂强₂[113]丈₂杖₂着₂(~火)镯

ɲ   [11]娘₂[113]箬₂(包粽子的竹叶)仰₂□₂(揉)[341]让₂

ɕ   [24]商₂伤₂香₂乡₂[535]赏₂享₂响₂[52]向₂[55]惜₂(得农~:惹人喜爱)[0]裳₂(衣~)‖[33]山₂(~歌儿:歌)

ʑ   [11]尝₂[113]上₂(~山)勺₂弱₂[341]尚₂上₂(以~)让₄

ø   [24]央₂秧₂(稻秧)[11]羊₂洋₂烊₂(溶化)杨₂阳₂(重~)扬₂‖越₄(~发)[113]殃₂(祸~)养₂(~病)痒₂药₂[52]秧₂(稻秧以外的秧苗)□₂(勉强维持)[341]样₂[55]约₂□₂(拿;给;让;被)[0]怨₄(埋~)

ɔ

p   [52]□(断裂声)[55]播膊□₂(老~:阴茎)

pʰ   [55]扑覆(趴;盖)

b   [113]莆(芦~:萝卜)卟(嘞~:絮絮叨叨)[341]嘣(砍东西声)

m   [11]‖蟆(~卵袋儿:蝌蚪)拇(大~□tɕiɛ⁵⁵头:大拇指)满(~月)陌(生~:生疏;陌生)望₂(~□kʰuo⁰:以为)‖梦₂(眭~宿里:睡梦中)[113]模(~范)某亩木₁(树~)目[55]木(因受冻而麻木)

f   [24]‖復(恢~)[55]福複復(重~)腹

v	[113]负服伏(~里)袱栿(地~:墙壁下的木头)
t	[52]□(敲门声,切菜声) [55]督丑
tʰ	[52]□(稀烂物落地声) [55]秃□(副词,都)□(粘,涂抹)
d	[113]独读渎(沟渠)毒 [341]□(掷物声,撞击声)
n	[24]喏(叹词,表指示) [113]喏(猪叫声,唤猪声)
l	[11]‖□(~笋:成根的大笋干)□(□kɔ⁵²~子:栗暴) [113]鹿禄六陆绿□(瞪眼) [55]弄(禽)喽(唤狗声)
ts	[52]左咂(赞叹声) [55]足₁□(嘴唇撮起)
tsʰ	[55]促□(窥)
dz	[113]族续₂
s	[52]嗖(刀割声) [55]速肃宿(~夜;一~)粟缩(读字)□(啄)
z	[113]俗续₁□(晃动) [341]嗖(刀割声,跑动声)
k	[52]咕(敲击声)‖□(~□lɔ¹¹子:栗暴) [55]个₂(~人)谷(姓)穀咕(敲击声)□(竖着耳朵)□(缩着身子)□(老~:老成)
kʰ	[52]‖恰(~恰儿:恰恰) [55]哭
g	[11]□₂(那)
x	[24]呼(呼唤家禽) [52]嗬(叹词,表惊叹)□(喝水声) [55]嗬(嗬~:叹词,表惊叹)□(大口喝)
ɦ	[11]嗬(嗬~:叹词,表惊叹)□(嗒~:赶鸡声) [113]哄(围拢)
ø	[24]哦(叹词,表惊讶) [113]斛哦(叹词,表惊讶) [52]哦(赶鸡声)哦(叹词,表明白) [55]握屋喔(唤狗声) [0]哦(语气词,表商量)

iɕ

tɕ	[24]‖□₁(猫~瘟:猫头鹰) [52]‖种₁(仡~:这种)□₁(~半:对半) [55]竹₁祝₁粥₁烛₁菊₁足₂(总是;仅仅)
tɕʰ	[24]丘₁(一~田:一块田) [55]畜₁(~牲;~牧)触₁麴₁曲₁
dʑ	[113]浊₁轴₁局₁
ȵ	[113]肉₁玉₁狱₁
ɕ	[55]叔₁淑₁旭₁
ʑ	[113]赎₁熟₁属₁
ø	[113]育₁浴₁哟₁(哎~) [341]啃₁(哼~) [55]郁₁(稳~:丰厚)□₁(使弯曲) [0]哟₁(哎~)

yɔ

tɕ	[24]‖□₂(猫~瘟:猫头鹰) [52]‖种₂(仡~:这种)□₂(~半:对半) [55]竹₂祝₂粥₂烛₂菊₂足₃(总是;仅仅)

tɕʰ	[24]丘₂(一~田:一块田) [55]畜₂(~牲;~牧)触₂麹₂曲₂
dʑ	[113]浊₂轴₂局₂
ɲ	[113]肉₂玉₂狱₂
ɕ	[55]叔₂淑₂旭₂
ʑ	[113]赎₂熟₂属₂
ø	[113]育₂浴₂哟₂(哎~) [341]唷₂(哼~) [55]郁₂(稳~:丰厚)□₂(使弯曲)

ie

p	[24]标(目~)婊彪便(副词,马上) [535]表鋔裱标(梢儿) [52]‖毕(~矮儿:人名)壁(吸~虎儿) [55]鳖憋瘪 ‖[33]肥₁(洋~皂:肥皂)□(~子骨:肋骨)
pʰ	[24]批₁(剥离)偏 [535]漂(用水冲洗)片(树~:大块的木屑) [52]膘票漂(~亮)骗片(一~) ‖篇(一~文章)匹(一~马)□(~讲:连词,不过) [55]撇劈 ‖[33]屁(~股)
b	[11]皮₂(~翼儿)蛾子)瓢嫖便₁(副词,就)便(熟练,精通)缏(衣服的边儿) [113]辩便₂(副词,就)别(特~)辫蹩 ‖便₁(~宜) [341]鐅吠便(方~)
m	[24]鞭编边煸 [11]苗描瞄棉眠(猪、牛等动物交配)□(下种子)‖未(~知:不知道) [535]扁匾 [113]米(白~)免灭篾搣(名词,捻子) [52]变遍 [341]面麵 [55]搣(动词,捻)
f	[52]匪肺费
t	[24]低 [535]底₁(鞋~,~下)抵 [0]帝(皇~) ‖[33]地₃(~帚:笤帚)
tʰ	[24]添₁天 [535]体舔 [52]嚏剃掭 [0]屉(抽~)
d	[11]题₁提₁啼甜田填钱(重量单位)钿(铜~) ‖逮₁(~捕)第(~一)地₂(~下)簟(~□iᴇ¹¹³:晒粮食用的竹席)电(~灯) [113]弟垫(~本钿:垫本钱) [341]递殿垫(铺垫)
n	[24]癫₁ [535]点₁(钟~)典₁ [52]店₁踮₁□₁(用手验鸡有无蛋下)
l	[11]犁帘(门~)连联莲楝 ‖礼(酒~担:包括成坛的酒在内的礼担)荔(~枝)恋₁(~爱) [113]‖厉₁(~害)□(~槌:洗衣用的棒槌) [341]滤练炼□(~现:丢丑) [0]链(拉~)
ts	[24]尖煎(~鱼)湔(洗) [535]挤₁姊₂剪笕 [52]祭穄箭剑煎(熬)荐₁(□pu³³~:推荐)荐 ‖积₂(~极) [55]接
tsʰ	[24]妻籤签迁千(~张)扦(插) [535]浅 [52]砌千(~万)扦(篱笆)
dz	[11]全₂

166

s [24]西(~面)仙鲜(~味)先□(称秤时秤杆翘起) [535]洗选 [52]细(粗~)婿岁(几~)鲜(朝~)线鐁(阉鸡)□(修剪花木)□(晾~桩:竖着架晒衣竿的竹竿)‖筅(~帚:炊帚)[55]薛雪旋(头上的) [0]荠(糖荠~:荠荠)徐₄(上~:地名)

z [11]齐钱(姓)前全₁泉 [113]绝‖痊(~愈) [341]贱□(动)

tɕ [24]鸡监(~牢)兼奸(~臣)肩坚‖蛰₂(惊~) [535]减(加~)简见₂(望得~,听弗~)□(变曲) [52]计(用~)繫(拴)只₂(只有)记(动量词,下)展佔₁建荐₂见₁□(竹木削成的钉子)‖检(~查)欏(~□tsʰei⁵⁵:一种灌木) [55]摺折(~扣)浙劫奸(强~)结(动词)洁吉羯(阉)□(白~:一种鱼)‖[33]继(~立:过继)

tɕʰ [24]溪牵□(伸手脚) [52]契₁欠縴□(小孩娇) [55]挈‖[33]□(~头儿:以前)

dʑ [11]钳□(头望上伸,抬) [113]舌涉俭件(零~)杰屐 [341]箸(筷子)健□(乱雀~:胡闹)

ɲ [24]颠₂黏‖日(朝~葵:向日葵) [11]泥₃(黄~)年严研言(读字)‖义₁(~乌:地名)引(~线:缝衣针) [535]点₂(钟~)典₂ [113]碾染热业孽聂(读字)□₁(那)‖鲇(~鲐:鲇鱼) [52]店₂跕₂□₂(用手验鸡有无蛋下) [341]念廿验‖[33]银(~锭)

ɕ [24]苫(稿~:稻草帘子)掀锨 [535]陕险 [52]世閃(火~:闪电)扇(纸~)献显(明~)现(炫耀;~真形) [55]歇 [0]然₁(自~)‖[33]势₁(~力)

ʑ [113]善蟮(~面:蚯蚓)鳝折(~本)县₃

ø [24]烟 [11]嫌贤弦盐(名词)檐延沿(边~)铅(~笔) [535]掩屚(鳞) [113]协叶曳□₃(那) [52]厭䵣(丈量,比画)燕演□(慢) [341]限现(出~)盐(腌)沿(边~)□(逗引,引诱)□(器具磨损)‖页(一~) [55]靥(凹)穮(谷~:秕谷) [0]炎(发~)□(凡~:凡是)

ə

p [24]巴(~弗得)包 [535]保宝饱 [52]报豹 [0]啵(将然体助词,了)

pʰ [24]泡(松软)□(柚子) [535]跑 [52]炮泡(名词;动词) [0]□(蚱蜢~:蚱蜢)

b [11]袍 [341]鲍龅(牙齿外露)

m [24]毛(下毛毛雨)‖□(肩胛~头:肩膀) [11]麻(~烦)蟆(蛤~)毛(名词)茅猫矛 [113]卯₁铆么 [341]冒帽貌

t [24]刀 [535]倒₁(打~;~水) [52]岛(读字)到倒(~过来) [0]菿

167

（葡~）的（"呸"~一声）叨（哩咕唠~：唠唠叨叨）□（复数词尾。本书里写作"道"）

tʰ　[535]讨 [52]套

d　[11]桃逃淘陶 [113]道（味~）稻 [341]道（佛~：死后成佛的命运）盗

n　[24]挠 [113]脑恼闹（热~）[341]闹（摇晃）

l　[24]□₁（掏）[11]劳牢 ‖ 落（~花生）[113]老₁佬 [0]啦（语气词，表列举）‖[33]芦（~菔：萝卜）

ts　[24]糟抓（~痒）[535]早蚤爪找 [52]躁（瘙儿~）灶罩笊 ‖ 蚱（~蜢）□₂（~乖：乖）

tsʰ　[24]操抄□（牛互相顶角）[535]草炒吵 [52]躁（脾气~）糙秒钞（会账）‖ 钞（~票）□（骂一~：骂一顿）

dz　[11] ‖ 赵（姓）[113]造₂（编造）

s　[24]骚臊艄 [535]扫₁（动词）嫂 [52]扫₂（动词）燥悴（一~：一阵子）

z　[11]曹槽柴₂（~楤）[113]皂造₁ [341]耍

k　[24]高膏（名词）糕交₁（~朋友）皋胶（~布）□（寻寻~：找遍了）[535]篙稿绞（拧）搞镐 [52]告教₁（~书，~牛）校（校正）酵窖（埋）□（搀和）[55]个₃（弄~头：骂人话）[0]个₁（的）界（曹~：地名）‖[33]茭（~笋：茭白）

kʰ　[24]敲 [535]楷考烤（熬）[52]烤（~酥饼）靠铐卡

g　[113]绞（交错）藠（老~：藠头）□₁（这。本书写作"仡"）

x　[24]哈（哈喇）[535]好（形容词）[52]好（动词）孝（~顺）

ø　[11]熬 [535]袄拗₁（折）[113]□₂（这。本书写作"仡"）‖ 傲（~骄：霸道）[52]拗（~口）□（灌着吃或喝）[341]号（~数）嗳（叹词，表懊恼）[0]个₂（的）

iə

tɕ　[24]交₂（~流）胶₂（~底鞋）朝（明~：明天）招骄浇 [535]较缴□（擦，抹）[52]照叫饺₁ [55] ‖ 直₂（横~：反正）[0]侨（华~）□（语气词，表怀疑）□（语气词，表夸张）‖[33]荞（~麦）□（~□pε²⁴花：杜鹃花）

tɕʰ　[24]超跷（瘸）[535]巧₁（凑~）撬 [52]翘窍

dʑ　[11]朝（~庭）潮乔桥 [113]□（撬）‖ 兆（~云：人名）[341]轿

ȵ　[341]绕（~线）[0]饶（上~：地名）

ɕ　[24]烧 [535]少（多~）[52]孝（~子）肖□（蒸气）‖ 晓₁（~得）[55] ‖ 晓₂（~得）

| ʑ | [11]‖绍₁(~兴:地名)[341]邵₁饶 |
| ø | [24]妖腰(~身)吆(~牛:放牛)□(~稻秆:把田里的稻草搬出去)‖要(~求)阳₃(太~经:太阳穴)[11]摇窑姚[535]腰(肾)[113]舀[52]腰(裤腰)要(重~)[341]効₁鹞[0]谣(造~)呀(嗳~:叹词,表懊恼) |

ɤ

p	[24]疤把(抓)玻[535]□(蛤~:癞蛤蟆)[52]坝(小水渠的堤埂)‖巴(尾~)把(一~)[55]钵拨[0]波(宁~)把(个~)‖[33]菠(~薐菜:菠菜)
pʰ	[24]潘□(披)[52]破(望~:看破)判[55]泼
b	[11]婆搬盘[113]伴拌[341]耙稗□(腰~:腰)
m	[11]磨(~刀)麻(苎~)瞒馒鳗貓[113]满(~意)末[52]半[341]磨(石~)骂[0]般₁(助词,似的)么(哈~:怎么)
f	[535]火₂伙₂[52]货₂
t	[24]多刁雕[535]朵躲都(五~钱:地名)[52]钓吊[55]答掇(~凳)□(坛子)
tʰ	[24]挑(~刺;修树枝)贪吞[535]妥挑(选择)汆(流淌)□(买卖大猪)[52]跳粜(卖粮)探[55]□(蒙盖)□(洞穿通)
d	[11]驼驮(端)条调(~戏;上下晃动)潭团糰[113]断(断绝)□(重叠)[341]大(~细:大小)掉调(曲~)调(对~)段(手~)缎
n	[24]端[11]南男‖糯(~米)[535]短[113]暖(动词)[52]断(约定)□(猛推)‖□(一~:一些)
l	[24]捞[11]罗锣箩₂螺胴辽寥蓼良凉量(动词)粮梁梁□(□tɕia⁵⁵~:知了)‖卵(~袋:阴囊)乱(狗~穿:门旁的狗洞)[113]了粒略两(斤~)掠(顺手拿)掠(梳子)‖乱(~耍:玩)[341]料亮谅量(重~)[55]掠(劈打)[0]萝(包~:玉米)疗(医~)
ts	[24]焦簪钻(~里去)将(~来)浆[535]蒋奖[52]做钻(锥子)酱将(大~)‖转₁(量词:一~)[55]雀(阴茎)□(梳头)□(□ɤ⁵²:肮脏)
tsʰ	[24]搓锹村(农~)枪□(贩)[11]村(吴~:地名)抢[52]锉错俏寸呛(吃~去)箬(器具背面的掌)[55]鹊
dz	[113]杂(~七~八)
s	[24]蓑消硝销萧酸孙₂相(~信)箱镶[535]锁想鲞所[52]笑算蒜相(照~)‖些(一~)小(~心,~学)[55]屑削‖[33]狮₂(~子)
z	[11]蚕墙详祥‖唢(~呐)□(~意:够,满足)[113]坐杂(和类合~:混杂)鏊嚼像象[341]匠□(下沉)

169

k	[24]甘泔乾(饼~)肝₁ [535]感敢杆秆赶 [52]乾(晒~)幹₁(事~：事情)‖干(沿~：旁边)竿(筅~：晒衣服用的竹竿)[55]割合(闭合，拼合，缝合)葛□(鲤~：鲤鱼)
kʰ	[52]磡(高埂)[55]磕
g	[113]擓(挑担)
x	[24]鼾□(鞭打后的痕)[535]许₂(许配)[52]鲎(虹)熯(蒸)‖喝(□xai³³ 五~六：呵喝)‖[33]酣(毛~酣儿：酒酣)
ø	[24]安₁鞍庵(读字)[11]含‖旱(~烟)[113]合(~拢，结~)盒□(老~：妻子)‖寒₁(~露)[52]暗案₁‖□(~□tsɤ⁵⁵：肮脏)[341]岸汗焊[55]□(沤)□(池塘)

iɤ

tɕ	[24]专₁砖₁ [535]转₁(~变)捲₁ [52]卷₁(考~)‖转₂(量词：一~)[55]结₁(名词)撅₁(包，裹)决₁诀₁ [0]缠₁(盘~)
tɕʰ	[24]圈₁‖串₁(~联)[52]劝₁犬₁(读字)‖川₁(四~)[55]出₁缺₁
dʑ	[11]传₁(~达)权₁拳₁ [113]‖橡₁(~树：橡子)[341]传₁(故事)
ȵ	[11]原₁源₁‖义₂(仁~道德)[113]软₁箬(~帽)月₁ [341]愿₁
ɕ	[24]宣₁冐₁靴₁ [52]扇₁(量词)楦₁ [55]刷₁说₁(~明)血₁ [0]□₁(凡~：凡是)□₁(□dɑo¹¹~：副词，莫非)
ʑ	[11]船₁ [113]术₂(技~)
ø	[24]冤₁渊₁‖越₁(~来~)[11]元₁圆₁员₁园₁□₁(倒~：副词，倒)[113]远₁阅₁(读字)‖玄₁(~孙：曾孙)缘₁(~分)[52]□₁(水渠)[341]县₁院₁ [0]援₁(支~)怨₁(埋~)

uɤ

k	[24]歌哥(~弟)[535]果裹馃(清明~)□(弄~：办，弄)[52]过₁
kʰ	[24]髁(脚膝~头：膝盖)科窠□(~儿：竹木制的碗)[535]可 [52]课 [0]过₂(弗~)
g	[113]□(为止)□(中央~：中间部分)
x	[535]火₁伙₁ [52]货₁ [55]瘄(一~：一觉)
ø	[24]阿(~胶)窝弯(动词)[11]鹅河荷和(合并)[113]祸 [52]涴(屎)[341]饿话₁ [0]荷(薄~)‖[33]何(~□dʑia¹¹弗苦：何苦)禾(~边程：地名)坞(鸽~塔：地名)

yɤ

tɕ	[24]专₂砖₂ [535]转₂(~变)捲₂ [52]卷₂(考~)‖转₃(量词：一~)[55]结₂(名词)撅₂(包，裹)决₂诀₂ [0]缠₂(盘~)

tɕʰ	[24]圈₂‖串₂(~联) [52]劝₂犬₂(读字)‖川₂(四~) [55]出₂缺₂
dʑ	[11]传₂(~达)权₂拳₂ [113]‖橡₂(~树:橡子) [341]传₂(故事)
ȵ	[11]原₂源₂‖义₃(仁~道德) [113]软₂箬₂(~帽)月₂ [341]愿₂
ɕ	[24]宣₂冃₂靴₂ [52]扇₂(量词)楦₂ [55]刷₂说₂(~明)血₂ [0]□₂(凡~:凡是)□₂(□dɑo¹¹~:副词,莫非)
ʑ	[11]船₂ [113]术₃(技~)
ø	[24]冤₂渊₂‖越₂(~来~) [11]元₂圆₂员₂园₂□₂(倒~:副词,倒) [113]远₂阅₂(读字)‖玄₂(~孙:曾孙)缘₂(~分) [52]□₂(水渠) [341]县₂院₂ [0]援₂(支~)怨₂(埋~)

ε

p	[24]杯□(粘)‖□(□tɕiə³³~花:杜鹃花) [52]贝辈背(背部;驮)□(叼) [55]不₁北 [0]呗(助词,表停顿,嘛)
pʰ	[24]胚坯 [52]配
b	[11]陪赔 [113]倍□(土块)□(沫儿) [341]背(~书)焙□(叶~:带叶的树枝)
m	[11]梅媒煤霉 [113]每美墨默□(唤牛声) [341]妹
f	[24]灰₂ [52]悔₂ [55]弗(不)
v	[113]佛物
t	[24]堆‖□(~□uε⁰:分寸) [52]戴(姓)对碓 [55]得(~到)德□(砍)□(点头)□(嘎~:母鸡下蛋后的叫声) [0]苔(湖~:青苔)鲐(鲐~:鲐鱼)
tʰ	[24]胎(打~)苔(舌苔)梯推添₂(吃碗~:再吃一碗)煺(去毛) [535]腿□(用手脚抓、划) [52]态(读字)退褪(颜色变淡) [55]太₂(~阳)泰(~山)脱忒(太)
d	[11]台(天~:地名)臺‖怠(~慢) [113]待夺突特(~别) [341]贷代袋岱队
n	[113]‖内₁(~行) [341]耐 [55]呢(叹词,表提醒) [0]呢(语气词,表疑问)
l	[24]□(踩) [11]来雷‖勒(~索) [113]瘰(瘰子)捋(顺抹)□(实~:分寸) [341]踉(倒下)□(擗) [55]捋(望下撕拉)
ts	[24]灾 [52]再载(记载)寨₁ [55]则□(起~:出数儿) [0]□(心~:心思)
tsʰ	[24]猜催□(敲紧桶箍) [535]彩 [52]菜 [55]撮(拾)测 [0]衬₁(帮~:帮助)

171

dz [113]在₂

s [535]碎(形容词) [52]赛寨₂ 栖(鸡~:鸡屋)碎(散~:零钱)□
(□ie¹¹ 七八~:逗引) [55]塞₂色

z [11]才(秀~)材财裁 [113]在₁罪贼 [341]‖□(一~雨:一阵雨)

k [24]该 [535]改几(~个) [52]概盖钙

kʰ [24]开 [52]□(明朗) [55]刻克咳

g [113]徛(站立) [341]隑(斜靠)及(来得~)

x [24]□(势头大,排场大) [535]海 [52]嗨(笑声) [55]黑 [0]□(梦~:
盹儿)

∅ [24]欸(叹词,表惊讶) [11]呆㨃‖会₂(弗~) [113]亥核(~桃)癌
欸(叹词,表惊讶或否定) [52]爱 [341]艾害 [55]□(~司:扑克牌里
的A) [0]欸(语气词,表惊讶)

iε

tɕ [24]‖蛰₁(惊~) [535]解(~放) [52]介₂(~绍)‖隻(一~狗) [55]
执汁质侧(转~:睡觉时转身)织职□(倾斜)□(出~:出息)□(~头:
指头) ‖[33]阶(~级)

tɕʰ [52]□(掷物声) [55]撤尺赤(~豆)□₂(哪)□(勒,束)□(白~:
一种小鱼) [0]□(趋向动词,起来。"起来"的合音)

dʑ [11]□₂(什么,怎么。本书写作"佮") [113]侄直₁值植 [341]□(掷
物声)‖件(一~衣裳)□(去一~:去一趟)

ɕ [52]‖涩(~口:涩)□(~气:腰眼) [55]虱设失室识式适释

z [11]‖邵₂(~家源:地名) [113]实术₁(技~)食社(公~)十拾入
(收~)日(~本)石₂ [341]□(跑步声)

∅ [24]欸(叹词,表惊讶) [113]欸(叹词,表惊讶或否定)□₄(那)

uε

k [535]鬼 [55]骨(白~精)国

kʰ [24]奎 [52]块‖屈(山头~垅:山区,山间,含贬义)‖[33]盔(~甲)

g [113]掘

x [24]灰₁ [535]毁 [52]悔₁晦

∅ [24]煨 [11]回 [113]会₁(弗~)或(读字) [52]畏(腻烦)□(投掷)
[341]汇会(开~)□(称重量) [0]□(对~:分寸) ‖[33]魂₂(~幡
竹儿:引魂幡)

ai

p ‖[33]朋(~友)

172

pʰ	[24] 喷 [52] 烹 (蒸)
b	[11] 盆 □ (用手抱着别人的肩膀) [341] 笨
m	[24] 奔叁 (撮取) [11] 门蚊 [535] 本 [113] 猛 (甜~:很甜) ‖ 埋 (~怨) [52] ‖ 枚 (一~引线:一根针) [341] 闷问₁ □ (打)
f	[24] 分吩婚₂ [535] 粉 [52] 粪昏₂ [0] 纷 (纠~) ‖ [33] 拚 (~斗:簸箕)
v	[11] 坟文纹闻 [341] 份问₂ (~题)
t	[24] 灯₂ (幻~片) [52] 吨 [0] 饨 (馄~)
tʰ	[52] 褪 (脱下) ‖ [33] 胎 (伏~卵:孵过而不能出小鸡的蛋)
d	[11] 屯藤 ‖ 邓 (姓) [113] 断 (剪~) [341] 盾遁钝段 (一~树)
n	[24] 敦墩登灯₁ 蹲炖 (使热) [11] 能 ‖ □₂ (介词,从) [535] 等₁ □ (水洼) [113] 暖 (形容词) [52] 顿凳炖 (使烂熟) [341] 嫩
l	[24] ‖ 菠 (菠~菜:菠菜) [11] 轮 (~胎) [113] 卵 (伏胎~:孵过而不能出小鸡的蛋) □ (哪里。"哪里"的合音) ‖ 兰₂ (马~头) [341] 乱 (不整齐) 论 ‖ [33] 灵₂ (魂~七魄:魂魄)
ts	[24] 尊增 [52] 浸 ‖ □ (~够:够,腻烦)
tsʰ	[535] 忖 [0] 衬₂ (帮~:帮助)
dz	[11] 存₂
s	[24] 孙₁ 僧森参 (人~) [535] 损 [52] □₁ (劝吃) [0] 狲 (猢~:猴子)
z	[11] 层寻 [113] ‖ 生₃ (卫~衣:绒衣) [341] 赠
k	[24] 跟根 [535] 䢕 (盖围墙) □ (多少。"几许"的合音) [0] □ (家里。"家里"的合音)
kʰ	[535] 肯 [52] 揿
g	[11] □ (垂下,罩住)
x	[24] □ (呵喝) [535] 狠擤 [52] ‖ 许 (几~:多少)
∅	[24] 恩 □ (埋葬) [535] 拗₃ (折) [52] 摁唉 (叹词,表答应) [341] 恨

iai

tɕ	[24] 㰍 (楔子) 针珍真砧蒸贞正 (~月) [535] 枕 (~头) 准₁ 整 □ (木料变坏) □ (隐~:荫凉) [52] 镇震甑证政正 (~副)
tɕʰ	[24] 穿₁ 春₁ 称 (名~) □ (~农:卖淫) [11] □ (介词,从) [52] 趁称 (~心) 秤㤺 ‖ 串₁ (一~)
dʑ	[11] 存₁ 沉 (沉没) 陈尘臣程乘 (~法) 成₂ (~功) 城₂ (~市) [113] □ (厚~:厚实) ‖ 承₂ (~认) 丞₂ (~相) [341] 沉 (望下拉) 阵郑
ɕ	[24] 深身申伸 (读字) 升声 [535] 审婶 [52] 渗胜 (~败) 圣 [0] □ (凡~:凡是) □ (托~:可能) ‖ [33] 存 (~管) □ (□ ɑ³³ ~天公:阴天)

173

ʑ　[11]神乘(~凉)绳塍辰承₁成₁城₁人(私~)仁唇₁[113]‖丞₁(~相)[341]賃剩盛(姓)任(上~)顺₁润₁闰₁

uai

k　[24]关₁(~门)[535]滚₁棍[52]滚₃(裹~:窝成"&"字形的成把的稻草)

kʰ　[24]昆坤□(弯~:小山谷)[535]捆[52]困瞓[0]□(钵~:钵)

g　[11]□(颗粒饱满)[113]滚₂(滚动)□(~祸:惹祸)

x　[24]昏₃婚₁荤[52]昏₁浑₂

ø　[24]温瘟[11]魂₁馄浑₁[535]稳[341]混‖[33]幻(~灯片)

yai

tɕ　[535]准₂

tɕʰ　[24]穿₂春₂[52]‖串₂(一~)

ʑ　[11]唇₂[341]顺₂润₂闰₂

ei

p　[24]冰₂(白~儿:冰棍儿)[52]‖比₂(介词)不₂(~过)[55]笔毕(~业)必滗逼碧壁(板~)‖便(随~:连词,不论)‖[33]苹(~果)

pʰ　[24]拼(~命)姘[535]品[52]聘拼(合)吥[55]朏(女阴)

b　[11]贫平评坪瓶屏呼(~嘭:游泳时击水声)‖别(~针)[113]鼻並趰(行走)[341]病呯(碰撞声)

m　[24]槟冰₁兵[11]民明(~年)名铭‖□(~□dei¹¹³:过了这会儿)[535]丙炳饼併[113]抿密蜜皿茗‖□(~功:精明能干)[52]殡柄₂螟[341]命

t　[52]嘀(~嗒:钟表走声)[55]得(晓~:知道)的₁(目~)嫡扚(掐)□(堵,塞)[0]底(到~:究竟)蜓(蜻~)

tʰ　[24]厅[535]挺[52]听[55]踢剔惕

d　[11]亭停庭[113]锭敌籴(买粮)特(副词,好,很)□(□mei¹¹~:过了这会儿)[341]定□(碰撞声)

n　[24]丁钉(名词)疔叮拎[11]宁(~可,~愿)[535]顶[113]内₂(以~)[52]钉(动词)订盯□(吝惜)□(沉淀)‖等₂(介词,被,让)[0]呢(语气词,表提醒)

l　[11]林淋临邻轮(~着)陵灵₁零铃嘞(~卟:絮絮叨叨)‖裏₂(~金坞:地名)利(~市:吉利)[113]立笠栗律力领岭(山~)歷曆‖磷(~肥)玲(~珑)另(~外)[341]类令岭(~上:地名)‖里₁(一~路)[55]□(倒掉)[0]嘞(语气词,表强调)‖[33]菱(~角儿)凌(浮~:掉空:

| ts | [24] 追精睛 ‖ 缙（~云：地名）[535] 嘴井 [52] 进 [341] □（插入声）[55] 卒即鲫积₁迹脊绩寂□（痢~：痢疾）[0] 津（天~） |

| tsʰ | [24] 亲清青蜻 [11] □（哼□ tsɑ⁰ ~：哼唷）[535] 请 [52] 翠（人名）衬（~衫）□（视力好）□（慢走）□（刀砍声）‖ □（~酸农：因消化不良而产生的难受的感觉）[341] □（插入声）[55] 缉（~鞋底：纳鞋底）七柒漆戚□（檕~：一种灌木）□（恰~：恰恰）‖ [33] □（~客：好看）|

| dz | [113] 睡（午~）集₂（人名）习₂席₂（主~）‖ □（夹~落下：腋）[341] □（插入声）|

| s | [24] 虽心芯辛新星腥荤（~畈：地名）‖ 岁（压~钿：压岁钱）[535] 笋榫醒 [52] 信迅（陡）性姓税₃□（~□ sɑ⁵²：摩擦声）‖ 随（~便：连词，不论）□（~臭：狐臭）[55] 悉膝戌息惜（可~）锡析□（掐）|

| z | [11] 秦情晴 ‖ 遂（~昌）[113] 瑞（读字）蕈（蘑菇）集₁尽静习₁席₁‖ 随（~便：形容词）□（~糖：饴糖）[341] 净□（~飒：摩擦声）|

| g | [341] □（敲打声）|

| ɦ | [341] 嘿（用力声）|

| ø | [24] 欸（叹词，表惊讶）[113] 欸（叹词，表惊讶）[52] 欸（叹词，表呼唤）[341] 欸（叹词，表提醒）[0] 欸（叹词，表惊讶）|

iei

| tɕ | [24] 今（如~）金襟巾斤筋京惊（~蛰）晶经均₁军₁‖ 纪（风~扣）[535] 紧景（布~）颈 [52] 只₁（只有）既₁禁（不许）境景（风~）警敬镜□（油炸）□（说话声）[55] 急级蕨戟击激结（巴~：殷勤）欶₁（吮吸）橘₁ |

| tɕʰ | [24] 轻 [52] 庆 [55] 吃₁ |

| dʑ | [11] 琴擒勤裙₁擎（庹）□（~□ goŋ¹¹³：说话声）[113] 术（白~）及（~时）近极剧 [341] 禁（忍）劲 |

| ɲ | [11] 宁人（丈~）银（金~）迎（举）[113] 入（装）日（~头）[341] 认韧 |

| ɕ | [24] 欣（读字）熏₁兴（~旺）‖ 训₁（~练）[535] 水₁ [52] 税₁兴（人多热闹；高~）□（~□ ɕiɑ⁵⁵ 白□ ɕiɑ⁵⁵：窃窃私语）‖ 黍₁（~作店：糕点店）蟋（~蟀）蟢₂（~糊网：蜘蛛网）[55] 吸蟀痰（差）□₁（转，绕）[0] 蝇（苍~）□（拉污~：赖）|

| ʑ | [341] □（~飒：摩擦声）|

| ø | [24] 音阴因姻殷肫英 ‖ 译（翻~）易（交~：交往）[11] 形型刑寅营雲₁云₁匀₁沄₁（上~头：地名）瀛₁（~头金：地名）赢₁‖ 永（~康：地名）|

[535]隐影□（泅）[113]引（药~）翼瘾域（读字）役（读字）□（簟~：晒粮食用的竹席）□₁（舞动）[52]印应（答~）映□（撒）‖鹰（老~）[341]运₁晕₁[55]揖乙一（~两三四）壹益□（地方，痕迹）□（烤竹木使弯曲）‖[33]意₂（~思）茵（绿~茵儿）允₁（~许）

uei

k [24]闺规归 [52]刽会（~计）桂贵（富~）[55]龟₃轨骨（~头）[0]葵（朝日~：向日葵）

kʰ [24]亏 [55]屈（弯）

g [113]逵（李~）[0]馗（锺~）

x [24]挥徽

ø [24]威 [11]为（~止）围（~巾）‖伟（~大）[535]委 [113]核（果核）喂（叹词，表惊讶）‖猢（~狲：猴子）惠（~义：人名）[52]喂（叹词，表惊讶）[341]卫为（介词）位胃谓喂（叹词，表招呼）[55]頮（淹没）[0]喂（哎哟~：哎哟）喂（语气词，表提醒）‖[33]危（~险）

yei

tɕ [24]均₂军₂ [55]䪼₂（吮吸）橘₂

dʑ [11]裙₂

ɕ [24]熏₂‖训₂（~练）[535]水₂ [52]税₂‖糁₂（~作店：糕点店）[55]□₂（转，绕）

ø [11]雲₂云₂匀₂沄₂（上~头：地名）瀛₂（~头金：地名）赢₂ [113]□₂（舞动）[341]运₂晕₂‖[33]允₂（~许）

ao

p [52]泵

pʰ [535]捧 [52]胖₁碰□（闻）

b [11]篷蓬（蓬松）䗽（~尘：灰尘）逢（~热：趁热）[113]棒 [341]蓬（发~：分蘖）

m [24]帮₁崩绷（~鞋：在鞋面上缝上白布）[11]忙₁芒蒙‖忘（~记）[535]榜绑 [113]幕网₁‖□（~棉：棉花）[52]迸‖□（一~墙：一层土墙）[341]望₁梦₁‖[33]□（~□儿 maoŋ²⁴：小孩语，牛）

f [24]方₁（姓；四~）风枫疯封丰峰蜂锋 [535]坊访 [52]放₁□（未曾。"弗曾"的合音，本书写作"䉶"）

v [11]房防逢（~双）缝（动词）冯（读字）[113]‖凡（~□ ɕiɤ⁰：凡是）[341]凤缝（名词）

t [24]东₂‖[33]□（无~形迹：无影无踪）

t^h	[24] 通 [535] 捅统□(弗~:原来却) [52] 痛
d	[11] 同铜桐筒童‖□(~□ɕiɤ⁰:副词,莫非) [113] **桶**动 [341] 洞□(板脸)
n	[24] 东₁冬 [11] 农 [535] 董懂 [52] 冻栋 [341] **脓**
l	[24] 弄(搞) [11] 笼(蒸~) 聋咙隆龙砻垅(山间狭长的平地) [113] 拢垄(山头屈~:山间) 笼(搭~:葫芦形小竹篓) [341] 弄(夯) [0] 珑(玲~)
ts	[24] 宗棕锺₂(~馗) [535] 总 [52] 棕纵
ts^h	[24] 聪葱 [0] □(鸡~:鸡笼)
dz	[11] 从
s	[24] 鬆 [535] **搜**(推) [52] 送宋 [0] 曾(未~)‖[33] 生₂(~活)
z	[11] 松(~树) 屎(庸碌无能) **鱅**(大头~:胖头鱼) [341] 屎₁(精液)
k	[24] 光₁(亮~) 公工攻功弓宫供(口~) [52] 灌₁(脓肿) 贡供(摆设祭品) 共₃(中~) □(熏)‖□(一~心思:一门心思) [0] 蚣(蜈~) □(□uo¹¹~蕈:松蕈)
k^h	[24] 空(落~) [535] 孔恐₁ [52] 空(闲)‖恰(~□儿ts^{h}eŋ⁵⁵:恰恰)‖[33] 坑₂(山~坞:地名)
g	[11] 狂₁□₁(那) [341] 共₂(一~)
x	[24] 荒慌烘□(桠~:枝子) [535] 哄(夸大) 哄(~鼻:齆鼻) [52] 哄(挑拨离间) 哄(硬~:发音直硬)‖[33] □(~蚁:蚂蚁)
ɦ	[11] 红₂ [113] 哄(凑人~:凑热闹)
ø	[24] □(锄头尾巴处装木柄的部分)‖隍(城~殿) [11] 黄₁皇₁(~帝) 凰蟥红₁洪虹(拱桥的弧) 王₁ [535] 塎(尘土) [52] 瓮噢(叹词,表应诺)‖□(~子:猪腿肘子) [341] 旺‖[33] 岩₂(~下曹:地名)

iao

tɕ	[24] 庄桩装₁中(~心) 忠终鐘锺₁盅供(赡养) 龚□(做饭菜) □(哈~:干什么) [535] 种(谷~) 肿 [52] 中(~状元) 壮₁种(动词) 众(读字)
tɕ^h	[24] 疮充冲樅(尖头扁担) [535] 闯□(跟跄) [52] 铳 [0] 囪(烟~)
dʑ	[11] 虫重(~复) 穷琼(读字) [113] 重(轻~)‖狀(~元) [341] 撞共₁(同)
ɕ	[24] 霜双春₂兄胸凶 [535] 爽₁ [52] □₂(乱放)
ʑ	[11] 床绒 [341] 状(告~) 屎₂(精液) □(~雨:淋雨)
ø	[24] 春₁ [11] 浓荣熊雄容熔 [535] 勇涌 [113] 养(~牛) [52] 种(坐,含贬义) □₁(乱放)‖拥(~护) [341] 用 [0] 蓉(芙~)

əɯ

m [52]‖帮₂(介词,替,给)

t [24]丢兜篼 [535]斗(漏~)抖 [52]鬭‖头(量词)

tʰ [24]偷 [535]敨(展开) [52]透

d [11]头投 [341]豆

l [24]唠(唠叨)□₂(掏) [11]楼流刘留瘤榴琉娄 [113]缕篓搂(搅,拨拉)柳‖擂(打~台) [52]□(扔) [341]泪漏溜 [0]□(趋向动词,下去,掉。"落去"的合音)

ts [535]走酒 [52]奏□(铺,砌)

tsʰ [24]秋(~天)鳅 [52]凑

s [24]修搜蒐 [535]□(掏,寻找) [52]嗽秀绣锈 [0]宿(星~)

z [341]就袖

kʰ [535]口₂ [52]去

x [52]‖□(和)

ɦ [341]□(赶牛声)

∅ [24]欧讴(叫)□(叹词,表同意) [11]鱼₃(与龙游县交界地区说)喉□(叹词,表同意)‖□(~头凳:一种板凳) [113]藕後厚(~大:地名)‖蜈(~蚣) [52]□(赶牛声) [341]候

iəɯ

tɕ [24]昼邹周舟州洲纠(~纷)纠(~正)□(吸)□(躲藏) [535]帚九久□(扎,捆) [52]皱咒灸救究‖韭(~菜) [0]酹(报~)

tɕʰ [24]抽丘(~陵)□(真货~:真货色)□(梁) [535]取(索回)丑醜 [52]臭

dʑ [11]绸稠筹仇(有~)求球仇(姓) [113]舅臼(石~) [341]树₃(与遂昌县交界地区说)旧□(果实累累)

ȵ [24]扭(身体扭动) [11]牛 [535]扭(拧)拗(固执) [113]纽扭(揪) [341]扭(坚持,不肯罢休)‖[33]余(~坞里:地名)

ɕ [24]馊收休 [535]手首守₃ [52]瘦兽

ʑ [11]愁 [113]受 [341]寿授

∅ [24]忧优幽□(浸泡) [11]邮由油游‖臼(门~后:门后) [113]有友酉 [52]幼□(垂落) [341]右釉 [0]柚(胡~:一种柚子)

uŋ

n [24]喏(叹词,表指示)

ɑŋ(文)

p [24]般₂(一~)帮₃(四人~)邦 [535]版₂ [55]□(尽忠~:石头剪子

布游戏)

pʰ	[52]胖₂(~子)
b	[341]梆(敲击声,摔倒声)
m	[55]□(小孩语,猫)
f	[24]番₃(~茄)方₃(~向)芳 [535]反₄(~对)纺 [52]放₂ [55]放₃
v	[113]範(模~)
t	[24]单₂(~干) [535]党₂(~员) [52]旦₂(元~) [55]噹(金属物撞击声)
tʰ	[55]嘡(锣声)
d	[341]噹(碰撞声)
l	[11]篮₂(~球)兰₃(~州)琅(~琊:地名) [341]啷(雷声) [55]啷(金属物滚动声)
ts	[52]佔₂战(~斗)
tsʰ	[24]参(~观) [535]产₃ [52]产₄(亩~)□(锣声) [341]□(锣声) [55]□(锣声)
dz	[11]残 [113]藏(西~) [341]□(插入声)
s	[24]生₄(~产队)
k	[24]肝₂(~炎) [535]港₂(香~) [52]幹₂(~部)
kʰ	[24]康₂(健~) [52]抗(~日) [55]□(撞击声)
g	[341]□(撞击声)
x	[52]汉
ɦ	[11]寒₃(~假)
ø	[24]安₂(~全)氨 [113]□₁(咱们。"我尔"的合音,本书写作"㑚") [52]案₂ [55]案₃

iaŋ(文)

tɕ	[24]江₂(姓) [535]掌
tɕʰ	[52]锵(锣声) [52]‖敞(~开)
dʑ	[11]强₃(~奸)
ȵ	[11]娘₃(~子军)
ɕ	[24]商₃(工~业)香₃(~港) [52]向₃(方~)
ø	[24]央₃(中共中~) [11]阳₄(~光) [341]样₃(~板戏)

uaŋ(文)

k	[24]观₂(参~)关₃(开~)光₃(~线)
kʰ	[24]筐 [52]矿 [55]哐(碰撞声)
g	[341]哐(撞击声)

| ø | [11]环₂黄₂(~色)王₂(~老师) [52]晚₂(~稻)汪₁(狗叫声) [341]汪₂(狗叫声)‖[33]皇₂(玉~大帝) |

yaŋ(文读)

| tɕ | [24]装₂(武~) [52]壮₂(~志) |

eŋ

b	[341]呯(爆竹声)
t	[55]玎(金属物撞击声)
tʰ	[55]□(锣声)
d	[341]□(爆竹声)
l	[55]玲(铃声)
tsʰ	[341]□(锣声)
x	[52]哼(笑声,实际读[xəŋ⁵²])
ɦ	[341]哼(用力声)

oŋ

t	[52]咚(鼓声)
g	[113]□(□dʑiei¹¹ ~ :说话声)
x	[341]□(赶猪声)

aoŋ

| b | [113]嘭(物体落水声) [341]嘭(物体落地或落水声) |
| ø | [113]□₂(咱们。"我尔"的合音,本书写作"㑇") |

iaoŋ

| m | [52]喵(唤猫声) |
| tɕʰ | [55]□(铍) |

uaoŋ

| ø | [341]汪(狗叫声) |

m

| x | [52]噷(叹词,表蔑视) |
| ø | [11]无‖尾₂(~巴) [113]母₁ [52]嘿(叹词,表明白或同意) [55]姆(~妈:妈妈) |

ŋ

| x | [52]哼(叹词,表蔑视) |
| ø | [24]唔(叹词,表疑问或答应) [11]儿(儿子)‖尾₁(~巴) [535]唔(叹词,表不同意) [113]尔(你)耳五₁伍(大写五)午母₂(丈~) [52]唔(叹词,表同意)唔(~要:不要) [341]二贰 |

附：无相应单字音的小称音

iŋ

镊儿挟~：镊子 miŋ¹¹³ ｜ □儿快夜~：傍晚 miŋ¹¹³ ｜ 痱儿 fiŋ⁵² ｜ □儿一~：一点点 tiŋ⁵⁵ ｜ 屯儿 diŋ¹¹³ ｜ □儿糠~：米里的细糠 tsiŋ⁵² ｜ 脐儿肚~ siŋ²⁴ ｜ 茧儿 tɕiŋ⁵² ｜ 景儿光~：概数,左右 tɕiŋ⁵² ｜ 镰儿钐~：镰刀 tɕiŋ⁵⁵ ｜ □儿好好~：好好儿 ɲiŋ²⁴

uŋ

搭儿鸡瘟~：骂称鸡 tuŋ⁵⁵ ｜ 荚儿豆~ kuŋ⁵⁵ ｜ 鹁儿鹁~：鹁鸪 guŋ¹¹³

ɯŋ

□儿挈箕~：簸箕的底下部分 pɯŋ²⁴ ｜ 鸟儿 tɯŋ⁵² ｜ □儿坡,山坡 nɯŋ²⁴ ｜ 箫儿 sɯŋ²⁴ ｜ 鸽儿鸽~：鸽子 kɯŋ⁵⁵ ｜ □儿讨饭老~：乞丐 kʰɯŋ⁵⁵ ｜ 酣儿毛酣~：酒酣 xɯŋ²⁴

aŋ

□儿驴~：驴 maŋ⁵⁵

iaŋ

点儿一~ ɲiaŋ⁵⁵ ｜ 婶儿 ɕiaŋ⁵²

uaŋ

□儿青~：青蛙 kuaŋ⁵⁵

eŋ

□儿疖子 teŋ⁵⁵ ｜ □儿大头~：大头目 tʰeŋ⁵⁵ ｜ 笛儿麦~：麦秆做的笛子 deŋ¹¹³ ｜ □儿恰~：恰恰 tsʰeŋ⁵⁵ ｜ □儿捞~：捞鱼用的小网 xeŋ⁵²

ueŋ

辉儿人名 xueŋ²⁴

əŋ

□儿一会儿 dəŋ¹¹³ ｜ □儿仡~：这会儿 ləŋ¹¹³₁，nəŋ¹¹³₂ ｜ 枣儿 tsəŋ⁵²

iəŋ

鬏儿 tɕiəŋ⁵² ｜ 语儿谜语 ɲiəŋ³⁴¹ ｜ 蕊儿花蕾 ɲiəŋ³⁴¹

oŋ

□儿□ tɕiɤɯ³³ 掩~：一种儿童游戏 moŋ⁵²

aoŋ

□儿□ mao³³ ~：小孩语,牛 maoŋ²⁴ ｜ 松儿一种阔叶松 saoŋ²⁴ ｜ 夯儿石~ xaoŋ⁵²

iaoŋ

夹儿发卡 tɕiaoŋ⁵⁵

181

第四节 浦江方音

壹 概说

浦江县地处浙江中部，介于北纬 29°21′～29°41′、东经 119°42′～120°07′之间。东南界义乌，东北连诸暨，西南接兰溪，西北衔建德、桐庐。东西长 38 公里，南北宽 36 公里，面积 900 平方公里。境内以低山丘陵为主，西北高东南低，最高海拔 1050 米，最低海拔 24 米。

浦江建县于东汉兴平二年（195 年），古称丰安。唐天宝十三年（754 年）置浦阳县，以境内浦阳江得名。五代吴越天宝三年（910 年）改浦阳为浦江，一直沿用至今。1960 年 1 月撤销浦江县建制并入义乌县，1966 年 12 月恢复浦江县。

浦江历史悠久，人文荟萃，素有"文化之邦""书画之乡"之称。宋元明清四代，方凤、柳贯、吴莱、宋濂、戴良、倪仁吉（女）、蒋兴俦（心越大师）、戴殿泗等皆以诗文书法驰名文史。

起于清代的浦江竹根雕，与东阳木雕、青田石雕并称"浙江三雕"；麦秆剪贴画、剪纸、迎会、灯会等各呈异彩；"浦江乱弹"为婺剧主要声腔，流行于浙、赣、皖数省。

浦江仙华山风景区以奇、险、旷、幽著称。飞来峰下的宝掌洞（唐代印度高僧宝掌禅师修身地）和夏泉左溪寺（唐代天台宗传代祖师玄朗大师修身地）并称为佛门圣地。县东部郑义门，自南宋至明代中叶，历 15 世，号称"江南第一家"。郑氏《家规》《家仪》被尊为中国古代家族文化和儒学治家的典范。

浦江县城今设在浦阳镇。

浦江县现辖 3 个街道办事处、7 个镇、5 个乡，分别为：

3 街道：浦阳街道、仙华街道、浦南街道。

7 镇：郑家坞镇、白马镇、郑宅镇、黄宅镇、岩头镇、檀溪镇、杭坪镇。

5 乡：大畈乡、前吴乡、花桥乡、虞宅乡、中余乡。

全县总人口 39 万人，少数民族人口极少，多系工作、婚嫁迁入。

浦江境内的方言主要为浦江话。与诸暨、兰溪两市交界的部分村庄分别说诸暨话和兰溪话。此外，北部山区分布有方言岛，当地人称为"南京话"，据黄晓东初步调查，其性质应是以赣语为基础、融合了吴语等其他方言特点的混合方言。

本书的浦江话由黄晓东和刘祥柏调查。1999年和2000年，刘祥柏先后两次赴浦江做调查，发音人为魏之麟先生（见下文介绍）。2004年12月，黄晓东赴浦江做补充调查和核实工作。由于魏先生已于2002年2月病故，黄晓东不得不另请发音人张序列先生和张小元先生（见下文介绍）对浦江话做了重新调查，并核对了刘祥柏的全部调查材料。2005年和2014年，黄晓东又先后两次赴浦江做核对工作。调查期间，得到魏之麟先生的女儿魏依琏和女婿姚祝登以及张序列先生一家的大力协助，在此谨致谢忱！本书记录的是县城浦阳镇老年人的方言。主要发音人是：

① 张序列，男，1945年生，世居县城，在浦阳镇读小学和初中，1961年至1962年于浦阳镇城北民办小学任教，后一直在浦阳镇务农和做木匠活儿。说地道县城话，还会说不太标准的普通话。

② 张小元（原名张序键，为张序列堂兄），男，1938年生，世居县城，在浦阳镇读小学，在浦江县黄宅镇读初中，初中毕业后在家务农。1977年至1997年于浦江县杭坪镇任水利管理员。说地道县城话，还会说不太标准的普通话。

③ 魏之麟（为张小元姐夫），男，1926年生，五岁时随家人从本县黄宅镇迁至县城，在浦阳镇读小学，曾去金华、缙云、衢州等地读中学，1955年毕业于华东师大生物系，曾在浙江桐乡县工作7年，以后都在浦阳镇任教，直至退休。说县城话，还会说不太标准的普通话。

三人的发音有一定的差异。本书以张序列的发音为主，同时参考张小元和魏之麟的发音。

贰　声韵调

一　声母32个

包括零声母在内。

p 布兵	pʰ 派	b 盘棒步别	m 门蚊	f 飞费	v 冯武雾
t 到胆	tʰ 太	d 同道地夺	n 难南打		l 兰脑莲路吕
ts 精糟焦招争蒸	tsʰ 仓醋初	dz 曹从潮		s 散苏生师	z 字锄石全
tʃ 主张举贵白	tʃʰ 秋趣枪昌处	dʒ 旗池除		ʃ 休修书虚	ʒ 前弱
tɕ 经结浇姜生~竹	tɕʰ 丘去牵春疮	dʑ 旧权穷虫	ȵ 年软严瓦	ɕ 歇	
k 高贵文	kʰ 开揿	g 厚擤扔	ŋ 藕硬	x 灰海	
∅ 红延话运午儿					

说明：

① [m] 声母拼 [i] 韵有时略带塞音，近 [mᵇ]。

② [tʃ] 组声母拼 [y] 韵时，近标准的 [tɕ] 组；拼其他韵时接近 [ts] 组。

③ [tɕ tɕʰ dʑ]声母拼 [yẽ]韵时，近标准的舌面前塞擦音；拼其他韵时擦音成分较弱，接近舌面前塞音 [ȶ ȶʰ ȡ]。

④ [ȵ]声母实际音值为 [ɲ]，拼 [i] 韵有时略带塞音，近 [ɲᵈ]。

⑤ [x]声母发音部位略后。

⑥ 阳调类的零声母音节前面，带有轻微的与音节开头元音同部位的摩擦成分。

二 韵母46个

包括自成音节的 [m n] 在内，其中 [an ian uan yan]4 韵是文读专用韵母，[uɛ] 韵也基本上是文读专用韵母。

ɿ 资师	i 西纸桥热雪	u 粗初	y 雨主虚跪白
			yi 月血
ɑ 排街白保文法客	iɑ 夜架笑文甲	uɑ 瓜刮	yɑ 茶车汽~杀
a 开腿煤白	ia 写蛇爬街文八节	ua 灰块	
ɛ 美煤文直石		uɛ 危跪文	
o 饱保白壳			yo 炒巧脚药
ɤ 头流而	iɤ 抽九		
ə 七北色	iə 急一锡	uə 骨国	yə 出缺
ɯ 坐笑白谷			yɯ 靴局
ã 淡山	iã 甜年	uã 官碗关	
	iẽ 盐全		yẽ 船拳
õ 南半短村			
ɛ̃ 冷硬扇线		uɛ̃ 横惊怕	
õ 糖光白			yõ 墙床香
an 岸文狼文	ian 咸文疆文	uan 观文光文	yan 宣文闯文
ən 根新心白东	in 病星心文	uən 魂滚	yən 云军永
on 红公			yon 虫穷用
m 无₁姆~妈午₂			
n 儿耳无₂午₁			

说明：

① 古入声字（主要是清入字）位于前字位置时，有时略带短促、紧喉特征。

② [i] 韵在 [tʃ]组声母之后近 [ɿ]，在 [tɕ]组声母之后近 [iɪ]。

③ [ɑ iɑ uɑ yɑ] 四韵中的 [ɑ] 舌位略高，唇形略圆，接近 [ɒ]。

④ [a ua] 两韵中的 [a] 舌位略后。

⑤ [yo yõ yon] 三韵中的 [y] 唇形略展。

⑥ [ɤ iɤ] 两韵中的 [ɤ] 略低略前，介于 [ɤ] 与 [ə] 之间。

⑦ [ə iə uə yə] 四韵中的 [ə] 舌位略低，近 [ɐ]。

⑧ [ɯ yɯ] 两韵中的 [ɯ] 舌位较前，而且常带有圆唇色彩，其中 [yɯ] 韵中的 [ɯ] 圆唇色彩更加明显。

⑨ [iẽ yẽ] 两韵中的 [e] 舌位较高，实际音值为 [ɪ]。

⑩ [õ] 韵里的 [o] 舌位较高，有时带有圆唇色彩，实际音值与本音系 [ɯ yɯ] 两韵中的 [ɯ] 比较接近。

⑪ "曰" 字读 [ya^{423}]，由于 [ya] 韵只有这一个字，而且该字口语中不用，故 [ya] 韵未计入音系。

三　单字调 8 个

阴平	[534]	高安开天三飞
阳平	[113]	穷平神鹅麻文
阴上	[53]	古纸口草手死
阳上	[243]	老买有近坐稻
阴去	[55]	醉对唱菜送放
阳去	[24]	大病树漏帽用
阴入	[423]	一七福割铁发
阳入	[232]	读白服月六药

说明：

① 阴平 [534]，有的人（如张序列）上升部分不明显，接近 [533]。

② 阳平 [113] 开始略降，有的人（如张序列）上升幅度略小，接近 [112]。

③ 阳入 [232] 末尾略升，实际读音近 [2323]。

叁　音韵特点

一　声母的特点

① 古全浊声母字，今仍读浊音声母。例如：盘 bõ^{113} ｜ 道 do^{243} ｜ 旧 dziɤ^{24} ｜ 熟 ʒyɯ^{232}。

② 帮、端母字不读鼻音声母，仅有个别字例外：摒拉，拽。帮 mẽ^{55} ｜ 担把；给。端 nã^{534} ｜ 打端 nẽ^{53}。

③ 泥来母部分字相混，而且分混情况因人而异。张序列泥来母相混的情况相对较少，主要是泥母混入来母，例如：奴＝炉 lu^{113} ｜ 努＝卤 lu^{343} ｜ 怒＝路 lu^{24} ｜ 脑＝老 lo^{243} ｜ 闹 lo^{24} ｜ 鲇 liã^{113} ｜ 囊 lan^{113} ｜ 农人 nən^{113} ～ lən^{113}。

④ 从母字多读擦音 [z ʒ] 声母，此外还有不少字读塞擦音 [dz dʒ] 声母。

例如：才财 dza¹¹³ ｜ 在 dza²⁴³ ｜ 脐肚~儿 dʑin⁻²⁴³ ｜ 荠 dʑi¹¹³ ｜ 层 dzən¹¹³ ｜ 情 dzin¹¹³ ｜ 从 ₁dzən¹¹³ ｜ 集 dʑiə²³²。

⑤崇母字基本都读擦音 [z ʒ] 声母。例如：锄 zɿ¹¹³ ｜ 柴 za¹¹³ ｜ 愁 ʒiɤ¹¹³ ｜ 闸 ʒya²³² ｜ 床 ʒyõ¹¹³ ｜ 状告~ ʒyõ²⁴。

⑥精组和知系字，逢今洪音韵母都读 [ts] 组声母。精组字逢今细音韵母读 [ts] 组（逢 [iẽ in] 二韵）或 [tʃ] 组声母（逢其他韵）；知系字逢今齐齿韵母读 [ts] 组（逢 [in] 韵）或 [tʃ] 组声母（逢其他韵），逢今撮口韵母多读 [tɕ] 组声母（擦音声母除外）；知系字逢 [y] 韵都读 [tʃ] 组声母；宕开三知章组字逢 [yõ] 韵都读 [tʃ] 组声母）。例如：三＝山 sã⁵³⁴ ｜ 坐 zɯ²⁴³ ｜ 井＝整 tsin⁵³ ｜ 需＝输 ʃy⁵³⁴ ｜ 茶 dʒya¹¹³ ｜ 抄 tɕʰyo⁵³⁴ ｜ 砖 tɕyẽ⁵³⁴ ｜ 枪 tʃʰyõ⁵³⁴ ＝菖 tʃʰyõ⁵³⁴ ≠ 疮 tɕʰyõ⁵³⁴ ｜ 浆 tʃyõ⁵³⁴ ＝张姓 tʃyõ⁵³⁴ ≠ 桩 tɕyõ⁵³⁴。

此外，个别精组字和知系字逢 [i] 韵读 [ts] 组声母。例如：接 ₁tsi⁴²³ ｜ 髓 si⁵³ ｜ 薛下~宅:地名 si⁴²³ ｜ 雪 si⁴²³ ｜ 折~本 zi²³²。

⑦浦江话尖音字与团音字正处于合流过程之中，不同发音人尖团分合情况有所不同（特别是擦音声母），这里以张序列的发音为准。他的特点是：多数时候分尖团，少数时候不分，精组细音字读 [ts] 组或 [tʃ] 组声母，见晓组（疑母字除外）细音字读 [tɕ] 组或 [tʃ] 组声母。具体情况如下：

晓组（实际只有晓母）拼 [i iẽ in] 三韵时与精组有别，拼其他细音韵母时与精组合流（此时包括少数匣母字）。拼 [i] 韵时绝大多数晓母字都与精组字合流，读 [ʃ] 声母，只有个别字与精组字不合（前者读 [ɕ] 声母，后者读 [s] 声母）；拼 [iẽ in] 二韵时晓母字与精组字都有别（前者读 [ʃ] 声母，后者读 [s] 声母）。例如：歇 ɕi⁴²³ ≠ 雪 si⁴²³ ｜ 锨 ʃiẽ⁵³⁴ ≠ 仙神~ siẽ⁵³⁴ ｜ 兴绍~ ʃin⁵³⁴ ≠ 星 sin⁵³⁴ ｜ 兴人多热闹 ʃin⁵⁵ ≠ 姓 sin⁵⁵。

见组字（疑母字除外）拼 [y] 韵时与精组字合流，都读 [tʃ] 组声母；拼 [i] 韵时多数字与精组字合流，都读 [tʃ] 组声母，少数字有别（前者读 [tɕ] 组声母，后者读 [ts] 组或 [tʃ] 组声母）；拼其他细音韵母时与精组字都有别（前者读 [tɕ] 组声母，后者读 [ts] 组或 [tʃ] 组声母）。例如：叫 tɕi⁵⁵ ≠ 济 tʃi⁵⁵ ｜ 去 tɕʰi⁵⁵ ≠ 砌 tʃʰi⁵⁵ ｜ 结~头:绳结 tɕi⁴²³ ≠ 接 ₁tsi⁴²³ ｜ 加 tɕia⁵³⁴ ≠ 蕉香~ tʃia⁵³⁴ ｜ 却 tɕʰyo⁴²³ ≠ 鹊 tʃʰyo⁴²³ ｜ 九 tɕiɤ⁵³ ≠ 酒 tʃiɤ⁵³ ｜ 肩 tɕiẽ⁵³⁴ ≠ 煎 tsiẽ⁵³⁴ ｜ 琴 dʑin¹¹³ ≠ 情 dzin¹¹³。

⑧少数非敷奉微母字分别读作 [p pʰ b m] 声母。例如：奎用簸箕撮 põ⁵³⁴ ｜ 粪厩肥 põ⁵⁵ ｜ 捹~箕:簸箕 põ⁵⁵ ｜ 覆趴 pʰɯ⁴²³ ｜ 肥 ₁bi¹¹³ ｜ 伏孵 bu²⁴ ｜ 缚 bo²³² ｜ 未副词 mi²⁴ ｜ 袜 mia²³² ｜ 晚~娘:继母 ma²⁴³ ｜ 蚊 mən¹¹³ ｜ 网 mõ²⁴³ ｜ 忘 mã²⁴³ ｜ 望 ₁mõ²⁴。另外，"尾~巴"字读 [m⁻¹¹]。

⑨ 个别並母字 [b][v] 声母互读：皮口口 m³³ ~：嘴唇 bi⁻²⁴³ ~ vi⁻²⁴³ ｜ 平口 tʰõ³³ ~ 盖儿 bin⁻³³ ~ vin⁻³³ ｜ 藻~儿：浮萍 bin²³² 张序列 ~ vin²³² 张小元。

⑩ 个别清、昌母字读不送气声母：雌清 tsʅ⁵³⁴ ｜ 刺名词。清 tsʅ⁵⁵ ｜ 齿昌 tsʅ⁵³。

⑪ 个别擦音声母字读塞擦音声母：撒心 tsa⁵³⁴ ｜ 鼠书 tsʅ⁵³ ｜ 识认识。书 tsɛ⁴²³。

⑫ 日母字白读 [n̠] 声母或自成音节 [n]。例如：二 n²⁴ ｜ 软 n̠yẽ²⁴³ ｜ 肉 n̠yɯ²³²。

⑬ 假摄、咸摄和山摄部分见系开口二等字腭化。例如：家国~，人~加嘉 tɕia⁵³⁴ ｜ 架嫁价 tɕia⁵⁵ ｜ 牙芽 n̠ia¹¹³ ｜ 夹动词袂 tɕia⁴²³ ｜ 甲 tɕia⁴²³。

⑭ 疑母字今逢开口韵读 [ŋ] 声母，今逢合口韵读零声母，今逢细音韵母多读 [n̠] 声母。例如：鹅 ŋɯ¹¹³ ｜ 硬 ŋɛ̃²⁴ ｜ 吴 u¹¹³ ｜ 危 uɛ¹¹³ ｜ 牙 n̠ia¹¹³ ｜ 月 n̠yi²³²。但是逢今 [yẽ yõ yo] 韵母时读零声母，例如：元 yẽ¹¹³ ｜ 原 yẽ¹¹³ ｜ 愿 yẽ²⁴ ｜ 仰 yõ²⁴³ ｜ 乐音~ yo²³²。

⑮ 个别匣母字读 [g] 声母：懈慢 ga²⁴³ ｜ 怀围~：围裙 gua¹¹³ ｜ 厚 gɤ²⁴³ ｜ 滑猾 guə²³²。

⑯ 其他：币並 pʰi⁵⁵ ｜ 糯泥 n̠yɯ²³² ｜ 赁娘 ʒyən²⁴ ｜ 浓娘 yon¹¹³ ｜ 隶来 di¹¹³ ｜ 隧~道。邪 duɛ⁻¹¹ ｜ 喘哮。昌 tʰuan⁵³⁴ ｜ 产~母。生 ʃya⁵³ ｜ 射肚~：拉肚子。船 dʑia²⁴ ｜ 劲见 dʑin²⁴ ｜ 供供养。见 tɕyon⁵³⁴ ｜ 撅溪 kʰən⁵⁵ ｜ 共~姓：同姓。群 dʑyon²⁴ ｜ 嫌匣 n̠iã¹¹³ ｜ 椅交~。影 ʒy²⁴³ ｜ 蝇苍~。以 ʃin⁻³³⁴。

二 韵母的特点

① 古入声韵，在单念和作后字时无塞音韵尾，但部分字（主要是清入字）位于前字位置时，略带短促、紧喉特征。

② 古阳声韵，在白读中，深臻曾梗二等除外通五摄带鼻音韵尾，咸山宕江四摄和梗摄二等读作鼻化韵母。例外情况有：山合一端泥见组"暖断断绝卵乱灌溃烂"读 [ən uən] 韵，宕合三微母"芒"读 [on] 韵；臻开一透母"吞"读 [ɚ] 韵；臻合一端系"嫩₁村忖寸孙"读 [ɚ] 韵；臻合三非母"粪"读 [ɚ] 韵；梗摄开口"梗梗开二惊怕。梗开三"读 [uɛ̃] 韵；通合三书母"春"读 [yõ] 韵。浦江话的鼻音韵尾只有 [n] 一个。

咸山宕江四摄和梗摄二等的字如果有文读音，韵母均带鼻音韵尾 [n]。

③ 部分古合口三等精组字今读齐齿呼。例如：岁祭心 ʃi⁵⁵ （≠税祭书 suɛ⁵⁵）｜ 雪薛心 si⁴²³ （≠说薛书 ʃyə⁴²³）｜ 绝薛从 dʑiə²³² ~ dʑia²³²。

④ 果摄一等的个别字读 [a ɑ] 韵：簸 pa⁵⁵ ｜ 我 ɑ⁵³ ｜ 个一~ kɑ⁵⁵ ｜ 破 pʰɑ⁵⁵ ｜ 拖~女客：男人找姘头 tʰɑ⁵³⁴。

⑤假开二帮组绝大多数字以及山开二、山合三的入声帮组或非组部分字白读 [ia] 韵。例如：疤 pia^{534} ǀ 爬 bia^{113} ǀ 麻 mia^{113} ǀ 马 mia^{243} ǀ 骂 mia^{24} ǀ 八 pia^{423} ǀ 拔 bia^{232} ǀ 袜 mia^{232}。

⑥假开二知庄组、假开三章组、蟹开二庄组、效开二庄组、咸山摄开口二等入声庄组部分字读 [yɑ] 韵。例如：茶搽查 ₁dʑyɑ^{113} ǀ 叉 tɕʰyɑ^{534} ǀ 沙纱 ʃyɑ^{534} ǀ 榨 tɕyɑ^{55} ǀ 车汽~ tɕʰyɑ^{534} ǀ 射~箭 ʒyɑ^{24} ǀ 晒 ʃyɑ^{55} ǀ 抓 tɕyɑ^{534} ǀ 插 tɕʰyɑ^{423} ǀ 闸煠 ʒyɑ^{232} ǀ 杀 ʃyɑ^{423}。

⑦遇合三鱼韵字的读音不如其他婺州方言复杂。今韵母及其例字：

[ɿ] 韵 锄 zɿ^{113} ǀ 鼠 tsɿ^{53}

[i] 韵 驴 li^{113} ǀ 滤 li^{24} ǀ 徐 ʒi^{113} ǀ 絮 ʃi^{55} ǀ 苎~麻 dʒi^{243} ǀ 箸 dʒi^{24} ǀ 猪 tʃi^{534} ǀ 去 tʃʰi^{55}

[u] 韵 庐 lu^{113} ǀ 初 tsʰu^{534} ǀ 梳 su^{534}

[y] 韵 女男~ ȵy^{243} ǀ 除 dʒy^{113} ǀ 书 ʃy^{534} ǀ 鱼 ȵy^{113}

[ɯ] 韵 所 sɯ^{53}

[ɔ̃] 韵 锯名词 kɔ̃^{55}

另外，"女儿"读 [nɑn^{24}]。

⑧蟹摄开口一等保留咍、泰有别的痕迹。例如：戴姓。咍 tɑ^{55} ≠ 带泰 tɑ^{55} ǀ 态咍 tʰɑ^{55} ≠ 太泰 tʰɑ^{55} ǀ 莱咍 tsʰɑ^{55} ≠ 蔡泰 tsʰɑ^{55} ǀ 碍咍 ŋɑ^{243} ≠ 艾泰 ȵiɑ^{243}。

⑨蟹开四齐韵个别字读作 [a ia] 韵：鳢乌鱼 liɑ^{243} ǀ 栖鸡~：鸡屋 sa^{55} ǀ 细小 ʃia^{55}。

⑩止开三支、脂、之、微韵里比较特殊的读音：

支韵 徛站立 ga^{243} ǀ 椅交~ ʒy^{243}

脂韵 鼻 biə^{232} ǀ 姊 tʃi^{55} ǀ 四 ʃi^{55} ǀ 自 ʒi^{24}

之韵 裏日~：白天 la^{-334}

另外，支韵疑母的"蚁儿蜂~：蚂蚁"读作 [ŋãn^{-24}]；微韵微母的"尾~巴"读作 [m^{-11}]。

⑪止摄合口三等的精组字和知章组字仍有区别。例如：

精组 嘴支精 tʃi^{53} ǀ 髓支心 si^{53} ǀ 随支邪 zɛ^{232} ǀ 醉脂精 tʃi^{55}

知章组 吹支昌 tʃʰy^{534} ǀ 锤脂澄 dʒy^{113} ǀ 水脂书 ʃy^{53}

⑫效开二庄组部分字读 [yo] 韵。例如：抄 tɕʰyo^{534} ǀ 找找零钱 tɕyo^{53} ǀ 吵炒 tɕʰyo^{53}。

⑬效开三四等白读 [i] 韵（帮见系）或 [ɯ] 韵（端知系）。例如：

帮见系 表~哥儿 pi^{53} ǀ 票 pʰi^{55} ǀ 桥 dʒi^{113} ǀ 轿 dʒi^{24} ǀ 腰 i^{534} ǀ 摇 i^{113} ǀ

浇 tɕi⁵³⁴ ｜叫 tɕi⁵⁵

端知系　焦 tsɯ⁵³⁴ ｜笑 sɯ⁵⁵ ｜朝明~:明天 tsɯ⁵³⁴ ｜烧 sɯ⁵³⁴ ｜钓 tɯ⁵⁵ ｜料 lɯ²⁴ ｜萧~山 sɯ⁵³⁴。

另外，效摄开口三等有两个字读音特别：饶~命 ȵiẽ¹¹³ ｜荞 dʑiẽ¹¹³。

⑭ 流摄开口一三等来母字白读开口 [ɤ] 韵。例如：楼开一=流开三 lɤ¹¹³ ｜篓开一=柳开三 lɤ²⁴³ ｜漏开一 lɤ²⁴ ｜刘开三榴开三 lɤ¹¹³。

⑮ 咸摄开口一等的覃、谈两韵，端系字有区别，见系字无区别。例如：

覃韵　贪 tʰə̃⁵³⁴ ｜潭 də̃¹¹³ ｜南男 nə̃¹¹³ ｜簪 tsə̃⁵³⁴ ｜答回~ tɯ⁴²³ ｜杂~志 dzə²³² ｜磡 kʰə̃⁵⁵

谈韵　坍 tʰã⁵³⁴ ｜谈 dã¹¹³ ｜蓝 lã¹¹³ ｜三 sã⁵³⁴ ｜塔 tʰuɑ⁴²³ ｜蜡 luɑ²³² ｜甘泔 kə̃⁵⁴⁵ ｜敢 kə̃⁵³

⑯ 咸山摄开口一等部分端系入声字白读合口 [uɑ] 韵。例如：搭 tuɑ⁴²³ ｜踏脚~车:自行车 ɑ⁻³³~dɑ⁻³³~duɑ⁻³³ ｜塔塌 tʰuɑ⁴²³ ｜蜡鑞 luɑ²³² ｜獭 tʰuɑ⁴²³ ｜达 duɑ²³² ｜辣 luɑ²³²。

⑰ 咸山摄开口三、四等部分字（主要是除帮组、见系以外的入声字）的主要元音有区别，四等字主元音的开口度大于三等字。例如：

三等　黏 ȵiẽ⁵³⁴ ｜猎 liə²³² ｜劫 tɕiə⁴²³ ｜尖 tsiẽ⁵³⁴ ｜连₁liẽ⁵³ ｜列 liə²³² ｜浙 tʃiə⁴²³ ｜热 ȵi²³²

四等　念 ȵiã²⁴ ｜甜 diã¹¹³ ｜叠 diɑ²³² ｜挟~菜 tɕiɑ⁴²³ ｜莲 liã¹¹³ ｜铁 tʰiɑ⁴²³ ｜切 tʃʰiɑ⁴²³ ｜捏 ȵiɑ²³²

⑱ 咸山摄开口三等精知章组部分字读 [ɛ̃] 韵。例如：陕 sɛ̃⁵³ ｜闪霍~:闪电 sɛ̃⁻⁵⁵ ｜占₁tsɛ̃⁵⁵ ｜仙~姑:女巫 sɛ̃⁵³⁴ ｜癣 sɛ̃⁵³ ｜箭 tsɛ̃⁵⁵ ｜线 sɛ̃⁵⁵ ｜展₁tsɛ̃⁵³ ｜扇搧 sɛ̃⁵⁵。

⑲ 山开一寒韵见晓组的读音与其他寒韵开口字不同，而同于咸开一覃、谈两韵（谈韵限见系），亦同于山合一桓韵（见系除外），读作 [ə̃] 韵。例如（覃谈韵例字见上文⑮）：

寒韵见晓组　肝干菜~儿:干菜 kə̃⁵³⁴ ｜杆秆赶 kə̃⁵³ ｜汉 xə̃⁵⁵ ｜安鞍 ə̃⁵³⁴ ｜寒 ə̃¹¹³ ｜汗焊 ə̃²⁴

寒韵其他　丹单 tã⁵³⁴ ｜炭 tʰã⁵⁵ ｜烂 lã²⁴ ｜攒溅 tsã⁵⁵ ｜餐 tsʰã⁵³⁴ ｜伞 sã⁵⁵

桓韵　盘 bə̃¹¹³ ｜满 mə̃²⁴³ ｜短 tə̃⁵³ ｜段 də̃²⁴ ｜钻动词 tsə̃⁵³⁴ ｜酸 sə̃⁵³⁴ ｜算蒜 sə̃⁵⁵

⑳ 山合一桓韵的少数字读 [ən] 韵（端组、来母）和 [uən] 韵（见组）。例如：暖 nən²⁴³ ｜断断绝 dən²⁴³ ｜卵 lən²⁴³ ｜乱 lən²⁴ ｜灌溃烂 kuən⁵⁵。

㉑ 山合三仙韵精组字读 [iẽ] 韵或 [ɛ] 韵。例如：全泉 ziẽ¹¹³ ｜旋名词,头发

旋 ziẽ²⁴｜选 sẽ⁵³。只有"宣"读 [ʃyẽ⁵³⁴]。

㉒ 山摄少数明微母字读成开尾韵。例如：蛮顽皮。删 mɑ¹¹³｜慢删 mɑ²⁴³ ~ mã²⁴｜瞒桓 mɯ¹¹³｜馒桓漫涨水。桓 mɯ²³²｜晚~娘：继母 mɑ²⁴³｜万麻将牌名 mɑ²⁴。

㉓ 深臻摄与曾梗摄三四等的舌齿音字区别明显：

侵缉韵　心₁sən⁵³⁴｜沉 dzən¹¹³｜针 tsən⁵³⁴；粒一~ lɯ⁻²⁴｜汁 tsə⁴²³｜十 zə²³²

真质韵　新 sən⁵³⁴｜尘 dzən¹¹³｜真 tsən⁵³⁴；栗 liə²³²｜七 tsʰə⁴²³｜实 zə²³²

曾梗摄　星青 sin⁵³⁴｜程清 dzin¹¹³｜蒸蒸 tsin⁵³⁴；力职 lɛ⁴²³｜惜昔 sɛ⁴²³｜食职 zɛ²³²

㉔ 很多深臻曾梗摄三四等入声字（除见晓组以外）白读开口呼。例如：十缉实质 zə²³²｜汁缉质质 tsə⁴²³｜湢质逼职壁锡 pɛ⁴²³｜息职惜昔适昔 sɛ⁴²³｜食职席 草~。昔石昔 zɛ²³²｜鲫职织~布。职 tsɛ⁴²³｜隻一~。昔 tsɛ⁻⁵⁵｜戚亲。锡 tsʰɛ⁴²³｜踢锡 tʰɛ⁴²³。

㉕ 少数臻摄字（主要是端系合口一等字）读 [ə̃] 韵。例如：吞 tʰə̃⁵³⁴｜嫩 ₁nə̃²⁴｜村 tsʰə̃⁵³⁴｜忖 tsʰə̃⁵³｜寸 tsʰə̃⁵⁵｜孙 sə̃⁵³⁴｜粪厩肥 pə̃⁵⁵。

㉖ 宕摄开口一等和合口一三等都读 [õ o] 韵。例如：缸宕开一=光宕合一 kõ⁵³⁴｜杭宕开一=黄宕合一=王宕合三 õ¹¹³｜各宕开一=郭宕合一 ko⁴²³｜恶~心。宕开一 o⁴²³｜镬锅。宕合一 o²³²。

㉗ 梗开二舒声字白读 [ɛ̃] 韵，"梗"字读 [uɛ̃] 韵。例如：打 nɛ̃⁵³｜冷 lɛ̃²⁴³｜生 sɛ̃⁵³⁴｜硬 ŋɛ̃²⁴｜梗 kuɛ̃⁵³｜争 tsɛ̃⁵³⁴｜耕 kɛ̃⁵³⁴。

㉘ 通摄端系字白读 [ən] 韵。例如：东 tən⁵³⁴｜同 dən¹¹³｜聋 lən¹¹³｜送 sən⁵⁵｜冬 tən⁵³⁴｜农人 nən¹¹³ ~ lən¹¹³｜嵩~溪：地名 zən¹¹³｜龙 lən¹¹³｜松~树 zən¹¹³。

㉙ 其他：糯戈合 ȵyɯ²³²｜瓦麻合 ȵiɑ²⁴³｜楷皆 kã⁵³｜外~头。泰 ŋã²⁴³｜抱豪 bu²⁴³｜产~母。山 ʃyɑ⁵³｜桀仙合 kən⁵⁵｜苍~蝇。唐开 tɕʰyõ⁵³⁴｜芒麦~。阳合 mon¹¹³｜忘阳合 mə̃²⁴³｜翼职开 yə²³²｜格及~。陌 kã⁻⁵³｜惊怕。庚开 kuɛ̃⁵³⁴｜横庚合 uɛ̃¹¹³｜赢清开 yən¹¹³｜春锺 ʃyõ⁵³⁴。

三　声调的特点

① 古平、上、去、入四声大致按古声母的清浊各分阴阳两类，次浊上声字归阳上。

② 部分古浊声母字（多为口语不常用字）归类不合规律，这一点在张序列身上表现最为明显，例如"杜鲁隶蕤湥殄恋阮忘₂邓赠"等字归阳平，"邪耐艾外~头吏魏授站车~慢₁汴韧状~元忘₁妄孟蒙"等字归阳上，"佘野舞宇禹羽以拯"等字归阳去，"魔惰糯随馒漫涨水"等字归阳入。

③ 拟声词基本都读 [24] 调。例如：□枪声 bia²⁴ | □跌倒声 dzyə²⁴ | □驱赶动物声 ʒyə²⁴ | □唤鸡声 dzyɯ²⁴ | □刨物声 zõ²⁴。

④ 其他：我 ɑ⁵³ | 垮 kʰuɑ⁴²³ | 坞 u²⁴³ | 趋 tʃʰy⁵⁵ | 悔 xua⁵⁵ | 挥 xuɛ⁵³ | 尔你 n⁵³ | 伞 sã⁵⁵ | 渊 yẽ¹¹³ | 津 tsən⁵⁵。

肆　文白异读

浦江话的文白异读现象十分复杂，而且因人而异。大体上文化程度越高，年龄越大，文白异读现象就越丰富。例如在张序列、张小元和魏之麟三人中，魏之麟的文白异读现象最多，张小元次之，张序列最少。这里主要以张序列的发音为准。据调查了解到的情况，比较重要的文白异读规律有如下一些。（下文中"/"前为白读，后为文读。）

① 微母部分字白读 [m] 声母，文读 [v] 声母。例如：未 mi²⁴ 副词/vi²⁴ 地支之一 | 晚 mɑ²⁴³ ~娘:继母/uan⁵³ ~稻 | 万 mɑ²⁴ 麻将牌名/vã²⁴ 千~ | 忘 mẽ²⁴³/van¹¹³ | 望 mõ²⁴/võ²⁴ ~ van²⁴。

② 从、邪、崇母部分字白读擦音声母，文读塞擦音声母。例如：材 从 za¹¹³/dza¹¹³ | 践 从/dʒian²⁴ | 徐 邪 ʒi¹¹³/dʒi¹¹³ | 豺 崇 za¹¹³/dza¹¹³ | 崇 崇/dzon¹¹³。

③ 日母部分字白读 [ȵ] 声母或自成音节 [n]，文读 [ʒ z] 声母或零声母。例如：尔 n⁵³ 你/ɤ⁵³⁴ 读字 | 人 ȵin¹¹³ 客~/zin¹¹³ ~口 | 燃/ziẽ¹¹³ | 润/ʒyən²⁴ | 仍/zin¹¹³ | 辱/ʒyɯ²³² | 褥 ȵyɯ²³²/ | 绒/yon¹¹³ | 茸/yon¹¹³。

④ 见晓组（疑母字除外）开口二等字白读多为 [k] 组声母，文读为 [tɕ] 组声母（晓组多读为 [ʃ] 声母）。例如：街 kɑ⁵³⁴/tɕiɑ⁵³⁴ | 孝 xo⁵⁵/ʃyo⁵⁵ | 间 kã⁵³⁴~~/tɕian⁵³⁴ 空~ | 腔/tɕʰyõ⁵³⁴ | 角 ko⁴²³ 牛~/tɕyo⁴²³ ~色。

⑤ 假开二庄组字白读 [yɑ] 韵，文读 [ɑ] 韵。例如：楂/tsɑ⁵³⁴ | 沙 ʃyɑ⁵³⁴/sɑ⁵³⁴ | 榨 tɕyɑ⁵⁵/tsɑ⁵⁵ | 炸/tsɑ⁵³。

⑥ 蟹开二部分见系字白读 [ɑ] 韵，文读 [ia] 韵。例如：皆/tɕia⁵³⁴ | 戒 ka⁵⁵/tɕia⁵⁵ | 解 kɑ⁵³ ~开/tɕia⁵³ ~放 | 懈 gɑ²⁴³ 慢/ʃia⁵³ 松~。

⑦ 蟹合一、止开三帮组字白读 [a] 韵（蟹合一）或 [i] 韵（止开三），文读为 [ɛ] 韵。例如：培 ba¹¹³/ | 裴/bɛ¹¹³ | 每/mɛ²⁴³ | 佩/bɛ⁻¹¹ ~服 | 碑/pɛ⁵³⁴ | 被 bi²⁴³ 被子/bɛ⁻¹¹ ~迫 | 美/mɛ²⁴³。

⑧ 蟹止摄合口字（帮非组字除外）白读 [a i y] 韵，文读 [uɛ] 韵。例如：推 tʰa⁵³⁴/tʰuɛ⁵³⁴ | 雷 la¹¹³/luɛ¹¹³ | 贿/xuɛ⁵³ | 岁 ʃi⁵⁵/suɛ⁵⁵ | 类/luɛ²⁴ | 泪 li²⁴/ | 炊 tʃʰy⁵³⁴/tsʰuɛ⁵³⁴。

⑨ 效摄开口一二等字白读多为 [o yo] 韵，文读 [ɑ ia] 韵。例如：褒

po⁵³/pa⁵³ ｜ 造 zo²⁴³/dzɑ²⁴³ ｜ 熬 ŋo¹¹³/ŋɑ¹¹³ ｜ 爆 bo²⁴/bɑ²⁴ ｜ 抄 tɕʰyo⁵³⁴/tsʰɑ⁵³⁴ ｜ 教 ko⁵⁵/tɕiɑ⁵⁵。

⑩ 效摄开口三四等字白读多为 [i ɯ] 韵，文读 [iɑ] 韵。例如：表 pi⁵³/piɑ⁵³ ｜ 焦 tsɯ⁵³⁴/tʃiɑ⁵³⁴ ｜ 招 tsɯ⁵³⁴/tʃiɑ⁵³⁴ ｜ 轿 dʑi²⁴/dʑiɑ²⁴ ｜ 雕 tɯ⁵³⁴/tiɑ⁵³⁴ ｜ 晓 ʃi⁵³/ʃiɑ⁵⁵。

⑪ 咸山宕江四摄舒声字和梗摄开口二等舒声字白读多为鼻化韵母，文读为 [n] 尾韵。其中咸山宕江摄字文读 [an ian uan yan] 韵，梗摄开口二等字文读 [ən in] 韵。例如：男 nɑ̃⁵³⁴/nan¹¹³ ｜ 减 kã⁵³/tɕian⁵³ ｜ 展 tsẽ⁵³/tʃian⁵³ ｜ 贯 kuã⁵⁵/kuan⁵⁵ ｜ 悬 /yan¹¹³ ｜ 章 tʃyõ⁵³⁴/tʃian⁵³⁴ ｜ 项 õ²⁴³/an²⁴³ ｜ 生 sẽ⁵³⁴/sən⁵³⁴ ｜ 幸 /in²⁴³。

⑫ 深臻摄开口三等精组字白读 [ən] 韵，文读 [in] 韵。例如：心 sən⁵³⁴/sin⁵³⁴ ｜ 亲 tsʰən⁵³⁴/tsʰin⁵³⁴ ｜ 信 sən⁵⁵/ ｜ 讯 /sin⁵⁵。

⑬ 除咸山曾梗摄外，古入声韵字文读多为 [ə iə uə yə] 韵。例如：搭 tuɑ⁴²³/tə⁴²³ ｜ 接 tsi⁴²³/tʃiə⁴²³ ｜ 葛 kɯ⁴²³/kə⁴²³ ｜ 灭 mi²³²/miə²³² ｜ 切 tʃʰiɑ⁴²³/tʃʰiə⁴²³ ｜ 血 ʃyi⁴²³/ʃyə⁴²³ ｜ 息 sɛ⁴²³/ʃiə⁴²³ ｜ 隔 kɑ⁴²³/kə⁴²³ ｜ 席 ze²³²/ʑiə²³² ｜ 获 /uə²³²。

其他还有一些零星的文白异读现象。例如：

下 iɑ²⁴³ 下头：下头 /ʃiɑ⁵³ ~ 车 ｜ 猪 tʃi⁵³⁴ 单说 /tʃy⁵³⁴ ~ 八戒 ｜ 戴 tɑ⁵⁵ 姓 /tɑ⁵⁵ 动词 ｜ 肥 bi¹¹³/vi¹¹³ ｜ 抓 tɕyɑ⁵³⁴ ~ 牌 /tsɑ⁵³⁴ ｜ 及 dʑi²⁴ 来得 ~/dʑiə²³² ~ 格 ｜ 产 ʃyɑ⁵³ ~ 母 /tsʰɑ̃⁵³ 生 ~ ｜ 惊 kuɛ̃⁵³⁴ 怕 /tɕin⁵³⁴ 蛰 ｜ 供 tɕyon⁵³⁴ 供养 /kon⁵³⁴ ~ 给 ｜ 共 dʑyon²⁴ ~：同姓 /ɡon²⁴ ~ 产党。

伍 连读调

一 语音变调

浦江话两字组的语音变调规律见表 2-4-1。表中各栏的上一行是单字调，下一行是连读调。例词请参看词汇部分。

表 2-4-1 浦江话两字组连调表

1\2	阴平 534	阳平 113	阴上 53	阳上 243	阴去 55	阳去 24	阴入 423	阳入 232
阴平 534	534 534 55 334	534 113 55 334	534 53 33	534 243 33	534 55 55 334	534 24 55 334	534 423 55	534 232 55 334
	534 55	534 113 55			534 33	534 24 33		

续表

阳平 113	113 534 24 ——— 113 534 11	113 24 ——— 113 33	113 334	113 53 11	113 243 11	113 55 24 ——— 113 55 11	113 24 ——— 113 24 11	113 423 11	113 232 33 334
阴上 53	53 534 33 53	53 113 55 55 ——— 53 113 33 243	53 33	53 33	53 243 33	53 55 55 ——— 53 55 55 0	53 24 55 0	53 423 33 53	53 232 33 243
阳上 243	243 534 11 53	243 113 11 24 ——— 243 113 11 243	243 53 11	243 33	243 243 11	243 55 24 0 ——— 243 55 11	243 24 11	243 423 11 53	243 232 11 243
阴去 55	55 534 ——— 55 534 33 334	55 113 53 334	55 53 33	55 33	55 243 33	55 55 33	55 24 33	55 423	55 232
阳去 24	24 534 11 53	24 113 11 243	24 53 11	24 33	24 243 11	24 55 24 0	24 24 24 0	24 423 11 53	24 232 11 243
阴入 423	423 534 55	423 113 55 334	423 53 33	423 33	423 243 33	423 55 55 ——— 423 55 33	423 24 55	423 55 55	423 423 33 53	423 232 11 243
阳入 232	232 534 24	232 113 24	232 53 11	232 11	232 243 11	232 55 11	232 24 11	232 423 11 53	232 232 11 243

说明：

① 变调[334]实际升得幅度不大，近[33]。下文语法变调和小称调中读音相同。

② 表2-4-1中阴平作后字时常读作[534]调，但实际读音为[434]。

③ 阴平字在阳平字之后常常有[534]调和[334]调的变读，后者往往是更自然的读法。

④ 阳平字之后的[24]调近[13]。

浦江话两字组的语音变调有以下几个特点：

① 前后字都会变调，以前字变调为主。前字为阴去和阳去调时才可能不

变调；后字为阴上、阳上调时基本都不变调，为其他调类时也常不变调。

② 前字的曲折调都变为平调或升调，后字则常保留曲折调。

③ 不同调类的前字与前字之间、后字与后字之间都有合并的现象。合并不一定发生在阴调类内部或阳调类内部，即打破了阴阳调类的界限。例如后字除阴上、阳上和阴入外都可变为 [334] 调；为阳平、阴去和阳去时都可读 [55] 调。而且浦江话中阴阳调类在连调中的合并，并没有使后字的声母发生浊化或清化。

不符合表 2-4-1 连调规律的例外词有：

阴平＋阳上：公里 kon$^{534-55}$li$^{243-334}$

阳平＋阳平：麻车油坊 mia$^{113-24}$tɕʰyɑ$^{534-0}$

阳平＋阴去：同意 dən$^{113-11}$i$^{55-24}$

阴上＋阳上：手艺 ʃiʁ$^{53-55}$n̠i$^{24-55}$

阳上＋阳去：社会 ʑia$^{243-24}$uɛ$^{24-0}$ ｜ 肚射拉肚子 du^{24}dʑiɑ$^{24-0}$

阴去＋阳平：烫农 tʰõ$^{55-33}$nən$^{113-243}$

阴去＋阴入：四月 ʃi^{55}n̠yi$^{232-55}$

阳去＋阴平：饭甑 vã^{24}tsin^{534}

阳去＋阳平：弹簧 dã$^{24-11}$õ$^{113-24}$

阳去＋阴去：事故 zɿ$^{24-11}$ku$^{55-53}$

阳去＋阳去：大路 duɯ^{24}lu^{24}

阴入＋阴上：发展 fɑ$^{423-55}$tsɛ̃$^{53-0}$

阴入＋阴去：织布 tsɛ$^{423-55}$pu$^{55-0}$

阴入＋阳去：决定 tɕyə$^{423-33}$din^{24}

阳入＋阴去：服气 vɯ$^{232-24}$tʃʰi$^{55-0}$

阳入＋阳去：服务 vɯ$^{232-24}$vu$^{24-0}$ ｜ 食饭 zɛ$^{232-24}$vã$^{24-0}$

阳入＋阳入：芦蕻萝卜 lo$^{232-33}$bɯ$^{232-334}$

此外，亲属称谓词常常读作 [33 + 55] 的模式。例如：伯伯父亲 pɑ^{33}pɑ^{55} ｜ 姊姊姐姐 tʃi^{33}tʃi^{55} ｜ 姐姐伯母 tʃia^{33}tʃia^{55} ｜ 叔叔 ʃyɯ^{33}ʃyɯ^{55} ｜ 婶婶 sən^{33}sən^{55} ｜ 姑姑 ku^{33}ku^{55} ｜ 姊妹姐妹 tʃi^{33}ma^{55}。

三字组以上结构的变调基本上以两字组为基础，但情况更为复杂，这里不再详述。

二 语法变调

浦江话的语法变调情况也相当复杂，下面介绍两种主要的语法变调现象。

1. 述宾式

并不是所有的述宾式结构都具有专门的变调规律。在浦江话中，以下 8

种组合的述宾式属于语法变调（每一种组合后列出例词）：

阴平＋阴平 [534-55 534-334]：开车、开荒、当兵、当官

阴平＋阴去 [534-33 55]：开店、穿孝、挑刺

阴平＋阳去 [534-33 24]：生病、开会、兜饭、修路、扛轿

阳平＋阴平 [113-11 534-334]：骑车、爬山、留心、迎灯舞龙灯

阳平＋阳去 [113-11 24]：排队、传袋、迎口 ua^{24} 抬阁

阴上＋阴去 [53-55 55-0]：写信、炒菜、打气

阳上＋阴去 [243-24 55-0]：买票、买菜、受气

阴去＋阴平 [55-33 534-334]：唱歌、冻冰、放心、中风

浦江话两字组述宾式变调有以下几个特点：

① 前字都变调；后字为阴去、阳去字时不变调，其他情况都变调。

② 其他结构的两字组也会用述宾式变调。例如：明朝明天 mən$^{113-11}$ tsɯ$^{534-334}$ ｜ 比赛 pi$^{53-55}$sa$^{55-0}$ ｜ 菜干儿干菜 tsʰa$^{55-33}$kõn$^{534-334}$。相反，个别述宾式词采用了其他结构的变调，例如：盖章 ka^{55}tʃyõ^{534} ｜ 放尿 fõ^{55}ʃi^{534}。

③ 其他：熬油 ŋo$^{113-24}$iɤ^{113} 名词，猪油 /ŋo$^{113-33}$iɤ$^{113-334}$ 述宾。

2. 数量式

数量式中量词的变调，情况比较复杂，见表 2-4-2。

表 2-4-2　浦江话量词的变调

	斤张	年层	本碗	桶领	块寸	袋步	节尺	日匣
	534	113	53	243	55	24	423	232
半	55	55	55	55	55	55	55	55
一	334	334	55	24	55	24	55	24
两	53	243	0	0	0	0	0	0
三	334	334	334	334	334	334	334	334
四	55	55	55	55	55	55	55	55
五	334	113	334	24	334	24	334	334
六	334	113	334	24	334	24	334	334
七	334	334	55	24	55	24	55	24
八	334	334	55	24	55	24	55	24
九	53	243	0	0	0	0	0	0
十	334	334	334	334	334	334	334	334
十一	53	243	0	0	0	0	0	0
廿	55	24	55	24	55	24	55	24
一百	55	55	55	55	55	55	55	55
一千	334	334	55	24	55	24	55	24
一万	55	55	55	55	55	55	55	55

浦江话量词的变调规律是：

① 在数词"半""四""一百""一万"之后，所有量词都读 [55] 调。

② 在数词"一""七""八""一千"之后的变调情况相同：阴平、阳平读 [334]，阴上、阴去、阴入读 [55]（同单字调阴去），阳上、阳去、阳入读 [24]（同单字调阳去）。

③ 在数词"两""九""十一"之后的变调情况相同：阴平读 [53]（同单字调阴上），阳平读 [243]（同单字调阳上），其他调读轻声。

④ 在数词"三""十"之后，所有量词都读 [334] 调。

⑤ 在数词"五""六"之后的变调情况相同：阴调类和阳入调都读 [334]，阳平仍读 [113]，阳上和阳去读 [24]（同单字调阳去）。

⑥ 阳上和阳去的变调相同；除了在数词"五"和"六"之外，阳入的变调也与阳上、阳去相同。

⑦ 阴上、阴去和阴入的变调相同。

陆　小称音

浦江话的小称音变以韵母变化为主，声调变化为辅，声母一般不变。

一　韵母的变化

从韵母来看，在浦江话的 46 个韵母中，现在已经调查到有小称例词的韵母共有 31 个。没有小称例词的韵母为：字数较少的韵母 [ua yē]、以文读为主的韵母 [uɛ]、自成音节的韵母 [m n] 和鼻尾韵母 [an ian uan yan ən in uən yən on yon]。

31 个韵母小称时要发生变化，每个基本韵对应于一个小称韵，即共有 31 个小称韵。变化的方式只有一种，即在原韵母的末尾加上一个鼻音韵尾 [n]。浦江话"儿"字读 [n¹¹³]（阳平），小称音里的 [n] 尾显然来自"儿"字。

浦江话基本韵和小称韵的关系如下（基本韵后无"→"的表示无相应的小称韵）：

ɿ → ɿn	i → in	u → un	y → yn
			yi → yin
ɑ → ɑn	iɑ → iɑn	uɑ → uɑn	yɑ → yɑn
a → an	ia → ian	ua	
ɛ → ɛn		uɛ	
o → on			yo → yon
ɤ → ɤn	iɤ → iɤn		

ə → ən	iə → iən	uə → uən	yə → yən
ɯ → ɯn			yɯ → yɯn
an	ian	uan	yan
ã → ãn	iã → iãn	uã → uãn	
	iẽ → iẽn		yẽ
ɔ̃ → ɔ̃n			
ɛ̃ → ɛ̃n		uɛ̃ → uɛ̃n	
õ → õn			yõ → yõn
ən	in	uən	yən
on			yon
m			
n			

有些小称韵中的元音比较长，有时听上去甚至像是两个音节，例如"燕儿"像是 [iã:n⁵³]，又像是 [iã⁵³nº]。但是也有不少小称韵已经同基本韵合流了，例如发音人认为"梯儿" [tʰin⁵³⁴] 与"厅" [tʰin⁵³⁴] 同音，"糕儿" [kon⁵³⁴] 与"工" [kon⁵³⁴] 同音，"桃儿" [don²³²] 与"同文" [don¹¹³] 也只是声调的差异。

以下各词也可能为小称词：

□□笋筐 [mia²⁴lã¹¹³]：可能由"□ mia²⁴ 笋儿"变来。若是，则"细□□儿小的笋筐" [ʃia³³mia³³lãn³³⁴] 就是"细□ mia³³⁴ 笋儿儿"了。

□□蝉，指个儿较小的 [tʃia⁵⁵lyõ³³⁴]：可能由"□ tʃia⁵⁵ 了儿"变来。"□□蝉，指个儿较大的" [dʒi²⁴lyõ³³⁴] 可能由"□ dʒi²⁴ 了儿"变来。

楷 [kʰã⁵³]：可能由"楷儿"变来。

"锅□箅子" [kɯ⁵³⁴⁻³³lian⁻²⁴³] 中的 [lian⁻²⁴³] 可能为小称音。

二 声调的变化

浦江话小称的声调变化规律如表 2-4-3 所示，例词中的"儿"字一律省去。

表 2-4-3 浦江话的小称调

古音	今单字调	变调规律	例词
清平	阴平 534	不变	梯、乌、虾、杯、糕、歌
浊平	阳平 113	232	梨、梅、猫、桃、球、篮、盘、蚕、羊、蜂
清上	阴上 53	55	馃、蚤、枣、鸟、狗、茧、梗
浊上	阳上 243	24	柿、语、女、癀、辫
		不变	弟、棒

续表

清去	阴去 55	不变	疿、记、兔、裤
		53	泡、豹
浊去	阳去 24	243	芋、鉋
清入	阴入 423	不变	格、夹、鸭、塔、节、尺、塞、壳、雀、卒、橘
浊入	阳入 232	不变	匣、末、栗、鹿、竹

浦江话小称的声调变化规律有：

① 阴平、阴入、阳入字不变调。

② 阳平字变 [232] 调，同阳入调；阴上字变 [55] 调，同阴去调；阳去字（目前调查到的例字较少）变 [243] 调，同阳上调。

③ 阳上字多数变 [24] 调，同阳去调，少数不变调；阴去字多数不变调，少数变 [53] 调，同阴上调。

④ 小称调没有超出本调的范围，除阳平 [113] 以外，其他各本调都能在小称调中找到。

柒　同音字汇

本字汇以收录浦江话的单字音为主。如果没有单字音，酌收主要的连读音。连读音放在相应的单字音节后面，在连读音的前面加双竖线"‖"表示（如果连读调是单字调以外的新调值，该调值放在所有调类后面，"‖"加在连读调的前面）。文白异读规律见上文肆。

字汇根据浦江话韵母、声母、声调的次序（见上文贰）排列。轻声音节用"[0]"表示。在第一章第四节"本字考"里考证过的字用加粗表示，写不出本字的音节用方框"□"表示。释义、举例在字后用括号"（ ）"表示。在例子里，用"~"代替原字，"□"后加注音标。又读、文白异读等一字多音的现象在字的右下角用数字表示，一般用"1"表示最常用或最口语化的读音，"2"次之，依此类推。

ɿ

ts　[534] 雌资姿咨脂兹滋之芝 [53] 鼠紫指子籽梓止趾址齿 ‖ 胝（硬~：跰子）[55] 刺（鱼~）‖ 支（一~）‖ [334] □（□ɯ⁵⁵ ~：小孩耍赖，纠缠不休）

tsʰ　[53] 此 [55] 刺（~刀儿）次　‖ [334] 翅（鱼~）

s　[534] 蛳筛（筛子）斯赐私师狮尸司丝思诗 [53] 死使史驶 [55] ‖ □（□□ tʰõ³ʃyə⁵⁵ ~：如果）

第二章　语音

z　　[113]鹚(鸬~)锄匙瓷糍慈磁辞词祠时　[243]氏巳士仕市 ‖ 豉(豆~)
　　　[24]逝自₂示视嗜似祀字寺饲事侍 ‖ [11]牸(~牛儿:母牛)　[334]誓
　　　(宣~)

i

p　　[534]屄　[53]鄙比婢表(~哥儿)　[55]蔽闭臂秘泌庇　[423]鳖　‖[33]
　　　苾(~麻子)

pʰ　[534]批披(台门~儿:门楼)剁(用手或牙齿剥离)　[53]漂(~白)　[55]
　　　币屁票 ‖ 匹(一~)撇(一~) ‖ [33]□(~水漂儿:打水漂儿)

b　　[113]皮₁疲脾婢琵枇痹肥₁□(一~砖:一层砖)　[243]髀被(名词)　[24]
　　　弊毙避 ‖ [11]□(~~□儿zãn²⁴:一种形似木耳的野菜)

m　　[113]迷谜(读字)眉楣　[243]米　[24]弥未(副词)觅(读字)　[232]灭₁
　　　搣(拧;捻)篾 ‖ [11]尾(~巴)

f　　[534]非飞妃□(用油炸)　[53]匪榧　[55]废肺费 ‖ 翡(~翠)

v　　[113]皮₂维惟唯肥₂微(~型)　[24]吠(狗叫)未(地支之一)味

t　　[534]低　[53]底抵　[55]帝

tʰ　[534]梯　[53]体替剔　[55]涕剃屉　[0]嚏(打~:打喷嚏)

d　　[113]堤题提蹄啼隶　[243]弟　[24]第递地 ‖ 逮(~捕)

n　　[0]呢(语气词)

l　　[113]胴驴梨犁黎离篱璃厘狸里　[243]吕旅礼李理鲤裏吏捋(用指甲划)
　　　[24]虑滤厉(~害)丽(美~)利痢泪 ‖ 履(~行)　[0]励(鼓~) ‖ [11]
　　　丽(~水:地名)荔(~枝)

ts　　[423]接₁

s　　[53]髓　[423]薛(下~宅:地名)雪

z　　[232]折(~本)

tʃ　[534]猪(杀~)鸡知支(~持)枝肢妓肌饥几(茶~)几(~乎)基机讥饑
　　　萁(芦~□pʰo⁴²³:蕨)　[53]挤(读字)纸旨己几(~个)嘴虮□(麻~:发麻)
　　　[55]姊祭际稷制製济剂计继髻智寄致至冀置志誌痣纪记醉季 ‖ 稽(~查)
　　　栀(山~花:栀子花)既(~然) ‖ [334]□(□tsin⁵⁵~:漂亮,指女人)

tʃʰ　[534]蛆妻栖(两~)溪痴欺　[53]且启佁企耻起杞岂□(撕)　[55]砌契
　　　器弃气汽 ‖ 覤(近~:近视)

dʒ　　[113]徐₂荠池驰奇骑迟祁持其棋期旗□(~□lyõ³³⁴:蝉,指个儿较大
　　　的)　[243]苣治 ‖ 稚(幼~)　[24]箸痔忌及(来得~) ‖ [11]技(~术)
　　　雉(~鸡)

ʃ　　[534]西犀兮施牺嬉熙希稀屎₁　[53]洗矢始喜嘻晓(~得:知道)□(~壳

199

	儿:蚌）[55]絮世势细（粗~）婿系（中文~）繫係岁₁戏四肆试‖□（~骚:发牢骚）‖[33]□（~本事:逞能）
ʒ	[113]徐₁齐[243]是[24]自₁[232]渠（他）
tɕ	[534]浇[53]‖笕（水~）□（豆~:豇豆）[55]叫（小孩哭；人或动物叫）去₂[423]鎌（钐~:镰刀）劫羯（阉割,指猪或鸡）结（~头:绳结）洁₁
tɕʰ	[53]撬[55]去₁□（物体经水后突起）
dʑ	[113]桥[24]轿₁[232]舌（□~:舌头）□（舀）
ɲ	[113]泥倪宜尼疑拟凝[53]腻（油~）[243]议[24]艺仪谊义毅绕（围~,~线）[232]热₁
ɕ	[534]□（掀）[423]歇
ø	[534]倚椅（读字）伊医衣依腰□（凹陷）[113]携移夷姨肄遗摇窑姚（~村:地名）[53]□（折纸或叠衣服）[55]去₃臀意要（想要；紧）页（姓）忆亿鹬₂□（又）[24]易（容~）已以异鹬₁[423]噎（反~:倒噍）[232]叶‖[11]□（~干儿:附近）

u

p	[53]补谱怖[55]布佈‖[33]□（~脚凳:放在床前的长条形矮凳）
pʰ	[534]铺（动词）潽[53]普浦[55]铺（名词）
b	[113]蒲菩葡荸[243]簿抱[24]部步捕埠伏（孵）□（晒太阳取暖）
m	[113]模（~具）模（~范）摹[24]暮慕墓募某幕
f	[534]夫肤□（~田:耘田）□（一~:一辆）[53]府腑甫斧陪[55]敷俘麸付傅赴富副
v	[113]符扶（~手）芙无（~产阶级）巫诬抚浮[243]父武侮鹬赋戊妇[24]俯舞附务雾‖辅（~导）
t	[534]都（首~）[53]堵赌肚（猪~）[55]妒
tʰ	[534]土吐（~痰）[55]吐（~血）兔
d	[113]徒屠涂图杜□（生~:畜生）[243]肚[24]途度渡镀□（毒害）
l	[113]奴卢炉庐芦（~穄:高粱）鲁[243]努恼卤‖□（新~:儿媳妇）[24]怒路露‖鸬（~鹚）‖[33]鹭（~鸶儿）□（□ kʰu³³ ~ □ sã⁵³⁴:大腿之间）
ts	[534]租组（小~,~合）[53]祖组（~织）阻
tsʰ	[534]粗初[53]楚础取[55]醋
dz	[24]助
s	[534]苏酥疏蔬鬚[55]素诉塑数（名词）□（模子）

k	[534] 姑孤 [53] 古估牯股鼓 [55] 故固雇顾
kʰ	[534] 箍枯 [53] 苦 [55] 库裤 ‖ [33] □ (~ □□ lu³³sã⁵³⁴ : 大腿之间)
x	[534] 呼 [53] 虎浒 [55] 戽 ‖ 乎 (弗在 ~)
ø	[534] 乌污 [113] 吴吾梧胡湖狐壶葫鹕糊 (动词) 瑚蝴□ (~ 头 : 头) [243] 伍 (队 ~) 户沪坞 [55] □ (埋) □ (焚烧 , 煮) ‖ □ (□ liə¹¹ ~ 子 : 刺猬) [24] 糊 (名词) 误悟互护腐 (豆 ~) [0] 恶 (可 ~) ‖ [334] 乎 (几 ~) [11] □ (~ □ tʃia⁵⁵ 蜂 : 马蜂)

y

tʃ	[534] 猪 (~ 八戒) 诸居车 (~ 马炮) 诛蛛株 (稻 ~ : 稻茬) 朱硃珠拘龟归□ (鸡 ~ : 鸡嗉子) □ (钝) [53] 著 (显 ~) 煮 (读字) 举 (选 ~) 主矩鬼₁ [55] 据拄驻註注蛀铸句贵₁ ‖ □ (□ tən³³ ~ : 非常饱)
tʃʰ	[534] 枢区驱吹₁炊₁ [53] 娶 (读字) [55] 处 (相 ~) 处 (保卫 ~) 趋趣 [0] □ (□ zɛ²⁴ ~ : 非常疲劳)
dʒ	[113] 除渠 (~ 道) 厨殊瞿垂₁ 锤槌 [243] 柱跪₁[24] 巨拒距住俱具惧柜₁
ʃ	[534] 书舒庶恕墟虚嘘须需输 (败) 输 (运 ~) [53] 暑黍许数 (动词) 戍水戍
ʒ	[113] 储如儒 [243] 序叙绪汝聚竖乳椅 (交 ~) [24] 署树
ȵ	[113] 鱼渔愚虞娱 [243] 女 (男 ~) 语
ø	[534] 於淤于 [113] 余馀盂俞榆逾愉围₁ [243] 雨 [55] 与 [24] 御禦誉预豫宇禹羽芋喻裕遇寓

yi

ʃ	[423] 血₁
tɕ	[423] 折 (~ 纸包 : 叠红包)
ȵ	[232] 月

ɑ

p	[53] 摆褒₂ [55] 霸坝 (大 ~) 拜百 [423] 柏
pʰ	[55] 破怕 (恐 ~) 派泡 (~ 沫) 魄 [423] 拍 (~ 手) 汞 (掰)
b	[113] 排牌簿 [24] 罢败暴爆₂ [232] 白
m	[113] 蛮 (顽皮) [243] 买慢₁晚 (~ 娘 : 继母) [24] 卖万 (麻将牌名) [232] 麦脉
f	[423] 法髪發
v	[232] 乏伐罚□ (~ ~ 儿 : 泡沫)
t	[53] 岛打₂ [55] 戴 (动词) 带
tʰ	[534] 拖 (~ 女客 : 男人找姘头) 他 (其 ~) 滔□ (漂流) [55] 太泰

d	[113]涛 [243]道₂□(喊) [24]大(~学)豆(~腐)导汰(漂洗)□(趟) ‖[33]踏₂(脚~车:自行车)
l	[534]拉 [113]拿(捉~)劳₂涝 [243]赖₁ [24]‖哪(~个;~吒)[0]啦(助词,了)‖[11]癞(~头)
ts	[534]楂斋抓(读字)撒 [53]诈炸澡₂ [55]债罩(读字) [423]扎(捆)摘(~茶叶)‖[33]□(~箕头儿:有提梁且较矮的簸箕,可挑可提)
tsʰ	[534]搓(~麻将)蔡(姓)钗差(出~)操₂ [55]册 [423]擦察拆坼(瀮~:裂缝儿)策赤(~脚) ‖[33]差(~弗多儿:差不多)
dz	[113]查₂ [243]造₂邵 [232]择(挑选)
s	[534]奢 [53]‖□(雪~:霰) [423]萨栅(风炉~:小炉子里的铁栅)
z	[113]豺₁柴 [24]扰(打~) [232]十₂宅
k	[534]家(大~)街₁□(~~:女阴,指小孩) [53]解(动词,锯;~开)尬 [55]个(一~)介(蒋~石)界芥戒₁ [423]格(~子)隔₁
kʰ	[534]揩 [423]客
g	[243]懈(慢)
ŋ	[24]熬₂鳌 [232]额₁□(折使断)
x	[423]吓(吓唬)
∅	[113]鞋豪₂壕₂毫₂ [53]我‖□(□tɕyõ³³~:干什么) [55]矮(读字)奥‖倭(~寇) [24]浩₂ [423]压押₁轭 [0]□(助词,了。本书写作"啊")‖[33]踏₁(脚~车:自行车)

ia

p	[534]标彪 [53]表(填~)錶
pʰ	[534]飘 [55]漂(~亮)
b	[113]瓢(读字)嫖
m	[113]猫(读字)苗描藐渺 [24]秒庙妙谬
t	[534]爹雕₂
d	[113]条₂调(~查) [24]调(音~)调(~动)
l	[113]疗聊辽寥廖 [24]瞭‖[11]了(~解)
tʃ	[534]焦₂蕉(香~)昭招₂沼 [55]诏
tʃʰ	[534]悄超 [53]俏
dʒ	[243]召
ʃ	[534]虾捎(读字)酵消₂宵₂萧₂霄销嚣 [53]下(~车)小(~学) [55]笑₂少(~年)晓(用于人名)偿 [423]瞎
ʒ	[113]巢剿兆 [232]辖‖[11]狭(~隘)

tɕ　[534] 家（国～，人～）加嘉郊狡窖（读字）骄娇矫　[53] 假（真～）贾较缴　[55] 假（放～）架嫁稼价疥（碗～橱：碗橱）教（～育）校（大～）饺 ‖ 介（～绍）[423] 眨夹（动词）裌甲挟（～菜） ‖ [334] 茄（番～）

tɕʰ　[55] 搭（捉；拿）窍　[423] 恰

dʑ　[113] 乔侨　[24] 轿 ₂ 射（肚～：拉肚子）□（剩）‖ 茄（～菜：茄子）[232] 挟（抱）

ȵ　[113] 牙芽（名词；动词，使发芽）衙饶（上～：地名；富～）尧　[243] 瓦艾 ₁　[24] 尿 ₂ □（合起两手的掌心揉）□（一～：一小捆）

ø　[534] 雅鸦桠妖邀要（～求）[113] 霞瑕蛤（～蟆乌儿：蝌蚪）耶爷肴谣姚（姓）[53] 哑亚　[243] 下（～底，～降）[24] 夏（姓）夏（春～）野夜效校（～长）跃 ‖ 匣（一～：一盒）[423] 押 ₂　[232] 狭峡（三～）洽协　[0] 厦（大～）害（厉～）‖ [11] 厦（～门）

uɑ

t　[423] 搭 ₁ 答（～应）

tʰ　[423] 塔塌獭□（石～：岩石）

d　[232] 达 ‖ [33] 踏 ₃（脚～车：自行车）

l　[232] 腊蜡钀辣□（焚烧）□（拃）

k　[534] 瓜　[53] 寡剐拐　[55] 怪挂卦 ‖ □（～□ $dɤ^{113}$：馋）[423] 括（包～）刮㓦（裂；迸）

kʰ　[534] 夸　[55] 快　[423] 垮跨（读字）阔

g　[113] 怀（围～：围裙）

x　[534] 花　[53] □（洒）[55] 化　[423] 豁（～拳：猜拳）霍（～闪：闪电）□（一～：橘子、馒头等掰下的一部分）

ø　[534] 蛙　[113] 华（中～）划（～船）华（姓）桦槐　[55] □（伸手去够）[24] 画话划（计～）[423] 挖　[232] 活

yɑ

ʃ　[534] 沙纱砂□（～□ mia^{243}：麻利）[53] 产（～母：产妇）[55] 晒□（野外搭建的茅棚）‖ 钐（～镙：镰刀）[423] 杀 ‖ [33] □（～□ $ts^hɛ^{53}$：勤劳）

ʒ　[24] 射（～箭）[232] 闸煠（煮）

tɕ　[534] 渣抓（～牌儿）[55] 榨□（无赖～：无赖的行为）‖ □（～拄：帮助挑担用的棍子）

tɕʰ　[534] 叉岔车（汽～）[53] □（向前用力踩踏，如踩刹车的动作）[423] 插

dʑ　[113] 茶搽查 ₁　[232] 踏（踩；～碓：脚踩的碓）

a

p　　[534]杯□(粘贴,指层状物如纸张等)□(~子儿:拾子儿)[55]簸(动词)贝辈背(身体部位;~书包)□(叭)

pʰ　[534]胚坯 [55]配

b　　[113]培陪赔 [24]倍背(背诵)□(一~花:一枝花)□(稻~:稻穗)

m　　[113]埋梅枚媒煤 [24]妹

f　　[55]艍(不会)

t　　[534]堆 [53]劻(双手向两边扯布、纸等)[55]戴(姓)对碓‖□(~裏侧儿:侧着)‖[334]□(先~:先)

tʰ　[534]胎台(~州)苔(口~:舌苔)推(推托)煺(去毛)□(一~:一幢)[53]腿 [55]态退‖[33]□(~□pã⁵³:差)

d　　[113]臺枱苔(青~)鲐(鮎~:鮎鱼)[243]待殆 [55]‖□(伙~:朋友)[24]贷代袋兑□(臬)□(这么)‖[11]怠(~工)

n　　[243]乃耐赖₂[24]奈

l　　[113]来₁雷(天~:雷)[24]瘌(~毒:一种毒疮)踒(滚动;躺;擀)‖[334]□(日~:白天)

ts　　[534]灾栽 [55]宰再载(~货)寨(大~)

tsʰ　[534]猜催 [53]彩采睬灿₂ [55]菜

dz　　[113]才材(~料)财纔豺₂ [243]在

s　　[534]碎(读字)衰摔(读字)[55]栖(鸡~:鸡屋)赛帅 [423]塞₂

z　　[113]材(棺~)裁 [243]罪 [24]□(如果)[232]截

k　　[534]该 [53]改 [55]盖丐 [0]溉(灌~)‖[334]概(大~)

kʰ　　[534]开 [53]凯 [0]慨(慷~)

g　　　[243]徛(站立)[24]隑₁(倚靠)

ŋ　　　[113]呆艾₂ [243]碍 [24]外(~公,~婆)

x　　　[53]海□(炫耀,吹牛)

ø　　　[534]哀挨(读字)[113]孩 [243]亥 [55]爱隘 [24]害(害人)隑₂(倚靠)[0]来₂(趋向补语)啊(语气词)

ia

p　　[534]巴芭疤□(用手抓)[53]把(~手,~握)[55]坝(水沟或小溪上筑成的小堤坝)‖把(一~)[423]八迫(被~)

pʰ　[534]□(披)[55]帕

b　　[113]爬琶杷钯□(挠)□(一~:一捺)[24]耙䶛䶛(牙齿外露)[232]拔

m　　[113]麻痲蟆(蛤~乌儿:蝌蚪)□(~□lã¹¹³:箩筐)[243]马码

204

	□(老~：妻子)‖□(□ʃyɑ³³~：麻利)[24]骂[232]袜‖[33]□(装~□tʃʰiɤ⁵³⁴：性交)
t	[423]跌
tʰ	[423]贴帖铁 ‖[33]□(~~□pɯ⁵³：裸露上身)
d	[232]叠
l	[243]鳢(乌鱼)[232]□(泥土变硬)
tʃ	[55]姐(~~：伯母)借蔗□(~手：左手)‖□(~□bẽ⁰：蝗虫)□(~□lyõ³³⁴：蝉，指个儿较小的)□(□u¹¹~蜂：马蜂)□(~□pɯ⁵⁵花：杜鹃花)[423]节
tʃʰ	[53]□(斟；倒，指液体)[55]笡(斜)[423]切(~菜)□(鸭子或鹅啄人)[0]□₂(起来。"起来"的合音)
dʒ	[232]习₂绝(~气：断气)籍(~贯)
ʃ	[534]赊鳃[53]写舍(弗~□kɯ⁵³：舍不得)舍(宿~)懈(松~)解(姓)[55]卸泻赦细(小)‖[33]□(眼~毛：睫毛)
ʒ	[113]斜蛇[243]邪社[24]谢佘绍(介~)‖[11]麝(~香)
tɕ	[534]皆阶佳街₂[53]解(~放)[55]届戒₂
ɲ	[232]捏
ø	[113]涯来(原~)[243]械[24]也[0]呀(语气词)□₁(起来。"起来"的合音)

ua

t	[0]□(倒来。"倒来"的合音)
k	[55]会(~计)桧(秦~)
kʰ	[534]盔魁(~星阁)奎[55]块筷(卫生~)
x	[534]恢灰□(摔)[55]悔晦
ø	[534]歪(读字)煨[113]回茴怀(彭德~)淮[24]匯会(开~)会(弗~：不会)会(乖)坏(读字)彙□(抬着游行的演戏的台子)

ɛ

p	[534]碑卑悲[55]彼[423]滗逼迫(单念)壁
pʰ	[53]丕
b	[113]裴[24]背(~书)焙备[232]趄(追)‖[11]佩(~服)被(~追)
m	[113]媚[243]每美[24]昧□(一~店：一爿店)
f	[423]弗(~要：不要)
t	[55]‖□(无事~：没关系)□(~过：舒服)[423]得(难~，来~及)扚(用指甲掐)嫡的(~确)[0]□(我~：我们。本书写作"嗲")

tʰ	[423] 踢	
d	[232] 汆	
l	[232] 力□(□gə¹¹~:什么) 搮(控水;倒悬)	
ts	[55] 只‖者(记~)隻(一~) [423] 鲫侧(转~:睡觉时翻身)织(~布)识(认识)	
tsʰ	[53]‖□(□ʃya³³~:勤劳) [423] 刺(~鞋底:纳鞋底)戚尺(一~八)	
dz	[232] 直值	
s	[423] 塞₁息₁式₁惜₁适₁	
z	[24]‖□(~□tʃʰy⁰:非常疲劳) [232] 食席₁石随	
kʰ	[53]‖□(老~:扑克)	
ø	[0] 欸(语气词,表惊讶)	

uε

tʰ	[534] 推(~土机)	
d	[24] 队坠‖[11] 隧(~道)	
l	[113] 雷(姓)累(连~)垒 [24] 屡内累(积~)类 ‖[334] 儡(傀~)	
ts	[534] 追(读字)锥 [53] 粹₂ [55] 最	
tsʰ	[534] 崔吹₂炊₂ [53] 粹₁ [55] 脆翠	
s	[53] 虽(~然)绥 [55] 岁₂税	
z	[113] 垂₂谁(读字) [24] 芮锐睡瑞遂	
k	[534] 规轨 [53] 鬼₂ [55] 刽(~子手)闺桂诡贵₂	
kʰ	[534] 亏窥 [55] 傀‖傀(~儡)	
g	[113] 馗(钟~)葵癸□(清点钱物) [243] 跪₂ [24] 逵柜₂	
x	[534] 辉徽 [53] 贿绘麾毁挥	
ø	[534] 慧威 [113] 桅危为(行~)围₂违苇谓 [53] 萎委畏慰 [243] 伪魏伟纬‖秽(淫~) [55]‖微(稍~) [24] 胃卫惠为(介词)位讳	

o

p	[534] 菠包胞□(□dã²⁴~:一种圆形竹器,较浅) [53] 褒₁保堡宝饱 [55] 报趵(蛙类跳或球等弹) [423] 剥驳	
pʰ	[534] 抛泡(松软) [53] 拍(~马屁) [55] 炮泡(水~;动词)‖箔(锡~) [423] 朴仆□(芦萁~:蕨)□(柚子)	
b	[113] 袍跑 [24] 鲍(动词)鲍爆₁‖瀑(~布) [232] 博薄(厚~)缚雹	
m	[113] 摩(~托车)毛茅 [243] 卯 [24] 冒帽貌亩 [232] 莫膜寞摸陌‖[334] □(晌~:因食物太咸而患病)	
t	[534] 刀 [53] 祷倒(打~)倒(~水) [55] 到□(一~:一沓)‖[33] 笃	

(~定)

tʰ	[53]讨 [55]套 [423]托
d	[113]桃逃淘陶萄□(挖) [243]道₁稻 [24]盗
l	[113]挪(~用)劳₁牢 [243]脑恼老 [24]闹 [232]诺落骆洛络乐(快~)芦(~菔:萝卜)‖[33]□(半日~□kʰo⁵³:发疟子)□(□o³³~□儿 tʂʰin⁵³:挠腋下,使人发痒)
ts	[534]糟 [53]早澡₁ [423]作
tsʰ	[534]操₁ [53]草騲₂(~鸡儿:母鸡) [55]躁(脾气~)糙□(敲一~:打一顿)‖钞(~票)
dz	[113]曹 [24]‖遭(一~)
s	[534]骚 [53]扫嫂 [55]燥悚(豪~:迅速,马上,日子过得不错) [423]索
z	[113]槽□(饥饿感) [243]皂造₁ [232]凿昨鼙(无中生有地骂)
k	[534]高膏糕交胶 [53]稿绞铰搅(打~)搞 [55]告教(~书;无爷娘~:缺少家教)校(校准) [423]郭各阁搁胳角₁
kʰ	[534]敲 [53]考‖□(竹~:竹杠) [55]烤靠犒‖□(~边:缲边)□(半日□lo³³~:发疟子) [423]廊扩确壳
g	[232]□(凌~:冰锥儿)□(为止)
ŋ	[113]熬₁ [24]偶 [232]鄂鹤嶽岳
x	[53]好(形容词)好(爱好)耗 [55]孝₁郝霍(~乱)□(和;跟) [423]霍(姓)‖[33]讹(~诈)
ø	[534]爊(~羹儿:煮羹儿)阿(~弥陀佛)□(~糟:肮脏) [113]豪₁壕₁毫₁ [243]袄 [55]懊□(犟,指小孩) [24]浩₁号 [423]恶(~劣,~心) [232]学₁镬(锅)‖[33]□(~□□儿lo³³tʂʰin⁵³:挠腋下,使人发痒)

yo

l	[232]略掠
tʃ	[423]嚼着(衣~:穿戴)斫(砍)雀(阴茎,指成人的)
tʃʰ	[53]‖雀(孔~) [423]鹊绰□(湿)
dʒ	[232]镯
ʃ	[53]□(跳,指人) [55]孝₂ [423]削
ʒ	[232]嚼着(寻~)勺芍若弱溺(读字)
tɕ	[53]找(~钞票) [423]脚觉(~悟)桌卓琢角₂□(收~:收拾)
tɕʰ	[534]抄 [53]炒吵巧 [55]眇 [423]怯却戳
ȵ	[232]疟疟箬(粽~:包粽子的竹叶)□(崴脚)□(揉面)
ø	[24]耀 [423]约□(捡;收拾) [232]药钥学₂乐(音~)

207

ʌ

p [534]□(用力砸)

m [113]谋矛 [24]牡茂贸 ‖ □(~乌儿:蝌蚪)□(无~:动词,没有) [232]木₁(笨)木₁(~匠,~头)

f [55]否

v [243]负阜

t [534]兜丢(读字) [53]斗(容量单位)抖 [55]斗(面积单位,一市亩的五分之一)鬥 ‖ [33]□(半~裤儿:短裤;开~裤:开裆裤)

tʰ [534]偷 [53]敨(展开;~气:喘气,舒畅)秃₁ [55]透

d [113]头₁投□(□kuɑ⁵⁵ ~ :馋) [24]豆掉₂(结果补语)

n [113]喉(咙~ :喉咙)

l [113]楼流₁刘留榴硫琉头₂ [243]篓柳□(搅拌) [24]漏陋 ‖ 绺(一~:一缕,一条)

ts [53]走奏

tsʰ [55]凑

dz [0]骤(步~)

k [534]勾钩沟阄□(半蹲) [53]狗苟 [55]够构购

kʰ [534]抠(两手对掐) [53]口 [55]叩扣寇 ‖ □(□zin¹¹ ~ :宁可) ‖ [33]□(~儿muun⁵⁵ :刚好)

g [113]□(蹲) [243]厚

ŋ [243]藕

x [534]响(~□mo³³⁴ :因食物太咸而患病)□(吸) [55]吼鲎(虹)□(~薄:很薄)

ø [534]尔(读字)欧瓯讴(叫,喊)呕殴 [113]而侯喉(单字)猴 [243]後后 [24]候 [0]□(□ʒyə²⁴ ~ :驱赶动物声)

iʌ

l [113]流₂溜馏

tʃ [534]脊昼邹周舟州洲□(一~:一棵) [53]酒帚□(~稻秆:把稻草扎成把) [55]皱咒

tʃʰ [534]秋(~天)秋(~千)鳅抽□(装□mia³³ ~ :性交) [53]丑醜 [55]臭

dʒ [113]绸稠筹仇酬 [24]袖₂纣宙售

ʃ [534]修搜馊收休□(瘊子)□(剖鱼并清除内脏) [53]手首守 [55]嗽羞(读字)秀绣锈瘦兽朽嗅(读字)□(滑动)

ʒ [113]愁 [243]受授 [24]就袖₁寿

tɕ	[534] 纠究㪷枢 [53] 九久韭 [55] 救 ‖ [334] 灸（针~）
tɕʰ	[534] 丘 [53] □（勒绳子）□（斥责声）
dʑ	[113] 囚求球 [243] 臼舅 [24] 旧
ȵ	[534] □（用两个手指头拧皮肉）[113] 牛 [53] 扭 [243] 纽有（无~：没有）
ø	[534] 优忧幽悠□（躲藏）[113] 尤邮由油游犹 [243] 有（单字）友酉莠 [55] 幼 [24] 诱又（读字）右佑柚（胡~）釉 ‖ □（~□iẽ¹¹³：蜗牛）

ə

p	[55] ‖ □（脚~肚儿：小腿肚）[423] 不（读字）北
pʰ	[423] 泊（梁山~）
m	[24] ‖ □（无~：未）[232] 墨默□（织布单位，一丈二尺）
f	[423] 弗（不）
v	[232] 佛物
t	[55] ‖ □（无~：未）[423] 搭₂答（~复）得（~意；介词，被）□（鸡、鸟等啄人）
tʰ	[423] 忒（太）脱秃₂
d	[232] 夺突特
n	[232] 纳
l	[232] 捋劣勒（~索）
ts	[423] 执汁质则责
tsʰ	[423] 厕撮七漆膝（读字）侧（~面）测
dz	[232] 杂（~交，~志）侄（读字）泽
s	[423] 膝（脚~髁儿：膝盖）涩（读字）虱失室色啬□（□kə³³~：有阻碍，不顺利）
z	[232] 杂（~货店）什（~锦）十₁拾（收~）入（~党）实贼
k	[423] 蛤（~□põ⁵⁵：癞蛤蟆）葛₂革隔₂□（~□sə⁵³：有阻碍，不顺利）
ˊ	[0] □（打~□tən⁰：打嗝）‖ [33] □（~~□tɕyon⁵³：跳房子，一种游戏）
kʰ	[423] 磕瞌刻克
g	[232] 个（的）咯（~~抖：哆嗦）□（~□lɛ²⁴³：什么）□（凸）□（牛羊等以角抵触）□（手等被夹住）
ŋ	[232] 核（~对）额₂
x	[423] 喝（读字）黑赫
ø	[423] 扼

iə

| p | [423] 笔毕必碧壁 |

209

pʰ	[423] 僻辟劈(读字)朏(女阴)
b	[24] □(枪声) [232] 鼻别弼
m	[232] 灭₂密蜜
t	[423] 的(目~)
d	[232] 牒谍敌狄秩
l	[232] 猎立列烈裂栗律率(成功~)歴暦 ‖ [11] □(~□u⁵⁵子:刺猬)
tʃ	[423] 织(组~)接₂哲浙即职积迹绩
tʃʰ	[423] 妾辑撤辙切(一~)赤(~卫队)
dʒ	[232] 捷涉集习₁袭舌(读字)绝(~对)疾术(白~)術殖植
ʃ	[423] 疲(差)吸薛(姓)悉息₂熄识(知~)式₂饰惜₂适₂释锡析□(~肋骨:人的肋骨)□(~薄:很薄)
ʒ	[232] 胁蛰(惊~)席₂夕
tɕ	[423] 颊急级给(补~)结(~束,~果)洁₂吉击激□(这。本书写作"噲")
tɕʰ	[423] 揭讫乞吃(~力)
dʑ	[232] 及(~格)杰极剧(~烈)剧(孂~)
ȵ	[232] 聂业孽热₂日匿逆
∅	[423] 揖乙一逸 [232] 益译易(交~)液腋(读字)

uə

k	[423] 骨国
kʰ	[423] 窟屈(弯)
g	[232] 滑猾
x	[423] 忽
∅	[423] 頒(淹,溺) [232] 核(~桃;苹果~)或惑获

yə

ʃ	[423] 设刷说血₂恤蟀(蟀~儿:蟋蟀)□(丢弃)□(掉转)□(□tʰð⁵⁵~□sɿ⁵⁵:如果)
ʒ	[24] □(~□ɣ⁰:驱赶动物声)
tɕ	[423] 决诀橘厥蕨歓(吮吸)
tɕʰ	[423] 拙出缺屈(委~,~服)
dʑ	[24] □(跌倒声) [232] 掘(发~)□(~光:光滑,精光)
∅	[423] 熨(~斗:熨斗) [232] 悦阅越粤穴翼域疫役

ɯ

p	[534] 波坡玻□(池塘底再深挖的坑) [53] ‖ □(□□tʰia³³tʰia³³~:裸

	露上身)[55] ‖ □(□ tʃia⁵⁵ ~花:杜鹃花)[423]钵拨
pʰ	[534]颇 [423]泼扑覆(趴)
b	[113]婆 [232]薄(~荷)菔(芦~:萝卜)‖[11]鹁(~鸽儿:鸽子)
m	[113]磨(~刀)瞒 [55]□(和;跟;替)[24]磨(名词)[232]魔馒漫(涨水)末目穆牧木₂(笨)木₂(~匠,~头)
f	[423]福幅复(~写)腹覆(~盖)复(~杂)
v	[232]服伏(埋~)袱
t	[534]多都(~是)刁貂雕₁ [53]朵躲(读字)督 [55]剁钓吊 [423]答(回~)掇(双手端)□(坛子)
tʰ	[534]拖(~拉机)挑(~刺)[53]妥椭 [55]跳(跑)
d	[113]驼驮(拿)条₁调(~匀)□(呆~:傻子)□(猴~:猴子)[243]舵 [24]大(~细:大小)调(换)掉(~头;~车:连枷)[232]惰独读毒□(撩,叠)‖[11]调(~皮)
l	[534]啰(~唆)[113]罗锣萝(天~:丝瓜)螺捞撩[243]裸了(了结)□(用手把散乱的东西聚拢)‖赂(贿~)[55]□(~着:手刚好能碰到高处的东西,但不足以取下)[24]掉₁(结果补语)料‖粒(一~)□(米~:玉米,部分农村地区的说法,县城说"芦粟儿")[232]鹿禄六陆绿录‖[11]□(~屑:垃圾)
ts	[534]焦₁蕉(芭~)椒朝(明~:明天)招₁ [55]左佐遮做照 [423]足□(动词,梳)‖[33]□(~□儿pon³³⁴:接吻)
tsʰ	[534]搓(~手)[53]骒₁(~鸡儿:母鸡)[55]锉错(~误)篡簇(~新)捉 [423]促
dz	[113]朝(~代)潮 [243]赵绍(~兴)[232]族俗续(手~)赎
s	[534]蓑梭唆(啰~)稍消₁宵₁硝烧萧₁箫 [53]锁所(派出~)小(大~娘:大姑娘;~肠气:疝气)少(多~)[55]笑₁‖些(一~)[423]屑(头风~:头屑)速肃宿(住~)宿(星~)粟□(碎)
z	[113]□(怕)[243]坐座(~位)[24]□(下沉)
k	[534]歌哥锅戈 [53]果裹□(弗舍~:舍不得)[55]过 [423]合(~伙)割葛₁穀谷
kʰ	[534]科窠棵颗 [53]可 [55]课 [423]哭酷
g	[232]擖(挑担)‖[11]□(~时儿:什么时候)
ŋ	[113]蛾鹅俄 [24]饿(读字)卧 [232]啮(咬)
x	[534]荷(薄~)□(佝偻)[53]火伙 [55]货
ø	[534]阿(~胶)窝(~藏)□(~□tsɿ³³⁴:小孩耍赖,纠缠不休)[113]

211

河何荷(~花)和(~气;掺和)禾沃□(纱~:纱锭芯) [243] 祸 [55] 涴(粪便)‖□(□tɕyɯ³³~:现在) [24] 贺 [423] 握屋 [232] 合(~适)盒(~饭)

yɯ

ʃ [534] 靴 [423] 朔畜₂(六~)畜(~牧)叔淑蓄束

ʒ [232] 熟属辱

tɕ [423] 竹筑祝粥菊烛 ‖ [33] □(~□ɯ⁵⁵:现在)

tɕʰ [423] 麹触曲蛐(~蛇儿:蚯蚓)畜₁(六~)

dʑ [24] □(~~:唤鸡声) [232] 浊逐轴嘱蜀局

ȵ [232] 糯肉褥玉狱□(揉成一团)

ø [423] 郁育 [232] 浴欲

ã

p [534] 班斑扳□(向后拉) [53] 板版‖□(□tʰa³³~:差) [55] 扮绊‖□(~□lin⁵⁵:眭)

pʰ [534] 攀 [55] ‖ □(~肩:肩膀)

b [113] 爿(柴~:名词,劈柴) [24] 办

m [24] 慢₂

f [534] 翻番(~芋:番薯) [53] 反₁ [55] 贩疯(恶心,呕吐)

v [113] 烦矾樊 [243] 犯范(姓) [24] 饭畈万(千~)

t [534] 耽担(~任)丹单₁ [53] 胆₁掸 [55] 担(名词)旦₁

tʰ [534] 坍滩摊叹 [53] 毯 [55] 炭

d [113] 谈痰檀弹(~琴) [243] 淡 [24] 大(~黄)弹(~簧,子~)蛋₁

n [534] 担(介词,把;动词,给) [113] 难(形容词) [24] 难(名词)

l [113] 蓝兰拦栏□(□mia²⁴~:笋箨) [243] 懒 [24] 烂

ts [534] □(砍) [55] 蘸赞瓒(溅)‖盏(一~)

tsʰ [534] 惨₁搀(扶)餐 [53] 产(生~) [55] ‖ 铲(~车)

dz [243] 暂站(车~)赚 [24] 赚(错)

s [534] 三杉衫珊山删□(□□kʰu³³lu³³~:大腿之间) [53] 散(鞋带~) [55] 伞散(分~)

z [113] 馋(~吐:唾沫) [243] ‖ □(稻~:收割稻子等时脱粒用的木桶) [24] □(颗粒饱满)□(使锄头的铁片加长)

k [534] 监₁间₁奸 [53] 减₁碱简‖格(及~) [55] □(一~:橘子的一瓣)

kʰ [534] 铅₁ [53] 楷庥(窗户;门~儿:门槛) [55] 嵌

ŋ [113] 岩颜(~色) [243] 馅眼₁外(~头) [24] 傲雁

212

| ø | [113] 咸（~淡）陷还₂(副词) [243] 限₁ [55] 晏（迟） |

iã

t	[534] 颠癫 [53] 点（清点）典 [55] 店踮□（滴）‖ 点（一~钟）
tʰ	[534] 添天□（一~雨：一场雨）[53] 舔 [55] 掭
d	[113] 田甜 [243] ‖ 簟（皮~：晒粮食用的竹席）[24] 电殿垫佃
l	[534] □（掂量）[113] 莲鲇□（~帽：斗笠）[24] 练炼₁□（使劲打人）‖ [11] 楝（~树）
tʃ	[53] 剪
tʃʰ	[534] 千
ʃ	[534] 轩₁ 先（~后）
ʒ	[113] 前 [24] □（晃动）
ȵ	[113] 年₁ 嫌 [24] 念廿
ø	[534] 焰烟 [113] 弦 [24] □（饵；逗）现

uã

k	[534] 官棺冠（鸡~）关 [53] 管馆观（道~）[55] 贯₁ 灌（~水）罐惯 □（门~：门闩）
kʰ	[534] 宽 [53] 款 [55] □（一~事干：一件事情）
g	[24] 掼（扔；投掷）□（提梁）
x	[534] 欢
ø	[534] 弯湾 [113] 还（动词）还₁(副词) 环 [53] 碗 [24] 换

iẽ

p	[534] 鞭编遍边 [53] 扁匾 [55] 变□（小孩耍赖）
pʰ	[534] 偏 [55] 骗片 ‖ 篇（一~）
b	[243] 辨辩 [24] 便（方~）‖ 便（~宜）
m	[113] 棉绵眠 [243] 免勉 [24] 面₁ 麵□（那。本书写作"喕"）
d	[113] 钱（姓）钿（钱）
l	[113] 连₁ 联 [243] ‖ 链（金项~）
ts	[534] 尖煎专
tsʰ	[534] 籤签迁 [53] 浅
s	[534] 仙（神~，~丹）鲜（新~）[55] ‖ □（~农：腌肉发涩）
z	[113] 潜然燃全泉₁ [243] 善 鳝 [24] 贱旋（名词）
ʃ	[534] 锨 [53] 险宪₂ 献₁ 显 [55] 宪₁
tɕ	[534] 兼肩坚 [55] 检₁ 建₁ 剑见
tɕʰ	[534] 牵 [55] 欠□（瘸）

213

dz	[113] 荞钳乾（~坤）虔 [243] □（嘴、头、帽子等歪）[24] 健（老人身子硬朗）‖ 件₁（一~）
ȵ	[534] 黏（动词）研 [113] 饶（~命）严连₂源₁ [243] 染碾 [24] 验
ø	[534] 蔫（~气:不新鲜）[113] 咸（~丰）阎盐（名词）檐□（□iɤ²⁴~:蜗牛）□（~鞋口:缉鞋口）贤 [53] 屑（痂）[55] 厌堰沿（边）赝（比量）[24] 盐（腌制）

yẽ

ʃ	[534] 囥（动词）宣喧 [55] 楦□（打耳光,力量较大）
ʒ	[113] 船
tɕ	[534] 砖 [53] 转（~变）[55] 眷卷绢
tɕʰ	[534] 川穿串圈（圆~）[55] 劝券
dʑ	[113] 缠（盘~）传（~达）橼拳权颧□（倒,指固体）[24] 篆₁传（传记）‖ 件₂（一~）
ȵ	[243] 软
ø	[534] 冤 [113] 元₁员₁圆缘原源₂阮袁辕园援玄（~孙儿:曾孙）渊₁ [243] 远 [55] 怨 [24] 愿院

õ

p	[534] 搬（~家）叁（用簸箕撮）[55] 半粪（厩肥）拚（~箕:簸箕）
pʰ	[534] 潘 [55] 判□（作物、树木等未收时估价出售）
b	[113] 搬（~运站）盘庞 [243] 伴拌
m	[243] 满忘₁
t	[534] 端□（~□tsin³³⁴:结束,完成）[53] 短 [55] 断（商定）
tʰ	[534] 贪₁探₂吞 [53] □（遴选）[55] 探₁
d	[113] 潭₁团□（~帚:笤帚;~□lõ¹¹³:一种圆形竹器,较深）[24] 段缎
n	[113] 南₁男₁ [24] 嫩₁
l	[113] □（□dõ²⁴~:一种圆形竹器,较深）
ts	[534] 簪钻（~过去）[55] 钻（名词;打眼儿）‖ 转（量词,一~）
tsʰ	[534] 氽（焯）村 [53] 忖 [55] 寸
s	[534] 酸孙 [55] 算蒜
z	[113] 蚕 ‖ [33] □（~头儿:蜥蜴）
k	[534] 甘泔干（笋~）肝 [53] 感₁敢秆赶杆 [55] 锯（名词）幹
kʰ	[55] 磡（高埂）
x	[534] 鼾（睡;牵牛~:打呼噜）[55] 罕汉₁煂（再蒸热）
ø	[534] 庵安₁鞍₁按 [113] 含₁寒₁ [53] □（暗中帮助）[243] 旱 [55] 暗

案 [24]岸汗焊

ɛ̃

- p [534]邦(硬~~儿:硬邦邦) [55]挷₂(拉,拽)
- b [113]棚(天萝~:丝瓜棚) □(牛~:牛虻) [24]□(触碰)甏
- m [243]猛(火旺) [55]挷₁(拉,拽) [0]面₂(只用于方位) 盲(摸乌~:捉迷藏)
- n [53]打₁
- l [243]冷₁
- ts [534]睁(树~疤:树节疤) 争₁ [53]展₁ [55]占₁ 箭 □(胀)
- tsʰ [534]撑 □(睁) [55]掌(动词,用柱子支撑倾斜的墙体等)
- s [534]仙(~姑:女巫) 先(~生:郎中) 生₁ 笙(刘~:地名) 甥 [53]陕 癣 选 省(浙江~)省(节~) [55]线 扇 搧 闪(霍~:闪电)
- k [534]更(五~头:早晨) 庚 羹 耕₁ [53]哽 埂(水~:灌溉用的水沟) □(畦之间的浅沟) [55]□(在密林或人群中钻、挤)
- kʰ [534]坑
- g [113]□(举) □(昂头)
- ŋ [24]硬
- x [534]夯 亨
- ø [534]樱(~珠:樱桃) □(自以为是,不听劝告) [113]桁 [53]□(表回答)

uɛ̃

- k [534]惊(怕) [53]梗
- g [24]□(枪声)
- ø [113]横

õ

- p [534]帮 邦(联~) [53]榜 绑 [55]‖□(蛤~:癞蛤蟆)‖[33]□(草~灰:草木灰)
- pʰ [55]胖
- b [243]棒₁
- m [113]忙 [243]蟒 网 [24]望(看)
- f [534]方 芳 [53]纺 [55]放 ‖ 妨(~害)‖[334]坊(村~:村子)
- v [113]房 防₁ 亡 [24]望(希~)
- t [534]当(~时) [53]党 挡 [55]当(典当) 档 □(横~:掌)
- tʰ [534]汤 [55]烫 ‖ □(~□□ ʃyə⁵⁵sʅ⁵⁵:如果)‖[334]□(光~:光滑)
- d [113]堂 棠 唐 糖 塘 [243]荡(逛;~秋千) 盪(涮)‖宕(石~:地名)

215

l   [113] 郎廊狼榔 [24] 浪朗

ts   [534] 赃装（~车）[55] 葬

s   [534] 桑丧（婚~）[53] 磉

z   [24] 操（推~：很多人挤来挤去）□（嵌）□（铇物声）

k   [534] 钢缸光₁扛（抬）江₁豇 [53] 广₁讲港（~口；江）[55] 岗 ‖ [33] 冈₁（井~山）

kʰ   [534] 糠 [55] 囥（藏放）‖ [33] □（心~头：胸口）

g   [113] 狂₁ [24] □（横架）□（硌）

x   [534] 荒慌

ø   [113] 行（银~）杭黄簧皇王凰纻 [53] 汪（姓）枉往 [243] 项₁ [55] ‖ 筅（竹~：晒衣服用的竹竿）[24] 旺₁

yõ

l   [113] 良凉量（动词）粮梁梁 [243] 两（~个）[24] 亮谅辆量（数~）‖ 两（一~）‖ [334] □（□ tʃia⁵⁵ ~：蝉，指个儿较小的；□ dʒi²⁴ ~：蝉，指个儿较大的）

tʃ   [534] 将（~来）浆张章₁樟障 [53] 奖₁桨长（县~）涨仗掌 [55] 蒋酱将（大~）帐账胀□（充分吸水）

tʃʰ   [534] 枪昌菖 [53] 抢厂 [55] 呛唱倡□（抄近路）□（斜撑；斜撑房梁的柱子）

dʒ   [113] 长（~短）肠场 [243] 杖 [24] ‖ 丈（一~）‖ [11] 丈（~人）

ʃ   [534] 箱厢湘镶霜商伤双春香乡 [53] 想鲞爽赏饷享响向₂ [55] 相（互~）相（~貌）向₁□（扔；投掷）‖ □（~□ sən⁵⁵：怎么）

ʒ   [113] 墙详祥床常尝裳偿 [243] 象像橡上（~山）上（~面）[24] 匠状（告~）尚

tɕ   [534] 装（服~）薑桩 [55] 壮 ‖ [33] □（~□nº：如今，与"过去"相对）□（~□ɑ⁵³：干什么）

tɕʰ   [534] 苍（~蝇）疮腔₁ [53] 闯强（勉~）

dʐ   [113] 强（~盗）[243] 状（~元）[24] 撞重（一~：一沓）

ɲ   [113] 娘

ø   [534] 央秧 [113] 羊洋烊杨阳扬降（投~）[243] 仰养痒 [24] 让样

an

p   [534] 颁般浜（沙家~）[53] 谤

pʰ   [55] 盼

b   [113] 旁 [243] 叛棒₂

m	[113] 茫莽盲(~目) [243] 迈(读字)
f	[534] 帆藩 [53] 反₂仿(模~)访 ‖ 泛(广~) [55] ‖ 泛(~滥) [0] 放(解~) ‖ [334] 肪(脂~)
v	[113] 凡繁防₂忘₂ [243] 範(模~)妄 [24] 望(瞭~)
t	[534] 单₂ [53] 胆₂ [55] 旦₂
d	[113] 潭₂谭坛螳 [243] 但 [24] 蛋₂ ‖ 诞(~生) ‖ [11] 坦(~克)
n	[113] 南₂男₂
l	[113] 揽囊螂 [243] 览 [0] 滥(泛~) ‖ [334] 榄(橄~)缆(光~)
ts	[534] 沾(~光) [55] 绽
tsʰ	[534] 参(~军)惨₂谗灿₁篡
dz	[113] 残藏(西~)脏(心~) [243] 惭(~愧) ‖ 渐(逐~)
s	[53] 嗓(读字) [55] 丧(~失)
k	[534] 柑刚纲 [53] 尴感₂ [55] ‖ 橄(~榄) ‖ [33] 冈₂(井~山)
kʰ	[534] 堪龛康炕(读字) [55] 砍(读字)勘刊抗 ‖ 慷(~慨)
ŋ	[113] 昂(读字)
x	[53] 憾 [55] 酣喊(读字)汉₂
ø	[534] 安₂鞍₂ [113] 含₂函韩寒₂翰航 [243] 项₂ [55] □(咱们。"我尔"的合音，本书写作"俺")

ian

b	[243] 汴
d	[24] 奠
l	[113] 廉殓敛怜恋 [243] □(锅~:算子) [24] 脸(读字)炼₂
tʃ	[534] 尖₂章₂ [53] 展₂奖₂ [55] 占₂战荐(推~)
tʃʰ	[534] 歼畅 [55] 创
dʒ	[243] 栈 [24] 践
ʃ	[534] 轩₂ [53] 献₂
ʒ	[113] 蝉禅泉₂襄 [243] 善₂壤 [24] 酿
tɕ	[534] 监₂间₂艰疆江₂姜 [53] 减₂柬降(~落) [55] 鉴检₂建₂健(~康)景(光~:上下，左右)
tɕʰ	[534] 谦歉铅₂腔₂ [53] 遣 ‖ 舰(军~)
dʑ	[243] 俭 [24] 键
ɲ	[113] 年₂言
ø	[534] 艳 [113] 衔炎闲颜(姓)涎(读字)谚延筵沿(~海)眩 [53] 宴 [243] 眼₂限₂演 ‖ 疡(溃~) [55] 掩焉燕(~京)咽巷 ‖ [11] 兖(~州)

217

uan

tʰ [534] 贪₂喘

d [24] 锻（~炼）

l [24] 乱₂

k [534] 光₂观₂ [53] 广₂冠（~军）[55] 灌（~溉）贯₂

kʰ [534] 匡筐（读字）[53] 矿旷

g [113] 狂₂

x [53] 况（情~）[55] 唤焕

ø [534] 挽 [113] 玩桓完顽 [53] 晚（~稻,~报）[243] 缓皖患 [24] 幻旺₂

yan

tɕ [534] 庄 [53] 篆₂

tɕʰ [53] 窜犬窗（读字）

dʐ [243] 状（奖~）[24] 倦

ø [113] 元₂员₂悬渊₂

ən

p [534] 奔崩 [53] 本

pʰ [534] 喷（~水）烹 [55] 喷（~香）□（闻）

b [113] 盆朋彭膨 [24] 笨

m [113] 门蚊明₁ [55] □（挺,副词）[24] 闷焖（用余火使食物熟透）□（打耳光,力量较小）

f [534] 分芬纷 [53] 粉 [55] □（未。"弗曾"的合音,本书写作"艩"）

v [113] 焚坟文纹闻（新~）[243] 愤忿奋 [24] 份问（~题）

t [534] 敦墩登灯东冬鼕（阉割,指牛）□（槌击使密实）[53] 顿等董懂□（水~：水坑儿）[55] 凳冻栋 [0] □（打□kə⁰~：打嗝）‖ [33] □（~□tʃy⁵⁵：非常饱）

tʰ [534] 通□（~头：说大话唬人）[53] 汆（流淌）捅统 [55] 褪（~帽：脱帽）痛

d [113] 屯豚饨（馄~）臀囤腾誊邓同₁铜桐筒瞳₁□（捲）[243] 断（绳~）桶动 [24] 盾钝遁洞

n [113] 能农₁（人）[243] 暖 [24] 嫩₂

l [113] 仑伦沦轮₂笼聋农₁（~村,~民）农₂（人）隆₁龙咙垅 [243] 卵拢‖窿（窟~）[24] 乱₁论（讨~）弄脓

ts [534] 针斟榰（锄头~：锄头上用的楔子）珍榛臻真诊疹尊遵曾（姓）增憎争₂等棕鬃宗 [53] 枕总榐（挤）[55] 浸津（天~）镇振震棕□（副词,

第二章 语音

	表示估计）‖[33]综（~合）
tsʰ	[534]亲（~戚，~家）聪匆葱囱 [55]趁
dz	[113]沉秦陈尘存曾（~经）层赠橙承₂丞₂从₁□（~籽树：乌桕树）□（沙哑）[24]阵
s	[534]心₁森参（人~）深芯辛新薪身申伸僧生₂牲（牺~）笙（乐器名）鬆 [53]沈审损笋榫盛（茂~）[55]渗婶信送宋□（陞）‖□（暖~：暖和）□（□ʃyõ⁵⁵~：怎么）
z	[113]寻神辰晨臣₁仁（~义）嵩（~溪：地名）松屜（精液；无能）[243]蕈（蘑菇）[24]□（瓮）
k	[534]根跟耕₂□（流~水：急忙）[53]耿 [55]桊（牛鼻~）更（~加）
kʰ	[53]恳垦肯 [55]揿
g	[24]□（下垂）
x	[534]痕 [53]很□（力大）
∅	[534]恩 [113]恒 [24]恨

in

p	[534]彬宾槟鬓冰兵 [53]禀丙秉饼□（冻~：冻疮）[55]殡柄
pʰ	[534]拼 [53]品聘 [55]‖姘（~头）
b	[113]贫频凭平₁坪评瓶屏萍 [24]病 ‖[11]并（~排）
v	[113]平₂
m	[113]民萌鸣明₂盟名铭 [53]抿 [243]闽敏皿 [24]命
t	[534]丁（甲乙丙~；姓）钉（名词）疗叮（蜇）[53]顶鼎‖□（桌~：桌子）[55]瞪锭钉（动词）订□（使水清）
tʰ	[534]厅汀桯（床边挡木）[53]艇挺 [55]听
d	[113]藤亭停廷庭蜓 [24]定□（~被：绗被子）
l	[534]拎 [113]林淋临邻鳞磷轮₁陵凌菱灵零铃伶翎 [243]冷₂领岭 [24]吝令另□（□pã⁵⁵~：眭）‖[33]蔆（菠~菜：菠菜）
ts	[534]征徵蒸精晶睛正（~月）甑□（~□tʃi³³⁴：漂亮，指女人）[53]井整□（发霉）[55]进晋俊惩证症贞侦正（~反）政‖[334]□（□tə⁵⁵~：结束，完成）
tsʰ	[534]亲（~属）称（动词）清青蜻 [53]侵寝衬请 [55]称（对~）秤□（一~：一亩的十六分之一）
dz	[113]承₁丞₁情程成城₂诚 [24]拯逞（读字）郑‖尽（~量）盛（兴~）
s	[534]心₂升声（~音）星腥 [53]旬迅殉省（反~）呈醒 [55]讯胜（~利）性姓圣

219

z	[113]臣₂人(~口)巡₂城₁绳塍仍晴 [243]静靖 [24]剩净 ‖ [11]□(~□kʰɤ⁵⁵:宁可)
ʃ	[534]兴(绍~) [53]擤 [55]欣掀兴(人多热闹;振~) ‖ [334]蝇(苍~)
ʒ	[113]巡₁
tɕ	[534]今金襟巾斤筋京惊(~蛰)经(念~;~布:织布) [53]锦紧茎荆境景(风~)警竟颈径 [55]谨敬镜 ‖ □(特~:故意)
tɕʰ	[534]钦轻倾 [55]卿庆磬顷
dʑ	[113]琴禽擒勤芹鲸擎(两臂向左右伸张的长度)仅□(跨) [243]近 [24]竞劲□(忌口;自我约束)
n̠	[113]壬任(姓)吟人(客~,丈~)银迎宁(~波)□(乌~:天黑) [243]忍韧 [24]认
ø	[534]音阴因姻殷应(~该)莺鹦英婴缨盈萤荧□(~脚~脚:轻步前行) [113]淫寅行(~为)形型刑营 [53]饮(冷~)隐影映 [243]引尹幸颖 [55]洇印应(应声回答)

uən

k	[53]滚棍 [55]灌(溃烂)
kʰ	[534]昆崑坤 [53]捆 [55]困
g	[113]□(粗)
x	[534]昏婚荤
ø	[534]温瘟 [113]魂馄(~饨)浑衡 [53]稳 [243]混

yən

ʃ	[534]熏薰 [53]荀 [55]舜勋训
ʒ	[113]循唇纯醇 [243]甚肾 [24]赁任(责~)纫慎蜃(出~:山洪暴发)顺润闰
tɕ	[534]肫均钧君军 [53]準准 ‖ 菌(细~)
tɕʰ	[534]椿春 [53]蠢
dʑ	[113]群裙琼 [24]郡
ø	[113]匀云雲孕赢 [243]允永泳咏 [24]韵运晕

on

pʰ	[53]捧 [55] ‖ □(~柑:柑橘的一种,瓤内带籽)
b	[113]棚(搭~)蓬篷㾪(~尘:灰尘)
m	[113]芒(麦~)朦 [243]孟蒙 [24]梦
f	[534]风枫疯丰封峰蜂锋 [55] ‖ 讽(~刺)
v	[113]冯逢缝(动词) [243]奉 [24]凤俸缝(名词)

220

d	[113] 童同₂瞳₂
l	[113] 农₂(～村，～民) 隆₂陇
ts	[534] 踪 [53] 纵(放～)
dz	[113] 丛崇从₂ [24] 颂
s	[53] 诵 [55] 嵩(严～)讼
k	[534] 公蚣工功弓躬宫恭供(～应) [53] 汞拱巩 [55] 攻贡供(上～)
kʰ	[534] 空(～心) [53] 孔恐 [55] 控空(有～)
g	[24] 共(～产党，一～)
x	[534] 轰烘 [53] 哄(起～)
ø	[113] 弘宏红洪鸿虹 [53] 塕(形容词，灰尘大；灰～：灰尘) [55] 瓮(读字)

yon

ʃ	[534] 兄胸凶兇 [0] □(黄老～：黄鼠狼)
tɕ	[534] 中(～心)忠终鐘锤供(供养) [53] 种(～类)肿 ‖ □(□□ kə³³kə³³～：跳房子，一种游戏) [55] 中(～意)众种(～树)
tɕʰ	[534] 充冲樅(尖头扁担) [55] 铳□(踉跄)
dʑ	[113] 虫穷重(～复) [243] 仲重(轻～) [24] 共(～姓：同姓)
ø	[113] 荣绒熊雄融浓茸容蓉熔庸 [53] 雍拥甬勇涌□(推) [24] 用

m

ø	[113] 无₁ [243] 五₂午₂母(丈～；产～)拇₁ [55] 姆(～妈：妈妈) ‖ [11] 尾(～巴) [33] □₁(口～皮：嘴唇)

n

ø	[113] 儿 无₂ [53] 尔(你) [243] 五₁午₁拇₂ [24] 二 贰 [0] □(□ tɕyõ³³～：如今，与"过去"相对) ‖ [11] 耳(～朵)[33] □₂(口～皮：嘴唇)

附：无相应单字音的小称音

in

藻儿浮萍 bin²³² ｜ 痱儿 fin⁵⁵ ｜ □儿铍 tʃʰin⁵³⁴ ｜ □儿□□ o³³lo³³～：挠腋下，使人发痒 tʃʰin⁵³ ｜ 脐儿肚～ dʒin²⁴³

un

□儿芦粟～：玉米棒子 bun²⁴³ ｜ □儿用纸、芝麻秆等扎成的箱子，在坟前烧化 bun²⁴ ｜ 鲍儿瓠子 bun²³² ｜ 鸯儿鹭～ sun⁵³

yn

蕊儿花苞 ɲyn²⁴

an

□儿屟~：无能 tʰan³³⁴ ｜ 蟹儿 xan⁵⁵

ian

鸭儿 ian⁴²³

uan

□儿划水~：游泳 uan⁴²³

yan

杈儿丫~：树杈 tɕʰyan⁵³⁴ ｜ □儿麻头~：小孩,小鬼,骂称 tɕʰyan⁵³

iaŋ

□儿老~：男阴 piaŋ⁵³ ｜ □儿鸡脚~：鸡爪 biaŋ²⁴³ ｜ 笓儿松毛~：用来聚拢松针的工具 biaŋ²³² ｜ □儿双~：褡裢 miaŋ²⁴ ｜ 碟儿酱油~ diaŋ³³⁴ ｜ 蝶儿蝴~ diaŋ³³⁴

oŋ

豹儿 poŋ⁵³ ｜ □儿□tsɯ³³~：接吻 poŋ³³⁴ ｜ 猫儿 moŋ²³² ｜ 蚤儿 tsoŋ⁵⁵ ｜ 枣儿 tsoŋ⁵⁵

yoŋ

掠儿梳子 lyoŋ²³² ｜ 锹儿 tʃʰyoŋ⁵³⁴

ɤŋ

笛儿 dɤŋ²³²

iɤŋ

雀儿麻~ tʃiɤŋ⁴²³ ｜ □儿猪,儿语 ȵiɤŋ¹¹³

əŋ

卒儿 tsəŋ⁴²³

uəŋ

瘖儿觉一~：睡一觉 xuəŋ³³⁴

ɯŋ

□儿□kʰɤ³³~：刚好 mɯŋ⁵⁵ ｜ 末儿 mɯŋ²³² ｜ □儿做豆腐用的纱布 vɯŋ²⁴³ ｜ 鸟儿 tɯŋ⁵⁵ ｜ □儿一~墨：一块墨 tɯŋ⁵⁵ ｜ □儿酒~：酒舀子 tʰɯŋ⁵³ ｜ 鸽儿鹁~：鸽子 kɯŋ⁵³ ｜ 馃儿 kɯŋ⁵⁵ ｜ 髁儿脚膝~：膝盖,指部位 kʰɯŋ⁵³

ãn

□儿阔~：草耙 pãn³³⁴ ｜ 襻儿纽~ pʰãn⁰ ｜ □儿细~：小凳子 tãn⁵³ ｜ 篮儿 lãn²³² ｜ □儿栏~：栅栏 sãn³³⁴ ｜ □儿□□bi¹¹bi¹¹~：一种形似木耳的野菜 zãn²⁴ ｜ 蚁儿蜂~：蚂蚁 ŋãn²⁴

iãn

□儿话~：说一声儿 ʃiãn⁵³⁴ ｜ □儿讲遍~：再说一遍 ʃiãn⁰ ｜ 燕儿 iãn⁵³

uãn

□儿□ la²⁴ ~ ：擀面杖 kuãn⁰ ｜ 腕儿手 ~ uãn⁵³

iẽn

辫儿 biẽn²⁴ ｜ 帘儿床 ~ ：窗帘 liẽn²⁴³ ｜ 茧儿 tɕiẽn⁵⁵

õn

膀儿翼 ~ ：翅膀 põn⁰

yõn

□儿一 ~ ：一程路 ʃyõn⁵⁵ ｜ 蚱儿蛀粮甲虫 yõn²³²

第五节　东阳方音

壹　概说

东阳地处浙江腹地，介于北纬 28°58′~29°30′、东经 120°05′~120°44′。东界新昌县，西邻义乌市，南与磐安县、永康市毗连，北与诸暨市、嵊州市接壤。东西长 71.6 公里，南北宽 56.1 公里，面积 1,739 平方公里。

春秋时，吴越争霸，越王勾践都大越（今绍兴），今东阳地属越国。战国时，楚伐越，又属楚。秦王政二十五年（前 222 年），定荆、江南地，灭楚国，于故吴、越地置会稽郡，东阳属之。汉末兴平二年（195 年），析诸暨置吴宁县，取"吴地安宁"之义，治所在水门村（也作大门村），为东阳建县之始，属会稽郡，隶扬州。三国吴宝鼎元年（266 年），分会稽郡西部置东阳郡，治所在长山县（今金华）。《方舆胜览·婺州》载，以郡"在金华山之阳，縠水之东，因名东阳"。东阳一名始此，隶扬州。吴宁县遂属东阳郡。隋开皇九年（589 年）废吴宁县入诸暨。唐垂拱二年（686 年）以义乌东部以及吴宁故地改为东阳县，之后东阳县一直属婺州（路）或金华府（道）。1988 年，经国务院批准，撤销东阳县改置东阳市（县级），属浙江省金华市。

2014 年，东阳市辖有 6 个街道办事处、11 个镇、1 个乡，分别为：

6 街道：吴宁街道、南市街道、白云街道、江北街道、城东街道、六石街道。

11 镇：歌山镇、巍山镇、虎鹿镇、佐村镇、东阳江镇、湖溪镇、横店镇、马宅镇、千祥镇、南马镇、画水镇。

1 乡：三单乡。

东阳市人民政府驻地为吴宁街道。总人口 83 万。

太田斋、王正刚于 2000 年 8 月，赵日新、王正刚于 2001 年 8 月赴东阳市巍山镇进行调查。秋谷裕幸于 2002 年 1 月、2002 年 3 月、2014 年 11 月三次赴巍山进行核查。东阳的方言有南乡话和北乡话之分。大磐山北支横贯县境中部，习惯上称山南为南乡，山北为北乡。巍山镇的方言属于北乡话，本书中把它称作东阳话。发音人是：

① 赵孟云，男，1925 年 10 月生（2000 年第一次调查时 75 岁）。世代居住在巍山镇。在上海读高中，在萧山、湖州当教师 13 年。在东阳市司法局巍山法律服务所工作 15 年。说地道的东阳话，还会说"浙江普通话"。

② 赵士夒，男，1934 年 9 月生（2000 年第一次调查时 66 岁）。世代居住在巍山镇。1951 年中学毕业，在本地任小学教师 3 年。1955 年患病离职，边养病边当农民及油漆工。1976～1977 年去湖北当油漆工，以后一直在家。说地道的东阳话，还会说不很标准的普通话。

2014 年 11 月做最后一次核对时的发音人是：

③ 赵金昌，男，1936 年 10 月生（2014 年调查时 78 岁）。世代居住在巍山镇。大专文化水平，一直在本地任初中高中的教师。说地道的东阳话，还会说不很标准的普通话。

④ 赵金宝，男，1943 年 6 月生（2014 年调查时 71 岁）。世代居住在巍山镇。小学文化水平，一直在本地务农。说地道的东阳话，还会说不很标准的普通话。

贰 声韵调

一 声母 28 个

包括零声母在内。

p 布帮	pʰ 派	b 盘簿步白	m 门问₁		f 飞虎	v 房问₂
t 到当	tʰ 太	d 同稻大夺	n 脑难打			l 兰路连
ts 精争真战	tsʰ 仓青插春	dz 茶箸是全			s 锁星小沙	z 齐槽柴船
tɕ 鸡酒帚九	tɕʰ 气秋丘唱	dʑ 裙肠	ȵ 年严人₁软		ɕ 修休箱商	ʑ 墙舌人₂
k 工经	kʰ 开轻去	g 渠他厚	ŋ 硬瓦眼		x 好化兴	
ø 爱红医盐乌话怨远						

说明

① 浊擦音 [v z ʑ] 的浊音成分像 [b d dz] 等浊塞音、浊塞擦音一样明显。

② [x] 的实际音值近 [χ]。

③ 逢阴调时零声母主要读作 [ʔ]。例如"碗" [ʌ⁵⁵]、"衣" [i⁴⁴⁵]、"乌" [u⁴⁴⁵] 的实际音值分别是 [ʔʌ⁵⁵] [ʔi⁴⁴⁵] [ʔu⁴⁴⁵]。

④ 逢阳调时零声母读作 [j w ɦ ɦ̊]。例如"移"[i³¹²]、"胡"[u³¹²]、"害"[e³²⁴]、"鞋"[ɑ³¹²] 的实际音值分别是 [ji³¹²] [wu³¹²] [ɦie³²⁴] [ɦ̊ɑ³²⁴]。此外，逢阳调时零声母在 [u] 韵的前面常读作 [ʋ]。

⑤ 做结构助词或句末助词时，"个"除了读 [ɑ⁰] 以外还常读作 [ɣɑ⁰]。[ɣ] 声母不计入音系。

二 韵母 49 个

包括自成音节的 [m n] 在内。

ɿ 字时师岁水₁除树₁	i 皮飞纸啼天剑建	u 补粗初苦壶	iu 句区虚贵₁
		ʮ 树₂水₂	
ɑ 买带钗戒₁破₁射₁眼	iɑ 爹写蛇爷₁	uɑ 瓜快话	
ɛ 棚₁打生硬		uɛ 歪横	
ʌ 三伞爽间官缸₁光	iʌ 良浆张尚₁姜	uʌ 霜	
e 杯堆对来雷开		ue 灰回	
ɤ 表₁半条潭团甘肝		uo 爬茶家₁猪₁	
ʊ 婆大₁歌过砖船望₁	iu 犬₁桥拳摇园		
ei 类追	iei 戒₂	uei 贵₂挥胃	
ɑu 报饱草吵高交	iɑu 表₂巧		
ɘɯ 谋头走狗脊₁	iɘɯ 流酒帚九		
an 暗残缸₂望₂	ian 尚₂壤	uan 惯汪	iʉan 犬₂
ən 门明轮灵根京暖	ien 民林心新熏军₁	uən 春滚温	iʉen 军₂群
om 风棕终弓₂红	iom 弓₁绒用		
ɚ 儿₂			
	iʔ 忆		
ɜʔ 钵百出拆雪₁割隔	iəʔ 笔立裂栗略薛削	uɑʔ 雪₂刮骨阔	
		uoʔ 甲各角八法杀洛	iʉoʔ 血脚药
eiʔ 北力尺逆		ueiʔ 国	
ouʔ 剥木毒桌竹屋	iouʔ 肉局		
m̩ 呒	n̩ 吴儿₁母₁		

说明：

① [ei iei iɑu an ian uan iʉan iʉen ɚ] 九韵基本上是文读或书面语专用的韵母。

② [ɛ uɛ ɜ] 韵里的 [ɛ] 舌位较低，实际音值近 [æ uæ]。

③ [u ʋ] 两韵和 [iʉ iu] 两韵音值分别十分接近，不容易听辨。

④ [ei iei uei eiʔ ueiʔ] 韵里的 [e] 舌位较低。

⑤ [ien] 韵的实际音值为 [iěn]。

⑥ [om iom] 韵里的 [m] 尾很稳定。

三　单字调 8 个

阴平　[445]　东高天三西医

阳平　[312]　蚕田排苗男犁

阴上　[55]　土九鬼手水火

阳上　[35]　坐近舅米买暖

阴去　[423]　爱菜秤四线货

阳去　[324]　地饭字面路望

阴入　[45]　北七八福杀屋

阳入　[324]　白实毒麦六肉

说明：

① 阴平 [445] 和阴去 [423] 调值比较接近，有时很难分辨。

② 阳平 [312] 的实际调值接近 [313]，因此，有时阳平和阳去很难分辨。

③ 阴上 [55] 略升，而且读得比较短，为半短调。

④ 阳上字除了极常用而且可作为单音节口语词的字以外，读单字时往往与阳去混同。

⑤ 阴入 [45] 和阳入 [324] 都是短调，但比其他吴语（例如庆元话或玉山话等）的入声稍微长一点。

⑥ 在语流当中，阳平 [312] 常读作 [31]；阴上 [55] 常读作 [445]；阴去 [423] 常读作 [42]。

叁　音韵特点

一　声母的特点

① 古全浊声母仍读浊音。例如：盘 bɤ^{312} ｜ 道 dɑu^{35} ｜ 日 dʑiɯ^{324} ｜ 白 bɜʔ^{324} ｜ 长形容词 dʑiʌ^{312} ｜ 饭 vʌ^{324} ｜ 裁 ze^{312} ｜ 实 zɜʔ^{324} ｜ 红 om^{312}。

② 拼 [i] 韵时，能分尖团。精组古细音韵母字读 [ts] 组声母，见晓组（除疑母以外）古细音韵母字读 [tɕ] 组声母。例如：煎 tsi^{445} ≠ 肩 tɕi^{445} ｜ 千 tsʰi^{445} ≠ 牵 tɕʰi^{445} ｜ 四 si^{423} ≠ 戏 ɕi^{423}。其余不分尖团。例如：箱＝乡 ɕiʌ^{445} ｜ 秋＝丘 tɕʰiɯ^{445} ｜ 节＝结 tɕiəʔ^{45}。疑母细音韵母字读 [ɲ]。例如：疑 ɲi^{312} ｜ 业 ɲiəʔ^{324} ｜ 银 ɲien^{312} ｜ 仰 ɲiʌ^{35} ｜ 玉 ɲiouʔ^{324}。

③ 帮、端母除了大部分字读 [p t] 以外，还有个别古阳声韵的帮、端母读鼻音 [m n] 声母。例如：板 mʌ^{55} ｜ 绷 mɛ^{445} ｜ 柄 mɛ^{423}；担动词 nʌ^{445} ｜ 打 nɛ^{55}。

④ 少数非组字分别读作 [p] 组声母。例如：粪 pɤ^{423}；覆趴 pʰouʔ^{45}；肥 bi^{312} 洋～皂 ｜ 伏孵 bu^{324} ｜ 防 bʌ^{312} ｜ 缚系 bouʔ^{324} ｜ 冯 bom^{312}；问 mən^{324} ｜ 网

mom³⁵ | 袜 muo³²⁴。另外"尾~巴儿"读作 [m⁻³⁵]。其中，微母读 [m] 的例子比较多，奉母次之。

⑤ 从母除了多数字读擦音 [z ʑ] 以外，还有不少字读塞擦音 [dz dʑ]。例如：坐 zu³⁵ | 齐 ʑi³¹² | 罪 ze³⁵ | 皂造 zau³⁵ | 蚕 zɤ³¹² | 贼 zeiʔ³²⁴ | 墙 ʑiʌ³¹² | 嚼 ʑiəʔ³²⁴；材财 dze³¹² | 存 dzən³¹² | 全泉 dzu³¹² | 集 dʑiəʔ³²⁴。

⑥ 崇母读作擦音 [z]。例如：锄 zuo³¹² | 柴 za³¹² | 愁 zɯ³¹² | 闸铡 zuoʔ³²⁴ | 床 zʌ³¹² | 状告~ zʌ³²⁴。

⑦ 个别心书母字读塞擦音。例如：笑心 tsʰɤ⁴²³ | 撒心 tsuoʔ⁴⁵；试书 tsʰɿ⁴²³ | 鼠书 tsʰi⁵⁵ | 伸书 tsʰi⁴⁴⁵ | 识书 tseiʔ⁴⁵。

⑧ 个别仄声船禅母字读塞擦音：射解大小便。船 dza³²⁴ | 剩船 dzən³¹² 声调特殊 | 是禅 dzi³⁵ | 鳝禅 dʑiəʔ³²⁴ | 上~去。禅 dʑiʌ³⁵ | 上~顶：上面。禅 dʑiʌ³⁵。

⑨ 日母读作 [ȵ] 或自成音节 [n]。例如：二 n³²⁴ | 软 ȵiu³⁵ | 让 ȵiʌ³⁵ | 肉 ȵiouʔ³²⁴。另外"认"读作 [ŋən³²⁴]。

⑩ 曾梗摄开口三四等见晓组大致上读 [k] 组声母，与同摄三四等的精知章组的读音不相同。例如：升书 sən⁴⁴⁵ ≠ 兴~旺。晓 xən⁴⁴⁵ | 精精 = 贞知 = 正~月。章 tsən⁴⁴⁵ ≠ 京见 kən⁴⁴⁵。其他摄的三四等见晓组大致上读 [tɕ] 组声母，例见"声母的特点"②。还参看"韵母的特点"⑧、⑲。

⑪ 遇合一模韵的晓母字和遇合三虞韵的非敷母字读音相同。例如：呼 = 夫 fu⁴⁴⁵ | 虎 = 府 fu⁵⁵。遇合一模韵的匣母字和遇合三虞韵的奉微母字读音也相同。例如：湖 = 符 u³¹² | 户 = 父 u³⁵。

⑫ 个别匣母字读塞音 [g] 声母。例如：怀~里 gua³¹² | 喉咙~ gəɯ⁻⁵⁴ | 厚 gəɯ³⁵ | 挟抱。胡频切 guoʔ³²⁴。

⑬ 其他。巴下~。帮 buo⁻⁵⁴ | 虻牛~。明 bɛ⁻⁵⁴ | 蜢蚱~。明 bɛ⁰ | 雉~鸡：野鸡。澄 di³⁵ | 朝~日葵：向日葵。澄 zɤ⁻¹¹ | 赚澄 zʌ³⁵ | 赁~屋：租房子。女禁切 zən³²⁴ | 蚓水沟。章 iu⁴²³ | 劲见 dʑien³²⁴ | 巍~山：地名。疑 me³¹² | 沿边儿~头儿：旁边。以 ȵi⁻³³ | 杨~柳树。以 liʌ³¹² | 样~样子儿：左右。以 ȵiʌ⁻³³ | 蝇苍~。以 xən⁴⁴⁵。

二 韵母的特点

① 古入声韵，大致上带喉塞音韵尾 [ʔ]，但也有一些古入声字不带 [ʔ]。例如：及来弗~ dʑi³²⁴ | 擦 tsʰa⁵⁵ ~ tsʰua⁵⁵ | 别~样 bi⁻¹¹ | 袜 muo³²⁴ | 额~角头：额头 ŋa⁻³⁵ | 核~桃 ɛ⁻¹¹ | 脊背~ tsəɯ⁴²³。

② 古阳声韵，咸山摄、臻摄魂韵端精组、宕江摄、梗摄二等读作纯元音韵母，其他读鼻化韵或鼻尾韵，鼻音韵尾有 [n m]。以上是白读的情况。关于文读的情况参看肆"文白异读"⑤。

③ 果摄一等的部分字读 [ɑ] 韵：拖 tʰa⁴⁴⁵ | 箩 la³¹² | 个一~ ka⁴²³ | 饿

ŋɑ³²⁴ | 破 pʰɑ⁴²³。"蛾儿蚕蛾"读作 [ŋan⁻³³⁵]，基本韵当为 [ɑ]。另外"籭~米"读作 [pe⁴²³]。

④ 遇合三鱼韵的白读音比较复杂，读 [i uo əɯ] 韵，均与虞韵有别：

[i] 韵 棢棕~树 li⁻⁴⁴⁵ | 絮 si⁴²³ | 箸 dzi³²⁴ | 龆盛 tsi⁴²³ | 鼠 tsʰi⁵⁵ (来母、精组、知组、章组)

[uo] 韵 猪 tsuo⁴⁴⁵ | 女 nuo³⁵ | 疏 suo⁴⁴⁵ | 锄 zuo³¹² (知组、庄组)

[əɯ] 韵 锯 kəɯ⁴²³ | 去 kʰəɯ⁴²³ | 渠他 gəɯ³¹² (见晓组)

另外"许儿几~:多少"读作 [xɤn⁻⁵⁵ ~ xɤn⁻⁵⁴]。

⑤ 蟹摄开口一等能区别咍、泰两韵。例如：戴姓。哈 te⁴²³ ≠ 带泰 tɑ⁴²³ | 菜咍 tsʰe⁴²³ ≠ 蔡泰 tsʰɑ⁴²³。

⑥ 蟹开三祭韵的章组和止开三支、脂、之韵的知、章组的口语字一般读 [i] 韵，声母为 [ts] 组。例如：制祭章 tsi⁴²³ | 枝荔~·支章 tsi⁴⁴⁵ | 是支禅 dzi³⁵ | 胝脂知 tsi⁴⁴⁵ | 迟脂澄 dzi³¹² | 痔之澄 dzi³⁵ | 世祭书 si⁴²³ | 匙支禅 zi³¹²。脂之韵的章组的口语字也读 [ɿ] 韵：脂脂章 tsɿ⁴⁴⁵ | 指戒~:脂章 tsɿ⁵⁵ | 试之书 tsʰɿ⁴²³。

⑦ 止开三支、脂韵里比较特殊的读音：

支韵 刺 tsʰi⁴²³ | 徛站立 ge³⁵ | 蚁 ŋɑ³⁵ | 椅交~ iɯ³⁵

脂韵 鼻 biəʔ³²⁴ | 姊 tsi⁵⁵ | 自 zi³²⁴ | 四 si⁴²³

⑧ 效摄三四等见晓组和日母读 [iʋ] 韵，其余均读为 [ɤ] 韵。例如：饶 nʑiʋ³¹² | 浇 tɕiʋ⁴⁴⁵ | 轿 dʑiʋ³²⁴ | 摇 iʋ³¹²；表 pɤ⁵⁵ | 庙 mɤ³²⁴ | 钓 tɤ⁴²³ | 料 lɤ³²⁴ | 小 sɤ⁵⁵ | 赵 dzɤ³⁵ | 烧 sɤ⁴⁴⁵。因此，效摄三四等的精组和见晓组不混。例如：焦精 tsɤ⁴⁴⁵ ≠ 骄见 tɕiʋ⁴⁴⁵。

⑨ 咸摄开口一等的覃谈两韵，端精组仍有区别，见组则无区别。例如：

覃韵 贪 tʰɤ⁴⁴⁵ | 南男 nɤ³¹² | 簪 tsɤ⁴⁴⁵ | 蚕 zɤ³¹²；匼盖上 kɤ⁵⁵ | 磡田~ kʰɤ⁻⁵⁴ | 庵 ɤ⁴⁴⁵

谈韵 担动词 nʌ⁴⁴⁵ | 担名词 tʌ⁴²³ | 淡 dʌ³⁵ | 蓝 lʌ³¹² | 三 sʌ⁴⁴⁵；甘泔 kɤ⁴⁴⁵ | 敢 kɤ⁵⁵

谈韵从母"鏨"的小称音读作 [zɤn⁻²⁵]，读同"簪儿"[tsɤn⁻³³⁵] 等覃韵的小称音，为例外。

⑩ 咸山摄开口三、四等没有区别。例如（以见晓组为例）：

咸摄三等 检 tɕi⁵⁵ | 欠 tɕʰi⁴²³ | 钳 dʑi³¹² | 险 ɕi⁵⁵ | 盐名词 i³¹²；劫 tɕiəʔ⁴⁵ | 叶 iəʔ³²⁴

咸摄四等 兼 tɕi⁴⁴⁵；协 iəʔ³²⁴

山摄三等 建 tɕi⁴²³ | 乾~坤 dʑi³¹²；杰 dʑiəʔ³²⁴ | 歇 ɕiəʔ⁴⁵

山摄四等 肩 tɕi⁴⁴⁵ | 笕 tɕi⁵⁵ | 牵 tɕʰi⁴⁴⁵ | 贤 i³¹² | 烟 i⁴⁴⁵；结洁 tɕiəʔ⁴⁵

⑪ 山开一寒韵见晓组的读音与其他寒韵开口字不相同，而与山合一桓韵（除见晓组以外）相同，读作 [ɤ] 韵：

寒韵见晓肝竿干~湿 kɤ⁴⁴⁵ | 秆 kɤ⁵⁵ | 汉 xɤ⁴²³ | 安鞍 ɤ⁴⁴⁵ | 汗焊 ɤ³²⁴

寒韵其他丹单 tʌ⁴⁴⁵ | 烂 lʌ³²⁴ | 伞雨~ sʌ⁻⁵⁴

桓韵半 pɤ⁴²³ | 伴 bɤ³⁵ | 短 tɤ⁵⁵ | 段缎 dɤ³²⁴ | 卵 lɤ³⁵ | 钻动词 tsɤ⁴⁴⁵ | 酸 sɤ⁴⁴⁵

⑫ 山摄合口一二等、宕摄合口一等的见系字读开口的 [ʌ] 韵，与开口一二等的韵母相同。例如：官山合一＝光宕合一 | 间山开二＝钢宕开一 kʌ⁴⁴⁵ | 还山合二＝黄宕合一＝闲山开二＝杭宕开一 ʌ³¹²。

⑬ 山合一桓韵有三个字读作 [ən] 韵（端组、来母）：断 dən³⁵ | 暖 nən³⁵ | 乱~讲 lən⁻³⁵。另外"管儿竹~"读作 [kuein⁵⁵ ~ kuein⁵⁴]，基本韵当为 [uən]。

⑭ 山摄三、四等字里比较特殊的读音：缠仙开 dzʊ³¹² | 蠮蚂~：蚯蚓。元开 xɤ⁻⁴²³ | 擱轻头~：前后轻重不同的担子。月开 gʒʔ³²⁴ | 节口 ʌ⁴⁴⁵ ~：现在。屑开 tɕiɑ⁰ | 屑屑开 sʒʔ⁴⁵ | 穿~针.仙合 tsʰən⁴⁴⁵ | 捲仙合 kən⁵⁵ | 犙牛鼻头~。仙合 kən⁻⁵⁴ | 说~话，名词。薛合 soʊʔ⁴⁵ | 曰月合 iɑ³²⁴。

⑮ 臻合一魂韵精端组读作 [ɤ] 韵。例如：顿 tɤ⁴²³ | 村 tsʰɤ⁴⁴⁵ | 寸 tsʰɤ⁴²³ | 孙 sɤ⁴⁴⁵。另外，"吞痕"读作 [tʰɤ⁴⁴⁵]，"粪文"和"拚扫进籔箕里。文"都读作 [pɤ⁴²³]。

⑯ 宕开一唐铎韵和开三阳药韵的主要元音相同。例如：桑 sʌ⁴⁴⁵ | 缸 kʌ⁴⁴⁵（以上唐韵）；箱 ɕiʌ⁴⁴⁵ | 姜 tɕiʌ⁴⁴⁵（以上阳韵）。宕开一铎韵和开三药韵的主要元音见晓组相同，其余则不相同。例如：索 suoʔ⁴⁵ | 各 kuoʔ⁴⁵（以上铎韵）；削 ɕiəʔ⁴⁵ | 脚 tɕiɵʔ⁴⁵（以上药韵）。

⑰ 宕合三阳韵的微母字读 [om] 韵，与通摄帮非组的读音相同：芒麦~＝蒙东一明 mom³¹² | 网 mom³⁵。其他宕摄字不读这个韵母。

⑱ 曾开一登韵读 [ən] 韵，与读 [ɛ] 韵的梗开二庚、耕韵有区别：

登韵灯 tən⁴⁴⁵ | 藤 dən³¹² | 曾姓 tsən⁴⁴⁵ | 层 zən³¹² | 肯 kʰən⁵⁵

庚耕韵生庚 sɛ⁴⁴⁵ | 撑庚 tsʰɛ⁴⁴⁵ | 坑庚 kʰɛ⁴⁴⁵ | 棚耕 bɛ³¹² | 争耕 tsɛ⁴⁴⁵ | 耕耕 kɛ⁴⁴⁵

⑲ 曾开三蒸韵和梗开三四庚、清、青韵都读 [ən] 韵，没有区别：

蒸韵冰 pən⁴⁴⁵ | 甑 tsən⁴²³ | 蒸 tsən⁴⁴⁵ | 秤 tsʰən⁴²³ | 蝇苍~ xən⁴⁴⁵

庚清青韵镜庚 kən⁴²³ | 饼清 pən⁵⁵ | 井清 tsən⁵⁵ | 城清 zən³¹² | 屏青 bən³¹² | 听青 tʰən⁴²³

⑳ 曾开三职韵和梗开三四陌、昔、锡韵读 [eiʔ] 韵，与深开三缉韵和臻开

三质栉韵有区别：

曾梗三四力职 lei ʔ³²⁴ | 直职 dzei ʔ³²⁴ | 逆陌 ŋei ʔ³²⁴ | 尺昔 tsʰei ʔ⁴⁵ | 壁锡 pei ʔ⁴⁵ | 锡锡 sei ʔ⁴⁵。

深臻三等立缉 liə ʔ³²⁴ | 蛰缉 dzɜ ʔ³²⁴ | 急缉 tɕiə ʔ⁴⁵ | 笔质 piə ʔ⁴⁵ | 七质 tɕʰiə ʔ⁴⁵ | 虱栉 sɜ ʔ⁴⁵。

㉑ 梗摄里比较特殊的读音：梗庚开二 kuɛ⁵⁵ | 柄庚开三 mɛ⁴²³ | 惊庚开三 kuɛ⁴⁴⁵ | 脊背~。昔开 tsəɯ⁴²³ | 易~经。昔开 əɯ³⁵。曾开三职韵的"翼~□ kuº：翅膀"读作 [əɯ⁻³⁵]，亦为 [əɯ] 韵。

㉒ 通摄三等的东、锺两韵没有区别，都读 [om iom] 韵（舒声字）和 [ouʔ iouʔ] 韵（入声字）。

㉓ 其他：沙麻开 sa⁴⁴⁵ | 鬏虞 su⁴⁴⁵ | 株虞 tsa⁴⁴⁵ | 梯齐开 tʰe⁴⁴⁵ | 栖鸡~：鸡屋。齐开 se⁻⁵⁴ | 畏食~：吃腻。微合 ue⁴²³ | 外泰合 ŋa³²⁴ ~头、ŋe³²⁴ ~公 | 馊尤 sau⁴⁴⁵ | 瘦尤 sau⁴²³ | 陕~西。盐 sʉ⁵⁵ | 鲇~鲐：鲇鱼。添泥 ȵia³¹² | 挟抱。帖 guoʔ³²⁴ | 粒缉 lɜʔ³²⁴ | 关删合 kuən⁴⁴⁵ | 掘月韵或物韵 gɜʔ³²⁴ | 伸真开 tsʰi⁴⁴⁵ | 日质开 neiʔ³²⁴ | 屈弯。物 kʰuaʔ⁴⁵ | 腔江开 tɕʰiʌ⁴⁴⁵ | 蒙~馆儿：私塾。东 mɑu⁻¹¹ | 舂锺书 sʌ⁴⁴⁵。

三　声调的特点

① 古平上去入四个声调大致上按古声母的清浊各分阴阳两类。

② 一部分古入声字读舒声，例见"韵母的特点"①。

③ 一部分古上声字不读阴上或阳上，而读作阴入或阳入：下~底 uoʔ³²⁴ | 捨 ɕiəʔ⁴⁵ | 陡 touʔ⁴⁵ | 鳝 dʑiəʔ³²⁴ | 件 dziəʔ³²⁴ | 茧 tɕiəʔ⁴⁵ | 产~母 suoʔ⁴⁵。此外，"铲儿镬~：锅铲"读作 [tsʰoun⁵⁵]，基本韵当为 [ouʔ]。

肆　文白异读

东阳话的文白异读现象比较复杂。据调查了解到的情况，比较重要的文白异读规律有如下一些：（下文中 "/" 前为白读，后为文读。）

① 微母部分字白读 [m] 或自成音节 [m̩ n̩]，文读 [v] 声母和零声母。例如：无 n̩³¹² 没有 /u³¹² | 雾 /u³²⁴ | 尾 m̩⁻³⁵ ~巴儿 / | 味 mi³²⁴ 滋~、咸 /vi³²⁴ ~道 | 万 muo⁻⁵⁴ 一~、麻将牌名 /vʌ³²⁴ 数词 | 问 mən³²⁴ 动词 /vən³²⁴ | 望 mʊ³²⁴ 看 /van³²⁴ | 袜 muo³²⁴ /。

② 日母部分字白读 [ȵ] 或自成音节 [n̩]，文读 [z ʑ] 声母或 [ɚ] 韵。例如：乳 /zʮ³⁵ | 二 n̩³²⁴ 十、~月 /zi³²⁴、ɚ³²⁴ | 耳 n̩³⁵ | 饶 ȵiʊ³¹² / | 人 ȵien³¹² 丈、/ʑien³¹² | 仁 ȵien⁻⁵⁴ 桃~、/ʑien³¹² | 日 neiʔ³²⁴/ʑiəʔ³²⁴ ~本 | 润闰 /zuən³²⁴ | 让 ȵiʌ³²⁴ /。

③ 止摄合口三等见组字白读 [iʉ] 韵，文读 [uei] 韵。例如：归 tɕiʉ⁴⁴⁵

kueiʰ⁴⁴⁵ 当~｜鬼 tɕiʉ⁵⁵/kuei⁵⁵｜贵 tɕiʉ⁴²³/kuei⁴²³｜柜 dʑiʉ³²⁴/guei³²⁴。

④效摄开口三、四等字白读 [ɤ iʊ] 韵，文读 [iɑu] 韵。例如：标 pɤ⁴⁴⁵/piɑu⁴⁴⁵｜了 lɤ³⁵/liɑu³⁵｜蕉 tsɤ⁴⁴⁵/tɕiɑu⁴⁴⁵｜照 tsɤ⁴²³/tɕiɑu⁴²³｜消 sɤ⁴⁴⁵/ɕiɑu⁴⁴⁵；浇 tɕiʊ⁴⁴⁵/tɕiɑu⁴⁴⁵｜缴 tɕiʊ⁵⁵/tɕiɑu⁵⁵。

⑤咸山宕江摄白读 [ʌ iʌ ɤ ʊ iʊ] 等开尾韵，文读 [an ian uan iʉan] 等鼻尾韵。例如：感 kɤ⁵⁵/kan⁵⁵｜犯 vʌ³⁵/van³⁵｜旦 tʌ⁴²³/tan⁴²³｜汉 xɤ⁴²³/xan⁴²³｜闲 ʌ³¹²/｜惯 /kuan⁴²³｜番 fʌ⁴⁴⁵/fan⁴⁴⁵｜犬 tɕʰiʊ⁵⁵/tɕʰiʉan⁵⁵｜稍 tʰʌ⁻⁴²³ 秧~/｜tʰan⁵⁵｜梁 liʌ³¹²/lian³¹²｜菖 tɕʰiʌ⁴⁴⁵/tɕʰian⁴⁴⁵｜汪 /uan⁴⁴⁵｜望 mʊ³²⁴ 看/van³²⁴｜庞 bʌ³¹²/ban³¹²。

⑥曾梗摄开口三四等入声韵部分字白读 [eiʔ] 韵，文读 [ɜʔ iəʔ] 韵，阳声韵见系部分字白读 [ən] 韵，文读 [ien] 韵。例如：特 deiʔ³²⁴/dɜʔ³²⁴｜贼 zeiʔ³²⁴/dzɜʔ³²⁴｜石 zeiʔ³²⁴/zɜʔ³²⁴｜益 eiʔ⁴⁵/iəʔ⁴⁵｜锡 seiʔ⁴⁵/ɕiəʔ⁴⁵；平 bən³¹²/bien³¹²｜庆 kʰən⁴²³/tɕʰien⁴²³｜迎 ŋən³¹²/ȵien³¹²｜英 ən⁴⁴⁵/ien⁴⁴⁵｜赢 ən³¹²/ien³¹²。

其他还有一些零星的文白异读现象。例如：

茄番~：西红柿 gɑ⁻⁵⁴/tɕiɑ⁻⁵⁴｜下 uo³²⁴ ~ 底 /uo³⁵｜吕旅 li³⁵/iʉ³⁵｜女 nuo³⁵ 儿~/ȵiʉ³⁵｜戴 te⁴²³ 姓/tɑ⁴²³ 动词｜辈 pi⁴²³/pe⁴²³｜肥 bi³¹² 洋~皂 /vi³¹²｜抓 tsɑu⁴⁴⁵ ~痒 /tsɑ⁴⁴⁵ ~起来｜及 dʑi³²⁴ 来弗~/dʑiə³²⁴ 弗~：不如｜关 kuan⁴⁴⁵ ~门/kʌ⁴⁴⁵ ~系｜孙 sɤ⁴⁴⁵ 孙子 /sən⁴⁴⁵ 姓｜状 zʌ³²⁴ 告~/dzʌ⁻³⁵ ~元｜杨 liʌ³¹² 柳树 /iʌ³¹² 姓｜梗 kue⁵⁵ 菜~/kɛ⁵⁵ 桔~：中药名｜惊 kuɛ⁴⁴⁵ 怕/kən⁴⁴⁵ 蛰｜共 dziom³²⁴ ~个：同一个 /gom³²⁴。

伍 连读调

东阳话两字组的连读调主要有语音变调和述宾式变调。

一 语音变调

语音变调规律见表 2-5-1。例词请参看词汇部分。

表 2-5-1 东阳话两字组连调表（语音变调）

1＼2	阴平 445	阳平 312	阴上 55	阳上 35	阴去 423	阳去 324	阴入 45	阳入 324
阴平 445	445 33	445 54	445 312 33 54	445 55 33	445 35 33 423	445 423 33	445 324 33 54	445 45 33	445 324 33
阳平 312	312 445 11 54	312 312 11 54	312 55 11	312 35 11 423	312 423 11 54	312 324 11 54	312 45 11	312 324 11

续表

阴上 55	55 445 445	55 312 445 54	55 55 445 0	55 35 445 0	55 423 445 54	55 324 445 54	55 45 445	55 324 445
阳上 35	35 445 55	35 312 11 54	35 55 0	35 35 0	35 423 11 54	35 324 11 54	35 45	35 324 45
阴去 423	423 445 33	423 312 33 324	423 55 33 423	423 35 33	423 423 33 54	423 324 33 54	423 45 33	423 324 33
阳去 324	324 445 35 55	324 312 35 55	324 55 35 0	324 35 35 0	324 423 11 54	324 324 11 54	324 45 35	324 324 35 45
阴入 45	45 445 5 423	45 312 5 54	45 55 5 0	45 35 5 0	45 423 5 54	45 324 5 54	45 45 5	45 324 5
阳入 324	324 445 2	324 312 2 54	324 55 35 0	324 35 35 0	324 423 2 54	324 324 2 54	324 45 2	324 324 2 45

东阳话两字组语音变调有以下特点：

① 前字和后字都会变。

② 后字 [54] 是短调。赵孟云常读作短促的 [53]。

③ 做后字时，[45] 常读得比较长。

④ 前字 [11] 近 [22]，甚至是 [33]。本书一律记作 [11]。

⑤ 做后字的阳入 [324] 变为 [45] 时，调值稍微低一点。

⑥ 做前字的阳入 [324] 变为 [2] 时，有时带升势。

⑦ "阳平＋阳上"还有三例读作 [11 35]：肥桶便桶 bi$^{312-11}$dom^{35}｜儿女 n$^{312-11}$nuo^{35}｜娘舅 ɲiʌ$^{312-11}$dziəɯ^{35}。

⑧ 多数"阿＋X"结构的亲属名称读 [5 55]（后字为阴上时）或 [5 423]（其他）。例如：阿姊姐 ɜʔ$^{45-5}$tsi^{55}｜阿婶叔母 ɜʔ$^{45-5}$sən^{55}；阿爹父亲 ɜʔ$^{45-5}$tiɑ$^{445-423}$｜阿哥哥 ɜʔ$^{45-5}$kʊ$^{445-423}$｜阿婆祖母 ɜʔ$^{45-5}$bʊ$^{312-324}$。

⑨ 方位词的连读调特殊。例如：下底下头 uoʔ$^{35-2}$ti$^{55-423}$｜前头 zi$^{312-11}$dəɯ$^{312-324}$｜里头 li^{35}dəɯ$^{312-55}$｜后头 əɯ^{35}dəɯ$^{312-55}$｜外头 ŋɑ$^{324-11}$dəɯ$^{312-54}$。

⑩ 部分时间词的连读调特殊。例如：明朝明天 mən$^{312-31}$tsɿ$^{445-423}$｜明年 mən$^{312-31}$ɲi$^{312-324}$｜前年 zi$^{312-31}$ɲi$^{312-324}$。

⑪ 复数人称代词的连读调特殊，均读 [11 324]，即：我拉我们 ŋʊ$^{35-11}$lɑ^{324}｜□拉咱们 uan^{-11}nɑ^{324}｜尔拉你们 n$^{35-11}$nɑ^{324}｜渠拉他们 gəɯ$^{312-11}$lɑ^{324}。

⑫ 部分其他代词的连读调也特殊。例如：格个这个 kɜʔ$^{45-5}$kɑ$^{423-445}$｜□个哪个 man$^{312-31}$kɑ^{423}｜□西什么 dziəʔ$^{324-2}$si$^{445-54}$。

二 述宾式变调

述宾式变调规律见表 2-5-2。例词请参看词汇部分。

表 2-5-2　东阳话两字组连调表（述宾式变调）

1＼2	阴平 445	阳平 312	阴上 55	阳上 35	阴去 423	阳去 324	阴入 45	阳入 324
阴平 445	445 445 33	445 312 33	445 55 33	445 35 33	445 423 33	445 324 33	445 45 33	445 324 33
阳平 312	312 445 11	312 312 11	312 55 11	312 35 11 55	（缺例）	312 324 11	312 45 11	312 324 11
阴上 55	55 445 33	55 312 33	55 55 33	55 35 33	55 423 33	55 324 33	55 45 33	55 324 33
阳上 35	35 445	35 312	35 55	35 35 55	35 423	35 324	35 45	35 324
阴去 423	423 445 33	423 312 33	423 55 33	423 35 33	423 423 33	423 324 33	423 45 33	423 324 33
阳去 324	324 445 35	324 312 11	（缺例）	324 35 11	324 423 35	324 324 35	324 45 35	324 324 35
阴入 45	45 445 5	45 312 5	（缺例）	45 35 324	45 423 5	45 324 5	45 45 5	45 324 5
阳入 324	324 445 2	324 312 2	324 55 2	324 35 2	324 423 2	324 324 2	324 45 2	324 324 2

东阳话两字组述宾式变调有以下几个特点：

① 一般是前字变，后字不变。"阳平、阳上、阴入＋阳上"里后字也会变。

② 除了述宾式以外，一部分名词（如"电视"[di$^{324-35}$z̩^{324}]、"闰月"[zuən$^{324-35}$ɲiɯoʔ^{324}]、"后日"[əɯ^{35}neiʔ^{324}]）、一部分代词（如"格□这么"[kɜʔ$^{45-5}$xɛ^{445}]）、"副词＋动词"（如"相争吵嘴"[ɕiʌ$^{445-33}$tsɛ^{445}]、"弗快不快"[fɜʔ$^{45-5}$kʰuɑ^{423}]、"还早"[ɜʔ$^{324-2}$tsɑu^{55}]）、主语＋谓语"（如"肚射拉肚子"[du^{35}dzɑ^{324}]）、一部分"动词＋补语"（如"讲完"[kʌ$^{55-33}$iʊ^{312}]、"瀱裂开裂"[kuɑʔ^{5}liəʔ^{324}]）等结构也用述宾式变调。

③ 关于具体调值的情况，参看表 2-5-1 的说明 ③ ~ ⑥。

不符合表 2-5-1、表 2-5-2 的连读调规律的例外词有：

阳平＋阳上：朋友 bən$^{312-11}$iəɯ$^{35-324}$｜邻近 lien$^{312-11}$dzien$^{35-324}$

阳平＋阳入：眠熟睡 mien$^{312-31}$zouʔ^{324}

阴上＋阴去：几岁 tɕi$^{55-445}$s̩^{423}

阳上＋阴入：美国 me^{35}kuei$^{45-0}$

阳去＋阴入：外国 ŋɑ$^{324-35}$kueiʔ$^{45-0}$

阳去＋阳入：□着遇见 bɛ$^{324-11}$dziɯoʔ$^{324-45}$

三字组的连读调更加复杂,这里不再说明,具体情况请参看词汇和例句部分。这里需要交代的是,在非末位出现的 [55] 不是像阴上单字调那样的半短调,而是长调。

陆　小称音

东阳话的小称音变以韵母变化为主,声调变化为辅。

一　韵母的变化

从韵母来看,在东阳话的 49 个韵母中,现在已经调查到有小称例词的韵母共有 28 个。没有小称例词的韵母为:字数较少的韵母 [uɛ uʌ iʔ ueiʔ iouʔ]、自成音节韵母 [m n]、以文读为主的韵母 [ei iei uei iɑu an ian uan iʉan iʉən ɚ]、鼻尾韵 [ien uən iom] 和 [ŋ] 韵。

其余 28 个韵母小称时要发生变化,共归并为 23 个小称韵。变化的基本方式有三种:

① 阴声韵,在原韵母的末尾加上一个鼻音韵尾 [n]。此时,基本韵的主要元音 [ɑ] 变为 [a]。东阳话"儿"字读 [n³¹²](阳平),小称音里的 [n] 尾显然来自"儿"字。

② 入声韵,省去原韵母的喉塞音后,在末尾加上一个鼻音韵尾 [n]。此时,基本韵的主要元音 [ɜ ɵ ɑ] 一般变为 [a]。

③ 鼻尾韵 [ən] 变为 [ein], [om] 变为 [oun]。

[ʌ] 韵一般变为 [ʌn],但"慢"[mʌ³²⁴] 在"宽宽慢儿慢慢儿地"里读作 [mʌn⁴⁵] ~ [mein⁴⁵]。

一般来说,小称韵中的元音读得比较长。例如"诗儿"读作 [siːn³³⁵]。有时听上去甚至像是两个音节。例如"舅儿舅~"既像是 [dʑiəːɯn⁵⁴] 又像是 [dʑiə⁵⁵ɯn⁰];"袋儿"既像是 [deːn²⁵],又像是 [de²⁵n⁰]。

为了简便起见,本书不把东阳话的这种现象看成长元音或分成两个音节,而是一律处理为一般的鼻尾韵音节。

东阳话基本韵和小称韵的关系如下:(基本韵后无"→"的表示无相应的小称韵。)

ɿ → ɿn	i → in	u → un	iʉ → iʉn
		ɥ	
ɑ → an	iɑ → ian	uɑ → uan	
ɛ → ɛn, an		uɛ	
ʌ → ʌn	iʌ → iʌn	uʌ	
e → en		ue → uen	

ɤ → ɤn		uo → uon	
ʊ → ʊn	iʊ → iʉn		
ei	iei	uei	
ɑu → ɑun	iɑu		
əɯ → əɯn	iəɯi → iəɯn		
an	ian	uan	iʉan
ən → ein	ien	uən	iʉən
om → oun	iom		
ɚ			
	iʔ		
ɜʔ → an	iəʔ → ian, iɛn	uɑʔ → uan	
		uoʔ → uon	iʉoʔ → iʉon
eiʔ → ein		ueiʔ	
ouʔ → oun	iouʔ		
m̩	n̩		

说明：

① [uon iʉon] 韵里的 [o] 嘴唇较展。

② [əɯn iəɯn] 韵里的 [ɯ] 很弱。

③ 除了以上 23 个小称韵以外，还有 [uɛn uein] 韵。因此，东阳话一共有 25 个小称韵，如下：

ɤn 丝儿	in 诗儿	un 兔儿	iʉn 鱼儿
an 牌儿、盒儿	ian 蛇儿、碟儿	uan 花儿、刷儿	
ɛn 笙儿	iɛn 茧儿	uɛn 拐儿手杖	
ʌn 缸儿	iʌn 箱儿		
en 杯儿		uen 块儿	
ɤn 鸟儿		uon 猪儿、凿儿	iʉon 脚儿
ʊŋ 歌儿	iʊn 叫儿哨子		
ein 饼儿		uein 管儿	
ɑun 猫儿			
əɯn 头儿	iəɯn 球儿		
oun 笼儿、叔儿			

二 声调的变化

东阳话的小称，除了韵母变化外，声调也发生变化。

东阳话小称的声调变化规律为：

今单字调　　小称调

阴平 [445]　　[335]

阴上 [55]　　 [55]

阴去 [423]　　[55]

阴入 [45]　　 [55]

阳平 [312]　　[335]

阳上 [35]　　 [335]（少数为 [25]）

阳去 [423]　　[335]（少数为 [25]）

阳入 [324]　　[335]

可以看出：阳调字读 [335] 调，其中阳上和阳去偶尔读 [25] 调；阴平读 [335] 调；其他阴调读 [55] 调。小称的 [55] 调比阴上单字调稍微长一点。但是，在发音人的语感上，阴上的 [55] 调和小称的 [55] 调没有区别。因此，本书里把阴上和高平小称调一律记作 [55]，不加以区别。

[335] 调、[55] 调和 [25] 调可以说是小称的"单字调"。连读时的情况与此不相同。其中，下面四条是最主要的规律：

① 上声、去声、入声字的小称音在阴上的后面读作 [54] 调。例如：表姊儿表姐 pɤ$^{55-445}$tsi-in$^{55-54}$ ｜ 小鼓儿 sɤ$^{55-445}$ku-un$^{55-54}$ ｜ 小佬儿小孩儿 sɤ$^{55-445}$lɑu-ɑun$^{35-54}$ ｜ 小兔儿 sɤ$^{55-445}$t^{h}u-un$^{423-54}$ ｜ 小说儿 sɤ$^{55-445}$-suan^{-54} ｜ 舀勺舀子 iʋ$^{55-445}$ziəʔ-ian$^{324-54}$。

② 阳上、阳去、阳入字的小称音在别的字的后面往往读作 [45] 调。例如：乡下儿 ɕiʌ$^{445-33}$uo-uon$^{35-45}$ ｜ 妹妹儿 me$^{324-35}$me-en$^{324-45}$ ｜ 打半日儿发疟子 nɛ$^{55-33}$pɤ$^{423-33}$neiʔ-ein$^{324-45}$。有时阳平字也读作 [45] 调。例如：画眉儿 uɑ$^{324-35}$mi-in$^{312-45}$。小称调 [45] 的高度比两字组后字的 [55] 稍微高一点，长度也更长。

③ 在后字的位置上，[55] 调、[45] 调和 [54] 调有时自由交替。例如：许儿几~；多少 -xɤn^{-55} ~ -xɤn^{-54} ｜ 管儿竹 ~ -kuein^{-55} ~ -kuein^{-54} ｜ 口儿老~：阴茎 puoʔ-uon$^{45-55}$ ~ puoʔ-uon$^{45-54}$；字儿测 ~ zɿ-ŋn$^{324-45}$ ~ zɿ-ŋn$^{324-54}$ ｜ 口儿猜~：猜谜 -n̩in^{-45} ~ -n̩in^{-54}。

④ 在后字的位置上，[335] 调有时读得稍高。例如，"铁锤儿锤子" [t^{h}iəʔ$^{45-5}$dzɿ-ŋn$^{312-335}$] 中"锤儿"的调值有时接近 [45]。本书一律记作 [335]。

柒　同音字汇

本字汇以收录东阳话的单字音为主。如果没有单字音，酌收主要的连读音。连读音放在相应的单字音节后面，在连读音的前面加双竖线"‖"表示

（如果连读调是单字调以外的新调值，该调值放在所有调类后面，"‖"加在连读调的前面）。无相应单字音的小称音集中附列于字汇末尾。

字汇根据东阳话韵母、声母、声调的次序（见上文贰）排列。轻声音节用"[0]"表示。在第一章第四节"本字考"里考证过的字用加粗表示，写不出本字的音节用方框"□"表示。释义、举例在字后用括号"（ ）"表示。在例子里，用"～"代替原字，"□"后加注连读音。又读、文白异读等一字多音的现象在字的右下角用数字表示，一般用"1"表示最常用或最口语化的读音，"2"次之，依此类推。文白异读规律见上文肆。

ɿ

ts [445]猪₂诸蛛₁株₂(量词,用于树) 朱₁硃₁珠₁支枝₂肢资姿咨脂(～油：猪油)之芝 [55]主₁紫指(戒～)子籽梓止址齿嘴 [423]注蛀铸註₁志誌痣醉₁‖[33]□(～□儿lian⁴⁵：知了) 滋(～味：咸) □(～栗儿：一种栗子)

tsʰ [445]雌吹₁ [55]取此 [423]处(～所)趣戍(～里：家里)次试₁

dz [312]除储厨橱殊锤 [35]聚₁柱₁ [324]住 [0]□(捣臼～：杵)‖[54]槌(□mom¹¹～：棒槌) □(□tuoʔ⁵～：帮助挑担用的棍子)

s [445]梳书₁舒输₁筛(米～)斯施私师狮司丝思尿₁ [55]数(动词)死使史驶始髓₁水₁ [423]岁税赐试₂ ‖[54]蛳(螺～) [33]□(墙～板：修筑土墙时用的木制模板)

z [312]徐₁如孺(新～人：新娘)瓷糍慈磁辞词祠时随□(脾脏) [35]序₁竖氏似祀巳士仕柿市 [324]署树₁视字寺饲事侍睡 ‖[54]薯(番～：白薯)

i

p [445]鞭编屄 [55]比扁匾蝙 [423]辈₁(过～哇：死了)蔽弊币庇痹变遍

pʰ [445]批篇偏 [423]屁骗片

b [312]皮脾琵枇肥₁(洋～皂)便(～宜)□(层,量词) [35]被(被子)辨辩 [324]鼙吠(狗叫)避篦便(方～)‖[11]别₁(～样：别的东西)

m [312]迷弥眉楣绵棉 [35]米未₂(副词)免勉‖□(～□tɕʰi⁵⁵虫：孑孓) [324]未₁(副词)味₁(滋～：咸)面麵

f [445]非飞 [55]匪 [423]废肺费(～用)翡‖[54]痱(□tsən⁴⁴⁵～：痱子)

v [312]维惟肥₂ [324]费(姓)味₂(～道)

t [445]低颠 [55]底抵点典 [423]帝谛(滴,动词)踮店‖[33]癫(～农：疯子)

tʰ [445]添天 [55]体舔 [423]涕屉嚏□(剔)

237

d	[312]啼(公鸡叫)甜田填佃(洋~:硬币;值~:疼爱)[35]弟是₂雉(~鸡:野鸡)簟[324]第递地电殿垫
n	[0]呢₂(句末助词)
l	[445]‖桐(棕~树)[312]驴犁离篱璃梨厘狸连联莲₁[35]吕₁旅₁礼鳢是₃剺(用刀划)李里裏₁理鲤[324]滤例厲励隶荔利痢裏₂(日~:白天)吏泪练鍊楝(~茶树:楝树)
ts	[445]知栀枝₁(荔~)胝尖煎毡[55]姊纸旨剪展[423]齝(~饭:盛饭;装)祭稷(芦~:高粱)济(~手:左手)剂制製智致至(冬~)置箭溅战颤(发寒~)荐(稿~:稻草床垫)铧(使正)
tsʰ	[445]妻籖签迁千伸₁[55]笡(斜)鼠浅[423]刺(植物的刺)
dz	[312]池驰迟持[35]是₁痔[324]箸稚治
s	[445]西犀尸诗仙鲜(新~)先[55]洗癣[423]絮细(粗~)婿世势四线扇‖[54]闪(火~:闪电)
z	[312]齐脐匙蟾(~酥)蝉(~蜕:中药名)前荠(荸~)□(鱼的黏液)[35]渐善然单(姓)[324]自二₂贱‖[54]涎(□zuo¹¹~:口水)
tɕ	[445]鸡稽饥基萁(葛~:蕨)饑机讥监₁(~督)兼奸肩坚□(笾~:笾子)[55]几(茶~)几(~个)己减(加~乘除)检简笕[423]计继髻寄记既季剑建见□(一~墨:一块墨)‖纪(年~)
tɕʰ	[445]溪欺牵[55]企起₁杞(~子:枸杞子)岂[423]器弃气汽欠‖[55]□(□mi³⁵~:虫:子孓)[54]纤(簰~:拉簰用的绳子)[33]□(~钻:钻,名词)
dʑ	[312]奇(~怪)骑岐祁其棋期旗祈钳乾(~坤)[35]技[324]忌俭(勤~)及₁(来弗~)健
ɲ	[312]泥倪宜仪尼疑严黏年研言[35]你(读字)染碾‖验(~尸)[324]艺念廿(二十)[0]呢₁(句末助词)‖[33]沿₁边儿~头儿:旁边)
ɕ	[445]嬉熙希稀锨(火~:火铲)[55]系係喜嬉险显宪[423]戏献‖[54]蚬(黄~:河里的蛤蜊)
ø	[445]医衣依烟□₁(又)[312]移夷姨遗炎盐(名词)阎(姓)檐(~口:屋檐)嫌延贤弦沿₂[55]倚貤(比量)[35]已以现[423]意厌燕(~窝)咽宴[324]易(容~)异

u

p	[55]补谱[423]布佈
pʰ	[445]铺(动词)潽(溢)[55]普浦[423]铺(名词)
b	[312]蒲菩[35]部簿[324]步伏(孵)□(晒太阳取暖)‖[35]埠(~头:

溪边洗衣服的地方)[11]匏(~芦:瓠子)荸(~荠)

m　[312]模(~子)模(~范)[35]某母₂[324]墓幕

f　[445]呼夫肤敷俘 [55]虎浒府腑甫斧抚 [423]戽付赋傅富副 ‖ [33]□(~蚁儿:蚂蚁)

t　[445]都(副词)都(京~:首都) [55]赌堵肚(猪胃) [423]妒

tʰ　[55]土吐(~痰)吐(呕~) [423]兔

d　[312]徒屠途涂图 [35]杜肚(肚子) [324]度渡镀□(毒害)

n　[324]怒

l　[312]卢炉芦₁(~稷:高粱)庐 [35]鲁房卤 [324]路露鹭

ts　[445]租 [55]祖组阻

tsʰ　[445]粗初 [55]楚础 [423]醋

s　[445]蓑(~衣)苏酥蔬须鬚 [423]素诉塑数(名词) ‖ [33]□(□u¹¹~头儿:膝盖)

z　[324]助

k　[445]姑孤 [55]古估牯股鼓 [423]固雇顾 [0]□(翼~:翅膀) ‖ [54]故(缘~)

kʰ　[445]箍₂枯 [55]苦 [423]库裤

ŋ　[312]娱 [324]误悟

ø　[445]乌(黑)淤₁ [312]梧胡湖蝴狐壶符扶芙无₂巫诬猴(~狲儿)浮 [55]坞□(遗失) [35]户父腐武舞侮妇伍₂ ‖ 嫫(~剧) [423]恶(可~) 焐(煮) [324]雾互护务糊(名词) ‖ [11]鬍(~鬚)□(~□su³³头儿:膝盖)

iʉ

tɕ　[445]居车(~马炮)拘归₁ [55]举诡鬼₁ [423]据句贵₁ [0]葵₁(朝日~:向日葵)□(鸡食~:鸡嗉子)

tɕʰ　[445]区 [423]去₄

dʑ　[312]渠₃瞿 [35]巨拒距跪 [324]俱具惧柜₁

ɲ　[312]鱼渔愚₁虞₁ [35]女₂(织~儿)禹₁ [324]御禦语

ɕ　[445]虚 [55]许□(~牙:换牙)

ø　[445]淤₂ [312]余馀愚₂虞₂盂愉 [35]吕₂旅₂雨宇禹₂羽椅(交~) [324]誉预芋裕 ‖ [11]围₁(~裙)畦(~背:垄)

ɥ

ts　[445]蛛₂株₃朱₂硃₂珠₂ [55]主₂ [423]註₂醉₂

tsʰ　[445]吹₂

dz	[35]柱₂
s	[445]需书₂输₂**尿**₂ [55]暑髓₂水₂
z	[312]徐₂儒汝 [35]聚₂绪序₂乳 [324]树₂

ɑ

p	[445]爸 [55]摆 [423]拜
pʰ	[445]派 [423]破₁
b	[312]排牌簰 [324]稗败罢
m	[35]买 [324]卖 ‖[54]妈₁(阿~:母亲)
t	[423]戴₁(动词)带(鞋~;动词)
tʰ	[445]他拖₁ [423]太泰
d	[324]大₃(~黄)**汏**(漂洗)□(趟;量词,用于路)‖[11]豆₂(~腐)
n	[312]拿□(踩踏) [35]奶(乳房) [324]□₂(尔~:你们。本书写作"拉")
l	[445]拉 [312]箩篮(柴~:盛柴火的篮子) [324]赖癞□₁(渠~:他们。本书写作"拉") [0]了₂(助词)‖[54]□(耙~:耙子) [11]芦₂(~菔:萝卜)
ts	[445]株₁(树~:树墩)斋抓₂(~起来) [423]蔗(甘~)债
tsʰ	[445]钗差(邮~) [55]擦₁ [423]蔡□₁(推)□₁(~白谈:谈天儿)
dz	[324]射₁(解大小便)
s	[445]沙删₁(间苗) [55]洒
z	[312]豺柴 [324]射₂(~箭)寨
k	[445]阶街 [55]解(~开) [423]个₁(一~)介界芥戒₁(~酒)**庍**(碗~橱:碗橱)‖[54]家₂(大~)
kʰ	[445]揩 [423]楷
g	[35]**僻**(慢)‖[54]茄₁(番~:西红柿)
ŋ	[312]岩₁(方~:地名)颜 [35]蚁(白~)眼‖雁(~鹅儿:雁)额(~角头) [324]饿(~农:挨饿)外₁(~头)艾(~花:艾,草名)
ø	[445]挨 [312]鞋 [55]矮 [35]蟹(爬~:地名) [0]个₂(的)啊

iɑ

t	[445]爹(阿~:父亲)
l	‖[11]□(~帽:斗笠)
tɕ	[445]遮 [55]贾 [423]榨(~油)借 [0]节₁(□ᴧ⁴⁴⁵~:现在)‖[54]茄₃(番~:西红柿)
tɕʰ	[445]车(马~)

240

dz [35] □①(什么。本书写作"伽")

ɲ [312] 鮎(~鮁:鮎鱼)

ɕ [445] 奢赊 [55] 写 [423] 泻卸赦舍

ʑ [312] 邪斜蛇 [35] 社 [324] 谢麝

ø [312] 霞耶爷₁(父亲) [55] 雅亚(~军) [35] 野 [324] 夜夏(姓)曰

ua

ts [445] 抓₃(~起来)

tsʰ [55] 擦₂ [423] □₂(推) □₂(~白谈:谈天儿)

s [445] 删₂(间苗)

k [445] 瓜 [55] 寡 ‖ 家₃(内~:女人) [423] 怪挂卦

kʰ [445] 垮 [423] 快

g [312] 怀₁(~里)

x [445] 虾(~弓:虾) 花 [423] 化

ø [445] 洼蛙(牛~) □(抓握) [312] 华铧划怀₂槐 [324] 坏画话 [0] 哇(助词,相当于"了") □(□ tuo?⁴⁵ ~:吧,语气助词)

ɛ

b [312] 彭膨搒(拂)棚₁(天萝~:丝瓜棚) [324] □(碰,遇) [0] 蜢(蚱~:蝗虫) ‖ [54] 虻(牛~)

m [445] 绷(拉,扶) [312] 盲盟 [55] ‖ 猛(热~:很热) [423] 柄 [324] 孟₁

n [55] 打

l [35] 冷

ts [445] 争 ‖ [33] 执₂(特~意儿:故意) 胗(手~头:胳膊肘儿,~头:树节疤)

tsʰ [445] 撑□(睁) [423] 掌

dz [312] 栈□(肚子胀) [324] □(用力放) ‖ [11] 铛(~光:炫眼) □(~瘀:中暑) □(~农:妒忌)

s [445] 生牲笙甥 [55] 省(浙江~)省(~钞票:省钱)

k [445] 庚更(五~)羹耕□(钻进去) [55] 哽梗₂(桔~:中药名)

kʰ [445] 坑

g [312] 埂(地~:垄沟)

ŋ [324] 硬

---

① 本字当为"若"。

241

x	[445] 亨□(格~:这样)
ø	[445] 鹦樱 [312] 行(~头)桁(檩) [324] 杏‖[11] 核₁(~桃)

uɛ

k	[445] 惊₁(怕) [55] 梗₁(菜~)
x	[55] □(歪,斜,不直)
ø	[445] 歪 [312] 横

ʌ

p	[445] 班斑扳帮邦 [55] 板₂版榜绑 [423] 扮‖[54] □(□tʰe³³~:差、不好)
pʰ	[445] 攀 [423] 襻‖[54] 胖(米~:炒米)
b	[312] 爿防₁(~备)庞₁ [35] 瓣棒 [324] 办
m	[312] 蛮 [55] 板₁(~薑:锅盖) [324] 慢
f	[445] 翻番₁方芳妨 [55] 反纺访 [423] 泛贩放‖[54] 畈(地~:农田)
v	[312] 凡范(姓)矾烦繁房防₂亡 [35] 犯₁ [324] 饭万₂(数词)
t	[445] 担₂(动词)丹单当(~午时:中午) [55] 胆掸党 [423] 担(名词)旦₁当(~店)
tʰ	[445] 坍滩摊汤 [55] 坦毯躺 [423] 炭叹烫‖稐₁(秧~)‖[33] □(新~官:新郎)
d	[312] 谈痰檀坛弹(~琴)堂棠唐糖塘 [35] 淡‖荡(~街儿:逛街)
n	[445] 担₁(动词) [312] 难(形容词) [324] 难(遭~)
l	[312] 蓝兰拦栏郎廊 [35] 懒 [324] 滥烂浪‖[54] 螂(□guo¹¹~:螳螂)[11] 茛(~其壳:蕨)
ts	[445] 装桩妆□(砍) [55] 斩赞盏 [423] 蘸葬壮
tsʰ	[445] 掺仓苍疮闯 [55] 餐(一~饭:一顿饭。阴上)产₂
dz	[35]‖状₂(~元) [324] 暂站(车~)赚(错)撞‖[54] □(□dzɜʔ²~:蛙的一种,生活在山涧里)
s	[445] 三杉衫山桑丧(婚~)春 [55] 散(鞋带~哇)磉爽 [423] □(扔)‖[54] 伞(雨~)□(声~:嗓子哑) [33] □(~破哇:打破了)
z	[312] 床① [35] 赚 [324] 状₁(告~)
k	[445] 监₂(~生)间(房~)官棺关₂(~系)刚₁(~刚儿)钢₁缸₁光江扛豇港 [55] 硈管馆讲广 [423] 间(~一日:隔一天)灌(强制灌注)观(寺~)杠降(下~)鉴‖[33] 胛(肩~□muo³³头:肩膀头)肛(~肠头:

---

① 赵金昌读作[zŭʌ³¹²]。

大肠的末端)

kʰ [445]宽(闲;~~慢儿食:慢慢儿地吃)铅糠匡圹(量词,用于坟墓)‖床(~门:窗户)[55]矿[423]囥(藏放)[0]款(汇~)

g [324]掼(扔)□(器物上的提梁)

x [445]欢荒慌[423]唤况‖[33]苋(~菜)

ø [445]弯湾‖□(~节:现在)[312]鹹闲还(动词)环行(银~)杭绗皇黄王[55]碗往[35]馅限缓[324]换‖[54]竿(竹~:晒衣服用的竹竿)[11]隍(城~殿)

iʌ

l [312]良凉量(动词)粮梁₁杨₁(~柳树)[35]两(~个)[324]亮谅‖两(几~)‖[54]量(质~)

tɕ [445]将(~来)浆蒋张(姓;量词)章樟僵姜薑□(铁~:铁锈)□(饭煮得很硬)[55]奖桨长(动词;~辈)涨胀仗掌[423]酱将(大~)帐账瘴

tɕʰ [445]枪昌菖₁腔₁[55]抢□(跑)[423]唱

dʑ [312]长(~短)肠场常₂偿[35]丈(一~;~人)上(~去)上₁(~顶:上面)

ɲ [312]娘[35]仰[324]酿让‖[33]样₂(~样子儿:上下,左右)[11]□(~□tɕʰiaʔ⁴⁵:脸)

ɕ [445]相(互~)箱厢镶商伤香乡[55]想鲞赏享响[423]相(~貌)向

ʑ [312]墙详祥常₁尝裳[35]象像‖上₂(~年:去年)[324]匠尚₁(和~)

ø [445]央秧泱□(撒娇)[312]羊洋烊杨₂(姓;~柳树)阳扬降(~伏)[35]养痒[324]样₁巷

uʌ

s [445]霜双

e

p [445]悲碑蓖(~麻)杯[423]篦(~米)贝辈₂(长~)背(~脊)

pʰ [445]胚坯[423]配

b [312]培陪赔[35]倍[324]背(~书)焙备‖[54]□(棕榈~:棕树的叶子)

m [312]梅枚媒煤霉巍(~山:地名)[35]每美渼‖□(~年儿:往年)[324]妹

t [445]堆[55]劦(撕;拔)[423]对碓戴₂(姓)□(~躘:讲:边走边说)

tʰ [445]胎台(天~)苔(舌~)梯煺(用滚水烫后除毛)□(~□pʌ⁵⁴:差、不好)[55]腿退₂(一~屋:一座房子)□(鸡用爪挖)[423]态退₁(~转

去:退回去）

d [312]臺枱（~桌:桌子）抬 [35]待怠 [324]代袋贷队兑 [0]□（镬~:锅巴）‖[54]鲐（鲇~:鲇鱼）

n [35]‖内（~家:女人）

l [312]来雷 [35]累₁（积~） [324]踩（倒下,摔,跌；躺；擀）

ts [445]灾栽 [55]最宰 [423]载再

tsʰ [445]猜催 [55]彩采睬 [423]菜‖[33]□（~□儿təɯn³³⁵:蚌）

dz [312]才材财纔 [35]在

s [445]鳃 [55]碎 [423]赛帅‖[54]栖（鸡~:鸡屋）

z [312]裁 [35]罪‖[11]□（~□tsʔ⁴⁵:如果）

k [445]该 [55]改概‖[33]盖（~印）

kʰ [445]开 [55]凯

g [35]徛（站立）

ŋ [312]呆 [324]碍外₂（~公）

x [55]海

∅ [445]哀 [35]亥 [423]爱 [324]害（~农:害人）

ue

kʰ [445]盔魁 [423]块

x [445]恢灰 [423]悔

∅ [445]煨 [312]回茴 [35]‖汇（~款） [423]畏（食~:吃腻） [324]慧会（开~）会（~骑车）

ɤ

p [445]标₁搬 [55]表₁錶₁ [423]半粪₁（栏~:厩肥）拚（扫进簸箕里）

pʰ [445]飘潘 [55]漂₁ [423]票判

b [312]瓢藻（~儿:浮萍）嫖盘 [35]伴拌

m [312]锚苗瞒馒鳗 [35]满 [324]庙

t [445]刁端（~午） [55]鸟短 [423]钓吊顿

tʰ [445]挑贪吞 [423]跳巢探‖[33]□₁（~狗佬儿:狼）

d [312]条笤调潭团 [35]断₂（断绝）‖掉（~龙:舞龙灯） [324]段缎椴

n [312]南男 [324]嫩

l [312]捞撩 [35]了₁卵 [324]料乱₂

ts [445]焦蕉₁椒朝（明~:明天）昭招簪钻（动词） [423]醮照₁钻（□tɕʰi³³~:钻,名词）

tsʰ [445]超₁佘（焯）村 [55]忖（想） [423]笑篡寸

dz	[312]朝₂(~代)潮 [35]赵₁绍₁(~兴)
s	[445]消₁销₁烧箫萧₁(~山:地名)酸囙孙₁(孙子;侄子) [55]小少(多~) [423]算蒜
z	[312]蚕‖[11]朝₁(~日葵:向日葵)□(~□儿 loun⁴⁵:蚯蚓)
k	[445]甘泔干(夜快~儿:傍晚;~支)肝竿乾(~湿) [55]感₁匼(~起来:盖起来)敢杆秆 [0]鸽鹁~:鸽子)□(弗捨~:舍不得)‖[54]干₁(事~:事情)
kʰ	[445]看₁(~牛)‖[54]砍(田~:田边的坎子)
ŋ	[324]岸
x	[445]鼾 [55]罕 [423]鲨(虹)汉₁熯(在饭甑里加热)‖蟪(蚂~:蚯蚓)
ø	[445]庵安鞍 [312]含寒韩 [35]旱 [423]案 [324]汗焊翰

uo

p	[445]巴₁(尾~儿)芭疤坝 [55]把 [423]霸
b	[312]爬 [35]‖□(~牙儿:龅牙) [324]耙(犁~)‖[54]巴₂(下~) [11]扒(~相:扒手)耙(~□la⁵⁴:耙子)
m	[312]麻痳蟆(蛤~袋子儿:蝌蚪) [35]马码 [324]袜‖妈₂(阿~:祖母) [0]□(老~:妻子)‖[54]骂(争相~:吵嘴)万₁(麻将牌名) [33]□(肩胛~头:肩膀头) [11]蚂(~蟪:蚯蚓)
n	[35]女₁(儿~)
ts	[445]猪₁ [423]炸
tsʰ	[445]叉杈差(~别) [423]岔
dz	[312]茶搽查(动词)
s	[445]纱痧疏 [423]晒 ‖[33]铩(~鐮:镰刀)
z	[312]锄‖[11]□(~涎:口水)□(~佛儿:打盹儿)
k	[445]家₁加嘉傢 [55]假(真~)假(放~) [423]枷驾嫁价架□(橘子瓣儿)
kʰ	[423]搿(捉,拿)
g	[312]茄₂(~儿)‖[35]□(~农:硌人) [11]□(~螂:螳螂)
ŋ	[312]牙芽衙岩₂(~头:岩石) [35]瓦 [324]砑‖[11]鏊(~盘:平底锅)
ø	[445]鸦丫桠 [312]蛤(~蟆袋子儿:蝌蚪) [55]哑 [35]下₂(方位) [423]挜(强迫给人) [324]夏(~天)

ʊ

p	[445]波菠坡玻(~璃)
pʰ	[423]破₂

b	[312] 婆
m	[312] 魔磨(~刀) 忙 [324] 磨(名词) 忘望₁(看)
t	[445] 多 [55] 朵₁(耳~) ‖ [54] 朵₂(一~花)
tʰ	[445] 拖₂ [55] 妥 [324] 唾 ‖ [33] □₂(~狗佬儿:狼)
d	[312] 驮(拿) [35] 惰驼(骆~) [324] 大₁(形容词)
n	[35] ‖ 糯(~米)
l	[312] 罗锣骡螺脶 ‖ [54] 萝(天~:丝瓜)
ts	[445] 专砖 [55] 转(~眼) [324] 做□(糯米晒得干透)
tsʰ	[445] 搓川穿₂(着衣) [423] 锉莝(斫)
dz	[312] 传(~达) 缠(盘~) 全泉椽□(拴) [324] 篆传(~记)
s	[445] 梭宣 [55] 锁所陕(~西) 选
z	[312] 船□(下沉) [35] 坐座 [324] 旋(头发旋)
k	[445] 歌哥锅 [55] 果裹馃 [423] 过 ‖ [54] 个₄(真~:非常)
kʰ	[445] 科窠 [55] 可 [423] 课
ŋ	[312] 鹅俄讹 [35] 我
x	[55] 火夥 [423] 货 ‖ [33] □(~背:佝偻) □(□ʊ¹¹ ~头:晚上)
ø	[445] 阿₂(~胶) 蜗 [312] 河何荷(~花) 和禾 [35] 祸 [423] 涴(屎) ‖ 窝(燕~) [324] 贺 ‖ [54] □(葛萁~:蕨的嫩芽)[11] □(~□xʊ³³ 头:晚上)

iʊ

tɕ	[445] 骄浇₁捐 [55] 缴₁□(擦,抹) [423] 叫(鸟啼;狗叫;小孩哭) 眷卷绢
tɕʰ	[445] 圈□(掀) [55] 犬₁ [423] 窍劝券
dʑ	[312] 桥荞拳权颧 [324] 轿
ȵ	[312] 饶元原源 [35] 软 [324] 绕愿
ɕ	[445] 靴 [55] 晓 [423] 楦
ø	[445] 妖腰幺冤渊 [312] 摇谣₁窑完丸圆员缘袁园援玄 [55] 舀(~水) [35] 远 [423] 怨䐜(水沟) [324] 鹓院县 ‖ [33] 要₁(~紧)

ei(文)

l	[35] 累₂(积~) [324] 类
ts	[445] 追
s	[445] 衰 [55] 虽
z	[324] 瑞

iei(文)

tɕ	[423] 戒₂

ø [324] 械

uei

k [445] 规归₂(当~) 轨 [55] 鬼₂诡癸 [423] 会(~计) 桧绘刽贵₂桂(~花, 肉~)

kʰ [445] 亏

g [312] 葵₂逵 [324] 柜₂

x [445] 挥辉徽 [55] 毁贿 [423] 讳

ø [445] 威 [312] 为(作~) 危违围₂ [55] 委䘙慰 [35] 卫 [324] 惠为(介词) 伪位魏胃谓 ‖ [54] 苇(芦~) [11] 伟(~大)

ɑu

p [445] 包胞 [55] 保宝饱 [423] 报豹趵(跳)

pʰ [445] 抛□(披) [55] 帕 [423] 炮泡(~茶, 起~) □(柚子)

b [312] 琶杷袍跑 [324] 暴爆鉋(名词;动词)

m [312] 毛茅猫 [35] 卯 [324] 冒帽貌 ‖ [11] 蒙₁(~馆儿:私塾)

t [445] 刀 [55] 祷岛倒(打~) 捣 [423] 到倒(~水)

tʰ [55] 讨 [423] 套

d [312] 逃桃淘陶萄涛 [35] 道稻导 [324] 盗

n [35] 脑恼 [324] 闹

l [312] 劳牢 [35] 老佬

ts [445] 糟遭抓₁(~痒) [55] 早枣蚤爪(鸡脚~:鸡爪) 笊找(~零散儿:找零钱) □(胳~下:腋下) [423] 躁灶罩 ‖ [33] □(~箕儿:簸箕形的指纹)

tsʰ [445] 操抄钞 [55] 草骣(~鸡儿:母鸡) 炒吵 [423] 糙耖

dz [312] 曹巢 [324] □(交换)

s [445] 骚稍馊 [55] 扫(~地) 嫂 [423] 扫(~帚) 稍瘦燥悚(豪~:赶快)

z [312] 槽 [35] 造皂

k [445] 高膏篙糕交胶教(~书) [55] 稿绞铰搞 [423] 告 ‖ [33] 茭(~笋:茭白)

kʰ [445] 敲 [55] 考烤 [423] 靠 ‖ [54] 铐(手~)

ŋ [312] 熬 [423] 乐₁(要) [324] 傲 ‖ [11] 乐₂(尔~弗:你要不要)

x [445] 蒿 [55] 好(~坏) □(和, 跟) [423] 好(~食懒做) 耗孝

ø [55] 凹袄 [312] 豪壕毫浩 [423] 奥懊 [324] 号 ‖ [33] □(~糟:肮脏) □(~斗儿:泔水桶)

iɑu(文)

p [445] 标₂彪 [55] 表₂錶₂

247

pʰ	[55] 漂₂
m	[324] 谬₁秒
l	[312] 聊辽(~宁)瞭 [35] 了₃ [324] 廖
tɕ	[445] 蕉₂昭骄娇浇₂ [55] 缴₂饺 [423] 教(~育)较照₂诏
tɕʰ	[445] 超₂ [55] 巧
dʑ	[312] 乔侨 [35] 赵₂绍₂
ȵ	[312] 尧
ɕ	[445] 消₂宵(元~)销₂萧₂
ʑ	[35] 扰
ø	[445] 要(~求) [312] 谣₂姚耀 [55] 杳邀 [423] 要₁(重~)

əɯ

m	[312] 谋矛 [35] 亩牡 [324] 茂谬₂
v	[35] 负阜(曲~) [324] 戊
t	[445] 兜 [55] 斗(一~)抖□(~出去:倒出去) [423] 鬥
tʰ	[445] 偷 [55] 透敨(展开)
d	[312] 头投 [324] 豆₁ ‖ [11] 骰(~子)
l	[312] 楼搂□(用手掏) [35] □(逗，哄) [324] 漏
ts	[55] 走 [423] 奏皱绉脊₁(背~)
tsʰ	[423] 凑
s	[445] 搜 [423] 嗽(咳嗽)
z	[312] 愁
k	[445] 勾钩沟阄 [55] 狗 [423] 锯构够购
kʰ	[55] 口 [55] 去₂ [423] 去₁ 扣寇
g	[312] 渠₁(他)□(蹲)□(嗳气) [35] 厚₁ ‖ [54] 喉₁(咙~:喉咙)
ŋ	[35] 藕偶
x	[55] 去₃
ø	[445] 欧讴(叫) [312] 侯喉₂ [55] 呕(呕吐) [35] 易(~经) 後厚₂ ‖ 翼₁(~□kuᵒ:翅膀) [324] 后(王~) [0] 渠₂(他)

iəɯ

l	[312] 流刘留榴硫琉 [35] 柳□(搅拌) [324] 溜
tɕ	[445] 周舟州洲鸠纠 [55] 酒帚九 [423] 昼(一~:一天一夜) 咒 ‖ [54] 龟(乌~)
tɕʰ	[445] 箍₁(木桶上的箍) 秋抽丘 [55] 丑醜 [423] 臭 ‖ [54] 鳅(鱼~:泥鳅)
dʑ	[312] 绸稠筹求球仇(姓) [35] 纣仇酬白舅袖₂宙售□(递) [324] 旧

248

ȵ [312]牛 [35]纽 [324]扭

ɕ [445]修收休羞 [55]手首守(~寡)朽 [423]秀绣宿(星~)兽 ‖ [54]□(老鼠~:瘊子)

ʑ [35]受 [324]就袖₁寿授

ø [445]忧优幽□(凹)□(躲藏) [312]尤邮由油游 [35]有友酉 [423]幼 [324]柚釉

an(文)

p [445]般 [55]谤

b [312]旁庞₂ [35]蚌 ‖ 叛(~徒)

m [312]□(哪里；~个:哪个) [324]漫

f [445]番₂肪 [55]仿□(没有,未。"弗曾"的合音,本书写作"艠")

v [312]帆 [35]犯₂ [324]望₂

t [423]旦₂

tʰ [55]稐₂

d [312]谭螳 [35]诞 [324]蛋

n [0]□₃(弗是~:不在。本书写作"哝")

l [35]览揽槛

ts [445]赃

tsʰ [445]参(~考)

dz [312]残藏(动词) [324]藏(西~)

s [55]珊 [423]丧(~失)

k [445]冈岗刚₂纲钢₂缸₂ [55]感₂橄 [423]干₂(~部)

kʰ [445]康看₂刊 [55]坎(八卦之一)舰(军~)勘抗

x [423]汉₂

ø [423]暗 [35]项

ian(文)

l [312]梁₂ [324]辆

tɕ [445]疆缰 [423]障

tɕʰ [445]羌菖₂腔₂ [55]强(勉~) [423]畅倡

dʑ [312]强(形容词)

ʑ [35]壤 [324]尚₂

ø [312]疡

uan(文)

k [445]观(参~)冠(衣~) [55]惯 [423]贯冠(~军)

249

ø	[445] 汪 [312] 顽簧 [55] 腕娩 [35] 幻晚挽 [324] 玩（古~）患宦旺 ‖ [11] □（~拉：咱们）

iuan（文）

tɕʰ	[55] 犬₂
ø	[312] 阮

ən

p	[445] 槟崩冰₁兵 [55] 奔本丙饼（麦~）□（蚊子咬成的疙瘩）[423] 并（合~）
pʰ	[445] 拼喷（~漆）姘（~头）[423] 聘 ‖ [54] □（猪栏~：猪圈的栅栏）
b	[312] 朋凭平₁(形容词, 太~：和平) 评₁瓶屏 [35] 笨並 [324] 病
m	[312] 门蚊₁(~虫：蚊子) 明名 [35] ‖ □(~丝儿：蠓虫) [324] 闷问₁(动词) 孟₂命□（瓮）□(捂, 蒙)
f	[445] 分芬纷 [55] 粉奋 [423] 粪₂
v	[312] 焚坟文纹蚊₂闻 [35] 愤 [324] 份问₂
t	[445] 墩（肉~）登灯橙₁瞪丁叮（蜂蜇人）钉（铁~）疔 [55] 等顶鼎 [423] 凳钉（~住）订 ‖ [33] □（~□儿 en⁵⁵：呃逆）□（~□ dzๅ⁵⁴：修筑土墙时用的木棍）
tʰ	[445] 厅 [55] 挺 [423] 褪（脱, ~帽：脱帽）听 ‖ [54] 桯（床~：床两边的木条）
d	[312] 饨藤亭停廷庭蜓 [35] 断₁(断绝) 沌盾锭 [324] 钝遁邓定
n	[312] 能宁（~波）[35] 暖（暖和）
l	[312] 论崙伦沦轮菱灵龄零铃伶另 [35] 领（领子）岭（上~：上坡）‖ 乱₁(~讲)
ts	[445] 砧（板~：切菜板）针榛（楔子）珍真尊遵曾（姓）憎征蒸筝精晶睛贞正（~月）[55] 枕诊振证症井侦整鲫（~鱼儿）□（~痄：痄子）[423] 甑镇震俊₁正（~反）政
tsʰ	[445] 穿₁(~针) 称（~呼）清青 [55] 请 [423] 串趁称（相~）秤
dz	[312] 沉陈尘臣存曾（~经）橙₂承乘（加减~除）剩情成城₂诚 [35] 郑 [324] 阵赠 ‖ [11] □（~置：入殓）□（~□儿 niun³³⁵：仍然）□（~籽树：乌桕树）
s	[445] 森参₁(人参) 深身申伸₂孙₂(姓) 僧升声星腥 [55] 沈审婶损省（反~）醒 [423] 渗讯₁舜₁胜性姓圣
z	[312] 寻神辰晨纯₁醇₁层绳塍晴城₁(~里) [35] 肾₁静 [324] 赁（~屋：租房子）任₁纫慎顺₁净 ‖ 蜃（出~：山洪暴发）

250

k	[445] 跟根更（~换）粳京荆惊₂（~蛰）经 [55] 捲耿景 [423] 更（~加）敬镜 ‖ 颈（头~：脖子）‖ [54] 桊（牛鼻头~）
kʰ	[445] 轻 [55] 恳垦肯□（撒种子的小洞）[423] 庆₁（~祝）磬
g	[324] □（忌口）
ŋ	[312] 迎₁ [324] 认
x	[445] 兴（~旺）蝇₁（苍~）□（~蜓：蜻蜓）[55] 擤 [423] 兴（高~）
ø	[445] 恩应（~当）应₁（~对）鹰英₁婴₁□（埋）[312] 痕恒衡嬴₁形₁刑营（一~兵，国~）[55] 影 [423] 映₁（~山红）[324] 恨

ien

p	[445] 边彬宾冰₂殡鬓 [55] 禀
pʰ	[55] 品
b	[312] 贫频平₂评₂ [324] 汴
m	[312] 眠（睡，~记儿去：躺倒）民铭 [35] 缅渑闽皿
d	[324] □（"第二"的合音）
l	[312] 廉林淋临邻鳞磷凌（姓）‖ [33] 薐（菠~菜）[11] 莲₂（唱~花）
tɕ	[445] 今金禁（~弗住）襟艰巾斤筋军₁均钧 [55] 锦紧谨境警径谏 [423] 浸禁（~止）进晋俊₂竟
tɕʰ	[445] 谦卿侵钦亲（~眷）[55] 寝遣顷歉衬 [423] 搝（按）庆₂（国~节）
dʑ	[312] 潜琴禽擒钱（姓）勤芹裙擎（两臂向左右伸张的长度）鲸 [35] 尽近竞 [324] 劲 ‖ [54] □（寒落~：冰锥）
ɲ̩	[312] 壬任（姓）吟言银人₁（丈~）迎₂ [35] 忍 [324] 韧 ‖ [54] 仁₁（桃~）
ɕ	[445] 心参₂（人~）辛新薪欣熏薰□（差）[423] 信衅训 [0] 芯（纽子~）
ʑ	[312] 人₂仁₂ [35] 尽
ø	[445] 音阴因姻殷蝇₂莺英₂婴₂缨 [312] 淫寅匀云雲嬴₂型形₂萤 [55] 隐饮映₂（反~）□（一~柴：一捆柴）[35] 引允永₁（~康：地名）[423] 荫印应₂（响~）[324] 韵运晕孕

uən

ts	[445] 津肫 [423] 俊₃
tsʰ	[445] 椿春 [55] 蠢
s	[55] 荀笋旬榫 [423] 讯₂舜₂
z	[312] 秦循巡唇纯₂醇 [35] 蕈（蘑菇）肾₂ [324] 顺₂润闰（~月）任₂
k	[445] 关₁（~门）[55] 滚棍
kʰ	[445] 昆崑倾（~天大雨：倾盆大雨）[55] 捆困坤（乾~）

x	[445] 昏婚荤
ø	[445] 温瘟 [312] 魂馄浑 [55] 稳 [35] 混 ‖ [54] □（□ dzou?² ~：猫头鹰）

iuən（文）

tɕ	[445] 君军₂
tɕʰ	[55] 窘菌
dʑ	[312] 群 [324] 郡

om

pʰ	[445] □（闻）[55] 捧
b	[312] 棚₂篷冯□（稻~：稻草堆）‖ [11] **竷**（~尘：灰尘）
m	[312] 芒（麦~）蒙₂ [35] 网（鱼~）瞢 [324] 梦 ‖ [11] □（~□ dzŋ⁵⁴：棒槌）
f	[445] 风枫疯讽丰封峰蜂锋
v	[312] 逢缝（动词）奉 [324] 凤缝（名词）
t	[445] 东冬 [55] 董懂 [423] 冻栋
tʰ	[445] 通 [55] 统捅 [423] 痛
d	[312] 同铜桐筒童瞳□（卷纸）□（~西：什么）[35] 桶动 [324] 洞
n	[312] 农（人）脓□₁（那，中指。本书写作"哝"）□₂（是~：在。本书写作"哝"）[55] □₁（是~：在。本书写作"哝"）[35] □（使劲大便）□₂（那，远指。本书写作"哝"）
l	[312] 笼聋隆龙 [35] 拢陇垅 [324] 弄 ‖ [54] 咙（喉~）
ts	[445] 棕鬃宗综中（~国）锺鐘盅终 [55] 总冢种（~类）肿 [423] 粽中（~毒）众种（~树）
tsʰ	[445] 聪葱囱充 [55] 宠 [423] 铳 ‖ [54] **樬**（柴~：尖头扁担）
dz	[312] 丛虫崇从（介词）茸 [35] 重（形容词）仲 [324] 诵颂讼 ‖ [11] 重（~阳）
s	[445] 鬆嵩 [55] 怂 [423] 送宋 ‖ [33] 松₂（~香）
z	[312] 鱅（~鱼：胖头鱼）松₁（~树）屣（精液）[35] 冗
k	[445] 公蚣工功攻弓₂躬宫恭 [55] 汞 [423] 贡供（上~）□（鞭痕）
kʰ	[445] 空（~气）[55] 孔恐控 [423] 空（有~）
g	[324] 共₂（~产党）
x	[445] 烘 [55] 轰哄
ø	[445] 翁 [312] 宏红洪虹 [55] **塕**（灰尘）[324] □（陷）

iom

tɕ	[445] 供（赡养）‖ [54] 弓₁（弹~：弹花弓）
dʑ	[312] 穷 [324] 共₁（~个：同一个）

ȵ	[312]	绒浓
ɕ	[445]	兄胸凶兇
ø	[445]	雍 [312] 荣熊雄融容蓉庸痈 [55] 拥甬勇涌永₂泳咏 [324] 用

$$\textipa{\textrhookrevepsilon}(\text{文})$$

ø	[312] 儿₂而 [35] 尔₂ [324] 二₃ [0] 耳₂(黑木~)

$$i\text{ʔ}$$

ø	[45] 一₂忆亿□₂(又)

$$ɜ\text{ʔ}$$

p	[45]	拨钵百柏伯檗
pʰ	[45]	泼拍魄版(掰；跨)
b	[324]	鈸白□(泥~：土块)
m	[324]	末沫没陌麦脉
f	[45]	佛弗(不)
v	[324]	佛物
t	[45]	答得₂□(鸡啄物)□(~瓶：一种坛子)□(□ze¹¹~：如果)
tʰ	[45]	脱忒
d	[324]	大₂(~家)沓夺突特₂(~别)
n	[324]	纳 [0] 呢₃(句末助词)
l	[324]	粒辣捋(~袖)劣落₂(擦~去：擦掉)肋勒
ts	[45]	执₁汁质卒(~儿：棋子之一)则摘责积炙织□(麻~：发麻)□(手~头：手指)
tsʰ	[45]	撮猝出测拆坼(裂缝儿)策册斥赤₁(~脚)□(弗~□tɕiəʔ⁴⁵：顽皮)
dz	[324]	蛰绝₁侄术₁(白~)述₁贼₂(乌~)泽择(挑选)宅□(~□dzʌ⁵⁴：蛙的一种，生活在山涧里)
s	[45]	些屑(风~：头皮屑)刷₁雪₁虱失戌₁率(~领)释
z	[324]	杂十什(~物)拾入₂实石₂(~头)
k	[45]	个₃合(~眼：闭眼；~算)蛤割葛格革隔嗝□(这。本书写作"格")□(忒~：太)
kʰ	[45]	咳(~嗽)磕揢刻₂克客
g	[324]	撅(轻头~：前后轻重不同的担子)掘□(凸)□(~角儿：牛互相顶角)
ŋ	[324]	啮(咬)核₂(审~)□(~断：折断)
x	[45]	瞎赫吓
ø	[45]	阿₁(词头，如，~爹：父亲)押压轭 [324] 合(~作)盒匣还(~有)

253

iəʔ

p   [45] 鳖笔毕必臂(~箪:乐器名) 碧壁□(菜蔫)

pʰ   [45] 撇胚(女阴) 劈僻₂

b   [324] 鼻别₂(特~) 弼

m   [324] 灭搣(捻) 箴密蜜觅

t   [45] 跌

tʰ   [45] 帖贴铁

d   [324] 叠碟牒蝶谍秩敌狄(姓)

l   [324] 猎躐(走) 籚(簟~:晒粮食用的大竹席) 立列烈裂栗律率略掠箓(臂~:乐器名)

tɕ   [45] 眨夹接摺褶羯(阉) 劫挟(~菜) 急级给(供~) 哲浙揭茧(~绵:茧上的纤维) 节₂ 结洁镰(铲~:镰刀) 吉爵桔(~梗:中药名) 即戟脊₂ 击激□(弗□ tsʰɜʔ⁵~:顽皮)

tɕʰ [45] 起₂(关~来) 妾辑彻撤切挈(提起来) 七漆₂(喷~) 膝雀鹊戚吃□(鸭子啄物) □(~口:涩) □(面~:脸)

dʑ   [324] 捷集习袭及₂(弗~:不如) 杰鳝件疾狭殖植极剧(娑~) 席(主~) □(~个儿:谁)

ɲ   [324] 聂蹑业入₁(~被:往被套里装棉絮) 热孽捏虐疟

ɕ   [45] 舍摄胁吸疯(不好) 薛泄设歇悉室恤削息熄式惜(得农~:讨人喜欢, 可~) 适₂ 释锡₂析

ʑ   [324] 涉入₃(~伏) 折(~本) 舌截日₂(~本) 嚼勺芍弱夕

ø   [45] 揖乙一₁约抑益₂□(~束:收拾) [324] 爷₂也狭峡叶协逸熨纤物切(~斗) 翼₂亦译易(交~) 液

uɑʔ

ts   [45] 欻(吮吸)

dz   [324] 绝₂述₂术₂(白~)術

s   [45] 刷₂雪₂戌₂

k   [45] 括刮骨㶽(开裂)

kʰ   [45] 阔屈₁(弯)

x   [45] 喝(啜) 豁忽霍藿

ø   [45] 挖颏(溺) 核₁(桃~) [324] 活₂滑猾(狡~) 镬(锅) 或获划(汉字的一笔)

uoʔ

p   [45] 八□(老~:阴茎)

254

b	[324] 拔□(捺,一种笔画)
f	[45] 法髮發
v	[324] 筏罚□(泡沫)
t	[45] 搭□(一~:一滴)□(地~:旱地)□(~印:盖图章)□(~□uɑ⁰:吧,一种句末助词)□(~□dzŋ⁵⁴:帮助挑担用的棍子)
tʰ	[45] 塔獭託托拓漯□(拃)
d	[324] 踏达□(九里~:马蜂)
n	[324] 捺
l	[324] 赂腊蜡鑞落₁(~雨:下雨)骆洛络乐(快~)
ts	[45] 撒札絷作
tsʰ	[45] 插察
s	[45] 萨产₁(~母)杀索栅□(塞进)□(~冷:感冒)
z	[324] 煠(水煮)闸铡凿昨謷(骂)
k	[45] 夹(簟籛~:簟两边的竹竿)袷甲各阁搁胳郭觉₁角□(越~:更加)
kʰ	[45] 廓扩确壳
g	[324] 挟(抱)
ŋ	[324] 鹤嶽岳
ø	[45] 鸭恶(形容词) [324] 下₁(~底:下面)狭活₁(快~:快乐)学核₂(老~袋儿:阴囊)

iɵʔ

tɕ	[45] 蚱(~蜢:蝗虫)橘脚觉₂
tɕʰ	[45] 缺屈₂□(湿)
dʑ	[324] 着(~火;寻~:找到)
ɕ	[45] 血
ȵ	[324] 月
ø	[324] 悦阅越粤药乐(音~)

eiʔ

p	[45] 滗北逼壁□(无~:没有)
pʰ	[45] 匹僻₁
b	[324] 趥(追;驱赶)
m	[324] 墨默
t	[45] 德得₁(~罪)嫡的扚(掐)
tʰ	[45] 踢剔□(替,介词)

d	[324]	特₁(~为:故意)籴
n	[324]	日₁(今~)
l	[324]	摙(让带水的东西自行滴干)力历历
ts	[45]	只(~有)侧(转身;~门)织职识迹隻
tsʰ	[45]	漆₁(~黑)刺(~鞋底:纳鞋底)赤₂(红~豆儿:红小豆)尺
dz	[324]	直值
s	[45]	塞色适₁饰锡₁(~箔)
z	[324]	贼₁食蚀蓆石₁(鹅卵~;姓)
kʰ	[45]	尅刻₁
ŋ	[324]	逆
x	[45]	黑
ø	[45]	益₁

uei?

k	[45]	国
ø	[324]	或

ou?

p	[45]	博剥卜(姓)□(脚~肚:腿肚子)
pʰ	[45]	朴扑撲樸覆₁(趴)□(老鹰~小鸡儿:老鹰捉小鸡)
b	[324]	鹁(~鸽:鸽子)薄(形容词)箔缚(系)雹菔(芦~:萝卜)
m	[324]	莫膜寞摸木目穆
f	[45]	福幅蝠複腹覆₂復
v	[324]	服伏(入~)
t	[45]	陡笃督
tʰ	[45]	秃
d	[324]	独读牍犊毒
l	[324]	鹿禄簏(一~洋火:一盒火柴)六陆绿录
ts	[45]	桌卓琢啄竹筑祝粥足烛嘱
tsʰ	[45]	戳畜(~牲)蓄(储~)促触
dz	[324]	浊浞(~雨:被雨淋)族逐₂俗续蜀□(~□uən⁵⁴:猫头鹰)
s	[45]	说(~话:话,名词)朔速肃宿缩叔粟束
z	[324]	熟赎属辱
k	[45]	榖谷
kʰ	[45]	哭酷
ø	[45]	屋齷握沃 [324] □(摇)

256

iouʔ

tɕʰ [45] 麯曲

dʐ [324] 镯逐₁轴(车轴)局

ɳ [324] 肉玉褥狱□(揉)

ø [45] 郁 [324] 域疫役(兵~)育欲慾浴

m

ø [35] ‖ 尾(~巴儿)

n

ø [312] 吴无₁(没有)儿₁ [35] 五伍₁午尔₁(你)耳₁(~朵)母₁(舅~) [324] 二₁(十~月)

附：无相应单字音的小称音

in

边儿 pin³³⁵ ∣ 蒂儿 tin⁵⁵ ∣ □儿点儿 tin⁵⁵ ∣ □儿漂亮，对小孩说 tsin³³⁵ ∣ 扦儿毛线~：毛衣针 tsʰin³³⁵ ∣ 麂儿 tɕin⁵⁵ ∣ 箕儿□ tsɑu⁵³ ~：簸箕形的指纹 tɕin³³⁵ ∣ □儿猜~：猜谜 ɳin⁴⁵ ~ ɳin⁵⁴ ∣ 厣儿痂；螺蛳头上的圆盖 in⁵⁵

un

□儿松~：松球 bun³³⁵

iʉn

□儿□ dzən¹¹ ~：仍然 ɳiʉn³³⁵ ∣ 蕊儿花蕾 ɳiʉn²⁵

an

□儿火~：一种圆形竹器，烘干尿布用的 tʰan⁵⁴ ∣ 衲儿涴~：尿布 nan⁴⁵ ∣ □儿细~：小孩 kan³³⁵ ∣ 蛾儿蚕蛾 ŋan³³⁵ ∣ 蟹儿 xan⁵⁵

ian

□儿□ tsɿ³³ ~：知了 lian⁴⁵ ∣ □儿籽~：连枷 lian⁵⁴ ∣ 姐儿阿~：伯母 tɕian⁵⁵ ∣ 夹儿夹子 dʑian³³⁵ ∣ 箬儿粽~：包粽子用的竹叶 ɳian⁴⁵

uan

株儿稻~：稻茬 tsuan³³⁵ ∣ 说儿小~ suan⁵⁴ ∣ 蟀儿蟀~：蟋蟀 suan⁵⁴ ∣ 褂儿领~：背心 kuan⁰

iɛn

辫儿辫子 biɛn³³⁵ ∣ 荚儿豆~ tɕiɛn⁵⁴

uɛn

拐儿拐杖 kuɛn⁵⁵

ʌn

罐儿药~：药罐子 kʌn⁵⁵

en

□儿芦藶~：礤床 tʰen³³⁵ ｜ □儿别~：别的地方 sen⁵⁵ ｜ □儿□ tən³³ ~：呃逆 en⁵⁵

ɤn

狲儿狲~：猴子 sɤn³³⁵ ｜ 鏊儿 zɤn²⁵ ｜ 许儿几~：多少 xɤn⁵⁵ ~ xɤn⁵⁴

uon

□儿肚~：兜肚 tuon⁵⁵ ~ tuon⁵⁴

ein

□儿酒~：酒窝 tein⁵⁴ ｜ 雀儿麻~ tsein⁵⁵

uein

管儿竹~ kuein⁵⁵ ~ kuein⁵⁴

ɑun

□儿疖子 bɑun²⁵

əɯn

□儿□ tsʰe³³ ~：蚌 təɯn³³⁵

oun

□儿□ iəɯ³³ ~：一些人先躲藏起来, 一个人去找 boun³³⁵ ｜ □儿蚕~：蚕蛹 loun⁴⁵ ｜ 铲儿镬~：锅铲 tsʰoun⁵⁵

第六节 磐安方音

壹 概说

磐安县位于浙江省中部，介于北纬 28°49′~29°19′、东经 120°17′~120°47′之间。东面是台州市的天台县，南面是台州市的仙居县和丽水市的缙云县，西面是金华市的永康、东阳二市，北面是绍兴市的新昌县。为古婺（金华）、处（丽水）、台（台州）、绍（绍兴）四州交界地带。全县总面积 1,196 平方公里，南北长 54 公里，东西宽 47 公里。地形属中低山为主的纯山区，有"九山半水半分田"之谓。海拔 1,000 米以上的山峰有 63 座，大盘山海拔 1,245 米，坐落于县境中部。河流多发源于大盘山脉，放射性地流向邻县，其中文溪、双溪、浦川、夹溪、玉溪属钱塘江水系，始丰溪、溪炉港属灵江水系，好溪属瓯江水系。交通主要依靠公路。

清代以前,磐安地区分属东阳、永康、缙云、天台等县管辖。清初,曾设四平县。光绪间,金华府设协都司于此,永康、仙居两县联设县丞署于榉川。民国二十四年(1935年),浙江省政府设大盘山绥靖署于榉溪。民国二十八年(1939年),划东阳、永康、缙云、天台四县地正式设县,以"磐石之安"命名磐安。1958年撤县,并入东阳县。1983年复县。现属浙江省金华市。

磐安县城今设在安文镇。

磐安县辖有9个镇、10个乡、共19个乡镇,分别为:

9镇:安文镇、尖山镇、尚湖镇、方前镇、新渥镇、玉山镇、仁川镇、大盘镇、冷水镇。

10乡:胡宅乡、窈川乡、双溪乡、深泽乡、双峰乡、盘峰乡、维新乡、高二乡、九和乡、万苍乡。

全县总人口21万。少数民族人口极少,多系婚嫁迁入。1939年建县时,全县仅78,702人。聚族而居的现象十分突出,如县城里陈姓人口原来高达90%以上,现在约占80%左右。

磐安县境内的方言主要有东阳话、永康话、缙云话、天台话四种,分别分布在原东阳、永康、缙云、天台县辖区。此外,在与仙居、新昌交界的地区还有仙居话、新昌话。其中,东阳话是磐安县最主要的方言,分布在县城安文镇及其以北的全县大部分地区。在磐安通行的东阳话与东阳市的南乡话比较接近,但也有些区别,磐安人称这种方言为"磐安话"而非"东阳话",本书也称作"磐安话"。

本书的磐安话由曹志耘调查。1999年9月间,曹志耘赴磐安做第一次调查,北京语言大学的博士研究生张世方,硕士研究生黄晓东、郭利霞、张永勤也参加了这次调查。2000年4月和2005年1月,曹志耘两次赴磐安做补充调查和核实工作。调查期间,得到磐安县委办公室的大力协助。本书记录的是县城安文镇老年人的方言。县城话的主要发音人是:

① 陈金敖,男,1938年生(1999年第一次调查时61岁),世代居住在磐安县城安文镇,在安文读小学和初中,在金华读师范三年,在上海读大学四年,毕业后一直在安文镇教书,1998年退休。说磐安县城话,还会说不太标准的普通话。

② 陈新立,男,1939年生(1999年第一次调查时60岁),世代居住在磐安县城安文镇,在东阳县城上学三年,在磐安县新渥、冷水等地工作七年,其他时间都在安文镇中学任体育教师,现已退休。文化程度高中,说磐安县城话。

二人的发音略有差别,陈金敖的发音比陈新立更"新"一点。本书以陈金敖的材料为主,同时参考陈新立的发音。

贰 声韵调

一 声母 32 个

包括零声母在内。

p 布	pʰ 派	b 盘棒步别冯	m 门蚊兵	f 飞费	v 闻武雾
t 到	tʰ 太	d 同道地夺	n 脑难怒胆打		l 兰连路吕
ts 精糟祖争蒸	tsʰ 仓醋初	dz 曹从虫		s 散苏生师	z 字锄十
tʃ 节焦招主	tʃʰ 秋趣枪昌处	dʒ 全潮除		ʃ 修税书	ʒ 前弱
tɕ 经结浇举贵	tɕʰ 丘	dʑ 旗权桥穷跪	ȵ 年绕软严	ɕ 休虚	
k 高镜	kʰ 开庆	g 渠他	ŋ 硬瓦岩认	x 灰化	
ø 红延话运午儿					

说明：

① 平、去、入声字浊声母的浊音成分很明显，但上声字的浊音成分不明显，有时甚至与清音相混。古全浊声母上声字中年以下的人读作清音声母，逢塞音塞擦音读不送气清音。

② 浊塞音、浊塞擦音声母带有较强的浊气流，常常读作送气浊音，或送气浊音与不送气浊音两读。为了简便起见，本书里处理为不送气浊音。

③ 来自古阳声韵帮、端母的 [m] [n] 或 [p] [t] 声母，有时有 [ʔb] [ʔd] 的又读，例如：板 mɒ⁴³⁴ ~ ʔbɒ⁴³⁴｜班 pɒ⁴⁴⁵ ~ ʔbɒ⁴⁴⁵。有些乡下如安文镇陈华坑村（1939 年建县前属永康县），县城读 [p t] 声母的字全部读作 [ʔb ʔd] 声母。

④ [tʃ] 组声母拼 [yɒ yə yei yɐn] 等撮口呼韵母时，接近 [ts] 组。

⑤ [tʃ] 组声母的字，陈金敖有时 [tʃ] 组和 [tɕ] 组又读，个别时候按规律应该读 [tʃ] 组的字实际只读 [tɕ] 组，说明 [tʃ] 组声母已经开始混入 [tɕ] 组声母。例如：线扇 ʃie⁵² ~ ɕie⁵²｜鹊 tɕʰia⁴³⁴｜轴 dʑiʌo²¹³。

⑥ [tɕ] 组声母有时接近舌面中音 [c] 组，但这种情况较少。

⑦ 阳调类的零声母音节前面，带有比较重的与音节开头元音同部位的摩擦成分，其中以开口呼音节前头的浊流 [ɦ] 尤为明显。

二 韵母 48 个

包括自成音节的 [m] [n] 在内，其中 [an ian uan ien yen in yn]7 韵是文读专用韵母。

ɿ 资知	i 第地以纸	u 赌故武	y 雨虚贵
a 介百	ia 斜蛇野夹铁	ua 花怪活刮	ya 曰刷削
ɒ 胆三间官党桑讲黄	iɒ 良床		yɒ 闯爽
o 饱保	io 条烧逃		

260

ɤ 短酸含　　　　ie 检连　　　　　uɤ 过河　　　　yɤ 靴权船圆
ɛ 庚辣合割　　　iɛ 舌急接　　　　au 横滑　　　　yɛ 出缺月
ɤə 爬　　　　　　　　　　　　　　uə 架落各郭确　　yə 药脚
ei 概妹帅　　　　　　　　　　　　uei 桂胃　　　　yei 追睡
ɛi 色直北踢　　　　　　　　　　　uɛi 国
ʌo 木鹿六绿　　　iʌo 欲育
ɐɯ 斗　　　　　　iɐɯ 流收丑
an 岸文狼文　　　ian 梁文疆文　　uan 观文光文
　　　　　　　　ien 展文言文　　　　　　　　yen 渊文券文
　　　　　　　　in 饮文幸文　　　　　　　　　yn 津文训文
ən 根灵星　　　　iən 心紧林邻　　uən 魂温　　　yən 云群勋身
aom 红翁东　　　iaom 穷胸用
m 无
n 耳母

说明：

① 古入声字位于前字位置时，略带短促、紧喉特征，有时韵母里的复元音读得接近单元音，其他元音读得接近央元音，例如"竹"[tsʌo⁴³⁴]，在"竹笘晒衣服用的竹竿"里韵母的实际读音接近单元音 [o]；在单读和作后字时没有上述现象。入声韵 [ɛi uɛi]，位于前字位置时，有的人（如陈金敖）读如 [ei uei] 韵，有的人（如陈新立）则不论位于什么位置都读 [ɛi uɛi] 韵。

② 在 [tʃ] 组声母之后，介音 [i][y] 比较模糊。介音 [i] 很轻弱，介音 [y] 有时接近舌尖元音 [ʮ]。

③ [u] 韵和 [v] 声母相拼时，整个音节的实际读音为自成音节的 [v]。

④ [a] 组韵母里的 [a] 舌位较后，在 [ua] 韵里接近 [ɑ]。

⑤ [o] 韵逢零声母时（如"袄"）开口度较大。

⑥ [ɤə] 韵里的 [ɤ] 有点圆唇。[ɤə] 韵跟 [p] 组声母拼，[uə] 韵跟其余声母拼，因此 [ɤə] 也可以合入 [uə] 韵。但本书从分。

⑦ [ei] 组韵母里的 [ei] 实际读音为 [ɛi] 或 [ɛe]，[ɛi] 韵实际读音为 [æi] 或 [æe]。

⑧ [ɐɯ iɐɯ] 二韵，有的人读得接近 [mei me]。

⑨ [aom iaom] 二韵里的 [m] 尾不很明显，在前字位置上更加轻弱。

三　单字调 6 个

阴平　[445]　高安开天三飞

阳平　[213]　穷平神鹅麻文，读白服月六药

阴上　[434]　古纸口草手死，老买有，祸户后，一七福割铁发

阳上　[244]　近是坐社稻动

阴去　[52]　醉对唱菜送放

阳去　[14]　大病树漏帽用

说明：

① 阴平 [445]，有的人（如陈新立）上升部分不明显，接近 [44]。

② 阳平 [213]，有的人（如陈新立）下降部分不明显，接近 [113]。

③ 阳上 [244]，实际读音接近 [2434]，因此与阴上 [434] 很难分辨，有时与阳去 [14] 也较难分辨。

④ 阳去 [14]，结尾时稍微有点降，像 [143]。

⑤ 入声字位于前字位置时读得比较短促。

叁　音韵特点

一　声母的特点

① 古全浊声母字，今仍读浊音声母，但上声字的浊音成分不明显，有的字已经读为清音，读清音时逢塞音塞擦音不送气。例如：盘 $b\gamma^{213}$ | 道 do^{244} | 旧 $dzi\epsilon w^{14}$ | 熟 $z\Lambda o^{213}$ | 部陈金敖音 pu^{434} | 淡陈金敖音 $t\upsilon^{434}$ ~ $d\upsilon^{244}$。古全浊声母上声字中年以下的人读作清音声母，逢塞音塞擦音读不送气清音。

② 帮、端母古阳声韵字，部分读 [m] [n] 声母，部分读 [p] [t] 声母。此外还有 [m ~ p] [n ~ t]，[m ~ ʔb] [n ~ ʔd]，[p ~ ʔb] [t ~ ʔd] 等又读现象。总的看来，在方言口语里多读 [m] [n] 声母，在较文较新的场合多读 [p] [t] 声母。另外，在读鼻音声母的情况下，端母字逢细音韵母时也读 [n] 声母，不读 [ȵ] 声母，例如：癫 nie^{445} ≠ 黏 $ȵie^{445}$ | 点 ~ 油指：食指 nie^{434} ≠ 染 $ȵie^{434}$。

有些乡下如安文镇陈华坑村（1939 年建县前属永康县），帮、端母古阳声韵字读 [m n] 声母，阴声韵和入声韵字读 [ʔb ʔd] 声母。

③ 从母除了多读擦音声母以外，还有不少字读塞擦音声母，例如：财 $dzei^{213}$ | 存情 $dzen^{213}$ | 全泉 $dʒy\gamma^{213}$ | 集 $dʒie^{213}$。

④ 精组和知系字，逢今洪音韵母读 [ts] 组声母，逢今细音韵母读 [tʃ] 组声母，例如：三＝山 $s\upsilon^{445}$ | 坐 $zu\gamma^{244}$ | 茶 $dzuə^{213}$ | 奖＝掌 $tʃi\upsilon^{434}$ | 需＝输 $ʃy^{445}$。

⑤ 分尖团，精组细音字读 [tʃ] 组声母，见晓组细音字读 [tɕ] 组声母，例如：焦 $tʃio^{445}$ ≠ 浇 $tɕio^{445}$ | 妻 $tʃ^hi^{445}$ ≠ 溪 $tɕ^hi^{445}$ | 全 $dʒy\gamma^{213}$ ≠ 权 $dʑy\gamma^{213}$ | 想 $ʃi\upsilon^{434}$ ≠ 响 $ɕi\upsilon^{434}$ | 需 $ʃy^{445}$ ≠ 虚 $ɕy^{445}$。

⑥少数非敷奉微母字分别读作 [p pʰ b m] 声母，例如：叁聚拢 pɤ⁴⁴⁵ ｜粪~桶拚 pɤ⁵² ｜ 覆趴 pʰʌo⁴³⁴ ｜肥 bi²¹³ ｜冯 baom²¹³ ｜伏孵 bu¹⁴ ｜缚 bʌo²¹³ ｜未 mi¹⁴ ｜问 mɛn¹⁴ ｜网 maom⁴³⁴ ｜袜 mɤə²¹³。

⑦个别擦音声母字读塞擦音声母，例如：笑心 tʃʰio⁵² ｜撒心 tsuə⁴³⁴ ｜涩生 tʃʰie⁴³⁴ ｜鼠书 tʃʰi⁴³⁴。

⑧个别见母字读作零声母，例如：箕大沙~：高提梁的簸箕 i⁴⁴⁵ ｜萁葛~：蕨 i⁴⁴⁵ ｜叫 io⁵²。

⑨少数匣母字读 [g] 或 [k] 声母，例如：溃绘 guei¹⁴ ｜怀 gua²¹³ ｜喉咙~：喉咙 gɯɯ²¹³ ｜厚 gɯɯ²⁴⁴ ~ kɯɯ⁴³⁴ ｜峡 guə²¹³ ｜挟胡颊切,抱 guə²¹³ ｜滑猾 guɛ²¹³。

二 韵母的特点

①古入声韵，在单读和作后字时没有塞音韵尾，但位于前字位置时，略带短促、紧喉特征，也可以说是带比较轻微的喉塞音韵尾。

②古阳声韵，在白读中，深臻曾梗二等除外通五摄带鼻音韵尾，咸山宕江四摄和梗摄二等读作纯元音韵母。例外情况有：山合一端泥组"断定母暖"读 [ua] 韵，宕合三非组"芒网"读 [aom] 韵；臻合一端系"顿钝嫩村忖寸孙"读 [ɤ] 韵。磐安话的鼻音韵尾有 [n] [m] 两个。

咸山宕江四摄和梗摄二等的字如果有文读音，韵母均带鼻音韵尾 [n]。

③遇合三鱼韵字的读音比较复杂。今韵母及其例字：

[ɿ] 韵 梳 sɿ⁴⁴⁵ ｜薯番~：红薯 zɿ¹⁴

[i] 韵 滤 li¹⁴ ｜絮又 ʃi⁵² ｜齿~饭：盛饭 tʃi⁵² ｜苎 dʒi²⁴⁴ ｜箸 dʒi¹⁴ ｜煮 tʃi⁴³⁴ ｜鼠 tʃʰi⁴³⁴

[u] 韵 庐 lu²¹³ ｜初 tsʰu⁴⁴⁵

[y] 韵 女男~ ȵy⁴³⁴ ｜徐 ʒy²¹³ ｜书 ʃy⁴⁴⁵ ｜鱼 ȵy²¹³

[ɤ] 韵 许几~ xɤ⁻⁵²

[uə] 韵 女女儿 nuə⁴³⁴ ｜猪 tsuə⁴⁴⁵ ｜锄 zuə²¹³ ｜疏稀 suə⁴⁴⁵ ｜所 suə⁴³⁴

[ɯɯ] 韵 锯 kɯɯ⁵² ｜去 kʰɯɯ⁵² ｜渠他 gɯɯ²¹³

④止开三支、脂韵里比较特殊的读音：徛站立 gei²⁴⁴ ｜蚁 ŋɿ²⁴⁴ ｜椅 y⁴³⁴ ｜鼻 biɛ²¹³。

⑤咸摄开口一等的覃、谈两韵，端系字有区别，见系字无区别，例如：

覃韵 贪 tʰɤ⁴⁴⁵ ｜潭 dɤ²¹³ ｜南 nɤ²¹³ ｜簪 tsɤ⁴⁴⁵ ｜答 tɛ⁴³⁴ ｜杂 zɛ²¹³ ｜磡 kʰɤ⁵² ｜盒 ɛ²¹³

谈韵 坍 tʰɒ⁴⁴⁵ ｜谈 dɒ²¹³ ｜蓝 lɒ²¹³ ｜三 sɒ⁴⁴⁵ ｜塔 tʰuə⁴³⁴ ｜蜡 luə²¹³ ｜敢 kɤ⁴³⁴ ｜磕 kʰɛ⁴³⁴

⑥ 咸山摄开口三、四等部分字（主要是除帮组、见系以外的入声字）的主要元音有区别，例如：

三等　黏 ȵie⁴⁴⁵ ｜聂 ȵie²¹³ ｜劫 tɕie⁴³⁴ ｜列 lie²¹³ ｜浙 tʃie⁴³⁴ ｜热 ȵie²¹¹³

四等　鲇 ~ 鲐：鲇鱼 ȵia⁻²¹ ｜叠 dia²¹³ ｜挟 ~ 菜 tɕia⁴³⁴ ｜铁 tʰia⁴³⁴ ｜切 tʃʰia⁴³⁴ ｜捏 ȵia²¹³

⑦ 山摄合口一二等、宕摄合口一等见系字读开口的 [ɒ] 韵，与开口一二等的韵母相同，例如：官山合一＝光宕合一＝间山开二＝钢宕开一 kɒ⁴⁴⁵ ｜还山合二＝黄宕合一＝闲山开二＝杭宕开一 ɒ²¹³。

⑧ 曾梗摄开口三四等字白读为开口的 [ɐn] 韵，与曾摄开口一等的韵母和梗摄开口二等的文读韵相同，例如：凭曾开三＝平梗开三＝瓶梗开四＝朋曾开一＝棚梗开二，文读 bɐn²¹³ ｜兴曾开三，绍 ~ ＝亨梗开二，文读 xɐn⁴⁴⁵ ｜京梗开三＝经梗开四＝梗梗开二，文读 kɐn⁴⁴⁵。

三　声调的特点

① 古清入字归阴上，古浊入字归阳平，平、上、去三声大致按古声母的清浊各分阴阳两类，但上声字的情况较复杂（见下条②）。

② 老年人（如陈新立）次浊上、匣母上声字读阴上 [434]，例如：老 lo⁴³⁴ ｜买 ma⁴³⁴ ｜户 u⁴³⁴ ｜后 ɐɯ⁴³⁴，除匣母以外的全浊上字读阳上 [244]；有的老年人（如陈金敖）匣母以外的全浊上字也有少数读作阴上，或阴上、阳上又读，例如：部 pu⁴³⁴ ｜柱 tʃy⁴³⁴ ｜淡 tɒ⁴³⁴ ~ dɒ²⁴⁴。中年以下的人浊上（包括次浊上和全浊上）字全部读作阳上 [434]，例如：部＝补 pu⁴³⁴ ｜肚肚子＝赌 tu⁴³⁴ ｜柱＝主 tʃy⁴³⁴ ｜市＝死 sɿ⁴³⁴。

③ 清入字与清上字，浊入字与浊平字在单字调中已经合并，但在连读调中的表现有所不同；在小称音中，清入字与清上字变化相同，浊入字与浊平字变化不同。次浊上、匣母上字在单字调中归入阴上，但在连读调中的表现与清上字有所不同；在小称音中，次浊上、匣母上的声调变化规律与清上字不同，而与其他全浊上字相同。（详见下文伍"连读调"和陆"小称音"。）

肆　文白异读

磐安话的文白异读现象比较复杂。据调查了解到的情况，比较重要的文白异读规律有如下一些：（下文中"/"前为白读，后为文读。）

① 微母部分字白读 [m] 声母，文读 [v] 声母。例如：味 mi¹⁴ 滋 ~ /vi¹⁴ 气 ~ ｜万 mɒ¹⁴ 麻将牌名 /vɒ¹⁴ 千 ~ ｜文 mɐn²¹³ 安 ~：地名 /vɐn²¹³ ~ 化。

② 从、禅母部分字白读擦音声母，文读塞擦音声母。例如：齐 ʒi²¹³/dʒi²¹³ ｜践 /dʒiɐn¹⁴ ｜偿 ʒiɒ²¹³/dʒiɒ²¹³。

③日母部分字白读[ȵ]或[n]声母，文读[ʒ]或[z]声母。例如：人 ȵiɛ²¹³/ʒiɛ²¹³ ｜ 忍 ȵien⁴³⁴/ʒyen²⁴⁴ ｜ 日 nei²¹³ 今~ ,ȵiɛ²¹³ ~头/ʒiɛ²¹³ ~本 ｜ 仍/zen²¹³。

④见晓组开口二等字白读多为[k]组声母，文读为[tɕ]组声母。例如：架 kuə⁵²/tɕia⁵² 打~ ｜ 阶 ka⁴⁴⁵ ~沿:台阶/tɕia⁴⁴⁵ ~级 ｜ 界 ka⁵²/tɕia⁵² ｜ 敲 kʰo⁴⁴⁵/tɕʰiʌo⁴⁴⁵ ｜ 孝 xo⁵²/ɕio⁵²。

⑤咸山宕江四摄和梗摄二等字白读为纯元音韵母，文读为[n]尾韵。其中咸山摄一二等和宕江摄字文读[an ian uan]韵，咸山摄三四等字文读[ien yen]韵，梗摄开口二等字文读[ɐn iɐn in]韵。例如：参/tsʰan⁴⁴⁵ ｜ 完 yɤ²¹³/uan²¹³ ｜ 扬 iɒ²¹³/ian²¹³ ｜ 庄 tʃiɒ⁴⁴⁵/tsuan⁴⁴⁵ ｜ 帘 liɛ²¹³/lien²¹³ ｜ 言 ȵiɛ²¹³/ȵien²¹³ ｜ 棚 bɛ²¹³/bɐn²¹³ ｜ 幸 /in¹⁴。

⑥曾梗摄开口三四等入声韵部分字白读[ɛi]韵，文读[iɛ]韵，阳声韵见系部分字白读[ɐn]韵，文读[iɐn in]韵。例如：益 ɛi⁴³⁴/iɛ⁴³⁴ ｜ 壁 pei⁴³⁴/piɛ⁴³⁴ ｜ 鹰 ɐn⁴⁴⁵/iɐn⁴⁴⁵ ｜ 景 kɐn⁴³⁴/tɕiɐn⁴³⁴ ｜ 形 ɐn²¹³/iɐn²¹³ ｜ 缨 /in⁴⁴⁵。

⑦梗摄开口二等阳声韵部分字白读[ɛ]韵，文读[ɐn iɐn in]韵。例如：棚 bɛ²¹³/bɐn²¹³ ｜ 更五~ kɛ⁴⁴⁵/ ｜ 更~加/kɐn⁵² ｜ 亨/xɐn⁴⁴⁵ ｜ 行~头 ɛ²¹³/iɐn²¹³ ~为 ｜ 樱 ɛ⁴⁴⁵/ ｜ 缨 /in⁴⁴⁵。

⑧深臻曾梗四摄今读细音韵母的字，白读[iɐn yɐn]韵，文读[in yn]韵。例如：林 liɐn²¹³/lin²¹³ 姓 ｜ 心 ʃiɐn⁴⁴⁵/ʃin⁴⁴⁵ ｜ 欣 /ʃin⁴⁴⁵ ｜ 旬 ʃyɐn⁵²/ʃyn⁵² ｜ 讯 /ʃyn⁵² ｜ 孕 /in¹⁴ ｜ 倾 /tɕʰin⁵²。

⑨清上、次浊上字白读阴上[434]调，文读阴去[52]调。一些口语里不常用的字只有文读音，没有白读音。例如：倒 to⁴³⁴ ~水/to⁵² 打~ ｜ 搞 ko⁴³⁴/ko⁵² ｜ 耻 tʃʰi⁴³⁴/tʃʰi⁵² ｜ 左/tsuɤ⁵² ｜ 感/kan⁵² ｜ 榄/lan⁵²。

伍 连读调

一 语音变调

磐安话两字组的语音变调规律见表 2-6-1。作前字时，浊平字与浊入字有所不同，清上字与次浊上、清入字有所不同，所以表中把浊平与浊入分开，把清上与次浊上、清入分开，匣母上声字作前字时的变调情况较复杂，在表下专门介绍。作后字时，浊平字与浊入字有所不同，清上字与次浊上、匣母上、清入字完全相同，所以表中把浊平与浊入分开，把清上与次浊上、匣母上、清入合并。

表中各栏的上一行是单字调，下一行是连读调。例词请参看词汇部分。

表 2-6-1 磐安话两字组连调表

1 \ 2	阴平 445	阳平_{浊平} 213	阳平_{浊入} 213	阴上_{清上,次浊上,匣母上,清入} 434	阳上_{除匣母外全浊上} 244	阴去 52	阳去 14
阴平 445	445 445 33 52	445 213 33 343	445 213 33 434	445 434 33	445 244 33	445 52 33	445 14 33 343
阳平_{浊平} 213	213 445 21 52	213 213 21 343	213 213 21 ——— 213 213 21 434	213 434 21	213 244 21	213 52 21	213 14 21 343
阳平_{浊入} 213	213 445 24	213 213 24 343	213 213 24 ——— 213 213 21 434	213 434 24	213 244 24	213 52 24 ——— 213 52 21	213 14 24 343
阴上_{清上} 434	434 445 43	434 213 43 21	434 213 43	434 434 43	434 244 43	434 52 43 ——— 434 52 43 21	434 14 43 21
阴上_{次浊上} 434	434 445 43	434 213 24 343	434 213 24	434 434 43	434 244 24	434 52 24	434 14 24 343
阴上_{清入} 434	434 445 43	434 213 55 21	434 213 55	434 434 43	434 244 55	434 52 55	434 14 55 21
阳上_{全浊上} 244	244 445 24	244 213 24 343	244 213 24	244 434 24	244 244 24	244 52 24	244 14 24 343
阴去 52	52 445 33	52 213 33 445	52 213 33 434	52 434 33	52 244 33	52 52 33	52 14 33 343 ——— 52 14 43 21
阳去 14	14 445 24 ——— 14 445 21	14 213 24 ——— 14 213 21 343	14 213 24	14 434 24	14 244 24	14 52 24 ——— 14 52 21	14 14 24 343 ——— 14 14 21 343

磐安话两字组的语音变调有以下几个特点：

① 所有前字都要变调,后字阴平、阳平浊平、浊入有时变调,阳去都要变调,其他不变。

② 在连读中,前字的调值比较短,曲直升降不太明显,古入声字作前字读 [55] 和 [24] 时显得尤为短促。前字调值中最主要的区别性特征实际上是高度。后字的调值稳定清楚。是前轻后重型。

③ 不同调类的前字与前字之间、后字与后字之间都有合并的现象。合并一般发生在阴调类内部或阳调类内部,如阴平、阴去作前字都变为 [33],阳平浊平、阳去作后字多变为 [343],有时变 [21]。例外情况有阳平浊平位于阴去后面时变为 [445],与单字调阴平相同。由于磐安话的阴调类只跟清声母相配,所以当阳平调变为 [445] 时,原来的全浊声母也同时转换成为相应的不送气清声母,例如:算盘 sɤ$^{52-33}$b-pɤ$^{213-445}$ ｜ 太婆曾祖母 tʰa$^{52-33}$b-po$^{213-445}$。

④ 在单字调里合并了的调类,在连读中还保持一定程度的区别,其中作前字时比作后字时保持的区别更多一些。

⑤ 匣母上声字单读和作后字时都与清上字的读法完全相同。作前字时的变调有时同清上,例如:后面 ɐɯ$^{434-43}$mie^{14} ｜ 后日 ɐɯ$^{434-43}$nei$^{213-14}$ ｜ 缓期 ɒ$^{434-43}$dzi^{213};有时同全浊上,例如:后头 ɐɯ$^{434-24}$dɐɯ^{213} ｜ 户口 u$^{434-24}$kʰɐɯ^{434}。

⑥ 后字中的 [52] 调有时下降得不如单字调明显。

⑦ 变调调值 [21] 比较轻短,但有比较明显的下降特征,即使处于后字位置时也是如此,这里不把它看作轻声。但在语流中一些助词等虚字眼读得较轻,记作轻声,例如:倒罢死了 to$^{434-43}$ba$^{244-0}$。

不符合表 2-6-1 连调规律的例外词有:

阴平＋阳平浊平:阿姨小孩称年轻女性 a$^{445-33}$i$^{213-52}$ ｜ 蟑虫蟑螂 tʃiŋ$^{445-33}$dz-tsɒom$^{213-445}$

阳平浊平＋阴上清上:棉袄 mie$^{213-33}$o^{434}

阳平浊平＋阳去:无事没关系 n$^{213-24}$zɿ$^{14-343}$

阴上次浊上＋阳上全浊上:晚稻儿 mɒ$^{434-43}$do-on$^{244-14}$

阴上次浊上＋阳去:马上 mɤə$^{434-43}$ʒiŋ^{14}

阴上清入＋阴平:□西什么 tʃia$^{434-43}$ʃi$^{445-52}$

阳上全浊上＋阳去:像样漂亮 ʒiŋ$^{244-21}$iŋ^{14}

阴去清上＋阴上次浊上:只有 tsei$^{52-43}$iɐɯ$^{434-21}$

阴去清入＋阳去:觉悟 tɕia^{52}u^{14}

阳去＋阴平:地方儿 d-ti$^{14-43}$fɒ-ɒn^{445}

267

其他：阿妈妈 a⁴⁴⁵⁻⁵⁵mo⁻²¹ ｜ 蓖麻 pi⁻³³mɤə²¹³⁻³⁴³

三字组以上结构的变调基本上以两字组为基础，但情况更为复杂，这里不再详述。

二　语法变调

磐安话的语法变调情况相当复杂，下面介绍几种主要的语法变调现象。

1. 述宾式

并不是所有的述宾式结构都具有专门的变调规律。在磐安话中，以下19种组合的述宾式属于语法变调（每一种组合后列出例词）。其变调规律为，后字一律不变调，前字阴平[445]变[33]，阳平浊平[213]变[21]，阳平浊入[213]变[24]，阴上清上、次浊上[434]变[43]，阴上清入[434]变[55]或[43]，阴去[52]变[33]，阳去[14]变[24]。

阴平＋阴平 [445-33 445]：开车、当兵

阴平＋阳平浊平 [445-33 213]：开门、耕田、生儿、标坟在坟上挂纸、讴魂招魂

阴平＋阳平浊入 [445-33 213]：开学

阴平＋阳去 [445-33 14]：生病、开会

阳平浊平＋阴平 [213-21 445]：骑车、爬山、迎灯舞龙灯

阳平浊平＋阳去 [213-21 14]：排队

阳平浊入＋阳平 [213-24 213]：食茶喝茶、食糖吃糖、凿⁻农骂人

阳平浊入＋阳去 [213-24 14]：食饭吃饭

阴上清上＋阳平浊平 [434-43 213]：倒霉、掸尘、走棋下棋

阴上清上＋阳去 [434-43 14]：讨饭、写字、洗面洗脸、打字、讲话

阴上次浊上＋阳去 [434-43 14]：有利

阴上清入＋阳平浊平 [434-55 213]：发财、出名、脱皮、豁拳

阴上清入＋阴去 [434-43 52]：织布、出去

阴上清入＋阳去 [434-43 14]：革命、出路

阳上全浊上＋阳平浊平 [244-24 213]：坐船

阳上全浊上＋阳去 [244-24 14]：像样（义为"漂亮"时读 [ʑiŋ²⁴⁴⁻²¹iŋ¹⁴]）

阴去＋阳平浊平 [52-33 213]：种田、过年、搭农抓人

阴去＋阳去 [52-33 14]：算命、进步、种树、齿饭盛饭

阳去＋阳去 [14-24 14]：问路、望病看病

2. 数量式

数量式中量词的变调，情况比较复杂。以与数词"一"结合时的情况为例，阴平[445]、阳平浊平[213]不变（因受后面名词的影响，有的也会发生连读变调，如"一床被"读 [iɛ⁴³⁴⁻⁴³ʑiŋ²¹³⁻²¹bi²⁴⁴]），其他字凡来自古清声母的读

[52]（同单字调阴去），来自古浊声母的读 [14]（同单字调阳去）。这个规律与小称变调的规律（见下文陆）基本相同。例如：张—~纸 tʃiŋ⁴⁴⁵ ｜ 层—~楼 zɐn²¹³ ｜ 朵—~花 tuɤ⁴³⁴⁻⁵² ｜ 点—~钟 tie⁴³⁴⁻⁵² ｜ 个—~农：一个人 ka⁵² ｜ 帖—~药 tʰia⁴³⁴⁻⁵² ｜ 角—~钞票 kuə⁴³⁴⁻⁵² ｜ 倍—~ bei⁻¹⁴ ｜ 两—~重 liŋ⁴³⁴⁻¹⁴ ｜ 样—~东西 iŋ¹⁴ ｜ 粒—~豆 lɛ²¹³⁻¹⁴ ｜ 轴—~画 dziʌo²¹³⁻¹⁴。

大致上说，在来自古清声母的字中，阴平 [445] 自成一类，其他字为另一类。在来自古浊声母的字中，阳平浊平 [213] 自成一类，其他字为另一类。具体情况见表 2-6-2。

表 2-6-2　磐安话量词的变调

数　词	量词声调	量词变调
一、两、五、六、七、八、九、十	阴平 [445]（如：张、斤）	[445] 不变
三、一千、一万		变 [52]
四、廿、一百、半		变 [21]
一、两、三、五、六、七、八、九、十、一千、一万	阴上清上 [434]（如：本、碗），阴去 [52]（如：个、块），阴上清入 [434]（如：节）	变 [52]（阴去为 [52] 不变）
四、廿、一百、半		变 [21]
一、两		[213] 不变
五、六、七、八、九、十	阳平浊平 [213]（如：层）	变 [445]
三、一千、一万		变 [343]
四、廿、一百、半		变 [21]
一、两、五、六、七、八、九、十	阳上全浊上 [244]（如：桶），阳上次浊上 [434]（如：两、领），阳去 [14]（如：袋），阳平浊入 [213]（如：日）	变 [14]（阳去为 [14] 不变）
三、一千、一万		变 [343]
四、廿、一百、半		变 [21]

3. 实虚式

磐安话实虚式结构的后字常常读作具有轻声性质的 [21] 调。例如：

后缀：饺子 tɕiʌo⁵²⁻⁴³tsʅ⁴³⁴⁻²¹

助词：用得 iɑom¹⁴tei⁴³⁴⁻²¹ ｜ □着 碰到 bɐ¹⁴dzuɛ²¹³⁻²¹

趋向动词：跌倒躺倒 lei¹⁴to⁴³⁴⁻²¹

方位词：戍里家里 tʃʰy⁵²⁻⁴³li⁴³⁴⁻²¹ ｜ 沿里边儿上 ie¹⁴li⁴³⁴⁻²¹ ｜ 夜里 ia¹⁴li⁴³⁴⁻²¹

另有一些方位词的变调比较特殊，看不出什么规律。例如：

里头 li⁴³⁴⁻⁴³dɐɯ²¹³ ｜ 外头 ŋa¹⁴⁻²⁴dɯɑ²¹³⁻³⁴³ ｜ 前头 ʒie²¹³⁻²¹dɐɯ²¹³ ｜ 后头 ɐɯ⁴³⁴⁻²⁴dɐɯ²¹³

里面 li⁴³⁴⁻⁴³mie¹⁴ ｜ 后面 ɐɯ⁴³⁴⁻⁴³mie¹⁴

日里白天 nei²¹³⁻²¹li⁴³⁴⁻²¹³

陆 小称音

磐安话的小称音变以韵母变化为主,声调变化为辅,在个别情况下,声母也会随着声调的变化而变化。

一 韵母的变化

从韵母来看,在磐安话的 48 个韵母中,现在已经调查到有小称例词的韵母共有 33 个。没有小称例词的韵母为:字数较少的韵母 [yɒ yei uɛi]、鼻音韵母 [m̩] 和鼻尾韵母 [an ian uan ien yen in yn iɐn uɐn yɐn iaom]。

在 33 个有小称的韵母中,[n] 韵字小称时只变声调,不变韵母,例如:舅母 dziɐm$^{244-24}$n$^{434-14}$ | 大母 大伯子之妻 duɣ$^{14-24}$n$^{434-14}$。

其余 32 个韵母小称时要发生变化,共归并为 27 个小称韵。变化的方式有两种:

1. 非鼻尾韵,在原韵母的末尾加上一个鼻音韵尾[n](发音部位略靠后)。磐安话"儿"字读 [n^{213}](阳平),小称音里的 [n] 尾来自"儿"字。

2. 鼻尾韵 [ɐn] 变为 [en],[aom] 变为 [ɒn]。例如:青儿 一种做清明馃的野菜 tsʰɐn-en^{445} | 撮线网儿 翻绳变花样,一种儿童游戏 tsʰɛ$^{434-55}$ʃie$^{52-33}$ maom-ɒn$^{434-52}$(=板儿 mɒ-ɒn$^{434-52}$)。

磐安话基本韵和小称韵的关系如下:(基本韵后无"→"的表示无相应的小称韵。)

ɿ → ɿn	i → in	u → un	y → yn
a → an	ia → ian	ua → uan	ya → yan
ɒ → ɒn, an, ɐn	iɒ → iɒn		yɒ
o → on	io → ion		
ɣ → ɣn, en	ie → ien	uɣ → uɣn	yɣ → yɣn
ɛ → ɛn	iɛ → ien	uɛ → uɛn	yɛ → yen
ɣə → ɣən		uə → uən, uan	yə → yən
ei → en		uei → uen	yei
ɛi → en		uɛi	
ʌo → on	iʌo → ion		
ɐ → mɐ	iɐ → mɐi	uɐi	
an	ian	uan	
	ien		yen
	in		yn
ɐn → en	iɐn	uɐn	yɐn

ɑom → ɒn　　　　　iɑom
m
n

有些小称韵中的元音比较长，有时听上去甚至像是两个音节，例如"盘儿"像是 [bɤːn²¹³]，又像是 [bɤ²¹³⁻²¹n²¹³⁻³]。这种情况主要发生在小称韵中的元音为单元音，同时声调为阴平或阳平浊平的时候。因为绝大多数小称韵中的 [n] 尾是后来加上去的，原韵母和 [n] 尾的结合一开始可能不太紧密，其中单元音比复元音更容易拖长，所以会造成长元音现象或分为两个音节的现象。以上现象之所以主要出现在阴平和阳平浊平调的字中，是因为在小称音中，阴平字读 [445] 调，阳平浊平字读 [213] 调（少数读 [445] 调），其他来源的字一律读 [52] 调或 [14] 调（详下文），阴平、阳平浊平字的曲折型小称调更利于使音节延长。

为了简便起见，本书不把磐安话的这种现象看成长元音或分成两个音节，而是一律处理为一般的鼻尾韵音节。有一点需要注意，基本韵中有 [in yn] 两个文读韵，小称韵中也有 [in yn] 二韵。但小称韵的 [in yn]——尤其是当声调读 [445] 或 [213] 时，实际上是 [iːn yːn]，跟文读韵 [in yn] 并不相同。例如：诗儿 ʃiːn⁴⁴⁵ ≠ 心文 ʃin⁴⁴⁵。

二　声调的变化

磐安话小称的声调变化规律为：

古音	今单字调	小称调
清平	阴平 [445]	[445]
浊平	阳平 [213]	[213]（少数为 [445]）
清上	阴上 [434]	[52]
清去	阴去 [52]	[52]
清入	阴上 [434]	[52]
浊上次浊,匣母	阴上 [434]	[14]
浊上除匣母外全浊	阳上 [244]	[14]
浊去	阳去 [14]	[14]
浊入	阳平 [213]	[14]

以上规律可以看成：清平字读 [445] 不变，浊平字读 [213] 不变（少数变 [445]），其他来源的字，古清声母字读 [52] 调（同单字调阴去），古浊声母字读 [14] 调（同单字调阳去）。从另一个角度来看，也可以说是古平、去声字读原调不变（浊平字少数变 [445]），古上、入声字变为相应的去声（清声母字读阴去调，浊声母字读阳去调）。

例外情况：

浊平字读 [445] 的：箩儿 la-an$^{213-445}$ | 阿爷儿爷爷 a$^{445-33}$ia-ian$^{213-445}$ | 阿姨儿 a$^{445-33}$i-in$^{213-445}$ | 阿娘儿姑妈 a$^{445-33}$ɲiɒ-iɒn$^{213-445}$ | 姘头儿 pʰen$^{52-33}$dɐɯ-tən$^{213-445}$ | 裤头儿 kʰu$^{52-33}$dɐɯ-tən$^{213-445}$ | □盲儿类似捉迷藏的儿童游戏 iɐɯ$^{445-33}$mɛ-ɛn$^{213-445}$ | 搭鱼儿抓鱼 kʰuə$^{52-33}$ɲy-yn$^{213-445}$

其他：双生儿双胞胎 ʃiɒ$^{445-33}$sɛ-ɛn$^{445-52}$ | □生儿怎么 sɛ$^{434-43}$sɛ-ɛn$^{445-52}$ ~ sɛ$^{434-43}$sɛ-ɛn$^{445-21}$ | 镬锹儿锅铲 uɛ$^{213-24}$tʃʰio-ion$^{445-52}$ | 痰盂儿 dɒ$^{213-21}$yn^{-14} | 桑桃儿桑葚 sɒ$^{445-33}$do-on$^{213-14}$ | 兔儿 tʰu-un^{52} ~ tʰu-un$^{52-445}$ | 短裤儿 tɤ$^{434-43}$kʰu-un$^{52-445}$ | 子燕儿燕子 tsɿ$^{434-43}$ien^{-445} | 靠夜儿傍晚 kʰo$^{52-33}$ia-ian$^{14-434}$

值得注意的是，其中"姘头儿""裤头儿"的第二音节的变调与"头"位于阴去后面时的连读变调规律是一致的。这表明这几个词可能保留了产生小称变调之前的读法（还没有把声调改变为小称调）；但也有可能正好相反，即它们已经由小称调走向了一般的连读调。

三 声母的变化

如上所述，磐安话有少数浊平字小称时会由 [213] 调变为 [445] 调（同单字调阴平），由于 [445] 调只跟清声母相配，所以原来的全浊声母会随之转换成相应的不送气清声母。例如：姘头儿 pʰen$^{52-33}$dɐɯ-tən$^{213-445}$ | 裤头儿 kʰu$^{52-33}$dɐɯ-tən$^{213-445}$。除了少数浊平字以外，其他字小称时不会发生声母变化。

柒 同音字汇

本字汇以收录磐安话的单字音为主。如果没有单字音，酌收主要的连读音。连读音放在相应的单字音节后面，在连读音的前面加双竖线"‖"表示（如果连读调是单字调以外的新调值，该调值放在所有调类后面，"‖"加在连读调的前面）。无相应单字音的小称音集中附列于字汇末尾。

字汇根据磐安话韵母、声母、声调的次序（见上文贰）排列。轻声音节用"[0]"表示。在第一章第四节"本字考"里考证过的字用加粗表示，写不出本字的音节用方框"□"表示。释义、举例在字后用括号"( )"表示。在例子里，用"~"代替原字，"□"后加注连读音。又读、文白异读等一字多音的现象在字的右下角用数字表示，一般用"1"表示最常用或最口语化的读音，"2"次之，依此类推。文白异读规律见上文肆。

ɿ

ts [445] 知支（一~笔）资姿咨脂兹滋之芝 [434] 紫指子籽梓止趾址齿 [52] 智₂致稚至志誌痣 ‖[55] □（~□儿 lian^{21}：知了）

tsʰ [445] 雌疵差（参~）[52] 此刺（动词）翅次厕

第二章 语音

s	[445]梳斯撕嘶筛施私师狮鹚₁(鸬~)司丝思史 [434]死矢始 [52]赐使驶试
z	[213]誓逝豉瓷糍磁辞词祠时鲥 [244]似祀巳士仕柿市 [14]薯(番~：红薯)示视字寺饲事侍

i

p	[445]屄□(小堤坝) [434]比秘 [52]蔽敝毙闭彼婢臂庇 ‖[33]苊(~麻)
pʰ	[445]批披 [52]譬屁
b	[213]琵枇皮疲脾肥₁□(一~砖：一层砖) [244]被(名词) [14]弊币鐾避痹箆
m	[213]迷糜弥(~勒佛)眉楣 [434]米 [52]泌 [14]未味(滋~)
f	[445]非飞妃匪 [434]榧 [52]废肺疿费翡
v	[213]维惟唯肥₂微 [244]尾(扫~,结~) [14]味(气~,~道)
t	[445]低 [434]底抵 [52]帝蒂渧(滴)
tʰ	[434]体 [52]替涕剃屉剔
d	[213]堤题提蹄啼 [244]弟第 [14]递隶地
n	‖[33]呢₁(语气词)
l	[445]哩(表点出主题的助词) [213]犁黎离篱璃梨厘狸 [434]礼荔李裹理鲤 [52]里(公~) [14]滤例厉励丽利痢吏泪‖里(一~路) [21]蜊(蛤~)
tʃ	[445]智₁支(~持)枝肢胝 [434]煮挤姊纸雉旨 [52]齝(~饭：盛饭)祭际稷制製济剂置‖栀(山~：栀子花)‖[33]蜘(~蛛)
tʃʰ	[445]妻栖痴□(~虫：子孓) [434]鼠耻₁□(歪) [52]砌刺(名词)侈耻₂‖□(宽~：宽绰)
dʒ	[213]齐₂池驰匙迟脐持 [244]苎是痔 [14]箸治‖[343]荠(荸~)
ʃ	[445]西犀尸诗 [434]洗 [52]絮₁世势细婿四肆
ʒ	[213]齐₁ [244]氏 [14]自
tɕ	[445]鸡稽计(会~)饥肌基箕(拚~：矮提梁的簸箕)纪(年~)记₂(登~)几(~乎)机讥饑 [434]己几(~个) [52]计(三十六~)继繋(~鞋带)髻寄冀纪(遵~)记₁(日~,登~)既季
tɕʰ	[445]溪欺 [434]起 [52]启契器弃杞岂气汽
dʑ	[213]奇骑岐祁其棋期旗 [14]技鳍忌
ɲ	[213]泥倪宜(适~)仪尼疑拟凝 [14]艺谊义议腻毅
ɕ	[445]牺嬉熙希稀 [434]喜 [52]系(中文~)繋(连~,关~)係戏
∅	[445]伊箕(大沙~：高提梁的簸箕)萁(葛~：蕨)医衣依□(又) [213]

273

宜(便~)移夷姨肄饴异沂遗 [434]以 [52]缢意忆亿 [14]易(容~)已

u

p	[434]补谱部₂ [52]布佈怖 ‖ 脯(胸~)
pʰ	[445]铺(动词) [434]普浦脯 [52]铺(名词)捕
b	[213]蒲菩**匏**(~儿:瓠子) [244]部₁簿 [14]步埠**伏**(孵)□(晒太阳取暖) ‖[21]荸(~荠)
m	[213]模(~具)模(~范)摹幕 [434]母(读字)拇 [244]某 [14]暮慕墓 ‖[21]募(~捐)
f	[445]夫麸 [434]府腑俯甫斧 [52]敷付赋傅赴讣富副 ‖ 肤(皮~) ‖[33]俘(~虏)
v	[213]符扶芙无(~产阶级)巫诬抚辅浮 [434]父₂武₂舞₂鹉₂ [244]父₁武₁舞₁鹉₁妇 [14]侮附务雾婺
t	[445]都(首~)都(~是) [434]堵赌肚(猪~) [52]妒
tʰ	[434]土吐(~痰) [52]唾吐(~血)兔
d	[213]徒屠途涂图 [244]杜肚(腹肚) [14]度渡镀□(毒害)
n	[213]奴 [244]努 [14]怒
l	[213]卢炉芦庐 [434]鲁卤 [52]虏 ‖ 鸬(~鹚) [14]路露鹭虑 ‖[33]啰(~唆)
ts	[445]租 [434]祖组阻
tsʰ	[445]粗初 [434]楚 [52]醋础
s	[445]苏稣蔬鬃鹚₂(鸬~) [52]素诉塑数(名词) ‖ 唆(啰~)
z	[14]助
k	[445]姑孤□(这) [434]古估牯股鼓 [52]故固雇顾
kʰ	[445]箍枯 [434]苦 [52]库裤
g	[213]□(蹲)
x	[445]呼 [434]虎浒 [52]戽
ø	[445]乌污 [213]吴吾梧胡湖猢狐壶乎葫鬍糊(动词)沪₁斛 [434]户坞□(打~:遗失) [52]恶(可~)□(痕迹) [14]伍(队~,入~)误悟**糊**(名词)沪₂互护腐 ‖[21]蝴(~蝶儿)

y

l	[434]吕 [14]旅屡
tʃ	[445]诸诛蛛株₁朱硃珠 [434]柱₂主嘴 [52]著拄驻註注蛀铸醉
tʃʰ	[213]吹炊 [434]取娶 [52]处(~理)处(保卫~,~州)趣戍(~里:家里)

274

dʐ	[213] 除厨垂₁槌锤搥 [244] 绪署聚柱₁ [14] 储住殊
ʂ	[445] 书舒庶需输尿（小便；~素）[434] 暑数（动词）髓水 [52] 絮₂恕须岁税
ʒ	[213] 徐如汝儒 [244] 序叙竖乳 [14] 树睡（鼾~：打鼾）‖[24] 孺（新~人：新娘）
tɕ	[445] 居车（~马炮）拘归₁ [434] 举矩鬼 [52] 据句贵（指价钱）‖[343] 葵₁（朝日~：向日葵）
tɕʰ	[445] 枢区驱 [52] 趋去₂
dz	[213] 渠（~道）距瞿衢 [244] 跪₁ [14] 巨拒柜俱具柜₁
ȵ	[213] 鱼渔愚虞禹 [434] 女（男~）语 [52] 娱 [14] 誉
ɕ	[445] 虚嘘 [434] 许（姓；许配）
ø	[445] 淤 [213] 余馀于畦围（~裙）[434] 雨宇椅 [52] 於与逾羽裕 [14] 预豫吁愉愈芋喻位₁ ‖[21] 佑（保~）

a

p	[445] 巴（~黎）芭 [434] 爸摆百柏伯擘 [52] 坝（大~）拜
pʰ	[434] 泊（水~梁山）拍魄派（掰；迈）[52] 破派
b	[213] 排牌簰白 [244] 罢（了）[14] 稗败
m	[213] 埋麦脉 [434] 买 [14] 卖
t	[52] 戴带
tʰ	[445] 拖（~过来）他 [434] □（和，与）[52] 太泰
d	[14] 大（~学，~夫，~黄）汏（洗）□（趟）
n	[213] 挪（~用）[434] 奶□₂(尔~：你们。本书写作"拉")[14] 奈
l	[445] 拉（动词）[213] 笋□（渠~：他们。本书写作"拉"）[434] 了（助词）啦（语气词）□₁(尔~：你们。本书写作"拉")[14] 赖癞
ts	[445] 斋 [434] 摘炙 [52] 榨（~菜）债
tsʰ	[445] 钗差（~别）差（出~）[434] 拆坼（裂缝儿）策册 [52] 蔡
dz	[213] 泽择宅
s	[445] 沙纱（~布）[434] 洒栅
z	[213] 豺柴 [14] 射₁(~箭)
k	[445] 家（大~）阶（~沿：台阶）街 [434] 解（动词，锯；~开）格隔 [52] 个（一~）介界₁芥戒
kʰ	[445] 揩 [434] 楷客
g	[244] 懈（慢，迟缓；无力）[14] 饿
ŋ	[213] 额□（折使断）[14] 外（里~，~头）

ø	[445]阿(~胶,~哥)挨(靠近) [213]鞋 [434]个(的)矮轭□(~菜：败酱草) [14]艾 ‖ [21]啊(语气词)

ia

t	[445]爹 [434]跌
tʰ	[434]帖贴铁
d	[213]叠碟
l	[213]猎籧(簟~：晒粮食用的竹席)略掠□(~帽：斗笠)
tʃ	[445]遮 [434]蛰₁节□(什么) [52]榨(~酒)借者₁蔗
tʃʰ	[445]车(汽~) [434]切绰 [52]筲(斜) ‖ [33]□(黄~蜂：马蜂)
ʃ	[445]奢赊 [434]写惜 [52]泻卸捨赦舍₁
ʒ	[213]邪斜蛇佘截 [244]社 [14]谢麝射₂(~箭)
tɕ	[445]嘉阶(~级)佳 [434]眨挟(~菜) [52]贾驾稼皆界₂届觉 ‖ 茄(番~)
tɕʰ	[434]鹊□(□n̠iŋ²¹ ~刮：耳光) [52]洽
dʑ	[213]夹剧(~烈)剧(婆~)
n̠	[213]捏 ‖ [21]鲇(~鲌：鲇鱼)
ɕ	[434]□(~意：舒服)
ø	[445]也 [213]衔霞耶爷涯崖 [434]野□(给；~束：收拾)□(龠，含委婉义)□(欺负) [52]雅亚械 [14]夜

ua

ts	[445]株₂(茌)桩₂
dz	[14]射(肚~：拉肚子)
k	[445]瓜 [434]寡剐拐括刮瀬(裂；迸) [52]怪挂卦 ‖ [33]疥(~癞：疥疮)
kʰ	[445]夸跨 [434]垮阔 [52]快
g	[213]怀₁□(~亮：豁亮)
x	[445]虾花 [434]豁 [52]化
ø	[445]蛙□(用手抓) [213]华(中~)铧划(~船)华(姓)怀₂淮活劃 [434]挖 [14]坏画话 [0]哇(了)

ya

tʃ	[445]抓(~牌儿)
tʃʰ	[445]□(推搡) [52]串(一~)
ʃ	[445]闩拴 [434]刷削

ɒ

p	[445]班帮₂ [434]板₂版₂榜₂

pʰ	[445]攀 [52]襻胖
b	[213]爿 [244]棒₁ [14]办
m	[445]斑扳帮₁ [213]蛮 [434]板₁版₁晚(～稻儿)榜₁ [52]扮 [14]慢万(麻将牌名)
f	[445]翻番₁方芳妨 [434]反纺仿(相～)访 [52]贩放
v	[213]範(～围)烦矾繁房防亡 [244]范₁(姓)範(师～)犯 [14]饭万(千～)
t	[445]耽担₂(动词)丹₂单₂(～独)当₂(～时) [434]淡₂掸₂党₂挡盪₂(涮) [52]旦₂当₂(动词)
tʰ	[445]坍滩摊汤□(新～官:新郎) [434]毯坦躺 [52]炭叹烫
d	[213]谈痰檀弹(～琴)堂棠唐糖塘 [244]淡₁盪₁(涮)□(村～:村庄) [14]弹(子～)荡(闲逛)□(凸)
n	[445]担₁(动词)丹₁单₁(～独)当₁(～时) [213]难(形容词) [434]胆掸₁党₁ [52]担(名词)旦₁当₁(动词) [14]难(落～)
l	[213]蓝篮揽兰拦栏郎₁狼₁茛(大叶～萁:当柴火的蕨) [434]懒(偷～) [14]懒(单说)烂浪
ts	[445]赃□(刹) [434]斩盏 [52]蘸赞葬
tsʰ	[445]搀掺餐㑒(焯)仓苍 [434]铲产(生～)
dz	[213]残藏(隐～) [244]赚 [14]暂站(车～)栈臟賺(错)
s	[445]三杉衫山删桑丧(～事) [434]散(鞋带～)产(～母:产妇)磉 [52]伞散(分～)操(扔)
z	[14]□(陷)
k	[445]监(～牢)艰₁间奸₁官棺钢缸光₁江扛豇 [434]减(从碗里拨出部分饭菜)碱简管馆广讲港(河流) [52]灌罐岗(山～)杠₁降(升～)
kʰ	[445]宽铅康糠 [434]款疢(门～:门槛) [52]嵌囥(藏放)圹矿
g	[14]摜(扔)
ŋ	[213]颜雁 [244]蚁眼
x	[445]苋欢荒慌夯(打～) [434]□(～谷儿:秕谷) [52]唤(吼叫,吠)
∅	[445]弯湾汪 [213]鹹闲还(动词)还(副词)行(银～)航杭黄皇王 [434]缓₁碗枉□(～柿儿:漤柿子) [244]馅限 [14]换‖[21]竿(竹～:晒衣服用的竹竿)

iŋ

| l | [213]良凉量(动词)粮梁樑₁ [434]两(～个)两(斤～) [52]辆 [14]亮谅量(数～) |

tʃ	[445]将(~来)浆张庄₁装₁章樟障瘴桩₁ [434]奖桨长(县~)涨仗掌 [52]蒋酱将(大~)帐账胀壮 ‖ [33]蟑(~虫:蟑螂)
tʃʰ	[445]枪疮昌菖□(铁~:铁锈) [434]抢厂 [52]畅刱唱倡
dʒ	[213]长(~短)肠场偿₂ [244]上₁(~课,爬得~,~海) [14]上₂(~课)撞 ‖ 丈(一~)
ʃ	[445]相(互~)箱厢湘襄镶霜媚商伤双春 [434]想鲞赏饷 [52]相(貌~)
ʒ	[213]墙详祥床常尝裳偿₁□(口水) [244]象像橡上₃(~海) [14]匠状尚上(楼~,马~)
tɕ	[445]薑繮姜
tɕʰ	[445]腔 [434]强(勉~)
dʑ	[213]强(~盗)
ȵ	[213]娘 [434]仰 [14]酿(甜酒~)让 ‖ [21]□(~□tɕʰia⁵⁵刮:耳光)
ɕ	[445]香乡 [434]享响 [52]向
ø	[445]央秧殃 [213]羊洋烊杨阳扬₁降(投~) [434]养痒□(~节儿:现在) [52]□(推搡) [14]样旺₁

yɒ

tʃʰ	[434]闯
ʃ	[434]爽

o

p	[445]波菠坡玻包巴(~弗得:巴不得)褒包胞 [434]保宝饱 [52]堡报豹
pʰ	[445]颇泡(松软)抛□(披) [52]帕炮泡(水~;动词)
b	[213]婆 [434]袍跑刨(动词) [14]抱暴鲍 ‖ [24]鹁(~鸽:鸽子)
m	[213]魔磨(~刀)毛茅猫锚忙 [434]卯 [14]磨(名词)冒帽貌望 ‖ [21]妈(阿~:妈妈)忘₁(~记)
t	[445]刀 [434]倒(~水) [52]祷岛倒(打~)到
tʰ	[445]滔涛 [434]讨 [52]套趟 ‖ [33]倘(~子儿:如果)
d	[213]桃淘陶萄□(挖) [244]道稻 [14]盗导
n	[434]脑恼 [14]闹
l	[213]劳牢 [434]老
ts	[445]遭糟抓(挠) [434]早枣爪找卓啄 [52]躁灶笊
tsʰ	[445]操抄剿 [434]草騲(~鸡:母鸡)炒吵□(牛~棒:赶牛用的鞭子) [52]糙钞
dz	[213]曹
s	[445]骚臊稍馊 [434]扫(~地)嫂扫(~帚) [52]燥瘦

z	[213] 槽 [244] 皂造
k	[445] 戈高膏篙糕交胶 [434] 稿绞铰搞₁ [52] 告教（~书；~弗来：教不会）搞₂校（校准）□（一~线：一团线）‖[33]□（~楂儿：山楂）
kʰ	[445] 拷（~边儿）敲₁ [434] 考 [52] **烤靠**
ŋ	[213] 俄熬傲敖 [14] 乐（要）
x	[434] 好（形容词）[52] 好（爱~）耗孝₁
ø	[213] 豪毫 [434] 袄懊（~恼）拗（折使断）[52] 奥懊（~悔）[14] 号（大哭）号（口~）‖[33]□（~糟：肮脏）

io

p	[445] 标彪 [434] 表錶婊
pʰ	[445] 飘漂（~洗）[52] 票漂（~亮）
b	[213] 瓢嫖藻（浮萍）
m	[213] 苗描秒 [52] 藐渺谬 [14] 庙妙
t	[445] 刁貂雕 [434] □（较疏地缝）[52] 鸟（~兽）钓吊
tʰ	[445] 挑（~担）[52] 跳粜
d	[213] 逃条调（~和）笤 [14] 掉调（音~）调（~动）
l	[213] **捞**撩（焯）燎疗辽瞭 [434] 了（一~百~）[14] 料
tʃ	[445] 焦蕉椒朝（明~：明天）招沼 [52] 照‖[33]□（~茅花：杜鹃花）
tʃʰ	[445] 锹超 [52] 笑
dʒ	[213] 朝（~代）潮 [244] 赵兆 [14] 召
ʃ	[445] 梢消宵硝销烧萧箫 [434] 小少（多~）[52] 少（~年）肖（生~）
ʒ	[14] 韶（~山）绍邵扰
tɕ	[445] 郊骄娇浇 [434] 狡搅缴□（擦，抹）[52] 教（~育）较矫叫₂
tɕʰ	[445] 跷□（掀）[434] 巧 [52] 窍
dʑ	[213] 乔侨桥荞 [14] 轿
n	[213] 饶尧□（崴）[14] 绕（围~，~线）‖[21] 尿₂（~素）
ɕ	[434] 晓 [52] 酵孝₂
ø	[445] 妖邀腰要（~求）□（~芦：玉米）[213] 摇谣窑姚 [434] 舀 [52] 要（重~）叫₁ [14] 效校（学~）耀₁鹞跃

ɤ

p	[445] 搬垒（聚拢）[52] 半粪₁（~桶）拚（~斗：簸箕）
pʰ	[445] 潘 [434] □（拨动）[52] 判
b	[213] 盘磐盆 [244] 伴拌
m	[213] 瞒馒 [434] 满

t	[445]端 [434]短 [52]断(决~)顿(一~饭)
tʰ	[445]贪吞 [434]侴(流淌) [52]探
d	[213]潭谭团 [14]段缎钝 ‖[21]锻(~炼)
n	[213]南男 [14]嫩□(柔软)
ts	[445]簪钻(动词) [52]钻(名词)
tsʰ	[445]村□(馋) [434]忖 [52]寸
s	[445]酸孙狲 [52]算蒜
z	[213]蚕 [244]鏨
k	[445]甘泔干(靠夜~儿:傍晚)肝乾(~燥) [434]敢秆赶罋(盖;大盖子)□(捨~:捨得) [52]幹‖杆(旗~,.栏~)
kʰ	[52]磡(高埂)看
x	[445]鼾 [434]罕(希~)蟥(蚂~:蚯蚓) [52]罕(~见)汉‖许(几~)
∅	[445]庵安鞍 [213]含寒 [52]暗案 [14]旱汗焊

ie

p	[445]鞭编蝙 [434]扁匾 [52]变遍(一~)遍(~地)
pʰ	[445]偏 [52]骗片‖篇(一~文章)
b	[244]辨辫 [14]便(方~)‖[21]便(~宜)
m	[213]绵棉 [434]免勉娩 [14]面麵
t	[445]掂颠癫₂ [434]点(钟~)典 [52]店
tʰ	[445]添天 [434]舔 [52]掭
d	[213]甜田钿填佃 [14]电殿垫‖[24]簟(~籧:晒粮食用的竹席)
n	[445]癫₁ [434]点(~油指:食指)
l	[213]镰帘₁连联莲 [14]脸练链楝
tʃ	[445]尖煎毡 [434]剪 [52]佔箭溅战荐(稿~:稻草编的帘子)
tʃʰ	[445]歼籤签迁千 [434]浅
dʒ	[213]钱(姓) [244]鳝 [14]践
ʃ	[445]仙鲜(新~)先 [52]闪鲜(朝~)线₁搧扇₁
ʒ	[213]蟾蝉禅(~宗)禅(~让)然燃前□(~龙:蜥蜴) [244]渐₁善 [14]贱羡膳单(姓)
tɕ	[445]兼肩坚 [434]减(加~)检 [52]剑建见
tɕʰ	[445]谦牵□(伸) [52]欠
dʑ	[213]钳乾(~坤) [244]俭 [14]健₁(力大;火旺)
ȵ	[445]黏研 [213]严言₁年 [434]染碾 [14]验念廿‖[24]㘝(~然)
ɕ	[445]锨 [434]险 [52]线₂扇₂宪献显

ø	[445] 蔫烟 [213] 咸炎盐(名词)阎檐焰(火~山)嫌延筵贤弦沿(介词) [52] 厌 [14] **盐**(腌)现沿(边)□(引诱)

uɤ

t	[445] 多 [434] 朵躲 [52] 剁
tʰ	[445] 拖(~拉机)[434] 妥椭
d	[213] 驼**驮**(拿)舵 [244] 惰 [14] 大(~小)
n	[14] 糯
l	[213] 罗锣螺 [434] 裸
ts	[52] 左做
tsʰ	[445] 搓 [52] 锉莝(砍)措错
s	[445] 蓑 [434] 锁琐
z	[244] 坐 [14] 座
k	[445] 歌哥 [434] 果裹 [52] 个(~人)过
kʰ	[445] 科窠髁(脚~头:膝盖)棵颗 [434] 可 [52] 课
ŋ	[213] 蛾鹅 [434] 我₁ [14] 卧
x	[434] 火伙₁(~伴,~食)□(~蚁儿:蚂蚁)[52] 伙₂(家~)货
ø	[445] 窝 [213] 河何荷(~花)和(~气)禾 [434] 我₂祸 [52] 荷(薄~)涴(屎)[14] 和(掺和)贺‖[343] □(大头~:戴着大头面具游行的一种娱乐活动)

yɤ

tʃ	[445] 专砖 [434] 转(~业)[52] 转(~圆圈)
tʃʰ	[445] 川穿 [52] 串(~通)
dʒ	[213] 全泉传(~达)椽 [14] 篆传(传记)‖[343] 缠(盘~)
ʃ	[445] 宣 [434] 陕选
ʒ	[213] 婵船 [14] 旋 ‖[24] □(~屁也无个:什么都没有)
tɕ	[445] 捐 [434] 捲 [52] 眷卷绢
tɕʰ	[445] 圈□(春)[52] 劝
dʑ	[213] 拳权颧
ɲ	[213] 元₁原源 [434] 软 [14] 愿
ɕ	[445] 靴 [52] 楦
ø	[445] 冤 [213] 完₁圆员缘元₂袁辕园援 [434] 远 [52] 怨 [14] 院县

ɛ

p	[434] 钵拨□(~洪射:山洪暴发)
pʰ	[434] 泼

b	[213] 钹勃彭膨棚₁ [14] □（碰，遇）
m	[213] 末沫抹没（沉~）盲虻陌□（哪。本书写作"末"）[434] 猛 [244] 末（语气词）[52] 柄 [14] 孟 ‖ [21] □（~菜：败酱草）□（□uei⁴³~：生病）
f	[434] 弗（不）勿
v	[213] 佛物
t	[434] 答搭掇□（坛子）
tʰ	[434] 蜕（~化）脱
d	[213] 夺突特 [14] ‖ 沓（一~纸）
n	[445] 睁（手~头：胳膊肘）[213] 纳衲（涴~儿：尿布）捺 [434] 打
l	[213] 粒辣捋劣勒 [434] 冷
ts	[445] 争 [434] 执汁质卒则责积绩□（手~头：手指）
tsʰ	[445] 撑 [434] 撮测 [52] 掌
dz	[213] 侄秩□（胀）
s	[445] 生牲甥 [434] 虱失啬省（浙江~）省（节~）省（反~）□（~生儿：怎么）[52] ‖ 些（一~）
z	[213] 杂十什拾实
k	[445] 更（五~）庚羹耕 [434] 合（闭眼）蛤鸽割葛哽埂革□（这）‖ [33] □（~索：一种粗绳索）
kʰ	[445] 坑 [434] 咳磕掐渴克（~服）
g	[213] 轧（~棉花，~米机）□（凸）□（牛用角顶）
ŋ	[213] 核（~对）啮（咬）[14] 硬
x	[445] □（般；□ku³³~：这么，这样）[434] 喝瞎赫吓₁
ø	[445] 樱 [213] 合（十~一升）合（结~）盒行（~头）桁（檩）[434] 蔼押压扼 [244] 杏

iɛ

p	[434] 鳖憋瘪笔毕必碧₂壁璧₂
pʰ	[434] 撇胚（女阴）僻辟劈
b	[213] 鼻别（区~）别（分~）
m	[213] 灭搣（捻）篾密蜜觅
t	[434] 的（目~）
d	[213] 牒谍笛敌狄
l	[213] 立笠列烈裂栗律率（效~）历（~史）躐（走）
tʃ	[434] 接摺蛰₂哲折（~扣）浙笕即鲫₂
tʃʰ	[434] 缉（~鞋底：纳鞋底）辑涩彻撤七漆膝斥 [14] 妾

dʒ	[213]	捷涉集习袭舌疾籍寂(读字)
ʃ	[434]	摄湿癣薛泄设屑雪₂悉蟋室息熄媳识式饰昔适释锡₂析
ʒ	[213]	入₂折(~本)日(~本)席夕
tɕ	[434]	劫急级给揭羯(阉)结洁吉击
tɕʰ	[434]	泣讫乞吃挈
dʑ	[213]	及杰极 [244] 件
ɲ	[213]	聂业入₁热孽日(~头)
ɕ	[434]	胁吸歇蝎疫(差) [52] 解(姓)
ø	[213]	叶协翼译易(交~)液腋 [434] 揖噎乙一逸益₂[14]‖页(一~)

uɛ

k	[445] 惊(怕)	[434] 骨梗
kʰ	[434] 屈₁(弯)	
g	[213] 滑猾	
x	[445] 忽	[434] 霍藿吓₂
ø	[445] 歪 [213] 核(果核)镬(锅)或惑横(~直)获 [434] 頜(淹) [14] 横(蛮~)	

yɛ

tʃ	[434]	欻(吮吸)
tʃʰ	[434]	出雀
dʒ	[213]	绝术(白~)術述
ʃ	[434]	戌雪₁说戌恤
tɕ	[434]	决诀橘
tɕʰ	[434]	缺屈₂
dʑ	[213]	掘
ɲ	[213]	月
ɕ	[434]	血
ø	[213]	悦阅越粤玄悬穴

ɤə

p	[445] 疤 [434] 把八□(老~:阴茎) [52] 霸欛坝(橡皮~:本地堤坝名)	
b	[213] 爬拔 [14] 耙 ‖[343] 琶(琵~)杷(枇~)	
m	[213] 麻痲袜蚂(~蠊:蚯蚓) [434] 马码□(老~:老婆) [14] 骂‖[343] 蟆(蛤~)	
f	[434] 法髮發	
v	[213] 乏伐罚	

283

uə

t [52]‖□(一~水:一滴水)‖[55]□(~拄:帮助挑担用的棍子)

tʰ [434]塔獭託托 [52]‖□(拃)

d [213]踏达铎跿 ‖[33]□(语气词,吧)

n [434]女(女儿)

l [213]腊蜡镴落烙骆赂洛络乐(快~)乐(音~)

ts [445]楂猪 [434]撒扎(捆)作着(衣~)酌 [52]诈炸(~弹)

tsʰ [445]差(~弗多儿:差不多)岔 [434]插擦察□(~树:一种杂木)

dz [213]茶搽查昨着(寻~)

s [445]纱(~线)痧疏(稀) [434]所萨杀索 [52]晒‖砂(朱~)‖[33]釤(~鑢儿:镰刀)

z [213]锄闸煠(用水煮)凿謷(骂) 苆

k [445]家(一~)加傢 [434]假(真~)袂甲胛各阁搁郭椁(圹的上部)角 [52]假(放~)架嫁价

kʰ [434]廓扩确壳□(清~:漂亮) [52]搇(捉;拿)

g [213]硌峡(麻车~:地名)挾(抱)

ŋ [213]牙芽岩鄂鹤嶽岳 [434]瓦

ø [445]蛤(~蟆)鸦丫桠蜗 [213]狭学 [434]下₁哑鸭恶(坏) [244]下₂ [14]下₃夏(姓)厦(~门)夏(春~)

yə

tʃʰ [434]□(湿)

ʃ [434]□(~嘴儿:亲嘴)

ʒ [213]勺若弱

tɕ [434]脚

tɕʰ [434]却

ȵ [434]虐疟

ø [213]药钥 [434]约

ei

p [445]杯碑卑悲 [52]簸(动词)贝辈背(身体部位)

pʰ [445]胚坯 [52]沛配

b [213]培陪赔 [14]佩背(~书)焙被(介词)备‖倍(一~)

m [213]梅枚媒煤霉媚 [434]每美 [14]妹昧

t [445]堆□(~走~讲:边走边说) [52]对碓

tʰ [445]胎台(~州)苔梯推 [434]腿□(水流动、冲击) [52]态退

284

d	[213]臺抬柸 [244]待 [14]怠贷代袋队 ‖[343]鲐(鲐~ :鲐鱼)
n	[14]耐内 ‖[33]呢₂(语气词)
l	[213]来雷累(积~)垒 [14]累(连~)类跠(躺倒)
ts	[445]灾栽 [52]者₂宰载(三年五~)再载(~货)载(满~)寨只(~有)
tsʰ	[445]猜催 [434]彩采睬 [52]且菜
dz	[213]才材财纔 [244]在
s	[445]腮鳃衰 [434]碎 [52]舍₂赛帅
z	[213]裁 [244]罪
k	[445]该 [434]改 [52]概溉盖丐
kʰ	[445]开 [52]凯慨
g	[244]徛(站立) [14]隑(倚靠)
ŋ	[213]呆逆 [14]碍外(~公,~甥)
x	[434]海
∅	[445]哀埃 [434]亥 [52]爱 [14]害

uei

k	[445]圭规龟₂轨癸归₂ [52]会(~计)剑桧桂诡贵(富~)
kʰ	[445]盔魁奎亏窥 [52]块愧
g	[213]逵葵₂ [14]溃绘跪₂柜₂
x	[445]恢灰麾挥辉徽 [434]毁 [52]贿悔慧讳
∅	[445]煨威□(大声喊) [213]回茴危为(作~)魏违围(包~)伟苇纬 [434]委□(~□mε²¹:生病) [52]畏慰猬 [14]匯会(开~)会(弗~:不会)卫惠伪为(~人民)位₂胃谓彙

yei

tʃ	[445]追锥 [52]最缀
tʃʰ	[445]崔 [52]脆翠
dʒ	[213]垂₂
ʃ	[445]虽绥
ʒ	[213]随遂隧谁 [14]锐睡(午~)瑞粹

εi

p	[434]北逼迫碧₁壁₁
pʰ	[52]‖ 匹(一~马)
b	[213]趋(追;驱赶)□(无~:没有)
m	[213]墨默
t	[434]得德滴嫡扚(拉,拔,扯,撕)

285

tʰ	[434] 忒(太)踢
d	[213] 籴
n	[213] 日(年月~)
l	[213] 肋力历(皇~)
ts	[434] 侧(转~:睡觉时翻身)织职迹脊寂(安~:清闲)[52]‖隻(一~鸡)
tsʰ	[434] 赤尺戚
dz	[213] 直值殖植掷
s	[434] 塞色锡₁
z	[213] 食贼食蚀蓆石
kʰ	[434] 刻(动词)克(~夫)[52]‖刻(三~)
x	[434] 黑
ø	[434] 益₁

uɛi

| k | [434] 国 |

ʌo

p	[434] 博剥驳卜
pʰ	[434] 朴扑覆(趴)
b	[213] 薄(~荷)薄(~厚)箔缚雹仆 [14] 爆瀑
m	[213] 摩莫膜寞摸木目穆牧
f	[434] 福幅幅复(~写)腹覆(天翻地~)复(~杂)
v	[213] 服伏(埋~)栿(地~)袱
t	[434] 笃督
tʰ	[434] 秃
d	[213] 独读毒□(痛)
l	[213] 鹿禄六陆绿录□(攒)□(惹)
ts	[434] 桌琢竹筑祝粥足烛嘱
tsʰ	[434] 戳畜(~牲)促触□(擦)
dz	[213] 续(手~)浊逐蜀
s	[434] 速肃宿(住~)缩叔₁淑粟束
z	[213] 族熟俗续(继~)赎
k	[434] 穀谷
kʰ	[434] 哭酷
ø	[213] □(用力摇动)[434] 握屋 [52] 沃

iʌo

ʃ	[434] 叔₂
ʒ	[213] 属辱褥
tɕ	[434] 菊 [52] 饺
tɕʰ	[445] 敲₂ [434] 麹曲
dʐ	[213] 镯轴局
ȵ	[213] 肉玉狱□(揉)
ɕ	[434] 畜(~牧)蓄
ø	[213] 域欲浴 [434] 疫役郁育□(折叠) [14] 耀₂

mɤ

m	[213] 谋矛 [14] 牡茂贸 ‖ 亩(一~)
f	[52] 否
v	[244] 负 [14] 戊
t	[445] 兜 [434] 斗(容器名)抖陡 [52] 鬥
tʰ	[445] 偷 [434] 敨(展开) [52] 透
d	[213] 头投 [14] 豆逗
l	[445]□(掏,挖) [213] 楼 [14] 漏陋□(逗)
ts	[445] 邹 [434] 走 [52] 奏皱绉
tsʰ	[52] 凑
dz	[14] 骤
s	[445] 搜飕 [434] 叟 [52] 嗽
z	[213] 愁
k	[445] 勾钩沟鞲 [434] 狗苟厚₂ [52] 锯够构购
kʰ	[445] 抠 [434] 口 [52] 去₁扣寇
g	[213] 渠(他)喉(咙~:喉咙) [244] 厚₁
ŋ	[434] 藕 [14] 偶(配~)偶(~然) ‖ [21]□₂(试记儿~:试一下)
x	[52] 鲎(虹)
ø	[445] 欧瓯讴(叫,喊) [213] 侯喉(读字)猴 [434] 後后呕 [52] 怄 [14] 候 ‖ [21] 去(食了~:吃了)□₁(试记儿~:试一下)

muɤi

t	[445] 丢
l	[213] 流刘留榴硫琉柳(姓) [434] 篓搂(拨拉)柳(杨~) [14] 溜馏 ‖ 缕(一~)
tʃ	[445] 昼周舟州洲 [434] 揪酒帚 [52] 咒

tʃʰ	[445] 秋(~天)秋(~千) 鳅抽 [434] 丑瞅 [52] 臭
dʒ	[213] 泅绸稠筹仇酬 [14] 袖纣宙售□(递)
ʃ	[445] 修收 [434] 手首守 [52] 羞秀绣宿(星~) 锈兽
ʒ	[244] 受授 [14] 就寿
tɕ	[445] 鸠纠龟₁ [434] 九久韭 [52] 灸咎救究
tɕʰ	[445] 丘
dʑ	[213] 求球 [244] 白舅 [14] 旧□(递)
ɲ	[213] 牛 [434] 纽扭
ɕ	[445] 休□(瘊子) [434] □(凹) [52] 朽
ø	[445] 忧优幽幼□(躲藏) [213] 尤邮由油游犹 [434] 有友酉□(皮~: 蝙蝠) [14] 诱又右佑(读字) 柚釉

                an (文)

p	[445] 邦浜 [434] 绑 [52] 谤
pʰ	[52] 盼
b	[213] 般旁螃傍庞 [244] 棒₂蚌 [14] 叛
m	[213] 茫 [434] 莽蟒
f	[445] 番₂(~茄) [52] 泛肪仿(模~)
v	[213] 凡帆忘₂(~记) 妄 [14] 范₂(姓) 範(模~)
d	[213] 坛蟥 [14] 但蛋荡(放~)
n	[213] 囊
l	[213] 缆郎₂ 廊狼₂ 螂 [52] 榄 [14] 览滥朗
tsʰ	[445] 参(~加) [52] 灿
dz	[14] 藏(西~)
s	[52] 嗓丧(~失)
k	[445] 柑冈(井~山) 刚纲 [52] 感竿杠₂‖[33] 橄(~榄)
kʰ	[52] 舰刊慷抗炕
x	[445] 夯(~实) [52] 憾
ø	[213] 函衔韩昂 [52] 按 [14] 岸项巷

                ian (文)

l	‖[343] 梁₂(高~)
ʒ	[14] 壤
tɕ	[445] 疆僵 [52] 鉴监(国子~)
tɕʰ	[445] 羌
ɲ	[14] 酿(酝~)

ø [213]扬₂ [52]疡

uan（文）

l [14]卵

ts [445]庄₂装₂

tsʰ [445]窗 [52]喘

k [445]观鳏关（~心，~系）光₂ [52]冠（衣~）贯冠（~军）惯逛

kʰ [52]旷筐

g [213]狂

x [52]唤（读字）焕况

ø [213]桓完₂环簧蝗 [434]缓₂ [52]挽往 [14]皖顽幻患宦旺₂‖[24]□（~拉：咱们）

ien（文）

p [445]边₂

d [14]奠

l [213]廉帘₂怜恋 [14]殓

tʃ [52]展荐（推~）

dʒ [14]渐₃

ʒ [244]渐₂

tɕ [445]艰₂奸₂ [434]拣 [52]柬涧

tɕʰ [52]歉

dʑ [14]键健₂

ɲ [213]谚言₂

ɕ [445]掀

ø [52]掩艳燕宴

yen（文）

ʒ [244]肾

tɕʰ [52]券犬菌

ɕ [445]喧

ø [445]渊 [213]阮

in（文）

p [445]彬宾槟 [52]殡鬓饼₂

b [213]萍₂ [14]並

m [434]闽敏₂ [52]饼₁

tʰ [445]汀 [52]艇

289

d　　[14]□(第二。"第二"的合音)

l　　[445]拎薐(菠~菜:菠菜) [213]林₂(姓)翎

tʃ　　[52]浸进晋

tʃʰ　　[445]侵 [52]寝衬₁

dʒ　　[14]尽₃

ʃ　　[445]心₂辛₂新₂薪₂ [52]信₂

tɕ　　[445]经₃ [52]谨

tɕʰ　　[52]倾顷

dʑ　　[14]仅

ɕ　　[445]欣 [52]衅

ø　　[445]殷莺鹦₂婴缨 [52]饮印 [14]孕幸

yn(文)

tʃ　　[52]津俊

ʃ　　[52]讯迅旬₂殉

ɕ　　[52]训

ø　　[14]熨

en

p　　[445]边₁奔崩冰₂ [434]本丙併₂

pʰ　　[445]喷(~水)烹拼 [52]聘姘

b　　[213]朋₁凭棚₂平坪评瓶屏 [14]笨病甏

m　　[445]冰₁兵 [213]门文(安~:地名)蚊萌鸣明盟名 [434]皿併₁ □(蚊子叮后起的疙瘩) [14]闷焖问命□(口小肚大的坛子) ‖ [24] □(~娘:后妈) [21]□(语气词,表商量)

f　　[445]分芬纷□(□tɕio⁴³桌~:抹布) [434]粉 [52]粪₂奋□(未。"弗曾"的合音,本书写作"糒")

v　　[213]焚坟文(~化)纹闻吻刎 [14]愤忿份

t　　[445]敦墩蹲丁(甲乙丙~;姓)钉₂(名词)叮₂ [434]顶鼎 [52]顿(整~)吨瞪订盯₂

tʰ　　[445]厅 [434]挺 [52]褪(~帽:脱帽)听

d　　[213]屯臀腾誊藤亭停廷庭 [244]断(断绝)锭 [14]盾遁邓定 ‖ [343]饨(馄~)蜓(蜻~)

n　　[445]登灯钉₁(名词)疔叮₁ [213]能 [434]暖等 [52]凳澄钉(动词)盯₁ ‖ [33]丁(~埠:水中走路用的石头)

l　　[213]仑伦沦轮菱灵零铃伶 [434]领岭 [14]论(理~)令另

290

ts	[445]针斟珍榛真尊遵曾(姓)增征徵蒸精晶睛贞侦正(~月)征□(~麻:苎麻) [434]枕(名词)枕(动词)诊疹井整鲫□(~籽:乌桕)□(上~:发霉) [52]镇振震憎甑证症正(立~)政‖筝(风~)
tsʰ	[445]称(~呼)清青 [434]请逞 [52]趁衬₂称(相~)秤
dz	[213]沉岑陈尘臣存曾(~经)惩橙乘承丞情(人~)靖呈程成诚 [14]阵赠郑盛(兴~)
s	[445]森深申伸僧升声星腥馨 [434]审损醒 [52]渗沈婶胜₂性姓圣
z	[213]寻神娠辰晨层绳塍仍晴城 [244]静 [14]剩净
k	[445]跟根粳京惊(~蛰)经₁ [434]景₁颈□(挽) [52]更(~加)耿敬镜
kʰ	[445]轻 [434]恳垦肯 [52]庆磬
ŋ	[14]认
x	[445]兴(绍~)亨 [434]狠撐 [52]兴(人多热闹;高~)‖[343]蝇(苍~)‖[33]蜻(~蜓)
ø	[445]恩应(姓)鹰₁萤□(埋) [213]痕恒衡形₁ [52]应(答~) [14]恨

iɐn

pʰ	[434]品
b	[213]贫频萍₁
m	[213]眠民铭 [434]敏₁
l	[213]林₁淋临邻鳞磷陵凌
tʃʰ	[445]亲(~戚)亲(~家)
dʒ	[14]尽₂
ʃ	[445]心₁参(人~)辛₁新₁薪₁ [52]信₁胜₁
ʒ	[213]人(~民)仁情(道~) [14]尽₁(最;很,十分)
tɕ	[445]今金襟巾斤筋荆经₂ [434]锦紧景₂ [52]禁(~止)境警竟竞径
tɕʰ	[445]钦卿 [52]撳
dʑ	[213]琴禽擒勤芹擎鲸□(庹) [244]近 [14]劲□(掐脖子)□(狭窄)
ɲ	[213]壬任(姓)银迎宁(~波) [434]忍₁ [14]韧宁(~可)‖[343]人(丈~)
ɕ	[445]□(差)
ø	[445]音阴因姻鹰₂鹦₁英 [213]淫吟淹寅尹行(~为)盈赢形₂型邢营颖 [434]洇引隐影 [52]映

uɐn

k	[445]关(~门) [434]滚棍
kʰ	[445]昆崑坤 [434]捆 [52]困睏(睡)

291

x	[445] 婚荤 [52] 昏
∅	[445] 温瘟 [213] 魂浑 [434] 稳 [14] 混 ‖ [21] 馄(~饨)

yɐn

tʃ	[445] 肫 [434] 準准
tʃʰ	[445] 椿春 [52] 蠢
ʃ	[445] 身 [434] 笋榫 [52] 旬₁舜□(陡)
ʒ	[213] 秦循巡唇纯 [244] 蕈(蘑菇)忍₂ [14] 赁甚任(责~)纫慎刃顺润闰
tɕ	[445] 钧均君军
dʑ	[213] 群裙 [14] 郡
ɕ	[445] 熏勋薰
∅	[213] 匀云雲 [434] 允永₁ [14] 韵运晕

ɑom

p	[213] 蓬(~尘:灰尘)
pʰ	[434] 捧 [52] 碰□(闻)
b	[213] 朋篷蓬冯
m	[213] 芒(麦~)蒙 [434] 网懵 [14] 梦 ‖ [21] □(~槌:棒槌)
f	[445] 风枫疯丰疯封峰蜂锋
v	[213] 逢缝(动词) [244] 奉(供~) [14] 凤奉(~化)俸缝(名词)
t	[445] 东 [434] 董₂懂₂ [52] 冻₂栋₂
tʰ	[445] 通 [434] 捅统 [52] 痛
d	[213] 同铜桐筒童瞳□(捲) [244] 桶动 [14] 洞
n	[445] 冬 [213] 农脓□(那。本书写作"哝") [434] 董₁懂₁ [52] 冻₁栋₁
l	[445] 弄(~清楚) [213] 笼聋隆龙陇哢 [434] 拢 [14] 弄(~堂)垅
ts	[445] 棕鬃宗中(~间)忠终踪冢鐘锺盅 [434] 总种(~类)肿 [52] 粽综中(~狀元)众纵(放~,~队)种(~树)
tsʰ	[445] 聪匆葱樅(担~:尖头扁担)充冲 [434] 宠 [52] 铳□(牛鼻~:牛鼻桊)‖ 囱(烟~)
dz	[213] 虫崇从(跟~)重(~复) [244] 重(轻~)
s	[445] 鬆嵩 [434] 怂 [52] 送宋
z	[213] 丛松屣(精液) [14] 诵颂讼
k	[445] 公蚣工功弓躬宫恭供(~应) [434] 拱巩 [52] 攻贡汞供(上~)
kʰ	[445] 空(~虚) [434] 孔恐 [52] 空(有~)
g	[14] 共(~产党)

x　[445] 烘　[52] 轰哄 (起 ~)

ø　[445] 翁　[213] 弘宏红洪鸿虹　[434] 塕 (灰尘)　[52] 瓮□ (扔)

iɑom

tɕ　[445] 供 (供养)

dʑ　[213] 琼穷　[14] 共 (~ 姓 : 同姓)

n　[213] 浓

ɕ　[445] 兄胸凶兇

ø　[445] 雍臃　[213] 荣戎绒熊雄融茸容蓉熔庸　[434] 永₂甬勇涌　[52] 泳咏
　　拥 [14] 用 ‖ [21] 氄 (~ 毛)

m

ø　[213] 无 (~ □ bɛi³⁴³ : 没有)

n

ø　[213] 无 (单说) 五 (单说) 伍 (大写的五) 儿 [434] 五 (~ 更) 午忤尔 (你)
　　耳尾 (~ 巴儿) 母 (丈 ~) [14] 二贰

附：无相应单字音的小称音

in

□儿点儿 tin⁴⁴⁵ ∣ 芽儿田 ~ , 香 ~ dʒin¹⁴ ∣ 几儿茶 ~ tɕin⁴⁴⁵ ∣ 蟢儿八脚 ~ : 不结网的蜘
　　蛛 ɕin⁵²

yn

驴儿 lyn²¹³ ∣ 蕊儿花蕾 n̠yn¹⁴ ∣ 盂儿痰 ~ yn¹⁴

an

蟹儿 xan⁵²

ian

蝶儿蝴 ~ dian¹⁴ ∣ □儿□ tsɿ⁵⁵ ~ : 知了 lian²¹ ∣ 姐儿阿 ~ : 伯母 tʃian⁵² ∣ □儿中央 ~ :
　　中心 ʒian¹⁴ ∣ 雀儿麻 ~ tɕʰian⁵²₂ ∣ 峡儿山 ~ dʑian¹⁴

yan

□儿连枷 yan⁴⁴⁵

ɒn

瓣儿花 ~ , 一 ~ 花 bɒn¹⁴ ∣ 腕儿手 ~ ɒn⁵² ∣ 巷儿 ɒn¹⁴

ɛn

□儿这儿 dɛn²¹³ ∣ 笙儿 sɛn⁴⁴⁵

en

嘴儿饺子、馄饨等的边角儿 tsen⁵² ∣ 雀儿麻 ~ tsen⁵²₁

ien

边儿 pien⁴⁴⁵ ｜ 辫儿 bien¹⁴ ｜ 茧儿 tɕien⁵² ｜ 鐎儿钐~ːː镰刀 tɕien⁵² ｜ 燕儿子~ː燕子 ien⁴⁴⁵ ｜ 靥儿酒~ːː酒窝 ien⁵²

yen

蟀儿蟋~ ʃyen⁵²

uɤn

骡儿 luɤn²¹³ ｜ 胴儿 luɤn²¹³ ｜ 梭儿 suɤn⁴⁴⁵ ｜ 馃儿 kuɤn⁵² ｜ 茄儿茄子 guɤn²¹³

ɤən

巴儿尾~ pɤən⁴⁴⁵ ｜ 钯儿 bɤən²¹³

iən

□儿一种小昆虫 tɕiən⁴⁴⁵

uən

□儿发髻 tsuən⁵² ｜ 叉儿 tsʰuən⁴⁴⁵ ｜ 饺儿 kuən⁵²

yən

箬儿包粽子的竹叶 ȵyən¹⁴

on

□儿疖子 bon¹⁴ ｜ 篭儿匣子 lon¹⁴ ｜ 蚕儿 tson⁵² ｜ 坳儿 on⁵²

第七节　永康方音

壹　概说

　　永康市位于浙江省中部,介于北纬 28°45′~29°06′、东经 119°53′~120°20′之间。永康的东北是东阳市和磐安县,东南是丽水市的缙云县,西面是武义县,北面是义乌市。全市总面积 1,049 平方公里,东西长 45 公里,南北宽 38 公里。丘陵山地占 72%（主要是东、南、北部）,平原只占 20.3%,有"七山一水二分田"之谓。海拔 500 米以上的山峰有 30 余座。

　　河流以源出武义县原项店乡的南溪、源出原中山乡五指岩密浦山的华溪为主。南溪和华溪在城关镇合成永康江,经武义县至金华注入婺江。全市溪流主要属钱塘江水系。

　　三国吴赤乌八年（245 年）始置永康县,属会稽郡。三国吴宝鼎元年（266 年）分会稽郡西部置东阳郡,永康县属之。唐至元,永康县属婺州,明清时期属金华府。1992 年撤永康县,设立永康市。现属金华市。

永康市现辖 3 个街道办事处、11 个镇，分别为：

3 街道：东城街道、西城街道、江南街道。

11 镇：石柱镇、前仓镇、舟山镇、古山镇、方岩镇、龙山镇、西溪镇、象珠镇、唐先镇、花街镇、芝英镇。

永康市人民政府设在东城街道。

现有人口 58 万。少数民族人口极少，多系工作、婚嫁等原因迁入。

永康市境内通行永康话。永康的方言还有上角腔和下角腔之分。上角腔分布于东北部，下角腔分布于西南部。城关话属于下角腔。这两种腔的主要差异在于，下角腔里读 [uɑ] 韵的字（麻韵合口字、部分山摄一二等合口见组字和"画、话"除外），在上角腔里读作 [ɑ] 韵。例如"家"下角腔读 [kuɑ]，而上角腔读 [kɑ]。

本书的永康话由秋谷裕幸调查。2000 年 5 月间，秋谷裕幸赴永康做第一次调查。2000 年 8 月、2001 年 9 月、2005 年 1 月，秋谷裕幸三次赴永康做补充调查和核实工作。调查期间，得到浙江师范大学徐丽华老师以及俞月卿女士一家人的大力协助。本书记录的是永康市象珠镇明星村（旧名外岭脚，原属于中山乡）老年人的方言。明星村位于离城关 20 多公里的永康市最北部，离义乌、东阳二市都很近。本书中把明星村的方言称作永康话。明星村的方言属于上角腔。主要发音人是：

① 赵宝源，男，1929 年生（2000 年第一次调查时 71 岁），世代居住在外岭脚，小学文化水平。一直在本地当木匠（30 年左右）、农民。说地道的永康话，不会说别的方言。

② 赵长生，男，1942 年生（2000 年第一次调查时 58 岁），世代居住在外岭脚，小学文化水平。一直在本地务农。此外，20–30 岁时，曾经当过 10 年左右生产队里的会计。说地道的永康话，不会说别的方言。

二人的发音基本上一致。由于二人都不会说普通话，调查时还请俞月卿女士当方言和普通话之间的翻译。俞女士 1941 年出生在永康城关（2000 年第一次调查时 59 岁），除了 1958 年至 1961 年在杭州读书外，一直在永康城关生活、工作，说地道的永康城关话，还会说不太标准的普通话。

贰　声韵调

一　声母 28 个

包括零声母在内。

| ʔb 布八 | pʰ 派 | b 盘棒步别冯 | m 门蚊₁本兵 | f 飞费 | v 浮武 |
| ʔd 到答 | tʰ 太 | d 同道地夺 | n 脑难胆打 | l 来 | |

ts 糟镇争真	tsʰ 仓趁初尺	dz 茶陈		s 散丝生身	z 曹字锄神
tɕ 焦招精张蒸	tɕʰ 秋枪畅唱	dʑ 全虫潮舌	ȵ 年软严	ɕ 修税书	ʑ 全尝弱
k 高谷镜贵	kʰ 开庆	g 渠(他)旧厚	ŋ 硬	x 好休	
ø 红延话运爱医乌怨煮					

说明：

① 单念时，阳调类的音节带有较强的浊气流。

② 浊擦音 [v z ʑ] 的浊音成分很不明显。实际音值是 [v̥ z̥ ʑ̥]，有时还会接近 [f s ɕ]。

③ [m n ȵ ŋ] 逢阴调类时为 [ʔm ʔn ʔȵ ʔŋ]。

④ 赵宝源把 [ts] 组一律读作 [tθ] 组。例如（"/" 前为赵长生的读音，后为赵宝源的读音）：渣 tsɑ⁴⁵/tθɑ⁴⁵ ｜ 插 tsʰɑ⁵⁴⁵/tθʰɑ⁵⁴⁵ ｜ 茶 dzɑ³³/dðɑ³³ ｜ 三 sɑ⁴⁵/θɑ⁴⁵ ｜ 闸 zɑ³²³/ðɑ³²³。

⑤ [tɕ] 组的发音部位较后，有时接近 [tʃ] 组。

⑥ [k] 组拼细音韵母时，接近 [c] 组。尤其是赵长生的 [x] 声母在细音前面十分接近 [ɕ]，但与 [ɕ] 之间仍能够很清楚地区分。

⑦ [ȵ] 有时接近 [ŋ]。

⑧ [n] 和 [ȵ] 在细音韵母前面构成对立。例如：能 nieŋ³³ ≠ 银 ȵieŋ³³。

⑨ 阳调类的零声母音节前面，带有与音节开头元音同部位的摩擦成分，其中以开口呼音节前头的浊流 [ɦ] 尤为明显。例如"巷" [aŋ¹⁴] 的实际音值是 [ɦaŋ¹⁴]。

二　韵母 37 个

包括自成音节的 [ŋ] 在内。

ɿ 雌师子试₁	i 皮纸地试₂ 喜飞气鼠	u 步赌故浮毒谷	y 书主水贵
	ia 伽(什)么		
ɑ 把茶加耽班甲单八	iɑ 斜赊排斋街贴天破	uɑ 瓜画官活弯	yɑ 怪快形串粤
ə 集湿脱笔七北	iə 急日₁一	ŭə 骨忽	ў̆ə 出戌役
ɤ 南甘答肝割短村	iɤ 祭米尖棉舌牵篾雪	uɤ 大形歌婆盘郭剥	yɤ 船圆血靴
ɒ 宝高饱吵交作壳	iɒ 苗焦骄鸟招浇嚼脚		
ai 棚白争责硬额		uai 梗划	
əi 袋爱杯队直力石		uəi 灰归国	
əɯ 斗走藕锯	iəɯ 流酒周九		
	iu 竹粥肉		
aŋ 帮汤葬糠放讲	iaŋ 两几-浆张乡	uaŋ 光黄王	yaŋ 装床双
əŋ 心根新身本论断₁	ieiŋ 林金斤平声星经	uəŋ 魂温	yeiŋ 春军兄

oŋ 东送红翁风　　　ioŋ 粽虫穷用

ŋ̍ 五耳₁母₁

说明：

① [ɿ] 韵的实际音值近 [i]。

② [ɿ i u y iu] 韵，特别是在单念或在末字位置上时，常读得接近 [ɨ ɪ ʊ ʏ iǒʊ]（[ɨ] 的舌位偏低），有时还会接近 [ə e o ø io]。本书统一记作 [ɿ i u y iu]。

③ [ia] 韵的实际音值是 [ǐa:]。这个韵母只有三个字。

④ [ɑ ia uɑ yɑ] 韵的实际音值是 [ɑ: iˑʌ· uˑɑ· ўɑ:]。

⑤ [ə ǐə ǔə ўə] 韵的实际音值是 [ə: ǐə: ǔə: ўə:]（[ə] 的舌位都偏低）。这四个韵母基本上都来自古入声韵。

⑥ [ɤə] 韵的实际音值是 [ɤˑə·]（[ɤ] 的舌位偏高）。[uə] 韵的实际音值是 [ʊˑə·]（[ə] 的舌位偏低）。[iə yə] 韵的实际音值则为 [iˑə· yˑə·]（[ə] 的舌位都偏前）。

⑦ [ɒ iɒ] 韵里的 [ɒ]，实际音值有时为 [cɒ]。

⑧ [iɛ] 韵拼 [ʔb] 组声母时，带十分轻微的介音 [u]，特别是在赵宝源的口音中。

⑨ 在单独念时，除了拼 [tɕ] 组声母和零声母时以外，[ieiŋ] 韵里的介音 [i] 很弱。此外，逢阳调类时，主要元音的舌位偏低，而且介音更加弱。例如：病 bǐɛiŋ¹⁴｜定 dǐɛiŋ¹⁴｜情 ʑǐɛiŋ³³。特别是拼 [k] 组声母而且逢阳调类时，实际音值为 [ɛiŋ]。例如：近 gɛiŋ³²³。本书统一处理为 [ieiŋ]。

⑩ 永康话中有较为丰富的合音现象。例如：蹿□走过来 liə³²³⁻¹¹kuai⁻⁴²²｜撑□撑起来 tshai⁴⁵khiəi⁻⁴³³｜领□带回来 lieiŋ³²³⁻¹¹tɕyəi⁻⁴²²｜满□溢过来 muə³²³⁻¹¹tɕyəi⁻⁴²²｜脱□掉下来 thə⁵⁴⁵⁻⁴luəi⁻⁴²²。[kuai⁻⁴²² khiəi⁻⁴³³ tɕyəi⁻⁴²² tɕhyəi⁻⁴²² luəi⁻⁴²²] 分别是"过来""起来""转来""出来""落来"的合音。"交椅里椅子上" [kɒ⁴⁵⁻⁴⁴y⁵⁴⁵⁻⁴⁴yəi³²³] 里的 [yəi³²³] 也是一种合音。[ieɪ yəi] 都是超出基本韵母之外的韵母。[luəi]（实际读音近 [loəi]）不符合永康话的声韵调配合规律，因为 [uəi] 韵一般只拼 [k] 组声母。这些合音本书不计入音系。

三　单字调6个

阴平　　[45]　　高安开天三飞

阳平　　[33]　　穷平神鹅麻文

阴上　　[545]　　古纸狗草手死，一七福割铁發

阳上　　[323]　　近是坐社稻动，老买有，祸户後，读白服杰六药

阴去　　[54]　　醉对唱菜送放

阳去　[14]　　旧病树漏帽用

说明：

① 阴上 [545] 和阳上 [323] 的实际调值分别是 [5445] 和 [3223]。阴上偏低，近 [4334]。

② 在语流当中，阴上常读作 [44]。例如：口燥口渴 $k^hɤɯ^{545-44}sɒ^{54}$ ｜阔弗宽不宽？$k^hua^{545-44}fə^{54}$。

③ 阴去 [54] 是短调。在末尾的位置上或单读念时，音节末带很明显的喉塞音 [ʔ]，读得十分接近一般吴语的阴入。但在语流当中，阴去常读作没有短促特点的 [53] 调。例如：我正来 我刚来 $ŋuə^{323-11}tɕieiŋ^{54-53}ləi^{33}$。

④ 阳去 [14] 读得稍微急促一点。此外，赵长生结尾时偶尔有点下降，像 [142]。

叁　音韵特点

一　声母的特点

① 古全浊声母仍读浊音。今读塞音和塞擦音时，浊声母的浊音成分明显。例如：盘 $buə^{33}$ ｜道 $dɒ^{323}$ ｜旧 $giɤɯ^{14}$ ｜蛰 $dzə^{323}$。今读擦音时，浊音成分不明显，有时接近清音。例如：饭 va^{14} ｜在 $zəi^{323}$ ｜绝 $ziə^{323}$。

② 分尖团，精组古细音韵母读 [tɕ] 组或 [ts] 组声母，见晓组（疑母除外）古细音韵母读 [k] 组声母。例如：焦 $tɕiɒ^{45}$ ≠ 浇 $kiɒ^{45}$ ｜侵 $ts^həŋ^{45}$ ≠ 钦 $k^hieiŋ^{45}$ ｜妻 $tɕ^hiə^{45}$ ≠ 溪 $k^hiə^{45}$ ｜想 $ɕiaŋ^{545}$ ≠ 响 $xiaŋ^{545}$ ｜需 $ɕy^{45}$ ≠ 虚 xy^{45}。疑母细音韵母读 [ɲ] 声母。例如：疑 $ɲi^{33}$ ｜语 $ɲy^{323}$ ｜元 $ɲyə^{33}$ ｜业 $ɲiə^{323}$。

③ 帮母的读音。今读 [ɑ] 韵的咸山摄开口一二等古鼻尾字和深臻宕江曾梗通摄的古鼻尾字读 [m] 声母。例如：禀 $mieiŋ^{545}$ ｜板版 $mɑ^{545}$ ｜彬宾 $mieiŋ^{45}$ ｜本 $məŋ^{545}$ ｜帮 $maŋ^{45}$ ｜邦 $maŋ^{45}$ ｜崩 $məŋ^{45}$ ｜冰 $mieiŋ^{45}$ ｜柄 mai^{54} ｜兵 $mieiŋ^{45}$。其他读 [ʔb] 声母。例如：芭疤 $ʔbɑ^{45}$ ｜补谱 $ʔbu^{545}$ ｜拜 $ʔbia^{54}$ ｜鄙比 $ʔbi^{54}$ ｜饱 $ʔbɒ^{545}$ ｜八 $ʔbɑ^{545}$ ｜变 $ʔbia^{54}$ ｜般搬 $ʔbuə^{45}$ ｜笔 $ʔbə^{545}$ ｜博 $ʔbuə^{545}$ ｜北 $ʔbə^{545}$ ｜百柏伯迫 $ʔbai^{545}$。例外字有：笆 $mɑ^{45}$ ｜霸坝 $mɑ^{54}$ ｜板老~儿 $maŋ^{-54}$。

④ 端母的读音。今读 [ɑ] 韵母的咸山摄开口一二等古鼻尾字和深臻宕江曾梗通摄的古鼻尾字读 [n] 声母。例如：耽担 动词 $nɑ^{45}$ ｜胆 $nɑ^{545}$ ｜丹单 $nɑ^{45}$ ｜旦 $nɑ^{54}$ ｜顿 $nəŋ^{54}$ ｜党 $naŋ^{545}$ ｜凳 $nieiŋ^{54}$ ｜打 nai^{545} ｜顶鼎 $nieiŋ^{545}$ ｜东 $noŋ^{45}$。例外字有：掸 $ʔdɑ^{545}$。其他读 [ʔd] 声母。例如：多 $ʔduə^{45}$ ｜堵赌 $ʔdu^{545}$ ｜带 $ʔdia^{54}$ ｜刀 $ʔdɒ^{45}$ ｜兜 $ʔdɤɯ^{45}$ ｜搭 $ʔdɑ^{545}$ ｜店

ʔdia⁵⁴ | 短 ʔdɤə⁵⁴⁵ | 得德 ʔdəi⁵⁴⁵ | 滴嘀 ʔdia⁵⁴⁵ | 督 ʔdu⁵⁴⁵。例外字有：点~心 nia⁵⁴⁵。

⑤个别明母字读作塞音 [b ʔb] 声母：密~~集集:稻子种得很密。明 bə³²³ | 盲~眼:瞎子。明 ʔbai⁻⁴⁴。

⑥少数非组字读作 [ʔb] 组声母。例如：粪栏~~:厩肥 ʔbuə⁵⁴；覆趴 pʰuə⁵⁴⁵；肥 bi⁻³³ 洋~皂 | 伏孵 bu¹⁴ | 缚捆 buə³²³ | 冯 bɔŋ³³；未 mi¹⁴ | 问 muə¹⁴ | 网 maŋ³²³ | 袜 ma³²³。其中，微母读 [m] 声母的例子最多，奉母次之。

⑦从母读作 [z ʑ] 等擦音声母。例如：坐 zuə³²³ | 脐 ʑiə³³ | 罪 zəi³²³ | 皂造 zɒ³²³ | 墙 ʑiaŋ³³ | 嚼 ʑiɒ³²³。

⑧崇母读作 [z ʑ] 等擦音声母。例如：助 zu¹⁴ | 柴 ʑia³³ | 闸 za³²³ | 状 zyaŋ¹⁴ | 崇 zɔŋ³³。

⑨知章组和同摄三四等的精组大致上都读 [tɕ] 或 [ts] 组声母。例如：谢邪=射~箭。船 ʑia¹⁴ | 焦精=朝知=招章 tɕiɒ⁴⁵ | 酒精=帚章 tɕiɯ⁵⁴⁵ | 箭精=战章 tɕiə⁵⁴ | 进精=镇知 tsən⁵⁴ | 浆精=张知=章章 tɕiaŋ⁴⁵ | 晴从=成禅 ʑieiŋ³³。

⑩知组有四个字读作 [ʔd] 组声母：齿~饭:盛饭。知 ʔdi⁵⁴ | 啄~木鸟。知 ʔdə⁵⁴⁵ | 砧板~:砧板。知 nəŋ⁴⁵ | 抽~屉。彻 tʰəɯ⁴⁵。

⑪书母有四个字读作塞擦音 [tɕʰ ts] 声母：舒 tɕʰi⁴⁵ ~ tɕʰy⁴⁵ | 鼠 tɕʰi⁵⁴⁵ | 伸 tɕʰiə⁴⁵；识认识 tsəi⁵⁴⁵。另外，心母的"塞~儿:塞子"读作 [tsəi⁻⁵⁴]，也是 [ts] 声母。

⑫多数日母字读作 [ɲ] 声母或自成音节 [ŋ]。例如：二 ŋ¹⁴ | 软 ɲyə³²³ | 饶 ɲiɒ³³ | 肉 ɲiu³²³。

⑬个别章母和见母字读作零声母：煮章 i⁵⁹⁵ | 眮小水流。章 yɒ⁵⁴；箕见 i⁴⁵ | 萁葛~:一种蕨。见 i⁴⁵ | 叫见 iɒ⁵⁴ | 肩见 iə⁴⁵。书母的"守看守"读作 [y⁵⁴⁵]，也是零声母。

⑭个别厌声船禅母字读作 [dʑ] 声母：射~尿:尿床。船 dʑya¹⁴ | 舌船 dʑiə³²³ | 墅禅 dʑi³²³ | 是禅 dʑi³²³ | 鳝禅 dʑiə³²³。

⑮个别匣母字读 [g] 声母。例如：喉咙~:喉咙 gəɯ³³ | 厚 gəɯ³³ | 衔 ga³³ | 峡 ga³²³ | 挟抱。胡颊切 ga³²³。

⑯其他。巴下~。帮 ba³³ | 赁女禁切 zən⁵⁴ | 碾娘 tɕiɒ⁵⁴⁵ | 浓娘 iɔŋ³³ | 胼手~头:胳膊肘儿。庄 nai³⁴ | 劲见 gieiŋ¹⁴ | 铅以 kʰa⁴⁵ | 杨~柳树。以 liaŋ⁻³³ | 蝇苍~。以 ɲieiŋ³³。

二 韵母的特点

①古入声韵，在单说或作后字时没有塞音韵尾。位于非末位的位置时，

[ə ĭə ŭə y̆ə]韵的字则有点短促、略带紧喉特征,也可以说是带比较轻微的喉塞音韵尾。详见下文伍"连读调"⑧。

② 古阳声韵,深臻宕江曾通六摄和梗摄三四等带鼻音韵尾,咸山二摄和梗摄二等读作纯元音韵母。例外情况有:山合一端泥组"断定母、暖、卵、乱"读[əŋ]韵,(见下文㉒)臻合一端精组"钝、嫩、村、寸、孙孙子"和"吞痕"读[ɤə]韵,臻合三非组"粪、问"读[uə]韵,梗开三帮母"柄、掰拔"读[ai]韵。永康话的鼻音韵尾只有[ŋ]。

③ 少数古合口三等精组字今读齐齿呼。例如:岁祭心 ɕiə⁵⁴(≠税祭书 ɕyə⁵⁴)| 嘴知精 tsəi⁵⁴⁵（比较:吹知昌 tɕʰy⁴⁵）| 雪薛心 ɕiə⁵⁴⁵（≠说薛书 ɕyə⁵⁴⁵）| 绝薛从 ziə³²³。

④ 果摄一等的部分字读[ia ua ɒ]韵。例如:簸 ʔbia⁵⁴ | 破 pʰia⁵⁴ | 拖 tʰia⁴⁵ ; 过 kua⁵⁴ ; 磨动词 mɒ³³。

⑤ 假开二麻韵不读合口呼,而读开口呼[a]韵。例如:爬 ba³³ | 骂 ma¹⁴ | 茶 dza³³ | 炸 tsa⁵⁴ | 家 ka⁴⁵ | 牙 ŋa³³ | 鸦 a⁴⁵。此外,"沙~箕儿"读作[ɕia⁻⁴⁴],"纱"读作[ɕia⁴⁵],"家大~"读作[kɒ⁴⁵]。

⑥ 假开三麻韵有两个字读作[ya]韵:射~尿:尿床 dʑya¹⁴ | 耶~稣 ya⁻³³。

⑦ 遇合三鱼韵的白读音比较复杂,读[ɿ i iə a əɯ ɤə]等韵,均与虞韵有别:

[ɿ]韵梳 sɿ⁴⁵（生母）

[i]韵桐 li³³（来母）;猪 tɕi⁴⁵ | 齿~饭:盛饭 ʔdi⁵⁴ | 箸 dʑi¹⁴（以上知组）| 煮 i⁵⁴⁵ | 舒~床:铺床 tɕʰi⁴⁵ | 鼠杵 tɕʰi⁵⁴⁵ | 墅 dʑi³²³ | 薯番~:白薯 ɕi⁻⁵⁴（以上章组）

[iə]韵滤 liə¹⁴（来母）

[a]韵女~婿。娘 na⁻¹¹ | 锄 za³³ | 疏 sa⁴⁵（以上知庄组）

[əɯ]韵锯 kəɯ⁵⁴ | 去 kʰəɯ⁵⁴ | 渠他 gəɯ³³（以上见组）

[ɤə]韵许几~儿 xɤə⁻⁵⁴（见组）

清母的"觑~眼睛儿:眼睛眯起来"读作[tɕʰi⁵⁴],心母的"絮"读作[ɕi⁵⁴],亦为[i]韵。不过,这个读音也有可能是韵母的特点③的表现。

⑧ 遇合三虞韵里比较特殊的读音:无~事。微 ŋ⁴⁵ | 鬚心 su⁴⁵ | 株知 tɕya⁴⁵。

⑨ 蟹摄开口一等能区别咍、泰两韵。例如:戴姓。咍 ʔdəi⁵⁴ ≠ 带泰 ʔdia⁵⁴ | 菜咍 tsʰəi⁵⁴ ≠ 蔡泰 tɕʰia⁵⁴ | 碍咍 ŋəi¹⁴ ≠ 艾泰 nia¹⁴。

⑩ 蟹开二皆、佳韵字和蟹开一泰韵字读作[ia]韵。例如:

泰韵 带 ʔdia⁵⁴ | 泰 tʰia⁵⁴ | 蔡 tɕʰia⁵⁴

皆韵 埋 mia³³ | 斋 tɕia⁴⁵ | 介 kia⁵⁴ | 挨 ia⁴⁵

佳韵　牌 bia³³｜奶 nia³²³｜钗 tɕʰia⁴⁵｜街 kia⁴⁵｜矮 ia⁵⁴⁵

⑪ 蟹合二的部分见晓组字读作 [yɑ] 韵。例如：怪 kyɑ⁵⁴｜挂 kyɑ⁵⁴｜快 kʰyɑ⁵⁴。

⑫ 蟹开三祭韵和开四齐韵都读作 [iə] 韵。例如：例 liə¹⁴｜祭 tɕiə⁵⁴｜世势 ɕiə⁵⁴（以上祭韵）、米 miə³²³｜帝 ʔdiə⁵⁴｜犁 liə³³｜齐脐 ziə³³｜鸡 kiə⁴⁵｜契 kʰiə⁵⁴（以上齐韵）。此外，有三个齐韵开口字读作 [əi] 韵：梯 tʰəi⁴⁵｜替 tʰəi⁵⁴｜栖鸡~：鸡屋 səi⁵⁴。"鳢鱼~：□ gɒ³²³：乌鳢"读作 [liəɯ⁻¹¹]，"稃芦~：高粱"读作 [tɕyə⁵⁴]，都较特殊。

⑬ 蟹合三废韵非组字读作 [iə] 韵，与止合三微韵非组字的 [i] 韵不相同。例如：

废韵　废 fiə⁵⁴｜肺 fiə⁵⁴

微韵　飞 fi⁴⁵｜痱 fi⁵⁴｜妃 fi⁴⁵｜肥洋~皂 bi⁻³³｜味 vi¹⁴

微韵敷母的"费"读作 [fiə⁵⁴]，读同废韵非组。

⑭ 止开三支韵庄组、脂之韵章庄组的白读音读作 [ɿ] 韵。例如：

支韵　筛米~ sɿ⁴⁵

脂韵　师狮 sɿ⁴⁵｜脂~油 tsɿ⁴⁵｜指中央~：中指 tsɿ⁵⁴⁵

之韵　士仕 zɿ³²³｜事 zɿ¹⁴｜使史驶 sɿ⁵⁴⁵｜痣 tsɿ⁵⁴｜齿 tsʰɿ⁵⁴⁵｜试 sɿ⁵⁴｜市 zɿ³²³

支韵章组没有这个现象，都读作 [i] 韵。例如：纸 tɕi⁵⁴⁵｜匙 ʑi³³｜是 dʑi³²³｜豉 ʑi¹⁴。可见，永康话能够区分支韵章组和脂之韵章组。

⑮ 止摄开口三等日母有三个字读作 [ly]：尔读字。支 ly³²³｜而之 ly³³｜耳木~。之 ly³²³。

⑯ 止开三支、脂、之、微韵里比较特殊的读音：

支韵　刺 tɕʰiə⁵⁴｜是 liə⁵⁴~niə⁵⁴｜徛站立 gəi³²³｜蚁 nia³²³｜椅交~ y⁵⁴⁵｜易容~ iə⁻⁵⁴

脂韵　鼻 bə³²³｜姊 tɕi⁵⁴⁵｜四 ɕi⁵⁴｜自 zi¹⁴

之韵　裏 ləi³²³~əi³²³｜李行~ liə³²³｜鲤~鱼 liə⁻¹¹｜记一记：一下 kiə⁵⁴

微韵　虮 kəi⁵⁴⁵

另外，微韵微母的"尾~巴"读作 [ŋ⁻¹¹]。

⑰ 止摄合口三等的精组和知章组仍有区别。例如：

精组　嘴支精 tsəi⁵⁴⁵｜髓支心 səi⁵⁴⁵｜随支邪 zəi³³｜醉脂精 tsəi⁵⁴

知章组　吹支昌 tɕʰy⁴⁵｜锤脂澄 dʑy³³｜水脂书 ɕy⁵⁴⁵

⑱ 咸摄开口一等的覃谈两韵，舌齿音仍有区别，见晓组则无区别。例如：

覃韵　贪 tʰɤə⁴⁵｜潭 dɤə³³｜南男 nɤə³³｜簪 tsɤə⁴⁵｜惨 tsʰɤə⁵⁴⁵；感

kɤə⁵⁴⁵ ｜ 礤 kʰɤə⁵⁴

谈韵 担动词 na⁴⁵ ｜ 谈 da³³ ｜ 蓝 la³³ ｜ 三 sa⁴⁵；甘泔 kɤə⁵⁴⁵ ｜ 敢 kɤə⁵⁴⁵。

此外，覃韵见母的"餡盖"读作 [kən⁵⁴⁵]，是覃韵见晓组和谈韵见晓组也有区别的痕迹。谈韵从母的"鏨"读作 [zɤə³²³]，读如覃韵。

⑲ 咸山摄开口三、四等舌齿音的主要元音有区别，四等主要元音的开口度大于三等。例如：

三等　黏 ȵiə⁴⁵ ｜ 聂 ȵiə³²³ ｜ 尖 tɕiə⁴⁵ ｜ 列 liə³²³ ｜ 煎 tɕiə⁴⁵ ｜ 扇 ɕiə⁵⁴ ｜ 热 ȵiə³²³

四等　念 ȵia¹⁴ ｜ 甜 dia³³ ｜ 叠 dia³²³ ｜ 捏 ȵia³²³ ｜ 莲 lia³³ ｜ 田 dia³³ ｜ 铁 tʰia⁵⁴⁵ ｜ 切 tɕʰia⁵⁴⁵

此外，少数四等见晓组字读作 [a ia] 韵：挟抱。帖韵胡颊切 ga³²³ ｜ 挟~菜。帖韵吉协切 kia⁵⁴⁵ ｜ 蚬~壳。先 xia⁵⁴⁵ ~ xiə⁵⁴⁵。三等"碾~米。仙"读作 [tɕia⁵⁴⁵]，"剪仙"读作 [tɕia⁵⁴⁵]，"线~袜。仙"读作 [ɕia⁻⁴⁴]，"展仙"读作 [tɕia⁵⁴⁵]，均为例外。

⑳ 咸山摄开口三、四等里比较特殊的读音：猎叶 lə³²³ ｜ 别~衣儿：别人。薛 bə³²³ ｜ 缠盘~。仙 dʑɤə³³ ｜ 蟪蚂~：蚯蚓。元 xɤə⁵⁴⁵ ｜ 莲打~花唱莲花落。先 lieiŋ⁻³³ ｜ 前~日儿。先 ziaŋ³³ ｜ 屑□ lɤə⁻³³ ~：垃圾。屑 sɤə⁵⁴⁵ ｜ 结~舌。屑 gə³²³ ｜ 啮咬。屑 ŋɤə³²³。

㉑ 山开一寒韵牙喉音的读音与舌齿音的读音不相同，前者同于山合一桓韵舌齿音，后者则同于桓韵帮组。例如：

寒韵牙喉肝干~燥杆栏~ kɤə⁴⁵ ｜ 秆 kɤə⁵⁴⁵ ｜ 汉 xɤə⁵⁴ ｜ 安鞍 ɤə⁴⁵ ｜ 汗焊 ɤə¹⁴

寒韵舌齿丹单 na⁴⁵ ｜ 烂 la¹⁴ ｜ 赞 tsa⁵⁴ ｜ 灿 tsʰa⁵⁴ ｜ 散~戏：戏散场 sa⁵⁴

桓韵帮组半 ʔbuə⁵⁴ ｜ 伴 buə³²³

桓韵舌齿短 ʔdɤə⁵⁴⁵ ｜ 锻段 dɤə¹⁴ ｜ 钻 tsɤə⁵⁴ ｜ 酸 sɤə⁴⁵ ｜ 算蒜 sɤə⁵⁴

㉒ 山合一桓韵的少数字读 [əŋ] 韵（端组、来母）和 [uəŋ] 韵（见组）：暖 nəŋ³²³ ｜ 断 dəŋ³²³ ｜ 卵 ləŋ³²³ ｜ 乱副词 ləŋ⁻¹¹；灌 kuəŋ⁵⁴。

㉓ 山合一末韵有三个舌音字读 [ə] 韵：脱 tʰə⁵⁴⁵ ｜ 夺 də³²³ ｜ 撮 tsʰə⁵⁴⁵。

㉔ 山摄里其他比较特殊的读音：删删开 səŋ⁴⁵ ｜ 关删合 kuəŋ⁴⁵ ｜ 穿~针。仙合 tɕʰyeiŋ⁴⁵ ｜ 捲仙合 kyeiŋ⁵⁴⁵ ｜ 桊仙合 kəŋ⁵⁴ ｜ 说~话：话，名词。薛合 ɕiu⁻⁴⁴。"删、关"字的读音大概是删韵和山韵有区别的痕迹。

㉕ 深臻摄与曾梗摄三四等的舌齿音仍能很清楚地区别。例如：

侵缉韵心 səŋ⁴⁵ ｜ 沉 dzəŋ³³ ｜ 针 tsəŋ⁴⁵；立 lə³²³ ｜ 集 zə³²³ ｜ 汁 tsə⁵⁴⁵

真质韵新 səŋ⁴⁵ ｜ 陈 dzəŋ³³ ｜ 真 tsəŋ⁴⁵；栗~儿 lə⁻¹⁴ ｜ 七 tsʰə⁵⁴⁵ ｜ 质 tsə⁵⁴⁵

曾梗摄星青 ɕieiŋ⁴⁵ ｜ 程清 dzieiŋ³³ ｜ 蒸蒸 tɕieiŋ⁴⁵；力职 ləi³²³ ｜ 昔昔 səi⁵⁴⁵ ｜ 食职 zəi³²³

真韵开口的"津"读作 [tɕyeiŋ⁴⁵]，为例外。

㉖ 多数深臻曾梗摄三四等入声字（除见晓组以外）读洪音。例如：笔质逼职碧陌壁锡 ʔbə⁵⁴⁵ ｜ 立缉 lə³²³ ｜ 力职历锡 ləi³²³ ｜ 即职织职脊昔绩锡 tsəi⁵⁴⁵。

㉗ 臻合三文韵读作 [uə] 韵（帮组），臻合一魂韵读作 [ɤə] 韵（舌齿音）。例如：粪 ʔbuə⁵⁴ ｜ 问 muə¹⁴；钝 dɤə¹⁴ ｜ 村 tsʰɤə⁴⁵ ｜ 寸 tsʰɤə⁵⁴ ｜ 孙孙子 sɤə⁴⁵。另外，"吞痕"读作 [tʰɤə⁴⁵]，"蚊文"读作 [mieiŋ³³]。

㉘ 宕开一唐铎韵和开三阳药韵的主要元音相同。例如：桑 saŋ⁴⁵ ｜ 缸 kaŋ⁴⁵ ｜ 箱 ɕiaŋ⁴⁵ ｜ 姜 kiaŋ⁴⁵（以上唐阳韵）；索 sɒ⁵⁴⁵ ｜ 各 kɒ⁵⁴⁵ ｜ 削 ɕiɒ⁵⁴⁵ ｜ 脚 kiɒ⁵⁴⁵（以上铎药韵）。

㉙ 宕开三阳韵庄组和江开二江韵的知庄组读作 [yaŋ] 韵。例如：装庄 tɕyaŋ⁴⁵ ｜ 疮初 tɕʰyaŋ⁴⁵ ｜ 状崇 zyaŋ¹⁴（以上阳韵）；桩知 tɕyaŋ⁴⁵ ｜ 撞澄 dʑyaŋ¹⁴ ｜ 窗初 tɕʰyaŋ⁴⁵ ｜ 双生 ɕyaŋ⁴⁵（以上江韵）。

㉚ 宕三阳药韵里比较特殊的读音：养城关音。阳开 yaŋ³²³ ｜ 菖水~蒲。阳开 tsʰaŋ⁴⁵ ｜ 箬~帽：斗笠。药开 ɲiɑ⁻³³ ~ ɲiaŋ⁻³³ ｜ 雀麻~儿。药开 tsɑi⁻⁵⁴ ｜ 芒麦~。阳合 mɔŋ³³（=蒙东— mɔŋ³³）｜ 狂阳合 gyaŋ³³。

㉛ 曾开一登韵读 [əŋ ieiŋ] 韵，与读 [ai] 韵的梗开二庚、耕韵有区别。例如：登韵灯 nieiŋ⁴⁵ ｜ 藤 dieiŋ³³ ｜ 曾姓 tsəŋ⁴⁵ ｜ 憎 tɕieiŋ⁴⁵ ｜ 层 zieiŋ³³ ｜ 肯 kʰəŋ⁵⁴⁵

庚耕韵生庚 sai⁴⁵ ｜ 撑庚 tsʰai⁴⁵ ｜ 坑庚 kʰai⁴⁵ ｜ 棚耕 bai³³ ｜ 争耕 tsai⁴⁵ ｜ 耕耕 kai⁴⁵

永康话的 [ai] 韵几乎是梗开二庚陌、耕麦韵的专用韵。

㉜ 曾开三蒸韵和梗开三四庚、清、青韵都读 [ieiŋ] 韵，没有区别。例如：蒸韵甑 tɕieiŋ⁵⁴ ｜ 蒸 tɕieiŋ⁴⁵ ｜ 秤 tɕʰieiŋ⁵⁴ ｜ 蝇 ɲieiŋ³³

庚清青镜庚 kieiŋ⁵⁴ ｜ 饼清 mieiŋ⁵⁴⁵ ｜ 井清 tɕieiŋ⁵⁴⁵ ｜ 城清 zieiŋ³³ ｜ 颈清 kieiŋ⁵⁴⁵ ｜ 屏青 bieiŋ³³ ｜ 听青 tʰieiŋ⁵⁴

㉝ 梗开二三等庚韵有三个字读作 [ai uai] 韵：梗庚开二 kuai⁵⁴⁵ ｜ 柄庚开三 mai⁵⁴ ｜ 惊庚开三 kuai⁴⁵。清韵开口的"摒拔"读作 [mai⁵⁴]，亦为 [ai] 韵。

㉞ 梗开四等锡韵有三个字读作 [iɑ] 韵：滴嘀锡开 ʔdiɑ⁵⁴⁵ ｜ 剔锡开 tʰiɑ⁵⁴。

㉟ 通摄三等的东屋、锺烛两韵没有区别，主要读 [ɔŋ iɔŋ] 韵（舒声字）和 [u iu] 韵（入声字）。下面以章组为例：

东屋三 终 tɕiɔŋ⁴⁵ ｜ 众 tɕiɔŋ⁵⁴ ｜ 充 tɕʰiɔŋ⁴⁵ ；粥 tɕiu⁵⁴⁵

锺烛 钟 tɕiɔŋ⁴⁵ ｜ 种~田 tɕiɔŋ⁵⁴ ｜ 铳 tɕʰiɔŋ⁵⁴ ；烛 tɕiu⁵⁴⁵

"春锺"读作 [ɕyaŋ⁴⁵]，为例外，当为东锺有别的遗留。

㊱ 其他。奴~才。模 nɔŋ³³ ｜ 挂鸡~：鸡嗉子。佳合 kuai⁵⁴ ｜ 畦齐合 yə³³ ｜

尻 ~ 臀：屁股。豪 k^hu^{545} ｜ 薅 ~ 田。豪 xu^{45} ｜ 匏 ~ 儿：瓠子。肴 pu^{-324} ｜ 伏 孵。尤 bu^{14} ｜ 守 看守。尤 y^{545} ｜ 瘦 尤 $\varepsilon i\vartheta w^{54}$ ｜ 掐 洽 $k^h\vartheta^{54}$ ｜ 荫 侵 $yei\eta^{54}$ ｜ 粒 缉 $l\gamma\vartheta^{323}$ ｜ 铅 仙合 $k^h\alpha^{45}$ ｜ 匹 质 $p^h\vartheta i^{54}$ ｜ 䎃 小水流。谭 $y\vartheta^{54}$（读如山摄合口三等）｜ 掘 月韵或物韵 $g\vartheta^{323}$ ｜ 屈 弯。物 $k^h\check{u}\vartheta^{545}$ ｜ 圹 唐合 $k^h a\eta^{54}$ ｜ 腔 江 $k^h i a\eta^{45}$ ｜ 翼 ~ 膀：翅膀。职开 $i\vartheta^{323}$ ｜ 赢 清开 $yei\eta^{33}$ ｜ 惜 得农 ~ ：可爱。昔开 $\varepsilon i\eta^{545}$ ~ $\varepsilon i\eta^{54}$ ｜ 独 ~ 眼。屋一 $d\vartheta\eta^{-33}$。

三　声调的特点

①平、上、去三声大致按古声母的清浊各分阴阳两类，次浊上声字归阳上。

②古清入字归阴上，古浊入字归阳上。但在连读调中的表现与古上声不相同。详见下文伍"连读调"。

③少数清入字今读阴去（小称音除外）。例如：的 $?di^{54}$ ｜ 擦 $tsh a^{54}$ ｜ 剔 $t^h i a^{54}$ ｜ 惜 得农 ~ ：可爱 $\varepsilon i\eta^{545}$ ~ $\varepsilon i\eta^{54}$。此外，"来得及"的"及"读作 [gi^{14}]，为阳去。

肆　文白异读

永康话的文白异读现象比较简单。下面三条是永康话里成系统的文白异读规律：（下文中"/"前为白读，后为文读。）

①微母的部分字白读 [m] 声母，文读 [v] 声母。例如：未 mi^{14} 副词/vi^{14} ｜ 蚊 $miei\eta^{33}$ ~ 虫/$v\vartheta\eta^{33}$ ｜ 问 $mu\vartheta^{14}$ 动词/$v\vartheta\eta^{14}$ 疑 ~ ｜ 望 $ma\eta^{14}$ 看/$va\eta^{14}$ 希 ~ 。

②日母的部分字白读 [ɲ] 声母，文读 [z] 或 [ʑ] 声母。例如：乳 /$\textrm{z}y^{323}$ ｜ 软 $\textrm{ɲ}y\vartheta^{323}$/ ｜ 人 $\textrm{ɲ}iei\eta^{33}$ 丈 ~ /$z\vartheta\eta^{33}$ ~ 参 ｜ 忍 $\textrm{ɲ}iei\eta^{323}$/$z\vartheta\eta^{323}$ ｜ 日 $\textrm{ɲ}\check{i}\vartheta^{323}$ 今 ~ /$z\vartheta^{323}$ ~ 本 ｜ 弱 /$\textrm{ʑ}i\vartheta^{323}$。

③脂之韵章组的部分字白读 [ʅ] 韵母，文读 [i] 韵母。例如：脂 $ts\text{ʅ}^{45}$ ~ 油/$t\varepsilon i^{45}$ 胭 ~ ｜ 指 $ts\text{ʅ}^{545}$ 中央 ~ ：中指/$t\varepsilon i^{545}$ 食 ~ ｜ 试 $s\text{ʅ}^{54}$ 动词/εi^{54} 考 ~ 。

其他还有一些零星的文白异读现象。例如：

猪 $t\varepsilon i^{45}$ 单说/$t\varepsilon y^{45}$ ~ 八戒 ｜ 鸡 $ki\vartheta^{45}$ 单说/ki^{45} 田 ~ ｜ 巧 $k^h i\vartheta^{545}$ 对 ~ ：合适/$k^h i\vartheta^{545}$ 抓 tsa^{45} ~ 牌/$ts\vartheta^{45}$ ~ 痒 ｜ 产 sa^{545} ~ 母：产妇/$ts^h a^{545}$ ｜ 关 $kua\eta^{45}$ 动词/kua^{45} ~ 系 ｜ 越 $y\vartheta^{323}$ ~ 走 远/$y a^{323}$ ~ 南 ｜ 狂 $gya\eta^{33}$/$gua\eta^{33}$ ｜ 惊 $kuai^{45}$ 怕/$kiei\eta^{45}$ ~ 蛰。

伍　连读调

永康话两字组的语音变调规律见表 2-7-1。作前字时，古清上与古清入的连读调不相同，古浊上与古浊入的连读调也不相同，所以表中把清上与清入分开，把浊上与浊入也分开。

表中各栏的上一行是单字调，下一行是连读调。例词请参看词汇部分。

表 2-7-1　永康话两字组连调表

1＼2	阴平 45	阳平 33	阴上 545	阳上 323	阴去 54	阳去 14
阴平 45	45　45 44	45　33 　　433	45　545 44	45　323	45　54	45　14 　　54
阳平 33	33　45	33　33 11　422	33　545	33　323	33　54 11	33　14 11　54
阴上清上 545	545　45 42	545　33 42	545　545 42	545　323 42	545　54 11	545　14 42
阴上清入 545	545　45 44 ―― 545　45 4	545　33 44 ―― 545　33 4	545　545 44 ―― 545　545 4	545　323 44 ―― 545　323 4	545　54 44 ―― 545　54 4	545　14 44 ―― 545　14 4
阳上浊上 323	323　45 11	323　33 11	323　545 11	323　323 11	323　54 11	323　14 11
阳上浊入 323	323　45 33 ―― 323　45 3	323　33 33 ―― 323　33 3	323　545 33 ―― 323　545 3	323　323 33 ―― 323　323 3	323　54 33 ―― 323　54 3	323　14 33 ―― 323　14 3
阴去 54	54　45 44	54　33 44	54　545 44	54　323 44	54　54 44	54　14 44
阳去 14	14　45 11	14　33 11	14　545 11	14　323 11	14　54 11	14　14 11

永康话两字组的连读调有以下几个特点：

① 一般是前字变，后字不变。"阴平＋阳平""阴平＋阳去""阳平＋阳平""阳平＋阳去"里后字也会变。

②[45 433]里的[433]以平为主，[11 422]里的[422]以降为主。

③ 前字[11]的实际调值为[211]。

④[42 14]里的[42]比其他[42]调低一点。

⑤ 阴去作前字时，失去单字调的短促特点。

⑥ "阴平＋阳去"和"阳平＋阳去"里，后字的[54]调和阴去的单字调相同。

⑦ [44 33]和[4 33]里前后字的高度差距不到一度。

⑧ 阴上清入和阳上浊入作前字，而且其韵母韵母为[ə ĭe ŭo ў̆ə]时，一

般都读作 [4] 或 [3]。例如：吃亏 kʰiə⁵⁴⁵⁻⁴kʰuəi⁴⁵ ｜ 出丧 tɕʰyə⁵⁴⁵⁻⁴saŋ⁴⁵ ｜ 骨头 kǔə⁵⁴⁵⁻⁴dəɯ³³ ｜ 蜜蜂 mə³²³⁻³fɔŋ⁴⁵ ｜ 鼻头 bə³²³⁻³dəɯ³³ ｜ 墨线墨斗线 mə³²³⁻³ɕiə⁵⁴。在这些前字的末尾，有时出现喉塞音 [ʔ]。也有一些例外情况，如"□肉剁肉" [ʔdə⁵⁴⁵⁻⁴⁴ɲiu³²³]。

⑨ 阴去作前字时，除了表 2-7-1 里的连读形式以外，还有 [53 0]。例如：□年哪一年 tɕʰi⁵⁴⁻⁵³ɲia³³⁻⁰ ｜ 记者 ki⁵⁴⁻⁵³tɕia⁻⁰ ｜ 干部 kɤə⁵⁴⁻⁵³bu³²³⁻⁰ ｜ 半日半天 ʔbuə⁵⁴⁻⁵³ɲiə³²³⁻⁰ ｜ □个哪个 tɕʰi⁵⁴⁻⁵³kuə⁵⁴⁻⁰。

⑩ 在读 [33] [3] 调的前字里和读 [433] [422] 调的后字里，浊音声母往往读得接近清音。例如，"人参" [zəŋ³³səŋ⁴⁵] 里 "人" 读得接近 "新春" [səŋ⁴⁵⁻⁴⁴tɕʰyein⁴⁵] 里的 "新"，"值钿疼爱" 有时读得接近 [dz̥-tsəi³²³⁻³³diə³³]，"着力累" 有时读得接近 [dz̥-tɕin³²³⁻³³ləi³²³]。本书仍把这些声母记作浊音。

⑪ "阴平＋阳去" 和 "阳平＋阳去" 里，作后字的阳去由 [14] 调变为 [54] 调时，其声母发生清音化，[v z ʐ] 变为 [f s ɕ]，[b d dz g] 变为 [b̥ d̥ dz̥ g̊]（尚缺 [dʐ] 变为 [dʐ̥] 的例子）。例如：枫树 fɔŋ⁴⁵z̥-ɕy¹⁴⁻⁵⁴ ｜ 车站 tɕʰia⁴⁵dz̥-dz̥ɑ¹⁴⁻⁵⁴ ｜ 排队 biɑ³³⁻¹¹d̥-d̥əi¹⁴⁻⁵⁴。[b̥ d̥] 等清化浊音有时十分接近清音，但是一般确实带有轻微的浊音色彩。本书中把这些音仍然记作 [b d] 等浊音声母。另外，[v z ʐ] 声母偶尔保持浊音成分。例如 "捞饭" 一般读作 [liɒ³³⁻¹¹v-fɑ¹⁴⁻⁵⁴]，但偶尔也读作 [liɒ³³⁻¹¹v-ɣɑ¹⁴⁻⁵⁴]。本书中一律记作 [f s ɕ]。

⑫ "阴上清上＋阴去" 里，作前字的阴上清上由 [545] 调变为 [11] 调时，其擦音 [f s ɕ] 声母发生浊音化，变为 [v z ʐ]（实际音值为 [v̥ z̥ ʐ̥]）。例如：手□手腕 ɕ-ziəɯ⁵⁴⁵⁻¹¹p⁵⁴。

⑬ 不同调类的前字之间有合并的现象。阴平（一部分）、阴上清入和阴去作前字变为 [44]。阳平（一部分）和阳上浊入前字变为 [33]。阳平（一部分）、阳上浊上和阳去作前字变为 [11]。

⑭ 量词变调。

单字调为阴上的字做量词时，变为 [54]，同阴去的单字调。例如：盏 tsa⁵⁴⁵⁻⁵⁴ ｜ 滴 ʔdia⁵⁴⁵⁻⁵⁴ ｜ 帖一~药 tʰia⁵⁴⁵⁻⁵⁴ ｜ 碗 三~饭 uɑ⁵⁴⁵⁻⁵⁴ ｜ 笔一~生意 ʔbə⁵⁴⁵⁻⁵⁴ ｜ 朵 ʔduə⁵⁴⁵⁻⁵⁴ ｜ 打一~：十二个 nai⁵⁴⁵⁻⁵⁴ ｜ 角一~：一毛 kɒ⁵⁴⁵⁻⁵⁴ ｜ 斗容量单位 ʔdəɯ⁵⁴⁵⁻⁵⁴ ｜ 口 kʰəɯ⁵⁴⁵⁻⁵⁴ ｜ 本 məŋ⁵⁴⁵⁻⁵⁴ ｜ 孔用于泉水的量词 kʰɔŋ⁵⁴⁵⁻⁵⁴。"百" 也符合这一规律：百一~ ʔbai⁵⁴⁵⁻⁵⁴。

单字调为阳上的字做量词时，变为 [14]，同阳去的单字调。例如：部 bu³²³⁻¹⁴ ｜ 粒 lɤə³²³⁻¹⁴ ｜ 件 giə³²³⁻¹⁴ ｜ 石重量单位 zai³²³⁻¹⁴ ｜ 丈长度单位 dziaŋ⁻¹⁴ ｜ 领 lieiŋ³²³⁻¹⁴。"月" 和 "十" 也符合这一规律：月十~ ɲyə³²³⁻¹⁴ ｜ 十五~ zə³²³⁻¹⁴。

⑮ "数词＋量词①"结构的连读调特殊,不符合表2-7-1的规律。"数词＋月浊入、十浊入"的连读调也用同一种规律,见表2-7-2。

表2-7-2 永康话"数词＋量词、月、十"连调表

1 \ 2	阴平 45	阳平 33	阴去 54	阳去 14
一清入 545	545　　45 4	545　　33 3	545　　54 4	545　　14 4
二阳去 14	(缺例)	(缺例)	(缺例)	14　　14 　　　0
两、五浊上 323	323　　45 11	323　　33 11　422	323　　54 11	323　　14 11
三阴平 45	45　　45 44	45　　33 　　433	45　　54	45　　14 　　54
四阴去 54	54　　45 53	54　　33 53	54　　54 53　0	54　　14 53　0
六浊入 323	323　　45 11	323　　33 11　422	323　　54 11	323　　14 11
七清入 545	545　　45 4	545　　33 4　422	545　　54 4	545　　14 4　54
八清入 545	545　　45 44	545　　33 44　422	545　　54 44	545　　14 44　54
九清上 545	545　　45 42	545　　33 42　422	545　　54 42	545　　14 42　54
十浊入 323	323　　45 1	323　　33 1　422	323　　54 1	323　　14 1

下面举一些例子:

一＋X:一千 ĭə$^{545-4}$tɕʰia^{45} ｜ 一头 ĭə$^{545-3}$dɯ^{33} ｜ 一百 ĭə$^{545-4}$ʔbai^{54} ｜ 一两 ĭə$^{545-4}$liaŋ^{14}

二＋X:二月 ŋ^{14}ɲyə$^{14-0}$ ｜ 二两 ŋ^{14}liaŋ$^{14-0}$

两＋X:两千 liaŋ$^{323-11}$tɕʰia^{45} ｜ 两头 liaŋ$^{323-11}$dɯ$^{33-422}$ ｜ 两只 liaŋ$^{323-11}$tsəi^{54} ｜ 两部 liaŋ$^{323-11}$bu^{14}

三＋X:三双 sɑ$^{45-44}$ɕyaŋ^{45} ｜ 三囗层 sɑ^{45}bi$^{33-433}$ ｜ 三只 sɑ^{45}tsəi^{54} ｜ 三部 sɑ^{45}bu$^{14-54}$

---

① 此处把"量词变调"当作单字调。

四＋X：四双 çi⁵⁴⁻⁵³çyaŋ⁴⁵ ｜ 四成 çi⁵⁴⁻⁵³ziein³³ ｜ 四个 çi⁵⁴⁻⁵³kuə⁵⁴⁻⁰ ｜ 四十 çi⁵⁴⁻⁵³zə¹⁴⁻⁰

五＋X：五千 ŋ³²³⁻¹¹tçʰiɑ⁴⁵ ｜ 五头 ŋ³²³⁻¹¹dəɯ³³⁻⁴²² ｜ 五只 ŋ³²³⁻¹¹tsəi⁵⁴ ｜ 五月 ŋ³²³⁻¹¹ȵyə¹⁴

六＋X：六双 lu³²³⁻¹¹çyaŋ⁴⁵ ｜ 六□层 lu³²³⁻¹¹bi³³⁻⁴²² ｜ 六个 lu³²³⁻¹¹kuə⁵⁴ ｜ 六粒 lu³²³⁻¹¹lɤə¹⁴

七＋X：七千 tsʰə⁵⁴⁵⁻⁴tçʰiɑ⁴⁵ ｜ 七头 tsʰə⁵⁴⁵⁻⁴dəɯ³³⁻⁴²² ｜ 七个 tsʰə⁵⁴⁵⁻⁴kuə⁵⁴ ｜ 七粒 tsʰə⁵⁴⁵⁻⁴lɤə¹⁴⁻⁵⁴

八＋X：八双 ʔbɑ⁵⁴⁵⁻⁴⁴çyaŋ⁴⁵ ｜ 八成 ʔbɑ⁵⁴⁵⁻⁴⁴ʑ-çiein³³⁻⁴²² ｜ 八十 ʔbɑ⁵⁴⁵⁻⁴⁴z-sə¹⁴⁻⁵⁴

九＋X：九头 kiəɯ⁵⁴⁵⁻⁴²dəɯ³³⁻⁴²² ｜ 九百 kiəɯ⁵⁴⁵⁻⁴²ʔbai⁵⁴ ｜ 九月 kiəɯ⁵⁴⁵⁻⁴²ȵyə¹⁴⁻⁵⁴

十＋X：十双 zə³²³⁻¹çyaŋ⁴⁵ ｜ 十□层 zə³²³⁻¹bi³³⁻⁴²² ｜ 十个 zə³²³⁻¹kuə⁵⁴ ｜ 十月 zə³²³⁻¹ȵyə¹⁴

此外，"正月"读作 [tçiein⁴⁵⁻⁴⁴ȵyə³²³]，"十一月"读作 [zə³²³⁻³iə⁵⁴⁵⁻³ȵyə¹⁴⁻⁵⁴]，"十二月"读作 [zə³²³⁻¹ŋ¹⁴ȵyə¹⁴⁻⁰]。二十说"廿"[ȵiɑ¹⁴]。

⑯ 相当于普通话"很＋形容词"结构的"形容词＋猛浊上"结构的连读调特殊，不符合表 2-7-1 的规律。例如：

前字阴平：酸猛 sɤə⁴⁵mai³²³ ｜ 高猛 kɒ⁴⁵mai³²³ ｜ 惊猛吃惊 kuai⁴⁵mai³²³

前字阳平：咸猛 ɑ³³mai³²³⁻¹ ｜ 甜猛 diɑ³³mai³²³⁻¹ ｜ 长猛 dʑiaŋ³³mai³²³⁻¹

前字阴上清入：□猛很湿 tçʰiɒ⁵⁴⁵⁻⁴²mai³²³⁻⁵⁴⁵

前字阳上浊上、浊入：厚猛 gəɯ³²³⁻¹¹mai³²³⁻⁵⁴⁵ ｜ 远猛 yə³²³⁻¹¹mai³²³⁻⁵⁴⁵ ｜ 热猛 ȵiə³²³⁻¹¹mai³²³⁻⁵⁴⁵

前字阴去：痛猛 tʰɔŋ⁵⁴⁻⁵³mai³²³⁻⁰

前字阳去：旧猛 giəɯ¹⁴mai³²³⁻⁰

[45 323] 里的 [323] 读得很弱。暂缺"阴上清上＋猛"的例子。永康话不说"苦猛、好猛、短猛"等，而说"交儿苦非常苦"[kɒ⁻³²⁴kʰu⁵⁴⁵] 等。

⑰ "动词、形容词＋了浊上"结构的连读调特殊，不符合表 2-7-1 的规律。例如：

前字阴平：遮了遮住 tçiɑ⁴⁵lɒ³²³⁻⁰ ｜ 栽了 tsəi⁴⁵lɒ³²³⁻⁰ ｜ 糟了浪费 tsɒ⁴⁵lɒ³²³⁻⁰

前字阳平：离了离婚 li³³lɒ³²³ ｜ 涂了 du³³lɒ³²³ ｜ 来了~三个客 ləi³³lɒ³²³

前字阴上清上：□了擦掉 kiɒ⁵⁴⁵⁻⁴²lɒ³²³⁻⁴²² ｜ 讲了~一遍 kaŋ⁵⁴⁵⁻⁴²lɒ³²³⁻⁴²²

前字阴上清入：托了托住 tʰɒ⁵⁴⁵⁻⁴²lɒ³²³⁻⁴²² ｜ 塞了塞住 səi⁵⁴⁵⁻⁴²lɒ³²³⁻⁴²² ｜ 吃了~苦头 kʰiə⁵⁴⁵⁻⁴lɒ³²³⁻⁴²²

前字阳上浊上：领了 lieiŋ$^{323-11}$lɒ$^{323-422}$

前字阳上浊入：食了～一半 zəi$^{323-11}$lɒ$^{323-422}$

前字阴去：擦了 擦掉 tsʰɑ$^{54-53}$lɒ$^{323-0}$｜溅了～一身水 tɕiə$^{54-53}$lɒ$^{323-0}$

前字阳去：望了～又望 maŋ^{14}lɒ$^{323-0}$

变为轻声的"了"偶尔也读作很轻的 [323] 调。关于"阴去＋了"的 [53 0]，参看上文 ⑨。

⑱ "动词、形容词＋去阴去"结构和"动词、形容词＋咩了。阳上"结构的连读调特殊，不符合表 2-7-1 的规律。例如：

前字阴平：癫去 发疯 ʔdiɑ^{45}kʰəɯ^{54}｜疯去 瘫痪 fɔŋ^{45}kʰəɯ^{54}｜乌咩 天黑了 u^{45}miɑ$^{323-54}$

前字阳平：逃去 逃了 dɒ^{33}kʰəɯ$^{54-323}$｜沉去 沉下去 dzəŋ^{33}kʰəɯ$^{54-323}$｜来咩 ləi^{33}miɑ^{323}

前字阴上清上：摆去 摇摆 ʔbiɑ$^{545-42}$kʰəɯ^{54}｜滚咩（水）开了 kuəŋ$^{545-42}$miɑ$^{323-54}$

前字阴上清入：跌去 摔了 ʔdiɑ$^{545-42}$kʰəɯ^{54}｜脱去 掉了 tʰə$^{545-4}$kʰəɯ^{54}

前字阳上浊上：冷去 凉了 lai$^{323-11}$kʰəɯ^{54}｜老咩 lɒ$^{323-11}$miɑ$^{323-54}$｜有咩 够了 iəɯ$^{323-11}$miɑ$^{323-54}$

前字阳上浊入：踏去 踩到 dɑ$^{323-11}$kʰəɯ^{54}｜躐去 走了 liə$^{323-11}$kʰəɯ^{54}｜着咩 着（火）了 dʑiɒ$^{323-11}$miɑ$^{323-54}$

前字阴去：气去 生气 kʰi$^{54-53}$kʰəɯ$^{54-0}$｜冻去 着凉 nɔŋ$^{54-53}$kʰəɯ$^{54-0}$｜燥咩 干了 sɒ$^{54-53}$miɑ$^{323-0}$

前字阳去：烂去 烂掉 lɑ^{14}kʰəɯ$^{54-0}$｜撞去 dʑyaŋ^{14}kʰəɯ$^{54-0}$｜亮咩 liaŋ^{14}miɑ$^{323-0}$

关于"阴去＋去、咩"的 [53 0]，参看上文 ⑨。

⑲ "动词＋嘞"结构大体上相当于普通话的"动词＋起来"。这种结构的连读调特殊，不符合表 2-7-1 的规律。"嘞"有时读作 [ləi]。另外，它在阳声韵的后面读得接近 [ŋəi]。"动词＋得状态补语"结构的连读调也同于"动词＋嘞"的连读调。例如：

前字阴平：樴嘞 接起来 tsəŋ$^{45-44}$əi$^{323-434}$｜□嘞 睁起来 tsʰai$^{545-44}$əi$^{323-434}$｜飞得 fi$^{45-44}$əi$^{323-434}$

前字阳平：流嘞 liəɯ^{33}əi^{323}｜□嘞 卷起来 dɔŋ^{33}əi^{323}｜磨得 mɒ^{33}əi^{323}

前字阴上清上：绑嘞 maŋ$^{545-42}$əi^{323}｜捆嘞 kʰuəŋ$^{545-42}$əi^{323}｜讲得 kaŋ$^{545-42}$əi^{323}｜写得 ɕiɑ$^{545-42}$əi^{323}

前字阴上清入：接嘞 tɕiə$^{545-42}$əi^{323}｜合嘞 kɤə$^{545-42}$əi^{323}｜杀得 sɑ$^{545-42}$əi^{323}｜□得 剁得 ʔdə$^{545-4}$əi^{323}

前字阳上浊上：竖嘞 zy³²³⁻¹¹əi³²³ ｜ 仰嘞 ɲiaŋ³²³⁻¹¹əi³²³ ｜ 倚嘞站起来 gəi¹¹əi³²³ ｜ 坐得 zuə³²³⁻¹¹əi³²³

前字阳上浊入：挟得抱得 gɑ³²³⁻¹¹əi³²³ ｜ 截得剪得 zia³²³⁻¹¹əi³²³ ｜ 掘得挖得 gə³²³⁻¹əi³²³

前字阴去：囥嘞藏起来 kʰaŋ⁵⁴⁻⁵³əi³²³⁻⁰ ｜ □嘞扶起来 iaŋ⁵⁴⁻⁵³əi³²³⁻⁰ ｜ 跳得跑得 tʰiɒ⁵⁴⁻⁵³əi³²³⁻⁰

前字阳去：问得 muə¹⁴əi³²³⁻⁰

关于"阴去＋嘞、得"的[53 0]，参看上文⑨。

从以上⑮～⑲我们可以看出，不符合表2-7-1连调规律的特殊连读调中前字的调值有共同之处。前字阴平[45]不变调或变为[44]；阳平[33]不变调；阳上浊上、浊入变为[11]；阴去[54]变为[53]；阳去[14]不变调。阴上清上和阴上清入不能区分（除了阴上清入变为[4]的时候以外），阳上浊上和阳上浊入也不能区分（除阳上浊入变为[1]的时候以外）。前字阴上清上主要变为[42]；前字阴上清入主要变为[42]或[4]，一部分变为[44]或[4]。⑮～⑲的连读调里，[42]调常读得接近[44]，所以[42]调和[44]调有时很难分辨。这是特别需要说明的。

⑳ 还有一些结构的连读调与⑮～⑲相同。例如：跷记跷一下 kʰiɒ⁴⁵kiə⁵⁴ ｜ 蹿记走一走 liə³²³⁻¹¹kiə⁵⁴ ｜ 店耷店里 ʔdiɑ⁵⁴⁻⁵³ʔdɑ⁰ ｜ 夏耷夏天 a¹⁴ʔdɑ⁰ ｜ 买来 miɑ³²³⁻¹¹ləi³³⁻³²³ ｜ 拆□拆开 tsʰai⁵⁴⁵⁻⁴²tɕʰyəi⁻⁴²² （后字为"出来"的合音）｜ 领□带回来 lieiŋ³²³⁻¹¹tɕyəi⁻⁴²² （后字为"转来"的合音）｜ 蹿□走过来 liə³²³⁻¹¹kuai⁻⁴²² （后字为"过来"的合音）｜ 跳□跑过来 tʰiɒ⁵⁴⁻⁵³kuai⁻⁰ ｜ 店里 ʔdiɑ⁵⁴⁻⁵³əi³²³⁻⁰ ｜ 袋里 dəi¹⁴əi³²³⁻⁰ ｜ 快粒快点儿 kʰya⁵⁴⁻⁵³lɤə¹⁴⁻⁰。"水里"读作[ɕy⁵⁴⁵⁻⁴⁴yəi³²³]，前字不读[42]调。

㉑ "动词＋补语（除"着"以外）"结构的连读调特殊，不符合表2-7-1的规律。前字阴平、阳平、阴上清上、清入、阳去都不变，阳上浊上、浊入变为[11]或[1]，阴去变为[53]。例如：

前字阴平：□开睁开 tsʰai⁴⁵kʰəi⁴⁵ ｜ 吹歇(风)停了 tɕʰy⁴⁵xiə⁵⁴⁵ ｜ 修好 ɕiɯ⁴⁵xɒ⁵⁴⁵

前字阳平：寻遍找遍 zəŋ³³ʔbiə⁵⁴

前字阴上清上：讲光说完 kaŋ⁵⁴⁵kuaŋ⁴⁵ ｜ 写歇写完 ɕia⁵⁴⁵xiə⁵⁴⁵ ｜ 写赚写错 ɕia⁵⁴⁵dzɑ¹⁴

前字阴上清入：頮死淹死 uə⁵⁴⁵sʅ⁵⁴⁵ ｜ 跌落跌下 ʔdiɑ⁵⁴⁵lɒ³²³ ｜ □死勒死 tsʰəi⁵⁴⁵sʅ⁵⁴⁵

前字阳上浊上：□开撬开 giɒ³²³⁻¹¹kʰəi⁴⁵

前字阳上浊入：食饱 zəi³²³⁻¹¹ʔbɒ⁵⁴⁵ ｜ 食过吃过 zəi³³⁻¹¹kuɑ⁵⁴ ｜ 掘深挖深

gə$^{323-1}$sən^{45}

前字阴去：跳归跑回来 tʰiɒ$^{54-53}$kuəi^{45} ｜ 捯长拉长 mai$^{54-53}$dʑiaŋ^{33} ｜ 做歇做完 tsuə$^{54-53}$xiə^{545}

前字阳去：望通看懂 maŋ^{14}tʰoŋ^{45} ｜ □死毒死 du^{14}sʅ^{545}（"死"读得较轻）｜ 弄赚弄错 loŋ^{14}dzɑ^{14}

有一些例外情况。"打□遗失"读作 [nai$^{545-44}$u^{45}]，"打通"读作 [nai$^{545-44}$tʰoŋ^{45}]，"打碎"读作 [nai$^{545-44}$səi^{45}]，都符合表 2-7-1 的规律。"□浊入断拗断"[ŋai^{323}dən^{323}] 不变调①。补语"着"常读作轻声。例如：碰着 pʰoŋ$^{54-53}$dʑiɒ$^{323-0}$ ｜ 射着射中 ʑiɒ^{14}dʑiɒ$^{323-0}$ ｜ 认着认识 ȵieiŋ^{14}dʑiɒ$^{323-0}$。另外，"识着认识"读作 [tsəi$^{545-42}$dʑiɒ$^{323-545}$]，与"阴上清入＋猛"的连读调相同。

㉒ "动词＋人称代词"结构的连读调特殊，不符合表 2-7-1 的规律。例如：惊渠怕他 kuai^{45}gɔɯ^{33} ｜ 寻尔找你 zəŋ^{33}ŋ^{323} ｜ 打渠 nai$^{545-42}$gɔɯ$^{33-422}$ ｜ 打尔 nai^{545}ŋ$^{323-545}$ ｜ 笑渠 ɕiɒ$^{54-53}$gɔɯ^{33} ｜ 望尔看你 maŋ^{14}ŋ^{323}。

㉓ "成阳平＋X"结构连读调特殊，不符合表 2-7-1 的规律。例如：成年整年 ʑieiŋ$^{33-11}$ȵiɑ^{33} ｜ 成夜整夜 ʑieiŋ$^{33-11}$iɑ^{14}。

㉔ "几＋X"结构的连读调特殊，不符合表 2-7-1 的规律，前字变为 [44]，后字则不变。例如：几双 ki$^{545-44}$ɕyaŋ^{45} ｜ 几点儿多少 ki$^{545-44}$niɑ$^{-54}$ ｜ 几个 ki$^{545-44}$kuə^{54} ｜ 几月 ki$^{545-44}$ȵyə^{323} ｜ 几日几天 ki$^{545-44}$ȵĭə^{323} ｜ 几两 ki$^{545-44}$liaŋ^{14}。

㉕ "伽什么。阳去＋X"结构连读调特殊，多数读作 [11 54]。例如：伽西什么 dʑiɑ$^{14-11}$ɕiə$^{45-54}$ ｜ 伽农谁 dʑiɑ$^{14-11}$noŋ$^{33-54}$ ｜ 伽干为什么 dʑiɑ$^{14-11}$kɤə^{54}。"伽个什么"读作 [dʑiɑ^{14}kuə^{54}]，不变调。

不符合以上所描写的连调规律的例外词有：

阴平＋阴平：□□一点儿 ʔdi^{45}ʔdi^{45}（不变调）

阳平＋阳去：容貌 ioŋ$^{33-11}$mɒ$^{14-422}$（也可读作 [ioŋ$^{33-11}$mɒ$^{14-54}$]）

阴上清上＋阴上清入：晓得 xiɒ$^{545-44}$ʔdəi^{545}

阴上清上＋阴上浊上：可以 kʰuə^{545}i^{323}（不变调）

阴上清入＋阳去：觉悟 kɒ$^{545-42}$ŋu^{14}

阳上浊入＋阴平：若干很多 ziɒ$^{323-11}$kɤə^{45}

阳去＋阳去：右面 iəɯ^{14}miə$^{14-0}$

三字组以上结构的变调基本上以两字组为基础，但情况更为复杂，这里不详述。

---

① 这个词的前字在磐安话读 [ŋɑ^{213}]，可能来自古浊平或古浊入；永康话可能来自古浊上或古浊入。经两地方言比较印证，可见，永康 [ŋai^{323}] 和磐安 [ŋɑ^{213}] 来自古浊入。

陆　小称音

永康话以声调的变化表示小称,其规律为:

今单字调	小称调
阴平 [45]	[324]
阳平 [33]	[324]
阴上 [545]	[54]
阳上 [323]	[14]
阴去 [54]	[3]
阳去 [14]	[3]

小称音的例词参看下文捌"小称音表"。有时小称音没有相应的单字音。这些小称音是根据中古音的音韵地位、吴语各方言里的读音和其他婺州方言中的小称情况来决定其小称身份的。例如,"凿凿子"说 [zɒ⁻¹⁴],无相应的单字音。由于"凿"是古浊入字,吴语各方言里的单字调一般都是阳入,故把 [zɒ⁻¹⁴] 处理为"凿"的小称音。

小称调 [324] 的发音十分奇特,音节的前一半部分带很强烈的紧喉色彩,而且常在音节的中间出现喉塞音 [ʔ]。例如:鞋~儿 iaʔɑ⁻³²⁴ | 床踏~儿 ẓ-ɕyaʔaŋ⁻³²⁴。[324] 的出现频率较高,可视为永康话的一个标志。

小称调 [54] 和 [14] 分别同于阴去和阳去的单字调。例如:鼓小~儿=雇 ku⁵⁴ | 弟小~儿=递 diə¹⁴。值得注意的是,小称调 [54] [14] 做后字时,其前字的连读调和单字调 [54] [14] 做后字时其前字的连读调有所不同。例如:尿褂儿:尿布 ɕi⁴⁵⁻⁴⁴nɣə⁻¹⁴ (.[45 14] 一般变为 [45 54])、桑枣儿:桑葚 saŋ⁴⁵⁻⁴⁴ tsɒ⁻⁵⁴ ([45 54] 一般不变调)、门床儿:门槛儿 məŋ³³kʰa⁻⁵⁴ | 雄狗儿:公狗 ioŋ³³kɯ⁵⁴⁵⁻⁵⁴ ([33 54] 一般变为 [11 54])。

小称调 [3] 读得比较短(但比阴去 [54] 要长)。为了与阳平 [33] 之间有所区别,本书把这个小称调记作 [3]。这种 [3] 调出现得很少,而且不很稳定。

随着声调的变化,声母也会变。阴平由 [45] 调变为 [324] 调时,[ʔb ʔd] 的紧喉作用变模糊,读作 [p t] 或 [ʔb̥ ʔd̥]。本书一律记作 [p t]。阳平由 [33] 调变为 [324] 调时,[b d dʑ g z ʑ](目前未记到 [dz v] 声母字变为 [324] 调的例子)发生清化,分别读作 [p t tɕ k s ɕ]。所以,发生小称时,发音人不能够区分原来相应的阴平字和阳平字。例如:刀小~儿ʔd-tɒ⁴⁵⁻³²⁴=桃~儿d-tɒ³³⁻³²⁴ | 钩鱼~儿kɯ⁴⁵⁻³²⁴=喉大咙~儿:大脖子g-kɯ³³⁻³²⁴。另外,阳去由 [14] 调变为 [3] 调时,声母发生半清音化。例如:洞小~儿d-d̥oŋ¹⁴⁻³ | 柜小~儿g-g̥y¹⁴⁻³。本书

把这些音仍然记作 [d g]。[m n l tɕʰ] 声母读 [3] 时，没有明显的变化。由于小称调 [3] 的例子很少，其他声母的情况目前还不清楚。

永康话的小称调规律性很强，迄今为止只记到三个例外：

阴平字变为 [54] 的：盂痰~儿 y⁴⁵⁻⁵⁴；

阳上浊入字变为 [3] 的：日两~儿:两三天 ȵiə³²³⁻³（比较：日两~:两天 ȵiə³²³⁻¹⁴）；

阴去字变为 [324] 的：将麻~儿 tɕiaŋ⁵⁴⁻³²⁴ ~ tɕyaŋ⁵⁴⁻³²⁴。

永康话的小称音一般发生在名词上，但部分常用的副词也会发生小称调。例如：也~儿 iɑ⁻³²⁴｜交~儿:非常 kɒ⁻³²⁴。

柒　同音字汇

本字汇以收录永康话的单字音为主。如果没有单字音，酌收主要的连读音。连读音放在相应的单字音节后面，在连读音的前面加双竖线"‖"表示。（如果连读调是单字调以外的新调值，该调值放在所有调类后面，"‖"加在连读调的前面。）

字汇根据永康话韵母、声母、声调的次序（见上文贰）排列。轻声音节用"[0]"表示。在第一章第四节"本字考"里考证过的字用加粗表示，写不出本字的音节用方框"□"表示。释义、举例在字后用括号"（）"表示。在例子里，用"~"代替原字，"□"后加注连读音。又读、文白异读等一字多音的现象在字的右下角用数字表示，一般用"1"表示最常用或最口语化的读音，"2"次之，依此类推。文白异读规律见上文肆。

ɿ

ts　[45] 资姿咨脂₁(~油:猪油) 兹滋之　[545] 紫雉(~鸡:山鸡) 指₁(中央~:中指) 子(鸡~:鸡蛋;男~农:男人) 籽梓仔(~细)　[54] 痣□(一~麦:一捆麦子)

tsʰ　[45] 雌□(眯)　[545] 此齿　[54] 刺₂(~刀) 次

dz　[14] □(鱼的黏液)

s　[45] 梳斯撕筛(米~) 私师狮蛳司丝思时₁(几~:什么时候) □(~门:囟门)　[545] 死使史驶　[54] 试₁

z　[33] 瓷糍磁慈辞词祠　[323] 似巳士仕市　[14] 自₂(~传) 字寺伺饲事侍

i

ʔb　[45] 屄　[545] 彼鄙比秘(~书)　[54] 蔽弊毙闭臂泌庇

pʰ　[45] 批　[54] 屁

b　[33] 皮₁疲脾□(下~农:下辈) □(一~砖:一层砖) ‖琵(~琶琴) 肥₁(洋~皂)　[323] 皮₂(豆腐~) 被(被子)　[14] 鼊(~洋火:划火柴) 避

313

备‖[11]枇(~杷)笓(~□ki⁴⁵:笓子)

m　[33]迷谜弥眉楣媚 [54]未₂(尔食过~:你吃了饭没有?) [14]未₁(还~来)

f　[45]非飞妃 [545]匪 [54]痱‖[44]翡(~翠) [42]□(~屑:头垢)

v　[33]维惟唯肥₂微 [323]尾₂ [14]未₃(地支之一)味

ʔd　[45]□(~~:一点儿) [54]齿(~饭:盛饭)的

d　[14]地

n　[323]你(读字)‖[11]□(~~:干净。后字读作[ni⁵⁴])

l　[33]棕(棕~:包粽子用的细绳)黎离篱璃厘狸□(麻~:麻子)‖□₁(□iɑ¹¹~食儿:零食) [323]剺(用刀划)李₁(姓)裏₁(城~)理 [54]隸 [14]利痢泪‖里(一~)‖[44]□(□ʔduə⁴⁴~□kieiŋ⁴⁵:唠叨)

tɕ　[45]猪₁知支枝肢智脂₂(胭)芝 [545]纸姊旨指₂(食~)止趾址 [54]致至置志誌

tɕʰ　[45]舒₁(~床:铺床)□(~虫:子孓)□(□ɑ¹¹~~:胳肢) [545]杵鼠耻□(撕) [54]觑(~眼睛儿:眼睛眯起来)□(哪)‖[44]□(~药:山药)

dʑ　[33]池驰迟持 [323]墅(柳~:地名)是₁(弗~:不是)痔 [14]箸治

ɲ　[33]谊尼疑凝‖□(~□səŋ⁴⁵:难看) [14]艺仪议义腻□(猜~:猜谜)

ɕ　[45]施尸诗屎先₂(唐~:地名) [545]玺始 [54]絮四试₂(考~)‖薯(番~)

ʑ　[33]匙时₂(~间) [323]是₄氏 [14]豉自₁(自己)示视

k　[45]鸡₂(田~)稽饥肌基机讥饑□(笼~:笼子) [545]麂己纪(年~)几(~个) [54]计₂(伙~)寄记₂(忘~)既暨季

kʰ　[45]欺 [545]起杞 [54]企器弃岂气汽

g　[33]奇骑祁其棋期旗祈 [14]及₁(来得~)

x　[45]牺嬉(玩儿)熙希稀 [545]喜蟢 [54]系係戏

ø　[45]伊箕萁(荬~壳儿:蕨)医衣依 [33]宜(便~)移夷姨(大~:最大的姨妈)饴遗‖□₂(□iɑ¹¹~食儿:零食。城关音) [545]煮 [323]已以 [54]意忆亿 [14]□(又)‖[11]异(~样)□(~干:附近)

u

ʔb　[545]补谱 [54]布佈

pʰ　[45]潽(溢) [545]普浦傅 [54]铺(卧~)

b　[33]蒲₁菩葡荸(~荠)‖鹁(~鸪儿:鸽子) [323]蒲₂(草~:蒲团)部簿菔(芦~:萝卜) [14]步埠伏(孵)□(晒太阳取暖)‖[11]脯(胸~头)

□(蛤~□dzy̌ə¹⁴:蝌蚪)

m [33]模(~范)谋 [323]某牡母₂拇姆木(笨)目穆牧 [14]暮慕墓庙茂贸幕

f [45]夫敷麸 [545]府腑俯甫福蝠□(□mieiŋ³³~:墨鱼) [54]付咐富副 ‖ 腐(豆~)幅(量词)

v [33]符浮 [323]父辅武舞鹉妇负复(~杂)服伏袱 [14]务雾婺戊 ‖[11]斧(~头)

ʔd [45]都(首~)都(~是) [545]堵赌肚(猪~)妒督□(用肘撞人)

tʰ [545]土 [54]吐(~痰)吐(~血)兔□(泅)

d [33]徒屠途涂图□(牲~:牲畜) [323]杜肚(~饥:饿)独₁读犊毒 [14]度渡镀□(毒害)

n [33]奴₂ [14]怒 ‖[11]努(~力)

l [33]卢炉芦₁(~穄:高粱)庐鲁橹 [323]卤鹿禄麓六陆绿录□(积~:积攒) [14]路(马~)露鹭 ‖ 篓(一~洋火:一盒火柴)

ts [45]租 [545]祖组阻筑祝足

tsʰ [45]粗初 [545]楚础促 [54]醋措错

s [45]苏酥稣疏₂(生~)蔬鬚 [545]速肃宿(~舍) [54]素诉塑数(名词)□(模子)

z [14]助

k [45]姑孤菇□₂(那) [44]‖ □(~个:这个)□(老~毛儿:男人的阴毛) [545]古₁估牯股鼓故榖谷 [54]故固锢雇顾

kʰ [45]箍枯□(面□tɕʰia³⁴~:腮) [545]古₂(~竹城:地名)苦尻(~臀:屁股)哭酷 [54]库裤□(腿~:蹄膀)

g [33]□(蹲)

ŋ [33]吴吾梧 [14]误悟

x [45]呼薅(~田:耘田) [545]虎浒□(~蚁:蚂蚁) [54]戽

ø [45]乌污□(打~:遗失) [33]胡湖狐壶葫糊(动词)蝴 ‖ 鬍(~鬚)□(~□lɤə³³头顶:头顶) [545]握屋 [323]伍户沪互□(□uaŋ³³~:漂亮)□(摇动,~头儿:摇头,~手:挥手) [54]□(煮) [14]糊(名词)护

y

l [33]而 [323]吕旅屡尔₂履耳₂(木~) [14]虑滤₂

tɕ [45]猪₂(~八戒)诸诛蛛株₂朱硃珠 [545]主□(动词,指) [54]著拄(拐杖;使正)註注蛀铸

tɕʰ [45]舒₂(~床:铺床)趋吹₁ [545]取 [54]处(相~)处(~州:地名)趣

dz	[33] 除厨槌（□ lia¹¹ ~：棒槌）锤（铁~：榔头）葵₁（□ kiŋ⁴⁴ 菜~：向日葵）[323] 柱 [14] 储驻住
ȵ	[33] 鱼（青~，鲤~）渔愚虞娱 [323] 女₂语 [14] 遇
ɕ	[45] 书舒₃须需输（败；运~）儒□（不如）[545] 数（动词）水 [54] 庶恕
ʑ	[33] 徐如殊 [323] 序叙绪汝暑署竖乳 [14] 树
k	[45] 居车（~马炮）拘龟 [545] 举矩 [54] 锯₂据句贵□（纺车的线轴）
kʰ	[45] 区驱
g	[33] 渠₂(~道）衢 [323] 巨拒距瞿跪 [14] 具柜
x	[45] 虚 [545] 许（姓）
ø	[45] 於淤于盂（痰~）[33] 余馀（剩）虞娱愉俞 [545] 椅（交~）守₁（看守）[323] 与雨宇禹羽 [14] 御禦誉预芋喻裕

ia

tɕ	[545] 姐（阿~：母亲）
dʑ	[33] ‖ □①（~讲：如果）[14] □②（~西：什么。本书写作"伽"）

a

ʔb	[45] 巴₁（尾~）芭疤□（~子儿：抓子儿）[545] 八 [54] 坝₁ ‖ 把（量词）
pʰ	[45] 盼攀□（披）[54] 襻 ‖ [44] □（~肩：肩膀）
b	[33] 巴₂(下~）爬杷笆片 [323] 罢（午~：下午）拔□（捺。笔画之一）□（泡沫。城关话读作 [vua³²³]）[14] 耙（犁~）办 ‖ [11] 琶（琵~琴）
m	[45] 笆（~□ gai⁵⁴：篱笆）妈（阿~：祖母）班斑颁 [33] 麻蟆蛮 [545] 扳板（脂油：未熬的猪油）版 [323] 瘼（出~）马码袜（袜子）[54] 霸坝₂绊扮 [14] 骂慢漫幔万₁（麻将牌名）蔓 [0] 望₂（试记~：试试看）‖ [11] 蚂（~蟥）晚₁（~娘：后娘）□（脚~背：脚背）□（□ a⁴⁴ ~头：水车上带动水的小木板）
f	[45] 翻（呕吐）番（~薯）[545] 法反髮發 [54] 泛贩畈（田~：田地）
v	[33] 凡帆烦矾繁 [323] 范（姓）範犯乏晚₂伐罚 [14] 饭万₂（数词）
ʔd	[545] 搭掸□（地~：山地）[0] □₁（□ tɕʰi⁵³ ~：哪里。本书写作"奔"）
tʰ	[45] 他滩摊（摆~）[545] 毯塔塌坦（木~：地名）獭 [54] 炭叹
d	[33] 痰谈檀坛弹（~球）[323] 踏淡达 [14] 大₃（船老~）但弹（炸~）蛋 ‖ [11] □（~西：什么）□（~□ yeiŋ⁵⁴：羊角风）
n	[45] 耽担₁（动词）丹单 [33] 难（形容词）[545] 胆疸 [323] 捺（按）

---

① 本字当为"若"。
② 本字当为"若"。

[54]担₂(被,介词;给予)担(名词)旦 [14]难(避~)‖[11]女₁(~婿)□(~拄:帮助挑担用的木棍)

l [45]拉 [33]蓝篮(柳~:装木炭的筐子)兰拦栏‖络₂(~麻:麻的一种) [323]览腊蜡镴懒辣 [14]癞滥烂 [0]□₂(夜~:晚上。本书写作"夺")‖[44]落₂(~□kuɑ⁴⁴生:落花生)

ts [45]渣抓₁(~牌)□(刹;鸡啄物;~头:点头) [545]楂榨(~菜)斩盏札轧(~棉花) [54]炸蘸赞‖[44]扎(~实:牢固)

tsʰ [45]叉差(~别)岔(桠~路:三岔路)掺餐□(拃) [545]插铲产₂察□(~米:再一次舂米) [54]灿擦□(哪里。"□tɕʰi⁵³夺"的合音)

dz [33]茶搽查(动词)残‖□(~杵:一种杵) [323]赚昨 [14]暂站(车~)栈赚(错)

s [45]沙₂(黄~:沙子)纱₂(~头~)痧疏₁三杉衫山疝删₂ [545]撒萨产₁(~母:产妇)杀□(~声:嘶哑) [54]晒散(~戏)□(一~头发:一根头发)‖[44]钐(~镰儿:镰刀)□(~□kɑ⁵⁴⁵:速度快)

z [33]锄 [323]闸煠(用水煮)‖[11]□(~吐:唾液)

k [45]家₁加嘉枷佳艰间(房~)奸 [545]假(真~)贾夹袷甲胛减碱简裥柬□(□sɑ⁴⁴~:速度快) [54]假(放~)架驾嫁价鉴监(太~)间(~一日:隔一天)□(橘子瓣儿)□(揩屁股)‖[44]监(~督)谏(~庄:地名)□(小~□kiŋ⁵⁴:小孩儿)

kʰ [45]铅 [545]舰 [54]搿(捉,拿)

g [33]衔□(跨) [323]峡(山~)挟(抱) [14]□(硌)‖[11]□(手□lŋ¹¹~下:腋下)

ŋ [33]牙芽衙癌岩颜 [323]瓦馅眼 [14]砑‖[11]□(~炉儿:烧菜用的小火炉)□(~□儿kɑ³²⁴:一种挑柴用的农具)

x [45]虾(~皮) [545]喝(啜)□(凹) [54]□(吓)□(和,跟)‖[44]苋(~菜)蛤₁(~□□bu¹¹dzʸə¹⁴:蝌蚪)

ø [45]蛤₂(~蟆:一种小蛙,灰色)鸦桠(树~:树枝) [33]霞函咸(~丰)鹹闲还₂(副词)□(石~:装骨殖的罐子) [545]押 [323]雅下(楼~)狭限 [54]亚挜(强迫给人)暗□(酒~:酒窝儿) [14]夏(姓)夏(~至)陷‖[44]□(~□ma¹¹头:水车上带动水的小木板) [4]阿(~姐:母亲) [11]哑(~儿:哑巴)厦(~门)□(~□tɕʰi⁴⁵tɕʰi⁴⁵:胳肢)

iɑ

ʔb [545]摆 [54]箄(动词)拜

pʰ [54]破派

b　　[33]排牌簰 [14]稗败

m　　[33]埋 [323]买□(助词,了。本书写作"咩") [14]卖迈

ʔd　　[45]爹颠癫 [545]点₁跌典滴嫡 [54]戴₁(动词)带(名词;动词)踮店

tʰ　　[45]拖₁(~车)添天□(犁~:犁的下部安装犁铧的部分) [545]舔帖贴铁 [54]太泰剔‖[44]□(~膊□ȵiəɯ⁴⁵:光膀子)

d　　[33]甜田填 [323]筴(晒~:一种圆形竹器)簟(晒粮食用的竹席)叠碟牒蝶谍奠佃 [14]大₂(~蒜)汰(漂洗)电殿垫□(趟;一~路:一条路)‖[11]靛(~青)

n　　[323]奶(乳汁)蚁 [545]点₂(~心)‖[11]□(~□iəɯ¹⁴:蚜虫)

l　　[33]怜莲₂ [14]赖练炼‖[11]楝(苦~树)□(~槌:棒槌)

tɕ　　[45]遮斋□(~□liŋ⁴³³:知了) [545]碾₁(~米)剪展节 [54]借蔗债箸(酒~:压酒的器具)荐₁(稿~:稻草床垫)□(弗~:不太) [0]者(记~)

tɕʰ　　[45]车(汽~)钗差(~农:公差)千 [545]切(鸭子啄物)□(面~:脸) [54]笡(斜)蔡

ȵ　　[33]年‖箬₁(~帽:斗笠) [323]捏 [14]艾(~蒿)外念廿(二十)‖[11]惹(~取笑:说笑话)鲇(~鲐:鲇鱼)

ɕ　　[45]纱₁(棉~)赊前₂(头~:前面) [545]写捨(弗~□kɤə⁵⁴⁵:舍不得)□(~酒:倒酒) [54]泻卸赦舍(宿~)寨(大~)‖[44]沙₁(~箕儿:一种小簸箕)线₂(~袜)

ʑ　　[33]邪斜蛇佘柴前₁ [323]社捷截(剪) [14]谢射₂(~箭)麝□(动)□(一~竹□gai¹⁴:一张竹篱笆)

k　　[45]皆阶街 [545]解(~□tɕʰyəi⁴²²:解开)挟(~菜)□(眨巴)□(~蜢儿:蚱蜢) [54]介界芥疥届戒解(押解)廨(碗~橱儿:碗橱)

kʰ　　[45]揩(~痒:蹭痒) [545]楷

g　　[323]懈(慢)

x　　[545]蟹蚬₁(~壳:蚌)

ø　　[45]爷₁(阿~:爷爷)挨 [33]爷₂(父亲;师~:师傅)鞋(草~) [545]矮 [14]夜械□(逗小孩)‖[11]□(~□li³³食儿:零食)

uɑ

k　　[45]瓜官棺观(参~)冠(鸡~花)关₂(~键) [545]寡剐管馆括刮 [54]过₁(~路;传染)挂₃(结~:挂念)卦褂贯灌₂罐惯‖[44]□(落~生:落花生)

kʰ　　[45]夸垮宽 [545]款阔‖[44]快₂(~活:高兴)

g	[33] □(弯) [14] 掼(扔)□(提梁)□(独手~:只有一只手的人)
ŋ	[14] 玩
x	[45] 花欢□(咙喉~:小舌) [545] 豁□(甩去) [54] 化唤焕□(使刀锋利)‖[44]□(打~睏:打哈欠)
ø	[45] 弯湾 [33] 华完还(动词)还₁(副词)环 [545] 碗(一口~:一个碗)腕挖 [323] 缓皖活患 [54]□(~弗上:爬不起来)□(~门床儿:跨门槛儿) [14] 画话换□(~样:别的)

ya

tɕ	[45] 株₁(稻~:稻茬)□(子~:未下的蛋) [545]□(提)□(结~:打结)
tɕʰ	[45]□(柴~归去:烧柴时把柴放进去) [545] 喘 [54] 串‖[42]□(~盘儿:钹)
dʑ	[14] 射₁(~尿:尿床)
ɕ	[45] 闩栓 [545] 刷(动词)
ʑ	[33]□(~街狗儿:挑拨人家打架)
k	[45]□(疥) [54] 怪挂₂(动词)
kʰ	[54] 快₁
x	[45]□(稀烂)
ø	[45]□(肮脏)□(掉~:连枷) [33]‖耶(~稣) [323] 悦阅越₁(~剧)曰粤穴

ə

ʔb	[545] 笔滗毕不北逼碧壁璧
b	[323] 鼻别₁(~农儿:别人)密₁(~~集集:稻子种得很密)勃渤趤(~鸭儿:赶鸭子) [14]□(一~痰:一口痰)
m	[323] 密₂蜜墨默□(雇)
f	[545] 弗(不)佛(仿~)
v	[323] 佛物
ʔd	[545] 啄(~木鸟)□(剁;□tsɑ⁴⁵头~脑:打盹儿)
tʰ	[545] 脱
d	[323] 夺
l	[323] 猎立律率(效~)肋勒
ts	[545] 执汁秩质□(手~头:手指)
tsʰ	[545] 缉辑撮七漆□(~发□儿kəŋ³²⁴:刘海)
dz	[323] 蛰侄

s　[545] 涩湿疾虱失室

z　[323] 集习袭十什入实日₂(~本) ‖ [11] □(~龙:蜥蜴)

k　[545] 蛤(~□ʔbɒ⁵⁴⁵:癞蛤蟆)

kʰ　[545] 掐咳

g　[323] 结₂(~舌:口吃)掘(挖)

ĭə

ȵ　[323] 日₁(今~)

k　[545] 急级给吉击激

kʰ　[545] 乞吃(~亏)□(~~□dəi³²³:哮喘)

g　[323] 及₂极剧(~烈)剧(婆~)屐(木~板儿:木屐)

x　[545] 吸疨(坏,差)

ø　[545] 乙一逸益 [323] 亦译易(贸~)液腋

ŭə

k　[545] 骨

kʰ　[545] 屈(弯)

x　[545] 忽

ø　[323] 猾滑核(果核)

y̆ə

tɕ　[545] 欻(吮吸)

tɕʰ　[545] 出

dʑ　[323] 术(白~) [14] □(蛤□bu¹¹~:蝌蚪)

ɕ　[545] 戌恤率蟀□(~静:静悄悄)

ʑ　[323] 衔述□(理睬)

k　[545] □(手~:手上的胼胝)

ø　[323] 惑域疫役

ɤə

ʔd　[45] 端 [545] 答短掇(双手拿东西)□(~瓶:酒坛)

tʰ　[45] 贪吞₁(动词) [545] 氽(流淌) [54] 探

d　[33] 潭谭团臀 [323] 断₂突□(镬~:锅巴)□(合~:合算) [14] 锻段缎钝

n　[33] 南楠男 [323] 纳 [14] 嫩

l　[33]†鸾 ‖ □(~屑:垃圾)□(□u³³~头顶:头顶) [323] 粒 [14] 乱₂(~七八糟)

ts　[45] 簪 [54] 钻(名词;动词)

tsʰ	[45]参(~加)汆(焯)村 [545]惨 [54]寸
s	[45]酸孙₁(孙子;侄子) [545]屑(□lɤə³³~:垃圾) [54]算蒜□(整人)
z	[323]杂鎈‖[11]蚕(~豆:豌豆)
k	[45]甘柑泔丅(~支;□i¹¹~:附近)肝乾(~燥)杆(栏~) [545]感合(~□dɤə³²³:合算)敢秆赶割葛□(弗舍~:舍不得) [54]干(事~:事情)
kʰ	[54]勘磡(高埂)
ŋ	[323]喢(咬) [14]岸
x	[45]鼾 [545]罕蠵(蚂~:蚯蚓) [54]汉熯(再蒸热)
∅	[45]庵安鞍□(~蕈儿:蘑菇) [33]含寒韩 [545]□(堆着发酵) [323]合(~作社)旱 [54]按案 [14]汗焊翰

iə

ʔb	[45]鞭编边蝙 [545]鳖瘪扁匾必 [54]变遍(一~)
pʰ	[45]篇偏 [545]僻辟 [54]骗片‖撇(一~)
b	[33]緶(衣服的贴边) [323]辨辩别₂(差~) [14]币便(就)
m	[33]绵棉 [323]米免勉娩缅灭搣(捻)篾 [14]面麵
f	[54]废肺费
ʔd	[45]低 [545]底抵 [54]帝渧(滴,动词)嚔(打~:打喷嚔)
tʰ	[545]体 [54]替₂涕剃屉
d	[33]堤题提蹄啼钱(姓)钿(钱) [323]弟第 [14]递
n	[54]是₃
l	[33]犁廉镰帘连链联□(□gɒ¹¹~:合页) [323]礼李₂(行~)躐(走)列烈裂劣 [54]是₂ [14]滤₁(~豆浆)例厉励丽‖[11]荔(~枝)鲤(~鱼)□₁(赤身~体:裸体)
tɕ	[45]尖煎毡 [545]接折(折叠)褶哲 [54]祭际制製济(~手:左手)剂占(~领)箭溅战荐₂‖[44]浙(~江)
tɕʰ	[45]妻棲籖签迁笺伸₁ [545]歼浅彻撤□(粪~:一种簸箕) [54]砌刺₁(名词)
dʑ	[323]涉舌鳝□(不正,歪)
ɲ	[45]黏拈研□(回头;拧螺丝) [33]泥倪严言 [323]染聂业碾₂热孽逆 [14]毅验
ɕ	[45]西犀仙鲜(新~)先₁ [545]洗癣薛设雪 [54]世势细婿岁闪(霍~:闪电)线₁搧扇
ʑ	[33]齐脐荠(荸~)潜然燃 [323]善膳折(亏本)绝 [14]誓逝渐践贱(便

宜)羨

k [45]鸡₁兼坚 [545]检劫**羯**(阉)笕结₁洁□(~□mieiŋ⁵⁴:常常)[54]计₁继髻记₁(一记:一下)剑键建见

kʰ [45]溪牵 [545]启遣挈(拿起来)[54]契欠纤

g [33]钳乾(~隆)□(攀登) [323]俭件杰 [14]健(健康)

x [45]锨(火~:火铲) [545]胁歇蝎蚬₂(~壳:蚌)[54]宪献显 ‖ [44]轩(~间:堂屋)□(~□ləi⁴⁴骨:肋骨)□(□xɑ⁴² ~ □儿nəŋ⁵⁴:胸口,□xɑ⁴² ~ 谷儿:秕谷)

ø [45]蔫(不新鲜)焉肩烟胭 [33]炎盐(名词)阎檐嫌延筵贤弦沿 [545]掩厣(痂)[323]叶演翼(~膀:翅膀)[54]厌艳赝(比量)燕(子~:燕子)□(倒~:怕难为情)□(挥手) ‖ 系(关~)易(容~)[14]焰盐(腌)现页

uə

ʔb [45]波菠坡玻播(广~)般搬 [545]钵拨博搏剥驳 [54]半粪₁(栏~:厩肥) ‖ [44]拚(~箕:挑东西用的簸箕)膊(□tʰiɑ⁴⁴ ~ □ȵiəɯ⁴⁵:光膀子)

pʰ [45]潘 [545]泼仆朴扑覆(趴) [54]剖判

b [33]婆(姑~:祖父的姐妹)盘磐盆 [323]伴拌钹薄(形容词)缚(捆)雹 ‖ [11]薄(~荷)

m [33]魔摩瞒鳗 [323]满末沫抹没莫膜寞摸 [14]磨(麦~:石磨)问₁(动词) ‖ [11]馒(~头)□(~老鹰:老鹰)

ʔd [45]多 [545]朵(耳~)躲 ‖ [44]□(~□□li⁴⁴kieiŋ⁴⁵:唠叨)

tʰ [45]拖₂(~鞋,~拉机) [545]妥

d [33]驼**驮**(拿)舵 [323]□(培土)[14]大₁(形容词)

n [33]□(抚揉) ‖ [11]糯(~米)

l [33]罗锣箩萝(天~:丝瓜)螺胴 [323]房挦□(抚摩,揉)

ts [545]左佐桌₁(□tsəi⁴⁴ ~:桌子)卓 [54]做

tsʰ [45]搓 [545]戳触 [54]锉莝(砍)

dz [323]琢浊镯逐轴蜀

s [45]梭蓑 [545]锁琐所缩束

z [323]坐 [14]座

k [45]歌哥锅戈 [545]个₂(的)果裹裸(~印:一种做稞的器具)郭□(~□ləŋ³³:圆)[54]个₁(一~;的)过₂

kʰ [45]髁(脚~头:膝盖)科窠(被~:被窝)[545]可扩 [54]课

g [323]个₃(的)

ŋ	[33] 蛾鹅俄 [323] 我 [14] 饿卧
x	[45] □(背弯) [545] 火(洋~) 伙霍 [54] 货 ‖ [44] □(~惊:吓了一跳)
ø	[45] 窝蜗 [33] 河何荷和(~棋) 禾烁(~头:棺材的两头) ‖ 猢(~狲:猴子) □(~肚:肚子) [545] 颁(淹) [323] 个$_4$(的) 祸镬(锅) [54] 个$_5$(的) 浼(屎) [14] 贺

yə

tɕ	[45] 专砖 □(~稼:玉米) [545] 转(~业) [54] 稼(芦~:高粱) □(糯米晒得干透了)
tɕʰ	[45] 川穿$_2$(着衣) [54] 串
dz	[33] 缠(盘~) 传(宣~) 椽 [14] 篆传(自~) □(蛙的一种,较大,灰色)
ɲ	[33] 元原源 [323] 软月(~亮;正~) [14] 愿
ɕ	[45] 宣喧 [545] 选说$_2$ [54] 税
ʑ	[33] 全泉船 [323] 陕(~西) [14] 旋(头发旋;旋转)
k	[45] 捐绢 [545] 决诀 [54] 眷卷绢
kʰ	[45] 圈 [545] 犬缺 [54] 劝券
g	[33] 拳权颧
x	[45] 靴 [545] 血 [54] 楦
ø	[45] 冤渊 [33] 畦丸圆员缘袁辕园援玄悬眩 □(~尿:把尿) [323] 远越$_2$(~讲~多) [54] 堰(~头:地名) 怨甽(小水流) [14] 院县

ɒ

ʔb	[45] 包$_1$胞 [545] 保堡宝饱 □(蛤~:癞蛤蟆) [54] 报豹趵(跳)
pʰ	[54] 炮泡(水~;~茶)
b	[33] 袍 [323] 抱 □(蚊子咬成的疙瘩) [14] 暴鲍爆鲍(名词)
m	[33] 磨(动词) 毛茅矛 ‖ 包$_2$(黄~车儿) 梦$_2$(讲~眠话:说梦话) [323] 卯 [14] 冒帽貌
ʔd	[45] 刀 □(一~纸:一叠纸) [545] 岛倒(~去:死了,枯了) 捣 [54] 到倒(~水)
tʰ	[545] 讨飥托拓 [54] 套
d	[33] 桃(~花) 逃淘陶萄涛 □(挖) [323] 道(味~) 稻 □(龙~:冰锥) □(九里~:马蜂) [14] 盗导 ‖ [11] □(□gian^{33} ~丸:樟脑丸)
n	[323] 脑恼 [14] 闹
l	[33] 劳牢 ‖ 芦$_2$(~菔:萝卜) 骆(~驼) □(眼~浼:眼眵) [323] 老了$_1$(擦~:擦掉) 落$_1$烙洛络$_1$乐(快~) 乐(~队) ‖ [11] □(手~ □gɑ^{11}下:腋下)

323

ts	[45]遭糟抓₂(~痒) [545]早爪找(找钱)作口(堵塞;拦) [54]躁灶罩‖[44]桌₂(口kiɒ⁴² ~布:抹布)
tsʰ	[45]操抄钞剿口(牛角撞) [545]草騲(~鸡:母鸡)炒吵 [54]糙秒
s	[45]骚臊口(挽袖子) [545]扫(动词)嫂索 [54]燥
z	[33]曹槽 [323]皂造‖[11]口(~口kʰɒ⁵⁴:半大小的猪)
k	[45]家₂(大~)高膏篙羔糕镐交郊胶觉(睏一~:睡一觉) [545]稿绞搅搞校(~对)各阁(~头:家里)搁胳觉古岳切角(动物的角)口(~刀:铡刀)口(~口儿tɕyɑ³²⁴:山楂) [54]告教(动词;信~)较窖‖[44]茭(~笋:茭白)狡(~猾)虼(~虱:臭虫)
kʰ	[45]敲 [545]考巧₁(对~:合适)确壳(麦~:麸子) [54]烤靠銙口(口zɒ¹¹ ~:半大小的猪)
g	[323]口(乌鳢~:乌鳢) [14]口(靠)‖[11]口(~口liə³³:合页)
ŋ	[33]熬‖岳(~飞) [323]鹤嶽 [54]乐₂(弗~:别,不要) [14]傲鏊(~盆:平底锅)乐₁(要)
x	[45]蒿(蓬~)耗 [545]好(形容词) [54]孝‖[44]酵(发~粉)
ø	[45]讴(喊,叫) [33]豪壕毫浩 [545]袄恶(~霸) [323]学 [54]奥懊口(手~:手腕) [14]号(几~)效校(学~)‖[44]口(~口儿təɯ³²⁴:一种有把儿的小水桶)

iɒ

ʔb	[45]标彪 [545]表錶婊
pʰ	[45]飘 [545]漂(~白) [54]票
b	[33]瓢嫖
m	[33]苗描 [323]妙 [14]秒庙
ʔd	[45]刁貂雕 [545]鸟₁(~窠儿:鸟窝)口(~口ʔdəi⁴⁴名儿:外号) [54]钓吊
tʰ	[45]挑 [54]跳粜
d	[33]条调(~整) [14]调(音~)‖[11]掉(~口yɑ⁴⁵:连枷)
l	[33]燎疗聊辽撩寮寥瞭镣捞廖口(口ʔbai⁴⁴ ~:乖)口(口tɕiɑ⁴⁵ ~:知了) [323]了₂略 [14]料
tɕ	[45]焦蕉椒朝(明~:明天)昭招口(~口tɕʰiəɯ⁵⁴:烦恼) [54]照
tɕʰ	[45]锹缲超 [545]雀口(湿)
dʑ	[33]朝(宋~)潮 [323]赵着(火~;补语) [14]召
ɲ	[33]饶尧‖虐(~待) [323]鸟₂(啄木~)箬₃(~岭下:地名) [14]绕
ɕ	[45]消宵霄硝销烧萧箫 [545]小少(多~)削惜₁(得农~:可爱) [54]

324

	笑肖惜₂(得农~ :可爱)‖[44]芍(~药)
ʑ	[323]噍勺若(~干:很多)弱 [14]绍噍(转~:牛倒噍)邵 ‖[11]韶(~山)
k	[45]骄娇浇 [545]缴饺脚□(擦) [54]叫₂(哨子)□(小□kɑ⁴⁴~:小孩儿)‖[44]□(~菜葵:向日葵)
kʰ	[45]跷₁(~脚:瘸子) [545]巧₂窍却 [54]翘跷₂(~板儿:跷跷板)
g	[33]乔侨桥 [323]藠(老~:藠头)□(撬) [14]轿
x	[45]嚣□(诉讼) [545]晓
ø	[45]妖腰要(~求) [33]摇谣窑姚 ‖ 邀(~请) [545]约□(给;鱼刺~了:剔鱼刺;~集:收拾)□(~呐用:弄坏) [323]舀药 [54]要(重~)叫₁(哭;动物叫) [14]耀鹞跃

ai

ʔb	[545]百(~六:一百六十)柏伯(阿~:父亲)迫‖[44]盲₁(~眼:瞎子)□(~热食:趁热吃)□(~□liŋ³³:乖)
pʰ	[545]拍魄版(掰)‖[44]□(~梯:人字形的梯子)
b	[33]彭膨搒(~背:捶背)棚 [323]白 [14]□(碰,遇)
m	[45]绷 [33]盲₂虻 [323]猛陌麦脉 [54]柄掰(拔,拉)‖泯(流~) [14]孟
n	[45]睁(手~头:胳膊肘儿,树~:树节疤) [545]打(动词)
l	[323]冷
ts	[45]争 [545]摘责 [54]□(不消化)□(一~箸:一根筷子)
tsʰ	[45]撑□(睁) [545]拆坼(裂缝儿)策斥 [54]掌册
dz	[323]泽择(挑选)宅 [14]碾(~归去:挤进去)
s	[45]生₁牲甥 [545]省(浙江~)省(节~)□(~水:地瓜的水分过多) [54]生₂(怎么;□xai⁴⁵:这么)□(筬~:很细的筬)
k	[45]更(五~)粳庚羹耕□(那么) [545]哽耿格革隔□(笼~:蒸笼) [54]更(~见:更加)
kʰ	[45]坑 [545]客
g	[323]□(猪栏~:猪圈的栅栏) [14]□(笆~:篱笆)
ŋ	[323]额核(审)□(折使断) [14]硬
x	[45]亨□(这么) [545]赫
ø	[45]□(~桐:桐子) [33]行₁(~头)桁(檩)‖樱(~珠:樱桃) [545]压扼轭 [323]杏幸

uai

k	[45]惊₁(怕) [545]梗潩(~坼:开裂)□(伽~事:没关系,不要紧)

kʰ [54] 快₃(痛~)

ŋ [45] 歪₁

x [545] □(~口:歪嘴)

ø [45] 歪₂ [33] 怀(城关音为[yɑ³³]) 淮横获 [323] 划(汉字的一笔;计~) [14] 坏 ‖ [422] □(起来。参见[句]84)

əi

ʔb [45] 杯碑卑悲 [54] 贝辈背(~脊)背(用背驮)

pʰ [45] 胚坯 [54] 配匹

b [33] 培陪赔 [14] 佩背(背诵)焙 ‖ 倍(一~)

m [33] 梅枚媒煤 [323] 每美 [14] 妹

f [54] □(不会。"弗会"的合音,本书写作"赊")

ʔd [45] 堆 [545] 勋(撕) 得₁ 德 [54] 戴₂(姓) 对碓 ‖ □(□ʔdiŋ⁴² ~名儿:外号)

tʰ [45] 胎台(~州:地名) 苔梯推煺(~鸡毛:用滚水烫后去掉鸡毛) [545] 腿忒踢□(鸡用爪挖) [54] 态替₁退

d [33] 臺抬鲐(鲐~:鲐鱼) [323] 待怠特敌狄籴□(□□ kʰiə⁴kʰiə⁴ ~:哮喘) [14] 贷代袋(袋子) 队兑

n [323] 耐 [54] □(无,没有。本书写作"呐") [14] 内

l [33] 来雷 [323] 郦(后~:地名) 累(积~) 裹₂(侧~睏:侧身睡) 得₂(助词) 力歷曆□₂(补语,起来。本书写作"嘞") [14] 跜(滚动;躺;擤) 类泪 ‖ [44] □(□xiə⁴⁴~骨:肋骨)

ts [45] 灾栽追 [545] 宰嘴则即侧织职识₁(认识) 积迹脊绩□(麻~:发麻) [54] 再载(满~) 最醉□(蒂) ‖ 隽(量词) ‖ [44] □(~桌:桌子)

tsʰ [45] 猜催崔吹₂炊 [545] 彩采睬测刺(~毛线:打毛衣) 赤(醋) 尺₁(名词) 戚□(拉紧,勒) [54] 菜脆翠 ‖ 尺₂(一~)

dz [323] 直值殖植

s [45] 鳃碎虽衰摔□(量气~:小气) [545] 髓塞息熄色识₂式饰惜₃昔适释锡析 [54] 栖(鸡~:鸡屋) 赛帅 ‖ 锐(尖~)

z [33] 才材财裁豺随隋垂谁 [323] 在罪贼食(吃) 蚀籍席蓆夕石□(一下) [14] 瑞穗 ‖ [11] 遂(~昌:地名)

k [45] 该 [545] 改虮(虱~) [54] 概溉盖

kʰ [45] 开 [545] 凯刻克 [54] 慨□(老~:扑克)

g [323] 徛(站立) [14] 隑(把东西靠在墙壁上)

ŋ [33] 呆 [14] 碍

| x | [545] 海黑 |
| ø | [45] 哀 [323] 亥裏₃(店~)得₃(助词) 囗₁(补语,起来。本书写作"嘞") [54] 爱 [14] 害 |

uəi

k	[45] 闺规归 [545] 诡鬼国 [54] 桧(秦~)挂₁(鸡~:鸡嗉子)桂
kʰ	[45] 魁奎亏 [54] 块 ‖ [44] 盔(~甲)
g	[33] 逵葵₂ [323] 窥轨癸 [14] 愧
ŋ	[33] 危
x	[45] 恢灰挥辉徽 [545] 贿₁毁 [54] 贿₂悔晦
ø	[45] 煨威 [33] 回茴蛔为(行~)伪违为(介词)围 [545] 萎委慰 [323] 伟苇或 [54] 畏 [14] 汇会(开~)会(助动词)绘卫惠慧位魏讳纬胃谓

əu

ʔd	[45] 兜 [545] 斗(烫~:熨斗)抖 [54] 鬥
tʰ	[45] 偷抽₂(~屉) [545] 敨(展开;~气:叹气) [54] 透
d	[33] 头投 ‖ 骰(~子儿) [14] 豆逗痘
l	[45] 囗(用手掏) [323] 楼 [14] 漏陋
ts	[45] 邹 [545] 走 [54] 奏皱
tsʰ	[54] 凑
s	[45] 搜 [54] 嗽
z	[33] 愁
k	[45] 勾钩沟囗₁(那) [545] 狗(街~:狗) [54] 锯₁(锯子)够构购
kʰ	[45] 抠 [545] 口(~嘴:嘴巴) [54] 去扣寇釦
g	[33] 渠₁(他)喉₁(咙~:喉咙)囗(缩;头发卷曲) [323] 厚 [14] 囗(打~:嗳气)
ŋ	[323] 藕偶
x	[54] 鲎(虹)
ø	[45] 欧瓯殴 [33] 侯喉₂猴 [323] 後后(皇~) [54] ‖ 候(时~)

iəu

ʔd	[45] 丢(丢弃)
l	[33] 流刘留榴硫琉 [323] 柳囗(搅拌) [14] 溜(滑) ‖ [11] 鳢(乌~囗 gɒ³²³:乌鳢)
tɕ	[45] 揪周舟州洲 [545] 酒帚(扫~)囗(捆,束) [54] 咒
tɕʰ	[45] 秋鳅抽₁ [545] 丑醜 [54] 臭囗(囗 tɕiɒ⁴⁵ ~:烦恼)
dʑ	[33] 囚绸稠筹酬

ɲ [45]扭□(□tʰia⁴⁴膊~:光膀子) [33]牛 [323]纽 [14]□(红~:野生的草莓)

ɕ [45]修羞收 [545]手首守₂ [54]秀绣锈兽瘦 ‖ 袖(手衫~:袖子)

ʑ [33]售 [323]受 [14]就寿授

k [45]阄 [545]九久韭纠(~正) [54]灸救究 ‖ [44]□(尾巴~骨:尾骨)

kʰ [45]丘邱□(~紧:勒紧)

g [33]求球(篮~)裘 [323]臼舅(老婆~:内兄) [14]旧

x [45]休朽□(老鼠~:瘊子) [54]□(滑)

ø [45]忧优悠犹幽幼□(躲藏)□(~笼:焙笼) [33]尤邮由油游 [323]有友酉 [14]诱又右佑柚□(雪~:霰)□(□nia¹¹~:蚜虫)

iu

tɕ [545]竹(~笐:晒衣服用的竹竿)粥烛

dʑ [323]浞(淋雨)

ɲ [323]肉玉狱□(和面)

ɕ [545]叔 ‖ [44]说₁(~话)

ʑ [323]族熟塾俗续属褥

k [545]菊鞠

kʰ [545]麴曲

g [323]局

x [545]畜(~牧)蓄

ø [545]郁育欲 [323]浴

aŋ

pʰ [45]□(柚子) [54]胖□(凸)

b [33]旁螃庞 [323]棒

m [45]帮邦 [33]忙芒(~种)茫 [545]榜膀绑 [323]莽蟒网 [54]谤 [14]望₁(看)‖[11]忘(~记去:忘记)

f [45]方肪坊芳 [545]妨傲纺仿访 [54]放

v [33]房防亡 [323]妄 [14]望₃(希~)

tʰ [45]汤 [545]躺 [54]烫趟□(芦萉~:礤床儿)

d [33]堂棠螳唐糖塘 [323]盪(漱口) [14]荡(逛)□(别~:别处,阴~:晒不到太阳的地方)

n [45]当(~时)裆 [545]党 [54]挡当(典当)□(掌)

l [33]郎廊狼螂 ‖ 茛(~萁壳儿:蕨) [323]朗 [14]浪 ‖ [44]两₂(几~岁:多大岁数)

ts	[45] 赃 [54] 葬
tsʰ	[45] 仓苍菖(水~蒲:菖蒲)
s	[45] 桑丧(出~)
z	[33] 藏(动词) [14] 藏(西~) 臧 ‖ [11] 磉(柱~盘:柱子底下的石磉)
k	[45] 冈岗刚纲钢缸杠江扛豇 [545] 讲港 [54] 降(~□儿 tɔŋ³²⁴:跳神)□(鞭痕)
kʰ	[45] 康糠慷 [54] 抗圹(放)圹(生~:墓穴)
g	[33] □(螂~:螳螂) [323] □(畦之间的浅沟,稻麦等作物的两行之间的空间)
ŋ	[33] 昂
ø	[33] 行(银~)航杭绗降(投~) [323] 项 [14] 筕(竹~:晒衣服用的竹竿)巷(胡同)

iaŋ

l	[33] 良凉量(~布)粮梁樑杨₁(~柳树) [323] 两₁(~个) [14] 亮谅辆量(质~) ‖ 两(几~)
tɕ	[45] 将(~来)浆张章樟蟑瘴□(上铁~:生锈) [545] 蒋奖桨长(县~)涨仗掌 [54] 酱将(大~)帐账(债)障
tɕʰ	[45] 枪昌 [545] 抢厂 [54] 呛畅唱倡□(放)□(镬~:锅铲)□(箩~:箩筐的帮)
dʑ	[33] 长(形容词)肠场祥₂(永~:地名) [323] 杖 [14] ‖ 丈(一~) ‖ [11] 丈(~母)
ȵ	[45] 娘₂(阿~:父亲的妹妹) [33] 娘₁(母亲) ‖ 篛₂(~帽:斗笠) [323] 仰
ɕ	[45] 相(互~)箱厢湘襄镶商伤 [545] 想鲞赏 [54] 相(照~)
ʑ	[33] 前₃(~日)墙详祥₁常尝裳偿 [323] 象像上(动词) [14] 壤匠尚上(~头)让(城关音为[ȵiaŋ¹⁴])
k	[45] 疆僵薑缰姜
kʰ	[45] 腔 [545] 强(勉~)
g	[33] 强(~大) ‖ □(~□dɒ¹¹丸:樟脑丸) [323] □(米煮得很硬)
x	[45] 香乡 [545] 享响 [54] 向
ø	[45] 央秧殃 [33] 洋烊杨₂(姓)阳扬疡 [323] 养(城关音为[yaŋ³²³])痒 [54] □(搀扶) [14] 样 ‖ [53] □(~节:现在) ‖ [44] 两₃(几~岁:多大岁数)

uaŋ

| k | [45] 光 [545] 广 [54] 晃 |

329

kʰ　[45] 匡筐　[54] 矿

g　[33] 狂₂

x　[45] 荒慌　[545] 谎　[54] 况

ø　[45] 汪　[33] 黄簧皇蝗磺煌隍王‖□(~□u³²³：漂亮) [545] 枉 [323] 往　[14] 旺

yaŋ

tɕ　[45] 庄装妆桩□(乱 ~：乱来，野蛮) [54] 壮

tɕʰ　[45] 疮窗　[545] 闯　[54] 创□(~□tɕʰyəi⁰：结成疙瘩)

dʑ　[14] 撞

ɕ　[45] 霜双春□(扔) [545] 爽

ʑ　[33] 床　[14] 状

g　[33] 狂₁(心里很不稳定)

əŋ

pʰ　[45] 喷(~漆)□(闻)

b　[14] 笨

m　[45] 奔崩　[33] 门　[545] 本(日~) [14] 闷□(掩眼睛、嘴巴、耳朵)

f　[45] 分芬纷吩(~咐) [545] 粉　[54] 粪₂奋

v　[33] 坟文纹蚊₂闻　[323] 焚愤忿刎奋　[14] 份问₂(疑~)

tʰ　[54] 褪(~帽：脱帽)‖[44] 吞₂(温~暖儿：温水)

d　[33] 饨(馄~) [323] 断₁(断绝) [14] 盾遁邓

n　[45] 砘(板~：砧板) 敦墩炖　[545]□(水~：水坑儿) [323] 暖　[54] 吨顿蹲(踩)

l　[33] 嵛(崑~) 伦沦轮₂□(□kuə⁴²~：圆)□(乌~：青肿) [323] 卵(未下的蛋) [14] 论‖[11] 乱₁(~□tɕyaŋ⁴⁵：乱来，野蛮)□₂(赤身~体：裸体)

ts　[45] 榍(锄头~：锄头上用的楔子) 针斟珍臻真振尊遵曾(姓) 增憎□(~麻：苎麻) [545] 枕(~头) 诊疹椹(挤) [54] 浸进晋镇震‖[42] 鲫(~鱼儿)

tsʰ　[45] 侵亲(~戚) [54] 趁衬□(一种捕鱼器)

dz　[33] 沉陈尘臣仁₃(上~：地名) 存澄橙　[14] 阵赠

s　[45] 心森参(人~) 深删₁(使稀疏) 辛新薪身申伸₂孙₂(姓) 狲僧□(□ɲi³³~：难看) [545] 沈审婶损笋榫　[54] 渗信讯迅

z　[33] 寻秦神辰晨人₂(~参) 仁₂刃　[323] 蕈(牛浣~：一种蘑菇) 尽肾 蜃(出~：山洪暴发) 忍₂　[14] 赁(租) 任慎认₂□(电~：电池)

330

| k | [45] 跟根 [545] 亘 (~ 被：盖被) [54] 桼 (牛鼻头 ~) ‖ [42] □ (~ 籽树：乌桕树)
| kʰ | [45] 啃 [545] 恳垦肯□ (撒种子的小洞) [54] □ (~ 额：向前突出的额头)
| g | [33] □ (鸡 ~ ：一种养鸡的用具) [323] □ (螺蛳 ~ ：头发卷曲)
| x | [54] 很
| ∅ | [45] 恩□ (埋) [33] 痕恒衡 [14] 恨

iein

| pʰ | [45] 姘拼 [545] 品 [54] 聘
| b | [33] 贫频朋凭平坪评瓶屏苹 [323] 并 [14] 病 ‖ [11] 便 (~ 宜)
| m | [45] 彬斌宾槟冰兵 [33] 眠 (讲梦 ~ 话：说梦话) 民蚊₁ (~ 虫：蚊子) 萌鸣明盟名铭 ‖ □ (~ □fu⁵⁴⁵：墨鱼) [545] 禀丙秉饼 (麦 ~ ：一种饼) □ (冻 ~ ：冻疮) [323] 闽悯敏 [54] □ (□kiə⁴² ~ ：常常) [14] 命 ‖ [11] □ (招 ~ 女婿：招男子来家结婚落户)
| tʰ | [45] 厅汀桯 (床 ~ ：床两边的木条) [545] 艇挺 [54] 听 ‖ [42] □ (~ 椅：躺椅)
| d | [33] 腾藤亭停廷庭蜓 [14] 锭定
| n | [45] 登灯丁钉 (洋 ~) 疔叮 (蜇) [33] 能宁 (~ 波) [545] 等顶鼎 [54] 凳瞪钉 (动词) 订
| l | [33] 林淋临邻鳞磷轮₁ (~ 盘：轮子) 陵凌菱灵零铃伶□ (一种渔网) ‖ 莲₁ (打 ~ 花：演唱莲花落) [323] 领 (占 ~) 岭 [14] 令另 ‖ [11] 菠 (菠 ~ 菜)
| tɕ | [45] 憎 (得农 ~ ：讨人嫌) 徵蒸精晶睛贞侦正 (~ 月) 征 [545] 井整 □ (上 ~ ：发霉) [54] 甑证症正 (~ 面) 政 ‖ [11] □ (~ 痱：痱子)
| tɕʰ | [45] 称 (动词) 清青蜻 [545] 请 [54] 称 (对 ~) 秤
| dʑ | [33] 呈程 [14] 郑
| ɲ | [33] 壬人₁ (丈 ~) 仁₁ 银蝇迎 [323] 忍₁ [14] 认₁ (~ 着：认识) 韧
| ɕ | [45] 升 (容量单位) 昇声星腥 [545] 醒 [54] 胜 (~ 利) 性姓圣
| ʑ | [33] 曾 (~ 经) 层乘绳承丞仍情晴成城诚 [323] 静靖 [14] 剩盛 (~ 开)
| k | [45] 今金襟 (大 ~) 巾斤筋京荆惊₂ (~ 蛰) 经□ (□□ʔduə⁴⁴li⁴⁴ ~ ：唠叨) [545] 锦紧景警颈 [54] 禁 (~ 止) 境敬竟镜竞□ (~ 鸭儿：赶鸭子)
| kʰ | [45] 钦卿轻 [54] 揿 (掐脖子) 庆
| g | [33] 琴禽擒勤芹擎 (两臂向左右伸张的长度) [323] 妗 (老婆 ~ ：内兄的妻子) 近□ (打 ~ ：发冷战) [14] 仅谨劲径□ (忌口)
| x | [45] 欣兴 (嘉 ~) 行₂ (可以) [545] 擤 [54] 兴 (人多热闹；高 ~)

331

ø	[45]音阴因姻殷应(姓；~该)鹰莺鹦英婴缨萤₁(火~虫) [33]淫寅盈赢₁形型刑颖 [545]隐影映 [323]引瘾 [54]印应(答~)

uəŋ

k	[45]关₁(~门) [545]滚 [54]灌₁(脓肿)棍
kʰ	[45]昆崑坤□(后~：后边) [545]捆困 [54]睏(睡)
x	[45]昏(晕)婚荤
ø	[45]温瘟 [33]魂馄浑 [545]稳 [323]混

yeiŋ

tɕ	[45]津肫□(~瘦：很瘦)□(~口嘴□儿 pu³²⁴：亲嘴) [545]準准 [54]俊
tɕʰ	[45]穿₁(~针)春 [545]蠢
dʑ	[33]□(鱼~：鱼篓)
ʑ	[33]旬循巡唇(口嘴~：嘴唇)纯醇殉 [14]顺舜润闰
k	[45]均钧菌君军 [545]捲
kʰ	[45]倾 [54]顷
g	[33]群裙琼 [14]郡
x	[45]熏勋薰兄 [545]□(~头：用绳子做的圈) [54]训
ø	[33]匀云雲赢₂营萤₂ [323]永咏 [54]荫(乌~：天黑)□(□dɑ¹¹~：羊角风，车~：晕车) [14]韵运孕泳

oŋ

pʰ	[545]捧 [54]碰
b	[33]鹏篷蓬塳(~尘：灰尘)冯□(柴~：柴草垛) [14]□(量词，丛)
m	[33]芒(麦~)蒙 [14]梦₁
f	[45]风枫疯丰讽封峰蜂
v	[33]逢缝(动词) [323]奉俸 [14]凤缝(名词)
tʰ	[45]通 [545]捅统 [54]痛
d	[33]同铜桐筒童瞳□(捲)‖独₂(~眼)□(脚~骨：胫面骨) [323]桶动 [14]洞
n	[45]东冬 [33]奴₁(~才：男仆人)农(人)脓 [545]董懂 [54]冻栋
l	[33]笼(鹅~)聋砻咙隆龙‖□(毛~街狗：狗尾草) [323]拢陇垅 [14]弄(动词)
tsʰ	[45]聪
s	[45]鬆 [33]‖崇(~道：地名) [545]擞(用力推) [54]送宋
z	[33]丛崇从(介词)茸屣(精液；无能) [14]诵颂讼‖[11]松(~树)
k	[45]公蚣工功 [54]攻汞贡

332

k^h	[45]空（天~）[545]孔（针~）恐 [54]控空（有~）□（一~树丫：一根树枝）
x	[45]轰烘哄
ø	[45]翁 [33]弘宏红洪鸿 [545]塕（灰尘）

ioŋ

tɕ	[45]椶鬃宗中（~华）忠终踪纵（~横）钟（庙里的钟）锺（姓）盅 [545]总种（~子）肿 [54]椶中（~状元）众种（~田）
tɕʰ	[45]匆葱囱樬（担~：尖头扁担）充冲□（犁~：犁上呈弯曲的木头）[545]宠 [54]铳□（~蚊虫：熏蚊子。城关话说 [kuəŋ⁵⁴]）
dʑ	[33]虫重（双~）[323]重（形容词）[14]仲
k	[45]弓躬宫恭供（~爷娘：供养父母）
g	[33]穷 [14]共
x	[45]胸兄凶兇
ø	[45]雍痈 [33]荣戎绒熊雄融浓容蓉庸 [323]拥甬勇涌 [14]用

ŋ

| ø | [45]无（~事：没关系，不要紧）[33]儿 [323]五午尔₁（你）母₁（产~：产妇）[14]二‖[11]耳₁（~朵）尾₁（~巴） |

捌 小称音表

本表收录永康话的小称音。本字后或方框"□"后的小字"儿"一律省去。

ɿ

ts	[54]指（戒~；六~）子（□ʔba⁴⁵ ~：抓子儿；子尾）
s	[324]师（打铜老~：铜匠）
tsʰ	[54]齿（后厎~：窗格子）
z	[14]柿（旺~：柿子）

i

p	[324]屄（老~：女阴）
l	[324]梨 [14]李（麦~：李子）
tɕ	[324]猪（小~）之（走~）[54]姊（阿~：姐姐）
ɕ	[324]匙（铜~：圆勺子）
k	[324]几（茶~）
ø	[324]姨（阿~：姨）

u

| p | [324]匏（瓠子）□（松~：松球，莲子~：莲蓬）□（口嘴~：嘴唇及其 |

周边）

b　[14]菔（红芦~）

v　[14]妇（小新~：童养媳）

t\u02b0　[3]兔（小~）

d　[14]肚（小~）

l　[324]炉（□ŋɑ¹¹~：烧菜用的小火炉）[3]路（小~）

s　[54]粟（小米）

k　[324]□（老~：阴茎）[54]鼓（小~）谷（□□xɑ⁴²xiə⁴⁴~：秕谷）

k\u02b0　[324]箍（皮~：橡皮筋）

ø　[324]壶（小~）[54]屋（茅草~）

y

l　[324]驴（街狗~：驴）

tɕ　[324]橱（碗厼~：碗橱）珠（镴~：钓鱼用的坠儿）垂（耳朵~）锤（小铁~：铁锤）

ɲ　[324]鱼渔　[14]蕊（花蕾）

ɕ　[324]书（小~）

k　[54]鬼₁（打半日~：发疟子）

g　[3]柜（小~）

ø　[54]盂（痰~）

ɑ

ʔb　[54]把（磨~）

p　[324]箙□（仰~：仰泳）

b　[14]拔（鞋~）

m　[14]马（小~）袜（小~）□（大~：最大的伯母）[54]板₁（跷~：跷跷板）

f　[54]法（变戏~）

ʔd　[54]褡（肚~：兜肚）□₁（□kəɯ⁴⁵~：那里。本书写作"耷儿"）

t　[324]□₂（□ku⁴⁴~：这里。本书写作"耷儿"）

t\u02b0　[324]摊（摆~）

n　[14]女₁（女儿，~孙：孙女，侄女）[3]女₂（小细~：女孩儿）

l　[324]篮（篮子）□₃（□ku⁴⁴~：这里。本书写作"耷儿"）[54]□₄（□kəɯ⁴⁵~：那里。本书写作"耷儿"）[14]□（毛刺~：毛毛虫）

ts\u02b0　[324]权（竹~：挂晒衣竿的竹竿）

s　[324]三（小~：扑克牌的三）衫（汗~）[54]伞（雨~）

k　[324]茄（辣~：辣椒）家（邻舍八~：邻居）□（□ŋɑ¹¹~：一种挑柴

334

	用的农具)[54]夹₁(皮~)荚(豆~)
kʰ	[54]戾(门~:门槛儿;后~:窗户)
ŋ	[324]伢(细~:婴儿)[14]眼(近视~)
x	[324]虾
ø	[54]哑(半~:哑巴,程度较轻)鸭(鸭子)

ia

ʔd	[54]点₁(几~钟)
d	[14]簟(稻桶~:架在稻桶上防止稻谷外扬的小簟)碟(酱油~)
n	[54]点₂(一点儿)[14]奶(奶~:乳房)
l	[14]簚(索粉干~:晒粉干用的竹帘)
tɕ	[54]节(时~:时候)
tɕʰ	[324]车(踏脚~:自行车)[54]□(鸟口~:鸟嘴)
ɲ	[324]年(一两~)
k	[54]夹₂(头发~)
ø	[324]爷(土地老~)也(副词)鞋

ua

k	[324]瓜(黄~)
ø	[54]挖(耳朵~:耳挖子)

ɣɑ

tɕ	[324]□(□kɒ⁴² ~:山楂)
ɕ	[54]刷(刷子)
ø	[324]□(掉~:连枷)

ə

v	[14]佛(小造~:小菩萨)
l	[14]栗(栗子)
tsʰ	[54]七(扑克牌的七)
dz	[14]卒(棋子之一)

ĭə

ɲ	[14]日₁(后~)[3]日₂(两~:两三天)

y̆ə

ɕ	[54]蟀(蟀~:蟋蟀)
k	[54]橘(橘子)

ɣə

d	[14]罂(瓮)

n	[14] 衲（尿~：尿布）
l	[14] □（一些□ ku⁴⁴ ~：这些，渠~农：他们。本书写作"粒儿"）
s	[324] 蚕
k	[324] 乾（小鱼~）干（乌荫~：傍晚）[54] 鸽（鹁~：鸽子）杆（竹~：竹竿）
x	[54] 许（几~：多少）
ø	[14] 盒（盒子）

iə

b	[14] 辫（辫子）
d	[14] 弟（小~：最小的弟弟）
dʑ	[14] 舌（帽口~：帽舌）
ʑ	[14] 荠（香~：荠菜）
k	[324] 鸡（小~）[54] 茧（蚕~）鐮（钐~：镰刀）
ø	[324] 沿（靠~躐：靠边走）[14] 叶（桑~）

uə

p	[324] 婆（老太~）盘（小~）
m	[14] 末（老~：末了）
l	[324] 箩（斗~：一种竹器）
k	[324] 哥（八~）[54] 馃（清明~）
kʰ	[324] 窠（鸟~：鸟的窝）
ŋ	[324] 鹅（小~）
x	[54] 火（烘~）
ø	[14] 锞（小~：小锅）

yə

ɕ	[324] 船（砑~：一种研药用的工具）

ɒ

ʔb	[54] 宝（捺~：押宝）
p	[324] 包（小~）
pʰ	[54] 脬（老核子~：阴囊）
m	[324] 毛（老屄~：女的阴毛）猫 [3] 帽（小~）
t	[324] 刀（麻~）桃（桃子）[14] 道（踏~：台阶）
ts	[54] 枣蚤（跳蚤）
s	[324] 糟（鸡~）
z	[14] 凿（凿子）
k	[324] □（非常。本书写作"交儿"）[54] 镐（洋~）

kʰ [324]壳(莨萁~:蕨;褪~:脱壳)

x [54]好(好~蹦:好好儿地走)

iɑ

p [324]薸(浮萍)

m [324]苗(大蒜~)

ʔd [54]鸟

tɕʰ [324]锹(饭~:盛饭用的勺子) [54]鹊(喜~)

ɲ [14]箬(竹子的叶子)

ɕ [54]小(自~:从小)

k [54]脚(小~,外岭~:地名)

ai

ʔb [54]伯(大~:最大的伯伯)

m [324]盲(摸~:捉迷藏)□(拆线~:翻绳变花样) [14]蜢(□kiɑ⁴² ~:蚱蜢)

s [324]生(后~)

k [324]羹(调~)

əi

tʰ [324]梯(两脚~:梯子) [54]腿(小~)

d [3]袋(小~)

ts [54]只(副词)雀(麻~)塞(塞子)

tsʰ [54]尺(尺子)

s [324]材(小棺:装小孩的棺材)

z [14]食(□□iɑ¹¹li³³ ~:零食)

uəi

k [54]鬼₂(取债~:夭折的小孩)

əɯ

ʔd [54]斗(发筋~)

t [324]兜(面前~:围嘴儿)头(里~;稻~:稻穗)□(□ɒ⁴⁴ ~:一种有把儿小水桶)

k [324]钩(鱼~)喉(大咙~:大脖子) [54]狗(小街~:小狗) [3]锯(小~)

kʰ [54]口(哑~:哑巴)

iəɯ

l [324]□(狗~:狼)

337

tɕ　[54]帚（马桶~：洗马桶用的笤帚）

ȵ　[324]牛（小~）[14]纽（箱~：箱环）

k　[324]鸠（斑~）球（毽子）

g　[14]舅（舅舅）

iu

tɕ　[54]竹（毛~）

ɕ　[54]叔（阿~：叔叔）

aŋ

b　[14]棒（讨饭~：乞丐用的拐杖）

m　[54]板₂（老~）

f　[324]方（写~："放、旅"的偏旁）

l　[324]狼（黄鼠~）

iaŋ

l　[14]两（小~：扑克牌的二）

tɕ　[324]将₁（麻~）

dʑ　[14]丈（两姨~：连襟）

ȵ　[324]娘（街狗~：母狗）

k　[324]□（刚）

x　[324]香（丁~：耳环）

ø　[324]羊（山羊）蛘（蛀~：蛀虫）

yaŋ

tɕ　[324]将₂（麻~）

ɕ　[324]床（踏~：放在床前的长条形矮凳）

əŋ

n　[54]□（□□ xɑ⁴²xiə⁴⁴ ~：胸口）[14]暖（温吞~：温水）

ts　[324]针（毛线~：毛衣针）

s　[324]心（背~）人（单徛~：单人旁）□（孙~：重孙）□（打 iɯ⁴ ~：捉迷藏的一种方式）[54]婶（小~：最小的叔母）

z　[14]蕈（□ʁə⁴⁵ ~：蘑菇）蜃（出~：山洪暴发）

k　[324]□（□ tsʰə⁴ 发~：刘海）□（菜~：菜罩）[54]罨（盖子）

ieiŋ

p　[324]瓶（瓶子）

m　[324]名（□□ ʔdiŋ⁴²ʔdəi⁴⁴ ~：外号）[54]饼

n　[3]凳（小~）

338

tɕ	[324] 睛（觑眼~：眼睛眯起来）
ɕ	[324] 绳（跳~）星（撮谷~：彗星）
k	[324] 襟（小~）巾（面~：毛巾）
g	[14] 妗（舅母）

yeiŋ

| ɕ | [324] 唇（缺~：豁嘴） |

ɔŋ

f	[324] □（大头颈~：腮腺炎）
t	[324] 筒（吸~：拔火罐）□（降~：跳神）
d	[14] 桶（小~）[3] 洞（小~）
n	[324] 农（小~：男孩儿）
l	[324] 笼（火~）
k	[324] 公（乌晴天~：阴天）工（临时~）
kʰ	[54] 孔（狗~：狗洞）

ioŋ

| ø | [324] 蛹（蚕~） |

ŋ

| ø | [324] 儿（小个~：最小的儿子） |

第八节　武义方音

壹　概说

　　武义县位于浙江省中部，介于北纬 28°31′~29°03′、东经 119°27′~119°38′之间。武义的东面是永康市和丽水市缙云县，南面是丽水市莲都区和丽水市松阳县，西面是丽水市遂昌县，北面是金华市和义乌市。全县总面积 1,577 平方公里，东西长 50 公里，南北宽 59 公里。境内山地面积占 77%，地形西南高，东北低。

　　河流以发源于原项店乡的武义江和发源于西联乡的宣平溪为主。武义江至金华注入婺江，属钱塘江水系。宣平溪至丽水注入大溪，属瓯江水系。

　　唐天授二年（691年）分永康县西境始置原武义县，属婺州。唐至元，武义县属婺州，明清时期属金华府。明景泰三年（1452年）始置原宣平县，属处州。1958年原宣平县撤销，并入武义县。同年武义并入永康县，1961年复置。现属金华市。

武义县现辖 3 个街道办事处、8 个镇、7 个乡，分别为：

3 街道：白洋街道、壶山街道、熟溪街道。

8 镇：柳城畲族镇、履坦镇、桐琴镇、泉溪镇、新宅镇、王宅镇、桃溪镇、茭道镇。

7 乡：大田乡、白姆乡、俞源乡、坦洪乡、西联乡、三港乡、大溪口乡。

武义县人民政府设在壶山街道。

据统计，1948 年原武义县总人口 9.49 万，原宣平县总人口 7.44 万。1958 年原武义县和原宣平县合并，总人口 19.58 万，2013 年有 34 万。少数民族人以畲族为主，1986 年底共有 6,866 人，占总人口的 2.21%。

武义县境内主要通行武义话和宣平话。武义话属于吴语金衢片，分布在原武义县境内（水系为钱塘江水系）。宣平话属于吴语上丽片，分布在原宣平县境内（水系为瓯江水系）。除了这两种方言以外，境内还有永康话、畲话（属客家话）、淳安话（属徽语）等方言。

本书的武义话由秋谷裕幸调查。2000 年 3 月，秋谷裕幸赴武义做第一次调查。2001 年 9 月、2005 年 1 月、2005 年 5 月，秋谷裕幸三次赴武义做补充调查和核实工作。本书作者之一黄晓东和北京语言大学的博士研究生张世方、王文胜参与协助了调查工作。调查期间，得到武义县人民政府办公室冯兴良主任、李德臻副主任、涂燕玲小姐的大力协助。本书记录的是武义县王宅镇马昂村老年人的方言。马昂村位于离县城 10 来公里的武义县中部，离原宣平县比较近。本书把马昂村的方言称作武义话。主要发音人是：

① 王军贞，男，1930 年生（2000 年第一次调查时 70 岁），世代居住在王宅镇马昂村，初师毕业（前五年在本地读小学，然后在兰溪读三年书）。1954 年至 1959 年在县城和武义县履坦镇教书。之后一直在本地务农。说地道的武义话，还会说不很标准的普通话。

② 王德富，男，1932 年生（2000 年第一次调查时 68 岁），世代居住在王宅镇马昂村，曾经读过两年小学。一直在本地务农。说地道的武义话，不会说别的方言。

二人的发音略有差别，本书以王军贞的发音材料为主。

贰 声韵调

一 声母 28 个

包括零声母在内。

p 布八　　　　pʰ 派　　　　b 盘棒步别冯　m 门蚊本兵　　　f 飞费　　　v 浮武

t 的读字	tʰ 太	d 同道地夺	n 脑难胆打兰连帐	l 来到答桌
ts 糟镇争真	tsʰ 仓趁初	dz 茶陈虫		s 散丝生身 z 曹字锄神
tɕ 焦招精张镜	tɕʰ 秋枪畅唱庆	dʑ 潮舌旧	ȵ 年软严烟延	ɕ 修税书休 ʑ 全尝弱
k 高谷	kʰ 开	g 渠他厚	ŋ 硬安鹹	x 好
ø 红话运爱医乌桩 ₁ 煮				

说明：

① [p ts tɕ k f s ɕ x] 逢阴平时，实际音值是相应的浊音声母。与此相反，[b d dz dʑ g v z ʑ] 逢阳平时，实际音值十分接近相应的清音声母；逢阳上时，塞音和塞擦音的实际音值为 [b̥ d̥] 等半浊音，擦音的实际音值为清音 [f s ɕ]。为了便于与吴语其他方言的比较，本书仍把武义话里的古全清声母记作清音，古全浊声母记作浊音。这是特别需要说明的。

② 浊擦音 [v z ʑ] 逢阳去、阳入时，浊音成分也不很明显。

③ 除了"的读字" [təʔ⁵] 以外，武义话的单字音中不出现 [t] 声母。

④ [m n ȵ ŋ] 逢阴上、阴去、阴入时为 [ʔm ʔn ʔȵ ʔŋ]。

⑤ [ȵ] 有时接近 [ŋ]。

⑥ [n] 和 [ȵ] 在细音韵母前面构成音韵对立。例如：□~~: 干净 ni³¹ ≠ 艺 ȵi³¹ | 订 nin⁵³ ≠ 䴘~ 儿 ȵin⁻⁵³。

⑦ 零声母音节前面，细音字带有与音节开头元音同部位的摩擦成分；洪音字带有喉塞音 [ʔ]，阳去的开头部分有时还会出现 [ʔɦ]。例如：害 ʔɦa³¹ | 巷 ʔɦaŋ³¹。此外，[ɤ ɤʔ] 韵的开头部分有时会出现 [ɣ]，例如：盒 ɣɤʔ³。

二 韵母 49 个

包括自成音节的 [m n l] 在内。

ɿ 雌师子试 ₁	i 皮纸地试 ₂ 喜飞气猪	u 步赔故浮	y 书主水贵
a 袋爱杯队 白 争硬额	ia 斜赊排斋街破叠截	ua 梗块	
		ua 把茶加瓜画锄怪	ya 坏
ɔ 农我 ~			
ɤ 刀高南甘短肝村割	ie 祭米焦浇尖舌天篾	uo 歌婆帽三单班官	ye 船园缺出靴
ɯ 去			
ɑo 宝饱吵交斗藕落 ₁	iɑo 勺药		
iu 流周酒瘦九	ui 灰归胃		
aŋ 帮汤葬糠放讲	iaŋ 两浆张乡	uaŋ 光黄王	yaŋ 装床双
en 根身本论等断	in 心金新斤平声星经	uen 魂温关 ₁	yin 春军
ɔŋ 东送红翁风棕虫	iɔŋ 肿穷用穷		
aʔ 百责拆隔	iaʔ 贴节切界	uaʔ 潏 开裂划	

341

		uaʔ 塔甲阔八	yaʔ □稻秆~:稻茬儿
ʔ 薄形剥谷毒竹粥	iɔʔ 肉菊畜		
əʔ 立脱笔日₁北力历	iɐʔ 集急一七戌直石	uəʔ 国忽	yəʔ 橘役
ɤʔ 粒	ieʔ 雪呐没有₁	uoʔ 钵郭桌	yeʔ 血
aoʔ 作壳	iaoʔ 削脚		
m̩ 尾₁	n̩ 五耳₁母	l̩ 而	

说明：

① [i y] 韵稍微带有摩擦成分。

② [uɑ uɑʔ] 韵的实际音值为 [oɑ oɑʔ]。

③ [ɔ] 韵和 [yɐʔ] 韵都只有一个字。

④ [ɤ ɤʔ] 韵里 [ɤ] 是很标准的 [ɤ]。

⑤ [uo] 韵里 [u] 很弱。在音节的末尾，[o] 的唇形较展。

⑥ [iu] 韵的实际音值是 [iŏu]。

⑦ [ui] 韵的实际音值是 [ŭi·]。

⑧ [en uen] 韵里 [e] 的实际音值是 [ᴇ ~ ᴇǐ]（[ᴇ] 的舌位偏后）。

⑨ [ɔŋ iɔŋ ʔ ci] 韵里 [ɔ] 的唇形较展。[ɔŋ iɔŋ] 的实际音质为 [ŏŭŋ iŏŭŋ]。

⑩ [əʔ iəʔ uəʔ yəʔ] 韵里 [ə] 的舌位偏低偏前，是一种 [ə] 和 [ɛ] 之间的音。

⑪ [ya yaʔ] 韵只拼零声母。王德富读 [ya yaʔ] 的字王军贞一律读作 [lua luaʔ]。例如（"/"前为王德富的读音，后为王军贞的读音）：槐 ya⁴²³/lua⁴²³ ｜ 曰 ya⁴²³/lua⁴²³ ｜ 干哕 ya⁴⁴⁵/lua⁴⁴⁵ ｜ □稻秆~:稻茬儿 yaʔ⁵/luaʔ⁵。因此，王军贞没有 [ya yaʔ] 两韵。

⑫ 助词"个的"除了 [kəʔ⁵] 以外，还读作 [geº] [koº] [oº]，助词"欸"读作 [eº]，[e o] 两韵未计入音系。

三 单字调 8 个

阴平	[24]	高安开天三飞
阳平	[423]	穷平神鹅麻文
阴上	[445]	古纸狗草手死
阳上	[334]	近是坐社稻动，老买有，祸户後，白月药舌
阴去	[53]	醉对唱菜送放，接割出
阳去	[31]	旧病树漏帽用
阴入	[5]	一七福發博脚
阳入	[3]	读服六食越实

说明：

① 阳平 [423] 以降为主。有时读作 [42]，此时音节的末尾带有比较明显

的紧喉作用。

② 阳上 [334] 在语流中常读作 [33]。例如：肚泻 du$^{334-33}$ɕia^{53} ｜ 农自你自己 nɔ$^{334-33}$ẕi^{31}。

③ 阴去 [53] 是半短调，阴入 [5] 则常读作短促的 [54]。因此，这两个单字调之间常出现混乱，尤其是 [a ia ua uɑ ɤ ie uo ye] 韵和 [aʔ iaʔ uaʔ uɑʔ ɤʔ ieʔ uoʔ yeʔ] 韵之间。例如"到清去"[lɤ^{53}] 有时读得接近 [lɤʔ^5]，"桌清入"[luoʔ^5] 有时读得接近 [luo^{53}]。可以说，武义话的阴去和阴入正在合并的过程当中。

④ 阳去 [31] 的实际调值接近 [231]。

⑤ 阳入不很稳定，常读作半短调的 [33] 或阳上 [334]。例如"十"[zəʔ^3] 有时还可以读作 [zə^{334}]，"肉"[ȵioʔ^3] 有时还可以读作 [ȵio^{334}]。其中，[əʔ iəʔ uəʔ yəʔ ɔʔ] 韵的阳入调稍微稳定一点。可以说，武义话的阳入现在正在逐渐消失，与阳上合并。本书记作阳入的字都有可能读作阳上。与此相反，来自古浊入声的阳上字有时读得接近 [3]，与阳入相同。

叁　音韵特点

一　声母的特点

① 古全浊声母字，仍读浊音声母。今读塞音和塞擦音时，浊声母的浊音成分明显。例如：盘 buo^{423} ｜ 道 dɤ^{334} ｜ 旧 dʑiu^{31} ｜ 白 ba^{334}。今读擦音时，浊音成分不明显，接近清音。例如：饭 vuo^{31} ｜ 在 za^{334} ｜ 绝 ʑie^{334}。关于浊音声母的实际读音，见上文贰"声韵调"里声母的说明①、②。

② 不分尖团，精组古细音韵母字见晓组古细音韵母都读 [tɕ] 组声母。例如：焦＝浇 tɕie^{24} ｜ 精＝经 tɕin^{24} ｜ 妻＝溪 tɕʰie^{24} ｜ 想＝响 ɕiaŋ^{445} ｜ 需＝虚 ɕy^{24}。疑母细音韵母读 [ȵ] 声母。例如：疑 ȵi^{423} ｜ 语 ȵy^{334} ｜ 元 ȵye^{423} ｜ 业 ȵie^{334}。

③ 帮母的读音。古阳声韵读 [m] 声母。例如：禀 min^{445} ｜ 板版 muo^{445} ｜ 鞭 mie^{24} ｜ 边 mie^{24} ｜ 变 mie^{53} ｜ 半绊 muo^{53} ｜ 彬宾 min^{24} ｜ 本 men^{445} ｜ 帮 maŋ^{24} ｜ 邦 maŋ^{24} ｜ 冰 min^{24} ｜ 兵 min^{24} ｜ 柄 ma^{53}。其他帮母字读 [p] 声母。例如：芭疤 puɑ^{24} ｜ 补谱 pu^{445} ｜ 拜 pia^{53} ｜ 比 pi^{445} ｜ 饱 pao^{445} ｜ 八 puɑʔ^5 ｜ 笔 pəʔ^5 ｜ 博 pɔʔ^5 ｜ 北 pəʔ^5 ｜ 百柏伯迫 paʔ^5。例外字有：巴尾~ muɑ^{24} ｜ 波宁~ muo^{-53}。

④ 端母的读音。古阳声韵读 [n] 声母。例如：担拿 nuo^{24} ｜ 胆 nuo^{445} ｜ 店 nie^{53} ｜ 丹单 nuo^{24} ｜ 旦 nuo^{53} ｜ 典 nie^{445} ｜ 短 nɤ^{445} ｜ 顿 nen^{53} ｜ 党 naŋ^{445} ｜ 凳 nen^{53} ｜ 打 na^{445} ｜ 顶 nin^{445} ｜ 东 nɔŋ^{24}。例外字有：戥~秤 len^{-53}。需要注意

的是，在读鼻音的情况下，端母字逢细音时也读 [n] 声母，不读 [ȵ] 声母。其他端母读 [l] 声母。例如：多 luo²⁴ ｜ 赌 lu⁴⁴⁵ ｜ 带 lia⁵³ ｜ 刀 lɤ²⁴ ｜ 抖 lɑo⁴⁴⁵ ｜ 搭 luaʔ⁵ ｜ 得德 ləʔ⁵ ｜ 滴 lia⁵³ ｜ 督 lɔʔ⁵。例外字有：朵耳~ nuo⁴⁴⁵ ｜ 的读字 təʔ⁵。

⑤ 少数非组读作 [p] 组声母。例如：奎用簸箕搂在一起 men²⁴ ｜ 粪栏~：厩肥 muo⁵³ ｜ 覆趴 pʰɔʔ⁵ ｜ 伏孵 bu³¹ ｜ 缚捆 bɔʔ³ ｜ 冯 bɔŋ⁴²³；未 mi³¹ ｜ 问 muo³¹ ｜ 网 mɑŋ³³⁴ ｜ 袜 muɑ³³⁴。其中，微母读 [m] 声母的例子最多，奉母次之。

⑥ 今读纯元音韵母的古阳声韵来母读 [n] 声母。例如：蓝篮 nuo⁴²³ ｜ 廉帘 nie⁴²³ ｜ 烂 nuo³¹（＝难逃~）｜ 连联 nie⁴²³ ｜ 鸾 nɤ⁴²³ ｜ 冷 nɑ³³⁴。逢细音韵母时也读 [n] 声母，不读 [ȵ] 声母。其他来母字都读 [l] 声母。

⑦ 少数知母字读作 [l n] 声母，与端母的读音相同。例如：猪 li²⁴ ｜ 砧 nen²⁴（＝灯）｜ 帐 niaŋ⁵³ ｜ 着~衣裳：穿衣服 liɑoʔ⁵ ｜ 桌 luoʔ⁵ ｜ 摘 laʔ⁵ ｜ 竹 lɔʔ⁵（＝督）。此外"转~身"读作 [ȵye⁴⁴⁵]，为 [ȵ] 声母。

⑧ 从母读作 [z ʑ] 等擦音声母。例如：坐 zuo³³⁴ ｜ 脐 ʑie⁴²³ ｜ 罪 za³³⁴ ｜ 皂造 zɤ³³⁴ ｜ 墙 ʑiaŋ⁴²³ ｜ 晴 ʑin⁴²³。

⑨ 崇母读作 [z ʑ] 等擦音声母。例如：助 zu³¹ ｜ 柴 ʑia⁴²³ ｜ 闸 zuɑ³³⁴ ｜ 状 ʑyaŋ³¹ ｜ 祟 zɔŋ⁴²³。

⑩ 除了深臻摄以外，知章组和同摄三四等的精组大致上都读 [tɕ] 组声母。例如：谢邪＝射船 ʑia³¹ ｜ 焦精＝招章 tɕie²⁴ ｜ 酒精＝帚章 tɕiu⁴⁴⁵ ｜ 秋清＝抽彻 tɕʰiu²⁴ ｜ 箭精＝战章 tɕie⁵³ ｜ 浆精＝张知＝章章 tɕiaŋ²⁴ ｜ 晴从＝成禅 ʑin⁴²³。

⑪ 书母有三个字读作 [tɕʰ tɕ] 声母：舒 tɕʰi²⁴ ｜ 鼠 tɕʰi⁴⁴⁵；识~着：知道。书 tɕieʔ⁵。另外，心母的"塞塞子"读作 [tsʰəʔ⁵]，为 [tsʰ] 声母。

⑫ 个别仄声船禅母字读作 [dz dʑ] 声母：射~床：尿床。船 dzuɑ³¹ ｜ 舌船 dʑie³³⁴ ｜ 是禅 dʑi³³⁴ ｜ 涉禅 dʑie³³⁴ ｜ 鳝~儿。禅 dʑiaŋ⁻³¹ ｜ 上动词。禅 dʑiaŋ³³⁴。此外，邪母的"像"读作 [dʑiaŋ³³⁴]，亦为 [dʑ] 声母。

⑬ 日母字读作 [ȵ] 声母或自成音节 [n]。例如：二 n³¹ ｜ 软 ȵye³³⁴ ｜ 饶 ȵie⁴²³ ｜ 肉 ȵiɔʔ³。"日白"读作 [nɔʔ³]，为例外。

⑭ 个别章母和见母字读作零声母。例如：煮章 i⁴⁴⁵ ｜ 周章 iu²⁴ ｜ 胦章 yin²⁴ ｜ 肿章 iɔŋ⁴⁴⁵；箕见 i²⁴ ｜ 叫见 ie⁵³。此外，知母的"桩"和庄母的"庄"读作 [yaŋ²⁴]，知母的"斲欤"读作 [iɔʔ⁵]，书母的"守看守"读作 [y⁴⁴⁵]，均为零声母。

⑮ 个别匣母字读 [g dz dʑ] 声母：怀名词 dzuɑ⁴²³ ｜ 厚 gɑo³³⁴ ｜ 衔 guo⁴²³ ｜ 峡 dʑia³³⁴ ｜ 挟夹在腋下。胡颊切 guɑ³³⁴。

⑯ 今读 [a uɑ ɤ uo] 韵的古阳声韵匣影母读 [ŋ] 声母，今读 [ie ye] 韵的古

阳声韵匣影云以母则读 [ŋ] 声母。这是武义话的重要音韵特点之一。例如：桁~条。匣 ŋa⁻²¹ ｜ 横匣 ŋua⁴²³ ｜ 暗影 ŋɤ⁵³ ｜ 安鞍影 ŋɤ²⁴ ｜ 汗焊匣 ŋɤ³¹（＝岸疑）｜鹹匣 ŋuo⁴²³（＝鹅疑）｜ 碗影 ŋuo⁴⁴⁵；炎云 nie⁵³ ｜ 盐阎以 nie⁴²³ ｜ 贤弦匣 nie⁴²³（＝年泥言疑）｜ 烟影 nie²⁴ ｜ 院云 nye³¹ ｜ 怨影 nye⁵³ ｜ 县匣 nye³¹（＝愿疑）。此外"核审~。麦匣"读作 [ŋɕʔ³]，"蝇苍~。蒸以"读作 [n̠in⁻⁵³]，"盈、赢清开以"读作 [n̠in⁴²³]。

⑰ 其他。巴下~。帮 bua⁴²³ ｜ 赁女禁切 zin³¹ ｜ 浓娘 iɔŋ⁴²³ ｜ 劲见 dzin³¹ ｜ 慷~慨。溪 tʰaŋ⁻⁵³ ~ kʰaŋ⁻⁵³ ｜ 下~谷籽：撒谷种。匣 xoux⁴⁴⁵ ｜ 铅以 kʰa²⁴ ｜ 杨~柳树。以 liaŋ⁻⁴⁴⁵。

二 韵母的特点

① 古入声韵，有些带喉塞音韵尾 [ʔ]，也有些不带 [ʔ]。在武义话中，阴入和阴去，阳入和阳上分别正在合流。见上文贰"声韵调"里声调的说明 ③、⑤。尤其是古浊入声字不带 [ʔ] 尾而读作阳上的情况比较突出。例如，[aʔ iaʔ uaʔ yaʔ ieʔ uoʔ yeʔ aoʔ iaoʔ] 韵没有阳入的字，或者只有个别的阳入字。此外，还有个别古入声字读阴入、阳入、阴去和阳上以外的声调：踏 dua³¹ ｜ 及来得~ dzi³¹ ｜ 捏 nia²⁴ ｜ 曰 lua⁴²³ ~ ya⁴²³。"忆、亿"读作 [i⁵³]。武义话的韵母系统中没有 [iʔ] 韵。"忆、亿"的舒声读法很可能与阴入和阴去的合流无关。

② 古阳声韵，深臻宕江曾通六摄和梗摄三四等带鼻音韵尾，咸山二摄和梗摄二等读作纯元音韵母。例外情况有：山合一端组和来母"断定母、暖、卵、乱"读 [en] 韵，（见下文 ㉓）臻合一端精组"钝、嫩、村、寸、孙"和"吞痕"读 [ɤ] 韵，臻合三非组"粪、问"和"睏睡。魂合"读 [uo] 韵，梗开三帮母"柄、摒"读 [a] 韵。武义话的鼻音韵尾有 [n] 和 [ŋ]，但两者互补，不对立。

③ 古合口三等精组字今读齐齿呼。例如：岁祭心 ɕie⁵³（≠税祭书 ɕye⁵³）｜ 嘴知精 tɕi⁴⁴⁵（比较：吹知昌 tɕʰy²⁴）｜ 雪薛心 ɕieʔ⁵（≠说薛书 ɕyeʔ5）｜ 绝薛从 zie³³⁴。

④ 个别果摄一等读 [ia iaʔ] 韵。例如：簸 pia⁵³ ｜ 破 pʰia⁵³ ｜ 拖 tʰia²⁴ ｜ 个 tɕiaʔ⁵。此外"哥"读作 [kua⁻⁵³]，"我~农：我"读作 [a⁻³³]，"腡"读作 [li⁴²³]。

⑤ 假开二麻韵读作合口呼的 [ua uaʔ] 韵。例如：爬 bua⁴²³ ｜ 骂 mua³¹ ｜ 茶 dzua⁴²³ ｜ 家 kua²⁴ ｜ 牙 ŋua⁴²³ ｜ 鸦 ua²⁴ ｜ 炸 tsuaʔ⁵。此外"沙、纱"读作 [ɕia²⁴]，"下~谷籽：撒谷种"读作 [xuo⁴⁴⁵]。

⑥ 遇合三鱼韵的白读音比较复杂，读 [ɿ ie i ua ɯ ɤ] 等韵，均与虞韵有别：[ɿ] 韵 疏生~ sɿ⁻⁵³（庄组）

345

[ie] 韵　滤 lie³¹（来母）

[i] 韵　吕 li³³⁴ ｜ 桐棕~ li⁻⁵³（来母）｜ 猪 li²⁴ ｜ 齿~饭:盛饭 li⁵³ ｜ 苎~布 tɕi⁻⁵³ ｜ 箸 dʑi³¹（以上知组）｜ 煮 i⁴⁴⁵ ｜ 舒~床:铺床 tɕʰi²⁴ ｜ 鼠 tɕʰi⁴⁴⁵ ｜ 薯山~: 白薯 ɕi⁻⁵³（以上章组）

[uɑ] 韵　女~婿 nuɑ⁻⁵³ ｜ 锄 zuɑ⁴²³ ｜ 梳疏稀疏 suɑ²⁴（以上知庄组）

[ɯ] 韵　锯 kɯ⁵³ ｜ 去 kʰɯ⁵³ ｜ 渠他 gɯ³³⁴（以上见组）

[ɤ] 韵　许几~ xɤ⁻⁵³（见组）

清母的"觑近~:近视"读作 [tɕʰi⁵³]，心母的"絮"读作 [ɕi⁵³]，邪母的"徐"读作 [ʑi⁴²³]。不过，这三个读音也可能是韵母的特点 ③ 的表现。

⑦ 遇合三虞韵里比较特殊的读音：取赎. 清 tɕʰiu⁴⁴⁵ ｜ 鬏胡~. 心 su²⁴。

⑧ 蟹开一咍韵和蟹合一灰韵（除见晓组以外）读 [a] 韵。例如：来 la⁴²³ ｜ 在 za³³⁴ ｜ 开 kʰa²⁴ ｜ 海 xa⁴⁴⁵（以上咍韵）；杯 pa²⁴ ｜ 对 la⁵³ ｜ 雷~公 la⁻²¹ ｜ 罪 za³³⁴（以上灰韵）。

⑨ 蟹摄开口一等能区别咍、泰两韵。例如：戴姓. 咍 la⁵³ ≠ 带泰 lia⁵³ ｜ 菜 咍 tsʰa⁵³ ≠ 蔡泰 tɕʰia⁵³ ｜ 碍咍 ŋa³¹ ≠ 艾泰 ȵia³¹。

⑩ 蟹开二皆、佳韵字和蟹开一泰韵字一般都读作 [ia iaʔ] 韵。例如：

泰韵　带 lia⁵³ ｜ 泰 tʰia⁵³ ｜ 蔡 tɕʰia⁵³

皆韵　拜 pia⁵³ ｜ 斋 tɕia²⁴ ｜ 阶 tɕia²⁴ ｜ 界 tɕiaʔ⁵ ｜ 挨 ia²⁴

佳韵　牌 bia⁴²³ ｜ 奶 nia³³⁴ ｜ 钗 tɕʰia²⁴ ｜ 街 tɕia²⁴ ｜ 解起~ tɕiaʔ⁵ ｜ 矮 ia⁴⁴⁵

有两个开口佳韵并母字读 [uɑ] 韵：罢 buɑ³³⁴ ｜ 稗 buɑ³¹。

⑪ 蟹合二的部分见晓组字读作 [uɑ] 韵，而且其声母为 [ts tsʰ dz l]，"怀、槐"还有 [yɑ] 韵零声母的读音：怪 tsuɑ⁵³ ｜ 挂鸡食~:鸡嗉子 tsuɑ⁵³ ｜ 快 tsʰuɑ⁵³ ｜ 怀 dzuɑ³⁷³ 名词 yɑ⁴²³ 彭德~ ｜ 槐 yɑ⁴²³ ~ luɑ⁴²³。

⑫ 蟹开三祭韵和开四齐韵都读作 [ie] 韵。例如：例 lie³¹ ｜ 祭 tɕie⁵³ ｜ 世势 ɕie⁵³（以上祭韵）；米 mie³³⁴ ｜ 帝 lie⁵³ ｜ 犁 lie⁴²³ ｜ 齐脐 zie⁴²³ ｜ 细粗~ ɕie⁵³ ｜ 鸡 tɕie²⁴ ｜ 契 tɕʰie⁵³（以上齐韵）。此外，有六个齐韵开口字读作 [a ia] 韵：梯 tʰa²⁴ ｜ 栖鸡~:鸡屋 sa⁵³ ；鳢~:乌鳢 lia⁻⁵³ ｜ 替介词 tʰia³¹ ｜ 脐麻丝 tɕia⁵³ ｜ 细小 ɕia⁵³。

⑬ 蟹合三废韵非组字读作 [ie] 韵，与止合三微韵非组字的 [i] 韵不相同。例如：

废韵　废 fie⁵³ ｜ 肺 fie⁵³

微韵　飞 fi²⁴ ｜ 痱 fi⁵³ ｜ 妃 fi²⁴ ｜ 肥 vi⁴²³ ｜ 味 vi³¹

微韵敷母的"费"读作 [fie⁵³]，读同废韵非组。

⑭ 止开三支韵庄组、脂之韵章庄组的白读音读作 [ɿ] 韵。例如：

支韵　筛米~ sʅ²⁴

脂韵　师狮 sʅ²⁴ ｜ 脂~油 tsʅ²⁴ ｜ 指戒~ tsʅ⁴⁴⁵

之韵　士仕 zʅ³³⁴ ｜ 事 zʅ³¹ ｜ 使史驶 sʅ⁴⁴⁵ ｜ 齿 tsʰʅ⁴⁴⁵ ｜ 试 sʅ⁵³ ｜ 市 zʅ³³⁴

支韵章组没有这种读音，都读作 [i] 韵。例如：纸 tɕi⁴⁴⁵ ｜ 匙 ʑi⁴²³ ｜ 是 dʑi³³⁴ ｜ 豉 ʑi³¹。可见，武义话能够区分支韵章组和脂之韵章组。

⑮ 止开三支、脂、之、微韵里比较特殊的读音：

支韵　徛站立 ga³³⁴ ｜ 蚁 nia³³⁴ ｜ 椅交~ y⁴⁴⁵ ｜ 易容~ ie³¹

脂韵　鼻 bəʔ³ ｜ 姊 tɕi⁴⁴⁵ ｜ 四 ɕi⁵³ ｜ 自 zi³¹

之韵　李行~ lie³³⁴ ｜ 饵诱饵 nia³¹

微韵　几~个虮 ka⁴⁴⁵

合口微韵微母的"尾"在"尾巴"里读作 [m⁻⁵³]，在"三尾鱼金鱼"里读作 [fen⁻⁴⁴⁵]。

⑯ 效开一豪韵和效开二肴韵有区别（除帮组以外）；豪韵读 [ɤ] 韵，肴韵则读 [ao] 韵：

豪韵　刀 lɤ²⁴ ｜ 稻 dɤ³³⁴ ｜ 老 lɤ³³⁴ ｜ 草 tsʰɤ⁴⁴⁵ ｜ 槽 zɤ⁴²³ ｜ 高 kɤ²⁴ ｜ 烤 kʰɤ⁵³ ｜ 好 xɤ⁴⁴⁵

肴韵　罩 tsao⁵³ ｜ 爪 tsao⁴⁴⁵ ｜ 炒 tsʰao⁴⁴⁵ ｜ 交 kao²⁴ ｜ 敲 kʰao²⁴ ｜ 孝 xao⁵³

帮组则不能区分豪、肴两韵：保豪＝饱肴 pao⁴⁴⁵ ｜ 报豪＝豹肴 pao⁵³ ｜ 毛豪＝茅肴 muo⁴²³。此外，豪韵的"毛~竹"读作 [mua⁻⁴⁴⁵]，豪韵的"騲~鸡:母鸡"读作 [tɕʰie⁻⁵³]，豪韵的"薅~田:耘田"读作 [xu⁻⁴⁴⁵]，肴韵的"匏瓠子"读作 [bu⁴²³]。

⑰ 效开三宵韵和开四萧韵都读作 [ie] 韵，同于蟹开三四祭齐韵和山咸摄开口三四等韵。这是武义话的重要音韵特点之一。例如：骄宵＝浇萧＝鸡齐＝兼添＝肩先 tɕie²⁴ ｜ 笑宵＝世祭＝婿齐＝闪盐＝线仙 ɕie⁵³ ｜ 雕萧＝低齐 lie²⁴。此外，宵韵的"舀~水"读作 [ɤ⁻⁵³]，萧韵的"笤帚"读作 [tɤ⁻⁵³]，都读同效开一豪韵。

⑱ 流开三尤韵里比较特殊的读音：伏孵.尤 bu³¹ ｜ 馊生 ɕiu²⁴（＝修尤心收尤书）｜ 瘦生 ɕiu⁵³（＝秀尤心兽尤书）｜ 守看守.书 y⁴⁴⁵。

⑲ 咸摄开口一等的覃谈两韵，舌齿音仍有区别，见晓组则无区别。例如：

覃韵　贪 tʰɤ²⁴ ｜ 潭谭 dɤ⁴²³ ｜ 南男 nɤ⁴²³ ｜ 簪 tsɤ²⁴ ｜ 参~加 tsʰɤ²⁴ ；感 kɤ⁴⁴⁵ ｜ 磡 kʰɤ⁵³

谈韵·担拿 nuo²⁴ ｜ 谈 duo⁴²³ ｜ 蓝 nuo⁴²³ ｜ 三 suo²⁴ ；泔米~水 kɤ⁻⁴⁴⁵ ｜ 敢 kɤ⁴⁴⁵

347

此外，覃韵匣母的"含"读作 [en⁴²³]；谈韵从母的"錾"读作 [zɤ³³⁴]，读如覃韵。

⑳ 咸山摄开口一等部分舌齿音入声字读作合口呼 [uɑ uɑʔ] 韵。例如：搭合 luɑʔ⁵ ｜ 踏合 duɑ³¹ ｜ 塔盍 tʰuɑʔ⁵ ｜ 蜡盍 luɑ³³⁴ ｜ 獭曷 tʰuɑʔ⁵ ｜ 达曷 duɑ³³⁴ ｜ 辣曷 luɑ³³⁴ ｜ 擦曷 tsʰuɑʔ⁵。

㉑ 咸山摄开口三、四等入声舌齿音字的主要元音有区别，四等字主元音的开口度大于三等字。例如：

三等　聂 ȵie³³⁴ ｜ 猎 lǝʔ³ ｜ 接 tɕie⁵³ ｜ 列 lǝʔ³ ｜ 薛 ɕie⁵³ ｜ 热 ȵie³³⁴ ｜ 杰 dʑie³³⁴ ｜ 歇 ɕie⁵³

四等　跌 liaʔ⁵ ｜ 贴 tʰiaʔ⁵ ｜ 叠 diɑ³³⁴ ｜ 铁 tʰiaʔ⁵ ｜ 捏 niɑ²⁴ ｜ 节 tɕiaʔ⁵ ｜ 切 tɕʰiaʔ⁵ ｜ 截 ziɑ³³⁴

此外，"鲇~鲐:鲇鱼。添"读作 [nuɑ⁻²¹]，"挟夹在腋下。胡颊切"读作 [guɑ³³⁴]，"别~个:别的。薛"读作 [bǝʔ³]，"撅挑担。月"读作 [gɤ³³⁴]，"荐稻秆~:稻草床垫。先"读作 [tsɤ⁵³]，"屑屑"读作 [sǝʔ⁵] 风~:头皮或 [sɤʔ⁵] □lɤ⁻⁵³ ~:垃圾，"结~舌。屑"读作 [kǝʔ⁻⁵]，"啮咬。屑"读作 [ŋɤ³³⁴]。

㉒ 山开一寒韵牙喉音字的读音与舌齿音字的读音不相同，前者同于山合一桓韵舌齿音字，后者则同于桓韵帮组。例如：

寒韵牙喉　肝干~菜 kɤ²⁴ ｜ 秆 kɤ⁴⁴⁵ ｜ 汉 xɤ⁵³ ｜ 安鞍 ŋɤ²⁴ ｜ 汗焊 ŋɤ³¹

寒韵舌齿　丹单 nuo²⁴ ｜ 烂 nuo³¹ ｜ 赞 tsuo⁵³ ｜ 灿 tsʰuo⁵³ ｜ 伞 suo⁴⁴⁵

桓韵帮组　半 muo⁵³ ｜ 伴 buo³³⁴

桓韵舌齿　短 nɤ⁴⁴⁵ ｜ 缎 dɤ³¹ ｜ 钻动词 tsɤ²⁴ ｜ 酸 sɤ²⁴

㉓ 山合一桓韵的少数字读 [en] 韵（端组、来母）和 [uen] 韵（见组）。例如：暖 nen³³⁴ ｜ 断 den³³⁴ ｜ 卵 len³³⁴ ｜ 乱~□kuen⁻⁵³念:乱说话 len⁻⁴⁴⁵；管 kuen⁴⁴⁵ ｜ 灌脓肿 kuen⁵³。

㉔ 山摄里其他比较特殊的读音：删间苗。删开 sen²⁴ ｜ 关删合 kuen²⁴ ｜ 穿仙合 tɕʰyin²⁴ ｜ 串仙合 tɕʰyin⁵³ ｜ 捲仙合 tɕyin⁴⁴⁵ ｜ 羴牛鼻头~。仙合 ken⁵³ ｜ 铅仙合 kʰa²⁴ ｜ 越~讲~多。月合 iǝʔ³ ｜ 曰月合 ya⁴²³ ~ luɑ⁴²³。"删、关"字的读音是删韵和山韵有区别的痕迹。

㉕ 深臻摄与曾梗摄三四等的知庄章组舒声字仍能区别。例如：

侵韵　沉 dzen⁴²³ ｜ 参人~sen²⁴ ｜ 针 tsen²⁴ ｜ 深 sen²⁴

臻摄　镇 tsen⁵³ ｜ 趁 tsʰen⁵³ ｜ 尘 dzen⁴²³ ｜ 臻 tsen²⁴ ｜ 真 tsen²⁴ ｜ 神 zen⁴²³ ｜ 身 sen²⁴

曾梗摄　蒸 tɕin²⁴ ｜ 秤 tɕʰin⁵³ ｜ 滕 ʑin⁴²³ ｜ 郑 dʑin³¹ ｜ 整 tɕin⁴⁴⁵ ｜ 声 ɕin²⁴ ｜ 城 ʑin⁴²³

此外"浸侵精"读作 [tsen⁵³]，"寻侵邪"读作 [zen⁴²³]，"揿侵溪"读作 [kʰen⁵³]，"尽~大:最大。真从"读作 [zen³³⁴]，都读如知庄章组。真韵开口的"津天~"读作 [tɕyin⁻⁵³]，蒸韵开口的"剩"读作 [ʑiaŋ³¹]，均为例外。

㉖ 多数深臻曾梗摄三四等入声字（除见晓组以外）读开口呼。例如"笔质、逼职、碧陌、壁锡"都读作 [pəʔ⁵]，"猎叶、立缉、列薛、栗质、力职、历锡"都读作 [ləʔ⁵]。

㉗ 臻合三文韵读作 [uo] 韵（帮组），臻合一魂韵舌齿音读作 [ɤ] 韵。例如：粪 muo⁵³ ｜ 问 muo³¹ ；钝 dɤ³¹ ｜ 村 tsʰɤ²⁴ ｜ 寸 tsʰɤ⁵³ ｜ 孙孙子 sɤ²⁴ 。另外，"吞痕透"读作 [tʰɤ²⁴]，"睏睡。魂溪"读作 [kʰuo⁵³]，"蚊~虫。文"读作 [min⁻²¹]。

㉘ 宕开一唐铎韵和开三阳药韵的主要元音相同。例如：桑 saŋ²⁴ ｜ 索 saoʔ⁵ ｜ 缸 kaŋ²⁴ ｜ 各 kaoʔ⁵（以上唐铎韵）；箱 ɕiaŋ²⁴ ｜ 削 ɕiaoʔ⁵ ｜ 姜 tɕiaŋ²⁴ ｜ 脚 tɕiaoʔ⁵（以上阳药韵）。

㉙ 宕开三阳韵庄组和江开二江韵的知庄组读作 [yaŋ] 韵。例如：装庄 tɕyaŋ²⁴ ｜ 疮初 tɕʰyaŋ²⁴ ｜ 状崇 zyaŋ³¹（以上阳韵）；撞澄 dʐyaŋ³¹ ｜ 双生 ɕyaŋ²⁴（以上江韵）。

㉚ 宕三阳药韵里比较特殊的读音：养俞源一带的读音。阳开 yaŋ³³⁴ ｜ 雀麻~。药开 tɕiəʔ⁵ ｜ 芒麦~。阳合 mɔŋ⁴²³（＝蒙东—mɔŋ³³）｜ 狂阳合 dʐuaŋ⁴²³。

㉛ 曾开一登韵读 [en] 韵，与读 [a] 韵的梗开二庚、耕韵有区别。例如：
　登韵　灯 nen²⁴ ｜ 藤 den⁴²³ ｜ 曾姓 tsen²⁴ ｜ 僧唐~ sen⁻⁵³ ｜ 层 zen⁴²³ ｜ 肯 kʰen⁴⁴⁵
　庚耕韵　生庚 sa²⁴ ｜ 撑庚 tsʰa²⁴ ｜ 坑庚二 kʰa²⁴ ｜ 棚耕 ba⁴²³ ｜ 争耕 tsa²⁴ ｜ 耕耕 ka²⁴

此外，"憎叮农~:讨人嫌。登"读作 [tɕin⁻⁵³]，读如曾开三等和梗开三四等。

㉜ 曾开三蒸韵和梗开三四庚、清、青韵都读 [in] 韵，没有区别。例如：
　蒸韵　甑 tɕin⁵³ ｜ 蒸 tɕin²⁴ ｜ 秤 tɕʰin⁵³ ｜ 蝇苍 ȵin⁻⁵³
　庚清青韵　镜庚 tɕin⁵³ ｜ 井清 tɕin⁴⁴⁵ ｜ 城清 ʑin⁴²³ ｜ 颈清 tɕin⁴⁴⁵ ｜ 屏青 bin⁴²³ ｜ 听青 tʰin⁵³

㉝ 梗开二三等庚韵有三个字读作 [a ua] 韵：梗庚开二 kua⁴⁴⁵ ｜ 柄庚开三 ma⁵³ ｜ 惊庚开三 kua²⁴。清韵开口的"摒拔"读作 [ma⁵³]，亦为 [a] 韵。

㉞ 梗摄里比较特殊的读音：明~日。庚开三 muo⁴²³ ｜ 隻昔开 tsaʔ⁵ ｜ 赤~脚。昔开 tsʰaʔ⁵ ｜ 壁吸~虎儿。壁虎。锡开 pɔʔ⁵ ｜ 滴锡开 lia⁵³。

㉟ 通摄三等的东屋、锺烛两韵没有区别，主要读 [ɔŋ iɔŋ] 韵（舒声字）和 [ɔʔ iɔʔ] 韵（入声字）。下面以章组为例：

东屋三 终 tsoŋ²⁴ ｜众 tsoŋ⁵³ ｜充 tsʰoŋ²⁴；粥 tsoʔ⁵
锺烛 钟 tsoŋ²⁴ ｜种~田 ioŋ⁵³ ｜铳 tsʰoŋ⁵³；烛 tsoʔ⁵
"中当~。东三"读作 [tɕin⁻⁵³]，"重一~碗。锺"读作 [dʑyaŋ³¹]，"春锺"读作 [ɕyaŋ²⁴]，均为例外。"重、春"的读音当为东锺有别的遗留。

㊱其他。射~床:尿床。麻开三 dzuɑ³¹ ｜奴~才。模 noŋ⁻²¹ ｜掐洽 kʰəʔ⁵ ｜今~日。侵 kəʔ⁵ ｜习缉 zyəʔ³ ｜粒缉 lɤʔ³ ｜敏真 mi³³⁴ ｜日质 nəʔ³ ｜屈弯。物 kʰuoʔ⁵ ｜圹唐合 kʰaŋ⁵³ ｜腔江 tɕʰiaŋ²⁴ ｜雹觉 buo³³⁴ ｜斲斫。觉 ioʔ⁵ ｜鲫~□ nie⁴⁴⁵:鲫鱼。职开 tɕin⁻⁴⁴⁵ ｜翼~膀。职开 ie⁻⁵³ ｜惜叮农~:可爱。昔 ɕiaoʔ⁵。

三 声调的特点

①古平、上、去三个声调按古声母的清浊各分阴阳两类，次浊上声字归阳上。

②古清入字主要读阴入。此外，还有一部分的字归阴去。古浊入字归阳入或阳上。参看上文贰"声韵调"里声调的说明 ③、⑤ 和叁"音韵特点"里韵母的特点 ①。

肆 文白异读

武义话的文白异读现象比较简单。下面三条是武义话里成系统的文白异读规律：(下文中"/"前为白读，后为文读。)

①微母部分字白读 [m] 声母，文读 [v f] 声母。例如：未 mi³¹ 副词/vi³¹ 地支之一 ｜蚊 min⁻²¹ ~虫/ ｜文 /ven⁴²³ ｜问 muo³¹ 动词/ven⁻³³ ~题 ｜望 maŋ³¹ 看/faŋ⁻⁵³ 希~。

②日母部分字白读 [ȵ n] 声母，文读 [ʑ z] 声母。例如：汝 /ʑy³³⁴ ｜人 ȵiəʔ³ 塞进去/ʑiəʔ³ ｜软 ȵye³³⁴/ ｜人 ȵin⁴²³ 丈~/ʑin⁴²³ ~民 ｜忍 ȵin³³⁴/ ｜日 nəʔ³/ʑiəʔ³ ~本 ｜箬 ȵiao³³⁴/ ｜弱 ziao³³⁴。

③脂之韵章组的部分字白读 [ɿ] 韵母，文读 [i] 韵母。例如：脂 tsɿ²⁴ ~油/tɕi⁻⁵³ 胭~ ｜指 tsɿ⁴⁴⁵ 戒~/tɕi⁻⁵³ ~示 ｜试 sɿ⁵³ 动词/ɕi⁵³ 考~。

其他还有一些零星的文白异读现象。例如：
拖 tʰia²⁴/tʰuo²⁴ ｜刺 tɕʰi⁵³ 植物的刺/tsʰɿ⁵³ ~猬 ｜渠 guɯ³³⁴ 他/dʑy⁴²³ ~道 ｜产 suo⁴⁴⁵ ~母:产妇/tsʰuo⁴⁴⁵ ｜关 kuen²⁴ 动词/kuo²⁴ 开~ ｜越 iəʔ³ ~讲~多/yəʔ³ ~南 ｜孙 sɤ²⁴ 孙子/sen²⁴ 姓 ｜庄 yaŋ²⁴ 坐~/tɕyaŋ²⁴ ｜惊 kua²⁴ 怕/tɕin⁻⁴⁴⁵ ~蛰。

伍 连读调

武义话两字组的语音变调规律见表 2-8-1。表中各栏的上一行是单字调，下一行是连读调。例词请参看词汇部分。

表 2-8-1　武义话两字组连调表

1＼2	阴平 24	阳平 423	阴上 445	阳上 334	阴去 53	阳去 31	阴入 5	阳入 3
阴平 24	24 24 212 53 ——— 24 24 445	24 423 212 53 ——— 24 423 445	24 445 445	24 334 445	24 53 212 ——— 24 53 445	24 31 212 53 ——— 24 31 445	24 5 445	24 3 445
阳平 423	423 24 21 53 ——— 423 24 445	423 423 21 31 ——— 423 423 445	423 445 445	423 334 445	423 53 21 ——— 423 53 445	423 31 21 ——— 423 31 445	423 5 445	423 3 445
阴上 445	445 24 53	445 423 53	445 445 53	445 334 53	445 53 53	445 31 53	445 5 53	445 3 53
阳上 334	334 24 53	334 423 53	334 445 53	334 334 53	334 53 53	334 31 53	334 5 53	334 3 53
阴去 53	53 24 445	53 423 445	53 445 445	53 334 445	53 53 445	53 31 445	53 5 445	53 3 445
阳去 31	31 24 33	31 423 33	31 445 53	31 334 53	31 53 33	31 31 33	31 5 53	31 3 53
阴入 5	5 24 ——— 5 24 53	5 423 ——— 5 423 53	5 445 ——— 5 445 53	5 334 ——— 5 334 53	5 53 4 ——— 5 53 53	5 31 ——— 5 31 53	5 5 4 ——— 5 5 53	5 3 ——— 5 3 53
阳入 3	3 24 5	3 423 5	3 445 5	3 334 5	3 53 4	3 31 5	3 5 5	3 3 5

武义话两字组的连读调有以下几个特点：

① 一般是前字变，后字不变。"阴平＋阴平""阴平＋阳平""阴平＋阳去""阳平＋阴平""阳平＋阳平"里后字也会变。

② 前字 [445] 有时读得接近 [44]，尤其是在阴去 [53] 和阴入 [5] 的前面。另外"阴平、阳平＋阴入"[445 5] 的前字 [445] 较为低。

③ 前字 [53]，特别是在后字 [53] 的前面，比阴去的单字调低一点，接近 [42]。

④ 前字 [33] 的音高比阳去单字调的开头部分低一点。

⑤ 阳调类的字变为 [445] [53] [4] [5] 时，其声母一般发生清音化。例如：

批评 pʰie²⁴⁻²¹² b-pin⁴²³⁻⁵³ ｜ 捶背 dʐ-tɕy⁴²³⁻⁴⁴⁵pa⁵³ ｜ 稻秆 d-tɤ³³⁴⁻⁵³kɤ⁴⁴⁵ ｜ 大雨 d-tuo³¹⁻⁵³y³³⁴ ｜ 族长 z-sɔʔ³⁻⁵tɕiaŋ⁴⁴⁵。但是，在一些词当中，这一清音化不发生而保持浊音或读作半浊音。例如：□□地方 daŋ³¹⁻⁵³di³³⁴ 也可以读作 [taŋ³¹⁻⁵³di³³⁴]。

⑥ 阴平 [24] 变为 [212] 时，其声母读作浊音。关于阴平字的声母，参看上文贰"声韵调"里声母的说明①。

⑦ "阴平、阳平＋阴平" [445 24]、"阴平、阳平＋阳平" [445 423]、"阴平、阳平＋阴去" [445 53]、"阴平、阳平＋阳去" [445 31] 主要出现于动宾结构或书面语等前后字结合得不很紧密的结构。例如：参加 tsʰɤ²⁴⁻⁴⁴⁵kua²⁴（书面语）｜ 耕田 ka²⁴⁻⁴⁴⁵die⁴²³ ｜ 相信 ɕiaŋ²⁴⁻⁴⁴⁵ɕin⁵³ ｜ 蒸饭 tɕin²⁴⁻⁴⁴⁵vuo³¹ ｜ 熬油 ŋɤ⁴²³⁻⁴⁴⁵iu⁴²³ ｜ □地挖地 dɤ⁴²³⁻⁴⁴⁵di³¹。

⑧ 阳平做前字时，有时变为 [42]（此时音节末尾没有紧喉作用）。例如：明年 muo⁴²³⁻⁴²n̠ie⁴²³⁻³¹ ｜ 前年 zie⁴²³⁻⁴²n̠ie⁴²³⁻³¹ ｜ 陶宅地名 dɤ⁴²³⁻⁴²tsaʔ⁵ ｜ 迟日将来 dʑi⁴²³⁻⁴²nəʔ³。

⑨ 来自古清入的阴去做前字时不变调。例如：出差 tɕʰye⁵³tsʰua²⁴ ｜ 出麻出麻疹 tɕʰye⁵³mua⁴²³ ｜ 决定 tɕye⁵³din³¹。

⑩ 阳上做前字时，有时变为 [33]。例如：若干很多 ziao³³⁴⁻³³kɤ²⁴ ｜ 若讲如果 ziao³³⁴⁻³³kaŋ⁴⁴⁵ ｜ 里面 li³³⁴⁻³³mie³¹ ｜ 后面 ao³³⁴⁻³³mie³¹ ｜ 渠农他 gu³³⁴⁻³³nɔ³³⁴。

⑪ 重叠式亲属名称的连读调特殊，阴调类都读作 [445 53] 或 [445 5]，阳调类则都读 [33 31]。例如：哥哥 kua⁻⁴⁴⁵kua⁻⁵³ ｜ 叔叔 sɔʔ²⁻ɔ⁵⁻⁴⁴⁵sɔʔ⁵，也可以读作 [sɔʔ⁵⁻⁴sɔʔ⁵] ｜ 爷爷 ia⁴²³⁻³³ia⁴²³⁻³¹ ｜ 舅舅 dʑiu³³⁴⁻³³dʑiu³³⁴⁻³¹。

⑫ 多数代词的连读调特殊。例如：我农 a⁻³³nɔ³³⁴ ｜ □农咱们 xuo⁻³³nɔ³³⁴⁻⁰ ｜ 大家 dia³¹kua²⁴⁻⁰ ｜ □个谁 dao³¹tɕiaʔ⁵⁻⁰ ｜ □个那个 dəʔ³tɕia²⁵。

⑬ 部分 "X＋头" 结构的方位词连读调特殊，不符合表 2-8-1 的规律：里头 li³³⁴⁻⁵³d-tao⁴²³⁻²⁴ ｜ 外头 n̠ia³¹⁻⁵³d-tao⁴²³⁻²⁴ ｜ 后头 ao³³⁴⁻⁵³d-tao⁴²³⁻²⁴。"前头" 读作 [zie⁴²³⁻²¹dao⁴²³⁻³¹]，合乎表 2-8-1 的规律。

⑭ 量词变调。

单字调为阴平或阴上的字做量词时，都变为 [53]，同阴去单字调。例如：支 tɕi²⁴⁻⁵³ ｜ 间 kuo⁻⁵³ ｜ 张 tɕiaŋ²⁴⁻⁵³ ｜ 双 ɕyaŋ²⁴⁻⁵³ ｜ 根 ken²⁴⁻⁵³ ｜ 声一~ ɕin²⁴⁻⁵³ ｜ 封 foŋ²⁴⁻⁵³（以上阴平变为 [53]）；碗 ŋuo⁴⁴⁵⁻⁵³ ｜ 口 kʰao⁴⁴⁵⁻⁵³ ｜ 本 men⁴⁴⁵⁻⁵³ ｜ 捧 pʰɔŋ⁴⁴⁵⁻⁵³（以上阴上变为 [53]）。

单字调为阳上的字做量词时，变为 [31]，同阳去单字调。例如：部 bu³³⁴⁻³¹ ｜ 件 dʑie³³⁴⁻³¹ ｜ 丈 dʑiaŋ⁻³¹ ｜ 领 lin³³⁴⁻³¹。

⑮ "几＋X" 结构不变调。例如：几年 ka⁴⁴⁵n̠ie⁴²³ ｜ 几个 ka⁴⁴⁵tɕiaʔ⁵ ｜ 几

352

斤 ka⁴⁴⁵tɕin⁵³ ｜ 几岁 ka⁴⁴⁵ɕie⁵³ ｜ 几日几天 ka⁴⁴⁵nəʔ³。

⑯ 动词重叠式的连读调特殊，不符合表 2-8-1 的规律。例如：讲讲 kaŋ⁴⁴⁵kaŋ⁴⁴⁵⁻⁵³ ｜ 截截剪剪 ʑia³³⁴⁻³³ʑia-iaʔ³³⁴⁻³ ｜ 囥囥放放 kʰaŋ⁵³kʰaŋ⁵³ ｜ 用用 ioŋ³¹ioŋ³¹⁻⁰ ｜ 食食吃吃 ʑiəʔ³ʑiəʔ³。

⑰ "动词＋补语"结构的连读调特殊，不符合表 2-8-1 的规律。前字阳平变为 [42]，阳上变为 [33]，阴入不变或变为 [53]，其余均不变。例如：

前字阴平：潜出溢出 pʰu²⁴tɕʰye⁵³ ｜ 烘燥烘干 xɔŋ²⁴sɤ⁵³ ｜ □掉埋葬 en²⁴die³¹ ｜ 敲破打破 kʰao²⁴pʰia⁵³

前字阳平：寻□找遍 zen⁴²³⁻⁴²kao²⁴ ｜ 来迟来晚 la⁴²³⁻⁴²dʑi⁴²³ ｜ 容掉宠坏 ioŋ⁴²³⁻⁴²die³¹

前字阴上：□来拾起来 tsua⁴⁴⁵la²⁴ ｜ 扫归扫进 sɤ⁴⁴⁵kui²⁴ ｜ 讲歇说完 kaŋ⁴⁴⁵ɕie⁵³

前字阳上：徛来站起来 ga³³⁴⁻³³la²⁴ ｜ 仰□仰起来 ȵiaŋ³³⁴⁻³³xa²⁴ ｜ □断拗断 ŋa³³⁴den³³⁴ ｜ 闸掉堵塞 zua³³⁴⁻³³die³¹⁻⁰

前字阴去：葬掉埋葬 tsaŋ⁵³die³¹⁻⁰ ｜ 听着听见 tʰin⁵³dʑiao³³⁴⁻⁰

前字阳去：望着看见 maŋ³¹dʑiao³³⁴⁻⁰

前字阴入：识着知道 tɕiəʔ⁵dʑiao³³⁴⁻⁰ ｜ 跌去跌倒 liaʔ⁵⁻⁵³xɯ⁻⁰

前字阳入：食饱 ʑiəʔ³pao⁴⁴⁵ ｜ 食畏吃腻 ʑiəʔ³ui⁵³

前字阴入的其他结构偶尔也用 [53 0] 或 [5 0]：只惊恐怕、大概 tsəʔ⁵kua²⁴⁻⁰ ｜ 呐事不要紧 nieʔ-ie⁵⁻⁵³zɿ³¹⁻⁰。

⑱ 相当于普通话"很＋形容词"结构的"形容词＋猛阳上"结构的连读调特殊，不符合表 2-8-1 的规律。例如：

前字阴平：高猛 kɤ²⁴ma³³⁴⁻⁰ ｜ 酸猛 sɤ²⁴ma³³⁴⁻⁰

前字阳平：咸猛 ŋuo⁴²³⁻⁴²ma-aʔ³³⁴⁻⁵

前字阴上：苦猛 kʰu⁴⁴⁵ma³³⁴⁻⁰ ｜ 短猛 nɤ⁴⁴⁵ma³³⁴⁻⁰ ｜ 好猛 xɤ⁴⁴⁵ma³³⁴⁻⁰ ｜ 早猛 tsɤ⁴⁴⁵ma³³⁴⁻⁰

前字阳上：厚猛 gao³³⁴⁻³³ma-aʔ³³⁴⁻⁵ ｜ 痒猛 iaŋ³³⁴⁻³³ma-aʔ³³⁴⁻⁵ ｜ 重猛 dzɔŋ³³⁴⁻³³ma-aʔ³³⁴⁻⁵

前字阴去：瘦猛 ɕiu⁵³ma³³⁴⁻⁰ ｜ 痛猛 tʰɔŋ⁵³ma-aʔ³³⁴⁻⁰

前字阳去：大猛 duo³¹ma³³⁴⁻⁰

前字阴入：疲不好猛 ɕiəʔ⁵ma³³⁴⁻⁰ ｜ 阔宽猛 kʰuaʔ-ua⁵⁻⁵³ma³³⁴⁻⁰ ｜ □湿猛 tɕʰiaoʔ-iao⁵⁻⁵³ma³³⁴⁻⁰

前字阳入：薄猛 bɔʔ³ma-aʔ³³⁴⁻⁵

"猛"[ma³³⁴] 变为 [ma-aʔ³³⁴⁻⁵] 时，这 [5] 调不如阴入的单字调那么高。

⑲ "X＋当里、上"结构的连读调特殊，不符合表 2-8-1 的规律。例如：

街当武义县城 tɕ-dʑia²⁴⁻²¹² naŋ³³⁴⁻⁵³ ｜车当 tɕʰia²⁴⁻²¹² naŋ³³⁴⁻⁵³ ｜床当 ʑ-ɕyaŋ⁴²³⁻⁵³ naŋ³³⁴ ｜水当 ɕy⁴⁴⁵ naŋ³³⁴ ｜镬当锅里 uo³³⁴⁻³³ naŋ³³⁴ ｜地当 di³¹ naŋ³³⁴⁻⁰ ｜橘当橘子上 tɕyəʔ⁵ naŋ³³⁴⁻⁰（但"日当白天"读作 [nəʔ⁵laŋ³³⁴]）｜桌当 luoʔ-uo⁵⁻⁵³ naŋ³³⁴⁻⁰ ｜箩当盒子里 lɔʔ³ naŋ³³⁴⁻⁰。[naŋ] 也可以读作 [laŋ]。

⑳ "数词＋量词①"结构的连读调特殊，不符合表 2-8-1 的规律。"数词＋月阳上、十阳入"的连读调也用同一种规律，见表 2-8-2。

表 2-8-2　武义话"数词＋量词、月、十"连调表

1 \ 2	阳平 423	"月" 334	阴去 53	阳去 31	阴入 5	阳入 3
一清入 5	5　423	（缺例）	5　53 4	5　31	5　5 4	5　3
二阳去 31	（缺例）	31　334 0	（缺例）	（缺例）	（缺例）	（缺例）
两、五浊上 334	334　423 11	334　334 3	334　53 11	334　31 11	334　5 11	334　3 11
三阴平 24	24　423 212　53	24　334 212　5	24　53 212	24　31 212　53	24　5 212	24　3 212　5
四阴去 53	53　423 0	53　334 3	53　53 0	53　31 0	53　5 3	53　3
六、十浊入 3	3　423 1	3　334 3	3　53 1	3　31 1	3　5 1	3　3 1
七清入 5	5　423 0	5　334 3	5　53 0	5　31 0	5　5	5　3
八清入 5	5　423 53　0	5　334 53　3	5　53 53　0	5　31 53　0	5　5 53　3	5　3 53
九清上 445	445　423	445　334 5	445　53	445　31	445　5	445　3

"一"的调值有时比 [5] 或 [4] 稍微低一点。[53 3] 和 [5 3] 里的 [3] 调读得很轻，接近轻声。[445 31] 和 [445 3] 有时分别接近 [445 53] 和 [445 5]。

下面举一些例子：

一＋X：一头 iəʔ⁵dɑo⁴²³ ｜一千 iəʔ⁵⁻⁴tɕʰie⁵³ ｜一两 iəʔ⁵liaŋ³¹ ｜一百 iəʔ⁵⁻⁴paʔ⁵

二＋X：二月 n³¹ȵye³³⁴⁻⁰

---

① 此外把"量词变调"当作单字调。

两＋X：两头 liaŋ³³⁴⁻¹¹dɑo⁴²³ ｜ 两千 liaŋ³³⁴⁻¹¹tɕʰie⁵³ ｜ 两部 liaŋ³³⁴⁻¹¹bu³¹ ｜ 两只 liaŋ³³⁴⁻¹¹tsaʔ⁵

三＋X：三□层 s-zuo²⁴⁻²¹²b-pi⁴²³⁻⁵³ ｜ 三双 s-zuo²⁴⁻²¹²ɕyaŋ⁵³ ｜ 三部 s-zuo²⁴⁻²¹²b-pu³¹⁻⁵³

四＋X：四成 ɕi⁵³ʑin⁴²³⁻⁰ ｜ 四月 ɕi⁵³ȵye³³⁴⁻³ ｜ 四双 ɕi⁵³ɕyaŋ⁵³⁻⁰ ｜ 四个 ɕi⁵³tɕiaʔ⁵⁻³ ｜ 四十 ɕi⁵³zəʔ³

五＋X：五头 n³³⁴⁻¹¹dɑo⁴²³ ｜ 五月 n³³⁴⁻¹¹ȵye-yeʔ³³⁴⁻³ ｜ 五千 n³³⁴⁻¹¹tɕʰie⁵³ ｜ 五只 n³³⁴⁻¹¹tsaʔ⁵

六＋X：六□层 lɔʔ³⁻¹bi⁴²³ ｜ 六月 lɔʔ³⁻¹ȵye-yeʔ³³⁴⁻³ ｜ 六双 lɔʔ³⁻¹ɕyaŋ⁵³ ｜ 六粒 lɔʔ³⁻¹lɤʔ³

七＋X：七头 tɕʰiəʔ⁵dɑo⁴²³⁻⁰ ｜ 七千 tɕʰiəʔ⁵tɕʰie⁵³⁻⁰ ｜ 七个 tɕʰiəʔ⁵tɕiaʔ⁵⁻³ ｜ 七粒 tɕʰiəʔ⁵lɤʔ³

八＋X：八成 puɑʔ-uɑ⁵⁻⁵³ʑin⁴²³⁻⁰ ｜ 八千 puɑʔ-uɑ⁵⁻⁵³tɕʰie⁵³⁻⁰ ｜ 八十 puɑʔ-uɑ⁵⁻⁵³zəʔ³

九＋X：九头 tɕiu⁴⁴⁵dɑo⁴²³ ｜ 九月 tɕiu⁴⁴⁵ȵye-yeʔ³³⁴⁻⁵ ｜ 九两 tɕiu⁴⁴⁵liaŋ³¹ ｜ 九百 tɕiu⁴⁴⁵paʔ⁵

十＋X：十□层 zəʔ³⁻¹bi⁴²³ ｜ 十月 zəʔ³⁻¹ȵye-yeʔ³³⁴⁻³ ｜ 十双 zəʔ³⁻¹ɕyaŋ⁵³ ｜ 十个 zəʔ³⁻¹tɕiaʔ⁵

此外"正月"读作 [tɕin⁻⁴⁴⁵ȵye³³⁴]，"十一月"读作 [zəʔ³iəʔ⁵ȵye-yeʔ³³⁴⁻³]，"□月十二月"读作 [ʑin³¹ȵye³³⁴⁻⁰]。二十说"廿"[ȵie³¹]。

不符合以上所描写的连调规律的例外词有：

阴平＋阴上：交椅椅子 kɑo²⁴⁻⁵³y⁴⁴⁵

阴平＋阳入：该力慢 ka²⁴ləʔ³（不变调）

阳平＋阴去：田缺 d-tie⁴²³⁻⁵³tɕʰye⁵³

阴上＋阴上：水碓 ɕy⁴⁴⁵la⁵³（不变调）

阳上＋阳平：下巴 uɑ³³⁴⁻³³buɑ⁴²³（同于"阳去＋阳平"的连读调）｜ 啮农咬人 ŋɤ³³⁴⁻⁵³nɔŋ⁴²³⁻⁰

阳去＋阴平：踏车车水 d-tuɑ³¹⁻⁴³tɕʰia²⁴（同于"阳上＋阴平"的连读调）

三字组的连读调更加复杂，这里不再详述，具体情况请参看词汇和例句部分。

陆 小称音

武义话里存在着数量不很多的小称音。小称音的例词参看下文捌"小称音表"。小称形式可以分为以下两种类型：

一 儿尾

第一种小称形式是在小称音节的韵母后面加上鼻尾 [n ŋ]，同时主要元音和声调也会发生变化。声调的变化规律如下：

阳平 [423] → 阳上 [334] 或阴去 [53]

阴上 [445] → 阴去 [53]

阳上 [334] → 阳去 [31]

阴入 [5]　→阴去 [53]

阳入 [3]　→阳去 [31]

阴平 [24] 不变。

小称音节的 [53] 常读得较短促，稍微有区别于阴去的单字调，而更接近于阴入的单字调。例如"嬉儿" [ɕin⁻⁵³] 有时读得比阴去更短，但是发音人却认为它与"信" [ɕin⁵³] 同音。因此，在本书中把这种小称音的声调都处理为阴去 [53]。这是一件特别需要说明的事。

阳去尚未发现小称音。古清去声的"兔"和"痣"以及古浊入声的"坠"尚未调查到原读，所以不能归纳阴去的变化规律。值得注意的是，小称调做后字时的前字的连读调和一般的连读调有所不同。例如：黄燕儿一种燕子 uaŋ⁴²³⁻⁴⁴⁵ȵin⁻⁵³（做名词的"阳平＋阴去" [423 53] 一般变为 [21 53]）。下面举一些例子。"→"的前面是原读，后面是儿化音。如果没有原读，"→"的前面就空着。

古清平字：虾 xuɑ²⁴ → 虾儿 xuaŋ²⁴ ｜ 鸡 tɕie²⁴ → 鸡儿 tɕin²⁴ 细~ ｜ 边 mie²⁴ → 边儿 min²⁴ 口嘴~：嘴的两边

古浊平字：鞋 ia⁴²³ → 鞋儿 in⁻³³⁴ ｜ 鹅 ŋuo⁴²³ → 鹅儿 uen⁻⁵³ 细~（声母也发生变化）

古清上字：拐→拐儿 tɕyaŋ⁻⁵³ 拐杖 ｜ 姊 tɕi⁴⁴⁵ → 姊儿 tɕin⁻⁵³ ~~：姐姐 ｜ 蟢 ɕi⁻⁴⁴⁵ ~网窠：蜘蛛网→蟢儿 ɕin⁻⁵³ ~~：蜘蛛

古浊上字：女 nuɑ⁻⁵³ ~婿→女儿 nen⁻³¹ 女儿 ｜ 李 li³³⁴ → 李儿 lin⁻³¹ 李子 ｜ 鳝→鳝儿 dʑiaŋ⁻³¹ 黄~

古清去字：兔→兔儿 tʰen⁻⁵³ ｜ 痣→痣儿 tsen⁻⁵³

古浊去字：坠→坠儿 dʑyin⁻³¹ 锡~

古清入字：刷 ɕye↑⁵ → 刷儿 ɕyin⁻⁵³ 牙~ ｜ 髪 fuɑ↑⁵ → 髪儿 faŋ⁻⁵³ 口 pʰi⁻⁴⁴⁵ ~：刘海

古浊入字：钹 buo³³⁴ → 钹儿 ben⁻³¹ ｜ 日 nə↑³ → 日儿 nen⁻⁴⁴⁵ ~头：太阳

古浊平"猫"的小称音是"猫儿" [maŋ⁻²⁴]，为例外。

356

二 变调

另一种是纯变调的小称形式。这种形式用得不多。从目前所记录到的例子来看，声调都变为[53]。此外，[iu]韵不用加儿尾的小称音，而专门用变调方式的小称音。

古清平字：鸡 tɕie^{24} → tɕie^{-53} 细~

古浊平字：牛 ȵiu^{423} → ȵiu^{-53} 细~

古清上字：手 ɕiu^{445} → ɕiu^{-53} 犁口 tɕʰie^{-53} ~：犁上换方向的部位｜饼→ min^{-53}

古浊上字：纽 ȵiu^{334} → ȵiu^{-53} 锅把儿

柒 同音字汇

本字汇以收录武义话的单字音为主。如果没有单字音，酌收主要的连读音。连读音放在相应的单字音节后面，在连读音的前面加双竖线"‖"表示。（如果连读调是单字调以外的新调值，该调值放在所有调类后面，"‖"加在连读调的前面。）

字汇根据武义话韵母、声母、声调的次序（见上文贰）排列。轻声音节用"[0]"表示。在第一章第四节"本字考"里考证过的字用加粗表示，写不出本字的音节用方框"□"表示。释义、举例在字后用括号"( )"表示。在例子里，用"~"代替原字，"□"后加注连读音。又读、文白异读等一字多音的现象在字的右下角用数字表示，一般用"1"表示最常用或最口语化的读音，"2"次之，依此类推。文白异读规律见上文肆。

ɿ

ts　[24] 资姿咨脂₁(~油：猪油) 之₁(百分~一) [445] 紫指₁(戒~) 子籽‖知(~识) □(□pie^{445} ~骨：肋骨) [53] □(捆，量词)

tsʰ　[24] 雌 [445] 此齿 [53] 刺₂(~猬) 次

s　[24] 斯筛(米~) 私师狮蛳司丝思 [445] 死使史驶‖时₁(~节)□(~门：囟门) [53] 试₁‖疏₂(生~) 自₂(~刎)

z　[423] 瓷糍慈辞词祠嗣□(脾脏) [334] 祀巳仕士市 [31] 逝字牸(水~：未生育的母水牛) 寺饲(~奶：喂奶) 事

i

p　[24] 碑卑屄 [445] 比 [53] 闭蔽毙臂秘□(忍水~：潜水)

pʰ　[445] ‖ □(~发儿：刘海) [53] 沛臀屁

b　[423] 皮脾彼□(一~砖：一层砖) [334] 被(被子) [31] 倍佩避痹备篦‖[21] 琵(~琶) 杮(~杷) □(~□ ɕiu^{53}：一种动物。像刺猬)

m　[423] 迷弥眉楣 [334] 每美敏 [53] 未₂(副词) [31] 未₁(副词)

357

f	[24]非飞妃 [445]匪 [53]疿
v	[423]维肥微 [31]未₃(地支之一) 味
d	[334]□₁(□ taŋ⁵³ ~：地方) [31]地
n	[31]□(~ ~：干净)
l	[24]猪□(□ tʰuɑ⁵³ ~箍：用绳子做的圈) [423]胭驴离篱梨厘 [445]‖莱(大~口：地名) [334]吕李₁(姓) 裏(城~) 理鲤□₂(□ taŋ⁵³ ~：地方) [53]齿(~饭：盛饭；装)‖桐(棕~：棕树) 履(~坦：地名) [31]厉隶利吏泪‖里(一~) 狸(狐~) □(麻~：麻子)
tɕ	[24]鲞(~菜：一种腌菜) 稽支枝肢栀岐饥肌之₂(走~旁) 芝基机饑□(笾~：笾子) □(~米：碾米) [445]纸姊旨麂止址己纪(年~) 杞嘴₁ [53]穄(芦~：高粱) 计₂(伙~) 寄致至置志誌痣记₁ 既暨醉季‖苎₁(~布：做蚊帐的布) 脂₂(胭~) 指₂(~示) 几(茶~) [0]起₂(补语)
tɕʰ	[24]舒₁(~床：铺床) 欺□(~虫：子孑) □(□ muɑ⁵³ ~头：甘蔗最高的部位) [445]鼠企耻起₁ [53]觑(近~：近视) 刺₁(植物的刺) 器弃气汽
dʑ	[423]池奇骑迟祁持其棋期旗祈 [334]是痔 [31]箸技治忌及₁(来得~)‖[33]雉(~鸡：山鸡) [0]记₂(阿~：现在)
ȵ	[423]谊尼疑凝 [334]仪议 [31]艺义毅□(谜)‖宜(便~)
ɕ	[24]施羲尸牺诗嬉(玩儿) 熙希稀屎 [445]玺始喜髓‖蟢(~网窠：蜘蛛网) [53]絮戏四试₂(考~) □(散落)‖薯(山~：白薯)
ʑ	[423]徐匙时₂(~间) [334]系氏 [31]豉自₁(自己) 示视
ø	[24]姨箕萁(蕨~□ uo⁵³：蕨) 医衣依□(又) [423]移胰遗 [445]煮 [334]已以 [53]意忆亿

u

p	[445]补谱‖□(脚~肚：小腿) [53]布佈‖蒲(水菖~：菖蒲) □(~笼：竹编的箱子)
pʰ	[24]潽(溢) [445]普浦甫捕 [53]铺(名词)
b	[423]匏(瓠子) □(口嘴~：嘴唇) [334]部簿 [31]步埠(溪~头：小码头) 伏(孵) □(晒太阳取暖)‖[33]□(手~头：胳膊肘儿) [21]葡(~萄) 荸(~荠)
m	[423]模膜 [31]暮慕墓募幕
f	[24]夫肤麩 [445]府□(□ min⁴⁴⁵ ~：墨鱼)‖无(~输赢：和棋) [53]敷(动词) 付咐傅附富副‖俘(~虏) 芙(~蓉花) 俯(~首) 抚(~养)
v	[423]符浮 [334]武舞侮鹉妇 [31]腐辅务雾婺‖[33]斧(~头)
t	‖[53]□(桑叶□ u²¹² ~：桑葚；街狗□ u²¹² ~：狗尾草)

358

tʰ	[445] 土吐(~口痰:吐痰) [53] 吐(呕吐)
d	[423] 徒途涂图 [334] 杜肚(~脐) [31] 度渡镀□(毒害)□(呆~:傻瓜)
n	[53] ‖ 努(~力)
l	[24] 啰(~唆)都(首~) [423] 卢炉芦₁(~稷:高粱)庐 [445] 都(副词)赌肚(猪~)□(瓢)□(指,动词) [334] 鲁 [53] 堵拄 ‖ 卤(~货)□(箍~:圈圈) [31] 路露鹭
ts	[24] 租□(~~:小男孩的阴茎) [445] 祖组阻
tsʰ	[24] 粗初 [445] 楚础 [53] 醋
s	[24] 梭苏酥蔬鬚(鬍~)鸶(鹭~) [53] 素诉塑数(名词) ‖ 唆(啰~)稣(耶~)
z	[31] 助
k	[24] 姑孤菇 [445] 古估牯股鼓 [53] 故固锢雇顾
kʰ	[24] 箍枯 [445] 苦 [53] 库裤
g	[423] □(蹲)
ŋ	[31] 误悟互
x	[24] 呼乎 [445] 虎浒 ‖ 薅(~田:耘田) [53] 戽
ø	[24] 乌(黑)污□(桑叶~□tu⁵³:桑葚,街狗~□tu⁵³:狗尾草) [423] 吴₂胡湖糊(动词)□(凑在一起) [445] 坞(山~:山谷) ‖ 蝴(~蝶)□(~肚:肚子)□(~裤:裤子) [334] 户沪 [53] 恶(可~)□(煮长时间)□(用泥土覆盖) [31] 糊(名词)护 ‖ 壶(~茶) ‖ [21] 梧(~桐)鬍(~鬚)狐(~狸)葫(~芦)

y

l	[334] 旅铝屡 [31] 虑类
tɕ	[24] 诸车(~马炮)诛朱硃珠拘追龟 [445] 举主矩嘴₂(香烟~) [53] 著据註注蛀铸句贵 ‖ 拒(~绝)□(尾巴~:最小的儿子)□(~子:礤)
tɕʰ	[24] 区驱吹炊 [445] 取₂ [53] 处(相~)处(到~) 戌(~当:家里)翠
dz	[423] 除储渠₂(~道)巨₂(要~:地名)厨橱衢槌捶(~背)葵 [334] 绪₁(光~)苎₁巨₁距柱跪 [31] 居驻住具惧柜
ȵ	[423] 鱼渔愚虞娱 [334] 女₂语蕊(花~:花蕾) [31] 御
ɕ	[24] 书舒₂虚叙须需输(败;运~) [445] 暑许₂数(动词)水 [53] 庶恕署戍₂□(~牙:换牙) ‖ 荽(芫~:香菜)
z	[423] 如殊儒随隋 [334] 序绪₂汝竖乳瑞 [31] 树隧 ‖ [33] 遂(~昌:地名)
ø	[423] 余馀愉俞愈 [445] 椅守₁(看守) [334] 於于雨宇羽 [31] 誉预豫芋喻裕位₁(~牌:牌位) ‖ 盂(痰~) ‖ [21] 围₁(~墙)

a

p [24]杯悲□₂(□tɕia⁴⁴⁵~花:杜鹃花)[445]‖□(~□lia⁴⁴⁵水:瀑布) [53]贝辈背(~脊)背(用背驮)□(~食:鸟喂小鸟)

pʰ [24]胚坯□(~茶:烧开水;~燥:焙干)[445]□(~食:鸡翻食物)[53]配

b [423]培陪赔彭捧(拂)棚(冬瓜~)[334]白 [31]背(背诵)焙□(朵,量词)[0]罢₂(助词,了)

m [423]梅枚媒煤莓盲 [334]猛蜢孟麦脉□(铜板没有旗的一面)[53]柄摵(拔,抽)‖□(~□sɑoʔ⁵:垢)□(□dʑin²¹²~:羊角风)[31]妹 [0]妈(姆~:母亲)

f [53]□(不会。"弗会"的合音,本书写作"龄")

tʰ [24]胎台(~州)苔梯推煺(~毛:用滚水烫后去掉鸡毛)[445]腿 [53]态退

d [423]臺□(垂下来)[334]待□(镬~:锅巴)[31]贷代袋队兑□(一~鼻涕:一把鼻涕,一~溷:一次大便)‖鲐(鲇~:鲇鱼)‖[33]□(~西儿:什么)

n [445]打 [334]耐冷 [31]内 [0]呢₂(助词)

l [24]来₂(用作补语)堆 [423]来₁ [334]偭 [53]戴₂(姓)对碓 [31]跦(滚动)□(小孩死)□(光棍~:单身汉)‖[33]□₁(□da³³~:什么。作定语。本书写作"拉")[21]雷(~公)

ts [24]灾栽争 [445]‖□(~子粉:一种淀粉)[53]再载(满~)‖□(~子:橡子)

tsʰ [24]猜催崔撑□(睁)[445]彩采睬踩‖□₁(牙~肉:齿龈)[53]菜掌

dz [334]泽择(挑选)宅₁(王~:地名)[31]□(伸手)

s [24]腮鳃生₁牲笙甥 [445]碎₁省(浙江~)省(节~)[53]赛栖(鸡~:鸡屋)碎₂(散~:零钱)帅生₂(~好:怎么办)‖昨₁(~日)

z [423]才材财裁 [334]在罪□(鱼游动)[31]□(一~风:一阵风)

k [24]该更(五~)庚羹耕□(~狗洞:钻狗洞)[445]改几(~个)虮(虱~)[53]概溉盖哽更(副词)

kʰ [24]开盔铅坑

g [334]倚(站立)□(猪拦~:猪圈的栅栏)[31]隑(倚靠)

ŋ [334]额□(拗)[31]碍硬行(品~)‖[33]呆(~□du³¹:傻瓜)杏(~梅、杏子)□(弗~化:不消化)[21]行(~头)桁(~条:檩)

x [24]亨□(仰~:仰起来)①□(~相:这样,这么)[445]海

---

① 很可能是"来"[la²⁴]的变体。

| ø | [24]哀 [334]亥 [53]爱 [31]害 ‖[33]我(~农:我)□(~里:哪里) |

ia

p	[445]摆 [53]簸(动词)拜
pʰ	[53]破派
b	[423]排牌簰 [31]败
m	[334]买 [31]卖
tʰ	[24]拖₁ [53]替₁太泰
d	[334]筷(筛谷~:一种圆形竹器)叠碟牒蝶谍□(刺触划皮肤) [31]大₂(~学)汏(漂洗)□(趟;条)
n	[24]捏 [334]奶(乳房)蚁 [53]‖伢₂(细~□uan³³⁴:婴儿) [31]奈
l	[24]爹凉₂(~帽:草帽) [445]‖□(~侧睏:侧身睡觉)□(□pa⁴⁴⁵~水:瀑布) [334]簾(索粉干~:晒粉干用的竹帘) [53]戴₁(动词)带(名词;动词)滴‖鱧(~狗:乌鳢) [31]赖癞□(厉~:厉害)‖箩₁(槽~:箩)
tɕ	[24]遮斋阶街□(卵~:鸡肚子里还没壳的蛋) [445]解(动词)‖庎(碗~橱:碗橱)债(取~鬼:夭折的小孩)□(~球:踢毽子)□(~□lie⁴²³:知了)□(~□ba²¹²花:杜鹃花) [53]借帻(麻丝)□(~手:左手)‖楂(毛~:山楂)□(眼~毛:睫毛) [0]者(记~)
tɕʰ	[24]车(货~)揩钗□(~门:侧门) [445]楷‖□₂(牙~肉:齿龈) [53]且箰(斜)蔡‖□(□tɕʰiaʔ⁴~钑儿:钑)
dʑ	[423]□(抱) [334]懈(慢)峡 [31]□₁(~过去:挤过去)
ȵ	[31]艾(草名)外₁饵(诱饵)
ɕ	[24]沙纱赊 [445]写捨(弗~□kɣ⁵³:舍不得)蟹□(~酒:倒酒)‖畲(~客农:畲族人) [53]泻赦舍细₁(小)□(屁股~:屁股沟)□(~过去:横着身体挤过去)‖□(~意:舒服)□(~粪:施肥的一种方式)
ʑ	[423]邪斜蛇豺柴 [334]社截(剪) [31]谢射₂麝□(黏液)
ø	[24]也₁挨(~骂)□(推) [423]爷(父亲)鞋(皮~) [445]矮 [334]也₂野协 [31]夜‖[21]耶(~稣)

ua

k	[24]惊₁(怕) [445]梗
kʰ	[24]魁奎 [445]傀 [53]块快₂(爽~)
ŋ	[423]衡横
x	[445]□(歪)
ø	[423]怀₃(~念)淮 [31]会₂(乖)外₂

uɑ

p　[24]巴₃芭疤 [445]∥□(~□kaŋ²⁴:抓子儿) [53]靶霸坝∥把(量词)

pʰ　[24]□(披)

b　[423]巴₂(下~)爬笆 [334]罢₁(午~:下午)拔□(树~:树节疤) [31]耙(田~)齆(牙齿外露)稗□(捺。一种笔画)∥琶(琵~)杷(枇~)

m　[24]巴₁(尾~) [423]麻痳 [445]∥蟆(蛤~苍蝇:牛虻)毛₂(~竹) [334]马袜□(老~:妻子) [53]∥码(~头)□(~□tɕʰi²¹²头:甘蔗最高的部位) [31]骂∥[33]蚂(~蟥)

v　[334]罚□(泡沫)

tʰ　[53]∥□(~□li²¹²箍:用绳子做的环圈)

d　[334]达 [31]踏

n　[334]□(~脉:诊脉) [53]∥女₁(~婿:女婿)∥[21]鲇(~鲐:鲇鱼)

l　[24]□₂(~□ɕiaŋ⁵³:肮脏) [423]槐₂曰₂ [445]□₂(干哕) [334]腊蜡镴辣 [53]∥□(~辫:辫子)□₂(~肚:不消化)□(~□ɕiə⁵:一种响板)□(黄~刺:一种黄色有刺的鱼,较小)□(眼~泑:眼眵)

ts　[24]渣□(刹) [445]□(拎,提) [53]怪挂₁(鸡食~:鸡嗉子)∥蛇(~鱼头:海蜇)扎(~实)

tsʰ　[24]叉杈差(~别)差(出~)□(拃) [53]快₁

dz　[423]茶搽查(动词)怀₁(~当:怀里) [334]抓₂(~牌) [31]射₁(~床:尿床)

s　[24]痧梳疏₁□(饭煮得很软)□(~鳅:一种泥鳅) [445]洒甩∥钐(~镍:镰刀) [53]晒

z　[423]锄□(打瞌~:打盹儿) [334]闸煠(用水煮) [31]□(围起来)

k　[24]家加嘉枷瓜佳 [445]假(真~)贾假(放~)剐 [53]架驾嫁稼价挂₂卦∥哥₁(~~)寡(~妇)□(□tsʰəʔ⁴~花:凤仙花)□(□lɔʔ⁴~下:腋下)

kʰ　[24]夸垮 [53]搿(捉)

g　[334]挾(夹在腋下)

ŋ　[423]牙芽岩癌颜 [334]雅₁瓦₂

x　[24]虾(~皮)花□(打~睏:打哈欠) [53]化

ø　[24]鸦桠(树~)亚 [423]华划(~船) [445]∥蛤(~蟆苍蝇:牛虻) [334]下(乡~)狭活 [53]∥伢₁(细~鬼儿:小孩儿)雅₂(~畈:地名)哑(~口:哑巴)会₁(助动词)滑(~□ɕiu⁵³:滑)□(~□xa⁰:起来) [31]厦(~门)下₂(动词)夏(春~秋冬)画话∥[21]衙(~门)

yɑ

ø	[24]□₁(~□ɕiaŋ⁵³:肮脏) [423]怀₂(彭德~)槐₁曰₁ [445]□₁(干哕) [53]‖□₁(~肚:不消化) [31]坏

ɔ

n	[334]农₂(你)

ɤ

t	[53]‖箸(~帚:扫帚)
tʰ	[24]贪吞₁ [445]讨 [53]套探
d	[423]桃淘陶潭谭团锻□(挖)□(~□ȵi³¹:出谜) [334]道稻 [31]盗导缎钝‖萄(葡~)‖[21]昙(~花)
n	[24]端 [423]南楠男鸾 [445]短 [334]脑纳 [53]‖倒₂(颠~畈:地名) [31]乱₂嫩
l	[24]刀 [423]劳牢涝 [445]岛倒₁(打~) [344]老 [53]到答掇(双手拿东西)‖□(~臼:臼)□(~屑:垃圾)‖[21]痨(~病)
ts	[24]糟簪钻(动词) [445]早 [53]灶₁荐(稻秆~:稻草床垫)钻(车~:钻,名词)□(懊恼)
tsʰ	[24]参(~加)惨佥(焯)村 [445]草 [53]寸‖操₁(曹~)□(~□baʔ³:说别人的坏话)
s	[24]酸深₂(~坑:地名)孙₁(孙子;侄子) [445]扫(~地)嫂 [53]些₂燥算蒜
z	[423]曹槽蚕□(收拾) [334]皂造鏊杂
k	[24]高膏篙羔糕甘(~蔗)干(若~:很多;□ȵie⁴⁴⁵~:上下,左右)乾(~菜)肝 [445]稿感敢杆秆赶‖泔(米~水) [53]告干(~部)鸽合(眼睛~□xa²⁴罢:睡着了)割葛□(弗舍~:舍不得)
kʰ	[445]‖刊(~物) [53]烤靠磡(高埂)
g	[334]撽(挑担) [31]□(靠)
ŋ	[24]安鞍按 [423]熬寒韩 [334]啮(咬) [53]庵暗案 [31]傲鏊(~盘:平底锅)旱岸汗焊‖[33]翰(~林) [21]□(~路:银河)
x	[24]鼾□(一种橘子。比较大) [445]好(形容词) [53]耗汉熯(再蒸热)‖许₁(几~:多少)
ø	[24]爊(煮) [445]袄 [423]豪壕 [334]合(~八字) [53]‖舀(~水) [31]号

ie

p	[24]标彪 [445]表錶裱‖□(~□tsɿ⁴⁴⁵骨:肋骨) [53]‖婊(~子儿)□

363

(~□die³³⁴：蜥蜴）

pʰ [24]批飘偏 [53]漂（~白）票骗片撇 ‖ 篇（一~）

b [423]嫖缥（缥~：缥边）[334]辨辩别₂（区~）□（蚊子叮咬的疙瘩）[31]弊币鐾便（随~）辫 ‖ [21]便（~宜）

m [24]鞭编边 [423]苗绵棉眠₂ [445]扁匾 ‖ □（~槌：棒槌）[334]米免勉娩缅灭捵（捻）篾 [53]变遍（一~）[31]面麵

f [53]废肺费

t [445] ‖ 佃（~户）□（豆~□xuaŋ⁵³：连枷）

tʰ [24]挑（剔；牙~：牙签）添天 [445]体舔 [53]替₂（代~）涕剃屉跳粜

d [423]堤题提蹄啼条调（~整）甜钱（姓）田钿（铜~：钱）□（~猪：公猪）[334]弟填簟（晒粮食用的竹席）□（□pie⁵³~：蜥蜴）[31]第递掉调（~动）电殿奠垫靛

n [24]癫 [423]廉帘连联莲恋 [445]点₁（~心）典 ‖ 荔（~枝）[53]点₂（两~）踮店 [31]练

l [24]低雕 [423]犁疗辽撩捞□（□tɕia⁴⁴⁵~：知了）[445]底抵 [334]礼李₂（行~）躐（走）[53]帝钓吊 ‖ 璃（玻~）[31]滤例励丽料廖□（~水：涉水）

tɕ [24]鸡焦蕉招骄召浇尖兼煎肩坚 [445]检剪笕□（擦）□（木头变形）‖ □（~□ləʔ⁵葵：向日葵）[53]祭际制製济计₁（会~）眷照占（~领）接摺褶剑劫箭溅战哲浙建键羯（阉）笀（使正）见结₁洁 ‖ 窀（老~头：窀头）展（~览）鐩（钐~：镰刀）□（~圹：墓穴）

tɕʰ [24]妻棲溪锹（洋~；饭~：饭勺）缲超签（求~书：抽签）谦迁牵□（脚~筋：跟腱）□（~芒：芦苇）[445]启浅遣 [53]契妾欠歉彻撤辙千掣（拿起来）□（打~：打喷嚏）□（箴~：一种簸箕）‖ 騝（~鸡：母鸡）□（~米：糙米）□（犁~手儿：犁上换方向的部位）

dʑ [423]朝（宋~）潮侨桥荞钳橼₂ [334]赵兆俭涉件（案~）舌杰桀□（撬）[31]轿健□（饭煮得很硬）‖ [21]乾（~坤）

ɲ [24]黏蔫（不新鲜）研烟胭 [423]泥倪饶（讨~）炎盐（名词）阎严嫌延筵言年贤弦□（隔间）[445]辗（鳞）□（鲫~：鲫鱼）‖ 燕（~窝）□（~干：上下，左右）[334]染聂业碾热孽 [53]厌餍（比量）宴 ‖ 沿（边儿~：旁边）[31]验盐（腌）念廿（二十）现 ‖ [21]芫（~荽：香菜）[11]檐（屋~头：檐端）

ɕ [24]西犀消宵硝销烧萧苦（稻秆~：草帘子）仙鲜（新~）轩掀锨（火~：火铲）先 [445]洗少（多~）晓险癣选 ‖ □（~□in³³⁴：喇叭）[53]世

	势细₂(粗~)婿岁笑肖**闪**(霍~:闪电)线搧扇薛泄设宪献歇蝎显 ‖ 小(~说)□(笋~:笋挂在担子时所用的绳子)
z	[423]齐脐蟾然前全泉 [334]善折(亏本)绝蚬(~壳:蚌)[31]邵践贱旋₁(头发旋)□(𪘁:别动)‖ 茅(荢~)‖[33]绍(~兴)
ø	[24]妖腰 [423]窑姚 [445]‖要(~紧)[334]叶 [53]叫(哭)艳‖係(关~)杳(~渠:地名)翼₁(~膀:翅膀)[31]易(容~)鹞□(磨损)‖[21]谣(~言)

uo

p	[24]波₁玻 [445]‖鹁(~鸽:鸽子)[53]□(□tɕiu⁴⁴⁵偷~:捉迷藏)
pʰ	[24]潘 [445]‖□(~鸭:雁)[53]判襻
b	[423]婆盘搬爿□(跨)[334]瓣伴拌钹雹 [31]办‖[21]磐(~安)
m	[24]般班斑颁扳 [423]磨(~刀)摩毛茅鳗蛮明₁(~日)[445]板版‖ **抪**(~箕:挑东西用的簸箕)[334]满末沫 [53]扮半绊粪(栏~:厩肥)‖波₂(宁~)晚(~娘:后母)□(响~:气喘)[31]磨(麦~:石磨)帽慢漫万₁(麻将牌里的一种花色)问₁‖[21]馒(~头)
f	[24]翻番(~瓜:西红柿)[445]反 [53]贩畈(田~:田野,田地)
v	[423]凡帆烦矾繁 [334]范(姓)範犯 [31]饭万₂(数词)
tʰ	[24]拖₂滩摊 [445]椭毯坦(履~:地名)[53]唾炭叹
d	[423]驼**驮**(拿)鸵痰谈檀壇弹(动词)[334]淡□(培土)[31]大₁(形容词)但弹(炸~)
n	[24]担(拿)丹单 [423]蓝篮难(形容词)兰拦 [445]朵(耳~)胆掸 [334]懒 [53]担(名词)旦‖栏(猪~)□(~拄:帮助挑担用的棍子)[31]糯(~米)览(展~)难(逃~;作~:捣乱)烂
l	[24]多 [423]罗锣箩₂螺 [334]庞 [53]‖萝₁(天~:丝瓜)
ts	[445]斩‖灶₂(镬~老爷:灶神)[53]左佐**做**醮赞‖盏(量词)
tsʰ	[24]搓餐 [445]铲产₂ [53]锉措灿
dz	[423]惭残 [334]赚啄镯 [31]站(车~)栈赚(错)
s	[24]蓑三杉衫山 [445]锁所散(~碎:零钱)伞产₁(~母:产妇)[53]散(云~去罢)□(一~稻秆:一根稻草,一~头发:一根头发)‖昨₁(~日)
z	[334]坐 [31]座□(下沉)
k	[24]歌哥₂奸官棺观(参~)冠(鸡~花)关₂(开~)[445]果裹减管₂馆□(□lɔŋ⁴⁴⁵~:挑拨离间)[53]个₄过碱鉴间(~谍)涑涧贯灌₂罐惯‖粿(~印:一种做粿的器具)间(房~)简(~陋)
kʰ	[24]**髁**(脚~头:膝盖)科窠宽 [445]可**疐**(窗户)舰款 [53]课睏(睡)

365

g [423]衔(动物衔) [334]□(挽篮子) □(当中~:甘蔗中间的部位) [31]□(提梁) □(橘子瓣儿) □(长脚~:一种蜂)

ŋ [24]弯湾还(副词) [423]蛾鹅俄函鹹闲桓完玩顽还(动词) 环 [445]碗(一口~:一个碗) [334]瓦₁(砚~:砚台) 馅眼限缓 [53]‖猢₁(~狲:猴子) 腕(手~背:手背) [31]饿卧陷换幻患 ‖ [21]咸(~丰)

x [24]欢 [445]火下₁(~谷籽:撒谷种) [53]货苋焕瘍(睏一~:睡一会儿) □(吠) □(跟,和) ‖ 伙(~计) 霍(~闪:闪电) □(~秜:秕谷) ‖ [33]□(~农:咱们)

ø [24]窝 [423]河何荷和禾秌(~头:棺材的两头) [334]祸镬(锅) [53]浣(屎) ‖ 猢₂(~狲:猴子) □(蕨萁~:蕨) [31]贺

ye

tɕ [24]专砖捐 [445]转₂(~身) [53]娟卷绢蕨决诀 ‖ □(犁~桩:犁箭)

tɕʰ [24]川穿₂圈 [445]犬 [53]劝券缺出

dʑ [423]传(~话)椽₁拳权 [31]篆传(水浒~)倦 ‖ 缠(盘~)

ɲ [24]冤渊 [423]丸员缘元原源袁园援阮玄 [445]转₁(~身) ‖ 砚(~瓦:砚台) □(~眼:桂圆) [334]软远月□(~麦面:揉面粉) [53]怨 [31]院愿县

ɕ [24]靴宣喧 [445] ‖ 楦(~头) [53]税 ‖ 陕(~西)

ʑ [423]船 [31]旋₂(头发旋)

ɯ

k [53]锯 [0]去₂(补语)

kʰ [53]去₁

g [334]渠₁(他)

x [0]去₃(补语。常读得接近[xə⁰])

ao

p [24]包胞□₁(□ tɕia⁴⁴⁵ ~水:杜鹃花) [445]保堡宝饱□(蛤~:癞蛤蟆) ‖ 菠(~薐菜) [53]报豹趵(球弹) ‖ □(手巾~:手帕)

pʰ [24]脬(大卵~:疝气) □(柚子) [53]炮泡(起~)

b [423]袍 [31]暴鲍爆鉋(名词) □(粽~:包粽子用的细绳)

m [334]卯 [53] ‖ 谋(阴~) [31]冒貌亩茂贸 ‖ [33]牡(~丹) [21]矛(~盾) 梦₂(~眠:做梦)

f [53]□(别,不要。"弗乐"的合音,本书写作"覙")

v [334]负 [31]戊

t [53] ‖ 骰(~子)

tʰ	[24]偷 [445]敲(展开) [53]透
d	[423]头投□(云~去罢:云散了) [31]豆逗(~号)痘□(~个:谁)
l	[24]□(用手掏)□(~牛:放牛) [423]楼 [445]抖‖斗(~争)□(墙~藤:爬山虎) [334]落₁洛乐(快~)乐(音~) [53]‖斗(一~)骆(~驼)络(~麻:麻的一种)□(~□tɕʰiəʔ⁵:合适) [31]了₁(补语)漏陋
ts	[24]抓₁(~痒)邹 [445]爪找 [53]罩奏皱‖走(~狗)□(~刀:柴刀)
tsʰ	[24]操₂(体~)抄钞 [445]炒吵□(弗~:非常)‖剿(~匪) [53]糙秒凑
s	[24]骚梢搜 [53]嗽
z	[423]愁 [334]凿 [31]□(猪~:半大小的猪。约50-60公斤)
k	[24]交郊胶勾钩沟购□(寻~:找遍) [445]绞狡狗枸 [53]教(动词)校(~对)较够‖茭(~笋:茭白)铰(~剪:剪刀)
kʰ	[24]敲 [445]考口(~嘴:嘴巴) [53]扣寇
g	[423]□(蜷曲;在) [334]厚
ŋ	[334]藕偶后(皇~)鄂鹤嶽岳(~飞)□₂(三令~:疟疾) [53]乐₂(要)‖喉₂(咙~:喉咙) [31]乐₁(要)
x	[24]响(~□muo⁵³:气喘)□(~背:腰弯) [53]孝鲎(虹)□(亲嘴)□(镬~:锅底下的煤烟)
ø	[24]欧瓯讴(叫) [423]侯 [334]後学□₁(三令~:疟疾) [53]‖喉₁(咙~:喉咙)□(~挈儿:小水桶) [31]效候

iɑo

m	[31]藐渺秒
l	[24]刁 [334]略掠(梳~:梳子) [53]‖了₃(~解)
tɕ	[53]‖饺(~子)
dʑ	[334]着(火~;补语)
ȵ	[423]尧 [334]箬₁(竹叶)
ɕ	[53]‖芍(~药)
ʑ	[334]勺若(~干:很多)弱
ø	[423]摇 [445]‖邀(~请)要(~求) [334]药 [53]‖箬₂(~帽:斗笠) [31]耀跃

iu

l	[24]丢(丢弃) [423]流刘留榴硫琉瘤 [334]柳□(搅拌) [53]□(一~腰裙:一条围裙) [31]溜(逃)
tɕ	[24]周₂舟州洲阄□(收缩;躲藏) [445]酒帚九久韭□(扎,束) [53]

	咒灸救究‖鸠（斑~）纠（~正）
tɕʰ	[24]秋鳅抽邱 [445]取₁(赎)丑醜‖□(~农：东西热)□(~蚁：蚂蚁) [53]臭‖丘(一~田)
dz	[423]绸仇酬求球裘 [334]臼舅 [31]售旧柩‖[33]纣(~王) [21]筹(~备)
ɲ	[24]扭(拧) [423]牛 [334]纽(秤~) [31]□(野生的草莓)
ɕ	[24]修馊(~臭：馊)收休□(老鼠~：瘊子) [445]手首守₂ [53]朽秀绣锈兽瘦□(滑~：滑)□(□bi²¹~：一种动物。像刺猬)
ʑ	[334]受授 [31]就袖寿
ø	[24]周₁(~岁)忧优幽 [423]尤邮由油游犹□(女人不正经) [334]有友酉 [53]幼 [31]诱又右佑釉

ui

k	[24]圭闺归 [445]癸鬼‖规(~矩) [53]会(~计)桂
kʰ	[24]亏 [53]愧
g	[423]逵轨‖[21]葵(~花)
x	[24]灰挥辉徽 [445]毁 [53]悔讳
ø	[24]煨威 [423]回茴违围₂ [445]委慰‖危(~险) [53]畏(食~：吃腻) [31]汇会(开~)卫惠慧伪为(介词)位₂魏胃谓猬‖为(行~)‖[21]蛔(~虫)伟(~大)

aŋ

pʰ	[445]膀₁ [53]胖
b	[423]旁庞 [334]棒
m	[24]帮邦 [423]忙芒(~种) [445]榜莽膀₂绑 [334]网 [53]‖蟒(~蛇) [31]望₁(看)‖[33]忘₁(~记)
f	[24]方芳 [445]纺仿访‖彷(~佛) [53]放‖坊(牌~)望₂(希~)
v	[423]妨房防亡忘₂
t	[53]‖□(结冰~：冻冰，结冰柱)
tʰ	[24]汤 [445]躺倘 [53]烫‖慷₁(~慨)
d	[423]堂棠唐糖塘 [334]盪(漱口) [31]蛋荡(逛)□(~□di³³⁴：地方)□(~皇：出老将。象棋用语)
n	[24]当₁(相~) [445]党 [334]□₁(里，上。本书写作"当") [53]当₂(~官)当(~店)□(桌子的掌)‖□(好好~：好好儿地)
l	[423]郎廊狼莨(~萁)蕨) [334]□₂(里，上。本书写作"当") [31]朗(明~)浪眼(晾)‖[21]螂(~□gaŋ³¹：螳螂)榔(~头)

ts	[24]赃 [53]葬‖□(□sɔʔ⁵头~脑:不正常地一直摇头)
tsʰ	[24]仓苍□(□ɕiəʔ⁵:太阳穴)
s	[24]桑丧(~事)[53]‖藏(西~)脏(心~)
z	‖[33]磉(柱~盘:柱子底下的石礅)
k	[24]冈刚纲钢缸江扛豇□(□puɑ⁴⁴⁵~:抓子儿)[445]讲港 [53]岗杠降(~神:一种搞迷信的男人)□(鞭痕)
kʰ	[24]康糠 [53]抗囥(放)圹(□tɕie⁵³~:墓穴)□(朵~:耳环、耳垂)‖慷₂(~慨)
g	[334]□(稻麦等作物的两行之间的空间)□(算盘~:算盘档) [31]□(硌)‖□(螂~:螳螂)
∅	[423]行(茶叶~)航杭绗蟥(蚂~)降(投~)[334]项[31]筅(竹~:晒衣服用的竹竿)巷‖昂(马~:地名)

iaŋ

n	[53]辆帐账
l	[423]良凉₁量(~米)粮梁梁 [445]‖杨₁(~柳树)[334]两(数词)[31]亮谅量(质~)‖两(重量单位)
tɕ	[24]将(~来)浆张(姓)章樟蟑疆僵薑姜(姓)蒋□(刚)[445]奖桨长(部~)掌‖上₁(~顶面:上面)[53]仗(打~)酱将(名词)障‖丈(~人)绱(~鞋儿)□(~□ɕin²⁴:白内障)
tɕʰ	[24]枪昌菖腔□(~猪:刺猬)[445]抢厂强(勉~)‖□(牙~肉:齿龈)[53]畅唱倡呛
dʑ	[423]长(形容词)肠场强(~固)[334]像₁(相~)上(动词)[31]‖丈(一~)
ɲ	[423]娘[334]仰[31]让
ɕ	[24]相(~信)箱厢镶商伤香乡[445]偿想鲞赏响享响[53]相(宰~)向□(生~:怎么办。本书写作"相")‖襄(~阳)裳(衣~)□(□yɑ²¹²~:肮脏)
ʑ	[423]墙详祥常尝[334]象像₂[31]壤匠尚剩‖[33]上₂(~年:去年)
∅	[24]央秧殃[423]羊洋烊杨₂(姓)阳扬蚺(蚺~:蛙虫)[334]养(俞源一带的读音为[yaŋ³³⁴])痒[53]□(搀扶)[31]样

uaŋ

k	[24]光[445]广
kʰ	[53]匡筐旷矿
g	[31]掼(扔)

x　　[24] 荒慌 [445] 谎晃 [53] 况□（豆□tie⁴⁴⁵ ~：连枷）

∅　　[423] 黄簧皇隍王 [445] 柱 [334] 往□（细伢~：婴儿）[31] 旺

yaŋ

tɕ　　[24] 庄₂装妆 [53] 壮

tɕʰ　[24] 疮 [445] 闯 [53] 创□（凸）

dʑ　　[423] 狂 [31] 状₂(形~) 撞重（一~碗：一摞碗）

ɕ　　[24] 霜双春 [445] 爽 ‖ 双（~生：双胞胎）

ʑ　　[423] 床 [31] 状₁(告~)

∅　　[24] 庄₁(坐~) 桩

en

pʰ　[24] 喷（~漆）□（闻）[53] ‖ □（~松：脆）

b　　[423] 盆朋 [31] 笨

m　　[24] 叁（用簸箕搂在一起）[423] 门 [445] 本（日~）[31] 闷焖

f　　[24] 分芬纷吩 [445] 粉 ‖ 尾₂(三~鱼：金鱼) [53] 奋

v　　[423] 文纹闻 [334] 刎 [31] 份 ‖ [33] 问₂(~题) [21] 坟（~头：坟）

tʰ　[24] □（山崩）[445] ‖ 吞₂(温~暖：温水) [53] 褪（脱，~帽：脱帽）

d　　[423] 囤腾藤疼 [334] 断（断绝）[31] 段盾遁邓□（剁）□（酒~：酒酉子）‖ 饨（馄~）

n　　[24] 砘（板~：砧板）敦炖登灯 [423] 能 [445] 等□（水坑）‖ 颠（~倒畈：地名）[334] 暖₁ [53] 暖₂(温吞~：温水) 吨顿凳 ‖ 墩（桥~）橙（甜~：一种橙子）

l　　[423] 伦沦□（□guə?³ ~：圆）[445] ‖ 乱₁(~□kuen⁵³念：乱说话) [334] 卵（蛋）[53] ‖ 崙（崑~）毈（~秤）蓤（菠~菜）[31] 论

ts　　[24] 针斟榛（楔子）珍榛臻真尊遵曾（姓）增贞侦□（用力扔）□（~麻：苎麻）[445] 桢（挤）‖ 诊（~所）[53] 浸镇振震 ‖ 枕（~头）

tsʰ　[53] 趁衬

dz　　[423] 沉陈尘存 [334] □（门~：门槛儿）[31] 阵赠

s　　[24] 森参（人~）深₁删（间苗）身申伸孙₂(姓) 狲 [445] 沈审损笋榫 [53] ‖ 僧（唐~）

z　　[423] 寻神辰晨臣层 [334] 尽₂(~大：最大) [31] 慎

k　　[24] 跟根 [53] 粳（牛鼻头~）‖ □（~籽：乌桕树的果子）

kʰ　[24] 啃 [445] 恳垦肯□（撒种子的小洞）[53] 揯（按）

g　　[423] □（罩）

ŋ　　[334] □（小山）

x	[445]狠 [53]很
ø	[24]恩□(埋) [423]含恒 [31]恨

in

p	[445]‖苹(~果)
pʰ	[24]拼□(顺手~:右边) [445]品‖姘(~头) [53]聘□(对水)
b	[423]贫频凭平坪评瓶屏 [31]病‖[33]并(~立)
m	[24]彬斌宾冰兵 [423]民明₂名铭 [445]禀闽丙炳‖□(~□fu⁴⁴⁵:墨鱼) [53]殡 [31]命‖眠₁(梦~:做梦)‖[21]蚊(~虫)
t	[53]‖庭(家~)蜓(蜻~)
tʰ	[24]厅汀 [445]艇 [53]听‖桯(床~:床两边的木条)
d	[423]亭停廷 [31]定□("第二"的合音,如,~伯伯)
n	[24]丁钉(名词)疔叮(蚊子咬)□(~牙:白齿) [445]顶 [53]钉(动词)订□(沉)
l	[423]林淋临邻鳞磷陵凌菱灵零铃 [334]领岭 [31]□(丝~:一种渔网) [31]令另□(眭)□(一~:一百张纸)‖[21]轮(~盘:轮子)
tɕ	[24]今₁金襟巾筋徵惩蒸京荆精晶睛经□(~□ma⁵³:羊角风) [445]锦紧景警井整颈□(上~:发霉)‖卿(~□ȵie⁴⁴⁵:鲫鱼)惊₂(~蛰)正(~月) [53]禁(~止)进晋斤甑证症境敬竟镜正(反~)政竞‖憎(叮农~:讨人嫌)征(长~)中₂(当~:中间)□(~□:忌口)
tɕʰ	[24]钦亲(~戚)称(~呼)卿清轻青蜻 [445]请‖侵(~略) [53]称(对~)秤庆磬□(四角~:一种捕鱼器)
dʑ	[423]琴禽擒勤芹擎(举;两臂向左右伸张的长度)呈程诚 [334]近 [31]谨仅劲郑‖妗(~~:舅母)
ȵ	[423]壬人₁(丈~)银迎盈赢 [334]忍 [53]‖蝇(苍~) [31]认‖[21]仁₁(~村:地名)宁(~波:地名)
ɕ	[24]心辛新薪欣昇兴(绍~)声(~音)星腥□(□tɕian⁵³~:白内障) [445]㨂醒 [53]信讯胜兴(人多热闹;高~)性姓圣□(陡)‖升(一~)
ʑ	[423]秦仁₂人₂(~民)乘绳塍承丞情晴成城 [334]蕈(蘑菇)尽₁静 [31]赁(租)任剩₂盛(茂~)□("十二"的合音)□(~雨:避雨)
ø	[24]音阴因姻殷鹰樱英缨萤 [423]寅形型刑营 [445]隐影□(摺~:折痕)‖鹦(~鹉) [334]引瘾□(□ɕie⁴⁴⁵~:喇叭) [53]印应(答~)‖荫(乌~千儿:傍晚)瘾(~头)‖[21]□(~洞:阴沟)

uen

k	[24]关₁(~门) [445]管₁(水竹~:竹筥子)滚 [53]灌₁(脓肿)棍

371

□(~蚊虫:熏蚊子)‖□(乱~念:乱说话)

kʰ [24]昆崐 [445]捆 [53]困 ‖ 坤(乾~)

g [31]□(疖子)

x [24]昏婚荤 [53]□(我~:咱们。"□xuo⁵³尔"的合音)

ø [24]温瘟□(铜板有旗的一面) [423]魂浑□(□tsɔʔ⁵~:猫头鹰) [445]稳 [53]‖□(□a³³~节:什么时候) [31]混 ‖[21]馄(~饨)

yin

tɕ [24]均钧君军 [445]捲凖准‖□(打~斗:翻筋斗) [53]俊‖津(天~)

tɕʰ [24]穿₁春 [445]菌 [53]串蠢顷□(连走带跳)

dʑ [423]群裙琼□(小口啜) [31]郡

ɕ [24]熏勋 [445]□(纽扣) [53]迅殉舜训

ʑ [423]循巡纯醇仍(~旧) [31]顺润闰‖[21]唇(~中:人中)

ø [24]肫 [423]匀雲 [334]允永 [31]韵运晕

ɔŋ

pʰ [445]捧(动词)

b [423]篷冯□(簸)□(把稻草堆积) [31]□(碰,遇)□(一~草:一丛草)

m [423]芒(麦~)蒙 [31]梦₁‖[21]□(~蚣:蜈蚣)

f [24]风枫疯(半身不遂)丰讽封峰蜂锋

v [423]缝(裁~) [334]奉 [31]凤缝(名词)

t [445]‖□(脚~骨:胫面骨)

tʰ [24]通 [445]捅统□(用力推) [53]痛

d [423]同铜筒 [334]桶动 [31]洞‖桐(梧~)童(儿~)

n [24]东冬 [423]农₁(人)脓 [445]董懂‖中₁(~央指:中指) [53]冻栋 [31]脓‖[21]奴(~才)

l [423]笼聋砻隆龙陇 [445]‖□(~□kuo⁴⁴⁵:挑拨离间) [334]拢窿□(鱼~:鱼篓) [31]弄(动词)弄(名词)‖[21]咙(~喉:喉咙)

ts [24]棕宗中₃(~间)忠终钟(庙里的钟)锺(姓)盅 [445]鬃(~头毛:鬃) [53]粽中(~状元)众种₂(芒~)‖总(~理)

tsʰ [24]聪囱葱囟充冲樅(稻秆~:尖头扁担) [53]铳□(~豆腐干:熏豆腐)‖□(犁~:犁上呈弯曲的木头)

dz [423]虫重(~复) [334]重(形容词) [31]仲

s [24]鬆嵩松₂(~香) [53]送宋

z [423]丛崇从(介词)绒茸鱅(大头~:胖头鱼)厐(无能) [31]诵颂讼‖[21]松₁(~树)

372

k	[24] 公工功弓躬宫恭□(~鳅:泥鳅) [445] 巩拱(~兵) [53] **赣**汞贡 ‖ 蚣(□mɔŋ²¹~:蜈蚣)
kʰ	[24] 空(~气) [445] 孔₁ ‖ □(~树鸟:啄木鸟) [53] 孔₂(冷水~:泉水) 控空(闲)
g	[31] 共₂
x	[24] 烘 [445] 哄 [53] 蕻(菜~:菜的分支)
ø	[24] 翁 [423] 弘宏红洪鸿 [445] 塕(灰尘) [53] 瓮 ‖ □(~孔:田里漏水的地方)

iɔŋ

tɕ	[24] 供(~爷娘:供养父母)
dʑ	[423] 穷 [31] 共₁(~一个:同一个)
ɕ	[24] 胸凶兇
ø	[24] 雍痈 [423] 熊雄融浓容 [445] 种(名词)肿 [334] 拥 [53] 种₁(~田) ‖ 荣(光~)庸(中~)蓉(芙~花)勇(~敢) [31] 用

aʔ

p	[5] 百柏伯迫
pʰ	[5] 拍魄舨(掰;撕)
b	[3] □(□tsʰɤ⁵³~:说别人的坏话)
l	[5] 摘 [3] □₂(□da³³~:什么。作定语。本书写作"拉")
ts	[5] 宰(~相)宅₂(陶~:地名)责箦
tsʰ	[5] 拆坼(裂缝儿)策册赤₁(~脚)
s	[5] 萨
k	[5] 格革隔
kʰ	[5] 慨(慷~)客
ŋ	[5] 轭
x	[5] 吓
ø	[5] 压扼□(这。本书写作"阿")

iaʔ

tʰ	[5] 帖贴铁
l	[5] 跌
tɕ	[5] 个₁(一~)姐(~~:伯母)蔗介界芥疥屆戒解(起~)眨夹₂(头发~)挟(~菜)节蚱(~蜢)箸(~酒:压酒)□(嚼)
tɕʰ	[5] 切□(□~:鸟的嘴)□(~□tɕʰia⁵³铍儿:铍)
dʑ	[3] □₂(~过去:挤过去)

373

uaʔ

k　　[5] 瀱(开裂)□(跑)□(一~鱼:一条鱼,一~洋火:一根火柴)□(芋头~:魔芋)

ŋ　　[3] 划₁(汉字的一笔)

ø　　[3] 获划₂(计~)

uɑʔ

p　　[5] 八□(老~:阴茎)

f　　[5] 法髮發

tʰ　　[5] 拓(按手印)塔獭

l　　[5] 搭褡(肚~:兜肚)□(~辫:编辫子)□₂(稻秆~:稻子的茬儿)

ts　　[5] 榨(~菜)炸

tsʰ　　[5] 插擦察□(大米再舂一次)

s　　[5] 撒杀□(嗓子哑)

k　　[5] 夹₁(地簟~:簟两边的夹子)袷荚甲括刮

kʰ　　[5] 扩阔

x　　[5] 喝(啜)豁□(秤尾高)

ø　　[5] 挜(强迫给人)鸭押挖

yɑʔ

ø　　[5] □₁(稻秆~:稻子的茬儿)

ɔʔ

p　　[5] 博剥驳壁₂(吸~虎儿:壁虎)□(□mɔʔ³~:傻瓜)□(手~肚:前臂)‖薄(~荷)

pʰ　　[5] 朴仆(前~后继)覆(趴)

b　　[3] 薄(形容词)箔缚(捆)菔(芦~:萝卜)

m　　[5] □(打~□lɔʔ⁵鬼:发疟子)[3] 莫摸木目穆牧□(~□pɔʔ⁵:傻瓜)

f　　[5] 复(~兴)福复(~杂)

v　　[3] 服伏

tʰ　　[5] 秃

d　　[3] 独读牍渎(沟渠)毒

l　　[5] 督竹□(捅)□(恰好)□(打□mɔʔ⁵~鬼:发疟子)□(~□kuɑ⁵³下:腋下)‖芦₂(~菔:萝卜)[3] 鹿簏(盒子)禄六陆绿录□(弗响弗~:不言语)

ts　　[5] 筑祝粥足烛嘱□(~□uen⁴²³:猫头鹰)

tsʰ　　[5] 捉(读字)畜(~牲)促触□(一~画:一幅画)

374

dz	[3] 轴蜀
s	[5] 速肃缩宿叔淑粟
z	[3] 族熟塾俗续属辱褥□(摇晃)
k	[5] 榖谷
kʰ	[5] 窟哭酷
ø	[5] 握屋

$$iɔʔ$$

tɕ	[5] 菊鞠
tɕʰ	[5] 麴曲
dʑ	[3] 局
n̻	[3] 肉玉狱
ɕ	[5] 畜(牧~)蓄(储~)
ø	[5] 斲(砍) [3] 育欲浴

$$əʔ$$

p	[5] 笔滗毕必不北逼欂(黄~)碧壁壁1
pʰ	[5] 胜(女阴)
b	[3] 鼻别1(~个:别的)趆(~鸭:赶鸭子)□(一~脓:一滴脓)
m	[3] 密蜜墨默
f	[5] 弗(不)佛勿
v	[3] 佛物
t	[5] 的(读字)
tʰ	[5] 脱忒踢剔
d	[3] 夺突特笛敌狄籴□(那)
n	[5] 日2(明~)□2(无,没有。本书写作"呐")[3] 日1呢1(助词)
l	[5] 得德□(雄鸡相~:公鸡相斗)‖□(□tɕie445~葵:葵花)[3] 了2(助词)猎立列烈裂捋劣栗律率(效~)肋力歷曆疬
ts	[5] 只(副词)执汁质则侧2织2职积迹绩□1(手~头:手指)
tsʰ	[5] 撮塞(塞子)测□(拉紧,勒)□(~□kua53花:凤仙花)
dz	[3] 秩卒(棋子之一)殖植
s	[5] 涩屑2(风~:头皮) 虱失室色识3□(塘~:一种鲇鱼)
z	[3] 十拾实贼
k	[5] 个2(的)‖ 蛤(~□pɑo445:癞蛤蟆)今2(~日)结2(~舌:口吃)
kʰ	[5] 磕掐(兼指用指甲按)刻克
g	[3] □(打~:嗳气)□(牛相~:牛相斗)[0] 个3(的)

ŋ   [3] 核（审~）
x   [5] 黑赫

$$iə?$$

tɕ   [5] 急级给吉雀（麻~）侧₁织₁识₁（~着：知道）剧（~烈）脊击□（~子：一种较小的喇叭）□₂（手~头：手指）

tɕʰ   [5] 缉辑泣七漆讫乞赤₂斥尺戚吃（~力）□（□lɑo⁵³~：合适）

dʑ   [3] 蛰及₂佺秩直值极剧（婆~）屐

ȵ   [3] 入₁（塞进去）逆

ɕ   [5] 吸疲（坏，不好）戍息识₂式饰惜₂（可~）释锡析□（□luɑ⁵³~：一种响板）‖ □（~□tsʰaŋ²⁴：太阳穴）

ʑ   [3] 集入₂日₃（~本）食蚀籍席蓆石

∅   [5] 揖乙一逸益 [3] 页越₁（~讲~多）翼₂（鳍）亦译易（交~）

$$uə?$$

k   [5] 国□（刮均匀）□（~□len⁴²³：圆）

g   [3] □（挫伤）

x   [5] 忽

∅   [5] □（老~鹰：老鹰）[3] 核（果核）或惑

$$yə?$$

tɕ   [5] 欻（吮吸）橘

tɕʰ   [5] 屈₂

dʑ   [3] 术（白~）淲（淋雨）□（食~去：拉肚子）

ɕ   [5] 悉蟋□（丢弃）□（回头；~过去：绕过去）□（摇尾巴）

ʑ   [3] 习術

∅   [3] 悦阅越₂（~南）穴域疫役

$$ɤ?$$

l   [5] □（酒~：酒瓮）[3] 粒

s   [5] 些₁屑₁（□lɤ⁵³~：垃圾）

∅   [3] 盒

$$ie?$$

p   [5] 鳖瘪

n   [5] □₁（无，没有。本书写作"呐"）

ɕ   [5] 雪

∅   [5] 屦（凹，山~：较狭小的山谷）稬（□xuo⁵³~：秕谷）

uoʔ

p   [5] 钵拨

pʰ   [5] 泼

l   [5] 桌

ts   [5] 卓

tsʰ [5] 戳

k   [5] 监(太~)骨郭

kʰ   [5] 屈₁(弯)

ø   [5] 頞(淹)

yeʔ

ɕ   [5] 刷说血恤

ø   [5] □(~头:绳结)

ɑoʔ

tʰ   [5] 託托

l   [5] 落₂(□dəʔ³ ~ :那里)

ts   [5] 作

s   [5] 索□(搓,如,~绳)□(□ma⁵³ ~ :垢)

k   [5] 各阁搁觉角(动物的角)

kʰ   [5] 确壳

ø   [5] 恶(~霸)

iɑoʔ

l   [5] 着(~衣裳:穿衣服)

tɕ   [5] 爵脚

tɕʰ [5] 鹊绰却□(湿)

ɕ   [5] 削惜₁(叮农~:可爱,乖)

ø   [5] 约

m̩

ø   ‖[53]尾₁(~巴)姆₁(~妈:母亲)

n̩

ø   [423]吴₁儿₁ [445]‖耳₁(~朵)忤(~逆) [334]五伍午母(丈~)姆₂(白~:地名) [31]二

l̩

ø   [334]尔耳₂(黑木~) [445]‖而(~且)‖[21]儿₂(~童)

捌　小称音表

本表收录武义话的小称音。本字后或方框"□"后的"儿"字一律省去。注释中"细"都是"小"的意思。

ɿ

ts　[53] 子（子尾，如，婊~，包~，棍~）

ie

tɕ　[53] 鸡₁（细~）

iu

n̠　[53] 牛（细~）纽（锅把儿）
ɕ　[53] 手（犁□ tɕʰie⁵³ ~：犁上换方向的部位）

aŋ

m　[24] 猫 [53] ‖盲（摸乌~：捉迷藏）[31]□（太~：曾祖母）
f　[53] 发（□ pʰi⁴⁴⁵ ~：刘海）
t　[53] 头（细□ tsəʔ⁵ ~：小拇指）
s　[445] ‖生（后~农：年轻男子）
k　[53] 狗（细街~：小狗）

iaŋ

dʑ　[31] 鳝（黄~）

uaŋ

k　[53] 袂（背心~：背心）
x　[24] 虾

yaŋ

tɕ　[53] 拐（拐杖）

en

b　[31] 钹（□□ tɕʰiaʔ⁴tɕʰia⁵³ ~：钹）
m　[53] 板（衣裳~：洗衣板）
tʰ　[53] 兔
d　[334] 桃
n　[31] 女（女儿）‖[445] 日（~头：太阳）
ts　[53] 痣枣蚤
tsʰ　[53] 草（香~：一种药草）
s　[53] 嫂（~~）婶（~~，大~）
z　[31] 柿

k　[53]干(靠夜~:傍晚)
ø　[31]盒(香烟~)

in

b　[334]薸(浮萍)
m　[24]边(口嘴~:嘴的两边)[53]饼
t　[53]□(一点儿)
d　[31]弟(~~:年纪不大的弟弟)簟(桶闸~:架在稻桶上防止稻谷外扬的小簟)
l　[53]鸟(鸟儿)[31]李(李子)
tɕ　[24]鸡₂(细~)[53]姊(~~)茧雀(麻~)
tɕʰ　[53]挈(□ao⁵³~:小水桶)
ȵ　[53]厣(田螺头上的圆盖)燕(子~:燕子)
ɕ　[24]箫(箫和笛子的统称)[53]蟢(~~:蜘蛛)‖西(东~)
ʑ　[31]蟮(蚯蚓)
ø　[334]鞋

uen

k　[24]歌(大田乡的读音)哥(八~)[53]馃鬼(细伢~:小孩儿)
x　[53]虎(辣~:辣椒)
ø　[53]鹅(细~)碗(凑破~:爱管闲事的人)[31]镬(细铜~:小锅)

yin

tɕ　[53]帚(鸡毛~:鸡毛掸子)
dʑ　[31]坠(锡~:钓鱼竿上用的坠儿)
ɕ　[53]刷(牙~)

第九节　婺州方言字音对照

1.本节收录婺州方言7个代表点方言的字音材料。所收方言点依次为：1金华、2汤溪、3浦江、4东阳、5磐安、6永康、7武义。

2.本节共选录汉字1000个。字目与《吴语处衢方言研究》(以下简称《处衢》)第二章第九节"处衢方言字音对照"(初稿由秋谷裕幸拟订)基本相同。考虑到婺州方言的具体特点，本书做了以下几处改动：

379

编号	《处衢》	本书	编号	《处衢》	本书
041	遮	蔗甘~	669	忽	核桃~
043	射	蛇	680	蟀	术白~
044	蛇	射	693	训	荤
045	爷	爷父亲	697	屈	屈弯
069	糊	糊名词	730	张量词	张
071	女	女女儿	734	丈长度单位	丈
078	梳	疏稀疏	777	邦	绑
135	钗	柴	818	蝇	蝇苍~
229	耳	耳~朵	843	行~为	行~头
374	鹽盖子	感	855	摘	责
395	蘸	杉	863	镜	惊怕
469	渴	扮	874	清冷	请
473	产	产~母	894	暝	铭
478	拔	察	946	农	农人
486	铡	雁	962	腹	覆趴
591	阅	说	986	恭	供供养
605	犬	玄			

3. 所有字目按《方言调查字表》里的顺序排列。《方言调查字表》未收的个别字按其音韵地位排在相应的位置。所有字音均可在第二章各地方言的同音字汇里查到。

4. 一律在音节的右上角用代码表示调类：1 阴平、2 阳平、3 阴上、4 阳上、5 阴去、6 阳去、7 阴入、8 阳入、0 轻声。如果某方言的调类发生过合并，就按合并以后的调类标注。例如汤溪话浊入归阳上，所以浊入字也标作"4"，如：浴 io⁴。

5. 如果某字没有单字调，只有连读调（包括小称调），就用数字记录连读调值，并在调值的前面加短横"-"，在音节后注明例词，例如磐安话：许 xɤ⁻⁵² 几~。

6. 如果某字没有单字音，只有小称音，就记录小称音，并在音节后注明"~儿"。例如汤溪话：痱 fiŋ⁻⁵² ~儿。

7. 如果某字有又读、文白异读等一字多音的现象，只收该方言口语里最常用的一个读音。因此，有文白异读的字，一般只记白读，不记文读。

8. 注释和举例在字音后用小字表示。

9. 方言中不说的字，栏内为空白。

10. 举例中，涉及名词、动词、形容词等词性的，只列"名""动""形"等单字加以说明。

		金华	汤溪	浦江	东阳	磐安	永康	武义
果　摄									
001	多	tuɤ¹	tɤ¹	tɯ¹	tʊ¹	tuɤ¹	ʔduə¹	luo¹
002	拖	tʰa¹	tʰa¹	tʰa¹	tʰa¹	tʰa¹	tʰia¹	tʰia¹
003	大~小	duɤ⁶	dɤ⁶	dɯ⁶	dʊ⁶	duɤ⁶	duə⁶	duo⁶
004	箩	luɤ²	la²	lɯ² 读字	la²	la²	luə²	lia⁻³¹ ~槽
005	做	tsuɤ⁵	tsɤ⁵	tsɯ⁵	tsʊ⁵	tsuɤ⁵	tsuə⁵	tsuo⁵
006	搓	tsʰuɤ¹	tsʰɤ¹	tsʰɯ¹	tsʰʊ¹	tsʰuɤ¹	tsʰuə¹	tsʰuo¹
007	歌	kuɤ¹	kuɤ¹	kɯ¹	kʊ¹	kuɤ¹	kuə¹	kuo¹
008	个—~	kə?⁷	ka⁵	ka⁵	ka⁵	ka⁵	kuə⁵	tɕiaʔ⁷
009	我	a³	a⁴	a³	ŋʊ⁴	ŋuɤ³	ŋuə⁴	a⁻³³ ~衣
010	饿	uɤ⁶	uɤ⁶	ŋɯ⁶	ŋa⁶	ŋa⁶	ŋuə⁶	ŋuo⁶
011	荷~花	uɤ²	uɤ²	ɯ²	ʊ²	uɤ²	uə²	uo²
012	破	pʰa⁵	pʰa⁵	pʰa⁵	pʰa⁵	pʰa⁵	pʰia⁵	pʰia⁵
013	婆	bɤ²	bɤ²	bɯ²	bʊ²	bo²	buə²	buo²
014	磨名	mɤ⁶	mɤ⁶	mɯ⁶	mʊ⁶	mo⁶	muə⁶	muo⁶
015	躲	tuɤ³	tɤ³	tɯ³		tuɤ³	ʔduə³	
016	螺	luɤ²	lɤ²	lɯ²	lʊ²	luɤ²	luə²	luo²
017	坐	suɤ³	zɤ⁴	zɯ⁴	zʊ⁴	zuɤ⁴	zuə⁴	zuo⁴
018	锁	suɤ³	sɤ³	sɯ³	sʊ³	suɤ³	suə³	suo³
019	果	kuɤ³	kuɤ³	kɯ³	kʊ³	kuɤ³	kuə³	kuo³
020	过	kuɤ⁵	kuɤ⁵	kɯ⁵	kʊ⁵	kuɤ⁵	kuə⁵	kuo⁵
021	裹	kʰuɤ¹	kʰuɤ¹	kʰɯ¹	kʰʊ¹	kʰuɤ¹	kʰuə¹	kʰuo¹
022	火	xuɤ³	xuɤ³	xɯ³	xʊ³	xuɤ³	xuə³	xuo³
023	货	xuɤ⁵	xuɤ⁵	xɯ⁵	xʊ⁵	xuɤ⁵	xuə⁵	xuo⁵
假　摄									
024	爬	bɤa²	bo²	bia²	buo²	bɤa²	ba²	bua²
025	耙犁~	bɤa⁶	bɤ⁶	bia⁶	buo⁶	bɤa⁶	ba⁶	bua⁶
026	麻	mɤa²	mɤ²	mia²	muo²	mɤə²	ma²	mua²
027	马	mɤa³	mo⁴	mia⁴	muo⁴	mɤa³	ma⁴	mua⁴
028	骂	mɤa⁶	mɤ⁶	mia⁶	muo⁻⁵⁴	mɤa⁶	ma⁶	mua⁶
029	茶	dzua²	dzo²	dʑya²	dzuo²	dzuə²	dza²	dzua²
030	查调~	dzua²	dzo²	dʑya²	dzuo²	dzuə²	dza²	dzua²
031	沙	sua¹	sa¹	ʃya¹	sa¹	sa¹	sa¹	ɕia¹
032	加	kua¹	kuo¹	tɕia¹	kuo¹	kua¹	ka¹	kua¹
033	假真~	kua³	kuo³	tɕia³	kuo³	kua³	ka³	kua³
034	嫁	kua⁵	kuo⁵	tɕia⁵	kuo⁵	kua⁵	ka⁵	kua⁵
035	牙	ua²	uo²	ȵia²	ŋuo²	ŋua²	ŋa²	ŋua²
036	下方位	ua³	uo⁴	ia⁴	uo⁴	ua⁴	uə³	a⁴	ua⁴
037	哑~巴	ua³	uo⁴	ia³	uo³	uə³	a⁻¹¹ ~口	ua⁻⁵³ ~口
038	借	tsia⁵	tsia⁵	tʃia⁵	tɕia⁵	tʃia⁵	tɕia⁵	tɕia⁵
039	写	sia³	sia³	ʃia³	ɕia³	ʃia³	ɕia³	ɕia³

续表

	金华	汤溪	浦江	东阳	磐安	永康	武义
040 斜	zia²	zia²	ʒia²	ʑia²	ʒia²	ʑia²	ʑia²
041 蔗甘~	tɕia⁵	tso⁰	tʃia⁵	tsa⁵	tʃia⁵	tɕia⁵	tɕiaʔ⁷
042 车汽~	tɕʰia¹	tsʰa¹	tɕʰya¹	tɕʰia¹	tʃʰia¹	tɕʰia¹	tɕʰia¹
043 蛇	ʑia²	ʑia²	ʒia²	ʑia²	ʒia²	ʑia²	ʑia²
044 射	dʑia⁶	dʑia⁶	dʑia⁶	dza⁶	dzua⁶	dzya⁶	dzua⁶
045 爷父亲	ia²	ia²	ia²	ia²	ia²	ia²	ia²
046 瓜	kua¹	kua¹	kua¹	kua¹	kua¹	kua¹	kua¹
047 寡	kua³	kuo³	kua³	kua³	kua³	kua³	kua⁻⁵³ ~妇
048 瓦名	ua³	uo⁴	ȵia⁴	ŋuo⁴	ŋuə³	ŋa⁴	ŋua⁴
049 花	xua¹	xuo¹	xua¹	xua¹	xua¹	xua¹	xua¹
遇 摄							
050 谱	pu³	pu³	pu³	pu³	pu³	ʔbu³	pu³
051 布	pu⁵	pu⁵	pu⁵	pu⁵	pu⁵	ʔbu⁵	pu⁵
052 铺动	pʰu¹	pʰu¹	pʰu¹	pʰu¹	pʰu¹		
053 簿	pu³	bu⁴	bu⁴	bu⁴	bu⁴	bu⁴	bu⁴
054 步	bu⁶	bu⁶	bu⁶	bu⁶	bu⁶	bu⁶	bu⁶
055 赌	tu³	tu³	tu³	tu³	tu³	ʔdu³	lu³
056 土	tʰu³	tʰu³	tʰu³	tʰu³	tʰu³	tʰu³	tʰu³
057 涂	du²	du²	du²	du²	du²	du²	du²
058 路	lu⁶	lu⁶	lu⁶	lu⁶	lu⁶	lu⁶	lu⁶
059 租	tsu¹	tsu¹	tsu¹	tsu¹	tsu¹	tsu¹	tsu¹
060 粗	tsʰu¹	tsʰu¹	tsʰu¹	tsʰu¹	tsʰu¹	tsʰu¹	tsʰu¹
061 醋	tsʰu⁵	tsʰu⁵	tsʰu⁵	tsʰu⁵	tsʰu⁵	tsʰu⁵	tsʰu⁵
062 苏	su¹	su¹	su¹	su¹	su¹	su¹	su¹
063 箍	kʰu¹	kʰu¹	kʰu¹	kʰu¹	kʰu¹	kʰu¹	kʰu¹
064 牯	ku³	ku³	ku³	ku³	ku³	ku³	ku³
065 裤	kʰu⁵	kʰu⁵	kʰu⁵	kʰu⁵	kʰu⁵	kʰu⁵	kʰu⁵
066 吴	ŋ²	u²	u²	n²	u²	ŋu²	n²
067 五	ŋ³	ŋ⁴	n⁴	n⁴	n²	ŋ⁴	n⁴
068 胡姓	u²	u²	u²	u²	u²	u²	u²
069 糊名词	u⁶	u⁶	u⁶	u⁶	u⁶	u⁶	u⁶
070 乌	u¹	u¹	u¹	u¹	u¹	u¹	u¹
071 女女儿	na³	na⁴	na⁴ 儿~	nuo⁴ 儿~	nuə³	na⁻¹⁴ ~儿	nua⁻⁵³ ~婿
072 徐	zi²	zi²	ʒi²	zɿ²	ʒy²	zy²	ʑi²
073 猪	tsɿ¹	tsɿ¹	tʃi¹	tsuo¹	tsuə¹	tɕi¹	li¹
074 苎	y⁶	dzɿ⁴	dʒi⁴		dʒi⁴		tɕi⁻⁵³ ~布
075 箸	dʑy⁶	dʑie⁶	dʒi⁶	dzi⁶	dʒi⁶	dʑi⁶	dʑi⁶
076 初	tsʰu¹	tsʰu¹	tsʰu¹	tsʰu¹	tsʰu¹	tsʰu¹	tsʰu¹
077 锄	zɿ²	zɿ²	zɿ²	zuo²	zuə²	za²	zua²
078 疏稀疏	su¹	so¹	su¹ 生~	suo¹	suə¹	sa¹	sua¹

续表

	金华	汤溪	浦江	东阳	磐安	永康	武义
079 煮	tsʅ³		tʃy³ 读字		tʃi³	i³	i³
080 书	ɕy¹	ɕi¹	ʃy¹	sʅ¹	ʃy¹	ɕy¹	ɕy¹
081 鼠	tsʰʅ³	tsʰʅ³	tsʅ³	tsʰi³	tʃʰi³	tɕʰi³	tɕʰi³
082 锯	kɤ⁵	kɯ⁵	kɔ̃⁵	kəɯ⁵	kɐɯ⁵	kəɯ⁵	kɯ⁵
083 去来~	kʰɯ⁵	kʰə⁵	tɕʰi⁵	kʰəɯ⁵	kʰɐɯ⁵	kʰəɯ⁵	kʰɯ⁵
084 渠他	gəʔ⁸	gɯ²	ʒi⁸	gəɯ²	gɐɯ²	gəɯ²	gɯ⁴
085 鱼	ȵy²	ȵi²	ȵy²	ȵiʉ²	ȵy²	ȵy²	ȵy²
086 许	xɤ³	xɯ³ 许配	ʃy³	xɤn⁻⁵⁵ ~儿	xɤ⁻⁵² 儿~	xɤə⁻⁵⁴ ~儿	xɤ⁻⁵³ 儿~
087 斧	fu³	fu³	fu³	fu³	fu³	vu⁻¹¹ ~头	vu⁻³³ ~头
088 扶	vu⁶	vu⁻¹¹³ ~贫	vu²	u²	vu²		
089 无	m²	m²	m²	n²	m²	ŋ¹ ~事	fu⁻⁴⁴⁵ ~输赢
090 舞	vu⁶	vu⁴	vu⁶	u⁴	vu⁴	vu⁴	vu⁴
091 雾	vu⁶	vu⁶	vu⁶	u⁶	vu⁶	vu⁶	vu⁶
092 取	tɕʰy³	tɕʰiəɯ³	tsʰu³	tsʰʅ³	tʃʰy³	tɕʰy³	tɕʰiu³
093 鬚	su¹	su¹	su¹	su¹	su¹	su¹	su¹
094 厨	dʑy²	dʑi²	dʒy²	dzʅ²	dʒy²	dʑy²	dʑy²
095 柱	tɕy³	dʑi⁴	dʒy⁴	dzʅ⁴	dʒy⁴	dʑy⁴	dʑy⁴
096 数动	ɕy³	ɕi³	ʃy³	sʅ³	ʃy³	ɕy³	ɕy³
097 数名	su⁵	su⁵	su⁵	su⁵	su⁵	su⁵	su⁵
098 珠	tɕy¹	tɕi¹	tʃy¹	tsʅ¹	tʃy¹	tɕy¹	tɕy¹
099 主	tɕy³	tɕi³	tʃy³	tsʅ³	tʃy³	tɕy³	tɕy³
100 输~赢	ɕy¹	ɕi¹	ʃy¹	sʅ¹	ʃy¹	ɕy¹	ɕy¹
101 树	ʑy⁶	ʑi⁶	ʒy⁶	zʅ⁶	ʒy⁶	ʑy⁶	ʑy⁶
102 句	tɕy⁵	tɕi⁵	tʃy⁵	tɕiʉ⁵	tɕy⁵	ky⁵	tɕy⁵
103 区	tɕʰy¹	tɕʰi¹	tʃʰy¹	tɕʰiʉ¹	tɕʰy¹	kʰy¹	tɕʰy¹
104 雨	y³	i⁴	y⁴	iʉ⁴	y³	y⁴	y⁴
105 芋	y⁶	i⁶	y⁶	iʉ⁶	y⁶	y⁶	y⁶

蟹 摄

	金华	汤溪	浦江	东阳	磐安	永康	武义
106 戴动	tɑ⁵	tɑ⁵	tɑ⁵	tɑ⁵	tɑ⁵	ʔdiɑ⁵	liɑ⁵
107 台戏~	dɛ²	dɛ²	dɑ²	de²	dei²	dəi²	dɑ²
108 袋	dɛ⁶	dɛ⁶	dɑ⁶	de⁶	dei⁶	dəi⁶	dɑ⁶
109 来	lɛ²	lɛ²	lɑ²	le²	lei²	ləi²	lɑ²
110 灾	tsɛ¹	tsɛ¹	tsɑ¹	tse¹	tsei¹	tsəi¹	tsɑ¹
111 菜	tsʰɛ⁵	tsʰɛ⁵	tsʰɑ⁵	tsʰe⁵	tsʰei⁵	tsʰəi⁵	tsʰɑ⁵
112 财	zɛ²	zɛ²	dzɑ²	dze²	dzei²	zəi²	zɑ²
113 在	sɛ³	zɛ⁴	dzɑ⁴	dze⁴	dzei⁴	zəi⁴	zɑ⁴
114 赛	sɛ⁵	sɛ⁵	sɑ⁵	se⁵	sei⁵	səi⁵	sɑ⁵
115 改	kɛ³	kɛ³	kɑ³	ke³	kei³	kəi³	kɑ³
116 开	kʰɛ¹	kʰɛ¹	kʰɑ¹	kʰe¹	kʰei¹	kʰəi¹	kʰɑ¹
117 海	xɛ³	xɛ³	xɑ³	xe³	xei³	xəi³	xɑ³

续表

	金华	汤溪	浦江	东阳	磐安	永康	武义
118 爱	ε⁵	ε⁵	a⁵	e⁵	ei⁵	əi⁵	a⁵
119 带名	tɑ⁵	tɑ⁵	tɑ⁵	tɑ⁵	tɑ⁵	ʔdiɑ⁵	liɑ⁵
120 蔡	tsʰɑ⁵	tsʰɑ⁵	tsʰɑ¹	tsʰɑ⁵	tsʰɑ⁵	tɕʰiɑ⁵	tɕʰiɑ⁵
121 盖	ke⁵	ke⁵	kɑ⁵	ke⁻³³ ~印	kei⁵	kəi⁵	kɑ⁵
122 艾植物	ε⁶	ε⁶	ȵiɑ⁴	ŋɑ⁶	ŋɑ⁶	ȵiɑ⁶	ȵiɑ⁶
123 害	ε⁶	ε⁶	ɑ⁶	e⁶	ei⁶	əi⁶	ɑ⁶
124 拜	pɑ⁵	pɑ⁵	pɑ⁵	pɑ⁵	pɑ⁵	ʔbiɑ⁵	piɑ⁵
125 排	bɑ²	bɑ²	bɑ²	bɑ²	bɑ²	biɑ²	biɑ²
126 斋	tsɑ¹	tsɑ¹	tsɑ¹	tsɑ¹	tsɑ¹	tɕiɑ¹	tɕiɑ¹
127 戒	kɑ⁵	kɑ⁵	kɑ⁵	kɑ⁵	kɑ⁵	kiɑ⁵	tɕiɑʔ⁷
128 揩	kʰɑ¹	kʰɑ¹	kʰɑ¹	kʰɑ¹	kʰɑ¹		tɕʰiɑ¹
129 摆	pɑ³	pɑ³	pɑ³	pɑ³	pɑ³	ʔbiɑ³	piɑ³
130 牌	bɑ²	bɑ²	bɑ²	bɑ²	bɑ²	biɑ²	biɑ²
131 稗	bɤ⁶	bɤ⁶	biɑ²	bɑ⁶	bɑ⁶	biɑ⁶	buɑ⁶
132 买	mɑ³	mɑ⁴	mɑ⁴	mɑ⁴	mɑ³	miɑ⁴	miɑ⁴
133 卖	mɑ⁶	mɑ⁶	mɑ⁶	mɑ⁶	mɑ⁶	miɑ⁶	miɑ⁶
134 奶乳	nɑ³	nɑ⁴	nɑ⁴	nɑ⁴	nɑ³	niɑ⁴	niɑ⁴
135 柴	zɑ²	zɑ²	zɑ²	zɑ²	zɑ²	ʑiɑ²	ʑiɑ²
136 晒	sɑ⁵	so⁵	ʃyɑ⁵	suo⁵	suɑ⁵	sɑ⁵	suɑ⁵
137 街	kɑ¹	kɑ¹	kɑ¹	kɑ¹	kɑ¹	kiɑ¹	tɕiɑ¹
138 解~开	kɑ³	kɑ³	kɑ³	kɑ³	kɑ³	kiɑ³	tɕiɑ³
139 鞋	ɑ²	ɑ²	ɑ²	ɑ²	ɑ²	iɑ²	iɑ²
140 矮	ɑ³	ɑ³	ɑ⁵ 读字	ɑ³	ɑ³	iɑ³	iɑ³
141 败	bɑ⁶	bɑ⁶	bɑ⁶	bɑ⁶	bɑ⁶	biɑ⁶	biɑ⁶
142 祭	tsie⁵	tsie⁵	tʃi⁵	tsi⁵	tʃi⁵	tɕiə⁵	tɕie⁵
143 世	ɕyɤ⁵	ɕie⁵	ʃi⁵	si⁵	ʃi⁵	ɕiə⁵	ɕie⁵
144 艺	ȵi⁶	ȵi⁶	ȵi⁶	ȵi⁶	ȵi⁶	ȵi⁶	ȵi⁶
145 米名	mie³	mie⁴	mi⁴	mi⁴	mi³	miə⁴	mie⁴
146 低	tie¹	tie¹	ti¹	ti¹	ti¹	ʔdiə¹	lie¹
147 梯	tʰε¹	tʰε¹	tʰi¹	tʰe¹	tʰei¹	tʰəi¹	tʰɑ¹
148 啼	die²	die²	di²	di²	di²	diə²	die²
149 弟	tie³	die⁴	di⁴	di⁴	di⁴	diə⁴	die⁴
150 递	die⁶	die⁶	di⁶	di⁶	di⁶	diə⁶	die⁶
151 地天~	di⁶	die⁻¹¹ ~下	di⁶	di⁶	di⁶	di⁶	di⁶
152 泥	ȵie²	ȵiɑ²	ȵi²	ȵi²	ȵi²	ȵiə²	ȵie²
153 犁	lie²	lie²	li²	li²	li²	liə²	lie²
154 齐	zie²	zie²	ʒi²	zi²	ʒi²	ʑiə²	ʑie²
155 洗	sie³	sie³	ʃi³	si³	ʃi³	ɕiə³	ɕie³
156 细小	siɑ⁵	siɑ⁵	ʃiɑ⁵	si⁵ 粗~	ʃi⁵ 粗~	ɕiə⁵	ɕiɑ⁵
157 婿	sie⁵	sie⁵	ʃi⁵	si⁵	ʃi⁵	ɕiə⁵	ɕie⁵

续表

		金华	汤溪	浦江	东阳	磐安	永康	武义
158	鸡	tɕie¹	tɕie¹	tʃi¹	tɕi¹	tɕi¹	kiə¹	tɕie¹
159	溪	tɕʰie¹	tɕʰie¹	tʃʰi¹	tɕʰi¹	tɕʰi¹	kʰiə¹	tɕʰie¹
160	杯	pɛ¹	pɛ¹	pa¹	pe¹	pei¹	ʔbəi¹	pa¹
161	配	pʰɛ⁵	pʰɛ⁵	pʰa⁵	pʰe⁵	pʰei⁵	pʰəi⁵	pʰa⁵
162	赔	bɛ²	bɛ²	ba²	be²	bei²	bəi²	ba²
163	煤	mɛ²	mɛ²	ma²	me²	mei²	məi²	ma²
164	妹	mɛ⁶	mɛ⁶	ma⁶	me⁶	mei⁶	məi⁶	ma⁶
165	堆	tɛ¹	tɛ¹	ta¹	te¹	tei¹	ʔdəi¹	la¹
166	对	tɛ⁵	tɛ⁵	ta⁵	te⁵	tei⁵	ʔdəi⁵	la⁵
167	退	tʰɛ⁵	tʰɛ⁵	tʰa⁵	tʰe⁵	tʰei⁵	tʰəi⁵	tʰa⁵
168	队	dɛ⁶	dɛ⁶	duɛ⁶	de⁶	dei⁶	dəi⁶	da⁶
169	雷	lɛ²	lɛ²	la²	le²	lei²	ləi²	la⁻²¹ ~公
170	罪	sɛ³	zɛ⁴	za⁴	ze⁴	zei⁴	zəi⁴	za⁴
171	碎	sɛ³	sɛ³		se³	sei³	səi¹	sa³
172	块	kʰuɛ⁵	kʰuɛ⁵	kʰua⁵	kʰue⁵	kʰuei⁵	kʰuəi⁵	kʰua⁵
173	灰	xui¹	xuɛ¹	xua¹	xue¹	xuei¹	xuəi¹	xui¹
174	回	ui²	uɛ²	ua²	ue²	uei²	uəi²	ui²
175	外	a⁶	a⁶	ŋa⁶ ~公	ŋa⁶	ŋa⁶	ȵia⁶	ȵia⁶
176	会开~	ui⁶	uɛ⁶	ua⁶	ue⁶	uei⁶	uəi⁶	ui⁶
177	怪	kuɑ⁵	kuɑ⁵	kuɑ⁵	kuɑ⁵	kuɑ⁵	kyɑ⁵	tsuɑ⁵
178	怀	guɑ²	guɑ²	guɑ²	guɑ²	guɑ²	yɑ² 城关音	yɑ²
179	挂	kuɑ⁵	kuo⁵	kuɑ⁵	kuɑ⁵	kuɑ⁵	kyɑ⁵	kuɑ⁵
180	歪	uɑ¹	xuɑ³	uɑ¹ 读字	uɛ¹	uɛ¹	ŋuai¹	
181	画	uɑ⁶	uɑ⁶	uɑ⁶	uɑ⁶	uɑ⁶	uɑ⁶	uɑ⁶
182	快	kʰuɑ⁵	kʰuɑ⁵	kʰuɑ⁵	kʰuɑ⁵	kʰuɑ⁵	kʰyɑ⁵	tsʰuɑ⁵
183	话	uɑ⁶	uɣ⁶	uɑ⁶	uɑ⁶	uɑ⁶	uɑ⁶	uɑ⁶
184	岁	sɛ⁵	sie⁵	ʃi⁵	sɿ⁵	ʃy⁵	ɕiə⁵	ɕie⁵
185	税	sei⁵	ɕiei⁵	suɛ⁵	sɿ⁵	ʃy⁵	ɕyə⁵	ɕye⁵
186	肺	fi⁵	fie⁵	fi⁵	fi⁵	fi⁵	fiə⁵	fie⁵
187	桂	kui⁵	kuei⁵	kuɛ⁵	kuei⁵	kuei⁵	kuəi⁵	kui⁵
				止	摄			
188	被名	pi³	bi⁴	bi⁴	bi⁴	bi⁴	bi⁴	bi⁴
189	避	bi⁶	bi⁶	bi⁶	bi⁶	bi⁶	bi⁶	bi⁶
190	离	li²	li²	li²	li²	li²	li²	li²
191	紫	tsɿ³	tsɿ³	tsɿ³	tsɿ³	tsɿ³	tsɿ³	tsɿ³
192	雌	tsʰɿ¹	tsʰɿ¹	tsɿ¹	tsʰɿ¹	tsʰɿ¹	tsʰɿ¹	tsʰɿ¹
193	刺	tsʰi⁵	tsʰɿ⁵	tsɿ⁵	tsʰɿ⁵	tʃʰi⁵	tɕʰiə⁵	tɕʰi⁵
194	池	dzɿ²	dzɿ²	dʒi²	dzi²	dʒi²	dzɿ²	dzi²
195	筛名	sɿ¹	sɿ¹	sɿ¹	sɿ¹	sɿ¹	sɿ¹	sɿ¹
196	纸	tsɿ³	tsɿ³	tʃi³	tsi³	tʃi³	tɕi³	tɕi³

续表

	金华	汤溪	浦江	东阳	磐安	永康	武义
197 是	sɿ³	dzɿ⁴	ʒi⁴	dzi⁴	dʒi⁴	dʑi⁴	dʑi⁴
198 儿	ŋ²	ŋ²	n²	n²	n²	ŋ²	n²
199 寄	tɕi⁵	tɕi⁵	tʃi⁵	tɕi⁵	tɕi⁵	ki⁵	tɕi⁵
200 骑	dʑi²	dʑi²	dʒi²	dʑi²	dʑi²	gi²	dʑi²
201 徛站	kɛ³	gɛ⁴	ga⁴	gɛ⁴	gei⁴	gəi⁴	ga⁴
202 蚁	a⁴	a⁴	ŋãn⁻²⁴ ~儿	ŋa⁴	ŋɒ⁴	nia⁴	nia⁴
203 椅	y³	i³	ʒy⁴	iʉ⁴	y³	y³	y³
204 移	i²	i²	i²	i²	i²	i²	i²
205 鼻	biəʔ⁸	bei⁴	biə⁸	biəʔ⁸	biɛ²	bə⁴	bəʔ⁸
206 眉	mi²	mi²	mi²	mi²	mi²	mi²	mi²
207 梨	li²	li²	lin⁻²³² ~儿	li²	li²	li⁻³²⁴ ~儿	li²
208 姊	tsi³	tsi³	tʃi⁵	tsi³	tʃi³	tɕi³	tɕi³
209 糍	zɿ²	sɿ⁰ 麻~	zɿ²	zɿ²	zɿ²	zɿ²	zɿ²
210 死	sɿ³	sɿ³	sɿ³	sɿ³	sɿ³	sɿ³	sɿ³
211 四	si⁵	si⁵	ʃi⁵	si⁵	ʃi⁵	ɕi⁵	ɕi⁵
212 迟	dʐy²	dzɿ²	dʒi²	dʑi²	dʒi²	dʑi²	dʑi²
213 师	sɿ¹	sɿ¹	sɿ¹	sɿ¹	sɿ¹	sɿ¹	sɿ¹
214 脂	tsɿ¹	tsɿ¹	tsɿ¹	tsɿ¹	tsɿ¹	tsɿ¹	tsɿ¹
215 指	tsɿ³	tsɿ³	tsɿ³	tsɿ³	tsɿ³	tsɿ³	tsɿ³
216 二	ŋ⁶	ŋ⁶	n⁶	n⁶	n⁶	ŋ⁶	n⁶
217 姨	i²	i²	i²	i²	i²	i²	i¹
218 李姓	li³	li⁴	li⁴	li⁴	li³	li⁴	li⁴
219 子	tsɿ³	tsɿ³	tsɿ³	tsɿ³	tsɿ³	tsɿ³	tsɿ³
220 字	zɿ⁶	zɿ⁶	zɿ⁶	zɿ⁶	zɿ⁶	zɿ⁶	zɿ⁶
221 丝	sɿ¹	sɿ¹	sɿ¹	sɿ¹	sɿ¹	sɿ¹	sɿ¹
222 祠	zɿ²	zɿ²	zɿ²	zɿ²	zɿ²	zɿ²	zɿ²
223 柿	sɿ³	zɿ⁴	zɿn⁻²⁴ ~儿	zɿ⁴	zɿ⁴	zɿ⁻¹⁴ ~儿	zen⁻³¹ ~儿
224 事	zɿ⁶	zɿ⁶	zɿ⁶	zɿ⁶	zɿ⁶	zɿ⁶	zɿ⁶
225 痣	tsɿ⁵	tsɿ⁵	tʃi⁵	tsɿ⁵	tsɿ⁵	tsɿ⁵	tɕi⁵
226 齿	tsʰɿ³	tsʰɿ³	tsɿ³	tsɿ³	tsɿ³	tsʰɿ³	tsʰɿ³
227 时	zɿ²	zɿ²	zɿ²	zɿ²	zɿ²	sɿ³ 儿~	sɿ⁻⁴⁴⁵ ~节
228 市	sɿ³ 利~	zɿ⁴	zɿ⁴	zɿ⁴	zɿ⁴	zɿ⁴	zɿ⁴
229 耳~朵	ŋ³	ŋ⁴	n⁻¹¹	n⁴	n³	ŋ⁻¹¹	n⁻⁴⁴⁵
230 箕粪~	tɕi¹	tɕi¹	tʃi¹	tɕin⁻³³⁵ ~儿	i¹	i¹	i¹
231 记	tɕi⁵	tɕi⁵	tʃi⁵	tɕi⁵	tɕi⁵	ki⁵	tɕi⁵
232 旗	dʑi²	dʑi²	dʒi²	dʑi²	dʑi²	gi²	dʑi²
233 嬉玩儿	ɕi¹	ɕi¹	ʃi¹	ɕi¹	ɕi¹	xi¹	ɕi¹
234 医	i¹	i¹	i¹	i¹	i¹	i¹	i¹
235 饥饿	tɕi¹	tɕi¹	tʃi¹	tɕi¹	tɕi¹	ki¹	tɕi¹
236 几~个	tɕi³	kɛ³	tʃi³	tɕi³	tɕi³	ki³	ka³

续表

	金华	汤溪	浦江	东阳	磐安	永康	武义
237 气	tɕʰi⁵	tɕʰi⁵	tʃʰi⁵	tɕʰi⁵	tʃʰi⁵	kʰi⁵	tɕʰi⁵
238 依	i¹	i¹	i¹	i¹	i¹	i¹	i¹
239 嘴	tsɛ³	tsei³	tʃi³	tsɿ³	tʃy³	tsəi³	tɕi³
240 髓	si³	si³	si³	sɿ³	ʃy³	səi³	ɕi³
241 吹	tɕʰy¹	tɕʰi¹	tʃʰy¹	tsʰɿ¹	tʃʰy¹	tɕʰy¹	tɕʰy¹
242 亏	kʰui¹	kʰuei¹	kʰuɛ¹	kʰuei¹	kʰuei¹	kʰuəi¹	kʰui¹
243 跪	tɕy³	dʑi⁴	dʒy⁴	dʑiʉ⁴	dʒy⁴	gy⁴	dʑy⁴
244 醉	tsɛ⁵	tsi⁵	tʃi⁵	tsɿ⁵	tʃy⁵	tsəi⁵	tɕi⁵
245 尿名	sɛ¹	si¹	ʃi¹	sɿ¹	ʃy¹	ɕi¹	ɕi¹
246 追	tsei¹	tsei¹	tsuɛ¹ 读字	tsei¹	tʃyei¹	tsəi¹	tɕy¹
247 槌	dʑy²	dʑi²	dʒy²	dʒŋ⁻⁵⁴	dʒy²	dʑy²	dʑy²
248 帅	ɕyɛ⁵	ɕia⁵	sa⁵	sɛ⁵	sei⁵	səi⁵	sa⁵
249 水	ɕy³	ɕiei³	ʃy³	sɿ³	ʃy³	ɕy³	ɕy³
250 龟	tɕy¹	tɕi¹	tʃy¹	tɕiɯ⁻⁵⁴ 乌~	tɕiɯ¹	ky¹	tɕy¹
251 柜	dʑy⁶	dʑi⁻¹¹³ ~台	dʒy⁶	dʑiʉ⁶	dʒy⁶	gy⁶	dʑy⁶
252 位	ui⁶	uei⁶	uɛ⁶	uei⁶	y⁶	uəi⁶	y⁶
253 飞	fi¹	fi¹	fi¹	fi¹	fi¹	fi¹	fi¹
254 痱	fi⁵	fiŋ⁻⁵² ~儿	fin⁻⁵⁵ ~儿	fi⁻⁵⁴	fi⁵	fi⁵	fi⁵
255 尾~巴	ŋ³	ŋ⁻¹¹	m⁻¹¹	m⁻³⁵	n³	ŋ⁻¹¹	m⁻⁵³
256 未	mi⁶	mi⁶	mi⁶	mi⁶	mi⁶	mi⁶	mi⁶
257 归	kui¹	kuei¹	tʃy¹	tɕiʉ¹	tɕy¹	kuəi¹	kui¹
258 鬼	tɕy³	kuɛ³	tʃy³	tɕiʉ³	tɕy³	kuəi³	kui³
259 贵	tɕy⁵	tɕi⁵	tʃy⁵	tɕiʉ⁵	tɕy⁵	ky⁵	tɕy⁵
260 围	y²	i²	y²	iʉ⁻¹¹ ~裙	y²	uəi²	y⁻²¹ ~墙
			效	摄			
261 宝	pau³	pə³	po³	pau³	po³	ʔbɒ³	pao³
262 报	pau⁵	pə⁵	po⁵	pau⁵	po⁵	ʔbɒ⁵	pao⁵
263 抱	pau³		bu⁴		bo⁶	bɒ⁴	
264 毛	mau²	mə²	mo²	mau²	mo²	mɒ²	muo²
265 帽	mau⁶	mə⁶	mo⁶	mau⁶	mo⁶	mɒ⁶	muo⁶
266 刀	tau¹	tə¹	to¹	tau¹	to¹	ʔdɒ¹	lɤ¹
267 到	tau⁵	tə⁵	to⁵	tau⁵	to⁵	ʔdɒ⁵	lɤ⁵
268 讨	tʰau³	tʰə³	tʰo³	tʰau³	tʰo³	tʰɒ³	tʰɤ³
269 桃	dau²	də²	do²	dau²	do²	dɒ²	dɤ²
270 道	tau³	də⁴	do⁴	dau⁴	do⁴	dɒ⁴	dɤ⁴
271 脑	nau³	nə⁴	lo⁴	nau⁴	no³	nɒ⁴	nɤ⁴
272 牢	lau²	lə²	lo²	lau²	lo²	lɒ²	lɤ²
273 老	lau³	lə⁴	lo⁴	lau⁴	lo³	lɒ³	lɤ³
274 糟	tsau¹	tsə¹	tso¹	tsau¹	tso¹	tsɒ¹	tsɤ¹
275 早	tsau³	tsə³	tso³	tsau³	tso³	tsɒ³	tsɤ³

续表

	金华	汤溪	浦江	东阳	磐安	永康	武义
276 灶	tsau⁵	tsə⁵	tso⁵	tsau⁵	tso⁵	tsɒ⁵	tsɤ⁵
277 草	tsʰau³	tsʰə³	tsʰo³	tsʰau³	tsʰo³	tsʰɒ³	tsʰɤ³
278 造	sau³	zə⁴	zo⁴	zau⁴	zo⁴	zɒ⁴	zɤ⁴
279 扫动	sau³	sə³	so³	sau³	so³	sɒ³	sɤ³
280 高	kau¹	kə¹	ko¹	kau¹	ko¹	kɒ¹	kɤ¹
281 告	kau⁵	kə⁵	ko⁵	kau⁵	ko⁵	kɒ⁵	kɤ⁵
282 靠	kʰau⁵	kʰə⁵	kʰo⁵	kʰau⁵	kʰo⁵	kʰɒ⁵	kʰɤ⁵
283 熬	au²	ə²	ŋo²	ŋau²	ŋo²	ŋɒ²	ŋɤ²
284 好形	xau³	xə³	xo³	xau³	xo³	xɒ³	xɤ³
285 号	au⁶	ə⁶	o⁶	au⁶	o⁶	ɒ⁶	ɤ⁶
286 袄	au³	ə³	o⁴	au³	o³	ɒ³	ɤ³
287 饱	pau³	pə³	po³	pau³	po³	ʔbɒ³	pao³
288 炮	pʰau⁵	pʰə⁵	pʰo⁵	pʰau⁵	pʰo⁵	pʰɒ⁵	pʰao⁵
289 鉋	bau⁶	bə⁶	bo⁶	bau⁶	bo⁶ 名	bɒ⁶ 名	bao⁶ 名
290 猫	mau²	mə²	mon⁻²³² ~儿	mau²	mo²	mɒ⁻³²⁴ ~儿	maŋ⁻²⁴ ~儿
291 貌	mau⁶	mə⁶	mo⁶	mau⁶	mo⁶	mɒ⁶	mao⁶
292 罩	tsau⁵	tsə⁵	tsa⁵ 读字	tsau⁵	tso⁵	tsɒ⁵	tsao⁵
293 抓~牌	tɕya¹	tɕia¹	tɕya¹	tsa¹	tʃya¹	tsa¹	dzua⁴
294 炒	tsʰau³	tsʰə³	tɕʰyo³	tsʰau³	tsʰo³	tsʰɒ³	tsʰao³
295 交	kau¹	kə¹	ko¹	kau¹	ko¹	kɒ¹	kao¹
296 窖	kau⁵	kə⁵ 埋				kɒ⁵	
297 敲	kʰau¹	kʰə¹	kʰo¹	kʰau¹	kʰo¹	kʰɒ¹	kʰao¹
298 孝	xau⁵	xə⁵	xo⁵	xau⁵	xo⁵	xɒ⁵	xao⁵
299 表	piau³	pie³	pi³	pɤ³	pio³	ʔbiɒ³	pie³
300 票	pʰiau⁵	pʰie⁵	pʰi⁵	pʰɤ⁵	pʰio⁵	pʰiɒ⁵	pʰie⁵
301 藻浮萍	biau²		bin⁻²³² ~儿	bɤ²	bio²	piɒ⁻³²⁴ ~儿	biŋ⁻³³⁴ ~儿
302 苗	miau²	mie²	mia²	mɤ²	mio²	miɒ²	mie²
303 庙	miau⁶		mia⁶	mɤ⁶	mio⁶	miɒ⁶	
304 焦	tsiau¹	tsɤ¹	tsɯ¹	tsɤ¹	tʃio¹	tɕiɒ¹	tɕie¹
305 消	siau¹	sɤ¹	sɯ¹	sɤ¹	ʃio¹	ɕiɒ¹	ɕie¹
306 笑	siau⁵	sɤ⁵	sɯ⁵	tsʰɤ⁵	tʃʰio⁵	ɕiɒ⁵	ɕie⁵
307 赵	dʑiau⁶	dzə⁻¹¹ 姓	dzɯ⁴	dzɤ⁴	dʒio⁴	dʑiɒ⁴	dʑie⁴
308 照	tɕiau⁵	tɕiə⁵	tsɯ⁵	tsɤ⁵	tʃio⁵	tɕiɒ⁵	tɕie⁵
309 烧	ɕiau¹	ɕiə¹	sɯ¹	sɤ¹	ʃio¹	ɕiɒ¹	ɕie¹
310 少多~	ɕiau³	ɕiə³	sɯ³	sɤ³	ʃio³	ɕiɒ³	ɕie³
311 桥	dʑiau²	dʑiə²	dʑi²	dʑiʊ²	dʑio²	giɒ²	dʑie²
312 轿	dʑiau⁶	dʑiə⁶	dʑi⁶	dʑiʊ⁶	dʑio⁶	giɒ⁶	dʑie⁶
313 妖	iau¹	iə¹	ia¹	iʊ¹	io¹	iɒ¹	ie¹
314 窑	iau³	iə⁴	ia² 读字	iʊ³	io³	iɒ⁴	ɤ⁻⁵³ ~水
315 鹞	iau⁶	iə⁶	i⁶	iʊ⁶	io⁶	iɒ⁶	ie⁶

续表

	金华	汤溪	浦江	东阳	磐安	永康	武义
316 鸟	tiau⁵	tɯŋ⁻⁵² ~儿	tɯn⁻⁵⁵ ~儿	tɤ⁵	tioŋ⁻⁵² ~儿	ʔdiŋ³	lin⁻⁵³ ~儿
317 钓	tiau⁵	tɤ⁵	tɯ⁵	tɤ⁵	tio⁵	ʔdiŋ⁵	lie⁵
318 窠	tʰiau⁵	tʰɤ⁵		tʰɤ⁵	tʰio⁵	tʰiŋ⁵	tʰie⁵
319 条	diau²	dɤ²	dɯ²	dɤ²	dio²	diŋ²	die²
320 料	liau⁶	lɤ⁶	lɯ⁶	lɤ⁶	lio⁶	liŋ⁶	lie⁶
321 萧	siau¹	sɤ¹	sɯ¹	sɤ¹	ʃio¹	ɕiŋ¹	ɕie¹
322 叫	tɕiau⁵	tɕiə⁵	tɕi⁵	tɕiu⁵	io⁵	iŋ⁵ 哭	ie⁵ 哭

流 摄

	金华	汤溪	浦江	东阳	磐安	永康	武义
323 母	m³	m⁴	m⁴ 丈~	n⁴ 舅~	n³ 丈~	ŋ⁴ 产	n⁴ 丈~
324 斗一~	tiu³	təɯ³	tɤ⁵ ~~田	təɯ³	tɐɯ¹	ʔdəɯ³	lao⁵
325 偷	tʰiu¹	tʰəɯ¹	tʰɤ¹	tʰəɯ¹	tʰɐɯ¹	tʰəɯ¹	tʰao¹
326 敨展开	tʰiu³	tʰəɯ³	tʰɤ³	tʰəɯ³	tʰɐɯ³	tʰəɯ³	tʰao³
327 头脑袋	diu²	dəɯ²	dɤ²	dəɯ²	dɐɯ²	dəɯ²	dao²
328 豆	diu⁶	dəɯ⁶	dɤ⁶	dəɯ⁶	dɐɯ⁶	dəɯ⁶	dao⁶
329 漏	liu⁶	ləɯ⁶	lɤ⁶	ləɯ⁶	lɐɯ⁶	ləɯ⁶	lao⁶
330 走	tsiu³	tsəɯ³	tsɤ³	tsəɯ³	tsɐɯ³	tsəɯ³	tsao⁻⁵³ ~狗
331 凑	tsʰiu⁵	tsʰəɯ⁵	tsʰɤ⁵	tsʰəɯ⁵	tsʰɐɯ⁵	tsʰəɯ⁵	tsʰao⁵
332 钩	kiu¹	kɯ¹	kɤ¹	kəɯ¹	kɐɯ¹	kəɯ¹	kao¹
333 狗	kiu³	kɯ³	kɤ³	kəɯ³	kɐɯ³	kəɯ³	kao³
334 够	kiu⁵	kɯ⁵	kɤ⁵	kəɯ⁵	kɐɯ⁵	kəɯ⁵	kao⁵
335 口	kʰiu³	kʰɯ³	kʰɤ³	kʰəɯ³	kʰɐɯ³	kʰəɯ³	kʰao³
336 藕	eu³	əɯ⁴	ŋɤ⁴	ŋəɯ⁴	ŋɐɯ⁴	ŋəɯ⁴	ŋao⁴
337 后	eu³	əɯ⁴	ɤ⁴	əɯ⁴	ɐɯ⁴	əɯ⁴	ao⁴
338 厚	kiu³	gɯ⁴	gɤ⁴	gəɯ⁴	gɐɯ⁴	gəɯ⁴	gao⁴
339 富	fu⁵	fu⁵	fu⁵	fu⁵	fu⁵	fu⁵	fu⁵
340 浮	vu²	vu²	vu²	u²	vu²	vu²	vu²
341 纽	ȵiu³	ȵiəɯ⁴	ȵiɤ⁴	ȵiəɯ⁴	ȵiɐɯ³	ȵiəɯ⁴	ȵiu⁴
342 流	liu²	ləɯ²	lɤ²	liəɯ²	liɐɯ²	liəɯ²	liu²
343 留	liu²	ləɯ²	lɤ²	liəɯ²	liɐɯ²	liəɯ²	liu²
344 酒	tsiu³	tsəɯ³	tʃiɤ³	tɕiəɯ³	tʃiɐɯ³	tɕiəɯ³	tɕiu³
345 秋	tsʰiu¹	tsʰəɯ¹	tʃʰiɤ¹	tɕʰiəɯ¹	tʃʰiɐɯ¹	tɕʰiəɯ¹	tɕʰiu¹
346 修	siu¹	səɯ¹	ʃiɤ¹	ɕiəɯ¹	ʃiɐɯ¹	ɕiəɯ¹	ɕiu¹
347 昼	tɕiu¹	tɕiəɯ¹	tʃiɤ¹	tɕiəɯ⁵	tʃiɐɯ¹		
348 抽	tɕʰiu¹	tɕʰiəɯ¹	tʃʰiɤ¹	tɕʰiəɯ¹	tʃʰiɐɯ¹	tʰəɯ¹ ~屉	tɕʰiu¹
349 愁	ziu²	ziəɯ²	ʒiɤ²	zəɯ²	zɐɯ²	zəɯ²	zao²
350 馊	siu¹	ɕiəɯ¹	ʃiɤ¹	sɑu¹	so¹		ɕiu¹
351 瘦	siu⁵	ɕiəɯ⁵	ʃiɤ⁵	sɑu⁵	so⁵	ɕiəɯ⁵	ɕiu⁵
352 周	tɕiu¹	tɕiəɯ¹	tʃiɤ¹	tɕiəɯ¹	tʃiɐɯ¹	tɕiəɯ¹	iu¹
353 帚	tɕiu³	tɕiəɯ³	tʃiɤ³	tɕiəɯ³	tʃiɐɯ³	tɕiəɯ³	tɕiu³
354 咒	tɕiu⁵	tɕiəɯ⁵	tʃiɤ⁵	tɕiəɯ⁵	tʃiɐɯ⁵	tɕiəɯ⁵	tɕiu⁵

续表

	金华	汤溪	浦江	东阳	磐安	永康	武义
355 臭	tɕʰiu⁵	tɕʰiɜɯ⁵	tʃʰiɤ⁵	tɕʰiəɯ⁵	tʃʰiɐɯ⁵	tɕʰiəɯ⁵	tɕʰiu⁵
356 手	ɕiu³	ɕiɜɯ³	ʃiɤ³	ɕiəɯ³	ʃiɐɯ³	ɕiəɯ³	ɕiu³
357 受	ziu⁶	ziɜɯ⁴	ʒiɤ⁴	ziəɯ⁴	ʒiɐɯ⁴	ziəɯ⁴	ziu⁴
358 阄	tɕiu¹	kɯ¹	kɤ¹	kəɯ¹	kɐɯ¹	kiəɯ¹	tɕiu¹
359 九	tɕiu³	tɕiɜɯ³	tɕiɤ³	tɕiəɯ³	tɕiɐɯ³	tɕiəɯ³	tɕiu³
360 丘	tɕʰiu¹	tɕʰiɜɯ¹	tɕʰiɤ¹	tɕʰiəɯ¹	tɕʰiɐɯ¹	kʰiəɯ¹	tɕʰiu⁵
361 舅	tɕiu³	dʑiɜɯ⁴	dʑiɤ⁴	dʑiəɯ⁴	dʑiɐɯ⁴	giəɯ⁴	dʑiu⁴
362 旧	dʑiu⁶	dʑiɜɯ⁶	dʑiɤ⁶	dʑiəɯ⁶	dʑiɐɯ⁶	giəɯ⁶	dʑiu⁶
363 牛	ȵiu²	ȵiɜɯ²	ȵiɤ²	ȵiəɯ²	ȵiɐɯ²	ȵiəɯ²	ȵiu²
364 休	ɕiu¹	ɕiɜɯ¹	ʃiɤ¹	ɕiəɯ¹	ɕiɐɯ¹	xiəɯ¹	ɕiu¹
365 有	iu³	iɜɯ⁴	iɤ⁴	iəɯ⁴	iɐɯ³	iəɯ⁴	iu⁴
366 油	iu²	iɜɯ²	iɤ²	iəɯ²	iɐɯ²	iəɯ²	iu²
367 酉	iu³	iɜɯ⁴	iɤ⁴	iəɯ⁴	iɐɯ⁴	iəɯ⁴	iu⁴
368 幽	iu¹	iɜɯ¹	iɤ¹	iəɯ¹	iɐɯ¹	iəɯ¹	iu¹
咸　摄							
369 贪	tʰɤ¹	tʰɤ¹	tʰɔ̃¹	tʰɤ¹	tʰɤ¹	tʰɤə¹	tʰɤ¹
370 潭	dɤ²	dɤ²	dɔ̃²	dɤ²	dɤ²	dɤə²	dɤ²
371 南	nɤ²	nɤ²	nɔ̃²	nɤ²	nɤ²	nɤə²	nɤ²
372 簪	tsɤ¹	tsɤ¹	tsɔ̃¹	tsɤ¹	tsɤ¹	tsɤə¹	tsɤ¹
373 蚕	zɤ²	zɤ²	zɔ̃²	zɤ²	zɤ²	sɤə⁻³²⁴ ~儿	zɤ²
374 感	kɤ³	kɤ³	kɔ̃³	kɤ³	kan⁵	kɤə³	kɤ³
375 磡	kʰɤ⁵	kʰɤ⁵	kʰɔ̃⁵	kʰɤ⁻⁵⁴ 田~	kʰɤ⁵	kʰɤə⁵	kʰɤ⁵
376 含	ɤ²	ɤ²	ɔ̃²	ɤ²	ɤ²	ɤə²	en²
377 庵	ɤ¹	ɤ¹	ɔ̃¹	ɤ¹	ɤ¹	ɤə¹	ŋɤ¹
378 暗	ɤ⁵	ɤ⁵	ɔ̃⁵	an⁵	ɤ⁵	ɑ⁵	ŋɤ⁵
379 踏	duɑ⁶	do⁴	dʑya⁸ 踩	duoʔ⁸	duə²	dɑ⁴	duɑ⁶
380 纳	nəʔ⁸		nə⁸	nɜʔ⁸	nε²	nɤə⁴	nɤ⁴
381 杂	zɤ⁶	zɤ⁴	dzə⁸ ~交	zɜʔ⁸	zε²	zɤə⁴	zɤ⁴
382 鸽	kɤ⁵	kɯ⁻⁵⁵ ~儿	kɯn⁻⁵³ ~儿	kɤ⁰ 鸭~	kε³	kɤə⁻⁵⁴ ~儿	kɤ⁵
383 盒	ɤ⁶	ɤ⁴	ɯ⁸ ~饭	ɜʔ⁸	ε²	ɤə⁻¹⁴ ~儿	ɤʔ⁸
384 胆	tɑ³	no³	tɑ̃³	tʌ³	nɒ³	nɑ³	nuo³
385 担名	tɑ⁵	no⁵	tɑ̃⁵	tʌ⁵	nɒ⁵	nɑ⁵	nuo⁵
386 淡	tɑ²	do⁴	dɑ̃⁴	dʌ⁴	dɒ⁴	dɑ⁴	duo⁴
387 篮	lɑ²	lo²	lãn⁻²³² ~儿	lɑ²	lɒ²	lɑ²	nuo²
388 三	sɑ¹	so¹	sɑ̃¹	sʌ¹	sɒ¹	sɑ¹	suo¹
389 甘	kɤ¹	kɤ¹	kɔ̃¹	kɤ¹	kɤ¹	kɤə¹	kɤ¹
390 敢	kɤ³	kɤ³	kɔ̃³	kɤ³	kɤ³	kɤə³	kɤ³
391 塔	tʰuɑ⁵	tʰo⁷	tʰuɑ⁷	tʰuoʔ⁷	tʰuə³	tʰɑ³	tʰuɑʔ⁷
392 蜡	luɑ⁶	lo⁴	luɑ⁸	luoʔ⁸	luə²	lɑ⁴	luɑ⁴
393 磕	kʰəʔ⁷	kʰɤ⁷	kʰə⁷	kʰɜʔ⁷	kʰε³		kʰəʔ⁷

续表

	金华	汤溪	浦江	东阳	磐安	永康	武义
394 赚	sɑ³	zo⁴	dzã⁴	zʌ⁴	dzɒ⁴	dzɑ⁴	dzuɑ⁴
395 杉	sɑ¹	so¹	sã¹	sʌ¹	sɒ¹	sɑ¹	suo¹
396 减	kɑ³	kuo³	kã³	tɕi³	kɒ³	kɑ³	kuo³
397 鹹	ɑ²	uo²	ã²	ʌ²	ɒ²	ɑ²	ŋuo²
398 插	tsʰuɑ⁵	tsʰo⁷	tɕʰya⁷	tsʰuoʔ⁷	tsʰuə³	tsʰɑ³	tsʰuɑʔ⁷
399 煤煮	zuɑ⁶	zo⁴	ʒya⁸	zuoʔ⁸	zuə²	zɑ⁴	zuɑ⁴
400 狭	uɑ⁶	uo⁴	ia⁸	uoʔ⁸	uə²	ɑ⁴	uɑ⁴
401 衫	sɑ¹	so¹	sã¹	sʌ¹	sɒ¹	sɑ¹	suo¹
402 甲	kuɑ⁵	kuo⁷	tɕia⁷	kuoʔ⁷	kuə³	kɑ³	kuɑʔ⁷
403 鸭	uɑ⁵	uo⁷	iɑn⁻⁴²³ ~儿	uoʔ⁷	uə³	ɑ⁻⁵⁴ ~儿	uɑʔ⁷
404 帘	lie²	lie²	liẽn⁻²⁴³ ~儿		lie²	liə²	nie²
405 尖	tsie¹	tsie¹	tsiẽ¹	tsi¹	tʃie¹	tɕiə¹	tɕie¹
406 染	ȵie³	ȵie⁴	ȵiẽ⁴	ȵi⁴	ȵie³	ȵiɑ⁴	ȵie⁴
407 钳	dzie²	dʑie²	dʑiẽ²	dʑi²	dzie²	giə²	dzie²
408 验	ȵie⁶	ȵie⁶	ȵiẽ⁶	ȵi⁻³⁵ ~尸	ȵie²	ȵiɑ⁶	ȵie⁶
409 厌	ie⁵	ie⁵	iẽ⁵	i⁵	ie⁵	iə⁵	ȵie⁵
410 盐名	ie²	ie²	iẽ²	i²	ie²	iə²	ȵie²
411 聂	ȵiəʔ⁸	ȵie⁴	ȵiə⁸	ȵiəʔ⁸	ȵie²	ȵiɑ⁴	ȵie⁴
412 猎	liəʔ⁸	lia⁴	liə⁸	liəʔ⁸	lia²	lɔ⁴	lɔʔ⁸
413 接	tsie⁵	tsie⁷	tsi⁷	tɕiəʔ⁷	tʃie³	tɕiə³	tɕie⁵
414 涉	dzɿɤ⁶	dʑie⁴	dʒiə⁸	ziəʔ⁸	dʒiɛ²	dʑiə⁴	dzie⁴
415 叶叶子	ie⁶	ie⁴	i⁸	iəʔ⁸	ie²	iə⁴	ie⁴
416 欠	tɕʰie⁵	tɕʰie⁵	tɕʰiẽ⁵	tɕʰi⁵	tɕʰie⁵	kʰiə⁵	tɕʰie⁵
417 严	ȵie²	ȵie²	ȵiẽ²	ȵi²	ȵie²	ȵiə²	ȵie²
418 劫	tɕyʔ⁷	tɕie⁷	tɕi⁷	tɕiəʔ⁷	tɕie⁵	kiə³	tɕie⁵
419 业	ȵie⁶	ȵie⁴	ȵiə⁸	ȵiəʔ⁸	ȵie²	ȵiɑ⁴	ȵie⁴
420 店	tia⁵	nie⁵	tiã⁵	ti⁵	tie⁵	ʔdia⁵	nie⁵
421 添	tʰia¹	tʰie¹	tʰiã¹	tʰi¹	tʰie¹	tʰia¹	tʰie¹
422 甜	dia²	die²	diã²	di²	die²	dia²	die²
423 念	ȵia⁶	ȵie⁶	ȵiã⁶	ȵi⁶	ȵie²	ȵia⁶	ȵie⁶
424 兼	tɕie¹	tɕie¹	tɕiẽ¹	tɕi¹	tɕie¹	kiə¹	tɕie¹
425 跌	tia⁵	tia⁷	tia⁷	tiəʔ⁷	tia³	ʔdia⁵	liaʔ⁷
426 贴	tʰia⁵	tʰia⁷	tʰia⁷	tʰiəʔ⁷	tʰia³	tʰia³	tʰiaʔ⁷
427 叠	dia⁶	dia⁴	dia⁸	diəʔ⁸	dia²	dia⁴	dia⁴
428 挟~菜	tɕia⁵	tɕia⁷	tɕia⁷	tɕiəʔ⁷	tɕia³	kia³	tɕiaʔ⁷
429 范姓	vɑ⁶	vo⁴	vã⁴	vʌ²	vɒ⁴	vɑ⁴	vuɑ⁴
430 法	fɤɑ⁵	fo⁷	fa⁷	fuoʔ⁷	fɤə³	fɑ³	fuɑʔ⁷
深摄						
431 品	pʰiŋ³	pʰei³	pʰin³	pʰien³	pʰiɐn³	pʰieiŋ³	pʰin³
432 林	liŋ²	lei²	lin²	lien²	liɐn²	lieiŋ²	lin²

续表

		金华	汤溪	浦江	东阳	磐安	永康	武义
433	浸	tsiŋ⁵	tsai⁵	tsən⁵	tɕien⁵	tʃin⁵	tsəŋ⁵	tsen⁵
434	蕈	siŋ³	zei⁴	zən⁴	zuən⁴	ʒyɐn⁴	zəŋ⁴	zin⁴
435	心	siŋ¹	sei¹	sən¹	ɕien¹	ʃiɐn¹	səŋ¹	ɕin¹
436	寻	zəŋ²	zai²	zən²	zən²	zen²	zəŋ²	zen²
437	沉	dʑiŋ²	dʑiai²	dzən² 读字	dzən²	dzɐn²	dzəŋ²	dzen²
438	参 ~人	səŋ¹	sai¹	sən¹	sən¹	ʃiɐn¹	səŋ¹	sen¹
439	针	tɕiŋ¹	tɕiai¹	tsən¹	tsən¹	tsɐn¹	tsəŋ¹	tsen¹
440	深	ɕiŋ¹	ɕiai¹	sən¹	sən¹	sɐn¹	səŋ¹	sen¹
441	任 ~责	zyəŋ⁶	ziai⁶	ʒyən⁶	zən⁶	ʒyɐn⁶	zəŋ⁶	zin⁶
442	金	tɕiŋ¹	tɕiei¹	tɕin¹	tɕien¹	tɕiɐn¹	kieiŋ¹	tɕin¹
443	琴	dʑiŋ²	dʑiei²	dʑin²	dʑien²	dʑiɐn²	gieiŋ²	dʑin²
444	音	iŋ¹	iei¹	in¹	ien¹	iɐn¹	ieiŋ¹	in¹
445	粒	lɤ⁻¹⁴ 量	lɤ⁴	lɯ⁻²⁴ 量	lɜʔ⁸	lɛ²	lɤə⁴	lɤʔ⁸
446	习	ziəʔ⁸	zei⁴	dʑia⁸	dʑiəʔ⁸	dʒiɛ²	zə⁴	zyəʔ⁸
447	涩	ɕiəʔ⁷	ɕie⁷	sə⁷ 读字		tʃʰiɛ³	sə³	səʔ⁷
448	汁	tɕiəʔ⁷	tɕie⁷	tsə⁷	tsɜʔ⁷	tsɛ³	tsə³	tsəʔ⁷
449	十	ziəʔ⁸	zie⁴	zə⁸	zɜʔ⁸	zɛ²	zə⁴	zəʔ⁸
450	急	tɕiəʔ⁷	tɕiei⁷	tɕiə⁷	tɕiəʔ⁷	tɕiɛ³	kĭə³	tɕiəʔ⁷
451	揖	iəʔ⁷	iei⁷	iə⁷	iəʔ⁷	iɛ³		iəʔ⁷
	山 摄							
452	单 ~筒	tɑ¹	no¹	tã¹	tʌ¹	nɒ¹	na¹	nuo¹
453	炭	tʰɑ⁵	tʰo⁵	tʰã⁵	tʰʌ⁵	tʰɒ⁵	tʰa⁵	tʰuo⁵
454	难 ~形	nɑ²	no²	nã²	nʌ²	nɒ²	na²	nuo²
455	拦	lɑ²	lo²	lã²	lʌ²	lɒ²	la²	nuo²
456	烂	lɑ⁶	lo⁶	lã⁶	lʌ⁶	lɒ⁶	la⁶	nuo⁶
457	伞	sɑ³	so³	sã⁵	sʌ⁻⁵⁴ 雨~	sɒ⁵	sa⁻⁵⁴ ~儿	suo³
458	肝	kɤ¹	kɤ¹	kã¹	kɤ¹	kɤ¹	kɤə¹	kɤ¹
459	岸	ɤ⁶	ɤ⁶	ã⁶	ŋɤ⁶	an¹	ŋɤə⁶	ŋɤ⁶
460	汉	xɤ⁵	xaŋ⁵	xã⁵	xɤ⁵	xɤ⁵	xɤə⁵	xɤ⁵
461	寒	ɤ²	ɤ⁻¹¹³ ~露	ã²	ɤ²	ɤ²	ɤə²	ŋɤ²
462	汗	ɤ⁶	ɤ⁶	ã⁶	ɤ⁶	ɤ⁶	ɤə⁶	ŋɤ⁶
463	安	ɤ¹	ɤ¹	ã¹	ɤ¹	ɤ¹	ɤə¹	ŋɤ¹
464	达	duɑ⁶	do⁴	duã⁸	duoʔ⁸	duə²	da⁴	dua⁴
465	辣	luɑ⁶	lo⁴	luã⁸	lɜʔ⁸	lɛ²	la⁴	lua⁴
466	擦	tsʰuɑ⁵	tsʰo⁵	tsʰa⁷	tsʰa³	tsʰuə³	tsʰa⁵	tsʰuaʔ⁷
467	撒	tsua⁵	tso⁷	tsa¹	tsuoʔ⁷	tsuə³	sa³	suaʔ⁷
468	割	kɤ⁵	kɤ⁷	kɯ⁷	kɜʔ⁷	kɛ³	kɤə³	kɤ⁵
469	扮	pa⁵	mo⁵	pã⁵	pʌ⁵	pɒ⁵	ma⁵	muo⁵
470	办	ba⁶	bo⁶	bã⁶	bʌ⁶	bɒ⁶	ba⁶	buo⁶
471	盏	tsa³	tso³	tsã⁻⁵⁵ 量	tsʌ³	tsɒ³	tsa³	tsuo⁻⁵³ 量

392

续表

	金华	汤溪	浦江	东阳	磐安	永康	武义
472 山	sa¹	so¹	sã¹	sʌ¹	sɒ¹	sa¹	suo¹
473 产~母	sua³	so⁻⁵²	ʃya³	suoʔ⁷	sɒ³	sa³	suo³
474 间房~	ka¹	kuo¹	kã¹	kʌ¹	kɒ¹	ka¹	kuo⁻⁵³
475 眼	a³	uo⁴	ŋã⁴	ŋa⁴	ŋɒ⁴	ŋa⁴	ŋuo⁴
476 限	a⁶	ie⁶	ã⁴	ʌ⁴	ɒ⁴	a⁴	ŋuo⁴
477 八	pɣa⁵	po⁷	pia⁷	puoʔ⁷	pɣə³	ʔba³	puaʔ⁷
478 察	tsʰua⁵	tsʰo⁷	tsʰa⁷	tsʰuoʔ⁷	tsʰuə³	tsʰa³	tsʰuaʔ⁷
479 杀	sua⁵	so⁷	ʃya⁷	suoʔ⁷	suə³	sa³	suaʔ⁷
480 板	pa³	mo³	pã³	mʌ³	mɒ³	ma³	muo³
481 爿	ba²	bo²	bã²柴~	bʌ²	bɒ²	ba²	buo²
482 慢	ma⁶	mo⁶	ma⁴	mʌ⁶	mɒ⁶	ma⁶	muo⁶
483 栈	dza⁶	dzo⁶	dʒian⁴	dzɛ⁶	dzɒ⁶	dza⁶	dzuo⁶
484 奸	ka¹	tɕie¹	kã¹	tɕi¹	kɒ¹	ka¹	kuo¹
485 颜	a²	uo²	ŋã²	ŋa²	ŋɒ²	ŋa²	ŋua²
486 雁	iã⁶		ŋã⁶	ŋa⁻³⁵~鹅儿	ŋɒ²		
487 瞎	xua⁵		ʃia⁷	xɜʔ⁷	xɛ³		
488 变	pie⁵	mie⁵	piẽ⁵	pi⁵	pie⁵	ʔbiə³	mie⁵
489 篇	pʰie¹	pʰie⁻⁵²量	pʰiẽ⁻⁵⁵量	pʰi¹	pʰie⁻⁵²量	pʰiə¹	pʰie⁻⁵³量
490 便方~	bie⁶	bie⁶	biẽ⁶	bi⁶	bie⁶	biə⁶	bie⁶
491 面脸	mie⁶	mie⁶	miẽ⁶	mi⁶	mie⁶	miə⁶	mie⁶
492 连	lie²	lie²	liẽ²	li²	lie²	liə²	nie²
493 煎	tsie¹	tsie¹	tsiẽ¹	tsi¹	tʃie¹	tɕiə¹	tɕie¹
494 箭	tsie⁵	tsie⁵	tsɛ̃⁵	tsi⁵	tʃie⁵	tɕiə⁵	tɕie⁵
495 浅	tsʰie³	tsʰie³	tsʰiẽ³	tsʰi³	tʃʰie³	tɕʰiə³	tɕʰie³
496 癣	ɕyɣ³	ɕi³	sɛ̃³	si³	ʃie³	ɕiə³	ɕi̯e³
497 线	sie⁵	sie⁵	sɛ̃⁵	si⁵	ʃie⁵	ɕiə⁵	ɕie⁵
498 缠盘~	dzɣ⁶	tɕiɣ⁰	dzyẽ²	dzʊ²	dʒɣ⁻³⁴³	dzyə²	dzye⁻³¹
499 战	tɕyɣ⁵	tsaŋ⁵	tʃian⁵	tsi⁵	tʃie⁵	tɕiə⁵	tɕie⁵
500 扇名	ɕyɣ⁵	ɕie⁵	sɛ̃⁵	si⁵	ʃie⁵	ɕiə⁵	ɕie⁵
501 鳝	ɕyɣ³	ʑie⁴	ziẽ⁴	dʑiəʔ⁸	dʒie⁴	dʑiə⁴	dʑiaŋ⁻³¹
502 件	dʑie⁶	dʑie⁴	dʑiẽ⁶	dʑiəʔ⁸	dʑie⁴	giə⁴	dʑie⁴
503 延	ie²	ie²	ian²	i²	ie²	iə²	ɲie²
504 鳖	pie⁵	pie⁷	pi⁷	piəʔ⁷	pie³	ʔbiə³	pieʔ⁷
505 别特~	bie⁶	bie⁴	biə⁸	biəʔ⁸	bie⁴	biə⁴	bie⁴
506 灭	mie⁶	mie⁴	mi⁸	miəʔ⁸	miɛ²	miə⁴	mie⁴
507 薛	ɕyəʔ⁷	sie⁷	si⁷下~宅	ɕiəʔ⁷	ʃie³	ɕiə³	ɕie⁵
508 撤	tɕʰyəʔ⁷	tɕʰie⁷	tʃʰiə⁷	tɕʰiəʔ⁷	tʃʰie³	tɕʰiə³	tɕʰie⁵
509 浙	tɕyɣ⁵	tɕie⁷	tʃiə⁷	tɕiəʔ⁷	tʃie³	tɕiə⁻⁴⁴~江	tɕie⁵
510 舌	dzyɣ⁶	dʑie⁴	dʑi⁸	ʑiəʔ⁸	dʒiɛ²	dʑiə⁴	dʑie⁴
511 折亏本	zyɣ⁶	ʑie⁴	zi⁸	ʑiəʔ⁸	ʒie²	ʑiə⁴	ʑie⁴

续表

	金华	汤溪	浦江	东阳	磐安	永康	武义
512 热	ȵie⁶	ȵie⁴	ȵi⁸	ȵiəʔ⁸	ȵie²	ȵiɑ⁴	ȵie⁴
513 杰	dʑiəʔ⁸	dʑie⁴	dʑiɑ⁸	dʑiəʔ⁸	dʑie²	giɑ⁴	dʑie⁴
514 建	tɕie⁵	tɕie⁵	tɕiẽ⁵	tɕi⁵	tɕie⁵	kiɑ⁵	tɕie⁵
515 言	ȵie²	ȵie²	ȵian²	ȵi²	ȵie²	ȵiɑ²	ȵie²
516 掀	ɕie⁵	ɕie¹	ʃin⁵ 读字		ɕien¹		ɕie¹
517 献	ɕie⁵	ɕie⁵	ʃiẽ³	ɕi⁵	ɕie⁵	xiɑ⁵	ɕie⁵
518 歇	ɕie⁵	ɕie⁷	ɕi⁷	ɕiəʔ⁷	ɕie³	xiɑ³	ɕie⁵
519 边	pie¹	mie¹	piẽ¹	pin⁻³³⁵ ~儿	pɐn¹	ʔbiɑ¹	mie¹
520 扁	pie³	mie³	piẽ³	pi³	pie³	ʔbiə³	mie³
521 片	pʰie⁵	pʰie⁵	pʰiẽ⁵	pʰi⁵	pʰie⁵	pʰiə⁵	pʰie⁵
522 麵	mie⁶	mie⁶	miẽ⁶	mi⁶	mie⁶	miə⁶	mie⁶
523 典	tiɑ³	nie³	tiɑ̃³	ti³	tie³	ʔdiɑ³	nie³
524 天	tʰiɑ¹	tʰie¹	tʰiɑ̃¹	tʰi¹	tʰie¹	tʰiɑ¹	tʰie¹
525 田	diɑ²	die²	diɑ̃²	di²	die²	diɑ²	die²
526 殿	diɑ⁶	die⁶	diɑ̃⁶	di⁶	die⁶	diɑ⁶	die⁶
527 年	ȵiɑ²	ȵie²	ȵiɑ̃²	ȵi²	ȵie²	ɲiɑ²	ȵie²
528 莲	liɑ²	lie²	liɑ̃²	li²	lie²	liɑ²	nie²
529 千	tsʰiɑ⁵	tsʰie⁵	tʃʰiɑ̃¹	tsʰi¹	tʃʰie¹	tɕʰiɑ¹	tɕʰie¹
530 前	ziɑ²	zie²	ʒiɑ̃²	zi²	ʒie²	ziɑ²	zie²
531 先	siɑ¹	sie¹	ʃiɑ̃¹	si¹	ʃie¹	ɕiɑ¹	ɕie¹
532 肩	tɕie¹	tɕie¹	tɕiẽ¹	tɕi¹	tɕie¹	iɑ¹	tɕie¹
533 见	tɕie⁵	tɕie⁵	tɕiẽ⁵	tɕi⁵	tɕie⁵	kiɑ⁵	tɕie⁵
534 牵	tɕʰie¹	tɕʰie¹	tɕʰiẽ¹	tɕʰi¹	tɕʰie¹	kʰiɑ¹	tɕʰie¹
535 弦	ie²	ie²	iɑ̃²	i²	ie²	iɑ²	ȵie²
536 烟	iɑ¹	ie¹	iɑ̃¹	i¹	ie¹	iɑ¹	ȵie¹
537 燕燕子	iɑ̃⁵	ie⁵	iɑ̃n⁻⁵³ ~儿	i⁵	ien⁻⁴⁴⁵ ~儿	iɑ⁵	ȵin⁻⁵³ ~儿
538 箆	mie⁶	mie⁴	mi⁸	miəʔ⁸	mie²	miə⁴	mie⁴
539 铁	tʰiɑ⁵	tʰiɑ⁷	tʰiɑ⁷	tʰiəʔ⁷	tʰiɑ³	tʰiɑ³	tʰiɑʔ⁷
540 捏	ȵiɑ⁵	ȵiɑ⁷	ȵiɑ⁸	ȵiəʔ⁸	ȵiɑ²	ɲiɑ⁴	niɑ¹
541 节	tsiɑ⁵	tsiɑ⁷	tʃiɑ⁷	tɕiɑ⁰	tʃiɑ³	tɕiɑ³	tɕiɑʔ⁷
542 切	tsʰiɑ⁵	tsʰiɑ⁷	tʃʰiɑ⁷	tɕʰiəʔ⁷	tʃʰiɑ³	tɕʰiɑ³	tɕʰiɑʔ⁷
543 屑	sɤ⁵	sɤ⁷	suɯ⁷	sɜʔ⁷	ʃie³		sə⁷
544 结	tɕie⁵	tɕie⁷	tɕi⁷ ~头	tɕiəʔ⁵	tɕie³	kiɑ³	tɕie⁵
545 半	pɤ⁵	mɤ⁵	pɑ̃⁵	pɤ⁵	pɤ⁵	ʔbuɑ⁵	muo⁵
546 盘	bɤ²	bɤ²	bɑ̃²	bɤ²	bɤ²	buɑ²	buo²
547 搬	bɤ²	bɤ²	pɑ̃¹	pɤ¹	pɤ¹	ʔbuə¹	buo²
548 伴	pɤ³	bɤ⁴	bɑ̃⁴	bɤ⁴	bɤ⁴	buə⁴	buo⁴
549 满	mɤ³	mɤ⁴	mɑ̃⁴	mɤ⁴	mɤ³	muə⁴	muo⁴
550 端	tɤ¹	nɤ¹	tɑ̃¹	tɤ¹	tɤ¹	ʔdɤə¹	nɤ¹
551 短	tɤ³	nɤ³	tɑ̃³	tɤ³	tɤ³	ʔdɤə³	nɤ³

续表

	金华	汤溪	浦江	东阳	磐安	永康	武义
552 断拗~	tɤ³	dai⁴	dən⁴	dən⁴	dɐn⁴	dəŋ⁴	den⁴
553 卵	ləŋ³	lai⁴	lən⁴	lɤ⁴	luan⁶	ləŋ⁴	len⁴
554 乱	lɤ⁶	lai⁶	lən⁶	lən⁻³⁵~讲	lɤ⁴	ləŋ⁻¹¹副	len⁻⁴⁴⁵副
555 钻动	tsɤ¹	tsɤ¹	tsə̃¹	tsɤ¹	tsɤ¹	tsɤə⁵	tsɤ¹
556 酸	sɤ¹	sɤ¹	sə̃¹	sɤ¹	sɤ¹	sɤə¹	sɤ¹
557 算	sɤ⁵	sɤ⁵	sə̃⁵	sɤ⁵	sɤ⁵	sɤə⁵	sɤ⁵
558 管	kua³	kuo³	kuã³	kʌ³	kɒ³	kua³	kuen³
559 灌	kua⁵	kuo⁵	kuən⁵脓肿	kʌ⁵	kɒ⁵	kuəŋ⁵脓肿	kuen⁵脓肿
560 宽	kʰua¹	kʰuo¹	kʰuã¹	kʰʌ¹	kʰɒ¹	kʰua¹	kʰuo¹
561 欢	xua¹	xua⁻³³~喜	xuã¹	xʌ¹	xɒ¹	xua¹	xuo¹
562 换	ua⁶	uo⁶	uã⁶	ʌ⁶	ɒ⁶	ua⁶	ŋuo⁶
563 碗	ua³	uo³	uã³	ʌ³	ɒ³	ua³	ŋuo³
564 拨	pɤ⁵	pɤ⁷	pɯ⁷	pəʔ⁷	pɛ³	ʔbuə³	puoʔ⁷
565 末	mɤ⁶	mɤ⁴	mɯ⁸	mɜʔ⁸	mɛ²	muə⁴	muo⁴
566 脱	tʰəʔ⁷	tʰɛ⁷	tʰə⁷	tʰɜʔ⁷	tʰɛ³	tʰə³	tʰəʔ⁷
567 夺	dəʔ⁸	dɛ⁴	də⁸	dɜʔ⁸	dɛ²	də⁴	dəʔ⁸
568 撮	tsʰəʔ⁷	tsʰɛ⁷	tsʰə⁷	tsʰɜʔ⁷	tsʰɛ³	tsʰə³	tsʰəʔ⁷
569 阔	kʰua⁵	kʰuo⁷	kʰuɑ⁷	kʰuaʔ⁷	kʰua³	kʰua³	kʰuaʔ⁷
570 活	ua⁶	uo⁴	uɑ⁸	uaʔ⁸	ua³	ua³	ua⁴
571 滑	ua⁶	uo⁻¹¹~手	guə⁸	uaʔ⁸	guɛ²	ǔə⁴	ua⁻⁵³
572 挖	ua⁵	uo⁷	uɑ⁷	uɑʔ⁷	uɑ³	uɑ³	uɑʔ⁷
573 关~门	kua¹	kuai¹	kuã¹	kuən¹	kuɐn¹	kuəŋ¹	kuen¹
574 还动	ua²	uo²	uã²	ʌ²	ɒ²	ua²	ŋuo²
575 弯	ua¹	uo¹	uã¹	ʌ¹	ɒ¹	ua¹	ŋuo¹
576 刷	ɕyɤ⁵	ɕiɤ⁷	ʃyə⁷	sɜʔ⁷	ʃya³	ɕya³	ɕyeʔ⁷
577 刮	kua⁵	kuo⁷	kua⁷	kuaʔ⁷	kua³	kua³	kuaʔ⁷
578 泉	zie²	zie²	ziẽ²	dzu²	dʒyɤ²	zyə²	zie²
579 旋头旋	zie⁶	sie⁷	ziẽ⁶	zu⁶	ʒyɤ⁶	zyə⁶	zie⁶
580 转~身	tɕyɤ³	tɕiɤ³	tɕyẽ³	tsu³	tʃyɤ³	tɕyə³	n̠ye³
581 砖	tɕyɤ¹	tɕiɤ¹	tɕyẽ¹	tsu¹	tʃyɤ¹	tɕyə¹	tɕye¹
582 穿	tɕʰyɤ¹	tɕʰiai¹	tɕʰyẽ¹	tsʰən¹	tʃʰyɤ¹	tɕʰyeiŋ¹	tɕʰyin¹
583 船	ʑyɤ²	ʑiɤ²	ʒyẽ²	zu²	ʒyɤ²	zyə²	zye²
584 软	n̠yɤ³	n̠iɤ⁴	n̠yẽ⁴	n̠iu²	n̠yɤ³	n̠yə⁴	n̠ye⁴
585 捲动	tɕyɤ³	tɕiɤ³		kən³	tɕyɤ³	kyeiŋ³	tɕyin³
586 拳	dʑyɤ²	dʑiɤ²	dʑyẽ²	dʑiu²	dʑyɤ²	gyə²	dʑye²
587 院	yɤ⁶	iɤ⁶	yẽ⁶	iu⁶	yɤ⁶	yə⁶	n̠ye⁶
588 铅~笔	kʰa¹	ie²	kʰã¹	kʰʌ¹	kʰɒ¹	kʰa¹	kʰa¹
589 绝	ziaʔ⁸	zie⁴	dʒiə⁸~气	dzɜʔ⁸	dʒyɤ²	ziə⁴	zie⁴
590 雪	sie⁵	sie⁷	si⁷	sɜʔ⁷	ʃyɛ³	ɕiə³	ɕieʔ⁷
591 说	ɕyəʔ⁷	ɕiɤ⁷	ʃyə⁷	souʔ⁷	ʃyɛ³	ɕya³	ɕyeʔ⁷

续表

		金华	汤溪	浦江	东阳	磐安	永康	武义
592	反	fɑ³	mo³ 翻动	fã³	fʌ³	fɒ³	fɑ³	fuo³
593	翻	fɑ¹	fo¹	fã¹	fʌ¹	fɒ¹	fɑ¹	fuo¹
594	饭	vɑ⁶	vo⁶	vã⁶	vʌ⁶	vɒ⁶	vɑ⁶	vuo⁶
595	万	mɑ⁶	mo⁶	mɑ⁶	muo⁻⁵⁴ ~ ~	mɒ⁶	mɑ⁶	muo⁶
596	劝	tɕʰyɤ⁵	tɕʰiɤ⁵	tɕʰyẽ⁵	tɕʰiʊ⁵	tɕʰyɤ⁵	kʰyə⁵	tɕʰye⁵
597	源	ȵyɤ²	ȵiɤ²	ȵiẽ²	ȵiʊ²	ȵyɤ²	ɲyə²	ȵye²
598	楦	ɕyɤ⁵	ɕiɤ⁵	ʃyẽ⁵	ɕiʊ⁵	ɕyɤ⁵	xyə⁵	ɕye⁻⁴⁴⁵ ~头
599	怨	yɤ⁵	iɤ⁰ 埋~	yẽ⁵	iʊ⁵	yɤ⁵	yə⁵	ȵye⁵
600	园	yɤ²	iɤ²	yẽ²	iʊ²	yɤ²	yə²	ȵye²
601	远	yɤ³	iɤ⁴	yẽ⁴	iʊ⁴	yɤ³	yə⁴	ȵye⁴
602	發	fɤa⁵	fo⁷	fa⁷	fuoʔ⁷	fɤa³	fɑ³	fuaʔ⁷
603	袜	mɤa⁶	mo⁴	mia⁸	muo⁶	mɤə⁶	mɑ⁴	muɑ⁴
604	月	ȵyɤ⁶	ȵiɤ⁴	ȵyi⁸	ȵiʮʔ⁸	ȵyɛ⁶	ɲyə⁴	ȵye⁴
605	玄	yɤ²	iɤ⁻¹¹³ ~孙	yẽ²	iʊ²	yɤ²	yə²	ȵye²
606	县	yɤ⁶	iɤ⁶	yẽ⁶	iʊ⁶	yɤ⁶	yə⁶	ȵye⁶
607	渊	yã¹	iɤ¹	yan²	iʊ¹	yen¹	yə¹	ȵye¹
608	缺	tɕʰyɤ⁵	tɕʰiɤ⁷	tɕʰyə⁷	tɕʰiʮʔ⁷	tɕʰyɛ³	kʰyə³	tɕʰye⁵
609	血	ɕyɤ⁵	ɕiɤ⁷	ʃyi⁷	ɕiʮʔ⁷	ɕyɛ³	xyə³·	ɕyeʔ⁷

臻摄

		金华	汤溪	浦江	东阳	磐安	永康	武义
610	吞	tʰəŋ¹	tʰɤ¹	tʰə̃¹	tʰɤ¹	tʰɤ¹	tʰɤ¹	tʰɤ¹
611	根	kəŋ¹	kai¹	kən¹	kən¹	kɐn¹	kəŋ¹	ken¹
612	恨	əŋ⁶	ai⁶	ən⁶	ən⁶	ɐn⁶	əŋ⁶	en⁶
613	恩	əŋ¹	ai¹	ən¹	ən¹	ɐn¹	əŋ¹	en¹
614	贫	biŋ²	bei²	bin²	bien²	biɐn²	bieiŋ²	bin²
615	民	miŋ²	mei²	min²	mien²	miɐn²	mieiŋ²	min²
616	邻	liŋ²	lei²	lin²	lien²	liɐn²	lieiŋ²	lin²
617	津	tsiŋ⁵	tsei⁰ 天~	tsən⁵ 天~	tsuən¹	tɕyn⁵	tɕyeiŋ¹	tɕyin⁻⁵³ 天~
618	进	tsiŋ⁵	tsei⁵	tsin⁵	tɕien⁵	tʃin⁵	tsəŋ⁵	tɕin⁵
619	亲~戚	tsʰiŋ¹	tsʰei¹	tsʰən¹	tɕʰien¹	tʃʰiɐn¹	tsʰəŋ¹	tɕʰin¹
620	秦	dziŋ²	zei²	dzən²	zuən²	ʒyɐn²	zəŋ²	ʑin²
621	新	siŋ¹	sei¹	sən¹	ɕien¹	ʃiɐn¹	səŋ¹	ɕin¹
622	镇	tɕiŋ⁵	tɕiai⁵	tsən⁵	tsən⁵	tsɐn⁵	tsəŋ⁵	tsen⁵
623	陈	dʑiŋ²	dʑiai²	dzən²	dzən²	dzɐn²	dzəŋ²	dzen²
624	真	tɕiŋ¹	tɕiai¹	tsən¹	tsən¹	tsɐn¹	tsəŋ¹	tsen¹
625	神	ʑiŋ²	ʑiai²	zən²	zən²	zen²	zəŋ²	zen²
626	身	ɕiŋ¹	ɕiai¹	sən¹	sən¹	ʃyɐn¹	səŋ¹	sen¹
627	伸	ɕiŋ¹	ɕiai¹	sən¹	tsʰi¹	sɐn¹	tɕʰiə¹	sen¹
628	认	ȵiŋ⁶	ȵiei⁶	ȵin⁶	ŋən⁶	ŋɐn⁶	ɲieiŋ⁶	ȵin⁶
629	巾	tɕiŋ¹	tɕiei¹	tɕin¹	tɕien¹	tɕiɐn¹	kieiŋ¹	tɕin¹
630	紧	tɕiŋ³	tɕiei³	tɕin³	tɕien³	tɕiɐn³	kieiŋ³	tɕin³

396

续表

	金华	汤溪	浦江	东阳	磐安	永康	武义
631 银	n̠iŋ²	n̠iei²	n̠in²	n̠ien²	n̠iɐn²	ɲieiŋ²	n̠in²
632 印	iŋ⁵	iei⁵	in⁵	ien⁵	in⁵	ieiŋ⁵	in⁵
633 引	iŋ³	iei³	in⁴	ien⁴	iɐn⁴	ieiŋ⁴	in⁴
634 笔	piəʔ⁷	pei⁷	piə⁷	piəʔ⁷	piɛ³	ʔbə³	pəʔ⁷
635 匹	pʰie⁵	pʰie⁻⁵² 量	pʰi⁻⁵⁵ 量	pʰeiʔ⁷	pʰɛiʔ⁻⁵² 量	pʰəi⁵	
636 密	miəʔ⁸	mei⁴	miə⁸	miəʔ⁸	mie²	mə³	məʔ⁸
637 栗	liəʔ⁸	lei⁴	liə⁸	liəʔ⁸	lie²	lə⁻¹⁴ ~儿	ləʔ⁸
638 七	tsʰiəʔ⁷	tsʰei⁷	tsʰə⁷	tɕʰiəʔ⁷	tʃʰie³	tsʰə³	tɕʰiəʔ⁷
639 侄	dʑiəʔ⁸	dʑie⁴	dzə⁸ 读字	dzəʔ⁸	dzɛ²	dzə⁴	dʑiəʔ⁸
640 虱	səʔ⁷	ɕiɛ⁷	sə⁷	sʐʔ⁷	sɛ³	sə³	səʔ⁷
641 实	ziəʔ⁸	ʑie⁴	zə⁸	zʐʔ⁸	zɛ²	zə⁴	zəʔ⁸
642 日~头	n̠iəʔ⁸	n̠iei⁴	n̠iə⁸	neiʔ⁸ 今~	n̠ie²	ɲĭə⁴ 今~	nəʔ⁸
643 吉	tɕiəʔ⁷	tɕie⁷	tɕiə⁷	tɕiəʔ⁷	tɕie³	kĭə³	tɕiəʔ⁷
644 一	iəʔ⁷	iei⁷	iə⁷	iəʔ⁷	ie³	ĭə³	iəʔ⁷
645 斤~两	tɕiŋ¹	tɕiei¹	tɕin¹	tɕien¹	tɕiɐn¹	kieiŋ¹	tɕin⁵
646 劲有~	dʑiŋ⁶	dʑiei⁶	dʑin⁶	dʑien⁶	dʑiɐn⁶	gieiŋ⁶	dʑin⁶
647 勤	dʑiŋ²	dʑiei²	dʑin²	dʑien²	dʑiɐn²	gieiŋ²	dʑin²
648 近	tɕiŋ³	dʑiei⁴	dʑin⁴	dʑien⁴	dʑiɐn⁴	gieiŋ⁴	dʑin⁴
649 欣	ɕiŋ¹	ɕiei¹	ʃin⁵	ɕien¹	ɕin¹	xieiŋ¹	ɕin¹
650 隐	iŋ³	iei³	in³	ien³	iɐn³	ieiŋ³	in³
651 本	pəŋ³	mai³	pən³	pən³	pɐn³	məŋ³	men³
652 笨	bəŋ⁶	bai⁶	bən⁶	bən⁴	bɐn⁶	bəŋ⁶	ben⁶
653 门	məŋ²	mai²	mən²	mən²	mɐn²	məŋ²	men²
654 顿	təŋ⁵	nai⁵	tən³ 整~	tɤ⁵	tɤ⁵	nəŋ⁵	nen⁵
655 遁	dəŋ⁶	dai⁶	dən⁶	dən⁶	tɐn⁶	dəŋ⁶	den⁶
656 嫩	nəŋ⁶	nai⁶	nɔ̃⁶	nɤ⁶	nɤ⁶	nɤŋ⁶	nɤ⁶
657 村	tsʰəŋ¹	tsʰɤ¹	tsʰɔ̃¹	tsʰɤ¹	tsʰɤ¹	tsʰɤə¹	tsʰɤ¹
658 存	zəŋ²	dʑiai²	dzən²	dzən²	dzɐn²	dzəŋ²	dzen²
659 孙孙子	səŋ¹	sai¹	sɔ̃¹	sɤ¹	sɤ¹	sɤə¹	sɤ¹
660 滚	kuəŋ³	kuai³	kuən³	kuən³	kuɐn³	kuəŋ³	kuen³
661 睏睡	kʰuəŋ⁵	kʰuai⁵			kʰuɐn⁵	kʰuəŋ⁵	kʰuo⁵
662 昏	xuəŋ¹	xuai¹	xuən¹	xuən¹	xuɐn⁵	xuəŋ¹	xuen¹
663 魂	uəŋ²	uai²	uən²	uən²	uɐn²	uəŋ²	uen²
664 温	uəŋ¹	uai¹	uən¹	uən¹	uɐn¹	uəŋ¹	uen¹
665 稳	uəŋ³	uai³	uən³	uən³	uɐn³	uəŋ³	uen³
666 突	dəʔ⁸	de⁴	də⁸	dəʔ⁸	de²	dɤə⁴	dəʔ⁸
667 卒	tsiəʔ⁷	tsei⁷	tsən⁻⁴²³ ~儿	tsəʔ⁷	tsɛ³	dzə⁻¹⁴ ~儿	dzəʔ⁸
668 骨	kuəʔ⁷	kuei⁷	kuəʔ⁷	kuɑʔ⁷	kuɛ³	kŭə³	kuoʔ⁷
669 核桃~	uəʔ⁸	uei⁴	uə⁸	uɑʔ⁷	ue³	ŭə⁴	uoʔ⁸
670 轮	liŋ²	lei²	lin²	lən²	lɐn²	lieiŋ²	lin⁻²¹ ~盘

	金华	汤溪	浦江	东阳	磐安	永康	武义
671 笋	siŋ³	sei³	sən³	suən³	ʃyɐn³	səŋ³	sen³
672 朕	yəŋ¹	iei¹	tɕyən¹	tsuən¹	tʃyɐn¹	tɕyeiŋ¹	yin¹
673 春	tɕʰyəŋ¹	tɕʰiai¹	tɕʰyən¹	tsʰuən¹	tɕʰyɐn¹	tɕʰyeiŋ¹	tɕʰyin¹
674 唇	ʑyəŋ²	ʑiai²	ʒyən²	zuən²	ʒyɐn²	ʑyeiŋ²	ʑyin⁻²¹ ~中
675 顺	ʑyəŋ⁶	ʑiai⁶	ʒyən⁶	zən⁶	ʒyɐn⁶	ʑyeiŋ⁶	ʑyin⁶
676 闰	ʑyəŋ⁶	ʑiai⁶	ʒyən⁶	zuən⁶	ʒyɐn⁶	ʑyeiŋ⁶	ʑyin⁶
677 均	tɕyəŋ¹	tɕiei¹	tɕyən¹	tɕien¹	tɕyɐn¹	kyeiŋ¹	tɕyin¹
678 匀	yəŋ²	iei²	yən²	ien²	yɐn²	yeiŋ²	yin²
679 律	liəʔ⁸	lei⁴	liə⁸	liəʔ⁸	liɛ²	lə⁴	ləʔ⁸
680 术白~	dʑyəʔ⁸	dʑiei⁴	dʒiə⁸	dzɿʔ⁸	dʒye²	dʑy̌ə⁴	dʑyəʔ⁸
681 出	tɕʰyɤ⁵	tɕʰiɤ⁷	tɕʰyə⁷	tsʰɿʔ⁷	tʃʰyɛ³	tɕʰy̌ə³	tɕʰye⁵
682 术	ʑyəʔ⁸	ʑie⁴	dʒiə⁸	dzuaʔ⁸	ʒye²	ʑy̌ə⁴	ʑyəʔ⁸
683 橘	tɕyəʔ⁷	tɕiei⁷	tɕyə⁷	tɕiɯəʔ⁷	tɕyɛ³	ky̌ə⁻⁵⁴ ~儿	tɕyəʔ⁷
684 粉	fəŋ³	fai³	fən³	fən³	fɐn³	fəŋ³	fen³
685 粪	fəŋ⁵	fai⁵	põ⁵	pɤ⁵	pɤ⁵	ʔbuə⁵	muo⁵
686 份	vəŋ⁶	vai⁶	vən⁶	vən⁶	vɐn⁶	vəŋ⁶	ven⁶
687 文	vəŋ²	vai²	vən²	vən²	mɐn²	vəŋ²	ven²
688 蚊	məŋ²	mai²	mən²	mən²	mɐn²	mieiŋ²	min⁻²¹ ~虫
689 问	məŋ⁶	mai⁶	vən⁶ 读字	mən⁶	mɐn⁶	muə⁶	muo⁶
690 军	tɕyəŋ¹	tɕiei¹	tɕyən¹	tɕien¹	tɕyɐn¹	kyeiŋ¹	tɕyin¹
691 裙	dʑyəŋ²	dʑiei²	dʑyən²	dʑien²	dʑyɐn²	gyeiŋ²	dʑyin²
692 熏	ɕyəŋ¹	ɕiei¹	ʃyən¹	ɕien¹	ɕyɐn¹	xyeiŋ¹	ɕyin¹
693 荤	xuəŋ¹	xuai¹	xuən¹	xuən¹	xuɐn¹	xuəŋ¹	xuen¹
694 雲	yəŋ²	iei²	yən²	ien²	yɐn²	yeiŋ²	yin²
695 运	yəŋ⁶	iei⁶	yən⁶	ien⁶	yɐn⁶	yeiŋ⁶	yin⁶
696 佛	vəʔ⁸	vɛ⁴	və⁸	vɿʔ⁸	vɛ²	və⁴	vəʔ⁸
697 屈弯	kʰuəʔ⁷	kʰuei⁷	kʰuə⁷	kʰuaʔ⁷	kʰue²	kʰy̌ə³	kʰuoʔ⁷
宕摄								
698 帮	paŋ¹	mao¹	põ¹	pʌ¹	mɒ¹	maŋ¹	maŋ¹
699 榜	paŋ³	mao³	põ³	pʌ³	mɒ³	maŋ³	maŋ³
700 忙	maŋ²	mao²	mõ²	mu²	mo²	maŋ²	maŋ²
701 党	taŋ³	no³	tõ³	tʌ³	nɒ³	naŋ³	naŋ³
702 当~铺	taŋ⁵	no⁵	tõ⁵	tʌ⁵	nɒ⁵	naŋ⁵	naŋ⁵
703 烫	tʰaŋ⁵	tʰo⁵	tʰõ⁵	tʰʌ⁵	tʰɒ⁵	tʰaŋ⁵	tʰaŋ⁵
704 糖	daŋ²	do²	dõ²	dʌ²	dɒ²	daŋ²	daŋ²
705 郎	laŋ²	lo²	lõ²	lʌ²	lɒ²	laŋ²	laŋ²
706 浪	laŋ⁶	lo⁶	lõ⁶	lʌ⁶	lɒ⁶	laŋ⁶	laŋ⁶
707 葬	tsaŋ⁵	tso⁵	tsõ⁵	tsʌ⁵	tsɒ⁵	tsaŋ⁵	tsaŋ⁵
708 仓	tsʰaŋ¹	tsʰo¹	tsʰõ¹	tsʰʌ¹	tsʰɒ¹	tsʰaŋ¹	tsʰaŋ¹
709 桑	saŋ¹		sõ¹	sʌ¹	sɒ¹	saŋ¹	saŋ¹

续表

	金华	汤溪	浦江	东阳	磐安	永康	武义
710 缸	kaŋ¹	kuo¹	kõ¹	kʌ¹	kɒ¹	kaŋ¹	kaŋ¹
711 囥藏放	kʰaŋ⁵	kʰuo⁵	kʰõ⁵	kʰʌ⁵	kʰɒ⁵	kʰaŋ⁵	kʰaŋ⁵
712 薄厚~	boʔ⁸	bo⁴	bo⁸	bouʔ⁸	bʌo²	buə⁴	bɔʔ⁸
713 托	tʰoʔ⁷	tʰo⁷	tʰo⁷	tʰuoʔ⁷	tʰuə³	tʰɒ⁴	tʰao⁷
714 落	loʔ⁸	lo⁴	lo⁸	luoʔ⁸	luə²	lɒ⁴	lao⁴
715 作	tsoʔ⁷	tso⁷	tso⁷	tsuoʔ⁷	tsuə³	tsɒ³	tsaoʔ⁷
716 凿	zoʔ⁸	zo⁴	zo⁸	zuoʔ⁸	zuə²	zɒ⁻¹⁴ ~儿	zao⁴
717 索	soʔ⁷	so⁷	so⁷	suoʔ⁷	suə³	sɒ³	saoʔ⁷
718 各	koʔ⁷	kuo⁷	ko⁷	kuoʔ⁷	kuə³	kɒ³	kaoʔ⁷
719 恶形	oʔ⁷	uo⁷	o⁷	uoʔ⁷	uə³	ɒ³	aoʔ⁷
720 娘	ȵiaŋ²	ȵio²	ȵyõ²	ȵiʌ²	ȵiɒ²	ȵiaŋ²	ȵiaŋ²
721 量动	liaŋ²	lɤ²	lyõ²	liʌ²	liɒ²	liaŋ²	liaŋ²
722 两~个	liaŋ³	lia⁴	lyõ⁴	liʌ⁴	liɒ⁴	liaŋ⁴	liaŋ⁴
723 浆	tsiaŋ¹	tsɤ¹	tʃyõ¹	tɕiʌ¹	tʃiɒ¹	tɕiaŋ¹	tɕiaŋ¹
724 酱	tsiaŋ⁵	tsɤ⁵	tʃyõ⁵	tɕiʌ⁵	tʃiɒ⁵	tɕiaŋ⁵	tɕiaŋ⁵
725 抢	tsʰiaŋ³	tsʰɤ³	tʃʰyõ³	tɕʰiʌ³	tʃʰiɒ³	tɕʰiaŋ³	tɕʰiaŋ³
726 墙	ziaŋ²	zɤ²	ʒyõ²	ʑiʌ²	ʒiɒ²	ʑiaŋ²	ʑiaŋ²
727 匠	ziaŋ⁶	zɤ⁶	ʒyõ⁶	ʑiʌ⁶	ʒiɒ⁶	ʑiaŋ⁶	ʑiaŋ⁶
728 箱	siaŋ¹	sɤ¹	ʃyõ¹	ɕiʌ¹	ʃiɒ¹	ɕiaŋ¹	ɕiaŋ¹
729 像	siaŋ³	zɤ⁴	ʒyõ⁴	ʑiʌ⁴	ʒiɒ⁴	ʑiaŋ⁴	dʑiaŋ⁴
730 张	tɕiaŋ¹	tɕio¹	tʃyõ¹	tɕiʌ¹	tʃiɒ¹	tɕiaŋ¹	tɕiaŋ¹ 姓
731 帐蚊~	tɕiaŋ⁵	tɕio⁵	tʃyõ⁵	tɕiʌ⁵	tʃiɒ⁵	tɕiaŋ⁵	niaŋ⁵
732 长~短	dʑiaŋ²	dʑio²	dʒyõ²	dʑiʌ²	dʒiɒ²	dʑiaŋ²	dʑiaŋ²
733 肠	dʑiaŋ²	dʑio²	dʒyõ²	dʑiʌ²	dʒiɒ²	dʑiaŋ²	dʑiaŋ²
734 丈	tɕiaŋ³	dʑio⁴	dʒyõ⁻²⁴ 量	dʑiʌ⁴	dʒiɒ⁻¹⁴ 量	dʑiaŋ⁻¹⁴ 量	dʑiaŋ⁻³¹ 量
735 装	tɕyaŋ¹	tɕiao¹	tɕyõ¹	tsʌ¹	tʃiɒ¹	tɕyaŋ¹	tɕyaŋ¹
736 壮	tɕyaŋ⁵	tɕiao⁵	tɕyõ⁵	tsʌ⁵	tʃiɒ⁵	tɕyaŋ⁵	tɕyaŋ⁵
737 疮	tɕʰyaŋ¹	tɕʰiao¹	tɕʰyõ¹	tsʰʌ¹	tʃʰiɒ¹	tɕʰyaŋ¹	tɕʰyaŋ¹
738 床	ʑyaŋ²	ʑiao²	ʒyõ²	zʌ²	ʒiɒ²	ʑyaŋ²	ʑyaŋ²
739 状	ʑyaŋ⁶	ʑiao⁶	ʒyõ⁶ 告~	zʌ⁶	ʒiɒ⁶	ʑyaŋ⁶	ʑyaŋ⁶
740 霜	ɕyaŋ¹	ɕiao¹	ʃyõ¹	sʌ¹	ʃiɒ¹	ɕyaŋ¹	ɕyaŋ¹
741 掌	tɕiaŋ³	tɕiaŋ³	tʃyõ³	tɕiʌ³	tʃiɒ³	tɕiaŋ³	tɕiaŋ³
742 唱	tɕʰiaŋ⁵	tɕʰio⁵	tʃʰyõ⁵	tɕʰiʌ⁵	tʃʰiɒ⁵	tɕʰiaŋ⁵	tɕʰiaŋ⁵
743 伤	ɕiaŋ¹	ɕio¹	ʃyõ¹	ɕiʌ¹	ʃiɒ¹	ɕiaŋ¹	ɕiaŋ¹
744 尝	ʑiaŋ²	ʑio²	ʒyõ²	ʑiʌ²	ʒiɒ²	ʑiaŋ²	ʑiaŋ²
745 上动	ɕiaŋ³	ʑio⁴	ʒyõ⁴	dʑiʌ⁴	dʒiɒ⁴	ʑiaŋ⁴	dʑiaŋ⁴
746 让	ȵiaŋ⁶	ȵio⁶	yõ⁶	ȵiʌ⁶	ȵiɒ⁶	ȵiaŋ⁶ 城关	ȵiaŋ⁶
747 姜	tɕiaŋ¹	tɕio¹	tɕyõ¹ 生~	tɕiʌ¹	tɕiɒ¹	kiaŋ¹	tɕiaŋ¹
748 乡	ɕiaŋ¹	ɕio¹	ʃyõ¹	ɕiʌ¹	ɕiɒ¹	xiaŋ¹	ɕiaŋ¹
749 向	ɕiaŋ⁵	ɕio⁵	ʃyõ⁵	ɕiʌ⁵	ɕiɒ⁵	xiaŋ⁵	ɕiaŋ⁵

续表

	金华	汤溪	浦江	东阳	磐安	永康	武义
750 秧	iaŋ¹	io¹	yõ¹	iʌ¹	iɒ¹	iaŋ¹	iaŋ¹
751 养	iaŋ³	iao⁴	yõ⁴	iʌ⁴	iɒ³	yaŋ⁴ 城关	yaŋ⁴ 俞源
752 痒	iaŋ³	io⁴	yõ⁴	iʌ⁴	iɒ³	iaŋ⁴	iaŋ⁴
753 样	iaŋ⁶	io⁶	yõ⁶	iʌ⁶	iɒ⁶	iaŋ⁶	iaŋ⁶
754 略	liəʔ⁸	lɤ⁴	lyo⁸	liəʔ⁸	lia²	liɒ⁴	liao⁴
755 雀 麻~	tsiəʔ⁷	tsa⁷	tʃiɤn⁻⁴²³ ~儿	tsein⁻⁵⁵ ~儿	tsen⁻⁵² ~儿	tsəi⁻⁵⁴ ~儿	tɕiəʔ⁷
756 嚼	dziəʔ⁸	zɤ⁴	ʒyo⁸	ziəʔ⁸	ʒyə²	ziɒ⁴	
757 削	siəʔ⁷	sɤ⁷	ʃyo⁷	ɕiəʔ⁷	ʃya³	ɕiɒ⁷	ɕiao⁷
758 着 ~衣	tɕiəʔ⁷	tɕio⁷	tʃyo⁷ 衣~		tsuə³		liao⁷
759 勺	zoʔ⁸	zio⁴	ʒyo⁸	ziəʔ⁸	ʒyə²	ziɒ⁴	ziao⁴
760 箬	ȵiəʔ⁸	ȵio⁴	ȵyo⁸	ȵian⁻⁵⁵ ~儿	ȵyən⁻¹⁴ ~儿	ȵia⁻¹¹ ~帽	ȵiao⁴
761 脚	tɕiəʔ⁷	tɕio⁷	tɕyo⁷	tɕiɯəʔ⁷	tɕyə³	kiɒ⁷	tɕiao⁷
762 药	iəʔ⁸	io⁴	yo⁸	iɯəʔ⁸	yə²	iɒ⁴	iao⁴
763 光	kuaŋ¹	kao¹	kõ¹	kʌ¹	kɒ¹	kuaŋ¹	kuaŋ¹
764 慌	xuaŋ¹	xao¹	xõ¹	xʌ¹	xɒ¹	xuaŋ¹	xuaŋ¹
765 黄	uaŋ²	ao²	õ²	ʌ²	ɒ²	uaŋ²	uaŋ²
766 郭	kuəʔ⁷	kuo⁷	ko⁷	kuoʔ⁷	kuə³	kuə³	kuoʔ⁷
767 镬 锅	oʔ⁸	uo⁴	o⁸	uaʔ⁸	uε²	uə⁴	uo⁴
768 方	faŋ¹	fao¹	fõ¹	fʌ¹	fɒ¹	faŋ¹	faŋ¹
769 放	faŋ⁵	fao⁵	fõ⁵	fʌ⁵	fɒ⁵	faŋ⁵	faŋ⁵
770 纺	faŋ³	faŋ³	fõ³	fʌ³	fɒ³	faŋ³	faŋ³
771 房	vaŋ²	vao²	võ²	vʌ²	vɒ²	vaŋ²	vaŋ²
772 网	maŋ³	mao⁴	mõ⁴	mom⁴	maom³	maŋ⁴	maŋ⁴
773 望	moŋ⁶	mao⁶	mõ⁶	mu⁶	mo⁶	maŋ⁶	maŋ⁶
774 狂	guaŋ²	gao²	gõ²	gʌ²	guan²	gyaŋ²	dʑyaŋ²
775 王	uaŋ²	ao⁰	õ²	ʌ²	ɒ²	uaŋ²	uaŋ²
776 缚	boʔ⁸	bo⁸	bo⁸	bouʔ⁸	bʌo³	buə⁴	bɔʔ⁸
		江	摄				
777 绑	paŋ³	mao³	põ³	pʌ³	pan³	maŋ³	maŋ³
778 棒	paŋ³	bao⁴	bõ⁴	bʌ⁴	bɒ⁴	baŋ⁴	baŋ⁴
779 桩	tɕyaŋ¹	tɕiao¹	tɕyõ¹	tsʌ¹	tʃiɒ¹	tɕyaŋ¹	yaŋ¹
780 撞	dʑyaŋ⁶	dʑiao⁶	dʑyõ⁶	dzʌ⁶	dʒiɒ⁶	dʑyaŋ⁶	dʑyaŋ⁶
781 双	ɕyaŋ¹	ɕiao¹	ʃyõ¹	suʌ¹	ʃiɒ¹	ɕyaŋ¹	ɕyaŋ¹
782 江	kaŋ¹	kuo¹	kõ¹	kʌ¹	kɒ¹	kaŋ¹	kaŋ¹
783 讲	kaŋ³	kuo³	kõ³	kʌ³	kɒ³	kaŋ³	kaŋ³
784 腔	tɕʰiaŋ¹	tɕʰio¹	tɕʰyõ¹	tɕʰiʌ¹	tɕʰiɒ¹	kʰiaŋ¹	tɕʰiaŋ¹
785 降 投~	aŋ²	uo³	yõ²	iʌ²	iɒ²	aŋ²	aŋ²
786 剥	poʔ⁷	po⁷	po⁷	pouʔ⁷	pʌo³	ʔbuə³	pɔʔ⁷
787 雹	boʔ⁸	po⁻²⁴ 风~	bo⁸	bouʔ⁸	bʌo³	buə⁴	buo⁴
788 桌	tɕyɤ⁵	tɕio⁷	tɕyo⁷	tsouʔ⁷	tsʌo³	tsuə³	luoʔ⁷

续表

	金华	汤溪	浦江	东阳	磐安	永康	武义
789 戳	tɕʰyɤ⁵	tɕʰio⁷	tɕʰyo⁷	tsʰouʔ⁷	tsʰʌo³	tsʰuə³	tsʰuoʔ⁷
790 镯	dʑioʔ⁸	dʑio⁴	dʒyo⁸	dʑiouʔ⁸	dʑiʌo²	dzuə⁴	dzuo⁴
791 角	koʔ⁷	kuo⁷	ko⁷	kuoʔ⁷	kuə³	kɒ³	kɑoʔ⁷
792 壳	kʰoʔ⁷	kʰuo⁷	kʰo⁷	kʰuoʔ⁷	kʰuə³	kʰɒ³	kʰɑoʔ⁷
793 学	oʔ⁸	uo⁴	o⁸	uoʔ⁸	uə²	ɒ⁴	ɑo⁴
曾 摄							
794 朋	bəŋ²	pai⁻³³ ~友	bən²	bən²	bɐn²	bieiŋ²	ben²
795 灯	təŋ¹	nai¹	tən¹	tən¹	nɐn¹	nieiŋ¹	nen¹
796 藤	dəŋ²	dai²	din²	dən²	dɐn²	dieiŋ²	den²
797 邓	dəŋ⁶	dai⁻¹¹ 姓	dən²	dən⁶	dɐn⁶	dəŋ⁶	den⁶
798 能	nəŋ²	nai¹	nən²	nən²	nɐn²	nieiŋ²	nen²
799 层	zəŋ²	zai²	dzən²	zən²	zɐn²	ʑieiŋ²	zen²
800 肯	kʰəŋ³	kʰai³	kʰən³	kʰən³	kʰɐn³	kʰəŋ³	kʰen³
801 北	pəʔ⁷	pɛ⁷	pə⁷	peiʔ⁷	pei³	ʔbə³	pəʔ⁷
802 墨	məʔ⁸	mɛ⁴	mə⁸	meiʔ⁸	mei³	mə⁴	məʔ⁸
803 得	təʔ⁷	tɛ⁷	te⁷ 难~	teiʔ⁷	tɛi³	ʔdəi³	ləʔ⁷
804 特	dəʔ⁸	de⁴	də⁸	deiʔ⁸	dɛ²	dəi⁴	dəʔ⁸
805 贼	zəʔ⁸	ze⁴	zə⁸	zeiʔ⁸	zei²	zəi⁴	zəʔ⁸
806 塞	səʔ⁷	sa⁷	sɛ⁷	seiʔ⁷	sei³	səi³	tsʰəʔ⁷
807 刻	kʰəʔ⁷	kʰɛ⁷	kʰə⁷	kʰeiʔ⁷	kʰɛi³	kʰəi³	kʰəʔ⁷
808 冰	piŋ¹	mei¹	pin¹	pən¹	mɐn¹	mieiŋ¹	min¹
809 甑	tɕiŋ⁵	tɕiai⁵	tsin¹	tsən¹	tsɐn¹	tɕieiŋ⁵	tɕin⁵
810 蒸	tɕiŋ¹	tɕiai¹	tsin¹	tsən¹	tsɐn¹	tɕieiŋ¹	tɕin¹
811 秤	tɕʰiŋ⁵	tɕʰiai⁵	tsʰin⁵	tsʰən⁵	tsʰɐn⁵	tɕʰieiŋ⁵	tɕʰin⁵
812 塍	ʑiŋ²	ʑiai²	zin²	zən²	zɐn²		ʑin²
813 升一~	ɕiŋ¹	ɕiai¹	sin¹	sən¹	sɐn¹	ɕieiŋ¹	ɕin⁵
814 承	dʑiŋ²	ʑiai²	dzin²	dzən²	dzɐn²	ʑieiŋ²	ʑin²
815 兴振	ɕiŋ¹	ɕiei¹	ʃin⁵	xən¹	xɐn¹ 绍	xieiŋ¹ 嘉~	ɕin¹ 绍
816 鹰	iŋ¹	iei⁻⁵² 老~	in¹	ən¹	ɐn¹	ieiŋ¹	in¹
817 应答~	iŋ⁵	iei⁵	in⁵	ən¹	ɐn⁵	ieiŋ⁵	in⁵
818 蝇苍~	ȵiŋ²	ɕiei⁰	ʃin⁻³³⁴	xən¹	xɐn⁻³⁴³	ȵieiŋ²	ȵin⁻⁵³
819 逼	piəʔ⁷	pei⁷	pɛ⁷	peiʔ⁷	pei³	ʔbə³	pəʔ⁷
820 力	liəʔ⁸	lei⁴	lɛ⁸	leiʔ⁸	lɛi²	ləi⁴	ləʔ⁸
821 息	siəʔ⁷	sei⁷	sɛ⁷	ɕieiʔ⁷	ʃie³	səi³	ɕiəʔ⁷
822 直	dʑiəʔ⁸	dʑiɛ⁴	dzɛ⁸	dzeiʔ⁸	dzɛi²	dzəi⁴	dʑiəʔ⁸
823 值	dʑiəʔ⁸	dʑiɛ⁴	dze⁸	dzeiʔ⁸	dzɛi²	dzəi⁴	dʑiəʔ⁸
824 侧	tsəʔ⁷	tɕiɛ⁷	tsɛ⁷	tseiʔ⁷	tsɛi³	tsəi³	tsəʔ⁷
825 色	səʔ⁷	sɛ⁷	sə⁷	seiʔ⁷	sɛi³	səi³	səʔ⁷
826 食	ʑiəʔ⁸	ʑiɛ⁴	zɛ⁸	zeiʔ⁸	zɛi²	zəi⁴	ʑiəʔ⁸
827 识	ɕiəʔ⁷	ɕiɛ⁷	tsɛ⁷ 认识	tseiʔ⁷	ʃie³	tsəi³ 认识	tɕiəʔ⁷ ~着

续表

	金华	汤溪	浦江	东阳	磐安	永康	武义
828 极	dʑiəʔ⁸	dʑiei⁴	dʑiə⁸	dʑiəʔ⁸	dʑiɛ²	gǐɑ⁴	dʑiəʔ⁸
829 翼	iəʔ⁸	iei⁴	yə⁸	ɔɯ⁻³⁵	iɛ²	iɑ⁴	ie⁻⁵³ ~勝
830 国	kuəʔ⁷	kuɛ⁷	kuə⁷	kueiʔ⁷	kuei³	kuəi³	kuəʔ⁷
831 或	uəʔ⁸	uɛ⁴	uə⁸	ueiʔ⁸	uɛ²	uɑi⁴	uəʔ⁸
832 域	yəʔ⁸	iei⁴	yə⁸	iouʔ⁸	iʌo²	y̌ə⁴	yəʔ⁸
			梗	摄			
833 彭	bɑŋ²		bən²	bɛ²	bɛ²	bai²	ba²
834 猛	mɑŋ³	ma⁴	mɛ̃⁴ 火旺	mɛ⁻⁵⁵ 热~	mɛ²	mai⁴	ma⁴
835 孟	mɑŋ³		mon⁴	mɛ⁶	mɛ⁶	mai⁶	ma⁴
836 打	tɑŋ³	na³	nɛ̃³	nɛ³	nɛ³	nai³	na³
837 撑	tsʰɑŋ¹	tsʰa¹	tsʰɛ̃¹	tsʰɛ¹	tsʰɛ¹	tsʰai¹	tsʰa¹
838 生	sɑŋ¹	sa¹	sɛ̃¹	sɛ¹	sɛ¹	sai¹	sa¹
839 更三~	kɑŋ¹	kɑ⁰	kɛ̃¹	kɛ¹	kɛ¹	kai¹	ka¹
840 梗	kuɑŋ³	kua³	kuɛ̃³	kuɛ³	kuɛ³	kuai³	kua³
841 坑	kʰɑŋ¹	kʰa¹	kʰɛ̃¹	kʰɛ¹	kʰɛ¹	kʰai¹	kʰa¹
842 硬	ɑŋ⁶	a⁶	ŋɛ̃⁶	ŋɛ⁶	ŋɛ⁶	ŋai⁶	ŋa⁶
843 行~头	ɑŋ²	a²	ɛ̃²	ɛ²	ɛ²	ai²	ŋa⁻²¹
844 百	pəʔ⁷	pa⁷	pɑ⁵	pɜʔ⁷	pa³	ʔbai³	paʔ⁷
845 白	bəʔ⁸	ba⁴	ba⁸	bɜʔ⁸	ba²	bai⁴	ba⁴
846 拆	tsʰəʔ⁷	tsʰa⁷	tsʰa⁷	tsʰɜʔ⁷	tsʰa³	tsʰai³	tsʰaʔ⁷
847 宅	dzəʔ⁸	dza⁴	za⁸	dzɜʔ⁸	dza²	dzai⁴	dza⁴
848 格	kəʔ⁷	ka⁷	ka⁷	kɜʔ⁷	ka³	kai³	kaʔ⁷
849 客	kʰəʔ⁷	kʰa⁷	kʰa⁷	kʰɜʔ⁷	kʰa³	kʰai³	kʰaʔ⁷
850 额	əʔ⁸	a⁴	ŋa⁸	ŋa⁻³⁵ ~角头	ŋa²	ŋai⁴	ŋa⁴
851 棚	bɑŋ²	ba²	bɛ̃²	bɛ²	bɛ²	bai²	ba²
852 争	tsɑŋ¹	tsa¹	tsɛ̃¹	tsɛ¹	tsɛ¹	tsai¹	tsa¹
853 耕	kɑŋ¹	ka¹	kɛ̃¹	kɛ¹	kɛ¹	kai¹	ka¹
854 麦	məʔ⁸	ma⁴	ma⁸	mɜʔ⁸	ma²	mai⁴	ma⁴
855 责	tsəʔ⁷	tsa⁷	tsə⁷	tsɜʔ⁷	tsa³	tsai³	laʔ⁷
856 册	tsʰəʔ⁷	tsʰa⁷	tsʰɑ⁵	tsʰɜʔ⁷	tsʰa³	tsʰai⁵	tsʰaʔ⁷
857 隔	kəʔ⁷	ka⁷	ka⁷	kɜʔ⁷	ka³	kai³	kaʔ⁷
858 轭	əʔ⁷	a⁷	ɑ⁷	ɜʔ⁷	a³	ai³	ŋaʔ⁷
859 兵	piŋ¹	mei¹	pin¹	pən¹	pɐn¹	mieiŋ¹	min¹
860 柄	mɑŋ⁵	ma⁵	pin⁵	mɛ⁵	mɛ⁵	mai⁵	ma⁵
861 平	biŋ²	bei²	bin²	bən²	bɐn²	bieiŋ²	bin²
862 病	biŋ⁶	bei⁶	bin⁶	bən⁶	bɐn⁶	bieiŋ⁶	bin⁶
863 惊怕	kuɑŋ¹	kua¹	kuɛ̃¹	kuɛ¹	kuɛ¹	kuai¹	kua¹
864 庆	tɕʰiŋ⁵	tɕʰiei⁵	tɕʰin⁵	kʰən⁵	kʰɐn⁵	kʰieiŋ⁵	tɕʰin⁵
865 迎	ȵiŋ²	ȵiei²	ȵin²	ŋən²	ȵɐn²	ȵieiŋ²	ȵin²
866 影	iŋ³	iei³	in³	ən³	iɐn³	ieiŋ³	in³

402

续表

	金华	汤溪	浦江	东阳	磐安	永康	武义
867 碧	piəʔ⁷	pei⁷	piə⁷	piəʔ⁷	pɛi³	ʔbə³	pəʔ⁷
868 剧	dʑiəʔ⁸	dziei⁴	dʑiə⁸	dʑiəʔ⁸	dʑia²	gia⁴	dʑiəʔ⁸
869 饼	piŋ³	mei³	pin³	pən³	min⁵	mieiŋ³	min⁻⁵³ ~儿
870 名	miŋ²	mei²	min²	mən²	mɐn²	mieiŋ²	min²
871 岭	liŋ³	lei⁴	lin⁴	lən⁴	lɐn³	lieiŋ²	lin⁴
872 井	tsiŋ³	tsei³	tsin³	tsən³	tsɐn³	tɕieiŋ³	tɕin³
873 清	tsʰiŋ¹	tsʰei¹	tsʰin¹	tsʰən¹	tsʰɐn¹	tɕʰieiŋ¹	tɕʰin¹
874 请	tsʰiŋ³	tsʰei³	tsʰin³	tsʰən³	tsʰɐn³	tɕʰieiŋ³	tɕʰin³
875 晴	ziŋ²	zei²	zin²	zən²	zɐn²	ʑieiŋ²	ʑin²
876 静	siŋ³	zei²	zin⁴	zən⁴	zɐn⁴	ʑieiŋ⁴	ʑin⁴
877 姓	siŋ⁵	sei⁵	sin⁵	sən⁵	sɐn⁵	ɕieiŋ⁵	ɕin⁵
878 郑	dʑiŋ⁶	dʑiai⁶	dzin⁶	dzən⁴	dzɐn⁶	dʑieiŋ⁶	dʑin⁶
879 正~反	tɕiŋ⁵	tɕiai⁵	tsin⁵	tsən⁵	tsɐn⁵	tɕieiŋ⁵	tɕin⁵
880 声	ɕiŋ¹	ɕiai¹	sin¹	sən¹	sɐn¹	ɕieiŋ¹	ɕin¹
881 城	ziŋ²	ʑiai²	zin²	zən²	zɐn²	ʑieiŋ²	ʑin²
882 颈	tɕiŋ³	tɕiei³	tɕin³	kən⁻⁴²³ 头~	kɐn³	kieiŋ¹	tɕin³
883 轻	tɕʰiŋ¹	tɕʰiei¹	tɕʰin¹	kʰən¹	kʰɐn¹	kʰieiŋ¹	tɕʰin¹
884 赢	iŋ²	iei²	yən²	ən²	iɐn²	yeiŋ²	n̩in²
885 僻	pʰiəʔ⁷		pʰiəʔ⁷ 读字	pʰei⁷	pʰie³	pʰiə³	
886 脊	tsiəʔ⁷	tsei⁷	tʃiɤ¹	tsəɯ⁵ ~背	tsei³	tsɛi³	tɕiəʔ⁷
887 惜	siəʔ⁷	sei⁷	sɛ⁷	ɕiəʔ⁷	ʃia³	ɕin³	ɕiaoʔ⁷
888 席	ziəʔ⁸	zei⁴	zɛ⁸	zeiʔ⁸	ʒie²	zəi⁴	ʑiəʔ⁸
889 隻	tɕiəʔ⁷	tɕie⁻⁵² 量	tsɛ⁻⁵⁵ 量	tseiʔ⁷	tsɛi⁻⁵² 量	tsəi⁻⁵⁴ 量	tsaʔ⁷
890 尺	tɕʰiəʔ⁷	tɕʰie⁷	tsʰɛ⁷	tsʰeiʔ⁷	tsʰɛi³	tsʰəi³	tɕʰiəʔ⁷
891 石	ziəʔ⁸	za⁴	zɛ⁸	zeiʔ⁸	zei²	zəi⁴	ʑiəʔ⁸
892 益	iəʔ⁷	iei⁷	iə⁷	eiʔ⁷	ei³	ï³	iəʔ⁷
893 瓶	biŋ²	bei²	bin²	bən²	bɐn²	bieiŋ²	bin²
894 铭	miŋ²	mei²	min²	mien²	miɐn²	mieiŋ²	min²
895 钉名	tiŋ¹	nei¹	tin¹	tən¹	nɐn¹	nieiŋ¹	nin¹
896 顶	tiŋ³	nei³	tin³	tən³	tɐn³	nieiŋ³	nin³
897 听	tʰiŋ⁵	tʰei⁵	tʰin⁵	tʰən⁵	tʰɐn⁵	tʰieiŋ⁵	tʰin⁵
898 定	diŋ⁶	dei⁶	din⁶	dən⁶	dɐn⁶	dieiŋ⁶	din⁶
899 灵	liŋ²	lei²	lin²	lən²	lɐn²	lieiŋ²	lin²
900 青	tsʰiŋ¹	tsʰei¹	tsʰin¹	tsʰən¹	tsʰɐn¹	tɕʰieiŋ¹	tɕʰin¹
901 醒	siŋ³	sei³	sin³	sən³	sɐn³	ɕieiŋ³	ɕin³
902 经	tɕiŋ¹	tɕiei¹	tɕin¹	kən¹	kɐn¹	kieiŋ¹	tɕin¹
903 壁	piəʔ⁷	pei⁷	pɛ⁷	peiʔ⁷	pɛi³	ʔbə³	pəʔ⁷
904 滴	tiəʔ⁷				tei³	ʔdia³	lia⁵
905 踢	tʰiəʔ⁷	tʰei⁷	tʰɛ⁷	tʰeiʔ⁷	tʰɛi³	tʰəi³	tʰəʔ⁷
906 敌	diəʔ⁸	dei⁴	diə⁸	diəʔ⁸	die²	dəi⁴	dəʔ⁸

403

续表

	金华	汤溪	浦江	东阳	磐安	永康	武义
907 曆	liəʔ⁸	lei⁴	liə⁸	leiʔ⁸	lei²	ləi⁴	ləʔ⁸
908 戚	tsʰiəʔ⁷	tsʰei⁷	tsʰɛ⁷	tɕʰiəʔ⁷	tsʰɛi³	tsʰəi³	tɕʰiəʔ⁷
909 錫	siəʔ⁷	sei⁷	ʃiə⁷	seiʔ⁷	sɛi³	səi³	ɕiəʔ⁷
910 擊	tɕiəʔ⁷	tɕiei⁷	tɕiə⁷	tɕiəʔ⁷	tɕie³	kĩə³	tɕiəʔ⁷
911 橫	uɑŋ²	ua²	uɛ̃²	ue²	ue²	uai²	ŋua²
912 獲	uəʔ⁸		uə⁸	uəʔ⁸	ue²	uai²	uaʔ⁸
913 劃	uəʔ⁸	ua⁴	ua⁶	uəʔ⁸	ua²	uai⁴	ŋuaʔ⁸
914 兄	ɕioŋ¹	ɕiao¹	ʃyon¹	ɕiom¹	ɕiaom¹	xyeiŋ¹	
915 荣	ioŋ²	iao²	yon²	iom²	iaom²	ioŋ²	ioŋ⁻⁵³ ~光
916 永	yəŋ³	iei⁻¹¹ ~康	yəŋ⁴	ien⁴ ~康	yɐn³	yeiŋ⁴	yin⁴
917 瓊	dʑyəŋ²	dʑiao²	dʑyən²		dʑiaom²	gyeiŋ²	dʑyin²
918 營	iŋ²	iei²	in²	ən²	iɐn²	yeiŋ²	in²
919 役	yəʔ⁸	iei⁴	yə⁸	iouʔ⁸	iʌo³	y̆ə⁴	yəʔ⁸
			通 摄				
920 篷	boŋ²	bao²	bon²	bom²	baom²	bɔŋ²	bɔŋ²
921 東	toŋ¹	nao¹	tən¹	tom¹	taom¹	nɔŋ¹	nɔŋ¹
922 懂	toŋ³	nao³	tən³	tom³	naom³	nɔŋ³	nɔŋ³
923 通	tʰoŋ¹	tʰao¹	tʰən¹	tʰom¹	tʰaom¹	tʰɔŋ¹	tʰɔŋ¹
924 桶	toŋ³	dao⁴	dən⁴	dom⁴	daom⁴	dɔŋ⁴	dɔŋ⁴
925 動	toŋ³	dao⁴	dən⁴	dom⁴	daom⁴	dɔŋ⁴	dɔŋ⁴
926 洞	doŋ⁶	dao⁶	dən⁶	dom⁶	daom⁶	dɔŋ⁶	dɔŋ⁶
927 聾	loŋ²	lao²	lən²	lom²	laom²	lɔŋ²	lɔŋ²
928 弄名	loŋ⁶	lao⁶	lən⁶	lom⁶	laom⁶		lɔŋ⁶
929 棕	tsoŋ¹	tsao¹	tsən¹	tsom¹	tsaom¹	tɕiɔŋ¹	tsɔŋ¹
930 粽	tsoŋ⁵	tsao⁵	tsən⁵	tsom⁵	tsaom⁵	tɕiɔŋ⁵	tsɔŋ⁵
931 蔥	tsʰoŋ¹	tsʰao¹	tsʰən¹	tsʰom¹	tsʰaom¹	tɕʰiɔŋ¹	tsʰɔŋ¹
932 送	soŋ⁵	sao⁵	sən⁵	som⁵	saom⁵	sɔŋ⁵	sɔŋ⁵
933 工	koŋ¹	kao¹	kon¹	kom¹	kaom¹	kɔŋ¹	kɔŋ¹
934 空有~	kʰoŋ⁵	kʰao⁵	kʰon⁵	kʰom⁵	kʰaom⁵	kʰɔŋ⁵	kʰɔŋ⁵
935 烘	xoŋ¹	xao¹	xon¹	xom¹	xaom¹	xɔŋ¹	xɔŋ¹
936 紅	oŋ²	ao²	on²	om²	aom²	ɔŋ²	ɔŋ²
937 瓮	oŋ⁵	ao⁵	on⁵ 读字		aom⁵		ɔŋ⁵
938 木	moʔ⁸	mɔ⁴	mɤ⁸	mouʔ⁸	mʌo²	mu⁴	mɔʔ⁸
939 禿	tʰoʔ⁷	tʰɔ⁷	tʰɤ³	tʰouʔ⁷	tʰʌo³		tʰɔʔ⁷
940 讀	doʔ⁸	dɔ⁴	dɯ⁸	douʔ⁸	dʌo²	du⁴	dɔʔ⁸
941 鹿	loʔ⁸	lɔ⁴	lɯ⁸	louʔ⁸	lʌo²	lu⁴	lɔʔ⁸
942 族	zoʔ⁸	dzɔ⁴	dzɯ⁸	dzouʔ⁸	zʌo²	ziu⁴	zɔʔ⁸
943 穀	koʔ⁷	kɔ⁷	kɯ⁷	kouʔ⁷	kʌo³	ku³	kɔʔ⁷
944 屋	oʔ⁷	ɔ⁷	ɯ⁷	ouʔ⁷	ʌo³	u⁵	ɔʔ⁷
945 冬	toŋ¹	nao¹	tən¹	tom¹	naom¹	nɔŋ¹	nɔŋ¹

续表

	金华	汤溪	浦江	东阳	磐安	永康	武义
946 农人	noŋ² ~民	nao²	nən²	nom²	nɑom²	noŋ²	nɔŋ²
947 脓	noŋ⁶	nao⁶	lən⁶	nom²	naom²	noŋ²	nɔŋ⁶
948 宋	soŋ⁵	sao⁵	sən⁵	som⁵	saom⁵	soŋ⁵	sɔŋ⁵
949 督	toʔ⁷	tɔ⁷	tɯ³	touʔ⁷	tʌo³	ʔdu³	lɔʔ⁷
950 毒	doʔ⁸	dɔ⁴	dɯ⁸	douʔ⁸	dʌo²	du⁴	dɔʔ⁸
951 风	foŋ¹	fao¹	fon¹	fom¹	faom¹	foŋ¹	fɔŋ¹
952 冯	voŋ²	vao²	von²	bom²	baom²	boŋ²	bɔŋ²
953 梦	moŋ⁶	mao⁶	mon⁶	mom⁶	maom⁶	mɔŋ⁶	mɔŋ⁶
954 中 ~秋	tɕioŋ¹	tɕiao¹	tɕyon¹	tsom¹ ~国	tsaom¹	tɕioŋ¹	tsɔŋ¹
955 虫	dʑioŋ²	dʑiao²	dʑyon²	dzom²	dzaom²	dʑioŋ²	dzɔŋ²
956 众	tɕioŋ⁵	tɕiao⁵	tɕyon⁵	tsom⁵	tsaom⁵	tɕioŋ⁵	tsɔŋ⁵
957 铳	tɕʰioŋ⁵	tɕʰiao⁵	tɕʰyon⁵	tsʰom⁵	tsʰaom⁵	tɕʰioŋ⁵	tsʰɔŋ⁵
958 绒	ioŋ²	ziao²	yon²	ȵiom²	iaom²	ioŋ²	zɔŋ²
959 弓	koŋ¹	kao¹	kon¹	tɕiom⁻⁵⁴	kaom¹	kioŋ¹	kɔŋ¹
960 穷	dʑioŋ²	dʑiao²	dʑyon²	dʑiom²	dʑiaom²	gioŋ²	dʑiɔŋ²
961 雄	ioŋ²	iao²	yon²	iom²	iaom²	ioŋ²	iɔŋ²
962 覆 趴	pʰoʔ⁷	pʰɔ⁷	pʰɯ⁷	pʰouʔ⁷	pʰʌo³	pʰuə³	pʰɔʔ⁷
963 服	voʔ⁸	vɔ⁴	vɯ⁸	vouʔ⁸	vʌo²	vu⁴	vɔʔ⁸
964 目	moʔ⁸	mɔ⁴	mɯ⁸	mouʔ⁸	mʌo²	mu⁴	mɔʔ⁸
965 六	loʔ⁸	lɔ⁴	lɯ⁸	louʔ⁸	lʌo²	lu⁴	lɔʔ⁸
966 竹	tɕioʔ⁷	tɕiɔ⁷	tɕyɯ⁷	tsouʔ⁷	tsʌo³	tɕiu³	lɔʔ⁷
967 畜 ~牲	tɕʰioʔ⁷	tɕʰiɔ⁷	tɕʰyɯ⁷ 六~	tsʰouʔ⁷	tsʰʌo³		tsʰɔʔ⁷
968 缩	soʔ⁷	sɔ⁷	ʃyo⁷	souʔ⁷	sʌo³	suə³	sɔʔ⁷
969 粥	tɕioʔ⁷	tɕiɔ⁷	tɕyɯ⁷	tsouʔ⁷	tsʌo³	tɕiu³	tsɔʔ⁷
970 叔	ɕioʔ⁷	ɕiɔ⁷	ʃyɯ⁷	souʔ⁷	sʌo³	ɕiu³	sɔʔ⁷
971 熟	ʑioʔ⁸	ʑiɔ⁴	ʒyɯ⁸	zouʔ⁸	zʌo³	ʑiu⁴	zɔʔ⁸
972 肉	ȵioʔ⁸	ȵiɔ⁴	ȵyɯ⁸	ȵiouʔ⁸	ȵiʌo³	ȵiu³	ȵiɔʔ⁸
973 麴	tɕʰioʔ⁷	tɕʰiɔ⁷	tɕʰyɯ⁷	tɕʰiouʔ⁷	tɕʰiʌo³	kʰiu³	tɕʰiɔʔ⁷
974 育	ioʔ⁸	iɔ⁴	yɯ⁷	iouʔ⁷	iʌo³	iu³	iɔʔ⁸
975 蜂	foŋ¹	fao¹	fon¹	fom¹	faom¹	foŋ¹	fɔŋ¹
976 缝 动	voŋ²	vao²	von²	vom²	vaom²	voŋ²	vɔŋ²
977 浓	noŋ²	iao²	yon²	ȵiom²	ȵiaom²	ioŋ²	iɔŋ²
978 龙	loŋ²	lao²	lən²	lom²	laom²	loŋ²	lɔŋ²
979 从 介	zoŋ²	dzao²	dzən²	dzom²	dzaom²	zoŋ²	zɔŋ²
980 脭 精液	zoŋ²	zao⁶	zən²	zom²	zaom²	zoŋ²	zoŋ² 无能
981 松 ~树	zoŋ²	zao²	zən²	zom²	zaom²	zoŋ⁻¹¹	zɔŋ⁻²¹
982 重 形	tɕioŋ³	dʑiao⁴	dʑyon⁴	dzom⁴	dzaom⁴	dʑioŋ⁴	dzɔŋ⁴
983 肿	tɕioŋ³	tɕiao³	tɕyon³	tsom³	tsaom³	tɕioŋ³	ioŋ³
984 种 动	tɕioŋ⁵	tɕiao⁵	tɕyon⁵	tsom⁵	tsaom⁵	tɕioŋ⁵	ioŋ⁵
985 春	ɕyaŋ¹	iao¹	ʃyõ¹	sʌ¹	ʃiɒ¹	ɕyaŋ¹	ɕyaŋ¹

续表

	金华	汤溪	浦江	东阳	磐安	永康	武义
986 供供养	koŋ¹ 口~	tɕiao¹	tɕyon¹	tɕiom¹	tɕiɑom¹	kiɔŋ¹	tɕiɔŋ¹
987 共	dzioŋ⁶同	dziao⁶同	dzyon⁶同	dziom⁶同	dziɑom⁶	giɔŋ⁶	dziɔŋ⁶
988 胸	ɕioŋ¹	ɕiao¹	ʃyon¹	ɕiom¹	ɕiɑom¹	xiɔŋ¹	ɕiɔŋ¹
989 容	ioŋ²	iao²	yon²	iom²	iɑom²	iɔŋ²	iɔŋ²
990 用	ioŋ⁶	iao⁶	yon⁶	iom⁶	iɑom⁶	iɔŋ⁶	iɔŋ⁶
991 绿	loʔ⁸	lɔ⁴	lɯ⁸	louʔ⁸	lʌo²	lu⁴	lɔʔ⁸
992 足	tsoʔ⁷	tsɔ⁷	tsɯ⁷	tsouʔ⁷	tsʌo³	tsu³	tsɔʔ⁷
993 粟	soʔ⁷	sɔ⁷	sɯ⁷	souʔ⁷	sʌo³	su⁻⁵⁴ ~儿	sɔʔ⁷
994 俗	zoʔ⁸	zɔ⁴	dzɯ⁸	dzouʔ⁸	zʌo²	ziu⁴	zɔʔ⁸
995 烛	tɕioʔ⁷	tɕiɔ⁷	tɕyɯ⁷	tsouʔ⁷	tsʌo³	tɕiu³	tsɔʔ⁷
996 褥	ȵioʔ⁸		ȵyɯ⁸	ȵiouʔ⁸	ʒiʌo²	ziu⁴	zɔʔ⁸
997 曲	tɕʰioʔ⁷	tɕʰiɔ⁷	tɕʰyɯ⁷	tɕʰiouʔ⁷	tɕʰiʌo³	kʰiu³	tɕʰiɔʔ⁷
998 局	dʑioʔ⁸	dʑiɔ⁴	dʑyɯ⁸	dʑiouʔ⁸	dʑiʌo²	giu⁴	dʑiɔʔ⁸
999 玉	ȵioʔ⁸	ȵiɔ⁴	ȵyɯ⁸	ȵiouʔ⁸	ȵiʌo²	ȵiu⁴	ȵiɔʔ⁸
1000 浴	ioʔ⁸	iɔ⁴	yɯ⁸	iouʔ⁸	iʌo²	iu⁴	iɔʔ⁸

第三章 词 汇

第一节 词汇特点

本节主要根据本章第二节"词汇对照"里的材料研究婺州方言的词汇特点。

本节中所引用的其他方言点以及它们的归属和方言材料的出处如下：

地点	方言区	片	小片	方言材料的出处[①]
丹阳市	吴语	太湖	毗陵	《当代》
常熟市	吴语	太湖	苏嘉湖	郑伟（2013）
苏州市	吴语	太湖	苏嘉湖	《方言词汇》
上海市	吴语	太湖	上海	许宝华、陶寰（1997）
上海市嘉定区	吴语	太湖	上海	汤珍珠、陈忠敏（1993）
崇明县	吴语	太湖	上海	张惠英（1998）
桐庐县	吴语	太湖	临绍	浙江省桐庐县等（1992）
诸暨市王家井	吴语	太湖	临绍	《当代》
绍兴市	吴语	太湖	临绍	《当代》
嵊县[②]太平	吴语	太湖	临绍	《当代》
宁波市	吴语	太湖	甬江	汤珍珠、陈忠敏、吴新贤（1997）
舟山市定海区	吴语	太湖	甬江	方松熹（1993）
天台县	吴语	台州		戴昭铭（2006）

---

① 简称书名的全名如下。《语音》：《汉语方言地图集·语音卷》。《词汇》：《汉语方言地图集·词汇卷》。《语法》：《汉语方言地图集·语法卷》。《方言词汇》：《汉语方言词汇（第二版）》。《处衢》：《吴语处衢方言研究》。《浙南闽东》：《浙南的闽东区方言》。《闽北》：《闽北区三县市方言研究》。《古田》：《闽东区古田方言研究》。《当代》：《当代吴语研究》。《处州》：《吴语处州方言的地理比较》。《徽州》：《徽州方言研究》。以下行文均以简称书名出现。

② 现为嵊州市。

临海市	吴语	台州		黄晓东（2007）
台州市黄岩区	吴语	台州		《当代》
义乌市	吴语	金衢		方松熹（2000）
温州市	吴语	瓯江		《方言词汇》、郑张尚芳（2008）
苍南县龙港	吴语	瓯江		秋谷裕幸调查
云和县	吴语	上丽	丽水	《处衢》
遂昌县	吴语	上丽	丽水	《处衢》
松阳县	吴语	上丽	丽水	《处州》
庆元县	吴语	上丽	丽水	《处衢》
常山县	吴语	上丽	上山	《处衢》
江山市	吴语	上丽	上山	秋谷裕幸（2001a）
玉山县	吴语	上丽	上山	《处衢》
广丰县	吴语	上丽	上山	秋谷裕幸（2001a）
兰溪市诸葛	吴语	未详		秋谷裕幸等（2002）
泰顺县新浦	吴语	未详		秋谷裕幸调查
淳安县	徽语	严州		曹志耘（1996a）
淳安县遂安	徽语	严州		曹志耘（1996a）
建德市	徽语	严州		曹志耘（1996a）
建德市寿昌	徽语	严州		曹志耘（1996a）
绩溪县	徽语	绩歙		《徽州》、赵日新（2003）
歙县	徽语	绩歙		《徽州》
休宁县	徽语	休黟		《徽州》
黟县	徽语	休黟		《徽州》
长沙市	湘语	长益	长株潭	《方言词汇》
娄底市	湘语	娄邵	湘双	颜清徽、刘丽华（1998）
南昌市	赣语	昌都		《方言词汇》
黎川县	赣语	抚广		颜森（1995）
梅州市（梅县）	客家话	粤台	梅惠	《方言词汇》、黄雪贞（1995）
广州市	粤语	广府		《方言词汇》、白宛如（1998）
东莞市	粤语	广府		詹伯慧、陈晓锦（1997）
厦门市	闽语	闽南	泉漳	《方言词汇》
潮州市	闽语	闽南	潮汕	《方言词汇》
海口市	闽语	琼文	府城	陈鸿迈（1996）

福州市	闽语	闽东	侯官	《方言词汇》《古田》
<u>古田</u>县大桥	闽语	闽东	侯官	《古田》
古田县<u>杉洋</u>	闽语	闽东	福宁	《古田》
<u>周宁</u>县咸村	闽语	闽东	福宁	秋谷裕幸调查
建瓯市	闽语	闽北	建瓯	《方言词汇》
浦城县<u>石陂</u>	闽语	闽北	建阳	《闽北》
<u>政和</u>县镇前	闽语	闽北	建阳	《闽北》
<u>顺昌</u>县元坑	闽语	邵将	将乐	秋谷裕幸调查
西安市	中原官话	关中		《方言词汇》
武汉市	西南官话	湖广	鄂中	《方言词汇》
扬州市	江淮官话	洪巢		《方言词汇》
合肥市	江淮官话	洪巢		《方言词汇》
<u>桐城</u>市吕亭	江淮官话	黄孝		秋谷裕幸调查

  加单线的地名是本节中所用的称呼。有些点参阅了两种不同的材料,如果二者记音不一致不做调整。本字据笔者自己判断而认定,所以有时会跟所据材料不一致。如果所据材料中有几种不同的词汇形式,在不会引起误会的前提下,选用其中对本节的论述有关的词汇形式。本节中一律用"□"代表来源未详的字,而不用同音字。中古音的拟音据平山久雄(1967)。

  由于词汇现象比音韵现象更复杂,尤其是吴语的词汇现象。所以,本节只能做相当粗略的分析,在很多情况下无法考虑个别的例外现象,只能不拘泥细节。例如,本节肆"婺州方言词"所讨论的(62)"桌子",其实也包含着词汇接触的内容,也可以放在伍"词汇接触"里。另外,本节所说"吴语"一般也没有考虑宣州片,因为该片和其他吴语之间的词汇差异实在是太大了。讨论来源未详而且多个地点读音不一样的有音无字的词时要采用像"□ kiɔ"(不标出调类)这样的写法。此处音标不是记音的,而是为了方便起见的写法。

  婺州方言的词汇当中存在大量的基本上全国通用的词。例如:"雨"(参[词]005)、"雪"(参[词]007)、"风"(参[词]011)、"水"(参[词]023)、"手"(参[词]116、117、118)、"病"(参[词]142、159)、"死"(参[词]150)、"油"(参[词]224、225)、"酒"(参[词]228、229)、"牛"(参[词]236、237)、"马"([词]238)、"猫(儿)"([词]242)、"鸡"(参[词]243、244)、"麦"([词]268)、"我"([词]307)、"双"([词]330)、"茶"(参[词]377)、"洗"(参[词]378)、"有"([词]418)、"锯"

（[词]491）、"火"（参[词]566）、"薄"（[词]569）、"去"（参[句]06、31、78、79）、"大"（参[句]10、80）、"好形容词"（参[句]11、12）、"重"（参[句]16）、"早"（参[句]25）、"坐"（参[句]29、83、84、97）、"花"（参[句]32）、"姓"（参[句]52）、"写"（参[句]56）、"字"（参[句]56）、"买"（参[句]61）、"来"（参[句]66、76）、"门"（参[句]68）、"山"（参[句]73、92）、"学"（参[句]99）等。

还有很多汉语多南方方言[①]词。例如："新妇儿媳妇"（[词]088）、"渠他"（[词]309）、"个的"（[词]454）、"煠煮（鸡蛋）"（[词]494）、"徛站"（[词]527）、"囥藏放"（[词]539）、"讲说"（[词]559）、"阔宽"（[词]570）、"狭窄"（[词]571）、"痛疼"（[词]588）等。本节的讨论不涉及这一类型的词语。

在此按照"词汇对照"的次序列举本节中所讨论95个词条及其编号。末尾还有14条在"词汇对照"中不出现的词条。括号中的[词]后面的数字是本章第二节"词汇对照"中的编号；《词汇》指的是《汉语方言地图集·词汇卷》，其后数字是指该书中的编号。最后一列的数字是以下讨论的"方言词"的顺序号。

月亮（[词]002、《词汇》002）	54	雹（[词]010、《词汇》007）	33
泥土（[词]022）	61	胡同（[词]030、《词汇》100）	1
房子（[词]031、《词汇》101）	34	窗户（[词]039、《词汇》105）	77
门槛儿（[词]040）	55	人（[词]054、《词汇》039）	35
儿子（[词]087、《词汇》052）	2	女儿（[词]089、《词汇》054）	3
妻（[词]098、《词汇》050）	36	鼻子（[词]109、《词汇》060）	4
眼（[词]110、《词汇》059）	20	舌头（[词]114、《词汇》062）	23
脖子（[词]115、《词汇》063）	14	左手（[词]117、《词汇》064）	5
右手（[词]118、《词汇》065）	15	女阴（[词]135、《词汇》077）	37
龟（参[词]136、《词汇》078）	24	精液（[词]137、《词汇》075）	56
解大小便（[词]138、139、《词汇》072）	57	屎（参[词]138、《词汇》071）	6
尿（参[词]139）	21	桌子（[词]173、《词汇》113）	62
箸,筷子（[词]180、《词汇》112）	38	配种用的公猪（[词]234、《词汇》024）	63
猴子（[词]255、《词汇》032）	16	稻（[词]269、《词汇》011）	22
蚕豆（[词]277、《词汇》018）	25	茄子（[词]284、《词汇》021）	17

[①] 本节里"南方方言"指官话和晋语以外的方言，"北方方言"则为官话和晋语的合称。

第三章 词 汇

事情（[词]295、《词汇》120）	26	东西（[词]296、《词汇》119）	91
去年（[词]345、《词汇》010）	64	清晨（[词]357）	65
插秧（[词]374）	66	吃（参[词]376、《词汇》084）	78
看（[词]383、《词汇》121）	92	擦（参[词]387、《词汇》141）	81
捡（参[词]388、《词汇》147）	67	选择，挑选（[词]390、《词汇》149）	79
玩儿游玩（[词]400、《词汇》156）	39	差，不好（[词]423）	68
稀（粥太~了）（[词]430）	18	稠（粥太~了）（[词]431）	7
晚（来~了）（[词]436、《词汇》183）	93	不（[词]452、《语法》028）	8
虹，鲎（[词]456、《词汇》006）	9	锅（[词]460、《词汇》109）	40
猪圈，猪栏（[词]462、《词汇》028）	41	阉（公猪）（参[词]463、《词汇》026）	42
用毒药毒害致死（[词]465）	43	蛋（参[词]469、《词汇》031）	82
鱼鳞（[词]472）	44	蜈蚣（[词]473）	69
稻草（[词]480）	45	野生的蘑菇（[词]486）	19
盛（~饭）（参[词]495）	27	袖子（[词]498、《词汇》083）	46
穿（衣服）（[词]500、参《词汇》079）	94	梳子（[词]504、《词汇》116）	83
胡子（[词]507）	95	嘴（[词]508、《词汇》061）	28
肚子（[词]513、《词汇》069）	84	屁股（[词]515、《词汇》070）	58
孙子（[词]517）	47	侄子（[词]518）	47
走（~路）（[词]534、《词汇》138）	70	抓，捉（[词]537、《词汇》131）	29
闻（用鼻子）（[词]546、《词汇》122）	48	咬（[词]547、《词汇》127）	49
打架（[词]553）	10	骂（[词]555、《词汇》126）	85
哭（[词]556、《词汇》125）	86	想，思索（[词]561、《词汇》153）	30
怕，害怕（[词]563、《词汇》155）	50	裂，开裂（[词]564、参[词]565）	11
干燥（[词]574、《词汇》180）	31	湿（[词]575）	71
（速度）慢（[词]583）	72	饿（参[词]589、《词汇》097）	51
又（[词]595、《语法》025）	12	就（[词]598、《语法》024）	32
要（参[句]09、67、《词汇》152）	87	小（参[句]10、《词汇》160）	88
睡（参[句]38、《词汇》158）	80	给（参[句]71、72、《词汇》151）	74
萝卜（《词汇》019）	59	盖子（《词汇》115）	89
拔（~萝卜）（《词汇》130）	73	挑（~担）（《词汇》133）	52
埋（把银子~在地下）（《词汇》143）	75	弯（路~）（《词汇》171）	76
亮（指光线）（《词汇》174）	60	错（《词汇》190）	53
二十（基数）（《词汇》193）	13	顿（一~饭）（《词汇》201）	90

411

壹 吴语词

吴语具有一批鉴别词[①]。作为吴语的次方言之一,婺州方言也共享这类词。

一 吴语特有的词(共13条)

(1)"胡同"([词]030,《词汇》100)

除了永康话说"巷",武义话说"墙弄"以外,婺州方言都说"弄堂(儿)"。除瓯江片和上丽片以外的大多数吴语方言也说"弄堂"。例如,上海:弄堂 loŋ¹¹dã⁵³ | 宁波:弄堂 loŋ²²dɤ⁴⁴ | 黄岩:弄堂 ʔloŋ³³dʊ~⁴⁴。上丽片以单说"弄"为主,但也有说"弄堂"的方言。例如,遂昌:弄 ləŋ²¹² | 常山:弄堂 loŋ²⁴dã⁰。瓯江片则常说"巷弄"和"路巷",也有单说"巷"的情况。例如,温州:巷弄 ɦuɔ⁴³loŋ¹¹、巷 ɦuɔ¹¹ | 苍南:路巷 ly⁴²o²²。可以推测,永康的"巷"大概和瓯江片有关。除了吴语以外,与吴语毗邻的江淮官话方言以及江西东北角的方言也说"弄堂"。"弄堂"不能满足对内一致而对外有区别的要求,但它的性质较为接近吴语鉴别词。

参看《方言词汇》第231页、《当代》第736-737页、《处州》第163页。

(2)"儿子"([词]087,《词汇》052)

婺州方言"儿"都单说,而且都保存着鼻音成分。儿子说"儿"或以"儿"为词干,而且"儿"保存着鼻音成分是吴语的重要词汇特点之一。可以说,吴语把北方方言的词干"儿"用自己的读音来说。其他大多数南方方言中不存在这种词汇特点。台州片、瓯江片、上丽片都单说"儿",太湖片则说"儿子",呈现南北吴语之间的对立。例如,上海:儿子 n̠i¹¹tsɿ³³ | 宁波:儿子 ɦŋ²²tsɿ⁴⁴ | 黄岩:儿 ɦŋ²² | 温州:儿 ŋ³¹ | 庆元:儿 n̠ie¹¹。徽语也说"儿"或以"儿"为词干,不过,大多数方言已经失去了"儿"的鼻音成分。例如,绩溪:儿子 n⁴⁴tsɿ⁰ ~ ẽ⁴⁴tsɿ⁰ | 黟县:儿子 ɣɐ⁴⁴tsɿ⁰。

参看第二章第一节壹"声母的特点"十、《方言词汇》第305页、《处衢》第284页、《浙南闽东》第185页、《闽北》第243页、《当代》第886页、《处州》第157页。

(3)"女儿"([词]089,《词汇》054)

绝大多数的吴语说"女"、"女儿"、<u>女儿</u>、<u>女儿</u>儿(下加横线表示合音)。此时,"女"的韵母读作洪音,往往写作"囡"。这是吴语的词汇特点之一。例如,苏州:<u>女儿</u>儿 nø²²ŋ⁴⁴ | 上海:<u>女儿</u>儿 nø¹¹ɦŋ⁵³ | 桐庐:女 nuo⁵⁵ | 宁波:<u>女儿</u> nø²⁴ | 黄岩:女 nɛ³¹ | 温州:女儿 na⁴²ŋ²¹ | 庆元:<u>女儿</u>

[①] "鉴别词"是指方言中具有标志性、区别性的词。关于吴语的鉴别词,可以参看钱乃荣(2002)和傅国通(2008)。

nã³³ ｜遂昌：女儿 na¹³ȵie²²¹。所有的婺州方言亦如此。少数徽语方言也有这个词汇特点。例如黟县：女儿 nan⁵³。

参看第二章第一节贰"韵母的特点"七·2、岩田礼主编（1995：60-66）、《方言词汇》第 306 页、《浙南闽东》第 159 页、《当代》第 886-887 页、《处州》第 157 页、钱乃荣（2002：107-108）。

（4）"鼻子"（[词]109，《语音》037，《词汇》060）

婺州方言都说"鼻阳入头"。这是很明显的吴语鉴别词之一。例如，上海：鼻头 bieʔ¹dɤ¹³ ｜桐庐：鼻头 biə̃ʔ¹²de³³ ｜黄岩：鼻头 bieʔ²diɤ⁵¹ ｜温州：鼻头 bei¹¹dəu¹² ｜庆元：鼻头 pɤʔ³⁴tiɯ⁵²。宁波话说"鼻头管"[bɐʔ²dœɤ⁴⁴kũ⁵⁵]，"鼻头"[bɐʔ²dœɤ⁴⁴] 则指"鼻涕"。

参看第二章第一节"语音特点"[特例·韵母 13]、《方言词汇》第 248 页、《处衢》第 284 页、《浙南闽东》第 166-167 页、《闽北》第 243 页、《当代》第 851-852 页、《处州》第 143 页。

（5）"左手"（[词]117，《词汇》064）

婺州方言主要有两种说法，东阳、磐安、永康说"济手"，金华、浦江、武义、义乌说"□tsia 手"。虽然闽北区松溪、政和话以及一部分江淮官话方言也说"济手"，但是这个说法可以视为吴语的鉴别词之一。例如，上海：济手 tsi³³sɿ⁵³ ｜黄岩：济手 tɕi³³ɕiɤ⁵¹ ｜云和：济手 tsʅ⁴⁴ʃiu⁵³ ｜政和：济手 tsai²¹ɬiu²¹³ ｜扬州：济手 tɕi⁵³sɤɯ⁴²。"□tsia 手"主要分布在浙江北部和中部。例如，宁波：□手 tɕia⁴⁴ɕiɤ⁴⁴ ｜遂昌：□手 tɕia³³tɕʰyɤ⁵²。问题是从古今音韵对应来说"□tsia 手"其实也有可能是"济手"。瓯江片和上丽片江山方言的左手也不能确定是"济手"还是"□tsia 手"。例如，温州：□手 tsei⁴³ɕəu⁴⁵ ｜江山：□手 tɕiə⁵²tɕʰyə²⁴³。汤溪说"细手"，当为较新的说法。永康并用"反手"，与多数上丽片方言相同。从分布来看，"反手"应该是从安徽或者江西引进的说法。赵日新（2002：134）认为"反手"是徽语的特征词。虽然本字难以认定而且晋语并州片说"借手（只能是'借手'）"，但是"济手"和"□tsia 手（也有可能是"济手"）"基本上只分布在吴语，都可以视为吴语的鉴别词。

参看《方言词汇》第 259 页，《闽北》第 268-269 页，《当代》第 857 页，《处州》第 146 页，钱乃荣（2002：109），秋谷裕幸、汪维辉（2014）。

（6）"屎"（参[词]138，《词汇》071）

婺州方言都说"浣"。这是很明显的吴语的鉴别词之一。例如，上海：浣 u³⁵ ｜桐庐：浣 u⁵³ ｜宁波：浣 əu⁴⁴ ｜临海：浣 e⁴⁴ ｜温州：浣 ʔʋu⁴² ｜庆元：浣 u¹¹。只有少数上丽片方言才用不同的说法。例如常山：□ xɔ⁴²³。

参看《方言词汇》第454页、《处衢》第289页、《浙南闽东》第152页、《当代》第935页、《处州》第145-146页。

（7）"稠（粥太~了）"（[词]431）

婺州方言都说"厚"，与除瓯江片和衢州市、江西境内的上丽片以外的吴语方言相同①。例如，上海：厚 fiɤ^{13} ｜宁波：厚 fiœy^{213} ｜温州：□ tɕi^{33} ｜云和：厚 gəu^{21} ｜江山：□ gəʔ^{3}。除了江淮官话以外，其他汉语方言很少用"厚"。江淮官话的例子，桐城：厚 xɤu^{44}。"稠"义的"厚"可视为吴语的词汇特点之一。

参看《方言词汇》第496页、《处衢》第290页、《浙南闽东》第189-190页、《闽北》第280页、《处州》第212页。

（8）"不"（[词]452,《语法》028）

婺州方言都说"弗"。其中义乌话说"弗"[və^{311}阳入]，声母和调类均与其他婺州方言不一致。"弗"是很明显的吴语鉴别词之一。例如，上海：弗 uəʔ^{5} ｜苏州：弗 fɤʔ^{4} ｜桐庐：弗 vəʔ^{5} ｜宁波：弗 vɐʔ^{12} ｜常山：弗 foʔ^{5}。上海和宁波的读音大概都是弱化读音。②瓯江片以及少数上丽片方言说阴上"否"。例如，温州：否 fu^{45} ｜庆元：否 fɤ^{33}。潘悟云（2002）认为"弗"和"否"都源于"不"，"弗"为"否"的促化形式。

参看《方言词汇》第607页，《处衢》第285页，《浙南闽东》第153-154页,《闽北》第272页,《当代》第995-996、1100页,《处州》第204、216、233-234、250-251页。

（9）"虹，鲎"（[词]456,《词汇》006）

婺州方言都说"鲎"③。这是很明显的吴语鉴别词之一，只是上丽片主要说"虹"。例如，上海：鲎 hɤ^{35} ｜桐庐：鲎 he^{53} ｜宁波：鲎 hœy^{44} ｜临海：鲎 hœ^{44} ｜温州：鲎 hau^{42} ｜云和：鲎 xəu^{55} ｜常山：虹 kõ^{423}。除了极少数的江淮官话以外，其他汉语方言都不用"鲎"。上丽片的"虹"显然是从邻近的赣语或者徽语引进的。例如绩溪：虹 kõ^{35}。

参看《方言词汇》第8页、《处衢》第290-291页、《浙南闽东》第154页、《闽北》第245-246页、《当代》第730页、《处州》第124页、钱乃荣（2002：108）、项梦冰（2014）。

---

① 台州片没有相关材料。
② 这种弱化是一个很新的现象。传教士的材料里还没有发生。例如，1876年出版的 An Anglo-Chinese Vocabulary of the Ningpo Dialect（W. T. Morrison, Shanghai: American Presbyterian Mission Press）里，宁波方言的"弗"记作 feh。（承蒙沈瑞清先生指教。）
③ 项梦冰（2014）认为本字为"雩"。"雩"，《集韵》去声遇韵王遇切："求雨祭。一曰吴人谓虹曰雩。""雲"当为"雩"之误。

（10）"打架"（[词]553）

金华、汤溪、浦江、东阳、磐安、义乌说"打相打"，永康和武义说"相打"。太湖片主要说"打相打"或"打架"，瓯江片说"相打"，上丽片则说"X相打"、"相打"和"打架"。例如，上海：打相打 tã³³siã⁵⁵tã³¹ ｜宁波：打相打 tã³³ɕiɑ⁴⁴tã⁵⁵ ｜温州：相打 ɕi⁴²tie⁴⁵ ｜庆元：□相打 tʰɪŋ³³ɕiɑ²²¹nã⁵² ｜云和：相打 ʃiã⁴⁴nɛ⁵³。其他绝大多数的汉语方言不用"打相打"。① 它可以视为吴语的鉴别词之一，尽管不能很好地满足对内一致的要求。"打架"大概是来自外方言的说法。桐庐话说"打相骂"[taŋ⁵⁵ɕiaŋ⁴³muo⁴⁴]，较为特殊。沿海闽语打架说"相拍"。例如古田：相拍 souŋ²⁴pʰaʔ⁴³。"拍"是打的意思，所以"相打"和"相拍"的词义结构相同。瓯江片不存在"打相打"，也许和闽语的"相拍"有关系。

参看《方言词汇》第418页、《处衢》第292页、《浙南闽东》第157-158页、《当代》第921页、《处州》第196页。

（11）"裂，开裂"（[词]564，参[词]565）

婺州方言都可以用"㲹"或"㲹裂"、"㲹坼"表示开裂义。从现有的材料来看，"㲹"只分布在吴语太湖片、台州片、上丽片、婺州方言以及江西东北角的赣语，可以把它视为吴语的鉴别词之一。其中分布最集中的就是婺州方言。以下是其他吴语的例子，上海：㲹 kuaʔ⁵ ｜临海：㲹 kuɐʔ⁵ ｜江山：㲹 kuaʔ⁵。不用"㲹"的吴语方言用"豁"或"裂"表示开裂。例如，宁波：豁 huɐʔ⁵ ｜苍南：裂 lie⁴³⁴ 阴入 ｜庆元：裂 liɑʔ³⁴。浦江话除了"㲹"以外还说"豁"，与宁波话一样。

参看《处州》第206-207页。

（12）"又（他～生病了）"（[词]595，《语法》025）

大多数的吴语方言用以零声母或[ɦ]声母，[i ɪ e]韵腹的词，婺州方言亦如此。这个说法基本上不见于其他方言，可视为吴语的鉴别词之一，尽管难以建立规则的语音对应。例如，苏州：□ jiɪʔ²³ ｜上海：□ ɦi¹³ ｜定海：□ ɦi¹³ ｜黄岩：□ ʔieʔ⁵ ｜温州：□ ji²¹² ｜庆元：□ i²²¹。周志锋（2012：210~212）认为这个词实为"又"的方言音变。

参看《方言词汇》第600页、《古田》第227页、《当代》第993页。

（13）"二十（基数）"（《词汇》193）

吴语基本上都说"廿"，婺州方言亦如此。而这个说法除了与吴语区毗

---

① 赣语吉茶片永新话也说"打相打"[ta⁵³ɕiɔ̃³³ta⁵³]。（龙安隆 2013：135）

415

邻的极少数江淮官话方言以外不见于其他汉语方言。可见，"廿"是吴语的鉴别词之一。例如，上海：廿 ȵiɛ¹³ ｜ 宁波：廿 ne²¹³ ｜ 金华：廿 ȵia¹⁴ ｜ 东阳：廿 ȵi³²⁴ ｜ 温州：廿 ȵi¹¹ ｜ 庆元：廿 ȵiã³¹。

以上 13 条是比较明显的吴语词，即，很大程度上能够满足对内一致而对外有区别的要求。

二　吴语和徽语的共同词（共 6 条）

有些词条吴语内部比较一致，但徽语也有相同的词语出现，所以不能满足对外有区别的要求。如：

（14）"脖子"（[词]115，《词汇》063）

婺州方言有两种说法，金华、浦江、武义说"项颈"，汤溪、东阳、磐安、永康说"头颈"，义乌并用"项颈"和"头颈"。吴语和徽语的大多数方言说"头颈"，可视为它们的词汇特点之一。例如，上海：头颈 dɤ¹¹tɕiŋ⁵³ ｜ 桐庐：头颈 de¹³tɕiŋ⁴⁴ ｜ 宁波：头颈 dœɤ²²tɕiŋ⁴⁴ ｜ 黄岩：头颈 diɤ²³tɕiŋ³¹ ｜ 温州：头颈 dəu³²tɕiaŋ⁴⁵ ｜ 常山：头颈 du²²kɪŋ⁵² ｜ 黟县：头颈 tʰau⁴⁴tʃɛɐ⁵³。

需要指出的是，有的"头颈"实际上可能是"脰颈"。脰，《集韵》去声候韵大透切："《说文》：项也。"例如：

	头颈	阳平＋阴上	阳去＋阴上
上海	脰颈 dɤ¹¹tɕiŋ⁵³	11 ＋ 33	11 ＋ 53
汤溪	脰颈 dəɯ¹¹tɕiei⁵³⁵	33 ＋ 535	11 ＋ 535
诸葛	脰颈 dɤɯ¹¹tɕĩ⁴⁵	33 ＋ 45	11 ＋ 45
磐安	头颈 dɯ²¹kɐn⁴³⁴	24 ＋ 434、21 ＋ 434	24 ＋ 434
东阳	头颈 dəɯ¹¹kən⁴²³	11 ＋ 423	35 ＋ 0
永康	头颈 dəɯ³³kieiŋ⁵⁴⁵	33 ＋ 545	11 ＋ 545
休宁	头颈 tʰiu⁵⁵tɕia³¹	55 ＋ 31、53 ＋ 31	33 ＋ 31

曹志耘（1996a）描写了徽语严州片的四个方言。遂安、寿昌话说"脰颈"，淳安、建德话则说"头颈"：

	头颈	阳平＋阴上	阳去＋阴上
遂安	脰颈 tʰiu⁵⁵tɕin⁰	24 ＋ 213、33 ＋ 33	55 ＋ 213、55 ＋ 0
寿昌	脰颈 tʰəɯ³³tɕien²⁴	11 ＋ 24、52 ＋ 0	33 ＋ 24
淳安	头颈 tʰɯ⁴⁴⁵tɕin⁵⁵	445 ＋ 55、31 ＋ 55	53 ＋ 55
建德	头颈 təɯ³³tɕin²¹³	33 ＋ 213、33 ＋ 55	55 ＋ 213、55 ＋ 0
		33 ＋ 334、55 ＋ 0	

由于大多数吴语不能区分"阳平＋阴上"和"阳去＋阴上"的连读调，所

以不知道到底是"头颈"还是"胫颈"。例如：

	头颈	阳平＋阴上	阳去＋阴上
温州	头 / 胫颈 dəu³²tɕiaŋ⁴⁵	32＋45	32＋45
常山	头 / 胫颈 du²²kɪŋ⁵²	22＋52	22＋52

本书中统一记作"头颈"，这是特别需要说明的。

"项颈"基本上只分布在浙江吴语。除了金华、浦江、武义以外，丽水市境内的上丽片方言和少数太湖片方言也说"项颈"。例如云和：项颈 õ²²³tʃiŋ⁵³。它的分布相当奇特，呈带状纵贯着省中央，两侧都是"头颈"。从这个分布来看，"项颈"当为创新说法。问题是我们无法解释"项颈"的"项"从何而来，因为周边方言中找不到包含着"项"的说法。

参看《方言词汇》第 252 页、《闽北》第 285-286 页、《古田》第 224 页、《当代》第 854-855 页、《处州》第 144 页。

（15）"右手"（[词]118,《词汇》065）

除江苏和上海市境内的一部分方言以外，绝大多数的吴语说"顺手"。例如，上海：顺手 zəŋ¹¹sɤ⁵³ ｜ 桐庐：顺手 ʑyŋ²⁴se⁵⁵ ｜ 宁波：顺手 ʑyøŋ²²ɕiy⁴⁴ ｜ 黄岩：顺手 zəŋ²³ɕiu³¹ ｜ 温州：顺手 joŋ⁴³ɕəu⁴⁵ ｜ 云和：顺手 ʒyɯŋ²²³ʃiu⁵³。除汤溪说"大手"，永康并用"正手"以外，婺州方言也都说"顺手"。"顺手"在汉语方言中的分布十分集中，分布在吴语、徽语、江西东南角及其周边的赣语。例如绩溪：顺手 ɕyã⁵³si²¹³。赵日新（2002：134）认为"顺手"是徽语的特征词。

参看《方言词汇》第 259 页、《当代》第 858 页、《处州》第 146 页、汪维辉（2003：261）。

（16）"猴子"（[词]255,《词汇》032）

除了浦江以外，婺州方言都用"猢狲（儿）"及其变体。"猢狲"或"X＋狲"主要分布在除瓯江片以外的吴语及其周边方言，是吴语的词汇特点之一。例如，上海：猢狲 βəʔ¹səŋ¹³ ｜ 桐庐：猢狲 ɦuʌʔ¹²səŋ⁴⁴ ｜ 宁波：猢狲 ɦuɐʔ²səŋ³⁵ ｜ 黄岩：猢狲 ɦu²⁵sʮŋ⁵² ｜ 庆元：□狲 kʰuɤ³³ɕyẽ³³⁴ ｜ 绩溪：猴狲 xi⁴⁴sã³¹。前字"猢"的读音十分杂乱。钱乃荣（2002：120）认为读入声的前字是"猢"的变音，甚是。赵日新（2002：132）认为"猴狲"是徽语的特征词。"X＋狲"也零星地分布在四川、湖南等地方。此外，海南岛和雷州半岛的方言基本上都说"猴狲"。例如海口：猴狲 kau²¹tui²⁴。吴语瓯江片说"猴大"。例如，温州：猴大 ɦiau¹¹dəu⁵³ ｜ 苍南：猴大 au¹¹du⁴²。浦江的"猴□"[ɤ²⁴dɯ¹¹³ 阳平]大概和"猴大"有关，尽管后字的调类不一致。"猴大"有可能早期分布得更广。

417

参看《方言词汇》第 45 页,《浙南闽东》第 187 页,《当代》第 774 页、《处州》第 60、95 页。

(17)"茄子"([词]284,《词汇》021)

金华、汤溪、东阳、磐安、永康、武义说"落苏(儿)"。义乌说"茄儿"。东阳也可以说"茄儿"。浦江的"茄菜"较为特殊。"落苏"也分布在上丽片和上海境内、浙江最北部的太湖片。其他方言都用以"茄"为词干的说法。例如,苏州:茄子 gɒ²²tsɿ⁴⁴ | 上海:落苏 lɔʔ¹su¹³ | 桐庐:落苏 lʌʔ¹²su⁴⁴ | 宁波:茄 dʑie²⁴ | 黄岩:茄 dʑiʌ³¹ | 温州:茄儿 dzɿ¹¹ŋ¹² | 庆元:茄 tɕia⁵² | 常山:落苏 laʔ²suə⁴⁵。"落苏"还分布在徽语、江西北部、东北角的赣语。例如歙县:落苏 lɔ³³su³¹。尽管如此,把"落苏"视为吴语的词汇特点之一应该没问题。婺州方言是它分布得最集中的地区。

参看《方言词汇》第 104 页,《浙南闽东》第 177 页,《当代》第 763、1101 页,《处州》第 105 页。

(18)"稀(粥太~了)"([词]430)

婺州方言都说"薄",与除衢州市、江西境内的上丽片以外的吴语方言相同。例如,上海:薄 boʔ¹³ | 宁波:薄 boʔ¹² | 温州:薄 bo²¹² | 云和:薄 boʔ²⁴ | 常山:□ lɤɯ²¹²。除了徽语以外,其他汉语方言很少说"薄"。徽语的例子:歙县:薄 pʰɔ³³。"稀"义的"薄"可视为吴语的鉴别词之一。值得注意的是江淮官话的"稀"义词。有些江淮官话方言把稀说成"栲","栲"表示薄。和吴语一样,"薄"和"稀"都用同一个词来表达。例如桐城:栲 ɕiɔ³¹。

参看《方言词汇》第 497 页、《处衢》第 290 页、《浙南闽东》第 182 页、《闽北》第 272 页、《古田》第 231 页、《处州》第 212 页。

(19)"野生的蘑菇"([词]486)

婺州方言都说"蕈"及其派生词。其他大多数吴语也用"蕈"类词。例如,上海:香蕈 ɕiã⁵⁵ziŋ⁵³ 香菇 | 宁波:香蕈 ɕiã⁴⁴dʑiŋ⁵³ | 天台:蕈 zyoŋ³⁵ | 苍南:蕈 zaŋ³⁵⁴ | 庆元:地蕈 ti²²¹ɕiəŋ²²¹。徽语亦如此。例如绩溪:香蕈 ɕiõ³³tɕʰiã²¹³ 野生香菇。虽然广西的部分方言也用"蕈"类词,但把它视为吴语和徽语的词汇特点之一应该是没有问题的。

参看《当代》第 761、762 页,《处州》第 109 页。

以上 6 条说明在南方方言里吴语和徽语的词汇较为接近。下文(21)"尿"也有同样的性质。

三　吴语和北方方言的共同词(共 3 条)

我们还可以发现除吴语以外的南方方言不太用的北方方言词。如:

(20)"眼"([词]110,《词汇》059)

婺州方言都说"眼睛"。台州片主要单说"眼",少数上丽片方言说"目睛"或"目珠"。其他吴语则都说"眼睛"。例如,上海:眼睛 ŋɛ¹¹tsiŋ⁵³ ｜桐庐:眼睛 ŋaŋ⁵⁵tɕiŋ⁵⁵ ｜宁波:眼睛 ŋɛ²³tɕiŋ³¹ ｜天台:眼 ŋE²¹⁴ ｜苍南:眼睛 ŋɔ⁴²tɕiŋ⁴⁴ ｜云和:眼睛 ŋɛ⁴⁴tʃiŋ³²⁴ ｜庆元:日珠 mʏʔ³⁴tɕye³³⁴ ｜常山:目睛 moʔ²tsiŋ⁴⁵。温州方言说"眼"[ŋa³⁴]、"眼囗珠"[ŋa³⁴leŋ¹¹tsʅ³³]或"眼乌珠"[ŋa³⁴u³²tsʅ³³]。在南方方言中,"眼睛"最集中的就是吴语,可以把它作为吴语的词汇特点之一,尽管它并不一定是吴语最古老的说法。

参看《方言词汇》第 246 页、《处衢》第 289 页、《浙南闽东》第 195 页、《闽北》第 244 页、《当代》第 851 页、《处州》第 143 页、秋谷裕幸(2000)。

(21)"尿"(参[词]139)

婺州方言都用来自"息遗切"的字。吴语一般都用"尿息遗切",与徽语和多数官话方言相同。例如,上海:尿 sʅ⁵³ ｜桐庐:尿 ɕi⁴³ ｜宁波:尿 sʮ⁵³ ｜临海:尿 ɕy³¹ ｜温州:尿 sʅ³³ ｜庆元:尿 ɕy³³⁴ ｜绩溪:尿 ɕy³¹ ｜武汉:尿 sei⁵⁵。李如龙、吴云霞(2002:54-55)认为"尿息遗切"是官话方言的特征词。除吴语和徽语以外的南方方言一般都用"尿奴吊切"。例如,娄底:尿 niʏ¹¹ ｜广州:尿 niu²² ｜厦门:尿 lio³³。"尿息遗切"是在南方方言中吴语的词汇特点之一。

参看《方言词汇》第 455 页、《当代》第 935 页、《处州》第 145-146 页。

(22)"稻"([词]269,《词汇》011)

婺州方言都说"稻",绝大多数吴语也说"稻"。徽语以及江苏和安徽的江淮官话亦如此。例如,上海:稻 dɔ¹³ ｜桐庐:稻 dɔ²⁴ ｜宁波:稻 dɔ²¹³ ｜天台:稻 dau²¹⁴ ｜温州:稻 dɜ³⁴ ｜云和:稻 dɑɔ²¹ ｜绩溪:稻 tʰʏ²¹³ ｜扬州:稻 tɔ⁵⁵。吴语的个别地方说"谷"。例如庆元:谷 kuʔ⁵。长出稻谷之后,永康也说"谷"[ku⁵⁴⁵]。除了吴语和徽语以外,南方方言一般不说"稻"。沿海闽语说"秫",其余则说"禾"。例如,长沙:禾 o¹³ ｜南昌:禾 uɔ³⁵ ｜梅县:禾 vɔ¹¹ ｜广州:禾 wɔ²¹ ｜厦门:秫 tiu³³。可见,稻说"稻"是吴语的重要词汇特点。

参看《方言词汇》第 92 页、《处衢》第 290 页、《浙南闽东》第 162-163 页、《闽北》第 277 页、《当代》第 755 页、《处州》第 103 页、秋谷裕幸(2000)。

以上"眼、尿、稻"三个吴语词表示吴语和北方方言之间的词汇交流,与其他南方方言不相同。对词源而言,(2)"儿子"也带有同样的性质。

贰 南部吴语词

婺州方言的词汇和浙江吴语尤其是台州片、瓯江片、上丽片的词汇关系密切。本书称之为南部吴语词。

419

一 南部吴语特有的词（共10条）

（23）"舌头"（[词]114,《词汇》062）

除了汤溪话说"舌头"以外，婺州方言都说"口舌"。其他吴语主要有两种说法，台州片和瓯江片说"口舌"，太湖片和上丽片则主要说"舌头"。例如，上海：舌头 zəʔ¹dɤ¹³ ｜桐庐：舌头 zəʔ¹²de³³ ｜宁波：舌头 ziɿʔ²dœɤ⁴⁴ ｜黄岩：口舌 tɕʰiɤ³¹ziɐʔ⁴ ｜苍南：口舌 kʰau⁴²ʑie²¹³ ｜云和：舌头 dʑieʔ²⁴dəu⁴²³。除了湖南、广东、广西交界的土话也说"口舌"以外，别的汉语方言一般不用这个说法，可以视为南部吴语的词汇特点之一。"舌头"乃是来自官话的说法。徽语绩溪话说"口舌"[kʰi³¹tɕʰyaʔ³²]，歙县话说"口舌"[kʰio³⁵tɕʰie³³]。那么，"口舌"和"舌头"的分布是：

A：绩溪、歙县"口舌"

B：浙江北部、西部"舌头"

A：浙江中部、东部、南部"口舌"

这是很明显的 ABA 分布，说明现在说"舌头"的上丽片方言曾经也说"口舌"。请注意，庆元等最靠近福建的上丽片单说"舌"。例如庆元：舌 tɕieʔ³⁴。这大概是比"口舌"更古老的说法。

参看《方言词汇》第 250 页、《当代》第 853 页、《处州》第 144 页。

（24）"拿"（参[词]136,《词汇》078）

杭州以北的太湖片一般都说"戳"，与赣语和一部分徽语方言相同。例如，上海：戳 tsʰoʔ⁵ ｜绩溪：戳 tsʰɔʔ³²。杭州以南吴语方言的"拿"义词则很复杂，主要说"弄""装""嬉""入"。杭州以南的太湖片多说"入"，其中甬江小片多说"嬉"。台州片说"弄"，瓯江片说"装"，婺州方言既说"弄"也说"装"，表现出它的过渡性质。参看下文伍"词汇接触"。上丽片说"戳""入""装"，也表现出它的地缘关系。例如，宁波：嬉 ɕi⁵³ ｜温州：装 tɕyɔ³³ ｜庆元：装 tɕiɔ̃³³⁴ ｜常山：入 iaʔ³⁴ ｜玉山：戳 tɕʰiʌʔ⁵。"弄"和"装"不见于其他汉语方言。关于甬江小片的"嬉"，参看（39）"玩儿游玩"。

参看《方言词汇》第 440 页、《处州》第 179 页。

（25）"蚕豆"（[词]277,《词汇》018）

除了东阳话说"罗汉豆"，义乌话说"蚕豆"以外，婺州方言都说"佛豆"。吴语中上丽片主要也说"佛豆"。例如常山：佛豆 vʌɤʔ²du²¹²。"罗汉豆"是浙江中部少数方言特有的说法。例如云和：罗汉豆 lu⁴²xuɛ⁴⁴dəu²²³。虽然江西东北角的赣语和重庆市境内的官话也说"佛豆"，在吴语里"佛豆"大致上可以视为婺州方言和上丽片的词汇特点之一。

参看《方言词汇》第 98 页、《浙南闽东》第 169 页、《当代》第 762 页、

《处州》第 108~109 页、岩田礼编（2009：178-179）。

（26）"事情"（[词]295,《词汇》120）

婺州方言都说"事干"。表示事情的词在吴语区构成了相当明显的南北对立,太湖片说"事体",其余则说"事干"。例如,上海：事体 zʅ¹¹tʰi⁵³ ｜宁波：事体 zʅ²²tʰi⁴⁴ ｜温州：事干 zʅ³¹ky²¹ ｜云和：事干 zʅ²²³kuɛ⁵⁵。别的汉语方言极少说"事干"和"事体"。据汪维辉（2006）,宁波话其实也说"事干"。宁波话的"事体"大概是从北部的太湖片引进的说法。

参看《方言词汇》第 324 页,《浙江吴语分区》第 94 页,《浙南闽东》第 171 页,《当代》第 849 页,《处州》第 138、188-189 页。

（27）"盛（~饭）"（参[词]495）

除浦江话说"兜"以外,婺州方言都说"䈬"。"䈬"在汉语方言中的分布似乎大致上限于除瓯江片以外的浙江吴语。例如,宁波：䈬 tɕi⁴⁴ ｜临海：䈬 tsʅ⁴⁴ ｜庆元：䈬 ʔdie¹¹。"䈬"很可能是"贮"的同源词。"䈬"是遇摄合口去声御韵知母 ʈiɑ 去声,"贮"则为遇摄合口上声语韵知母 ʈiɑ 上声。盛说"贮"的方言广泛分布在闽语。例如古田：贮 tyø⁴¹。可见,"䈬"和"贮"形成连续分布,表示互相之间存在共同的来源。瓯江片说"兜",例如温州：兜 tau³³。江苏、上海境内的吴语中,上海话说"盛" [zã¹³]。

参看《浙南闽东》第 172 页、《闽北》第 247 页、《古田》第 228-229 页、《处州》第 186-187 页。

（28）"嘴"（[词]508,《词汇》061）

除了金华和汤溪说"口□ bu"以外,婺州方言都说"口嘴",与丽水市境内的多数上丽片方言相同。例如云和：口嘴 kʰu⁴⁴tʃy⁵³。由于"口嘴"不见于其他方言,可以把它视为南部吴语的词汇特点之一。除甬江小片以外的浙江境内太湖片多说"嘴□ bu",后字来源未详。例如,桐庐：嘴□ tse⁵⁵bu³³ ｜绍兴：嘴□ tse³⁴bu⁵²。金华和汤溪的"口□ bu"当为"口嘴"和"嘴□ bu"的混合词。其他吴语多说"嘴"或"嘴巴"。例如,苏州：嘴 tsʅ⁵² ｜上海：嘴巴 tsʅ³³po⁵³ ｜宁波：嘴巴 tsʅ⁴⁴po³¹ ｜温州：（嘴）嘴（tsʅ⁰）tsʅ⁴⁵ ｜庆元：嘴 tsai²³。宁波话老派仍说"嘴□" [tsʅ⁴⁴bu⁴⁴]①,禽兽的嘴也说"嘴□" [tsʅ⁴⁴bu⁴⁴]。少数上丽片方言也有"喙"的说法出现,与闽语相同。例如常山：喙 tɕʰy⁵²。

参看《方言词汇》第 249 页,《处衢》第 291-292 页,《浙南闽东》第 183 页,《闽北》第 249-250 页,《当代》第 852 页,《处州》第 143 页,秋谷裕幸

---

① 汪维辉教授告知。

(2000)、秋谷裕幸、邢向东(2010)。

(29)"抓,捉(～鱼。～人)"([词]537,《词汇》131)

杭州以北的太湖片大致上说"捉"。"捉"还分布在靠近福建的少数方言中。例如,上海:捉 tsɔʔ⁵ ǀ 苍南:捉 tɕyo⁴³⁴ ǀ 庆元:捉 tɕioʔ⁵。"捉"也是除吴语和闽语以外的南方方言中分布得最广的"抓,捉"义词。浙江吴语除了大部分瓯江片说"拔"以外,基本上都说"搚"(有人写作"抲")。婺州方言也都说"搚"。例如,桐庐:搚 kʰuo⁵³ ǀ 宁波:搚 kʰo⁴⁴ ǀ 临海:搚 kʰo⁴⁴ ǀ 遂昌:搚 kʰɑ³³⁴。由于"搚"还零星地分布在江西、湖南、河南,所以目前难以决定"搚"和"捉"的先后。表示抓、捉的"搚"基本上可视为浙江吴语的词汇特点之一。

参看《浙南闽东》第190页、《处州》第183-184页。

(30)"想,思索,忖"([词]561,《词汇》153)

汤溪、浦江、义乌说"忖",永康和武义说"想",金华、东阳、磐安并用"忖"和"想"。"忖"主要分布在杭州以南的浙江省以及闽东区福宁片,基本上可以视为浙江吴语词。例如,宁波:忖 tsʰəŋ³⁵ ǀ 黄岩:忖 tsʰuəŋ⁵³ ǀ 苍南:忖 tsʰø⁴⁵⁴ ǀ 庆元:忖 tsʰã³³ ǀ 杉洋:忖 tsɔŋ²¹ 不送气音、阳平。"想"当为来自外方言的词。

参看《方言词汇》第466页、《处衢》第286页、《浙南闽东》第190-191页、《闽北》第293页、《古田》第231页、《当代》第940页、《处州》第201-202页、汪维辉(2010)。

(31)"干燥"([词]574,《词汇》180)

婺州方言都说"燥先到切"。这是浙江境内吴语的鉴别词之一。例如,桐庐:燥 sɔ⁵³ ǀ 宁波:燥 sɔ⁴⁴ ǀ 温州:燥 sɿ⁴² ǀ 云和:燥 sɑɯ⁵⁵。江苏、上海境内的吴语则说"干",显然是从官话方言引进的。例如上海:干 kø⁵³。上丽片庆元话说"燶"[tsŋ³³⁴],与赣语和客家话相同。目前无法解释其来历。

参看《方言词汇》第494页,《处衢》第286页,《浙南闽东》第168-169页,《闽北》第273-274页,《处州》第82、209-210页。

(32)"就"([词]598,《语法》024)

除了浦江话说"就"以外,婺州方言都用"便"。金华并用"便"和"就"。台州片和一部分上丽片方言也说"便"。例如,临海:便 bɿʔ²³ ǀ 云和:便 bie²²³ ǀ 庆元:便 ʔbã³¹ ~ ʔbiɛ̃³¹ ~ piɛ̃³¹。临海的读音应该是一种弱化读音,可以跟庆元的[ʔbã³¹]比较。太湖片一般都说"就",只有平湖话才说"便",说明"便"在吴语区的分布曾经比现在更广。

以10条是比较明显的南部吴语词,即,很大程度上能够满足对内一致而对外有区别的要求。

二 南部吴语和其他南方方言的共同词（共 21 条）

（33）"雹"（[词]010，《词汇》007）

金华、汤溪、浦江说"风雹"，其余则都说"龙雹"。用"风雹"的方言仅限于金华一带，当为历史很新的"雹"义词。值得我们关注的是"龙雹"。它分布在瓯江片、上丽片的少数方言、台州片的少数方言以及徽语的少数方言、闽语的闽北区和邵将区。例如，温州：龙雹 liɛ^{34}bo^{13} | 庆元：龙雹 liɔ̃^{52}poʔ^{34} | 黟县：龙雹 laŋ^{44}pau^{324} | 石陂：龙雹 lueiŋ^{33}pʰɔ^{53} | 顺昌：龙雹 liəuŋ^{33}pʰo^5。可见，"龙雹"带有较为浓厚的南部吴语、南方方言色彩。婺州方言既说"风雹"也说"龙雹"。这是在"龙雹"分布区的基础上产生了新词"风雹"的结果。金华也说"冰雹"。这是从太湖片或者江淮官话引进的说法。

参看《方言词汇》第 7 页、《浙南闽东》第 176 页、《古田》第 218 页、岩田礼编（2009：70-73）、项梦冰（2012）、项梦冰（2013）。

（34）"房子"（[词]031，参[句]05、65，《词汇》101）

婺州方言都说"屋"。除闽语以外的南方方言一般都说"屋"或以"屋"为词干。例如，绩溪：屋 vɤʔ^{32} | 长沙：屋 u^{24} | 黎川：屋 huʔ^3 | 梅县：屋子 vuk^{1}ɛ^{31} | 广州：屋 ok^5。赵日新（2002：133）认为"房子"义的"屋"是徽语的特征词。山东境内方言等一部分北方方言也说"屋"，不过，"屋"的南方方言色彩还是比较明显的。在南方方言中，吴语的情况较复杂。杭州以北的太湖片多说"房子"。例如上海：房子 βã^{11}tsɿ^{33}。杭州以南的太湖片、台州片、瓯江片则多说"屋"。例如，宁波：屋 oʔ^5 | 天台：屋 uʔ^5 | 温州：屋 ʔʊu^{323}。上丽片既说"屋"也说"戍"。例如，庆元：戍 tɕʰye^{11} | 常山：屋 oʔ^5。"戍"与闽语一致。例如古田：戍 tsʰuo^{11}。"戍"大概是上丽片固有的说法。值得我们关注的是，东阳、磐安、武义三地婺州方言家里说"戍里"，例如东阳：戍里 tsʰɿ^{33}li^{35}。说明婺州方言曾经把"房子"也说"戍"。东阳大概是"戍"的分布北限。

参看《方言词汇》第 155 页，《浙江吴语分区》第 90 页，《处衢》第 288 页，《浙南闽东》第 179 页，《闽北》第 242 页，《当代》第 811 页，《处州》第 163、223-224 页，秋谷裕幸（2000）。

（35）"人"（[词]054，《词汇》039）

除了金华话说"人"以外，婺州方言都说"农"，与沿海闽语、上丽片以及少数徽语相同。例如，福州：农 nøyŋ^{52} | 庆元：农 noŋ^{52} | 黟县：农 naŋ^{44}。《词汇卷》039 把瓯江片的形式也处理成"农"。但瓯江片的"人"义词也有可能就是"人"，因为在中古音里与"人"相配的"日"也有洪音的读音。试比较：

	中古音	温州	苍南
人	ɲiĕn 平声	naŋ³¹	naŋ³¹
日	ɲiĕt 入声	ne²¹²	ne²¹³
能	nəŋ 平声	naŋ³¹	naŋ³¹
贼	dzək 入声	ze²¹²	ze²¹³

金华话的"人"显然是从太湖片等外方言引进的。周边的方言中实际读音接近的是太湖片。例如上海：人 ɲin¹³。

参看《处衢》第283-284页,《浙南闽东》第162页,《闽北》第283页,《当代》第975-976页,《处州》第56、150页,秋谷裕幸（2000）。

（36）"妻"（[词]098,《词汇》050）

一看《词汇》050,我们马上就了解到表示"妻"的词语种类繁多而且其分布也极其复杂,常出现同时存在两三种不同说法的情况。我们在此只讨论汤溪、浦江、东阳、磐安、武义、义乌的说法,此处标作"老□ma",后字与"马"同音。"老□ma"的分布范围相当集中,除婺州方言及其周边方言以外,还分布在上丽片以及闽语闽北区、闽东区、莆仙区。例如,桐庐：老□ lɔ⁵⁵muo⁵⁵ ｜ 庆元：老□ lɒ²²¹mo²²¹ ｜ 建瓯：老□ se⁴⁴ma²¹ ｜ 古田：老□ lau⁵⁵ma⁵²。可见,"老□ma"是南部吴语色彩较浓而且与闽语有关的说法。

参看《方言词汇》第296页、《处衢》第288-289页、《浙南闽东》第163-164页、《闽北》第289页、《当代》第882-883页。

（37）"女阴"（[词]135,《词汇》077）

这个词条情况比较复杂。在此主要关注吴语中"朏"的分布。杭州以北的太湖片一般都说"屄"。除了瓯江片以外,在杭州以南的大多数吴语方言里存在着"朏"。例如,上海：屄 pi⁵³ ｜ 桐庐：朏 pʰiəʔ⁵ ｜ 宁波：朏 pʰiɿʔ⁵ ｜ 临海：朏 pʰieʔ⁵ ｜ 温州：屄 pei³³、瓯 pø⁴⁵ ｜ 苍南：瓯 pø⁴⁵⁴ ｜ 云和：朏 pʰiʔ⁵。除了永康话以外,婺州方言也都用"朏"或"老朏"。可见,"朏"分布在浙江东、中、西部,而且还延伸到徽语。例如绩溪：朏 pʰieʔ³²。赵日新（2002：134）认为"朏"是徽语的特征词。

参看《方言词汇》第256页、《浙南闽东》第186页、《闽北》第269页、《当代》第864页、《处州》第145页。

（38）"箸,筷子"（[词]180,《词汇》112）

婺州方言都说"箸"。筷子说"箸"或以"箸"为词干主要分布在瓯江片、上丽片、台州片以及闽语、广西境内的方言。太湖片则说"筷"或以"筷"为词干,和官话、徽语、赣语、客家话、湘语相同。例如,苏州：筷儿 kʰuɛ⁴⁴ŋ²¹ ｜ 上海：筷 kʰuɛ⁵³ ｜ 宁波：筷 kʰuɛ⁴⁴ ｜ 临海：箸 dzɿ¹¹³ ｜ 温州：箸

424

dzei¹¹ ｜庆元：箸 tɕye³¹。老派宁波话筷笼说"筷箸笼"[kʰue³³dzi⁴⁴loŋ⁵⁵]，说明宁波话曾经也把筷子叫作"箸"。其他方言的例子：绩溪：筷 kʰuɔ³⁵ ｜娄底：筷子 kʰua³⁵tsɿ⁰ ｜广州：筷子 fai³³tʃi³⁵ ｜古田：箸 ty²²⁴。赵日新（2002：133）认为"筷（儿）"是徽语的特征词。河北、四川二省有少数方言说"箸子"。这是古词语的残留现象。

参看《方言词汇》第 179 页、《浙江吴语分区》第 92 页、《处衢》第 285 页、《浙南闽东》第 185 页、《闽北》第 256 页、《当代》第 823 页。

（39）"玩儿游玩"（[词]400,《词汇》156）

婺州方言都说"嬉"。台州片、瓯江片、上丽片也说"嬉"。例如，临海：嬉 ɕi³¹ ｜苍南：嬉 si⁴⁴ ｜庆元：嬉 ɕi³³⁴。徽语、江西东北角的方言和湖南中部、西部的方言以及山区闽语也说"嬉"。例如，绩溪：嬉 sɿ³¹ ｜建瓯：嬉 xi⁵⁴。赵日新（2002：134）认为"嬉"是徽语的特征词。可见，"嬉"的南方方言色彩很明显。吴语中太湖片的"玩儿"义词很复杂。杭州以北一般都说"□□ bəʔ siaŋ"，甬江小片说"□□ na ɦu"（方松熹 1993：160 写作"拿话"），其他杭州以南的太湖片方言说"搞"或"嬉"。例如，上海：□□ bəʔ¹siã¹³ ｜宁波：□□ na²²ɦəu⁴⁴。宁波话性交说"嬉胚"[ɕi⁵⁵pʰiɿʔ⁵]，与江苏太湖片毗邻的江淮官话也说"嬉"，似乎表示太湖片曾经也说"嬉"。参（24）"奋"。

参看《方言词汇》第 444 页、《处衢》第 285 页、《浙南闽东》第 165 页、《闽北》第 279-280 页、《古田》第 220-221 页、《当代》第 931 页、《处州》第 202 页。

（40）"锅"（[词]460,《词汇》109）

婺州方言都说"镬"。表示"锅"义词的分布很复杂，而且在各地用"锅"义词所指的器具不一定相同。例如，福建浦城县的"鼎"和陕西韩城市的"锅"形状和大小都不一样。尽管如此，"镬"或以"镬"为词干的南方方言特点相当明显。绝大多数的吴语也说"镬"或以"镬"为词干。客家话和粤语亦如此。例如，苏州：镬子 ɦoʔ²³tsɿ²¹ ｜黄岩：镬 ɦoʔ¹² ｜温州：镬 ɦo²¹² ｜梅县：镬头 vɔk⁵tʰɛu¹¹ ｜广州：镬 wɔk²²。对吴语区而言，"镬子"和"镬"构成很清楚的南北对立。杭州以北说"镬子"，杭州以南则单说"镬"。分布与"儿子"和"儿"较为相似。参（2）"儿子"。再举几个"镬子"和"镬"的例子：上海：镬子 βoʔ¹tsɿ¹³ ｜桐庐：镬子 ɦuə²¹²tsɿ⁵⁵ ｜宁波：镬 ɦo²¹²、镬子 ɦoʔ²tsɿ³⁵ ｜苍南：镬 o²¹³ ｜云和：镬 oʔ²⁴。诸暨话说"锅镬"[ku⁵²ɦuoʔ⁴]，显然是南北吴语方言"锅"义词的合璧词。

参看《方言词汇》第 176 页、《处衢》第 285 页、《浙南闽东》第 197 页、

《闽北》第 246 页、《当代》第 822 页、《处州》第 174 页。

（41）"猪圈,猪栏"（[词]462,《词汇》028）

婺州方言都说"猪栏"。"猪圈,猪栏"义词比较复杂,在此无法展开讨论。不过,在南方方言中分布得最广的应该是"猪栏"。例如,桐庐:猪栏 tsɿ⁴³laŋ³³ ｜ 天台:猪栏 tsɿ⁵⁵lɛ²² ｜ 温州:猪栏 tsei¹¹la¹² ｜ 绩溪:猪栏 tɕy³³nɔ⁴⁴ ｜ 娄底:猪栏 tɕy⁴⁴nã³³ ｜ 梅县:猪栏 tsu⁴⁵lan¹¹ ｜ 福州:猪栏 ty⁴⁴laŋ⁵²。赵日新（2002：133）认为"猪栏"是徽语的特征词。虽然"猪栏"还在山东、湖北等北方的一部分地区也有分布,但我们仍然可以把"猪栏"视为南方方言色彩较明显的词。在吴语区,浙江中部和南部用"猪栏",上海市和浙江北部用"猪（猡）棚",江苏的吴语则用"猪圈"。例如,上海:猪猡棚 tsɿ⁵⁵lu⁵⁵bã⁵³ ｜ 苏州:猪圈 tsʅ⁴⁴dʑiø²¹。"猪圈"当为从官话方言引进的说法。

参看《方言词汇》第 166 页、《处州》第 165 页、胡海琼（2006）。

（42）"阉（公猪）"（参[词]463,《词汇》026）

婺州方言都说"羯"。其他吴语方言中,太湖片甬江小片、瓯江片、上丽片也说"羯"。例如,宁波:羯 tɕiɿʔ⁵ ｜ 苍南:羯 tɕie⁴³⁴ ｜ 云和:羯 tʃieʔ⁵。瓯江片和上丽片还说"騬"。例如庆元:騬 ʔdã³³⁴。浙江境内的太湖片和台州片说"阉"。例如天台:阉 iɛ³³。浙江境内吴语里"羯"和"阉"的分布是：

A：甬江小片"羯"

B：其他太湖片、台州片"阉"

A：婺州方言、瓯江片、上丽片"羯"

这是很明显的 ABA 分布,说明浙江境内太湖片和台州片曾经都说"羯"。"羯"还延伸到闽东区。例如古田:羯 kyøk¹。

参看《处州》第 184 页。

（43）"用毒药毒害致死"（[词]465）

婺州方言都用音韵地位与"渡"相同的有音无字。上丽片也用这个词。例如庆元:□ tɤ³¹。台州片和瓯江片也用同一类词,但音韵地位有所不同,相当于"豆"。例如,临海:□ dœ¹¹³ ｜ 温州:□ dau¹¹。前一类的说法还分布在粤语。例如广州:□ tou²²。后一类型的说法则分布在闽语。例如,古田:□ tʰau²¹ ｜ 顺昌:□ tʰai⁵¹。试比较:

	渡	毒害	豆
汤溪	du³⁴¹	du³⁴¹	dəɯ³⁴¹
永康	du¹⁴	du¹⁴	dəɯ¹⁴
庆元	tɤ³¹	tɤ³¹	tiɯ³¹
常山	duə²¹²	duə²¹²	du²¹²

临海	du¹¹³	dœ¹¹³	dœ¹¹³
温州	døy¹¹	dau¹¹	"投" dau³¹
广州	tou²²	tou²²	tɐu²²
顺昌	tʰu⁵¹	tʰai⁵¹	tʰai⁵¹

赣语黎川话说"□ hou¹³",音韵地位相当于"盗"或"号"。

参看《处衢》第285页、《浙南闽东》第193页、《闽北》第258页、《处州》第184页。

(44)"鱼鳞"([词]472)

金华和汤溪说"鱼屑",浦江、东阳、磐安、永康说"鱼鳞"或"鳞",武义则并用"鱼屑"和"鱼鳞"。鱼鳞说"鱼屑"的汉语方言较为少见,集中分布在浙江境内除瓯江片和甬江小片以外的吴语、徽语和江淮官话。例如,上海:鱼鳞爿ɦin¹¹liŋ³³bɛ³³ | 宁波:鱼鳞ɦin²²liŋ⁵³ | 温州:鳞len³¹ | 常山:鱼屑ŋə²²iẽ⁵² 。除吴语以外方言里的"鱼屑",例如,绩溪:鱼屑ȵy⁴⁴iẽi²¹³ | 桐城:鱼屑子ʅ³⁵ien³³tsʅ⁴ 。虽然鱼鳞说"鱼屑"的方言不多,但是"屑"这个语素在南方方言中分布得较广,表示痂、疤或螺蛳头上的圆盖。例如,永康话鱼鳞说"鱼鳞"[ȵy¹¹lieiŋ⁴²²],痂说"屑"[iə⁵⁴⁵];闽语闽东区周宁话鱼鳞说"鱼鳞"[ŋø²³len³²²],螺蛳头上的圆盖说"屑"[em¹¹];粤语东莞话鱼鳞说"鱼鳞"[zy²¹ŋen²¹],疤说"屑"[zin³⁵]。"屑"的原义是"蟹腹下屑"。从现在的"屑"的分布来看,"屑"的词义先引申而表示痂、疤或螺蛳头上的圆盖,然后在浙江吴语等方言中进一步引申而表示鳞(戴昭铭2006:177)。

参看《方言词汇》第85页、《处衢》第285页、《处州》第101-102页。

(45)"稻草"([词]480)

婺州方言都说"稻秆",与台州片、瓯江片、丽水市境内的上丽片相同。除沿海闽语以外的多数南方方言也说"秆"或以"秆"为词干。"秆"可以说是南方方言里十分常用的语素。太湖片则说"稻柴"或"稻草"。衢州市和江西境内的上丽片说"稿"。例如,上海:稻柴dɔ¹¹za³³、稻草dɔ¹¹tsʰɔ⁵³ | 桐庐:稻草dɔ²⁴tsʰɔ⁵⁵ | 宁波:稻草dɔ²³tsʰɔ³¹ | 天台:稻秆dau²¹kɛ³²⁵ | 温州:稻秆dɜ⁴³ky⁴⁵ | 庆元:稻秆to²²¹kuã³³ | 常山:稿kɤɯ⁵² | 娄底:秆kuẽ⁴² | 黎川:秆kon⁴⁴ | 梅县:禾秆vo¹¹kon³¹ | 广州:禾秆uɔ²¹kɔn³⁵ 。

参看《浙南闽东》第168页、《当代》第756页、《处州》第104页。

(46)"柚子"([词]498,《词汇》083)

吴语中"柚子"义词种类繁多,分布也很复杂。其他汉语方言中不存在这么复杂的局面,实属罕见,尤其是太湖片。婺州方言的"柚子"相对来说比较简单,金华、汤溪、浦江说"衫袖",东阳、义乌说"手袖",磐安、武义

说"手袖头"。永康说"手衫袖",显然是"衫袖"和"手袖"的混合词。在此我们要关注"衫袖"或"衫袖头"等"衫袖"的派生词。"衫袖"类分布在台州片、瓯江片和少数上丽片方言。例如,黄岩:衫袖 sɛ³³ʑiu³⁵ | 温州:衫袖 sa¹¹jəu⁵³ | 云和:衫袖 sã³²⁴ʑiu²²³。上丽片更常用的说法是"手袩"。例如庆元:手袩 tɕʰye³³iəŋ³³。云和、丽水等方言的"衫袖"大概是从瓯江片引进的,上丽片固有的说法应该是"手袩"或"手袩头"。"手袩"与多数闽语相同。例如石陵:手袩 ɕiu²¹ʔyiŋ²¹。松阳话的"手衫袩"[ɕiɯ³³sɔ̃²⁴ueŋ²¹]则为"衫袖"和"手袩"的混合词。总之,婺州方言的"衫袖"与台州片和瓯江片一致,而且这个说法还延伸至徽语、赣语、客家话、粤语,可视为南方方言词。例如,绩溪:衫袖 sɔ³³tsʰi²² | 南昌:衫袖 san⁴²tɕiu²¹ | 梅县:衫袖 sam⁴⁴tsʰiu⁵² | 广州:(衫)袖(ʃam⁵³)tʃɐu²²。"手袖"和"手袖头"也很少见的说法,极少出现在其他汉语当中。

参看《方言词汇》第152页,《处衢》第291页,《浙南闽东》第182-183页,《闽北》第247页,《当代》第810-811页、《处州》第61、177页,秋谷裕幸(2000)。

(47)"孙子"([词]517)和"侄子"([词]518)

浦江、东阳、永康、武义、义乌方言不分"孙子"和"侄子"都说"孙"。磐安话都以"孙"为词干。金华和汤溪则分"孙子"和"侄子",前者说"孙"或"孙儿",后者则说"侄儿",情况与绝大多数汉语方言相同。不分"孙子"和"侄子"都说"孙"也见于一部分上丽片方言,其他吴语则无。例如:

	孙子	侄子
上海	孙子 səŋ⁵⁵tsɿ³¹	阿侄 aʔ³zəʔ⁵³
宁波	孙子 səŋ⁴⁴tsɿ⁵⁵	阿侄 ɐʔ⁴dʑiɿʔ⁵
天台	孙 səŋ³³	侄佬 dʑiɿʔ²¹lau²¹⁴
温州	孙儿 sø¹¹ŋ¹²	阿侄 ʔa⁰dzai²¹²
庆元	孙儿 sã⁵⁵	孙儿 sã⁵⁵
广丰	孙 suẽ⁴⁴⁵	孙 suẽ⁴⁴⁵

闽语一般也不分"孙子"和"侄子",或用同一个词干"孙"。例如:

	孙子	侄子
厦门	孙 sun⁵⁵	孙仔 sun³³a⁵¹
古田	孙 souŋ⁵⁵	孙 souŋ⁵⁵
建瓯	孙仔 sɔŋ⁵⁴tsiɛ²¹	孙仔 sɔŋ⁵⁴tsiɛ²¹
顺昌	孙 suẽ⁴⁴	孙 suẽ⁴⁴

参看《方言词汇》第309、307页,《浙南闽东》第183页,《闽北》第250页,《当代》第887、888页,《处州》第157页。

（48）"闻（用鼻子）"（[词]546,《词汇》122）

除了金华说"闻"以外，婺州方言都用[pʰ]声母、阳声韵、阴平或阴去的词，此处标作"□ pʰen"。金华的"闻"显然是来自外方言的说法，读作[vən³¹³]。从失去了鼻音成分的声母[v]来看，这是一个很新的借词。吴语主要有三种说法。婺州方言和上丽片说"□ pʰen"，杭州以北的方言主要说"闻"，也有少数方言说"嗅香仲切"，台州片、瓯江片以及杭州以南的太湖片说"嗅香仲切"。例如，苏州：闻 mən²⁴ ｜上海：闻 mən¹³、嗅 hoŋ³⁵ ｜桐庐：闻 vən¹³ ｜宁波：嗅 ɕyoŋ⁴⁴ ｜临海：嗅 ɕyɐŋ⁴⁴ ｜温州：嗅 hoŋ⁴² ｜庆元：□ pʰoŋ³³⁴。"□ pʰen"可视为婺州方言和上丽片的共同词汇特点之一。本字很可能是"喷"。徽语也用这个说法。例如绩溪：□ pʰɑ³⁵。赵日新（2002：134）认为这个词是徽语的特征词。

参看《方言词汇》第334页，《处衢》第286页，《浙南闽东》第184页，《闽北》第250页，《古田》第226-227页，《当代》第895页，《处州》第87、201-202页，秋谷裕幸、邢向东（2010），汪维辉、秋谷裕幸（2014）。

（49）"咬"（[词]547,《词汇》127）

除了汤溪说"□ lia¹¹"，义乌说"咬"以外，婺州方言都说"啮"。除了婺州方言以外，上丽片以及江西北部、西北部的赣语、广东境内的客家话也说"啮"。例如，松阳：啮 ŋuæʔ² ｜庆元：啮 ŋuʔ³⁴ ｜南昌：啮 ŋat²¹ ｜梅县：啮 ŋat¹。除婺州方言和上丽片以外的吴语一般说"咬"。例如，苏州：咬 ŋæ³¹ ｜宁波：咬 ŋɔ²¹³ ｜黄岩：咬 ʔŋɒ⁵³ ｜温州：咬 ŋuɔ³⁴。对吴语来说，"啮"是婺州方言和上丽片的鉴别词之一。

参看第二章第一节"语音特点"[特例·韵母25]、《方言词汇》第336页、《浙南闽东》第155页、《闽北》第251页、《当代》第896页、《处州》第187页。

（50）"怕，害怕"（[词]563,《词汇》155）

婺州方言都说"惊"。浦江还并用"□ zɯ¹¹³"。"惊"与一部分上丽片方言以及闽语、粤语、广东境内客家话等南方方言相同。例如，松阳：惊 kuaŋ⁵³ ｜常山：惊 kuɪŋ⁴⁵ ｜古田：惊 kiaŋ⁵⁵ ｜广州：惊 keŋ⁵³ ｜梅县：惊 kiaŋ⁴⁴。"惊"可以说是南方方言特色较浓的词。我们要关注的是浙江境内"惊"和"吓"的分布。瓯江片、台州片、太湖片甬江小片以及一部分上丽片方言说"吓"。例如，定海：吓 hɐʔ⁵ ｜黄岩：吓 huɔʔ⁵ ｜温州：吓 ho³²³① ｜苍南：

---

① 据《方言词汇》第464页，温州也说"惊"[tɕiaŋ⁴⁴]。但郑张尚芳（2008：324）所记"惊一惊"[tɕaŋ³³ʔji⁰tɕaŋ³³]表示吃惊。

吓 ho⁴³⁴ ｜庆元：吓 xɑʔ⁵。婺州方言、一部分上丽片方言以及闽语的"惊"被瓯江片和丽水市境内上丽片的"吓"隔开，即，

　　A：婺州方言、一部分上丽片"惊"
　　B：瓯江片和丽水市境内上丽片"吓"
　　A：闽语"惊"

这构成很明显的 ABA 分布。这说明瓯江片和丽水市境内上丽片原来都说"惊"。

参看第二章第一节"语音特点"[特例·韵母34]、《方言词汇》第464页、《处衢》第292页、《浙南闽东》第161页、《闽北》第260页、《闽北》第260页、《当代》第939页、《处州》第203-204页。

（51）"饿"（参[词]589,《词汇》097）

婺州方言都说"饥"。上丽片以及闽东区福宁片、福建山区的方言、赣语、客家话、广西境内的方言、一部分粤语方言、陕西、山西、河南等地的一部分北方方言也说"饥"例如，庆元：饥 kai³³⁴ ｜杉洋：饥 kui⁴³³ ｜建瓯：饥 kyɛ²¹ ｜黎川：饥 ki²² ｜梅县：饥 ki⁴⁴ ｜西安：饥 tɕi²¹。吴语中宁波话也用"饥"[tɕi³¹]。对大多数吴语方言而言，"饥"不单说，总是出现在"肚"或"腹"的后面，例如宁波话要说"肚饥"[du²² tɕi⁵³]。这也许表示吴语的"饥"已经进入了被淘汰的过程。除婺州方言和上丽片以外的吴语多用"饿"。例如，上海：饿 ŋu¹³ ｜温州：饿 ŋai¹¹。虽然"饿"义词的分布很复杂，不过，对吴语来说，仍然能够显示婺州方言和上丽片之间的密切关系。

参看《方言词汇》第526页,《处衢》第286页,《浙南闽东》第198页,《闽北》第283页,《古田》第227页,《处州》第74、207页,汪维辉（2005）。

（52）"挑（~担）"（《词汇》133）

南方方言主要说"担"，北方方言既说"担"也说"挑"。"挑"分布在离长江比较近的方言区以及东北地区。吴语太湖片主要说"挑"，台州片和瓯江片说"担"。例如，上海：挑 tʰio⁵³ ｜宁波：挑 tʰio⁵³ ｜天台：担 tᴇ³³ ｜温州：担 ta³³。丽水市境内的上丽片也说"担"，而衢州市、江西境内的方言则说"擖"①。例如，庆元：担 ʔdɑ̃³³⁴ ｜江山：擖 gəʔ³。婺州方言亦如此，既说"擖"也说"担"。金华、汤溪、浦江、武义说"擖"，浦江、东阳、磐安、永康、义乌则说"担"。例如，武义：擖 gɤ³³⁴ ｜永康：担 nɑ⁴⁵。在吴语里挑说"擖"的方言只分布在上丽片和婺州方言。可见，"擖"是它们的词汇特点之一。需要

---

① 陈稚瑶、项梦冰（2014：124-127）认为本字为"荷"。荷,《广韵》上声哿韵胡可切："负荷也。"

指出的是闽语里也存在"撅",指用肩扛或挑担时一头沉一头空。例如,古田:撅 kiak⁵ ｜ 石陂:撅 kye⁵³。

参看第二章第一节"语音特点"[特例·韵母23]、《方言词汇》第348页、《当代》第912页、《处州》第182-183页。

(53)"错"(《词汇》190)

婺州方言都说"赚"。例如,金华:赚 dza¹⁴ ｜ 汤溪:赚 dzo³⁴¹ ｜ 永康:赚 dza¹⁴ ｜ 武义:赚 dzuo³¹ ｜ 义乌:赚 dzɔ¹³。在吴语里,"赚"还分布在台州片和瓯江片。例如,临海:赚 dzɛ¹¹³ ｜ 温州:赚 dza¹¹。沿海闽语也用"赚"表示错。例如古田:赚 taŋ²²⁴。只是闽东区福宁片多用"错"。可见,"赚"的分布和表示萝卜的"菜头"一词的分布比较一致。参看(59)"萝卜"。

参看《方言词汇》第516页、《古田》第222页、《处州》第213-214页。

以上21条的说法虽然其他南方方言也用,但是仍然能够说明南北吴语的词汇差异。南北的交界往往位于杭州,例如,(24)"贪"、(29)"抓,捉(~鱼。~人)"、(30)"想,思索,忖"、(34)"房子"、(37)"女阴"、(39)"玩儿游玩"、(40)"锅"、(48)"闻(用鼻子)"。也可以参看(62)"桌子"、(83)"梳子"、(90)"顿(一~饭)"、(93)"晚(来~了)"。这是就词汇而言的。对语音来说,杭州以北和杭州以南的太湖片之间不存在本质上的区别。吴语的词汇南北界和语音的南北界不一致。

三 婺州方言和上丽片的词汇

对词汇来说,婺州方言和上丽片之间的关系最为密切。例如,(25)"蚕豆"、(28)"嘴"、(32)"就"、(33)"雹"、(34)"房子"("庼")、(35)"人"、(36)"妻"、(43)"用毒药毒害致死"、(47)"孙子"和"侄子"、(48)"闻(用鼻子)"、(49)"咬"、(50)"怕,害怕"、(51)"饿"、(52)"挑(~担)"。也可以参看(55)"门槛儿"。与此相比,体现婺州方言和瓯江片之间词汇的密切关系的只有:(23)"舌头"、(53)"错"。而且这两个词条在台州片里的表现与瓯江片相同。对语音特点来说,婺州方言和上丽片之间的关系较为密切,而和瓯江片之间的关系较为疏远。参看第二章第一节肆的"二、婺州方言和上丽片、瓯江片"。

叁 北部吴语词

婺州方言里还存在少数不见于瓯江片和上丽片的北部吴语词。共7条。

(54)"月亮"([词]002,《词汇》002)

婺州方言都说"月亮"(除小孩的说法以外)。南方方言通常说"月光"或单说"月"。例如,黟县:月光 ŋyːe³¹koŋ³¹ ｜ 娄底:月光 ue³⁵koŋ³³ ｜ 南昌:

月光 ȵyot²¹kuoŋ⁴² ｜梅县：月光 ȵiat⁵kuoŋ⁴⁴ ｜广州：月光 yt²²kuoŋ⁵⁵ ｜福州：月 ŋuoʔ⁵。吴语在南方方言中较特殊，大多数的方言说"月亮"，只有瓯江片和一部分上丽片方言才说"月光"。例如，上海：月亮 ȵyøʔ¹liã⁷³ ｜桐庐：月亮 yəʔ¹²liaŋ²² ｜宁波：月亮 ɦyøʔ²liã³⁵ ｜黄岩：月亮 ŋɛʔ²liã⁴⁴ ｜温州：月光 ȵy⁰kuo³³ ｜常山：月光 ȵiʌʔ²tɕiõ⁴⁵。可以推测吴语原来说"月光"，后来从官话方言引进了"月亮"，婺州方言亦如此。"月亮"的扩散波还没到达最靠南的吴语方言。

参看《方言词汇》第 1 页、《处衢》第 287-288 页、《浙南闽东》第 188 页、《当代》第 726-727 页、《处州》第 123 页、岩田礼编（2009：66-69）、汪维辉（2014）。

（55）"门槛儿"（[词]040）

除武义话以外，婺州方言都说"门床"或"门床儿"，和除上丽片、台州片、甬江小片以外的大多数吴语一样。大多数北方方言以及一部分南方方言也说"门床"。武义话说"门□ dzen³³⁴"，与上丽片以及闽语、客家话、粤语的说法一致。例如，上海：门床 məŋ¹¹kʰɛ²³ ｜宁波：地伏 di²²boʔ⁴、门床 məŋ²²kʰɛ⁴⁴ ｜黄岩：地伏 dij²³bɔʔ⁴ ~ dij²³vɔʔ⁴ ｜温州：门床 maŋ⁴³kʰa⁴⁵ ｜庆元：门□ məŋ⁵²tɕyɛ̃²²¹ ｜建瓯：门□ mɔŋ²²tyıŋ⁴²。义乌话也说"地伏"[di¹³vau²]，但这不是门槛儿的意思，而是隔壁板下横木的意思。用"地伏"表示门槛儿也许是这个词义引申的结果。

参看《方言词汇》第 159 页、《处衢》第 283 页、《浙南闽东》第 180 页、《闽北》第 254-255 页、《古田》第 232-233 页、《当代》第 815 页、《处州》第 164 页。

（56）"精液"（[词]137,《词汇》075）

除了武义话说"老□油"[lɤ⁴⁴⁵puɑ⁵³iu⁴²³]以外，婺州方言都说"屎"。"屎"广泛分布于官话地区，但部分西南官话除外。徽语以及江西东南角的赣语也说"屎"。例如绩溪：屎 sã⁴⁴。赵日新（2002：134）认为"屎"是徽语的特征词。在吴语中"屎"主要分布在除甬江小片以外的太湖片，和北方方言成片。从这个分布来看，吴语的"屎"是从北方方言引进的。台州片和瓯江片多说"浆"或者以"浆"为词干，上丽片则说"屎"、"油"或者以"油"为词干。例如，崇明：屎 zoŋ²⁴ ｜桐庐：屎 zoŋ¹³ ｜宁波：卵浆 lø²³tɕiã⁴⁴ ｜温州：□浆 dai¹¹tɕi³³ ｜云和：卵油 luɛ⁴⁴iu⁴²³。瓯江片苍南话说"卵脬油"[lø⁴²pʰo⁴¹iau²²⁴]，以"油"为词干。总之，对"精液"义词而言，婺州方言与太湖片关系密切。

参看《当代》第 864 页、《处州》第 145-146 页。

（57）"解大小便"（参[词]138、139,《词汇》072）

金华、汤溪、东阳、义乌说"射"，浦江、磐安、永康、武义说"放"。除了多数江苏、上海市境内方言以外，太湖片一般都说"射"。上海市及其周边的江苏吴语既说"射"也说"□ tsʰaʔ"，此外，还有一些别的说法。"射"可视为吴语中太湖片的词汇标志。由于读音并不一定很好地与"射"对应，所以有可能另有本字。台州片和瓯江片说"□ lai"，韵母与中古歌韵对应。上丽片的情况较复杂，常用"□ lai"，此外还用"放""漏"等。例如，上海：射 za¹³、□ tsʰaʔ⁵ | 桐庐：射 dza¹³ | 宁波：射 dza²¹³ | 临海：□ la¹¹³ 阳去 | 温州：□ la¹¹ 阳去 | 苍南：□ lea²² 阳去 | 庆元：□ lo⁵² 阳平 | 云和：放 fɔ̃⁵⁵ | 常山：□ le³⁴¹ 阳平。可见，婺州方言既用北部吴语词"射"，也用独特的"放"。湘语娄邵片撒尿说"射尿"，此处也有"射"出现。例如娄底：射尿 ɕio³⁵niɤ¹¹。

参看第二章第一节"语音特点"[特例·韵母 2]，《方言词汇》第 454、455 页，《当代》第 935 页，《处州》第 62、179 页，钱乃荣（2002：116），罗昕如（2006：121）。

(58)"屁股"([词]515,《词汇》070)

除了永康话并用"尻臀"和"屁股"以外，婺州方言都说"屁股"。吴语主要有两种说法，"屁股"和"(尻)臀"。台州片、瓯江片和上丽片多说"(尻)臀"，其余则说"屁股"。例如，上海：屁股 pʰi⁵⁵ku³¹ | 宁波：屁股 pʰi⁴⁴ku⁴⁴ | 黄岩：屁股 pʰij⁵⁵ku³¹ | 温州：臀 dø³¹ | 苍南：尻臀 ku⁴² 不送气音 dø³¹ | 庆元：屁臀 kʰu²²¹tã⁵²。"尻臀"中"尻"的读音往往特殊。例如遂昌：尻臀 kʰuʔ⁵ dã²²¹。"(尻)臀"可以说是南部吴语词，"屁股"则是北部吴语词。对"屁股"义词来说，婺州方言主要用北部吴语词。温州话除了"臀"以外还说"屁股臀"[pʰei⁴²ku²¹dø²¹]，显然是南北吴语方言"锅"义词的合璧词，说明"屁股"已经开始侵入瓯江片。

参看《方言词汇》第 255 页、《处衢》第 292 页、《浙南闽东》第 173 页、《闽北》第 281-282 页、《当代》第 863 页、《处州》第 144-145 页。

(59)"萝卜"(《词汇》019)

婺州方言都说"芦菔"。例如，金华：芦菔 lɑu³³boʔ¹² | 汤溪：芦菔 lə³³pɔ²⁴ | 永康：芦菔 lɒ³³bu³²³ | 武义：芦菔 lɔʔ⁵bɔʔ³ | 义乌：芦菔 lo²¹¹bau³³⁴。"芦菔"和"萝卜"当为同一个来源的词。吴语中太湖片、衢州市境内、江西境内的上丽片也说"芦菔"，台州片、瓯江片和丽水市境内的上丽片则说"菜头"。例如，上海：芦菔 lɔ¹¹boʔ⁵³ | 桐庐：芦菔 lɔ¹³bəʔ² | 宁波：芦菔 ləu²²boʔ⁴ | 温州：菜头 tsʰe¹¹dəu¹² | 松阳：菜头 tsʰe³³de³¹ | 广丰：芦菔 lɑo²²buɤʔ²³。除闽东区福宁片以外的沿海闽语也说"菜头"。例如福州：菜头 tsʰai⁴⁴lau⁵²。从这个分布来看，"菜头"早于"芦菔"。

参看《方言词汇》第 104 页,《当代》第 762-763 页,《处州》第 105、183 页。

（60）"亮（指光线）"（《词汇》174）

汉语方言主要有三种说法。北方方言说"亮"或"明",南方方言说"光"或"亮",以前者为主,后者主要分布在吴语和湘语。吴语中瓯江片和上丽片说"光",其余则说"亮"。婺州方言也都说"亮"。例如,上海:亮 liã^{13} ｜汤溪:亮 lɤ^{341} ｜东阳:亮 liʌ^{324} ｜永康:亮 liaŋ^{14} ｜武义:亮 liaŋ^{31} ｜温州:光 kuɔ^{33} ｜庆元:光 kɔ̃^{334} ｜常山:光 tɕiõ^{45}。可见,对"亮"义词而言,婺州方言体现了北部吴语的特点。

参看《方言词汇》第 492 页、《处州》第 215 页。

以上 7 条表示北部吴语对婺州方言词汇的辐射。不过,数量远不如婺州方言里的南部吴语词,证实婺州方言词汇的南部吴语性质更突出。

肆　婺州方言词

一　婺州方言特有的词（共 16 条）

（61）"泥土"（[词]022）

大多数吴语不分干的"土"和湿的"泥",与其他南方方言相同。婺州方言主要有两种说法,"黄泥"和"糊泥"。金华、汤溪、武义说"糊泥",浦江、东阳、磐安、永康说"黄泥"。义乌话与众不同,总称说"泥"[n̠i^{213}],黄色的泥叫作"黄泥"[ɦɔŋ^{w211}n̠i^{55}],黑色的田泥则说"烂污泥"[lɔ^{13}u^{55}n̠i^{2}]。"烂污泥"有可能是"烂糊泥"。"黄泥"也好"糊泥"也好,都较少见于其他方言的说法,可视为婺州方言的词汇特点。其中,"糊泥"大概和太湖片或瓯江片的"烂糊泥"有关。例如,上海:烂糊泥 lɛ^{11}βu^{55}n̠i^{31} ｜温州:烂糊泥 la^{42}vu^{31}n̠i^{21}。多数上丽片方言单说"泥",还有一部分丽水市境内的方言说"黄泥"。例如,庆元:泥 n̠ie^{52} ｜松阳:黄泥 oŋ^{21}n̠i^{24}。

参看《方言词汇》第 34 页、《浙南闽东》第 165 页、《闽北》第 276 页、《当代》第 733 页、《处州》第 127 页。

（62）"桌子"（[词]173,《词汇》113）

金华、东阳、磐安、义乌说"柏桌"。这个说法在吴语区只有这四个方言才有,可视为婺州方言的词汇特点之一。永康说"□桌"[tsə^{44}tsuə^{545}],可能是"柏桌"的前字声母受到后字声母同化的变体。浦江说"桌□ tin^{53}",较为特殊,有可能是"桌凳"或"桌顶"。汤溪和武义说"桌",与台州片、瓯江片、上丽片的多数方言以及福建境内的多数方言相同。例如,黄岩:桌 tsoʔ^{5} ｜温州:桌 tɕo^{323} ｜庆元:桌 ʔdioʔ^{5} ｜古田:桌 tɔʔ^{1}。杭州以北的吴语及其周边的方言说"枱子"。例如上海：枱子 de¹¹tsᵻ³³。可以推测，婺州方言的"枱桌"是北部的"枱子"和南部的"桌"之间的合璧词。武义话单说"桌"[luoʔ⁵]，从声母的[l]来看，它应该是固有词。那么，"枱桌"是在单说"桌"的基础上受到北部吴语"枱子"的影响而形成的。杭州一带以及甬江小片说"桌子""桌床""桌凳"，大概是后起的说法。例如，桐庐：桌子 tɕyəʔ⁵tsᵻ⁵⁵ ｜定海：桌凳 tsoʔ⁵tɐŋ⁴。

参看《方言词汇》第 168 页、《当代》第 819 页、《处州》第 167 页。

（63）"配种用的公猪"（[词]234,《词汇》024）

婺州方言有两种说法，金华、汤溪、浦江、义乌说"猪公"，东阳、磐安、永康说"公猪"，武义并用"猪公"和"公猪"。对吴语来说，"猪公"只分布在婺州方言以及浙江境内极个别的太湖片方言，所以大致上可以把它视为婺州方言的鉴别词之一，尽管不能满足对内一致的要求。汉语方言里"配种用的公猪"的说法特别复杂。下面举出部分吴语方言的说法。例如，上海：猪郎 tsᵻ⁵⁵lã⁵³ ｜定海：牯猪 ku⁵³tsʅ⁴ ｜宁波：种猪 tsoŋ⁴⁴tsʅ⁵³ ｜天台：骚猪 sau³³tsᵻ³³ ｜温州：猪牯 tsei⁴³ku⁴⁵ ｜庆元：猪牯 ʔdo³³kuɤ³³。对吴语而言，"猪牯"可视为瓯江片和上丽片的共同词汇特点之一。

参看《方言词汇》第 56 页、《浙南闽东》第 160 页、《当代》第 777-778 页。

（64）"去年"（[词]345,《词汇》010）

除了浦江并用"旧年"和"上年"以外，婺州方言都说"上年"。除了一部分台州片方言和个别太湖片方言以外，其他吴语方言很少用"上年"而说"旧年"或"去年"。"去年"主要分布在上丽片尤其是衢州市、江西境内的方言。去年说"去年"能算吴语当中上丽片的词汇特点之一。例如，丹阳：上年 sæ⁴¹nɪ²¹ ｜上海：旧年 dʑiɤ¹¹nie⁵³ ｜宁波：旧年子 dʑiɤ²²ɲi⁵⁵tsᵻ²¹ ｜天台：上年 zɔ̃³³niɛ⁵¹ ｜温州：旧年 dʑau¹¹ɲi¹² ｜云和：旧年 dʒiu²²³nie⁴²³ ｜庆元：去年 kʰã¹¹ɲiã³³。"上年"大致上可视为婺州方言的鉴别词之一。

参看《方言词汇》第 17 页、《当代》第 738-739 页、《处州》第 129 页。

（65）"清晨"（[词]357）

婺州方言都说"五更"或"五更头"等它的派生词。《浙江吴语分区》第 24 页指出："本片①各点都说'五更'。浙江吴语中，只有丽衢片的宣平、缙云，台州片的仙居，临绍片的桐庐、富阳、诸暨等六个点与本片同。"虽然"清晨"义词相当复杂，不过，用"五更"类词的方言集中在婺州及其周边方言。例如，桐庐：早五更 tsɔ⁵⁵ŋ⁵⁵kaŋ⁴⁴ ｜宁波：五更头 ɦŋ²³kã⁴⁴dœy⁵⁵ 拂

---

① 即婺州片。

晓。我们可以把"五更"类词视为婺州方言的词汇特点之一。瓯江片和上丽片主要说"天光"或"天光早","天光"是天亮的意思。例如,温州:天光早 $t^hi^4kuɔ^{43}tsɿ^{45}$ | 庆元:天光 $t^hiã^{33}kɔ̃^{334}$。岩田礼编(2009:76)假设了"天光＞五更"的词汇替换。清晨说"五更"类词的多数方言把早饭也说"五更"([词]203)类词,不过,范围小于表示清晨的"五更"类词。婺州方言早饭也都用"五更"类词。

参看《方言词汇》第24、121页,《处衢》第289页,《浙南闽东》第186-187页,《闽北》第291页,《当代》第743-744、789-790页,《处州》第129-130、116页,岩田礼编(2009:76-79),岩田礼编(2012:114-117)。

(66)"插秧"([词]374)

除了义乌话说"种稻"[tsoŋ³³do³¹]以外,婺州方言都说"种田"。"种田"还分布在周边的吴语方言或徽语方言。例如,桐庐:种田 tɕioŋ⁵³diɛ¹³ | 宁波:种田 tsoŋ²²di²⁴ | 天台:种田 tɕyoŋ³³diɛ³³ | 绩溪:种田 tsã⁵³tʰẽi⁴⁴。以下是部分其他吴语方言的例子,上海:莳秧 zŋ¹¹iã³³ | 温州:插田 tsʰa¹¹di¹² | 常山:莳田 zə³⁴diẽ³⁴¹。可见,对吴语来说,"插秧"义词的情况相当复杂。"种田"虽然也分布在除婺州方言以外的方言,但是其分布的中心处于婺州,可视为婺州方言的词汇特点之一。

参看岩田礼主编(1995:57-59)、《处衢》第290页、《浙南闽东》第168页、《闽北》第263-264页、《当代》第923页、《处州》第182页。

(67)"捡"(参[词]388,《词汇》147)

跟其他方言区相比,吴语中的"捡"义词很复杂。其中婺州方言的"捡"义词比较简单,除浦江方言说"□yo⁴²³"以外,都说"撮"。捡说"撮"的汉语方言极少见。除了婺州方言只有一部分上丽片和太湖片甬江小片的方言。例如,宁波:撮 tsʰɐʔ⁵ | 遂昌:撮 tsʰɯʔ⁵。"捡"义的"撮"可以视为婺州方言的鉴别词之一。浦江的"□yo⁴²³"可能与一部分上丽片方言相同。例如常山:□iaʔ⁵。

参看《方言词汇》第409页、《浙南闽东》第159页、《闽北》第271页、《当代》第961页、《处州》第191页。

(68)"差,不好"([词]423)

婺州方言都用"疲"。周边的方言也有这个词出现。例如宁波:疲 ɕiɿʔ⁵。但是"疲"分布得最集中的大概就是婺州方言。把它视为婺州方言的词汇特点之一应该没有问题。以下是其他吴语的例子:上海:□□ tʰe⁵⁵pɛ⁵³ | 宁波:□□ tʰɐɪ⁴⁴pɛ⁵³ | 桐庐:□□ tʰɛ⁴³paŋ⁵⁵、□ səʔ⁵ 坏(也许是"疲") | 苍南:

□mε³¹ ｜ 庆元：□kɑ²²¹。上海等地的说法往往写作"推板"。钱乃荣（2002：107）认为"推板"是北部吴语的特征词。

参看《方言词汇》第 515 页。

（69）"蜈蚣"（[词]473）

汉语方言中表示"蜈蚣"的词极其复杂，在此主要讨论吴语中的"蜈蚣"。吴语中表示蜈蚣的词大致上可以归纳三种。江苏、上海境内的太湖片说"百脚"。一部分浙江境内的太湖片方言以及一部分江淮官话方言也用这个说法。浙江境内的太湖片、台州片以及婺州方言说"□m-蚣"。用这个说法的方言之间前字的韵母和声调不能构成规则的语音对应。瓯江片和上丽片主要说"蜈蚣"。多数方言中"蜈"的读音特殊，读同"鱼"。举一些例子，上海：百脚 pɑʔ³tɕiɑʔ⁵³ ｜ 桐庐：□蚣 moŋ³³koŋ⁴⁴ ｜ 宁波：百脚 pɐʔ⁴tɕiɛʔ² ｜ □蚣 mən²²koŋ⁵³ ｜ 绍兴：□蚣 mɪŋ²²koŋ⁵² ｜ 义乌：□蚣 mən²¹¹koŋ³³⁴ ｜ 温州：蜈蚣 ŋøy¹¹koŋ³³（"鱼"读作 [ŋøy³¹]）｜ 庆元：蜈蚣 ŋɤ¹¹koŋ³³⁴（"鱼"读作 [ŋɤ¹¹]）。"□m-蚣"大致上只分布在浙江北部和中部，其中心是婺州方言，可以把它作为婺州方言的词汇特点之一。汤溪话说"蜈蚣"[əɯ¹¹³kɑo⁰]（"鱼又读"读作 [əɯ¹¹]），是第三种说法。浦江话说"红蚣"[on²⁴kon³³⁴]，较为特殊。闽东区福州话也说"红蚣"[øyŋ⁵⁵ŋøyŋ⁵⁵]，显然是各自独立地形成的。

参看《方言词汇》第 81 页、《浙南闽东》第 172 页、《闽北》第 292 页、《当代》第 784 页、《处州》第 100 页、太田斋编（2004：93-103）。

（70）"走（~路）"（[词]534，《词汇》138）

这是构成较为明显南北对立的词条，北方方言说"走"，除北部赣语和湖南东、南、北部的方言以外，南方方言大致上说"行"。吴语的情况则与其他南方方言不太一样，表示"走"义词的种类繁多，它们的分布也很复杂。婺州方言亦如此。金华和汤溪并用"趣"和"走"，浦江说"走"，其余说"蹦"。在别的汉语方言中找不到"趣"和"蹦"，均为婺州方言的鉴别词。这两个说法大概是词汇创新的结果。例如，汤溪话动物行走说"行"[ga¹¹]，与邻近诸葛话的"走"义词"行"[gæ¹⁴]相同。"趣"则在一部分婺州方言以及邻近的方言中表示追赶。例如，桐庐：趣 biəʔ¹² ｜ 宁波：趣 biɿʔ¹² ｜ 浦江：趣 bɛ²³² ｜ 武义：趣 bəʔ³。这些都说明人行走汤溪曾经也说"行"，也说明"趣"原来是指"追赶"。

参看《方言词汇》第 363 页，《处衢》第 286 页，《浙南闽东》第 173-174 页，《当代》第 910 页，《处州》第 199 页，岩田礼编（2009：250-251），秋谷裕幸、邢向东（2010），赵日新（2013：176-182）。

（71）"湿"（[词]575）

据《方言词汇》第495页，大多数汉语方言说"湿"。特殊说法出现在沿海闽语。例如，厦门话说"澹"[tam²⁴]，福州话说"澜"[laŋ²⁴²]。"澹"和"澜"延伸至台州片、瓯江片和上丽片。例如，临海话说"澜"[lɛ¹¹³]，温州话除了"湿"以外还说"澜"[la¹¹]，云和话说"澹"[duɛ⁴²³]。婺州方言的"湿"义词较为特殊，用[tɕʰ tʃʰ]声母、入声韵、阴入调的有音无字。这有可能就是"湿"，但各地读音都与缉韵不对应而且互相之间也难以建立韵母的规则语音对应，因此本书把它处理为有音无字。丽水市境内的部分上丽片方言也有这个词。例如遂昌：□ tɕʰiaʔ⁵。这个词基本上可以认为是婺州方言的鉴别词之一，尽管具有多大的对外区别性目前还不是很清楚。

参看《方言词汇》第495页，《浙南闽东》第198页，《闽北》第274页，《古田》第222页，《处州》第126、209-210页，秋谷裕幸（2000）。

（72）"（速度）慢"（[词]583）

除金华、汤溪以外，婺州方言都用"懈"。金华说"□ ie⁵³⁵ 上声"，汤溪说"□ ie⁵² 阴去"，虽然调类不对应，但显然是同一个来源的词。汤溪和磐安也可以说"慢"。武义话里常用的是"该力"。磐安话"累，疲劳"（[词]590）说"该力"。这大概是"该力"原来的词义。汤溪话里"懈"表示缓慢、没精神，与《广韵》的"懒也。怠也。"的释义接近，应该代表了早期的词义。其他吴语一般都说"慢"，与其他大多数的方言相同。例如，上海：慢 mɛ¹³ ǀ 宁波：慢 mɛ²¹³ ǀ 温州：慢 ma¹¹ ǀ 云和：慢 mã²²³。可以推测，在多数婺州方言中，"懈"曾发生过"缓慢、没精神＞速度慢"的词义演变。从现有的材料来看，这个词义演变仅限于婺州方言。可见，"慢"义的"懈"是婺州方言的鉴别词之一。

参看《方言词汇》第510页、《处州》第216页。

（73）"拔（～萝卜）"（《词汇》130）

除东阳、磐安话以外，婺州方言都用"㧬"。例如，金华：㧬 mɑŋ⁵⁵ ǀ 浦江：㧬 mẽ⁵⁵ ǀ 永康：㧬 mai⁵⁴ ǀ 武义：㧬 ma⁵³。据《词汇》130，东阳和磐安话都用与"对"同音的有音无字，实为"劸"，调类为阴上：东阳：劸 te⁵⁵ ǀ 义乌：劸 te⁵³ 用力拉。前者也分布在婺州方言的周边方言中。例如，诸葛：㧬 pæ⁴⁵ ǀ 遂昌：㧬 piaŋ³³⁴。后者还分布在台州片仙居、黄岩话。浦江、永康、宁波话里也用"劸"，但词义有所不同：浦江：劸 ta⁵³ 双手向两边扯布、纸等 ǀ 永康：劸 ʔdəi⁵⁴⁵ 撕 ǀ 宁波：劸 tɐɪ³⁵ 使劲拉。其他汉语方言不用这两个词。可见，它们都可视为婺州方言的鉴别词。

参看第二章第一节"语音特点"[特例·韵母33]、《方言词汇》第354页、《当代》第901页、《处州》第183页。

（74）"给"（参[句]33、71、72，《词汇》151）

南方方言的"给"义词极其复杂。吴语主要也有三种说法。太湖片和台州片说"拨"，瓯江片和丽水市境内的上丽片说"乞"。例如，上海：拨 pəʔ⁵ ｜桐庐：拨 pʌʔ⁵ ｜宁波：拨 peʔ⁵ ｜临海：拨 pøʔ⁵ ｜温州：乞 ha⁴² 阴去 ｜苍南：乞 kʰe⁴³⁴ 阴入 ｜遂昌：乞 kʰaʔ⁵ 阴入 ｜庆元：乞 kʰɤ¹¹ 阴去。"拨"有可能不是本字。这个词是一个相当难得的太湖片和台州片之间大致上对内一致对外有区别的基本词。钱乃荣（2002：101）认为"拨"是北部吴语的特征词。温州话"乞"的声母 [h] 当为弱化读音。除了浦江说"担"，武义说"分"，义乌说"□ nia³³"以外，婺州方言都用与"约"或"野"同音的有音无字。虽然上丽片广丰话也用同一个来源的字，即"□ iɤʔ⁵"，但把这个词视为婺州方言的鉴别词之一应该没有问题。

参看《方言词汇》第 429 页、《浙南闽东》第 178 页、《当代》第 918 页、《处州》第 192 页、杨秀芳（2003）。

（75）"埋（把银子～在地下）"（《词汇》143）

吴语中表示埋的词特别复杂。此处不准备展开详细的讨论。除了浦江话说"□ u⁵⁵"以外，婺州方言都说"□ ən"，中古音韵地位与"恩"相同。例如，金华：□ əŋ³³⁴ ｜磐安：□ ɛn⁴⁴⁵ ｜永康：□ əŋ⁴⁵ ｜武义：□ en²⁴。少数邻近的方言也说"□ ən"。例如泰顺：□ ɑŋ⁵²³。除此以外"□ ən"完全不见于其他方言。"□ ən"大致上可视为婺州方言的鉴别词之一。台州片临海话说"□ u⁴⁴"，与浦江的"□ u⁵⁵"同源。

参看《方言词汇》第 403 页、《当代》第 909-910 页、《处州》第 181 页。

（76）"弯（路～）"（《词汇》171）

婺州方言都用"屈"（包括"屈"和"弯"的并用在内），而除了离婺州较近的少数方言以外，汉语方言极少用"屈"。可见，"屈"是婺州方言的鉴别词之一。例如，金华：屈 kʰuəʔ⁴ ｜浦江：屈 kʰuə⁴²³ ｜永康：kʰŭə⁵⁴⁵ ｜武义：屈 kʰuoʔ⁵。其他方言的例子：庆元：屈 kʰuɯʔ⁵。

参看《方言词汇》第 491 页。

以上 16 条是比较明显的婺州方言词，即，很大程度上能够满足对内一致而对外有区别的要求。

二　婺州方言和南方方言的共同词（共 4 条）

我们还可以发现，吴语中，基本上只有婺州方言才有和其他南方方言共享的一些词。如：

（77）"窗户"（[词]039，《词汇》105）

婺州方言都说"庋（门）"或以"庋"为词干。其他吴语一般不用"庋"。

439

"床"是婺州方言的词汇特点之一。语素"床"主要分布在徽语、赣语和一部分闽东区方言。例如,绩溪:床□ k^{h}ɔ^{31}t^{h}ɔʔ^{32}丨黎川:床子 k^{h}iam^{44}mɛ^{0}丨古田:床门囝 k^{h}aŋ^{11}muoŋ^{33}ŋiaŋ^{52}。吴语主要说"窗"或以"窗"为词干。例如,上海:窗 tsʰã^{53}丨桐庐:窗门 tɕʰyaŋ^{43}məŋ^{33}丨黄岩:窗门 tsʰɒ~^{33}məŋ^{51}丨温州:窗 tɕʰyɔ^{33}丨常山:窗门 tsʰɔ̃^{52}moŋ^0。据《宁波方言词典》,宁波话里"窗户"有三种说法:窗门 tsʰɔ̃^{44}məŋ^{53}、窗床 tsʰɔ̃^{44}kʰɛ^{55}、床窗 kʰɛ^{44}tsʰɔ̃^{44},此处也有"床"出现。① 由于"窗户"义词的分布极其复杂,在此不准备展开讨论。

参看《方言词汇》第 158 页、《处衢》第 288 页、《浙南闽东》第 163 页、《古田》第 232 页、《当代》第 813-814 页、《处州》第 164 页。

(78)"吃"(参[词]376,《词汇》084)

除了金华和汤溪说"吃"以外,婺州方言都说"食"。虽然上丽片开化话、太湖片嵊州、新昌话也说"食",但它基本上可以视为婺州方言的词汇特点之一。其他吴语一般都说"吃",还有一部分上丽片方言说 [t ʔd l] 声母阴入的有音无字。例如,上海:吃 tɕʰiəʔ^{5}丨桐庐:吃 tɕʰeiʔ^{5}丨宁波:吃 tɕʰyoʔ^{5}丨温州:吃 tsʰŋ^{323}丨庆元:□ ʔdiɑʔ^5。"食"主要分布在客家话、广东境内的粤语和闽语。例如,梅县:食 sət^{5}丨广州:食 ʃɪk^{2}丨厦门:食 tsiaʔ^5。这些方言和浙江中南部吴语中"吃"和"食"的分布是:

A:婺州方言"食"

B:浙江西部、南部"吃"

A:闽语、客家话、粤语"食"

这构成很明显的 ABA 分布。据此可以推测,现在说"吃"的南部吴语曾经说"食"。

参看《方言词汇》第 335 页,《处衢》第 290 页,《浙南闽东》第 157 页,《闽北》第 278-279 页,《当代》第 895-896 页,《处州》第 92、187 页。

(79)"选择,挑选"([词]390,《词汇》149)

南方方言主要用"择""拣""选"。"选"主要分布在湖南和广西。大多数吴语说"拣"。例如,上海:拣 kɛ^{55}丨宁波:拣 kɛ^{53}丨临海:拣 kɛ^{53}丨温州:拣 ka^{45}丨庆元:拣 kã^{33}。婺州方言则都说"择",这显然是吴语当中的婺州方言鉴别词。邻近的方言中徽语也说"择"。例如休宁:择 tsʰa^{35}。

参看《方言词汇》第 406 页、《当代》第 918 页、《处州》第 192 页。

(80)"睡"(参[句]38,《词汇》158)

汉语方言中"睡"义词大致上构成了南北对立,北方说"睡",南方

---

① 汪维辉教授告知,还能说"床头"。

说"睏"。绝大部分吴语方言也说"睏"。例如,上海:睏 kʰuəŋ³⁵ ｜桐庐:睏 kʰuŋ⁵³ ｜宁波:睏 kʰuəŋ⁴⁴ ｜临海:睏 kʰuəŋ⁴⁴ ｜温州:睏 kʰy⁴² ｜庆元:睏 kʰuã¹¹。主要例外出现在婺州方言。金华、汤溪、永康、武义说"睏",无异于其他吴语。东阳、磐安、义乌则说"眠"或"眠熟"。这两种说法可视为婺州方言的鉴别词之一,尽管它不能满足对内一致的要求。"眠"和"眠熟"大概和闽北区的"睡"义词有关。例如,石陂:□眠 kʰeiŋ⁵³meiŋ³³ ｜镇前:眠□ meiŋ²¹tɕʰi²¹³。"眠"或"眠熟"还可以跟武义话表示做梦的"梦眠"[mɑo²¹min³¹]比较。此外,有些吴语方言把床铺说"眠床"。例如,绍兴:眠床 mɪ²²zoŋ⁵² ｜宁波:眠床 mi²²zɔ̃⁵³。

参看《方言词汇》第 449 页,《闽北》第 266 页,《当代》第 933、821 页,《处州》第 178 页。

伍　词汇接触

地理上,婺州方言处于北部吴语分布区和南部吴语分布区的交界,所以我们在婺州方言当中能够发现南北吴语之间词汇的交叉现象。共 10 条。

(81)"擦"(参[词]387,《词汇》141)

婺州方言主要有三种说法,"擦""揩""□ kiɔ"。在此着重讨论"揩"和"□ kiɔ"在吴语区的分布。"揩"主要分布在太湖片及其周边的其他吴语,"□ kiɔ"则主要分布在台州片、瓯江片、上丽片和婺州方言,不过,离太湖片较近的方言也常有"揩"分布。例如,上海:揩 kʰɑ⁵³ ｜宁波:揩 kʰɑ⁵³ ｜温州:□ tɕiɛ⁴⁵ ｜庆元:□ tɕiɒ³³ ｜广丰:□ kiɣɯ⁵²。可以说"揩"是北部吴语词,"□ kiɔ"则为南部吴语词。宁波话擦澡说"□身"[tɕio³³ɕiŋ⁵³],前字当为"□ kiɔ"。婺州方言中"揩"分布在金华、汤溪、浦江、义乌,"□ kiɔ"分布在永康、武义,东阳并用"揩"和"□ kiɔ"。可见,婺州方言表示擦的"揩"和"□ kiɔ"体现了婺州方言的过渡性质。

参看《方言词汇》第 389 页、《闽北》第 279 页、《当代》第 899-900 页、《处州》第 180 页。

(82)"蛋"(参[词]469,《词汇》031)

金华、浦江、武义说"卵",其余则都说"子"。吴语有三种说法:"蛋""子""卵"。"蛋"主要分布在太湖片的北部,"卵"主要分布在瓯江片、上丽片以及闽语、湖南南部、广西北部。例如,上海:蛋 dɛ¹³ ｜宁波:蛋 dɛ²¹³ ｜温州:卵 laŋ³¹ ｜庆元:卵 ləŋ²²¹ ｜古田:卵 louŋ²²⁴。闽语一般都说"卵",从这个情况来看,"卵"可视为闽语的鉴别词之一。"子"则分布在浙江中部的吴语(包括一部分上丽片方言在内)。例如,桐庐:子 tsɿ⁵⁵ ｜嵊县

（以"鸡蛋"为例）：鸡子 tɕi⁵²tsŋ³³ ｜天台：子 tsŋ³²⁵ ｜遂昌：子 tsɤ⁵²。安徽的宣州片、赣语、徽语等。湖南东南部也有"子"分布。例如绩溪：子 tsŋ²¹³。婺州方言分布在浙江中部，而既说"卵"也说"子"，很清楚地体现了它的过渡性质。永康话蛋说"子"，未下的蛋则说"卵"，说明永康话蛋原来说"卵"。

参看第二章第一节贰"韵母的特点"十二·5，《方言词汇》第 86 页，《浙江吴语分区》第 91 页，《处衢》第 291 页，《浙南闽东》第 160-161 页，《闽北》第 259 页，《当代》第 797 页，《处州》第 78、94-95 页，范常喜（2006）。

（83）"梳子"（[词]504，《词汇》116）

吴语中"梳子"的说法很复杂。杭州以北的太湖片说"木梳"，杭州以南的太湖片说"木梳""掠子""梳"等，台州片、瓯江片、上丽片一般都说"头梳"。"头梳"还延伸至闽东区和闽北区。例如，上海：木梳 moʔ¹sŋ¹³ ｜桐庐：木梳 mə¹²ɕy⁴⁴ ｜宁波：梳 sŋ⁵⁵、木梳 moʔ²sŋ³⁵ ｜温州：头梳 dəu¹¹sŋ³³ ｜庆元：头梳 tɯ⁵²sɤ³³⁴。对"梳子"义词来说，婺州方言是整个吴语的缩影。金华、浦江说"掠儿"，汤溪说"掠"，与杭州南边的太湖片相近。例如桐庐：掠头liʌʔ¹²de³³ 齿较疏的木梳。东阳说"木梳"，与大多数太湖片一样。磐安、永康则说"头梳"，与台州片、瓯江片、上丽片相同。武义的说法较特殊，说"梳掠"，当为"掠（儿）"和"头梳"的混合词。这种复杂局面很清楚地说明婺州方言的过渡性质。

参看《方言词汇》第 194 页、《浙南闽东》第 164 页、《闽北》第 289 页、《处州》第 168 页。

（84）"肚子"（[词]513，《词汇》069）

婺州方言有三种说法："肚徒古切""肚徒古切皮""□u 肚当古切"。"肚徒古切皮"主要分布在太湖片和婺州方言，基本上可以视为太湖片的鉴别词，婺州方言的"肚皮"当为其延伸。例如，上海：肚皮 du¹¹bi⁵³ ｜桐庐：肚皮 du²⁴bi³³ ｜宁波：肚皮 du²³bi³¹。"肚徒古切"主要分布在瓯江片及其周边的少数方言，可视为南部吴语词。例如，温州：肚 døy³⁴ ｜泰顺：肚 dʉ³³。婺州方言既有"肚皮"也有"肚"，体现了它的南北吴语之间过渡的性质。"□u 肚当古切"仅在永康和武义分布。值得关注的是端母的"肚"，因为表示肚子的词里用端母的"肚"主要见于闽语、赣语、湘语和少数上丽片方言。例如，古田：腹肚 puk³tu⁵² 上声 ｜潮州：肚 tou⁵³ 阴上 ｜江山：腹肚 poʔ⁵tuə²⁴³ 阴上。由于《词汇》069 不分这两种"肚"，所以"肚当古切"的分布情况目前还不太清楚。不过，它无疑带有较为浓厚的南方方言的色彩。永康和武义的"□u 肚当古切"应该和这些南方方言的形式有关。需要指出的是，这两个方言"肚脐"（[词]514）都说"肚脐"，此处用的是"徒古切"的"肚"。

参看《方言词汇》第 254 页、《处衢》第 292 页、《浙南闽东》第 157 页、《闽北》第 259-260 页、《古田》第 225-226 页、《当代》第 862 页、《处州》第 144 页、秋谷裕幸（2000）。

（85）"骂"（[词]555，《词汇》126）

婺州方言磐安、东阳话说"謈"，其余则说"骂"。除了磐安、东阳以外，瓯江片、太湖片甬江小片以及多数上丽片方言也说"謈"。例如，定海：謈 zoʔ¹² ｜温州：謈 zo²¹² ｜庆元：謈 soʔ³⁴。太湖片苏沪嘉小片嘉定话也说"謈"[zoʔ¹²]。这是早期词语的残留现象。除了吴语以外，没有"謈"出现，可见"謈"是吴语的鉴别词之一。"骂"应该是从官话等外方言引进的新词。婺州方言既说"謈"也说"骂"。浦江骂说"骂"，但无中生有地骂却说"謈"。这些都说明"骂"正在侵入婺州原来的"謈"分布区，体现了婺州方言的过渡性质。台州片用与众不同的词，值得注意。例如，临海：□ tøʔ⁵ ｜黄岩：□ tɔʔ⁵。

参看《方言词汇》第 415 页、《当代》第 920 页、《处州》第 197 页。

（86）"哭"（[词]556，《词汇》125）

吴语主要有三种说法，"哭""叫""啼"。"哭"主要分布在太湖片、台州片、瓯江片。例如，上海：哭 kʰoʔ⁵ ｜桐庐：哭 kʰuəʔ⁵ ｜宁波：哭 kʰoʔ⁵ ｜黄岩：哭 kʰɔʔ⁵ ｜温州：哭 kʰu³²³。"啼"则分布在靠近闽语区的上丽片方言。例如常山：啼 die³⁴¹。"叫"的分布较特殊。上丽片主要说"叫"。例如，松阳：叫 iɔ²⁴ ｜庆元：叫 iŋ¹¹。宁波话小孩哭闹说"叫"[tɕio⁴⁴]。婺州方言既说"哭"也说"叫"。金华、汤溪、磐安说"哭"，永康、武义说"叫"。浦江、东阳大人哭说"哭"，小孩哭则说"叫"。说"叫"的吴语都在浙江境内，它大致上带状纵贯着省中央，两侧都是"哭"。这个分布情况与"脖子"义词较为相似。参看（14）"脖子"。除了这些吴语方言以外，客家话也说"叫"。例如梅县：叫 kiau⁵²。

参看《方言词汇》第 414 页、《处衢》第 292 页、《浙南闽东》第 194 页、《闽北》第 287 页、《古田》第 230 页、《当代》第 919-920 页、《处州》第 201 页、秋谷裕幸（2000）。

（87）"要"（参[句]09、67，《词汇》152）

吴语有三种说法，"要""爱""乐"。太湖片、台州片和少数瓯江片方言说"要"，与大多数汉语方言相同。例如，上海：要 iɔ³⁵ ｜桐庐：要 iɔ⁵³ ｜定海：要 iɔ⁴⁴ ｜黄岩：要 ʔiɔ⁴⁴。瓯江片主要说"爱"，与闽东区福宁片和广东境内的多数方言相同。例如，温州：爱 i⁴² ｜梅县：爱 ɔi⁵² ｜周宁：爱 ɔi⁵⁵。丽水市境内的上丽片方言说"乐"。例如，松阳：乐 ŋɔ¹³ ｜庆元：乐 ŋɔ³¹。衢州市和江西的上丽片方言则用别的说法。例如，常山：□ lɔ²⁴ ｜广丰：□ sɑɔ²⁴。婺州方言既说"要"也说"乐"。东阳、磐安、永康、武义说"乐",金华、汤溪、浦江、义乌说"要"。婺州方言的固有说法当为"乐","要"则为来自北部吴语。表"要"义的词很清楚地体现了北部吴语和南部吴语之间过渡的婺州方言特点。

参看《方言词汇》第470、471页,《处衢》第293页,《浙南闽东》第175页,《闽北》第274-275页,《当代》第942页,《处州》第90、205页。

（88）"小"（参[句]10,《词汇》160）

金华、东阳、磐安、义乌说"小",其余则说"细"。汉语方言主要有两种说法,北方的"小"和南方的"细"。吴语中,太湖片说"小",与大多数北方方言相同,台州片、多数上丽片方言以及一部分婺州方言说"细"。瓯江片很特殊,说"琐",这是瓯江片的鉴别词之一。例如,上海:小 siɔ^{55}｜桐庐:小 çiɔ^{55}｜宁波:小 çio^{35}｜温州:琐 sai^{45}｜云和:细 sɿ^{55}｜庆元:细 çie^{11}。对吴语而言,婺州方言是"小"和"细"的交界。此外,太湖片也有"细"零星的分布。不过,这并不一定是古吴语词的残留,因为"小>细"的更替完全可以各自独立地发生。

参看《方言词汇》第476页、《处衢》第293页、《闽北》第284页、《处州》第208页。

（89）"盖子"（《词汇》115）

东阳、磐安、永康用以"罱"为词干的说法,其他婺州方言都说"盖"。例如,永康:罱儿 kəŋ^{54}｜汤溪:盖 ke^{52}｜东阳:罱儿 kɤn^{55}｜义乌:盖儿 ke:n^{334}。汤溪话盖围墙说"罱"[kai^{535}]。吴语中,太湖片说"盖"或以"盖"为词干,台州片、瓯江片和上丽片则说"罱"。"罱"还延伸至少数闽北区方言以及闽东区福宁片的方言。例如,上海:盖头 ke^{33}dɤ^{53}｜宁波:盖头 ke^{44}dœɤ^{55}｜临海:罱 kəŋ^{53}｜温州:罱 kaŋ^{45}｜庆元:罱 kəŋ^{33}｜周宁:罱 kam^{11}｜政和:罱 keuŋ^{213}。可见,婺州方言既有南部吴语的说法也有北部吴语的说法。

参看《方言词汇》第393页、《当代》第835页。

（90）"顿（一~饭）"（《词汇》201）

这个词条大致上构成了南北对立。北方方言说"顿",大多数南方方言说"餐"。南方方言中,闽语说"顿"。吴语的情况比较复杂。杭州以北的太湖片说"顿",与北方方言相同,杭州以南的太湖片说"餐"。例如,上海:顿 təŋ^{35}｜定海:餐 tsʰɛ^{44}。台州片、瓯江片和丽水市境内的上丽片说"厨",这是完全不见于其他方言的词。例如,温州:厨 dzɿ^{31}｜云和:厨 dʒy^{423}。甬江小片宁波话的老派也说"厨"[dzʉ^{213} 阳去]。衢州市和江西境内的上丽片方言以"顿"为主,也有少数方言说"餐"。例如广丰:顿 tuẽ^{424}。婺州方言既说

444

"餐"也说"厨"。汤溪、武义、磐安说"厨",金华、浦江、东阳、永康、义乌说"餐"。例如,汤溪:厨 dzi¹¹ | 金华:餐 tsʰɑ³³ | 义乌:餐 tsʰɔ³³。表"顿"义的词也体现了婺州方言的过渡性质。

参看《处州》第 140 页。

傅国通（1985/2010:12）曾指出:"婺州片是上述几片之间的语言过渡区片。"此处"上述几片"是指台州片、处州小片、衢州小片、徽语严州片和临绍片。以上 10 条最能说明婺州方言的这种过渡性质。可以说,方言之间的接触对婺州方言的历史起到了很重要的作用。

陆　其他

以下 5 条是不属于以上类型的词条。

（91）"东西"（[词]296,《词汇》119）

婺州方言都说"东西（儿）"。吴语主要有两种说法,上海和江苏的太湖片以及台州片、瓯江片说"物事",其余则说"东西（儿）"。例如,上海:物事 məʔ¹zṛ¹³ | 宁波:东西 toŋ⁴⁴ɕi⁵³ | 黄岩:物事 mɤʔ²zṛ¹³ | 温州:物事 ʔmø⁴³zṛ²² | 云和:东西 noŋ⁴⁴sṛ³²⁴。徽语也说"物事"或单说"物"。例如,绩溪:物事 mɤʔ³²sṛ²² | 休宁:物 mɤ³⁵。吴语里表"东西"义的词分布是:

A:江苏、上海"物事"

B:浙江北部、中部、西部"东西（儿）"

A:浙江南部"物事"

这是很明显的 ABA 分布。据此可以推测吴语原来都说"物事",后来从北方进来"东西",原来的"物事"只保存在周边的地区。上丽片庆元话也说"物事"[mɤʔ³³sɤ³³⁴]。这是在上丽片里还没有被"东西"更替的幸存者。婺州方言都经历了"物事＞东西"的词汇演变。"东西"义词在吴语的分布与（94）"穿（衣服）"义词的分布较为相似。"江苏、安徽→杭州→宁波"应该是官话方言侵入吴语区的路线之一。

参看《方言词汇》第 324 页,《处衢》第 285 页,《浙南闽东》第 171 页,《闽北》第 291 页,《当代》第 818-819、1101,钱乃荣（2002:127）。

（92）"看"（[词]383,《词汇》121）

婺州方言都说"望"。吴语主要有五种说法:太湖片主要说"看",婺州方言和台州片说"望",瓯江片说"覷",衢州市、江西境内的上丽片主要说"□ tsʰoʔ",丽水市境内的上丽片则多说"望"和"相",太湖片甬江小片的少数方言也说"相"。例如,上海:看 kʰø³⁵ | 宁波:相 ɕiã⁴⁴ | 黄岩:望 mɒ̃¹¹³ | 温州:覷 tsʰṛ⁴² | 云和:相 ʃiã⁵⁵ | 常山:□ tsʰoʔ⁵。虽然"望"的南部吴语色

彩比较明显，但是少数太湖片也用"望"。例如桐庐：望 moŋ²⁴。龙游话看说"觑"[tɕʰi⁵²]。那么，浙江中、南部吴语方言中"觑"和"望"的分布是：

A：龙游"觑"

B：婺州方言"望"

A：瓯江片"觑"

这构成很明显的 ABA 分布。从这种分布来看，婺州方言大概"看"曾经说"觑"。如果这样，目前婺州方言眯眼看说"觑"（如永康 [tɕʰi⁵⁴]），金华话把"试试看"（参 [词]58）的"看"说"觑"[tsʰi⁰]，都是早期"觑"的残迹。

参看《方言词汇》第 333 页、《浙南闽东》第 178 页，《闽北》第 264-265 页，《当代》第 895 页，《处州》第 80、200-201 页。

（93）"晚（来～了）"（[词]436，《词汇》183）

南方方言主要有两种说法，"迟"和"晏"。吴语亦如此，杭州以北的吴语说"晏"，杭州以南则多说"迟"。例如，上海：晏 ɛ³⁵ ｜桐庐：迟 dzɿ¹³ ｜宁波：晏 ɛ⁴⁴ ｜天台：晏 ᴇ⁵⁵ ｜苍南：迟 dzɿ³¹ ｜云和：迟 dzɿ⁴²³。婺州方言中金华、汤溪、武义说"迟"，表现出浙江中南部吴语的特点。浦江则说"晏"，与杭州以北的方言一致。值得注意的是东阳、磐安、永康的"慢"。这显然是词汇创新的结果。邻近的缙云、宣平二地也说"慢"。福建也有用"慢"的方言。例如古田：慢 meiŋ²²⁴。这应该是平行演变的结果，吴语和闽语里用"慢"表示晚的现象并不追溯到共同的来源。①

参看《方言词汇》第 513 页、《处州》第 211-212 页。

（94）"穿（衣服）"（[词]500，参《词汇》079）

汤溪和武义说"着"，金华并用"着"和"穿"，其他方言都说"穿"。汉语方言里主要有三种说法："穿""着""□ʃyŋ"。"□ʃyŋ"是闽语的鉴别词，来源未详。例如，古田：□ syŋ²²⁴ ｜顺昌：□ ʃəuŋ⁵¹。"穿"主要分布在官话和湘语，"着"则为除闽语以外的南方方言词。目前"穿"正在侵入南方方言区。湘语大概原来说"着"，不过它已经被"穿"取代了。大多数吴语说"着"，不过浙江中部的方言却说"穿"。从分布来看，它应该来自安徽省的方言。例如，上海：着 tsɑʔ⁵ ｜诸暨：穿 tsʰɤ⁻⁴⁴ ｜桐庐：着 tsʌʔ⁵ ｜宁波：穿 tsʰɤ⁵³ ｜临海：着 tɕiɐʔ⁵ ｜温州：着 tɕa³²³ ｜庆元：着 ʔdʑɤʔ⁵。吴语里表"穿"义的词分布是：

A：江苏、浙江北部"着"

B：浙江中部"穿"

---

① 日语不分"晚"和"慢"，都说"おそい"[o so i]。

A：浙江南部"着"

这构成很明显的 ABA 分布。据此可以推测，吴语原来都说"着"。关于这个分布，参看（91）"东西"。

参看《方言词汇》第 374 页、《处衢》第 286 页、《浙南闽东》第 172-173 页、《闽北》第 248 页、《当代》第 930 页、《处州》第 179 页。

（95）"胡子"（[词]507）

吴语主要有五种说法：(a)"胡子"、(b)"胡须（sy）"、(c)"胡须（su）"、(d)"胡须（siu）"、(e)"牙须"。"胡须（su）"和"胡须（siu）"后字"须"的读音都是吴语特有的读音，不见于其他汉语方言。太湖片用（a）、（b）、（c）和（e），往往并用几种不同的说法。例如，嘉定话并用（a）、（b）和（e）：(a) 胡子 ɦu²⁴tsʅ²¹ ｜ (b) 胡须 ɦu²²sy⁵³ ｜ (e) 牙须 ŋᴀ²²sy⁵³。上海话并用（a）和（c）：(a) 胡子 βu¹¹tsʅ⁵³ ｜ (c) 胡须 βu¹¹su⁵³。定海话并用（b）和（e）：(b) 胡须 ɦu²²sʅ⁵³ ｜ (e) 牙须 ŋo²²sʅ⁵³。常熟话说"牙须"[ŋa²⁴siɤɯ³¹]，较特殊（郑伟 2013：84）。"胡子"大概是来自北方方言的新说法。瓯江片用（b）。例如苍南：胡须 u¹¹sy⁴⁴。上丽片用（a）、（b）、（c）和（d），其中（a）很少用。例如，云和：(b) 胡须 u²²³ʃy³²⁴ ｜ 遂昌：(c) 胡须 uɤ²¹suɤ⁵⁵ ｜ 常山：(d) 胡须 uə²²ɕiu⁴⁵。婺州方言则一律使用（c）。专用"胡须（su）"可视为婺州方言的词汇特点之一。

参看第二章第一节"语音特点"[特例·韵母 6]、《方言词汇》第 251 页、《浙南闽东》第 173 页、《闽北》第 248-249 页、《当代》第 853-854 页、《处州》第 143 页、郑伟（2013：81-89）。

柒 婺州方言词汇的内部差异

本书第二章第一节根据语音特点把婺州方言分成四类，即：a. 金华、汤溪（兰溪亦属此类），b. 东阳、磐安、义乌，c. 永康、武义，d. 浦江。

对词汇特点来说，最容易能看出来的是浦江话的特殊性。例如，（16）"猴子"说"猴口 dɯ¹¹³"，（17）"茄子"说"茄菜"，（27）"盛（~饭）"说"兜"，（32）"就"说"就"，（62）"桌子"说"桌口 tin⁵³"，（67）"捡"说"口 yo⁴²³"，（69）"蜈蚣"说"红蚣"，（70）"走（~路）"说"走"，（74）"给"说"担"[nã⁵³⁴]，（75）"埋"说"口 u⁵⁵"以及"儿媳妇"（[词]088）说"新口 lu²⁴³"，"多少"（[词]328）说"多少"。作为婺州方言，使用这些词语很特殊。可见，语音也好，词汇也好，浦江话是最特殊的婺州方言。

金华话和汤溪话共享几个词汇特点。例如，（28）"嘴"说"口口 bu"，（47）能分"孙子"和"侄子"，（70）"走"可以说"趋"，（72）"（速度）

慢"不说"僈"而说"□ie",(78)"吃"说"吃"。此外,金华、汤溪和义乌(24)"禽"说"弄",金华、汤溪和浦江(33)"雹"说"风雹",金华、汤溪和武义(44)"鱼鳞"说"鱼屑",金华、汤溪和浦江(46)"袖子"说"衫袖",金华、汤溪和武义(61)"泥土"说"糊泥",金华、汤溪和磐安(86)"哭"说"哭",也值得注意。当然,金华话和汤溪话都具有自己独特的词汇特点。金华话(35)"人"说"人",(48)"闻(用鼻子)"说"闻","躲藏"([词]538)说"躲"或"藏",作为婺州方言显得很特殊。汤溪话(5)"左手"说"细手",(15)"右手"说"大手",(23)"舌头"说"舌头",(49)"咬"说"□lia¹¹",(69)"蜈蚣"说"蜈与'鱼'同音蚣","浮萍,藻"([词]489)说"浮皮",都与其他婺州方言不相同,表现出汤溪话词汇的特殊性。

永康话和武义话共享的词语:(10)"打架"说"相打",(30)"想,思索,忖"说"想",(84)"肚子"说"□u肚当古切",(86)"哭"说"叫","老头儿,老头子"([词]060)说"老成人","没有,无"([词]419)说"呐","系(鞋带)"([词]502)说"结"。此外,永康、武义和东阳(81)"擦"说"□kiɔ"也值得注意。武义话(55)"门槛儿"说"门□dzen³³⁴",这是吴语当中上丽片的鉴别词之一。(56)"精液"不说"屎",而说"老□puɑ⁵³油",以"油"为词干,亦与上丽片一致。"剪刀"([句]71)说"铰剪"则与上丽片和瓯江片的多数方言相同。永康(58)"屁股"可以说"尻臀","臀"也见于瓯江片和上丽片。此外,永康把"家里"([句]05、65)说"阁头"。这是一个很特殊的说法。

东阳、磐安和义乌三地具有一定程度排他性的共同词语不多见。最显著的大概是(80)"睡"说"眠"或"眠熟"。义乌话表示(66)"插秧"的"种稻"也很特殊。不过,我们也看不出这三个方言词汇方面很大的差异。

总之,对词汇而言,我们能观察到与语音特点大致上平行的婺州方言内部差异。当然,本节所做的只不过是一个初步的探索,今后需要增加词条而进行更详细的分析。

第二节 词汇对照

1.本节收词汇条目600个,以对照表的形式排列。所收条目包括:

①中国社会科学院语言研究所1955年编印的《方言调查词汇手册》第1~17部分的词条。原文共约320条,为了适应婺州方言的具体情况,这里

对个别词条做了删改。

②丁声树、李荣先生1956年编的《汉语方言调查简表》贰"词汇语法部分"有，而《方言调查词汇手册》未收的词条，共6条。

③由曹志耘执笔拟订的"新安江流域语言文化综合调查研究"计划用于调查乡镇方言的调查表里的词条。原表共184条，其中有50多条是跟《方言调查词汇手册》相同的。

以上共计454个条目，大致按《方言调查词汇手册》的顺序排列。条目及其编号与《严州方言研究》《徽州方言研究》完全相同。

④为了编写《吴语处衢方言研究》，秋谷裕幸和曹志耘补充了146个条目（即455~600条），集中排在以上条目的后面。本书所收600个条目及其编号与《吴语处衢方言研究》完全相同。

2. 一个条目如果有好几个对应的方言词，大致按常用程度的高低逐个排列。这几个方言词在使用特点上如有不同，就在右下角用小字注明。其中：

多　表示该说法常用

旧　表示是旧说法

新　表示是新说法

孩　表示是小孩的说法

婉　表示是委婉的说法

贬　表示是含贬义的说法

3. 方言词中的圆括号"（　）"表示里面的字可说可不说。

4. 方言词如有其他意义和用法，因版式所限一般不再说明，少量必要的说明也用小字写在方言词的右下角。

5. 一个条目在方言里如果没有对应的词语，就用"（无）"注明。

6. 音标注在方言词的下面。为简明起见，有又读、异读的字一般只注实际口语里常见的一读。声调只在音标的右上角标实际调值，而不管它是单字调还是连读调。有关的单字调和连调规律可参看第二章"语音"，但有些词语尤其是三音节以上词语的连读调超出了一般的连调规律。

7. 其他体例参看本书"前言"部分。

婺州方言词汇义类索引

本索引的分类依据《金华方言词典》（曹志耘著，江苏教育出版社，1996年）。"1.1 太阳001"表示本书词汇001条"太阳"见于《金华方言词典》的"壹　天文（1）日、月、星"类，依此类推。《金华方言词典》里未收的条目，排在相应的大类之后，前面标"*"号。

449

壹 天文

1.1 太阳 001

1.1 月亮 002

1.1 星星 455

1.2 打雷 003

1.2 闪电 004

1.2 下雨 005

1.2 刮风 011

1.2 虹,彩虹 456

1.3 下雪 007

1.3 雪化了 008

1.3 冻冰 009

1.3 雹 010

贰 地理

2.3 出龙,山洪暴发 006

2.3 凉水 023

2.3 热水 024

2.4 灰尘 020

2.4 石灰 021

2.4 泥土 022

2.4 煤 025

2.4 煤油 026

2.4 锡 027

2.4 磁铁 028

2.5 乡村,乡下 029

2.5 胡同 030

2.5 地方 297

叁 时令 时间

3.2 端午 012

3.2 中秋 013

3.2 阴历除夕 014

3.2 正月初一 015

3.3 今年 343

3.3 明年 344

3.3 去年 345

3.3 往年（过去的几年）346

3.5 今日 347

3.5 明日 348

3.5 后日 349

3.5 大后日 350

3.5 昨日 351

3.5 前日 352

3.5 大前日 353

3.5 上午 354

3.5 下午 355

3.5 中午 356

3.5 清晨 357

3.5 白天 358

3.5 傍晚 359

3.5 晚上 360

3.5（天）黑 457

3.6 时候 298

3.6 什么时候 361

3.6 现在 592

肆 农业

4.1 粪池,粪坑 046

4.1 室外蓄粪便的缸或桶 047

4.1 便桶（无盖的,较大）049

4.1 插秧 374

4.1 车水（一种农事）375

4.1 撒播稻种 477

4.1 割稻 478

4.1 簸（粮食）479

4.2 撮或簸东西用的簸箕 181

4.2 挑东西用的簸箕,有梁 182

4.2 笤帚 183

4.2 水碓 186

4.2 犁 194

4.2 连枷 195

4.2 收割稻子等时脱粒用的木桶 196
4.2 晒粮食用的大竹席 197
4.2 笋 198
4.2 帮助挑担用的棍子 199

伍　植物

5.1 粮柜 200
5.1 麦 268
5.1 稻 269
5.1 稻谷 270
5.1 大米 271
5.1 小米儿 272
5.1 玉米 273
5.1 高粱 274
5.1 向日葵 278
5.1 白薯 285
5.1 马铃薯 286
5.1 荸荠 289
5.1 藕 292
5.1 稻草 480
5.1 稻穗 481
5.1 稗子 482
5.1 苎麻 483
5.1 菜梗 484
5.2 大豆 275
5.2 豌豆 276
5.2 蚕豆 277
5.2 洋葱 279
5.2 蒜 280
5.2 菠菜 281
5.2 洋白菜 282
5.2 西红柿 283
5.2 茄子 284
5.2 辣椒 287
5.3 乌桕树 293
5.4 橄榄 288

5.4 核桃 290
5.4 栗子 291
5.4 瓠子（圆筒形，皮淡绿色，果肉白色，可做蔬菜。蒲瓜）487
5.5 杜鹃花 294
5.5 野生的蘑菇 486
5.5 青苔 488
5.5 浮萍 489
5.5 植物的刺 490
* 蕨（嫩叶供食用，根茎可制淀粉）485

陆　动物

6.1 公猪 233
6.1 配种用的公猪 234
6.1 母猪 235
6.1 公牛 236
6.1 母牛 237
6.1 马 238
6.1 驴 239
6.1 公狗 240
6.1 母狗 241
6.1 猫 242
6.1 公鸡 243
6.1 母鸡 244
6.1 阉（猪，牛，鸡）463
6.1 鸡嗉子 468
6.1 鸡下蛋 469
6.1 孵（小鸡）470
6.2 鸟儿 245
6.2 麻雀 246
6.2 蝙蝠 249
6.2 雁 250
6.2 燕子 251
6.2 乌鸦 252
6.2 老虎 253
6.2 狼 254

6.2 猴子 255

6.2 蛇 256

6.2 老鼠 258

6.2 蝌蚪 265

6.2 蟾蜍 266

6.2 鸟的窝 466

6.2 胗，鸟类的胃 467

6.3 蝉，知了 247

6.3 蝴蝶 248

6.3 蜥蜴 257

6.3 蚯蚓 259

6.3 蚂蚁 260

6.3 马蜂 261

6.3 苍蝇 262

6.3 蚊子 263

6.3 孑孓 264

6.3 蜘蛛（结网的那种）267

6.3 蜈蚣 473

6.3 蟑螂 474

6.3 虱子 475

6.3 虱子的卵 476

6.4 鳝鱼 471

6.4 鱼鳞 472

柒　房舍

7.1 房子（全所的）031

7.1 屋子，房间 032

7.1 正房 033

7.1 厢房 034

7.1 堂屋（正房里放八仙桌的那间）035

7.1 梯子（可移动的）459

7.2 马头（防火墙的头）037

7.2 门楼（大门上方的建筑）038

7.2 窗户 039

7.2 门槛儿 040

7.2 椽子 458

7.3 厨房 041

7.3 灶 042

7.3 烟囱 044

7.3 厕所 045

7.3 棚子，茅棚（野外的）050

7.3 凉亭 051

捌　器具用品

8.1 凳子 171

8.1 桌子 173

8.1 抽屉 174

8.2 马桶（有盖的，较小）048

8.2 放在床前的长条形矮凳 172

8.2 烤火取暖用的火盆（外架内盆）184

8.2 烘篮（篮形）185

8.3 火柴 177

8.3 抹布 178

8.3 羹匙，匙子 179

8.3 箸，筷子 180

8.3 甑子 201

8.3 捞饭用的笊篱 202

8.3 泔水 232

8.3 锅 460

8.3 柴 461

8.4 锤子，钉锤 188

8.4 绳子 189

8.4 锯子 491

8.5 手巾，毛巾 167

8.5 肥皂 168

8.5 脸盆 169

8.5 洗脸水 170

8.5 图章（统称）175

8.5 糨糊 176

8.5 晒衣服用的竹竿 190

8.5 东西 296

玖 称谓

9.1 人 054
9.1 男人 055
9.1 女人 056
9.1 小孩儿 057
9.1 男孩儿 058
9.1 女孩儿 059
9.1 老头儿，老头子 060
9.1 单身汉 061
9.1 老姑娘，老处女 062
9.1 乞丐 067
9.2 农民 063
9.2 工匠，匠人（统称）064
9.2 医生 065
9.2 厨师 066
9.2 事情 295
9.2 工作 306
9.2 和尚 519

拾 亲属

10.1 父亲（面称）068
10.1 父亲（背称）069
10.1 母亲（面称）070
10.1 母亲（背称）071
10.1 爹妈（合称）072
10.1 祖父（面称）073
10.1 祖母（面称）074
10.1 曾祖父（面称）075
10.1 曾祖母（面称）076
10.1 伯父（面称）081
10.1 伯母（面称）082
10.1 叔父（面称）083
10.1 叔母（面称）084
10.1 外祖父（面称）085
10.1 外祖母（面称）086
10.1 舅（面称）091

10.1 舅母（面称）092
10.1 姑（面称）093
10.1 姨（面称）094
10.2 哥（面称）077
10.2 弟（背称）078
10.2 姐（面称）079
10.2 妹（背称）080
10.2 弟兄（总称）095
10.2 姊妹（总称）096
10.2 夫 097
10.2 妻 098
10.3 儿子 087
10.3 儿媳妇 088
10.3 女儿 089
10.3 女婿 090
10.3 孙子 517
10.3 侄子 518

拾壹 身体

11.1 头 106
11.1 脸 107
11.1 额 108
11.1 鼻子 109
11.1 眼 110
11.1 眼珠儿 111
11.1 耳朵 112
11.1 嘴唇 113
11.1 舌头 114
11.1 脖子 115
11.1 头发 506
11.1 胡子 507
11.1 嘴 508
11.1 牙齿 509
11.1 喉咙 510
11.2 胳膊 116
11.2 左手 117

11.2 右手 118
11.2 手指 119
11.2 大拇指 120
11.2 食指 121
11.2 中指 122
11.2 无名指 123
11.2 小拇指 124
11.2 指甲 125
11.2 腿 128
11.2 膝盖（指部位）129
11.2 乳房 130
11.2 肛门 131
11.2 阴茎 132
11.2 阴囊 133
11.2 睾丸 134
11.2 女阴 135
11.2 性交（动宾）136
11.2 精液 137
11.2 相当于"他妈的"的口头禅 141
11.2 肩,肩膀 511
11.2 跰子,老茧 512
11.2 肚子 513
11.2 肚脐 514
11.2 屁股 515
11.3 斗,圆形的指纹 126
11.3 箕,簸箕形的指纹 127
11.3 声音 300

拾贰　疾病　医疗

12.1 病了 142
12.1 吃中药 147
12.1 看病 159
12.1（病）轻了 160
12.1 用毒药毒害致死 465
12.1 懒惰 591
12.2 拉肚子 143

12.2 发疟子 144
12.2 中暑 550
12.2 发抖（冷的时候）551
12.3 蚊子咬成的疙瘩 145
12.3 疖子 146
12.4 瘸子 148
12.4 驼子 149
* 疼 588

拾叁　衣服穿戴

13.1 衣服 162
13.1 袖子 498
13.1 短裤 499
13.2 斗笠（竹篾夹箬或油纸制成）161
13.3 雨伞 193
13.4 围裙 163
13.4 涎布,围嘴儿 164
13.4 尿布 165
13.4 汤布（男人劳动时擦汗等用的长布条）166

拾肆　饮食

14.1 早饭 203
14.1 午饭 204
14.1 点心（中晚饭之间的一顿饭）205
14.1 晚饭 206
14.2 大米饭 207
14.2 泡饭 208
14.2 炒米（名词）218
14.2 糍粑 219
14.2 上一顿剩下的饭 496
14.3 面条儿 209
14.3 面粉 211
14.3 馒头 212
14.3 包子 213
14.3 馄饨 214

14.3 饺子 215

14.3 馃（一种圆饼形面食）216

14.3 油条 217

14.5 粉条儿 210

14.5 菜（饭菜的菜）220

14.5 干菜 221

14.6 醋 222

14.6 酱油 223

14.6 芝麻油 224

14.6 猪油 225

14.6 盐 226

14.6 酱（统称）227

14.6 味道, 滋味 301

14.6 气味 302

14.6 颜色 303

14.7 白酒 228

14.7 黄酒 229

14.7 江米酒 230

14.7 开水（喝的）231

拾伍 红白大事

15.1 订婚 099

15.1（男子）娶媳妇 100

15.1（女子）嫁人 101

15.1 新娘 102

15.1 传袋（新郎新娘从传递的麻袋上进入洞房）103

15.1 招男子来家结婚落户 104

15.1 生小孩儿 105

15.1 胎盘 516

15.2 死了 150

15.2 报丧 151

15.2 吃丧宴 152

15.2 葬 153

15.2 坟墓 154

15.2 用竹篾和纸扎成的灵屋 155

15.2 在坟上挂纸 156

15.2 年龄 305

15.3 过年之前房子里掸尘 016

15.3 吃年夜饭 017

15.3 谢年（过年之前摆设福礼祭祀神佛祖先）018

15.3 大年初一早晨的开门仪式 019

15.3 灶王爷 043

15.3 祠堂 052

15.3 庙 053

15.3 问巫婆（一种迷信活动）157

15.3 为受惊吓的小孩招魂 158

拾陆 日常生活

16.1 穿（衣服）500

16.1 脱（帽）501

16.1 系（鞋带）502

16.2 吃饭 376

16.2 喝茶 377

16.2 煮（鸡蛋）494

16.2 盛饭 495

16.2 肚子饿 589

16.3 拉屎 138

16.3 撒尿 139

16.3 放屁 140

16.3 洗脸 378

16.3 洗澡 379

16.3 梳子 504

16.3 梳头 505

拾柒 讼事（略）

拾捌 交际

18 没关系, 不要紧 382

拾玖 商业 交通

19.1 油坊 187

455

19.1 杀猪 464

19.1 锯（木头）492

19.2 欠（~他十块钱）391

19.2 做买卖 392

19.4 自行车 191

19.4 轮子 192

贰拾　文化教育

20.4 画儿 413

贰拾壹　文体活动

21.1 玩儿 400

21.1 捉迷藏（一人蒙眼逮人）401

21.1 一些人先躲藏起来，一个人去找 402

21.1 老鹰捉小鸡（儿童游戏）403

21.1 跳房子（儿童游戏）404

21.1 拾子儿（儿童游戏）405

21.1 翻绳变花样（儿童游戏）406

21.1 划拳 407

21.1 猜谜 411

21.1 民间故事 412

21.2 下棋 567

21.4 舞龙灯 408

21.4 阁（抬着游行的演戏的台子）409

21.4 演唱莲花落 410

贰拾贰　动作

22.1 看 383

22.1 遇见 384

22.1 遗失，丢 385

22.1 找着了 386

22.1 擦掉 387

22.1 捡起来 388

22.1 提起（用手）389

22.1 选择，挑选 390

22.1（用秤）称 393

22.1 收拾（东西）394

22.1 对（往酒里~水）395

22.1 放（~桌子上）396

22.1 休息 397

22.1 打盹儿 398

22.1 摔，跌 399

22.1 有 418

22.1 没有，无（动词）419

22.1 砍（树，柴）493

22.1 剪（布）503

22.1 站，立，徛 527

22.1 斜靠，倚，隁 528

22.1 蹲 529

22.1 趴 530

22.1 躺倒 531

22.1 跳 532

22.1 跨 533

22.1 走（~路）534

22.1 跑（慢慢儿地走，别~！）535

22.1 逃（抓住他，别让他~走！）536

22.1 抓，捉（~鱼。~人）537

22.1 躲藏（他~在床底下）538

22.1 藏放（把钱~起来）539

22.1 掏（用手）540

22.1 扔（球）541

22.1 抱（小孩儿）542

22.1 拿（他手里~着一把刀。他~来两个苹果）543

22.1 掐（用指甲）544

22.1 擤（~鼻涕）545

22.1 闻（用鼻子）546

22.1 咬 547

22.1 吮吸 548

22.1 哭 556

22.1 裂，开裂 564

22.1 着火 566

22.2 知道 414

22.2 懂了 415

22.2 留神,小心 416

22.2 挂念 417

22.2 忘了 560

22.2 想,思索,忖（～一～）561

22.2 不知道 562

22.2 怕,害怕 563

22.3 谈天儿 380

22.3 不说话,不言语 381

22.3 争吵,吵嘴 552

22.3 打架 553

22.3 打（～得很疼）554

22.3 骂（～得很难听）555

22.3 叫（～他一声儿）557

22.3 告诉（你～他一声儿）558

22.3 说（～话）559

* 接吻 549

贰拾叁　位置

23 上座（面对大门的座位）036

23 上头 362

23 下头 363

23 左边 364

23 右边 365

23 中间 366

23 里面 367

23 外面 368

23 前边 369

23 后边 370

23 旁边 371

23 附近 372

贰拾肆　代词等

24 我 307

24 你 308

24 他 309

24 我们 310

24 咱们 311

24 你们 312

24 他们 313

24 大家 314

24 自己 315

24 这个 316

24 那个 317

24 哪个 318

24 谁 319

24 这里 320

24 那里 321

24 哪里 322

24 什么 323

24 为什么 324

24 做什么,干什么 325

24 怎么 326

24 怎么办 327

24 多少 328

24 什么地方 373

贰拾伍　形容词

25 美,漂亮 421

25 丑 422

25 差,不好 423

25 要紧 424

25 热闹 425

25 坚固,牢固 426

25 肮脏 427

25 咸 428

25 淡（不咸）429

25 稀（粥太～了）430

25 稠（粥太～了）431

25 肥（指动物）432

25 胖（指人）433

25 瘦（不肥,不胖）434
25 舒服 435
25 晚（来~了）436
25 乖（小孩儿~）437
25 顽皮 438
25 凸 439
25 凹 440
25 发霉 497
25 厚 568
25 薄 569
25 宽 570
25 窄 571
25 歪,不正（帽子戴~了）572
25 斜,不直（线画~了）573
25 干燥 574
25 湿 575
25 （天气）热 576
25 （天气）冷 577
25 （东西）热,烫 578
25 （东西）凉 579
25 暖和 580
25 凉快 581
25 （速度）快 582
25 （速度）慢 583
25 （刀子）快 584
25 （刀子）不快 585
25 （东西）破 586
25 痒 587
25 累,疲劳 590

贰拾陆　副词　介词等

26 没有,未（副词）420
26 和（我~他）441
26 被（~贼偷走了）442
26 从（~哪儿来。~今天起）443

26 替（~我写封信）444
26 拿（~毛笔写字）445
26 故意（~捣乱）446
26 刚（~来）447
26 刚（~合适）448
26 幸亏 449
26 净（~吃米,不吃面）450
26 不 452
26 别,不要（副词）453
26 只（我~有一块钱）593
26 还（我~有十块钱）594
26 又（他~生病了）595
26 都（他们~去了）596
26 也（我~去）597
26 就（我马上~去）598
26 反正（你吃了饭再去吧，~还来得及）599
26 如果（~下雨,我就不去）600

贰拾柒　量词

27 一位客人 329
27 一双鞋 330
27 一张席 331
27 一床被 332
27 一辆车 333
27 一把刀 334
27 一管笔 335
27 一块墨 336
27 一头牛 337
27 一口猪 338
27 一只鸡 339
27 一条鱼 340
27 去一趟 341
27 打一下 342
27 一棵树 520

27 一块田 521

27 一所房子 522

27 一间屋子，一个房间 523

27 一层砖（房子上的）524

27 大拇指和食指或中指伸张的长度 525

27 两臂向左右伸张的 526

贰拾捌　附加成分等

28 的 454

贰拾玖　数字等

29（三千）上下，（三千）左右 451

叁拾　其他

30 原因 299

30 相貌 304

30 裂缝儿 565

	金华	汤溪	浦江
001 太阳	日头 ȵiəʔ²¹diu¹⁴ 日头孔 ȵiəʔ²¹tiu³³kʰoŋ⁵³⁵	日头孔 ȵiei¹¹təɯ³³kʰɑo⁵³⁵	日头孔 ȵiə¹¹dʏ¹¹kʰon⁵³ 日头 ȵiə²⁴dʏ¹¹³
002 月亮	月亮 ȵyʏ⁵⁵liaŋ¹⁴	月亮 ȵiʏ¹¹lʏ³⁴¹	月亮 ȵyi¹¹lyõ²⁴
003 打雷	打天雷 taŋ⁵⁵tʰia³³lɛ⁵⁵	天雷鼓响 tʰie³³lɛ³³ku⁵³⁵ɕio⁵³⁵	敲天雷 kʰo⁵⁵tʰiã⁵⁵la³³⁴
004 闪电（名词）	火闪 xuʏ⁵³ɕyʏ⁵⁵	火闪 xuʏ⁵²ɕie⁵²	霍闪 xua⁵⁵sɛ̃⁵⁵
005 下雨	落雨 loʔ²¹y⁵³⁵	落雨 lo¹¹i¹¹³	落雨 lo¹¹y²⁴³
006 出龙,山洪暴发	出蜃 tɕʰyəʔ²ʑyəŋ¹⁴	出龙 tɕʰiʏ⁵⁵lao⁰	出蜃 tɕʰyə⁵⁵ʒyən⁰
007 下雪	落雪 loʔ²¹sie⁵⁵	落雪 lo¹¹sie⁵⁵	落雪 lo¹¹si⁵³
008 雪化了	雪烊了 sie⁵⁵iaŋ³¹lə¹⁴	雪烊罢 sie⁵⁵io¹¹ba¹¹³	雪烊去啊 si⁴²³yõ¹¹i¹¹ia⁰
009 冻冰	结冰 tɕie⁵⁵piŋ³³⁴	冻冰 nao³³mei²⁴	冻冰 tən⁵⁵pin³³⁴
010 雹	风雹 foŋ³³boʔ²¹² 冰雹 piŋ³³boʔ²¹²	风雹 fao³³po²⁴	风雹 fon⁵⁵bo³³⁴
011 刮风	起风 tɕʰi⁵⁵foŋ³³⁴	起风 tɕʰi⁵²fao²⁴	起风 tʃʰi³³fon⁵³
012 端午	端午 tʏ³³ŋ⁵³⁵	端午 nʏ³³ŋ¹¹³	端午 tã³³n²⁴³
013 中秋	八月半 pʏɐ⁵⁵ȵyʏ⁵³pʏ⁵⁵	八月半 po⁵²ȵiʏ¹¹mʏ⁵²	中秋 tɕyon⁵⁵tʃʰiʏ³³⁴

460

东阳	磐安	永康	武义
热头（孔）	日头	热头	日儿头
ɲiəʔ²dɤɯ⁵⁴（kʰom⁴²³）	ȵiɛ²⁴dəɯ³⁴³	ɲiə³³dəɯ³³	nen⁴⁴⁵dɑo⁴²³
月亮	月亮	月亮	月亮
ȵiʉoʔ²liʌ⁵⁴	ȵye²⁴liŋ³⁴³	ɲyə³³liaŋ¹⁴	ȵye⁵³liaŋ³¹
响雷公	响雷公	响雷公	响雷公
ɕiʌ³³le¹¹kom⁵⁴	ɕiŋ⁴³⁴lei²¹kɑom⁵²	xiaŋ⁴²ləi³³kɔŋ⁴⁵	ɕiaŋ⁵³la¹¹kɔŋ⁵³
火闪	霍闪	霍闪	霍闪
xʊ⁴⁴⁵si⁵⁴	xuɛ⁵⁵ʃie⁵²	xuɛ⁴⁴ɕiə⁵⁴	xuo⁵³ɕie⁵³
落雨	落雨	落雨	落雨
luoʔ²iʉ³⁵	luə²⁴y⁴³⁴	lɒ³³y³²³	lao⁵³y³³⁴
出虿	拨＝洪射	出虿	蛤蟆阵
tsʰɜʔ⁵zən³²⁴	pɛ⁴³ɑom²¹dzua¹⁴	tɕʰy̌ə⁴zəŋ³²³	ua⁴⁴⁵mua¹¹dzen³¹
落雪	落雪	落（白）雪	落雪
luoʔ²sɜʔ⁴⁵	luə²⁴ʃye⁴³⁴	lɒ³³（bai）ɕiə⁵⁴⁵	lao⁵³ɕieʔ⁵
雪烊落去哇	雪烊罢	雪烊去咩	雪烊掉罢
sɜʔ⁴⁵iʌ³¹lɜʔ²kʰəɯ⁴²ua⁰	ʃye⁴³⁴iŋ²¹ba²⁴⁴	ɕiə⁵⁴⁵iaŋ³³kʰəɯ⁴²mia⁰	ɕieʔ⁵iaŋ⁴²die³¹ba⁰
起冻	结冰	冻嘞咩	结冰□也指"结冰柱"
tɕʰi³³tom⁴²³	tɕiɛ⁴³pɐn⁴⁴⁵	nɔŋ⁵³ləi⁰mia⁰	tɕie⁵³min²¹²taŋ⁵³
结冰			
tɕiəʔ⁵pən⁴⁴⁵			
龙雹	龙雹	龙雹	龙雹
lom¹¹bouʔ³²⁴	lɑom²¹bʌo²¹³	lɔŋ³³buə³²³	lɔŋ⁴⁴⁵buo³³⁴
起风	起风	起风	起风
tɕʰi³³fom⁴⁴⁵	tɕʰi⁴³fɑom⁴⁴⁵	kʰi⁴²fɔŋ⁴⁵	tɕʰi⁵³fɔŋ²⁴
端午	端午	端午	端午
tɤ³³n³⁵	tɤ³³n⁴³⁴	ʔdɤ⁴⁵ŋ³²³	nɤ⁴⁴⁵n³³⁴
八月半	中秋	八月十五	八月半
puoʔ⁵ȵiʉoʔ³⁵pɤ⁰	tsɑom³³tʃʰiɤɯ⁵²	ʔba⁴⁴ɲyə⁴⁴sə⁴⁴ŋ³²³	pua⁴⁴⁵ȵye⁵³muo⁵³

		金华	汤溪	浦江
014	阴历除夕	三十夜 sa³³ʑiəʔ²¹ia¹⁴	三十夜 so³³ʑiɛ¹¹ia³⁴¹	三十夜 sã³³zə³³iɑ⁵⁵ 年夜 ɲiã²⁴iɑ²⁴
015	正月初一	年初一 ɲia³³tsʰu³³iəʔ⁴	正月初一 tɕiai³³ɲiʏ¹¹tsʰu³³iei⁵⁵	正月初一 tsin⁵⁵ɲyi³³tsʰu⁵⁵iə⁴²³
016	过年之前房子里掸尘	掸墭尘 ta⁵⁵boŋ³¹dʑiŋ¹⁴ 掸尘 ta⁵⁵dʑiŋ³¹³	掸墭尘 no⁵²bao¹¹³dʑiai⁰	掸墭尘 tã³³bon³³dzən²⁴³
017	吃年夜饭	吃隔岁 tɕʰiə⁴kəʔ⁴sɛ⁵⁵	封年 fao²⁴ɲie⁰	食年饭 zɛ¹¹ɲiã²⁴vã⁰
018	谢年 （过年之前摆设供品祭祀神佛祖先）	谢年 sia⁵⁵ɲia³¹³	谢年 zia¹¹³ɲie⁰	谢年 ʒia¹¹ɲiã²⁴³
019	大年初一早晨的开门仪式	开门 kʰɛ³³məŋ³¹³	开门 kʰɛ²⁴mai⁰	（无）
020	灰尘	墭 oŋ⁵³⁵ 墭尘较大 boŋ³¹dʑiŋ¹⁴	墭 ao⁵³⁵ 墭尘较大 bao¹¹³dʑiai⁰	灰尘 xua⁵⁵dzən¹¹³ 墭头 on⁵⁵dʏ⁵⁵ 墭尘较大 bon²⁴dzən¹¹³
021	石灰	石灰 ʑiəʔ²¹xui⁵⁵	石灰 za¹¹³xuɛ⁰	石灰 zɛ²⁴xua⁰
022	泥土	糊泥 u⁵³ɲie¹⁴	糊泥 u¹¹³ɲiɑ⁰~u¹¹³ɲie⁰	黄泥 õ²⁴ɲi¹¹³
023	凉水	冷水 naŋ⁵³ɕy⁵³⁵	冰农个水 mei²⁴nao⁰kə⁰ɕiei⁵³⁵	冷水 lẽ¹¹ʃy⁵³ 冰农水冰凉的水 pin³³nən³³ʃy⁵³

东阳	磐安	永康	武义
三十夜	三十（日）夜	三十日夜	三十日夜
sʌ³³zʒʔ³iɑ⁵⁴	sɒ³³zɛ²⁴（nɛi²⁴）iɑ³⁴³	sɑ⁴⁴sə⁴ȵiě⁴iɑ¹⁴	suo⁴⁴⁵səʔ⁵nə⁵iɑ³¹
年初一日	年初一	年初一	年初一
ȵi¹¹tsʰu³³iəʔ⁵nei²³²⁴	ȵie²¹tsʰu³³iɛ⁴³⁴	ȵiɑ³³tsʰu³³iə⁵⁴⁵	ȵie⁴⁴⁵tsʰu⁴⁴⁵iəʔ⁵
掸尘	掸尘	掸尘	掸尘
tʌ³³dzən³¹²	nɒ⁴³dzɐn²¹³	ʔdɑ⁴²dzəŋ³³	nuo⁵³dzen⁴²³
食年夜饭	食年夜饭	隔岁	食隔岁
zeiʔ²ȵi¹¹iɑ¹¹vʌ⁵⁴	zɛi²¹ȵie²¹iɑ²¹vɒ³⁴³	kai⁴⁴ɕiə⁵⁴	ɕiəʔ⁴ka⁵³ɕie⁵³
谢年祭神佛	谢佛	谢年	谢年
ʑiɑ¹¹ȵi³¹²	ʒiɑ²⁴vɛ²¹³	ʑiɑ¹¹ȵiɑ³³	ʑiɑ³³ȵie⁴²³
拜太公祭祖先			
pɑ³³tʰɑ³³kom⁴²³			
开门	开门	开门	开门
kʰe³³mən³¹²	kʰei³³mɐn²¹³	kʰəi⁴⁵məŋ⁴³³	kʰɑ⁴⁴⁵men⁴²³
墫尘	墫尘	墫尘	塕
bom¹¹dzən⁵⁴	baom²¹dzɐn³⁴³	bɑŋ¹¹dzəŋ⁴²²	ɔŋ⁴⁴⁵
塕较小的灰尘	塕较小的灰尘	塕较小的灰尘	
om⁵⁵	ɑom⁴³⁴	ɔŋ⁵⁴⁵	
石灰	石灰	石灰	石灰
zeiʔ²xue⁴⁴⁵	zɛi²⁴xuei⁴⁴⁵	zəi³³xuəi⁴⁵	ɕiəʔ⁵xui²⁴
黄泥	黄泥	黄泥	糊泥
ʌ¹¹ȵi⁵⁴	ɒ²¹ȵi³⁴³	uaŋ¹¹ȵiə⁴²²	u³³ȵie⁴²³
冷水	冷水	冷水	冷水
lɛ³⁵sʅ⁰	lɛ⁴³ʃy⁴³⁴	lai¹¹ɕy⁵⁴⁵	na⁵³ɕy⁴⁴⁵
		冰农个水	
		mieiŋ⁴⁵nɔŋ⁴³³kuə⁰ɕy⁵⁴⁵	

463

	金华	汤溪	浦江
024 热水	热水 n̠ie⁵³ɕy⁵³⁵ 汤 tʰaŋ³³⁴	烫农个水 tʰo²⁴nao⁰kə⁰ɕiei⁵³⁵ 汤 tʰo²⁴	热水 n̠i¹¹ʃy⁵³ 烫农水烫的水 tʰõ³³nən³³ʃy⁵³
025 煤	煤 mɛ³¹³	煤 mɛ¹¹	煤 ma¹¹³
026 煤油	洋油 iaŋ³¹iu¹⁴	洋油 io¹¹³iɯ⁰	洋油 yõ²⁴iɤ¹¹³
027 锡	锡 siəʔ⁴	锡 sei⁵⁵	鑞 lua²³²
028 磁铁	吸铁石 ɕiəʔ⁴tʰia⁵⁵ziəʔ²¹²	吃铁石 tɕʰiei⁵²tʰia⁵²ziɛ¹¹³	磁铁 zɿ¹¹tʰia⁴²³
029 乡村,乡下	乡头 ɕiaŋ³³tiu⁵⁵	乡下地方 ɕio³³uo¹¹di¹¹fao⁵²	乡下 ʃyõ³³ia²⁴³
030 胡同	弄堂 loŋ⁵³daŋ¹⁴	弄堂 lao¹¹³do⁰	弄堂 lən¹¹dõ²⁴³
031 房子 （全所的）	屋 oʔ⁴	屋 ɔ⁵⁵	屋 ɯ⁴²³
032 屋子,房间	房间 vaŋ³¹ka⁵⁵	房 vao¹¹	屋 ɯ⁴²³
033 正房	（无）	（无）	堂头 doŋ²⁴dɤ¹¹³
034 厢房	厢 siaŋ³³⁴ 厢房 siaŋ³³faŋ⁵⁵	侧屋 tɕiɛ⁵²ɔ⁵⁵	边间 piɛ̃⁵⁵kã³³⁴

东阳	磐安	永康	武义
热水	热水	热水	汤
ȵiəʔ³⁵sʅ⁰	ȵiɛ²⁴ʃy⁴³⁴	ȵiə³³ɕy⁵⁴⁵	tʰaŋ²⁴
热汤	汤	汤	
ȵiəʔ²tʰʌ⁴⁴⁵	tʰɒ⁴⁴⁵	tʰaŋ⁴⁵	
		烫农个水	
		tʰaŋ⁴⁴nɔŋ³³kuə⁰ɕy⁵⁴⁵	
煤	煤	煤	煤
me³¹²	mei²¹³	məi³³	ma⁴²³
洋油	洋油旧	洋油	洋油
iʌ¹¹iɯ⁵⁴	iɒ²¹iɯ³⁴³	iaŋ¹¹iɐɯ⁴²²	iaŋ²¹iu³¹
	煤油		
	mei²¹iɯ³⁴³		
鑞	锡	鑞	锡
luoʔ³²⁴	sɛi⁴³⁴	la³²³	ɕiəʔ⁵
吸铁石	吸铁石	吸铁石	吸铁石
ɕiəʔ⁵tʰiəʔ⁵zei⁴⁵	ʃiɛ⁴³tʰia⁴³zei²¹³	xĭɐ⁴tʰiɑ⁴⁴zɐi³²³	ɕiəʔ²⁴tʰia⁵³ʑiəʔ³
磁铁			
zʅ¹¹tʰiəʔ⁴⁵			
乡下儿	乡下儿	乡下	乡下
ɕiʌ³³uon⁴⁵	ɕiɒ³³uən¹⁴	xiaŋ⁴⁵ɑ³²³	ɕiaŋ⁴⁴⁵ua³³⁴
弄堂儿	弄堂	巷	墙弄
lom³⁵dʌn³³⁵	laom²⁴dɒ²¹³	aŋ¹⁴	ʑiaŋ²¹lɔŋ³¹
屋	屋	屋	屋
ouʔ⁴⁵	ʌo⁴³⁴	u⁵⁴⁵	ɔʔ⁵
房间	房间	房间	房
vʌ¹¹kʌ⁵⁴	vɒ²¹kɒ⁵²	vaŋ³³ka⁴⁵	vaŋ⁴²³
大房	正屋	大房	大房
du³⁵vʌ⁵⁵	tsɐn³³ʌo⁴³⁴	duə¹¹vaŋ³³	duo³³vaŋ⁴²³
厢屋	厢屋	边间	厢头
ɕiʌ³³ouʔ⁴⁵	ʃiɒ³³ʌo⁴³⁴	ʔbiə⁴⁴ka⁴⁵	ʑiaŋ²¹²tɑo⁵³
厢房		边厢	
ɕiʌ³³vʌ⁵⁴		ʔbiə⁴⁴ɕiaŋ⁴⁵	

	金华	汤溪	浦江
035 堂屋（正房里放八仙桌的那间）	堂前 daŋ³¹zia¹⁴ 中央间 tɕioŋ³³iaŋ³¹ka⁵⁵	中心间 tɕiao³³sei²⁴kuo⁰ 中央间 tɕiao³³io²⁴kuo⁰	中间 tɕyon⁵⁵kã³³⁴
036 上座（面对大门的座位）	上横头 ɕiaŋ⁵⁵uaŋ³¹diu¹⁴	上横头 ʑio¹¹ua¹¹³dɯ⁰	上横头 ʒyõ¹¹uɛ̃¹¹dɤ²⁴³
037 马头（防火墙的头）	马头 mɤa⁵⁵diu³¹³	马头 mo¹¹dɯ¹¹	马头 mia¹¹dɤ²⁴
038 门楼（大门上方的建筑）	门楼 məŋ³¹liu¹⁴	门盖 mai¹¹³kɛ⁰	（不知）
039 窗户	床头 kʰa⁵⁵diu³¹³	床 kʰuo⁵³⁵	床 kʰã⁵³
040 门槛儿	门床 məŋ³³kʰa⁵³⁵	门床儿 mai³³kʰuŋ⁵²	门床儿 mən¹¹kʰãn⁵⁵
041 厨房	镬头间 oʔ²¹diu³¹ka⁵⁵ 镬头 oʔ²¹diu¹⁴	镬前 uo¹¹³ʑie⁰	镬口 o¹¹kʰɤ⁵³ 镬头脚 o¹¹dɤ¹¹tɕyo⁴²³
042 灶	镬灶 oʔ²¹tsau⁵⁵ 镬头 oʔ²¹diu¹⁴	镬头 uo¹¹³dɯ⁰	镬头 o²⁴dɤ¹¹³
043 灶王爷	镬灶老爷 oʔ²¹tsau⁵⁵lau⁵⁵ia³¹³	镬头老爷 uo¹¹təɯ¹¹lə²⁴ia⁰	镬灶菩萨 o¹¹tso⁵⁵bu³³sa⁴²³
044 烟囱	烟囱 ia³³tsʰoŋ⁵⁵	烟囱 ie²⁴tɕʰiao⁰	烟囱 iã⁵⁵tsʰən³³⁴
045 厕所	茅坑 mau³¹kʰaŋ⁵⁵	东司 nao²⁴su⁰	东司 tən⁵⁵sɿ³³⁴

东阳	磐安	永康	武义
堂屋	堂屋	轩间	轩间
dʌ¹¹ouʔ⁴⁵	dɒ²¹ʌo⁴³⁴	xiə⁴⁴ka⁴⁵	ʑie²¹²kuo⁵³
	中心间 新		
	tsɑom³³ʃiɐn³³kɒ⁵²		
上横头	上横头	上横头	上横头
dʑiʌ³⁵uɛ⁵⁵dɘɯ⁵⁴	dʑiɒ²⁴uɛ²¹dɐɯ³⁴³	ʑiaŋ¹¹uai¹¹dəɯ⁴²²	tɕiaŋ⁵³ŋua¹¹dao³¹
大手			
dʊ³⁵ɕiəɯ⁰			
马头	马头	马头	马头
muo¹¹dəɯ⁵⁴	mɤɛ²⁴dɐɯ³⁴³	ma¹¹dəɯ³³	mua⁵³dao⁴²³
门楼	披水	雨篷	（不知）
mən¹¹ləɯ⁵⁴	pʰi³³ʃy⁴³⁴	y¹¹bɔŋ³³	
闲门	闲	后闲儿	闲
kʰʌ⁴⁴⁵mən⁵⁴	kʰɒ⁴³⁴	əɯ¹¹kʰa⁵⁴	kʰuo⁴⁴⁵
			闲门
			kʰuo⁵³men⁴²³
门闲	门闲	门闲儿	门口
mən¹¹kʰʌ⁴²³	mɐn²¹kʰɒ⁴³⁴	məŋ³³kʰa⁵⁴	men⁴⁴⁵dzen³³⁴
镬灶上	镬灶间	镬灶下	镬口
uaʔ²tsau³³dʑiʌ⁵⁴	uɛ²⁴tso³³kɒ⁴⁴⁵	uə³³tsɒ³³a³²³	uo⁵³kʰao⁴⁴⁵
镬灶下			
uaʔ²tsau³³uo³⁵			
镬灶	镬灶	镬灶	镬头
uaʔ²tsau⁵⁴	uɛ²⁴tso⁵²	uə³³tsɒ⁵⁴	uo⁵³dao⁴²³
镬灶神官儿	灶君菩萨	镬灶神官	镬灶老爷
uaʔ²tsau³³zən³³kʌn³³⁵	tso³³tɕyɐn³³bu²¹suɛ⁴³⁴	uə³³tsɒ³³zəŋ³³kua⁴⁵	uo⁴⁴⁵tsau⁴⁴⁵lɤ⁵³;ia⁴²³
烟囱	烟囱	烟囱	烟囱
i³³tsʰom⁵⁴	ie³³tsʰɑom⁵²	iə⁴⁴tɕʰiɔŋ⁴⁵	n̩ie²¹²tsʰɔŋ⁵³
坑头	坑司	东司	茅坑
kʰɛ³³dɯɯ⁵⁴	kʰɒ³³sɿ⁵²	nɔŋ⁴⁴sɿ⁴⁵	muo²¹kʰa⁵³

	金华	汤溪	浦江
046 粪池,粪坑	涴柜 uɤ³³dzy¹⁴	仰天东司 ȵio¹¹tʰie³³nao²⁴su⁰	料缸 lɯ¹¹kõ⁵³
047 室外蓄粪便的缸或桶	涴缸 uɤ³³kaŋ⁵⁵	粪缸 fai³³kuo⁵²	粪缸 põ⁵⁵kõ³³⁴
048 马桶 （有盖的,较小）	马桶 mɤa³³toŋ⁵³⁵ 子孙桶 嫁妆之一 tsɿ⁵⁵sən³³toŋ⁵³⁵	细尿桶儿 sia³³si³³daoŋ³⁴¹ 红尿桶儿 嫁妆之一 ao³³si³³daoŋ³⁴¹	马子桶 mia¹¹tsɿ¹¹dən²⁴³
049 便桶 （无盖的,较大）	尿桶 sɛ³³toŋ⁵³⁵	尿桶 si³³dao¹¹³	尿桶 ʃi³³dən²⁴³
050 棚子,茅棚 （野外的）	铺 pʰu⁵⁵	棚 bao¹¹	晒⁼ ʃya⁵⁵
051 凉亭	凉亭 liaŋ³¹diŋ¹⁴	凉亭 lɤ¹¹³dei⁰	凉亭 lyõ²⁴din¹¹³
052 祠堂	祠堂 zɿ³¹daŋ¹⁴	堂屋 to³³ɔ⁵⁵	祠堂 zɿ²⁴dõ¹¹³
053 庙	殿 dia¹⁴	殿 die³⁴¹	殿 diã²⁴
054 人	人 ȵiŋ³¹³	农 nao¹¹	农 nən¹¹³
055 男人	男个 nɤ³¹gəʔ¹⁴ 男子人 nɤ³³tsɿ⁵⁵ȵiŋ³¹³	男子 nɤ³³tsɿ⁵³⁵ 男子农 nɤ³³tsɿ⁵²nao¹¹	男子 nõ¹¹tsɿ⁵³

第三章 词　汇

东阳	磐安	永康	武义
浣缸	料池	尿池	茅坑池
ʋ³³kʌ⁴²³	lio²⁴dʒi²¹³	ɕi⁴⁵dʑi⁴³³	muo⁴⁴⁵kʰa²¹²tɕi⁵³
露天缸	浣缸	尿缸	茅坑桶 主要在山区用
lu³⁵tʰi⁵⁵kʌ⁵⁴	uɤ³³kɒ⁴⁴⁵	ɕi⁴⁴kaŋ⁴⁵	muo⁴⁴⁵kʰa⁴⁴⁵dɔŋ³³⁴
	增尿缸 尿缸		茅坑缸 主要在平地用
	tsɐn³³ʃy³³kɒ⁵²		muo⁴⁴⁵kʰa²¹²kaŋ⁵³
马桶	马桶	马桶	马桶
muo³⁵dom⁰	mɤ²⁴dɑom²⁴⁴	ma¹¹dɔŋ³²³	mua⁵³dɔŋ³³⁴
红漆马桶 嫁妆之一			子孙桶 嫁妆之一
om¹¹tɕʰiəʔ⁵muo³⁵dom⁰			tsɿ⁵³sen⁴⁴⁵dɔŋ³³⁴
肥桶	肥桶	尿桶	尿桶
bi¹¹dom³⁵	bi²¹dɑom²⁴⁴	ɕi⁴⁵dɔŋ³²³	ɕi⁴⁴⁵dɔŋ³³⁴
行床	（茅草）厂儿	稻秆铺	铺
ɛ¹¹zʌ⁵⁴	（mo²¹tsʰo⁴³）tʃʰiɒn⁵²	dɒ¹¹kɤə¹¹pʰu⁵⁴	pʰu⁵³
凉亭	凉亭	凉亭	凉亭
liʌ¹¹dən⁵⁴	liɒ²¹dɐn³⁴³	liaŋ¹¹dieiŋ⁴²²	liaŋ²¹din³¹
路亭			
lu³⁵dən⁵⁵			
祠堂	祠堂	祠堂 统称	祠堂
zɿ¹¹dʌ⁵⁴	zɿ²¹dɒ³⁴³	zɿ¹¹daŋ⁴²²	zɿ²¹daŋ³¹
		总祠 宗祠	
		tɕiɔŋ⁴²zɿ³³	
庙	庙 较大	造佛殿	殿
mɤ³²⁴	mio¹⁴	zɒ¹¹və¹diɑ¹⁴	die³¹
殿	殿 较小		
di³²⁴	die¹⁴		
农	农	农	农
nom³¹²	naom²¹³	nɔŋ³³	nɔŋ⁴²³
男子	男儿家	男子农	男子农
nɤ¹¹tsɿ⁴²³	nen²¹kuə⁵²	nɤə³³tsɿ¹¹nɔŋ³³	nɤ⁴⁴⁵tsɿ⁵³nɔŋ⁴²³
	男子 新		
	nɤ³³tsɿ⁴³⁴		
	男子农 新		
	nɤ³³tsɿ⁴³naom²¹³		

	金华	汤溪	浦江
056 女人	女个 ȵy⁵³gəʔ¹⁴ 孺人子已婚 ɕyəʔ⁴ȵiŋ⁵³tsʅ⁵⁵	女子 ȵi¹¹tsʅ⁵³⁵ 孺人家已婚 ʑi¹¹ȵiei¹¹³kuo⁰ 孺人家儿已婚 ʑi¹¹ȵiei³³kuŋ²⁴	女客 ȵy¹¹kʰa⁵³
057 小孩儿	小个 siau⁵³gəʔ¹⁴ 小人 siau⁵⁵ȵiŋ³¹³	细农儿 sia³³nɑoŋ²⁴	细佬儿 ʃia³³lon²⁴
058 男孩儿	细个儿 sia³³kã⁵⁵	细儿 siaŋ⁵³⁵ 细鬼儿 sia³³kueŋ⁵²	细男子儿 ʃia³³nə²⁴tsʅn⁰
059 女孩儿	细女妮儿 sia³³na⁵⁵nĩ³¹³ 细娘子儿 sia³³ȵiaŋ⁵⁵tsʅ̃³³⁴	女儿 naŋ³⁴¹	细女客儿 ʃia³³ȵy²⁴kʰan⁰ 细小娘儿少女 ʃia³³sɯ³³ȵyõn²⁴³
060 老头儿，老头子	老货 lau⁵³xuɤ⁵⁵	老货 lə¹¹xuɤ⁵²	老农家 lo¹¹nən¹¹tɕia⁵³
061 单身汉	光棍 kuaŋ³³kuəŋ⁵³⁵ 秃铁＝儿 tʰoʔ²tʰiã⁵⁵	光棍 kɑo³³kuai⁵³⁵	棍棍佬 kuən³³kuən³³lo²⁴³
062 老姑娘，老处女	老姑娘 lau⁵⁵ku³³ȵiaŋ⁵⁵	老小娘儿 lə¹¹sɤ⁵²ȵiuŋ¹¹³	老小娘 lo¹¹sɯ⁵⁵ȵyõ⁰
063 农民	种田个 tɕioŋ³³dia³¹gəʔ¹⁴	种田农 tɕiao²⁴die⁰nɑo⁰	田畈佬儿 diã¹¹vã¹¹lon²⁴

东阳	磐安	永康	武义
内家 ne³⁵kuɑ⁵⁵	内家 nei²⁴kuə⁴⁴⁵	内家农 nəi¹¹kɑ⁴⁵nɔŋ⁴³³	内客农 nɑ⁴⁴⁵kʰa⁵³nɔŋ⁴²³
细口儿 si³³kan³³⁵ 小佬儿 sɤ⁴⁴⁵lɑun⁵⁴ （无）	小农 ʃio⁴³nɑom²¹³ 小男子儿 ʃio⁴³nɤ²¹tsʅn⁵²	小口叫⁼ ʑiɒ¹¹kɑ⁴⁴kiɒ⁵⁴ 小农儿 ɕiɒ⁴²nɔŋ³²⁴	细农 ɕia⁴⁴⁵nɔŋ⁴²³ 细伢鬼儿 ɕia⁴⁴⁵ua⁵³kuen⁵³ 儿 n̩⁴²³
小内家儿 sɤ⁴⁴⁵ne⁵⁵kuon³³⁵	小内家儿 ʃio⁴³nei²⁴kuən⁴⁴⁵	小细女儿 ʑiɒ¹¹ɕiə⁴⁴nɑ³	女儿 nen³¹
老农家儿 lau³⁵nom⁵⁵kuon³³⁵ 老货贬,也指女的 lau¹¹xʊ⁵⁴ 老骨头贬,也指女的 lau¹¹kuaʔ⁴⁵dɯ⁰	老农家也指女的 lo⁴³nɑom²¹kuə⁵² 老货贬,也指女的 lo²⁴xuə⁵²	老成农也指女的 lɒ¹¹ʑieiŋ¹¹nɔŋ⁴²²	老农家也指女的 lɤ⁵³nɔŋ¹¹kuɑ⁵³ 老成农也指女的 lɤ⁵³ʑin¹¹nɔŋ⁴²³
独自佬 douʔ²zi³⁵lau⁰	独自农 dʌo²⁴ʒi²⁴nɑom²¹³	独自农 du³³ʑi¹¹nɔŋ³³	光棍踩⁼贬 kuaŋ⁴⁴⁵kuen⁵³la³¹
老姑娘 lau³⁵ku⁵⁵n̠ʲiʌ⁵⁴	独自农 dʌo²⁴ʒi²⁴nɑom²¹³	供大女儿 kiɔŋ⁴⁴duə¹¹na¹⁴	（无）
种田佬 tsom³³di³³lau³⁵	种田农 tsaom³³die²¹nɑom³⁴³	种田农 tɕiɔŋ⁴⁴dia¹¹nɔŋ⁴²²	种田农 iɔŋ⁴⁴⁵tie⁵³nɔŋ²⁴

	金华	汤溪	浦江
	种田地个 tɕioŋ³³diɑ³¹di¹⁴kə?⁰		种田佬儿 tɕyon³³diã³³lon²⁴
064 工匠，匠人 （统称）	做手艺个 tsuɤ³³ɕiu⁵⁵n̠i¹⁴kə?⁰	做手艺个 tsɤ³³ɕiɯ⁵²n̠i³⁴¹kə⁰	匠作 ʑyõ¹¹tso⁵³ 做手艺个 tsɯ³³ʃiɤ³³n̠i⁵⁵kə⁰
065 医生	先生旧 sie³³saŋ⁵⁵ 医师 i³³sɿ⁵⁵	先生旧 sie²⁴sa⁰ 医师 i²⁴sɿ⁰	先生旧 sɛ̃⁵⁵sɛ̃³³⁴ 医生 i⁵⁵sɛ̃³³⁴
066 厨师	厨师 dʑy³¹sɿ⁵⁵ 厨官 dʑy³¹kuɑ⁵⁵	厨头 dʑi¹¹³dəɯ⁰ 厨头老官 tɕi³³təɯ³³lə¹¹kuo²⁴ 厨师 dʑi¹¹³sɿ⁰	厨师 dʒy²⁴sɿ⁵³⁴
067 乞丐	讨饭 tʰau⁵⁵vɑ¹⁴ 讨饭婆指女的 tʰau⁵⁵fa⁵³bɤ³¹³	讨饭农 tʰə⁵²vo³⁴¹nao⁰ 讨饭老口儿贬 tʰə⁵²vo¹¹lə¹¹kʰɯŋ⁵⁵ 门下客儿 mai³³uo¹¹kʰaŋ⁵⁵	讨饭佬 tʰo³³vã³³lo²⁴³
068 父亲 （面称）	伯伯 pə?⁴pə?⁴ 爹爹旧 tia³³tia⁵⁵	伯多 pa⁵⁵ 爹 tia²⁴~tia⁵² 爹爹 tia³³tia²⁴	伯伯多 pɑ³³pɑ⁵⁵ 爹 tia⁵³⁴
069 父亲 （背称）	爷 iɑ³¹³	爷 iɑ¹¹	爷 iɑ¹¹³

东阳	磐安	永康	武义
手艺工匠	做手艺农	做手艺农	做手艺农
ɕiəu³³n̩i³³kom³³ziʌ⁵⁴	tsuʏ³³ʃiɛu⁴³n̩i²⁴nɑom²¹³	tsuə⁴⁴ziəu¹¹n̩i¹⁴nɔŋ³³	tsuo⁴⁴⁵ɕiu⁵³n̩i²⁴nɔŋ⁰
	手艺农		
	ʃiɛu⁴³n̩i²⁴nɑom²¹³		
先生旧	医生	医生	先生旧
si³³sɛ⁵⁴	i³³sɛ⁵²	i⁴⁴sai⁴⁵	zie²¹²sa⁵³
医生	先生	（望病）先生儿	医生
i³³sɛ⁵⁴	ʃie³³sɛ⁵²	(maŋ¹¹bieiŋ¹¹)ɕiə⁴⁴sai³²⁴	i²¹²sa⁵³
		过路太医游医	过路太医游医
		kuɑ⁴⁴lu¹¹tʰiɑ⁴⁴i⁴⁵	kuo⁴⁴⁵lu⁴⁴⁵tʰiɑ⁴⁴⁵·²⁴
厨官老师	厨官（老师）	厨官老师	厨官
dzɿ¹¹kʌ³³lɑu³⁵sɿ⁵⁵	dʒy²¹kɒ⁵²(lo⁴³sɿ⁴⁴⁵)	dʑy³³kuɑ³³lɒ¹¹sɿ⁴⁵	dʑy²¹kuo⁵³
讨饭佬	讨饭	讨饭	讨饭
tʰau⁴⁴⁵vʌ³⁵lau⁰	tʰo⁴³vɒ³⁴³	tʰɒ⁴²vɑ¹⁴	tʰɤ⁵³vuo³¹
			讨饭农
			tʰɤ⁵³vuo²⁴nɔŋ⁰
			讨饭鬼贬
			tʰɤ⁴⁴⁵fuo⁵³kui⁴⁴⁵
阿伯	阿爸	阿伯	伯伯
ɜʔ⁵pɜʔ⁴⁵	a³³pa⁴³⁴	a⁴ʔbai⁵⁴⁵	pa⁴⁴⁵paʔ⁵
阿爹			
ɜʔ⁵tia⁴²³			
爷	爷	爷	爷
iɑ³¹²	iɑ²¹³	iɑ³³	iɑ⁴²³

		金华	汤溪	浦江
070	母亲（面称）	姆妈 m⁵⁵mɛ⁰	娸多 ɕiai⁵³⁵ 妈旧 ma²⁴ 姆妈新 m⁵⁵ma⁰	姆妈 m⁵⁵ma³³⁴
071	母亲（背称）	娘 ȵiaŋ³¹³	娘 ȵio¹¹	娘 ȵyõ¹¹³
072	爹妈（合称）	爷娘 ia³¹ȵiaŋ¹⁴	爷娘 ia¹¹³ȵio⁰	爷孝═娘 ia¹¹xõ⁵⁵ȵyõ³³⁴
073	祖父（面称）	爷爷 ia³¹ia¹⁴	爷 ia⁵² 爷爷新 ia³³ia⁵²~ia⁵⁵ia⁰	爷爷 ia²⁴ia¹¹³
074	祖母（面称）	妈妈 ma³³ma⁵⁵	摸═ mo⁵⁵ 妈妈新 ma³³ma⁵⁵	妈妈 ma²⁴ma¹¹³
075	曾祖父（面称）	太公 tʰa³³koŋ⁵⁵	太公 tʰa³³kao⁵²	太公 tʰa⁵⁵kon³³⁴
076	曾祖母（面称）	太太多 tʰa⁵³tʰa⁵⁵ 太婆 tʰa³³bɤ¹⁴	（太）太 （tʰa³³）tʰa⁵²	太太多 tʰa⁵⁵tʰa⁵⁵ 太婆 tʰa⁵⁵bɯ³³⁴
077	哥（面称）	哥哥 ka³³ka⁵⁵	（哥）哥 （ka³³）ka⁵⁵	哥哥 kɯ⁵⁵kɯ³³⁴
078	弟（背称）	弟弟儿 tie⁵³diẽ¹⁴	弟 die¹¹³	弟弟儿 di¹¹din²⁴³

东阳	磐安	永康	武义
阿妈	阿妈	阿姐	姆妈
ʒʔ⁵ma⁵⁴	a⁵⁵mo²¹	ɑ⁴tɕia⁵⁴⁵	m̩⁵³ma⁰
娘	娘	娘	娘
ȵiʌ³¹²	ȵiɒ²¹³	ȵiaŋ³³	ȵiaŋ⁴²³
爷娘	爷娘	爷娘	爷娘
ia¹¹ȵiʌ⁵⁴	ia²¹ȵiɒ³⁴³	ia¹¹ȵiaŋ⁴²²	ia²¹ȵiaŋ³¹
爷爷	阿爷儿	阿爷	爷爷
iəʔ²ia⁵⁴	a³³ian⁴⁴⁵	ɑ⁴ia⁴⁵	ia³³ia³¹
阿妈	阿马ᵉ儿	阿妈	妈妈
ʒʔ⁵muo³²⁴	a³³mɤən¹⁴	ɑ⁴ma⁴⁵	muɑ³³muɑ³¹
阿婆			
ʒʔ⁵bʊ³²⁴			
太公	太公	太公	太公
tʰa³³kom⁴²³	tʰa³³kaom⁴⁴⁵	tʰia⁴⁴kɔŋ⁴⁵	tʰia⁴⁴⁵kɔŋ²⁴
太婆	太婆	太婆	太□儿
tʰa³³bʊ³²⁴	tʰa³³po⁴⁴⁵	tʰia⁴⁴buə³³	tʰia⁴⁴⁵maŋ³¹
阿哥	阿哥	哥	哥哥
ʒʔ⁵kʊ⁴²³	a³³kuɤ⁴⁴⁵	kuə⁴⁵	kuɑ⁴⁴⁵kuɑ⁵³
	阿哥儿		
	a³³kuɤn⁴⁴⁵		
弟弟儿	弟儿	弟	弟
di³⁵din⁴⁵	din¹⁴	diə³²³	die³³⁴
			弟儿弟儿 年纪较小的
			din³³din³¹

	金华	汤溪	浦江
079 姐	姊	姊	姊姊
（面称）	tsi^{535}	tsi^{535}	tɕi^{33}tɕi^{55}
080 妹	妹妹	妹	妹妹
（背称）	mɛ^{31}mɛ^{14}	mɛ^{341}	ma^{11}ma^{24}
081 伯父	大伯	伯伯	伯伯
（面称）	da^{14}pə^{0}	pɑ^{52}pɑ^{55}	pɑ^{33}pɑ^{55}
			大伯伯
			dɯ^{11}pɑ^{55}pɑ^{0}
082 伯母	姆妈	（妈）妈	姐姐
（面称）	m^{55}ma^{0}	(ma^{33})ma^{24}	tʃia^{33}tʃia^{55}
083 叔父	叔叔	叔儿	叔叔
（面称）	ɕioʔ^{4}ɕioʔ^{4}	ɕioŋ^{55}	ʃyɯ^{33}ʃyɯ^{55}
	叔叔儿		
	ɕioʔ^{4}ɕiõ^{55}		
084 叔母	婶儿	婶儿	婶婶
（面称）	ɕĩ^{55}	ɕiaiŋ^{52}	sən^{33}sən^{55}
	婶儿婶儿		
	ɕĩ^{53}ɕĩ^{55}~ɕi^{53}ɕĩ^{55}		
085 外祖父	外公	外公	外公
（面称）	a^{53}koŋ^{55}	a^{11}kɑo^{52}	ŋa^{11}koŋ^{53}
	公公		
	koŋ^{33}koŋ^{55}		
086 外祖母	外婆	外婆	外婆
（面称）	a^{53}bɤ^{14}	a^{113}bɤ^{0}	ŋa^{11}bɯ^{243}
	婆婆		
	bɤ^{31}bɤ^{14}		
087 儿子	儿	儿	儿
	ŋ^{313}	ŋ^{11}	n^{113}
088 儿媳妇	新妇	新妇	新鲁=
	siŋ^{33}fu^{535}	sei^{33}vu^{113}	sən^{33}lu^{243}
089 女儿	女儿	女	女儿
	nã^{14}	na^{113}	nɑn^{24}

东阳	磐安	永康	武义
阿姊	阿姊儿	阿姊儿	姊儿姊儿
ɜʔ⁵tsi⁵⁵	a³³tʃin⁵²	ɑ⁴tɕi⁵⁴	tɕin⁴⁴⁵tɕin⁵³
妹妹儿	妹	妹	妹
me³⁵men⁴⁵	mei¹⁴	məi¹⁴	ma³¹
阿伯儿	阿伯儿	大伯儿,指最大的	伯伯
ɜʔ⁵pan⁵⁵	a³³pan⁵²	duə¹¹ʔbai⁵⁴	pa⁴⁴⁵paʔ⁵
阿姐儿	阿姐儿	大马⁼儿,指最大的	姐姐
ɜʔ⁵tɕian⁵⁵	a³³tʃian⁵²	duə¹¹ma¹⁴	tɕia⁴⁴⁵tɕiaʔ⁵
阿叔儿	阿叔儿	阿叔儿	叔叔
ɜʔ⁵soun⁵⁵	a³³ʃion⁵²	ɑ⁴ɕiu⁵⁴	sɔ⁴⁴⁵sɔʔ⁵~sɔʔ⁴sɔʔ⁵
阿婶	阿婶	阿婶儿	婶婶
ɜʔ⁵sɐn⁵⁵	a³³sɐn⁵²	ɑ⁴sən⁵⁴	sen⁴⁴⁵sen⁵³
外公	外公	外公	外公
ŋe³⁵kom⁵⁵	ŋei²⁴kɑom⁴⁴⁵	ȵiɑ¹¹kɔŋ⁴⁵	ȵia³³kɔŋ²⁴
外婆	外婆	外婆	外婆
ŋe³⁵bʊ⁵⁵	ŋei²⁴bo²¹³	ȵiɑ¹¹buə³³	ȵia³³buo⁴²³
儿	儿	儿	儿
n³¹²	n²¹³	ŋ³³	n⁴²³
新妇	新妇	新妇	新妇
ɕien³³u³⁵	ʃien³³vu²⁴⁴	sən⁴⁵vu³²³	ɕin⁴⁴⁵vu³³⁴
女儿	女儿	女儿	女儿
nuon³³⁵	nuən¹⁴	na¹⁴	nen³¹

	金华	汤溪	浦江
090 女婿	女婿	女婿	女婿
	nɑ⁵³sie⁵⁵	no¹¹sie⁵²	ny¹¹ʃi⁵⁵
091 舅	舅舅	舅舅儿	舅舅
（面称）	dziu³¹dziu¹⁴	dziɯ¹¹dziəŋ³⁴¹	dzɿɤ¹¹dzɿɤ²⁴³
092 舅母	舅母	舅母	舅母
（面称）	tɕiu³³m⁵³⁵	dziɯ¹¹m¹¹³	dzɿɤ¹¹m²⁴³
093 姑	娘娘	姑	姑姑
（面称）	ȵiaŋ³³ȵiaŋ⁵⁵	ku²⁴	ku³³ku⁵⁵
094 姨	姨娘	姨娘儿 多	大姨 比自己母亲大
（面称）	n̩³¹ȵiaŋ¹⁴~i³¹ȵiaŋ¹⁴	i³³ȵiuŋ²⁴	dɯ¹¹i²⁴³
		姨娘	细姨 比自己母亲小
		i¹¹³ȵio⁰	ʃia⁵⁵i³³⁴
095 弟兄	哥弟	哥弟	哥弟
（总称）	kuɤ³³tie⁵³⁵	kuɤ³³die¹¹³	kɯ³³di²⁴³
096 姊妹	姊妹	姊妹	姊妹
（总称）	tsi⁵⁵mɛ¹⁴	tsi⁵²mɛ³⁴¹	tʃi³³ma⁵⁵
097 夫	老公	老公	老公 多
	lau⁵⁵koŋ³³⁴	lə¹¹kao²⁴	lo¹¹koŋ⁵³
	男子 婉	老子	男子
	nɤ³³tsʅ⁵³⁵	lə¹¹tsʅ⁵²	nõ¹¹tsʅ⁵³
098 妻	老婆	老马=	老马= 多
	lau⁵⁵bɤ³¹³	lə¹¹mo¹¹³	lo¹¹mia²⁴³
	窝=里婉	老合=旧	家里佬
	uɤ³³li⁵³⁵	lə¹¹ɤ¹¹³	tɕia³³li³³lo²⁴³
099 订婚	订亲	启书	定头
	tiŋ⁵⁵tsʰiŋ³³⁴	kʰuo⁵²ɕi²⁴	din¹¹dɤ²⁴³
	订婚	订婚	订婚 新
	tiŋ⁵⁵xuəŋ³³⁴	dei¹¹xuai²⁴	tin⁵⁵xuəŋ⁵³⁴

东阳	磐安	永康	武义
女婿	女婿	女婿	女婿
nuo^{11}si^{54}	nuə^{24}ʃi^{52}	nɑ^{11}ɕiə^{54}	nuɑ^{53}ɕie^{53}
阿舅	阿舅儿	舅儿	舅舅
ɜʔ^{5}dʑiɐɯ^{324}	a^{33}dʑiɘn^{14}	giɯ^{14}	dʑiu^{33}dʑiu^{31}
舅舅儿	舅舅儿		
dʑiɐɯ^{11}dʑiɐɯ^{54}	dʑiɯ^{24}dʑiɘn^{14}		
舅母	舅母	妗儿	妗妗
dʑiɐɯ^{35}n^0	dʑiɯ^{24}n^{14}~dʑiɯ^{24}n^{434}	gieiŋ^{14}	dʑin^{33}dʑin^{31}
姑妈儿父之姐姐	阿娘儿	姑马=儿, 父之姐姐	姑姑
ku^{33}muon^{45}	a^{33}ȵiɐn^{445}	ku^{44}mɑ^{14}	ku^{445}ku^{53}
阿娘儿父之妹妹		阿娘父之妹妹	
ɜʔ^{5}ȵiʌn^{335}		a^{4}ȵiaŋ^{45}	
阿姨儿	阿姨儿	阿姨儿	大姨比母亲大
ɜʔ^{5}in^{335}	a^{33}in^{445}	a^{4}i^{324}	duo^{33}i^{24}
			细姨比母亲小
			ɕia^{445}i^{24}
哥弟	哥弟	哥弟	哥弟
kʊ^{33}di^{35}	kuɤ^{33}di^{244}	kuə^{45}diə^{323}	kuo^{445}die^{334}
姊妹	姊妹	姊妹	姊妹
tsi^{445}me^{54}	tʃi^{43}mei^{343}	tɕi^{42}məi^{14}	tɕi^{53}mɑ^{31}
老公	老公	老公	老公
lɑu^{35}kom^{55}	lo^{43}kɑom^{445}	lɔ^{11}kɔŋ^{45}	lɤ^{53}kɔŋ^{24}
		男子农	男子农
		nɤɤ^{33}tsʅ^{11}nɔŋ^{33}	nɤ^{445}tsʅ^{53}nɔŋ^{423}
老马=	老马=	内家	老马=
lɑu^{35}muo^0	lo^{43}mɤə^{434}	nəi^{11}kɑ^{45}	lɤ^{53}muɑ^{334}
			内客
			nɑ^{53}kʰaʔ^5
定亲	定亲	定亲	下求书
dən^{35}tɕʰien^{445}	dɘn^{24}tʃʰiɐn^{445}	dieiŋ^{11}tsʰəŋ^{45}	uɑ^{53}dʑiu^{11}ɕy^{53}

	金华	汤溪	浦江
100（男子）娶媳妇	讨老婆 tʰau⁵⁵lau⁵⁵bɤ³¹³	讨老马⁼多 tʰə⁵²lə¹¹mo¹¹³ 讨农 tʰə⁵²nao¹¹	讨老马⁼ tʰo³³lo³³mia²⁴³
101（女子）嫁人	做新妇 tsuɤ³³siŋ³³fu⁵³⁵ 嫁老公 kua³³lau⁵⁵koŋ³³⁴	做新妇 tsɤ³³sei³³vu¹¹³ 嫁农 kuo²⁴nao⁰ 嫁老公 kuo³³lə¹¹kao²⁴	嫁农 tɕia⁵⁵nən³³⁴ 嫁老公 tɕia³³lo³³kon⁵³
102 新娘	新孺人 siŋ³³ɕy⁵⁵n̠iŋ³¹³	新新妇 sei³³sei³³vu¹¹³	新人人 sən³³n̠in³³n̠in⁵⁵
103 传袋 （新郎新娘从传递的麻袋上进入洞房）	传袋 dzyɤ³¹dɛ¹⁴	传袋 dziɤ¹¹³dɛ⁰	传袋 dzyẽ¹¹da²⁴
104 招男子来家结婚落户	招女婿 tɕiau³³na⁵³sie⁵⁵ 招赘 寡妇招 tɕiau³³tsei⁵⁵	招女婿 tɕia³³no¹¹sie⁵² 招布袋 寡妇招 tɕia³³pu²⁴dɛ⁰	招养老女婿 tsɯ⁵⁵yõ¹¹lo²⁴n̠y⁵⁵ʃi⁰ 讴归 寡妇招 ɤ⁵⁵tʃy⁵³⁴
105 生小孩儿	生小人 saŋ³³siau⁵⁵n̠iŋ³¹³	生细农儿 sa³³sia³³naoŋ²⁴ 领细农儿 婉 lei¹¹sia³³naoŋ²⁴	生细佬儿 sɛ̃³³ʃia³³lon²⁴
106 头	头 diu³¹³	头 dəɯ¹¹	□头 u³³dɤ³³⁴
107 脸	面 mie¹⁴	面 mie³⁴¹	面 miẽ²⁴

东阳	磐安	永康	武义
讨老马=	讨老马=	扛内家	扛老马=
tʰau³³lau³⁵muo⁰	tʰo⁴³lo⁴³mɤə⁴³⁴	kaŋ⁴⁴nəi¹¹ka⁴⁵	kaŋ⁴⁴⁵lɤ⁵³mua³³⁴
嫁老公	嫁老公	嫁老公	嫁农
kuo³³lau³⁵kom⁵⁵	kuə⁵²lo⁴³kaom⁴⁴⁵	ka⁴⁴lɒ¹¹kɔŋ⁴⁵	kua⁴⁴⁵nɔŋ⁴²³
		嫁农 改嫁	
		ka⁴⁴nɔŋ³³	
新孺人	新孺人	新妇	新妇
ɕien³³zl̩⁴⁴⁵n̩ien⁵⁴	ʃiɐn³³ʒy²⁴n̩iɐn³⁴³	səŋ⁴⁵vu³²³	ɕin⁴⁴⁵vu³³⁴
传袋	传袋	接袋	传袋
dzʋ¹¹de³²⁴	dzʑɤ²¹dei³⁴³	tɕiə⁴⁴dəi¹⁴	tɕye⁴⁴⁵da³¹
讴归 统称	招女婿 姑娘招	招认女婿 姑娘招	招女婿 姑娘招
əɯ³³tɕiʉ⁴⁴⁵	tʃio³³nuə²⁴ʃi⁵²	tɕiɒ⁴⁴niein¹¹na¹¹ɕia⁵⁴	tɕie⁴⁴⁵nua⁵³ɕie⁵³
	增舍 寡妇招	招□女婿 姑娘招	招舍 寡妇招
	tsɐn³³ʃia⁵²	tɕiɒ⁴⁴miein¹¹na¹¹ɕia⁵⁴	tɕie⁴⁴⁵ɕia⁵³
		进舍 寡妇招	
		tsəŋ⁴⁴ɕia⁵⁴	
生儿	生儿	生小□叫=	做产母 兼指"坐月子"
sɛ³³n³¹²	sɛ³³n²¹³	sai⁴⁴ziɒ¹¹ka⁴⁴kiɒ⁵⁴	tsuo⁴⁴⁵suo⁵³n³³⁴
生小佬儿	生小农		生细伢鬼儿
sɛ³³sɤ⁴⁴⁵laun⁵⁴	sɛ³³ʃio⁴³naom²¹³		sa⁴⁴⁵ɕia⁴⁴⁵ua⁵³kuen⁵³
领农			
lən³⁵nom³¹²			
匏芦头	头	头	头
bu¹¹lu¹¹dəɯ⁵⁴	dɐɯ²¹³	dəɯ³³	dao⁴²³
面切=	面	面切=	面孔
mi³⁵tɕʰiəʔ⁴⁵	mie¹⁴	miə¹¹tɕʰia⁵⁴⁵	mie⁵³kʰɔŋ⁴⁴⁵

481

	金华	汤溪	浦江
			面孔 miẽ¹¹kʰon⁵³
108 额	眼骨头 a⁵⁵kuəʔ⁴tiu⁵⁵ 天庭 tʰia³³tiŋ⁵⁵	额头 a¹¹³dɯ⁰	眼骨头 ŋã¹¹kuə³³dʴ²⁴³
109 鼻子	鼻头 biəʔ²¹diu¹⁴	鼻头 bei¹¹³dɯ⁰	鼻头 biə²⁴dʴ¹¹³
110 眼	眼睛 a⁵⁵tsiŋ³³⁴	眼睛 uo¹¹tsei²⁴	眼睛 ŋã¹¹tsin⁵³
111 眼珠儿	眼睛乌珠 a⁵⁵tsiŋ³³u³³tɕy⁵⁵ 眼睛子 a⁵⁵tsiŋ³³tsɿ⁵³⁵	眼睛乌珠多 uo¹¹tsei³³u²⁴tɕi⁰ 眼睛子 uo¹¹tsei³³tsɿ⁵³⁵	眼睛乌珠 ŋã¹¹tsin³³u³³tɕy³³⁴
112 耳朵	耳朵 ŋ⁵³tuʴ⁵³⁵	耳朵 ŋ¹¹tʴ⁵³⁵	耳朵 n¹¹tɯ⁵³
113 嘴唇	口唇肉皮 kʰiu⁵⁵ɕyəŋ³³ȵioʔ²¹bi¹⁴	口唇皮 kʰɯ⁵²ʑiai¹¹³bi⁰	口㕻˭皮 kʰʴ³³m³³bi²⁴³ 口形˭皮 kʰʴ³³in¹¹bi²⁴³
114 舌头	口舌 kʰiu⁵⁵dʐyʴ¹⁴	舌头 dʑie¹¹³dɯ⁰	口舌 kʰʴ³³dʑi²⁴³
115 脖子	项颈 aŋ⁵³tɕiŋ⁵³⁵	头颈 dɯ¹¹tɕiei⁵³⁵	项颈 õ¹¹tɕin⁵³
116 胳膊	手臂 ɕiu⁵³pi⁵⁵ 手包括手 ɕiu⁵³⁵	手臂骨 ɕiɐɯ⁵²pi³³kuei⁵⁵ 手包括手 ɕiɐɯ⁵³⁵	手臂 ʃiʴ⁵⁵pi⁵⁵ 手包括手 ʃiʴ⁵³
117 左手	借˭手 tsia³³ɕiu⁵³⁵	细手 sia³³ɕiɐɯ⁵³⁵	借˭手 tʃia³³ʃiʴ⁵³
118 右手	顺手 ɕyəŋ⁵³ɕiu⁵³⁵	大手 dʴ¹¹ɕiɐɯ⁵³⁵	顺手 ʒyən¹¹ʃiʴ⁵³

东阳	磐安	永康	武义
□切⁼贬 ȵiʌ¹¹tɕʰiə ʔ⁴⁵			
额角头 ŋa³⁵kuo ʔ⁵dɯ³¹²	额骨头 ŋa²⁴kuɛ⁵⁵dɯ²¹	额角头 ŋai³³kɒ³³dəɯ³³	额界头 ŋa⁴⁴⁵tɕia⁴⁴⁵dao⁴²³
鼻头 biə ʔ²dɯ⁵⁴	鼻头 biɛ²⁴dɯ³⁴³	鼻头 bə³dəɯ³³	鼻头 pə ʔ⁵dao⁴²³
眼睛 ŋa³⁵tsən⁵⁵	眼睛 ŋɒ²⁴tsɐn⁴⁴⁵	眼睛 ŋa¹¹tɕieiŋ⁴⁵	眼睛 ŋuo⁵³tɕin²⁴
眼睛乌珠 ŋa³⁵tsən⁵⁵u⁵⁵tsʅ⁵⁴	眼睛乌珠 ŋɒ²⁴tsɐn³³u³³tʃy⁵²	眼睛乌珠 ŋa¹¹tɕieiŋ⁴⁴u⁴⁴tɕy⁴⁵	眼睛乌珠 ŋuo⁵³tɕin⁴⁴⁵u²¹²tɕy⁵³
耳朵 n³⁵tʋ⁰	耳朵 n⁴³tuɤ⁴³⁴	耳朵 ŋ¹¹ʔduə⁵⁴⁵	耳朵 n⁵³nuo⁴⁴⁵
口嘴唇 kʰəɯ³³tsʅ⁴⁴⁵zuɐn⁰	(口)嘴唇 (kʰɐɯ⁴³)tʃy⁴³ʒyɐn²¹	口嘴唇 kʰəɯ⁴²tsəi¹¹ʑyeiŋ³³	口嘴匏⁼ kʰao⁴⁴⁵tɕi⁵³bu⁴²³
口舌 kʰəɯ⁴⁴⁵ʑiə ʔ³²⁴	口舌 kʰɐɯ⁴³dʒiɛ²¹³	口舌 kʰəɯ⁴²dʑiə³²³	口舌 kʰao⁵³dʑie³³⁴
头颈 dɯ¹¹kɐn⁴²³	头颈 dɯ²¹kɐn⁴³⁴	头颈 dəɯ³³kieiŋ⁵⁴⁵	项颈 aŋ⁵³tɕin⁴⁴⁵
手骨 ɕiəɯ⁴⁴⁵kuaʔ⁴⁵	手梗 ʃiɐɯ⁴³kuɛ⁴³⁴	手臂 ziəɯ¹¹ʔbi⁵⁴	手包括手 ɕiu⁴⁴⁵
手包括手 ɕiəɯ⁵⁵		手包括手 ɕiəɯ⁵⁴⁵	
济手 tsi³³ɕiəɯ⁴²³	济手 tʃi³³ʃiɐɯ⁴³⁴	反手 fɑ⁴²ɕiəɯ⁵⁴⁵ 济手 tɕiə⁴⁴ɕiəɯ⁵⁴⁵	借⁼手 tɕia⁴⁴⁵ɕiu⁴⁴⁵
顺手 zən³⁵ɕiəɯ⁰	顺手 ʒyɐn²⁴ʃiaɤ⁴³⁴	正手 tɕieiŋ⁴⁴ɕiəɯ⁵⁴⁵	顺手 ɕyin⁵³ɕiu⁴⁴⁵

	金华	汤溪	浦江
119 手指	手拇执⁼头 ɕiu⁵⁵mɛ³³tɕiəʔ⁴tiu⁵⁵	（手拇）执⁼头 （ɕiəɯ⁵²mɔ¹¹）tɕiɛ⁵⁵dəɯ⁰	手拇执⁼头 ʃiɤ³³m³³tsə³³dɤ²⁴³
120 大拇指	大手拇执⁼头 tuɤ⁵⁵ɕiu⁵⁵mɛ³³tɕiəʔ⁴tiu⁵⁵	大拇执⁼头 dɤ¹¹mɔ¹¹tɕiɛ⁵⁵dəɯ⁰	大拇执⁼头 dɯ¹¹m¹¹tsə³³dɤ²⁴³
121 食指	食指 ʑiəʔ²¹tsʅ⁵³⁵ 点盐指部分乡下 tia⁵⁵ie³³tsʅ⁵³⁵	（无）	点拇执⁼头 tiã⁵⁵m³³tsə⁵⁵dɤ³³⁴
122 中指	中央指 tɕioŋ³³iaŋ³³tsʅ⁵³⁵	中央指 tɕiao³³io³³tsʅ⁵³⁵	正中执⁼头 tsin⁵⁵tɕyon³³tsə⁵⁵dɤ³³⁴
123 无名指	无名指 vu³¹miŋ³¹tsʅ⁵³⁵	（无）	毛狗执⁼头 mo¹¹kɤ¹¹tsə³³dɤ²⁴³
124 小拇指	小手拇执⁼头 siau⁵⁵ɕiu⁵⁵mɛ³³tɕiəʔ⁴tiu⁵⁵	细拇执⁼头 sia³³mɔ¹¹tɕiɛ⁵⁵dəɯ⁰ 细拇执⁼头儿 sia³³mɔ¹¹tɕiɛ⁵²dəŋ¹¹³	细拇执⁼头儿 ʃia³³m³³tsə³³dɤn²⁴³
125 指甲	手指甲 ɕiu⁵⁵tsʅ³³kua⁵⁵	指甲 tsʅ⁵²kuo⁵⁵	指甲 tsʅ³³tɕia⁵³
126 斗,圆形的指纹	腡 luɤ³¹³	腡 lɤ¹¹	腡 li¹¹³
127 箕,簸箕形的指纹	拚缺 fəŋ³³tɕʰyɤ⁵⁵	拚斗 fai³³təɯ⁵³⁵	拚箕 pɤ̃⁵⁵tʃi⁵³⁴
128 腿	脚包括脚 tɕiəʔ⁴	脚包括脚 tɕio⁵⁵	脚骨多 tɕyo³³kuə⁵³ 脚包括脚 tɕyo⁴²³
129 膝盖（指部位）	脚膝髁 tɕiəʔ⁴tsʰiəʔ⁴kʰuɤ⁵⁵	宝盖 pə⁵²kɛ⁵²	脚膝髁儿 tɕyo³³sə³³kʰɯn⁵³

484

第三章　词汇

东阳	磐安	永康	武义
		顺手 ʑyeiŋ¹¹ɕiəɯ⁵⁴⁵	
手执⁼头 ɕiəɯ⁴⁴⁵tsə ʔ⁴⁵dəɯ⁰	手执⁼头 ʃiɐɯ⁴³tsɛ⁵⁵dɐɯ²¹	手执⁼头 ɕiəɯ⁴²tsə⁴dəɯ³³	手执⁼头 ɕiu⁴⁴⁵tsəʔ⁵dao⁴²³①
大手执⁼头 du¹¹ɕiəɯ⁴⁴⁵tsəʔ⁴⁵dəɯ⁰	大手执⁼头 duɤ¹⁴ʃiɐɯ⁴³tsɛ⁵⁵dɐɯ²¹	大执⁼头 duə¹¹tsə⁴dəɯ³³	大执⁼头 duo³³tsəʔ⁵dao⁴²³
（无）	点油指 nie⁴³⁴iɐɯ²¹tsʅ⁴³⁴	（无）	赌⁼天指 lu⁴⁴⁵tʰie⁴⁴⁵tsʅ⁴⁴⁵
（无）	中央指 tsɑom³³iŋ³³tsʅ⁴³⁴	中央指 tɕiɔŋ⁴⁴iaŋ⁴⁴tsʅ⁵⁴⁵	中央指 nɔŋ⁴⁴⁵iaŋ⁴⁴⁵tsʅ⁴⁴⁵
（无）	无名指 vu²¹mɐn²¹tsʅ⁴³⁴	（无）	（无）
小手执⁼头儿 sɤ⁴⁴⁵ɕiəɯ⁵⁵tsəʔ⁵dəɯn³³⁵	小手执⁼头 ʃio⁴³ʃiɐɯ⁴³tsɛ⁵⁵dɐɯ²¹	小执⁼头儿 ɕiɑ⁴²tsə⁴təɯ³²⁴	细执⁼头儿 ɕia⁴⁴⁵tsəʔ⁵taŋ⁵³
手执⁼甲 ɕiəɯ⁴⁴⁵tsəʔ⁵kou ʔ⁴⁵	（手）执⁼甲 (ʃiɐɯ⁴³)tsɛ⁴³kuə⁴³⁴	执⁼甲 tsə⁴ka⁵⁴⁵	执⁼甲 tsəʔ⁴kuaʔ⁵
臑 lʊ³¹²	臑儿 luɤn²¹³	臑 luə³³	臑 li⁴²³
□箕儿 tsau³³tɕin³³⁵	箕儿 tɕin⁴⁴⁵	箕 i⁴⁵	拚箕 muo⁴⁴⁵i²⁴
脚骨 tɕiɤoʔ⁵kuɑʔ⁴⁵ 脚包括脚 tɕiɤoʔ⁴⁵	脚包括脚 tɕyə⁴³⁴	脚包括脚 kiɑ⁵⁴⁵	脚包括脚 tɕiaoʔ⁵
□□头儿 u¹¹su³³dɐɯn³³⁵	脚髁头 tɕyə⁴³kʰuə³³dɐɯ³⁴³	脚髁头 kiɑ⁴⁴kʰə⁴⁵dəɯ⁴³³	脚髁头 tɕiao⁵³kʰuo²¹²tao⁵³

---

① "执⁼"也可读作[tɕiəʔ⁵]，与"急"同音。下同。

	金华	汤溪	浦江
		脚膝髁头	
		tɕio⁵²zei¹¹kʰuɣ²⁴dɯ⁰	
		脚膝胫头	
		tɕio⁵²sei³³na²⁴dɯ⁰	
130 乳房	奶儿奶儿	奶儿奶儿	奶奶儿
	nã³³nã⁵⁵	nao¹¹naoŋ¹¹³	na¹¹nan²⁴³
		奶	
		na¹¹³	
131 肛门	屁股洞	屁股洞	屁股洞
	pʰi³³ku⁵⁵doŋ¹⁴	pʰie³³ku⁵²dao³⁴¹	pʰi³³ku³³dən⁵⁵
132 阴茎	髎子	雀成人的	老八⁼儿成人或小孩的
	liau³¹tsʅ⁵³⁵	tsɣ⁵⁵	lo¹¹pian⁵³
	雀	老八⁼雀成人的	雀成人的
	tsiəʔ⁴	lə¹¹po⁵²tsɣ⁵⁵	tʃyo⁴²³
	老八⁼儿	老八⁼小孩的	
	lau⁵³pɣã⁵⁵	lə¹¹po⁵⁵~lə¹¹pɔ⁵⁵	
		老八⁼儿小孩的	
		lə¹¹poŋ⁵⁵	
133 阴囊	老袋	老袋	老老袋儿
	lau⁵⁵dε¹⁴	lə¹¹dε³⁴¹~lɣ¹¹dε³⁴¹	lo¹¹lo¹¹dan²⁴³
134 睾丸	老核子	老核	老老子
	lau⁵⁵uə²¹tsʅ⁵³⁵	lə¹¹uei¹¹³	lo¹¹lo¹¹tsʅ⁵³
		老核子	
		lə¹¹uei¹¹tsʅ⁵³⁵	
		老袋子	
		lə¹¹dε¹¹tsʅ⁵³⁵~lɣ¹¹dε¹¹tsʅ⁵³⁵	
135 女阴	（老）胚多	胚多	胚
	（lau⁵³）pʰiəʔ⁴	pʰei⁵⁵	pʰiə⁴²³
	（老）屄	屄	老胚
	（lau⁵⁵）pi³³⁴	pi²⁴	lo¹¹pʰiə⁵³

东阳	磐安	永康	武义
奶（奶儿） nɑ³⁵（nan⁴⁵）	奶 na⁴³⁴	奶奶儿 niɑ¹¹niɑ¹⁴	奶 nia³³⁴
屁股孔 pʰi³³ku⁴⁴⁵kʰom⁰	屁股孔多 pʰi³³ku⁴³kʰɑom⁴³⁴ 屁股洞 pʰi³³ku⁴³dɑom³⁴³	尻臀孔 kʰu⁴²dʏə³³kʰɔŋ⁵⁴⁵	屁股洞 pʰi⁴⁴⁵ku⁵³dɒŋ³¹
老八⁼成人的 lau³⁵puoʔ⁴⁵ 老八⁼儿小孩的 lau¹¹puon⁵⁵~lau¹¹puon⁵⁴	老八⁼ lo⁴³pʏə⁴³⁴	老□儿 lɒ¹¹ku³²⁴	老八⁼ lʏ⁵³puaʔ⁵ 祖⁼祖⁼小孩的 dzu²¹²tsu⁵³
老核袋儿 lau³⁵uoʔ⁵den⁴⁵ 老核袋子儿 lau³⁵uoʔ⁵de¹¹tsʅ⁵⁵	老核 lo⁴³uɛ²¹³ 老核子儿 lo⁴³uɛ²¹tsʅ⁵²	老核子脖儿 lɒ¹¹ŭə³tsʅ⁴²pʰɒ³²⁴ 老核子 lɒ¹¹ŭə³tsʅ⁵⁴⁵	老核袋 lʏ⁴⁴⁵uəʔ⁵da³¹ 老核子 lʏ⁴⁴⁵uəʔ⁵tsʅ⁴⁴⁵
（老）胈 (lau³⁵)pʰiəʔ⁴⁵ 屄 pi⁴⁴⁵	（老）胈 (lo⁴³)pʰiɛ⁴³⁴ （老）屄 (lo⁴³)pi⁴⁴⁵	老屄儿 lɒ¹¹pi³²⁴ 老屄 lɒ¹¹ʔbi⁴⁵	老胈 lʏ⁵³pʰəʔ⁵

	金华	汤溪	浦江
			屄 pi⁵³⁴ 家⁼家⁼小女孩的 ka⁵⁵ka³³⁴
136 性交（动宾）	弄胐 loŋ⁵³pʰiə^ʔ⁴	弄胐 lao¹¹pʰei⁵⁵	装□秋⁼ tɕyõ³³mia³³tʃʰiɤ⁵³⁴
137 精液	屎 zoŋ³¹³	屎 zao³⁴¹~ʑiao³⁴¹	屎 zən¹¹³
138 拉屎	射涴 tɕia⁵³uɤ⁵⁵~dʑia¹⁴uɤ⁵⁵	射涴 dʑia¹¹uɤ⁵²	放涴 fõ³³ɯ⁵⁵
139 撒尿	射尿 tɕia⁵⁵sɛ³³⁴~dʑia¹⁴sɛ³³⁴	射尿 dʑia¹¹si²⁴	放尿 fõ³³ʃi⁵³⁴
140 放屁	放屁 faŋ³³pʰi⁵⁵	射屁 dʑia¹¹pʰi⁵²	放屁 fõ³³pʰi⁵⁵
141 相当于"他妈的"的口头禅	弄死个头 loŋ¹⁴sɿ⁵⁵kəʔ⁴diu³¹³ 弄死个娘 loŋ¹⁴sɿ⁵⁵kəʔ⁴ȵiaŋ³¹³	狗弗人 kɯ⁵²fɛ⁵²ʑiɛ¹¹³ 弄死 lao³⁴¹sɿ⁰ 妈个胐 ma³³kə³³pʰei⁵⁵	入死娘胐 ʑiə²⁴sɿ⁵⁵ɲyõ²⁴pʰiə⁴²³
142 病了	生病 saŋ³³biŋ¹⁴ 有毛病 iu⁵⁵mau³¹biŋ¹⁴	生病罢 sa²⁴bei⁰ba¹¹³ 无力气 m̩³³lei¹¹tɕʰi⁵²	生病啦 sɛ̃³³bin²⁴la⁰~ sɛ̃³³bin²⁴na⁰

东阳	磐安	永康	武义
老朏倮儿	倮儿		
lɑu³⁵pʰiə?⁵kʊn⁵⁵	kuɤn⁵²		
装倮儿	装倮儿	装老屎儿	装老朏
tsʌ³³kʊn⁵⁵	tʃiɒ³³kuɤn⁵²	tɕyaŋ⁴⁴lɒ¹¹pi³²⁴	tɕyaŋ⁴⁴⁵lɤ⁵³pʰə?⁵
	野⁼屎婉		
	ia⁴³pi⁴⁴⁵		
屎	屎	屎	老八⁼油
zom³¹²	zaom²¹³	zɔŋ³³	lɤ⁴⁴⁵puɑ⁵³iu⁴²³
射溅	放溅	放溅	放溅
dzɑ³⁵ʊ⁴²³	fɒ³³uɤ⁵²	faŋ⁴⁴uə⁵⁴	faŋ⁴⁴⁵uo⁵³
放溅婉			
fʌ³³ʊ⁴²³			
射尿	放尿	放尿	放尿
dzɑ³⁵sʅ⁴⁴⁵	fɒ³³ʃy⁴⁴⁵	faŋ⁴⁴ɕi⁴⁵	faŋ⁴⁴⁵ɕi²⁴
放尿婉			
fʌ³³sʅ⁴⁴⁵			
射屁	放屁	放屁	放屁
dzɑ³⁵pʰi⁴²³	fɒ³³pʰi⁵²	faŋ⁴⁴pʰi⁵⁴	faŋ⁴⁴⁵pʰi⁵³
放屁			
fʌ³³pʰi⁴²³			
娘卖屎	娘卖屎生	娘摆屎	娘卖朏
ȵiʌ³¹ma³⁵pi⁴⁴⁵	ȵiɒ²¹ma¹⁴pi⁴⁴⁵sɛ⁴⁴⁵	ȵiaŋ³³?biɑ⁴²?bi⁴⁵	ȵiaŋ⁴⁴⁵mia⁵³pʰə?⁵
入死尔个娘			娘卖屎
zɜ?²sʅ⁴⁴⁵n³⁵kɜ?⁰ 韵母特殊 ȵiʌ³¹²			ȵiaŋ⁴⁴⁵mia⁵³pi²⁴
生病哇	委⁼□罢	生病咩	生病罢
sɛ³³bən¹¹uɑ⁰	uei⁴³mɛ²¹ba²⁴⁴	sai⁴⁵bieiŋ⁵³mia⁰	sa⁴⁴⁵bin³¹ba⁰
弗爽快哇			
fɜ?⁵sʌ⁴⁴⁵kʰuɑ⁴⁴⁵uɑ⁰			

489

	金华	汤溪	浦江
143 拉肚子	肚射 tu⁵⁵dzia¹⁴ 肚痢 tu⁵⁵li¹⁴	肚射 du¹¹³dʑia³⁴¹	肚射 du²⁴dʑia⁰
144 发疟子	打半日 taŋ⁵⁵pɤ⁵⁵ȵiəʔ²¹² 打大鼓 taŋ⁵⁵tuɤ⁵³ku⁵³⁵	打半日儿 na⁵²mɤ³³ȵieŋ²⁴	半日□□ pɑ̃³³ȵiə³³lo³³kʰo⁵³ 打半日儿 nẽ⁵⁵pɑ̃⁵⁵ȵiən³³⁴
145 蚊子咬成的疙瘩	鼻 biəʔ²¹²	鼻 bei¹¹³	鼻 biə²³²
146 疖子	□儿 fĩ⁵⁵	□儿 teŋ⁵⁵	瘤儿 lan²⁴
147 吃中药	吃水药 tɕʰiəʔ²⁴ɕy⁵⁵iəʔ²¹²	吃果子 tɕʰiei⁵²kuɤ⁵²tsɿ⁵³⁵	食中药 zɛ²⁴tɕyon⁵⁵yo³³⁴ 食茶婉 zɛ²⁴dʑya¹¹³
148 瘸子	跷脚 tɕʰiau³³tɕiəʔ⁴	跷脚 tɕʰiə³³tɕio⁵⁵ 跷脚儿 tɕʰiə³³tɕiuŋ⁵⁵ 跷脚鬼贬 tɕʰiə³³tɕio⁵²kuɛ⁵³⁵	欠⁼脚（佬） tɕʰiẽ⁵⁵tɕyo⁴²³（⁻³³lo²⁴³）
149 驼子	驼背 duɤ³¹pɛ⁵⁵	驼背 dɤ¹¹³pɛ⁰ 驼背脊儿 tɤ³³pɛ³³tseŋ⁵⁵	驼背 dɯ²⁴pa³³⁴ 驼背佬 dɯ¹¹pa¹¹lo²⁴³
150 死了	死了 sɿ⁵³lə¹⁴ 过辈了婉,多 kuɤ³³pɛ⁵⁵lə⁰ 过世罢婉 kuɤ³³ɕɤ⁵⁵lə⁰	死罢 sɿ⁵³⁵ba¹¹³ 过老罢婉 kuɤ³³lə¹¹³ba¹¹³ 过世罢婉 kuɤ³³ɕie⁵²ba¹¹³	死啊 sɿ³³a⁰ 老去啊婉 lo²⁴iº ia⁰ 过辈啦婉 kɯ³³pa⁵⁵la⁰

东阳	磐安	永康	武义
肚射	肚射	肚泻	肚泻
du³⁵dzɑ³²⁴	du²⁴⁴dzua¹⁴	du¹¹ɕia⁵⁴	du³³ɕia⁵³
			食术⁼去罢贬
			ʑiəʔ³dʑyəʔ³kʰɯ²⁴ba⁰
打半日儿	打半日儿	打半日鬼儿	打□竹⁼鬼病刚开始时
nɛ³³pɤ³³nein⁴⁵	nɛ⁴³pɤ³³nen¹⁴	nai⁴²ʔbuə⁴⁴ɲiə⁴⁴ky⁵⁴	na⁴⁴⁵mɔʔ⁵lɔʔ⁵kui⁴⁴⁵
			打三令□较严重
			na⁴⁴⁵suo⁴⁴⁵lin⁵³ɑo³³⁴
本⁼	皿⁼	抱⁼	辨⁼
pən⁵⁵	mɐn⁴³⁴	bɒ³²³	bie³³⁴
□儿	□儿	疗	□
baun²⁵	bon¹⁴	nieiŋ⁴⁵	guen³¹
食药	食中药	食果子	食药
zeiʔ²iʉoʔ³²⁴	zɛi²⁴tsaom³³yə²¹³	zəi³³kuə⁴²tsʅ⁵⁴⁵	ɕiəʔ⁵iao³³⁴
		食草药	
		zəi³³tsʰɒ⁴²iɒ³²³	
撇脚佬	撇脚儿	跷脚	撇脚
pʰiəʔ⁵tɕiʉoʔ⁴⁵lau⁰	pʰiɛ⁴³tɕyən⁵²	kʰiɒ⁴⁴kiɒ⁵⁴⁵	pʰie⁵³tɕiao?⁵
	跷脚儿		
	tɕʰio³³tɕyən⁵²		
驼背佬	驼背	驼背	驼背
dʊ¹¹pe³³lau³⁵	duɤ²¹pei⁵²	duə¹¹ʔbəi⁵⁴	duo²¹pa⁵³
倒去哇	倒罢	倒去	死掉罢
tau⁴⁴⁵kʰəɯ⁴²ua⁰	to⁴³ba⁰	ʔdɒ⁴²kʰəɯ⁵⁴	sʅ⁴⁴⁵die³¹ba⁰
老去哇,老人死	倒哇	死去	转去罢婉
lau³⁵kʰəɯ⁴²ua⁰	to⁴³ua⁰	sʅ⁴²kʰəɯ⁵⁴	ȵye⁴⁴⁵xɯ²⁴ba⁰
过辈哇婉,老人死	老（去）罢婉	过辈婉,老人死	过百婉,老人死
kʊ³³pi³³ua⁰	lo⁴³（kʰəɯ⁵²）ba⁰	kuɑ⁴⁴ʔbəi⁵⁴	kuo⁴⁴⁵paʔ⁵

	金华	汤溪	浦江
	弗在了婉	过辈罢婉	
	fəʔ⁴sɛ⁵³lə¹⁴	kuɤ³³pɛ⁵²ba¹¹³	
		弗在罢婉	
		fɛ⁵²zɛ¹¹³ba¹¹³	
151 报丧	报信	报老	报老
	pau³³siŋ⁵⁵	pə³³lə¹¹³	po³³lo²⁴³
152 吃丧宴	吃斋饭	吃斋饭	食羹饭
	tɕʰiəʔ⁴tsa³³fa⁵⁵	tɕʰiei⁵²tsa²⁴vo⁰	zɛ¹¹kɛ̃⁵⁵vã⁰
153 葬	恩⁼埋	恩⁼埋	葬
	əŋ³³⁴	ai²⁴	tsõ⁵⁵
	出殡	出丧	
	tɕʰyəʔ⁴piŋ⁵⁵	tɕʰiɤ⁵²so²⁴	
	出丧	出殡	
	tɕʰyəʔ⁴saŋ³³⁴	tɕʰiɤ⁵²mei⁵²	
	出死	落葬	
	tɕʰyəʔ⁴sɿ⁵³⁵	lo¹¹tso⁵²	
154 坟墓	坟头	坟头	坟头
	vəŋ³¹diu¹⁴	vai¹¹³dəɯ⁰	vən²⁴dɤ¹¹³
155 用竹篾和纸扎成的灵屋	灵	灵	步⁼儿纸、芝麻秆扎成的箱子
	liŋ³¹³	lei¹¹	bun²⁴
	灵座		
	liŋ³¹zuo¹⁴		
156 在坟上挂纸	标纸	唔纸	揿纸
	piau³³tsɿ⁵³⁵	kʰuo⁵²tsɿ⁵³⁵	kʰən³³tʃi⁵³

东阳	磐安	永康	武义
~kʊ³³pe³³uɑ⁰	过辈罢婉 kuɤ³³pei⁵²ba⁰ 看山罢含诙谐意 kʰɤ³³sɒ⁴⁴⁵ba⁰ 麻痘鬼儿死小孩死 mɤɚ²¹dɐɯ²¹tɕyn⁵²sʅ⁴³⁴		踩⁼掉罢贬 la³¹die⁰ba⁰ 背拚箕贬,指夭折的小孩 pa⁴⁴⁵muo⁴⁴⁵i²⁴
报死信 pau³³sʅ⁴⁴⁵ɕien⁵⁴	报死 po³³sʅ⁴³⁴	报死 ʔbɒ⁴⁴sʅ⁵⁴⁵	报死 pɑo⁴⁴⁵sʅ⁴⁴⁵
食排丧酒 zeiʔ²ba¹¹sʌ³³tɕɯɚ⁵⁵	食斋饭 zɛi²¹tsa³³vɒ³⁴³	食斋饭葬之前吃 zəi³³tɕiɑ⁴⁵fɑ⁵⁴ 食落山饭葬之后吃 zəi³³lɒ³³sɑ⁴⁵fɑ⁵⁴	食送饭葬之前吃素菜 ziəʔ³soŋ⁴⁴⁵vuo³¹ 食利市酒葬之后吃荤菜 ziəʔ³¹li⁴⁴⁵sʅ⁵³tɕiu⁴⁴⁵
葬 tsʌ⁴²³	葬 tsɒ⁵² 出婉 tʃʰyɛ⁴³⁴	葬 tsaŋ⁵⁴	葬 tsaŋ⁵³ 恩⁼埋 en²⁴
坟 vən³¹²	坟 ven²¹³ 坟头 ven²¹dɐɯ³⁴³	坟 vəŋ³³	坟头 ven²¹dɑo³¹
（无）	（无）	（无）	（无）
祭坟 tsi³³vən³¹² 压坟头 ɜʔ⁵vən¹¹dɐɯ⁵⁴	标坟 pio³³ven²¹³	标清 ʔbiɒ⁴⁴tɕʰieiŋ⁴⁵	挂坟弄 kua⁴⁴⁵ven¹¹loŋ³¹

	金华	汤溪	浦江
157 问巫婆 （一种迷信活动）	巫仙姑 fu^{55}sa^{33}ku^{55} 讲仙姑 kaŋ^{55}sie^{33}ku^{55}	问仙姑 mai^{11}sie^{24}ku^{0}	望仙姑 mõ^{11}sɛ̃^{55}ku^{0}
158 为受惊吓的 小孩招魂	讴惊 eu^{33}kuaŋ^{334}	讴惊 ɯ^{33}kua^{24}	讴魂 ɤ^{55}uən^{334}
159 看病	望先生 moŋ^{55}sie^{33}saŋ^{55}	望先生旧 mao^{11}sie^{24}sa^{0} 望病 mao^{113}bei^{0}	望先生旧 mõ^{24}sɛ̃^{55}sɛ̃^{0} 望病 mõ^{24}bin^{0}
160（病）轻了	好些了 xau^{53}sə^{24}lə^{55}	好点儿罢 xə^{52}ȵiaŋ^{55}ba^{113}	好些呀 xo^{55}sɯ^{0}ia^{0}
161 斗笠 （竹篾夹箬或 油纸制成）	凉帽 liaŋ^{31}mau^{14}	野帽 ia^{11}mə^{341} 箬帽 ȵiɤ^{11}mə^{341}	莲═帽 liã^{11}mo^{24}
162 衣服	衣裳 i^{33}ɕiaŋ^{55}	衣裳 i^{55}ɕio^{0}	衣裳 i^{55}ʒyõ^{0}
163 围裙	围裙 y^{31}dzyəŋ^{14}	围裙 i^{113}dziei^{0}	围怀 y^{24}gua^{113}
164 涎布，围嘴儿	口围 kʰiu^{55}y^{313}	口围 kʰɯ^{52}i^{11}	馋馋兜儿 zã^{11}zã^{11}tɤn^{334}
165 尿布	尿片 sɛ^{33}pʰie^{55}	尿片 si^{24}pʰie^{0}	尿布 ʃi^{55}pu^{334}
166 汤布 （男人劳动时	汤布 tʰaŋ^{33}pu^{55}	汤布 tʰo^{33}pu^{52}	汤布 tʰõ^{55}pu^{334}

东阳	磐安	永康	武义
讲三姊儿①	问三姊儿	问三姊儿	问灵姑
kʌ³³sʌ³³tsin⁵⁵	mɐn¹⁴sɒ³³tʃin⁵²	muə¹¹sɑ⁴⁵tɕi⁵⁴	muo⁵³lin¹¹ku⁵³
	讲肚仙儿		
	kɒ⁴³du²⁴ʃien⁴⁴⁵		
讴魂	讴魂	讴魂	讴魂
əɯ³³uɐn³¹²	ɐɯ³³uɐn²¹³	ɒ⁴⁵uŋ⁴³³	ao⁴⁴⁵uen⁴²³
望先生旧	望病	望病	望病
mu³⁵si³³sɛ⁵⁴	mo²⁴bɐn¹⁴	maŋ¹¹bieiŋ¹⁴	maŋ³³bin³¹
望病	望先生		
mu³⁵bən³²⁴	mo²⁴ʃie³³sɛ⁵²		
好蒂⁼儿哇	好□儿罢	好点儿咩	好些罢
xau⁴⁴⁵tin⁵⁵uɑ⁰	xo⁴³tin⁴⁴⁵ba⁰	xɒ⁴⁴niɑ⁵³miɑ⁰	xɤ⁴⁴⁵sɤ⁵³ba⁰
□帽	略⁼帽	箬帽	箬帽
lia¹¹mau⁵⁴	lia²¹mo³⁴³	ȵia³³mɒ¹⁴~ȵiaŋ³³mɒ¹⁴	iao⁵³muo³¹~ȵiao⁵³muo³¹
衣裳	衣裳	衣裳	衣裳
i³³ʑiʌ⁵⁴	i³³ʒiɒ³⁴³	i⁴⁵ʑiaŋ⁴³³	i²¹²ɕiaŋ⁵³
围裙	围裙	布腰裙	腰裙
iʉ¹¹dʑien⁵⁴	y²¹dʑyɐn³⁴³	ʔbu⁴⁴iɒ⁴⁵gyeiŋ⁴³³	ie²¹²tɕyin⁵³
□兜儿	裳⁼兜儿	面前兜儿	挂袋
zuo¹¹təɯn³³⁵	ʒiɒ²¹tən⁴⁴⁵	miə¹¹ʑiɒ³³tɐɯ³²⁴	kua⁴⁴⁵da³¹
浼衲儿	尿布	尿衲儿	尿片
ʋ³³nan⁴⁵	ʃy³³pu⁵²	ɕi⁴⁴nɤə¹⁴	ʑi²¹²pʰie⁵³
	尿片		
	ʃy³³pʰie⁵²		
	浼衲儿		
	uɤ³³nɛn³⁴³		
（无）	汤布	汤布	汤布
	tʰɒ³³pu⁵²	tʰaŋ⁴⁵ʔbu⁵⁴	tʰaŋ²¹²pu⁵³

---

① 据发音人，"三姊儿"指玉皇大帝的女儿。

	金华	汤溪	浦江
擦汗等用的长布条）			
167 手巾，毛巾	面布 mie³¹pu⁵⁵	面布 mie¹¹pu⁵²	面布 miẽ²⁴pu⁰
168 肥皂	（洋）肥皂 (iaŋ³³)pi³³sau⁵³⁵	洋肥皂 io³³pie³³zə¹¹³	（洋）肥皂 (yõ¹¹)bi¹¹zo²⁴³
169 脸盆	面桶木制的 mie³³toŋ⁵³⁵ 洋面桶 iaŋ³³mie³³toŋ⁵³⁵ 洋面盆 iaŋ³³mie⁵⁵bəŋ³¹³	面桶 mie¹¹dao¹¹³ 铜面盆 tao³³mie²⁴bai⁰ 洋面盆 io³³mie²⁴bai⁰	面桶木制的 miẽ¹¹dən²⁴³ 面□新 miẽ¹¹lɯ²⁴³
170 洗脸水	面汤水 mie⁵⁵tʰaŋ³³ɕy⁵³⁵	面汤 mie¹¹tʰo⁵²	面汤水 miẽ¹¹tʰõ³³ʃy⁵³
171 凳子	凳 təŋ⁵⁵	凳 nai⁵²	凳 təŋ⁵⁵
172 放在床前的长条形矮凳	踏床凳 tua⁵⁵ɕyaŋ³³təŋ⁵⁵	踏床 do¹¹³ʑiao⁰ 踏床凳 do¹¹ʑiao¹¹³nai⁰	□脚凳 pu³³tɕyo³³tən⁵⁵
173 桌子	枱桌 tɛ³³tɕyɤ⁵⁵	桌 tɕio⁵⁵	桌顶= tɕyo³³tin⁵³
174 抽屉	暗槽 ɤ³³zau¹⁴	暗槽 ɤ⁵⁵zə⁰	暗槽旧 ɔ̃⁵⁵zo³³⁴ 抽屉 tʃʰiɤ⁵⁵tʰi³³⁴
175 图章 （统称）	印 iŋ⁵⁵	印 iei⁵²	印 in⁵⁵

东阳	磐安	永康	武义
面巾 mi³⁵tɕien⁵⁵	面巾 mie²⁴tɕiɐn⁴⁴⁵	洋巾 统称 iaŋ³³kieiŋ⁴⁵	面布 mie³³pu⁵³
面布头儿 mi³⁵pu⁵⁵dɯɯn³³⁵		面巾儿，擦脸用 miə¹¹kieiŋ³²⁴	
洋肥皂 iʌ¹¹bi¹¹zɑu³⁵	洋肥皂 iɒ²¹bi²⁴zɒ²⁴⁴	洋肥皂 iaŋ³³bi³³zɒ³²³	洋油皂 iaŋ⁴⁴⁵iu⁴⁴⁵zɤ³³⁴
面桶 mi³⁵dom⁰	面桶 mie²⁴dɑom²⁴⁴	面桶 miə¹¹dɔŋ³²³	面桶 mie⁵³dɔŋ³³⁴
面汤水 mi³⁵tʰʌ⁵⁵sʅ⁴²³	面汤 mie²⁴tʰɒ⁴⁴⁵	面桶水 冷的 miə¹¹dɔŋ¹¹ɕy⁵⁴⁵	面汤 mie³³tʰaŋ²⁴
	面汤水 mie²⁴tʰɒ³³ʃy⁴³⁴	面桶汤 热的 miə¹¹dɔŋ¹¹tʰaŋ⁴⁵	
凳 tən⁴²³	凳 nɐn⁵²	凳 nieiŋ⁵⁴	凳 nen⁵³
床凳 zʌ¹¹tən⁵⁴	床前垫脚儿 ʒiɒ²¹ʒie³⁴³die²⁴tɕyən⁵²	踏床儿 dɑ³³ɕyaŋ³²⁴	踏床凳 tuɑ⁵³ʑyaŋ¹¹nen⁵³
	床前踏脚儿 ʒiɒ²¹ʒie³⁴³duɐ²⁴tɕyən⁵²		
柏桌 de¹¹tsouʔ⁴⁵	柏桌 dei²¹tsʌo⁴³⁴	□桌 tsəi⁴⁴tsuə⁵⁴⁵	桌 luoʔ⁵
抽屉 tɕʰiɐɯ³³tʰi⁵⁴	抽屉 tʃʰɯɑi³³tʰi⁵²	抽屉 tʰəɯ⁴⁵tʰiə⁵⁴	抽屉 tɕʰiu²¹²tʰie⁵³
印 ien⁴²³	印 in⁵²	章 tɕiaŋ⁴⁵	章 tɕiaŋ²⁴

	金华	汤溪	浦江
			章新 tʃyõ⁵³⁴
176 糨糊	浆糊 tsiaŋ³³u¹⁴	糊 u³⁴¹	糊 u²⁴
177 火柴	洋火 iaŋ³³xuɤ⁵³⁵	火药 xuɤ⁵²io¹¹³	洋火 yõ¹¹xɯ⁵³
	火柴新 xuɤ⁵⁵za³¹³	洋火 io³³xuɤ⁵³⁵	
178 抹布	揩桌布 kʰa³³tɕyɤ⁵³pu⁵⁵	缴⁼桌布 tɕiə⁵²tɕio⁵²pu⁵²	揩桌布 kʰa³³tɕyo³³pu⁵⁵
	（柏）桌布 (tɛ³³)tɕyɤ⁵³pu⁵⁵	揩桌布 kʰa³³tɕio⁵²pu⁵²	
179 羹匙，匙子	瓢羹 biau³¹kaŋ⁵⁵	瓢儿 biŋ¹¹³	捞羹儿 lɯ¹¹kẽn³³⁴
180 箸，筷子	箸 dzy¹⁴	箸 dzie³⁴¹	箸 dʒi²⁴
181 撮或簸东西用的簸箕	坌缺 pəŋ³³tɕʰyɤ⁵⁵	拚斗 fai³³təɯ⁵³⁵	拚箕 põ⁵⁵tʃi⁵³⁴
	拚缺 fəŋ³³tɕʰyɤ⁵⁵		
182 挑东西用的簸箕，有提梁	拚箕 fəŋ³³tɕi⁵⁵	挈箕 tɕʰie⁵⁵tɕi⁰	□箕头儿矮的 tsa³³tʃi³³dɤn³³⁴
			拚箕头儿高的 põ³³tʃi³³dɤn³³⁴
183 笤帚	笤帚 tiau³³tɕiu⁵³⁵	地帚 tie³³tɕiəɯ⁵³⁵	扫帚竹制的 so³³tʃiɤ⁵³
			□帚芒草做的 dõ¹¹tʃiɤ⁵³
184 烤火取暖用的火盆（外架内盆）	火盆 xuɤ⁵⁵bəŋ³¹³	火钵 xuɤ⁵²pɤ⁵⁵	火盘儿 xɯ³³bən²⁴³

东阳	磐安	永康	武义
图章 du^{11}tɕiʌ^{54}	戳儿 tsʰon^{52}		
糊 u^{324}	糊 u^{14}	糊 u^{14}	（米粉）糊 (mie^{445}fen^{53})u^{31}
洋火 iʌ^{11}xʊ^{423}	洋火 iɒ^{21}xuɤ^{434}	洋火 iaŋ^{33}xuə^{545} 水流火儿 ɕy^{42}liɯ^{33}xuə^{54}	洋火 iaŋ^{445}xuo^{445}
枱桌布 de^{11}tsou^{5}pu^{54}	缴＝桌分＝ tɕio^{43}tsʌo^{43}fɐn^{445} 缴＝桌布新 tɕio^{43}tsʌo^{43}pu^{52}	缴＝桌布 kiɒ^{42}tsɒ^{44}ʔbu^{54}	检＝桌布 tɕie^{445}luo^{445}pu^{53}
瓢羹儿 bɤ^{11}kan^{335}	挑儿 tʰion^{445} 调羹儿瓷的 dio^{21}kɛn^{445}	调羹儿 diɒ^{33}kai^{324}	调羹 die^{21}ka^{53}
箸 dzi^{324}	箸 dʒi^{14}	箸 dzi^{14}	箸 dʑi^{31}
拚斗 pɤ^{33}təɯ^{423}	拚斗 pɤ^{33}tɯ^{434}	拚浅＝ ʔbuə^{44}tɕʰiə^{545}	篾欠＝ mie^{53}tɕʰie^{53}
拚箩 pɤ^{33}la^{324}	大拚箩 duɤ^{14}pɤ^{33}la^{445} 大沙箕 duɤ^{14}sa^{33}i^{52}	拚箕 ʔbuə^{44}i^{45}	拚箕 muo^{445}i^{24}
扫帚竹制的 sau^{33}tɕiəɯ^{423} 笤帚芒草做的 dɤ^{11}tɕiəɯ^{423}	扫帚竹制的 so^{43}tʃiɯ^{434} 笤帚芒草做的 dio^{21}tʃiɯ^{434}	扫帚竹制的 sɒ^{42}tɕiəɯ^{545} 芒扫帚儿,芒草做的 mɔŋ^{11}zɒ^{11}tɕiəɯ^{54}	笤帚竹制的 tɤ^{53}tɕiu^{445} 芒笤帚芒草做的 mɔŋ^{445}tɤ^{53}tɕiu^{445}
火钵 xʊ^{445}pɜʔ^{45}	火盆 xuɤ^{43}bɤ^{213} 火钵 xuɤ^{43}pɛ^{434}	火盆 xuə^{42}buə^{33}	火盆 xuo^{53}ben^{423}

	金华	汤溪	浦江
185 烘篮 （篮形）	火篮 xuɤ⁵⁵la³¹³	火挈 xuɤ⁵²tɕʰie⁵⁵	火囱⁼ xɯ³³tsʰən⁵³
186 水碓	水碓 ɕy⁵³tɛ⁵⁵	水碓 ɕiei⁵²tɛ⁵²	水碓 ʃy⁵⁵ta⁵⁵
187 油坊	麻车 mɤa³¹tsʰuɑ⁵⁵	麻车 mɤ¹¹³tsʰo⁰	麻车 mia²⁴tɕʰyɑ⁰
188 锤子,钉锤	榔头 lɑŋ³¹diu¹⁴	铁锤 tʰia⁵⁵dʑi⁰	铁锤儿 tʰia³³dʒyn²⁴³
189 绳子	绳 ʑiŋ³¹³ 索粗大的 soʔ⁴	绳 ʑiai¹¹ 索粗大的 so⁵⁵	绳 zin¹¹³ 索粗大的 so⁴²³
190 晒衣服用的 竹竿	笐竿 ɑŋ⁵³kɤ⁵⁵ 竹笐 tɕioʔ⁴ɑŋ¹⁴	笐竿 uo¹¹kɤ⁵²	竹笐 tɕyɯ⁵⁵õ⁵⁵
191 自行车	脚踏车 tɕiəʔ⁴duɑ¹⁴tɕʰia⁰	踏脚车 do¹¹tɕio⁵⁵tsʰɑ⁰	脚踏车 tɕyo³³a³³tɕʰyɑ⁵³~ tɕyo³³da³³tɕʰyɑ⁵³
192 轮子	轮盘 ləŋ³¹bɤ¹⁴	轮盘 lei¹¹³bɤ⁰	轮盘 lən²⁴bɑ̃¹¹³ 轮胎新 lən¹¹tʰa⁵³
193 雨伞	雨伞 y⁵³sɑ⁵³⁵	雨伞 i¹¹so⁵³⁵	雨伞纸制的 y¹¹sɑ̃⁵⁵

东阳	磐安	永康	武义
火囱 =铜做的 xʊ⁴⁴⁵tsʰom⁴⁴⁵ 火炉儿篾做的 xʊ⁴⁴⁵lun⁴⁵ 火笼儿篾做的 xʊ⁴⁴⁵loun⁴⁵	火炉儿 xuɤ⁴³lun²¹³	火笼儿 xuə⁴²lɔŋ³²⁴	火笼 xuo⁵³lɔŋ⁴²³
水碓 sɿ⁴⁴⁵te⁵⁴	水碓 ʃy⁴³tei⁵²	水碓 ʐy¹¹ʔdəi⁵⁴	水碓 ɕy⁴⁴⁵la⁵³
麻车 muo¹¹tɕʰia⁵⁴	油车 iɯɛi²¹tʃʰia⁵²	油坊 iəɯ³³faŋ⁴⁵ 油车 iəɯ³³tɕʰia⁴⁵	麻车 muɑ²¹tɕʰia⁵³
铁锤儿 tʰiəʔ⁵dzŋ³³⁵	锤儿 dʒyn²¹³	小铁锤儿 ɕiɒ⁴²tʰia⁴⁴tɕy³²⁴	铁锤 tʰia⁵³dzɤ⁴²³
绳 zən³¹²	绳 zɛn²¹³	绳较细 ʑieiŋ³³	绳较细 ʑin⁴²³
索较粗 suoʔ⁴⁵	麻索较粗 mɤə²¹suə⁴³⁴	索较粗 sɒ⁵⁴⁵	索较粗 sɑoʔ⁵
竹笓 tsouʔ⁵ʌ⁵⁴	竹笓 tsʌo⁵⁵ɒ²¹	竹笓 tɕiu⁴⁴aŋ¹⁴	竹笓 lɔʔ⁵aŋ³¹
脚踏车 tɕiɯo⁵duoʔ²tɕʰia⁴⁴⁵	脚踏车 tɕyə⁴³duə²⁴tʃʰia⁴⁴⁵ 踏脚车 duə²⁴tɕyə⁴³tʃʰia⁴⁴⁵	踏脚车儿 dɑ³³kiɒ³³tɕʰia³²⁴	踏脚车 tuɑ⁴⁴⁵tɕiɑo⁵³tɕʰia²⁴
轮盘 lən¹¹bɤ⁵⁴ 轮子 lən¹¹tsɿ⁴²³	轮盘 lɛn²¹bɤ³⁴³ 轮子 lɛn²¹tsɿ⁴³⁴	轮盘 lieiŋ¹¹buə⁴²²	轮盘 lin²¹buo³¹
雨伞纸制的 iʉ¹¹sʌ⁵⁴	雨伞纸制的 y²⁴sɒ⁵²	雨伞儿,纸制的 y¹¹sɑ⁵⁴	雨伞纸制的 y⁵³suo⁴⁴⁵

501

	金华	汤溪	浦江
			洋伞布制的 yõ²⁴sã³³⁴
194 犁	犁 lie³¹³	犁 lie¹¹	犁 li¹¹³
195 连枷	掉架 tiɑu⁵³kuɑ⁵⁵	掉铲 dɤ¹¹tsʰo⁵²	掉车 dɯ¹¹tɕʰya⁵³
196 收割稻子等时脱粒用的木桶	稻闸儿 tau⁵⁵zuã¹⁴	稻方 də¹¹fɑo²⁴ 稻桶圆形的 də¹¹dao¹¹³	稻□ do¹¹zã²⁴³
197 晒粮食用的大竹席	地簟 ti³³tia⁵³⁵	簟翼⁼ die¹¹iei¹¹³	皮簟 bi¹¹diã²⁴³
198 箩	箩 luɤ³¹³	箩 la¹¹	麻篮⁼ mia²⁴lã¹¹³
199 帮助挑担用的棍子	担拄 ta⁵³tu⁵⁵	担拄 no⁵²tu⁵² 打拄 na⁵²tu⁵²	□拄 tɕya⁵⁵tʃy⁵⁵
200 粮柜	大柜 duɤ³¹dʑy¹⁴	大柜 dɤ¹¹³dʑi⁰	闸较大,分层 ʒya²³² 柜较小,不分层 dʒy²⁴
201 瓢子	饭甑 va³¹tɕiŋ⁵⁵	饭甑 vo¹¹tɕiai⁵²	饭甑 vã²⁴tsin⁵³⁴
202 捞饭用的笊篱	捞箕 liau³¹tɕi⁵⁵	笊箧 tsə⁵²təɯ²⁴	捞篱儿 lɯ³³lin³³⁴

东阳	磐安	永康	武义
凉伞布制的	阳伞布制的	洋伞儿,布制的	洋伞布制的
liʌ¹¹sʌ⁵⁴	iɒ²¹sɒ⁵²	iaŋ³³sa⁵⁴	iaŋ⁴⁴⁵suo⁴⁴⁵
犁	犁	犁	犁
li³¹²	li²¹³	liə³³	lie⁴²³
籽□儿	□儿	掉□	豆□况⁼
tsʅ⁴⁴⁵lian⁵⁴	yan⁴⁴⁵	diɒ¹¹ya⁴⁵	tɑo⁴⁴⁵tie⁴⁴⁵xuaŋ⁵³
		掉□儿	
		diɒ¹¹ya³²⁴	
稻桶	稻闸	稻桶	稻闸
dau³⁵dom⁰	do²⁴zuə²¹³	dɒ¹¹dɔŋ³²³	tɤ⁵³zuɑ³³⁴
簟籧	簟籧	地簟	地簟
di³⁵liə⁷⁴⁵	die²⁴lia²¹³	di¹¹dia³²³	ti⁵³die³³⁴
	地籧		
	di²⁴lia²¹³		
方箩	箩	箧丝箩漏水的	疏箩漏水的
fʌ³³la⁵⁴	la²¹³	miə³³sʅ⁴⁵luə⁴³³	zuɑ²¹²lia⁵³
		槽箩不漏水的	槽箩不漏水的
		zɒ¹¹luə⁴²²	zɤ²¹lia³¹
搭⁼□	□拃	□拃	□拃
tuoʔ⁵dzʅ⁵⁴	tuə⁵⁵tʃy⁵²	na¹¹tɕy⁵⁴	nuo⁵³lu⁵³
仓较大,固定的	柜	仓较大,固定的	仓较大,固定的
tsʰʌ⁴⁴⁵	dʒy¹⁴	tsʰaŋ⁴⁵	tsʰaŋ²⁴
谷闸较小,可移动的		柜较小,可移动的	谷柜较小,可移动的
kouʔ⁵zuoʔ⁴⁵		gy¹⁴	kɔʔ⁵dʑy³¹
饭甑	饭甑	饭甑	饭甑
vʌ¹¹tsən⁵⁴	vɒ²¹tsɐn⁵²	vɑ¹¹tɕieiŋ⁵⁴	vuo³³tɕin⁵³
捞篱儿	捞篱	捞篱	捞篱
lɤ¹¹lin³³⁵	lio²¹li³⁴³	liɒ¹¹li⁴²²	lie²¹li³¹

	金华	汤溪	浦江
		笊篱 tsə⁵²li¹¹	
203 早饭	五更儿饭 ŋ⁵⁵kã³³fa⁵⁵	五更 ŋ¹¹ga¹¹³ 粥儿 tɕioŋ⁵⁵	五更饭 n¹¹kɛ̃⁵⁵vã⁰
204 午饭	午饭 ŋ⁵⁵va¹⁴	午饭 ŋ¹¹vo³⁴¹	午饭 n¹¹vã²⁴~m¹¹vã²⁴
205 点心 （中晚饭之间 的一顿饭）	点心饭 tia⁵⁵siŋ³³fa⁵⁵	午罢 ŋ¹¹ba¹¹³ 点心 nie⁵²sei²⁴~ȵie⁵²sei²⁴	四餐午饭 ʃi³³tsʰã³³n⁵⁵vã⁰~ ʃi³³tsʰã³³m⁵⁵vã⁰
206 晚饭	夜饭 ia³¹va¹⁴	夜饭 ia¹¹³vo⁰	夜饭 ia²⁴vã⁰
207 大米饭	饭 va¹⁴	饭 vo³⁴¹	饭 vã²⁴
208 泡饭	（煠）煠饭 （sua³³）sua⁵⁵va¹⁴	泡饭加菜的 pʰə²⁴vo⁰	煠饭加菜的 ʒya¹¹vã²⁴ 泡饭不加菜的 pʰo³³vã²⁴
209 面条儿	面 mie¹⁴	面 mie³⁴¹	切面手擀面 tʃʰia⁵⁵miẽ⁵⁵ 面新 miẽ²⁴
210 粉条儿	粉条 fən⁵⁵diɑu³¹³	粉线 fai⁵²sie⁵² 晒粉面 so³³fai⁵²mie³⁴¹	索粉米做的,当主食 so³³fən⁵³ 粉丝儿绿豆、番薯做的,当菜 fən³³sɯ⁵³
211 面粉	麦粉 məʔ²¹fən⁵³⁵	麦粉 mai¹¹fai⁵³⁵	麦屑 mɑ¹¹sɯ⁵³

东阳	磐安	永康	武义
五更 ŋ³⁵kɛ⁵⁵	五更饭 ŋ⁴³kɛ³³vɒ³⁴³	五更饭 ŋ¹¹kai⁴⁵fɑ⁵⁴	五更 ŋ⁵³ka²⁴
午饭 ŋ¹¹vʌ⁵⁴	午饭 ŋ²⁴vɒ³⁴³	午饭 ŋ¹¹vɑ¹⁴	午饭 ŋ⁵³vuo³¹
点心 ti⁴⁴⁵ɕien⁴⁴⁵	点心 tie⁴³ʃiɐŋ⁴⁴⁵	点心 niɑ⁴²səŋ⁴⁵	点心 nie⁵³ɕin²⁴
夜饭 iɑ¹¹vʌ⁵⁴	夜饭 iɑ²¹vɒ³⁴³	夜饭 iɑ¹¹vɑ¹⁴	夜饭 iɑ³³vuo³¹
饭 vʌ³²⁴	饭 vɒ¹⁴	饭 vɑ¹⁴	饭 vuo³¹
泡饭 不加菜的 pʰau³³vʌ⁵⁴	泡饭 pʰo³³vɒ³⁴³	饭汤 统称 vɑ¹¹tʰaŋ⁴⁵	煠饭 suɑ⁵³vuo³¹
饭汤 加菜的 vʌ³⁵tʰʌ⁵⁵		清水饭汤 不加菜的 tɕʰieiŋ⁴⁴ʑy¹¹vɑ¹¹tʰaŋ⁴⁵	
饭汤儿 加菜的 vʌ³⁵tʰʌn³³⁵		菜饭汤 加菜的 tsʰəi⁴⁴vɑ¹¹tʰaŋ⁴⁵	
面 mi³²⁴	面 mie¹⁴	索面 sɒ⁴⁴miə¹⁴	索面 sɑo⁵³mie³¹
索粉 米粉做的 suoʔ⁴⁵fən⁰	索粉 米粉做的 sue⁴³fɐn⁴³⁴	索粉干 米粉做的 sɒ⁴⁴vəŋ¹¹kɤə⁴⁵	索粉干 米粉做的 sɑo⁴⁴⁵fen⁵³kɤ²⁴
索面 麦做的 suoʔ⁵mi⁵⁴	番薯面 白薯粉做的 fɒ³³ʑɿ²⁴mie³⁴³	番薯粉抽 白薯粉做的 fɑ⁴⁴ʑi¹¹vəŋ¹¹tɕʰiɯ⁴⁵	粉条 淀粉做的 fen⁵³die⁴²³
麦粉 mɜʔ³⁵fən⁰	麦面 ma²⁴mie³⁴³	麦面 mai³³miə¹⁴	麦面 ma⁵³mie³¹

		金华	汤溪	浦江
212	馒头	馒头 mɤ³¹diu¹⁴	馒头 mɤ¹¹³dɯ⁰	馒头 mɯ²⁴dɤ¹¹³
213	包子	包子 pau³³tsʅ⁵⁵	包子 pə²⁴tsʅ⁰	包子 po³³tsʅ⁵³
214	馄饨	馄饨 uəŋ³¹dəŋ¹⁴	馄饨 uai¹¹³tai⁰	馄饨 uən²⁴dən¹¹³~uən²⁴lən¹¹³
215	饺子	水饺 çy⁵⁵tçiau⁵³⁵	饺儿 tçiəŋ⁵³⁵	饺子 tçia⁵⁵tsʅ⁵⁵
216	馃(一种圆饼形面食)	馃儿 kuẽ⁵⁵ 饺儿月牙形,簸箕形 tçiɔ̃⁵³⁵	馃 kuɤ⁵³⁵	馃儿 kɯn⁵⁵
217	油条	油炸果 iu³³dzəʔ²¹kuɤ³¹³	天萝敬 ⁼ tʰie³³lɤ²⁴tçiei⁰	油口梗 iɤ¹¹za¹¹kuẽ⁵³ 油条新 iɤ²⁴dia¹¹³
218	炒米 (名词)	米胖 mie⁵³pʰaŋ⁵⁵	米胖 mie¹¹pʰao⁵²	米胖 mi¹¹pʰɔ̃⁵⁵
219	糍粑	麻糍 mɤa³¹zʅ¹⁴	麻糍 mɤ¹¹³sʅ⁰	麻糍 mia²⁴zʅ¹¹³
220	菜 (饭菜的菜)	菜 tsʰɛ⁵⁵	菜 tsʰɛ⁵²	菜 tsʰa⁵⁵
221	干菜	干菜 kɤ³³tsʰɛ⁵⁵	咸菜 uo¹¹³tsʰɛ⁰	菜干儿 tsʰa³³kɔ̃n³³⁴
222	醋	醋 tsʰu⁵⁵	醋 tsʰu⁵²	醋 tsʰu⁵⁵
223	酱油	酱油 tsiaŋ³³iu¹⁴	酱油 tsɤ²⁴iəɯ⁰	酱油 tʃyɔ̃⁵⁵iɤ³³⁴

东阳	磐安	永康	武义
			麦粉
			ma⁵³fen⁴⁴⁵
馒头	馒头	馒头	馒头
mɤ¹¹dɯ⁵⁴	mɤ²¹dɐn³⁴³	muə¹¹dəɯ⁴²²	muo²¹dɑo³¹
包子	包子儿	包子儿	包子
pɑu³³tsʅ⁴²³	po³³tsʅn⁵²	ʔbɑ⁴⁴tsʅ⁵⁴	bao²¹²tsʅ⁵³
馄饨	馄饨	馄饨	馄饨
uən¹¹dən⁵⁴	uɐn²¹dɐn³⁴³	uəŋ¹¹dəŋ⁴²²	uen²¹den³¹
饺子	饺子	饺子儿	饺子 新，连读调特殊
tɕiɑu⁴⁴⁵tsʅ⁰	tɕiʌo⁴³tsʅ²¹	kiɒ¹¹tsʅ⁵⁴	tɕiao⁵³tsʅ⁰
馃儿	馃儿	馃儿	馃儿
kʊn⁵⁵	kuɤn⁵²	kuə⁵⁴	kuen⁵³
天萝絮旧	油条	天萝絮旧	天萝絮
tʰi³³lʊ³³si⁵⁴	iɐɯ²¹dio³⁴³	tʰia⁴⁴luə¹¹ɕi⁵⁴	tʰie⁴⁴⁵luo¹¹ɕi⁵³
油条		油条	
iəɯ¹¹dɤ⁵⁴		iəɯ¹¹diɒ⁴²²	
米胖	米胖	米胖	米胖
mi¹¹pʰʌ⁵⁴	mi²⁴pʰɒ⁵²	miə¹¹pʰaŋ⁵⁴	mie⁵³pʰaŋ⁵³
麻糍	麻糍	麻糍	麻糍
muo¹¹zʅ⁵⁴	mɤə²¹zʅ³⁴³	mɑ¹¹zʅ⁴²²	muɑ²¹zʅ³¹
菜	菜	菜	菜
tsʰe⁴²³	tsʰei⁵²	tsʰəi⁵⁴	tsʰa⁵³
	菜蔬		
	tsʰei³³su⁴⁴⁵		
菜干	菜干	菜干	干菜
tsʰe³³kɤ⁴²³	tsʰei³³kɤ⁴⁴⁵	tsʰəi⁴⁴kəɤ⁴⁵	gɤ²¹²tsʰa⁵³
醋	醋	醋	醋
tsʰu⁴²³	tsʰu⁵²	tsʰu⁵⁴	tsʰu⁵³
酱油	酱油	酱油	酱油
tɕiʌ³³iəɯ³²⁴	tʃiɒ³³ɑiʅ⁴⁴⁵	tɕiaŋ⁴⁴iəɯ³³	tɕiaŋ⁴⁴⁵iu⁴²³

		金华	汤溪	浦江
224	芝麻油	麻油 mɤa³¹iu¹⁴	麻油 mɤ¹¹³iɯ⁰	麻油 mia²⁴iɤ¹¹³
225	猪油	脂油 tsʅ³³iu⁵⁵	脂油 tsʅ²⁴iɯ⁰	熬油 ŋo²⁴iɤ¹¹³
226	盐	盐 ie³¹³	盐 ie¹¹	盐 iẽ¹¹³
227	酱 （统称）	酱 tsiaŋ⁵⁵	酱 tsɤ⁵²	酱 tʃyõ⁵⁵
228	白酒	烧酒 ɕiau³³tsiu⁵³⁵	烧酒 ɕiɔ³³tsɯ⁵³⁵	烧酒 sɯ³³tʃiɤ⁵³
229	黄酒	老酒 lau⁵³tsiu⁵³⁵	老酒 lə¹¹tsɯ⁵³⁵	老酒 lo¹¹tʃiɤ⁵³
230	江米酒	（甜）酒娘 （tia³³）tsiu⁵⁵ȵiaŋ³¹³	白酒 ba¹¹tsɯ⁵³⁵	酒卤糟 tʃiɤ³³lu³³tso⁵³
231	开水 （喝的）	茶 dzua³¹³ 滚汤 kuəŋ⁵⁵tʰaŋ³³⁴	茶多 dzo¹¹ 滚汤 kuai⁵²tʰo²⁴	茶 dʑya¹¹³ 滚水 kuəŋ³³ʃy⁵³
232	泔水	米泔水 mie⁵⁵kɤ³³ɕy⁵³⁵	洗碗水 sie⁵²uo⁵²ɕiei⁵³⁵	洗碗水 ʃi³³uã³³ʃy⁵³ 米泔水 mi¹¹kə̃³³ʃy⁵³
233	公猪	雄猪 ioŋ³¹tɕy⁵⁵	雄猪 iao¹¹³tsʅ⁰	雄猪 yon²⁴tʃi³³⁴
234	配种用的公猪	猪公 tɕy³³koŋ⁵⁵	猪公 tsʅ²⁴kao⁰	猪公 tʃi⁵⁵kon³³⁴
235	母猪	猪娘生育的 tɕy³³ȵiaŋ⁵⁵ 雌猪统称 tsʰʅ³³tɕy⁵⁵	猪娘生育的 tsʅ²⁴ȵio⁰ 雌猪统称 tsʰʅ²⁴tsʅ⁰	猪母生育的 tʃi³³m²⁴³ 雌猪阉过的 tsʅ⁵⁵tʃi³³⁴

东阳	磐安	永康	武义
麻油	麻油	麻油	麻油
muo¹¹iɐɯ⁵⁴	mɤɯ²¹mɐi³⁴³	mɑ¹¹iɐɯ⁴²²	muɑ²¹iu³¹
脂油	脂油	脂油	脂油
tsʅ³³iɐɯ⁵⁴	tsʅ³³iɐɯ³⁴³	tsʅ⁴⁵iɐɯ⁴³³	dzʅ²¹²iu⁵³
盐	盐	盐	盐
i³¹²	ie²¹³	iə³³	ȵie⁴²³
酱	酱	酱	酱
tɕiʌ⁴²³	tʃiɒ⁵²	tɕiaŋ⁵⁴	tɕiaŋ⁵³
烧酒	烧酒	烧酒	烧酒
sɤ³³tɕiɐɯ⁴²³	ʃio³³tʃiɐɯ⁴³⁴	ɕin⁴⁴tɕiɐɯ⁵⁴⁵	ɕie⁴⁴⁵tɕiu⁴⁴⁵
黄酒	黄酒	黄酒	黄酒
ʌ¹¹tɕiɐɯ⁴²³	ɒ²¹tʃiɐɯ⁴³⁴	uaŋ³³tɕiɐɯ⁵⁴⁵	uaŋ⁴⁴⁵tɕiu⁴⁴⁵
甜酒儿	甜酒酿	甜酒娘儿	白药酒
di¹¹tɕiɐɯn⁵⁵	die²¹tʃiɐɯ⁴³ȵiɒ²¹	diɑ³³tɕiɐɯ⁴²ȵiaŋ³²⁴	pa⁴⁴⁵iɑo⁵³tɕiu⁴⁴⁵
滚汤	滚汤	滚汤	滚汤
kuɐn⁴⁴⁵tʰʌ⁴⁴⁵	kuɐn⁴³tʰɒ⁴⁴⁵	kuɐŋ⁴²tʰaŋ⁴⁵	kuen⁵³tʰaŋ²⁴
开水	开水新	茶也指茶水	茶也指茶水
kʰe³³sʅ⁴²³	kʰei³³ʃy⁴³⁴	dzɑ³³	dzuɑ⁴²³
泔水	泔水	换镬水	米泔水
kɤ³³sʅ⁴²³	kɤ³³ʃy⁴³⁴	uɑ¹¹uɑ³³ɕy⁵⁴⁵	mie⁵³kɤ⁴⁴⁵ɕy⁴⁴⁵

东阳	磐安	永康	武义
雄猪阉过的	雄猪阉过的	肉猪阉过的	条＝猪阉过的
iom¹¹tsuo⁵⁴	iɑom²¹tsuə⁵²	ȵiu³³tɕi⁴⁵	die²¹li⁵³
公猪	公猪	公猪	公猪
kom³³tsuo⁵⁴	kɑom³³tsuə⁵²	kɔŋ⁴⁴tɕi⁴⁵	gɔŋ²¹²li⁵³
			猪公
			li²¹²kɔŋ⁵³
雌猪儿统称	猪娘生育的	猪娘生育的	猪娘生育的
tsʰʅ³³tsuon³³⁵	tsuə³³ȵiɒ³⁴³	tɕi⁴⁵ȵiaŋ⁴³³	li²¹²ȵiaŋ⁵³
猪娘生育的	雌猪阉过的	肉猪阉过的	条＝猪阉过的
tsuo³³ȵiʌ⁵⁴	tsʰʅ³³tsuə⁵²	ȵiu³³tɕi⁴⁵	die²¹li⁵³

	金华	汤溪	浦江
236 公牛	牛牯未阉过的 ȵiu³³ku⁵³⁵ 黄牯未阉过的黄牛 uaŋ³³ku⁵³⁵ 黄羯阉过的黄牛 uaŋ³³tɕie⁵⁵ 水牯未阉过的水牛 ɕy⁵³ku⁵³⁵ 水羯阉过的水牛 ɕy⁵³tɕie⁵⁵	黄牛未阉过的黄牛 ɑo¹¹³ȵiɯ⁰ 黄牯头儿未阉过的黄牛 ɑo³³ku⁵²dəŋ¹¹³ 羯牯阉过的 tɕie⁵²ku⁵³⁵ 牛牯阉过的 ȵiɯ³³ku⁵³⁵	骚牛未阉过的 so⁵⁵ȵiɤ³³⁴ 骟牛阉过的 tən⁵⁵ȵiɤ³³⁴
237 母牛	牛娘 ȵiu³¹ȵiaŋ¹⁴ 牸牛 sɿ⁵³ȵiu¹⁴	牛娘 ȵiɯ¹¹³ȵio⁰	牸牛儿 zɿ¹¹ȵiɤn²⁴³ 牸黄儿母的黄牛 zɿ¹¹õn²⁴³
238 马	马 mɤa⁵³⁵	马 mo¹¹³	马 mia²⁴³
239 驴	驴狗儿 li³³kɤ̃⁵⁵	驴□儿 li³³maŋ⁵⁵	毛驴狗儿 mo¹¹li¹¹kɤn⁵⁵
240 公狗	雄狗 ioŋ³³kiu⁵³⁵	雄狗 iɑo³³kɯ⁵³⁵	雄狗 yon¹¹kɤ⁵³
241 母狗	狗娘 kiu⁵⁵ȵiaŋ³¹³ 雌狗 tsʰɿ³³kiu⁵³⁵	狗娘 kɯ⁵²ȵio¹¹	雌狗儿 tsɿ³³kɤn⁵⁵
242 猫	猫 mau³¹³~mau³³⁴	猫儿 məŋ¹¹³	猫儿 mon²³²
243 公鸡	雄鸡统称 ioŋ³¹tɕie⁵⁵	雄鸡统称 iɑo¹¹³tɕie⁰	雄鸡统称 yon²⁴tʃi³³⁴

东阳	磐安	永康	武义
	雌猪儿阉过的 tshɿ³³tsuən⁴⁴⁵		
雄牛 iom¹¹ȵiɜɯ⁵⁴	牛牯 ȵiɜɯ²¹ku⁴³⁴	水牯水牛 ɕy⁴²ku⁵⁴⁵ 黄牯黄牛 uaŋ³³ku⁵⁴⁵	水牯水牛 ɕy⁵³ku⁴⁴⁵ 黄牯黄牛 uaŋ⁴⁴⁵ku⁴⁴⁵ 骚牯未阉过的 sɑo⁴⁴⁵ku⁴⁴⁵ 羯牯阉过的 tɕie⁵³ku⁴⁴⁵
雌牛儿统称 tshɿ³³ȵiəɯn³³⁵ 牛娘生育的 ȵiəɯ¹¹ȵiʌ⁵⁴	牛娘 ȵiɜɯ²¹ȵiɑ³⁴³	水雌母的水牛 ɕy⁴²tshɿ⁴⁵ 牛娘母的黄牛 ȵiəɯ¹¹ȵiaŋ⁴²²	牛娘统称 ȵiu²¹ȵiaŋ³¹ 黄牛娘母的黄牛 uaŋ⁴⁴⁵ȵiu¹¹ȵiaŋ³¹ 水牛娘母的水牛 ɕy⁵³ȵiu¹¹ȵiaŋ³¹
马 muo³⁵	马 mɤə⁴³⁴	马 ma³²³	马 mua³³⁴
驴狗儿 li¹¹kəɯn⁵⁵ 雄狗 iom¹¹kəɯ⁴²³ 雄狗儿 iom¹¹kəɯ⁵⁵	驴儿 lyn²¹³ 雄狗儿 iaom²¹kən⁵²	街狗驴儿 kia⁴⁴kəɯ⁴²ly³²⁴ 雄狗儿 iɔŋ³³kəɯ⁵⁴	街狗驴 tɕia⁴⁴⁵kɑo⁵³li⁴²³ 雄狗 iɔŋ⁴⁴⁵kɑo⁴⁴⁵
雌狗儿统称 tshɿ³³kəɯn⁵⁵ 狗娘生育的 kəɯ⁴⁴⁵ȵiʌ⁵⁴	狗娘生育的 kɜɯ⁴³ȵiɑ²¹ 雌狗儿 tshɿ³³kən⁵²	街狗娘儿 kia⁴⁴kəɯ⁴²ȵiaŋ³²⁴	狗娘 kɑo⁵³ȵiaŋ⁴²³
猫儿 mɑun³³⁵	猫儿 mon²¹³	猫儿 mɒ³²⁴	猫儿 maŋ²⁴
雄鸡未阉过的 iom¹¹tɕi⁵⁴	雄鸡 iaom²¹tɕi⁵²	雄鸡 iɔŋ³³kiə⁴⁵	雄鸡 iɔŋ²¹tɕie⁵³

	金华	汤溪	浦江
	鏾鸡阉过的 sie³³tɕie⁵⁵	雄鸡□未阉过的 iao³³tɕie³³kua⁵⁵ 鏾鸡阉过的 sie³³tɕie⁵²	雄鸡壳⁼未阉过的 yon²⁴tʃi³³kʰo⁴²³
244 母鸡	鸡娘 tɕie³³n̠iaŋ⁵⁵ 骟鸡 tsʰau⁵⁵tɕie³³⁴	鸡娘 tɕie²⁴n̠io⁰	骒鸡儿统称 tsʰɯ³³tʃin⁵³ 鸡娘下过蛋的 tʃi⁵⁵n̠yõ³³⁴
245 鸟儿	鸟 tiau⁵⁵ 鸟儿 tiõ⁵⁵	鸟儿 tɯŋ⁵²	鸟儿 tɯn⁵⁵
246 麻雀	麻雀儿 mɤa³³tsī⁵⁵~mɤa³³tsi⁵⁵ 麻雀 mɤa³¹tsʰiəʔ⁴	麻雀儿 mə³³tsaŋ⁵⁵	麻雀儿 mia¹¹tʃiɤn⁴²³
247 蝉,知了	叽了 tɕi⁵⁵liau⁰	挟⁼了 tɕia⁵⁵lɤ⁰	借⁼□小的,叫声较低 tʃia⁵⁵lyõ³³⁴ 棋⁼□大的,叫声较高 dʒi²⁴lyõ³³⁴
248 蝴蝶	蝴蝶儿 u³³diã¹⁴	蝴蝶儿 u³³tiaŋ²⁴	蝴蝶儿 u³³dian³³⁴
249 蝙蝠	老鼠皮翼 lau⁵³tsʰɿ⁵⁵pi³³iəʔ²¹²	老鼠皮翼儿 lə¹¹tsʰɿ⁵²bie¹¹ieŋ¹¹³	老鼠皮□儿 lo¹¹tsɿ³³bi³³bian³³⁴
250 雁	行鹅 aŋ⁵⁵uɤ¹⁴	行鹅 a¹¹³uɤ⁰	雁鹅儿 ŋã¹¹ŋɯn²⁴³
251 燕子	燕儿 iã⁵³⁵	子燕儿 tsɿ⁵²iŋ⁵²	燕儿 iãn⁵³
252 乌鸦	乌老鸦 u³³lau⁵³ua⁵⁵	乌老鸦 u³³lə¹¹ua⁵²	乌老鸦儿 u³³lo³³ian²⁴³
253 老虎	老虎 lau⁵³xu⁵³⁵	老虎 lə¹¹xu⁵³⁵	老虎 lo¹¹xu⁵³

东阳	磐安	永康	武义
羯鸡阉过的			
tɕiəʔ⁵tɕi⁴²³			
騲鸡儿统称	騲鸡统称	騲鸡下过蛋的	鸡娘下过蛋的
tsʰɑu⁴⁴⁵tɕin³³⁵	tsʰo⁴³tɕi⁴⁴⁵	tsʰɒ⁴²kiə⁴⁵	dʑie²¹²n̠iaŋ⁵³
鸡娘下过蛋的	鸡娘下蛋的	新騲鸡儿,未下蛋的	騲鸡未下过蛋的
tɕi³³n̠iʌ⁵⁴	tɕi³³n̠iɒ³⁴³	səŋ⁴⁴tsʰɒ⁴²kiə³²⁴	tɕʰie⁵³tɕie²⁴
鸟儿	鸟儿	鸟儿	鸟儿
tɤn⁵⁵	tioŋ⁵²	ʔdiɒ⁵⁴	lin⁵³
麻雀儿	麻雀儿多	麻雀儿	麻雀
muo¹¹tsein⁵⁵	mɤə²¹tsen⁵²	mɑ³³tsəi⁵⁴	muɑ⁴⁴⁵tɕiəʔ⁵
	麻雀儿		麻雀儿
	mɤə²¹tɕʰian⁵²		muɑ⁴⁴⁵tɕin⁵³
□□儿	□□儿	遮⁼辽⁼	□辽⁼
tsɿ³³lian⁴⁵	tsɿ⁵⁵lian²¹	tɕia⁴⁵liɒ⁴³³	tɕia⁴⁴⁵lie⁴²³
蝴蝶儿	蝴蝶儿	蝴蝶	蝴蝶
u¹¹dian⁴⁵	u²¹dian¹⁴	u³³diɑ³²³	u⁴⁴⁵dia³³⁴
蝙蝠儿	皮友⁼	皮翼	皮翼
pi⁴⁴⁵foun⁵⁴	bi²¹iɐɯ⁴³⁴	bi³³iə³²³	pi⁴⁴⁵iəʔ³
雁鹅儿	雁	(无)	□鸭
ŋɑ³⁵ŋʊn³³⁵	ŋɒ²¹³		pʰuo⁴⁴⁵uɑʔ⁵
子燕儿	子燕儿	子燕	子燕儿
tsɿ⁴⁴⁵in⁵⁴	tsɿ⁴³ien⁴⁴⁵	tsɿ¹¹iə⁵⁴	tsɿ⁵³n̠in⁵³
老鸦	老鸦	老鸦	老鸦
lɑu³⁵uo⁵⁵	lo⁴³uə⁴⁴⁵	lɒ¹¹ɑ⁴⁵	lɤ⁵³uɑ²⁴
老虎	老虎	老虎	老虎
lɑu³⁵fu⁰	lo⁴³xu⁴³⁴	lɒ¹¹xu⁵⁴⁵	lɤ⁵³xu⁴⁴⁵

	金华	汤溪	浦江
254 狼	狗头熊 kiu⁵⁵diu³¹ioŋ¹⁴	狼 lo¹¹	狗熊 kɤ⁵⁵yon⁵⁵
255 猴子	猢狲 uəʔ²¹səŋ⁵⁵	猢狲 uei¹¹³sai⁰	猴驮⁼ ɤ²⁴dɯ¹¹³
256 蛇	蛇 ʑia³¹³	蛇 ʑia¹¹	蛇 ʒia¹¹³
257 蜥蜴	蛇鳅 ʑia³¹tsʰiu⁵⁵	山鳅 so²⁴tsʰəɯ⁰	□头儿 zɔ̃³³dɤn³³⁴
258 老鼠	老鼠 lau⁵³tsʰɿ⁵³⁵	老鼠 lə¹¹tsʰɿ⁵³⁵	老鼠 lo¹¹tsɿ⁵³
259 蚯蚓	蟮面 çyɤ⁵⁵mie¹⁴ 水⁼面 çy⁵⁵mie¹⁴	蟮面 ʑie¹¹mie³⁴¹	蛐蛇儿 tɕʰyɯ⁵⁵ʒian⁰
260 蚂蚁	屏⁼蚁 xu⁵³a⁵³⁵~xu⁵³ua⁵³⁵	□蚁 xao³³a¹¹³	蜂蚁儿 fon³³ŋan²⁴
261 马蜂	九里蜂 tɕiu⁵⁵li⁵³foŋ³³⁴	蜂统称 fao²⁴	九里佬 tɕiɤ³³li³³lo²⁴³ □借⁼蜂 u¹¹tʃia⁵⁵fon⁵³⁴
262 苍蝇	苍蝇 tsʰaŋ³³n̩iŋ⁵⁵~tsʰaŋ³³iŋ⁵⁵	苍蝇 tɕʰio²⁴ɕiei⁰	苍蝇 tɕʰyõ⁵⁵ʃin³³⁴
263 蚊子	蚊虫 məŋ³¹dʑioŋ¹⁴	蚊虫 mai¹¹³dʑiao⁰	蚊虫 mən²⁴dʑyon¹¹³
264 孑孓	骨⁼骨⁼虫 kuəʔ⁴kuəʔ⁴dʑioŋ³¹³ 谷⁼谷⁼虫 koʔ⁴koʔ⁴dʑioŋ³¹³	粪缸虫 fai³³kuo²⁴dʑiao⁰	两头虫 lyõ³³dɤ³³dʑyon³³⁴

东阳	磐安	永康	武义
□狗佬儿	狼	狗□儿	狗熊
tʰɤ³³kəɯ⁴⁴⁵lɑun⁵⁴~	lɒ²¹³	kəɯ⁴²liəɯ³²⁴	kao⁵³iɔŋ⁴²³
tʰʊ³³kəɯ⁴⁴⁵lɑun⁵⁴	狼儿		
	lɒn²¹³		
猢狲儿	猢狲	猢狲	猢狲
u¹¹sɤn³³⁵	u²¹sɤ⁵²	uə³³səŋ⁴⁵	uo⁵³sen²⁴~ŋuo⁵³sen²⁴
蛇	蛇	蛇	蛇
ʑia³¹²	ʒia²¹³	ʑia³³	ʑia⁴²³
□龙儿	前⁼龙	□龙	□弟⁼
zɤ¹¹loun⁴⁵①	ʒie²¹laom³⁴³	zə¹¹lɔŋ⁴²²	pie⁵³die³³⁴
老鼠	老鼠	老鼠	老鼠
lau³⁵tsʰi⁰	lo⁴³tʃʰi⁴³⁴	lɒ¹¹tɕʰi⁵⁴⁵	lɤ⁵³tɕʰi⁴⁴⁵
蚂蟥	蚂蟥	蚂蟥	蟥儿
muo¹¹xɤ⁴²³	mɤə²¹xɤ⁴³⁴	ma³³xɤə⁵⁴⁵	ʑin³¹
□蚁儿	火⁼蚁儿	虎⁼蚁	□蚁
fu³³ŋan⁴⁵	xuɤ⁴³ŋan¹⁴	xu⁴²nia³²³	tɕʰiu⁴⁴⁵nia³³⁴
九里达⁼	黄□蜂	九里道⁼	九里头
tɕiəɯ⁴⁴⁵li⁵⁵duoʔ³²⁴	ɒ²¹tʃʰia³³faom⁵²	kiəɯ⁴²li¹¹dɒ³²³	tɕiu⁵³li⁵³dao⁴²³
苍蝇	苍蝇	苍蝇	苍蝇
tsʰʌ³³xən⁵⁴	tsʰɒ³³xɐn³⁴³	tsʰaŋ⁴⁵ȵieŋ⁴³³	tsʰaŋ²¹²n̩.in⁵³
蚊虫	蚊虫	蚊虫	蚊虫
mən¹¹dzom⁵⁴	mɐn²¹dzaom³⁴³	mieiŋ¹¹dʑiɔŋ⁴²²	min²¹dzɔŋ³¹
米⁼□虫	痴⁼虫	□虫	欺⁼虫
mi³⁵tɕʰi⁵⁵dzom⁵⁴	tʃi³³dzaom³⁴³	tɕʰi⁴⁵dʑiɔŋ⁴³³	tɕʰi²¹²tsɔŋ⁵³

---

① 与"蚕□儿 loun⁴⁵（蚕蛹）"同音。

	金华	汤溪	浦江
265 蝌蚪	蟥蟆□儿 uaŋ³³mɤa³³dã³¹³	蟆卵袋儿 mɔ¹¹lɤ¹¹deŋ¹¹³	蛤蟆乌儿 ia¹¹mia¹¹un³³⁴ 茂⁼乌儿 mɤ²⁴un⁰
266 蟾蜍	蛤宝⁼ kəʔ⁴pau⁵³⁵	蛤□ kɯ⁵²pɤ⁵³⁵	蛤□ kə⁵⁵põ⁵⁵
267 蜘蛛（结网的那种）	蟢 ɕi⁵³⁵	蟢 ɕi⁵³⁵	蟢 ʃi⁵³
268 麦	麦 məʔ²¹²	麦 ma¹¹³	麦 ma²³²
269 稻	稻 tau⁵³⁵	稻 də¹¹³	稻 do²⁴³
270 稻谷	谷 koʔ⁴	谷 kɔ⁵⁵	谷 kɯ⁴²³
271 大米	米 mie⁵³⁵	米 mie¹¹³	米 mi²⁴³
272 小米儿	粟米 soʔ⁴mie⁵³⁵ 粟儿 sõ⁵⁵	粟米 sɔ⁵²mie¹¹³	粟米 sɯ³³mi²⁴³
273 玉米	包萝 pau³³lɤ⁵⁵	包萝 pə²⁴lɤ⁰	芦粟儿 lu¹¹sɤn³³⁴ 米料⁼部分乡下 mi¹¹lɯ²⁴
274 高粱	芦穄 lu³¹tsie⁵⁵	芦粟 lu³³sɔ⁵⁵	芦穄 lu²⁴tʃi³³⁴
275 大豆	大豆 duɤ³¹diu¹⁴	豆 dəɯ³⁴¹	豆 dɤ²⁴
276 豌豆	蚕豆 zɤ³¹diu¹⁴	蚕豆 zɤ¹¹³dəɯ⁰	蚕豆 zɔ̃²⁴dɤ²⁴

东阳	磐安	永康	武义
蛤蟆袋子儿	蛤蟆蒂子儿	蛤□□	蛤蟆头儿
uo¹¹muo¹¹de¹¹tsŋ⁵⁵	uə³³mɤə³³ti³³tsŋ⁵²	xa⁴⁴bu¹¹dzy̌ə¹⁴	ua⁴⁴⁵mua⁴⁴⁵taŋ⁵³
麻风田鸡	麻风田鸡	蛤宝⁼	蛤宝⁼
muo¹¹fom³³di³³tɕi⁵⁴	mɤə²¹faom³³die²¹tɕi⁵²	kə⁴ʔbɒ⁵⁴⁵	kəʔ⁵pao⁴⁴⁵
蛛蛛	蜘蛛	结蛛	蟢儿蟢儿
tsɿ³³tsɿ⁵⁴	tʃi³³tʃy⁵²	kiə⁴⁴tɕy⁴⁵	ɕin⁴⁴⁵ɕin⁵³
	八脚蟢蟢子		
	ʔbɒ⁴⁴kiɒ⁴⁴xi⁵⁴⁵		
麦	麦	麦	麦
mɜʔ³²⁴	ma²¹³	mai³²³	ma³³⁴
稻	稻	稻	稻
dau³⁵	do²⁴⁴	dɒ³²³	dɤ³³⁴
谷	谷	谷	谷
kouʔ⁴⁵	kʌo⁴³⁴	ku⁵⁴⁵	kɔʔ⁵
米	米	米	米
mi³⁵	mi⁴³⁴	miə³²³	mie³³⁴
粟谷	粟谷	粟儿	黄粟
souʔ⁵kouʔ⁴⁵	sʌo⁴³kʌo⁴³⁴	su⁵⁴	uaŋ⁴⁴⁵sɔʔ⁵
六谷	腰⁼芦	专⁼稌	包萝
louʔ²kouʔ⁴⁵	io³³lu³⁴³	tɕyə⁴⁵tɕyə⁵⁴	bao²¹²luo⁵³
芦稌	芦稌	芦稌	芦稌
lu¹¹tsi⁵⁴	lu²¹tʃi⁵²	lu¹¹tɕyə⁵⁴	lu²¹tɕi⁵³
白豆	豆	大豆	白豆
bɜʔ²dɯ⁵⁴	dɯ¹⁴	duə¹¹dɯ¹⁴	pa⁵³dao³¹
蚕豆	蚕豆	蚕豆	蚕豆
zɤ¹¹dɯ⁵⁴	zɤ²¹mɯ³⁴³	zɤə¹¹dɯ⁵⁴	zɤ²¹dao³¹

		金华	汤溪	浦江
277	蚕豆	佛豆 vəʔ²¹diu¹⁴	佛豆 vɛ¹¹dəɯ³⁴¹	佛豆 və¹¹dɤ²⁴
278	向日葵	朝日葵 tɕiau³³ȵiəʔ²¹dʑy¹⁴	朝日葵 tɕiə³³ȵie²⁴kuei⁰	朝日葵 dzɯ³³ȵiə³³guɛ³³⁴
279	洋葱	洋葱 iaŋ³¹tsʰoŋ⁵⁵	洋葱 io¹¹³tsʰao⁰	洋葱 yõ²⁴tsʰən⁵³⁴
280	蒜	大蒜 dɑ³¹sɤ⁵⁵	大蒜 dɑ¹¹sɤ⁵²	大蒜 dã²⁴sɔ̃³³⁴
281	菠菜	菠稜菜 po³³ləŋ³³tsʰɛ⁵⁵	菠稜菜 pɤ³³lai²⁴tsʰɛ⁰	菠稜菜 po³³lin³³tsʰa⁵⁵
282	洋白菜	球菜 dʑiu³¹tsʰɛ⁵⁵	包菜 pə²⁴tsʰɛ⁰	包菜 po⁵⁵tsʰa³³⁴
283	西红柿	番茄 fã³³tɕia⁵⁵	番茄 faŋ²⁴tɕia⁰	番茄 fan⁵⁵tɕia³³⁴
284	茄子	落苏 loʔ²¹su⁵⁵	落苏 lo¹¹³su⁰	茄菜 dʑia²⁴tsʰa³³⁴
285	白薯	番芋 xua³³y⁵⁵	番薝 fo²⁴ɕi⁰	番芋 fã⁵⁵y³³⁴
286	马铃薯	洋芋 iaŋ³¹y¹⁴	洋芋 io¹¹³i⁰	洋芋 yõ²⁴y¹¹³
287	辣椒	辣虎儿 lua⁵³xũ⁵⁵	辣虎儿 lo¹¹xuŋ⁵²	辣茄儿 lua¹¹dʑian²⁴³
288	橄榄	青果 tsʰiŋ³³kuɤ⁵³⁵	（无）	（无）

东阳	磐安	永康	武义
罗汉豆	佛豆	佛豆	佛豆
lʊ¹¹xɤ³³dɯ⁵⁴	vɛ²⁴dɯ³⁴³	və³dɯ¹⁴	fəʔ⁵dɑo³¹
朝日葵	朝日葵	□菜葵	□德⁼葵
zɤ¹¹neiʔ³⁵tɕiʉ⁰	dʒio²¹n̠ iɛ²⁴dʐy³⁴³	kiɒ⁴⁴tsʰəi⁴⁴dʐy⁴⁴	tɕie⁴⁴⁵ləʔ⁵dʐy⁴²³
洋葱	洋葱	洋葱	洋葱
iʌ¹¹tsʰom⁵⁴	iɒ²¹tsʰɑom⁵²	iaŋ³³tɕʰiɔŋ⁴⁵	iaŋ²¹tsʰɔŋ⁵³
洋大蒜			
iʌ¹¹dɑ¹¹sɤ⁵⁴			
大蒜	大蒜	大蒜	大蒜
dɑ¹¹sɤ⁵⁴	da²¹sɤ⁵²	dia¹¹sɤə⁵⁴	dia³³sɤ⁵³
菠薐菜	菠薐菜	菠薐菜	菠薐菜
pʊ³³lien³³tsʰe⁵⁴	po³³lin³³tsʰei⁵²	ʔbuə⁴⁴lieiŋ¹¹tsʰəi⁵⁴	pɑo⁴⁴⁵len⁵³tsʰa⁵³
包心菜	球菜	包（心）菜	包心菜
pau³³ɕien³³tsʰe⁵⁴	dʑiɯ²¹tsʰei⁵²	ʔbɒ⁴⁴（səŋ⁴⁵）tsʰəi⁵⁴	pɑo⁴⁴⁵ʑin²¹²tsʰa⁵³
大白菜			
dɑ¹¹bɜʔ³⁵tsʰe⁰			
番茄	番茄	番瓜	番瓜
fʌ³³ga⁵⁴~fan³³tɕia⁵⁴	fan³³tɕia⁵²	fa⁴⁴kua⁴⁵	vuo²¹²kua⁵³
落苏儿	落苏儿	落苏	落苏
luoʔ²sun³³⁵	luə²⁴sun⁴⁴⁵	lɒ³³su⁴⁵	lɑo⁵³su²⁴
茄儿			
guon³³⁵			
番薯	番薯	番薯	山薯
fʌ³³zʅ⁵⁴	fɒ³³zʅ³⁴³	fa⁴⁵ɕi⁵⁴	zuo²¹²ɕi⁵³
洋芋	洋芋	洋黄芋	洋芋
iʌ¹¹iʉ⁵⁴	iɒ²¹y³⁴³	iaŋ³³uaŋ¹¹y⁵⁴	iaŋ²¹y³¹
红毛番薯			
om¹¹mau¹¹fʌ³³zʅ⁵⁴			
辣茄儿	辣茄儿	辣茄儿	辣虎儿
lɜʔ²guon³³⁵	lɛ²⁴guɤn²¹³	la³³ka³²⁴	lua⁵³xuen⁵³
	老茄儿		
	lo⁴³guɤn²¹³		
（无）	橄榄	（无）	（无）
	kan³³lan⁵²		

	金华	汤溪	浦江
289 荸荠	荸荠 bu³¹zie¹⁴	糖荸荠 to³³pu²⁴sie⁰	荸荠 bu²⁴dʒi¹¹³
290 核桃	胡桃 u³¹dɑu¹⁴	核桃 ɛ¹¹³də⁰	核桃 uə²⁴do¹¹³
291 栗子	大栗 tuɤ⁵⁵liəʔ²¹²	大栗 dɤ¹¹lei¹¹³	大栗大的 dɯ¹¹liə²⁴³ 山毛栗儿小的 sã³³mo³³liən³³⁴
292 藕	藕 eu⁵³⁵	藕 əɯ¹¹³	藕 ŋɤ²⁴³
293 乌桕树	粳⁼籽树 kəŋ⁵⁵tsɿ⁵³ʑy¹⁴ 粳⁼籽 kəŋ⁵³tsɿ⁵³⁵	皂籽树 zə¹¹tsɿ⁵²ʑi³⁴¹ 皂籽 zə¹¹tsɿ⁵³⁵	□籽树 dzən¹¹tsɿ⁵⁵ʒy⁰
294 杜鹃花	满山花 mɤa⁵⁵sa³³oŋ⁵⁵	□□花 tɕiə³³pɛ²⁴xuo⁰	□□花 tʃia⁵⁵pɯ⁵⁵xua⁵³⁴
295 事情	事干 zɿ³¹kɤ⁵⁵	事干 zɿ¹¹kɤ⁵²	事干 zɿ²⁴kə̃⁰
296 东西	东西 toŋ³³sie⁵⁵	东西 nɑo²⁴sie⁰	东西 tən⁵⁵ʃi⁰
297 地方	地方 ti⁵³faŋ⁵⁵	地方 di¹¹fɑo⁵²~die¹¹fɑo⁵² 益⁼场所 iei⁵⁵	地方儿 di¹¹fõn⁵³
298 时候	时节 sɿ³³tsiəʔ⁴	时景 sɿ³³tɕiei⁵³⁵	之⁼口⁼ tsɿ³³kʰɤ⁵³
299 原因	缘故 yɤ³¹ku⁵⁵	原因多 ȵiɤ³³iei²⁴	缘故 yẽ²⁴ku³³⁴

东阳	磐安	永康	武义
荸荠	荸荠	荸荠	荸荠
bu¹¹zi⁵⁴	bu²¹dʒi³⁴³	bu¹¹ʑiə⁴²²	bu²¹ʑie³¹
核桃大的	核桃	葡萄	胡桃
ɛ¹¹dɑu⁵⁴	ɛ²⁴do³⁴³	bu¹¹dɒ⁴²²	u²¹dɤ³¹
山核桃小的			
sʌ³³ɛ³³dɑu⁵⁴			
大栗大的	栗儿	栗儿	大栗
dʋ³⁵liəʔ⁴⁵	lien¹⁴	lə¹⁴	tuo⁵³ləʔ³
毛栗儿小的			
mɑu¹¹lian⁴⁵			
□栗儿小的			
tsʅ³³lian⁴⁵			
藕	藕	藕	藕
ŋəɯ³⁵	ŋɐɯ⁴³⁴	ŋeɯ³²³	ŋao³³⁴
□籽树	鳌⁼籽树	□籽树	□籽树
dzən¹¹tsʅ⁴⁴⁵zʅ⁰	tsɐn⁴³tsʅ⁴³ʒy¹⁴	kəŋ⁴²tsʅ¹¹zy¹⁴	ken⁴⁴⁵tsʅ⁵³zy³¹
映山红	□茅花	长毛花	□□花
ən³³sʌ³³om⁵⁴	tʃio³³mo²¹xua⁵²	dʑiaŋ³³mɒ³³xua⁴⁵	tɕia⁴⁴⁵bao²¹²xua⁵³
事干	事干	事干	事干
zʅ¹¹kɤ⁵⁴	zʅ²¹kɤ⁵²	zʅ¹¹kɤə⁵⁴	zʅ³³kɤ⁵³
东西	东西	东西	东西儿
tom³³si⁵⁴	taom³³ʃi⁵²	nɔŋ⁴⁴ɕiə⁴⁵	nɔŋ²¹²ɕin⁵³
地方儿	地方儿	地方	地方
di³⁵fʌŋ³³⁵	di²⁴fɒn⁴⁴⁵	di¹¹faŋ⁴⁵	di³³faŋ²⁴
			荡⁼□
			taŋ⁵³di³³⁴~taŋ⁵³li³³⁴
时节儿	时节儿	时节儿	记
zʅ¹¹tɕian⁵⁵	zʅ²¹tʃian⁵²	sʅ⁴⁵tɕia⁵⁴	tɕi⁵³~dʑi⁰
		时候	时节
		ʑi¹¹əɯ⁵⁴	sʅ⁴⁴⁵tɕiaʔ⁵
缘故	原因	原因	原因
iʋ¹¹ku⁵⁴	ȵɤ²¹iɐn⁵²	ȵyə³³ieiŋ⁴⁵	ȵye²¹in⁵³

521

	金华	汤溪	浦江
		原故 ȵiɤ¹¹³ku⁰	
		缘故 iɤ¹¹³ku⁰	
300 声音	声音 ɕiŋ³³iŋ⁵⁵	声音 ɕiai²⁴iei⁰	声音 sin⁵⁵in³³⁴
	响声 ɕiaŋ⁵⁵ɕiŋ³³⁴	响声 ɕio⁵²ɕiai²⁴	响动动静 ʃyõ³³dən²⁴³
	响动动静 ɕiaŋ⁵³toŋ⁵³⁵	响动动静 ɕio⁵²dao¹¹³	
301 味道,滋味	味道 fi³³tɑu⁵³⁵	味道 vi¹¹də¹¹³	味道 vi¹¹do²⁴³
302 气味	气息 tɕʰi³³siəʔ⁴	气色 tɕʰi³³sɛ⁵⁵	气色 tʃʰi⁵⁵sə⁴²³
303 颜色	颜色 a³³səʔ⁴	颜色 uo³³sɛ⁵⁵	颜色 ŋã¹¹sə⁴²³
304 相貌	品貌 pʰiŋ⁵⁵mɑu¹⁴	格式儿 ka⁵²ɕieŋ⁵⁵	相貌 ʃyõ³³mo²⁴
		品貌 pʰei⁵²mə³⁴¹	
305 年龄	年纪 ȵia³¹tɕi⁵⁵	年纪 ȵie¹¹³tɕi⁰	年纪 ȵiã²⁴tʃi³³⁴
306 工作（名词）	生活 saŋ³³uɑ¹⁴	生活 sao³³uo²⁴~sa³³uo²⁴	生活 sɛ̃⁵⁵ua³³⁴
		工作新 kao³³tso⁵⁵	
307 我	我 a⁵³⁵	我 a¹¹³	我 a⁵³
	我侬 a⁵³noŋ⁵³⁵	我农 a¹¹nao¹¹³	
308 你	侬 noŋ⁵³⁵	尔 ŋ¹¹³	尔 n⁵³

东阳	磐安	永康	武义
	缘故 yɤ²¹ku⁵²		缘故 ȵye²¹ku⁵³
声气 sən³³tɕʰi⁵⁴	声音 sɐn³³iɐn⁵²	声音 ɕieiŋ⁴⁴ieiŋ⁴⁵	声音 ʑin²¹²in⁵³
响动动静 ɕiʌ⁴⁴⁵dom⁰	响动动静 ɕiɒ⁴³dɑom²⁴⁴	响动动静 xiaŋ⁴²dɔŋ³²³	响动动静 ɕiaŋ⁵³dɔŋ³³⁴
味道 vi³⁵dɑu⁰	味道 vi²⁴do²⁴⁴	味道 vi¹¹dɒ³²³	味道 fi⁵³dɤ³³⁴
气色 tɕʰi³³sei ʔ⁴⁵	气色 tɕʰi³³sɛi⁴³⁴	气味 kʰi⁴⁴vi¹⁴	气色 tɕʰi⁴⁴⁵səʔ⁵
颜色 ŋa¹¹seiʔ⁴⁵	颜色 ŋa²¹sɛi⁴³⁴	颜色 ŋɑ³³səi⁵⁴⁵	颜色 ŋua⁴⁴⁵səʔ⁵
相貌 ɕiʌ³³mau⁵⁴	相貌 ʃiɒ³³mo³⁴³	容貌 iɔŋ¹¹mɒ⁴²²~iɔŋ¹¹mɒ⁵⁴	相貌 ɕiaŋ⁴⁴⁵mao³¹
年纪 ȵi¹¹tɕi⁴²³ 年龄 ȵi¹¹lən⁵⁴	年纪 ȵie²¹tɕi⁴⁴⁵	年纪 ȵiɑ³³ki⁵⁴⁵	年纪 ȵie⁴⁴⁵tɕi⁴⁴⁵
生活 sɛ³³uɑʔ³²⁴	生活 sɛ³³ua²¹³	生活 sai⁴⁵ua³²³	生活 sa⁴⁴⁵ua³³⁴
	工作 kaom³³tsuə⁴³⁴	工作 kɔŋ⁴⁴tsɒ⁵⁴⁵	工作新 kɔŋ⁴⁴⁵tsaoʔ⁵
我 ŋʊ³⁵	我 ŋuɤ⁴³⁴~uɤ⁴³⁴	我 ŋuə³²³	我农 a³³nɔ³³⁴
尔 n̩³⁵	尔 n̩⁴³⁴	尔 ŋ³²³	农 nɔ³³⁴

523

	金华	汤溪	浦江
		尔农 n̩¹¹nao¹¹³	
309 他	渠 gəʔ²¹²	渠 gɯ¹¹ 渠农 gɯ¹¹nao⁰	渠 ʒi²³²
310 我们	我浪 a⁵⁵laŋ¹⁴	我道 a¹¹tə⁵²	我嗲 a⁵⁵tɛ⁰
311 咱们	（我）匠⁼ (a⁵⁵)ziaŋ¹⁴ （我）自浪 (a⁵⁵)zi¹⁴laŋ⁰~(a⁵⁵)zi¹⁴daŋ⁰	㑻 aŋ¹¹³~aoŋ¹¹³	㑻嗲 an⁵⁵tɛ⁰
312 你们	侬浪 noŋ⁵⁵laŋ¹⁴	尔道 ŋ¹¹tə⁵²	尔嗲 n̩⁵⁵tɛ⁰
313 他们	渠浪 gəʔ²¹laŋ¹⁴	渠道 gɯ¹¹tə⁰	渠嗲 ʒi²⁴tɛ³³⁴
314 大家	大家 ta⁵⁵kua³³⁴	大家 da¹¹ka⁵²	大家 da¹¹ka⁵³
315 自己	自 zi¹⁴	自 zi³⁴¹	自 ʒi²⁴
316 这个	格个 kəʔ⁴kəʔ⁴	仡个 gə¹¹ka⁵²~ə¹¹ka⁵²	噌个 tɕiə³³ka⁵⁵
317 那个	末个 məʔ²¹gəʔ¹⁴	狂⁼个 gao¹¹ka⁰~gɔ¹¹ka⁰~ gu¹¹ka⁰ 业⁼个 n̠ie¹¹ka⁵²~i¹¹ka⁵²~ ie¹¹ka⁵²~iɛ¹¹ka⁵²	嗬个 miẽ²⁴ka⁰
318 哪个	哪个 la⁵³kəʔ⁴~la⁵³a⁰	哪个 la¹¹ka⁵²	哪个 la²⁴ka⁰

东阳	磐安	永康	武义
渠 gəɯ^{312}	渠 gɐɯ^{213}	渠 gəɯ^{33}	渠 gɯ^{334} 渠农 gɯ^{33}nɔ^{334}
我拉 ŋʊ^{11}la^{324}	我拉 ŋuɤ^{43}la^{434}	我粒儿农 ŋuə^{11}lɤə^{14}nɔŋ^{33}	我两个 a^{33}liaŋ^{11}tɕiaʔ^{5}
□拉 uan^{11}na^{324}	□拉 uan^{24}la^{434}~uan^{24}na^{434}	我□尔 ŋuə^{11}xɑ^{53}ŋ^{323}	我□ a^{33}xuen^{53}
			□农 xuo^{33}nɔ^{0}
尔拉 n^{11}na^{324}	尔拉 n^{43}la^{434}~n^{43}na^{434}	尔粒儿农 ŋ^{11}lɤə^{14}nɔŋ^{33}	农两个 nɔ^{33}liaŋ^{11}tɕiaʔ^{5}
渠拉 gəɯ^{11}la^{324}	渠拉 gɐɯ^{21}la^{213}	渠粒儿农 gəɯ^{33}lɤə^{33}nɔŋ^{33}	渠两个 gɯ^{33}liaŋ^{11}tɕiaʔ^{5}
大家 dʒʔ^{2}kɑ^{54}	大家 da^{21}ka^{52}	大家 diɑ^{11}kɒ^{45}	大家 dia^{31}kuɑ^{0}
自 zi^{324}	自 ʒi^{14}	自 ʑi^{14}	自 ʑi^{31}
格个 kʒʔ^{5}kɑ^{445}~kʒʔ^{5}kʒʔ^{45}	孤＝个 ku^{33}ka^{52}	（□）个 （ku^{44}）kuə^{54}	阿个 aʔ^{5}tɕiaʔ^{0}~aʔ^{5}kə^{0}
	葛＝个 kɛ^{43}ka^{52}		
哝个 中指 nom^{11}kɑ^{423}	哝个 nɑom^{21}ka^{52}	勾＝个 kəɯ^{45}kuə^{54}	特＝个 dəʔ^{3}tɕiaʔ^{5}~dəʔ^{3}kəʔ^{5}
哝个 远指 nom^{35}kɑ^{0}		孤＝个 ku^{45}kuə^{54}	
□个 man^{31}kɑ^{423}	末儿个 mɛn^{21}ka^{52}	□个 tɕʰi^{53}kuə^{0}	□个 a^{33}tɕiaʔ^{5}

		金华	汤溪	浦江
			□个 tɕʰia⁵⁵ka⁰~tɕʰiɛ⁵⁵ka⁰	
319	谁	哪个 la⁵⁵gəʔ¹⁴	哪农 la¹¹³nao⁰ □农 tɕʰia⁵⁵nao⁰	哪个 la¹¹ga²⁴
320	这里	格里 kəʔ⁴li⁵³⁵ 格奁 kəʔ⁴da¹⁴	（伝）奁 (gə¹¹)da¹¹³ （伝）奁头 (gə¹¹)da¹¹təɯ⁵² 伝块（头） gə¹¹kʰuɛ⁵²(təɯ⁰)	噲里 tɕiə³³li⁵⁵
321	那里	末里 məʔ²¹li¹⁴ 末奁 məʔ²¹da¹⁴	狂ᵌ奁 kao³³da¹¹³ 狂ᵌ奁头 kao³³da¹¹təɯ⁵² 狂ᵌ块 gao¹¹kʰuɛ⁰ 业ᵌ奁 ɲie¹¹da¹¹³ 业ᵌ奁头 ɲie¹¹da¹¹təɯ⁵² 业ᵌ块 ɲie¹¹kʰuɛ⁵²	嗰里 miẽ²⁴li⁰
322	哪里	哪里 la⁵⁵li¹⁴ 哪奁 la⁵⁵da¹⁴	哪里 la¹¹li¹¹³~lai¹¹³~a¹¹li¹¹³ 哪里头 la¹¹li¹¹təɯ⁵²~lai¹¹təɯ⁵² □里 tɕʰia⁵⁵li⁰ □奁 tɕʰia⁵⁵da⁰	哪里 la²⁴li⁰
323	什么	待ᵌ做定语,多 tɛ⁵³⁵	伽做定语 dʑia¹¹~dʑiɛ¹¹	咯ᵌ力ᵌ gə¹¹lɛ²⁴³

东阳	磐安	永康	武义
杰⁼个儿	节⁼个	伽农	豆⁼个
dʑiə$ʔ^2$kan^{55}	tʃia^{43}ka^{52}	dʑia^{11}nɔŋ^{54}	dɑo^{31}tɕia$ʔ^0$
格脚儿	（孤⁼）块儿	（□）耷儿	阿落
kɜʔ^{5}tɕiʉon^{335}	（ku^{33}）k^{h}uen^{52}	（ku^{44}）ta^{324}~	aʔ^{5}laoʔ^0
格块儿	（孤⁼）□儿	（ku^{44}）la^{324}	阿里
kɜʔ^{5}k^{h}uen^{55}	（ku^{33}）dɛn^{213}		aʔ^{5}li^0
哝脚儿中指	哝块儿	（勾⁼）耷儿	特⁼落
nom^{11}tɕiʉon^{335}	naom^{21}k^{h}uen^{52}	（kɘɯ^{45}）ʔda^{54}~	dəʔ^{3}lao$ʔ^5$
哝脚儿远指	哝□儿	（kɘɯ^{45}）la^{54}	特⁼里
nom^{35}tɕiʉon^{55}	naom^{21}dɛn^{213}	孤⁼耷儿	dəʔ^{3}li^{334}
哝块儿中指		ku^{45}ʔda^{54}~ku^{45}la^{54}	
nom^{11}k^{h}uen^{335}			
哝块儿远指			
nom^{35}k^{h}uen^0			
□	末儿	灿⁼多	□里
man^{312}	mɛn^{213}	tsʰa^{54}	a^{33}li^{334}
□脚儿		□耷	
man^{11}tɕiʉon^{335}		tɕʰi^{53}ʔda^0~tɕʰi^{53}la^0	
伽做定语	节⁼做定语	伽（个）做定语	待⁼拉做定语
dʑiɑ^{85}	tʃia^{434}	dʑia^{14}（kuɘ^{54}）	da^{33}la^{33}

527

	金华	汤溪	浦江
	淡=做定语 ta⁵³⁵	伽儿西做宾语 dziaŋ¹¹³sie⁰	
	待=西做宾语，多 tɛ⁵³sie⁵⁵	伽东西做宾语 dzia¹¹nɑo²⁴sie˜	
	淡=西做宾语 ta⁵³sie⁵⁵	dzia¹¹³sie⁰	
324 为什么	为待=西 uɛ¹⁴tɛ⁵³sie⁵⁵	哈中=多 xa³³tɕiao²⁴	为咯=力= uɛ¹¹gə¹¹lɛ²⁴³
	为淡=事干 uɛ¹⁴ta⁵⁵zŋ³¹kɤ⁵⁵	（为）伽干 (uei³⁴¹)dzia¹¹kɤ⁵²	
325 做什么，干什么	淡=干多 ta⁵³kɤ⁵⁵	哈中= xa³³tɕiao²⁴	姜=□多 tɕyõ³³a⁵³
	待=干 tɛ⁵³kɤ⁵⁵		做咯=力= tsɯ⁵⁵gə¹¹lɛ²⁴³
	做淡=事干 tsuɤ⁵⁵ta⁵⁵zŋ³¹kɤ⁵⁵		
326 怎么	哪生 la⁵⁵saŋ³³⁴	哈么 xa²⁴mɤ⁰	相=信= ʃyõ⁵⁵sən⁵⁵
	哪亨 la⁵⁵xaŋ³³⁴		
	生 saŋ⁵⁵		
	□ xaŋ⁵⁵		
327 怎么办	哪生好 la⁵⁵saŋ³³xau⁵³⁵	哈么好 xa²⁴mɤ⁰xə⁵³⁵	相=信=牵= ʃyõ³³sən³³tɕʰiɛ̃⁵³⁴
	哪亨好 la⁵⁵xaŋ³³xau⁵³⁵		相=信=好新 ʃyõ⁵⁵sən⁵⁵xo⁵³
	生好 saŋ⁵⁵xau⁵³⁵		
	□好 xaŋ⁵⁵xau⁵³⁵		
328 多少	几许儿 tɕi⁵³xəŋ⁵⁵	几许 kɛ⁵²xai⁵²~kai⁵³⁵	多少 tɯ³³sɯ⁵³

东阳	磐安	永康	武义
同⁼西做宾语	节⁼西做宾语	伽西做宾语	待⁼西儿做宾语
dom¹¹si⁵⁴	tʃia⁴³ʃi⁵²	dʑia¹¹ɕiə⁵⁴	da³³ɕin⁵³
杰⁼西做宾语			
dʑiəʔ²si⁵⁴			
为杰⁼西	为节⁼西	伽干	待⁼事干
uei³⁵dʑiəʔ²si⁵⁴	uei¹⁴tʃia⁴³ʃi⁵²	dʑia¹¹kɤ⁵⁴	da³³zʅ³³kɤ⁵³
为伽事干	为节⁼干	生	
uei³⁵dʑiɑ³⁵zʅ¹¹kɤ⁵⁴	uei¹⁴tʃia⁴³kɤ⁵²	sai⁵⁴	
做杰⁼西	做节⁼西	做伽西	做待⁼西儿
tsʊ³³dʑiəʔ²si⁵⁴	tsɤ⁵²tʃia⁴³ʃi⁵²	tsuə⁴⁴dʑia¹¹ɕiə⁵⁴	tsuo⁵³da³³ɕin⁵³
做伽事干	做节⁼干		做待⁼事干
tsʊ³³dʑiɑ³⁵zʅ¹¹kɤ⁵⁴	tsɤ⁵²tʃia⁴³kɤ⁵²		tsuo⁵³da³³zʅ³³kɤ⁵³
生儿	省⁼生儿	生	生（相）
sɛn⁵⁵	sɛ⁴³sɛn⁵²~sɛ⁴³sɛn²¹	sai⁵⁴	sa⁵³（ɕiaŋ⁵³）
生记儿	省⁼生儿记儿		
sɛ⁴⁴⁵tɕin⁰	sɛ⁴³sɛn⁵²tɕin⁵²		
生儿记儿			
sɛn⁵⁵tɕin⁰			
生儿记儿	省⁼生儿好	生生	生好
sɛn⁵⁵tɕin⁰	sɛ⁴³sɛn⁵²xo⁴³⁴	sai⁵³sai⁰	sa⁵³xɤ⁴⁴⁵
生儿（记儿）弄弄	省⁼生儿记儿好		生相
sɛn⁵⁵（tɕin⁰）lom¹¹lom⁵⁴	sɛ⁴³sɛn⁵²tɕin⁵²xo⁴³⁴		sa⁵³ɕiaŋ⁵³
生儿好			
sɛn⁵⁵xɑu⁵⁵			
几许儿	几许	几许儿	几许
tɕi⁴⁴⁵xɤn⁵⁵~tɕi⁴⁴⁵xɤn⁵⁴	tɕi⁴³xɤ⁵²	ki⁴⁴xɤə⁵⁴	ka⁴⁴⁵xɤ⁵³

	金华	汤溪	浦江
329 一位客人	个 kəʔ⁴	个 ka⁵²	个 ka⁵⁵
330 一双鞋	双 ɕyaŋ⁵⁵	双 ɕiao⁵²	双 ʃyõ⁵⁵
331 一张席	领 liŋ¹⁴	领 lei³⁴¹	领 lin²⁴
332 一床被	床 zyaŋ³¹³	床 ziao¹¹	床 ʒyõ¹¹³
333 一辆车	部 bu¹⁴	部 bu³⁴¹	夫⁼ fu⁵³⁴
334 一把刀	把 pʁa⁵⁵	把 pʁ⁵²	把 pia⁵⁵
335 一管笔	支 tsɿ⁵⁵	支 tsɿ⁵²	支 tsɿ⁵⁵
336 一块墨	块 kʰuɛ⁵⁵	块 kʰuɛ⁵²	口儿 tɯn⁵⁵
337 一头牛	条 diɑu³¹³ 隻 tɕiəʔ⁴	头 təɯ⁵²	条 dɯ¹¹³
338 一口猪	隻 tɕiəʔ⁴	个 ka⁵²	个 ka⁵⁵
339 一只鸡	隻 tɕiəʔ⁴	个 ka⁵²	隻 tsɛ⁵⁵
340 一条鱼	个 kəʔ⁴	个 ka⁵²	个 ka⁵⁵
341 去一趟	汏⁼ da¹⁴	汏⁼ da³⁴¹	汏⁼ da²⁴

东阳	磐安	永康	武义
个	个	个	个
kɑ⁴²³~kɜʔ⁴⁵	ka⁵²	kuə⁵⁴	tɕiaʔ⁵
双	双	双	双
suʌ⁴⁴⁵	ʃiɒ⁴⁴⁵	ɕyaŋ⁴⁵	ɕyaŋ⁵³
领	领	领	领
lən³⁵	lɐn¹⁴	lieiŋ¹⁴	lin³¹
床	床	床	床
zʌ³¹²	ʒiɒ²¹	ʑyaŋ³³	ʑyaŋ⁴²³
部	部	部	部
bu³⁵	bu¹⁴	bu¹⁴	bu³¹
具			
dʑiʉ³²⁴			
把	把	把	把
puo⁵⁵	pɤə⁵²	ʔba⁵⁴	puɑ⁵³
支	株	根	支
tsɿ⁴⁴⁵	tʃy⁴⁴⁵	kən⁴⁵	tɕi⁵³
	支	支	
	tsɿ⁴⁴⁵	tɕi⁴⁵	
记⁼	块	块	块
tɕi⁴²³	kʰuei⁵²	kʰuəi⁵⁴	kʰua⁵³
头	隻	头	头
dəɯ³¹²	tsɛi⁵²	dəɯ³³	dao⁴²³
隻	隻	个	隻
tseiʔ⁴⁵	tsɛi⁵²	kuə⁵⁴	tsaʔ⁵
隻	隻	隻	隻
tseiʔ⁴⁵	tsɛi⁵²	tsəi⁵⁴	tsaʔ⁵
个	个	个	□
kɑ⁴²³~kɜʔ⁴⁵	ka⁵²	kuə⁵⁴	kuaʔ⁵
汏⁼	汏⁼	汏⁼	汏⁼
da³²⁴	da¹⁴	dia¹⁴	dia³¹

	金华	汤溪	浦江
	趟 thaŋ⁵⁵		
342 打一下	记 tɕie⁵⁵	记 tɕie⁵²	记 tʃi⁵⁵
343 今年	今年 tɕiŋ³³n̠ia⁵⁵	今年 ka²⁴n̠ie⁰	今年 tɕin⁵⁵n̠iã³³⁴
344 明年	明年 miŋ³¹n̠ia¹⁴	明年 mei¹¹n̠ie⁰	明年 mən²⁴n̠iã¹¹³
345 去年	上年 ɕiaŋ⁵³n̠ia¹⁴	上年 zio¹¹³n̠ie⁰	上年 ʒyõ¹¹n̠iã²⁴³ 旧年 dʑiɤ¹¹n̠iã²⁴³
346 往年（过去的几年）	前两年 zia³¹liaŋ¹⁴n̠ia⁰ 前些年间 zia³¹səʔ⁴n̠ia³¹ka⁵⁵	每年 mɛ¹¹n̠ie¹¹ 每□年 mɛ¹¹dɑ¹¹³n̠ie⁰	头两年 dɤ¹¹lyõ²⁴n̠iã⁵⁵
347 今日	今日儿 tɕiŋ³³n̠ĩ⁵⁵	今日 ka³³n̠iei²⁴	今日 tɕin⁵⁵n̠iə³³⁴
348 明日	明朝 miŋ³³tɕiau³³⁴	明朝 mei³³tɕiə²⁴	明朝 mən¹¹tsɯ³³⁴
349 后日	后日 eu⁵⁵n̠iəʔ²¹²	后日 əɯ¹¹³n̠iei⁰	后日 ɤ²⁴n̠iə⁰
350 大后日	大后日 tuɤ⁵⁵eu⁵⁵n̠iəʔ²¹²	大后日 dɤ¹¹əɯ¹¹³n̠iei⁰	大后日 dɯ¹¹ɤ²⁴n̠iə⁰
351 昨日	昨日儿 sɑ⁵⁵n̠ĩ¹⁴	昨日 za¹¹n̠iei¹¹³	昨日 zo¹¹n̠iə²⁴³
352 前日	前日儿 zia³¹n̠ĩ¹⁴	前日儿 sie³³n̠iŋ²⁴	前日 ʒiã¹¹n̠iə²⁴
353 大前日	大前日儿 duɤ¹⁴zia³¹n̠ĩ¹⁴	大前日儿 dɤ¹¹sie³³n̠iŋ²⁴	大前日 dɯ¹¹ʒiã²⁴n̠iə⁰

东阳	磐安	永康	武义
	趟 t^ho^{52}		记 $tɕi^{53}$
记 $tɕi^{423}$	记 $tɕi^{52}$	记 $kiə^{54}$	记 $tɕi^{53}$
	记儿 $tɕin^{52}$		
今年 $tɕien^{33}n̠i^{54}$	今年 $tɕiɐn^{33}n̠ie^{343}$	今年 $kieiŋ^{45}n̠ia^{433}$	今年 $kəʔ^5n̠ie^{423}$
明年 $mən^{31}n̠i^{324}$	明年 $mɐn^{21}n̠ie^{343}$	下年 $a^{11}n̠ia^{33}$	明年 $muo^{42}n̠ie^{31}$
上年 $ziʌ^{35}n̠i^{324}$	上年 $ʒiʊ^{24}n̠ie^{213}$	上年 $ziaŋ^{11}n̠ia^{33}$	上年 $ziaŋ^{33}n̠ie^{423}$
头两年 $dəɯ^{11}liʌ^{11}n̠i^{54}$	每年儿 $mei^{43}n̠ien^{213}$	头粒年间 $dəɯ^{33}lɤ^{33}n̠ia^{33}ka^{45}$	前头几年 $zie^{21}dɑo^{31}ka^{445}n̠ie^{423}$
每年儿 $me^{35}n̠in^{335}$			
今日 $tɕien^{33}neiʔ^{324}$	今日儿 $tɕiɐn^{33}nen^{14}$	今日 $kieiŋ^{45}n̠ĭa^{323}$	今日 $kəʔ^5nəʔ^3$
明朝 $mən^{31}tsɤ^{423}$	明朝 $mɐn^{21}tʃio^{445}$	明朝 $mieiŋ^{33}tɕiɑ^{45}$	明日 $muo^{42}nəʔ^5$
后日 $əɯ^{35}neiʔ^{324}$	后日儿 $ɐɯ^{43}nen^{14}$	后日儿 $əɯ^{11}n̠ĭa^{14}$	后日 $ɑo^{33}nəʔ^5$
	后日 $ɐɯ^{43}nɛi^{14}$		
大后日 $dʊ^{11}əɯ^{35}neiʔ^0$	大后日儿 $dʊɤ^{14}ɐɯ^{43}nen^{14}$	大后日儿 $duɐ^{14}əɯ^{11}n̠ĭa^{14}$	大后日 $duo^{31}ɑo^{33}nəʔ^5$
昨日儿 $zuoʔ^{35}nein^{45}$	上日儿 $ʒiʊ^{24}nen^{14}$	上日 $ziaŋ^{11}n̠ĭa^{323}$	昨日 $sa^{53}nəʔ^3$~$suo^{53}nəʔ^3$
前日儿 $zi^{11}nein^{335}$	前日儿 $ʒie^{21}nen^{14}$	前日儿 $ziaŋ^{33}n̠ĭa^3$	前日 $ʑie^{42}nəʔ^5$
大前日儿 $dʊ^{11}zi^{35}nein^0$	大前日儿 $dʊɤ^{14}ʒie^{21}nen^{14}$	大前日儿 $duɐ^{11}ziaŋ^{33}n̠ĭa^3$	大前日 $duo^{31}ʑie^{42}nəʔ^5$

	金华	汤溪	浦江
354 上午	午前 ŋ⁵⁵zia³¹³	上半日 ʑio¹¹mɤ³³ȵiei²⁴	头半日 dɤ¹¹pɒ̃³³ȵiə³³⁴ 前半日 ʒiã¹¹pɒ̃³³ȵiə³³⁴ 五更多指早上 n¹¹kɛ̃⁵³
355 下午	午罢 ŋ³³pa⁵³⁵	下半日 uo¹¹mɤ³³ȵiei²⁴	后半日 ɤ¹¹pɒ̃³³ȵiə³³⁴ 午罢也可指中午 n¹¹bɑ²⁴³~m¹¹bɑ²⁴³
356 中午	午饭 ŋ⁵⁵va¹⁴ 午饭干儿 ŋ⁵⁵fa⁵⁵kɤ̃³³⁴	午饭中央 ŋ¹¹vo¹¹tɕiao²⁴io⁰ 午饭中心 ŋ¹¹vo¹¹tɕiao²⁴sei⁰	午罢头 n²⁴bɑ⁰dɤ¹¹³ 午罢多指下午 n¹¹bɑ²⁴³~m¹¹bɑ²⁴³
357 清晨	五更（头） ŋ⁵⁵kã³³（tiu⁵⁵）	（天）早五更 （tʰie³³）tsə⁵²ŋ¹¹ga¹¹³ 五更头儿 ŋ¹¹ka³³tən²⁴	五更头 n¹¹kɛ̃⁵⁵dɤ⁰ 五更也可指上午 n¹¹kɛ̃⁵³
358 白天	日里 ȵiəʔ²¹li⁵⁵ 日头 ȵiəʔ²¹diu¹⁴	日里 ȵiei¹¹³li⁰	日来 ȵiə²⁴la³³⁴
359 傍晚	靠夜干儿 kʰau³³ia⁵⁵kɤ̃³³⁴ 擦黑儿 tsʰua⁵³xɛ̃⁵⁵	夜罢头儿 ia¹¹ba¹¹dən¹¹³ 快夜头儿 kʰua³³ia¹¹dən¹¹³ 快夜□儿 kʰua³³ia¹¹min¹¹³	靠夜儿 kʰo³³iɑn²⁴³
360 晚上	夜里 ia¹⁴li⁰	夜里 ia³⁴¹li⁰	夜来 ia¹¹a²⁴

东阳	磐安	永康	武义
五更	午前	午前	午前
n³⁵kɛ⁵⁵	n²⁴ʃie³⁴³	ŋ¹¹ʑia³³	n⁵³ʑie⁴²³
午罢儿	午罢儿	午罢	午罢
n¹¹ban⁴⁵~n¹¹ban⁵⁴	n⁴³ban¹⁴	ŋ¹¹bɑ³²³	n⁵³buɑ³³⁴
当午时	午饭头	午饭	当午
tʌ³³n³³zi̩⁵⁴	n⁴³vɒ²¹dɐɯ³⁴³	ŋ¹¹vɑ¹⁴	naŋ⁴⁴⁵n³³⁴
日中央			
neiʔ²tsom⁵⁵iʌ⁵⁴			
食午饭干儿			
zeiʔ²n¹¹vʌ¹¹kɤn³³⁵			
五更头	五更	五更	五更
n³⁵kɛ⁵⁵dəɯ⁵⁴	n⁴³kɛ⁴⁴⁵	ŋ¹¹kai⁴⁵	n⁵³ka²⁴
天早五更刚天亮时	五更头		五更头
tʰi³³tsɑu³³n³⁵kɛ⁵⁵	n⁴³kɛ³³dɐɯ³⁴³		n⁵³ga²¹²tao⁵³
日里	日里	日奔儿	日当
neiʔ²li³²⁴	nɛi²¹li²¹³	ɲiě³lɑ³²⁴	nəʔ⁵laŋ³³⁴
夜快干儿	靠夜儿	乌荫干儿	乌荫干儿
iɑ³⁵kʰuɑ⁵⁵kɤn³³⁵	kʰo³³ian⁴³⁴	u⁴⁴yeiŋ⁴⁴kɤə³²⁴	u⁴⁴⁵in⁴⁴⁵ken⁵³
	靠夜干儿		靠夜干儿
	kʰo³³ia²⁴kɤn⁴⁴⁵		kʰɤ⁴⁴⁵ia⁵³ken⁵³
夜里	夜里	夜奔	夜当
iɑ¹¹li⁵⁴	iɑ¹⁴li²¹	iɑ¹⁴lɑ⁰	iɑ³¹laŋ⁰

	金华	汤溪	浦江
	夜头 ia¹⁴diu⁰		
361 什么时候	待⁼时节 tɛ⁵³sŋ³³tsia⁵⁵	伽时景 dʑia¹¹sŋ³³tɕiei⁵³⁵	□时儿 gɯ¹¹zŋ²⁴
	淡⁼时节 tɑ⁵³sŋ³³tsia⁵⁵		
	哪样节 la⁵⁵aŋ¹⁴tsia⁰①		
	哪（样）时节 la⁵⁵(iaŋ¹⁴)sŋ³³tsia⁵⁵		
362 上头	上面（手） ɕiaŋ⁵⁵mie¹⁴(ɕiu⁰)	上头 ʑio¹¹dəɯ¹¹³	上面 ʒyõ²⁴mɛ̃⁰
	上顶 ɕiaŋ⁵³tiŋ⁵³⁵~ɕiaŋ³³tiŋ⁵³⁵	上面 ʑio¹¹mie³⁴¹	头顶 dɤ¹¹tin⁵³
363 下头	下面（手） uɑ⁵⁵mie¹⁴(ɕiu⁰)	下头 uo¹¹dəɯ¹¹³	下底 ia¹¹ti⁵³
	下底 uɑ⁵³tie⁵³⁵~uɑ³³tie⁵³⁵	下面 uo¹¹mie³⁴¹	下面 ia²⁴mɛ̃⁰
	底头 tie⁵⁵diu³¹³	底下 tie⁵²uo¹¹³	
364 左边	借⁼手面多 tsia³³ɕiu⁵³mie¹⁴	细手面爿 sia³³ɕiəɯ⁵²mie²⁴bo⁰	借⁼手面 tʃia⁵⁵ʃiɤ⁵⁵mɛ̃⁰
	借⁼面手 tsia⁵⁵mie⁰ɕiu⁰		
365 右边	大手面多 tuɤ⁵⁵ɕiu⁵³mie¹⁴	大手面爿 dɤ¹¹ɕiəɯ⁵²mie²⁴bo⁰	顺手面 ʒyən¹¹ʃiɤ³³mɛ̃⁵⁵
	顺手面多 ɕyən⁵⁵ɕiu⁵³mie¹⁴		
	大面手 duɤ¹⁴mie⁰ɕiu⁰		

---

① "样"字脱落[i]介音。

东阳	磐安	永康	武义
□□头 ʋ¹¹xʋ³³dəɯ⁵⁴			
伽时节儿 dʑiɑ³⁵zʅ¹¹tɕian⁵⁵	节˭时节儿 tʃia⁴³zʅ²¹tʃian⁵²	几时 ki⁴⁴sʅ⁴⁵ □□节 tɕʰi⁵³iaŋ⁰tɕiɑ⁰	□记 a³³tɕi⁵³ □□节 a³³uen⁵³tɕiaʔ⁰
上顶 dʑiʌ³⁵tən⁵⁵	上顶 dʒiɒ²⁴nɐn⁴³⁴ 上头 dʒiɒ²⁴dɐɯ²¹³	上头儿 ʑiaŋ¹¹təɯ³²⁴	上顶面 tɕiaŋ⁴⁴⁵nin⁵³mie³¹
下底 uoʔ²ti⁴²³	下底儿 uə⁴³tin⁵² 下头 uə²⁴dɐɯ²¹³	下头儿 ɑ¹¹təɯ³²⁴	下底面 uɑ⁴⁴⁵lie⁵³mie³¹
济手面向 tsi³³ɕiəɯ³³mi³³ɕiʌ⁵⁴	济手面 tʃi³³ʃiɐɯ⁴³mie²¹	反手面 fɑ⁴⁴ɕiəɯ⁴²miə¹⁴	借˭手拼˭ tɕia⁴⁴⁵ɕiu⁵³pʰin²⁴
顺手面向 zən³⁵ɕiəɯ⁰mi¹¹ɕiʌ⁵⁴	顺手面 ʒyɐn²⁴ʃiɐɯ⁴³mie²¹	正手面 tɕieiŋ⁴⁴ɕiəɯ⁴²miə¹⁴	顺手拼˭ ɕyin⁴⁴⁵ɕiu⁵³pʰin²⁴

	金华	汤溪	浦江
	顺面手		
	ʐyəŋ¹⁴mie⁰ɕiu⁰		
366 中间	中央	中央	正中
	tɕioŋ³³iaŋ⁵⁵	tɕiao²⁴io⁰	tsin⁵⁵tɕyon⁵³⁴
		中心	
		tɕiao²⁴sei⁰	
367 里面	里面（手）	里头	里头
	li⁵⁵mie¹⁴（ɕiu⁰）	li¹¹dɯ¹¹³	li¹¹dɤ²⁴³
	里头	里面	里面
	li³³tiu⁵³⁵	li¹¹mie³⁴¹	li²⁴mẽ⁰
368 外面	外面（手）	外头	外头
	ɑ⁵⁵mie¹⁴（ɕiu⁰）	ɑ¹¹dɯ¹¹³	ŋɑ¹¹dɤ²⁴
	外头	外面	外面
	ɑ¹⁴diu⁰~ɑ³³tiu⁵³⁵	ɑ¹¹mie³⁴¹	ŋɑ²⁴mẽ⁰
369 前边	前头多	前头	前头
	sia³³tiu⁵³⁵	sie³³dɯ¹¹³	ʑiã³³dɤ³³⁴
	前面（手）	前面	前面
	zia³¹mie¹⁴（ɕiu⁰）	zie¹¹³mie⁰	ʑiã¹¹mẽ²⁴
370 后边	后头多	后头	后头
	eu³³tiu⁵³⁵	əɯ¹¹dɯ¹¹³	ɤ¹¹dɤ²⁴³
	后面（手）	后面	后面
	eu⁵⁵mie¹⁴（ɕiu⁰）	əɯ¹¹mie³⁴¹	ɤ²⁴mẽ⁰
371 旁边	边沿	沿干	边来
	pie³³ie⁵⁵	ie¹¹kɤ⁵²	piẽ⁵⁵na³³⁴
372 附近	昇⁼干	邻近	昇⁼干儿
	i⁵³kɤ⁵⁵	lei³³dʑiei¹¹³	i¹¹kə̃n⁵³
373 什么地方	哪里	伽地方多	咯⁼力⁼地方儿
	la⁵⁵li¹⁴	dʑia¹¹di¹¹fao⁵²	gə¹¹lɛ¹¹di¹¹fõn⁵³

第三章 词 汇

东阳	磐安	永康	武义
中央 tsom³³iʌ⁵⁴	中央中心 tsɑom³³iɒ⁵²	中央 tɕiɔŋ⁴⁴iaŋ⁴⁵	当中 naŋ⁴⁴⁵tɕin⁵³
中心 tsom³³ɕien⁵⁴	中央□儿中心 tsɑom³³iɒ³³ʒian¹⁴ 当中两者之间 nɒ³³tsɑom⁴⁴⁵		
里头 li³⁵dɤɯ⁵⁵	里面 li⁴³mie¹⁴ 里头 li⁴³dɐɯ²¹³	里头儿 li¹¹tɤɯ³²⁴	里头 li⁵³tao²⁴
外头 ŋa¹¹dɤɯ⁵⁴	外面 ŋa²⁴mie³⁴³ 外头 ŋa²⁴dɐɯ³⁴³	外头儿 ȵia¹¹tɤɯ³²⁴	外头 ȵia⁵³tao²⁴
前头 zi¹¹dəɯ³²⁴	前面 ʒie²¹mie³⁴³ 前头 ʒie²¹dɐɯ²¹³	头前 dəɯ³³ɕia⁴⁵	前头 ʑie²¹dao³¹
后头 ɤɯ³⁵dɤɯ⁵⁵	后面 ɐɯ⁴³mɐ¹⁴ 后头 ɐɯ²⁴dɐɯ²¹³	后昆= ɤɯ¹¹kʰuəŋ⁴⁵	后头 ao⁵³tao²⁴ 后头面 ao⁵³dao¹¹mie³¹
边儿沿儿 pin³³ȵin³³⁵ 边儿沿头儿 pin³³ȵi³³dəɯɯ³³⁵	沿里 ie¹⁴li²¹	边沿 ʔbiə⁴⁵iə⁴³³	边儿沿 min²¹²ȵie⁵³
邻近 lien¹¹dʑien³²⁴ 近脚儿 dʑien¹¹tɕiɤon⁵⁴	邻近 liɐn²¹dʑiɐn²⁴⁴	□干 i¹¹kɤə⁴⁵	邻近 lin⁴⁴⁵dʑin³³⁴
伽地方儿 dʑia³⁵di¹¹fʌn³³⁵	节=地方儿 tʃia⁴³di²⁴fɒn⁴⁴⁵	伽地方 dʑia¹⁴di¹¹faŋ⁴⁵	待=拉地方 da³³laʔ³di³³faŋ²⁴

539

	金华	汤溪	浦江
	哪夺 la⁵⁵da¹⁴	伽落着 dʑia¹¹lo¹¹dʑio¹¹³	
374 插秧	种田 tɕioŋ³³dia³¹³	种田 tɕiao²⁴die⁰	种田 tɕyon⁵⁵diã³³⁴
375 车水 （一种农事）	踏水 tuɑ⁵³ɕy⁵³⁵	踏车 do¹¹tsʰo²⁴	踏水 dʑyɑ¹¹ʃy⁵³
376 吃饭	吃饭 tɕʰiəʔ⁴vɑ¹⁴	吃饭 tɕʰiei⁵²vo³⁴¹	食饭 zɛ²⁴vã⁰
377 喝茶	吃茶 tɕʰiəʔ⁴dzuɑ³¹³	吃茶 tɕʰiei⁵⁵dzo⁰	食茶 zɛ²⁴dʑyɑ¹¹³
378 洗脸	洗面 sie⁵⁵mie¹⁴	洗面 sie⁵²mie³⁴¹	洗面 ʃi⁵⁵miẽ⁰
379 洗澡	洗浴 sie⁵⁵ioʔ²¹²	洗浴 sie⁵²iɔ¹¹³	洗浴 ʃi³³yɯ²⁴³
380 谈天儿	谈天 tɑ³³tʰia³³⁴	讲白搭 kuo⁵²ba¹¹to⁵⁵	谈刮⁼ dã¹¹kuɑ⁴²³ 谈天儿 新 dã¹¹tʰiãn³³⁴
381 不说话，不言 语	弗响 fəʔ⁴ɕiaŋ⁵³⁵	弗响 fɛ⁵²ɕio⁵³⁵	弗话响 fə³³uɑ³³ʃyõ⁵³ 弗响弗六 不声不响 fə³³ʃyõ⁵³fə³³lɯ²⁴³
382 没关系，不要 紧	无事多 m̩³¹zɿ¹⁴ 弗要紧 fəʔ⁴iau⁵⁵tɕiŋ⁵³⁵	无事 m̩¹¹³zɿ⁰	无事得⁼ m̩²⁴zɿ³³tɛ⁵⁵
383 看	望 moŋ¹⁴	望 mao³⁴¹	望 mõ²⁴
384 遇见	胖⁼着 pʰaŋ⁵⁵dʑiəʔ⁰	髶⁼着 ba³⁴¹dʑio⁰	髶⁼着 bɛ̃¹¹ʒyo²⁴

东阳	磐安	永康	武义
			待⁼拉荡⁼里 da³³laʔ³taŋ⁵³di³³⁴
种田 tsom³³di³¹²	插秧 tsʰuə⁴³iɒ⁴⁴⁵	种田 tɕiɔŋ⁴⁴dia³³	种田 iɔŋ⁴⁴⁵die⁴²³
踏水用脚登 duoʔ²sʅ⁵⁵	踏水用脚登 duə²⁴ʃy⁴³⁴	踏水用脚登 da³³ɕy⁵⁴⁵	踏车 tua⁵³tɕʰia²⁴
摇水用手摇 iʊ¹¹sʅ⁵⁵	牵水用手摇 tɕʰie³³ʃy⁴³⁴	摇车儿,用手摇 iɔ³³tɕʰia³²⁴	
食饭 zeiʔ²vʌ³²⁴	食饭 zɛi²⁴vɒ¹⁴	食饭 zəi³³va¹⁴	食饭 ɕiəʔ⁵vuo³¹
食茶 zeiʔ²dzuo³¹²	食茶 zɛi²⁴dzuə²¹³	食茶 zəi³³dza³³	食茶 ɕiəʔ⁵dzua⁴²³
洗面 si³³mi³²⁴	洗面 ʃi⁴³mie¹⁴	洗面 ɕiə⁴²miə¹⁴	洗面 ɕie⁵³mie³¹
洗浴也指游泳 si³³iouʔ³²⁴	洗浴 ʃi⁴³iʌo²¹³	洗浴 ɕiə⁴²iu³²³	洗浴 ɕie⁵³iɔʔ³
谈天儿 dʌ¹¹tʰin³³⁵	谈天儿 dɒ²¹tʰien⁴⁴⁵	讲闲话 kaŋ⁴²a¹¹ua⁵⁴	讲空话 kaŋ⁵³kʰɔŋ²¹²ua⁵³
□白谈 tsʰaʔ³bɛʔ³dʌ⁵⁴			讲天讲地 kaŋ⁵³tʰie²⁴kaŋ⁵³di³¹
弗声弗响 fɛʔ⁵sən⁵⁴fɛʔ⁵ɕiʌ⁰	弗讲话 fɛ⁴³kɒ⁴³ua¹⁴	弗借⁼肯讲话 fə⁴tɕia⁵³kʰəŋ⁴²kaŋ¹¹ua¹⁴	弗大响 fəʔ⁵dia³¹ɕiaŋ⁴⁴⁵
无口儿亨⁼ n¹¹kʰəɯn⁵⁵xɛ⁵⁴		弗借⁼响 fə⁴tɕia⁵³xiaŋ⁵⁴⁵	弗响弗录⁼ fəʔ⁵ɕiaŋ⁴⁴⁵fəʔ⁵lɔʔ³
无事 n¹¹zʅ⁵⁴	弗要紧 fɛ⁴³io³³tɕien⁴³⁴	伽梗⁼事 dzia¹⁴kuai¹¹zʅ¹⁴	呐事 nie⁵³zʅ⁰
	无事 n²⁴zʅ³⁴³	无事 ŋ⁴⁵sʅ⁵⁴	
望 mʊ³²⁴	望 mo¹⁴	望 maŋ¹⁴	望 maŋ³¹
□着 bɛ¹¹dziɤʔ⁴⁵	□着 bɛ¹⁴dzuə²¹	碰着 pʰɔŋ⁵³dziɒ⁰	□着 bɔŋ³¹dziao⁰

	金华	汤溪	浦江
	椪=着	撞着	撞着新
	baŋ¹⁴dʑiəʔ⁰	dziao³⁴¹dzio⁰	dzyõ¹¹ʒyo²⁴
	撞着	碰着	
	dzyaŋ¹⁴dʑiəʔ⁰	pʰao⁵²dzio⁰	
385 遗失,丢	坞=	坞=	跌掉
	u⁵³⁵	u⁵³⁵	tia⁵⁵lɯ²⁴
	脱	落	
	tʰəʔ⁴	la³⁴¹	
		脱	
		tʰɛ⁵⁵	
386 找着了	寻着了	寻着罢	寻着啊
	ziŋ³¹dʑiəʔ¹⁴lə⁰	zai¹¹dzio⁰ba¹¹³	zən¹¹ʒyo²⁴a⁰
387 擦掉	揩掉去	揩落去	揩掉
	kʰa³³tiau⁵⁵kʰɯ⁰	kʰa²⁴lo⁰kʰəɯ⁰	kʰa⁵⁵lɯ²⁴
		擦落去	
		tsʰo⁵²lo⁰kʰəɯ⁰	
388 捡起来	撮□	撮□	□□
	tsʰəʔ⁴tɕʰiɛ⁵⁵	tsʰɛ⁵⁵tɕʰiɛ⁰	yo⁴²ia²⁴
389 提起（用手）	拎□	拎□	拎□
	liŋ³³tɕʰiɛ⁵⁵	nei²⁴tɕʰiɛ⁰	lin⁵⁵n̩ia³³⁴
390 选择,挑选	择	择	择
	dzəʔ²¹²	dza¹¹³	dza²³²
			□遴选
			tʰɔ̃⁵³
391 欠	欠	欠	欠
（~他十块钱）	tɕʰie⁵⁵	tɕʰie⁵²	tɕʰiẽ⁵⁵
392 做买卖	做生意	做生意	做生意
	tsuɤ³³saŋ³³˙i⁵⁵	tsɤ³³sa²⁴˙i⁰	tsɯ³³sɛ̃³³˙i⁵⁵

东阳	磐安	永康	武义
打坞= nɛ⁴⁴⁵u⁴⁴⁵	打坞= nɛ⁴³u⁴³⁴	打乌= nai⁴⁴u⁴⁵ 脱 tʰə⁵⁴⁵	脱落 tʰəʔ⁵lao⁰
寻着哇 zən¹¹dʑiʁoʔ²uɑ⁰ 揩落去 kʰɑ³³lɜʔ⁴⁵kʰɐɯ⁰ 擦落去 tsʰɑ⁴⁴⁵lɜʔ⁵kʰəɯ⁴²³ 缴=落去 tɕiʊ⁴⁴⁵lɜʔ⁵kʰəɯ⁴²³	寻着罢 zɛn²¹dzuə²¹³ba⁰ 擦了去 tsʰuə⁴³la³³kʰɐɯ⁵² 戳=了去 tsʰʌo⁴³la³³kʰɐɯ⁵²	寻着咩 zəŋ³³dʑiɒ¹¹mia³²³ 缴=了 kiɒ⁴²lɒ⁴²² 擦了 tsʰɑ⁵³lɒ⁰	寻着罢 zen⁴²dʑiɑo³³⁴ba⁰ 检=掉去 tɕie⁴⁴⁵die³¹kɯ⁰ 擦掉去 tsʰua⁵³die⁰kɯ⁰
撮起来 tsʰɜʔ⁵tɕʰi⁴⁴⁵le⁰	撮起来 tsʰɛ⁴³tɕʰi⁴³lei³³	撮嘞 tsʰə⁴əi³²³	撮来 tsʰəʔ⁵la⁰ 撮亨= tsʰəʔ⁵xa⁰
抓起来 tsa⁴⁴⁵tɕʰi⁰le³¹²	抓起来 tʃya³³tɕʰi⁴³lei³³	□嘞 tɕya⁴²əi³²³	□来 tsua⁴⁴⁵la²⁴
择 dzɜʔ³²⁴	择 dza²¹³ 挑 tʰio⁴⁴⁵	择 dzai³²³	择 dza³³⁴
欠 tɕʰi⁴²³	欠 tɕʰie⁵²	欠 kʰiə⁵⁴	欠 tɕʰie⁵³
做生意 tsʊ³³sɛ³³i⁵⁴	做生意 tsuɤ³³sɛ³³i⁵²	做生意 tsua⁴⁴sai⁴⁵i⁵⁴	做生意 tsuo⁴⁴⁵za²¹²i⁵³

	金华	汤溪	浦江
393（用秤）称	称 tɕʰiŋ³³⁴	称 tɕʰiai²⁴	称 tsʰin⁵³⁴
394 收拾（东西）	集 ziəʔ²¹² 收拾 ɕiu³³ziəʔ²¹²	集 zei¹¹³ 收拾 ɕiɯ³³ɕie²⁴	收脚⁼ ʃiɤ⁵⁵tɕyo⁴²³ □ yo⁴²³
395 对 （往酒里~水）	对 tɛ⁵⁵	冲 tɕʰiao²⁴ 对 tɛ⁵²	冲 tɕʰyon⁵³⁴
396 放 （~桌子上）	囥 kʰaŋ⁵⁵ 摆 pa⁵³⁵	囥 kʰuo⁵² 摆 pa⁵³⁵	摆 pa⁵³
397 休息	歇 ɕie⁵⁵ 歇力 ɕie⁵⁵liəʔ²¹²	歇 ɕie⁵⁵ 歇力 ɕie⁵²lei¹¹³	歇力 ɕi³³lɛ²⁴³
398 打盹儿	打瞌铳 taŋ⁵⁵kʰəʔ²⁴tɕʰioŋ⁵⁵	得⁼梦□ tɛ⁵²mɔ¹¹³xɛ⁰	打瞌铳 nẽ⁵⁵kʰə⁰tɕʰyon⁰
399 摔，跌	跌 tia⁵⁵	跌 tia⁵⁵	跌 tia⁴²³ 灰⁼摔得更厉害 xua⁵³⁴
400 玩儿	搞玩耍 kau⁵³⁵ 嬉游玩 ɕi³³⁴	耍玩耍 zə³⁴¹ 嬉游玩 ɕi²⁴	搞玩耍 ko⁵³ 嬉游玩 ʃi⁵³⁴
401 捉迷藏 （一人蒙眼逮人）	摸盲儿 moʔ⁴mã³³⁴	摸乌盲儿 mo⁵²u³³maŋ²⁴	摸乌盲 mo¹¹u⁵⁵mẽ⁰

东阳	磐安	永康	武义
称	称	称	称
tsʰən⁴⁴⁵	tsʰɐn⁴⁴⁵	tɕʰieiŋ⁴⁵	tɕʰin²⁴
约⁼束	野⁼束	约⁼集	曹⁼
iəʔ⁵souʔ⁴⁵	ia⁴³sʌo⁴³⁴	iɒ⁴⁴zə³²³	zɤ⁴²³
	收拾新	料理	
	ʃɛɯ³³zɛ⁴³⁴	liɒ¹¹li³²³	
掺	冲	冲	聘⁼
tsʰʌ⁴⁴⁵	tsʰɑom⁴⁴⁵	tɕʰiɔŋ⁴⁵	pʰin⁵³
	掺	掺	
	tsʰɒ⁴⁴⁵	tsʰɑ⁴⁵	
摆	摆摆放	囥	囥
pɑ⁵⁵	pa⁴³⁴	kʰaŋ⁵⁴	kʰaŋ⁵³
	囥藏放	唱⁼	
	kʰɒ⁵²	tɕʰiaŋ⁵⁴	
歇气	歇	歇气	歇力
ɕiəʔ⁵tɕʰi⁴²³	ɕiɛ⁴³⁴	xiə⁴⁴kʰi⁵⁴	ɕie⁵³ləʔ³
□佛儿	赃⁼眠熟	渣⁼头□脑	打瞌铳
zuo¹¹van³³⁵	tsɒ³³miɐn²¹zʌo²¹³	tsɑ⁴⁵dəɯ⁴³³ʔdə⁴nɒ³²³	na⁵³kʰəʔ⁴tsʰɔŋ⁵³
			打瞌锄⁼
			na⁵³kʰəʔ⁵zuɑ⁴²³
踩	跌	跌	跌
le³²⁴	tia⁴³⁴	ʔdiɑ⁵⁴⁵	liaʔ⁵
			脱
			tʰəʔ⁵
嬉	搞玩耍	搞玩耍	吵玩耍
ɕi⁴⁴⁵	ko⁴³⁴	kɒ⁵⁴⁵	tsʰao⁴⁴⁵
搞开玩笑	嬉游玩	嬉游玩	嬉游玩
kau⁵⁵	ɕi⁴⁴⁵	xi⁴⁵	ɕi²⁴
摸盲儿	摸盲儿	摸盲儿	摸乌盲儿
mouʔ²mɛn³³⁵	mʌo²⁴mɛn²¹³	muə³³mai³²⁴	mɔʔ⁵u²¹²maŋ⁵³

	金华	汤溪	浦江
	摸猫儿 moʔ⁴mɹ̃³³⁴		
402 一些人先躲藏起来，一个人去找	搨猫儿 kʰuɑ³³mɹ̃³³⁴ 躲猫儿 tuɤ⁵⁵mɹ̃³³⁴ 藏猫儿 sɑŋ³³mɹ̃³³⁴	周⁼掩□儿 tɕiɔɯ³³ie⁵²moŋ⁵²	幽⁼窠儿爬狗 iɤ³³kʰɯn³³biɑ²⁴kɤ³³⁴
403 老鹰捉小鸡（儿童游戏）	老鹰搨小鸡儿 lau⁵³iŋ⁵⁵kʰuɑ³³siau⁵⁵ tɕiẽ³³⁴	牵羊咩咩 tɕʰie³³io³³ma⁵⁵ma⁰	老鹰背⁼细鸡儿 lo¹¹in⁵⁵pɑ³³ʃiɑ⁵⁵tʃin⁵³⁴
404 跳房子（儿童游戏）	跳房子 tʰiau³³vɑŋ³¹tsɿ⁵⁵	跷屋 tɕʰiə³³ɔ⁵⁵	□□种⁼ kə³³kə³³tɕyon⁵³
405 拾子儿（儿童游戏）	巴⁼子儿 pɤɑ³³tsɿ̃⁵⁵	跌谷儿 tiɑ⁵²koŋ⁵⁵	□子儿 pɑ⁵⁵tsɿn⁵⁵ 撮子儿 tsʰə⁵⁵tsɿn⁰
406 翻绳变花样（儿童游戏）	拆刺窠 tsʰəʔ⁴tsʰi³³kʰuɤ⁵⁵	拆刺窠 tsʰɑ⁵²tsʰɿ³³kʰuɤ⁵²	拆牛皮筋 tsʰɑ⁵⁵niɤ¹¹bi¹¹tɕin⁵³⁴
407 划拳	豁拳 xuɑ⁵⁵dʐyɤ³¹³	豁拳 xuo⁵⁵dʑiɤ⁰	豁拳 xuɑ⁵⁵dʑyẽ³³⁴
408 舞龙灯	迎灯 ȵiŋ³³təŋ³³⁴	迎灯 ȵiei³³nai²⁴	迎灯 ȵin¹¹tən³³⁴
409 阁（抬着游行的演戏的台子）	阁 koʔ⁴	（无）	会⁼ uɑ²⁴
410 演唱莲花落	敲莲花 kʰau³³liɑ³¹xuɑ⁵⁵ 唱莲花 tɕʰiaŋ⁵⁵liɑ³¹xuɑ⁵⁵	打莲花□儿 nɑ⁵²lie³³xuo³³kuɑŋ⁵⁵	唱莲花 tʃʰyõ⁵⁵liã⁵⁵xuɑ⁵³⁴

第三章 词 汇

东阳	磐安	永康	武义
幽⁼□儿 iəɯ³³boun³³⁵	幽⁻盲儿 iɐɯ³³mɐn⁴⁴⁵	打幽⁼□儿 nai¹¹iəɯ⁴⁴sən³²⁴	周⁼偷□ tɕiu⁴⁴⁵tʰao²¹²puo⁵³
老鹰覆⁼小鸡儿 lau³⁵ən⁵⁵pʰouʔ⁵ɤ⁴⁴⁵tɕin³³⁵	老鹰搭小鸡 lo⁴³ɐn⁴⁴⁵kʰuə³³ʃio⁴³tɕi⁴⁴⁵	□老鹰□小鸡儿 muə¹¹ɒ³³ieiŋ⁴⁵tɕɑ⁴² ziɒ¹¹kiə³²⁴	老□鹰背⁼细鸡儿 hɤ⁵³uəʔ⁵in²⁴pa⁴⁴⁵ɕia⁴⁴⁵tɕin²⁴
跳屋儿 tʰɤ³³oun⁵⁵	跳圈儿 tʰio³³tɕʰyɤn⁴⁴⁵	跳屋儿 tʰiɒ⁴⁴u⁵⁴	跳茅坑 tʰie⁴⁴⁵muo²¹kʰa⁵³
蛙⁼子儿 ua³³tsɿn⁵⁵	蛙⁼子儿 ua³³tsɿn⁵²	巴⁼子儿 ʔba⁴⁵tsɿ⁵⁴	□缸⁼ pua⁴⁴⁵kaŋ²⁴
拆线板儿 tsʰɜʔ⁵si³³pʌn⁵⁵ 豁拳 xuaʔ⁵dʑiʊ³¹² 掉龙 dɤ³⁵lom⁵⁵	撮线网儿 tsʰɛ⁵⁵ʃie³³mɒn⁵² 豁拳 xua⁵⁵dʑyɤ²¹³ 迎灯 ȵiɐn²¹tɐn⁴⁴⁵	拆线□儿 tsʰai⁴⁴ɕiə⁴⁴mai³²⁴ 豁拳 xua⁴⁴gyə³³ 迎灯纸的 ȵieiŋ³³nieiŋ⁴⁵ 跌布龙布的 ʔdia⁴²ʔbu⁴⁴lɔŋ³³	拆刺窠 tsʰa⁵³tɕʰi⁴⁴⁵kʰuo²⁴ 豁拳 xua⁵³dʑye⁴²³ 迎龙头纸的 ȵin⁴⁴⁵lɔŋ¹¹dao³¹ 舞龙布的 fu⁵³lɔŋ⁴²³
台阁 de¹¹kuoʔ⁴⁵ 唱莲花 tɕʰiʌ³³lien¹¹xua⁵⁴	台阁 dei²¹kuɐ⁴³⁴ 打莲花 nɛ⁴³lie²¹xua⁵² 唱莲花落 tʃʰiɒ⁵²lie²¹xua³³luə²¹³	台阁 dəi³³kɒ⁵⁴⁵ 打莲花 nai⁴²lieiŋ³³xua⁴⁵	台阁 ta⁴⁴⁵kaoʔ⁵ 唱讨饭曲 tɕʰia⁵³tʰɤ⁴⁴⁵fuo⁵³tɕʰiɔʔ⁵

547

	金华	汤溪	浦江
411 猜谜	淘谜儿旧 tau³³mã³¹³ 淘语儿 tau³³n̠ỹ¹⁴~tau³³n̠y¹⁴	淘语儿猜 də¹¹³n̠iəŋ⁰tsʰɛ²⁴	猜语儿 tsʰa³³n̠yn²⁴
412 民间故事	故事 ku⁵⁵zɿ¹⁴ 传大型的 dʑyɤ¹⁴	古儿 kuŋ⁵² 白话绷 ba¹¹uɤ¹¹ma⁵² 传大型的 dʑiɤ³⁴¹	大话 dɯ²⁴ua²⁴
413 画儿	佛儿 vẽ¹⁴ 画 ua¹⁴	老佛儿 lə¹¹veŋ¹¹³	画 ua²⁴
414 知道	晓得 ɕiau⁵³təʔ⁴ 晓着 ɕi⁵⁵dʑiəʔ⁰	晓得 ɕiə⁵²tei⁵⁵~ɕiə⁵⁵tei⁰ 晓着 ɕiə⁵⁵dʑio⁰	晓得 ʃi³³tɛ⁵³
415 懂了	晓得了 ɕiau⁵³təʔ⁴lə⁵⁵ 晓着了 ɕi⁵⁵dʑiəʔ⁰lə⁰ 懂着了 toŋ⁵⁵dʑiəʔ²¹lə¹⁴	晓得罢 ɕiə⁵²tei⁵⁵ba¹¹³ 晓着罢 ɕiə⁵⁵dʑio⁰ba¹¹³ 懂罢 nao⁵³⁵ba¹¹³	懂哪 təŋ³³na⁵³
416 留神,小心	小心 siau⁵⁵siŋ³³⁴	小心 sɤ⁵²sei²⁴	小心 sɯ³³sən⁵³ 留心 lɤ¹¹sin³³⁴
417 挂念	记挂 tɕie³³kua⁵⁵	记挂 tɕie³³kua⁵²	记挂 tʃi³³kua⁵⁵
418 有	有 iu⁵³⁵	有 iɯ¹¹³	有 iɤ²⁴³

548

东阳	磐安	永康	武义
猜□儿 tsʰe³³n̩in⁴⁵~tsʰe³³n̩in⁵⁴	猜语儿 tsʰei³³n̩yn¹⁴	猜义⁼ tsʰəi⁴⁵ɲi⁵⁴	猜义⁼ tsʰa⁴⁴⁵n̩i³¹
大话 dʊ¹¹uɑ⁵⁴	大话 duɤ²¹uɑ³⁴³	大话 duə¹¹uɑ¹⁴	大话 duo³³uɑ³¹
画 uɑ³²⁴ 造佛儿孩 zɑu¹¹van⁴⁵	造佛儿 zo²⁴vɛn¹⁴	画 uɑ¹⁴	画 uɑ³¹
晓得 ɕiʊ⁴⁴⁵teiʔ⁴⁵	晓得 ɕio⁴³tei⁴³⁴	晓得 xiɒ⁴⁴ʔdəi⁵⁴⁵	识着 tɕiəʔ⁵dʑiɑo⁰
晓得哇 ɕiʊ⁴⁴⁵teiʔ⁴⁵uɑ⁰	懂罢 tɑom⁴³⁴ba⁰	晓得咩 xiɒ⁴⁴ʔdəi⁴⁴miɑ⁵⁴	识着罢 tɕiəʔ⁵dʑiɑo⁰ba⁰
小心 sɤ⁴⁴⁵ɕien⁴⁴⁵ 当心 tʌ³³ɕien⁴⁴⁵	小心 ʃio⁴³ʃiɐn⁴⁴⁵	小心 ɕiɒ⁴²səŋ⁴⁵ 仔细 tsʅ¹¹ɕiə⁵⁴	好好□ xɤ⁴⁴⁵xɤ⁴⁴⁵naŋ⁵³
记挂 tɕi³³kuɑ⁵⁴	记挂 tɕi³³kuɑ⁵² 唱念 tʃʰiɒ³³n̩ie³⁴³	结挂 kiə⁴⁴kuɑ⁵⁴	挂念 kuɑ⁴⁴⁵n̩ie³¹
有 iəɯ³⁵	有 iɐɯ⁴³⁴	有 iəɯ³²³	有 iu³³⁴

	金华	汤溪	浦江
419 没有, 无 （动词）	无 m^{313} （无）没 （m^{31}）mə^{212}	无 m^{11} 无没 m^{11}ma^0~m^{52}ma^0	无茂 = m^{11}mɤ^{24} 无有 新 m^{11}n̠iɤ^{243}~n^{11}n̠iɤ^{243}
420 没有, 未 （副词）	未多 mi^{14} （无）没 （m^{31}）mə^{212}	未（曾）多 mi^{341}（zao^0） 弗曾 fɜ^{55}zao^0~fɜ^{52}zao^0 蹭 fao^{52}	还未多 ã^{11}mi^{24}~uã^{11}mi^{24} 无得 m^{11}tə^{55}~n^{11}tə^{55} 无没 m^{11}mə^{24}
421 美, 漂亮	俏 指人 tsʰiau^{55} 好望 xau^{55}moŋ^{14}	俏 指人 tsʰɤ^{52} □客 tsʰei^{33}kʰa^{55}	精 = 记 = 指女人 tsin^{55}tʃi^{334} 好望 xo^{55}mõ^0
422 丑	难望 na^{33}moŋ^{14}	难望 no^{113}mao^0	难望 nã^{11}mõ^{24}
423 差, 不好	疲 ɕiəʔ^4	疲 ɕiei^{55}	疲 ʃiə^{423}
424 要紧	要紧 iau^{55}tɕiŋ^{535}	要紧 iə^{33}tɕiei^{535}	要紧 i^{33}tɕin^{53}
425 热闹	兴 ɕiŋ^{55} 闹热 nau^{55}n̠ie^{14}	（有）兴 （iɯ^{11}）ɕiei^{52} 闹热 nə^{11}n̠ie^{113}	兴 ʃin^{55} 闹热 lo^{11}n̠iɤ^{243}
426 坚固, 牢固	牢 lau^{313}	牢 lə^{11}	牢 lo^{113}
427 肮脏	□糟 au^{33}tsau^{55}	□雀 = ɤ^{52}tsɤ^{55}	燋 = 糟 o^{55}tso^{334}

东阳	磐安	永康	武义
无北=	无□	呐	呐
n¹¹peiʔ⁴⁵	m²¹bɛi³⁴³	nəi⁵⁴	nieʔ⁵~nəʔ⁵
无	无		
n³¹²	n²¹³		
艬	艬	未	未
fan⁵⁵	fɐn⁵²	mi¹⁴	mi³¹~mi⁵³
未	未儿		
mi³²⁴~mi³⁵	min¹⁴		
无北=	无□		
n¹¹peiʔ⁴⁵	m²¹bɛi³⁴³		
像样	像样多	黄=户=	光生
ʑiʌ¹¹iʌ⁵⁴	ʒiɑ²¹iɑ¹⁴	uaŋ³³u³²³	guaŋ²¹²sa⁵³
□儿指小孩	清确=		
tsin³³⁵	tsʰɐn³³kʰuə⁴³⁴		
丑	丑	疑=心=	生得疲
tɕʰiɯ⁵⁵	tʃʰiɯi⁴³⁴	ɲi³³sɐŋ⁴⁵	sa⁴⁴⁵ləʔ⁵ɕiəʔ⁵
	难望		
	nɒ²¹mo³⁴³		
疲	疲	疲	疲
ɕiəʔ⁴⁵	ɕie⁴³⁴	xǐe⁵⁴⁵	ɕiəʔ⁵
心=	□多		
ɕien⁴⁴⁵	ɕiɐn⁴⁴⁵		
要紧	要紧	要紧	要紧
iʊ³³tɕien⁵⁵	io³³tɕiɐn⁴³⁴	iɒ⁴⁴kieiŋ⁵⁴⁵	ie⁴⁴⁵tɕin⁴⁴⁵
闹热	兴	兴	兴
nau³⁵ȵiəʔ⁴⁵	xɐn⁵²	xieiŋ⁵⁴	ɕin⁵³

东阳	磐安	永康	武义
牢	牢	牢	牢
lau³¹²	lo²¹³	lɒ³³	lɤ⁴²³
扎实	扎实	扎实	扎实
tsuoʔ⁵zʅʔ⁴⁵	tsuə⁵⁵zɛ²¹³	tsɑ⁴⁴zə³²³	tsuɑ⁵³zəʔ³
□糟	□糟	□	□□
au³³tsau⁵⁴	o³³tso⁵²	ya⁴⁵	yɑ²¹²ɕiaŋ⁵³~luɑ²¹²ɕiaŋ⁵³

		金华	汤溪	浦江
		遮＝捏＝ tɕia³³ȵia⁵⁵		
428	咸	咸 ɑ³¹³	咸 uo¹¹	咸 ã¹¹³
429	淡 （不咸）	淡 tɑ⁵³⁵	淡 do¹¹³	淡 dã²⁴³
430	稀 （粥太~了）	薄 boʔ²¹²	薄 bo¹¹³	薄 bo²³²
431	稠 （粥太~了）	厚 kiu⁵³⁵	厚 gɯ¹¹³	厚 gɤ²⁴³
432	肥 （指动物）	壮 tɕyaŋ⁵⁵	壮 tɕiao⁵²	壮 tɕyõ⁵⁵
433	胖 （指人）	壮 tɕyaŋ⁵⁵	壮 tɕiao⁵²	壮 tɕyõ⁵⁵
434	瘦 （不肥,不胖）	瘦 siu⁵⁵	瘦 ɕiəɯ⁵²	瘦 ʃiɤ⁵⁵
435	舒服	有味 iu⁵³vi¹⁴ 爽快 ɕyaŋ⁵³kʰuɑ⁵⁵	味道 vi¹¹də¹¹³	得＝过 te⁵⁵kɯ⁰ 爽快 ʃyõ⁵⁵kʰuɑ⁵⁵
436	晚 （来~了）	迟 dʐy³¹³	迟 dzŋ¹¹	晏 ã⁵⁵
437	乖 （小孩儿~）	作乖 tsoʔ⁴kuɑ⁵⁵ 会 uɛ¹⁴	□乖 tsɑ⁵²kuɑ⁵² 会 uɛ³⁴¹	会 uɑ²⁴
438	顽皮	皮 bi³¹³	面皮厚 mie¹¹³bi⁰gɯ¹¹³	皮 bi¹¹³

东阳	磐安	永康	武义
滋味 tsɿ³³mi⁵⁴	滋味多 tsɿ³³mi³⁴³	咸 ɑ³³	咸 ŋuo⁴²³
	咸 ɒ²¹³		
淡 dʌ³⁵	淡 dɒ²⁴⁴	淡 dɑ³²³	淡 duo³³⁴
薄 bouʔ³²⁴	薄 bʌo²¹³	薄 buə³²³	薄 bɔʔ³
厚 gɤɯ³⁵	厚 gɐɯ²⁴⁴	厚 gəɯ³²³	厚 gɑo³³⁴
壮 tsʌ⁴²³	壮 tʃiɒ⁵²	壮 tɕyaŋ⁵⁴	壮 tɕyaŋ⁵³
壮 tsʌ⁴²³	壮 tʃiɒ⁵²	壮 tɕyaŋ⁵⁴	壮 tɕyaŋ⁵³
瘦 sɑu⁴²³	瘦 so⁵²	瘦 ɕiəɯ⁵⁴	瘦 ɕiu⁵³
爽快 sʌ⁴⁴⁵kʰuɑ⁵⁴	敲坦多 tʰɐɯ⁴³tʰɒ⁴³⁴	清爽 tɕʰieiŋ⁴⁴ɕyaŋ⁵⁴⁵	清爽 tɕʰin⁴⁴⁵ɕyaŋ⁴⁴⁵
味道 vi³⁵dɑu⁰	□意 ɕia⁴³i²¹		□意 ɕia⁵³i⁵³
慢 mʌ³²⁴	慢 mɒ¹⁴	慢 ma¹⁴	迟 dʑi⁴²³
会 ue³²⁴	会 uei¹⁴	□辽⁼ ʔbai⁴⁴liɒ³³	会 ua³¹
填债 di¹¹tsa⁵⁴			
油食面 iəɯ¹¹zeiʔ²miˢ⁵⁴	调皮 dio²⁴bi²¹³	弗听话 fə⁴tʰieiŋ⁴⁴ua¹⁴	吵 tsʰɑo⁴⁴⁵
弗拆⁼结⁼ fɜʔ⁵tsʰɜʔ⁵tɕiəʔ⁴⁵		吵 tsʰɒ⁵⁴⁵	吵场 tsʰɑo⁵³dʑiaŋ⁴²³

553

	金华	汤溪	浦江
439 凸	突 dəʔ²¹²	射 za¹¹³	突 də²³² 咯﹦ gə²³²
440 凹	靥 ie⁵⁵	靥 ie⁵⁵	衣﹦ i⁵³⁴
441 和 （我~他）	亨﹦ xəŋ³³⁴	□ xɯ⁵²	孝﹦多 xo⁵⁵ □ mɯ⁵⁵
442 被 （~贼偷走了）	得 təʔ⁴ 让 ȵiaŋ¹⁴	等 nai⁵²~nei⁵² 约﹦ io⁵⁵	让 yõ²⁴ 得 tə⁴²³
443 从 （~哪儿来， ~今天起）	从 zoŋ³¹³ 打 taŋ⁵³⁵	□ tɕʰiai¹¹ 望 ma¹¹ □ na¹¹~nai¹¹	自 ʒi²⁴ 从 dzən¹¹³
444 替 （~我写封信）	听 tʰiŋ⁵⁵ 帮 paŋ³³⁴	听 tʰei⁵² 帮 məɯ⁵²~mao⁵²	□ mɯ⁵⁵
445 拿 （~毛笔写字）	用 ioŋ¹⁴	动 dao¹¹³ 用 iao³⁴¹	用 yoŋ²⁴
446 故意 （~捣乱）	择意 dzəʔ²¹i⁵⁵	特意 dei¹¹i⁵⁵	特镜﹦ də¹¹tɕin⁵⁵

东阳	磐安	永康	武义
掘⁼ gɜʔ³²⁴	突 dɛ²¹³ 轧⁼ gɛ²¹³ 弹⁼ 圆形物凸出 dɒ¹⁴	胖⁼ pʰaŋ⁵⁴	创⁼ tɕʰyaŋ⁵³
幽⁼ iɘɯ⁴⁴⁵ 凹 ɑu⁵⁵	□ ɕiɐɯ⁴³⁴	喝⁼ xɑ⁵⁴⁵	靥 ieʔ⁵
好⁼ xɑu⁵⁵	□ tʰa⁴³⁴	□ xɑ⁵⁴	货⁼ xuo⁵³
得 teiʔ⁴⁵	得 tɐi⁴³⁴	担 nɑ⁵⁴	让 ȵiaŋ³¹
从 dzom³¹²	从 dzɑom²¹³	从 zɔŋ³³	从 zɔŋ⁴²³
踢⁼ tʰeiʔ⁴⁵	□ tʰa⁴³⁴	替 tʰəi⁵⁴	替 tʰie⁵³~tʰia⁵³
用 iom³²⁴	用 iɑom¹⁴	用 iɔŋ¹⁴	用 iɔŋ³¹
特执意儿 deiʔ²tsɛ³³in³³⁵ 调值特殊	执意 tsɛ⁴³i⁵²	特意 dəi³³i⁵⁴	特意 təʔ⁴i⁵³

	金华	汤溪	浦江
447 刚 （~来）	还正 ua³¹tɕiŋ⁵⁵	正 tɕiai⁵²	只得﹦ tsɛ⁵⁵tə⁵⁵
448 刚 （~合适）	正 tɕiŋ⁵⁵	恰□儿 kʰao⁵²tsʰeŋ⁵⁵ 恰恰儿 kʰɔ⁵²kʰoŋ⁵⁵	□□儿 kʰɤ³³mɯn⁵⁵
449 幸亏	还好 ua³¹xau⁵³⁵	还好 uo²⁴xə⁵³⁵	亏得 kʰuɛ³³tɛ⁵⁵
450 净 （~吃米， 不吃面）	便 bie¹⁴ 就 ziu¹⁴ 只 tɕiəʔ⁴	只 tɕiei⁵² 便是 bie¹¹tsɿ⁵⁵ 足 tsɔ⁵⁵~tɕiɔ⁵⁵	只 tsɛ⁵⁵
451（三千）上下， （三千）左右	光景 kuaŋ³³tɕiŋ⁵⁵ 上下 ɕiaŋ³³ua⁵³⁵	光景儿 kuo³³tɕiŋ⁵²	光景 kõ³³tɕian⁵⁵
452 不	弗 fəʔ⁴	弗 fe⁵⁵	弗 fə⁴²³
453 别,不要 （副词）	覅 fau⁵⁵ 弗要 fəʔ⁴iau⁵⁵ 甭 foŋ⁵⁵ 弗用 fəʔ⁴ioŋ⁵⁵	覅多 fi⁵² 覅要 fi⁵²iə⁰	弗要 fɛ⁵⁵˛i⁵⁵
454 的	个 kəʔ⁴	个 kə⁰~ə⁰	个 gə²³²
455 星星	星 siŋ³³⁴	星 sei²⁴	星 sin⁵³⁴

东阳	磐安	永康	武义
特为 dei?²uei⁵⁴			
刚刚儿 kʌ³³kʌn³³⁵	正 tsɐn⁵²	正 tɕieiŋ⁵⁴	还正 ŋuo²⁴tɕin⁵³
刚刚儿 kʌ³³kʌn³³⁵	正 tsɐn⁵²	□儿 kiaŋ³²⁴	章⁼ tɕiaŋ²⁴
还好 ʒʔ²xɑu⁵⁵	还好 ɒ²¹xo⁴³⁴	全靠 ʑyə¹¹kʰɒ⁵⁴	还好 ŋuo²⁴xɤ⁴⁴⁵
专门 tsʊ³³mən⁵⁴	只 tsei⁵²	便 biə¹⁴	便 bie³¹
		只儿 tsəi⁵⁴	
上下儿 dʑiʌ¹¹uon⁴⁵	上下儿 dʒiɒ²⁴uən¹⁴	亨⁼样子儿 xai⁴⁵iaŋ¹¹tsʅ⁵⁴	□干 ȵie⁴⁴⁵kɤ²⁴
样样子儿 iʌ³³iʌ¹¹tsʅn⁵⁵			
弗 fʒʔ⁴⁵	弗 fɛ⁴³⁴	弗 fə⁵⁴⁵	弗 fəʔ⁵
弗乐 fʒʔ⁵ŋɑu⁴²³	弗乐 fɛ⁵⁵ŋo²¹	（弗）乐 (fə⁴)ŋɒ⁵⁴	㮲 fao⁵³
个 ɑ⁰~ɣɑ⁰	个 a⁴³⁴	个 kuə⁵⁴~guə³²³~uə⁵⁴	个 kəʔ⁵~ge⁰ 后面不带名词
星 sən⁴⁴⁵	星 sɐn⁴⁴⁵	星 ɕieiŋ⁴⁵	星 ɕin²⁴

	金华	汤溪	浦江
	星星孩 siŋ³³siŋ⁵⁵		
456 虹,彩虹	鲎 xiu⁵⁵	鲎 xɤ⁵²	鲎 xɤ⁵⁵
457（天）黑	乌 u³³⁴ 黑 xəʔ⁴	乌 u²⁴	乌人⁼ u⁵⁵n̩in¹¹³
458 橡子	橡树 dzyɤ³¹zy¹⁴	橡树 dʑiɤ¹¹³zi⁰	橡子 dzyẽ¹¹tsɿ⁵³ 橡树指原材料 dzyẽ²⁴ȝy²⁴
459 梯子 （可移动的）	梯儿 tʰã³³⁴	梯 tʰɛ²⁴	梯儿 tʰin⁵³⁴
460 锅	镬 oʔ²¹²	镬 uo¹¹³	镬 o²³²
461 柴	柴 za³¹³	柴 za¹¹	柴 za¹¹³
462 猪圈,猪栏	猪栏 tɕy³³la⁵⁵	猪栏 tsɿ²⁴lo⁰	猪栏 tʃi⁵⁵lã³³⁴
463 阉（猪,牛,鸡）	羯猪,牛,羊,狗,人 tɕie⁵⁵ 镦鸡 sie⁵⁵	羯猪,牛,人 tɕie⁵⁵ 镦鸡 sie⁵²	羯猪,鸡 tɕi⁴²³ 镦牛 tən⁵³⁴
464 杀猪	杀猪 sua⁵⁵tɕy³³⁴	杀猪 so⁵²tsɿ²⁴	杀猪 ʃya⁵⁵tʃi⁵³⁴
465 用毒药毒害致死	渡⁼ du¹⁴	渡⁼ du³⁴¹	渡⁼ du²⁴
466 鸟的窝	窠 kʰuɤ³³⁴ 窠儿 kʰuẽ³³⁴	窠 kʰuɤ²⁴	鸟儿窠 tɯn³³kʰɯ⁵³

东阳	磐安	永康	武义
鲨	鲨	鲨	鲨
xɤ⁴²³	xɐɯ⁵²	xɐɯ⁵⁴	xɑo⁵³
乌	乌	乌	乌
u⁴⁴⁵	u⁴⁴⁵	u⁴⁵	u²⁴
		乌荫	
		u⁴⁵yeiŋ⁵⁴	
橡儿	橡	橡树	橡树
dzuŋ³³⁵	dʒyɤ²¹³	dʑyə¹¹ɕy⁵⁴	dʑye²¹ʐy³¹~dʑie²¹ʐy³¹
橡树指原材料	橡树		
dzʊ¹¹ʐ̩⁵⁴	dʒyɤ²¹ʒy³⁴³		
梯儿	梯儿	两脚梯儿	梯
tʰen³³⁵	tʰen⁴⁴⁵	liaŋ¹¹kiɒ⁴⁴tʰəi³²⁴	tʰa²⁴
镬	镬	镬	镬
uɑʔ³²⁴	uɛ²¹³	uə³²³	uo³³⁴
柴	柴	柴	柴
za³¹²	za²¹³	ʑia³³	ʑia⁴²³
猪栏	猪栏	猪栏	猪栏
tsuo³³lʌ⁵⁴	tsuə³³lɒ³⁴³	tɕi⁴⁵la⁴³³	li²¹²nuo⁵³
羯	羯	羯	羯
tɕiəʔ⁴⁵	tɕiɛ⁴³⁴	kiə⁵⁴⁵	tɕie⁵³

杀猪	杀猪	杀猪	杀猪
suoʔ⁵tsuo⁴⁴⁵	suə⁴³tsuə⁴⁴⁵	sa⁴⁴tɕi⁴⁵	sua⁵³li²⁴
渡=	渡=	渡=	渡=
du³²⁴	du¹⁴	du¹⁴	du³¹
鸟窠儿	窠儿	鸟窠儿	鸟儿窠
tɤ⁴⁴⁵kʰʊn³³⁵	kʰuɤn⁴⁴⁵	ʔdiɒ⁴²kʰuə³²⁴	lin⁴⁴⁵kʰuo²⁴

	金华	汤溪	浦江
467 肫，鸟类的胃	肫 yəŋ³³⁴	肫 iei²⁴	肫 tɕyən⁵³⁴
468 鸡嗉子	（鸡）食窠 (tɕie³³)ziə²¹kʰuɤ⁵⁵	鸡食窠 tɕie³³zie¹¹kʰuɤ⁵²	鸡珠⁼ tʃi⁵⁵tʃy³³⁴
469 鸡下蛋	生卵 saŋ³³ləŋ⁵³⁵	生鸡子 sa³³tɕie³³tsɿ⁵³⁵	生卵 sẽ³³lən²⁴³
470 孵（小鸡）	伏 bu¹⁴	伏 bu³⁴¹	伏 bu²⁴
471 鳝鱼	黄鳝 uaŋ³³ɕyɤ⁵³⁵	鳝鱼 zie¹¹əɯ¹¹ 黄鳝 ao³³ʑie¹¹³	黄鳝 õ¹¹zie²⁴³
472 鱼鳞	鱼厣 ȵy³³ie⁵³⁵	鱼厣 ȵi³³ie⁵³⁵	鱼鳞 ȵy²⁴lin¹¹³
473 蜈蚣	蒙⁼蚣 moŋ³¹koŋ⁵⁵	蜈蚣 əɯ¹¹³kao⁰	红蚣 on²⁴kon³³⁴
474 蟑螂	蟑虫 tɕiaŋ³³tɕioŋ⁵⁵	蟑虫 tɕio²⁴dʑiao⁰	蟑虫 tʃyõ⁵⁵dʑyon³³⁴
475 虱子	虱 səʔ⁴	虱 ɕiɛ⁵⁵	虱 sə⁴²³
476 虱子的卵	虱子 səʔ⁴tsɿ⁵³⁵	虱虮 ɕiɛ⁵²tɕi⁵³⁵	虱虮 sə³³tʃi⁵³
477 撒播稻种	下谷籽 xua⁵³koʔ⁴tsɿ⁵³⁵	下谷籽 xuo⁵²kɔ⁵²tsɿ⁵³⁵	撒谷籽 tsa³³kɯ³³tsɿ⁵³
478 割稻	割稻 kɤ⁵³tau⁵³⁵	割稻 kɤ⁵²də¹¹³	割稻 kɯ³³do²⁴³
479 簸（粮食）	簸 pau⁵⁵	簸 pɑ⁵²	簸 pɑ⁵³⁴

东阳	磐安	永康	武义
肫	肫	肫	肫
tsuən⁴⁴⁵	tʃyɐn⁴⁴⁵	tɕyeiŋ⁴⁵	yin²⁴
鸡食□	鸡食窠	鸡挂	鸡食挂
tɕi³³zei²³⁵tɕiʉ⁰	tɕi³³zei²⁴kʰuɤ⁴⁴⁵	kiə⁴⁵kuəi⁵⁴	tɕie⁴⁴⁵ɕiəʔ⁵tsuɑ⁵³
生鸡子	生鸡子	生鸡子	鸡生卵
sɛ³³tɕi³³tsʅ⁴²³	sɛ³³tɕi³³tsʅ⁴³⁴	sai⁴⁴kiə⁴⁴tsʅ⁵⁴⁵	tɕie²⁴sa⁴⁴⁵len³³⁴
伏	伏	伏	伏
bu³²⁴	bu¹⁴	bu¹⁴	bu³¹
黄鳝	黄鳝	黄鳝	黄鳝儿
ʌ¹¹dʑieʔ³²⁴	ɒ²¹dʒie²⁴⁴	uaŋ³³dʑiə³²³	uaŋ²¹dʑiaŋ³¹
鱼鳞	鳞	鱼鳞	鱼厣
ɲiʉ¹¹lien⁵⁴	liɐn²¹³	ɲy¹¹lieiŋ⁴²²	ɲy⁴⁴⁵ɲie⁴⁴⁵
			鱼鳞
			ɲy²¹lin³¹
毛蚣	毛蚣	蚂蚣	蒙⁼蚣
mau¹¹kom⁵⁴	mo²¹kaom⁵²	ma³³kɔŋ⁴⁵	mɔŋ²¹kɔŋ⁵³
灶鸡儿	蟑虫	蟑虫	蟑虫
tsau³³tɕin³³⁵	tʃiŋ³³tsaom⁴⁴⁵	tɕiaŋ⁴⁵dʑiɔŋ⁴³³	dʑiaŋ²¹²tsɔŋ⁵³
虱	虱	虱	虱
sɜʔ⁴⁵	sɛ⁴³⁴	sə⁵⁴⁵	səʔ⁵
虱子	虱子	虱虮	虱虮
sɜʔ⁴⁵tsʅ⁰	sɛ⁴³tsʅ⁴³⁴	sə⁴kəi⁵⁴⁵	səʔ⁵ka⁴⁴⁵
撒谷籽	撒谷籽	撒谷籽	下谷籽
tsuoʔ⁵kouʔ⁴⁵tsʅ⁰	tsuə⁴³kʌo⁴³tsʅ⁴³⁴	sa⁴⁴ku⁴⁴tsʅ⁵⁴⁵	xuo⁵³kɔʔ⁵tsʅ⁴⁴⁵
			撒谷籽
			suɑ⁵³kɔʔ⁵tsʅ⁴⁴⁵
割稻	割稻	割谷	割稻
kɜʔ⁵dau³²⁴	kɛ⁵⁵do²⁴⁴	kɤə⁴⁴ku⁵⁴⁵	kɤ⁵³dɤ³³⁴
簸	簸	簸	簸
pe⁴²³	pei⁵²	ʔbia⁵⁴	pia⁵³

	金华	汤溪	浦江
480 稻草	稻秆 tau⁵³kɤ⁵³⁵	稻秆 də¹¹kɤ⁵³⁵	稻秆 do¹¹kə̃⁵³
481 稻穗	稻头 tau⁵⁵diu³¹³ 谷头 koʔ⁴tiu⁵⁵	稻头 də¹¹dɯ¹¹ 谷头 kɔ⁵⁵dɯ⁰	稻倍⁼ do¹¹ba²⁴
482 稗子	稗 bɤa¹⁴	稗 bɤ³⁴¹	稗 bia²⁴
483 苎麻	青麻 tsʰiŋ³³mɤa⁵⁵	苎麻 dʑ¹¹mɤ¹¹	苎麻 dʒi¹¹mia²⁴
484 菜梗	菜梗 tsʰɛ³³kuaŋ⁵³⁵	菜梗儿 tsʰɛ³³kuaŋ⁵²	菜梗儿 tsʰa³³kuẽn⁵⁵
485 蕨	茛萁 laŋ³¹i³³⁴	蕨萁 tɕiei⁵⁵i⁰ 茛萁当柴火的 lo¹¹³i⁰	芦萁朴⁼当柴的 lu¹¹tʃi³³pʰo⁴²³ 蕨萁根茎部分 tɕʯə⁵⁵tʃi³³⁴
486 野生的蘑菇	蕈 siŋ⁵³⁵	蕈 zei¹¹³	蕈 zən²⁴³
487 瓠子,蒲瓜	长匏 dʑiaŋ³¹bu¹⁴ 筲瓜匏 sau³³kua³³pu⁵⁵	白匏 ba¹¹³bu⁰	匏儿 bun²³²
488 青苔	湖苔 u³¹dɛ¹⁴ 青苔 tsʰiŋ³³tɛ⁵⁵	湖苔 u¹¹³tɛ⁰	青苔 tsʰin⁵⁵da³³⁴
489 浮萍	藻 biau³¹³	浮皮 vu¹¹³bi⁰	藻儿 bin²³²
490 植物的刺	刺 tsʰi⁵⁵~tsʰʅ⁵⁵	刺 tsʰʅ⁵²	刺 tsʅ⁵⁵

东阳	磐安	永康	武义
稻秆	稻秆	稻秆	稻秆
dɑu³⁵kɤ⁰	do²⁴kɤ⁴³⁴	dɒ¹¹kɤə⁵⁴⁵	tɤ⁵³kɤ⁴⁴⁵
稻叶头	谷叶头	稻头儿	稻头
dɑu¹¹iə̃³⁵dəɯ⁰	kʌo⁴³iɛ²⁴dɐɯ³⁴³	dɒ¹¹təɯ³²⁴	tɤ⁵³dɑo⁴²³
稗	稗	稗	稗草
bɑ³²⁴	ba¹⁴	biɑ¹⁴	puɑ⁵³tsʰɤ⁴⁴⁵
真⁼麻	真⁼麻	真⁼麻	真⁼麻
tsən³³muo⁵⁴	tsɐn³³mɤə³⁴³	tsən⁴⁵ma⁴³³	dzen²¹²muɑ⁵³
菜梗	菜梗	菜梗	菜梗
tsʰe³³kuɛ⁴²³	tsʰei³³kuɛ⁴³⁴	tsʰəi⁴⁴kuai⁵⁴⁵	tsʰa⁴⁴⁵kua⁴⁴⁵
葛萁做淀粉的,可食的	葛萁可食的	葛萁可食的	蕨萁渧⁼可食的
kɜʔ⁵tɕi⁴²³	kɛ⁴³⁴⁴⁵	kɤə⁴⁴i⁴⁵	tɕye⁵³i²¹²uo⁵³
葛萁□葛萁的嫩芽	大叶茛萁当柴火的	茛萁壳儿,当柴的	蕨萁新,同"蕨萁渧⁼"
kɜʔ⁵tɕi³³u⁵⁴	duɤ²⁴iɛ²⁴lɒ²¹i⁵²	laŋ³³i³³kʰɒ⁵⁴	tɕye⁵³i²⁴
茛萁壳当柴的	茛萁壳儿当柴火的,较小		茛萁当柴的
lʌ¹¹tɕi³³kʰuoʔ⁴⁵	lɒ²¹i³³kʰuən⁵²		laŋ²¹i⁵³
蕈	蕈	安⁼蕈儿	蕈
zuən³⁵	ʒyɐn²⁴⁴	ɤə⁴⁵zəŋ¹⁴	ʑin³³⁴
匏芦	匏儿	匏儿	匏
bu¹¹lu⁵⁴	bun²¹³	pu³²⁴	bu⁴²³
青衣	青泥	青衣	青衣
tsʰən³³i⁵⁴	tsʰɐn³³ɲi³⁴³	tɕʰiein⁴⁴i⁴⁵	tɕʰin²¹²i⁵³
藻儿	藻儿	藻儿	藻儿
bɤn³³⁵	bion²¹³	piɒ³²⁴	bin³³⁴
刺	刺	刺	刺
tsʰi⁴²³	tʃʰi⁵²	tɕʰiə⁵⁴	tɕʰi⁵³

	金华	汤溪	浦江
491 锯子	锯 kɤ⁵⁵	锯 kɯ⁵²	锯 kə̃⁵⁵
492 锯（木头）	解 kɑ⁵³⁵	解 kɑ⁵³⁵	解纵向 kɑ⁵³ 裁横向 zɑ¹¹³
493 砍（树,柴）	得⁼ təʔ⁴ 斋⁼ tsɑ³³⁴	得⁼多 tɛ⁵⁵ 斫 tɕio⁵⁵	斫 tʃyo⁴²³
494 煮（鸡蛋）	煠 zuɑ¹⁴	煠 zo¹¹³	煠 ʒyɑ²³²
495 盛饭	齿饭 tɕy³³vɑ¹⁴	齿饭 tsʅ²⁴vo⁰	兜饭 tɤ³³vɑ̃²⁴
496 上一顿剩下的饭	冷饭 naŋ⁵⁵vɑ¹⁴	现成饭 ie¹¹ʑiɑi¹¹³vo⁰	冷饭 lɛ̃¹¹vɑ̃²⁴
497 发霉	上白殕 ɕiaŋ⁵⁵bəʔ²¹fu⁵³⁵ 上白毛 ɕiaŋ⁵⁵bəʔ²¹mau¹⁴	白殕 ba¹¹fu⁵³⁵	上白殕 ʒyõ¹¹ba¹¹fu⁵³ 上白毛 ʒyõ¹¹ba¹¹mo²⁴³
498 袖子	衫袖 sɑ³³siu⁵⁵	衫袖 so²⁴zɯ⁰	衫袖 sɑ̃⁵⁵ʒiɤ³³⁴~sɑ̃⁵⁵dʒiɤ³³⁴
499 短裤	裤丁 kʰu³³tiŋ³³⁴ 短裤 tɤ⁵³kʰu⁵⁵	裤抓⁼儿 kʰu³³tɕiaoŋ²⁴	半根裤儿 pə̃³³kən³³kʰun⁵³
500 穿（衣服）	着 tɕiəʔ⁴	着 tɕio⁵⁵	穿 tɕʰyẽ⁵³⁴

东阳	磐安	永康	武义
锯	锯	锯	锯
kɤɯ⁴²³	kɐɯ⁵²	kəɯ⁵⁴	kɯ⁵³
裁	解	解	解
ze³¹²	ka⁴³⁴	kia⁵⁴⁵	tɕia⁴⁴⁵
苤	苤	苤	斯
tsʰʊ⁴²³	tsʰuɤ⁵²	tsʰɐɯ⁵⁴	iɔʔ⁵
装＝			
tsʌ⁴⁴⁵			
煤	煤	煤	煤
zuoʔ³²⁴	zuə²¹³	zɑ³²³	zuɑ³³⁴
	滚		
	kuɐn⁴³⁴		
齿饭	齿饭	齿饭	齿饭
tsi³³vʌ³²⁴	tʃi³³vɒ¹⁴	ʔdi⁴⁴vɑ¹⁴	li⁴⁴⁵vuo³¹
冷饭	冷饭	冷饭	冷饭
lɛ¹¹vʌ⁵⁴	lɛ²⁴vɒ³⁴³	lai¹¹vɑ¹⁴	na⁵³vuo³¹
上整＝	上整＝	上整＝	上整＝
dʑʌ³⁵tsɐn⁵⁵	dʒɒ²⁴tsɐn⁴³⁴	ziaŋ¹¹tɕieiŋ⁵⁴⁵	tɕiaŋ⁵³tɕin⁴⁴⁵
上白毛		上白毛	上白毛
dʑʌ³⁵bəʔ²mɑu⁵⁴		ziaŋ¹¹bai³³mɒ³³	tɕiaŋ⁴⁴⁵pa⁵³muo⁴²³
霉			
me³¹²			
手袖	手袖头	手衫袖	手袖头
ɕiɐu⁴⁴⁵ziɐɯ⁵⁴	ʃiɐɯ⁴³dʒiɐɯ²⁴dɐɯ²¹³	ɕiɐu⁴²sɑ⁴⁵ɕiɐu⁵⁴	ɕiu⁴⁴⁵ziu³³dao⁴²³
短裤儿	短裤儿	短布裤	布裤头儿
tɤ⁴⁴⁵kʰun⁰	tɤ⁴³kʰun⁴⁴⁵	ʔdɤɹ⁴²ʔbu⁴⁴kʰu⁵⁴	pu⁴⁴⁵kʰu⁴⁴⁵taŋ⁵³
	裤头儿贴身穿的		□裤头儿
	kʰu³³tən⁴⁴⁵		u⁴⁴⁵kʰu⁴⁴⁵taŋ⁵³
穿	穿	穿	着
tsʰʊ⁴⁴⁵	tʃʰyɤ⁴⁴⁵	tɕʰyə⁴⁵	liaoʔ⁵

	金华	汤溪	浦江
	穿 tɕʰyɣ³³⁴		
501 脱（帽）	褪 tʰəŋ⁵⁵	褪 tʰai⁵²	褪 tʰən⁵⁵
502 系（鞋带）	缚 boʔ²¹²	缚 bo¹¹³	缚 bo²³²
503 剪（布）	剪 tsia⁵³⁵	剪 tsie⁵³⁵	剪 tʃiã⁵³
504 梳子	掠儿 liã¹⁴	掠 lɣ¹¹³	掠儿 lyon²³²
505 梳头	钻⁼头 tsɣ⁵⁵diu³¹³	雀⁼头 tsɣ⁵⁵dəɯ⁰	足⁼头旧,多指女性 tsɯ⁵⁵dɣ³³⁴ 掠头 lyo²⁴dɣ¹¹³
506 头发	头发 tiu³³fɤa⁵⁵	头发 təɯ³³fo⁵⁵	头发 dɣ¹¹fɑ⁴²³
507 胡子	胡须 u³¹su⁵⁵	胡须 u¹¹³su⁰	胡须 u²⁴su⁵³⁴
508 嘴	口浦⁼ kʰiu⁵⁵bu³¹³	口篰 kʰɯ⁵²bu¹¹³	口嘴 kʰɣ³³tʃi⁵³
509 牙齿	牙齿 uɑ³³tsʰɿ⁵³⁵	牙齿 uo³³tsʰɿ⁵³⁵	牙齿 ȵiɑ¹¹tsɿ⁵³
510 喉咙	喉咙 eu³¹loŋ¹⁴	咙喉头 lao³³əɯ²⁴dəɯ⁰	咙喉 lən²⁴nɣ¹¹³
511 肩,肩膀	肩头 tɕie³³tiu⁵⁵	肩头 tɕie²⁴dəɯ⁰	□肩 pʰã⁵⁵tɕie³³⁴

东阳	磐安	永康	武义
褪 tʰən⁴²³ 脱 tʰɜʔ⁴⁵	褪 tʰɐn⁵²	褪 tʰəŋ⁵⁴	褪 tʰen⁵³
缚 bouʔ³²⁴	缚 bʌo²¹³ 系 tɕi⁵²	结 kiə⁵⁴⁵	结 tɕie⁵³
剪 tsi⁵⁵	剪 tʃie⁴³⁴	截 ʑiɑ³²³	截 ʑiɑ³³⁴
木梳 mouʔ²sɿ⁴⁴⁵	头梳 dɐɯ²¹sɿ⁵²	头梳 dəɯ³³sɿ⁴⁵	梳掠 suɑ⁴⁴⁵liɑo³³⁴
梳头 sɿ³³dəɯ³¹²	梳头 sɿ³³dɐɯ²¹³	梳头 sɿ⁴⁵dɐɯ⁴³³	梳头 suɑ⁴⁴⁵dɑo⁴²³
头发 dəɯ¹¹fuoʔ⁴⁵ 头毛 dəɯ¹¹mɑɯ⁵⁴	头发 dɐɯ²¹fɤə⁴³⁴	头发 dəɯ³³fɑ⁵⁴⁵	头发 tɑo⁴⁴⁵fuɑʔ⁵
胡须 u¹¹su⁵⁴	胡须 u²¹su⁵²	胡须 u³³su⁴⁵	胡须 u²¹su⁵³
口嘴 kʰəɯ⁴⁴⁵tsɿ⁰	口嘴 kʰɐɯ⁴³tʃy⁴³⁴	口嘴 kʰəɯ⁴²tsəi⁵⁴⁵	口嘴 kʰɑo⁵³tɕi⁴⁴⁵
牙齿 ŋuo¹¹tsɿ⁴²³	牙齿 ŋuə²¹tsɿ⁴³⁴	牙齿 ŋɑ³³tsʰɿ⁵⁴⁵	牙齿 ŋuɑ⁴⁴⁵tsʰɿ⁴⁴⁵
咙喉 lom¹¹gəɯ⁵⁴ 喉咙 əɯ¹¹lom⁵⁴	咙喉 lɑom²¹gɐɯ³⁴³	咙喉 lɔŋ¹¹gəɯ⁴²²	咙喉 lɔŋ²¹ɑo⁵³~lɔŋ²¹ŋɑo⁵³
肩头 tɕi³³dəɯ⁵⁴	肩头 tɕie³³dɐɯ³⁴³	□肩 pʰɑ⁴⁴iə⁴⁵	肩头 dʑie²¹²tɑo⁵³

	金华	汤溪	浦江
	肩胛末头 tɕie³³kəʔ⁴məʔ²¹diɯ¹⁴	肩胛□头 tɕie³³kuo³³mə²⁴dəɯ⁰	
512 跰子，老茧	手钉 ɕiu⁵⁵tiŋ³³⁴	硬皮 a¹¹³bi⁰	硬胝 ŋɛ̃¹¹tsɿ⁵³
513 肚子	肚皮多 tu⁵⁵bi³¹³ 肚 tu⁵³⁵	肚皮多 du¹¹bi¹¹ 肚 du¹¹³	肚皮 du¹¹bi²⁴³
514 肚脐	肚脐 tu⁵⁵zie³¹³ 肚脐窟窿 tu⁵⁵sie³³kʰuəʔ⁴loŋ⁵⁵	肚脐儿 du¹¹siŋ²⁴	肚脐儿 du¹¹dʒin²⁴³
515 屁股	屁股 pʰi³³ku⁵³⁵	屁股 pʰie³³ku⁵³⁵	屁股 pʰi³³ku⁵³
516 胎盘	衣胞 i³³pɑu⁵⁵	衣 i²⁴	衣胞 i⁵⁵po³³⁴
517 孙子	孙 səŋ³³⁴ 孙儿 səŋ³³ŋ⁵⁵	孙 sai²⁴	孙 sə̃⁵³⁴
518 侄子	侄儿 dzie̞¹⁴	侄儿 dzieŋ¹¹³	孙 sə̃⁵³⁴
519 和尚	和尚 uɤ³¹ziaŋ¹⁴	和尚 uɤ¹¹³zio⁰	和尚 ɯ²⁴ʒyõ²⁴
520 一棵树	根 kəŋ⁵⁵	头 təɯ⁵²	周＝ tʃiɤ⁵³⁴

东阳	磐安	永康	武义
肩胛□头 肩膀头 tɕi³³kʌ³³muo³³dəɯ⁵⁴			
硬胝 ŋe³⁵tsi⁵⁵	胝 tʃi⁴⁴⁵	手□ 手上的 ɕiəɯ⁴²kў̆ə⁵⁴⁵ 脚□ 脚上的 kiɒ⁴⁴kў̆ə⁵⁴⁵	假肉 kuɑ⁵³n̩ȵioʔ³
肚 du³⁵	肚 du²⁴⁴ 肚皮 du²⁴bi³⁴³	□肚 uə³³ʔdu⁵⁴⁵	□肚 u⁴⁴⁵lu⁴⁴⁵
肚脐儿 du³⁵ziŋ³³⁵	肚脐 du²⁴dʒi³⁴³	肚脐 du¹¹ʑiə³³	肚脐 tu⁵³ʑie⁴²³
屁股 pʰi³³ku⁴²³	屁股 pʰi³³ku⁴³⁴	尻臀 kʰu⁴²dɤə³³ 屁股 pʰi⁴⁴ku⁵⁴⁵	屁股 pʰi⁴⁴⁵ku⁴⁴⁵
衣 i⁴⁴⁵	衣 i⁴⁴⁵ 胎衣 tʰei³³i⁵²	衣 i⁴⁵	包衣 bɑo²¹²i⁵³
孙 sɤ⁴⁴⁵	孙 sɤ⁴⁴⁵ 儿孙 n̩²¹sɤ⁵²	孙 sɤə⁴⁵	孙 sɤ²⁴
孙 sɤ⁴⁴⁵	叔伯孙 sʌo⁴³pa⁴³sɤ⁴⁴⁵ 叔伯儿孙 sʌo⁴³pa⁴³n̩²¹sɤ⁵²	孙 sɤə⁴⁵	孙 sɤ²⁴
和尚 ʋ¹¹ʑiʌ⁵⁴	和尚 uɤ²¹ʒiɒ³⁴³	和尚 uə¹¹ɕiaŋ⁵⁴	和尚 uo²¹ʑiaŋ³¹
株 tsʅ⁴⁴⁵	株 tʃy⁴⁴⁵	根 kəŋ⁴⁵	根 ken⁵³

	金华	汤溪	浦江
521 一块田	丘 tɕʰiu⁵⁵	丘 tɕʰiɔ⁵²	丘 tɕʰiɤ⁵³⁴
522 一所房子	退 tʰɛ⁵⁵	退 tʰɛ⁵²	推⁼ tʰa⁵³⁴
523 一间屋子， 一个房间	间 kɑ⁵⁵	间 kuo⁵²	间 kã⁵³⁴
524 一层砖 （房子上的）	层 zəŋ³¹³	皮⁼ bi¹¹	皮⁼ bi¹¹³
525 大拇指和食指或 中指伸张的长度	掐多 kʰuɑ⁵⁵ 插 tsʰuɑ⁵⁵	□ guo¹¹	辣⁼ luɑ²³²
526 两臂向左右伸 张的长度	擎 dʑiŋ³¹³	擎 dʑiei¹¹	擎 dʑin¹¹³
527 站，立，徛	徛 kɛ⁵³⁵	徛 gɛ¹¹³	徛 gɑ²⁴³
528 斜靠，倚，隑	隑 gɛ¹⁴	隑 gɛ³⁴¹	隑 gɑ²⁴~a²⁴
529 蹲	幽⁼ iu³³⁴	抓⁼ tɕiɑ²⁴	钩⁼半蹲 kɤ⁵³⁴ □全蹲 gɤ¹¹³
530 趴	覆 pʰoʔ⁴	覆 pʰɔ⁵⁵	覆 pʰɯ⁴²³
531 躺倒	踡倒来 lɛ¹⁴tau⁰lɛ⁰	踡倒来 lɛ³⁴¹tə⁰lɛ⁰	踡□ lɑ¹¹tuɑ⁵⁵
532 跳	跳 tʰiɑu⁵⁵	□ kuɑ⁵⁵	□指人跳 ʃyo⁵³ 趵蛙类跳或球等弹 po⁵⁵

第三章 词 汇

东阳	磐安	永康	武义
丘 tɕʰiɐɯ⁴⁴⁵	丘 tɕʰiɐɯ⁴⁴⁵	丘 kʰiɐɯ⁴⁵	丘 tɕʰiu⁵³
退 tʰe⁴²³	退 tʰei⁵²	退 tʰəi⁵⁴	退 tʰa⁵³
个 kɑ⁴²³~kɜʔ⁴⁵	间 kɒ⁴⁴⁵	间 kɑ⁴⁵	间 kuo⁵³
皮= bi³¹²	皮= bi²¹³	皮= bi³³	皮= bi⁴²³
托= tʰuoʔ⁴⁵	□ tʰuə⁵²	叉= tsʰɑ⁴⁵	叉= tsʰuɑ²⁴

擎 dʑien³¹²	擎 dʑien²¹³	擎 gieiŋ³³	擎 dʑin⁴²³
倚 ge³⁵	倚 gei²⁴⁴	倚 gəi³²³	倚 ga³³⁴
靠 kʰau⁴²³	隑 gei¹⁴	□ gɒ¹⁴	隑 ga³¹
	靠 kʰo⁵²	隑把东西靠在墙上 gəi¹⁴	□ gɤ³¹
渠= gəɯ³¹²	□ gu²¹³	□ gu³³	□ gu⁴²³

覆 pʰouʔ⁴⁵	覆 pʰʌo⁴³⁴	覆 pʰuə⁵⁴⁵	覆 pʰɔʔ⁵
踩落去 le³⁵lɜʔ⁴⁵kʰəɯ⁰	踩倒 lei¹⁴to²¹	踩□ ləi¹⁴luəi⁴²²	翻落来 fuo²⁴lao³³⁴la²⁴
趵 pau⁴²³	跳 tʰio⁵²	趵 ʔbɒ⁵⁴	跳 tʰie⁵³
			趵指球 pao⁵³

571

	金华	汤溪	浦江
533 跨	骽 pʰəʔ⁴	骽 pʰa⁵⁵	琴= dʑin¹¹³
534 走（~路）	赸 biəʔ²¹² 走 tsiu⁵³⁵	赸 bei¹¹³ 走 tsɯ⁵³⁵	走 tsɤ⁵³
535 跑（慢慢儿地走，别~！）	逃 dau³¹³ 溜 liu¹⁴	逃 də¹¹	跳 tʰɯ⁵⁵
536 逃（抓住他，别让他~走！）	逃 dau³¹³ 溜 liu¹⁴	逃 də¹¹	逃 do¹¹³
537 抓，捉（~鱼。~人）	搭 kʰua⁵⁵	搭 kʰuo⁵²	搭 tɕʰia⁵⁵
538 躲藏（他~在床底下）	躲 tuɤ⁵³⁵ 藏 zaŋ³¹³	周= tɕiɯ²⁴	幽= iɤ⁵³⁴
539 藏放（把钱~起来）	囥 kʰaŋ⁵⁵	囥 kʰuo⁵²	囥 kʰõ⁵⁵
540 掏（用手）	溜= liu³³⁴	□ lə²⁴~lɯ²⁴	取 tsʰu⁵³
541 扔（球）	□多 liu⁵⁵ 掼 gua¹⁴	□多 lɯ⁵² 丢 tɯ²⁴	向= ʃyõ⁵⁵ 掼丢弃 guã²⁴
542 抱（小孩儿）	怀 gua³¹³	□ dʑia¹¹	抱多 bu²⁴³

东阳	磐安	永康	武义
胈 $p^h з ʔ^{45}$	胈 $p^h a^{434}$	衔⁼ $gɑ^{33}$ □跨门槛儿 $uɑ^{54}$	盘⁼ buo^{423}
蹽 $liə ʔ^{324}$	蹽 $liɛ^{213}$	蹽 $liə^{323}$	蹽 lie^{334}
抢⁼ $tɕ^h iʌ^{55}$	逃 dio^{213}	跳 $t^h iɒ^{54}$	灖⁼ $kuaʔ^5$
逃 dau^{312}	逃 dio^{213}	逃 $dɒ^{33}$	溜 liu^{31}
搕 $k^h uo^{423}$	搕 $k^h uə^{52}$	搕 $k^h a^{54}$	搕 $k^h uɑ^{53}$
幽⁼ $iəɯ^{445}$	幽⁼ $iɐɯ^{445}$	幽⁼ $iəɯ^{45}$	周⁼ $tɕiu^{24}$
园 $k^h ʌ^{423}$	园 $k^h ɒ^{52}$	园 $k^h aŋ^{54}$	园 $k^h aŋ^{53}$
楼⁼ $ləɯ^{312}$	取多 $tʃ^h y^{434}$ □ $lɐɯ^{445}$	□ $ləɯ^{45}$	摸 $mɔʔ^3$ □ lao^{24}
□用力大 $sʌ^{423}$ 掼用力小 $gʌ^{324}$	掼用力大 $gɒ^{14}$ 瓮⁼用力小 $ɑom^{52}$	双⁼用力大 $ɕyaŋ^{45}$ 掼丢弃 $guɑ^{14}$	针⁼用力大 $tsen^{24}$ 掼 $guaŋ^{31}$
挟 $guoʔ^{324}$	挟 $guə^{213}$	挟 $gɑ^{323}$	□ $dʑia^{423}$

	金华	汤溪	浦江
	茄⁼ dʑiɑ³¹³		挟 dʑiɑ²³²
543 拿 （他手里~着 一把刀。他~ 来两个苹果）	驮 duɤ³¹³ 担 tɑ³³⁴	约⁼ io⁵⁵	驮 dɯ¹¹³ 搭 tɕʰiɑ⁵⁵
544 掐（用指甲）	扚 tiəʔ⁴	扚 tei⁵⁵	扚 tɛ⁴²³
545 擤 （~鼻涕）	擤 ɕiŋ⁵³⁵	擤 xai⁵³⁵	擤 ʃin⁵³
546 闻（用鼻子）	闻 vəŋ³¹³	碰⁼ pʰɑo⁵²	喷⁼ pʰən⁵⁵
547 咬	啮 ɤ¹⁴	□ liɑ¹¹	啮 ŋɯ²³²
548 吮吸	歃 tɕyəʔ⁴	歃 tɕiei⁵⁵	歃 tɕyɑ⁴²³
549 接吻	通嗙 tʰoŋ³³poŋ⁵⁵	黏 ȵie²⁴	□□儿 tsɯ³³poŋ³³⁴
550 中暑	发痧 fɤɑ⁵⁵suɑ³³⁴ 痧气 suɑ³³tɕʰi⁵⁵	痧气叮去 so²⁴tɕʰi⁰nei²⁴kʰəɯ⁰	痧气 ʃyɑ⁵⁵tʃʰi³³⁴
551 发抖（冷的时候）	抖 tiu⁵³⁵	抖 təɯ⁵³⁵	抖 tɤ⁵³
552 争吵，吵嘴	相争 siaŋ³³tsaŋ³³⁴	相争 sɤ³³tsɑ²⁴	争相骂 tsɛ̃³³ʃyõ³³miɑ²⁴
553 打架	打相打 taŋ⁵⁵siaŋ³³taŋ⁵³⁵	打相打 nɑ⁵²sɤ³³nɑ⁵³⁵	打相打 nɛ̃³³ʃyõ³³nɛ̃⁵³
554 打 （~得很疼）	敲多 kʰau³³⁴ 掠 liəʔ²¹²	敲 kʰə²⁴	敲 kʰo⁵³⁴ 掠程度深 lyo²³²

东阳	磐安	永康	武义
			挟夹在腋下 guɑ³³⁴
搭 kʰuo⁴²³	搭多 kʰuə⁵²	搭 kʰɑ⁵⁴	搭 kʰuɑ⁵³
驮 dʊ³¹²	驮 duɤ²¹³	驮 duə³³	驮 duo⁴²³
扚 teiʔ⁴⁵	掐 kʰɛ⁴³⁴	掐 kʰə⁵⁴⁵	掐 kʰəʔ⁵
擤 xən⁵⁵	擤 xɐn⁴³⁴	擤 xieiŋ⁵⁴⁵	擤 ɕin⁴⁴⁵
□ pʰom⁴⁴⁵	碰＝ pʰaom⁵²	喷＝ pʰəŋ⁴⁵	喷＝ pʰen²⁴
啮 ŋɜʔ³²⁴	啮 ŋɛ²¹³	啮 ŋɤə³²³	啮 ŋɤ³³⁴
欮 tsuɑʔ⁴⁵	欮 tʃyɛ⁴³⁴	欮 tɕy̌ə⁵⁴⁵	欮 tɕyəʔ⁵
吸嘴儿 ɕiəʔ⁵tsʅn⁵⁵	□嘴儿 ʃyə⁴³tʃyn⁵²	津＝口嘴匏＝儿 tɕyeiŋ⁴⁴kʰəɯ⁴²tsəi¹¹pu³²⁴	孝＝ xɑo⁵³
□痧 dzɛ¹¹suo⁴⁴⁵	痧侄＝ suə³³dzɛ²¹³	发痧 fɑ⁴⁴sɑ⁴⁵	发痧 fuɑ⁵³suɑ²⁴
抖 təɯ⁵⁵	抖 tɐɯ⁴³⁴	抖 ʔdəɯ⁵⁴⁵	抖 lɑo⁴⁴⁵
相争 ɕiʌ³³tsɜ⁴⁴⁵	相争 ʃiɒ³³tsɜ⁴⁴⁵	相争 ɕiaŋ⁴⁴tsai⁴⁵	相争 ɕiaŋ⁴⁴⁵tsa²⁴
争相骂 tsɜ³³ɕiʌ³³muo⁵⁴			
打相打 nɛ³³ɕiʌ³³nɛ⁴²³	打相打 nɛ⁴³ʃiɒ³³nɛ⁴³⁴	相打 ɕiaŋ⁴⁴nai⁵⁴⁵	相打 ɕiaŋ⁴⁴⁵na⁴⁴⁵
打 nɛ⁵⁵	打 nɛ⁴³⁴	打 nai⁵⁴⁵	打 na⁴⁴⁵
	敲 kʰo⁴⁴⁵		

	金华	汤溪	浦江
555 骂 （~得很难听）	骂 mɤa¹⁴	骂 mɤ³⁴¹	骂 mia²⁴
556 哭	哭 kʰoʔ⁴	哭 kʰɔ⁵⁵	哭大人哭 kʰɯ⁴²³ 叫小孩哭 tɕi⁵⁵
557 叫 （~他一声儿）	讴 eu³³⁴	讴 əɯ²⁴	讴 ɤ⁵³⁴
558 告诉 （你~他一声儿）	亨⁼…讲 xəŋ³³…kaŋ⁵³⁵	报 pə⁵²	孝⁼…话 xo⁵⁵…ua²⁴ 孝⁼…讲 xo⁵⁵…kõ⁵³
559 说 （~话）	讲 kaŋ⁵³⁵	讲 kuo⁵³⁵	讲 kõ⁵³ 话~咯⁼力：说什么 ua²⁴
560 忘了	忘记（去）了 maŋ⁵³tɕi⁵⁵（kʰɯ⁰）lə⁰	忘忘记去 mao¹¹mao⁵²tɕi⁵⁰kʰəɯ⁵²	忘掉去啊 mã¹¹dɤ²⁴ʔi¹ia⁰
561 想,思索,忖 （~一~）	想 siaŋ⁵³⁵ 忖 tsʰən⁵³⁵	忖 tsʰai⁵³⁵	忖 tsʰə̃⁵³
562 不知道	弗晓得 fəʔ⁴ɕiau⁵³təʔ⁴ 弗晓着 fəʔ⁴ɕi⁵⁵dʑiəʔ⁰	晓弗得 ɕiə⁵²fɛ⁵²tei⁵⁵ 晓弗着 ɕiə⁵²fɛ⁵²dʑio¹¹³	弗晓得 fə³³ʃi³³tɛ⁵³
563 怕,害怕	惊 kuaŋ³³⁴	惊 kua²⁴	惊 kuɛ̃⁵³⁴
564 裂,开裂	㽻 kuəʔ⁴	㽻 kua⁵⁵	㽻多 kuɑ⁴²³ 豁 xuɑ⁴²³

东阳	磐安	永康	武义
謷	謷	骂	骂
zuoʔ³²⁴	zuə²¹³	ma¹⁴	mua³¹
哭大人哭	哭	叫	叫
kʰouʔ⁴⁵	kʰʌo⁴³⁴	iɒ⁵⁴	ie⁵³
叫小孩哭			
tɕiʊ⁴²³			
讴	讴	讴	讴
ɘɯ⁴⁴⁵	ɐɯ⁴⁴⁵	ɒ⁴⁵	ɑo²⁴
好＝…讲	讲	□…讲声	货＝…讲记
xɑu⁵⁵…kʌ⁵⁵	kɒ⁴³⁴	xɑ⁵³…kaŋ⁴²ɕieiŋ⁴⁵	xuo⁵³…kaŋ⁴⁴⁵tɕi⁵³
告诉	话		货＝…讲声
kɑu³³su⁵⁴	ua¹⁴		xuo⁵³…kaŋ⁴⁴⁵ɕin⁵³
讲	讲	讲	讲
kʌ⁵⁵	kɒ⁴³⁴	kaŋ⁵⁴⁵	kaŋ⁴⁴⁵
忘记去哇	忘记罢	忘记去咩	忘记掉罢
mʊ¹¹tɕi⁴⁴⁵kʰɘɯ⁴²uɑ⁰	mo²¹tɕi⁵²ba⁰	maŋ¹¹ki⁵³kʰɘɯ⁰mia⁰	maŋ³³tɕi⁵³die⁰ba⁰
忖	想	想	想
tsʰɤ⁵⁵	ʃiɒ⁴³⁴	ɕiaŋ⁵⁴⁵	ɕiaŋ⁴⁴⁵
想	忖		
ɕiʌ⁵⁵	tsʰɤ⁴³⁴		
弗晓得	弗晓得	弗晓得	弗识着
fɜʔ⁵ɕiʊ⁴⁴⁵teiʔ⁴⁵	fɛ⁴³ɕio⁴³tɛi⁴³⁴	fə⁴xiɒ⁴⁴ʔdəi⁵⁴⁵	fəʔ²⁴tɕiəʔ⁵dʑiɑo⁰
惊	惊	惊	惊
kuɛ⁴⁴⁵	kuɛ⁴⁴⁵	kuai⁴⁵	kua²⁴
开坼	瀪	瀪坼	瀪坼
kʰe³³tsʰɜʔ⁴⁵	kua⁴³⁴	kuai⁴⁴tsʰai⁵⁴⁵	kua⁵³tsʰaʔ⁵
瀪裂	瀪坼		
kuɑʔ⁵liɜʔ³²⁴	kua⁴³tsʰa⁴³⁴		

	金华	汤溪	浦江
565 裂缝儿	㿺坼 kuaʔ⁴tsʰəʔ⁴	㿺坼 kua⁵²tsʰa⁵⁵	㿺坼较大 kuɑ³³tsʰɑ⁵³ 缝较小 von²⁴
566 着火	火着 xuɤ⁵⁵dʑieʔ²¹²	火着 xuɤ⁵³⁵dʑio¹¹³ 着火 dʑio¹¹xuɤ⁵³⁵	火着 xɯ³³dʐyo²⁴³
567 下棋	着棋 tɕieʔ⁴dʑi³¹³ 走棋 tsiu⁵⁵dʑi³¹³	着棋 tɕio⁵⁵dʑi⁰ 走棋新 tsəɯ⁵²dʑi¹¹	走棋 tsɤ³³dʐi²⁴³
568 厚	厚 kiu⁵³⁵	厚 gɯ¹¹³	厚 gɤ²⁴³
569 薄	薄 boʔ²¹²	薄 bo¹¹³	薄 bo²³²
570 宽	阔 kʰuɑ⁵⁵	阔 kʰuo⁵⁵	阔 kʰuɑ⁴²³
571 窄	狭 uɑ¹⁴	狭 uo¹¹³	狭 iɑ²³²
572 歪,不正 （帽子戴~了）	歪 uɑ³³⁴	□ xua⁵³⁵	□ dʑiẽ²⁴³
573 斜,不直 （线画~了）	笡 tsʰia⁵⁵	笡 tsʰia⁵²	笡 tʃʰia⁵⁵ 斜 ʒia¹¹³
574 干燥	燥 sɑu⁵⁵	燥 sə⁵²	燥 so⁵⁵
575 湿	却⁼ tɕʰiəʔ⁴	却⁼ tɕʰio⁵⁵	鹊⁼ tʃʰyo⁴²³

578

东阳	磐安	永康	武义
坼较大	坼较大	坼	瀸缝
tsʰɜʔ⁴⁵	tsʰa⁴³⁴	tsʰai⁵⁴⁵	kua⁵³vɔŋ³¹
缝较小	坼儿较小		
vom³²⁴	tsʰan⁵²		
着火	火着	火着	火着
dʑiʉoʔ²xʊ⁵⁵	xuɤ⁴³⁴dzuə²¹³	xuə⁵⁴⁵dʑiɒ³²³	xuo⁴⁴⁵dʑiɑo³³⁴
走棋	走棋	走棋	走棋
tsɘɯ³³dʑi³¹²	tsɯɐ⁴³dʑi²¹³	tsɯɯ⁴²gi³³	tsɑo⁵³dʑi⁴²³
厚	厚	厚	厚
gəɯ³⁵	gɐɯ²⁴⁴	gəɯ³²³	gao³³⁴
薄	薄	薄	薄
bouʔ³²⁴	bʌo²¹³	buə³²³	bɔʔ³
阔	阔	阔	阔
kʰuaʔ⁴⁵	kʰua⁴³⁴	kʰuɑ⁵⁴⁵	kʰuɑʔ⁵
狭	狭	狭	狭
uoʔ³²⁴	uə²¹³	a³²³	ua³³⁴
□	鼠=	舌=	□
xuɛ⁵⁵	tʃʰi⁴³⁴	dʑiə³²³	xua⁴⁴⁵
鼠=			
tsʰi⁵⁵			
鼠=	笪	笪	笪
tsʰi⁵⁵	tʃʰia⁵²	tɕʰiɑ⁵⁴	tɕʰia⁵³
	鼠=		
	tʃʰi⁴³⁴		
燥	燥	燥	燥
sɑu⁴²³	so⁵²	sɒ⁵⁴	sɤ⁵³
缺=	□	雀=	鹊=
tɕʰiʉoʔ⁴⁵	tʃʰyə⁴³⁴	tɕʰiɒ⁵⁴⁵	tɕʰiɑoʔ⁵

579

		金华	汤溪	浦江
576	（天气）热	热 ȵie¹⁴	暖 nai¹¹³	暖 nən²⁴³
577	（天气）冷	冷 naŋ⁵³⁵~laŋ⁵³⁵	冷 la¹¹³	冷 lɛ̃²⁴³
578	（东西）热	烫人 tʰaŋ³³ȵiŋ³¹³	烫农 tʰo²⁴nɑo⁰	烫农 tʰõ³³nən²⁴³
579	（东西）凉	冷 naŋ⁵³⁵~laŋ⁵³⁵	冰农 mei²⁴nɑo⁰	冰农 pin⁵⁵nən³³⁴
580	暖和	暖 nəŋ⁵³⁵~nɤ⁵³⁵	暖和 nai¹¹uɤ³⁴¹	暖信⁼ nən¹¹sən⁵⁵ 暖也指热 nən²⁴³
581	凉快	凉 liaŋ³¹³	凉 lɤ¹¹	凉 lyõ¹¹³
582	（速度）快	快 kʰua⁵⁵	快 kʰua⁵²	快 kʰua⁵⁵
583	（速度）慢	演⁼ ie⁵³⁵	厌⁼ ie⁵² 慢 mo⁵⁵	懈 ga²⁴³
584	（刀子）快	快 kʰua⁵⁵	快 kʰua⁵²	快 kʰua⁵⁵
585	（刀子）不快	钝 dəŋ¹⁴	无快 m¹¹³kʰua⁰	珠⁼ tʃy⁵³⁴
586	（东西）破	破 pʰa⁵⁵	破 pʰa⁵²	破 pʰa⁵⁵
587	痒	痒 iaŋ⁵³⁵	痒 io¹¹³	痒 yõ²⁴³

东阳	磐安	永康	武义
热	热	热	热
ȵiəʔ³²⁴	ȵiɛ²¹³	ȵiɑ³²³	ȵie³³⁴
冷	冷	冷	冷
lɛ³⁵	lɛ⁴³⁴	lai³²³	na³³⁴
烫农	烫农	烫农	□农
tʰʌ³³nom³¹² 述宾式变调	tʰɒ³³nɑom⁴⁴⁵	tʰaŋ⁴⁴nɔŋ³³	tɕʰiu⁴⁴⁵nɔŋ⁴²³
冰农	凉	冷去	冷去
pən³³nom⁵⁴ 语音变调	liŋ²¹³	lai¹¹kʰɯ⁵⁴	na³³⁴xɯ⁰
	冰农	冰农	冰农
	mɐn³³nɑom³⁴³	mieiŋ⁴⁵nɔŋ⁴³³	min⁴⁴⁵nɔŋ⁴²³
暖	暖	暖	暖
nən³⁵	nɐn⁴³⁴	nəŋ³²³	nen³³⁴
凉	凉	凉	凉
liʌ³¹²	liŋ²¹³	liaŋ³³	liaŋ⁴²³
快	快	快	快
kʰuɑ⁴²³	kʰua⁵²	kʰyɑ⁵⁴	tsʰuɑ⁵³
		□甲=	
		sa⁴⁴ka⁵⁴⁵	
懈	懈	懈	该力
gɑ³⁵	gɑ²⁴⁴	giɑ³²³	ka²⁴ləʔ³
	慢		懈旧
	mɒ¹⁴		dʑia³³⁴
快	快	快	快
kʰuɑ⁴²³	kʰua⁵²	kʰyɑ⁵⁴	tsʰuɑ⁵³
弗快	钝	钝	钝
fəʔ⁵kʰuɑ⁴²³	dɤ¹⁴	dɤə¹⁴	dɤ³¹
破	破	破	破
pʰɑ⁴²³	pʰɑ⁵²	pʰiɑ⁵⁴	pʰia⁵³
痒	痒	痒	痒
iʌ³⁵	iŋ⁴³⁴	iaŋ³²³	iaŋ³³⁴

	金华	汤溪	浦江
588 疼	痛 tʰoŋ⁵⁵	痛 tʰɑo⁵²	痛 tʰən⁵⁵
589 肚子饿	肚饥 tu⁵⁵tɕi³³⁴	肚饥 du¹¹tɕi²⁴	肚饥 du¹¹tʃi⁵³
590 累,疲劳	着力 dʑiəʔ²¹liəʔ²¹² 吃力 tɕʰiəʔ⁴liəʔ²¹²	着力多 dʑio¹¹lei¹¹³ 吃力 tɕʰiei⁵²lei¹¹³	吃力 tɕʰiə³³lɛ²⁴³ 着力程度深 dʒyo¹¹lɛ²⁴³
591 懒惰	懒 lɑ⁵³⁵	懒病 lo¹¹bei³⁴¹	懒 lã²⁴³
592 现在	格记 kəʔ⁴tɕie⁵⁵	亿记 gə¹¹tɕie⁵²	□浼═现在 tɕyɯ³³ɯ⁵⁵ □□如今,与"过去"相对 tɕyõ³³n⁵⁵
593 只 (我~有一块钱)	只 tɕiəʔ⁴	足 tsɔ⁵⁵~tɕiɔ⁵⁵	只 tsɛ⁵⁵
594 还 (我~有十块钱)	还 uɑ³¹³	还 uo²⁴	还 uã¹¹³~ã¹¹³
595 又 (他~生病了)	依═ i³³⁴	依═ i²⁴	意═ i⁵⁵
596 都 (他们~去了)	都 tu³³⁴	秃═ tʰɔ⁵⁵	都 tɯ⁵³⁴
597 也 (我~去)	也 ia⁵³⁵	也 ia²⁴~ia¹¹³	也 ia²⁴
598 就 (我马上~去)	便 bie¹⁴ 就 ziu¹⁴	便 bie¹¹~bie¹¹³	就 ʒiɤ²⁴
599 反正 (你吃了饭再去吧,~还来得及)	反正 fɑ⁵³tɕŋ⁵⁵	横直 ua³³tɕiə⁵⁵	横直 uẽ¹¹dzɛ²⁴

东阳	磐安	永康	武义
痛	痛	痛	痛
tʰom⁴²³	tʰɑom⁵²	tʰɔŋ⁵⁴	tʰɔŋ⁵³
肚饥	肚饥	肚饥	肚饥
du³⁵tɕi⁴⁴⁵	du²⁴tɕi⁴⁴⁵	du¹¹ki⁴⁵	du³³tɕi²⁴
吃力	吃力	着力	吃力
tɕʰiəʔ⁵lei³²⁴	tɕʰiɛ⁵⁵lɛi²¹³	dziŋ³³ləi³²³	tɕʰiəʔ⁵ləʔ³
	该力		
	kei³³lɛi⁴³⁴		
懒	懒	贪懒	贪懒
lʌ³⁵	lɒ¹⁴	tʰɤə⁴⁵lɑ³²³	tʰɤ⁴⁴⁵nuo³³⁴
□节	养⁼节儿	□节	阿记
ʌ⁴⁴⁵tɕiɑ⁰	iɒ⁴³tʃian²¹	iaŋ⁵³tɕiɑ⁰	aʔ⁵dzi⁰
			阿□节
			a⁵³uen⁰tɕiaʔ⁰
只	只	只儿	只
tseiʔ⁴⁵	tsei⁵²	tsəi⁵⁴	tsəʔ⁵
		便…添只有	
		biə¹⁴…tʰiɑ⁴⁵	
还	还	还	还
ʒʔ³²⁴	ɒ²¹³	uɑ³³~ɑ³³	ŋuo²⁴
依⁼	依⁼	□	依⁼
i⁴⁴⁵~iʔ⁴⁵	i⁴⁴⁵	i¹⁴	i²⁴
都	都	都	都
tu⁴⁴⁵	tu⁴⁴⁵	ʔdu⁴⁵	lu⁴⁴⁵
也	也	也儿	也
iəʔ³²⁴	ia⁴⁴⁵	iɑ³²⁴	ia²⁴
便	便	便	便
bi³²⁴	bie¹⁴	biə¹⁴	bie³¹
横竖	反正	反正	横竖
uɛ¹¹ʐʅ⁵⁴	fɒ⁴³tsɐn⁵²	vɒ¹¹tɕieiŋ⁵⁴	ŋua⁴⁴⁵ʐy³³⁴
	横竖	横竖	
	uɛ²¹ʒy²⁴⁴	uai³³ʐy³²³	

	金华	汤溪	浦江
600 如果 （~下雨，我就不去）	倘把 tʰaŋ⁵⁵pɤa⁰	□讲 dʑia¹¹kuo⁰	□ za²⁴ 烫⁼说⁼□ tʰõ⁵⁵ʃyə⁵⁵sʅ⁵⁵

东阳	磐安	永康	武义
	横直	横直	
	uɛ²¹dzɛi²¹³	uai³³dzəi³²³	
□答⁼	倘子儿	□讲	若讲
ze¹¹tsʔ⁴⁵	tʰo³³tsʅn⁵²	dʑia³³kaŋ⁵⁴⁵	ʑiɑo³³kaŋ⁴⁴⁵
	倘者		若
	tʰo³³tʃia⁵²		ʑiɑo³³⁴

585

第四章 语　法

第一节　语法特点

壹　词法特点

一　动物性别语素的位置

在婺州方言中，表示动物性别的语素既有放在动物语素之前的，也有放在动物语素之后的。与人们的生产生活关系密切的家禽家畜，其性别语素多居于动物语素之后。例如：

金华　　雄猪公猪｜猪公配种用的公猪｜猪娘母猪（生育的）｜雌猪母猪（统称）｜牛牯未阉过的公牛｜黄牯未阉过的黄牛｜水牯未阉过的水牛｜牛娘母牛｜牸牛母牛｜雄狗公狗｜狗娘母狗｜雌狗母狗｜雄鸡公鸡（统称）｜鸡娘母鸡｜騍鸡母鸡

汤溪　　雄猪公猪｜猪公配种用的公猪｜猪娘母猪（生育的）｜雌猪母猪（统称）｜黄牯头儿未阉过的黄牛｜羯牯阉过的公牛｜牛牯阉过的公牛｜牛娘母牛｜雄狗公狗｜狗娘母狗｜雄鸡公鸡（统称）｜雄鸡□kua⁵⁵未阉过的公鸡｜鸡娘母鸡

浦江　　雄猪公猪｜猪公配种用的公猪｜猪母母猪（生育的）｜雌猪阉过的母猪｜骚牛未阉过的公牛｜牸牛儿母牛｜牸黄儿母的黄牛｜雄狗公狗｜雌狗儿母狗｜雄鸡公鸡（统称）｜雄鸡壳⁼未阉过的公鸡｜騍鸡儿母鸡（统称）｜鸡娘母鸡（下过蛋的）

东阳　　雄猪公猪｜公猪配种用的公猪｜雌猪儿母猪（统称）｜猪娘母猪（生育的）｜雄牛公牛｜雌牛儿母牛（统称）｜牛娘母牛（生育的）｜雄狗（儿）公狗｜雌狗儿母狗（统称）｜狗娘母狗（生育的）｜雄鸡未阉过的公鸡｜騍鸡儿母鸡（统称）｜鸡娘母鸡（下过蛋的）

磐安　　雄猪阉过的公猪｜公猪配种用的公猪｜猪娘母猪（生育的）｜雌猪（儿）阉

过的母猪｜牛牯公牛｜牛娘母牛｜雄狗儿公狗｜狗娘母狗（生育的）｜雌狗儿母狗｜雄鸡公鸡｜鸡娘母鸡（下过蛋的）｜騸鸡母鸡（统称）

永康　肉猪阉过的公猪或母猪｜公猪配种用的公猪｜猪娘母猪（生育的）｜黄牯公的黄牛｜水牯公的水牛｜水雌母的水牛｜牛娘母的黄牛｜雄狗儿,公狗｜街狗娘儿,母狗｜雄鸡公鸡｜騸鸡母鸡（下过蛋的）｜新騸鸡母鸡（未下过蛋的）

武义　条=猪阉过的公猪或母猪｜公猪、猪公配种用的公猪｜猪娘母猪（生育的）｜黄牯公的黄牛｜水牯公的水牛｜骚牯未阉过的公牛｜羯牯阉过的公牛｜牛娘母牛（统称）｜黄牛娘母的黄牛｜水牛娘母的水牛｜雄狗公狗｜狗娘母狗｜雄鸡公鸡｜鸡娘母鸡（下过蛋的）｜騸鸡母鸡（未下过蛋的）

二　词缀

从总体上看，婺州方言的词缀不太丰富。前缀主要有"老""第""初""阿"，其中"老""第""初"的用法与普通话相同。例如金华"老"：老公丈夫｜老婆妻子｜老八=儿阴茎｜老虎｜老鼠｜老鹰。

前缀"阿"主要见于东阳、磐安和永康。东阳"阿"音 [ʒʔ⁴⁵]，磐安"阿"音 [a⁴⁴⁵]，永康"阿~姐:母亲"音 [a⁻⁴]。例如：

东阳　阿伯、阿爹父亲｜阿妈 ma⁵⁴ 母亲｜阿妈 muo³²⁴、阿婆祖母｜阿哥面称哥哥｜阿姊面称姐姐｜阿伯儿伯父｜阿姐儿伯母｜阿叔儿叔父｜阿婶叔母｜阿舅舅舅｜阿娘儿父之妹｜阿姨儿姨妈

磐安　阿爸父亲｜阿妈母亲｜阿爷儿祖父｜阿马=儿祖母｜阿哥（儿）面称哥哥｜阿姊儿面称姐姐｜阿伯儿伯父｜阿姐儿伯母｜阿叔儿叔父｜阿婶叔母｜阿舅儿舅舅｜阿娘儿姑妈｜阿姨儿姨妈

永康　阿伯父亲｜阿姐母亲｜阿爷祖父｜阿妈祖母｜阿姊儿,面称姐姐｜阿叔儿,叔父｜阿婶儿,叔母｜阿娘父之妹｜阿姨儿,姨妈

后缀主要有"子""头""儿""佬"。婺州方言里"子"用得不多，除金华话外，也少用于指人名词。例如：

金华　孺人子已婚女人｜细娘子儿女孩儿｜男子丈夫。婉｜眼睛子眼珠儿｜髎子阴茎｜老核子睾丸｜包子｜婊子｜样子｜格子儿布上的格状花纹｜狮子｜乌子青鱼｜腰子｜长子瘦高个儿｜矮子｜银子

汤溪　男子男人｜老子丈夫。文｜眼睛子眼珠儿｜老核子、老袋子睾丸｜吃果子吃中药｜包子｜鸡子鸡蛋｜婊子｜样子｜格子布上的格状花纹｜狮子

浦江　男子男人｜细男子儿男孩儿｜老老子睾丸｜包子｜饺子｜橡子

东阳　男子男人｜老核袋子儿睾丸｜轮子｜包子｜饺子｜蛤蟆袋子儿蝌蚪｜鸡子鸡蛋

磐安　男子男人。新｜小男子儿男孩儿｜老核子儿睾丸｜轮子｜包子儿｜饺

587

	子｜蛤蟆蒂子儿蝌蚪｜鸡子鸡蛋
永康	老核子睾丸｜食果子吃中药｜包子儿｜饺子儿｜鸡子鸡蛋
武义	老核子睾丸｜包子｜饺子新｜□tɕy⁵³子磙｜□tsɑ⁵³子橡子｜婊子儿

"头"在婺州方言中是一个很常用的后缀,下面是各代表点的例词。

金华	乡头乡下｜上横头上座｜床头窗户｜镬头厨房；灶｜眼骨头额｜鼻头鼻子｜手拇执ᵁ头手指｜坟头｜榔头｜馒头｜五更（头）清晨｜夜头晚上｜底头下头｜里头｜外头｜前头｜后头｜肩头肩膀
汤溪	上横头上座｜镬头灶｜厨头厨师｜额头｜鼻头鼻子｜舌头｜（手拇）执ᵁ头手指｜脚膝髁头膝盖｜坟头｜馒头｜黄牯头儿未阉过的黄牛｜五更头儿清晨｜夜罢头儿、快夜头儿傍晚｜上头｜下头｜里头｜外头｜前头｜后头｜咙喉头喉咙｜肩头肩膀｜五间头五间一座的房屋｜三轮头三轮车
浦江	日头太阳｜墡头灰尘｜上横头上座｜镬头灶｜眼骨头额｜鼻头鼻子｜手拇执ᵁ头手指｜坟头｜□tsɑ³³箕头儿矮的簸箕｜粪箕头儿高的簸箕｜馒头｜午罢头中午｜五更头清晨｜里头｜外头｜前头｜后头
东阳	热头太阳｜上横头上座｜坑头厕所｜老骨头老人。贬｜额角头额｜鼻头鼻子｜手执ᵁ头手指｜□□u¹¹su³³头儿膝盖｜馒头｜五更头清晨｜里头｜外头｜前头｜后头｜边儿沿头儿旁边｜肩头肩膀
磐安	日头太阳｜上横头上座｜额骨头额｜鼻头鼻子｜手执ᵁ头手指｜脚髁头膝盖｜坟头｜馒头｜午饭头中午｜五更头清晨｜上头｜下头｜里头｜外头｜前头｜后头｜手袖头袖子｜裤头儿贴身穿的短裤｜肩头肩膀
永康	热头太阳｜上横头上座｜额角头额｜鼻头鼻子｜手执ᵁ头手指｜脚髁头膝盖｜馒头｜上头儿｜下头儿｜里头儿｜外头儿
武义	日儿头太阳｜厢头厢房｜上横头上座｜镬头灶｜额界头额｜鼻头鼻子｜手执ᵁ头手指｜脚髁头膝盖｜坟头｜馒头｜九里头马蜂｜蛤蟆头儿蝌蚪｜五更头清晨｜里头｜外头｜前头｜后头｜手袖头袖子｜布裤头儿短裤｜肩头肩膀

与普通话相比,婺州方言后缀"头"的构词能力强,用法也较为多样。下面以汤溪话为例进行说明(据曹志耘1987)。

①后缀"头"的主要作用是加在名词性、动词性或形容词性成分后面构成名词。例如:石头｜砖头｜鼻头鼻子｜日子头日子｜吃头｜想头｜来头靠山｜搭头傻气｜准头｜甜头｜酸头儿微酸的味道｜忙头繁忙的时节。

②加在数量词后构成名词,表示具有该数量的某一事物。例如:五块头面额五元的纸币｜十五支头十五瓦的灯泡｜五间头五间一座的房屋｜三轮头三轮车。

③ 加在名词后，表示头上、口上、旁边等意义，"头"的本义还未完全虚化。例如：门头门口，门跟前｜大桥头｜耳朵头耳旁｜猪栏头猪圈旁边｜正月头正月的头几天。

后缀"儿"的情况请参看下文三"小称"。

后缀"佬"一般用于指人名词，多含贬义或带有戏谑的意味，浦江和东阳话用得较多。例如：

浦江　细佬儿小孩儿｜棍棍佬光棍｜田畈佬儿、种田佬儿农民｜讨饭佬乞丐｜家里佬妻子｜欠⁼脚佬瘸子｜驼背佬驼子｜九里佬马蜂

东阳　小佬儿小孩儿｜独自佬光棍｜种田佬农民｜讨饭佬乞丐｜撇脚佬瘸子｜驼背佬驼子｜□tʰɤ³³~tʰʊ³³ 狗佬儿狼

三　小称

婺州方言中小称现象非常普遍。主要形式是在前一音节的韵母上加鼻音韵尾 [n][ŋ] 或使前一音节的韵母鼻化。① 婺州方言的小称音变以韵母变化为主，声调变化为辅，有时声母也会随着声调的变化而变化。具体请参看第二章各地方音的陆"小称音"。下面举出各方言中的小称词（永康话小称完全以声调变化表示，例词中用小字"儿"表示）：

金华　细女妮儿、细娘子儿女孩儿｜秃铁⁼儿光棍｜弟弟儿｜叔叔儿｜婶儿｜女儿｜奶儿奶儿乳房｜老八⁼儿阴茎｜馃儿｜麻雀儿｜蝴蝶儿｜粟儿小米儿｜今日儿｜摸盲儿捉迷藏

汤溪　门床儿门槛儿｜细尿桶儿马桶｜孺人家儿已婚女人｜细农儿小孩儿｜细鬼儿男孩儿｜女儿女孩儿｜老小娘儿老处女｜门下客儿乞丐｜叔儿｜婶儿｜舅舅儿｜姨娘儿｜细拇执⁼头儿小拇指｜奶儿奶儿乳房｜打半日儿发疟子｜瓢儿羹匙｜黄牯头儿未阉过的黄牛｜猫儿｜麻雀儿｜蝴蝶儿｜细刀儿小刀儿｜细凳儿小凳儿

浦江　门床儿门槛儿｜细佬儿小孩儿｜细男子儿男孩儿｜细女客儿女孩儿｜细小娘儿少女｜种田佬儿农民｜弟弟儿｜女儿｜细拇执⁼头儿小拇指｜脚膝髁儿膝盖｜奶奶儿乳房｜老八⁼儿阴茎｜打半日儿发疟子｜捞羹儿羹匙｜馃儿｜牸牛儿母牛｜猫儿｜麻雀儿｜蝴蝶儿｜芦粟儿玉米｜细鸡儿小鸡儿｜细狗儿小狗儿

东阳　乡下儿｜弄堂儿｜镬灶神官儿灶神｜小佬儿小孩儿｜小内家儿女孩儿｜弟弟儿｜妹妹儿｜阿伯儿大伯｜小手执⁼头儿小拇指｜老八⁼儿

---

① 浦江、东阳、磐安等方言有些小称韵中的元音比较长，有时听上去甚至像是两个音节。为了简便起见，本书不把这种现象看成长元音或分成两个音节，而是一律处理为一般的鼻尾韵音节。

	阴茎,指小孩的 | 老核袋儿阴囊 | 老胚猓儿女阴 | □zuo¹¹兜儿围嘴儿 | 面布头儿毛巾 | 铁锤儿 | 雄狗儿公狗 | 猫儿
磐安	乡下儿 | 小男子儿男孩儿 | 小内家儿女孩儿 | 阿爷儿祖父 | 阿马⁼儿祖母 | 阿伯儿大伯 | 阿姐儿伯母 | 裳⁼兜儿围嘴儿 | 浣衲儿尿布 | 锤儿 | 包子儿 | 猓儿 | 雌猪儿阉过的母猪 | 雄狗儿公狗 | 猫儿
永康	后床儿,窗户 | 门床儿,门槛儿 | 小农儿,男孩儿 | 小细女儿,女孩儿 | 阿姊儿,姐姐 | 阿叔儿,叔父 | 阿婶儿,叔母 | 阿姨儿,姨妈 | 奶奶儿,乳房 | 老核子脬儿,阴囊 | 老屄儿,女阴 | 打半日鬼儿,发疟子 | 面前兜儿,围嘴儿 | 尿衲儿,尿布 | 面巾儿,毛巾 | 水流火儿,火柴 | 雄狗儿,公狗
武义	细伢鬼儿小孩儿 | 太□儿maŋ³¹曾祖母 | 弟儿弟儿年纪较小的弟弟 | 姊儿姊儿姐姐 | 猓儿 | 猫儿 | 鸟儿 | 麻雀儿 | 子燕儿燕子 | 蟮儿蚯蚓 | 蛤蟆头儿蝌蚪 | 辣虎儿辣椒 | 东西儿

婺州方言的后缀"儿"绝大多数加在名词性及动词性、形容词性的成分后构成名词,但还有少数别的用法。据曹志耘(1987)介绍,汤溪话的后缀"儿"可以加在一部分ABB、AABB式形容词之后,添加褒义色彩和轻松的语气。此外还有辨义、构词的作用。例如"汤"[tʰo²⁴]是热水的意思,而"汤儿"[tʰo-uŋ²⁴]则是菜汤的意思;"古"[ku⁵³⁵]是古老的意思,而"古儿"[ku-uŋ⁵³⁵⁻⁵²]则是故事的意思。

值得一提的是,婺州方言中也存在儿缀型("儿"自成音节),主要分布在兰溪。例如兰溪女埠(黄晓东2004年调查):瓶儿 biŋ¹¹nə²¹³ \| 掠儿梳子 liɔ¹¹nə²¹³ \| 鸟儿 tiɔ⁵⁵nə⁰ \| 蝴蝶儿 u¹¹dia¹¹nə²¹³ \| 猫儿 mɔ¹¹nə²¹³ \| 嬉儿蜘蛛 ɕi⁵⁵nə⁰。

四 重叠

1. 名词

婺州方言名词的重叠主要见于亲属称谓词。例如:

金华	伯伯父亲 | 爹爹父亲。老 | 爷爷祖父 | 妈妈祖母 | 太太曾祖母 | 哥哥 | 弟弟儿 | 妹妹 | 叔叔 | 婶儿婶儿 | 公公外祖父 | 婆婆外祖母 | 舅舅 | 娘娘姑妈 | 奶儿奶儿乳房
汤溪	爹爹父亲 | 爷爷祖父。新 | 妈妈祖母。新 | 太太曾祖母 | 哥哥 | 伯伯伯父 | 舅舅 | 奶儿奶儿乳房
浦江	爷爷祖父 | 妈妈祖母 | 太太曾祖母 | 哥哥 | 弟弟儿 | 姊姊姐姐 | 妹妹 | 叔叔 | 婶婶 | 舅舅 | 姑姑姑妈 | 奶奶儿乳房 | 家⁼家⁼女阴,指小孩的
东阳	爷爷祖父 | 弟弟儿 | 妹妹儿 | 舅舅儿 | 蛛蛛蜘蛛
磐安	舅舅儿
永康	奶奶儿,乳房

武义　　爷爷祖父｜妈妈祖母｜哥哥｜弟儿弟儿｜姊儿姊儿姐姐｜姐姐伯母｜
　　　　叔叔｜婶婶｜舅舅｜妗妗舅母｜姑姑姑妈｜祖˗祖˗阴茎,指小孩的｜蟢
　　　　儿蟢儿蜘蛛。

重叠式亲属称谓词的连读调往往不符合一般的连调规律。具体情况可参看第二章各地方音的相关部分。

2. 动词

婺州方言里部分单音节动词可以重叠,重叠的方式有以下几种。

一是直接重叠,表示:

(1) 动量小或时量短。例如"来闻闻这朵花香不香"这句话,金华说"来闻闻觑格朵花香弗香";浦江说"来喷˗喷˗起噁朵花香弗香"。

(2) 完成。例如"吃了饭再去"这句话,金华、汤溪说"饭吃吃再去";浦江说"饭食食再去";再如"我花得只有只剩下一块钱了"这句话,金华说"我用用剩一块洋钿添";武义说"我农用用还剩一块钞票添"。

(3) 相当于普通话的"V着V着"。例如"他看电视看着看着睡着了"这句话,金华说"渠望电视望望望睏熟去了";武义说"渠农望电视望望望睏去罢";浦江既可重叠两次,又可重叠四次:渠望电视望望(望望)鼾去啊。

二是重叠后再加上相当于普通话语助词"看"的成分,表示尝试。例如:

	试试看。[句]58	来闻闻这朵花香不香。[句]32
金华	试试觑。	来闻闻觑格朵花香弗香。
永康	试试望。	来喷˗喷˗望(□ku⁴⁴)朵花香弗。
武义	试试望。	

武义的"望"[maŋ³¹]、永康的"望"[mɑ⁰]和金华的"觑"[tsʰi⁵⁵]都是相当于"看"的成分。武义表示"看"的动词和助词同形;永康用"望"[maŋ¹⁴]表示动词"看",[mɑ⁰]为[maŋ¹⁴]之弱化;金华虽然用"望"[moŋ¹⁴]表示动词"看",但"觑"[tsʰi⁵⁵]可表示"眯眼看"。

三是重叠后再加上动词后置成分,表示尝试。例如:

	试试看。[句]58	来闻闻这朵花香不香。[句]32
汤溪	试试添。	来碰˗碰˗添仡朵花香弗个。
浦江	试试起。	来喷˗喷˗起噁朵花香弗香。
东阳	试试添。	尔□□ pʰom³³ pʰom³³ 添格朵花香弗香。
磐安	试试起儿。	来碰碰起儿孤˗朵花香弗。

汤溪的"添"[tʰie⁰]、浦江的"起"[tʃi⁰]、东阳的"添"[tʰi⁴⁴⁵]、磐安的"起儿"[tɕʰin⁵⁵]都是各方言中的动词后置成分。其中汤溪和东阳的"添"可用作

591

表示追加、继续，浦江和磐安的"起"可用作表示领先或优先（参看下文十二"动词的后置成分"）。

四是重叠后带补语，表示完成。例如"你把钱放好"这句话，汤溪说"尔钞票园园好"；东阳说"尔（帮）钞票园园好"。

婺州方言相当于普通话"V着V着"的还常说"V去V去、V个V个、V啊V啊、V记V记"等形式。例如"他看电视看着看着睡着了"这句话，东阳说"渠望电视望去望去便望得眠熟去哇"或"渠望电视望个望个便望得眠熟去哇"；磐安说"渠望电视望啊望啊望眠熟哇"；永康说"渠望电视望记望记便望睏去咩"。

五 代词

1. 人称代词

表4-1 婺州方言人称代词表

	第一人称			第二人称		第三人称	
	单数	复数		单数	复数	单数	复数
	我	我们	咱们	你	你们	他	他们
金华	我 a^{535} 我侬 a^{53}noŋ^{535}	我浪 a^{55}laŋ^{14}	（我）匠"（a^{55}）ziaŋ^{14}（我）自浪（a^{55}）zi^{14}laŋ^0 ~（a^{55}）zi^{14}daŋ^0	侬 noŋ^{535}	侬浪 noŋ^{55}laŋ^{14}	渠 gəʔ^{212}	渠浪 gəʔ^{21}laŋ^{14}
汤溪	我 a^{113} 我农 a^{11}nao^{113}	我道 a^{11}tə^{52}	㑚 aŋ^{113}~aoŋ^{113}	尔 ŋ^{113} 尔农 n^{11}nao^{113}	尔道 ŋ^{11}tə^{52}	渠 gɯ^{11} 渠农 gɯ^{11}nao^0	渠道 gɯ^{11}tə^0
浦江	我 a^{53}	我㗘 a^{55}tɛ^0	㑚㗘 an^{55}tɛ^0	尔 n^{53}	尔㗘 n^{55}tɛ^0	渠 ʒi^{232}	渠㗘 ʒi^{24}tɛ^{334}
东阳	我 ŋu^{35}	我拉 ŋu^{11}la^{324}	□拉 uan^{11}na^{324}	尔 n^{35}	尔拉 n^{11}na^{324}	渠 gəɯ^{312}	渠拉 gəɯ^{11}la^{324}
磐安	我 ŋuɤ^{434}~uɤ^{434}	我拉 ŋuɤ^{43}la^{434}	□拉 uan^{24}la^{434}~uan^{24}na^{434}	尔 n^{434}	尔拉 n^{43}la^{434}~n^{43}na^{434}	渠 gɐɯ^{213}	渠拉 gɐɯ^{21}la^{213}
永康	我 ŋuə^{323}	我粒儿农 ŋuə^{11}lɤɛ^{14}noŋ^{33}	我□尔 ŋuə^{11}xa^{53}ŋ^{33}	尔 ŋ^{323}	尔粒儿农 ŋ^{11}lɤɛ^{14}noŋ^{33}	渠 gəɯ^{33}	渠粒儿农 gəɯ^{33}lɤɛ^{33}noŋ^{33}
武义	我农 a^{33}no^{334}	我两个 a^{33}liaŋ^{11}tɕiaʔ^5	我□xuen^{53} □农 xuo^{33}no^0	农 no^{334}	农两个 no^{33}liaŋ^{11}tɕiaʔ^5	渠 gɯ^{334} 渠农 gɯ^{33}no^{334}	渠两个 gɯ^{33}liaŋ^{11}tɕiaʔ^5

由表 4-1 可见，婺州方言人称代词具有如下几个特点。

（1）第一人称代词的基本形式，婺州方言都用"我"；第二人称代词的基本形式是"侬"（金华）、"农"（武义）或"尔"（其他方言）；第三人称代词的基本形式都是"渠"。

（2）汤溪的单数人称代词，除了单音节的基本形式以外，还有一套以基本形式加"农人"构成的双音节形式。金华和武义也有个别此类说法。汤溪话中"我、尔、渠"比"我农、尔农、渠农"的使用频率更高；金华话中"我"比"我侬"更常用；武义话中"渠农"可做主语、宾语和定语，"渠"则只见于宾语。

（3）相当于普通话"们"的成分，婺州方言有"浪 laŋ^{14}（金华）、道 tə^{52}（汤溪）、噃 tɐ^0（浦江）、拉 lɑ^{324}（东阳）、拉 la^{434}（磐安）"。此外，还有双音节形式的"粒儿农 lɤə^{14}nɔŋ^{33}（永康）、两个 liaŋ^{11}tɕiaʔ^5（武义）"等。永康话的"粒儿农"即相当于"（我们、你们、他们）这些人"，参看游汝杰（1995：37）；吴语天台话和仙居话也同武义话一样，用"两个"表示人称代词的复数，参看黄晓东（2004）。

（4）婺州方言第一人称代词复数都有包括式和排除式之分。在包括式中，东阳话"□拉"[uan^{11}nɑ^{324}]和磐安话"□拉"[uan^{24}la^{434}~uan^{24}na^{434}]中的"□"可能是"我尔"的合音。永康话和武义话则采取为"我和你"的形式：

	我	和	你	咱们
永康	我 ŋuə^{323}	□ xɑ^{54}	尔 ŋ^{323}	我□尔 ŋuə^{11}xɑ^{53}ŋ^{323}
武义	我农 a^{33}nɔ^{334}	货⁼xuo^{53}	农 nɔ^{334}	我□ a^{33}xuen^{53}，□农 xuo^{33}nɔ^0

武义话的包括式有两种说法，其中"我□"[a^{33}xuen^{53}]里的"□"[xuen^{53}]可以看成是由"货⁼"和"农"合音而成的；"□农"[xuo^{33}nɔ^0]则可以看成是丢失了"我"而成。

（5）婺州方言第二人称、第三人称都没有敬称形式。

（6）婺州方言人称代词在读音上的特殊之处主要有：金华的"侬"读阴上、武义的"农"和"渠"读阳上，可能是受了各自方言中"我"字读音的感染；金华和浦江的"渠"都读阳入；浦江的"我"和"尔"不读阳上而读阴上。此外，浦江、武义和磐安的"我"读零声母或有零声母的异读。

2. 指示代词

表 4-2　婺州方言指示代词表

	近指			远指		
	这个	这里	这么	那个	那里	那么
金华	格个 kəʔ⁴kəʔ⁴	格里 kəʔ⁴li⁵³⁵ 格奀 kəʔ⁴da¹⁴	格生 kəʔ⁴saŋ³³⁴	末个 məʔ²¹gəʔ²¹⁴	末里 məʔ²¹li¹⁴ 末奀 məʔ²¹da¹⁴	末生 məʔ²¹saŋ³³⁴
汤溪	仡个 gə¹¹ka⁵² ~ə¹¹ka⁵²	(仡)奀 (gə¹¹)da¹¹³ (仡)奀头 (gə¹¹)da¹¹tɯ⁵² 仡块(头) gə¹¹kʰuɛ⁵² (tɯ⁰)	么 mə¹¹³	狂⁼个 gao¹¹ka⁰ ~gɔ¹¹ka⁰ ~gu¹¹ka⁰ 业⁼个 n̠ie¹¹ka⁵² ~i¹¹ka⁵² ~ie¹¹ka⁵² ~iɛ¹¹ka⁵²	狂⁼奀 kao³³da¹¹³ 狂⁼奀头 kao³³da¹¹tɯ⁵² 狂⁼块 gao¹¹kʰuɛ⁰ 业⁼奀 n̠ie¹¹da¹¹³ 业⁼奀头 n̠ie¹¹da¹¹tɯ⁵² 业⁼块 n̠ie¹¹kʰuɛ⁵²	狂⁼么 kao³³mə¹¹³
浦江	噁个 tɕiə³³ka⁵⁵	噁里 tɕiə³³li⁵⁵ 噁生 tɕiə³³sẽ⁵⁵	袋⁼儿 dan²⁴	嗰个 miẽ²⁴ka⁰	嗰里 miẽ²⁴li⁰	嗰生 miẽ²⁴sẽ⁰
东阳	格个 kɜʔ⁵ka⁴⁴⁵ ~kɜʔ⁵kɜʔ⁴⁵	格脚儿 kɜʔ⁵tɕiʉon³³⁵ 格块儿 kɜʔ⁵kʰuen⁵⁵	格亨⁼ kɜʔ⁵xɛ⁵⁴⁵	哝个 中指 nom¹¹ka⁴²³ 哝个 远指 nom³⁵ka⁰	哝脚儿 中指 nom¹¹tɕiʉon³³⁵ 哝脚儿 远指 nom³⁵tɕiʉon⁵⁵ 哝块儿 中指 nom¹¹kʰuen³³⁵ 哝块儿 远指 nom³⁵kʰuen⁰	哝亨⁼ nom¹¹xɛ⁴⁴⁵
磐安	孤⁼个 ku³³ka⁵² 葛⁼个 kɛ⁴³ka⁵²	(孤⁼)块儿 (ku³³)kʰuen⁵² (孤⁼)□儿 (ku³³)dɛn²¹³	孤⁼□ ku³³xɛ⁴⁴⁵	哝个 naom²¹ka⁵²	哝块儿 naom²¹kʰuen⁵² 哝□儿 naom²¹dɛn²¹³	哝□ naom²¹xɛ⁴⁴⁵
永康	(□)个 (ku⁴⁴)kuə⁵⁴	(□)奀儿 (ku⁴⁴)ta³²⁴ ~(ku⁴⁴)la³²⁴	亨 xai⁴⁵	勾⁼个 kəɯ⁴⁵kuə⁵⁴ 孤⁼个 ku⁴⁵kuə⁵⁴	(勾⁼)奀儿 (kəɯ⁴⁵)ʔda⁵⁴ ~(kəɯ⁴⁵)la⁵⁴ 孤⁼奀儿 ku⁴⁵ʔda⁵⁴~ku⁴⁵la⁵⁴	庚⁼ kai⁴⁵
武义	阿个 aʔ⁵tɕiaʔ⁰ ~aʔ⁵kəʔ⁰	阿落 aʔ⁵laoʔ⁰ 阿里 aʔ⁵liʔ⁰	亨⁼相 xa²⁴ɕiaŋ⁵³	特⁼个 dəʔ³tɕiaʔ⁵ ~dəʔ⁵kəʔ⁵	特⁼落 dəʔ³laoʔ⁵ 特⁼里 dəʔ³li³³⁴	特⁼相 dəʔ³ɕiaŋ⁵³

594

由表 4-2 可见，婺州方言指示代词具有如下三个特点。

（1）除东阳话外，其他各点都没有中指代词。东阳话中指代词和远指代词的基本形式都是"哝"，区别只在于调值的不同。据方松熹（2002：119），义乌话中指代词的基本形式为"同"[doŋ²¹¹]，远指代词的基本形式为"面"[mie¹³]。

（2）婺州方言的近指代词可分为"格、孤⁼、阿"三类。"格"类分布最广，包括金华的"格"[kəʔ⁴]、汤溪的"伩"[gə¹¹~ə¹¹]、浦江的"噥"[tɕiə³³]、东阳的"格"[kəʔ⁵]和磐安的"葛⁼"[kɛ⁴³]。这类近指代词应来源于"个"。用"个"作近指代词，是南方方言中很常见的现象，参看赵日新（1999）。"孤⁼"类包括磐安的"孤⁼"[ku³³]和永康的"□"[ku⁴⁴]。这类近指代词很可能也来源于"个"。"阿"类仅见于武义。从汤溪话"伩"的读音来看，武义的"阿"[aʔ⁵]可能由"格"类脱落声母而来。吴语龙游话近指代词亦作"阿"[əʔ⁵]，参看曹志耘等（2000：418）。

（3）婺州方言远指代词的基本形式非常歧异，包括"末、狂⁼、业⁼、哂、哝、勾⁼、孤⁼、特⁼"等 8 种。除东阳和磐安形式相同以外，几乎每个地方都有自己独特的形式，有的地方甚至拥有两种形式，例如汤溪有"狂⁼"和"业⁼"，永康有"勾⁼"和"孤⁼"。

3. 疑问代词

表 4-3　婺州方言疑问代词表

	哪~个	谁	什么	怎么	多少
金华	哪 la⁵³⁵	哪个 la⁵⁵gəʔ¹⁴	待⁼做定语，多 tɛ⁵³⁵ 淡做定语 ta⁵³⁵ 待⁼西做宾语，多 tɛ⁵³sie⁵⁵ 淡西做宾语 ta⁵³sie⁵⁵	哪生 la⁵⁵saŋ³³⁴ 哪亨 la⁵⁵xaŋ³³⁴ 生 saŋ⁵⁵ □ xaŋ⁵⁵	几许儿 tɕi⁵³xəŋ⁵⁵
汤溪	哪 la¹¹³ □ tɕʰia⁵⁵~tɕʰie⁵⁵	哪农 la¹¹³nao⁰ □农 tɕʰia⁵⁵nao⁰	伽做定语 dzia¹¹~dziɛ¹¹ 伽儿西做宾语 dziaŋ¹¹³sie⁰ 伽东西做宾语 dzia¹¹nao²⁴sie⁰ ~dzia¹¹³sie⁰	哈么 xa²⁴mɤ⁰	几许 kɛ⁵²xai⁵²~kai⁵³⁵
浦江	哪 la⁻²⁴	哪个 la¹¹ga²⁴	咯⁼力 gə¹¹ɛ²⁴³	相⁼信⁼ ʃyõ⁵⁵sən⁵⁵	多少 tɯ³³sɯ⁵³
东阳	□ man³¹²	杰⁼个儿 dziʔ²kan⁵⁵	伽做定语 dzia³⁵ 同⁼西做宾语 dom¹¹si⁵⁴ 杰⁼西做宾语 dziʔ²si⁵⁴	生儿 sɛn⁵⁵ 生记儿 sɛ⁴⁴⁵tɕin⁰ 生儿记儿 sɛn⁵⁵tɕin⁰	几许儿 tɕi⁴⁴⁵xɤŋ⁵⁵ ~tɕi⁴⁴⁵xɤŋ⁵⁴

续表

磐安	末儿 mɛn²¹³	节⁼个 tʃia⁴³ka⁵² 节⁼做定语 tʃia⁴³⁴ 节⁼西做宾语 tʃia⁴³ʃi⁵²	省⁼生儿 sɛ⁴³sɛn⁵²~sɛ⁴³sɛn²¹ 省⁼生儿记儿 sɛ⁴³sɛn⁵²tɕin⁵²	几许 tɕi⁴³xɤ⁵²
永康	□ tɕʰi⁵⁴	伽农 dʑia¹¹noŋ⁵⁴ 伽（个）做定语 dʑia¹⁴（kuə⁵⁴） 伽西做宾语 dʑia¹¹ɕia⁵⁴	生 sai⁵⁴	几许 ki⁴⁴xɤ⁵⁴
武义	□ a⁻³³	豆⁼个 dɑo³¹tɕiaʔ⁰ 待⁼拉做定语 da³³la³³ 待⁼西儿做宾语 da³³ɕin⁵³	生（相）sa⁵³（ɕiaŋ⁵³）	几许 ka⁴⁴⁵xɤ⁵³

由表4-3可见，婺州方言疑问代词具有如下几个特点。

（1）相当于"哪""谁"这两个疑问代词的基本形式，金华和浦江都只有一套，而且都用"哪"；汤溪有两套，分别为"哪"[la¹¹³]和"□"[tɕʰia⁵⁵~tɕʰiɛ⁵⁵]；在东阳、磐安、永康和武义话中，"哪"和"谁"采用不同的基本形式：东阳是"□"[man³¹²]和"杰⁼"[dʑiəʔ³²⁴]，磐安是"末儿"[mɛn²¹³]和"节⁼"[tʃia⁴³⁴]，永康是"□"[tɕʰi⁵⁴]和"伽"[dʑia¹⁴]，武义是"阿"[a⁻³³]和"豆⁼"[dɑo³¹]。其中东阳的"□"[man³¹²]和磐安的"□"[mɛn²¹³]应该同源。

（2）相当于"什么"的疑问代词，婺州方言的基本形式可以按读音分为四类：① 读[d]或[t]声母，例如金华的"待⁼"[tɛ⁵³⁵]和"淡⁼"[ta⁵³⁵]，东阳的"同⁼"[dom³¹²]，武义的"□"[da⁻³³]。其中东阳的"同⁼"[dom³¹²]可能由读[d]声母的某字和"东西"[tom³³si⁵⁴]之"东"合音而成。② 读[dʑ]声母，例如汤溪的"伽"[dʑia¹¹~dʑiɛ¹¹]，东阳的"伽"[dʑia³⁵]和"杰⁼"[dʑiəʔ³²⁴]，永康的"伽"[dʑia¹⁴]。③ 读[tʃ]声母，例如磐安的"节⁼"[tʃia⁴³⁴]。④ 读[g]声母，例如浦江的"咯⁼力⁼"[gə¹¹lɛ²⁴³]。其中②③两类应该同源。

从与"哪"的关系来看，东阳、磐安和永康的基本形式与"哪"相同，其他方言则否。

普通话的"什么"既可用作宾语，也可用作定语。除浦江话以外，婺州方言相当于"什么"的疑问代词都有两类，一类只做宾语，另一类则只做定语。例如金华，"待⁼"和"淡⁼"只做定语，"待⁼西"和"淡⁼西"则只做宾语。

（3）相当于"怎么"的疑问代词，婺州方言大多以由"生""亨"或类似音节加其他成分构成，只有浦江例外。

（4）相当于"多少"的疑问代词，婺州方言一般用"几许（儿）"的形式；只有浦江用"多少"，与北方方言和多数北部吴语相同。

六 否定副词

表 4-4 婺州方言主要否定副词表

	不~去	不~是	别，不要~去	没有，未~去	没有，无~钱
金华	弗 fəʔ⁴	弗 fəʔ⁴	覅 fau⁵⁵ 弗要 fəʔ⁴iau⁵⁵ 覅 foŋ⁵⁵ 弗用 fəʔ⁴ioŋ⁵⁵	未多 mi¹⁴ （无）没（m³¹）məʔ²¹²	无 m³¹³ （无）没（m³¹）məʔ²¹²
汤溪	弗 fɛ⁵⁵	弗 fɛ⁵⁵	覅多 fi⁵² 覅要 fi⁵²iə⁰	未（曾）多 mi³⁴¹（zao⁰） 弗曾 fɛ⁵⁵zao⁰~fɛ⁵²zao⁰ 糩 fao⁵²	无 m¹¹ 无没 m¹¹ma⁰~m⁵²ma⁰
浦江	弗 fə⁴²³	弗 fə⁴²³	弗要 fɛ⁵⁵i⁵⁵	还未多 ã¹¹mi²⁴~uã¹¹mi²⁴ 无得 m¹¹tə⁵⁵~n¹¹tə⁵⁵ 无没 m¹¹mə²⁴ 糩去过~ fən⁵⁵	无茂 ⁼m¹¹mɤ²⁴ 无有新 m¹¹n̩iɤ²⁴³~n¹¹n̩iɤ²⁴³
东阳	弗 fɜʔ⁴⁵	弗 fɜʔ⁴⁵	弗乐 fɜʔ⁵ŋau⁴²³	糩 fan⁵⁵ 未 mi³²⁴~mi³⁵ 无北 ⁼n¹¹peiʔ⁴⁵	无北 ⁼n¹¹peiʔ⁴⁵ 无 n³¹²
磐安	弗 fɛ⁴³⁴	弗 fɛ⁴³⁴	弗乐 fɛ⁵⁵ŋo²¹	糩 fen⁵² 未儿 min¹⁴ 无□ m²¹bei³⁴³	无□ m²¹bei³⁴³ 无 n²¹³
永康	弗 fə⁵⁴⁵	弗 fə⁵⁴⁵	（弗）乐（fə⁴）ŋɒ⁵⁴	未 mi¹⁴	呐 nəi⁵⁴
武义	弗 fəʔ⁵	弗 fəʔ⁵	覔 fao⁵³	未 mi³¹~mi⁵³	呐 nieʔ⁵~nəʔ⁵

由表 4-4 可见，婺州方言否定副词具有如下三个特点。

（1）相当于副词"不"的基本形式婺州方言都用"弗"。

（2）副词"别，不要"都与"弗"有关，金华、汤溪、浦江一般说"弗要"或"覅"，东阳、磐安、永康、武义说"弗乐"或"覔"。

（3）婺州方言副词"没有"与动词"没有"的基本形式一般有别。动词"没有"主要以"无"为基本形式，而且都读自成音节的鼻音（永康和武义的"呐"很可能是"无"字与后续成分的合音）。副词"没有"的基本形式则以"未"为主，部分地区还有"糩""弗曾"或"无"等形式。

七 程度表示法

婺州方言表示形容词的程度，有以下几种方式。

1.在形容词前面加"吓农、猛、□ mən⁵⁵、危险、尽、弗齐高、真个、交儿、吵゠、弗吵゠、太、忒"等程度副词。其中"危险、尽、忒"等程度副词的分布非常普遍，而有的程度副词则仅分布于个别地区，例如"弗齐高"仅见于浦江，

"交儿"仅见于永康,"吵ᵋ、弗吵ᵋ"仅见于武义。上述程度副词的用法与普通话大致相同,此不赘述。

2. 在形容词之后加"猛"构成"A猛",相当于普通话的"很A"。除了浦江以外,婺州方言普遍都能用这种方式。例如汤溪有"多猛、慢猛、苦猛、忙猛"等说法(例子据曹志耘1987)。

3. 在"A猛"的基础上进行重叠,即"A猛A猛",程度比"A猛"更进一步。例如"今天非常热"这句话,金华和磐安说"今日儿热猛热猛",汤溪说"今日暖猛暖猛"。

4. 在形容词之后加"得紧"构成"A得紧",相当于普通话的"A得很"。这种方式仅见于浦江话,例如"香得紧、暖得紧、高得紧、大得紧"等。

5. 跟普通话相同,婺州方言也使用"bA"式来表示形容词的程度,例如金华:漆酸很酸｜漆苦很苦｜雪白｜笔直｜刷ᵋ直很直｜刷ᵋ尖很尖｜铁淡很淡｜喷香。

有关形容词程度表示法的用例,可参看[句]57、[句]59、[句]60、[句]81。

八 量词

婺州方言普遍存在"量名结构",例如可以说"个人、支笔"等。这时量词具有定指的作用,即说话人和听话人都明白所指的对象是谁,可以说含有一个隐性的指示代词,例如汤溪(曹志耘1987):

把刀落哪里那把刀在哪里?

本书买来罢这(那)本书买来了。

个碗破罢这(那)个碗破了。

石汝杰、刘丹青(1985)把量词的这种用法称作"量词的定指用法"。该用法也见于徽语、赣语、湘语、闽语、粤语等众多方言,参看陈玉洁(2007)、王健(2014:125-162)等。

九 结构助词

1. 的

南方方言相当于普通话结构助词"的"的成分往往与量词"个"有关,婺州方言相当于"的"的成分也都用"个"。一般读[k g]声母,而且常脱落为零声母音节。例如:

这是他的书,那一本是他哥哥的。[句]55

金华	格本书是渠个,末本是渠个哥个。
汤溪	仡本书渠个,狂ᵋ本渠个哥个。
浦江	噁本书(是)渠个,啲本书(是)渠哥哥个。
东阳	格本书是渠个,哝本书是渠阿哥个。
磐安	孤ᵋ本是渠个书,哝本是渠阿哥个。

永康　　　　　　（□ku⁴⁴）本书（是）渠个,勾⁼本书（是）渠个哥个。
武义　　　　　　阿本是渠农个书,特⁼本书是渠农哥哥个。

跟普通话相比,婺州方言更喜欢在句末带上语气词"个"。例如金华话:
渠讲就走个他说马上就走｜弗是末生做个,要格生做个不是那么做,是要这么做个｜我驮得动个我拿得动｜吃烟、吃酒我都舣来个我吸烟或者喝酒都不行｜我姓王个我姓王｜末个吃弗得个那个吃不得。

这一点与严州方言相同,参考曹志耘（1996a：172）。

2. 地

相当于普通话状语标记"地"的成分,婺州方言主要有以下几种形式: ①零形式,见于婺州方言各地; ②儿（永康）; ③儿儿（汤溪）,由"儿"再次儿化而成; ④"X儿"（金华、汤溪、东阳、磐安）; ⑤其他形式（浦江、武义）。

慢慢儿地吃啊,不要急煞! [句]28　　　**好好儿地走,不要跑!** [句]36

金华　宽慢吃,弗要急!　　　　　　　好好□儿nĩ³³走,弗要逃!
汤溪　慢慢儿儿吃,鞭急!　　　　　　好好□儿niŋ²⁴趋,鞭逃!
浦江　宽慢食,弗要火!（宽慢～慢慢弄⁼）　好好弄⁼走,弗要跳!
东阳　宽宽慢儿食!弗乐慌!　　　　　好好个儿躂,弗乐抢⁼!
磐安　懒懒个儿食,弗乐急!　　　　　好好个儿躂,弗乐逃!
永康　从宽食,（弗）乐慌!　　　　　好好儿躂,（弗）乐跳!
武义　从宽食,觫慌!　　　　　　　　好好□naŋ⁵³躂,觫溅⁼!

在普通话里,"地"用在状语和动词之间,如"高兴地说""认真地做"。在婺州方言里,很少有这种"状语+结构助词+动词"的说法。只是在祈使句里,状语由单音形容词重叠而成,表达一种比较轻松的语气时,才有类似的用法。这也与严州方言相同,参看曹志耘（1996a：172）。

3. 得

相当于普通话"得"的结构助词,婺州方言也都用"得"。例如:

这座山我爬得上,他爬不上。 [句]73

金华　格块山我爬得上,渠爬弗上。
汤溪　仡个山我爬得上,渠爬弗上。
浦江　嗯块山我爬得上去,渠爬弗上去。
东阳　格块山我爬得上,渠爬弗上。
磐安　（孤⁼）块山我爬得上,渠爬弗上。
永康　（□ku⁴⁴）块山我钳⁼得上,渠钳⁼弗上。
武义　阿块山我农爬得上,渠农爬弗上。

值得一提的是,由于武义话的端母阴声韵和入声韵字读[l]声母,因而

599

"得"[ləʔ⁵]有时与助词"了"同音（后者还有其他读音）。

十 介词

这里只简要讨论婺州方言中相当于普通话"在"的介词。

1. 婺州方言相当于"在+处所+V"中"在"的介词主要有"倷（金华）、落（汤溪、磐安、武义）、徛（永康）、是哝（东阳）、是□ tɑ³³头（浦江，多近指）、是□ nɤ²⁴³（浦江，为'是儿⁼头'之合音，多远指）、是儿⁼头（浦江，多远指）"等，它们都同时兼有动词的用法。例如（"在那儿,不在这儿"中的"在"是动词,附列于此,以资比较）：

	他在××（本地县城名）工作。[句]62	在那儿,不在这儿。[句]07
金华	渠倷金华工作。	倷末里,弗倷格里。
汤溪	渠落汤溪工作。	落狂⁼耷,弗落耷。
浦江	渠是□ tɑ³³头浦江工作。	是□ nɤ²⁴³噷里,无没是
（是□ tɑ³³头～是□ nɤ²⁴³～是儿⁼头）	□ tɑ³³噷里。（无没～弗）
东阳	渠是哝东阳做生活。	是哝哝脚儿,弗是哝格脚儿。
磐安	渠落（□儿dɛn²¹³）安文工作。	落哝块儿,弗落□儿dɛn²¹³。
永康	渠徛永康工作。	徛勾⁼耷儿,弗徛□ ku⁴⁴耷儿。
武义	渠农落武义做生活。	落特⁼落,弗落阿落。

据曹志耘（2000：60-77），汤溪话的"落"也可说成"落得"，作用相同。不过，跟单用"落"比起来，用"落得"显得比较啰唆。

在婺州方言里，"是X"做介词见于浦江和东阳，浦江的"是"读[ʒi²⁴³]，东阳的"是"读[di³⁵]。徽语、吴语上丽片、瓯江片和闽北方言中也有"是"做介词的用法，参看曹志耘等（2000：424）。

2. 婺州方言相当于"V+在+处所"中"在"的成分主要有"得（金华、汤溪、武义）、哝（东阳、磐安）、耷儿（永康）、儿⁼头（浦江）、□ nɤ²⁴³（浦江，为"儿⁼头"之合音）、嗰头⁼（浦江）"等。例如：

他坐在椅子上。[句]97

金华	渠坐得交椅上。
汤溪	渠坐得交椅上。
浦江	渠坐儿⁼头交椅里。（儿⁼头～□ nɤ²⁴³～嗰头）
东阳	渠坐哝交椅里。
磐安	渠坐哝交椅里。
永康	渠坐耷儿交椅里。
武义	渠农坐得交椅当。

此外，浦江有"坐得嗰里,弗要徛□ tʃʰia⁵³啊坐着,别站起来"的说法，其中"坐得嗰里"相当于"坐在那里"的意思。这个"得"的用法与金华、汤溪、武

义话相同。

曹志耘（1996b：285-301，1997b：39-57，2000：60-77）认为，汤溪话的这个"得"虽然正好跟普通话介词"在"的位置相当，但它是动词的附加成分，作用是肯定动作已经发生并正在持续，跟介词"在"的作用不一样，也毫无介词的语感。

金华、汤溪、武义及浦江话中"V＋得＋处所"的结构，亦见于吴语上丽片和闽语。有人认为其来源是"著（着）"，属于南朝时期的层次。参看王育德（1969）和梅祖麟、杨秀芳（1995）。

贰 句法特点

一 完成体

表示动作的完成，普通话是在动词之后加一个"了"。婺州方言相当于这个"了"的成分有"了"（金华、东阳）、"来"（汤溪、磐安、永康、武义）、"啊"（浦江应为"啦"之音变）等。例如：

	我买了一个碗。[句]61	他吃了饭了。[句]30
金华	我买了一片碗。	渠饭吃过了。
汤溪	我买来个碗。	渠（饭）吃罢。
浦江	我买啊一个碗。（啊~啦）	渠饭食过啊。
东阳	我买了一个碗。	饭渠食过哇。
		渠饭食过哇。
磐安	我买来一个碗。	渠（饭）食过罢。
永康	一口碗买来咩。	渠食过咩。
武义	我农买来一口碗。	渠农饭食过罢。

上文壹"词法特点"说过，婺州方言动词重叠可表示完成。例如"吃了饭再去"这句话，金华、汤溪说"饭吃吃再去"，浦江说"饭食食再去"。再如"你把钱放好"这句话，汤溪说"尔钞票囥囥好"，东阳说"尔（帮）钞票囥囥好"。

二 已然体和将然体

已然体和将然体的标记在多数婺州方言中是相同的，分别是"了"（金华）、"罢"（磐安、武义）、"啊"（浦江应为"啦"之音变）、"哇"（东阳）、"咩"（永康）。但汤溪话已然体标记用"罢"[bɑ¹¹³]，将然体标记用"啵"[pə⁰]。从来源看，"啵"也许是"罢"和某个语气词合音的结果。

婺州方言表示将然体时通常要在动词前面加上相当于普通话"要"的成分。例如：

他来了。[句]66　　天要下雨了。[句]67

金华	渠来了。	天（快）要落雨了。
汤溪	渠来罢。	天公要落雨啵。
浦江	渠来啦。	天公要落雨啊。
东阳	渠来哇。	天公乐落雨哇。
磐安	渠来罢。	天乐落雨罢。
永康	渠来咩。	天公乐落雨咩。
武义	渠农来罢。	天公乐落雨罢。

三　进行体

表示动作正在进行，婺州方言通常是在动词前面加一个由介词和方位词构成的介词短语。如金华"渠侟末里吃饭_{他正在吃饭}"，字面意思是"他在那里吃饭"。汤溪话中这个介词可不出现，仅用方位词表示，例如"渠夯吃饭_{他正在吃饭}"，字面意思是"他这里吃饭"。东阳、磐安虽然不能省略介词，但需省略"这里、那里"中相当于"里"的成分，例如东阳"渠是哝食饭_{他正在吃饭}"，字面意思是"他在那吃饭"。

他在吃饭。[句]63

金华	渠侟末里吃饭。
汤溪	渠（是）夯吃饭。
浦江	渠是□ nɤ²⁴³ 食饭。（是□ nɤ²⁴³ ~ 是□ tɑ³³ 头 ~ 是儿⁼头 ~ 是嗰头）
东阳	渠是哝食饭。
磐安	渠落哝食饭。
永康	渠倚夯儿食饭。
武义	渠农落特⁼里食饭。

据曹志耘（1996b：285-301），汤溪话的"是、抓⁼、落"加上处所词"夯"构成的"是夯、抓⁼夯、落夯"三词，用在动词前，意义已经虚化，相当于时间副词"在"。

四　持续体

普通话表示持续体一般用"着"，如"门开着"。婺州方言常用以下几种方式来表示：

① 用"□"[tɕʰie¹⁴]"起来"之合音（金华）、"□"[ia²⁴]"起来"之合音（浦江）、"起"（东阳）、"（倒）来"（武义）等从趋向动词虚化而来的成分。

② 动词之后用上一个方位处所词语来表示。例如"夯"（汤溪）、"□儿"[den²¹]（磐安）、"夯儿"（永康）是各方言中"这里"的意思；"得嗰里"（浦江）是"在那里"的意思；"哝"（东阳、磐安）是"那"的意思。

③ 有的地方还可以在动词之后加上方位词"里"来表示持续，例如永康。

④ 还有的地方可以在动词之后加上"住"来表示持续,例如金华。

坐着,别站起来。[句]84　　　　　　**坐着吃比站着吃好些**。[句]29

金华　坐住,覅徛□ tɕʰiɛ¹⁴。　　　　坐□ tɕʰiɛ¹⁴吃比徛□ tɕʰiɛ¹⁴吃好些。
汤溪　坐耷,鞭徛□ tɕʰiɛ⁵²。　　　　坐耷吃比徛耷吃好些。
浦江　坐得啊里,弗要徛□ tʃʰia⁵³ 啊。　　坐□ ia²⁴ 食比徛□ ia²⁴ 食好些。
东阳　坐哝,弗乐徛起。　　　　　　坐哝食比徛哝食好。
　　　　　　　　　　　　　　　　　坐起食比徛起食好些。
磐安　坐□儿 dɛn²¹,弗乐徛(起来)。　坐□儿 dɛn²¹³ 食比徛哝食好些。
永康　尔坐耷儿,(弗)乐□ uai⁴²²。　徛里食书⁼坐了里食清爽粒儿。
　　　尔坐耷儿,(弗)乐徛嘞。　　　坐了里食比徛里食清爽粒儿。
武义　坐倒来,觝徛来。(徛来~徛亨⁼)　坐倒来食比徛来食好□儿 tin⁵³。

[句]64 是一个带宾语的例句。在带宾语的时候,金华、浦江、东阳采用与完成体相同的形式,汤溪与不带宾语的时候形式相同,磐安和永康则不带任何标记。

他今天穿着一身新衣服。[句]64

金华　渠今日儿穿了一身新衣裳。
汤溪　渠今日着耷一身新衣裳。
浦江　渠今日穿啊一身新衣裳。
东阳　渠今日穿了一身新衣裳。
磐安　渠今日儿穿一通新衣裳。
永康　渠今日穿一通新衣裳。
武义　渠农今日着了一套新衣裳。

[句]65 表示动作结束后留下的一种状态,婺州方言大都在动词之后用上一个方位处所词语,个别地方(例如金华)在动词之后加上"个的"来表示持续。

他家门锁着,窗户也关着,一个人都没有。[句]65

金华　渠窝⁼里门也锁个,床头也关个,一个人都无没。
汤溪　渠□ kai⁰ 门锁得耷,床也关得耷,一个农秃⁼无没。
浦江　渠嗬家里门锁□ nɤ²⁴³,床也关□ nɤ⁰,一个农都无茂⁼。
东阳　渠戍里门锁哝,床门也关哝,一个农也无北⁼。
磐安　渠戍里门锁哝,床也关哝,一个农都无□ bɛi³⁴³。
永康　渠耷阁头门锁耷儿,后床也儿关耷儿,一个农也儿呐农。
武义　渠农戍当门锁特⁼里,床门也关特⁼里,一个农都呐。

上述句子中"得"的来源可能就是"著(着)"。参看梅祖麟(1988)。

603

五　起始体

婺州方言表示起始体，一般在动词后加"起（来）、来"等成分（金华的"□"[tɕʰiɛ¹⁴]为"起来"之合音），而且后面多有表示事态变化的助词"了、罢、啦、哇、咩"等。例如：

　　　　天冷起来了。[句]86
金华　　天公冷□ tɕʰiɛ¹⁴ 了。
汤溪　　天公冷来罢。
浦江　　天公冷来啦。
东阳　　天公冷起哇。
磐安　　天公冷来罢。
永康　　天公冷嘞咩。
武义　　天公冷转来罢。（转来罢～转亨⁼罢）

六　处置句

跟普通话一样，婺州方言也可以通过介词把受事成分介引到动词之前来表示处置。这样的介词有"帮、担、野⁼"等。与普通话相比，婺州方言更倾向于不用介词，而直接将受事成分放在动词之前。例如（还可参看[句]50）：

　　　　你把门关上。[句]68　　　　　　你把钱放好，别丢了。[句]69
金华　　侬帮我扇门关记□ tɕʰiɛ⁰。　　侬帮铜钿囥囥好，弗要脱落去。
汤溪　　尔扇门关去。　　　　　　　　尔钞票囥囥好，鞭脱落去。
浦江　　尔担门关□ ia⁰。　　　　　　尔担钞票囥呀好，弗要跌掉。
东阳　　尔帮门关起来。　　　　　　　尔（帮）钞票囥囥好，弗乐打坞⁼。
磐安　　尔（野⁼）门关起来。　　　　尔野⁼钞票囥好，弗乐脱了（去）。
永康　　门关□ tɕyəi⁴³³。　　　　　尔钞票囥好，（弗）乐打乌⁼。
武义　　门挨⁼记转去。　　　　　　　钞票囥（囥）好，觍脱落去。

金华"侬帮我扇门关记□ tɕʰiɛ⁰"中的"帮"实际为"替"义，"侬帮铜钱囥囥好"中的"帮"才是"把"义。据曹志耘（2000：60-77），汤溪话也存在"帮"的同样用法，并认为"帮"相当于"把"的用法应该是从"替"的用法发展而来。

七　被动句

婺州方言表示被动的方式与普通话相同，都是在动词之前加介词短语。婺州方言中介引施事的介词主要有"得"（金华、东阳、磐安）、"等"（汤溪）、"让"（金华、浦江、武义）、"担"（永康）等。例如：

　　　　那个碗被他打破了。[句]70

金华	片碗得渠敲破了。
汤溪	狂⁼个碗等渠打破罢。
浦江	嗰个碗让渠跌破啦。
东阳	哝个碗得渠□sʌ³³破哇。
磐安	哝个碗得渠打破罢。
永康	勾⁼口碗担别农儿打碎咩。
武义	特⁼口碗让渠敲破罢。

汤溪除了可以用"等"表示被动以外，还可以用"约⁼"[io⁵⁵]来表示。例如：个碗约⁼渠打打破那个碗被他打碎了｜部踏脚车约⁼别农偷去罢那辆自行车被人家偷走了｜三个苹果（都）约⁼我吃肚里去罢三个苹果都被我吃了。"约⁼"[io⁵⁵]在汤溪话中还有"拿、给、让、容许"等义。参看曹志耘（2000：60-77）。

金华、浦江、东阳、磐安的双宾句常用"V+直接宾语+得+间接宾语"的方式来表示（参看下文八"双宾句"）。其中的"得"即相当于"给"义。这几个方言同时用"得"来表示被动。很多汉语方言中表被动的词汇都与本方言的"给"义动词同字，参看桥本万太郎（1987）。

八 双宾句

普通话、北方话双宾句的语序是"V+间接宾语+直接宾语"。婺州方言双宾句的语序非常复杂，而且一个地方可以采用多种说法，包括：①与普通话相同，例如金华的"渠担我侬一个桃儿"；②"V+直接宾语+间接宾语"，例如永康的"渠约⁼个桃儿我"；③"（主语）+直接宾语+动词+间接宾语"，动词和间接宾语中间一般有与直接宾语匹配的量词，例如永康的"尔手剪约⁼把我"；④"V+得+间接宾语+直接宾语"，例如浦江的"渠担得我一个桃儿"；⑤"V+直接宾语+得+间接宾语"，例如浦江的"尔担把剪刀得我"；⑥"（主语）+直接宾语+动词+得+间接宾语"，动词之后一般有与直接宾语匹配的量词，例如金华的"侬剪刀驮把得我侬"。

	他给我一个桃子。[句]72	你给我一把剪刀。[句]71
金华	渠担我侬一个桃儿。 （担~驮）	侬剪刀驮把得我侬。
汤溪	渠约⁼我个桃儿。	尔约⁼把剪刀我。
浦江	渠担得我一个桃儿。	尔剪刀担把得我。（担~驮） 尔担把剪刀得我。（担~驮）
东阳	渠约⁼我一个桃儿。	尔剪刀约⁼把得我。（约⁼~分）
磐安	渠野⁼我一个桃儿。 （野⁼~分）	尔野⁼我一把剪刀。 尔野⁼把剪刀得我。

永康	渠约⁼个桃儿我。	尔手剪约⁼把我。	
	渠约⁼我一个桃儿。	尔约⁼把手剪我。	
武义	渠农桃儿分一个我农食食。	农铰剪分把我农截截。	
	渠农分一个桃儿我农食食。	农分把铰剪我农截截。	

上文涉及了婺州方言的处置句、被动句和给予句，这里归纳一下婺州方言表示"给""把""被"的词：

表 4-5 婺州方言的"给""把""被"

	给	把	被
金华	担 tɑ³³⁴，驮 duɣ³¹³	帮 pɑŋ³³⁴	得 tə⁷⁴，让 ȵiaŋ¹⁴
汤溪	约⁼io⁵⁵	（无）	等 nai⁵²~nei⁵²，约⁼io⁵⁵
浦江	担 nã⁵³⁴，驮 dɯ¹¹³	担 nã⁵³⁴	得 tɔ⁴²³，让 yõ²⁴
东阳	约⁼iə⁷⁴⁵，分 fən⁴⁴⁵	帮 pʌ⁴⁴⁵	得 tei⁷⁴⁵
磐安	野⁼ia⁴³⁴	野⁼ia⁴³⁴	得 tɛi⁴³⁴
永康	约⁼iŋ⁵⁴⁵	（无）	担 nɑ⁵⁴
武义	分 fen²⁴	（无）	让 ȵiaŋ³¹

表 4-5 的情况大致可以归纳为三种类型：

（1）"给"＝"被"≠"把"：汤溪（有时"给"≠"被"）。与多数南方方言相同。

（2）"给"＝"把"≠"被"：浦江、磐安。在江西省的方言中这种类型比较常见。

（3）"给"≠"把"≠"被"：金华、东阳、永康、武义。与北方方言相同，吴语地区的龙游、江山和广丰也是这种类型。

九 反复问句

婺州方言的反复问句一般采用"V＋否定副词＋V"的格式。其中后一个动词有时可以省略，说成"V＋否定副词"。浦江还可以用"有＋无没＋V"或"有＋无得＋V"的格式，相当于普通话"有没有＋V"的格式。例如：

	你去不去？[句]78	他去没去？[句]79
金华	侬去弗（去）？	渠去过未？
汤溪	尔去弗个？	渠去未？（未～曾）
浦江	尔去弗去啊？	渠有无没去过啊？（无没～无得）
		渠去过鹠哪？
东阳	尔去弗？～尔去弗去？	渠去未？
磐安	尔去弗去？～尔去弗？	渠去过未儿？（未儿～鹠～弗）
		渠去未儿去？（未儿～鹠）

永康	尔去弗？~尔去弗去？	渠去过未？
武义	农去弗（去）？	渠农去过未？

当反复问句中的动词后面带有宾语时，婺州方言的说法有三种：①"主语＋有＋无有/弗有＋宾语"，如浦江、东阳；②"主语＋有＋宾语＋无/弗/呐"，如汤溪、浦江、东阳、磐安、永康；③"主语＋宾语＋有＋无没/弗/呐"，如金华、汤溪、武义。

你有没有钱？［句］94

金华	侬钞票有无没？
汤溪	尔钞票有弗？~尔有钞票无？
浦江	尔有无有钞票？~尔有钞票无？
东阳	尔有弗有钞票？~尔有钞票弗？
磐安	尔钞票有弗？~尔有钞票弗？
永康	尔有钞票呐？
武义	农钞票有呐？~农钞票有弗呢？

十　可能补语

婺州方言的可能补语有以下几种表示方法：第一种在动词之后加上"得"或"弗得"，如金华、汤溪和磐安；第二种在动词之后加上"得得"，这种情况只出现于肯定句中，如浦江、东阳、永康和武义。在浦江和永康话中，前后两个"得"的读音不同，其中后者与"得难~"的读音相同，也与"V弗得"中的"得"相同。例如：

这个吃得，那个吃不得。［句］54

金华	格个吃得，末个吃弗得个。
汤溪	伲个吃得个，狂⁼个吃弗得个。
浦江	噫个食得得 tə⁰tɛ³³ 个，嗰个食弗得 tɛ⁵⁵ 个。
东阳	格个食得得，哝个食弗得。
磐安	孤⁼个食得，哝个食弗得。
永康	（□ ku⁴⁴）个食得得 əi³²³ʔdəi⁵⁴⁵，勾⁼个食弗得 ʔdəi⁵⁴⁵。
武义	阿个食得得，特⁼个食弗得。

第三种是在动结式或动趋式当中插入"得"或"弗"。例如：

我拿得动，他拿不动。［句］19

金华	我驮得动个，渠驮弗动。
汤溪	我约⁼得动，渠约⁼弗动。
浦江	我驮得动，渠驮弗动。
东阳	我驮得动，渠驮弗动。

磐安　　我驮得动，渠驮弗动。
永康　　我驮得动，渠驮弗动。
武义　　我农驮得动，渠农驮弗动。

十一　宾语和补语的位置

当动词后面既有宾语，又有补语时，在宾语和补语的顺序上，婺州方言和普通话有以下两点不同。

1. 数量补语可以在代词宾语之前。普通话数量补语只能放在代词宾语之后，如"叫他一声儿"，不能说成"叫一声儿他"。婺州方言多数地点采取后一种语序，即说"讴＋声／记＋渠"，但浦江只能采用普通话的语序，汤溪则二者皆可。

2. 宾语和补语的位置非常灵活。如普通话"我打得过他"和"我打不过他"，婺州方言一般都能用两种以上的语序表达。婺州方言宾语和补语的分布具有如下特点：

① 否定句的语序比肯定句更为灵活。除东阳话以外，无论从绝对数量还是相对数量，否定句语序的种类都比肯定句要多。前者一般为两种，而后者一般为三种。

② 在几种语序当中，磐安最常用的语序为"打得过渠"，婺州其他地方则最常说"打得渠过"。

③ 在同一地点，肯定句和否定句的语序常用程度一致。如肯定句金华最常说"打得渠过"，否定句最常说"我打弗渠过"，语序实际相同。

例句比较如下（还可参看[句]22）：

	你去叫他一声儿。[句]91	我打得过他。[句]89	我打不过他。[句]90
金华	侬去讴声渠。	我打得渠过。	我打弗渠过。
		我打得过渠。	我打渠弗过。
			我打弗过渠。
汤溪	尔去讴声渠。	我打得渠过。	我打弗渠过。
	尔去讴渠声。		我打渠弗过。
			我打弗过渠。
浦江	尔去讴渠先ⁿ儿。	我吃得渠落。	我吃弗渠落。
		我打得渠过。	我打渠弗过。
		我打得过渠。	我打弗渠过。
		我打渠得过。	我打渠弗过。
东阳	尔去讴声渠。	我打得渠过。	我打弗得渠过。
		渠我打得过。	

磐安	尔去讴声渠。	我打得过渠。	我打弗过渠。
		我打得渠过。	我打弗渠过。
		渠我打得过。	我打渠弗过。
			渠我打弗过。
永康	尔替我讴声渠。	我吃得渠落。	我吃弗渠落。
		我打得渠过。	我打渠弗过。
		我打得过渠。	我打弗渠过。
			我打弗过渠。
武义	农去讴记渠。	我农吃得渠落。	我农吃弗渠落。
	（记~声）	我农打得渠过。	我农打弗渠过。
		我农打得过渠。	我农打渠弗过。
			我农打弗过渠。

十二 动词的后置成分

普通话、北方话动词的修饰性成分都放在动词之前,而南方的一些方言包括婺州方言则有将修饰成分放在动词之后的情况。我们把这类放在动词之后的词语称为动词的后置成分。

在婺州方言中,动词主要有如下三类后置成分。

1. 表示追加、继续的"添""添儿"和"先⁼儿"

"添""添儿"和"先⁼儿"用在动词之后,意义相当于"再",表示动作继续进行,数量继续追加。动词前一般可以加"再",也可以不加"再",动词前即使加了"再",后面的"添""添儿"和"先⁼儿"一般也不省略。动词后加"添""添儿"和"先⁼儿"的说法是方言固有的,而动词前加"再"的说法则是受共同语影响产生的。"吃碗添""再吃碗添""再吃一碗"三种说法属于三个不同的时间层次。下面带后置成分"起""过"的句子也有类似的情况。

婺州多数地方说"添","添儿"只见于磐安,"先⁼儿"只出现在浦江。"先⁼儿"的来源可能就是"先"。据曹志耘等(2000:432),庆元话的"先"也具有表示追加、继续的意思,如"我牅儿听清楚,你(再)讲转先我没听清,你重说一遍"。"添""添儿"在句中都读本调阴平调,不读轻声,但"先⁼儿"则常读轻声。例如:

请你再说一遍![句]24　　　**你再吃一碗。**[句]74
金华　请侬(再)讲遍添!　　　侬(再)吃碗添。
汤溪　请尔(再)讲遍添!　　　尔吃碗添哇。
浦江　托尔(再)讲先⁼先⁼儿!　　尔(再)食碗先⁼儿啰。

托尔（再）讲遍先⁼儿！

东阳　请讲遍添！　　　　　　　尔食碗添。
磐安　请尔讲遍添儿！　　　　　尔食碗添儿。～尔再食一碗。
永康　尔（再）讲遍添！　　　　尔食碗添。～尔再食碗添。
武义　请农讲遍添！　　　　　　农饭食碗添。

2. 表示仅有的"添"和"先⁼儿"

婺州方言的"添"和"先⁼儿"不仅可以表示追加和继续，还可以表示仅有。此时前面常有"只、还"之类的副词。"添""先⁼儿"在句中都读本调阴平调，不读轻声。例如：

我花得只有只剩下**一块钱了。**[句]95

金华　我用用剩一块洋钿添。
汤溪　我用用足块洋钿添。
浦江　我用得只（射⁼）一块铜钿先⁼儿啦。
东阳　我用得只剩一块洋钿添哇。
磐安　我用得只有一块钞票（添）罢。
永康　我便一块钞票添。
武义　我农用用还剩一块钞票添。

汤溪话的"添"除了上述两种用法之外，还有个用法，即放在动词重叠式（可带宾语）或"动词＋数量"后面，表示尝试或动作时间短暂，作用相当于普通话的助词"看"。这时"添"读轻声。例如：试试添｜问问渠添问问他看｜望记添看一看｜呕声添叫一声看。参看曹志耘（1997b：39-57）。

3. 表示领先或优先的"起"

"起"放在动词之后，相当于普通话的"先"，表示领先或优先。动词前经常可以再加"先"，也可以不加，动词前如果加了"先"，则动词后面的"起"可以省略。"你先去"这个句子，在婺州方言中常有三种说法："你去起""你先去起""你先去"，与上文所说的"添"情况相似。"你去起"是方言固有说法，"你先去起"是方言与普通话杂交的句式，"你先去"是受普通话影响而产生的最新层次。金华、汤溪、磐安都是三种句式并存。永康似乎未受普通话影响，而浦江"尔先□ta³³去"的说法却已渐渐取代"尔去起"，从这点来看，浦江话受普通话的影响最深。例如：

你先去吧，我们等一会儿再去。[句]53

金华　侬去起，我浪等记再来。（去起～先去起～先去）
汤溪　尔去起，我道等记儿添（再）去。（去起～先去起～先去）
浦江　尔先□ta³³去，我嚛等记儿先⁼儿再去。（先□ta³³去～去起）

东阳　尔去起搭＝哇,我拉过记儿添来。
磐安　尔先去□duə⁰,我拉等记儿(添儿)再去。(先去□duə⁰～去起～先去起)("□duə⁰"是相当于"吧"的语气词)
永康　尔去起,我粒儿农歇记再来。
武义　农蹕头前,我两个等记起再来。(蹕头前～去起)

4. 表示重复的"过"

婺州方言的"过"用在动词性词语后面,表示因为上文所说的理由(这个理由大都是否定的),重新进行一次该动作,以便达到说话者所要达到的目的。在婺州方言中,后置成分"添"也常用来表示与此相近的意思(浦江用"先＝儿")。"过"作后置成分时可能读轻声。例如：

我没听清,你重说一遍。[句]75
金华　我未听灵清,侬再讲遍过。(过～添)
汤溪　我未听清,尔讲记过。
浦江　我还未听灵清,尔讲先＝先＝儿啰。
　　　我还未听灵清,尔讲遍先＝儿啰。
东阳　我勒听灵清,尔讲遍添。(添～过)
磐安　我勒听清楚,尔讲遍过。(过～添儿)
永康　我未听灵清,尔(再)讲遍添。
武义　我农未听灵清,农讲遍添。(添～过)

实际永康和浦江也存在"过"的这种用法,例如"(买衣服时要求)换一件"这句话,永康说"换件过"("过"读轻声),浦江说"调件过"("过"读本调阴去)。

"过"和"添""先＝儿"的作用虽然比较接近,但还是有区别的："过"主要表示重复,而"添""先＝儿"主要表示追加。参看曹志耘等(2000：433-434)。

十三　比较句

普通话的比较句通常采用"比较项A＋比/不比/不如＋比较项B＋比较结果"的形式。婺州方言的正比句式与普通话相同,否定性比较句式与普通话也基本相同,只不过比较词有所不同(如"无、弗如、弗及、还是、还、书＝"等)。在否定性比较句中,有时不需出现比较词,例如金华和东阳。在表示比较结果的形容词后面,通常要加上"些"(永康加"粒儿")。例如：

这个比那个好。[句]11　　　**这些房子不如那些房子好**。[句]12
金华　格个比末个好些。　　　　格些屋末些好些。

611

汤溪	伿个比狂ᵂ个好些。	伿些屋无狂ᵂ些屋般好。
浦江	噊个比嗰个好些。	噊些多屋还是嗰些多屋好些。
东阳	格个比哝个好。	格些屋（还是）哝些屋好些。
		格些屋弗及哝些屋好。
磐安	孤ᵂ个比哝个好些。	孤ᵂ些屋弗如哝些屋好。
永康	勾ᵂ个书ᵂ□ku⁴⁴个好粒儿。	（□ku⁴⁴）粒儿屋书ᵂ勾ᵂ粒儿屋好粒儿。
	（□ku⁴⁴）个比勾ᵂ个好粒儿。	
武义	阿个比特ᵂ个好。	阿些屋还特ᵂ些屋徛好些。

十四　受事前置

普通话和婺州方言都有一些受事宾语在前，动词在后的现象。相比之下，这种现象婺州方言比普通话更为常见。例如普通话"你吃了饭没有？"这样的句子，在婺州方言里受事"饭"通常要放在动词之前，说成"你饭吃了没有？"的格式。

你吃了饭没有？ [句]87

金华	侬饭吃过未？
汤溪	尔（饭）吃未？
浦江	尔饭食过礱哪？
东阳	尔（饭）食过未？
磐安	尔（饭）食过未儿？
永康	尔食过未？
武义	农（饭）食过未？

十五　判断句

婺州方言的判断词为"是"，但这个"是"常常可以省略，例如金华、汤溪、磐安、永康、武义等方言。汤溪话甚至以不说判断词为常，但浦江和东阳话则相反。在"A 是 B""A 也是 B""A 不是 B"三者中，判断词出现的概率依次增大，即判断词在肯定句中最少出现，连用时次之，否定句中则最容易出现。

你是浙江人，我也是浙江人，他不是浙江人。 [句]98

金华	侬（是）浙江人，我也（是）浙江人，渠弗（是）浙江人。
汤溪	尔浙江农，我也浙江农，渠弗浙江农。
	尔浙江农，我也浙江农，渠弗是浙江农。
浦江	尔是浙江农，我也是浙江农，渠弗是浙江农。
东阳	尔是浙江农，我也是浙江农，渠弗是浙江农。
磐安	尔（是）浙江农，我也（是）浙江农，渠弗是浙江农。

尔是浙江农,我也哩浙江农,渠弗是浙江农。
永康　尔是浙江农,我也儿浙江农,渠弗是浙江农。
尔浙江农,……,……。
武义　农浙江农,我农也浙江农,渠农弗是浙江农。

十六　拷贝式话题结构

刘丹青、徐烈炯(1998)认为:"拷贝式话题结构,指句法结构中话题(含次话题)和述题中的某个成分完全或部分同形,同形成分间在语义上也是一致的,形成一种拷贝(即复制)关系。'拷贝'是个比喻,只是说明前后两个成分相同,并不表示何为基础形式何为拷贝出来的形式。"并指出上海话中的拷贝式话题比普通话发达丰富。表现在相同的拷贝式话题结构类型,上海话可能比普通话更常说,而且上海话中很多常用的拷贝式话题结构不见于普通话。

婺州方言的拷贝式话题结构也比普通话丰富,某些类型也不见于普通话。例如:

书呢书读不好,手艺呢手艺学不会,你怎么办啊?　[句]99

金华　书唉书弗会读,手艺唉手艺侬⁼学弗好,侬有待⁼办法?
汤溪　书唉书读弗来,手艺唉手艺学弗起,尔哈么好哦?
浦江　书呢书读弗好,手艺呢手艺学弗好,尔相⁼信⁼牵⁼呢?
东阳　书(呢)书又读弗好,手艺(呢)手艺又学弗好,尔生儿记儿(弄弄)呢?
磐安　书末书读弗好,手艺末手艺学弗会,尔该省⁼生儿记儿好?
永康　(书,)书读弗起,(手艺,)手艺学弗起,尔自生生?
武义　书弗肯读,手艺弗肯学,农迟日生好?

以上简要地介绍了婺州方言在词法、句法两方面的主要特点。这里我们再对婺州方言语法的共同特点和内部差异做一个简单的归纳。

婺州方言较一致的语法特点有:

①从总体上看,婺州方言的词缀不太丰富。其中前缀"阿"主要见于东阳、磐安和永康。后缀"子"用得不多,后缀"儿"和"头"则相当普遍。"头"的用法多样,如"动词+头"表示"价值"的意义,这与吴语许多方言相同。

②婺州方言名词重叠式只见于少数亲属称谓词。动词重叠表示尝试或轻松、短暂的意思,动词重叠或重叠后带补语表示完成。

③婺州方言三身人称代词的基本形式分别为"我""尔 多、侬、农""渠";第一人称代词复数都有包括式和排除式之分;第二人称、第三人称都没有敬称形式。

④ 婺州方言一般没有中指代词（东阳、义乌话除外）；近指代词多与"葛"音相同或相近；疑问代词"多少"婺州方言一般都说"几许（儿）"（浦江话除外）。

⑤ 相当于副词"不"的基本形式婺州方言都用"弗"，而且"不~是"与"不~去"形式相同。

⑥ 相当于普通话结构助词"的"的成分都用"个"；相当于普通话结构助词"得"的成分都用"得"。

⑦ 表示进行体通常是在动词前面加一个"介词+方位词"短语。

⑧ 反复问句一般采用"V+否定副词（+V）"的格式。

⑨ 当动词后面既有宾语又有补语时，数量补语一般放在代词宾语之前。宾语和补语的位置比较灵活。"我打得过他"和"我打不过他"这两句话，大都有两种或三种不同的语序。

⑩ 比较句大都采用"这个比那个好"的句式。

⑪ 表示追加、继续或仅有的动词后置成分都用"添（儿）"，只有浦江用"先⁼儿"[ʃiãn⁰]；表示领先、优先的动词后置成分一般用"起"；表示重复的动词后置成分一般用"过"。

⑫ 受事前置的现象比普通话更常见。例如普通话"你吃了饭没有？"在婺州方言中一般说成"你饭吃了没有？"的格式。

⑬ 普遍存在拷贝式话题结构，而且类型比普通话丰富。

婺州方言语法的内部差异有：

① 相当于普通话"们"的成分，各地差异巨大。单音节形式的有"浪"（金华）、"道"（汤溪）、"嗨"（浦江）、"拉"（东阳、磐安）等几种，此外，还有双音节形式的"粒儿农"（永康）、"两个"（武义）等。

② 远指代词的基本形式非常歧异，包括"末、狂⁼、业⁼、咽、哝、勾⁼、孤⁼、特⁼"等8种；相当于疑问代词"哪、谁、什么、怎么"的说法分歧较大。

③ 完成体的标记，金华、东阳用"了"，汤溪、磐安、永康、武义用"来"，浦江用"啊"。

④ 处置句的介词，金华、东阳用"帮"，浦江用"担"，磐安用"野⁼"，汤溪、永康和武义则不用介词。

⑤ 被动句的介词，金华、浦江用"得"和"让"，东阳和磐安用"得"，武义用"让"，汤溪用"等"和"约⁼"，永康用"担"。

⑥ 判断词"是"在金华、汤溪、磐安、永康、武义话中一般省略不说，但在浦江和东阳话中则相反。

第二节 例句对照

1.本节收语法例句 100 个，以对照表的形式排列。所收例句包括：

① 中国社会科学院语言研究所 1955 年编印的《方言调查词汇手册》第 18 部分共 53 个例句。为了适应婺州方言的具体情况，这里对个别例句做了小的改动。

② 丁声树、李荣先生 1956 年编的《汉语方言调查简表》贰"词汇语法部分"有，而《方言调查词汇手册》未收的例句，共 4 个。

③ 由曹志耘执笔拟订的"新安江流域语言文化综合调查研究"计划用于调查乡镇方言的调查表里的语法例句，共 22 个。

以上共计 79 个例句，依①、②、③ 三部分先后排列。除了第 37、76 两句以外，例句及其编号与《严州方言研究》（以下简称《严州》）、《徽州方言研究》（以下简称《徽州》）、《吴语处衢方言研究》（以下简称《处衢》）完全相同。

第 37 句：由《严州》《徽州》的"他不小心跌了下去爬也爬不起来"改为《处衢》和本书的"小心跌下去爬也爬不起来"。

第 76 句：由《严州》《徽州》《处衢》的"你先去，我等一会儿再去（'先'等后置）"改为本书的"昨天他没有来，今天他还没有来（两个'没有'有无不同）"。

④ 为了编写《处衢》，曹志耘补充了 15 个例句（即 80~94 句），集中排在以上例句的后面。这 15 个例句在本书里全部保留。因此，本书的第 01—94 个例句及其编号与《处衢》完全相同。

⑤ 考虑到婺州方言的具体特点，曹志耘补充了 6 个例句（即 95~100 句），集中排在以上例句的后面。

为求语料自然真实，有的方言句子的意思与例句略有出入，这种情况一般可以自明，所以不再一一说明。

2.一个例句在某个方言里如果有好几种说法，这几种说法大致按常用程度的高低逐个排列。为了节省篇幅和便于阅读，后面几句里跟第一句完全相同的部分用省略号"……"代表（参看第 22 句）。

3.如果这几种说法格式完全相同，只在个别地方用词上有差异，则在举出典型性的说法之后，把跟例句中有关词语相对应的其他词语列在句子后面的括号里，"~"表示"又说"（参看第 03 句）。

4. 例句中的圆括号"( )"表示里面的字可说可不说。

5. 音标集中注在方言句子的后面。为简明起见，有又读、异读的字只注口语里常用的一读。声调只在音标的右上角标实际调值，而不管它是单字调还是连读调。有关的单字调和连调规律可参看第二章"语音"，但有些字在句子里的连读调超出了一般的连调规律。

其他体例参看本书"前言"部分。

01 谁呀？我是老三。

【金华】侬哪个？我是老三。noŋ^{535}la^{55}gə^{14}？ a^{535}sʅ^{55}la^{55}sa^{334}。

【汤溪】哪农？我根宝人名，不说"老三""老四"等。la^{113}nao^0？ a^{11}kai^{33}pə^{535}。

【浦江】哪个啦？我（是）根宝人名，不说"老三""老四"等。la^{11}ka^{55}la^{55}？ a^{55}（ʑi^{24}）kən^{33}po^{53}。

【东阳】杰=个儿呢？我是老三儿。dʑiə^{2}kan^{55}nɜʔ^0？ ŋʋ^{35}di^{35}lau^{35}sʌn^{335}。

【磐安】节=个？我是第三个儿。tʃia^{43}ka^{55}？ ŋʏ^{43}dʑi^{244}di^{24}sɒ^{33}kan^{55}。

【永康】伽农？我是第三个。dʑia^{11}noŋ^{54}？ ŋuə^{11}niə^{53}diə^{11}sa^{45}kuə^{54}。

……？我第三个。……？ ŋuə^{323}diə^{11}sa^{45}kuə^{54}。

【武义】农豆=个呢？我农老三。nɔ^{33}dao^{31}tɕia^{0}na^0？ a^{33}nɔ^{33}lʏ^{53}suo^{24}。

……？我农是老三。……？ a^{33}nɔ^{334}dʑi^{33}lʏ^{53}suo^{24}。

02 老四呢？他正在跟一个朋友说着话呢。

【金华】老四呢？渠正好儿亨=一个朋友侾末里讲说话。lau^{53}sɿ^{55}nie^{55}？ gə^{21}tɕiŋ^{33}xɔ^{55}xəŋ^{33}iə^{2}kəʔ^{2}poŋ^{33}iu^{535}lɛ^{31}mə^{21}li^{14}kaŋ^{55}ɕy^{53}ua^{14}。

【汤溪】根泉人名呢？渠囗个朋友是耷讲讲话。kai^{24}ʑie^{0}nɛ^0？ gɯ^{11}xɯ^{52}ka^{0}pai^{33}iəɯ^{113}dʑʅ^{11}da^{0}kuo^{52}ɕi^{52}uʏ^{341}。

【浦江】根泉人名呢？渠囗囗儿是喕头囗一个伙囗讲话。kən^{55}ʑian^{33}ni^0？ ʑi^{232}k^{h}ə^{33}mɯn^{55}ʑi^{11}miẽ^{11}dʏ^{243}mɯ^{55}iə^{33}ka^{55}xɯ^{55}da^{55}kõ^{55}ua^0。

（是喕头 ʑi^{11}miẽ^{11}dʏ^{243} ~ 是儿=头 ʑi^{11}n^{11}dʏ^{243} ~ 是囗 ʑi^{11}nʏ^{243}）

【东阳】老四呢？渠刚刚儿好=一个朋友是唹讲话。lau^{35}sɿ^{42}n̠i^0？ gəɯ^{312}kʌ^{33}kʌn^{335}xau^{445}iʔ^{5}kɜʔ^{245}bən^{11}iəɯ^{324}di^{35}nom^{55}kʌ^{33}ua^{324}。

……？渠刚刚儿是唹好=一个朋友讲话。……？ gəɯ^{312}kʌ^{33}kʌn^{335}di^{35}nom^{55}xau^{445}iʔ^{5}kɜʔ^{245}bən^{11}iəɯ^{324}kʌ^{33}ua^{324}。

【磐安】第四个呢？渠（正）落唹囗一个伙伴讲话。di^{21}ʃi^{52}ka^{52}nei^{33}？ gɐɯ^{213}（tsən^{52}）luə^{21}naom^{213}t^{h}a^{43}iɛ^{43}ka^{52}xuʏ^{43}bʏ^{244}kɒ^{43}ua^{14}。

【永康】第四个？渠倚耷儿囗（一）个朋友讲说话。diə^{11}ɕi^{53}kuə^0？ gɯə^{33}gəi^{11}la^{324}xa^{53}（ïə^4）kuə^{53}bieiŋ^{53}iəɯ^{323}kaŋ^{42}ɕiu^{44}ua^{14}。

【武义】老四呢？渠农货=一个朋友家正落特=里讲话。lʏ^{53}ɕi^{53}nəʔ^0？ gɯ^{33}nɔ^{334}

xuo⁴⁴⁵iə?⁴tɕia⁵³pen⁴⁴⁵iu³³kua²⁴tɕin⁵³lao³³də?³li³³kaŋ⁵³ua³¹。

……? 渠农正落特⁼里货⁼一个朋友家讲话。……? gɯ³³nɔ³³tɕin⁵³lao³³də?³ li³³xuo⁴⁴⁵iə?³tɕia⁵³pen⁴⁴⁵iu³³kua²⁴kaŋ⁵³ua³¹。

03 他还没有说完吗？

【金华】渠还未讲歇啊？ gə?²¹²ua³¹mi¹⁴kaŋ⁵³ɕie⁵⁵a³³？

【汤溪】渠还未讲歇啊？ gɯ¹¹uo²⁴mi⁰kuo⁵³⁵ɕie⁵⁵a⁰？

【浦江】渠还未讲掉敛？ ʒi²⁴ã¹¹mi²⁴kõ⁵⁵lɯ²⁴ɛ⁰？

【东阳】渠还未讲完？ gɯ³¹²ʒ?²mi³²⁴kʌ³³iʊ³¹²？（未 mi³²⁴ ~ 艧 fan⁵⁵）

【磐安】渠还未儿讲歇？ gɯɯ²¹³ɒ²¹min¹⁴kɒ⁴³ɕie⁴³⁴？（未儿 min¹⁴ ~ 无□ m²¹bɛi³⁴³）

【永康】渠还未讲歇？ gəɯ³³ua³³mi¹⁴kaŋ⁵⁴⁵xiə⁵⁴⁵？（讲歇 kaŋ⁵⁴⁵xiə⁵⁴⁵ ~ 讲光 kaŋ⁵⁴⁵kuaŋ⁴⁵ ~ 讲歇工 kaŋ⁵⁴⁵xiə⁴²kɔŋ⁴⁵）

【武义】渠农还未讲歇？ gɯ³³nɔ³³⁴ŋuo²⁴mi³¹kaŋ⁴⁴⁵ɕie⁵³？

04 还没有。大约再有一会儿就说完了。

【金华】还未。过记添就讲歇了。ua³¹mi¹⁴。kuɤ⁵⁵tɕie⁵⁵tʰiã³³⁴ziu¹⁴kaŋ⁵³ɕie⁵⁵lə⁰。

【汤溪】还未曾。记儿添便讲歇啵。uo²⁴mi³⁴¹zao⁰。tɕin⁵²tʰie²⁴bie¹¹kuo⁵³⁵ɕie⁵⁵pə⁰。

【浦江】还未。再一记儿呀粽⁼讲掉啊。ã¹¹mi²⁴。tsa⁵⁵iə³³tʃi⁵⁵n̩ia⁵⁵tsən⁵⁵kõ⁵⁵lɯ²⁴a⁰。

【东阳】还未（讲完）。大概一记儿添便讲完哇。ʒ?²mi³²⁴（kʌ³³iʊ³¹²）。da¹¹ke⁴²i?⁵tɕin⁵⁵tʰi⁴⁴⁵bi³⁵kʌ³³iʊ¹¹ua⁰。

【磐安】还未儿。大概再过一记儿便歇罢。ɒ²¹min¹⁴。da²¹kei⁵²tsei⁵²kuɤ⁵²iɛ⁴³tɕin⁵²bie¹⁴ɕie⁴³ba⁰。（未儿 min¹⁴ ~ 无□ m²¹bɛi³⁴³）

【永康】还未。大概一记添便讲歇咩。ua³³mi¹⁴。dia¹¹kəi⁵⁴iə⁴kiə⁵⁴tʰia⁴⁵biə¹⁴kaŋ⁵⁴⁵xiə⁴²mia⁵⁴。

【武义】还未。等记起渠便讲歇罢。ŋuo²⁴mi³¹。nen⁴⁴⁵tɕi⁵³tɕʰi⁴⁴⁵gɯ³³bie³¹kaŋ⁴⁴⁵ɕie⁵³ba⁰。

05 他说马上就走，怎么这半天了还在家里呢？

【金华】渠讲就走个，为淡⁼事干到格记还俫窝⁼里呢？ gə?²¹kaŋ⁵³⁵ziu¹⁴tsiu⁵³gə?¹⁴, ui¹⁴ta⁵⁵z̩³¹kɤ⁵⁵tau⁵⁵kə?⁵tɕie⁵⁵ua³¹lɛ³¹uɤ³³li⁵³⁵nie³³？

【汤溪】渠讲便去个, 哈么么半十日罢还落（得）家里啦？ gɯ¹¹kuo⁵³⁵bie¹¹³kʰəɯ⁵² kə⁰, xa²⁴mɤ⁰mə¹¹³mɤ⁵²ziɛ¹¹n̩iei¹¹³ba¹¹³uo²⁴luo²⁴（tei⁰）ka³³li²¹la⁰？

【浦江】渠讲就走个, 相⁼信⁼袋⁼半日啦还是□家里敛？ ʒi²⁴kõ⁵⁵ʒiɤ²⁴tsɤ³³gə⁰, ʃyõ⁵⁵sən⁵⁵da²⁴pə³⁵n̩iə⁰la⁰uã¹¹ʒi¹¹nɤ²⁴³tɕia³³li²⁴ɛ⁰？

【东阳】渠讲马上便去, 生儿记儿亨⁼半日还是唓戍里呢？ gəɯ³¹²kʌ⁴⁴⁵muo³⁵ziʌ⁵⁵bi¹¹kʰəɯ⁴²³, sɛn⁵⁵tɕin⁰xɛ⁴⁴⁵pɤ³³nei?³²⁴ʒ?²di³⁵nom⁵⁵tsʰŋ³³li³⁵n̩i⁰？

【磐安】渠讲马上便去个, 省⁼生儿半日哇还落□儿戍里呢？ gɯɯ²¹³kɒ⁴³⁴mɤɛ⁴³

ʑiɒ¹⁴bie¹⁴kʰɯ⁵²a⁰，sɛ⁴³sɛn²¹pɤ⁴³nei²¹uaᴅ²¹³luə²¹dɛn²¹tʃʰy⁴³li²¹nei⁰？

【永康】渠讲便去，生倚阁头半日还未蹴出去？gəɯ³³kaŋ⁵⁴⁵biə¹⁴kʰəɯ⁵⁴，sai⁵³gəi¹¹kɒ⁴⁴dəɯ³³ʔbuə⁵³ȵiə⁰ua³³mi¹⁴liə¹¹tɕʰy̆²⁴kʰəɯ⁵⁴？

【武义】渠农讲便去个，生亨⁼长久还落成当？gɯ³³nɔ³³⁴kaŋ⁴⁴⁵bie³¹kʰɯ⁵³kəʔ⁰，sa⁵³xa²⁴tɕiaŋ⁴⁴⁵tɕiu⁴⁴⁵ɳuo²⁴laο³³tɕʰy⁵³naŋ⁰？

06 你到哪儿去？我到城里去。

【金华】侬到哪里去？我到城里去。noŋ⁵³tau⁵⁵la⁵⁵li⁰kʰɯ⁵⁵？ a⁵³tau⁵⁵ɕiŋ³³li⁵³kʰɯ⁵⁵。

【汤溪】尔到□去？我到城里去。ŋ¹¹³tə⁵²lai¹¹kʰəɯ⁵²？ a¹¹³tə⁵²ɕiai³³li¹¹kʰəɯ⁵²。

【浦江】尔到哪里去啊？我到城里去。n⁵⁵to⁵⁵la²⁴li⁰tɕʰi⁰a⁰？ a⁵⁵to⁵⁵ziŋ¹¹li⁵⁵tɕʰi⁰。（去 tɕʰi⁰ ～ tɕi⁰ ～ i⁰）

【东阳】尔到□去？我到城里去。n³⁵tau⁴²man³¹kʰəɯ⁵⁵？ ŋu³⁵tau⁴²zən¹¹li¹¹kʰəɯ⁴²³。①

【磐安】尔到末儿去？我到城里去。n⁴³⁴to⁵²men²¹kʰeɯ⁵⁵？ ŋɤ⁴³to⁵²zen²¹li²⁴kʰeɯ⁵²。

【永康】尔落灿⁼去？我落城里去。ŋ¹¹lɒ³³tsʰa⁵³kʰəɯ⁵⁴？ ŋuə¹¹lɒ³³ʑieiŋ³³li¹¹kʰəɯ⁵⁴。（灿⁼tsʰa⁵³ ～ □㪇 tɕʰi⁵³ʔda⁰）

【武义】农到□里去哦？我农到街当去。nɔ³³lɤ⁵³a³³li³³kʰɯ⁵³o⁰？ a³³nɔ³³lɤ⁵³dʑia²¹²laŋ⁵³kʰɯ⁵³。

07 在那儿，不在这儿。

【金华】俫末里，弗俫格里。lɛ³¹məʔ²¹li¹⁴，fəʔ⁴lɛ³¹kəʔ⁴li⁵³⁵。（末里 məʔ²¹li¹⁴ ～ 末㪇 məʔ²¹da¹⁴；格里 kəʔ⁴li⁵³⁵ ～ 格㪇 kəʔ⁴da¹⁴）

【汤溪】落狂⁼㪇，弗落㪇。luo²⁴kao⁵¹da¹¹³，fɛ⁵⁵luo²⁴da¹¹³。

【浦江】是□㕦里，无没是□噷里。ʑi¹¹nɤ²⁴³miẽ²⁴li⁰，m¹¹mə²⁴ʑi¹¹ta³³tɕiə⁵⁵li⁰。（无没 m¹¹mə²⁴ʑi¹¹ ～ 弗是 fə³³ʑi²⁴）

【东阳】是哝哝脚儿，弗是哝格脚儿。di³⁵nom⁵⁵nom³⁵tɕiʮon⁵⁵，fɜʔ⁵di³⁵nan⁰kɜʔ⁵tɕiʮon³³⁵。

【磐安】落哝块儿，弗落□儿。luə²¹³naom²¹kʰuen⁵²，fɛ⁵⁵luə²¹dɛn²¹³。

【永康】倚勾⁼㪇儿，弗倚□㪇儿。gəi¹¹kəɯ⁴⁵ʔda⁵⁴，fə⁴gəi¹¹ku⁴⁴ta³²⁴。

【武义】落特⁼落，弗落阿落。lao³³də?³lao?⁵，fəʔ⁵lao³³aʔ⁵laoʔ⁰。（阿落 aʔ⁵laoʔ⁰ ～ 阿里 aʔ⁵li⁰；特⁼落 də?³lao?⁵ ～ 特⁼里 də?³li³³⁴）

08 不是那么做，是要这么做的。

【金华】弗是末生做个，要格生做个。fəʔ⁴sl̩⁵⁵məʔ²¹saŋ³³tsuɤ⁵⁵kəʔ⁰，iau⁵⁵kəʔ⁴saŋ³³tsuɤ⁵⁵kəʔ⁰。

---

① 在东阳话里，疑问句最后一个字的调值往往读作[55]。本句和[句]41、[句]78 里的"去"、[句]30 和[句]87 里的"未"、[句]32 里的"香"都是这种调值。

【汤溪】弗狂⁼么做个,要么做个。fɛ⁵⁵kao³³mə¹¹³tsɤ⁵²kə⁰, iə⁵²mə¹¹tsɤ⁵²kə⁰。

【浦江】弗是嗮生做个,是袋⁼儿做个。fə³³ʑi²⁴miẽ²⁴sɛ̃⁰tsɯ⁵⁵gə⁰, ʑi²⁴dan¹¹tsɯ⁵⁵gə⁰。
（袋⁼儿 dan¹¹ ~ 嗯生 tɕiə³³sɛ̃⁵⁵）

【东阳】弗是哝亨⁼做个,是格亨⁼做个。fɜʔ⁵di³⁵nom¹¹xɛ⁴⁴⁵tsʊ⁴²a⁰, di³⁵kɜʔ⁵xɛ⁴⁴⁵tsʊ⁴²a⁰。

【磐安】弗是哝□做,该孤⁼□做个。fɛ⁵⁵dʑi²⁴⁴naom²¹xɛ⁴⁴⁵tsɤ⁵², kei⁴⁴⁵ku³³xɛ⁴⁴⁵tsɤ⁵²a⁰。

【永康】弗是庚⁼做,乐亨⁼做。fə⁴dʑi¹¹kai⁴⁵tsuə⁵⁴, ŋʊ¹¹xai⁴⁵tsuə⁵⁴。

【武义】弗是特⁼相做个,乐亨⁼相做个。fəʔ⁵dʑi³³⁴dəʔ³ɕiaŋ⁵³tsuo⁵³ko⁰, ŋao⁵³xa²⁴ɕiaŋ⁵³tsuo⁵³ko⁰。

09 太多了,用不着那么多,只要这么多就够了。

【金华】太多了,用弗着帐⁼许多,只要格点儿便够了。tʰɛ⁵⁵tuɤ³³lə⁵⁵, ioŋ¹⁴fəʔ⁴dʑiəʔ²¹²tɕiaŋ⁵⁵ɕy⁵⁵tuɤ³³⁴, tɕiəʔ⁴iau⁵⁵kəʔ⁴fi⁵⁵bie¹⁴kiu⁵⁵lə⁰。

【汤溪】忒多罢,用弗得狂⁼么多,有么多便了够罢。tʰɛ⁵⁵tɤ²⁴ba¹¹³, iao³⁴¹fɛ⁰tei⁰kao³³mə¹¹³tɤ²⁴, iəɯ¹¹³mə¹¹³tɤ²⁴bie⁰lɤ¹¹kɯ⁵²ba¹¹³。

【浦江】忒多啊,用弗着嗮生多,只要袋⁼儿多就够啊。tʰə³³tɯ⁵⁵a⁰, yon¹¹fəʔ⁵ʒyo⁵⁵miẽ²⁴sɛ̃⁰tɯ⁵³⁴, tsɛ⁵⁵i⁵⁵dan¹¹tɯ⁵³⁴ʑiɤ²⁴kɤ⁵a⁰。（袋⁼儿 dan¹¹ ~ 嗯生 tɕiə³³sɛ̃⁵⁵）

【东阳】忒葛⁼多猛哇,用弗着亨⁼多,只乐格亨⁼多便够哇。tʰɜʔ⁵kɜʔ⁴⁵tu³³mɛ⁴⁴⁵ua⁰, iom³²⁴fɜʔ⁵dʑiʉoʔ²xɛ⁴⁴⁵tu⁴⁴⁵, tseiʔ⁵ŋau⁴²kɜʔ⁵xɛ⁴⁴⁵tu⁴⁴⁵bi¹¹kɐɯ⁴²ua⁰。

【磐安】忒多罢,用弗着□多,只乐□□儿便够罢。tʰei⁴³tɯ⁴⁴⁵ba⁰, iaom¹⁴fɛ⁵⁵dzuə²¹xɛ⁴⁴⁵tuɤ⁴⁴⁵, tseiʔ⁴³ŋo²¹xɛ³³tin⁴⁴⁵bie¹⁴kɐɯ⁵²ba⁰。

【永康】忒多,用弗着亨⁼粒儿,亨⁼点儿便有咩。tʰəi⁴⁴ʔduə⁴⁵, ioŋ¹⁴fəʔdʑiŋ¹¹xai⁴⁵lɤɤ⁵⁴, xai⁴⁵nia⁵⁴biə¹⁴iəɯ¹¹mia⁵⁴。

【武义】忒多罢,觫亨⁼多,亨⁼光景便竹⁼罢。tʰəʔ⁵luo²⁴ba⁰, fao⁵³xa²⁴luo²⁴, xa²⁴kuaŋ⁴⁴⁵tɕin⁴⁴⁵bie³³lɔʔ⁵ba⁰。

10 这个大,那个小,这两个哪一个好一点儿呢?

【金华】格个大些,末个小些,格两个哪个好点儿? kəʔ⁴kəʔ⁴duɤ¹⁴səʔ⁰, məʔ²¹gəʔ¹⁴siau⁵³zəʔ¹⁴, kəʔ⁴liaŋ⁵³kəʔ⁴la⁵³kəʔ⁴xau⁵³fi⁵⁵?

【汤溪】仡个大些,狂⁼个细些,仡两个哪个好点儿? gə¹¹ka⁵²dɤ³⁴¹sɤ⁰, gao¹¹ka⁰sia⁵²sie⁰, gə¹¹³lia¹¹ka⁵²la¹¹ka⁵²xə⁵²n̩iaŋ⁵⁵?

【浦江】嗯个大,嗮个细,嗯两个哪个好些呢? tɕiə³³ka⁵⁵dɯ²⁴, miẽ²⁴ka⁰ɕia⁵⁵, tɕiə³³lyõ³³ka⁵⁵la²⁴ka⁰xo⁵⁵sɯ⁰ni⁰?

【东阳】格个大，哝个小，格两个□个好蒂⁼儿？kɜʔ⁵kɑ⁴⁴⁵dɯ³²⁴，nom³⁵kɑ⁰sɤ⁵⁵，kɜʔ⁵liʌ³⁵kɑ⁰man³¹kɑ⁴²³xau⁴⁴⁵tin⁵⁵？

【磐安】孤⁼个大，哝个小，葛⁼两个末儿个好□儿呢？ku³³kɑ⁵²dɯɤ¹⁴，nɑom²¹kɑ⁵²ʃio⁴³⁴，kɛ⁵⁵liŋ⁴³kɑ⁵²mɛn²¹kɑ⁵²xo³¹tin⁴⁴⁵ni⁵⁵？

【永康】（□）个大，勾⁼个细，□两个□个好粒儿？（ku⁴⁴）kuə⁵⁴duə¹⁴，kəɯ⁴⁵kuə⁵⁴ɕiə⁵⁴，ku⁴⁴liaŋ¹¹kuə⁵⁴tɕʰi⁵³kuə⁵⁴xɒ⁴⁴lɤə¹⁴？

【武义】阿个大，特⁼个细，阿两个□个好□儿？aʔ⁵tɕiaʔ⁰duo³¹，dəʔ³tɕia⁵³ɕia⁵³，aʔ⁵liaŋ¹¹tɕia³³tɕia³³tɕia⁵³xɤ⁴⁴⁵tin⁵³？（□儿tin⁵³ ~ 些 sɤ⁵³）

11 这个比那个好。

【金华】格个比末个好些。kəʔ⁴kəʔ⁴pi⁵³məʔ²¹ɡəʔ¹⁴xau⁵³zəʔ¹⁴。

【汤溪】仡个比狂⁼个好些。ɡə¹¹kɑ⁵²pei⁵²ɡao¹¹kɑ⁰xə⁵²sɤ⁵²。

【浦江】噲个比嘛个好些。tɕiə³³kɑ⁵⁵pi⁵²miẽ²⁴kɑ⁰xo⁵⁵sɯ⁰。

【东阳】格个比哝个好。kɜʔ⁵kɑ⁴⁴⁵pi⁴⁴⁵nom¹¹kɑ⁴²xau⁵⁵。

【磐安】孤⁼个比哝个好些。ku³³kɑ⁵²pi⁴³⁴nɑom²¹kɑ⁵²xo⁴³sɛ⁵²。（孤⁼ ku³³ ~ 葛⁼kɛ⁴³）

【永康】勾⁼个书□个好粒儿。kəɯ⁴⁵kuə⁵⁴ɕy⁴⁵ku⁴⁴kuə⁵⁴xɒ⁴⁴lɤə¹⁴。（□）个比勾⁼个好粒儿。（ku⁴⁴）kuə⁵⁴ʔbi⁴⁴kəɯ⁴⁵kuə⁵⁴xɒ⁴⁴lɤə¹⁴。

【武义】阿个比特⁼个好。aʔ⁵tɕiaʔ⁰piʔ⁴⁴⁵dəʔ³tɕia⁵³xɤ⁴⁴⁵。

12 这些房子不如那些房子好。

【金华】格些屋末些好些。kəʔ⁴səʔ⁴oʔ⁴məʔ²¹zəʔ¹⁴xau⁵³zəʔ¹⁴。

【汤溪】仡些屋无狂⁼些屋般好。ɡə¹¹sɤ⁵²ɔ⁵⁵m¹¹ɡao¹¹sɤ⁵ɔ⁵⁵mɤ⁰xə⁵³⁵。

【浦江】噲些多屋还是嘛些多屋好些。tɕiə³³sɯ³³tɯ⁵⁵ɯ³³⁴uã¹¹ʒi²⁴miẽ²⁴sɯ⁰tɯ⁵⁵ɯ³³⁴xo⁵⁵sɯ⁰。

【东阳】格些屋（还是）哝些屋好些。kɜʔ⁵sɜʔ⁴⁵ouʔ⁴⁵（ɜʔ²di³⁵）nom¹¹sɜʔ⁴⁵ouʔ⁴⁵xau⁴⁴⁵sɜʔ⁴⁵。格些屋弗及哝些屋好。kɜʔ⁵sɜʔ⁴⁵ouʔ⁴⁵fɜʔ⁵dʑiə²xau⁵⁵。

【磐安】孤⁼些屋弗如哝些屋好。ku³³sɛ⁵²ʌo⁴³⁴fɛ⁵⁵ʒy²¹nɑom²¹sɛ⁵²ʌo⁴³⁴xo⁴³⁴。（孤⁼ ku³³ ~ 葛⁼kɛ⁴³）

【永康】（□）粒儿屋书⁼勾⁼粒儿屋好粒儿。（ku⁴⁴）lɤə¹⁴u⁵⁴⁵ɕy⁴⁵kəɯ⁴⁵lɤə⁵⁴u⁵⁴⁵xɒ⁴⁴lɤə¹⁴。

【武义】阿些屋还特⁼些屋倚好些。aʔ⁵sɤ⁰ɔʔ⁵ŋuo²⁴dəʔ³sɤ⁵³ɔʔ⁵ɡaʔ³³xɤ⁴⁴⁵sɤ⁵³。

13 这句话用 ×× （本地地名）话怎么说？

【金华】格句说话用金华话哪生讲讲？kəʔ⁴tɕy⁵⁵ɕy⁵³uɑ¹⁴ioŋ¹⁴tɕiŋ³³uɑ³¹uɑ¹⁴lɑ⁵⁵saŋ³³kaŋ⁵³kaŋ⁵⁵？

【汤溪】仡句说话用汤溪话哈么讲讲？ɡə¹¹tɕi⁵²ɕi⁵²uɤ³⁴¹iao¹¹tʰo³³tɕʰie²⁴uɤ⁰xa²⁴

mɤ⁰kuo⁵²kuo⁵²？

【浦江】噷句话用浦江话相＝信＝讲个？ tɕiə³³tʃy⁵⁵ua⁰yon²⁴pʰu³³kõ⁵⁵ua⁰ʃyõ⁵⁵sən⁵⁵ kõ³³gə⁰？

【东阳】格句话巍山话生儿讲讲？ kɜʔ⁵tɕiɥ⁴²ua³²⁴me¹¹sʌ³³ua⁵⁴sɛn⁵⁵kʌ⁴⁴⁵kʌ⁵⁵？
（格句话 kɜʔ⁵tɕiɥ⁴²ua³²⁴ ~ 格句说话 kɜʔ⁵tɕiɥ⁴²souʔ⁵ua⁵⁴）

【磐安】孤＝句话用磐安话省＝生儿讲讲？ ku³³tɕy⁵²ua¹⁴iaom¹⁴bɤ²¹ɤ³³ua³⁴³sɛ⁴³ sɛn⁵²kɒ⁴³kɒ⁴³⁴？

【永康】（□）句说话用永康话生讲讲？（ku⁴⁴）ky⁵³ɕiu⁴⁴ua¹⁴ioŋ¹⁴yeiŋ¹¹kʰaŋ⁴⁵ua⁵⁴ sai⁵³kaŋ⁴⁴kaŋ⁵⁴？

【武义】阿句话用武义话生相讲？ aʔ⁵tɕy⁵³ua³¹iɔŋ³¹fu⁵³n̩¹¹ua³¹saʔ⁵ɕiaŋ⁵³kaŋ⁴⁴⁵？
（生相讲 sa⁵³ɕiaŋ⁵³kaŋ⁴⁴⁵ ~ 生讲讲 sa⁵³kaŋ⁴⁴⁵kaŋ⁴⁴⁵）

14 他今年多大岁数？

【金华】渠今年几岁了？ gə?²¹tɕiŋ³³n̩ia⁵⁵tɕi⁵³sɛ⁵⁵lə⁰？

【汤溪】渠今年几许岁？ gɯ¹¹ka²⁴n̩ie⁰kɛ⁵²xai⁵²sie⁰？

【浦江】渠今年几岁哇？ ʒi²³²tɕin⁵⁵n̩iã³³⁴tʃi⁵⁵ʃi¹³ua⁰？

【东阳】渠今年几岁哇？ gəɯ³¹²tɕien³³n̩i⁵⁴tɕi⁴⁴⁵sɿ⁴²ua⁰？

【磐安】渠今年几岁罢？ gɐɯ²¹tɕiɐn³³n̩ie³⁴³tɕi⁴³ʃy⁵²ba²⁴⁴？

【永康】渠今年几两岁？ gəɯ³³kieiŋ⁴⁵n̩ia⁴³³ki⁴⁴laŋ⁴⁴ɕiə⁵⁴？

【武义】渠农今年几两岁？ gɯ³³nɔ³³⁴kəʔ⁵n̩ie⁴²³ka⁴⁴⁵liaŋ¹¹ɕie⁵³？

15 大概有三十来岁吧。

【金华】大概三十来岁光景。ta⁵³kɛ⁵⁵sa³³ɕiəʔ⁴lɛ⁰sɛ⁵⁵kuaŋ³³tɕiŋ⁵⁵。

【汤溪】脱板儿有三十两岁。tʰɛ⁵²muŋ⁵⁵iəɯ¹¹³so²⁴ziɛ⁰lia⁰sie⁰。

【浦江】恐怕有三十来岁儿。kʰon⁵⁵pʰa⁵⁵iɤ²⁴sã⁵⁵zə⁰la¹¹ʃin⁵⁵。
粽＝有三十来岁光景。tsən⁵⁵iɤ⁵⁵sã⁵⁵zə⁰la¹¹ʃi⁵⁵kõ⁵⁵tɕian³³⁴。

【东阳】大概有三十几岁哇。dɑ¹¹ke⁴²iəɯ¹¹sʌ³³zɜʔ³tɕi⁴⁴⁵sɿ⁴²ua⁰。

【磐安】大概有三十来岁罢。da²¹kei⁵²iɐɯ⁴³⁴sɒ³³zɛ³⁴³lei²¹ʃy⁵²ba²⁴⁴。

【永康】大概有三十来岁。dia¹¹kəi⁵⁴iəɯ¹¹sɑ⁴⁵sə⁵⁴ləi³³ɕiə⁵⁴。

【武义】大概三十来岁罢。dia³³ka⁵³zuo²¹²səʔ⁴laʔ⁵³ɕie⁵³baʔ⁰。（"来"调值特殊）
……三十岁□干。……zuo²¹²səʔ⁴ɕie⁵³n̩ie⁴⁴⁵kɤ²⁴。

16 这个东西有多重呢？

【金华】格样东西有几许儿重？ kəʔ⁴iaŋ¹⁴toŋ³³sie⁵⁵iu⁵³⁵tɕi⁵³xəŋ⁵⁵tɕioŋ⁵³⁵？

【汤溪】伲个东西有几许重？ gə¹¹ka⁵²nao²⁴sie⁰iəɯ¹¹³kɛ⁵²xai⁵²dʑiɑo¹¹³？

【浦江】噷个东西有多少重哪？ tɕiə³³kɑ⁵⁵tən⁵⁵ʃi⁰iɤ²⁴tɯ³³sɯ⁵⁵dʑyon²⁴nɑ⁰？

【东阳】格个东西有几许儿重？ kɜʔ⁵kɜʔ⁴⁵tom³³si⁵⁴iəɯ¹¹tɕi⁴⁴⁵xɤn⁵⁵dzom³⁵？

621

【磐安】葛⁼东西有几许重？kɛ⁵⁵taom³³ʃi⁴⁴⁵iɐɯ⁴³⁴tɕi⁴³xɤ⁵²dzaom²⁴⁴？

【永康】(□)个东西有几许儿重？(ku⁴⁴)kuə⁵³noŋ⁴⁴ɕiə⁴⁵iəɯ¹¹ki⁴⁴xɤ⁵³dʑioŋ³²³？

【武义】阿个东西儿有几许重？aʔ⁵kəʔ⁰noŋ²¹²ɕin⁵³iu³³ka⁴⁴⁵xɤ⁵³dzoŋ³³⁴？（几许 ka⁴⁴⁵xɤ⁵³ ~ 几□儿 ka⁴⁴⁵tin⁵³）

17 有五十斤重呢。

【金华】有五十斤重。iu⁵³⁵ŋ⁵⁵ziəʔ¹⁴tɕiŋ⁰tɕioŋ⁵³⁵。

【汤溪】有五十斤重嘞。iəɯ¹¹³ŋ¹¹³ʑiɛ⁰tɕiei⁰dʑiao¹¹lei⁰。

【浦江】有五十斤重呢。iɤ²⁴n⁵⁵zə⁰tɕin⁵⁵dʑyon²⁴ni⁰。

【东阳】有五十斤重呢。iəɯ³⁵n¹¹zɿʔ²tɕien⁴⁴⁵dzom³⁵n̩i⁰。

【磐安】有五十斤重啦。iɐɯ⁴³⁴n²¹zɛ²¹³tɕiɐn⁵²dzaom²⁴⁴la⁴³⁴。

【永康】有五十斤重。iəɯ³²³ŋ¹¹zə¹⁴kieiŋ⁴⁵dʑioŋ³²³。

【武义】有五十斤重。iu³³⁴n¹¹zəʔ³tɕin⁵³dzoŋ³³⁴。

18 拿得动吗？

【金华】驮得动弗？duɤ³¹təʔ²⁴toŋ⁵³vəʔ¹⁴？

【汤溪】约⁼得动弗？io⁵⁵tei⁰dao¹¹fɛ⁵²？

【浦江】驮弗驮得动哪？dɯ¹¹fə¹¹dɯ¹¹tə¹¹dən²⁴na⁰？

【东阳】驮得动弗？dʊ¹¹teiʔ⁵dom³⁵fɿʔ⁰？

【磐安】驮得动弗？duɤ²¹tɛi⁴³⁴daom²⁴⁴fɛ⁴³⁴？

驮得动驮弗动？duɤ²¹tei⁴³⁴daom²⁴⁴duɤ²¹fɛ⁴³daom²⁴⁴？

【永康】驮得动弗？duə³³əi³²³doŋ¹¹fə⁵⁴？ ①

【武义】驮得动弗？duo⁴²ləʔ⁵doŋ³³⁴fəʔ⁰？

19 我拿得动，他拿不动。

【金华】我驮得动个，渠驮弗动。a⁵³⁵duɤ³¹təʔ²⁴toŋ⁵³gəʔ¹⁴，gəʔ²¹²duɤ³¹fəʔ⁰toŋ⁵³⁵。

【汤溪】我约⁼得动，渠约⁼弗动。a¹¹³io⁵⁵tei⁰dao¹¹³，gɯ¹¹io⁵⁵fe⁰dao¹¹³。

【浦江】我驮得动，渠驮弗动。a⁵⁵dɯ¹¹tə¹¹dən²⁴³，ʒi²³²dɯ¹¹fə¹¹dən²⁴³。

【东阳】我驮得动，渠驮弗动。ŋʊ³⁵dʊ¹¹teiʔ⁵dom³⁵，gəɯ³¹²dʊ¹¹fɿʔ⁵dom³⁵。

【磐安】我驮得动，渠驮弗动。ŋuɤ⁴³⁴duɤ²¹tɛi⁴³⁴daom²⁴⁴，gɐɯ²¹³duɤ²¹fɛ⁴³daom²⁴⁴。

【永康】我驮得动，渠驮弗动。ŋuə¹¹duə³³əi³²³doŋ³²³，gəɯ³³duə³³fəʔ⁰doŋ³²³。

【武义】我农驮得动，渠农驮弗动。a³³nɔ³³⁴duo⁴²ləʔ⁵doŋ³³⁴，gɯ³³nɔ³³⁴duo⁴²fəʔ⁵doŋ³³⁴。

20 真不轻，连我都拿不动了。

【金华】真当有点儿重，连我侬都驮弗动。tɕiŋ³³taŋ⁵⁵iu⁵³fi⁵⁵tɕioŋ⁵³⁵，lie³³a⁵⁵noŋ⁰ tu³³duɤ³¹fəʔ²⁴toŋ⁵³⁵。

---

① "得"读得很轻，常读作[ə³²³]，有时几乎听不见。

【汤溪】是弗轻,连我秃⁼约⁼弗动罢。dzŋ¹¹³fɛ⁵⁵tɕʰiei²⁴, lie³³a¹¹³tʰɔ⁵⁵io⁵⁵fɛ⁰dao¹¹³ba¹¹³。

【浦江】袋⁼重个,连我都驮弗动哪。da²⁴dzyon¹¹gɛ⁰, ȵiẽ¹¹a⁵⁵tɯ⁵⁵dɯ¹¹fə⁵⁵dən¹¹na⁰。

【东阳】老实弗轻,重得连我都驮弗动。lau³⁵zʐ?⁴⁵fʐ?⁵kʰən⁴⁴⁵, dzom³⁵tei?⁴⁵li¹¹ŋʊ³⁵tu⁴⁴⁵dʊ¹¹fʐ?⁵dom³⁵。

【磐安】真弗轻,连我都驮弗动罢。tsen⁴⁴⁵fɛ⁴³kʰen⁴⁴⁵, lie²¹ŋuɤ⁴³⁴tu⁴⁴⁵duɤ²¹fɛ⁴³dɑom²⁴⁴ba⁰。

【永康】亨⁼生重,我都驮弗动。xai⁴⁵sai⁵³dziɔŋ³²³, ŋuə¹¹?du⁴⁵duə³³fə³dɔŋ³²³。

【武义】真生重欵,我农都驮弗动。tsen²⁴sa²⁴dzɔŋ³³⁴e⁰, a³³nɔ³³⁴lu⁴⁴⁵duo⁴²fə?⁵dɔŋ³³⁴。

21 你说得很好,你还会说点儿什么呢?

【金华】侬讲得好听,侬还会讲待⁼西呢? noŋ⁵³kaŋ⁵³tə?⁴xau⁵³tʰiŋ⁵⁵, noŋ⁵³⁵ua³¹uɛ¹⁴kaŋ⁵³tɛ⁵³sie⁵⁵nie⁵⁵?

【汤溪】尔讲得吓农好,尔还讲得伽儿西来添弗? ŋ¹¹³kuo⁵²tei²⁴xa⁵⁵nao⁰xə⁵³⁵, ŋ¹¹³uo²⁴kuo⁵²tei²⁴dziaŋ¹¹³sie⁵²lɛ¹¹tʰie²⁴fɛ⁰?

【浦江】尔讲得危险好,尔还会讲□儿咯⁼力⁼呢? n⁵⁵kõ⁵⁵tə⁰uɛ¹¹ʃiẽ⁵⁵xo⁵³, n⁵⁵ã¹¹ua²⁴kõ⁵⁵mẽn⁰gə¹¹lɛ²⁴ni⁰? (□儿mẽn⁰ ~ 些 sɯ⁰)

【东阳】尔讲得尽好,尔还会讲蒂⁼儿同⁼西? n³⁵kʌ⁴⁴⁵tei?⁴⁵zien³⁵xɑu⁵⁵, n³⁵ʐ?ue³²⁴kʌ⁴⁴⁵tin⁵⁵dom¹¹si⁵⁴?

【磐安】尔讲得尽好,尔还会讲□儿节⁼西呢? n⁴³⁴kɒ⁴³tei⁴³⁴ʒiɐn²⁴xo⁴³⁴, n⁴³⁴ɒ²¹uei¹⁴kɒ⁴³tin⁴⁴⁵tʃia⁴³ʃi⁴⁴⁵ni⁵⁵?

【永康】尔讲得交儿好,尔还乐讲点儿伽西添? ŋ¹¹kaŋ⁴²əi³²³kɒ³²⁴xɒ⁵⁴⁵, ŋ¹¹ua³³ŋɒ¹¹kaŋ⁴²nia⁵³dʑia¹¹ɕiə⁵³tʰia⁴⁵?

【武义】农讲得弗疲猛,农还想讲□儿□西儿? nɔ³³⁴kaŋ⁴⁴⁵lə?⁰fə?⁴ɕiə?⁵ma⁰, nɔ³³⁴ŋuo²⁴ɕiaŋ⁴⁴⁵kaŋ⁴⁴⁵tin⁵³da³³ɕin⁵³?

22 我嘴笨,我说不过他。

【金华】我舲讲说话个,我讲弗过渠。a⁵³⁵fɛ⁵⁵kaŋ⁵⁵ɕy⁵³ua¹⁴kə?⁴, a⁵³⁵kaŋ⁵⁵fə?⁴kuɤ⁵⁵gə?²¹²。

……, 我讲渠弗过。……, a⁵³⁵kaŋ⁵⁵gə?²¹fə?⁴kuɤ⁵⁵。

……, 我讲弗渠过。……, a⁵³⁵kaŋ⁵⁵fə?⁴gə?²¹kuɤ⁵⁵。

【汤溪】我舲讲说话,我讲弗渠过。a¹¹³fɛ⁵²kuo⁵²ɕi⁵²uɤ³⁴¹, a¹¹³kuo⁵²fɛ⁵²kɯ³³kuɤ⁵²。

……, 我讲弗渠过。……, a¹¹³kuo⁵²kɯ⁵²fɛ⁵²kuɤ⁵²。

……, 我讲弗过渠。……, a¹¹³kuo⁵²fɛ⁵²kuɤ⁵²gɯ⁰。

【浦江】我意⁼舲讲话个,我讲渠弗过。a⁵⁵i⁵⁵fa³³kõ⁵⁵ua⁰gə⁰, a⁵⁵kõ³³ʒi²⁴fə³³kɯ⁵⁵。

……，我讲弗过渠。……，a⁵⁵kõ⁵⁵fə⁰kɯ⁵⁵ʑi²³²。
　　　……，我讲弗渠过。……，a⁵⁵kõ⁵⁵fə⁰ʑi²³²kɯ⁵⁵。

【东阳】我口嘴笨猛，讲弗得渠过。ŋʊ³⁵kʰəɯ⁴⁴⁵tsŋ̍bən¹¹mɜ⁵⁴，kʌ⁴⁴⁵fɜʔ⁵tei ʔ⁴⁵gəɯ⁰kʊ⁴²³。

【磐安】我舌才囗猛，我讲弗过渠。ŋuɤ⁴³⁴dʑiɛ²⁴dzei³⁴³ɕien⁴⁴⁵mɜ⁴³，ŋuɤ⁴³⁴kɒ⁴³⁴fɛ⁴³kuɤ⁵²gɐɯ²¹³。

　　　……，我讲弗渠过。……，ŋuɤ⁴³⁴kɒ⁴³⁴fɛ⁴³gɐɯ²¹kuɤ⁵²。
　　　……，我讲渠弗过。……，ŋuɤ⁴³⁴kɒ⁴³⁴gɐɯ²¹fɛ⁴³kuɤ⁵²。

【永康】我口嘴呐用，讲弗渠过。ŋuə¹¹kʰəɯ⁴²tsəi⁵⁴⁵nəi⁵³iɔŋ¹⁴，kaŋ⁴²fə⁴gəɯ³³kua⁵⁴。

　　　……，讲渠弗过。……，kaŋ⁴²gəɯ³³fə⁴kua⁵⁴。
　　　……，讲弗过渠。……，kaŋ⁴⁴fə⁴kua⁵³gəɯ³³。

【武义】我侬觞讲话，我侬讲渠弗过。a³³nɔ³³fa⁵³kaŋ⁵³ua³¹，a³³nɔ³³kaŋ⁴⁴⁵gɯ³³fəʔ⁵kuo⁵³。

　　　……，我侬讲弗过渠。……，a³³nɔ³³kaŋ⁴⁴⁵fəʔ⁵kuo⁵³gɯ³³⁴。
　　　……，我侬讲弗渠过。……，a³³nɔ³³kaŋ⁴⁴⁵fəʔ⁵gɯ³³kuo⁵³。

23 说了一遍，又说了一遍。

【金华】讲了一趟，依⁼讲一趟。kaŋ⁵⁵lə⁰iəʔ⁴tʰɐŋ⁵⁵，i³³⁴kaŋ⁵³iəʔ⁴tʰɐŋ⁵⁵。（趟 tʰaŋ⁵⁵ ~ 遍 pie⁵⁵）

【汤溪】讲回过罢，依⁼讲一回。kuo⁵²uɛ⁵²kuɤ⁰ba¹¹³，i²⁴kuo⁵³⁵i⁵²uɛ¹¹。

【浦江】讲啊一遍，意⁼（讲）一遍。kõ³³a⁵⁵iə⁵⁵piẽ³³⁴，i⁵⁵（kõ⁵⁵）iə⁵⁵piẽ³³⁴。

【东阳】讲了一遍，依⁼讲一遍。kʌ⁴⁴⁵la⁰iʔ⁵pi⁴²³，i⁴⁴⁵kʌ⁴⁴⁵iʔ⁴⁵pi⁰。

【磐安】讲了一遍，依⁼讲一遍。kɒ⁴³la³³iɛ⁴³pie⁵²，i⁴⁴⁵kɒ⁴³⁴iɛ⁴³pie⁵²。

【永康】讲了一遍，囗一遍。kaŋ⁴²lɒ⁴²²iəʔ⁴ʔbiə⁵⁴，i¹⁴iəʔ⁴ʔbiə⁵⁴。

【武义】讲了一遍，依⁼一遍。kaŋ⁴⁴⁵ləʔ⁰iəʔ⁴mie⁵³，i²⁴iəʔ⁴mie⁵³。

24 请你再说一遍！（参看第 74 句）

【金华】请侬（再）讲遍添！tsʰiŋ⁵³nɔŋ⁵³⁵（tsɛ⁵⁵）kaŋ⁵³pie⁵⁵tʰiã³³⁴！

【汤溪】请尔（再）讲遍添！tsʰei⁵²ŋ⁵²（tsɛ⁵²）kuo⁵²mie⁵²tʰie²⁴！

【浦江】托尔（再）讲先⁼先⁼儿！tʰo³³n⁵⁵（tsa⁵⁵）kõ³³ʃiã⁵⁵ʃiãn⁰！
　　　托尔（再）讲遍先⁼儿！tʰo³³n⁵⁵（tsa⁵⁵）kõ³³piẽ⁵⁵ʃiãn⁰！

【东阳】请讲遍添！tsʰən⁴⁴⁵kʌ⁴⁴⁵pi⁴²tʰi⁴⁴⁵！

【磐安】请尔讲遍添儿！tsʰɐn⁴³n⁴³⁴kɒ⁴³pie⁵²tʰien⁴⁴⁵！

【永康】尔（再）讲遍添！ŋ¹¹（tsəi⁵³）kaŋ⁴⁴ʔbiə⁵³tʰia⁴⁵！

【武义】请农讲遍添！tɕʰin⁴⁴⁵nɔ³³kaŋ⁴⁴⁵mie⁵³tʰie²⁴！

25 不早了，快去吧！

【金华】弗早了，快点儿去得了！fəʔ⁴tsau⁵³lə¹⁴，kʰua⁵⁵tī⁵⁵kʰɯ⁵⁵təʔ⁴lə⁰！

【汤溪】弗早罢，快点儿去哇！fɜ⁵⁵tsə⁵³⁵ba¹¹³，kʰua⁵²n̩iaŋ⁰kʰəɯ⁵²ua⁰！

【浦江】弗早啊,快些去! fə³³tso⁵⁵a⁰, kʰua⁵⁵sɯ⁰tɕʰi⁵⁵ !
【东阳】弗早哇,快蒂⁼儿去搭⁼哇! fəʔ⁵tsau⁴⁴⁵ua⁰, kʰua³³tin⁵⁵kʰəɯ⁴²tuoʔ⁴⁵ua⁰!①
　　　　……,豪悇蒂⁼儿去搭⁼哇!……, au¹¹sau⁴⁴⁵tin⁵⁵kʰəɯ⁴²tuoʔ⁴⁵ua⁰ !
【磐安】弗早罢,快去□! fɛ⁴³tso⁴³ba²⁴⁴, kʰua⁵²kʰɐɯ⁵²duə³³ !②
【永康】弗早咩,□家⁼粒儿去! fə⁴tsɒ⁴²mia⁵⁴, sa⁴⁴ka⁴⁴lɤə¹⁴kʰɯ⁵⁴ !
【武义】弗早罢,快□儿去! fəʔ⁵tsɤ⁴⁴⁵ba⁰, tsʰua⁵³tin⁵³kʰɯ⁵³ !

26 现在还很早呢。等一会儿再去吧。

【金华】格记还早。等记添(再)去。kəʔ²⁴tɕie⁵⁵ua³¹tsau⁵³⁵。təŋ⁵³tɕie⁵⁵tʰiã³³⁴(tsɛ⁵⁵)kʰɯ⁵⁵。
　　　　……。等记再去。……təŋ⁵³tɕie⁵⁵tsɛ⁵⁵kʰɯ⁵⁵。
【汤溪】仡记儿还吓农早。等记儿添(再)去。gə¹¹tɕiŋ⁵²uo²⁴xa⁵⁵nɑo⁰tsə⁵³⁵。nai⁵²tɕiŋ⁵²tʰie²⁴(tsɛ⁵²)kʰəɯ⁵²。(添 tʰie²⁴ ~ 着 dʑio⁰)
　　　　……。等记儿再去。……nai⁵²tɕiŋ⁵²tsɛ⁵²kʰəɯ⁵²
【浦江】□浼⁼还□早啊。等记儿先⁼儿再去啰。tɕyɯ³³ɯ⁵⁵uã¹¹mən⁵⁵tso⁵⁵a⁰。tən⁵⁵tʃiⁿiã̃n⁰tsa⁵⁵tɕʰi⁵⁵lo⁵⁵。
【东阳】□节还早。等记儿添再去搭⁼哇。ʌ⁴⁴⁵tɕiɑ⁰ɜʔ²tsau⁵⁵。tən⁴⁴⁵tɕin⁵⁵tʰi⁴⁴⁵tse⁴²kʰəɯ⁴²tuoʔ⁴⁵ua⁰。
【磐安】养⁼节儿还尽早呢。等记儿(添儿)再去□。iɒ⁴³tʃian²¹ɒ²¹ʒɐn²⁴tso⁴³ni³³。tɐn⁴³tɕin⁵²(tʰien⁴⁴⁵)tsei⁵²kʰɐɯ⁵²duə³³。
【永康】□节还交儿早。等记望起再去。iaŋ⁵³tɕiɑ⁰ua³³kɒ³²⁴tsɒ⁵⁴⁵。nieiŋ⁴⁴kiə⁵³mɑ⁰kʰi⁵⁴⁵tsəi⁵³kʰɯ⁵⁴。
　　　　……。等记添再去。……nieiŋ⁴⁴kiə⁵³tʰia⁴⁵tsəi⁵³kʰɯ⁵⁴。
【武义】(阿记)还早猛。等记起再去。(aʔ⁵dʑi⁰)ŋuo²⁴tsɤ⁴⁴⁵mɑ⁰。nen⁴⁴⁵tɕi⁵³tɕʰi⁴⁴⁵tsa⁵³kʰɯ⁵³。(起 tɕʰi⁴⁴⁵ ~ 添 tʰie²⁴)

27 吃了饭再去好吧?

【金华】饭吃吃再去哇? va¹⁴tɕʰiəʔ²tɕʰiəʔ²tsɛ⁵⁵kʰɯ⁵⁵ua⁰ ?
【汤溪】饭吃吃再去哦。 vo³⁴¹tɕʰiei⁵⁵tɕʰiei⁰tsɛ⁵²kʰəɯ⁵²o⁰ ?
【浦江】饭食食再去好弗好? vã²⁴zɛ²⁴zɛ²⁴tsa⁵⁵tɕʰi⁵⁵xo⁵⁵fə⁰xo⁵⁵ ?
【东阳】饭食了去好弗? vʌ²⁴zeiʔ²lɑ⁰kʰəɯ⁴²xau⁴⁴⁵fɜʔ⁴⁵ ?
　　　　食了饭去搭⁼哇? zeiʔ²lɑ⁰vʌ³²⁴kʰəɯ⁴²tuoʔ⁴⁵ua⁰ ?
【磐安】饭食了再去好弗? vɒ¹⁴zɛi²¹la⁴³⁴tsei⁵²kʰɐɯ⁵²xo⁴³fɛ⁴³⁴ ?

---

① "搭⁼哇"是相当于"吧"的语气词。
② "□ duə⁰"是相当于"吧"的语气词。[句]53 的 "□ duə³³"同此。

625

【永康】饭食了起再去好弗？　va^{14}zəi^{11}lɒ^{422}kʰi^{545}tsəi^{53}kʰəɯ^{54}xɒ^{44}fəʔ^{54}？
【武义】饭食了起再去好弗？　vuo^{31}ʑiəʔ^{3}lao^{31}tɕʰi^{445}tsa^{53}kʰɯ^{53}xɤ^{445}fəʔ^{0}？

28　慢慢儿地吃啊，不要急煞！

【金华】宽慢吃，弗要急！　kʰua^{33}ma^{55}tɕʰiə^{ʔ4}，fəʔ^{4}iau^{55}tɕiə^{ʔ4}！
【汤溪】慢慢儿儿吃，鞕急！　mo^{11}mo^{11}ɲiŋ^{24}tɕʰiei^{55}，fi^{52}tɕiei^{55}！
【浦江】宽慢食，弗要火！　kʰuã^{55}mã^{33}zɛ^{232}，fɛ^{55}i^{55}xɯ^{53}！
　　　　（宽慢 kʰuã^{55}mã^{33} ~ 慢慢弄 ⁼mã^{11}mã^{24}lon^{0}）
【东阳】宽宽慢儿食！弗乐慌！　kʰʌ^{33}kʰʌ^{33}mʌn^{45}zeiʔ^{324}！fɜʔ^{5}ŋau^{42}xʌ^{445}！
　　　　（慢儿 mʌn^{45} ~ mein^{45}）
【磐安】㦀㦀个儿食，弗乐急！　ga^{24}ga^{24}kan^{52}zɛi^{213}，fɛ^{55}ŋo^{21}tɕiɛ^{434}！
　　　　（急 tɕiɛ^{434} ~ 慌 xɒ^{445}）
【永康】从宽食，（弗）乐慌！　zɒŋ^{33}kʰua^{45}zəi^{323}，（fəʔ^4）ŋɒ^{53}xuaŋ^{45}！
【武义】从宽食，緗慌！　sɔŋ^{445}kʰuo^{24}ʑiəʔ^{3}，fao^{53}xuaŋ^{24}！

29　坐着吃比站着吃好些。

【金华】坐□吃比徛□吃好些。sɯ^{53}tɕʰiɛ^{14}tɕʰiəʔ^{4}pi^{535}kɛ^{53}tɕʰiɛ^{14}tɕʰiəʔ^{4}xau^{53}zəʔ^{14}。
　　　　（[tɕʰiɛ^{14}]是"起来"的合音）
【汤溪】坐耷吃比徛耷吃好些。zɤ^{11}ta^{52}tɕʰiei^{55}pei^{52}gɛ^{11}ta^{52}tɕʰiei^{55}xə^{52}sɤ^{52}。
【浦江】坐□食比徛□食好些。zɯ^{11}ia^{24}zɛ^{232}pi^{55}ga^{11}ia^{24}zɛ^{232}xo^{55}sɯ^{0}。
　　　　（[ia^{24}]是"起来"的合音）
【东阳】坐哝食比徛哝食好。zʊ^{35}nom^{55}zeiʔ^{324}pi^{445}gɛ^{35}nom^{55}zeiʔ^{324}xau^{55}。
　　　　坐起食比徛起食好些。zʊ^{35}tɕʰiəʔ^{45}zeiʔ^{324}pi^{445}gɛ^{35}tɕʰiəʔ^{45}zeiʔ^{324}xau^{445}sɜʔ^{45}。
【磐安】坐□儿食比徛哝食好些。zuɤ^{244}dɛn^{213}zɛi^{213}pi^{43}gei^{244}naom^{213}zɛi^{213}xo^{43}sɛ^{52}。
【永康】徛里食书 ⁼坐了里食清爽粒儿。gəi^{11}əi^{323}zəi^{323}ɕy^{45}zuə^{11}lɒ^{422}əi^{323}zəi^{323}tɕʰieiŋ^{44}ɕyaŋ^{44}lɤə^{14}。坐了里食比徛里食清爽粒儿。zuə^{11}lɒ^{422}əi^{323}zəi^{323}ʔbi^{44}gəi^{11}əi^{323}zəi^{323}tɕʰieiŋ^{44}ɕyaŋ^{44}lɤə^{14}。
【武义】坐倒来食比徛来食好□儿。zuo^{33}lɤ^{53}la^{0}ʑiəʔ^{3}pi^{445}ga^{33}la^{24}ʑiəʔ^{3}xɤ^{445}tin^{53}。
　　　　（□儿 tin^{53} ~ 些 sɤ^{53}）

30　他吃了饭了，你吃了饭没有呢？

【金华】渠饭吃过了，侬吃过未呢？　gəʔ^{21}va^{14}tɕʰiəʔ^{4}kuɤ^{55}lə^{0}，noŋ^{53}tɕʰiəʔ^{4}kuɤ^{55}mi^{0}na^{0}？
【汤溪】渠（饭）吃罢，尔（饭）吃未？　gɯ^{11}（vo^{341}）tɕʰiei^{55}ba^{113}，ŋ^{113}（vo^{341}）tɕʰiei^{55}mi^{0}？
【浦江】渠饭食过啊，尔食过艚哪？　ʑi^{232}vã^{24}zɛ^{24}kɯ^{33}a^{0}，n^{55}zɛ^{24}kɯ^{33}fən^{33}na^{0}？
【东阳】饭渠食过哇，尔食过未？　vʌ^{324}gəɯ^{312}zeiʔ^{2}kʊ^{42}ua^{0}，n^{35}zeiʔ^{2}kʊ^{33}mi^{55}？

渠饭食过哇，……？ gɯɯ³¹²vʌ³²⁴zeiʔ²kʋ⁴²uɑ⁰，……？

【磐安】渠（饭）食过罢,尔（饭）食过未儿？ gɐɯ²¹³（vɒ¹⁴）zɛi²¹kuɤ⁵²ba⁰, n⁴³⁴（vɒ¹⁴）zɛi²¹kuɤ⁵²min¹⁴？

【永康】渠食过咩,尔食过未？ gəɯ³³zəi¹¹kuɑ⁵³miɑ⁰, ŋ³²³zəi¹¹kuɑ⁵³mi⁵⁴？

【武义】渠农饭食过罢,农食过未？ gɯ³³nɔ³³⁴vuo³¹ʑiəʔ³kuo⁵³ba⁰, nɔ³³⁴ʑiəʔ³kuo⁵³mi⁰？

31 他去过上海，我没有去过。

【金华】渠上海去过了,我未去过。gəʔ²¹ɕiaŋ⁵³xɛ⁵³⁵kʰɯ⁵⁵kuɤ⁰lə⁰, a⁵³⁵mi¹⁴kʰɯ⁵⁵kuɤ⁰。

【汤溪】渠上海去过罢,我未去过。gɯ¹¹ʑio¹¹xɛ⁵³⁵kʰɐɯ⁵²kuɤ⁰ba¹¹³, a¹¹³mi³⁴¹kʰəɯ⁵²kuɤ⁰。

【浦江】渠上海去过,我还未去过。ʑi²³²ȝyõ¹¹xa⁵³tɕʰi⁵⁵kɯ⁵⁵, a⁵⁵ã¹¹mi²⁴tɕʰi⁵⁵kɯ⁰。

【东阳】渠上海去过,我无北⁼去过。gəɯ³¹²ʑiʌ³⁵xe⁰kʰəɯ⁴²kʋ⁰, ŋʋ³⁵n¹¹peiʔ⁴⁵kʰəɯ⁴²kʋ⁰。

上海渠去过,……。ʑiʌ³⁵xe⁰gəɯ³¹²kʰəɯ⁴²kʋ⁰,……。

【磐安】渠上海去过罢,我未儿去过。gɐɯ²¹³ȝiɒ²⁴xɛ⁴³⁴kʰɐɯ⁵²kuɤ³³ba²⁴⁴, ŋuɤ⁴³min¹⁴kʰɐɯ⁵²kuɤ⁵²。

【永康】渠上海去过（咩）,我未去过。gəɯ³³ʑiaŋ¹¹xəi⁵⁴⁵kʰəɯ⁵³kuɑ⁰（miɑ⁰）, ŋuə¹¹mi¹⁴kʰəɯ⁵³kuɑ⁰。

【武义】渠农上海去过,我农未去过。gɯ³³nɔ³³ɕiaŋ⁵³xa⁴⁴⁵kʰɯ⁵³kuo⁰, a³³nɔ³³⁴mi³¹kʰɯ⁵³kuo⁰。

32 来闻闻这朵花香不香。

【金华】来闻闻觑格朵花香弗香。lɛ³³vəŋ³¹vəŋ¹⁴tsʰi⁵⁵kəʔ²tuɤ⁵⁵xua³³⁴ɕiaŋ³³fəʔ²ɕiaŋ³³⁴。

【汤溪】来碰⁼碰⁼添仡朵花香弗个。lɛ⁵²pʰao⁵²pʰao⁰tʰie⁰gə¹¹tɤ⁵²xuo²⁴ɕio²⁴fɛ⁰kə⁰。

【浦江】来喷⁼喷⁼起㕦朵花香弗香。la¹¹pʰən⁵⁵pʰən⁵⁵tʃʰi⁰tɕiə³³tɯ⁵⁵xua⁵³⁴ʃyõ⁵⁵fə⁰ʃyõ⁰。

【东阳】尔□□添格朵花香弗香。n³⁵pʰom³³pʰom³³tʰi⁴⁴⁵kɜʔ⁵tʋ⁴²xua⁴⁴⁵ɕiʌ³³fɜʔ⁵ɕiʌ⁵⁵。

【磐安】来碰⁼碰⁼起儿孤⁼朵花香弗。lei²¹pʰaom⁵²pʰaom⁵²tɕʰin⁵⁵ku³³tuɤ⁵²xua⁴⁴⁵ʃiɒ³³fɛ⁵⁵。

【永康】来喷⁼记望（□）朵花香弗。ləi³³pʰəŋ⁴⁵kiə⁵³mɑ⁰（ku⁴⁴）ʔduə⁵³xua⁴⁵xiaŋ⁴⁵fə⁵⁴。

来喷⁼喷⁼望……。ləi³³pʰəŋ⁴⁵pʰəŋ⁴⁵mɑ⁰……。

【武义】喷⁼记望阿焙⁼花香弗。pʰen²⁴tɕi⁵³maŋ³¹aʔ⁵ba³¹xua²⁴ɕiaŋ²⁴fəʔ⁵。

33 给我一本书！

【金华】书分本我！ɕy³³⁴fəŋ³³pəŋ⁵⁵a⁵³⁵！

【汤溪】约=本书我！ io^{55}mai^{52}ɕi^{24}ɑ^0！

【浦江】书担本书我！ ʃy^{534}nã^{55}pən^{33}tə^{33}ɑ^{55}！（担 nã^{55} ~ 驮 dɯ^{11}；得 tə^{33} ~ na^{33} ~ la^{33} ~ a^{33}）

担本书得我！ nã^{55}pən^{33}ʃy^{55}tə^{33}ɑ^{55}！（担 nã^{55} ~ 驮 dɯ^{11}；得 tə^{33} ~ na^{33} ~ la^{33} ~ a^{33}）

【东阳】书约=本得我！ sʅ^{445}iəʔ^{45}pən^{0}teiʔ^{45}ŋʊ^0！（约=iəʔ^{45} ~ 分 fən^{445}）

【磐安】野=我一本书！ ia^{43}ŋɤ^{434}iɛ^{43}pɐn^{52}ʃy^{445}！（野=ia^{43} ~ 分 fen^{445}）

野=本书得我！ ia^{434}pɐn^{52}ʃy^{445}tɛi^{43}ŋɤ^{434}！

【永康】书约=本我！ ɕy^{45}iɒ^{44}məŋ^{53}ŋuə^{323}！

约=本书我！ iɒ^{44}məŋ^{53}ɕy^{45}ŋuə^{323}！

【武义】书分本我农望望！ ɕy^{24}fen^{24}men^{53}a^{33}nɔ^{334}maŋ^{31}maŋ^0！

分本书我农望望！ fen^{24}men^{53}ɕy^{24}a^{33}nɔ^{334}maŋ^{31}maŋ^0！

34 我实在没有书嘛！

【金华】我真当无没书！ a^{535}tɕiŋ^{33}taŋ^{55}m^{31}məʔ^{212}ɕy^{334}！

【汤溪】我正经无书欸！ ɑ^{113}tɕiai^{33}tɕiei^{52}m^{33}ɕi^{24}ɛ^0！

【浦江】我真当无茂=书啊！ ɑ^{55}tsən^{33}tõ^{33}m^{11}mɤ^{24}ʃy^{534}a^0！

【东阳】我老实无北=书！ ŋʊ^{35}lau^{35}zɹʔ^{45}n^{11}peiʔ^{45}sʅ^{445}！

【磐安】我实在无囗书啦！ ŋuɤ^{434}zɛ^{24}dzei^{244}m^{21}bɛi^{343}ʃy^{33}la^{434}！

【永康】我真个呐书！ ŋuə^{11}tsəŋ^{45}kuə^{54}nəi^{53}ɕy^{45}！

【武义】我农真个呐书！ a^{33}nɔ^{334}tsen^{24}kəʔ^{5}nie^{53}ɕy^{24}！

35 你告诉他。

【金华】侬亨=渠讲。noŋ^{535}xəŋ^{33}gəʔ^{21}kaŋ^{535}。

【汤溪】尔报渠记。ŋ^{113}pə^{52}gɯ^{0}tɕie^0。

【浦江】尔囗渠讲先=儿。n^{55}mɯ^{33}ʑi^{24}kõ^{53}ʃiã^{53}。（囗 mɯ^{33} ~ 孝=xo^{33}）

【东阳】尔好=渠讲。n^{35}xɑu^{445}gəɯ^{312}kʌ^{55}。

【磐安】尔囗渠讲。n^{434}tʰa^{55}gɐɯ^{21}kɒ^{434}。

【永康】尔囗渠讲声。ŋ^{11}xa^{53}gəɯ^{33}kaŋ^{42}ɕieiŋ^{45}。

【武义】农货=渠讲记。nɔ^{33}xuo^{53}gɯ^{0}kaŋ^{445}tɕi^{53}。（记 tɕi^{53} ~ 声 ɕin^{53}）

36 好好儿地走，不要跑！

【金华】好好囗儿走，弗要逃！ xau^{53}xau^{55}n̩ĩ^{33}tsiu^{535}，fəʔ^{4}iau^{55}dau^{313}！

【汤溪】好好囗儿趣，鞭逃！ xə^{52}xə^{52}n̩iŋ^{24}bei^{113}，fi^{52}də^{11}！

【浦江】好好弄=走，弗要跳！ xo^{33}xo^{55}lon^{0}tsɤ^{53}，fɛ^{55}iʔ^{55}tʰɯ^{55}！

【东阳】好好个儿蹓，弗乐抢=！ xɑu^{445}xɑu^{445}kan^{42}liəʔ^{324}，fəʔ^{5}ŋau^{42}tɕʰiʌ^{55}！

【磐安】好好个儿蹓，弗乐逃！ xo^{43}xo^{43}kan^{52}liɛ^{213}，fɛ^{55}ŋɒ^{21}diɒ^{213}！

【永康】好好儿躐，（弗）乐跳！ xɒ^{44}xɒ^{53}liə^{323}，（fə^{4}）ŋɒ^{53}tʰiɒ^{54}！

【武义】好好□躐，舿淲$^{=}$！ xɤ^{445}xɤ^{445}naŋ^{53}lie^{334}，fɑo^{53}kuaʔ^{5}！

37 小心跌下去爬也爬不起来！

【金华】小心点儿，跌落去爬都爬弗上来个！

siɑu^{53}siŋ^{33}tĩ^{55}，tia^{55}loʔ^{0}kʰɯ^{0}bɤa^{31}tu^{334}bɤa^{31}fəʔ^{4}ɕiɑŋ^{53}lɛ^{313}kəʔ^{0}。

【汤溪】小心点儿，跌落去爬秃$^{=}$爬弗上！ sɤ^{52}sei^{24}ȵiɑŋ^{0}，tia^{55}lo^{24}kʰəɯ^{0}bo^{11}tʰɔ^{55}bo^{11}fɛ^{0}ʑio^{113}！

【浦江】留心□儿，跌去爬都爬弗上来！ lɤ^{11}sin^{33}mə̃n^{55}，tia^{33}i^{55}bia^{11}tɯ^{55}bia^{11}fə^{55}ʒyõ^{11}a^{0}！

【东阳】小心蒂$^{=}$儿，跌落去（爬也）爬弗上来个！

sɤ^{445}ɕien^{445}tin^{55}，tiəʔ^{5}lɜʔ^{2}kʰəɯ^{423}（buo^{11}iəʔ^{2}）buo^{11}fɜʔ^{5}dʑiʌ^{35}le^{11}ɑ^{0}！

【磐安】小心□儿，跌落去爬都爬弗上来！

ʃio^{43}ʃiɐn^{33}tin^{445}，tia^{43}luə^{33}kʰɐɯ^{52}bɤə^{21}tu^{445}bɤə^{21}fɛ^{43}dʒiɒ^{24}lei^{213}！

【永康】小心点儿，跌落去□都□弗上！ ɕiɒ^{42}səŋ^{45}niɑ^{54}，ʔdiɑ^{545}lɒ^{11}kʰəɯ^{54}uɑ^{53}ʔdu^{45}uɑ^{53}fə^{0}ʑiaŋ^{323}！

躐路好好儿躐，……。liə^{33}lu^{14}xɒ^{44}xɒ^{53}liə^{323}，……。

【武义】好好□躐，跌落去爬都爬弗转来！

xɤ^{445}xɤ^{445}naŋ^{53}lie^{334}，lia^{53}lɑo^{0}xɯ^{0}buɑ^{42}lu^{445}buɑ^{42}fəʔ^{5}ȵye^{445}la^{24}！（跌lia^{53}～脱tʰəʔ^{5}）

38 医生叫你多睡一睡。

【金华】医生讴侬多睏睏。i^{33}sɑŋ^{55}eu^{33}noŋ^{535}tuɤ^{33}kʰuəŋ^{55}kʰuəŋ^{0}。

【汤溪】医生讴尔多睏记儿。i^{24}sa^{0}əɯ^{24}ŋ^{0}tɤ^{24}kʰuai^{52}tɕiŋ^{0}。

【浦江】医生讴尔多鼾忽$^{=}$儿。i^{55}sɛ̃^{33}ɤ^{55}n^{33}tɯ^{33}xə̃^{55}xuən^{334}。

【东阳】医生讴尔多眠（熟）记儿。i^{33}sɛ^{54}əɯ^{33}n^{0}tʊ^{445}mien^{31}（zouʔ^{2}）tɕin^{55}。

【磐安】医生讴尔多眠记儿。i^{33}sɛ^{52}ɐɯ^{33}n^{43}tuɤ^{445}miɐn^{21}tɕin^{52}。

【永康】医生讴尔多睏记。i^{44}sai^{45}ɒ^{45}ŋ^{11}ʔduə^{45}kʰuəŋ^{53}kiə^{0}。

医生讴尔多睏睏。i^{44}sai^{45}ɒ^{45}ŋ^{11}ʔduə^{45}kʰuəŋ^{53}kʰuəŋ^{0}。

【武义】医生讴农多睏记。i^{212}sa^{52}ɑo^{24}nɔ^{0}luo^{24}kʰuo^{53}tɕi^{0}。

39 我吸烟或者喝酒都不行。

【金华】吃烟、吃酒我都赊来个。tɕʰiəʔ^{4}ia^{334}，tɕʰiəʔ^{4}tsiu^{535}ɑ^{535}tu^{334}fɛ^{55}lɛ^{31}kəʔ^{4}。

【汤溪】我吃烟、吃酒秃$^{=}$赊来。ɑ^{113}tɕʰiei^{52}ie^{24}，tɕʰiei^{52}tsəɯ^{535}tʰɔ^{55}fɛ^{52}lɛ^{11}。

【浦江】我食烟□食酒都赊个。ɑ^{55}zɛ^{24}iɑ̃^{33}mɯ^{55}zɛ^{11}tʃiɤ^{53}tɯ^{55}fa^{33}gə^{0}。

【东阳】我烟酒都弗来个。ŋʊ^{35}i^{445}tɕiəɯ^{55}tu^{445}fɜʔle^{31}ɑ^{0}。（来le^{31}～会ue^{11}～食zeiʔ^{2}）

【磐安】食烟食酒我都弗会。zɛi²⁴ie⁴⁴⁵zɛi²⁴tʃiɐɯ⁴³⁴ŋuɤ⁴³tu⁴⁴⁵fɛ⁴³uei³⁴³。

【永康】食烟食酒我都弗好。zəi³³iə⁴⁵zəi³³tɕiɐɯ⁵⁴⁵ŋuə¹¹ʔdu⁴⁵fə⁴xɒ⁵⁴⁵。

【武义】烟、酒我农都弗食个。n̠ie²⁴, tɕiu⁴⁴⁵a³³nɔ³³lu⁴⁴⁵fəʔ⁵ʑiəʔ³kəʔ⁰。

40 烟也好,酒也好,我都不喜欢。

【金华】烟也好,酒也好,我都弗喜欢个。ia³³⁴ia⁵³xɑu⁵³⁵, tsiu⁵³⁵ia⁵³xɑu⁵³⁵, ɑ⁵³⁵tu³³⁴fəʔ⁴ɕi³³xuã³³kəʔ⁴。

【汤溪】烟也好,酒也好,我禿ᵇ弗欢喜。ie²⁴ia²⁴xə⁵³⁵, tsəɯ⁵³⁵ia²⁴xə⁵³⁵, ɑ¹¹³tʰɔ⁵⁵fɛ⁵²xua³³ɕi⁵³⁵。

【浦江】烟也好,酒也好,我都弗欢喜个。iã⁵⁵ia²⁴xo⁵³, tʃiɤ⁵³ia²⁴xo⁵³, ɑ⁵⁵tɯ⁵⁵fə⁵⁵xuã³³ʃi⁵³gə⁰。

【东阳】我烟酒都弗欢喜个。ŋʊ³⁵i¹⁴⁴⁵tɕiɐɯ⁵⁵tu⁴⁴⁵fɜʔ⁵xʌ¹⁴⁴⁵ɕi¹⁴⁴⁵ɑ⁰。

【磐安】烟也好,酒也好,我都弗喜欢。ie⁴⁴⁵ia⁴⁴⁵xo⁴³⁴, tʃiɐɯ⁴³⁴ia⁴⁴⁵xo⁴³⁴, ŋuɤ⁴³tu⁴⁴⁵fɛ⁴³ɕi⁴³xɒ⁴⁴⁵。

【永康】烟□酒我都弗欢喜。iə⁴⁵xɑ⁵³tɕiɐɯ⁵⁴⁵ŋuə¹¹ʔdu⁴⁵fə⁴xua⁴⁴xi⁵⁴⁵。

【武义】烟、酒我农都弗中意。n̠ie²⁴, tɕiu⁴⁴⁵a³³nɔ³³lu⁴⁴⁵fəʔ⁵tsɔŋ⁴⁴⁵i⁵³。

41 不管你去不去,反正我是要去的。

【金华】弗管侬去弗去,我一定要去个。fəʔ⁴kua⁵³⁵noŋ⁵³⁵kʰɯ⁵⁵fəʔ⁴kʰɯ⁵⁵, ɑ⁵³⁵iəʔ⁴diŋ¹⁴iau⁵⁵kʰɯ⁵⁵kəʔ⁰。

【汤溪】随便尔去弗去,我横直定要去个。sei⁵²pei⁵⁵ŋ⁰kʰəɯ⁵²fɛ⁰kʰəɯ⁵², ɑ¹¹³ua³³tɕiə⁵⁵dei³⁴¹iə⁰kʰəɯ⁵²kə⁰。

【浦江】随尔去弗去,我横直要去个。zɛ¹¹n⁵⁵tɕʰi⁵⁵fə⁰tɕʰi⁵⁵, ɑ⁵⁵uɛ̃¹¹dzɛ²⁴⁵⁵tɕʰi³³gə⁰。

【东阳】弗管尔去弗去,我是横竖乐去个。fɜʔ⁵kʌ¹⁴⁴⁵n³⁵kʰəɯ⁴²fɜʔ⁵kʰəɯ⁵⁵, ŋʊ³⁵li³⁵uɛ¹¹zʅ⁵⁴ŋau⁴²kʰəɯ⁴²ɑ⁰。

【磐安】弗管尔去弗去,我(哩)总乐去个。fɛ⁴³kɒ⁴³⁴n¹⁴kʰɐɯ⁵²fɛ⁴³kʰɐɯ⁵², ŋuɤ⁴³(li⁴⁴⁵)tsaom⁴³ŋo¹⁴kʰɐɯ⁵²ɑ⁰。

【永康】随便尔自去弗去,横竖我自都乐去。zəi¹¹biə⁵⁴ŋ¹¹ʑi¹⁴kʰəɯ⁵⁴fə⁰kʰəɯ⁵⁴, uai³³ʑy³²³ŋuə¹¹ʑi¹⁴ʔdu⁴⁵ŋo¹¹kʰəɯ⁵⁴。
（横竖 uai³³ʑy³²³ ~ 横直 uai³³dzəi³²³ ~ 反正 fɑ¹¹tɕieiŋ⁵⁴）

【武义】弗管农去弗去,我农横竖乐去个。fəʔ⁵kuo⁴⁴⁵nɔ³³kʰəɯ⁵³fəʔ⁰kʰəɯ⁵³, ɑ³³nɔ³³ŋua⁴⁴⁵ʑy³³ŋao⁵³kʰɯ⁵³kəʔ⁰。

42 我非去不可。

【金华】我一定要去个。ɑ⁵³⁵iəʔ⁴diŋ¹⁴iau⁵⁵kʰɯ⁵⁵kəʔ⁰。

【汤溪】我定去。ɑ¹¹³dei³⁴¹kʰəɯ⁵²。

【浦江】我一定要去个。ɑ⁵⁵iə³³din²⁴i⁵⁵tɕʰi³³gə⁰。
【东阳】我是非去弗可个。ŋʋ³⁵li³⁵fi⁴⁴⁵kʰəɯ⁴²fɜʔ⁵kʰʊ⁴⁴⁵ɑ⁰。
【磐安】我定乐去。ŋuɤ⁴³dɐn²⁴ŋo¹⁴kʰɯ⁵²。
【永康】我一定乐去。ŋuə¹¹iə⁴dieiŋ¹⁴ŋɒ¹¹kʰɯ⁵⁴。
【武义】我农一定乐去。ɑ³³nɔ³³iəʔ⁵din³¹ŋɑo⁵³kʰɯ⁵³。
　　　我农弗去，呐够做。ɑ³³nɔ³³fəʔ⁰kʰɯ⁵³, nie⁵³kɑo⁴⁴⁵tsuo⁵³。

43 你是哪一年来的?
【金华】侬（是）哪年来个? noŋ⁵³⁵(sɿ⁵⁵)lɑ⁵⁵n̩ia³¹³lɛ³¹gəʔ¹⁴?
【汤溪】尔□年来个? ŋ¹¹³tɕʰia⁵⁵n̩ie⁰lɛ¹¹kə⁰?
【浦江】尔是哪年来个? n⁵⁵ʒi²⁴lɑ¹¹n̩iã⁵⁵lɑ⁵⁵gə⁰?
【东阳】尔是□年来个? n³⁵li³⁵man³¹n̩i³²⁴le³¹ɑ⁰?
【磐安】尔末儿年来个? n⁴³⁴mɛn²¹n̩ie²¹³lei²¹ɑ³³?
【永康】尔□年来个? ŋ¹¹tɕʰi⁵³n̩iɑ⁰ləi³³guə³²³?
【武义】农□年来个? nɔ³³⁴ɑ³³n̩ie⁴²lɑ⁴²go⁰?

44 我是前年到的北京。
【金华】我侬前年到北京个。ɑ⁵³noŋ⁵³⁵zia³¹n̩ia³¹³tɑu⁵⁵pəʔ²⁴tɕiŋ⁵⁵kəʔ⁰。
【汤溪】我前年到北京来个。ɑ¹¹³sie³³n̩ie¹¹³tə⁵²pɛ⁵⁵tɕiei⁰lɛ⁰kə⁰。
【浦江】我是前年到北京个。ɑ⁵⁵ʒi²⁴ʒiã¹¹n̩iã¹¹to⁵⁵pə⁵⁵tɕin⁵⁵gə⁰。
【东阳】我是前年到北京个。ŋʋ³⁵li³⁵zi³¹n̩i³²⁴tɑu⁴²peiʔ⁵kən⁴²ɑ⁰。
【磐安】我前年到北京个。ŋuɤ⁴³⁴ʒie²¹n̩ie³⁴³to⁵²pɛi⁴³kɐn⁴⁴⁵ɑ³³。
【永康】我前年落北京个。ŋuə¹¹ziɑ³³n̩iɑ³³lɒ³³ʔbə⁴kieiŋ⁴⁵kuə⁵⁴。
【武义】我农前年到北京个。ɑ³³nɔ³³zie⁴²n̩ie⁴²³lɤ⁵³pəʔ⁵tɕin²⁴kəʔ⁰。

45 今天开会谁的主席?
【金华】今日儿开会哪个主持个? tɕiŋ³³nɿ⁵⁵kʰɛ³³ui¹⁴lɑ⁵³gəʔ⁰tɕy⁵⁵dzɿ³¹gəʔ¹⁴?
【汤溪】今日开会哪农当主席? kɑ³³n̩iei²⁴kʰɛ²⁴uɛ⁰lɑ¹¹³nɑo⁰no³³tɕi⁵²dzei¹¹³?
【浦江】今日开会哪个当主席啦? tɕin⁵⁵n̩iə³³kʰɑ³³uɑ²⁴lɑ¹¹kɑ⁵⁵tõ⁵⁵tʃy³³ʒiə²⁴³lɑ⁰?
【东阳】今日开会杰ᵡ个儿当主席? tɕien³³neiʔ³²⁴kʰe³³ue³²⁴dʑiəʔ²kan⁵⁵tʌ³³tsɿ⁴⁴⁵
　　　dʑiəʔ³²⁴?
【磐安】今日儿开会节ᵡ个当主席? tɕiɐn³³nen¹⁴kʰei³³uei³⁴³tʃia⁴³kɑ⁵²nɒ³³tʃy⁴³ʒiɛ²¹³?
【永康】今日开会伽农主持? kieiŋ⁴⁵n̩iɑ³²³kʰəi⁴⁵uəi⁵⁴dʑia¹¹nɔn⁵⁴tɕy⁴²dʑi³³?
【武义】今日开会豆ᵡ个当主席? kəʔ⁵nə³kʰɑ⁴⁴⁵ui³¹dɑo³¹tɕiɑ⁰nɑn⁵³tɕy⁵³ʑiəʔ³?

46 你得请我的客。
【金华】侬该请客□。noŋ⁵³kɛ³³tsʰiŋ⁵³kʰəʔ²⁴ke⁵⁵。（[ke⁵⁵]是"个欸"的合音）

【汤溪】尔要请客。ŋ¹¹³iə⁵²tsʰei⁵²kʰa⁵⁵。

【浦江】尔吃⁼该请我（个）东道。n⁵⁵tɕʰiə³³ka⁵⁵tsʰin⁵⁵ɑ³³（gə⁰）tən³³do²⁴³。

【东阳】尔该讴我食饭。n³⁵ke⁴⁴⁵əɯ³³ŋʊ⁰zeiʔ²vʌ³²⁴。

【磐安】尔该请我客。n⁴³kei⁴⁴⁵tsʰɐn⁴³ŋuɤ⁴³kʰa⁴³⁴。

【永康】尔乐请客。ŋ³²³ŋo¹¹tɕʰieiŋ⁴²kʰai⁵⁴⁵。

【武义】农该请客。nɔ³³ka²⁴tɕʰin⁵³kʰaʔ⁵。

47 一边走，一边说。

【金华】一面走，一面讲。iəʔ⁴mie¹⁴tsiu⁵³⁵，iəʔ⁴mie¹⁴kaŋ⁵³。（面 mie¹⁴ ~ 路 lu¹⁴，走 tsiu⁵³⁵ ~ 趑 biəʔ²¹²）

【汤溪】汏⁼路走汏⁼路讲。da³⁴¹lu⁰tsəɯ⁵³⁵da³⁴¹lu⁰kuo⁵³⁵。

【浦江】一面走，一面讲。iə³³miẽ²⁴tsɤ⁵³，iə³³miẽ²⁴kõ⁵³。

【东阳】对⁼蹦，对⁼讲。te³³liəʔ³²⁴，te⁴²kʌ⁵⁵。
　　　边蹦，边讲。pi³³liəʔ³²⁴，pi³³kʌ⁵⁵。

【磐安】一面蹦，一面讲。iɛ⁴³mie³⁴³liɛ²¹³，iɛ⁴³mie³⁴³kɒ⁴³⁴。
　　　堆⁼走堆⁼讲。tei⁴⁴⁵tsɐɯ⁴³⁴tei⁴⁴⁵kɒ⁴³⁴。

【永康】一头蹦，一头讲。ĭə⁴dəɯ³³liə³²³，ĭə⁴dəɯ³³kaŋ⁵⁴⁵。

【武义】一面蹦，一面讲。iəʔ⁵mie³¹lie³³⁴，iəʔ⁵mie³¹kaŋ⁴⁴⁵。

48 越走越远，越说越多。

【金华】越走越远，越讲越多。yəʔ²¹tsiu⁵³⁵yəʔ²¹yɤ⁵³⁵，yəʔ²¹kaŋ⁵³⁵yəʔ²¹tuɤ³³⁴。

【汤溪】越走越远，越讲越多。iɤ²⁴tsəɯ⁵³⁵iɤ²⁴iɤ¹¹³，iɤ²⁴kuo⁵³⁵iɤ²⁴tɤ²⁴。

【浦江】越走越远，越讲越多。yə¹¹tsɤ⁵³yə²⁴yẽ²⁴³，yə¹¹kõ⁵³yə²⁴tɯ⁵³⁴。

【东阳】越蹦越远，越讲越多。iʉoʔ²liəʔ³²⁴iʉoʔ²iʊ³⁵，iʉoʔ²kʌ⁵⁵iʉoʔ²tʊ⁴⁴⁵。

【磐安】越蹦越远，越讲越多。yɛ²⁴liɛ²¹³yɛ²⁴yɤ⁴³⁴，yɛ²⁴kɒ⁴³⁴yɛ²⁴tuɤ⁴⁴⁵。

【永康】越蹦越远，越讲越多。yə³³liə³²³yə³³yə³²³，yə³³kaŋ⁵⁴⁵yə³³ʔduə⁴⁵。

【武义】越蹦越路远，越讲越多。iəʔ³lie³³⁴iəʔ³lu³¹n̩ye⁰，iəʔ³kaŋ⁴⁴⁵iəʔ³luo²⁴。

49 把那个东西拿给我。

【金华】帮末样东西递记得我侬。paŋ³³⁴məʔ²¹iaŋ¹⁴toŋ³³sie⁵⁵die¹⁴tɕie⁵⁵təʔ⁴a⁵³noŋ⁵³⁵。

【汤溪】狂⁼个东西帮我约⁼记来。gao¹¹ka⁰nao²⁴sie⁰məɯ⁵²a⁰io⁵⁵tɕie⁰lɛ⁰。

【浦江】（担）喵个东西驮得我。（nã⁵³⁴）miẽ²⁴ka⁰tən⁵⁵ʃi⁰dɯ¹¹təʔ⁰a⁵⁵。
　　　（担 nã⁵⁵ ~ 驮 dɯ¹¹；得 tə³³ ~ na³³ ~ la³³ ~ a³³）

【东阳】帮哝个东西驮来得我。pʌ³³nom³⁵ka⁰tom³³si⁵⁴dʊ¹¹le¹¹teiʔ⁵ŋʊ³⁵。

【磐安】哝个东西驮得我。naom²¹ka⁵²taom³³ʃi⁵²duɤ²¹tɕi⁴³ŋuɤ⁴³⁴。
　　　哝个东西□我驮来。naom²¹ka⁵²taom³³ʃi⁵²tʰa⁴³ŋuɤ⁴³⁴duɤ²¹lei²¹³。

【永康】勾⁼个东西担我。kəɯ⁴⁵kuə⁵³nɒŋ⁴⁴ɕiə⁴⁵naŋ⁵³ŋuə³²³。（担 naŋ⁵³ ~ 约⁼iŋ⁵⁴⁵）

632

【武义】特⁼□儿东西儿替我农驮记来。dəʔ³tin⁵³noŋ²¹²ɕin⁵³tʰia⁵³a³³ɔ³³duo⁴²tɕi⁵³la⁰。
（驮 duo⁴² ~ 担 nuo²⁴）

50 有些地方把太阳叫日头。

【金华】有些地方帮太阳讴转日头。iu⁵³səʔ⁴ti⁵³faŋ⁵⁵paŋ³³tʰɛ⁵⁵iaŋ⁰eu³³tɕyɤ⁵⁵n̠ʑiəʔ²¹diu¹⁴。

【汤溪】有些地方太阳讴日头个。iəɯ¹¹sɤ⁵²die¹¹fao⁵²tʰɛ⁵⁵io⁰əɯ²⁴n̠ʑiei¹¹³dəɯ⁰kə⁰。

【浦江】有些地方儿担太阳做日头。iɤ²⁴sɯ⁰di¹¹fõn⁵³nã⁵⁵tʰa³³ian³³⁴ɤ⁵⁵tsɯ³³n̠ʑiə²⁴dɤ¹¹³。

【东阳】有些地方儿帮太阳讴热头。iəɯ³⁵sɿʔ⁰di³⁵fʌn³³⁵pʌ³³tʰa³³iʌ³²⁴əɯ³³n̠ʑiəʔ²dəɯ⁵⁴。

【磐安】有些地方儿太阳讴做日头。iɐɯ⁴³sɐ⁵²ti⁴³fɒn⁴⁴⁵tʰa³³iɒ⁴⁴⁵ɐɯ³³tsɯɤ⁵²n̠ʑie²⁴dɐɯ³⁴³。

【永康】有粒儿地方太阳讴做热头。iəɯ¹¹lɤə¹⁴di¹¹faŋ⁴⁵tʰia⁴⁴iaŋ³³ɒ⁵³tsuə⁵³n̠ʑiə¹⁴dəɯ³³。

【武义】有些荡⁼□太阳讴日儿头。iu³³sɤʔ⁵taŋ⁵³li¹³³⁴tʰia⁴⁴⁵iaŋ⁴²³ao²⁴nen⁴⁴⁵dao⁴²³。

51 您贵姓？我姓王。

【金华】侬姓待⁼西呢？我姓王个。noŋ⁵³⁵siŋ⁵⁵tɛ⁵³sie⁵⁵na⁵⁵？ a⁵³⁵siŋ⁵⁵uaŋ³¹gəʔ¹⁴。

【汤溪】尔姓伽儿西个？我姓王个。ŋ¹¹³sei⁵²dʑiaŋ¹¹³sie⁵²kə⁰？ a¹¹³sei²⁴ao⁰kə⁰。

【浦江】尔姓咯⁼力⁼啊？我姓王。n⁵⁵sin⁵⁵gə¹¹lɛ²⁴³a⁰？ a⁵⁵sin⁵⁵õ¹¹³。

【东阳】尔贵姓？我姓王。n³⁵kuei³³sən⁵⁴？ ŋʊ³⁵sən⁴²ʌ³¹²。

【磐安】尔姓节⁼西？我姓王。n⁴³sɐn⁵²tʃia⁴³ʃi⁴⁴⁵？ ŋɤ⁴³sɐn³³ɒ²¹³。

【永康】尔姓伽西？我姓王。ŋ¹¹ɕieiŋ⁴⁴dʑia¹¹ɕiə⁵⁴？ ŋuə¹¹ɕieiŋ⁴⁴uaŋ³³。

【武义】农姓待⁼西儿？我农姓王。nɔ³³ɕin⁵³da³³ɕin⁵³？ a³³nɔ³³ɕin⁴⁴⁵uaŋ⁴²³。

52 你姓王，我也姓王，咱们两个人都姓王。

【金华】侬姓王，我也姓王，匠⁼两人共姓个。
noŋ⁵³⁵siŋ⁵⁵uaŋ³¹³, a⁵³⁵ia³³siŋ⁵⁵uaŋ³¹³, ziaŋ¹⁴liaŋ⁵³n̠ʑiŋ⁰tɕioŋ⁵³siŋ⁵⁵kəʔ⁴。

【汤溪】尔姓王，我也姓王，掭两农儿秃⁼姓王个。
ŋ¹¹³sei²⁴ao⁰, a¹¹ia²⁴sei²⁴ao⁰, aŋ¹¹³lia³³naoŋ²⁴tʰɔ⁵⁵sei²⁴ao⁰kə⁰。

【浦江】尔姓王，我也姓王，掭嘚两个（农）都姓王。
n⁵⁵sin⁵⁵õ¹¹³, a⁵⁵ia²⁴sin⁵⁵õ¹¹³, an⁵⁵tɛ⁰lyõ²⁴ka⁰（nən¹¹³）tɯ⁵⁵sin⁵⁵õ¹¹³。

【东阳】尔姓王，我也姓王，□拉两个都姓王。
n³⁵sən⁴²ʌ³¹², ŋʊ³⁵iəʔ⁰sən⁴²ʌ³¹², uan¹¹na³²⁴li³⁵ka⁰tu⁴⁴⁵sən⁴²ʌ³¹²。

【磐安】尔姓王，我也姓王，□拉都姓王。n⁴³sɐn³³ɒ²¹³, ŋɤ⁴³ia⁴⁴⁵sɐn³³ɒ²¹³, uan²⁴na⁴³⁴tu⁴⁴⁵sɐn³³ɒ²¹³。

【永康】尔姓王，我也儿姓王，我□尔两个都姓王。ŋ¹¹ɕieiŋ⁴⁴uaŋ³³, ŋuə¹¹ia³²⁴ɕieiŋ⁴⁴uaŋ³³, ŋuə¹¹xa⁵³ŋ¹¹liaŋ¹¹kuə⁵⁴ʔdu⁴⁵ɕieiŋ⁴⁴uaŋ³³。

【武义】农姓王，我农也姓王，我□两个都姓王。

noŋ³³ɕin⁴⁴⁵uaŋ⁴²³, a³³noŋ³³ia²⁴ɕin⁴⁴⁵uaŋ⁴²³, a³³xuen⁵³liaŋ¹¹tɕia⁵³lu⁴⁴⁵ɕin⁴⁴⁵uaŋ⁴²³。

（我□两个 a³³xuen⁵³liaŋ¹¹tɕia⁵³ ~ □农两个 xuo³³nɔ⁰liaŋ¹¹tɕia⁵³）

53 你先去吧，我们等一会儿再去。

【金华】侬去起，我浪等记再来。noŋ⁵³⁵kʰɯ⁵⁵tɕʰi⁵³⁵, a⁵⁵laŋ¹⁴təŋ⁵³tɕie⁵⁵tsɛ⁵⁵lɛ³¹³。

侬先去起，……。noŋ⁵³⁵sia³³kʰɯ⁵⁵tɕʰi⁵³⁵, ……。

侬先去，……。noŋ⁵³⁵sia³³kʰɯ⁵⁵, ……。

【汤溪】尔去起，我道等记儿添（再）去。ŋ¹¹³kʰəɯ⁵²tɕʰi⁵³⁵, a¹¹tə⁵²nai¹tɕiŋ⁵²tʰie²⁴（tsɛ⁵²）kʰəɯ⁵²。

尔先去起，……。ŋ¹¹³sie²⁴kʰəɯ⁵²tɕʰi⁵³⁵, ……。

尔先去，……。ŋ¹¹³sie²⁴kʰəɯ⁵², ……。

【浦江】尔先□去，我嗯等记儿先⁼儿再去。n⁵⁵ʃiã⁵⁵ta³³tɕʰi⁵⁵, a⁵⁵tɛ⁰tən⁵⁵tʃi⁰ȵiãn⁰tsa⁵⁵tɕʰi³³⁴。

尔去起，……。n⁵⁵tɕʰi³³tʃʰi⁵³, ……。

（等记儿先⁼儿 tən⁵⁵tʃi⁰ȵiãn⁰ ~ 呆记儿先⁼儿 ŋa¹¹tʃi³³ȵiãn⁵⁵）

【东阳】尔去起搭⁼哇，我拉过记儿添来。n³⁵kʰəɯ⁴²tɕʰi⁴⁴⁵tuoʔ⁴⁵ua⁰, ŋʊ¹¹la³²⁴kʊ³³tɕin⁵⁵tʰi⁴⁴⁵le³¹²。

【磐安】尔先去□，我拉等记儿（添儿）再去。

n⁴³⁴ʃie³³kʰɐɯ⁵²duə⁰, ŋuɤ⁴³la⁴³⁴tən⁴³tɕin⁵²（tʰien⁴⁴⁵）tsei⁵²kʰɐɯ⁵²。

尔去起，……。n⁴³⁴kʰɐɯ⁵²tɕʰi⁴³⁴, ……。

尔先去起，……。n⁴³⁴ʃie³³kʰɐɯ⁵²tɕʰi⁴³⁴, ……。

【永康】尔去起，我粒儿农歇记再来。ŋ¹¹kʰəɯ⁵³kʰi⁵⁴⁵, ŋuə¹¹lɤɐ¹⁴nɔŋ³³xiə⁴⁴kiə⁵⁴tsəi⁵³ləi³³。

【武义】农蹳头前，我两个等记起再来。nɔ³³⁴lie³³dɑo²¹ʑie³¹, a³³liaŋ¹¹tɕia⁵³nen⁴⁴⁵tɕi⁵³tɕʰi⁴⁴⁵tsa⁵³la⁴²³。

农去起，……。nɔ³³⁴kʰɯ⁵³tɕʰi⁴⁴⁵, ……。

54 这个吃得，那个吃不得。

【金华】格个吃得，末个吃弗得个。kəʔ⁴kəʔ⁴tɕʰiəʔ⁴təʔ⁴, məʔ²¹gəʔ¹⁴tɕʰiəʔ⁴fəʔ⁴təʔ⁴gəʔ¹⁴。

【汤溪】伲个吃得个，狂⁼个吃弗得个。gə¹¹ka⁵²tɕʰiei⁵⁵tei⁰ka⁰, gao¹¹ka⁰tɕʰiei⁵⁵fɛ⁰tei⁵⁵kə⁰。

【浦江】噁个食得得个，唡个食弗得个。tɕiə³³ka⁵⁵zɛ²⁴tə⁰tɛ³³gə⁰, miẽ²⁴ka⁰zɛ²⁴fətɛ⁵⁵gə⁰。

【东阳】格个食得得，哝个食弗得。kɤʔ⁵ka⁴⁴⁵zeiʔ²teiʔ²⁵teiʔ⁴⁵, nom¹¹ka⁴²³zeiʔ²fɤʔ⁵teiʔ⁴⁵。

634

【磐安】孤="个食得,哝个食弗得。ku³³ka⁵²zɛi²¹tɛi⁴³⁴, nɑom²¹ka⁵²zɛi²⁴fɛ⁴³tɛi⁴³⁴。

【永康】(□)个食得得,勾="个食弗得。(ku⁴⁴)kuə⁵⁴zəi¹¹əi³²³ʔdəi⁵⁴⁵, kəɯ⁴⁵kuə⁵⁴zəi¹¹fə⁴ʔdəi⁵⁴⁵。

【武义】阿个食得得,特="个食弗得。aʔ⁵tɕiaʔ⁰ziəʔ³ləʔ⁴ləʔ⁵, dəʔ³tɕiaʔ⁵³ziəʔ³fəʔ⁴ləʔ⁵。

55 这是他的书,那一本是他哥哥的。

【金华】格本书是渠个,末本是渠个哥个。

kəʔ⁴pəŋ⁵⁵ɕy³³⁴sɿ⁵³⁵gəʔ²¹gəʔ¹⁴, məʔ²¹pəŋ⁵⁵sɿ⁵³⁵gəʔ²¹kəʔ⁰kuɤ³³kəʔ⁴。

【汤溪】仡本书渠个,狅="本渠个哥个。gə¹¹mai⁵²ɕi²⁴gɯ¹¹kə⁰, gɑo¹¹mai⁰gɯ¹¹kə⁰kuo²⁴kə⁰。

【浦江】噷本书(是)渠个,嘔本书(是)渠哥哥个。

tɕiə³³pən⁵⁵ʃy⁵³⁴(ʑi²⁴)ʑi²³²gə⁰, miẽ²⁴pən⁰ʃy⁵³⁴(ʑi²⁴)ʑi²³²kɯ⁵⁵kɯ³³gə⁰。

【东阳】格本书是渠个,哝本书是渠阿哥个。

kəʔ⁵pən⁴⁴⁵sɿ⁴⁴⁵di³⁵gɯ³¹a⁰, nom¹¹pən⁴⁴⁵sɿ⁴⁴⁵di³⁵gɯ³¹ɜʔ⁵kʊ⁴²a⁰。

【磐安】孤="本是渠个书,哝本是渠阿哥个。

ku³³pɐn⁵²dʑi²⁴gɐɯ²¹a⁴³⁴ʃy⁴⁴⁵, nɑom²¹pɐn⁵²dʑi²⁴gɐɯ²¹a³³ku⁴⁴⁵a⁰。

【永康】(□)本书(是)渠个,勾="本书(是)渠个哥个。

(ku⁴⁴)məŋ⁵³ɕy⁴⁵(liə⁵³)gəɯ³³guə³²³, kəɯ⁴⁵məŋ⁵³ɕy⁴⁵(liə⁵³)gəɯ³³guə³²³kuə⁴⁵kuə⁵⁴。

(个 guə³²³ ~ uə³²³;个 kuə⁵⁴ ~ uə⁵⁴)

【武义】阿本是渠农个书,特="本书是渠农哥哥个。

aʔ⁵men⁵³dʑi³³gɯ³³nɔ³³kəʔ⁵ɕy²⁴, dəʔ³men⁵³ɕy²⁴dʑi³³gɯ³³nɔ³³kuɑ⁴⁴⁵kuɑ⁵³kəʔ⁰。

56 看书的看书,看报的看报,写字的写字。

【金华】望书个望书,望报个望报,写字个写字。

moŋ⁵⁵ɕy³³kəʔ⁴moŋ⁵⁵ɕy³³⁴, moŋ⁵³pau⁵⁵kəʔ⁴moŋ⁵³pau⁵⁵, sia⁵⁵zɿ¹⁴kəʔ⁴sia⁵⁵zɿ¹⁴。

【汤溪】望书个望书,望报个望报,写字个写字。

mao¹¹ɕi²⁴kə⁰mao¹¹ɕi²⁴, mao¹¹pə⁵²kə⁰mao¹¹pə⁵², sia⁵²zɿ³⁴¹kə⁰sia⁵²zɿ³⁴¹。

【浦江】望书个望书,望报个望报,写字个写字。

mõ¹¹ʃy⁵⁵gə⁰mõ¹¹ʃy⁵³, mõ²⁴po³³gə⁰mõ²⁴po³³⁴, ʃia⁵⁵zɿ⁰gə⁰ʃia⁵⁵zɿ⁰。

【东阳】望书个望书,望报个望报,写字个写字。

mʊ³⁵sɿ⁴⁴⁵a⁰mʊ³⁵sɿ⁴⁴⁵, mʊ³⁵pɑu⁴²a⁰mʊ³⁵pɑu⁴²³, ɕia³³zɿ¹¹a⁰ɕia³³zɿ³²⁴。

【磐安】望书个望书,望报个望报,写字个写字。

mo²⁴ʃy⁴⁴⁵a⁰mo²⁴ʃy⁴⁴⁵, mo²⁴po⁵²a⁰mo²⁴po⁵², ʃia⁴³zɿ¹⁴a⁰ʃia⁴³zɿ¹⁴。

【永康】望书个望书,望报个望报,写字个写字。

maŋ¹¹ɕy⁴⁵uə⁰maŋ¹¹ɕy⁴⁵，maŋ¹¹ʔbɒ⁵³uə⁰maŋ¹¹ʔbɒ⁵⁴，ɕiɑ⁴²z̩¹⁴uə⁰ɕiɑ⁴²z̩¹⁴。

【武义】望书个望书，望报个望报，写字个写字。

maŋ³³ɕy²⁴kə?⁰maŋ³³ɕy²⁴，maŋ³³pɑo⁵³kə?⁰maŋ³³pɑo⁵³，ɕiɑ⁵³z̩³¹kə?⁰ɕiɑ⁵³z̩³¹。

57 香得很，是不是？

【金华】香猛个，是弗是？ɕiaŋ³³maŋ⁵³gə?¹⁴，s̩⁵³fə?⁴s̩⁵³⁵？

香猛个，弗？ɕiaŋ³³maŋ⁵³gə?¹⁴，s̩⁵³və?¹⁴？

【汤溪】香猛香猛，是弗？ɕio³³ma⁵⁵ɕio²⁴mai¹¹³，dz̩¹¹fɛ⁵²？

【浦江】香得紧，是弗是啊？ʃyõ⁵⁵tə⁰tɕin⁵³，ʒi¹¹fə⁵⁵ʒi²⁴a⁰？

【东阳】尽香，是弗是啊？zien³⁵ɕiʌ⁴⁴⁵，dzi³⁵fɜʔ⁵dzi¹¹a⁰？

【磐安】尽香，是弗是？ʒiɐn²⁴ʃiŋ⁴⁴⁵，dʒi²⁴fɛ⁴³dʒi²⁴⁴？

尽香，是弗？ʒiɐn²⁴ʃiŋ⁴⁴⁵，dʒi²⁴fɛ⁴³⁴？

【永康】交儿香，是弗？kɒ³²⁴xiaŋ⁴⁵，dzi¹¹fə⁵⁴？

交儿香，是弗是？kɒ³²⁴xiaŋ⁴⁵，dzi¹¹fə⁴dzi³²³？

【武义】（弗）吵＝香，对弗个？（fə?⁵）tsʰao⁴⁴⁵ɕiaŋ²⁴，la⁵³fə?⁰kə?⁰？

58 试试看。

【金华】试试觑。s̩⁵⁵s̩⁵⁵tsʰi⁰。

试记觑。s̩⁵⁵tɕie⁵⁵tsʰi⁰。

【汤溪】试试添。s̩⁵²s̩⁵²tʰie⁰。

试记添。s̩⁵²tɕie⁰tʰie⁰。

【浦江】试试起。ʃi⁵⁵ʃi⁵⁵tʃi⁵⁵。

试记□。ʃi⁵⁵tʃin⁵⁵n̠i⁵⁵。（[n̠i⁵⁵]是"儿起"的合音）

【东阳】试记儿添。tsʰ̩³³tɕin⁵⁵tʰi⁴⁴⁵。

试试添。tsʰ̩³³tsʰ̩⁴²tʰi⁴⁴⁵。

【磐安】试记儿起儿。s̩⁵²tɕin²¹tɕʰin⁵²。

试试起儿。s̩⁵²s̩²¹tɕʰin⁵²。

试记儿望。s̩⁵²tɕin²¹mo²¹。

【永康】试记望。s̩⁵³kiə⁰ma⁰。

试试望。s̩⁵³s̩⁰ma⁰。

【武义】试记望。s̩⁵³tɕi⁵³maŋ³¹。

试试望。s̩⁵³s̩⁵³maŋ³¹。

59 今天很热。（程度副词及其位置）

【金华】今日儿热猛。tɕiŋ³³n̠ĩ⁵⁵n̠ie¹⁴maŋ⁵³⁵。

【汤溪】今日吓农暖。ka³³n̠iei²⁴xa⁵⁵nɑo⁰nai¹¹³。

【浦江】今日□暖。tɕin⁵⁵n̠iə³³mən¹¹nən²⁴³。

今日暖得紧。tɕin⁵⁵ȵiə³³nən²⁴tə⁰tɕin⁵³。（程度较深）

今日危险暖。tɕin⁵⁵ȵiə³³uɛ¹¹ʃiẽ⁵³nən²⁴³。（程度更深）

【东阳】今日热猛。tɕien³³neiʔ³²⁴ȵiəʔ²mɛ⁵⁵。

今日尽热。tɕien³³neiʔ³²⁴ʑien³⁵ȵiəʔ³²⁴。

【磐安】今日儿热猛。tɕiɐn³³nen¹⁴ȵiɛ²¹mɛ⁴³

【永康】今日热猛。kieiŋ⁴⁵ȵĭə³²³ɲiə¹¹mai⁴²²。

【武义】今日热猛。kəʔ⁵nəʔ³ȵie³³maʔ⁵。

60 今天非常热。（程度副词及其位置。程度比上句更深）

【金华】今日儿热猛热猛。tɕiŋ³³nĩ⁵⁵ȵie¹⁴maŋ⁵³⁵ȵie¹⁴maŋ⁵³⁵。

【汤溪】今日暖猛暖猛。ka³³ȵiei²⁴nai¹¹ma⁵⁵nai¹¹³mai¹¹³。

【浦江】今日弗齐高暖。tɕin⁵⁵ȵiə³³fə¹¹ʑi¹¹ko⁵⁵nən²⁴³。

【东阳】今日真个热。tɕien³³neiʔ³²⁴tsən³³kʊ⁴²³ȵiəʔ³²⁴。

【磐安】今日儿热猛热猛。tɕiɐn³³nen¹⁴ȵiɛ²¹mɛ⁴³ȵiɛ²¹mɛ⁴³。

今日儿尽热。tɕiɐn³³nen¹⁴ʑiɐn²⁴ȵiɛ²¹³。

【永康】今日交儿热。kieiŋ⁴⁵ȵĭə³²³kʊ³²⁴ɲiə³²³。

今日尽热。kieiŋ⁴⁵ȵĭə³²³zəŋ¹¹ɲiə³²³。（程度较深）

【武义】今日吵＝热。kəʔ⁵nəʔ³tsʰao⁴⁴⁵ȵie³³⁴。

今日弗吵＝热。kəʔ⁵nəʔ³fəʔ⁵tsʰao⁴⁴⁵ȵie³³⁴。（程度较深）

今日尽热。kəʔ⁵nəʔ³sen⁵³ȵie³³⁴。（程度更深）

61 我买了一个碗。（完成体）

【金华】我买了一片碗。a⁵³⁵ma⁵³lə¹⁴iəʔ²pʰie⁵⁵ua⁵³⁵。

【汤溪】我买来个碗。a¹¹³ma¹¹lɛ⁵²ka⁵²uo⁵³⁵。

【浦江】我买啊一个碗。a⁵⁵ma¹¹a²⁴iə³³ka⁵⁵uã⁵³。（啊 a²⁴ ~ 啦 la²⁴）

【东阳】我买了一个碗。ŋʊ³⁵ma³⁵laʔiʔ⁵kɤʔ⁴⁵ʌ⁵⁵。

【磐安】我买来一个碗。ŋɤ⁴³⁴ma⁴³lei²¹³iɛ⁴³ka⁵²ɒ⁴³⁴。

【永康】一口碗买来咩。iə⁴kʰəu¹¹ua⁵⁴⁵mia¹¹ləi¹¹mia⁵⁴。

【武义】我农买来一口碗。a³³nɔ³³⁴mia³³la²⁴iəʔkʰao⁵³ŋuo⁴⁴⁵。

62 他在××（本地县城名）工作。（处所介词"在"）

【金华】渠佚金华工作。gəʔ²¹²lɛ³¹tɕin³³ua⁵⁵koŋ³³tsoʔ⁴。

【汤溪】渠落汤溪工作。gu¹¹lo²⁴tʰo²⁴tɕʰie⁰kao³³tso⁵⁵。

【浦江】渠是□头浦江工作。ʑi²³²ʑi¹¹ta³³dɤ²⁴³pʰu³³kõ⁵³kon⁵⁵tso³³⁴。

（是□头 ʑi¹¹ta³³dɤ²⁴³ ~ 是□ ʑi¹¹nɤ²⁴³ ~ 是儿＝头 ʑi¹¹n¹¹dɤ²⁴³）

【东阳】渠是哝东阳做生活。gəɯ³¹²di¹¹nom³¹tom³³iʌ⁵⁴tsʊ³³sɛ³³uaʔ³²⁴。

【磐安】渠落（□儿）安文工作。gɐɯ²¹³luə²¹（den²¹³）ɤ³³mɐn³⁴³kaom³³tsuɐ⁴³⁴。

637

【永康】渠倚永康工作。gəɯ³³gəi³²³yeiŋ¹¹kʰaŋ⁴⁵kɔŋ⁴⁴tsɔ⁵⁴⁵。

【武义】渠农落武义做生活。gɯ³³nɔ³³⁴lao³³fu⁵³n̩i³¹tsuo⁴⁴⁵sa⁴⁴⁵ua³³⁴。

63 他在吃饭。（进行体）

【金华】渠佽末里吃饭。gəʔ²¹²lɛ³¹məʔ²¹li¹⁴tɕʰiəʔ²⁴va¹⁴。

【汤溪】渠（是）夯吃饭。gɯ¹¹（dzʅ¹¹）da⁰tɕʰiei⁵²vo³⁴¹。

【浦江】渠是□食饭。ʒi²³²ʒi¹¹nɤ²⁴³zɛ²⁴vã⁰。

　　　　（是□ ʒi¹¹nɤ²⁴³ ~ 是□头 ʒi¹¹ta³³dɤ²⁴³ ~ 是儿⁼头 ʒi¹¹n¹¹dɤ²⁴³ ~ 是嗰头 ʒi¹¹miẽ¹¹dɤ²⁴³）

【东阳】渠是哝食饭。gəɯ³¹²di¹¹nom³¹zeiʔ²vʌ³²⁴。

【磐安】渠落哝食饭。gɯa²¹³luə²¹naom²¹³zɛi²⁴vɒ¹⁴。

【永康】渠倚夯儿食饭。gəɯ³³gəi¹¹ta³²⁴zəi³³va¹⁴。

【武义】渠农落特⁼里食饭。gɯ³³nɔ³³⁴lao³³dəʔ³li³³⁴ɕiəʔ⁵vuo³¹。

64 他今天穿着一身新衣服。（持续体。后有宾语）

【金华】渠今日儿穿了一身新衣裳。gəʔ²¹²tɕiŋ³³n̩i⁵⁵tɕʰyɤ³³lə⁵⁵iəʔ²⁴ɕiŋ⁵⁵siŋ³³i³³ɕiaŋ⁵⁵。

【汤溪】渠今日着夯一身新衣裳。gɯ¹¹ka³³n̩iei²⁴tɕio⁵⁵da⁰i⁵²ɕiai⁵²sei³³i⁵⁵ɕio⁰。

【浦江】渠今日穿啊一身新衣裳。ʒi²³²tɕin⁵⁵n̩iə³³tɕʰyẽ⁵⁵a⁰iə³³sən⁵⁵sən⁵⁵i⁵⁵ʒyõ³³⁴。

【东阳】渠今日穿了一身新衣裳。gəɯ³¹²tɕien¹⁴neiʔ²⁴tsʰʋ¹⁴la⁰iʔ⁵sən³³ɕien³³i³³ziʌ⁵⁴。

【磐安】渠今日儿穿一通新衣裳。gɯa²¹³tɕien³³nen¹⁴tʃʰyɤ⁴⁴⁵iɛ⁴³tʰaom⁴⁴⁵ʃiŋ³³i³³ʒiɒ³⁴³。

【永康】渠今日穿一通新衣裳。gəɯ³³kieiŋ⁴⁵n̩iə³²³tɕʰyə⁴⁵iə⁴tʰŋ⁴⁵səŋ⁴⁴i⁴⁵ziaŋ⁴³³。

【武义】渠农今日着了一套新衣裳。gɯ³³nɔ³³⁴kəʔ⁵nəʔ³liao⁵³ləʔ²iəʔ²⁴tʰɤ³ɕin²⁴i²¹²ɕiaŋ⁵³。

65 他家门锁着，窗户也关着，一个人都没有。（持续体。后无宾语）

【金华】渠窝⁼里门也锁个，床头也关个，一个人都无没。

　　　　gəʔ²¹²uɤ³³li⁵³⁵məŋ³¹ia⁵⁵suɤ⁵³gəʔ¹⁴, kʰa⁵⁵diu³¹³ia⁵⁵kua³³kəʔ⁴, iəʔ²⁴kəʔ²n̩iŋ³¹³tu³³⁴m³¹məʔ²¹²。

【汤溪】渠□门锁得夯，床也关得夯，一个农秃⁼无没。

　　　　gɯ¹¹kai⁰mai¹¹sɤ⁵²tei²⁴da⁰, kʰuo⁵³⁵ia²⁴kuai²⁴tei⁰da⁰, i⁵²ka⁵²nao¹¹tʰɔ⁵⁵m¹¹ma⁰。

　　　　（[kai⁰]是"家里"的合音）

【浦江】渠嘚家里门锁□，床也关□，一个农都无茂⁼。

　　　　ʒi¹¹tɛ⁵⁵tɕia³³li²⁴³mən²⁴suɯ³³nɤ²⁴³, kʰã⁵³ia²⁴kuã⁵⁵nɤ⁰, iə³³ka⁵⁵nən³³tuɯ⁵⁵m¹¹mɤ²⁴。

　　　　（无茂⁼ m¹¹mɤ²⁴ ~ 无有 m¹¹n̩iɤ²⁴³）

【东阳】渠成里门锁哝，床门也关哝，一个农也无北⁼。

　　　　gəɯ³¹²tsʰʌŋ³³li³⁵mən³¹²su⁴⁴⁵nom³¹², kʰʌ⁴⁴⁵mən⁵⁴iəʔ²kuən³³nom⁵⁵, iʔ⁵kəʔ⁴⁵nom³¹²tu⁴⁴⁵n¹¹peiʔ⁴⁵。

【磐安】渠成里门锁哝，床也关哝，一个农都无□。

638

gɐɯ²¹³tʃʰy⁴³li²¹mɛn²¹³suɤ⁴³nɑom⁴⁴⁵, kʰɒ⁴³⁴ia⁴⁴⁵kuɐn³³nɑom⁵⁵, ie⁴³ka⁵²nɑom²¹tu²¹m²¹bɛi³⁴³。

【永康】渠奁阁头门锁奁儿，后床也儿关奁儿，一个农也儿呐农。
gəɯ³³ʔdɑ³³kɒ³³dəɯ³³məŋ³³zuɛ¹¹lɑʔ⁵⁴, əɯ¹¹kʰɑ⁵⁴ia³²⁴kuɐŋ⁴⁵ʔdɑ⁵⁴, ĭə⁴kuə³³nɔŋ³³ia³²⁴nəi⁵³nɔŋ³³。

【武义】渠农成当门锁特⁼里，床门也关特⁼里，一个农都呐。
gɯ³³nɔ³³tɕʰy⁵³naŋ⁰mɛn⁴²³suo⁴⁵⁵də?³li³³⁴, kʰuo⁵³mɛn⁴²³ia²⁴kuɛn²⁴də?³li³³⁴, iə?⁴tɕia⁵³nɔŋ⁴²³lu⁴⁴⁵nie?⁵。

66 他来了。（已然体）

【金华】渠来了。gə?²¹²lɛ³¹lə¹⁴。

【汤溪】渠来罢。gɯ¹¹lɛ¹¹ba¹¹³。

【浦江】渠来啦。ʒi²³²la¹¹la²⁴。

【东阳】渠来哇。gəɯ³¹²le³¹uɑ⁰。

【磐安】渠来罢。gɐɯ²¹³lei²¹ba²⁴⁴。

【永康】渠来咩。gəɯ³³ləi³³mia³²³。

【武义】渠农来罢。gɯ³³nɔ³³la⁴²ba⁰。

67 天要下雨了。（将然体）

【金华】天（快）要落雨了。tʰia³³⁴（kʰua⁵⁵）iau⁵⁵lo?²¹y⁵³lə¹⁴。

【汤溪】天公要落雨啵。tʰie²⁴kao⁰iə⁵²lo¹¹pə²⁴。

【浦江】天公要落雨啊。tʰiã⁵⁵kon³³⁴i⁵⁵lo¹¹y²⁴a⁰。

【东阳】天公乐落雨哇。tʰi³³kom⁵⁴ŋau³⁵luo?²iɤ³⁵uɑ⁰。

【磐安】天乐落雨罢。tʰie⁴⁴⁵ŋo¹⁴luə²⁴y⁴³⁴ba²⁴⁴。

【永康】天公乐落雨咩。tʰia⁴⁴kɔŋ⁴⁵ŋo¹¹lɒ³³y¹¹mia⁵⁴。

【武义】天公乐落雨罢。tʰie²¹²kɔŋ⁵³ŋao⁵³lao⁵³y³³⁴ba⁰。

68 你把门关上。（处置句）

【金华】侬帮我扇门关记□。noŋ⁵³⁵paŋ³³a⁵⁵ɕyɤ⁵⁵mən³¹³kua³³tɕie⁵⁵tɕʰiɛ⁰。

【汤溪】尔扇门关去。ŋ¹¹³ɕiɤ⁵²mai¹¹kuai²⁴kʰəɯ⁰。

【浦江】尔担门关□。n⁵⁵nã⁵⁵mən¹¹³kuã⁵⁵ia⁰。

【东阳】尔帮门关起来。n³⁵pʌ³³mən³¹²kuən³³tɕʰiə?²⁴⁵le⁰。

【磐安】尔（野⁼）门关起来。n⁴³⁴（ia⁴³⁴）mɐn²¹kuɐn³³tɕʰi⁴³lei²¹。

【永康】门关□。mən³³kuɐn⁴⁵tɕyəi⁴³³。[tɕyəi⁴³³是"转来"的合音]

【武义】门挨⁼记转去。mɛn⁴²³ia²⁴tɕi⁵³n̠ye⁵³kʰɯ⁵³。（挨⁼ia²⁴~关kuɛn²⁴）

69 你把钱放好，别丢了。（处置句）

【金华】侬帮铜钿囥囥好，弗要脱落去。

639

noŋ⁵³⁵paŋ³³doŋ³¹die¹⁴kʰaŋ⁵⁵kʰaŋ⁵⁵xau⁵³⁵，fəʔ⁴iau⁵⁵tʰəʔ⁴loʔ⁴kʰɯ⁰。

【汤溪】尔钞票园好，鞭脱落去。ŋ¹¹³tsʰə⁵²pʰie⁵²kʰuo⁵²kʰuo⁰xə⁵³⁵，fi⁵²tʰe⁵⁵lo⁰kʰəɯ⁰。

【浦江】尔担钞票园呀好，弗要跌掉。n⁵⁵nã³³tsʰo⁵⁵pʰi³³⁴kʰõ⁵⁵ia³³xo⁵³，fe⁵⁵i⁵⁵tia⁴²lɯ²⁴。

【东阳】尔（帮）钞票园园好，弗乐打坞⁼。n³⁵（pʌ³³）tsʰau³³pʰɤ⁵⁴kʰʌ⁴²kʰʌ⁴²xau⁵⁵，fɜʔ⁵ŋau⁴²nɛ⁴⁴⁵u⁵⁵。

……，弗乐脱落去。……，fɜʔ⁵ŋau⁴²tʰɜʔ²⁴⁵lɜʔ⁰kʰəɯ⁵⁵。

【磐安】尔野⁼钞票园好，弗乐脱了（去）。n⁴³⁴ia⁴³⁴tsʰo⁴³pʰio⁵²kʰɒ⁵²xɒ⁴³⁴，fɛ⁵⁵ŋo²¹tʰɛ⁴³la⁴³⁴（ɯ⁰）。

【永康】尔钞票园好，（弗）乐打乌⁼。ŋ¹¹tsʰɒ⁴⁴pʰiɒ⁵⁴kʰaŋ⁵³xɒ⁵⁴⁵，（fə⁴）ŋɒ⁵³nai⁴⁴u⁴⁵。

【武义】钞票园（囝）好，橇脱落去。tsʰao⁴⁴⁵pʰie⁵³kʰaŋ⁵³（kʰaŋ⁵³）xɤ⁴⁴⁵，fao⁵³tʰəʔ⁵lao⁰xɯ⁰。

70 那个碗被他打破了。（被动句）

【金华】片碗得渠敲破了。pʰie⁵⁵ua⁵⁵təʔ⁴gəʔ²¹kʰau³³pʰa⁵⁵lə⁰。

【汤溪】狂⁼个碗等渠打破罢。gao¹¹ka⁰uo⁵³⁵nai⁵²gɯ⁰na⁵³⁵pʰa⁵²ba¹¹³。（等 nai⁵² ~ 约⁼io⁵⁵）

【浦江】啊个碗让渠跌破啦。miẽ²⁴ka⁰uã⁵³yõ¹¹ʒi²⁴tia⁴²pʰa⁵⁵la⁵⁵。（让 yõ¹¹ ~ 得 tə³³）

【东阳】哝个碗得渠□破哇。nom³⁵ka⁰ʌ⁵⁵teiʔ⁵gəɯ³¹²sʌ³³pʰa⁴²ua⁰。

【磐安】哝个碗得渠打破罢。naom²¹ka⁵²ɒ⁴³⁴tɛi⁴³gɐɯ²¹nɛ⁴³pʰa⁵²ba⁰。

【永康】勾⁼口碗担别农儿打碎咩。kəɯ⁴⁵kʰəɯ⁵³ua⁵⁴⁵na⁵³bə³noŋ³²⁴nai⁴⁴səi⁴⁵mia⁵⁴。

【武义】特⁼口碗让渠敲破罢。dəʔ⁵kʰao⁵³ŋuo⁴⁴⁵n̠iaŋ⁴⁴⁵gɯ³³kʰao²⁴pʰia⁵³ba⁰。

71 你给我一把剪刀。（祈使双宾句）

【金华】侬剪刀驮把得我侬。noŋ⁵³⁵tsia⁵⁵tau³³⁴duɤ³¹pɤa⁵⁵təʔ⁴a⁵³noŋ⁵³⁵。

【汤溪】尔约⁼把剪刀我。ŋ¹¹³io⁵⁵pɤ⁰tsie⁵²tə²⁴a¹¹³。

【浦江】尔剪刀担把得我。n⁵⁵tʃiã³³to⁵³nã⁵³pia⁵⁵tə³³a⁵⁵。（担 nã⁵³ ~ 驮 dɯ¹¹）

尔担把剪刀得我。n⁵⁵nã⁵³pia⁵⁵tʃiã³³to⁵³tə³³a⁵⁵。（担 nã⁵³ ~ 驮 dɯ¹¹）

【东阳】尔剪刀约⁼把得我。n³⁵tsi⁴⁴⁵tau⁴⁴⁵iəʔ⁴⁵puo⁰teiʔ⁴⁵ŋu⁰。（约⁼iəʔ⁴⁵ ~ 分 fən⁴⁴⁵）

【磐安】尔野⁼我一把剪刀。n⁴³ia⁴³⁴ŋɤ⁴³⁴iɛ⁴³pɤa⁵²tʃie⁴³to⁴⁴⁵。

尔野⁼把剪刀得我。n⁴³⁴ia⁴³⁴pɤa⁵²tʃie⁴³to⁴⁴⁵tɛi⁴³ŋɤ⁴³⁴。

【永康】尔手剪约⁼把我。ŋ³²³ɕiəɯ⁴²tɕia⁵⁴⁵iɒ⁴⁴ba⁵³ŋua³²³。

尔约⁼把手剪我。ŋ¹¹iɒ⁴⁴ʔba⁵³ɕiəɯ⁴²tɕia⁵⁴⁵ŋua³²³。

【武义】农铰剪分把我农截截。nɔ³³kao⁵³tɕie⁴⁴⁵fen²⁴pua⁵³a³³nɔ³³⁴zia³³ziaʔ³。

农分把铰剪我农截截。nɔ³³fen²⁴pua⁵³kao⁵³tɕie⁴⁴⁵a³³nɔ³³⁴zia³³ziaʔ³。

72 他给我一个桃子。（陈述双宾句）

【金华】渠担我侬一个桃儿。gəʔ²¹²ta³³a⁵³noŋ⁵³⁵iəʔ⁴kəʔ⁴dɤ³¹³。（担 ta³³ ~ 驮 duɤ³¹）

【汤溪】渠约⁼我个桃儿。gɯ¹¹io⁵⁵a⁰ka⁵²dəŋ¹¹³。
【浦江】渠担得我一个桃儿。ʒi²³²nã⁵⁵tə³³ɑ⁵⁵iə³³ka⁵⁵don²³²。
【东阳】渠约⁼我一个桃儿。gɯ³¹²iəʔ⁵ŋʋ³⁵iʔ⁵kɜʔ⁵daun³³⁵。
【磐安】渠野⁼我一个桃儿。gɐɯ²¹³ia⁴³⁴ŋuɤ⁴³⁴iɛ⁴³ka⁵²don²¹³。(野⁼ia⁴³⁴ ~ 分 fen⁴⁴⁵)
【永康】渠约⁼个桃儿我。gəɯ³³iɒ¹⁴kuə⁵³tɒ³²⁴ŋuə³²³。
　　　　渠约⁼我一个桃儿。gəɯ³³iɒ⁴⁴ŋuə³²³iə⁴kuə⁵³tɒ³²⁴。
【武义】渠农桃儿分一个我农食食。gɯ³³nɔ³³⁴den³³⁴fen²⁴iəʔ⁴tɕia⁵³ɑ³³nɔ³³⁴ziəʔ²ziəʔ²。
　　　　渠农分一个桃儿我农食食。gɯ³³nɔ³³⁴fen²⁴iəʔ⁴tɕia⁵³den³³⁴ɑ³³nɔ³³⁴ziəʔ²ziəʔ²。

73 这座山我爬得上，他爬不上。（可能补语）

【金华】格块山我爬得上，渠爬弗上。kəʔ⁴kʰuɛ⁵⁵sɑ³³⁴ɑ⁵³⁵bɤa³¹təʔ⁴ɕiaŋ⁵³⁵, gəʔ²¹²bɤa³¹fəʔ⁴ɕiaŋ⁵³⁵。
【汤溪】仡个山我爬得上，渠爬弗上。gə¹¹ka⁵²so²⁴ɑ¹¹³bo¹¹teiʔ⁰ʑio¹¹³, gɯ¹¹bo¹¹fɛʔ⁰ʑio¹¹³。
【浦江】噲块山我爬得上去，渠爬弗上去。tɕiə³³kʰua⁵⁵sã⁵³⁴ɑ⁵⁵bia¹¹təʔ⁰ʒyõ²⁴i⁵⁵, ʒi²³²bia¹¹fəʔ⁰ʒyõ²⁴i⁵⁵。
【东阳】格块山我爬得上，渠爬弗上。kɜʔ⁵kʰue⁴²sʌ⁴⁴⁵ŋʋ³⁵buo¹¹teiʔ⁵dʑiʌ⁵⁴, gɯ³¹²buo¹¹fɜʔ⁵dʑiʌ⁵⁴。
【磐安】（孤⁼）块山我爬得上，渠爬弗上。
　　　　(ku³³)kʰuei⁵²sɒ⁴⁴⁵ŋuɤ⁴³⁴bɤa²¹tei⁴³dʒiɒ²⁴⁴, gɐɯ²¹³bɤa²¹fɛ⁴³dʒiɒ²⁴⁴。
【永康】（□）块山我钳⁼得上，渠钳⁼弗上。
　　　　(ku⁴⁴)kʰuəi⁵³sa⁴⁵ŋuə¹¹giə³³əi³²³ziaŋ³²³, gəɯ³³giə³³fə³ziaŋ³²³。
【武义】阿块山我农爬得上，渠农爬弗上。
　　　　aʔ⁵kʰua⁵³suo²⁴ɑ³³nɔ³³buɑ⁴²ləʔ⁵dʑiaŋ³³⁴, gɯ³³nɔ³³buɑ⁴²fəʔ⁵dʑiaŋ³³⁴。

74 你再吃一碗。（"添"等后置，表继续进行动作）

【金华】侬（再）吃碗添。noŋ⁵³⁵(tsɛ⁵⁵)tɕʰiəʔ⁴ua⁵⁵tʰiã³³⁴。
【汤溪】尔吃碗添哇。ŋ¹¹³tɕʰiei⁵⁵uo⁰tʰie²⁴ua⁰。
【浦江】尔（再）食碗先⁼儿啰。n⁵⁵(tsa⁵⁵)zɛ²⁴uã⁵³ʃiãn³³lo⁰。
【东阳】尔食碗添。n³⁵zeiʔ²ʌ⁴⁴⁵tʰi⁴⁴⁵。
【磐安】尔食碗添儿。n⁴³⁴zɛi²¹ɒ⁵²tʰien⁴⁴⁵。
　　　　尔再食一碗。n⁴³⁴tsei⁵²zɛi²¹iɛ⁴³ɒ⁴³⁴。
【永康】尔食碗添。ŋ³²³zei¹¹ua⁴⁴tʰiɑ⁴⁵。
　　　　尔再食碗添。ŋ¹¹tsəi⁵³zəi¹¹ua⁴⁴tʰia⁴⁵。
【武义】农饭食碗添。nɔ³³⁴vuo³¹ziəʔ²ŋuo⁵³tʰie²⁴。

75 我没听清，你重说一遍。（"过"等后置，表重复进行动作）

【金华】我未听灵清，侬再讲遍过。

a^{535}mi^{14}t^{h}iŋ^{55}liŋ^{31}ts^{h}iŋ^{55}, noŋ^{535}tsɛ^{55}kaŋ^{53}pie^{55}kuɤ^{55}。（过 kuɤ^{55} ~ 添 t^{h}iã^{334}）

【汤溪】我未听清，尔讲记过。a^{113}mi^{341}t^{h}ei^{52}ts^{h}ei^{24}，ŋ^{113}kuo^{52}tɕie^{52}kuɤ^0。

【浦江】我还未听灵清，尔讲先＝先＝儿啰。

a^{55}ã^{11}mi^{24}t^{h}in^{33}lin^{24}ts^{h}in^{334}，n^{55}kõ^{33}ʃiã^{55}ʃiãn^{0}lo^0。

……，尔讲遍先＝儿啰。……，n^{55}kõ^{33}pie^{55}ʃiãn^{0}lo^0。

【东阳】我艚听灵清，尔讲遍添。ŋʊ^{35}fan^{55}t^{h}ən^{42}lən^{11}ts^{h}ən^{54}，n^{35}kʌ^{445}pi^{42}t^{h}i^{445}。（添 t^{h}i^{445} ~ 过 kʊ^{423}）

我听艚灵清，……，ŋʊ^{35}t^{h}ən^{42}fan^{55}lən^{11}ts^{h}ən^{54}，……。

【磐安】我艚听清楚，尔讲遍过。

ŋuɤ^{43}fɐn^{52}t^{h}ɐn^{52}tsʰɐn^{33}sʰu^{434}，n^{434}kɒ^{43}pie^{52}kuɤ^{52}。（艚 fɐn^{52} ~ 未儿 min^{14}）

我艚听清楚，尔讲遍添儿。

ŋuɤ^{43}fɐn^{52}t^{h}ɐn^{52}tsʰɐn^{33}sʰu^{434}，n^{434}kɒ^{43}pie^{52}t^{h}ien^{445}。（艚 fɐn^{52} ~ 未儿 min^{14}）

【永康】我未听灵清，尔（再）讲遍添。ŋuə^{11}mi^{14}t^{h}ieiŋ^{53}lieiŋ^{33}tɕ^{h}ieiŋ^{45}，ŋ^{11}（tsəi^{53}）kaŋ^{44}ʔbiə^{53}t^{h}iɑ^{45}。

【武义】我农未听灵清，农讲遍添。a^{33}nɔ^{334}mi^{31}t^{h}in^{53}lin^{21}tɕ^{h}in^{53}，nɔ^{33}kaŋ^{445}mie^{53}t^{h}ie^{24}。

……，农讲遍过。……，nɔ^{33}kaŋ^{445}mie^{53}kuo^0。

76 昨天他没有来，今天他还没有来。（两个"没有"有无不同）

【金华】昨日儿渠未来，今日儿渠还未来。sa^{55}n̠̍ĩ^{14}gəʔ^{21}mi^{14}lɛ^{313}，tɕiŋ^{33}n̠̍ĩ^{55}gəʔ^{212}uɑ^{14}mi^{14}lɛ^{313}。

【汤溪】昨日渠未来，今日渠还未来。za^{11}n̠iei^{113}gɯ^{11}mi^{341}lɛ^{11}，ka^{33}n̠iei^{24}gɯ^{11}uo^{24}mi^{341}lɛ^{11}。

【浦江】昨日渠无没来，今日渠意＝无没来。

zo^{11}n̠iə^{243}ʒi^{232}m^{11}mə^{24}la^{113}，tɕin^{55}n̠iə^{334}ʒi$^{232;55}$m^{11}mə^{24}la^{113}。（无没 m^{11}mə^{24} ~ 无得 n^{11}tə^{55}）

【东阳】昨日儿渠弗来，今日渠还艚来。

zuoʔ^{35}nein^{45}gəɯ^{312}fɜʔ^{5}lɛ^{312}，tɕien^{33}neiʔ^{324}gəɯ^{312}ʒʔ^{2}fan^{55}lɛ^{312}。（艚 fan^{55} ~ 未 mi^{324}）

【磐安】上日儿渠弗来，今日儿渠还无□来。

ʒɐ^{24}nen^{14}gɐɯ^{21}fɜ^{55}lei^{21}，tɕiɐn^{33}nen^{14}gɐɯ^{21}ɒ^{213}m^{21}bɛi^{343}lei^{213}。

【永康】上日渠弗来，今日渠还未来。ziɒ^{11}n̠ĭa^{323}gəɯ^{33}fə^{4}ləi^{33}，kieiŋ^{45}n̠ĭa^{323}gəɯ^{33}uɑ^{33}mi^{14}ləi^{33}。

【武义】昨日渠农未来过，今日渠农还未来。

suo^{53}nɔʔ^{3}gɯ^{33}nɔ^{33}mi^{53}la^{42}kuo^0，kəʔ^{5}nɔʔ^{3}gɯ^{33}nɔ^{33}ŋuo^{24}mi^{53}la^{423}。

第四章 语法

77 我是老师，他也是老师。（判断句）

【金华】我（是）老师，渠也老师。a^{535}（s$\c{1}^{55}$）lau^{55}s$\c{1}^{334}$，gə$\c{2}^{21}$ia^{535}lau^{55}s$\c{1}^{334}$。

【汤溪】我农老师，渠农也老师。a^{11}nao^{113}la^{52}s$\c{1}^{0}$，gɯ^{11}nao^{0}ia^{24}la^{52}s$\c{1}^{0}$。

【浦江】我是老师，渠也是老师。a^{55}ʑi^{24}lo^{11}s$\c{1}^{53}$，ʑi^{232}ia^{11}ʑi^{24}lo^{11}s$\c{1}^{53}$。

【东阳】我是老师，渠也是老师。ŋʊ^{35}di^{35}lau^{35}s$\c{1}^{55}$，gəɯ^{312}iə$\c{2}^{2}$di^{35}lau^{35}s$\c{1}^{55}$。

【磐安】我是老师，渠也是老师。ŋuɤ^{434}dʑi^{244}lo^{43}s$\c{1}^{445}$，gɐɯ^{21}ia^{445}dʑi^{244}lo^{43}s$\c{1}^{445}$。

（是 dʑi^{244}~哩 li^{445}。"哩 li^{445}"是表点出主题的助词）

【永康】我是老师，渠也儿老师。ŋuə^{11}niə^{53}lŋ^{11}s$\c{1}^{45}$，gəɯ^{33}ia^{324}lŋ^{11}s$\c{1}^{445}$。

【武义】我农老师，渠农也老师。a^{33}nɔ^{33}lɤ^{53}s$\c{1}^{24}$，gɯ^{33}nɔ^{33}ia^{24}dʑi^{33}lɤ^{53}s$\c{1}^{24}$。

我农是老师，……a^{33}nɔ^{334}dʑi^{33}lɤ^{53}s$\c{1}^{24}$，……。

78 你去不去？（反复问句）

【金华】侬去弗（去）？ noŋ^{535}kʰɯ^{55}fə$\c{2}^{4}$（kʰɯ^{55}）？

【汤溪】尔去弗个？ ŋ^{113}kʰəɯ^{52}fɛ^{0}kə^{0}？

【浦江】尔去弗去啊？ n^{55}tɕʰi^{33}fə^{55}tɕʰi^{33}a^{0}？

【东阳】尔去弗？ n^{35}kʰəɯ^{42}fɜ$\c{2}^{45}$？

尔去弗去？ n^{35}kʰəɯ^{42}fɜ$\c{2}^{5}$kʰəɯ^{55}？

【磐安】尔去弗去？ n^{43}kʰɐɯ^{52}fɛ^{43}kʰɐɯ^{55}？

尔去弗？ n^{43}kʰɐɯ^{52}fɛ^{55}？

【永康】尔去弗？ ŋ^{11}kʰəɯ^{53}fə^{54}？

尔去弗去？ ŋ^{11}kʰəɯ^{53}fə^{0}kʰəɯ^{54}？

【武义】农去弗（去）？ nɔ^{33}kʰɯ^{53}fə$\c{2}^{0}$（kʰɯ^{53}）？

79 他去没去？（反复问句）

【金华】渠去过未？ gə$\c{2}^{21}$kʰɯ^{55}kuɤ^{0}mi^{14}？

【汤溪】渠去未？ gɯ^{11}kʰəɯ^{52}mi^{0}？（未 mi^{0}~曾 zao^{0}）

【浦江】渠有无没去过啊？ ʑi^{232}iɤ^{11}m^{55}mə^{0}tɕʰi^{55}kɯ^{55}a^{55}？（无没 m^{55}mə^{0}~无得 n^{55}tə^{0}）

渠去过㽪哪？ ʑi^{232}tɕʰi^{55}kɯ^{55}fən^{55}na^{55}？

【东阳】渠去未？ gəɯ^{312}kʰəɯ^{42}mi^{324}？

【磐安】渠去过未儿？ gɐɯ^{21}kʰɐɯ^{52}kuɤ^{52}min^{55}？（未儿 min^{55}~㽪 fɐn^{55}~弗 fɛ^{55}）

渠去未儿去？ gɐɯ^{21}kʰɐɯ^{52}min^{21}kʰɐɯ^{55}？（未儿 min^{21}~㽪 fɐn^{21}）

【永康】渠去过未？ gəɯ^{33}kʰəɯ^{53}kua^{0}mi^{54}？

【武义】渠农去过未？ gɯ^{33}nɔ^{33}kʰɯ^{53}kuo^{0}mi^{0}？

80 弟兄三个他最大。

【金华】哥弟三个渠顶大。kuɤ^{33}tie^{535}sa^{33}kə$\c{2}^{4}$gə$\c{2}^{21}$tiŋ^{55}duɤ^{14}。

【汤溪】哥弟三个顶渠大。kuɤ³³die¹¹so²⁴kaºnei⁵⁵gɯ¹¹dɤ³⁴¹。

【浦江】哥弟三个渠顶大。kɯ³³di³³sã³³ka⁵⁵ʑi²³²tin⁵⁵dɯ²⁴。

【东阳】哥弟三个渠顶大。kʊ³³di³⁵sʌ³³kɜʔ⁴⁵gəɯ³¹²tən³³dʊ³²⁴。

【磐安】哥弟三个渠尽大。kuɤ³³di²⁴⁴sɒ³³ka⁵²gɯɐ²¹ʑiɐn²⁴dɯ¹⁴。

【永康】哥弟三个渠尽大。kua⁴⁵diə³²³sa⁴⁵kua⁵⁴gəɯ³³zən¹¹duɐ¹⁴。

【武义】哥弟三个渠农尽大。kuo⁴⁴⁵die³³⁴zuo²¹²tɕia⁵³gu³³nɔ³³sen⁵³duo³¹。（尽 sen⁵³ ~ 顶 nin⁵³）

81 这碗菜太咸了。

【金华】格碗菜太咸了。kəʔ⁴ua⁵⁵tsʰɛ⁵⁵tʰɛ⁵⁵a³¹lə¹⁴。

【汤溪】仡碗菜忒咸。gə¹¹uo⁵²tsʰɛ⁵²tʰɛ⁵⁵uo¹¹。

【浦江】噁碗菜忒咸啦。tɕiə³³uã⁵³tsʰa⁵⁵tʰə⁵⁵ã¹¹laº。

【东阳】格碗菜忒葛⁼滋味猛哇。kɜʔ⁵⁴⁴⁵tsʰe⁴²³tʰɜʔ⁵kɜʔ⁴⁵tsŋ³³mi⁴⁴⁵mɛºuaº。

【磐安】葛⁼碗菜忒滋味哇。kɛ⁴³ɒ⁵²tsʰei⁵²tʰɛi⁴³tsŋ³³mi³⁴³uaº。（哇 uaº ~ 罢 baº）

【永康】（□）碗菜忒咸。(ku⁴⁴)ua⁵³tsʰəi⁵⁴tʰəi⁴⁴a³³。

【武义】阿碗菜忒咸罢。aʔ⁵ŋuo⁵³tsʰa⁵³tʰəʔ⁵ŋuo⁴²baº。

82 我吃了三碗饭还没吃饱。（完成体）

【金华】我三碗吃肚了还未吃饱。a⁵³⁵sa³³ua⁵⁵tɕʰiəʔ⁴tu⁵³ləºua³¹mi¹⁴tɕʰiəʔ⁴pau⁵³⁵。

我吃了三碗还未吃饱。a⁵³⁵tɕʰiəʔ⁴ləºsa³³ua⁵⁵ua³¹mi¹⁴tɕʰiəʔ⁴pau⁵³⁵。

【汤溪】我三碗饭吃记还未吃饱。a¹¹³so²⁴uoºvo³⁴¹tɕʰiei⁵⁵tɕieºuo²⁴mi³⁴¹tɕʰiei⁵⁵pə⁵³⁵。

【浦江】我食啊三碗饭还未食饱。a⁵⁵zɜ²⁴aºsã⁵⁵uã³³vã²⁴ã¹¹mi²⁴zɜ²⁴po⁵³。

【东阳】我食了三碗饭还未食饱。ŋʊ³⁵zei²ºlʌ⁵⁴⁴⁵vʌ³²⁴ɜʔºmi³⁵⁵zeiʔºpau⁵⁵。（未 mi³²⁴ ~ 罉 fan⁵⁵）

我三碗饭食落去还未食饱。ŋʊ³⁵sʌ³³⁴⁴⁵vʌ³²⁴zeiʔ²lɜʔºkʰɯ⁵⁵ɜʔºmi³²⁴zeiʔ²pau⁵⁵。

【磐安】我三碗饭食了去还罉食饱。ŋuɤ⁴³⁴sɒ³³ɒ⁵²vɒ¹⁴zei²¹laºɐɯ⁵²ɒ²¹fen⁵²zeiɜ²¹po⁴³⁴。（罉 fen⁵² ~ 未儿 min¹⁴）

【永康】我三碗饭食了还未食饱。ŋuɐ¹¹ua⁴⁵ua⁵³vɐ¹⁴zəi¹¹lɒ⁴²²uɐ³³mi¹⁴zəi¹¹ʔbɒ⁵⁴⁵。

【武义】我农三碗饭食了罢还未饱。a³³nɔ³³⁴zuo²¹²ŋuo³³vuo³¹ziəʔºlao³¹baºŋuo²⁴mi⁴⁴⁵pao⁴⁴⁵。

（食了罢 ziəʔ³laoº³¹baº ~ 食去罢 ziəʔ³xɯºbaº）

83 你坐这儿，他坐那儿。（分配座位）

【金华】侬坐格里，渠坐末㚘。noŋ⁵³⁵sʊɤ⁵³⁵kəʔ⁴li⁵³⁵ , gəʔ²¹sʊɤ⁵³⁵məʔ²¹da¹⁴。

【汤溪】尔坐㚘，渠坐狂⁼㚘。ŋ¹¹³zɤ¹¹³daº¹¹³ , gɯ¹¹zɤ¹¹³ku¹¹daº¹¹³。

【浦江】尔坐噁里，渠坐㖉里。n⁵⁵zɯ²⁴tɕiə³³li²⁴ , ʑi²³²zɯ²⁴miẽ²⁴liº。

【东阳】尔坐格脚儿，渠坐哝脚儿。n³⁵zʊ¹¹kɜʔ²tɕiɯon³³⁵ , gəɯ³¹²zʊ¹¹nom¹¹tɕiɯon³³⁵

【磐安】尔坐□儿,渠坐啋块儿。n⁴³zuɤ²⁴⁴dɛn²¹³, gɯ²¹zuɤ²⁴⁴nɑom²¹kʰuen⁵²。
（啋块儿 nɑom²¹kʰuen⁵² ~ 啋□儿 nɑom²¹dɛn²¹³）
【永康】尔坐夯儿,渠坐夯儿。ŋ³²³zuə¹¹tɑ³²⁴, gəɯ³³zuə¹¹ʔdɑ⁵⁴。
【武义】农坐阿落,渠农坐特⁼落。nɔ³³zuo³³aʔ⁵lɑoʔ⁰, gɯnɔ³³zuo³³dəʔ³lɑoʔ⁵。

84 坐着，别站起来。（持续体）

【金华】坐住,甭徛□。suɤ⁵³dzʅ¹⁴, foŋ⁵⁵kɛ⁵³tɕʰiɛ¹⁴。（[tɕʰiɛ¹⁴]是"起来"的合音）
【汤溪】坐夯,鞭徛□。zɤ¹¹tɑ⁵², fi⁵²gɛ¹¹tɕʰiɛ⁵²。（[tɕʰiɛ⁵²]是"起来"的合音）
【浦江】坐得嗰里,弗要徛□啊。zu²⁴təmiẽ²⁴li⁰, fɛ⁵⁵i⁵⁵gɑtʃʰiɑ⁵³a⁰。
（[tʃʰiɑ⁵³]是"起来"的合音）
【东阳】坐啋,弗乐徛起。zu³⁵nom³¹², fɛʔ⁵ŋau⁴²gɛ³⁵tɕʰiəʔ⁴⁵。
【磐安】坐□儿,弗乐徛（起来）。zuɤ²⁴⁴dɛn²¹, fɛ⁵⁵ŋo²¹gei²⁴⁴（tɕʰi⁴³lei²¹³）。
【永康】尔坐夯儿,（弗）乐□。ŋ³²³zuə¹¹tɑ³²⁴,（fə⁴）ŋɑ⁵³uɑi⁴²²。（[uɑi⁴²²]是"□uɑ⁵⁴来"的合音）
……,（弗）乐徛嘞。……,（fə⁴）ŋɑ⁵³gəi¹¹əi³²³。
【武义】坐倒来,觫徛来。zuo³³lɤ⁵³lɑ⁰, fɑo⁵³gɑ³³lɑ²⁴。（徛来 gɑ³³lɑ²⁴ ~ 徛亨⁼gɑ³³xɑ²⁴）

85 他看电视看着看着睡着了。（持续体）

【金华】渠望电视望望望瞓熟去了。gəʔ²¹²moŋ⁵⁵tiã⁵⁵zʅ¹⁴moŋ¹⁴moŋ⁰moŋ¹⁴kʰuəŋ³³zioʔ²¹kʰɯ⁵⁵lə⁰。
【汤溪】渠望电视望望瞓瞓去。gɯ¹¹mɑo¹¹die¹¹zʅ¹¹³mɑo³⁴¹mɑo⁰kʰuɑi⁵²kʰuɑi⁰kʰəɯ⁰。
【浦江】渠望电视望望（望望）鼾去啊。ʒi²³²mõ¹¹diã²⁴zʅ⁰mõ¹⁴mõ²⁴（mõ¹¹mõ²⁴）xə̃⁵⁵i⁰a⁰。
【东阳】渠望电视望去望去便望得眠熟去哇。gəɯ³¹²mʊ³⁵di³⁵zʅ³²⁴mʊ¹¹kʰəɯ⁵⁵mʊ¹¹kʰəɯ⁵⁵bi³⁵mʊ¹¹tei²⁴⁵mien³¹zouʔ⁵kʰɯɛ⁴²uɑ⁰。
（望去望去 mʊ¹¹kʰəɯ⁵⁵mʊ¹¹kʰəɯ⁵⁵ ~ 望个望个 mʊ¹¹a⁰mʊ¹¹a⁰）
【磐安】渠望电视望啊望啊望眠熟哇。gəɯ²¹mo²⁴die²⁴zʅ³⁴³mo²⁴a⁰mo²⁴a⁰mo²⁴miɛn²¹zʌo²¹uɑ⁰。
【永康】渠望电视望记望记便望瞓去咩。gəɯ³³mɑŋ¹¹diɑ¹¹zi¹⁴mɑŋ¹⁴kiə⁰mɑŋ¹⁴kiə⁰biə¹⁴mɑŋ¹⁴kʰuəŋ⁵³kʰɯɛ⁰mia⁰。
【武义】渠农望电视望望望瞓去罢。gɯ³³nɔ³³⁴mɑŋ³¹die³³zi³¹mɑŋ³¹mɑŋ³¹kʰuo⁵³xɯ⁰ba⁰。

86 天冷起来了。（起始体）

【金华】天公冷□了。tʰia³³koŋ⁵⁵nɑŋ⁵³tɕʰiɛ¹⁴lə⁰。
【汤溪】天公冷来罢。tʰie²⁴kɑo⁰lɑ¹¹lɛ⁵²bɑ¹¹³。

【浦江】天公冷来啦。tʰiã⁵⁵kon³³⁴lɛ̃¹¹a¹¹la⁰。

【东阳】天公冷起哇。tʰi³³kom⁵⁴lɛ³⁵tɕʰiəʔ⁴⁵ua⁰。

【磐安】天公冷来罢。tʰie³³kaom⁵²lɛ⁴³lei²¹ua⁰。

【永康】天公冷嘞咩。tʰia⁴⁴kɔŋ⁴⁵lai¹¹əi¹¹mia⁵⁴。

【武义】天公冷转来罢。tʰie²¹²kɔŋ⁵³na³³ȵye⁵³la²⁴ba⁰。（转来罢 ȵye⁵³la²⁴ba⁰ ~ 转亨⁼罢 ȵye⁵³xa²⁴ba⁰）

87 你吃了饭没有？（受事前置）

【金华】侬饭吃过未？nɔŋ⁵³va¹⁴tɕʰiəʔ²⁴kuɤ⁵⁵mi⁵⁵？

【汤溪】尔（饭）吃未？ŋ¹¹³（vo³⁴¹）tɕʰiei⁵⁵mi⁰？

【浦江】尔饭食过馓哪？n⁵⁵vã²⁴zɛ²⁴kɯ⁰fən⁵⁰nɑ⁵⁵？

【东阳】尔（饭）食过未？n³⁵（vʌ³²⁴）zeiʔ²kʊ³³mi⁵⁵？

【磐安】尔（饭）食过未儿？n⁴³（vɒ¹⁴）zei²¹kuɤ⁵²min⁵⁵？

【永康】尔食过未？ŋ³²³zəi¹¹kua⁵³mi⁵⁴？

【武义】农（饭）食过未？nɔ³³⁴（vuo³¹）ʑiəʔ³kuo⁵³mi⁰？

88 他走得很快。

【金华】渠走得快猛。gəʔ²¹tsiu⁵³təʔ⁴kʰua⁵⁵maŋ⁵³⁵。

【汤溪】渠趋得吓农快。gɯ¹¹bei¹¹tei²⁴xa⁵⁵nao⁰kʰua⁵²。

【浦江】渠走得□快。ʒi²³²tsɤ⁵⁵tə⁰mən⁵⁵kʰua³³⁴。

渠走得危险快。ʒi²³²tsɤ⁵⁵tə⁰uɛ¹¹ʃiẽ⁵³kʰua³³⁴。

【东阳】渠蹿得尽快。gəɯ³¹²liəʔ²teiʔ⁴⁵ʑien³⁵kʰua⁴²³。

【磐安】渠蹿得尽快。gɐɯ²¹³liɛ²¹tei⁵³⁴ʒɐɪ²⁴kʰua⁵²。（尽快 ʒɐɪ²⁴kʰua⁵² ~ 快猛 kʰua⁵²mɛ⁴³⁴）

【永康】渠蹿得交儿□家⁼。gəɯ³³liə¹¹əi³²³kɒ³²⁴sa⁴⁴ka⁴⁵。

【武义】渠农蹿得（弗）吵⁼快。gɯ³³nɔ³³⁴lie³³ləʔ⁵（fəʔ⁵）tsʰao⁴⁴⁵tsʰua⁵³。

89 我打得过他。（三种顺序）

【金华】我打得渠过。a⁵³⁵taŋ⁵³təʔ⁴gəʔ²¹kuɤ⁵⁵。

我打得过渠。a⁵³⁵taŋ⁵³təʔ⁴kuɤ⁵⁵gəʔ²¹²。

【汤溪】我打得渠过。a¹¹na⁵²tei²⁴gɯ⁰kuɤ⁰。

我打得过渠。a¹¹na⁵²tei²⁴kuɤ⁵²gɯ⁰。

【浦江】我吃得渠落。a⁵⁵tɕʰiə³³tə⁰ʒi²⁴lo²³²。

我打得渠过。a⁵⁵nɛ̃⁵⁵tə⁰ʒi²⁴kɯ³³⁴。

我打得过渠。a⁵⁵nɛ̃⁵⁵tə⁰kɯ⁵⁵ʒi²³²。

我打渠得过。a⁵⁵nɛ̃³³ʒi²⁴tə⁵⁵kɯ³³⁴。

【东阳】我打得渠过。ŋʊ³⁵nɛ⁴⁴⁵teiʔ⁴⁵gəɯ⁰kʊ⁴²³。

　　　　　渠我打得过。gəɯ³¹²ŋʊ³⁵nɛ⁴⁴⁵teiʔ⁴⁵kʊ⁰。

【磐安】我打得过渠。ŋuɤ⁴³⁴nɛ⁴³tɛi⁴³⁴kuɤ⁵²gɐɯ²¹³。
　　　　我打得渠过。ŋuɤ⁴³⁴nɛ⁴³tɛi⁴³⁴gɐɯ²¹kuɤ⁵²。
　　　　渠我打得过。gɐɯ²¹³ŋuɤ⁴³nɛ⁴³tɛi⁴³⁴kuɤ⁵²。

【永康】我吃得渠落。ŋuə¹¹kʰiə⁴əi³²³gəɯ³³lɒ³²³。
　　　　我打得渠过。ŋuə¹¹nai⁴²əi³²³gəɯ³³kuɑ⁵⁴。
　　　　我打得过渠。ŋuə¹¹nai⁴²əi³²³kuɑ⁵³gəɯ³³。

【武义】我农吃得渠落。a³³nɔ³³tɕʰiəʔ⁵ləʔ⁰gɯ³³lao³³⁴。
　　　　我农打得渠过。a³³nɔ³³na⁴⁴⁵ləʔ⁰gɯ³³kuo⁵³。
　　　　我农打得过渠。a³³nɔ³³na⁴⁴⁵ləʔ⁰kuo⁵³gɯ³³⁴。

90 我打不过他。（三种顺序）

【金华】我打弗渠过。a⁵³⁵taŋ⁵³fəʔ⁴gəʔ²¹kuɤ⁵⁵。
　　　　我打渠弗过。a⁵³⁵taŋ⁵³gəʔ²¹fəʔ⁴kuɤ⁵⁵。
　　　　我打弗过渠。a⁵³⁵taŋ⁵³fəʔ⁴kuɤ⁵⁵gəʔ²¹²。

【汤溪】我打弗渠过。a¹¹³na⁵²fɛ⁵²kɯ³³kuɤ⁵²。
　　　　我打渠弗过。a¹¹³na⁵²kɯ⁵²fɛ⁵²kuɤ⁵²。
　　　　我打弗过渠。a¹¹³na⁵²fɛ⁵²kuɤ⁵²gɯ⁰。

【浦江】我吃弗渠落。a⁵⁵tɕʰiə³³fəʔ⁰ʑi²⁴lo²³²。
　　　　我打弗过渠。a⁵⁵nẽ⁵⁵fəʔ⁰ʑi²³²kɯ⁵⁵。
　　　　我打弗过渠。a⁵⁵nẽ⁵⁵fəʔ⁰kɯ⁵⁵ʑi²³²。
　　　　我打渠弗过。a⁵⁵nẽ³³ʑi²⁴fə³³kɯ⁵⁵。

【东阳】我打弗得渠过。ŋʊ³⁵nɛ⁴⁴⁵fɜʔ⁵teiʔ⁴⁵gəɯ⁰kʊ⁴²³。

【磐安】我打弗过渠。ŋuɤ⁴³⁴nɛ⁴³fɛ⁴³⁴kuɤ⁵²gɐɯ²¹³。
　　　　我打弗渠过。ŋuɤ⁴³⁴nɛ⁴³fɛ⁴³⁴gɐɯ²¹kuɤ⁵²。
　　　　我打渠弗过。ŋuɤ⁴³⁴nɛ⁴³gɐɯ²¹fɛ⁴³kuɤ⁵²。
　　　　渠我打弗过。gɐɯ²¹³ŋuɤ⁴³nɛ⁴³fɛ⁴³⁴kuɤ⁵²。

【永康】我吃弗渠落。ŋuə¹¹kʰiə⁴fə⁴gəɯ³³lɒ³²³。
　　　　我打弗渠过。ŋuə¹¹nai⁴²fə⁴gəɯ³³kuɑ⁵⁴。
　　　　我打渠弗过。ŋuə¹¹nai⁴²gəɯ³³fə⁴kuɑ⁵⁴。
　　　　我打弗过渠。ŋuə¹¹nai⁴⁴fə⁴kuɑ⁵³gəɯ³³。

【武义】我农吃弗渠落。a³³nɔ³³tɕʰiəʔ⁵fəʔ⁵gɯ³³lao³³⁴。
　　　　我农打弗渠过。a³³nɔ³³na⁴⁴⁵fəʔ⁵gɯ³³kuo⁵³。
　　　　我农打渠弗过。a³³nɔ³³na⁴⁴⁵gɯ³³fəʔ⁴kuo⁵³。
　　　　我农打弗过渠。a³³nɔ³³na⁴⁴⁵fəʔ⁴kuo⁵³gɯ³³⁴。

647

91 你去叫他一声儿。

【金华】侬去讴声渠。noŋ⁵³⁵kʰɯ⁵⁵eu³³ɕiŋ⁵⁵gəʔ²¹²。

【汤溪】尔去讴声渠。ŋ¹¹kʰəɯ⁵²əɯ²⁴ɕiaiºgɯº。

　　　　尔去讴渠声。ŋ¹¹kʰəɯ⁵²əɯ²⁴gɯºɕiaiº。

【浦江】尔去讴渠先⁼儿。n⁵⁵tɕʰi³³ɤ⁵⁵ʑi²³²ʃiã⁵³⁴。

【东阳】尔去讴声渠。n³⁵kʰəɯ⁴²əɯ³³sən⁵⁴gəɯº。

【磐安】尔去讴声渠。n⁴³kʰɐɯ⁵²ɐɯ³³sɐn⁵⁴⁵gɐɯ²¹³。

【永康】尔替我讴声渠。ŋ¹¹tʰəi⁵³ŋuɑ³²³ɒ⁴⁴ɕieiŋ⁴⁵gəɯ⁴³³。

【武义】农去讴记渠。nɔ³³⁴kʰɯ⁵³ɑo²⁴tɕi⁵³gɯº。（记 tɕi⁵³ ~ 声 ɕin⁵³）

92 这座山不如那座山高。（比较句）

【金华】格块山末块山高些。kəʔ⁴kʰuɛ⁵⁵sɑ³³⁴məʔ²¹kʰuɛ⁵⁵sɑ³³⁴kau³³səʔ⁴。

　　　　格块山无没末块山高。kəʔ⁴kʰuɛ⁵⁵sɑ³³⁴m³¹mə²¹²məʔ²¹kʰuɛ⁵⁵sɑ³³⁴kau³³⁴。

【汤溪】仡个山头无没狂⁼个山头般高。gə¹¹kɑ⁵²so²⁴dəɯºm⁵²maºgɑo¹¹kɑºso²⁴dəɯºmɤºkə²⁴。

【浦江】噁块山还是嘅块山高些。tɕiə³³kʰuɑ⁵⁵sã⁵³⁴uã¹¹ʑi²⁴miẽ²⁴kʰuɑºsã⁵³⁴kɔ⁵⁵sɯ³³⁴。

【东阳】格块山（还是）哝块山高些。kəʔ⁵kʰue⁴²sʌ⁴⁴⁵（ʑʔ²di³⁵）nom¹¹kʰue⁴²sʌ⁴⁴⁵kau³³səʔ⁴⁵。

　　　　格块山弗及哝块山高。kəʔ⁵kʰue⁴²sʌ⁴⁴⁵fəʔ⁵dziəʔ³²⁴nom¹¹kʰue⁴²sʌ⁴⁴⁵kau⁴⁴⁵。

【磐安】孤⁼块山弗如哝块山高。ku³³kʰuei⁵²sɒ⁴⁴⁵fɛ⁵⁵ʑy²¹nɑom²¹kʰuei⁵²sɒ⁴⁴⁵ko⁴⁴⁵。

　　　　孤⁼块山哝块山高些。ku³³kʰuei⁵²sɒ⁴⁴⁵nɑom²¹kʰuei⁵²sɒ⁴⁴⁵ko⁴⁴⁵sɛ⁵²。

【永康】（囗）块山书⁼勾⁼块山高粒儿。（ku⁴⁴）kʰuəi⁵³sɑ⁴⁵ɕy⁴⁵kəɯ⁴⁵kʰuəi⁵³sɑ⁴⁵kɒ⁴⁵lɤ⁵⁴。

【武义】阿块山还特⁼块山高些。aʔ⁵kʰuɑ⁵³suo²⁴ŋuo²⁴dəʔ³kʰuɑ⁵³suo²⁴kɤ²⁴sɤʔ⁵。

93 别急，先喝点儿水再说。

【金华】弗要急，茶吃口起再讲。fəʔ⁴iau⁵⁵tɕʰiəʔ⁴，dzuɑ³¹³tɕʰiəʔ⁴kʰiu⁵⁵tɕʰi⁵³⁵tsɛ⁵⁵kaŋ⁵³⁵。

【汤溪】鞭急，吃点儿茶着再讲。fi⁵²tɕiei⁵⁵，tɕʰiei⁵⁵ɲ̥iaŋºdzo¹¹dʑioºtsɛ⁵²kuo⁵³⁵。（着 dʑioº ~ 起 tɕʰi⁵³⁵）

【浦江】弗要火，先囗食口茶起再讲。fɛ⁵⁵iˀ⁵xɯ⁵³，ʃiã⁵⁵tɑ³³⁴zɛ²⁴kʰɤ³³dʑyɑ¹¹³tʃʰi⁵³tsɑ³³kõ⁵³。

【东阳】弗乐慌，茶食口儿慢儿再讲。fəʔ⁵ŋau⁴²xʌ⁴⁴⁵，dzuo³¹²zeiʔ²kʰəɯ⁵⁵mʌn⁴⁵tse⁴²kʌ⁵⁵。（慢儿 mʌn⁴⁵ ~ mein⁴⁵）

【磐安】弗乐急，茶食囗儿（起）再讲。fɛ⁵⁵ŋo²¹tɕie⁴³⁴，dzuə²¹zei²¹tin⁴⁴⁵（tɕʰi⁴³⁴）tsei⁵²kɒ⁴³⁴。

【永康】（弗）乐慌,茶食了起再讲。(fə⁴)ŋɒ⁵³xuaŋ⁴⁵, dza³³zəi¹¹lɒ⁴²²kʰi⁵⁴⁵tsəi⁵³kaŋ⁵⁴⁵。
【武义】觍慌,茶食口起再讲。fao⁵³xuaŋ²⁴, dzua⁴²³ʑiə?³kʰao⁵³tɕʰi⁴⁴⁵tsa⁵³kaŋ⁴⁴⁵。

94 你有没有钱?（反复问句）
【金华】侬钞票有无没？ noŋ⁵³⁵tsʰau⁵³pʰiau⁵⁵iu⁵⁵m³¹mə?²¹²？
【汤溪】尔钞票有弗？ ŋ¹¹³tsʰə⁵²pʰie⁵²iɯ¹¹fɛ⁵²？
　　　 尔有钞票无？ ŋ¹¹³iɯ¹¹tsʰə⁵²pʰie⁵²m⁰？
【浦江】尔有无有钞票？ n⁵⁵iɤ¹¹m⁵⁵iɤ¹¹tsʰo⁵⁵pʰi³³⁴？
　　　 尔有钞票无？ n⁵⁵iɤ³³tsʰo⁵⁵pʰi³³⁴m⁵⁵？
【东阳】尔有弗有钞票？ n³⁵iəɯ³⁵fɜ?⁵iəɯ¹¹tsʰau³³pʰɤ⁵⁴？
　　　 尔有钞票弗？ n³⁵iəɯ¹¹tsʰau³³pʰɤ⁵⁴fɜ?⁴⁵？
【磐安】尔钞票有弗？ n⁴³⁴tsʰo⁴³pʰio⁵²iɯɯ⁴³fɛ⁴³⁴？
　　　 尔有钞票弗？ n⁴³⁴iɯɯ⁴³tsʰo⁴³pʰio⁵²fɛ⁴³⁴？
【永康】尔有钞票呐？ ŋ³²³iəɯ¹¹tsʰɒ⁴⁴pʰiɒ⁵³nəi⁵⁴？
【武义】农钞票有呐？ nɔ³³tsʰao⁴⁴⁵pʰie⁵³iu³³nie?⁵？
　　　 农钞票有弗呢？ nɔ³³tsʰao⁴⁴⁵pʰie⁵³iu³³fə?⁵nə?⁵？

95 你还有钱吗？——我花得只有只剩下一块钱了。（表仅有的"添"）
【金华】侬还有钞票无呢？ noŋ⁵³⁵ua³¹iu⁵³⁵tsʰau⁵³pʰiau⁵⁵m⁰na⁵⁵？
　　　——我用用剩一块洋钿添。a⁵³⁵ioŋ¹⁴ioŋ⁰ʑiŋ¹⁴iə?⁵kʰuaŋ⁵aŋ³¹die¹⁴tʰiã³³⁴。①
【汤溪】尔还有钞票弗？ ŋ¹¹³uo²⁴iəɯ¹¹tsʰə⁵²pʰie⁵²fɛ⁰？
　　　——我用用足块洋钿添。a¹¹³iao³⁴¹iao⁰tsɔ⁵⁵kʰuɛ⁵²io¹¹³die⁰tʰie²⁴。
【浦江】尔还有钞票无嘛？ n⁵⁵uã¹¹iɤ²⁴tsʰo⁵⁵pʰi³³⁴m⁵⁵ma⁵⁵？
　　　——我用得只（射⁼）一块铜钿先⁼儿啦。
　　　 a⁵⁵yon¹¹tə⁰tsɛ⁵⁵（dziɑ²⁴）iə³³kʰua⁵⁵dən²⁴niẽ⁵⁵ʃiãn³³la⁰。（铜钿 dən²⁴niẽ¹¹³ ~ dən²⁴liẽ¹¹³）
【东阳】尔还有钞票弗？ n³⁵ɜ?²iəɯ³⁵tsʰau³³pʰɤ⁵⁴fɜ?⁴⁵？
　　　——我用得只剩一块洋钿添哇。ŋu³⁵iom¹¹tei?²⁴⁵tsei?⁵dzən³¹i?⁵kʰue⁴²³iʌ¹¹di⁵⁴tʰi⁴⁴⁵ua⁰。
【磐安】尔还有钞票弗？ n⁴³⁴ɒ²¹iəɯ⁴³⁴tsʰo⁴³pʰio⁵²fɛ⁴³⁴？
　　　——我用得只有一块钞票（添）罢。
　　　 ŋɤ⁴³⁴iaom¹⁴tei²¹tsei⁴³iəɯ²¹iɛ⁴³kʰuei⁵²tsʰo⁴³pʰio⁵²(tʰie⁴⁴⁵)ba⁰。
【永康】尔还有钞票添呐？ ŋ¹¹ua³³iəɯ³²³tsʰɒ⁴⁴pʰiɒ⁵³tʰia⁴⁵nəi⁵⁴？
　　　——我便一块钞票添。ŋuə¹¹biə¹⁴iə⁴kʰuei⁵³tsʰɒ⁴⁴pʰiɒ⁵³tʰia⁴⁵。

---

① "块洋"本应读[kʰue⁵⁵iaŋ³¹],此处为语流音变。

649

【武义】农钞票还有弗呢？nɔ³³tsʰɑo⁴⁴⁵pʰie⁵³ŋuo²⁴iu³³fə?⁵nə?⁵？
——我农用用还剩一块钞票添。a³³nɔ³³⁴iɔŋ³¹ici⁰ŋouŋ⁰²⁴ʑiaŋ³³iə?⁴kʰua⁵³tsʰɑo⁴⁴⁵pʰie⁵³tʰie²⁴。

96 衣服上衣干了,裤子还没干。(表主题、停顿的"得")

【金华】衣裳(得)燥了,裤还未燥。i³³ɕiaŋ⁵⁵(tə?)sau⁵⁵lə⁰, kʰu⁵⁵ua³¹mi¹⁴sau⁵⁵。

【汤溪】衣裳得燥罢,裤还未燥。i⁵⁵ʑio⁰tei⁰sə⁵²ba¹¹³, kʰu⁵²uo²⁴mi³⁴¹sə⁵²。

【浦江】衣裳燥啊,裤还未燥。i⁵⁵ʒyõ⁵³so⁵⁵a⁵⁵, kʰu⁵⁵ã¹¹mi²⁴so⁵⁵。

【东阳】衣裳燥哇,裤还未燥。i³³ʑiʌ⁵⁴sauʔ²ua⁰, kʰu⁴²³ʒ?²mi²⁴sau⁴²³。(未mi³²⁴ ~ 赠fan⁵⁵)

【磐安】衣裳哩燥罢,裤还赠燥。i³³ʒiŋ³⁴³li⁰so⁵²ba²⁴⁴, kʰu⁵²ɒ²¹fɐn⁵²so⁵²。

【永康】衣裳燥咩,布裤还未燥。i⁴⁵ʑiaŋ⁴³³sɒ⁵³miɑ⁰, ʔbu⁴⁴kʰu⁵⁴ua³³mi⁹⁴sɒ⁵⁴。

【武义】衣裳燥罢,□裤还未燥。i²¹²ɕiaŋ⁵³sɤ⁵³ba⁰, u⁴⁴⁵kʰu⁵³ŋuo²⁴mi³¹sɤ⁵³。
(□裤u⁴⁴⁵kʰu⁵³ ~ 布裤pu⁴⁴⁵kʰu⁵³)

97 他坐在椅子上。(着,得。陈述句,非祈使句)

【金华】渠坐得交椅上。gə?²¹suɤ⁵³tə?⁴kau³³y⁵⁵ʑiaŋ¹⁴。

【汤溪】渠坐得交椅上。gɯ¹¹zɤ¹¹tei²⁴kə³³i⁵²ɕio⁵²。

【浦江】渠坐儿ᵘ头交椅里。ʒi²³²zɯ¹¹n¹¹dɤ²⁴³ko³³ʒy²⁴a⁰。
(儿ᵘ头 n¹¹dɤ²⁴³ ~ □ nɤ²⁴³ ~ 喕头miẽ¹¹dɤ²⁴³)

【东阳】渠坐哝交椅里。gəɯ³¹²zʊ¹¹nom³¹kau³³iʉ¹¹li³⁵。

【磐安】渠坐哝交椅里。gɯ²¹³zɤ²⁴⁴naom²¹ko³³y⁴³⁴li¹⁴³⁴。

【永康】渠坐夺儿交椅里。gəɯ³³zuə¹¹la³²⁴kɒ⁴⁴y⁴⁴yəi³²³。

【武义】渠农坐得交椅当。gɯ³³nɔ³³⁴zuo³³lə?⁰kao⁵³y⁴⁴⁵naŋ³³⁴。

98 你是浙江人,我也是浙江人,他不是浙江人。(是,也是,不是)

【金华】侬(是)浙江人,我也(是)浙江人,渠弗(是)浙江人。
noŋ⁵³(sɿ⁵⁵)tɕyɤ⁵⁵kaŋ⁰n̠iŋ³¹³, a⁵³⁵ia⁵³(sɿ⁵⁵)tɕyɤ⁵⁵kaŋ⁰n̠iŋ³¹³, gə?²¹fə?⁴(sɿ⁵⁵)tɕyɤ⁵⁵kaŋ⁰n̠iŋ³¹³。

【汤溪】尔浙江农,我也浙江农,渠弗浙江农。
ŋ¹¹³tɕie⁵⁵kuo⁰nao⁰, a¹¹ia²⁴tɕie⁵⁵kuo⁰nao⁰, gɯ¹¹fɛ⁵⁵tɕie⁵⁵kuo⁰nao⁰。
尔浙江农,我也浙江农,渠弗是浙江农。
ŋ¹¹³tɕie⁵⁵kuo⁰nao⁰, a¹¹ia²⁴tɕie⁵⁵kuo⁰nao⁰, gɯ¹¹fɛ⁵²dzɿ¹¹³tɕie⁵⁵kuo⁰nao⁰。

【浦江】尔是浙江农,我也是浙江农,渠弗是浙江农。
n⁵⁵ʒi²⁴tʃie⁵⁵kõ³³nən¹¹³, a⁵⁵ia¹¹ʒi²⁴tʃie⁵⁵kõ³³nən¹¹³, ʒi²³²fə³³ʒi²⁴tʃie⁵⁵kõ³³nən¹¹³。

【东阳】尔是浙江农,我也是浙江农,渠弗是浙江农。
n³⁵di³⁵tɕiə?⁵kʌ³³nom⁵⁴, ŋʊ³⁵iə?²di³⁵tɕiə?⁵kʌ³³nom⁵⁴, gəɯ³¹²fə?⁵di³⁵

tɕiə?⁵kʌ³³nom⁵⁴。

【磐安】尔（是）浙江农，我也（是）浙江农，渠弗是浙江农。

n⁴³⁴（dʒi²⁴⁴）tʃiɛ⁴³kɒ⁴⁴⁵nɑom²¹³，ŋɤ⁴³⁴ia⁴⁴⁵（dʒi²⁴⁴）tʃiɛ⁴³kɒ⁴⁴⁵nɑom²¹³，gɐɯ²¹³fɛ⁵⁵dʒi²⁴⁴tʃiɛ⁴³kɒ⁴⁴⁵nɑom²¹³。

尔是浙江农，我也哩浙江农，渠弗是浙江农。

n⁴³⁴dʒi²⁴⁴tʃiɛ⁴³kɒ⁴⁴⁵nɑom²¹³，ŋɤ⁴³⁴ia³³li⁴⁴⁵tʃiɛ⁴³kɒ⁴⁴⁵nɑom²¹³，gɐɯ⁵⁵dʒi²⁴⁴tʃiɛ⁴³kɒ⁴⁴⁵nɑom²¹³。

【永康】尔是浙江农，我也儿浙江农，渠弗是浙江农。

ŋ¹¹niə⁵³tɕiə⁴⁴kaŋ⁴⁵nɔŋ⁴³³，ŋuə¹¹ia³²⁴tɕiə⁴⁴kaŋ⁴⁵nɔŋ⁴³³，gəɯ³³fə⁴dʑi¹¹tɕiə⁴⁴kaŋ⁴⁵nɔŋ⁴³³。

尔浙江农，……，……。ŋ³²³tɕiə⁴⁴kaŋ⁴⁵nɔŋ⁴³³……，……。

【武义】农浙江农，我农也浙江农，渠农弗是浙江农。

nɔ³³tɕie⁵³gaŋ²¹²nɔŋ⁵³，a³³nɔ³³ia²⁴tɕie⁵³gaŋ²¹²nɔŋ⁵³，gɯ³³nɔ³³fə?⁵dʑi³³tɕie⁵³gaŋ²¹²nɔŋ⁵³。

99 书呢书读不好，手艺呢手艺学不会，你怎么办啊？（拷贝式）

【金华】书呗书弗会读，手艺呗手艺依＂学弗好，侬有待＂办法？

ɕy³³pə⁵⁵ɕy³³⁴fə?⁴uɛ⁵⁵do?²¹²，ɕiu⁵⁵n̩i¹⁴pə⁵⁵ɕiu⁵⁵n̩i¹⁴i³³⁴o?²¹fə?⁴xɑu⁵³⁵，nɔŋ⁵³⁵iu⁵⁵tɛ⁵³pa⁵³fʁa⁵⁵？

【汤溪】书呗书读弗来，手艺呗手艺学弗起，尔哈么好哦？

ɕi²⁴pɛ⁰ɕi²⁴dɔ¹¹fɛ⁵²lɛ¹¹，ɕiəɯ⁵²n̩i³⁴¹pɛ⁰ɕiəɯ⁵²n̩i³⁴¹uo¹¹fɛ⁵²tɕʰi⁵³⁵，ŋ⁵³⁵xa²⁴mɤ⁰xə⁵²ɔ³⁴¹？

【浦江】书呢书读弗好，手艺呢手艺学弗好，尔相＂信＂牵＂呢？

ʃy⁵⁵ni³³⁴ʃy⁵³⁴dɯ²⁴fə³³xo⁵³，ʃiɤ⁵⁵n̩i⁵⁵ni⁵⁵ʃiɤ⁵⁵n̩i⁵⁵o²⁴fə³³xo⁵³，n⁵⁵ʃyõ³³sən³³tɕʰiẽ⁵³⁴ni⁰？

【东阳】书（呢）书又读弗好，手艺（呢）手艺又学弗好，尔生儿记儿（弄弄）呢？

sɿ³³（ni⁰）sɿ³³i?⁴⁵dou?²fə?⁵xɑu⁵⁵，ɕiəɯ⁴⁴⁵n̩i⁵⁴（ni⁰）ɕiəɯ⁴⁴⁵n̩i⁵⁴i?⁴⁵uo?²fə?⁵xɑu⁵⁵，n³⁵sən⁵⁵tɕin⁰（lom¹¹lom⁵⁴）ni⁰？

【磐安】书末书读弗好，手艺末手艺学弗会，尔该省＂生儿记儿好？

ʃy³³mɛ²⁴⁴ʃy⁴⁴⁵dʌo²¹fɛ⁴³xo⁴³⁴，ʃiɐɯ⁴³n̩i²¹mɛ²⁴⁴ʃiɐɯ⁴³n̩i²¹uə²¹fɛ⁴³uei³⁴³，n⁴³kei⁴⁴⁵sɛ⁴³sən⁵²tɕin⁵²xo⁴³⁴？

【永康】（书，）书读弗起，（手艺，）手艺学弗起，尔自生生？

（ɕy⁴⁵，）ɕy⁴⁵du¹¹fə⁴kʰi⁵⁴⁵，（ɕiəɯ⁴²n̩i¹⁴，）ɕiəɯ⁴²n̩i¹⁴ɒ¹¹fə⁴kʰi⁵⁴⁵，ŋ¹¹zi¹⁴sai⁵³sai⁰？

651

【武义】书弗肯读，手艺弗肯学，农迟日生好？

$ɕy^{24}fəʔ^4k^hen^{53}dɔʔ^3$，$ɕiu^{53}n̠i^{53}fəʔ^4k^hen^{53}ɑo^{334}$，$nɔ^{334}dʑi^{42}nəʔ^3sa^{53}xɤ^{445}$？
（生好 $sa^{53}xɤ^{445}$ ~ 生相 $sa^{53}ɕiaŋ^{53}$）

100 找遍了整个村子都没找到他。（表周遍无遗的"交"）

【金华】统个村都寻交⁼了都寻弗着渠。

$t^hoŋ^{53}kəʔ^4tsʰəŋ^{334}tu^{33}zəŋ^{31}kɑu^{33}lə^0tu^{33}zəŋ^{31}fəʔ^4dʑiəʔ^{21}gəʔ^{212}$。

【汤溪】整个姓寻寻交⁼兂⁼未寻着渠。$tɕiai^{52}kɑ^{52}sei^{52}zai^{11}zai^0kə^{24}t^hɔ^{55}mi^0zai^{11}dʑio^0gɯ^0$。

成个姓寻交⁼罢兂⁼寻渠弗着。$ziai^{11}kɑ^{52}sei^{52}zai^{11}kə^{24}bɑ^{113}t^hɔ^{55}zai^{11}gɯ^0fɛ^{52}dʑio^{113}$。

【浦江】整个村坊寻转□遍都寻渠弗着。

$tsin^{55}kɑ^0tsʰɔ̃^{33}fõ^{334}zən^{11}tɕyẽ^{55}iɑ^{55}piẽ^{55}tɯ^{534}zən^{11}ʒi^{232}fɤ^{33}ʒyo^{232}$。（□ $iɑ^{55}$ ~ a^{55}）

【东阳】整个村堂寻转遍，都寻渠弗着。

$tsən^{445}kəʔ^{45}tsʰɤ^{33}dʌ^{312}zən^{31}tsʊ^{33}pi^{423}$，$tu^{445}zən^{31}gəɯ^0fɜʔ^5dʑɨʉʔ^{324}$。

【磐安】整个村淡⁼寻转遍都寻弗着渠。

$tsɐn^{43}kɑ^{52}tsʰɤ^{33}dɑ^{244}zen^{21}tʃyɤ^{43}pie^{52}tu^{445}zen^{21}fɛ^{43}dzuɐ^{213}gɐɯ^{213}$。

整个村淡⁼寻遍罢都寻弗着渠。

$tsɐn^{43}kɑ^{52}tsʰɤ^{33}dɑ^{244}zen^{21}pie^{52}bɑ^0tu^{445}zen^{21}fɛ^{43}dzuɐ^{213}gɐɯ^{213}$。

【永康】通个村寻遍咩，都寻弗渠着。$t^hoŋ^{44}kuə^{53}tsʰɤ^{45}zəŋ^{33}ʔbiə^{53}miɑ^0$，$ʔdu^{45}zəŋ^{33}fəʔ^3gəɯ^{33}dʑiʑʔ^{323}$。

【武义】统统村都寻交⁼，都寻弗渠着。$t^hɔŋ^{53}t^hɔŋ^{445}tsʰɤ^{24}lu^{445}zen^{42}kɑo^{24}$，$lu^{445}zen^{42}fəʔ^5gɯ^{334}dʑiɑo^{334}$。

⋯⋯，都寻渠弗着。⋯⋯，$lu^{445}zen^{42}gɯ^{33}fɜʔ^5dʑiɑo^{33}$。

⋯⋯，都寻弗着渠。⋯⋯，$lu^{445}zen^{42}fəʔ^5dʑiɑo^{33}gɯ^{334}$。

参考文献

白宛如 1998 《广州方言词典》,江苏教育出版社。

百越民族史研究会 1982 《百越民族史论集》,中国社会科学出版社。

百越民族史研究会 1985 《百越民族史论丛》,广西人民出版社。

北京大学中国语言文学系语言学教研室 1995 《汉语方言词汇》(第二版),2005 年重印本,语文出版社。

曹树基 1997 《中国移民史》第 6 卷,福建人民出版社。

曹志耘 1987 金华汤溪方言的词法特点,《语言研究》第 1 期。(本文发表时署名"曹耘")

曹志耘 1996a 《严州方言研究》,东京:好文出版。

曹志耘 1996b 金华汤溪方言的体,载《中国东南部方言比较研究丛书第二辑——动词的体》,张双庆主编,香港中文大学中国文化研究所吴多泰中国语文研究中心出版。

曹志耘 1996c 《金华方言词典》,江苏教育出版社。

曹志耘 1997a 浙江的九姓渔民,《中国文化研究》第 3 期。

曹志耘 1997b 金华汤溪方言的动词谓语句,载《中国东南部方言比较研究丛书第三辑——动词谓语句》,李如龙、张双庆主编,暨南大学出版社。

曹志耘 1998 汉语方言里表示动作次序的后置词,《语言教学与研究》第 4 期。

曹志耘 1999 浙江九姓渔民方言的语音特点,载《汉语现状与历史的研究——首届汉语语言学国际研讨会文集》,中国社会科学出版社。

曹志耘 2000 金华汤溪方言的介词,载《中国东南部方言比较研究丛书第五辑——介词》,李如龙、张双庆主编,暨南大学出版社。

曹志耘 2001 金华汤溪方言的"得",《语言研究》第 2 期。

曹志耘 2002 《南部吴语语音研究》,商务印书馆。

曹志耘 2003 浙江金华珊瑚村方言状况,《中国社会语言学》第 1 期。

曹志耘 2004 浙江金华珊瑚客家话音系,《方言》第 3 期。

曹志耘主编 2008 《汉语方言地图集》,商务印书馆。

曹志耘、黄晓东 2007 吴徽语区内的方言岛,载《语言的多视角考察》,新加坡:南洋理工大学中华语言文化中心。

曹志耘、秋谷裕幸、太田斋、赵日新 2000 《吴语处衢方言研究》,东京:好文出版。

陈国强、蒋炳钊、吴绵吉、辛土成 1988 《百越民族史》,中国社会科学出版社。

陈鸿迈 1996 《海口方言词典》,江苏教育出版社。

陈玉洁 2007　量名结构与量词的定语标记功能,《中国语文》第 6 期。

陈稚瑶、项梦冰 2014　汉语方言里的"挑"，Modern Linguistics(《现代语言学》)第 2 期。

淳安县志编纂委员会 1990　《淳安县志》,汉语大词典出版社。

戴昭铭 2006　《天台方言研究》,中华书局。

范常喜 2006　"卵"和"蛋"的历时替换,《汉语史学报》第六辑。

方松熹 1993　《舟山方言研究》,社会科学文献出版社。

方松熹 2000　《义乌方言研究》,浙江省新闻出版局。

方松熹 2002　《义乌方言》,中国文联出版社。

傅国通 1985　浙江吴语分区问题,收录于《方言丛稿》(中华书局,2010 年) 第 11-16 页。

傅国通 2008　浙江吴语的特征,《汉语史学报》第七辑。

傅国通、蔡勇飞、鲍士杰、方松熹、傅佐之、郑张尚芳 1986　吴语的分区 (稿),《方言》第 1 期。

傅国通、方松熹、蔡勇飞、鲍士杰、傅佐之 1985　《浙江吴语分区》,浙江省语言学会《语言学年刊》第三期方言专刊,《杭州大学学报》增刊。

胡海琼 2006　"牢""栏""圈"的历时演变,《语言研究》第 3 期。

黄晓东 2004　台州方言的人称代词,日本《开篇》第 23 期。

黄晓东 2007　浙江临海方言音系,《方言》第 1 期。

黄雪贞 1995　《梅县方言词典》,江苏教育出版社。

金华市地方志编纂委员会 1992　《金华市志》,浙江人民出版社。

金华市地方志编纂委员会 2004　《金华年鉴 (2004)》,中华书局。

金华市地名办公室 1985　《浙江省金华市地名志》,内部资料。

金华县志编纂委员会 1992　《金华县志》,浙江人民出版社。

金有景 1982　关于浙江方言中咸山两摄三四等字的分别,《语言研究》第 1 期。

景宁畲族自治县志编纂委员会 1995　《景宁畲族自治县志》,浙江人民出版社。

李荣 1965/1982　方言语音对应关系的例外,载《音韵存稿》,商务印书馆。

李荣 1983/1985　《切韵》与方言,载《语文论衡》,商务印书馆。

李如龙、吴云霞 2002　官话方言后起的特征词,载《汉语方言特征词研究》,李如龙主编,厦门大学出版社。

刘丹青、徐烈炯 1998　普通话与上海话中的拷贝式话题结构,《语言教学与研究》第 1 期。

龙安隆 2013　《永新方言研究》,中国社会科学出版社。

罗昕如 2006　《湘方言词汇研究》,湖南师范大学出版社。

梅祖麟 1988　汉语方言里虚词"著"字三种用法的来源,《中国语言学报》第三期。

梅祖麟 1995　方言本字研究的两种方法,载《吴语和闽语的比较研究》(中国东南方言比较研究丛书第一辑),上海教育出版社。

梅祖麟 2012　重纽在汉语方言的反映——兼论《颜氏家训》所论"奇""祇"之别,《方言》第 2 期。

梅祖麟、杨秀芳 1995 几个闽语语法成分的时间层次,台北:《历史语言研究所集刊》第 66 本第 1 分。

潘悟云 2002 汉语否定词考源——兼论虚词考本字的基本方法,《中国语文》第 4 期。

平山久雄 1967 中古汉语の音韵,《中国文化丛书 1·言语》第 112-166 页,东京:大修馆书店。

平田昌司主编 1998 《徽州方言研究》,东京:好文出版。

钱乃荣 1992 《当代吴语研究》,上海教育出版社。

钱乃荣 2002 北部吴语的特征词,载《汉语方言特征词研究》,李如龙主编,厦门大学出版社。

桥本万太郎 1987 汉语被动式的历史·区域发展,《中国语文》第 1 期。

秋谷裕幸 1999 吴语处衢方言、闽语和日本吴音的通摄三等韵,*Cahiers de Linguistique Asie Orientale* 28-2,第 153-175 页。

秋谷裕幸 2000 吴语处衢方言中的闽语词——兼论处衢方言在闽语词汇史研究中的作用,《语言研究》第 3 期。

秋谷裕幸 2001a 《吴语江山广丰方言研究》,日本爱媛大学综合政策研究丛书 1。

秋谷裕幸 2001b 吴语处衢片的咸山两摄三四等字,《中国语文研究》第 1 期。

秋谷裕幸 2003 吴语的深臻摄开口三等字和曾梗摄开口三四等字,载《吴语研究》(第二届国际吴方言学术研讨会论文集),上海教育出版社。

秋谷裕幸 2005 吴语处衢方言中三等字读作洪音的现象,载《汉语史研究:纪念李方桂先生百年冥诞论文集》(《语言暨语言学》专刊外编之二),丁邦新、余霭芹编辑,"中央研究院"语言学研究所/美国华盛顿大学。

秋谷裕幸 2008 《闽北区三县市方言研究》,《语言暨语言学》专刊甲种十二之二,"中央研究院"语言学研究所。

秋谷裕幸 2011 吴语瓯江片的音韵特点及其分区,《中国语言学集刊》第五卷第一期。

秋谷裕幸、陈泽平 2012 《闽东区古田方言研究》,福建人民出版社。

秋谷裕幸、汪维辉 2014 吴语中表示"左"的本字,《日本中国语学会第 64 回全国大会予稿集》,日本中国语学会第 64 回全国大会准备会。

秋谷裕幸、邢向东 2010 晋语、中原官话汾河片中与南方方言同源的古词语,《语言研究》第 2 期。

秋谷裕幸、赵日新、太田斋、王正刚 2002 《吴语兰溪东阳方言调查报告》,平成 13~15 年度科学研究费基盘研究(B)"历史文献データと野外データの综合を目指した汉语方言史研究(2)"研究成果报告书第 2 分册。

《畲族简史》编写组 1980 《畲族简史》,福建人民出版社。

石汝杰、刘丹青 1985 苏州方言量词的定指用法及其变调,《语言研究》第 1 期。

孙宜志 2012 南部吴语古假摄二等字今读类型及其相关演变,《方言》第 2 期。

太田斋主编 2004 《汉语方言地图集(稿)》第 4 集,平成 13-15 年度科学研究费基盘研究(B)"历史文献データと野外データの综合を目指した汉语方言史研究"研究成果报告书第 3 分册。

汤珍珠、陈忠敏 1993 《嘉定方言研究》,社会科学文献出版社。

655

汤珍珠、陈忠敏、吴新贤 1997 《宁波方言词典》，江苏教育出版社。

樋口勇夫 2004 《临汾屯里方言研究》，《开篇》单刊 No.14，东京：好文出版。

汪平 2011 《苏州方言研究》，中华书局。

汪维辉 1990 《中国语文》1990 年第 1 期读后，《中国语文》第 6 期。

汪维辉 2003 宁波方言词语札记三则，载《吴语研究》（第二届国际吴方言学术研讨会论文集），上海教育出版社。

汪维辉 2005 《老乞大》诸版本所反映的基本词历时更替，《中国语文》第 6 期。

汪维辉 2006 《女仙外史》释词（下），《周口师范学院学报》第 4 期。

汪维辉 2010 《红楼梦》前 80 回和后 80 回的词汇差异，《古汉语研究》第 3 期。

汪维辉 2014 说"日""月"，《中国语言学报》第十六期。

汪维辉、秋谷裕幸 2014 汉语"闻/嗅"义词的现状与历史，Language & Linguistics 15（5），第 699-732 页。

王福堂 1999 《汉语方言语音的演变和层次》，语文出版社。

王福堂 2011 吴闽两方言中的 g（k 和 kʰ）声母字，《中国语言学集刊》第五卷第一期。

王健 2014 《苏皖区域方言语法比较研究》，商务印书馆。

王文胜 2012 《吴语处州方言的地理比较》，浙江大学出版社。

王育德 1969 福建語における'著'の語法について，日本《中国语学》第 192 期。

未署名 1984 《浙江分县简志》（下册），浙江人民出版社。

未署名 1985 《浙江地理简志》，浙江人民出版社。

文物编辑委员会 1979 《文物考古工作三十年（1949－1979）》，文物出版社。

武义县志编纂委员会 1990 《武义县志》，浙江人民出版社。

项梦冰 2012 汉语词汇地理学的一般程序——以"冰雹"的研究为例，Geographical Science Research（《地理科学研究》）2012-1，第 7-23 页。

项梦冰 2013 说"冰雹"，Modern Linguistics（《现代语言学》）2013-1，第 1-6 页。

项梦冰 2014 吴语的"鲎"（虹），《长江学术》第 3 期。

肖萍 2011 《余姚方言志》，浙江大学出版社。

许宝华、陶寰 1997 《上海方言词典》，江苏教育出版社。

岩田礼主编 1995 《汉语方言地图集》，平成 5-7 年度科学研究费综合研究（A）"中国の方言と地域文化"研究成果报告书第 2 分册。

岩田礼编 2009 《汉语方言解释地图》，东京：白帝社。

岩田礼编 2012 《汉语方言解释地图（续集）》，东京：好文出版。

颜森 1995 《黎川方言词典》，江苏教育出版社。

颜清徽、刘丽华 1998 《娄底方言词典》（第二版），江苏教育出版社。

杨秀芳 2001 从汉语史观点看"解"的音义和语法性质，《语言暨语言学》2.2，第 261-297 页。

杨秀芳 2003 从方言比较论吴闽同源词"揕"，《语言暨语言学》4.1，第 167-196 页。

野原将挥、秋谷裕幸 2014 也谈来自上古 *ST- 的书母字，《中国语文》第 4 期。

游汝杰 1993 吴语里的反复问句，《中国语文》第 2 期。

游汝杰 1995 吴语里的人称代词，载《吴语和闽语的比较研究》，上海教育出版社。

游汝杰 2002 《西洋传教士汉语方言学著作书目考述》,黑龙江教育出版社。

游汝杰、杨乾明 1998 《温州方言词典》,江苏教育出版社。

詹伯慧、陈晓锦 1997 《东莞方言词典》,江苏教育出版社。

张惠英 1998 《崇明方言词典》(第二版),江苏教育出版社。

赵日新 1999 说"个",《语言教学与研究》第 2 期。

赵日新 2002 徽语的特征词,载《汉语方言特征词研究》,李如龙主编,厦门大学出版社。

赵日新 2003 《绩溪方言词典》,江苏教育出版社。

赵日新 2013 汉语方言"走"义和"跑"义的词形分布,载《汉语方言的地理语言学研究》,曹志耘主编,商务印书馆。

赵元任 1928/1956 《现代吴语的研究》,科学出版社。

赵元任 1979 《汉语口语语法》,吕叔湘译,商务印书馆。

赵则玲 2004 《浙江畲话研究》,浙江人民出版社。

浙江省博物馆 1981 三十年来浙江文物考古工作,载《文物考古工作三十年（1949-1979）》,文物编辑委员会编,文物出版社。

浙江省桐庐县县志编纂委员会、北京师范学院中文系方言调查组 1992 《桐庐方言志》,语文出版社。

郑伟 2013 《吴方言比较韵母研究》,商务印书馆。

郑张尚芳 1995 浙西南方言的 tɕ 声母脱落现象,载《吴语和闽语的比较研究》(中国东南方言比较研究丛书第一辑),上海教育出版社。

郑张尚芳 2008 《温州方言志》,中华书局。

中国社会科学院和澳大利亚人文科学院 1988 《中国语言地图集》,香港朗文出版（远东）有限公司。

中国社会科学院语言研究所、中国社会科学院民族学与人类学研究所、香港城市大学语言资讯科学研究中心编 2012 《中国语言地图集》(第 2 版),商务印书馆。

周志锋 2012 《周志锋解说宁波话》,语文出版社。

Norman, Jerry 1984 Three Min Etymologies, *Cahiers de Linguistique Asie Orientale* 13-2,第 175-189 页。

后　记

　　浙江西南部和安徽南部地区的方言复杂而特殊，曾引起我们浓厚的兴趣，不过那已是 20 年前的事了。1993 年底，我开始了严州方言的调查工作。自那以后，在众多学者的共同努力下，陆续完成出版了一系列调查研究报告：

　　《严州方言研究》，曹志耘著，好文出版，1996 年。

　　《徽州方言研究》，平田昌司主编，平田昌司、赵日新、刘丹青、冯爱珍、木津祐子、沟口正人著，好文出版，1998 年。

　　《吴语处衢方言研究》，曹志耘、秋谷裕幸、太田斋、赵日新著，好文出版，2000 年。

　　《吴语江山广丰方言研究》，秋谷裕幸著，爱媛大学法文学部综合政策学科，2001 年。

　　《吴语兰溪东阳方言调查报告》，秋谷裕幸、赵日新、太田斋、王正刚著，平成 13~15 年度科学研究费基盘研究（B）"历史文献データと野外データの综合を目指した汉语方言史研究（2）"研究成果报告书第 2 分册，2002 年。

　　《吴语处衢方言（西北片）古音构拟》，秋谷裕幸著，好文出版，2003 年。

　　《浙南的闽东区方言》，秋谷裕幸著，"中央研究院"语言学研究所，2005 年。

　　大家很容易发现，在上述书单中，唯独缺少婺州方言研究报告。事实上，在《吴语处衢方言研究》出版的同时，我们就开始了婺州方言研究的工作。我手头还保留着一份 2000 年 3 月写于日本松山的"《吴语婺州方言研究》编写计划"，该计划决定在 2001 年 12 月底之前完成书稿编写工作。（本书第一张照片就是 2000 年 8 月，几位作者在北京语言大学参加婺州方言研究工作会议后的留影。）为了实现这个目标，课题组成员于 2000 年奔赴婺州各地，分头展开田野调查工作。眼看着快要完成的时候，"汉语方言地图集"这个巨大的项目于 2001 年底启动了，婺州课题组的全部人马都转入了地图集的工作。地图集的工作一干就是七八年，而地图集完成之后不久又接上了"中国方言文化典藏"的工作，婺州的"扫尾"工作竟一搁十几年，黑发人都变成了白发人。

2013年，我再发宏愿，向全国哲学社会科学规划办公室申请国家社会科学基金后期资助项目"吴语婺州方言研究"，有幸获批。于是，我们又重新集合队伍，用了近两年的时间（所花时间精力远远超过预期），对书稿进行了全面的补充、修改和规范化工作，如今终于可以以完整的面貌示人了，压在心头十几年的一块石头总算落了地，不免有一种如释重负的感觉。

本书的写法基本上依仿《严州方言研究》《徽州方言研究》《吴语处衢方言研究》。与《吴语处衢方言研究》相比，主要区别在于根据婺州方言的特点调整了字音对照里的若干例字，增加了个别语法例句。

本书内容的分工情况大致如下：

曹志耘：前言；概说（研究文献和本字考除外）；金华、汤溪、磐安的语音词汇语法

秋谷裕幸：本字考；语音特点；词汇特点；东阳、永康、武义的语音词汇语法

黄晓东：婺州方言的研究文献（部分）；语法特点；浦江的语音词汇语法

太田斋：婺州方言的研究文献（部分）；东阳的声韵调、同音字汇（初稿）

赵日新：东阳的概说、音韵特点、文白异读、词汇、语法（初稿）

此外，刘祥柏调查了浦江方言，王正刚参与调查了东阳方言。

汇总加工工作主要由我和秋谷裕幸、黄晓东负责。在定稿阶段，秋谷先生四度专程来华参与书稿的修订工作，黄晓东做了大量联系和协调工作。

在书稿杀青的时刻，我们忘不了热心协助我们调查的各位发音人（姓名见各方音部分），他们的音容笑貌历历在目。在此，除了向他们表示深深的谢意之外，还衷心地祝愿他们身体健康，生活幸福。同时，我们要深深感谢调查过程中帮助过我们的各县市区政府工作人员和我们的私人朋友。如果没有他们热心的支持和帮助，我们很难完成这项工作。

本书的调查研究工作得到国家社科基金后期资助项目"吴语婺州方言研究"（批准号13FYY006）和日本学术振兴会平成14-16年度科学研究费补助金基盘研究（B）"吴语婺州方言群·瓯江方言群の调查研究"（课题番号14401032）的资助，谨此致谢。同时，需要感谢北京语言大学、日本爱媛大学为我们提供了多方面的服务和支持，感谢国家社会科学基金后期资助项目评审专家对本书初稿提出了许多宝贵的意见，感谢商务印书馆，特别是责任编辑冯爱珍女士长期以来对我们工作的指导和支持。

最后，我要深深感谢婺州的父老乡亲。本书作者当中，曹志耘、黄晓东

和王正刚都来自婺州地区,我们虽然身在异乡,但始终忘不了故乡的山山水水,也忘不了母亲教给我们的每一个乡音。作为远离故乡的游子,我们所能给予的回报,就是这一本和朋友们一起完成的《吴语婺州方言研究》了。

曹志耘

2016年3月1日于北京